Marco **Bresciani**
Pasquale **Palmieri**
Marco **Rovinello**
Francesco **Violante**

a cura di
Andrea **Graziosi**

DAL 1000 AL 1715

STORIE
IL PASSATO NEL PRESENTE

1

STORIE
IL PASSATO NEL PRESENTE

PER RIPRENDERE IL FILO

In apertura del volume, un **"capitolo zero"** per fare il punto sui temi trattati nel volume precedente.

LE SEZIONI

Le aperture su doppia pagina anticipano i grandi cicli della storia, dandone una chiave di lettura.

UN APPROCCIO STORIOGRAFICO APERTO AL MONDO

I CAPITOLI

Le APERTURE di capitolo

Per riprendere il filo…
Una rubrica d'apertura per inquadrare il capitolo alla luce di quelli precedenti.

Db APP!
I contenuti digitali del capitolo sempre a disposizione inquadrando il QR code.

le parole della storiografia
Una selezione di parole per arricchire il lessico storico e delinearlo alla luce della storiografia recente.

La TRATTAZIONE è strutturata per favorire concentrazione e apprendimento.

I **titoli dei sottoparagrafi** e le **glosse** del colonnino guidano lo studio e presentano i contenuti per una lettura veloce e per il ripasso.

Il glossario scioglie i dubbi linguistici durante la lettura.

Il **percorso visivo** propone una storia da vedere oltre che da leggere: **immagini** commentate e **grandi carte** storico-geografiche per collocare gli eventi nello spazio e nel tempo.

- **protagonisti** e personaggi secondari, anonimi, collettivi della storia.
- **luoghi** che hanno fatto la storia.
- **idee** per mettere a fuoco categorie ideologiche importanti da isolare.
- **oggetti** che simboleggiano un'epoca o rappresentano la vita quotidiana del periodo.
- **eventi** cruciali per il corso della storia.
- **fenomeni** politici ed economici più generali e di ampio respiro.
- **altri linguaggi** che hanno affrontato un tema storico (cinema, tv, musica, letteratura, arte).

fenomeni

Armi e malattie

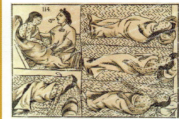

Nella città di Cajamarca (o Caxamarca) il *conquistador* Francisco Pizzarro, accompagnato da soli 168 soldati, riuscì a sottomettere l'imperatore inca Atahualpa, a capo di 80000 uomini. Gli studiosi continuano a cercare una spiegazione per questo incredibile fenomeno, specchio di un più ampio massacro consumato ai danni dei nativi nonostante la sproporzione numerica delle forze. Lo statunitense Jared Dia[...] uno dei suoi libri più famosi intitolato *Armi, acciaio, e malattie* – che non furono i fucili a giocare un ruolo decisivo: gli spagnoli ne avevano infatti solo una dozzina, peraltro difficili da caricare. Molto più importanti furono i cavalli, le armature, gli elmi e le cotte metalliche che proteggevano i guerrieri facendoli sembrare invulnerabili e velocissimi. Le mazze, i bastoni e le fionde usate dagli inca erano in grado al massimo di ferire i nemi[...]

◄ Indios colpiti da un'epidemia di vaiolo. L'immagine è presente nell'opera di un missionario francescano spagnolo, Bernardino de Sahagún (1500-1590). Il frate, studioso della lingua e della cultura indigene, espresse forti critiche al disordine sociale introdotto dalla conquista spagnola e per questa ragione furono vietate la lettura e la pubblicazione della sua *Historia*; l'opera fu pubblicata soltanto nel XIX secolo.

Tavola della *Historia de las cosas de Nueva España* di Bernardino de Sahagún, manoscritto del cosiddetto "Codice Fiorentino", XVI secolo.

L'arrivo degli spagnoli nelle zone che oggi conosciamo come Panama e Colombia aveva provocato inoltre lo scoppio di un'epidemia di vaiolo che aveva mietuto molte vittime (fra loro Huayna Capac, predecessore di Atahualpa). Anche il morbillo, il tifo, la peste furono potenti alleati degli europei: i calcoli sono estremamente complessi, ma è possibile che queste malattie abbiano sterminato il 95% delle popolazioni indigene.

protagonisti

Cristoforo Colombo e il suo equipaggio: storia e mito

I primi anni
Le notizie sui primi anni di vita del celebre navigatore sono scarse e confuse. Il carattere straordinario delle sue imprese ha dato vita a una sconfinata produzione letteraria in cui l'invenzione ha spesso messo in ombra i pochi dati attendibili. All'età di 30 anni, Colombo aveva già operato come agente commerciale per alcune famiglie genovesi (Centurione, Di Negro e Spinola) ed era stato coinvolto in traffici mercantili fra Mediterraneo, Inghilterra, Canarie e le coste occidentali dell'Africa. Si stabilì in Portogallo nel 1479, dove approfondì le sue conoscenze in materia di venti, rotte e correnti, cominciando a leggere anche testi storico-geografici come l'*Imago mundi* di Pierre d'Ailly, la *Historia rerum ubique gestarum* di Enea Silvio Picco[...]

luoghi

Il Parco archeominerario di Rocca San Silvestro

Esempio notevole di villaggio fortificato, sorto per iniziativa signorile al fine di sfruttare le grandi risorse minerarie, è Rocca San Silvestro a Campiglia Marittima (Livorno).

La storia del castello
Il castello di Rocca a Palmento (da *palmentum*, macina da frantoio), com'era chiamato in età medievale, venne fondato tra il X e l'XI secolo dalla famiglia aristocratica dei Della Gherardesca su un'altura che domina la costa tra il Golfo di Baratti e le Colline metallifere, nella Maremma pisana, luogo interessato da attività estrattive sin dal periodo etrusco. L'insediamento fortificato doveva garantire il controllo sui processi di estrazione, trasformazione e lavorazione dei minerali per ottenere rame, piombo e argento. La struttura iniziale presentava una cinta mu[...] zie all'opera di maestranze altamente specializzate l'insediamento fu dotato di un'alta torre quadrata e di una chiesa, e contemporaneamente si ampliò la cinta muraria. Alla fine del XIII secolo iniziò la decadenza del castello a causa dei crescenti conflitti con Pisa e della scoperta di nuove miniere in Sardegna, che rendevano meno conveniente la produzione in un luogo privo di energia idraulica. Tra il XV e il XVI secolo vi fu un rinnovato interesse da parte dei Medici per l'attività mineraria in questo comprensorio, che fu tuttavia definitivamente abbandonato nel 1559.

Oggi le abitazioni, la chiesa, gli impianti di lavorazione del piombo [...]

▲ La Rocca come appare oggi.

Il sistema museale
Lo scavo venne avviato e condotto negli anni Ottanta del Novecento da Riccardo Francovich, grande protagonista dell'archeologia medievale italiana. I risultati delle ricerche archeologiche, tuttora in corso, portarono nel 1989 alla costituzione di un gruppo di lavoro [...]

idee

Tra vivi e morti: cacce selvagge e fuochi del purgatorio

Tra l'XI e il XII secolo, sul piano culturale e folklorico, si assiste a un mutamento di grandissimo rilievo nella percezione del mondo dei morti da parte delle società medievali europee. Molti testi infatti rielaborano il tema dell'apparizione minacciosa dei morti: un "esercito furioso", detto anche "caccia selvaggia", a volte composto dai soli morti anzitempo (soldati uccisi in battaglia, bambini non battezzati), alla testa del quale si trovano generalmente personaggi maschili mitici come Wotan e Odino. A loro vennero poi associate anche divinità e figure femminili come Diana, Berta, Oriente, che si diceva conducessero, in determinati giorni dell'anno, schiere di donne in groppa ad animali. Si tratta del sabba (dall'e[...] ta dal proliferare di "visioni" di cui sono protagonisti monaci o sovrani. Gradualmente si forma l'immagine di un tempo e un luogo di espiazione per quei defunti che si trovino in una condizione intermedia tra lo stato di perfezione e quello di dannazione eterna: appunto il purgatorio, termine associato al fuoco (*ignis purgatorius*, "fuoco purificatore").

Suggestioni provenienti dai culti pagani e dall'ebraismo, lezioni tratte dal Vecchio e Nuovo Testamento, tradizioni celtiche e nor[...]

oggetti

Il cannocchiale

I primi cannocchiali comparvero in Olanda all'inizio del Seicento: si trattava di piccoli tubi di ottone o di piombo in cui erano inserite due lenti: una convergente (come quella degli occhiali da presbite), rivolta verso l'oggetto da guardare e perciò detta *lente oggettiva* o *obiettiva*; l'altra divergente (come per gli occhiali da miope), da accostare all'occhio e perciò detta *lente oculare*. Questi strumenti consentivano di ingrandire 2-3 volte gli oggetti lontani. Nel 1609 Galileo Galilei – solitamente identificato come l'inventore del cannocchiale – combinò lenti più potenti fino a ottenere 30 ingrandimenti. Con questo strumento vide i monti e le valli della Luna, scoprì quattro satelliti di Giove e molte stelle invisibili a oc[...] chio nudo. Questo cannocchiale aveva però un grande limite: la maggiore potenza dell'oculare restringeva il campo visivo, tanto che Galilei riusciva a vedere soltanto metà della Luna. Era perciò difficilissimo puntarlo verso gli oggetti lontani. Nel 1611 Keplero sostituì la lente oculare con una seconda lente convergente, ottenendo un campo visivo molto più ampio e maggiori ingrandimenti. Le immagini prodotte apparivano però capovolte e soprattutto disturbate da strani colori; per porvi rimedio si progettarono strumenti molto lunghi, molto costosi, difficili da costruire e da puntare se non ricorrendo a funi, argani, carrucole e contrappesi. Solo dopo la metà del Seicento Isaac Newton scoprì i colori erano dovuti alla diffrazione causata dalla lente obiettiva, che separava la luce nei suoi componenti. Lo scienziato sostituì la lente obiettiva con uno specchio curvo, ponendo le basi di tutti i moderni telescopi.

▲ Il cannocchiale di Galilei.

eventi

Il papa a Canossa

▶ video *Enrico IV a Canossa*

Al centro della dominazione costituita da Adalberto Atto (m. 998), aristocratico di origine longobarda, Canossa è un castello dell'Appennino, presso Reggio Emilia. L'ampio dominio degli Atto raggiunse il suo culmine con Matilde (m. 1115), dopo che i successori di Adalberto, Tedaldo, Bonifacio di Toscana e Beatrice, sua madre, moglie prima di Bonifacio e poi di Goffredo il Barbuto, duca dell'Alta Lotaringia, l'ebbero esteso sino a controllare vasti territori in Italia, tra Toscana ed Emilia, e in Lorena.

Nel gennaio 1077 avvenne a Canossa il celebre incontro tra Enrico IV e Gregorio VII. Inaspettatamente il re tedesco non attaccò il castello, come temeva il papa, ma chiese perdono, privo di insegne regie, scalzo, nella neve, digiuno da mattino a sera [...] sapremo mai quanto il pentimento di Enrico fosse sincero, ma certo con questa penitenza pubblica egli trasse un vantaggio politico. Tornato in Germania, Enrico affrontò vittoriosamente la rivolta di Rodolfo, duca di Svevia, nominato re da alcuni aristocratici tedeschi. Tuttavia, è probabile che Gregorio intendesse l'assoluzione solo sul piano strettamente privato, e infatti non aveva alcuna intenzione di consentire a Enrico di cingere la corona imperiale. Gli eventi successivi dimostrano del resto quanto accadde a Canossa non mutò radicalmente le sorti del conflitto, ma certamente è un simbolo del [...] ancora oggi nell'espressione "andare a Canossa", che indica un gesto di sottomissione forzata.

▼ L'imperatore Enrico incontra Matilde alla presenza di Ugo di Cluny, miniatura del XII secolo.

altri LINGUAGGI

Elisabetta e Ivan al cinema

La figura di Elisabetta d'Inghilterra è stata al centro di numerosi prodotti cinematografici e televisivi. Meritano sicuramente attenzione due film del regista pakistano Shekhar Kapur, *Elizabeth* (1998) ed *Elizabeth: the Gol*[...]

Nel 1944 il regista sovietico Sergej Michajlovič Ėjzenštejn completò il film biografico *Ivan il Terribile*, primo di una progettata trilogia. L'opera fu realizzata con il beneplacito del dittatore e segretario generale del partito [...]

Le FONTI

Documenti, cronache, repertori, opere d'arte.

Le ESERCITAZIONI verso le competenze

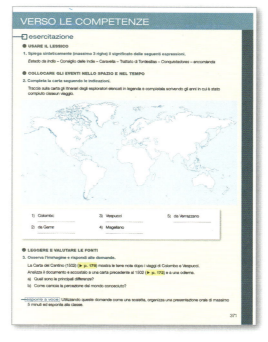

Alla fine di ogni capitolo, occasioni per usare il **lessico storico**, collocare gli eventi nello **spazio** e nel **tempo**, leggere le **fonti**.

I SAPERI FONDAMENTALI

La sintesi, la mappa di ripasso e la linea del tempo concludono ogni capitolo.

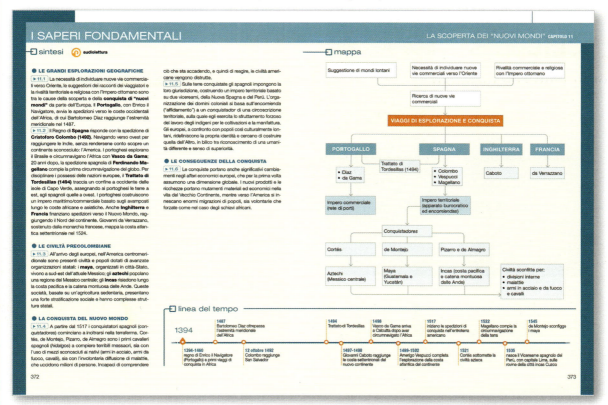

LA STORIOGRAFIA

I **testi degli storici** che rappresentano il riferimento per lo studio di ciascun periodo, accompagnati da **esercitazioni verso l'Esame di Stato** e da occasioni di **dibattito** e **cooperative learning**.

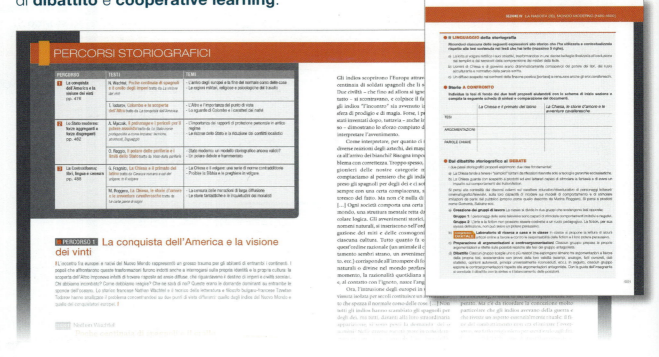

alla fine del volume

CLIL

Una sezione dedicata alla metodologia **CLIL** per l'apprendimento della storia in lingua inglese.

ESAME DI STATO

Una sezione dedicata alla preparazione in vista della **prima prova scritta** (**tipologia B**) di analisi e produzione di un **testo argomentativo**.

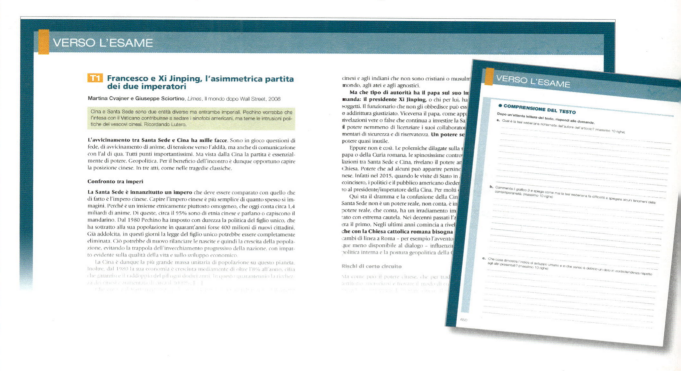

volume CITTADINANZA

Un volumetto con un approccio innovativo e problematizzante ai temi di cittadinanza e costituzione.

LO SPAZIO DIGITALE GIUNTI T.V.P.
www.giuntitvp.it/dspace

La nuova App per accedere direttamente dal tuo libro ai contenuti digitali.

1. Scarica DbAPP! da

2. Inquadra il QRcode

3. Consulta:

 video

 audio

 oggetti interattivi

TRECCANI SCUOLA
La nuova scuola è online

www.treccaniscuola.it/gtvp

LA PIATTAFORMA COL MASSIMO DEI VOTI

Treccani Scuola offre a insegnanti e studenti un sistema integrato di strumenti e contenuti didattici innovativi.
Gli utenti della piattaforma hanno accesso a un archiviot digitale in costante evoluzione, ricco di risorse di qualità selezionate e certificate da Treccani.

LEZIONI IN CLOUD, QUALITÀ TRECCANI

Con Treccani Scuola è possibile creare lezioni online per la classe in modo facile, intuitivo e veloce. Il docente può costruire la propria lezione autonomamente oppure attingere a un portfolio di percorsi didattici certificati da Treccani, personalizzabili e integrabili.
Le presentazioni multimediali potranno essere condivise con la classe o utilizzate come supporto alle lezioni in aula.

Su www.mydbook.it trovi:

1. DbookPLUS, IL TUO LIBRO DIGITALE ACCESSIBILE

- Ingrandisci e personalizza il testo
- Scegli tra 10 lingue disponibili
- Attiva l'audiolettura con ReadSpeaker – The Voice of the Web!
- Clicca sulle icone in pagina per accedere ai contenuti extra

2. I CONTENUTI EXTRA

- Tanti contenuti digitali per un percorso di studio ancora più ricco:
  - videopresentazioni degli autori
  - carte interattive
  - fonti
  - approfondimenti (Eventi, Fenomeni, Idee, Luoghi, Oggetti, Protagonisti)
  - audioletture delle sintesi dei capitoli
  - una selezione di video e approfondimenti (anche in lingua inglese e francese per il CLIL) da fonti autorevoli del web.

In **ESCLUSIVA**, per chi ha in adozione il corso, docenti e studenti, l'abbonamento alla piattaforma per la didattica digitale dell'Istituto della Enciclopedia Italiana.

Esplora
Migliaia di contenuti multimediali certificati da Treccani

Impara
Lezioni digitali pronte all'uso

Verifica
Esercizi e test per la classe

LA SCUOLA ONLINE, A PORTATA DI CLICK

Entrare da protagonisti nella nuova scuola è facilissimo: bastano uno smartphone, un tablet o un computer. La piattaforma è fruibile a scuola, a casa e ovunque ci sia una connessione Internet.

SOMMARIO

INQUADRA CON LO SMARTPHONE O IL TABLET IL QRCODE CHE TROVI ALL'INIZIO DI OGNI CAPITOLO E ACCEDI DIRETTAMENTE A VIDEO, AUDIO E OGGETTI INTERATTIVI.

PER RIPRENDERE IL FILO
Roma e le sue eredità nell'alto Medioevo — 20
1. Le eredità di Roma in Occidente — 20
2. Roma in Oriente e l'ascesa dell'islam — 23
3. I regni dell'Occidente altomedievale — 26
4. Il mondo carolingio — 30
5. Crisi e mutamenti dell'ordinamento carolingio — 34
6. L'affermazione dei poteri locali — 38

SEZIONE I
Il dinamismo dell'Occidente medievale [secoli XI-XII] — 40

CAPITOLO 1
L'espansione economica europea — 42
- 1.1 L'incremento demografico — 43
- 1.2 Terre nuove, contadini e signori — 45
- 1.3 Strumenti e tecniche — 47
- 1.4 Il denaro — 50
- ▶ fenomeni L'economia del dono — 51
- 1.5 Società e famiglia — 52
- 1.6 Città, vie di comunicazione e commerci — 55
- ▶ luoghi Il Parco archeominerario di Rocca San Silvestro — 56
- 1.7 Il lavoro artigiano — 58
- altri LINGUAGGI Il Medieval folk e il valore della tradizione — 60
- VERSO LE COMPETENZE esercitazione — 61
- I SAPERI FONDAMENTALI sintesi • mappa • linea del tempo — 62

CAPITOLO 2
La Chiesa di Roma dal pluralismo al centralismo — 64
- 2.1 La Chiesa nel contesto dei poteri medievali — 65
- ▶ fenomeni Il mito storiografico del "vescovo-conte" — 66
- 2.2 Tensioni di riforma e nuove sensibilità: monaci, vescovi, laici — 67
- ▶ protagonisti Ildegarda di Bingen, una mistica pop — 70
- 2.3 La riforma del papato e lo Scisma d'Oriente — 72
- 2.4 Lo scontro fra Impero e papato: la "lotta per le investiture" — 74
- FONTI I *Dictatus Papae* — 75
- ▶ eventi Il papa a Canossa — 76
- 2.5 Il consolidamento delle istituzioni pontificie — 78
- 2.6 Il monopolio della parola e la disobbedienza: ortodossia ed eresie — 81
- ▶ idee Tra vivi e morti: cacce selvagge e fuochi del Purgatorio — 83

2.7 L'etica cristiana e la cavalleria 84
altri LINGUAGGI Cavalleria e legittimazione cristiana: la ricerca del Graal 86
VERSO LE COMPETENZE esercitazione 87
I SAPERI FONDAMENTALI sintesi • mappa • linea del tempo 88

CAPITOLO 3
Mondi in contatto, mondi in conflitto 90
3.1 Il mondo musulmano tra Africa, Europa e Asia 91
▶fenomeni Le grandi divisioni dell'islam 91
▶fenomeni Il *jihad* 94
▶luoghi Baghdad, Il Cairo e le metropoli islamiche 95
3.2 Il potere turco dalla Mongolia al Mediterraneo 97
▶idee Diritto e potere in epoca selgiuchide 98
3.3 Espansione e declino dell'Impero bizantino 101
▶fenomeni Diritto, società e cultura sotto la dinastia macedone 101
3.4 L'invenzione delle "crociate" 103
FONTI Il sermone di Urbano II a Clermont 104
FONTI L'assedio di Gerusalemme 107
▶fenomeni Le crociate 108
VERSO LE COMPETENZE esercitazione 109
I SAPERI FONDAMENTALI sintesi • mappa • linea del tempo 110

PERCORSI STORIOGRAFICI
1 Quando inizia la crescita economica medievale? 112
■ Adriaan Verhulst *Commercio e denaro in epoca carolingia* 112
■ Chris Wickham *Una complessa geografia del dinamismo europeo* 113

2 Villaggi, *curtes* e signorie 116
■ Giuseppe Sergi *Curtes e castelli alle origini dei poteri signorili* 116
■ Cinzio Violante *La territorialità del potere signorile* 120

3 L'immagine di Gerusalemme e la crociata 122
■ Carl Erdmann *Gerusalemme come semplificazione della strategia di Urbano II* 122
■ Christopher Tyerman *Gerusalemme come trionfo della libertas ecclesiae* 123

SEZIONE II
Il culmine della civiltà medievale europea
[secoli XII-XIII] 126

CAPITOLO 4
Regni e principati nell'Europa feudale 128
4.1 La costruzione delle nuove monarchie: rapporti feudali e burocrazia 129

SOMMARIO

▶**idee La trasformazione dei rapporti di potere tra il IX e il XIII secolo in Europa** 130

4.2 La monarchia capetingia nella Francia dei principati territoriali   132

4.3 Il Ducato di Normandia e il Regno d'Inghilterra   134

▶**eventi La domenica di Bouvines**   139

4.4 Il Regno normanno di Sicilia   139

FONTI **La *Magna Charta libertatum***   140

▶**luoghi La Palermo normanna**   144

4.5 L'Impero, tra Europa e Mediterraneo   145

▶**idee Il Sacro Romano Impero**   146

4.6 I regni iberici   150

▶**idee L'invenzione della *reconquista***   151

4.7 Il Regno di Gerusalemme   152

▶**protagonisti Il mito di Saladino**   154

VERSO LE COMPETENZE esercitazione   155

I SAPERI FONDAMENTALI sintesi • mappa • linea del tempo   156

CAPITOLO 5

Mondo urbano e autonomie cittadine   158

5.1 Società cittadine e primi ordinamenti comunali nell'Italia centrosettentrionale   159

5.2 Città e comuni nell'Italia centrosettentrionale: il sistema podestarile e i regimi di popolo   161

FONTI **Una "rifondazione": la nuova Lodi**   163

▶**eventi La battaglia di Legnano (1176): miti medievali e Risorgimento**   165

▶**fenomeni La nascita delle borghesie**   165

FONTI **Il paradiso in terra: il *Liber Paradisus* di Bologna**   169

5.3 Città e forme di governo urbano nell'Europa dei principati e delle monarchie   172

5.4 Città e nuovi movimenti culturali: scuole e università   177

▶**fenomeni Le grandi questioni dell'insegnamento universitario**   180

VERSO LE COMPETENZE esercitazione   181

I SAPERI FONDAMENTALI sintesi • mappa • linea del tempo   182

CAPITOLO 6

Apogeo e crisi degli universalismi: Impero e papato   184

6.1 La Chiesa teocratica di Innocenzo III   185

FONTI **Il saccheggio di Costantinopoli**   188

6.2 Il cristianesimo evangelico degli Ordini mendicanti   191

▶**protagonisti Tommaso d'Aquino, "dottore angelico"**   193

6.3 Federico II di Svevia e la fine dell'universalismo imperiale   195

▶**luoghi Castel del Monte: mito e storia**   197

▶**fenomeni La "Scuola siciliana"**   199

6.4 La fine dell'universalismo pontificio   200

▶**eventi Il processo ai Templari e il loro mito**   203

SOMMARIO

▶fenomeni **Fermenti umanistici nella cultura del Trecento**   205

altri LINGUAGGI Francesco   206

VERSO LE COMPETENZE esercitazione   207

I SAPERI FONDAMENTALI sintesi • mappa • linea del tempo   208

PERCORSI STORIOGRAFICI

1 Possiamo ancora parlare di feudalesimo?   210
- Susan Reynolds *Aboliamo il feudalesimo*   210
- Chris Wickham *Tre modelli di feudalesimo (maneggiare con cura)*   212

2 Alle origini del comune italiano   215
- Hagen Keller *La matrice vassallatica del comune*   215
- Jean-Claude Maire Vigueur *L'importanza della militia*   216

3 Federico II, l'immagine di un imperatore   219
- Ernst H. Kantorowicz *Lex animata in terris*   219
- David Abulafia *L'eredità normanna nelle* Costituzioni *di Melfi*   221

SEZIONE III

Crisi e processi di riorganizzazione [secoli XIV-XV]   224

■ CAPITOLO 7

Grandi trasformazioni tra Asia e Africa   226

7.1 La conquista mongola dell'Asia   227

FONTI **L'«odiato popolo di Satana»: i mongoli secondo Matteo Paris**   230

7.2 I mongoli in Cina e in Persia   232

▶fenomeni **Lo sguardo occidentale sui mongoli**   234

7.3 Il tardo Impero bizantino e la fondazione dell'Impero ottomano   236

7.4 L'Africa subsahariana   240

FONTI **Ibn Battuta nella terra dei neri (*al-Sudan*)**   243

VERSO LE COMPETENZE esercitazione   245

I SAPERI FONDAMENTALI sintesi • mappa • linea cel tempo   246

■ CAPITOLO 8

Monarchie europee   248

8.1 La Guerra dei Cent'anni   249

▶protagonisti **Christine de Pizan: la donna intellettuale**   253

FONTI **L'interrogatorio di Giovanna d'Arco**   254

8.2 Monarchia, parlamento e aristocrazie nel Regno inglese   255

8.3 Monarchia, principati e città nel Regno francese   257

8.4 Monarchia, nobiltà e città nei regni di Castiglia e Aragona   260

SOMMARIO

8.5 Il Regno di Germania e l'Impero   262

FONTI **La Bolla d'oro di Carlo IV (1356)**   264

8.6 L'Europa centrorientale   267

▶ protagonisti **Dracula: alle origini della leggenda nera**   270

altri LINGUAGGI Un Medioevo postmoderno   272

VERSO LE COMPETENZE esercitazione   273

I SAPERI FONDAMENTALI sintesi • mappa • linea del tempo   274

CAPITOLO 9

Le crisi del Trecento e la ripresa del Quattrocento   276

9.1 Rendite signorili e profitti: l'avvio della crisi a fine XIII secolo   277

▶ protagonisti **Compagnie di ventura**   279

9.2 La peste   280

▶ fenomeni **La "morte nera"**   281

FONTI **Il racconto della peste**   283

9.3 La crisi degli insediamenti urbani e rurali   285

▶ luoghi **I villaggi abbandonati**   286

9.4 Le rivolte nelle campagne   287

9.5 Le rivolte nelle città   289

9.6 Nuovi equilibri: produzioni, mercati e istituzioni   292

▶ fenomeni **La nascita degli ospedali**   296

▶ fenomeni **Cristianesimo e dottrina economica**   298

VERSO LE COMPETENZE esercitazione   299

I SAPERI FONDAMENTALI sintesi • mappa • linea del tempo   300

CAPITOLO 10

Transizioni politiche e culturali in Italia (secoli XIV-XV)   302

10.1 Una pluralità di modelli e di esperienze   303

▶ fenomeni **Arte e potere alla corte di Verona**   304

FONTI **Manifesti politici: il buono e cattivo governo di Ambrogio Lorenzetti**   305

10.2 Principati e repubbliche dell'Italia settentrionale e centrale   306

FONTI **Per la giustizia fiscale: il Catasto fiorentino del 1427**   307

▶ eventi **Intrigo internazionale a Firenze**   308

▶ fenomeni **La ricerca dell'equilibrio nella penisola italica**   309

10.3 Il Mezzogiorno tra Angioini e Aragonesi   315

▶ eventi **La fine di Lucera "dei Saraceni"**   316

10.4 Umanesimo e Rinascimento: fra Italia ed Europa   319

10.5 L'arte e la prospettiva: l'importanza dei "punti di vista"   322

10.6 L'introduzione della stampa e la circolazione dei saperi   324

▶ oggetti **La Bibbia di Gutenberg**   325

▶ idee **La *Grammatichetta* di Leon Battista Alberti**   326

VERSO LE COMPETENZE esercitazione   329

I SAPERI FONDAMENTALI sintesi • mappa • linea del tempo   330

SOMMARIO

PERCORSI STORIOGRAFICI

1 L'Illuminismo perduto sulla via della seta	332
■ Peter Frankopan *Prosperità e crisi tra Cina e Asia centrale (XIV-XV secolo)*	332
■ Stephen Frederick Starr *Conservatorismo culturale e decadenza economica*	334
2 Il declino dell'impero e l'eredità della civiltà bizantina	336
■ Georg Ostrogorsky *I fattori di crisi dell'Impero bizantino (XIII-XV secolo)*	337
■ Averil Cameron *Le eredità di Costantinopoli*	339
3 Potere e mercati nel Mediterraneo tardomedievale: il caso della Sicilia	341
■ Henri Bresc *I ritardi della Sicilia*	341
■ Stephan R. Epstein *Una diversa modalità di sviluppo*	343

SEZIONE IV
LA NASCITA DEL MONDO MODERNO
[1480-1600]   346

■ CAPITOLO 11

La scoperta dei "nuovi mondi"	348
11.1 I primi viaggi oceanici	349
11.2 Cristoforo Colombo e la via per le Indie	353
▶ protagonisti **Cristoforo Colombo e il suo equipaggio: storia e mito**	354
FONTI **Colombo descrive il Nuovo Mondo**	356
11.3 I maya, gli aztechi e gli incas	360
11.4 Impero e conquista	362
▶ fenomeni **Armi e malattie**	365
11.5 Nuovi assetti territoriali, nuovi problemi culturali	366
▶ fenomeni **L'Europa e il Nuovo Mondo: il problema dell'"Altro"**	368
11.6 Le conseguenze globali della colonizzazione	369
VERSO LE COMPETENZE esercitazione	371
I SAPERI FONDAMENTALI sintesi • mappa • linea del tempo	372

■ CAPITOLO 12

L'Europa e il mondo nell'età di Carlo V	374
12.1 Il rafforzamento degli apparati statali	375
▶ fenomeni **Società di ceti e società di classi**	376
▶ idee **La nascita dello Stato moderno**	378
12.2 Le potenze europee fra centralismi e particolarismi	381
12.3 Gli Stati italiani e l'inizio delle "Guerre d'Italia"	385
▶ protagonisti **Ludovico il Moro**	385
12.4 Il sogno universalistico di Carlo V	387

SOMMARIO

12.5 L'espansione della potenza ottomana	392
12.6 I nuovi equilibri del continente europeo	394
▶fenomeni **L'età di Carlo V tra continuità e rotture**	396
FONTI **I ritratti dell'imperatore**	396
VERSO LE COMPETENZE esercitazione	397
I SAPERI FONDAMENTALI sintesi • mappa • linea del tempo	398

■ **CAPITOLO 13**

La Riforma protestante	400
13.1 La Chiesa di Roma: tensioni politiche e aspirazioni al rinnovamento religioso	401
13.2 Il messaggio di Lutero	403
FONTI **Le 95 tesi di Lutero**	406
13.3 La Riforma luterana e i poteri laici	408
13.4 Gli sviluppi della Riforma	412
FONTI **L'*Istituzione della religione cristiana* di Calvino**	414
▶fenomeni **La diffusione del calvinismo al Nord: il caso della Svezia**	416
13.5 Enrico VIII e la Riforma in Inghilterra	416
▶protagonisti **Caterina d'Aragona e Anna Bolena**	419
*altri*LINGUAGGI La frattura della cristianità tra cinema e televisione	420
VERSO LE COMPETENZE esercitazione	421
I SAPERI FONDAMENTALI sintesi • mappa • linea del tempo	422

■ **CAPITOLO 14**

Il Concilio di Trento e l'età della Controriforma	424
14.1 La Chiesa e la convocazione del Concilio di Trento	425
▶protagonisti **Il cardinal Carafa e la chiusura al dialogo**	427
14.2 Il concilio: l'ortodossia, il clero e la società cristiana	428
FONTI **I *Decreti* in difesa dell'ortodossia**	429
▶protagonisti **Carlo Borromeo**	431
14.3 La repressione dei comportamenti devianti	432
▶oggetti **Il confessionale**	432
14.4 Il controllo delle devozioni e la caccia alle streghe	435
FONTI **Le confessioni della "strega" Ippolita Palomba**	437
▶protagonisti **Fattucchiere, esorcisti e guaritori**	438
14.5 Le missioni e gli ordini regolari	440
14.6 La Controriforma e i poteri secolari	443
*altri*LINGUAGGI Il *Dies Irae* di Dreyer	444
VERSO LE COMPETENZE esercitazione	445
I SAPERI FONDAMENTALI sintesi • mappa • linea del tempo	446

■ **CAPITOLO 15**

Monarchie e imperi nell'età di Filippo II	448
15.1 I domini di Filippo II fra Vecchio e Nuovo Mondo	449

SOMMARIO

▶ protagonisti **Filippo II, il "re prudente"** — 450

▶ fenomeni **Il "secolo d'oro"** — 451

▶ fenomeni **Moneta, inflazione, rivoluzione dei prezzi** — 454

15.2 Il governo dei domini spagnoli e la rivolta dei Paesi Bassi — 455

15.3 La potenza ottomana e i conflitti nel Mediterraneo — 458

▶ luoghi **La Puglia, frontiera contro "il Turco"** — 458

15.4 L'Inghilterra nell'età elisabettiana — 460

▶ protagonisti **I corsari inglesi** — 462

▶ fenomeni **La povertà** — 464

15.5 Le guerre di religione in Francia — 466

▶ eventi **Una strage "politica"** — 467

FONTI **L'Editto di Nantes** — 469

15.6 La Confederazione polacco-lituana e la Russia — 470

altriLINGUAGGI Elisabetta e Ivan al cinema — 472

VERSO LE COMPETENZE esercitazione — 473

I SAPERI FONDAMENTALI sintesi • mappa • linea del tempo — 474

PERCORSI STORIOGRAFICI

1 La conquista dell'America e la visione dei vinti — 476

■ Nathan Wachtel *Poche centinaia di spagnoli e il crollo degli imperi* — 476

■ Tzvetan Todordov *Colombo e la scoperta dell'Altro* — 478

2 Lo Stato moderno: forze aggreganti e forze disgreganti — 482

■ Antoni Mączak *Il patronage e i pericoli per il potere assoluto* — 482

■ Osvaldo Raggio *Il potere delle periferie e i limiti dello Stato* — 484

3 La Controriforma: libri, lingua e censura — 488

■ Gigliola Fragnito *La Chiesa e il primato del latino* — 488

■ Marina Roggero *La Chiesa, le storie d'amore e le avventure cavalleresche* — 491

SEZIONE V

Stati in costruzione [1600-1715] — 494

CAPITOLO 16

L'Europa del Seicento fra crisi e nuovi equilibri — 496

16.1 Un periodo di profonde trasformazioni — 497

▶ fenomeni **Il Seicento come secolo di crisi?** — 498

▶ fenomeni **Il Barocco** — 500

16.2 L'Europa del primo Seicento — 502

▶ protagonisti **I favoriti alla corte del re: i casi di Spagna e Francia** — 504

16.3 La Guerra dei Trent'anni — 507

▶ eventi **La defenestrazione di Praga** — 507

SOMMARIO

FONTI *L'avventuroso Simplicissimus* e la Guerra dei Trent'anni	511
16.4 Un secolo di rivolte	512
▶ fenomeni **Rivolte, non rivoluzioni**	513
altri LINGUAGGI *Tommaso d'Amalfi a teatro*	516
16.5 Rivoluzione scientifica e nuove frontiere del pensiero	517
▶ fenomeni **L'alchimia e la scienza moderna**	519
▶ oggetti **Il cannocchiale**	520
FONTI **Il processo a Galilei e l'abiura**	521
VERSO LE COMPETENZE esercitazione	523
I SAPERI FONDAMENTALI sintesi • mappa • linea del tempo	524

CAPITOLO 17

L'ascesa delle Province Unite e la rivoluzione inglese — 526

17.1 La fortuna delle Province Unite	527
▶ fenomeni **Il paese della tolleranza**	530
17.2 L'Inghilterra e l'eredità di Elisabetta	530
17.3 I conflitti tra corona e parlamento	532
17.4 La guerra civile	536
▶ fenomeni **I *Levellers***	538
17.5 Il protettorato di Cromwell	539
FONTI **Il processo a Carlo I Stuart**	540
17.6 La restaurazione Stuart e la Gloriosa rivoluzione	542
FONTI **Lo *Habeas Corpus Act***	544
FONTI **Il *Bill of Rights***	546
17.7 L'evoluzione del pensiero politico nel Seicento	547
VERSO LE COMPETENZE esercitazione	549
I SAPERI FONDAMENTALI sintesi • mappa • linea del tempo	550

CAPITOLO 18

L'Europa nella seconda metà del Seicento — 552

18.1 L'accentramento del potere nella Francia di Luigi XIV	553
▶ luoghi **La Reggia di Versailles**	555
FONTI **L'Editto di Fontainebleau**	557
18.2 L'economia e la politica estera sotto Colbert	559
▶ idee **Il mercantilismo**	560
18.3 La monarchia asburgica e l'Impero ottomano	562
18.4 Il declino spagnolo, la situazione della penisola italiana e il tramonto del Re Sole	564
▶ protagonisti **I corsari barbareschi nel Mediterraneo**	565
▶ protagonisti **Carlo II fra esorcismi e lotte di potere**	567
▶ protagonisti **Fénelon**	569
18.5 La nascita dello Stato prussiano e l'importanza degli eserciti	570
▶ oggetti **Il moschetto e la baionetta**	571
18.6 La Russia di Pietro il Grande	572

SOMMARIO

▶ protagonisti **Pietro il Grande** — 573
*altri*LINGUAGGI Luigi XIV fra cinema e televisione — 576
VERSO LE COMPETENZE esercitazione — 577
I SAPERI FONDAMENTALI sintesi • mappa • linea del tempo — 578

CAPITOLO 19

Relazioni globali: la nuova fisionomia del pianeta — 580
19.1 Lo splendore degli imperi asiatici — 581
▶ luoghi **Il confine settentrionale cinese e la Grande muraglia** — 583
▶ idee **È mai esistito un Medioevo giapponese?** — 585
19.2 Gli europei tra Asia e Africa — 588
19.3 Gli europei e le Americhe — 592
▶ protagonisti **I nativi del continente nordamericano** — 593
▶ fenomeni **L'espansione del potere degli irochesi** — 596
19.4 La nuova fisionomia del pianeta — 599
FONTI **La Cina e il Messico visti con gli occhi di un europeo** — 600
FONTI **Muratori e il "cristianesimo felice" nelle missioni gesuite** — 602
▶ fenomeni **Superiorità europea nel mondo: la fine di un paradigma** — 604
VERSO LE COMPETENZE esercitazione — 605
I SAPERI FONDAMENTALI sintesi • mappa • linea del tempo — 606

PERCORSI STORIOGRAFICI

1 Le donne fra potere e ribellione — 608
■ Nathalie Zemon Davis *Le donne nella vita pubblica: corti, assemblee, salotti* — 608
■ Arlette Farge *Donne in rivolta* — 610
2 Scambi internazionali e reti globali — 613
■ Francesca Trivellato *L'affermazione del commercio europeo sul pianeta:*
un percorso incerto — 613
■ Luciano Pezzolo *La moneta e i prezzi: integrazioni, fluttuazioni, divergenze* — 615

CLIL **The Discovery of "New Worlds"** — 619

VERSO L'ESAME

I testi argomentativi — 634
T1 Francesco e Xi Jinping, l'asimmetrica partita dei due imperatori — 636
T2 L'etica protestante e la crisi del capitalismo — 643
T3 Il confucianesimo logistico che cambia il mondo — 652

Indice dei nomi — 657
Indice dei percorsi visivi — 666
Indice delle carte — 669
Glossario — 671

per riprendere il filo

Roma e le sue eredità nell'alto Medioevo

1. Le eredità di Roma in Occidente

L'incontro latino-barbarico Sino al V secolo, la frontiera settentrionale dell'Impero romano segnava molte differenze tra la **civiltà romano-ellenistica** e la **civiltà barbarica** [▶Barbari/Germani]. Sebbene fossero entrambe disomogenee al loro interno, e nonostante da secoli vi fossero interferenze e scambi, il mondo romano si caratterizzava per essere costituito, generalmente, da una rete di **città**, dotate di **edifici pubblici** in pietra e collegate da **strade**; in queste città, attraversate da grandi disuguaglianze sociali, governava un'élite la cui cultura era basata sulla conoscenza della **letteratura latina e greca** e sulla capacità di **scrittura**; al vertice, l'aristocrazia senatoria e imperiale governava una struttura statale complessa e fondata sull'efficacia del **sistema fiscale**. Inoltre, già dal IV secolo l'Impero romano era un impero cristiano: di conseguenza, cresceva sempre più l'influenza sociale dei vescovi. Meno complesse erano invece l'economia e la cultura materiale dei popoli barbarici, per i quali le identità politico-istituzionali e sociali erano poco definite e spesso mutevoli, legate principalmente all'ascesa al potere di clan e gruppi famigliari.

Durante i secoli V-VII vi furono profonde **trasformazioni**. Nel V secolo, la tradizionale strategia imperiale nei confronti dei barbari che periodicamente forzavano la

---

Barbari/Germani La parola "barbaro", di origine indoeuropea (traslitterata in latino dal greco *bàrbaros*), indicava inizialmente tutti coloro che non erano greci: è infatti un'onomatopea derivata da *bar bar*, il suono sgradevole di una lingua straniera agli orecchi di un greco.

A partire dal I secolo a.C. designò tutti coloro che non fossero greci e romani e ricomprese il concetto di "incolto" e "selvaggio". Con la cristianizzazione, "barbari" furono designati coloro che non condividevano la cultura romano-ellenistica e la religione cristiana.

Il termine "germani", invece, usato per indicare le popolazioni insediate oltre il confine romano attestato sul Reno, fu introdotto da Giulio Cesare, che li differenziava da altri popoli come celti e sciti. Lo spazio occupato da queste popolazioni, compreso tra i fiumi Reno e Vistola, dal Mar Baltico all'alto Danubio, fu così definito *Germania*, escludendo popolazioni come per esempio i goti, stanziati tra Mar Nero e basso Danubio.

Ciò che emerge è, in ogni caso, il fatto che queste definizioni non solo non appartengono al mondo "barbarico", ma anche che sono prive di una base etnica o identitaria: le identità delle società barbariche sono infatti il prodotto di un complesso processo di autoidentificazione, che si realizzerà solo molto più tardi. Oggi, per evitare ogni allusione a presunti rapporti di filiazione diretta tra antichi germani e Germania moderna, si preferisce usare "barbaro/barbarico", che rispetto a "germano" ha anche il vantaggio di escludere ogni rimando etnico o razziale.

- 1. Le eredità di Roma in Occidente
- 2. Roma in Oriente e l'ascesa dell'islam
- 3. I regni dell'Occidente altomedievale
- 4. Il mondo carolingio
- 5. Crisi e mutamenti dell'ordinamento carolingio
- 6. L'affermazione dei poteri locali

frontiera – sconfiggerli militarmente, insediarli in territori periferici e utilizzarli come reclute per l'esercito – fallì, probabilmente per diverse ragioni concomitanti: **l'instabilità politica** dell'Occidente; la rapida e violenta **successione di imperatori** senza effettivo potere; il **conflitto tra capi militari**; la difficoltà in cui si trovarono le élite di elaborare valide soluzioni alternative. Sfuggì dunque al ceto dirigente romano occidentale il governo del processo di **assimilazione dei clan barbarici**; e quando, negli anni Trenta del secolo, i vandali si insediarono stabilmente nella ricca Africa settentrionale, le entrate fiscali diminuirono e l'impero, a corto di denaro, dovette ricorrere sempre più a eserciti **barbari alleati**, difficilmente controllabili e che andavano remunerati con grandi estensioni di terra. La divisione tra capi militari di Italia e Gallia condusse infine, nel 476, alla deposizione dell'ultimo imperatore, Romolo Augustolo, al riconoscimento formale del solo imperatore a Costantinopoli e all'avvio della formazione di regni romano-barbarici in Occidente [👁1].

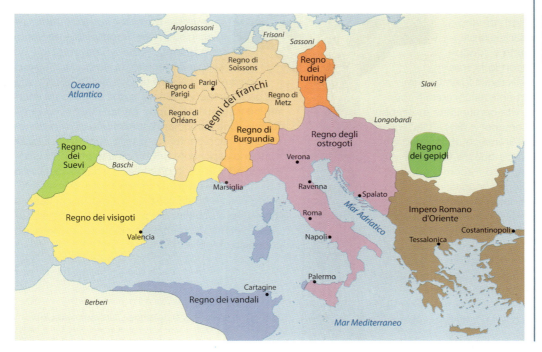

[👁1] I regni romano-barbarici in Occidente nel VI secolo

per riprendere il filo

Quello che seguì **non fu un collasso** del sistema politico romano. Molti barbari condividevano aspetti della cultura romana, i loro capi erano inquadrati nell'amministrazione e nell'esercito imperiali, conoscevano il latino e in buona parte erano di religione cristiana (sebbene ariani). Tuttavia vi furono importanti cambiamenti. Nonostante le **continuità sul piano religioso e culturale**, garantite dalla rete episcopale e monastica [▶Monachesimo], le società romano-barbariche erano infatti caratterizzate dalla **predominanza degli aspetti militari** ed erano connotate da una **minore integrazione commerciale** e da una **riduzione della produzione artigianale** su larga scala. L'unità dell'Occidente, dal Mare del Nord al Sahara, era persa per sempre e la domanda aristocratica di beni di lusso era crollata. Soprattutto, le tasse pubbliche non costituirono più il fondamento della ricchezza dello Stato, sostituite progressivamente da canoni stabiliti sulla coltivazione della proprietà terriera privata. Questo fu un cambiamento di grandissima portata: per secoli in Occidente la **forza di uno Stato** si sarebbe misurata non più sull'efficacia dell'imposizione fiscale, ma sul **possesso della terra**.

Anche le **società barbariche** vissero processi di mutamento. Pur dotate di specifiche tradizioni e credenze (relativamente ai consumi alimentari, per esempio, o, sul piano politico, al ruolo fondamentale che rivestiva l'assemblea pubblica popolare), esse erano tuttavia influenzate da secolari rapporti con il mondo romano-ellenistico e dunque assunsero **identità e fisionomie diverse** a seconda del successo dell'insediamento sulle terre imperiali, della capacità di distinguersi, o di fondersi, con altri gruppi di famiglie o clan.

Monachesimo Le origini del monachesimo risalgono al III-IV secolo d.C. in Egitto e in Siria, dove alcuni cristiani, in violento contrasto con il sistema di valori romano-ellenistico, abbandonarono le città per rifugiarsi nel deserto e condurre vita eremitica. Secondo la tradizione, il primo di questi eremiti fu Antonio (m. 356 ca.). Successivamente alcuni eremiti sperimentarono forme di vita comunitaria in cenobi (dal greco *koinòs*, "comune" e *bìos*, "vita") guidati da un abate (dall'aramaico *abbà*, "padre"). Il primo a sperimentare questa forma di vita spirituale sembra sia stato Pacomio (m. 346), che scrisse la prima regola monastica.

Il monachesimo, originariamente avversato dalle gerarchie ecclesiastiche (poiché sfuggiva alla guida pastorale dei vescovi), si diffuse rapidamente in Palestina e in Asia minore. Qui, grazie all'attività di Basilio di Cesarea (m. 379), divenne un elemento cardine della vita non solo religiosa, ma anche economica e politica dell'Impero d'Oriente, giocando un ruolo fondamentale quando, nell'VIII secolo, si accese la contesa sul culto delle immagini sacre. Anche in Occidente, per impulso di Martino di Tours (m. 397) le esperienze monastiche conobbero grande diffusione e svolsero un attivo ruolo contro i culti romano-ellenistici, che furono violentemente contrastati. Nella prima metà del VI secolo Benedetto da Norcia (m. 560 ca.) redasse una celebre regola che fu apprezzata da papa Gregorio I Magno e che esercitò un enorme influsso sullo sviluppo del cristianesimo occidentale. Una particolare espressione del monachesimo in Occidente fu quello irlandese, il cui massimo esponente fu Colombano (m. 615): i monaci, la cui vita era improntata a un rigido ascetismo e a una severa preparazione culturale, si insediarono nelle isole britanniche, in Borgogna e in Italia, e furono i protagonisti del processo di evangelizzazione dell'Europa centrale e orientale, accanto alle conquiste franche. ■

◀ Croce in arenaria, Monasterboice (Irlanda), X secolo.

2. Roma in Oriente e l'ascesa dell'islam

L'Impero romano d'Oriente Nel VI secolo, mentre l'Occidente era in preda all'incertezza, l'Impero romano d'Oriente era in pieno sviluppo economico. Al tempo di **Giustiniano** (527-65) un **solido apparato fiscale** sosteneva un esteso circuito di traffici commerciali che collegava stabilmente la capitale, Costantinopoli, con la Siria-Palestina, l'Anatolia, l'Egitto e il Nord Africa, l'Egeo, la Sicilia e l'Italia meridionale. Grandi realizzazioni architettoniche – come la **Basilica di Santa Sofia** – e culturali – il *Corpus iuris civilis* – segnarono gli anni di regno dell'imperatore, connotati da riforme nell'amministrazione e dall'espansione militare, sia in Occidente, contro vandali e ostrogoti, sia in Oriente contro i persiani, storico nemico di Roma in Mesopotamia.

Un elemento chiave della politica imperiale fu la ricerca dell'**unità religiosa**, minacciata da un lato da roventi dispute teologiche, dall'altro dalla varietà di esperienze con le quali i fedeli cercavano di mettere in pratica la più corretta forma di vita cristiana. Il cristianesimo dei primi secoli dovette infatti imporsi con un enorme sforzo di **chiarificazione intellettuale ed etica**: in particolare, il nodo attorno al quale ruotava gran parte delle controversie riguardava le **due nature di Gesù**, umana e divina, e in quale rapporto fossero tra loro, nonché i rapporti tra Dio e Verbo incarnato. I concili di **Nicea** (325) e **Calcedonia** (451) avevano condannato l'arianesimo, che riteneva vi fosse una differenza di sostanza tra Dio e Gesù, sostenendo di conseguenza la subordinazione del Figlio al Padre. Nel VI secolo si era poi affermata un'altra corrente secondo la quale non vi era alcuna separazione tra natura umana e divina di Cristo ed era perciò chiamata monofisita (dal greco *mónos*, "unico", e *physis*, "natura"). Poiché l'autorità imperiale era legata anche alla capacità di garantire l'unità della comunità cristiana, vari furono i tentativi di conciliazione tra queste posizioni e l'ortodossia niceno-calcedoniana. Nel 553 un importante concilio a **Costantinopoli** cercò di mediare tra le varie posizioni, ma fallì: ne derivò una secessione delle comunità cristiane monofisite (le Chiese di Armenia, Libano ed Egitto sono ancora oggi monofisite) che complicò il quadro religioso e sociale dell'Oriente romano [▶ Romano/Bizantino].

Romano/Bizantino L'Impero d'Oriente si è sempre definito "romano" sino alla fine, nel 1453. L'uso dell'aggettivo "bizantino" – che recupera il nome della città (Bisanzio) ricostruita da Costantino e ribattezzata Costantinopoli nel 330 d.C. – è invece moderno e vorrebbe indicare una compagine politica, militare, economica e religiosa autonoma rispetto all'eredità tardoantica dell'Impero romano ancora unitario. La data a partire dalla quale si potrebbe legittimamente parlare di Impero bizantino è oggetto di ampie discussioni storiografiche. Fermo restando, dunque, che si sta parlando di un Impero romano e cristiano, i cui imperatori si sentivano eredi dei Cesari della Roma antica, che i suoi abitanti si definirono *Rhomàioi* e che i loro stessi avversari musulmani li chiamarono *Rum* (ossia sempre Romani), una nuova realtà istituzionale, diversa dall'impero tardoantico, è probabilmente ravvisabile tra il VII e l'VIII secolo, quando l'impero perse le grandi province orientali di Siria-Palestina ed Egitto: la riorganizzazione che ne seguì, sul piano amministrativo, militare ed economico, fu molto profonda ed ebbe anche effetti di ordine linguistico (uno su tutti, l'egemonia assoluta del greco), culturale e religioso. ■

▶ Mosaico dalla Chiesa di Santa Sofia (Divina Sapienza), X-XI secolo.

per riprendere il filo

Qui, nel corso del secolo, ripresero inoltre con vigore le guerre persiane, con il rafforzamento della **dinastia sasanide**, e solo una lotta di potere tra regnanti (shah) rivali consentì all'imperatore Maurizio di stabilire una pace nel 591. Nel frattempo entrarono in fermento i Balcani, dove si erano stanziate tribù di lingua slava con il supporto degli avari, popolazioni turcofone provenienti dalle steppe dell'Asia centrale. La **crisi del potere imperiale** innescata dal colpo di Stato di un sottufficiale semibarbaro, Foca (602-610), consentì allo shah Cosroe II di riaprire le ostilità: Siria, Palestina ed Egitto, il cuore economico dell'impero, caddero in mano persiana e nel 626 la stessa Costantinopoli fu assediata. L'imperatore romano **Eraclio** (610-41) riuscì tuttavia a rovesciare la situazione: attaccò direttamente la Mesopotamia annientando quasi completamente la potenza persiana, mentre i territori perduti vennero riconquistati. Solo pochi anni dopo però romani e persiani dovettero confrontarsi con un nemico devastante: gli **arabi**.

L'Impero arabo-islamico L'unificazione delle tribù della penisola arabica sotto i vessilli della nuova religione predicata dal profeta **Muhammad** (italianizzato in Maometto, morto nel 632) costituì un fattore di successo militare. La progressiva codificazione dei principi dell'islam permetteva infatti a tribù storicamente separate e in lotta tra loro un'unità che ne rafforzava l'azione [▶ I pilastri dell'islam].

Nonostante sin dalla morte del profeta la comunità musulmana si fosse divisa sul problema della successione, se spettasse a un esponente dell'aristocrazia della Mecca (**sunniti**) o a un suo diretto familiare (**sciiti**), e sebbene gli scontri interni avessero portato all'uccisione di ben due califfi (capi politici militari successori di Maometto) Othman e Ali – rispettivamente cugino e genero di Maometto –, l'**espansione militare** procedette con rapidità **impressionante**. I primi a cadere sotto i colpi delle armate arabe furono i persiani: entro gli anni Quaranta del VII secolo tutto l'Impero sasanide fu conquistato stabilmente e Iraq e Iran costituirono la base per l'ulteriore espansione verso il Turkestan cinese e l'Indo [👁 2].

islam Dall'arabo *islām*, "abbandono, consegna (di sé alla volontà divina)"; strettamente collegato è il termine "musulmano", da *muslim* "aderente all'islam".

[👁 2]
L'espansione dell'islam arabo (VII-VIII secolo)

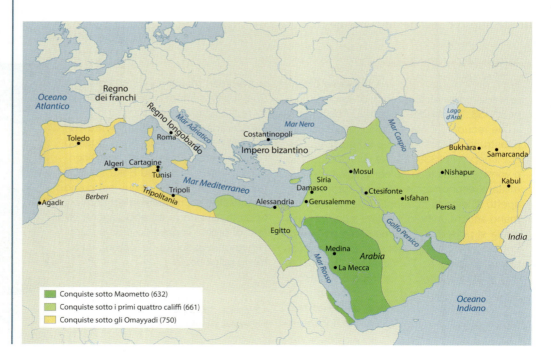

24

Nello stesso brevissimo torno d'anni, anche le regioni più ricche dell'Impero romano, Siria, Palestina, Egitto, appena riprese dai bizantini e in preda a forti controversie religiose, furono conquistate: nel 637, anno in cui fu occupata la capitale persiana, Ctesifonte, cadde anche la Siria e tra il 642 e il 645 gli eserciti arabi erano già in Tripolitania. L'**Impero romano**, conscio che si trattava di una **lotta per la sopravvivenza**, resistette, modificando le strutture provinciali e la dislocazione degli eserciti e riuscendo inoltre a mantenere una sostanziale coesione sul piano fiscale, sufficiente per sostenere l'urto arabo e, in seguito, per risorgere su una base territoriale più limitata, gravitante sull'Egeo.

La vittoria riportata da un aristocratico della Mecca, Muawiya (661-80), membro della famiglia degli **Omayyadi**, sugli altri concorrenti alla carica di califfo consentì il costituirsi di una vera dinastia, con base a Damasco in Siria, capace di coordinare le direttrici dell'espansione militare secondo un piano organico (sino alla penisola iberica e al cuore dell'Asia centrale, entrando in concorrenza con il potente Impero cinese Tang) e di stabilire un principio di **governo monarchico**, fortemente debitore, in particolare, del modello romano. Gli eserciti e le élite arabe, a differenza di quelle barbariche in Occidente, scelsero di stabilirsi non nelle campagne, ma nelle città, sfruttando il sofisticato sistema di **tassazione monetaria** che già romani e persiani adottavano, e questo permise loro di gestire grandi ricchezze e di mantenersi separati dalle più numerose società locali non arabe e non musulmane dei territori che conquistavano (con l'eccezione dell'Iraq, l'islam rimase religione minoritaria almeno sino al X secolo nei territori governati dai califfi). Dall'VIII secolo in poi una **nuova sintesi culturale**, favorita dalle élite musulmane e arabe, dominò le città del mondo islamico dal Mediterraneo all'Asia centrale: letteratura, filosofia e scienza della Grecia classica erano ricomprese in una sintesi originale che produsse una grande quantità di testi letterari, storici, teologici, fisico-matematici; l'Occidente latino li avrebbe tradotti a partire dal XII secolo, traendone grande beneficio.

I pilastri dell'islam Le pratiche di culto obbligatorie per ogni buon musulmano sono cinque, dette *arkhan*, "pilastri":

– la professione di fede, ossia la testimonianza che non c'è divinità all'infuori di Allah e che Maometto è il suo profeta (*shahada*);
– l'esecuzione dell'adorazione quotidiana (*salah*), secondo determinate condizioni di purezza e decoro, in direzione (*quibla*) della Mecca e per cinque volte al giorno;
– il pagamento di un'imposta (*zakah*), i cui proventi sono utilizzati a beneficio di poveri e altre categorie di bisognosi (prigionieri, viandanti, debitori inadempienti);
– il digiuno diurno nel mese di Ramadan (*sawm*);
– il pellegrinaggio (*hajj*) alla Mecca.

▶ La Kaaba, edificio che alla Mecca conserva la pietra nera venerata dai musulmani. Miniatura, XIII secolo.

per riprendere il filo

L'affermazione del principio dinastico provocò rivolte nel mondo musulmano e a queste gli Omayyadi cercarono di ovviare rafforzando l'impronta religiosa del califfato e basando la propria egemonia sui territori di Siria, Palestina ed Egitto. L'opposizione sciita in Iraq portò tuttavia a una rivolta (747) di cui approfittò un nuovo clan, quello degli **Abbasidi**, discendenti di Abbas, zio paterno di Maometto, che in pochi anni ebbero ragione degli Omayyadi: questi furono tutti sterminati tranne un esponente, Abd al-Rahman I, che si rifugiò nella penisola iberica dando vita all'emirato indipendente di al-Andalus. Gli Abbasidi posero il centro del proprio potere in Iraq, fondando **Baghdad**, e promossero una **duratura fioritura culturale**; detennero il titolo di califfi sino alle soglie dell'età moderna, anche se furono in grado di esercitare un dominio effettivo sull'Impero arabo-musulmano solo fino alla metà del X secolo: con le infrastrutture e la logistica dell'epoca era infatti **impossibile controllare politicamente** a lungo e in modo efficace un territorio che andava dall'Atlantico ai confini cinesi.

[👁 3] **Il sapere antico per la nuova età** Espressione della sintesi romano-barbarica nella penisola iberica, Isidoro, vescovo di Siviglia (560 ca.-636), fu autore di numerosi testi teologici, storici e musicali tra cui le *Etymologiae*, massima opera enciclopedica del sapere tardoantico e altomedievale.

3. I regni dell'Occidente altomedievale

I vandali Tra il V e il VI secolo l'incontro tra la popolazione romana e i più ristretti nuclei barbarici ebbe vari esiti. Secondo le fonti romane ed ecclesiastiche, l'esperienza più negativa fu costituita dal Regno dei **vandali** in Africa settentrionale, poiché la caduta della ricca provincia africana fu un duro **colpo per l'economia dell'Occidente** romano e l'aristocrazia senatoria perse grandissima parte delle sue proprietà fondiarie. Questo elemento, insieme con il fatto che i vandali avevano abbracciato l'eresia ariana e con il **saccheggio di Roma** del 455, spiegano come, pur durato poco più di un secolo (sino al 533), il dominio vandalo sia diventato per secoli il paradigma della barbarie e dell'inciviltà.

I visigoti I regni in cui, a partire dalla seconda metà del V secolo, l'**integrazione romano-barbarica** fu invece più efficace furono quelli goti. Nella **penisola iberica**, fortemente romanizzata, con molte difficoltà si consolidò il Regno dei **visigoti** (goti occidentali), tra primi del V e la metà del VI secolo. A partire dalla seconda metà del VI secolo, con il re Leovigildo (m. 586) i visigoti procedettero a consolidare il proprio controllo sul territorio (esclusa la fascia costiera a Sud e le province a cavallo dei Pirenei a Nord) della penisola attraverso una serie di campagne militari e a dare **unità religiosa** allo Stato, abbandonando definitivamente l'arianesimo per abbracciare l'**ortodossia nicena**.

Una serie di concili svoltisi a **Toledo** dettarono la linea religiosa e politica del regno e l'alleanza con l'episcopato cattolico. Accanto a gruppi sociali barbarici convissero dunque gruppi sociali romani ed **élite di solida cultura** [👁 3]. Mentre era all'apice della sua forza, il Regno visigoto fu tuttavia distrutto, nel 711, da un esercito arabo-musulmano proveniente dall'Africa settentrionale. Mentre il Nord rimase indipendente e cristiano, tutto il resto della penisola, per cinque secoli, fu ricompreso nell'enorme comunità politico-religiosa musulmana.

L'Italia tra ostrogoti e longobardi

Il regno costituitosi all'indomani della conquista dell'Italia e dell'Illirico per mano di **Teodorico** (493-526) fu a lungo l'ago della bilancia politica per gli altri regni romano-barbarici. Re degli ostrogoti (goti orientali), ma anche formalmente comandante in capo dell'esercito alle dirette dipendenze dell'imperatore di Costantinopoli, Teodorico si impegnò a suddividere rigidamente i compiti di governo: ai **goti** spettava la **direzione politica** e la **difesa armata**, ai **romani** l'**amministrazione civile**. In questo modo cercava di stabilizzare le genti barbariche entro il quadro di civiltà tardoantico. Questo **principio di convivenza**, sostenuto da un **sistema fiscale** che permetteva di riscuotere con regolarità le imposte, contribuì al successo dell'esperimento goto, sino all'attacco dell'Impero romano d'Oriente guidato da Giustiniano.

La **guerra** che ne seguì, detta **"greco-gotica"** (535-53), era parte del progetto giustinianeo di riconquistare il Mediterraneo occidentale, che vide infatti anche la caduta dell'Africa vandala. Al termine, la società italica ne uscì sconvolta: **le élite civili e religiose** – rappresentate dalle Chiese di Roma e Ravenna – si legarono **sempre più all'Oriente romano** piuttosto che tentare la via dell'integrazione, come avveniva nel resto dell'Occidente postromano. Sul piano geografico, questo corrispose a uno scollamento tra le **realtà costiere**, ancora vivaci sul piano commerciale e produttivo, e quelle più **interne** (Appennini, Alpi, occidente della Pianura padana), in cui invece la crisi economica incominciò a farsi sentire e le città si spopolarono.

I longobardi

La conquista della penisola italica da parte dei **longobardi** nel 568-69 confermò i divergenti processi economici e sociali che la penisola stava attraversando. Ne derivò la costituzione di un **intricato mosaico territoriale** tra terre longobarde, i cui poli furono Pavia e i ducati di Spoleto e di Benevento, e terre imperiali romano-orientali, centrate sull'Esarcato, l'antica provincia bizantina con capitale Ravenna, le coste adriatiche e tirreniche e il Ducato di Roma [▶ I longobardi, p. 28].

Il **consolidamento** del Regno longobardo tra la metà del VII e la metà dell'VIII secolo, sia sul piano giuridico (*Editto di Rotari*, 643), politico e sociale, sia sul piano militare, con Liutprando e Astolfo, ne fece un esempio di successo tra i regni postimperiali. Tuttavia, la monarchia longobarda non riuscì a sostenere le proprie ambizioni di controllare come via d'accesso al Mezzogiorno il **Ducato bizantino di Roma**, sede del papa, il più prestigioso vescovo della cristianità. Sebbene Liutprando confermasse il controllo di alcune località laziali (tra le quali Sutri), [▶ La donazione di Sutri, p. 28], la **saldatura di interessi tra Roma e franchi** condusse infine allo scontro con i potenti vicini d'Oltralpe: i longobardi furono da essi **ripetutamente sconfitti**, sino alla **conquista del regno** nel 774 (salvo Benevento).

---

eresia Dal greco *háiresis*, "scelta", movimento di dissenso all'interno di una tradizione religiosa, o dottrina avversa a una verità stabilita dal magistero ecclesiastico prevalente. Si definisce anche eterodossia (da *héteros*, "differente", e *doxa*, "dottrina") in contrapposizione a ortodossia (da *orthós*, "corretto").

per riprendere il filo

I longobardi Durante il Risorgimento l'interpretazione del ruolo dei longobardi nella storia della penisola ebbe un ruolo centrale nella storiografia. Alcuni, sulla scorta della riflessione di Machiavelli, facevano risalire all'invasione longobarda e al loro successivo insediamento il frazionamento politico della penisola, fonte di una debolezza che avrebbe segnato l'avvio del dominio straniero; altri, insistendo sulla barbarie longobarda, leggevano invece positivamente il ruolo avuto dal papato nel salvare l'Italia. Attualmente simili interpretazioni sono superate. In primo luogo, come per ogni altra popolazione barbarica, è errato pensare a compagini etniche ben definite e stabili: si tratta infatti sempre di agglomerati dinamici di famiglie e clan di varia provenienza e non di popoli come noi li intenderemmo oggi. Inoltre, la conquista longobarda si inserì in un quadro già sconvolto dalla guerra greco-gotica e sebbene causasse la costituzione di molteplici linee di frontiera con i territori rimasti sotto controllo imperiale, non comportò una rivoluzione né nei luoghi di insediamento, dove le città vescovili mantennero un ruolo fondamentale, né nella dotazione di infrastrutture. Il degrado del tessuto urbano era invece già in atto quando i longobardi giunsero in Italia, e semmai non ebbero i mezzi o le capacità di arrestarlo.

Il percorso di superamento della frammentazione sociale e religiosa fu molto lungo e mai del tutto compiuto e reso più complesso dalle rivalità interne tra re e duchi; al conflitto con Costantinopoli si aggiunsero poi altri attori, il papa, ma soprattutto i franchi, che con maggiore efficacia riuscirono a stabilire una duratura egemonia su gran parte della penisola, ponendosi anche come eredi dell'esperienza politica longobarda. ■

Regno dei franchi
Bavaria
Cividale
Torino
Milano
Pavia
Verona
Venezia
Avari
Genova
Esarcato
Slavi
Firenze
Spalato
Perugia
Spoleto
Mar Adriatico
Sutri
Roma
Benevento
Napoli
Salerno
Brindisi
Taranto
Mar Tirreno
Mar Ionio
Palermo
Messina
Mar Mediterraneo

Territori sotto il dominio longobardo
- Nel VI secolo
- Nel VII secolo
- Nell'VIII secolo
- Impero bizantino (732)

◄ La cosiddetta "corona ferrea", arte longobarda, IV-IX secolo.

La donazione di Sutri Tradizionalmente si fa risalire alla donazione del Castello di Sutri, situato tra Roma e Viterbo, l'inizio del potere temporale dei vescovi di Roma. Agli inizi dell'VIII secolo, il re longobardo Liutprando (712-44) si fece forte della propria adesione al cattolicesimo per cercare di imprimere una svolta al regno, sul piano sia sociale che militare. Ampi territori in mano bizantina vennero conquistati e lo stesso Ducato di Roma fu minacciato. Convinto da papa Gregorio II a recedere, Liutprando gli cedette il controllo di Sutri nel 728. Sulla natura giuridica di questa cessione si sono confrontate varie interpretazioni: alcuni hanno sostenuto che si è trattato di una semplice reintegrazione di diritti privati su beni già di proprietà della Chiesa di Roma; altri hanno sottolineato come questa cessione avesse pur sempre un carattere militare di fatto, che andava oltre il possesso privato, sebbene non comportasse nulla sul piano della sovranità formale.

Si tratta dunque di un'originale ambiguità giuridica e istituzionale, in cui la natura privata di alcune restituzioni e donazioni si intrecciava con la natura pubblica dei poteri che venivano esercitati di fatto sulle terre concesse al vescovo di Roma. Questi avrebbe poi iniziato a elaborare un concetto di *res publica* autonomo da quello imperiale e su scala italica: tra l'VIII e il IX secolo, grazie all'appoggio carolingio, la Chiesa di Roma riuscì a stabilire definitivamente il proprio controllo diretto sui territori dell'antico Ducato bizantino di Roma. ■

Roma e le sue eredità nell'alto Medioevo

I franchi Come tutte le altre popolazioni barbariche, i franchi costituivano un'aggregazione aperta e instabile di gruppi familiari germanici. Presto egemonizzati dai salii guidati dal re **Clodoveo** – chiamati poi Merovingi dal nome del leggendario nonno di Clodoveo, Meroveo – i franchi progressivamente sottomisero e coordinarono altri clan germanici partendo dal loro nucleo territoriale originario nella Gallia nordorientale (Austrasia), verso la Neustria a nord-ovest, l'Aquitania, la Burgundia e la Turingia [👁 4]. *La Storia dei Franchi* di Gregorio vescovo di Tours, illustrando la **conversione** di Clodoveo al **cristianesimo niceno**, permette di cogliere uno dei principali punti di forza della sperimentazione politica franca. Al battesimo del re, nel 496, Gregorio fece infatti seguire la conversione del suo seguito armato e poi di tutta la popolazione franca. Come un nuovo Costantino, il re doveva ora garantire l'unità religiosa del regno, minacciata da alamanni e visigoti, in quel momento ariani. Questo significò l'avvio di una stretta **collaborazione tra aristocrazie guerriere ed élite vescovili** di estrazione sociale e cultura romana.

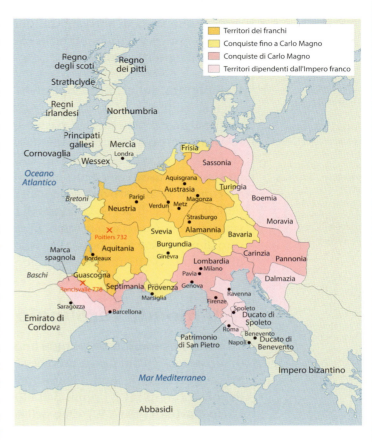

[👁 4] L'espansione dei franchi (VIII-IX secolo)

Un altro elemento che spiega la grande efficacia dei franchi nel costruire una solida struttura statale è l'**organizzazione militare** e lo stretto **nesso tra autorità regia ed élite** aristocratiche. Alla morte di Clodoveo il regno andava dal Reno ai Pirenei e i suoi successori sottomisero il Regno dei Burgundi e ampie zone della Germania: un'estensione notevole, che consentiva all'aristocrazia franca di essere la più ricca e di disporre di più terre di qualsiasi élite nell'area euromediterranea.

Il rapporto beneficiario-vassallatico L'aristocrazia franca gestiva le proprie terre secondo modalità proprie delle grandi famiglie senatorie. Tipicamente germanico era invece il coordinamento di **clientele armate**, composte di nuclei di uomini legati da **rapporti di fedeltà** personali. L'efficacia di queste clientele, che affiancavano la massa del popolo in armi, si pose alla base della **tradizione vassallatica**, caratterizzata da un vincolo personale reciproco tra il *vassus* (chiamato indifferentemente anche *vasallus*, *valvassor*, *miles*, *fidelis*), giuridicamente libero ma tenuto al servizio in armi e all'**obbedienza**, e il *senior*, che gli garantiva **protezione** e sostentamento. Pur in via facoltativa, ben presto si affermò l'uso di remunerare il servizio vassallatico mantenendo il *fidelis* nella casa signorile o, più frequentemente, assegnandogli in usufrutto temporaneo un **beneficio** (*beneficium*), molto spesso una terra. La cerimonia attraverso la quale un uomo libero si affidava a un altro uomo prendeva il nome di *accommendatio*, secondo l'uso tardoantico, o "**omaggio**" (*homagium/hominagium*), e prevedeva che il vassallo prima ponesse le sue mani giunte in quelle del suo signore e poi giurasse sulle reliquie dei

29

per riprendere il filo

immunità Privilegio accordato a un proprietario di non essere sottoposto all'azione di funzionari pubblici, alla tassazione o a oneri fiscali (in latino *munera*).

palazzo Dal latino *palatium*, indica, in epoca merovingia e carolingia, la corte regia itinerante, costituita da consiglieri, ufficiali e guardia personale del re. I maestri di palazzo erano i massimi funzionari di corte e ne coordinavano le attività.

santi. A differenza di altri rapporti di dipendenza economica che riguardavano contadini e proprietari terrieri, i franchi connotarono questo **legame** sotto l'aspetto prevalentemente **politico-militare**.

L'ambiguità delle istituzioni civili ed ecclesiastiche La sintesi latino-barbarica operata dai franchi si giocò anche nel **ruolo cruciale dell'episcopato**, che godeva di un prestigio e di una capacità pastorale in grado di integrare, sul piano sociale e culturale, l'azione politico-militare dei sovrani. Questo **ambiguo intreccio** tra amministrazione civile ed ecclesiastica da un lato permetteva ai re di fornire protezione militare ed esenzioni fiscali alla Chiesa, intervenendo anche nelle elezioni episcopali; dall'altro consentiva ai vescovi di governare ampi territori senza per questo essere funzionari pubblici o vassalli del re. I diplomi di **immunità** concessi dal re ad alcuni grandi centri vescovili e monastici garantivano, in cambio del consenso intorno al potere regio, il diritto di non essere sottoposti alla tassazione regia e di provvedere autonomamente alla difesa o ai lavori di interesse comune.

4. Il mondo carolingio

La dinastia pipinide-carolingia Impoverito da minori entrate fiscali e da una politica di successione ereditaria che prevedeva la spartizione della regalità tra tutti i figli maschi provenienti da varie unioni matrimoniali, il potere merovingio attraversò una **fase di debolezza** tra il VII e i primi dell'VIII secolo. Nel secondo decennio dell'VIII secolo **Carlo Martello** (684-741), capo dell'aristocrazia di **palazzo** merovingia, diede tuttavia inizio a una serie di conquiste, estendendo i domini franchi a est, in Frisia e Turingia, e a sud, in Provenza e in Aquitania, dove contrastò efficacemente le incursioni arabo-musulmane (si pensi alla vittoria, tanto celebre quanto mitizzata, conseguita a Poitiers nel 732).

Questo **dinamismo politico e militare** favorì l'affermazione di una **nuova dinastia** di maestri di palazzo, detta pipinide-carolingia. I sovrani merovingi, senza ormai alcun potere effettivo, furono deposti nel 751, quando **Pipino III**, figlio di Carlo, assunse il titolo regio, corroborato prima dall'**unzione** dell'arcivescovo di Magonza Bonifacio e poi dall'unzione dello stesso papa romano, Stefano II, che aveva bisogno dell'aiuto dei franchi contro i longobardi. Questo gesto, senza precedenti nel mondo franco, determinò un inestricabile **intreccio tra politica regia ed ecclesiastica**: entrambe le sfere di potere si sovrapponevano e si davano forza a vicenda.

Le riforme ecclesiastiche **Religione e armi** resero l'aristocrazia franca, coordinata dai Pipinidi-Carolingi, la forza egemone in Europa. In primo luogo, la politica pipinide si caratterizzò per il **sostegno ai vescovi** e alla **cristianizzazione dei pagani** del Nord. La **Chiesa franca** viveva una fase di **declino**: con il progressivo mescolarsi delle aristocrazie gallo-romane e franche, più frequentemente salivano al soglio episcopale uomini provenienti da famiglie di tradizione militare, violenti e ignari dell'etica pastorale tardoantica, fenomeno che costituiva una minaccia anche sul piano dell'ordine civile. I Pipinidi garantirono una profonda **riforma delle strutture ecclesiastiche**, facendo affidamento sul **monachesimo delle isole britanniche**, sviluppatosi tra il VI e il VII secolo per ispirazione romana e orientale. Questo movimento monastico, animato dall'esigenza di praticare la penitenza e la purificazione interiore, fu caratterizzato da un forte impegno missionario verso le tribù non cristiane. L'ampio programma di **disciplinamento del mondo ecclesiastico** ispirò un **riordinamento delle diocesi**, un'espansione dell'area di influenza cristiano-romana e una duratura organizzazione culturale, che trovò l'apice nella scuola palatina carolingia.

Il coordinamento delle aristocrazie militari

Il secondo elemento di forza della politica pipinide riguardò la capacità di **coordinare le aristocrazie franche**. Il consenso che essi attirarono su di sé garantì un'enorme forza militare, grazie alla quale il dominio franco si estese su un'area che dai Pirenei giungeva alle pianure dell'Europa centrale, dal Mare del Nord all'Italia centromeridionale. Questo successo consentì di attivare un virtuoso processo di **redistribuzione** delle risorse acquisite (terre, metalli preziosi, uomini), ampliando e consolidando ulteriormente il **consenso** e, di conseguenza, la potenza militare.

Da questo punto di vista, molto efficace fu l'azione di governo, tra la fine dell'VIII e gli inizi del IX secolo, portata avanti da **Carlo**, detto poi **"Magno"** per distinguerlo da un figlio con lo stesso nome, ma presto definito così per il peculiare carisma. Al termine di una serie di **vittoriose campagne militari**, condotte con largo impiego della cavalleria corazzata e dirette contro frisoni, sassoni, avari e gli stessi longobardi, Carlo incamerò **ingenti ricchezze**, inquadrò i territori conquistati sotto l'aspetto politico, sociale e religioso e divenne rapidamente un **modello di governo** anche per i regni britannici anglosassoni. Nella penisola iberica, la creazione di una marca con centro a Barcellona segnò i limiti dell'espansione dinanzi all'emirato (poi califfato) di Cordova e a realtà regionali come i regni cristiani del Nord e i territori controllati dai baschi. La sconfitta subita nel 778 per opera di questi ultimi a **Roncisvalle**, nei Pirenei occidentali, fu poi reinterpretata in chiave antimusulmana tra il tardo XI e il XII secolo, fornendo una base storica per l'epica *Chanson de Roland* [👁 5].

[👁 5] La morte di Rolando (o Orlando) La battaglia di Roncisvalle in una miniatura del XV secolo.

per riprendere il filo

L'incoronazione imperiale La campagna contro i longobardi in Italia ebbe un grande rilievo strategico, poi arricchito di enormi connotati simbolici. Carlo ebbe infatti la possibilità di dominare definitivamente lo scacchiere italico, sconfiggendo il re longobardo **Desiderio** ed espugnandone la capitale, Pavia. Assunse così nel 774 il titolo di *rex Francorum et Langobardorum*, esercitando anche forme di controllo sul Principato di Benevento e sui monasteri di San Vincenzo al Volturno e Montecassino. L'aristocrazia longobarda non fu tuttavia esautorata: mantenne le proprietà e le funzioni amministrative e fu assimilata alle élite franche; anche le leggi del regno rimasero in vigore. Carlo accentuò inoltre il proprio ruolo di **protettore della Chiesa di Roma**, che allora viveva una fase di duro conflitto con il mondo bizantino. La successione di papa **Leone III** ad Adriano I, contestata dall'aristocrazia romana, consentì a Carlo di intervenire direttamente a favore di Leone, che ne aveva implorato l'aiuto. Sulla base del *Constitutum Constantini* ("Ordinanza di Costantino", meglio noto come **Donazione di Costantino**), un falso privilegio redatto in questi decenni dalla cancelleria pontificia con il quale l'imperatore nominava papa Silvestro I suo erede in Occidente – e che dunque legittimava il pontefice a creare re e imperatori – il **re franco** fu **incoronato e unto con il crisma** sacerdotale dal papa nel Natale dell'800 dinanzi al popolo di Roma, che lo acclamò «grande e pacifico imperatore dei Romani, incoronato da Dio» [👁 6]. L'importanza ideologica dell'evento fu immediatamente evidente, sia sul piano dei rapporti tra autorità papale e potere regio, tra i quali la supremazia rimase dubbia, sia sul piano diplomatico. Solo nell'812 Costantinopoli, in conflitto con i franchi sia sul piano politico-militare sia sul piano ideologico, riconobbe infatti in Carlo un *imperator*, inteso come coordinatore di più regni, titolo che sino a quel momento aveva negato. Una **qualifica personale**, dunque, ma dalla **forte carica simbolica e religiosa**, attinta dalle figure di re ebraici e dall'imperatore Costantino: come tale fu riconosciuta a Carlo anche dal califfo di Baghdad Harun al-Rashid e questo consentì di stabilire regolari ambascerie e di promuovere alcune fondazioni monastiche in Terrasanta.

[👁 6]
L'incoronazione imperiale di Carlo
La *Vita Karoli* di Eginardo racconta, sul modello delle *Vite dei dodici Cesari* di Svetonio, il disinteresse e il fastidio di Carlo per la cerimonia e gli aspetti formali del potere. Particolare del mosaico del Triclinio Leoniano, X-XVIII secolo.

L'attività legislativa La costruzione politica carolingia cercava di conservare un'idea pubblica del potere e fece dell'**attività legislativa** il suo principale strumento. Attraverso insiemi di norme (capitolari) emanate in occasione di assemblee generali e locali (placiti) di grandi dignitari e funzionari, i Carolingi cercavano di promuovere il processo di **riforma morale del clero**, di **coordinare le tradizioni giuridiche** dei singoli popoli ora sottomessi e di fornire **norme di gestione delle grandi proprietà terriere** della corona (*villae /curtes*).

In mancanza di un sistema fiscale sul modello tardoantico, queste ultime costituivano infatti uno dei pilastri della ricchezza regia, insieme con i **doni** annuali forniti dagli aristocratici come attestazione della loro subordinazione ma anche di un reciproco riconoscimento. All'interno delle *curtes* si avviò, in alcune regioni nordeuropee, una

capitolare Dal latino *capitulum*, "capitolo" (in quanto documento diviso per capi), ordinanza emanata dagli imperatori o dai re carolingi, anche raccolta delle deliberazioni di un'adunanza ecclesiastica o civile.

Roma e le sue eredità nell'alto Medioevo

prima **ripresa economica** su ampia scala, i cui esiti si consolidarono e si estesero poi anche ad altri ambiti geografici nel corso dell'XI e XII secolo.

La rete dei funzionari pubblici e la corte Un ulteriore fattore di coordinamento fu individuato nell'insieme di **funzionari pubblici**, spesso, ma non sempre, reclutati tra gli stessi vassalli del re. Alcuni erano più mobili, come i *missi dominici* (inviati del sovrano, laici o ecclesiastici), altri erano posti al governo di ampie **circoscrizioni territoriali**, i comitati e le marche, ed erano definiti rispettivamente *comites* (conti) e *prefecti* ("prefetti", *duces* in aree di influenza bizantina), in seguito *marchiones* (marchesi).

Nelle aree coperte da **immunità** Carlo si preoccupò di intervenire nella scelta di agenti laici (*advocati*), individuati come elemento di integrazione di queste aree con il resto dell'ordinamento territoriale: garantivano infatti che gli uomini che vivevano in un territorio sottoposto a immunità fossero comunque sottoposti alla giustizia regia e servissero nell'esercito.

comitato Dal latino medievale *comitatus*, indica il territorio sottoposto alla giurisdizione di un conte (*comes*, "compagno", "uomo del seguito" del re); a partire dal X-XI secolo si usa il termine *contea*.

Grande impulso ebbe l'attività della **corte**, all'interno della quale furono sviluppate alcune funzioni come quelle di **cappellano** (preposto ai culti sacri e figura centrale del nesso tra Chiesa e potere regio), di **camerario** (controllore del tesoro della corona e dei beni della famiglia regia) e di **apocrisario** (sovrintendente della cancelleria).

Pur restando itinerante, la corte carolingia trasse ispirazione dai modelli di corte romani e orientali e iniziò a risiedere con più frequenza nella città termale di **Aquisgrana** (l'attuale Aachen, in Germania), che fu dotata sia di un palazzo sul modello del Laterano a Roma, la sede dei pontefici per tutto il Medioevo, sia di una Cappella palatina realizzata a imitazione di San Vitale di Ravenna [👁7].

[👁7] **Il Palazzo di Carlo Magno**
La Cappella palatina del Palazzo di Aquisgrana.

La scuola palatina Il palazzo fu inoltre il fulcro di un importante movimento culturale. Sede di una *schola*, guidata dal monaco **Alcuino di York**, esso costituì un centro di **coordinamento intellettuale** su scala europea che nel corso dei decenni ospitò, tra gli altri, il teologo di origine visigota e vescovo di Orléans Teodulfo, il monaco cassinese, autore dell'*Historia Langobardorum*, Paolo Diacono, senza contare il suo contributo nella formazione del biografo di Carlo, Eginardo, e di Giovanni Scoto, il più importante teologo occidentale del IX secolo. La scuola palatina collaborò con grandi episcopati e monasteri nel concentrare la propria attività nella **lettura dei classici**, nello studio della **lingua latina** e nell'**ortografia**. In quest'ultimo campo, per esempio, si ideò una nuova scrittura molto chiara e leggibile, la **minuscola carolina**, che ha costituito il fondamento dei nostri caratteri a stampa. Ponendo le basi per la nascita di una nuova lin-

per riprendere il filo

gua, il **mediolatino**, e per un suo uso rinnovato, avviando una distinzione tra *sermo rusticus*, popolare, e *sermo doctus*, letterario e colto, si avviò un processo di uniformazione in ambito grammaticale e retorico che codificò in modo decisivo le mitologie, le storie e le identità storiche dei popoli barbarici e al tempo stesso consentì di conservare e trasmettere i testi sacri e alcuni testi della classicità. Si costituirono infatti, o si arricchirono, le **grandi biblioteche monastiche** del tempo e Alcuino stesso effettuò una revisione dell'Antico e del Nuovo Testamento, sulla base della traduzione latina (*Vulgata*) della Bibbia greca "dei Settanta" curata da san Gerolamo nel IV secolo, stabilendo nella sostanza il testo ancora oggi usato nel mondo cattolico.

5. Crisi e mutamenti dell'ordinamento carolingio

La fine dell'espansione e dell'unità carolingia Fino agli anni Venti del IX secolo il regno di Ludovico "il **Pio**", unico erede rimasto in vita alla morte di Carlo (814), costituì l'apogeo dell'affermazione carolingia [👁 8]. Tuttavia, la **crisi** del processo di redistribuzione delle risorse, causata della **fine dell'espansione territoriale**, e i conflitti scoppiati in seno alla corte tra l'830 e l'840 incrinarono definitivamente gli equilibri.

Prima il contrasto tra Ludovico e uno dei suoi figli, Lotario, e in seguito la lotta tra lo stesso Lotario e i suoi fratelli, Carlo "il **Calvo**" e Ludovico "il **Germanico**", ciascuno con il proprio seguito di clientele armate, acuirono i problemi. Solo il **giuramento di Strasburgo** (842) tra Carlo e Ludovico e il successivo **trattato** di spartizione dell'impero siglato con Lotario a **Verdun** (843), nell'attuale Francia, posero fine al conflitto. Il *regnum Francorum* sopravvisse solo come entità collettiva, territorialmente divisa in *Francia* occidentale compresa l'Aquitania (Carlo), *Francia* orientale comprese Baviera, Sassonia e Alemannia (Ludovico) – contrassegnate rispettivamente da una parlata romanza (*rusticam romanam linguam*) e da una germanica, definita *theotisca* ("popolare") – e i territori intorno ad Aquisgrana, la Borgogna, la Provenza e il Regno italico (Lotario, con il titolo imperiale).

Tra essi, **Carlo il Calvo** mostrò notevole capacità di indirizzo politico – emanando norme su fisco e moneta, fortificazioni e patrimonio fondiario – e intellettuale: grandi studiosi come Giovanni Scoto, Rabano Mauro e Incmaro di Reims animavano la scuola palatina, contribuendo a rafforzare una **concezione imperiale del potere del sovrano**. Tuttavia, il Regno occidentale doveva affrontare crescenti **difficoltà militari**, nel fronteggiare sia i bretoni, sia i pirati vichinghi, sia ancora i conflitti interni alla famiglia carolingia.

Alla fine degli anni Ottanta del IX secolo, dopo la morte di Lotario, di Ludovico e di Carlo il Calvo, solo uno tra i pretendenti al trono di un impero ormai diviso era di famiglia carolingia, l'ultimo figlio di Ludovico il Germanico, **Carlo "il Grosso"**. Da imperatore riunificò temporaneamente i regni franchi ma nell'887 fu deposto da Arnolfo di Carinzia, suo nipote illegittimo.

[👁 **8**] **Ludovico il Pio** Nell'817 Ludovico il Pio emanò un decreto, noto come *Ordinatio imperii*, con il quale si stabiliva che il titolo imperiale, con la maggior parte dei territori, spettasse al primogenito Lotario, mentre i due figli minori avrebbero avuto rispettivamente il titolo regio su Aquitania e Baviera. Miniatura, IX secolo.

La regionalizzazione dei poteri Le aristocrazie franche iniziarono così a operare spesso in modo svincolato dal potere regio, ridisegnando la geografia del potere in una nuova **prospettiva regionale**. All'interno dei singoli regni, intorno a dinastie che assommavano alla carica pubblica grandi proprietà fondiarie allodiali e il coordinamento di clientele armate, nacquero formazioni territorialmente ridotte rispetto alle divisioni amministrative carolingie, ma politicamente ormai semiautonome (ducati, contee e marchesati).

Il **Regno franco orientale** andò configurandosi come unione tedesca di ampi ducati formati su base genericamente etnica – Sassonia, Svevia (Alamannia), Baviera – o costituiti sulla base delle circoscrizioni carolingie, come la Franconia e la Lotaringia [👁 9]. Tra i maggiori esponenti delle stirpi ducali si **eleggeva un re** – le prime furono quelle di Corrado I di Franconia (911-18) e di Enrico I di Sassonia (919-36) – con funzione simbolica, di capo militare e giudice supremo, che con difficoltà **cercava di stabilire un principio dinastico**.

Nella **penisola italica** il trono del *regnum Italiae* (così definito, al posto di *regnum Langobardorum*, a partire circa dagli anni Venti del IX secolo) era di regola conteso tra signori che controllavano grandi aggregazioni territoriali di origine pubblica, i marchesi di Tuscia, Ivrea, Spoleto e Friuli. Tra essi emersero, opposti in un duro conflitto, Guido di Spoleto e **Berengario I del Friuli**, il quale stabilì una breve egemonia. Nella seconda metà del X secolo Adalberto Atto di Canossa, esponente di una dinastia emergente nell'aristocrazia italica, sollecitò la discesa in Italia di **Ottone I di Sassonia**, figlio e successore di Enrico I, quale mediatore nei conflitti tra gruppi aristocratici: il sovrano tedesco fu incoronato re d'Italia nel 961 e l'anno successivo venne unto imperatore da papa Giovanni XII. Da quel momento Regno orientale, Regno italico e Impero furono stabilmente legati tra loro, con l'esclusione del breve periodo di regno di Arduino d'Ivrea tra il 1002 e il 1015.

La **Francia occidentale**, anch'essa divisa in grandi domini regionali, vide invece l'ascesa della dinastia robertingia-capetingia, dominante sull'Île-de-France (la zona di Parigi) e il territorio di Orléans. Un suo esponente, **Ugo Capeto**, figlio di una sorella di Ottone I, ascese infatti al trono regio nel 987: sebbene di fatto controllasse direttamente solo i suoi domini famigliari, tuttavia il titolo regio acquisì prestigio grazie al **coordinamento delle dinastie signorili** e all'**appoggio delle gerarchie episcopali**, che gli garantirono carisma morale e religioso.

> **allodiale** Probabilmente dal germanico *al*, "intera", e *od*, "proprietà": libera e piena disponibilità di un bene.

[👁 9] La divisione dell'Impero carolingio

per riprendere il filo

Le "seconde invasioni" Per spiegare la crisi del mondo carolingio, oltre al frazionamento politico su base ereditaria, è necessario guardare sia alla nuova stagione di incursioni («**seconde invasioni**», secondo la definizione di Marc Bloch) provenienti dal Mare del Nord, dal Mediterraneo e dall'Europa orientale, sia all'evoluzione dei poteri di comando propria della società occidentale [◉10]. Nel corso del IX secolo, autonomi nuclei di **saraceni** (nome attribuito dalle fonti occidentali ai musulmani nordafricani) e alcuni **emirati musulmani**, in particolare quello di Qayrawan (nell'attuale Tunisia), condussero nel Mediterraneo occidentale e centrale un'azione militare su larga scala con ambizioni di conquista. Attaccarono e depredarono grandi monasteri e città (nell'846 il saccheggio di Roma suscitò grande scandalo), costituirono varie roccaforti nel Mediterraneo occidentale, fondando anche un effimero **emirato a Bari**, ma soprattutto assoggettarono, nel corso del IX secolo, la Sicilia romano-orientale.

Notevoli successi ebbe poi l'**espansione scandinava**, sviluppatasi lungo tre assi principali:
- verso l'**Islanda** e la **Groenlandia**;
- verso l'**Europa dell'Est**, dove nuclei svedesi (*rus'*) erano impiegati come truppe d'élite (*vareghi* o *variaghi*) a Costantinopoli e nelle nascenti formazioni politiche degli slavi orientali a Kiev e Novgorod;
- verso **Occidente**, guidata in particolare da uomini provenienti da Norvegia e Danimarca (*normanni*, "uomini del nord", nelle fonti latine; *vichinghi*, probabilmente da *vik*, "baia" o *wike*, "emporio commerciale", in quelle frisone e anglosassoni).

Volte al saccheggio dei principali insediamenti urbani e monastici, le incursioni scandinave avvenivano a bordo delle lunghe navi con la prua a forma di testa di drago (*drakkar*) e interessarono sia le isole britanniche, dove nel tardo IX secolo arrivarono a costituire un dominio nell'Inghilterra nordorientale con base a **York** (*Danelaw*), sia le **coste continentali della Manica**, lungo la Senna, la Garonna e la Loira. Qui si formarono dapprima insediamenti autonomi, i cui guerrieri talvolta partecipavano come mercenari alle contese tra regni franchi. In seguito si giunse a una organizzazione unitaria, ai primi del X secolo, con **Rollone**, un capo militare cui il re franco occidentale Carlo "il Semplice" concesse nel 911 il titolo di conte (e poi di duca) di **Normandia**, ricevendone in cambio il giuramento di vassallaggio.

[◉10] Le seconde invasioni in Europa (IX-X secolo)

Diverso fu l'impatto degli **ungari**, o magiari, popolazione seminomade proveniente dalle steppe della Russia centrale. Nell'ultimo decennio del IX secolo si stanziarono in **Pannonia** (attuale Ungheria), disgregando in questo modo il Regno slavo della Grande Moravia, che comprendeva anche la Boemia e la Polonia meridionale, e dividendo gli slavi settentrionali da quelli meridionali. Dalla pianura pannonica gli ungari procedevano annualmente a rapide spedizioni di cavalleria leggera volte al saccheggio lungo la penisola italica e verso le regioni meridionali e centrali delle attuali Germania e Francia.

Le progressive **conversioni** al cristianesimo e la forte **capacità militare della dinastia sassone** nel Regno di Germania, capace di ottenere con Ottone I una definitiva vittoria a **Lechfeld** (955), spinsero questa popolazione a diventare stanziale e a integrarsi nell'Occidente: nel 1001 fu creato un **regno** legato alla Chiesa romana nella persona di re Vajk, ribattezzato Stefano, ancor oggi patrono dell'Ungheria. Poco prima aveva ugualmente cercato legittimazione e protezione presso Roma il re polacco Mieszko I, fondatore della dinastia dei Piasti.

L'Impero degli Ottoni Grazie alla **vittoria sugli ungari** e forte dell'**appoggio papale**, Ottone, che per ideologia e prassi faceva costante riferimento a Carlo Magno, si fregiò del titolo di imperatore e contribuì in modo determinante alla nascita di un concetto di **impero** inteso non più come coordinamento personale di più regni, quanto come specifico ambito territoriale e storico-politico di governo.

I successori di Ottone I – Ottone II [👁 11] e Ottone II – perseguirono un **rinnovamento** anche **spirituale del titolo imperiale** (*Renovatio imperii*), che prevedeva un rapporto ancora più stretto fra Chiesa romana e i regni di Italia e Germania. Il principio, compendiato nel ***Privilegium Othonis*** del 962, stabiliva che da quel momento nessun papa, cui era riconosciuta la supremazia su Roma e altri domini laziali, sarebbe stato consacrato ed eletto dal clero e dall'aristocrazia romana senza giuramento di fedeltà all'imperatore.

L'aristocrazia romana fece sostanzialmente fallire i programmi ottoniani e quelli del pontefice, Silvestro II (Gerberto di Aurillac), in passato precettore dello stesso Ottone III. Così il successore dell'ultimo Ottone, Enrico II di Baviera, dovette rinunciare al sogno imperiale romano. Tuttavia, il **nesso** stabilito **tra Roma e l'impero** tornerà a giocare un ruolo determinante quando fermenti di riforma ecclesiastica attraverseranno l'Europa nel corso dell'XI secolo.

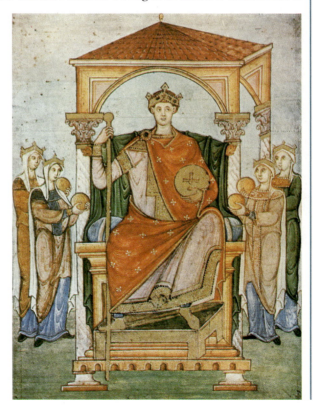

[👁 11] **Ottone II**
Ottone II in trono riceve l'omaggio delle province, miniatura, X secolo.

per riprendere il filo

6. L'affermazione dei poteri locali

L'incastellamento Le minacce esterne fecero emergere la **debolezza militare** delle entità postcarolingie, inadeguate a fronteggiare attacchi rapidi portati da piccoli nuclei di armati. La reazione a questa debolezza, tra il IX e il X secolo, fu la costruzione dei **castelli** (dal latino *castellum*, diminutivo di *castrum*, "insediamento fortificato"). Semplici recinti con terrapieni e palizzate oppure cinte murarie in pietra, edificati in pianura o su alture, naturali o artificiali (motte) [👁12], destinati a proteggere pochi edifici strategici o interi villaggi, i castelli segnarono profondamente la vita delle campagne europee.

Il processo di **incastellamento** ebbe varie motivazioni. Oltre a quelle militari, connesse alla **necessità di difendersi** dalle incursioni e dai conflitti interni ai domini franchi, vi erano anche **ragioni economiche**, legate ai tentativi aristocratici di controllare l'azione di dissodamento, colonizzazione e messa in valore delle campagne condotta dalle popolazioni rurali. Questo processo segnò, in ambiti geografici e cronologici diversi, una duratura **rivoluzione nel rapporto tra insediamento, ambiente e territorio**. Nell'Italia centromeridionale, nel Sud della Francia e nella penisola iberica, generalmente per iniziativa di grandi proprietari fondiari laici ed ecclesiastici e membri dell'aristocrazia militare, si passò da un modello insediativo organizzato in piccoli villaggi aperti a uno più **accentrato e fortificato**; in altre regioni europee, specie nella Francia centrosettentrionale, i castelli erano molto più grandi rispetto a quelli di area mediterranea, controllavano territori molto vasti e popolosi ed erano costruiti prevalentemente da sovrani, conti e principi.

[👁12] **La motta**
Cavalieri normanni all'assalto di una motta, raffigurati nell'arazzo di Bayeux, XI secolo.

banno Dal latino medievale *bannum*, derivato dal germanico *ban*, indica il potere di ordinare, costringere, giudicare e punire, originariamente riconosciuto ai re franchi.

I poteri signorili La capacità di mobilitare risorse per costruire castelli permise alle aristocrazie fondiarie e militari di avviare un processo di **patrimonializzazione del potere**: esse acquisirono cioè, senza riceverne la delega dal potere regio, l'esercizio di **diritti di origine pubblica** (definiti anche con il termine di "**banno**") – comando militare e di polizia, amministrazione della giustizia, prelievo fiscale – rendendoli **efficaci a livello locale** e incamerandoli nel proprio **patrimonio familiare**. Tali diritti dunque potevano essere venduti, donati, divisi, trasmessi per via ereditaria, come un qualunque bene privato.

Roma e le sue eredità nell'alto Medioevo

Nell'ultimo trentennio del IX secolo, questo processo interessò anche le istituzioni carolingie. Sempre più i funzionari di nomina regia riuscirono ad affermare l'idea che la **carica pubblica**, con i connessi diritti esercitati sulla terra, fosse il **beneficio** che ricompensava il servizio vassallatico, mentre originariamente funzione pubblica e beneficio erano distinti. Contemporaneamente, si diffuse una spinta a intendere in senso ereditario i benefici in genere, e in particolare la carica di conte, con potenziali pericoli per l'integrità del potere pubblico.

Nell'877, in occasione di una spedizione in Italia volta ad acquisire il titolo imperiale, Carlo il Calvo [👁13] emanò così a **Quierzy-sur-Oise** un capitolare che, spesso interpretato come concessione della "ereditarietà dei feudi maggiori", o "dei comitati", in realtà aveva carattere d'emergenza (legato com'era alla spedizione italiana) e cercava di sottoporre a un qualche controllo e riconoscimento regio, appunto, la consuetudine per la quale i figli dei conti succedevano ai padri nell'ufficio e nel beneficio.

L'affermazione di questi **poteri**, definiti dagli storici **signorili** [▶ Le forme del potere signorile], ha dunque varie origini:

- l'affermazione di un **principio patrimoniale e territoriale** riferito a una carica pubblica;
- **l'immunità** ecclesiastica e monastica;
- la capacità di esercitare **poteri pubblici** fondandosi non sulla delega da parte del potere regio, ma sulla semplice **vocazione al comando militare**, sul possesso di uno o più **castelli** o sulla proprietà di grandi quantità di **terra** coltivata da centinaia di contadini.

[👁13] **Carlo il Calvo** Un abate e i suoi monaci presentano all'imperatore un manoscritto della Bibbia a lui intitolato, miniatura, IX secolo.

Le forme del potere signorile Per ragioni di chiarezza espositiva, la storiografia distingue nelle società signorili diversi aspetti, che in realtà erano costantemente intrecciati e sovrapposti tra loro.

Con **signoria domestica** si intende il potere che il grande proprietario terriero esercitava, in qualità di signore, sui contadini, liberi o di condizione servile, direttamente dipendenti dal signore e mantenuti su terre direttamente controllate dal signore stesso.

La **signoria fondiaria** riassume invece il tipo di poteri esercitati sui coltivatori delle terre signorili date in concessione o in affitto: in essi rientrano i diritti di riscuotere canoni, donativi, giornate di lavoro (*corvées*) da impiegare nei campi della riserva signorile o nella manutenzione di ponti, strade, fortificazioni o ancora nel trasporto delle derrate prodotte.

La **signoria rurale** ("di banno", "di castello", "territoriale") riguarda invece ambiti di comando e di coercizione giudiziaria cui tutti i residenti di un determinato territorio, indipendentemente dalla proprietà della terra coltivata, sono sottoposti in virtù della presenza di uno o più castelli e di un nucleo di armati in grado di proteggere l'insediamento e di far rispettare la volontà del signore. ■

SEZIONE I
Il dinamismo dell'Occidente medievale
[secoli XI-XII]

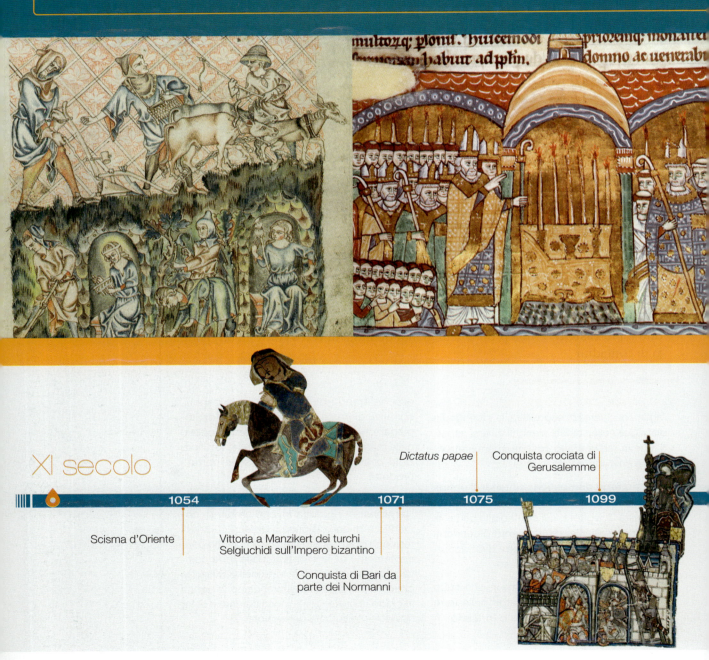

XI secolo

- 1054 — Scisma d'Oriente
- 1071 — Vittoria a Manzikert dei turchi Selgiuchidi sull'Impero bizantino
- 1071 — Conquista di Bari da parte dei Normanni
- 1075 — *Dictatus papae*
- 1099 — Conquista crociata di Gerusalemme

1 L'espansione economica europea
p. 42

2 La Chiesa di Roma dal pluralismo al centralismo
p. 64

3 Mondi in contatto, mondi in conflitto
p. 90

■ Percorsi storiografici
p. 112

Tra l'XI e il XII secolo l'Europa occidentale attraversò una fase di rinnovato dinamismo, tanto economico quanto sociale e ideologico. Una prima espansione dell'economia europea, datata all'epoca carolingia, si consolidò e si generalizzò in questi secoli: è la stagione della conquista di nuove terre e della grande urbanizzazione. Sul piano sociale, la novità più dirompente fu la riforma della Chiesa, che non solo comportò un nuovo equilibrio tra poteri laici, pubblici e privati, e poteri ecclesiastici, ma anche il definitivo allontanamento tra Roma e le Chiese orientali. D'altro canto, anche gli imperi orientali, bizantino e abbaside, si trovarono in un momento di transizione. Il Califfato abbaside rinnovò il suo protagonismo politico in Asia grazie all'apporto di tribù turche, e l'Impero bizantino si trovò accerchiato dall'espansione turca a est e da quella normanna a ovest. In questo contesto, l'Europa cristiana, spinta da tensioni di natura religiosa e sociale, costruì lentamente il concetto di crociata per dare un quadro giuridico e ideologico unitario a varie iniziative militari, dalla penisola iberica alla Siria, volte contro i domini musulmani.

XII secolo

1122 — Concordato di Worms

- ALTO/BASSO MEDIOEVO p. 42
- RIFORMA GREGORIANA p. 64
- CROCIATA p. 90

le parole della storiografia

41

CAPITOLO 1

L'espansione economica europea

Alto/basso Medioevo

La periodizzazione interna al millennio medievale europeo varia a seconda delle culture storiografiche. In Italia, dopo il periodo tardoantico (fine III-fine VI secolo d.C.), si distinguono generalmente un "alto Medioevo" (dal VII al X secolo) e un "basso Medioevo" (dall'XI al XV secolo). In altri paesi le periodizzazioni talvolta cambiano: in Germania, per esempio, si distinguono un "primo Medioevo" (secoli V-VIII), un "alto Medioevo" (secoli IX-XI) e un "tardo Medioevo" (secoli XII-XV), mentre in area anglosassone la locuzione "high Middle Ages" designa i secoli XII-XIII. Come ogni operazione interpretativa, la periodizzazione cambia a seconda degli elementi cui si attribuisce maggiore rilievo in base a valutazioni personali. L'individuazione dell'XI secolo come elemento periodizzante dipende da una concezione abbastanza negativa, parzialmente superata e ridiscussa dalla storiografia recente, di un'Europa occidentale altomedievale caratterizzata da un'economia chiusa e arretrata che, a partire dall'anno Mille, si sarebbe progressivamente aperta a una stagione di ripresa ed espansione economica e commerciale.

le parole della storiografia

L'espansione economica europea | **CAPITOLO 1**

■ GUIDA&RISORSE
PER LO STUDIO

Per riprendere il filo... Quando l'Impero romano aveva cessato di esistere in Occidente (V secolo d.C.) anche le sue strutture economiche erano entrate in crisi. La produzione artigianale era divenuta meno sofisticata e i commerci erano drasticamente diminuiti. La vita nelle campagne era rimasta all'incirca la stessa, ma alcune ondate epidemiche avevano determinato una netta contrazione demografica. A lungo si è pensato che questa situazione fosse perdurata fino all'XI secolo, ma la storiografia più recente ha invece individuato già nell'economia altomedievale europea segni di ripresa e dinamismo, che si consolidarono tra l'XI e il XIII secolo e si saldarono con le economie mediterranee più avanzate, quella bizantina e quella arabo-musulmana.

1.1 L'incremento demografico

La crescita della popolazione europea Uno dei più importanti mutamenti nelle società europee dei secoli XI-XIII fu l'aumento demografico. Quale fu l'entità di questa crescita? Non è facile rispondere a questa domanda, perché le fonti sono molto scarse: in assenza di indagini statistiche o di censimenti, bisogna infatti dedurre informazioni di natura demografica da testi che non avevano l'obiettivo di fornire questo tipo di dati, oppure da indizi di natura materiale.

La scarsità delle fonti

Tra le **fonti scritte** disponibili, solo una spicca per quantità e qualità delle informazioni: il **Domesday Book**, *Libro del giorno del Giudizio*, un registro-inventario a fini fiscali che il sovrano inglese Guglielmo il Conquistatore fece redigere tra il 1080 e il 1086 [👁 1]. Villaggio per villaggio, annota minuziosamente dati sulla popolazione, sui proprietari terrieri e sugli affittuari, sulle estensioni dei terreni coltivati, sulle risorse naturali disponibili, sugli edifici. Pur con molta cautela, è possibile ricavare da questa fonte alcuni dati relativi alla popolazione inglese, valutata intorno a 1 100 000 unità.

L'esempio dell'Inghilterra

Le **fonti materiali** forniscono indizi che confermano questa crescita: gli insediamenti aumentano di numero; l'incolto (boschi, paludi, pantani) arretra dinanzi all'estensione delle superfici coltivate; la speranza di vita, come testimoniano i resti umani, cresce. Inoltre, sono attestati nuovi mercati e fiere, nuovi mulini, nuove infrastrutture viarie. Per dare un ordine di grandezza, si stima che l'**Europa del VII secolo** contasse circa **20-30 milioni di persone**, cresciuti a **40 nell'XI** e a **60 alla fine del XIII**.

Una valutazione europea

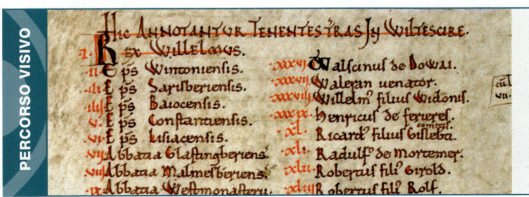

PERCORSO VISIVO

[👁 1] **Il primo catasto inglese** Il testo, in latino, elenca i possessori di terre nel Wiltshire, contea sudorientale (*Hic annotantur tenentes t[er]ras in Wiltescire...*), in ordine di importanza: il re Guglielmo (*Willelmus*), i vescovi (*Ep[iscopu]s*), le chiese (*Eccl[esi]a*) e – a destra – i nobili.

SEZIONE I IL DINAMISMO DELL'OCCIDENTE MEDIEVALE [SECOLI XI-XII]

Le ipotesi degli storici

percorsi storiografici p. 112
Quando inizia la crescita economica medievale?
A. Verhulst, C. Wickham

resa agricola
Rapporto tra seme seminato e raccolto. Un rapporto di 1:3 significa che per ogni seme piantato ne sono raccolti tre.

rendita Reddito derivato dalla differenza tra il prezzo di un bene agricolo e i suoi costi di produzione. È la forma tipica di remunerazione della proprietà della terra.

Sulle ragioni di questa crescita vi sono ipotesi diverse. Alcuni storici hanno sostenuto che sia stata consentita da un **incremento della produzione** dovuto al miglioramento delle tecniche agricole; altri hanno pensato a un ruolo decisivo delle **città** e dei **commerci**; per gli studiosi di storia del **clima**, tra il X e il XIII secolo condizioni di bassa piovosità e di più alte temperature medie favorirono la diminuzione della mortalità e un miglioramento delle rese agricole. Oltre a questi elementi, infine, bisogna considerare alcuni fattori di natura istituzionale: una relativa **stabilità politica** e una **maggiore sicurezza** militare, ma soprattutto la **vitalità della grande azienda agraria altomedievale** [▶ cap. 0], resa dinamica dalle esigenze del ceto aristocratico di aumentare le proprie rendite. Tutti questi fattori fecero sì che la popolazione ricominciasse lentamente e regolarmente a crescere, senza che la naturale tendenza all'incremento incontrasse ostacoli in fattori negativi come guerre o epidemie.

L'aumento della produzione agricola

produttività Rapporto tra la quantità di beni prodotti e i fattori di produzione impiegati per produrli. A parità di quantità prodotta, una maggiore produttività consente di impiegare meno capitale e meno lavoro.

carestia
Nell'interpretazione più attendibile, il termine deriva dal latino *carus*, "costoso", più che da *carere*, "mancare": le ragioni dell'alto prezzo delle derrate alimentari possono infatti essere varie, oltre alla scarsità di produzione.

L'estensione delle colture cerealicole L'aumento della produzione necessario a sostenere una popolazione in crescita poteva essere ottenuto migliorando la **produttività** (attraverso un più efficace coordinamento della forza lavoro e un maggiore impiego di tecnologia) o aumentando le superfici coltivate. In società come quelle dei secoli VIII-XIII, caratterizzate da un basso grado di sviluppo tecnologico, la scelta prioritaria fu l'**allargamento dei coltivi** (seminativi e vigneti) **a scapito dell'incolto** [👁 2]. L'espansione dei campi coltivati a **cereali** (frumento, segale, orzo) fornì alla popolazione

[👁 2] **La messa a coltura di nuovi terreni** Affresco dell'XI secolo.

[👁 3] **La battitura delle ghiande per nutrire i maiali lasciati liberi nei boschi** Nella miniatura, del XIII secolo, si vede come per nutrire gli animali si facessero cadere le ghiande colpendo i rami di quercia con lunghe pertiche, come ancora oggi si fa in alcune zone per la raccolta delle olive.

una maggiore quantità di cibo, in tempi più brevi e a prezzi inferiori. Almeno all'inizio, questo consentì a uomini e donne di avere più energia a disposizione, vivere più a lungo ed essere più fertili, mentre anche la mortalità infantile parzialmente regredì.

La diminuzione dell'incolto e il peso preponderante dei cereali – il **pane** divenne l'alimento principale della dieta – ridussero però la varietà alimentare a disposizione del contadino altomedievale, che era abituato a integrare i cereali con la carne (di selvaggina, ovina, ma soprattutto dei maiali lasciati alla ghianda nei boschi [👁 3]), il pesce e i frutti del bosco. Questo processo, a lungo andare, comportò una **riduzione delle proteine** a disposizione dei ceti popolari e probabilmente facilitò la diffusione di alcune **malattie**, tra cui la lebbra e l'ergotismo [👁 4].

Inoltre, una minore varietà di prodotti agricoli implicava una maggiore esposizione ad annate sfavorevoli: nel caso in cui un raccolto andasse male, infatti, i contadini non potevano compensare le perdite con altri prodotti, con la conseguenza di inevitabili incrementi dei prezzi (carestie).

1.2 Terre nuove, contadini e signori

Il dissodamento delle terre Da sempre i contadini usavano dissodare le aree ai margini dei boschi e dei terreni incolti per alleggerire lo sfruttamento delle terre coltivate, che, poco concimate, si "stancavano" facilmente e tendevano a fornire rese più basse con il procedere degli anni. Diversamente che in passato, tuttavia, le iniziative di dissodamento furono ora coordinate prevalentemente dal **ceto signorile** (laico ed ecclesiastico) o dai sovrani. I **signori** costituivano infatti l'unica classe sociale a possedere i **capitali** (denaro, manodopera, strumenti di lavoro) **necessari a mettere a coltura nuove terre** e disposta a investirli in vista di una crescita della propria rendita, obiettivo molto ambito in un momento in cui il consolidarsi dei poteri signorili favoriva la competizione interna al ceto nobiliare [▶ cap. 0]. Inoltre, i **re** avevano spesso interesse a fondare nuovi villaggi di coloni per **rafforzare la presenza militare** in zone di frontiera e il controllo di territori poco sicuri o di importanti vie di comunicazione.

Il cambiamento della dieta

rispondi
1. Quali fonti abbiamo a disposizione per comprendere l'andamento demografico nelle società europee dei secoli XI-XIII?
2. Come cambia la dieta del contadino?

La ricerca di nuovi campi

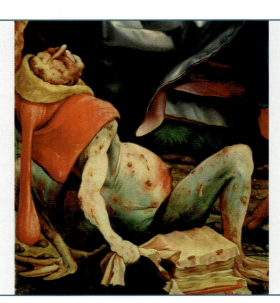

[👁 4] **Il "fuoco sacro"** L'ergotismo è un'intossicazione cronica dovuta all'uso di farine contaminate da funghi; nel Medioevo colpì più volte in forma epidemica, uccidendo migliaia di persone. Si manifesta o con disturbi circolatori o con problemi neurologici. Nel primo caso provoca bruciori, vesciche, fino alla gangrena e alla caduta delle estremità. Gli effetti psichici di queste sostanze tossiche, come allucinazioni e convulsioni, sono stati messi in relazione con la stregoneria e la persistenza di culti pagani nelle campagne. La malattia era detta "fuoco sacro" o "fuoco di sant'Antonio", dal nome del santo che, secondo varie leggende, era collegato a fuoco e alle guarigioni miracolose. L'immagine, un particolare di una pala dell'artista tedesco Mathias Grünewald dedicata al santo, mostra gli effetti della malattia (1510 ca.).

SEZIONE I IL DINAMISMO DELL'OCCIDENTE MEDIEVALE [SECOLI XI-XII]

La ricerca di nuovi guadagni

manso [da latino medievale *mansum*, "dimora": la quantità di terreno – variabile a seconda dei luoghi – che una famiglia di coloni poteva coltivare annualmente con un paio di buoi, o con un solo aratro.

Contadini salariati, non servi

Nuove garanzie per i nuovi insediamenti

percorsi storiografici p. 116
Villaggi, curtes e signorie
G. Sergi, C. Violante

In Europa e in Italia

rispondi
1. Quali tipologie di contratto di affitto vengono utilizzate dai signori per l'affidamento delle terre? **2.** Come cambiano le pratiche di dissodamento del terreno?

Per incrementare le rendite, i **proprietari fondiari** operarono in due modi: da una parte **ridussero il "dominico"** (l'area gestita da manodopera servile sotto diretto controllo dei proprietari e in genere caratterizzata da una larga parte di incolto), da cui ricavarono appezzamenti concessi ai contadini dietro pagamento di un affitto; dall'altra **frazionarono i mansi**, prima attribuiti a una sola famiglia contadina, in "quarti", ciascuno affidato a una famiglia diversa.

Nuove tipologie di contratti agricoli La riduzione del dominico, insieme alla crescente opposizione dei contadini a prestare giornate di lavoro presso il signore, portò a una diminuzione delle prestazioni d'opera (*corvées*) dovute dai concessionari, che spesso furono commutate in canoni monetari.

Una più larga disponibilità di denaro – come vedremo tra poco – favorì, in particolare nell'area mediterranea, un maggiore impiego di **manodopera salariata** rispetto a quella servile, ormai numericamente ridotta. Inoltre, i **contratti di affitto**, che in precedenza avevano lunghissima scadenza e prevedevano un canone fisso, diventarono più spesso di breve termine e previdero il pagamento di un canone variabile a seconda del raccolto.

I **signori territoriali** che, a livello locale, detenevano poteri di natura pubblica – giudiziari, fiscali e militari – e ne incassavano gli introiti ricorsero anche a **una nuova tipologia di contratto con i proprietari di terre incolte**. Questo contratto, noto in Francia con il termine *pariage*, prevedeva il trasferimento di manodopera contadina in insediamenti creati *ex novo* nelle aree da dissodare e la spartizione tra signore e proprietario terriero dei raccolti e delle imposizioni fiscali sulle nuove comunità. Molti dei villaggi nati in questo modo portano nel nome l'aggettivo "nuovo" (Villanova) o "franco" (Francavilla, Borgofranco, Castelfranco), a indicare appunto la nuova fondazione dell'insediamento o la concessione di privilegi che i signori accordavano per favorire la mobilità dei coloni: dalle garanzie di sicurezza individuale alle libertà personali (franchigie), fino all'esenzione dai tributi. Oltre a questi incentivi, i signori garantivano ai contadini contratti di lunga durata, a differenza del modello di contratto che si andava allora diffondendo: l'agricoltura su terre nuove richiedeva infatti anni di duro lavoro prima che se ne consolidassero i frutti.

Le bonifiche Un capitolo interessante della storia delle colonizzazioni riguarda le **terre guadagnate al mare e alle paludi** con le bonifiche. Con grande fatica e largo impiego di denaro, nelle Fiandre, in Olanda e in Zelanda, per esempio, furono bonificati i pantani costieri e costruiti **sistemi di canalizzazione e dighe** per impedire al mare di sommergere le terre conquistate alle colture (*polders*). Allo stesso modo si assistette a processi di bonifica in molte altre zone europee: in Inghilterra, nel Nord della Francia, nel Nord della penisola iberica e in Catalogna, nella Germania orientale.

In Italia, vi furono precoci esperienze di bonifica nell'**area padana**, in particolare a Verona e nella zona bergamasca, cremonese e bresciana. Più tardi, la necessità di una rete sempre più complessa di canali destinati alla navigazione e all'irrigazione portò alla realizzazione dei grandi **navigli** milanese e bresciano. Con caratteri analoghi, ma in tempi diversi, il processo interessò anche l'Emilia, il Mantovano e il Piemonte, mentre per l'Italia centromeridionale e insulare il fenomeno di bonifica fu molto più limitato. In queste zone le grandi protagoniste della conquista di nuovi spazi coltivati furono le colture della vite e dell'olivo.

46

L'espansione economica europea | **CAPITOLO 1**

1.3 Strumenti e tecniche

Dalla rotazione biennale a quella triennale All'espansione delle terre coltivate si accompagnarono anche il miglioramento delle tecniche agricole e la diffusione di alcune **tecnologie**, il cui impatto sull'aumento di produttività fu però inizialmente piuttosto limitato. Il primo problema che i contadini dovevano affrontare consisteva nel mantenere a lungo la **fertilità dei campi**, e poteva essere affrontato in due modi: concimando la terra o lasciando il suolo a riposo per un tempo sufficiente a ricostituire il suo **humus**. Il concime a disposizione, costituito dal letame animale, era però insufficiente, e d'altro canto lasciare a lungo le terre incolte comportava la fatica di doverle quasi nuovamente dissodare alla ripresa delle coltivazioni.

Progressivamente, a questa alternanza tra un lungo ciclo di coltivazione e un altrettanto lungo ciclo di riposo/pascolo si era affiancato un altro metodo, già noto nell'antichità: la **rotazione biennale**. Secondo questo sistema, il contadino divideva la terra in **due parti**: il primo anno ne seminava **una a frumento** (o altro cereale a semina invernale, come la segale o l'orzo invernale), lasciando **l'altra a riposo (maggese)**, disponibile per il pascolo degli animali; l'anno seguente invertiva l'ordine [5]. Già in età carolingia, tuttavia, si iniziò ad applicare anche un nuovo ciclo colturale, su base **triennale**. Esso prevedeva che solo un terzo del campo fosse lasciato a maggese, mentre gli altri **due terzi** erano dedicati l'uno alla semina di **cereali invernali**, l'altro a **colture primaverili**, cerealicole (avena, orzo primaverile, miglio, panìco, sorgo) o leguminose (piselli, fave, ceci), destinate tanto al bestiame quanto all'alimentazione umana. L'anno successivo le semine invernali, che erano di maggior pregio ma sfruttavano molto il terreno, erano effettuate sul maggese, mentre sui terreni prima seminati a frumento, orzo o segale si piantavano le colture primaverili perché i legumi, oltre a fornire proteine, contribuivano a fissare l'azoto nei terreni e a mantenerli produttivi.

I vantaggi della rotazione triennale risiedevano dunque in una più equilibrata distribuzione dei lavori agricoli nel corso dell'anno e in raccolti più frequenti e diversificati, cosa che consentiva al contadino di compensare eventuali cattive annate. Inoltre, il fatto che una parte del raccolto fosse destinato agli animali rese possibile, in tempi lunghi, sia l'aumento del numero dei capi allevati, sia l'incremento della loro taglia, permettendo di avere maggiori quantità di carne a disposizione. Nel giro di due secoli

---

L'"esaurimento" dei terreni

approfondimento
La domesticazione delle piante e l'agricoltura

Nuovi cicli di coltivazione

humus Insieme di sostanze organiche presenti nello strato superficiale del terreno, da cui traggono nutrimento i vegetali. Si forma lentamente dalla decomposizione di sostanze organiche (piante, animali).

I vantaggi della rotazione agricola

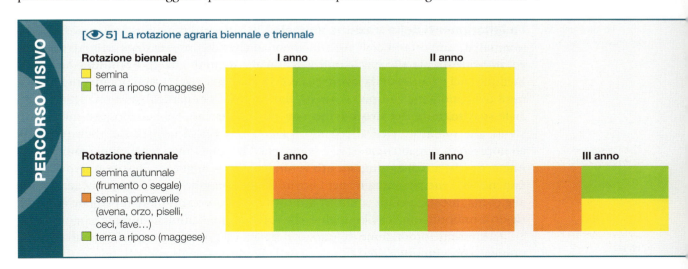

[5] La rotazione agraria biennale e triennale

SEZIONE I IL DINAMISMO DELL'OCCIDENTE MEDIEVALE [SECOLI XI-XII]

questo sistema si diffuse in particolare in Francia (Normandia, Île-de-France), in Inghilterra e nell'Europa centrale, pur senza determinare la scomparsa della rotazione biennale; l'adozione della rotazione triennale fu invece più limitata nell'Europa mediterranea, dove le condizioni ambientali permisero di mantenere ancora a lungo il sistema biennale come sistema dominante.

Innovazioni tecnologiche

Aratro leggero e aratro pesante Altre innovazioni, la cui diffusione non fu comunque rapida né uniforme, riguardarono gli aratri e gli animali da tiro. Nelle umide e pesanti **pianure alluvionali** dell'Europa centrale e settentrionale, ma anche nella Pianura Padana e in alcune zone dell'Italia centrale, fu gradualmente introdotto un **nuovo tipo di aratro pesante**, caratterizzato dalla presenza di un **versoio**, un "coltello" laterale di metallo [👁 6]. A differenza dell'**aratro leggero** di derivazione preromana, costruito in legno, l'aratro a versoio penetrava più in profondità nel terreno, rivoltandone le zolle e garantendone l'ossigenazione. La pesantezza, la complessità e la difficile manovrabilità di questo strumento, che richiedeva l'impiego di due o tre coppie di animali da tiro, erano in parte superate dall'uso di una o più ruote per dirigerlo meglio ed erano comunque compensate dai vantaggi che l'aratura in profondità comportava.

> **pianura alluvionale**
> Pianura nata con il progressivo deposito di materiali terrosi portati dai fiumi.

Tecniche differenti per situazioni diverse

Nei terreni più friabili e argillosi dell'area mediterranea, tuttavia, continuò a lungo a essere impiegato l'aratro leggero. Esso era in grado soltanto di fendere la crosta dei terreni: per rivoltare le zolle era necessario dunque intervenire ciclicamente, a distanza di qualche anno, rompendo in profondità il terreno con la vanga. L'aratro leggero aveva però dei vantaggi: era poco costoso, aveva bisogno di un solo animale da tiro e risultava più maneggevole e adeguato alle caratteristiche dei suoli mediterranei.

Le conseguenze sul paesaggio agrario

L'impiego delle due principali tipologie di aratri influiva anche sulla **forma dei campi** coltivati, in modo così duraturo che ancora oggi i paesaggi rurali europei ne conservano tracce sensibili. Tipica dei campi coltivati a cereali con l'aratro a versoio è la forma stretta e allungata, senza recinzioni o siepi a delimitarne i confini (*open field*), dal momento che i contadini tendevano a ridurre al minimo il numero dei giri che dovevano compiere con il pesante attrezzo. Nell'Europa meridionale prevaleva invece il campo recintato di forma quadrangolare o, nella Francia occidentale, irregolare (*bocage*), poiché i contadini che usavano aratri leggeri tendevano a intersecare i solchi, in modo da smuovere maggiormente il terreno.

Lo sfruttamento dell'energia animale...

I miglioramenti della trazione animale L'uso di aratri più robusti e l'espansione dei seminativi comportarono alcuni mutamenti anche nell'impiego degli **animali da lavoro**, in relazione sia alle specie utilizzate, sia ai sistemi di attacco e ferratura. Nei paesi mediterranei gli animali da lavoro per eccellenza rimasero i bovini, mentre nel centro-nord del continente europeo si assisté, dal XII secolo in particolare, a una lenta e parziale **sostituzione del tiro bovino con quello equino**. Sebbene fossero meno resistenti alle malattie, i cavalli si mostravano più veloci e facili da allevare grazie all'impiego di cereali come orzo e avena, che ben attecchivano nei climi continentali. Anche nei sistemi di **aggiogamento** vi furono alcune migliorie, che permisero di sfruttare meglio l'energia animale: per i bovini il giogo non venne più fissato al garrese ma alle corna, mentre per gli equini si dimostrò vantaggioso adottare un collare di spalla rigido e imbottito anziché le cinghie, che soffocavano l'animale durante lo sforzo.

La crescente produzione di ferro, collegata a una maggiore capacità estrattiva nelle miniere, consentì inoltre il diffondersi della **ferratura degli zoccoli dei cavalli**, a par-

L'espansione economica europea | **CAPITOLO 1**

tire dall'XI secolo, mentre è databile a periodi successivi l'uso di ferrare i bovini. Ancora, il più largo impiego di ferro migliorò la resistenza e l'efficacia degli attrezzi agricoli (zappe, vanghe, falci e falcetti, erpici).

I mulini Sul piano tecnologico, il lavoro di macinatura dei cereali fu svolto, molto più che in passato, da macine azionate dall'**energia idraulica ed eolica** [👁 7]. Mentre nell'antichità il modello dominante di macina prevedeva l'impiego di forza lavoro umana o animale, a partire dall'epoca carolingia un processo sempre più rapido condusse

...e di quella naturale

PERCORSO VISIVO

[👁 6] **Aratro pesante e aratro leggero** Aratro a ruota condotto da cavalli, miniatura francese del XIV secolo.

▲ Aratro leggero, miniatura spagnola del XIII secolo.

[👁 7] **Macchine a energia naturale** Mulini a vento e ad acqua in una miniatura inglese del XIII secolo. Le scene di vita agricola che compaiono nei codici miniati bassomedievali con il compito di decorare o "attualizzare" il testo rappresentano con precisione la realtà del tempo e della zona. Queste immagini provengono dal cosiddetto *Salterio di Luttrell*, una raccolta di salmi biblici e altri inni sacri realizzata in Inghilterra tra il 1325 e il 1340, recentemente digitalizzata a cura della British Library e integralmente disponibile per la visione online.

49

SEZIONE I   IL DINAMISMO DELL'OCCIDENTE MEDIEVALE [SECOLI XI-XII]

allo sfruttamento della forza dell'acqua, lungo fiumi e torrenti, o del vento, come per esempio in Normandia, Bretagna e Inghilterra. La diffusione dei **mulini** avvenne per **iniziativa signorile**, a causa dell'ingente investimento di capitali necessario alla loro costruzione. Di conseguenza, i contadini furono progressivamente obbligati a macinare il proprio grano nei mulini signorili, mentre quelli azionati dalla forza umana o animale, spesso distrutti dagli stessi signori, sopravvissero solo per far fronte alle emergenze o in territori a rischio di siccità e poveri di corsi d'acqua.

Una conquista tecnologica

L'energia di acqua e vento fu in seguito impiegata anche per la trasformazione di altri prodotti agricoli, per esempio per macinare le castagne o spremere le olive, o ancora per azionare i mantici usati nella lavorazione dei metalli e per la battitura dei tessuti (follatura), operazione che serviva a renderli più compatti. In ciascun campo in cui fu utilizzato, il mulino costituì un salto tecnologico importante e permise di impiegare la manodopera per altre attività.

L'andamento delle rese Queste innovazioni colturali e tecnologiche ebbero conseguenze sulle **rese dei cereali**, anche se i secoli successivi al Mille, sino al tardo Trecento, non registrarono progressi significativi rispetto all'alto Medioevo carolingio. Le rese cerealicole europee medie mantennero infatti un rapporto di 3 o 4 semi raccolti per ogni seme seminato, o addirittura inferiori; rese più alte si avevano invece nelle pianure mediterranee. A migliorare in maniera più sensibile, grazie all'intensificazione del lavoro umano e alle nuove tecniche colturali, furono invece i **rendimenti pluriennali**: rispetto al passato i contadini riuscirono a raggiungere per più anni la resa massima possibile. Questa lieve tendenza al miglioramento della produttività dei terreni spiega perché i prezzi delle derrate alimentari crebbero continuamente nel corso di questi secoli: il debole incremento dell'offerta di prodotti non riusciva a tenere il passo della domanda di una popolazione in crescita.

rispondi
1. Quali tecniche innovative sono introdotte in agricoltura? **2.** In che cosa consistono i vantaggi della rotazione triennale delle colture? **3.** Come cambiano i rendimenti delle colture in relazione alle innovazioni culturali e tecnologiche apportate?

1.4 Il denaro

La diffusione della moneta Il più frequente impiego della **moneta**, cui si è accennato, costituì un altro aspetto importante della fase di crescita economica dei secoli XI-XIII. Esso non fu determinato da questa crescita: al contrario, era un elemento già presente in molte aree europee – per esempio in Frisia (regione dei Paesi Bassi) e nella Francia carolingia – che accompagnò e favorì l'espansione economica. In Francia, per impulso della riorganizzazione delle grandi aziende agrarie, la circolazione commerciale dei prodotti della terra aveva proceduto di pari passo con la riforma monetaria di Pipino il Breve e Carlo Magno. I re franchi avevano imposto un **sistema monetario basato sul denaro d'argento**, con l'abbandono definitivo delle monete d'oro, rimaste in circolazione solo nel mondo bizantino e arabo-musulmano. In età postcarolingia, in seguito all'indebolimento dell'autorità centrale e alla conseguente proliferazione di poteri locali, si moltiplicarono anche le zecche in cui le monete venivano coniate, cosa che favorì un processo di svalutazione del denaro.

La moneta, indice di un'economia in espansione

svalutazione
Riduzione del valore di una moneta, spesso conseguente alla diminuzione della quantità di metallo utilizzata, a parità di valore nominale, oppure aumentando la quantità di denaro circolante.

Alla metà del XII secolo, però, un'ondata di argento si riversò nei mercati europei in seguito alla scoperta di nuove miniere nell'Europa centrosettentrionale (Sassonia, Boemia, Carinzia, Ungheria). Al denaro tradizionale, fortemente svalutato, fu allora affiancato un nuovo denaro, detto "**grosso**", usato per gli scambi di maggior valore e co-

Il ritorno della moneta aurea in Europa occidentale

L'espansione economica europea | **CAPITOLO 1**

niato nelle zecche regie o appartenenti a grandi principati e città. Alla **metà del Duecento**, infine, ripresero a essere coniate anche in Occidente le **monete auree** (il fiorino a Firenze, il genovino a Genova, l'augustale nel regno di Sicilia, il ducato a Venezia), che si affiancarono alle monete d'argento e che divennero rapidamente, grazie alla stabilità della quantità d'oro contenuta al loro interno (circa 3,5 grammi), i principali mezzi di pagamento internazionali. Si affermò dunque, da questo momento in poi, un **sistema monetario bimetallico**.

La necessità di denaro per gli scambi, tuttavia, non fu mai soddisfatta dalla quantità di metallo prezioso coniato e si dovette perciò ricorrere ad altre forme di pagamento, come la **lettera di cambio** – cioè una promessa scritta con cui un debitore si impegnava a corrispondere la somma dovuta in un secondo momento –, che avevano le stesse funzioni della moneta. Da queste innovazioni, originariamente diffuse in ambito mediterraneo, sarebbe derivata – alcuni secoli dopo – la formazione di un vero mercato del credito e di sistemi bancari complessi.

Aveva insomma inizio un processo che, lentamente e con molte resistenze, tendeva a adottare la moneta come misura di tutte le cose, sebbene molta parte della vita materiale delle popolazioni europee del tempo fosse ancora irriducibile alle logiche mercantili delle moderne economie di scambio [▶fenomeni].

approfondimento
La moneta medievale

Economia di scambio ed economia del dono

---

fenomeni

L'economia del dono

Nelle economie preindustriali (ma accade spesso anche nelle nostre) gli scambi di beni, di ricchezze e di prodotti non avvenivano sempre in un contesto mercantile, in cui un individuo cede a un altro un bene in cambio di denaro o di un bene equivalente. In primo luogo perché la dimensione collettiva era preponderante rispetto a quella individuale: erano spesso le collettività, e non i singoli, a impegnarsi reciprocamente in scambi e contrattazioni. In secondo luogo, perché non solo beni e ricchezze materiali erano oggetto di scambio: atti rituali, prestazioni militari, consumi di cibo e bevande costituivano anch'essi beni scambiati tra collettività e individui in base a – terzo punto – convenzioni convalidate da tutti e cui non si può sfuggire, pena la riprovazione sociale e il conflitto.

Bisogni materiali e immateriali
Già Marcel Mauss (1872-1950), uno dei maestri dell'etnologia, aveva indicato nei bisogni immateriali una componente importante della vita economica delle società umane. Una parte considerevole della produzione economica entrava dunque in circuiti di scambio estranei allo scambio monetario o anche al baratto. Canoni versati dai contadini in occasione di determinate feste dell'anno, concessioni di terre, doni in occasione di matrimoni o di visite a corte, distribuzioni di bottino di un re ai suoi aristocratici o alle chiese dopo una campagna militare, o ancora grandi mangiate e bevute in occasione di feste, sacrifici di bestiame e in particolare di cavalli alla morte di un capo militare sono tutti esempi di sottrazione o distruzione di risorse, a spese della produzione o di un consumo più oculato e prolungato nel tempo, che tuttavia avevano un preciso scopo: garantirsi la positiva mediazione dell'aldilà in merito all'abbondanza dei raccolti e alla cessazione di calamità, stringere legami familiari o di più ampia solidarietà, esorcizzare la fame, dimostrare la potenza di una famiglia o di un popolo.

L'appropriazione, distribuzione e consacrazione rituale dei beni sono dunque essenziali per comprendere come un comportamento apparentemente assurdo o antieconomico possa avere invece valenze profonde, legate ai rapporti tra individui, comunità e divinità.

▲ Banchetto a corte, miniatura spagnola, XIII secolo.

SEZIONE I · IL DINAMISMO DELL'OCCIDENTE MEDIEVALE [SECOLI XI-XII]

Una tassa per il clero e per il popolo

La decima rurale Abbiamo visto che il crescente uso del denaro modificò le relazioni tra contadini e signori, contribuendo a mutare in moneta i canoni in natura o in lavoro. L'aumentata disponibilità di denaro contribuì anche a modificare le modalità di riscossione della decima rurale. Come dice il nome, la decima era un contributo corrispondente a 1/10 del raccolto (o al suo equivalente in moneta), che ciascun fedele era tenuto a versare alla propria chiesa per il **mantenimento del clero**. Essa non solo assicurava risorse per la costruzione di edifici religiosi, ma funzionava anche come **deposito collettivo**, controllato dalla comunità, per la distribuzione dell'elemosina ai bisognosi e delle sementi necessarie a proseguire il ciclo di coltivazione ai contadini più poveri (analoghe pratiche assistenziali, come si vedrà, saranno attivate anche in ambito urbano).

A partire dal tardo XI secolo, la decima iniziò a essere riscossa dai signori in modo sistematico e in denaro, anziché in natura. L'**appalto** per la raccolta della decima favorì inoltre la nascita di un'élite di notabili che fungevano da intermediari nelle operazioni di prestito del denaro, favorendo in questo modo una maggiore circolazione monetaria.

---

rispondi

1. Da che cosa nasce la necessità di coniare monete auree?
2. Dove risiede il valore di una lettera di cambio? **3.** Che cos'è la decima rurale?

1.5 Società e famiglia

I cambiamenti dello status sociale L'impiego di nuovi strumenti e tecnologie nella produzione agricola contribuì anche a determinare **profondi cambiamenti sociali**.

Dalle comunità di villaggio...

La popolazione europea viveva per lo più in villaggi che facevano capo a un centro di potere, laico o religioso. Le comunità di villaggio si occupavano collettivamente di alcuni aspetti fondamentali per la vita della collettività come la regolamentazione dello sfruttamento delle risorse comuni (legna, acqua, pascoli, campi cerealicoli, frutti del bosco) e il mantenimento delle relazioni con le comunità vicine e con i signori. Esse però, a differenza di quanto spesso si pensa, non erano realtà immutabili, omogenee al loro interno e dominate dalla tradizione; erano invece attraversate da **nette stratificazioni**, in base alla quantità di terra detenuta (in proprietà o in affitto), ai guadagni ottenuti con attività extragricole (piccoli commerci, attività artigianali), all'appartenenza a **clientele** che facevano capo ai signori, all'inserimento in varie reti di solidarietà e di aiuto reciproco [▶ *altri* LINGUAGGI, p. 60].

appalto Contratto con cui una parte (appaltatore) si fa carico della realizzazione di un'opera o di un servizio per conto di un'altra parte (appaltante).

clientela Rapporto di dipendenza che lega una o più persone a un personaggio potente, in grado di offrire protezione in cambio di fedeltà.

Chi era in grado di gestire i progressi tecnologici poteva migliorare il proprio reddito e salire rapidamente lungo la scala sociale; alcuni poi, per l'importanza del loro lavoro (come per esempio i **mugnai**), godevano di una maggiore vicinanza al signore, creando così un forte legame di fedeltà.

... alla società in generale

Mobilità sociale e teoria degli ordini È interessante notare come proprio in questo momento di grande trasformazione sociale la cultura delle élite si sforzasse invece di dare una forma semplice e intelligibile, e dunque controllabile, a società sempre più complesse. Nella prima metà dell'XI secolo, infatti, **Adalberone di Laon** e **Gerardo di Cambrai**, due influenti vescovi, portarono a compimento l'elaborazione di una **teoria di funzionamento della società medievale** sulla base di una sua ripartizione in **tre ordini**: coloro che pregano (*oratores*), coloro che combattono (*bellatores*) e coloro che lavorano (*laboratores*), senza distinzioni interne a ciascun ordine. Un sistema interpretativo che, vista la complessità delle stratificazioni sociali, funzionava poco nella descrizione della realtà, ma che costituiva un punto di riferimento ideologico a sostegno della superiorità dei primi due ordini sul terzo e del primo sugli altri due.

L'espansione economica europea | **CAPITOLO 1**

I modelli familiari Un altro aspetto importante della stratificazione delle comunità medievali, a ogni livello sociale, riguarda le **modificazioni della struttura familiare** e delle consuetudini di trasmissione ereditaria dei **patrimoni**. Nell'alto Medioevo convivevano **due modelli familiari**:

- quello **cognatizio**, secondo cui le linee di parentela collegano il singolo individuo con entrambe le famiglie, materna e paterna, che dava vita a un gruppo famigliare largo;
- quello **agnatizio**, fondato sulla successione di padre in figlio e sostanzialmente più ristretto.

Sul piano economico, il sistema agnatizio aveva il vantaggio di mantenere unito il patrimonio, che passava di generazione in generazione attraverso i figli maggiori. Il sistema cognatizio, ridefinendo a ogni generazione il sistema della parentela, favoriva invece la dispersione del patrimonio tra molti eredi, tra i quali, seppur con quote minori, erano compresi anche i figli nati al di fuori del contratto matrimoniale.

Dall'XI-XII secolo, a seguito sia del processo di frazionamento delle proprietà, sia di un profondo impegno della Chiesa nel ridefinire le norme sul matrimonio, si affermò decisamente il secondo modello [◉8]. La famiglia si strutturò progressivamente come nucleo formato dalla relazione tra marito, moglie e figli, fondato su un vincolo matrimoniale monogamico. Nelle società cittadine questo modello si fissò definitiva-

La trasmissione dell'eredità

Famiglia nucleare e patriarcale

MODELLI FAMILIARI

Modello cognatizio	Modello agnatizio	Famiglia patriarcale
allargato a famiglie paterna e materna	ristretto a famiglia paterna	famiglia paterna allargata

PERCORSO VISIVO

[◉8] Nuove regole per il matrimonio Fin dall'antichità il matrimonio era considerato un contratto civile e come tale era regolato da leggi. Anche nel Medioevo esistevano norme precise per sancire ufficialmente quello che, nella quasi totalità dei casi, era un accordo tra famiglie stipulato per motivi economici, di eredità o per stabilire alleanze. A partire dal basso Medioevo ci fu un progressivo controllo da parte della Chiesa: nel XII secolo il matrimonio fu riconosciuto come sacramento e come tale doveva essere tenuto alla presenza di un sacerdote.
La crescente influenza della Chiesa coinvolse anche la dimensione morale: si moltiplicarono le regole di comportamento per la coppia sposata, in particolare in campo sessuale, con tanto di accurate casistiche per definire peccati e penitenze. In ogni caso, a dispetto dei richiami a una morale più stretta, la letteratura dell'epoca dipinge una situazione ben diversa e assai più licenziosa.

▲ Cerimonia di matrimonio in una miniatura del XIV secolo.

◀ La punizione di due adulteri, miniatura del XIII secolo.

53

SEZIONE I — IL DINAMISMO DELL'OCCIDENTE MEDIEVALE [SECOLI XI-XII]

mente intorno al XIII secolo; **nelle campagne**, invece, il processo fu in parte diverso: l'introduzione di contratti come quelli mezzadrili, che obbligavano alla mobilitazione dell'intera forza lavoro familiare, condusse infatti all'istituzione di **nuove forme di famiglia allargata**, come quella patriarcale, giunte sino al XX secolo.

I mutamenti della condizione femminile Per le **donne** il passaggio al sistema agnatizio rappresentò un peggioramento della condizione economica e sociale. Infatti, mentre in precedenza il patrimonio della donna era costituito da quote-parte del patrimonio del padre (dotazione) e del marito (dotario), che restavano a lei anche in caso di morte del coniuge o di separazione, con l'affermarsi della patrilinearità queste quote furono gradualmente abolite: la donna che si sposava aveva soltanto una dote da offrire alla famiglia del marito e restava esclusa dall'eredità.

Un altro importante effetto di questi cambiamenti riguardò l'identità soggettiva di uomini e donne. A partire dal XII secolo, per indicare la continuità delle generazioni, dei patrimoni e dei poteri si affermò l'**uso dei cognomi su base patrilineare**, mentre nei secoli precedenti al nome personale era solo talvolta aggiunto il patronimico o il matronimico, o ancora l'indicazione della provenienza. L'uso del cognome si diffuse dapprima nei ceti aristocratici, poi più lentamente in quelli inferiori, ma le donne rimasero ancora a lungo identificate dal solo nome, seguito talvolta dal nome del padre o del marito.

Alle trasformazioni sociali si accompagnò inoltre una profonda ridefinizione ideologica dell'**immagine della donna**, caratterizzata sempre più, negli scritti di autori ecclesiastici, da pulsioni istintuali, carnali e irrazionali. A questa immagine veniva opposto, come modello cui tendere, Maria vergine e madre: una condizione biologicamente impossibile, ma che forniva un esempio di rinuncia alla sessualità e di sottomissione al volere altrui [👁 9].

Un peggioramento economico per la donna

L'affermarsi del cognome paterno

rispondi
1. Come influenza la condizione femminile l'affermarsi della patrilinearità? 2. Come nasce l'uso dei cognomi?

mezzadria Contratto con cui il proprietario dà un podere a un colono, impegnandolo a lavorarlo e a dividere a metà spese e utili.

patriarcale Si riferisce a un'organizzazione sociale caratterizzata dalla residenza comune di più gruppi patrilineari di discendenza, sottoposti all'autorità dell'individuo maschio più anziano.

patrilinearità Trasmissione dell'eredità secondo la linea di parentela maschile.

PERCORSO VISIVO

[👁 9] Da Maria a Eva

Nell'immaginario religioso del basso Medioevo, alla figura salvifica di Maria si contrappone sempre più quella di Eva, tentatrice e causa della rovina dell'uomo. Mentre Maria rappresenta un ideale da raggiungere, Eva esemplifica il modo in cui la Chiesa interpretava la presenza femminile nella società. La svalutazione della donna come essere "debole" e "inferiore" portò alla sua progressiva esclusione dalla vita sociale e al confinamento all'interno della casa, sempre alle dipendenze di un uomo (padre, marito o fratello).

▶ *Il peccato originale*, rilievo dal Duomo di Freiburg im Breisgau, XII secolo.

L'espansione economica europea | **CAPITOLO 1**

1.6 Città, vie di comunicazione e commerci

La ripresa del fenomeno urbano Tra il X e l'XI secolo i processi di privatizzazione della terra e dei poteri di origine pubblica [▶ **cap. 0**], l'incremento demografico e l'espansione dei coltivi trasformarono in profondità i **paesaggi europei**. **Nuovi insediamenti** di varia tipologia – castelli, casali, borghi, villaggi – nacquero con il fine, perseguito dai poteri aristocratici, di **controllare e sfruttare più efficacemente le campagne**. Fu questo il momento culminante del fenomeno, già avviatosi al termine del IX secolo, conosciuto con il nome di **incastellamento**, ovvero la diffusione degli insediamenti fortificati, sia per motivi di difesa militare, sia per ragioni legate all'esercizio di poteri di controllo del territorio, della produzione agricola e delle risorse boschive e minerarie [▶**luoghi**, p. 56].

Anche la **vita urbana** riprese vigore. Grazie all'iniziativa dei vescovi, che esercitavano in modo autonomo ampi poteri (giurisdizionali, normativi, fiscali), nacquero infatti **nuovi centri**, specialmente nell'Europa settentrionale, mentre in area meridionale spesso **si ripopolarono gli insediamenti più antichi**. Tra il X e l'XI secolo l'urbanizzazione fu poi rafforzata da due fenomeni:

- il miglioramento della produttività agricola, che, oltre a rendere disponibile una maggiore quantità di beni da scambiare nei mercati urbani, permise di liberare manodopera impiegata nei campi e spinse molti individui a trasferirsi in città;
- l'emergere nel governo delle città di ceti urbani competenti e consapevoli di essere accomunati da una memoria storica, culturale e artistica condivisa e ritenuta superiore a quella del villaggio rurale.

Le città divennero insomma luoghi di mercato e di inurbamento dalle campagne, ma anche di condivisione di identità, e costituirono, come vedremo diffusamente in seguito, uno degli elementi di più ampia e duratura portata del più generale processo di crescita economica europea.

Vie d'acqua e di terra Il maggior numero di insediamenti comportò la necessità di collegamenti più rapidi ed efficienti, stimolando lo sviluppo delle vie di comunicazione. Vennero sfruttate in particolare le **vie d'acqua**, con la moltiplicazione di approdi e porti e con la realizzazione, a partire dai **fiumi** maggiori (Reno, Danubio, Senna, Rodano, Po, Oder), di una fitta **rete di canali** utili al trasporto di persone e merci. Viaggiare via fiume, sfruttando la corrente o navigando a vela, era infatti più agevole, più economico e relativamente più sicuro che spostarsi via terra. Grandi vantaggi presentavano anche i **trasporti via mare**, specie con la navigazione di cabotaggio tipica del Mediterraneo.

Anche le reti di trasporto terrestre furono migliorate e incrementate. Nell'alto Medioevo, infatti, la **rete viaria** si era fatta più complessa di quella romana, ma era meno facilmente individuabile nei tracciati e meno stabile. Spesso le strade altomedievali erano tortuose e di ampiezza modesta, con ponti di attraversamento stretti e raramente di pietra. I progressivi investimenti permisero così di rafforzare il reticolo di strade e sentieri, dotandolo di tracciati e di ponti più larghi e solidi.

La ripresa dei commerci Più ampie reti di comunicazione favorirono, tra il XII e il XIII secolo, le opportunità di commercio, creando molteplici luoghi di mercato a livello locale e occasioni di incontro tra mercanti provenienti da varie parti d'Europa. Gli scambi furono inoltre favoriti da una serie di miglioramenti e **innovazioni tecniche** nei tra-

---

I cambiamenti nelle campagne...

... e nelle città

La nascita di uno "spirito cittadino"

Il progressivo miglioramento della rete di trasporti

cabotaggio
Navigazione o traffico marittimo che si svolge lungo la costa.

Miglioramenti tecnologici e finanziari per il commercio

SEZIONE I — IL DINAMISMO DELL'OCCIDENTE MEDIEVALE [SECOLI XI-XII]

luoghi

Il Parco archeominerario di Rocca San Silvestro

Esempio notevole di villaggio fortificato, sorto per iniziativa signorile al fine di sfruttare le grandi risorse minerarie, è Rocca San Silvestro a Campiglia Marittima (Livorno).

La storia del castello

Il castello di Rocca a Palmento (da *palmentum*, macina da frantoio), com'era chiamato in età medievale, venne fondato tra il X e l'XI secolo dalla famiglia aristocratica dei Della Gherardesca su un'altura che domina la costa tra il Golfo di Baratti e le Colline metallifere, nella Maremma pisana, luogo interessato da attività estrattive sin dal periodo etrusco. L'insediamento fortificato doveva garantire il controllo sui processi di estrazione, trasformazione e lavorazione dei minerali per ottenere rame, piombo e argento. La struttura iniziale presentava una cinta muraria a mezzacosta rispetto all'altura, che comprendeva le abitazioni, e una seconda cinta che, in cima, racchiudeva l'area signorile.

L'apice fu raggiunto tra la fine dell'XI e i primi del XII secolo, sotto il dominio dei Della Rocca: grazie all'opera di maestranze altamente specializzate l'insediamento fu dotato di un'alta torre quadrata e di una chiesa, e contemporaneamente si ampliò la cinta muraria. Alla fine del XIII secolo iniziò la decadenza del castello a causa dei crescenti conflitti con Pisa e della scoperta di nuove miniere in Sardegna, che rendevano meno conveniente la produzione in un luogo privo di energia idraulica. Tra il XV e il XVI secolo vi fu un rinnovato interesse da parte dei Medici per l'attività mineraria in questo comprensorio, che fu tuttavia definitivamente abbandonato nel 1559.

Oggi le abitazioni, la chiesa, gli impianti di lavorazione del piombo argentifero e del rame, le cave di marmo, il frantoio per l'olio, i forni per pane e ceramica sono tutti ancora in ottimo stato di conservazione, consentendo un'eccezionale ricostruzione della vita di un villaggio di minatori nel Medioevo.

▲ La Rocca come appare oggi.

Il sistema museale

Lo scavo venne avviato e condotto negli anni Ottanta del Novecento da Riccardo Francovich, grande protagonista dell'archeologia medievale italiana. I risultati delle ricerche archeologiche, tuttora in corso, portarono nel 1989 alla costituzione di un gruppo di lavoro per realizzare un coerente piano di valorizzazione non solo di questa originale testimonianza sociale ed economica preindustriale, ma anche dell'intero territorio.

L'ampia condivisione del progetto tra archeologi, storici, amministratori pubblici e imprenditori privati condusse alla realizzazione del Parco archeominerario di San Silvestro (1996), ulteriormente ampliato nel 2002 grazie alla collaborazione tra Università di Siena, Soprintendenza archeologica, Comune di Piombino e Società Parchi della Val di Cornia, che comprende vari musei e percorsi storico-archeologici, geologici e naturalistici. Un modello di ricerca, didattica e valorizzazione che è stato poi adottato con successo da altre realtà dello stesso comprensorio (Populonia, Campiglia, Poggibonsi, Piombino). ■

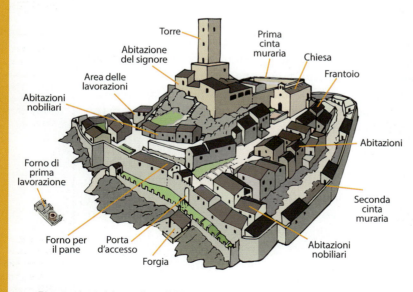

▲ Ricostruzione del castello nel XIII secolo.

L'espansione economica europea | **CAPITOLO 1**

sporti terrestri (carovane di muli e cavalli, carri a due o quattro ruote) e marittimi (bussola magnetica, carte nautiche e portolani, tavole trigonometriche, timone di poppa). Allo stesso modo, alcune innovazioni sul piano contrattuale e giuridico favorirono ulteriormente gli investimenti di capitali nel rischioso commercio a lunga distanza:
- la **commenda**, che nasceva dall'associazione di uno o più soci finanziatori e un mercante (che talvolta poteva egli stesso apportare una quota);
- la **compagnia commerciale**, i cui membri si associavano mettendo in comune un capitale iniziale per poi ripartire in proporzione a esso profitti.

Grazie alla ripresa degli **scambi mercantili con l'Impero bizantino, con il mondo musulmano**, per loro tramite, con il **lontano Oriente**, nei porti del Mediterraneo giungevano prodotti rari e lussuosi come seta, tessere da mosaico, allume (necessario per la produzione dei panni), cuoio, spezie, schiavi e monete d'oro. Molte città italiane giocarono un ruolo di primo piano in questo nuovo sviluppo dei commerci: non solo i quattro principali centri marinari, Amalfi, Venezia, Genova e Pisa, ma anche Napoli, Gaeta, Bari, Ancona, Palermo, Messina. Anche il **Nord Europa** sviluppò una **fitta rete di centri di mercato** (in Inghilterra, nelle Fiandre e, più a est, a Nòvgorod).

In alcune città sul Mare del Nord e sul Mar Baltico (in particolare Lubecca, Bruges, Amburgo, Gand, Brema, Danzica) i mercanti di stoffe diedero origine a un modello di **compagnia commerciale** (la *hansa*), che permise a questi centri di rivestire, al Nord, lo stesso ruolo di impulso commerciale che svolgevano le città italiane nel Mediterraneo.

Nord e Sud Europa entravano in contatto grazie alle **sei fiere della Champagne** (ciascuna della durata di sei settimane), nella Francia settentrionale, cui si collegò successivamente anche l'importante circuito fieristico fiammingo nelle Fiandre: in esse le merci provenienti dall'Oriente e dal Mediterraneo (vino, olio, frumento) venivano scambiate con i prodotti settentrionali (ambra, cera, legname, pellicce, pesce salato, lana, metallo). Fu questo il **primo mercato internazionale** (successivo all'età romana), dominato dai mercanti italiani e provenzali, il cui successo fu dovuto alla posizione strategica tra l'economia mediterranea e quella nordeuropea, alla regolarità del loro svolgimento, all'assistenza e alla protezione militare garantita ai mercanti dai conti di Troyes [👁10].

> Il Mediterraneo, porta per l'Oriente
>
> I mercanti del Nord Europa e un nuovo mercato a vasto raggio
>
> **rispondi**
> 1. Con quale fine nascono i nuovi insediamenti medievali? 2. Quali sono le ragioni del ripopolamento degli insediamenti cittadini?

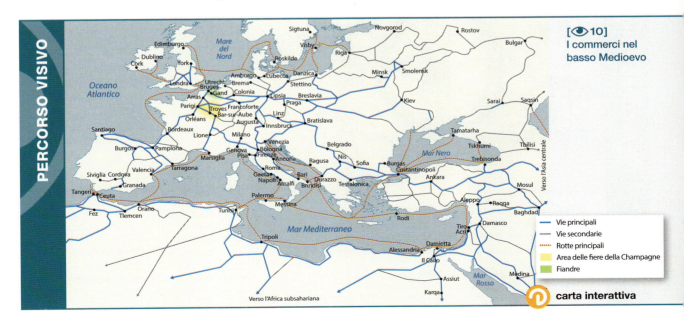

PERCORSO VISIVO

[👁10] I commerci nel basso Medioevo

— Vie principali
— Vie secondarie
⋯ Rotte principali
▨ Area delle fiere della Champagne
▨ Fiandre

carta interattiva

57

SEZIONE I IL DINAMISMO DELL'OCCIDENTE MEDIEVALE [SECOLI XI-XII]

1.7 Il lavoro artigiano

I progressi nella produzione

L'espansione dell'artigianato In linea generale, l'aumento demografico e la ripresa dei commerci, concentrati nei villaggi più grandi e nelle città, ebbero come conseguenza un incremento delle attività artigianali e una loro progressiva **concentrazione urbana**. Le fonti materiali, in realtà, testimoniano ampiamente l'esistenza di attività artigianali anche in contesti diversi da quelli cittadini – centri monastici, castelli e insediamenti rurali – e in stretta connessione con le attività agricole; tuttavia, la localizzazione delle attività produttive nelle città permetteva, grazie alla contiguità fisica delle botteghe, la trasmissione delle competenze tecnologiche e l'ottimizzazione dei cicli di lavoro, consentendo al prodotto finito di raggiungere rapidamente i mercati.

Lo sviluppo di un artigianato specializzato

Tanti mestieri per una società complessa Nel quadro delle attività artigianali, la **produzione tessile** rivestiva un'importanza primaria. La complessità del ciclo di produzione dei **panni di lana** prevedeva infatti una grande quantità di operazioni svolte da operaie e operai più o meno specializzati a seconda dell'incarico, coadiuvati da macchine tecnologicamente sempre più avanzate come il telaio (per la tessitura), l'arcolaio e il filatoio (per la filatura) [👁 11]. Collegato a questo era il settore dedicato alla lavorazione delle **pelli** e delle **pellicce** (cuoiai, conciatori, pellicciai), nonché altre attività relative all'abbigliamento, come quelle di calzolai e sarti.

Il ruolo trainante dell'edilizia sacra

I **grandi cantieri ecclesiastici**, monastici e civili necessitavano inoltre di notevoli quantità di manodopera, che a seconda delle specializzazioni prese a organizzarsi in mestieri: marmorari, muratori, carpentieri [👁 12], senza contare coloro che si occupavano di produrre laterizi, di approvvigionare i cantieri di pietre e legname (spesso reimpiegando materiale proveniente dai complessi edilizi dell'antichità).

I mestieri

Diffusissimi erano i mestieri legati alla produzione e alla **lavorazione dei metalli** – oro, ferro, piombo, bronzo – destinati al consumo sia quotidiano sia di lusso, che davano origine a varie specializzazioni (produzione di armi, attrezzi agricoli, chiavi e così

PERCORSO VISIVO

[👁 11] **La filatura e la cardatura della lana** Le prime fasi della lavorazione della lana grezza erano affidate alle donne di casa. Successivamente, là dove la produzione di panni assunse un carattere quasi industriale, questi passaggi furono accentrati nelle arti cittadine.

▲ Miniatura dal *Salterio di Luttrell*, XIV secolo.

[👁 12] **La costruzione della torre di Babele** La scena biblica è l'occasione per rappresentare muratori e carpentieri all'opera, tra ponteggi e carrucole per sollevare i materiali da costruzione.

▶ Particolare dei mosaici decorativi della basilica di San Marco a Venezia, XII-XIV secolo.

L'espansione economica europea | CAPITOLO 1

via) [👁 13]. A questo settore erano collegati i carbonai che procuravano il legname per le fornaci, indispensabili tanto ai fabbri quanto ai lavoratori della ceramica e del vetro.

Le **esigenze della vita quotidiana** richiedevano l'abilità di cordai, di fabbricanti di barili, candele e ceri, di lavoratori del sughero e del legno, mentre il **commercio al minuto** era dominato da pescivendoli, macellai, mugnai, fornai, droghieri e speziali/farmacisti. Vi erano infine i mestieri legati alla **cura del corpo**, svolti da barbieri, medici, chirurghi; all'**ospitalità**, praticati da albergatori e tavernieri; al **trasporto**, settore in cui lavoravano asinai, carrettieri, mulattieri, vetturini. Questi mestieri sono menzionati poco e male dalle fonti, ma ne possiamo dedurre una sempre più ampia diffusione.

approfondimento
I mercanti

Le "arti" Tra l'XI e il XII secolo gli artigiani, così come alcune categorie di mercanti, si associarono in "arti" (dette anche "mestieri", "gilde" e, a partire dall'età moderna, "corporazioni"), cioè **organizzazioni strutturate su base professionale**. Nate come gruppi cerimoniali che prendevano parte ai rituali pubblici cittadini, esse riunivano tutti gli operatori di un certo settore. Tuttavia, solo i **padroni della bottega** artigiana – i **maestri**, detentori dei capitali o della capacità tecnica necessaria a svolgere un mestiere – ne facevano parte con pieni diritti, mentre ne rimanevano del tutto esclusi gli apprendisti e i lavoratori salariati.

Da associazioni di categoria a potenti gruppi economici e politici

Nel corso del tempo, da associazioni giurate e volontarie le arti divennero strumenti volti alla **difesa della propria attività e degli interessi dei propri associati**: organizzavano l'approvvigionamento di materie prime, controllavano la qualità dei prodotti, svolgevano attività assistenziali per le famiglie dei membri in difficoltà, limitavano la concorrenza e fissavano prezzi, salari e condizioni di lavoro omogenee per i dipendenti.

Come si vedrà, le arti, tra le quali primeggiavano quelle operanti nei settori tessile, edilizio e metallurgico, raggiunsero il massimo sviluppo nel corso del XIII secolo, iniziando a rivendicare, sulla base del ruolo economico giocato nelle città, un ruolo politico di primo piano.

rispondi
1. Quali mestieri nascono in città?
2. Qual è il ruolo dei cantieri ecclesiastici?
3. Come si trasforma nel tempo il ruolo delle "arti"?

[👁 13] Un fabbro all'opera nella sua fucina

◀ Particolare della decorazione di una chiesa in legno norvegese, XI secolo.

59

altri LINGUAGGI

Il Medieval folk e il valore della tradizione

Let me bring you all things refined: galliards and lute songs served in chilling ale. Greetings well met fellow, hail! … Songs from the wood make you feel much better.

Questi versi sono tratti dall'album *Songs from the wood* (1977) dei Jethro Tull, gruppo folk-rock inglese animato da Ian Anderson, e costituiscono un buon inizio per illustrare la presenza di alcune reminiscenze e temi di ispirazione medievale in un'ampia tradizione musicale dell'Occidente contemporaneo, dal progressive rock allo heavy metal sino al folk metal.

Il riferimento alla birra, archetipica bevanda inglese (*chilling ale*, spillata dalla botte, *from the wood*), alle danze (*galliards*) e al liuto (*lute songs*) costruisce un'immagine di convivialità dal sapore antico, mentre flauti, tamburelli, mandolini e liuti si accordano con chitarre e bassi elettrici. L'effetto complessivo evoca un'Inghilterra rurale ricca, allegra, dall'odore di cuoio, legno e birra. Atmosfere medievaleggianti (e un po' barocche) sono ben percepibili anche nella notissima *Stairway to heaven* (1971) dei Led Zeppelin, il cui testo è ricco di citazioni tratte dal *Signore degli anelli* di Tolkien, tra l'altro eminente linguista e filologo.

Con un obiettivo più scopertamente politico, nel 1973 i *Genesis* pubblicarono l'album *Selling England by the Pound*, citando ripetutamente il Medioevo (*Dancing with the Moonlit Knight*, *The Battle of Epping Forest*, *After the Ordeal*) come termine di paragone e universo immaginario in cui calare il contemporaneo disastro della svendita morale e materiale del Paese a criminali interessi economici e finanziari.

▲ Peter Gabriel, cantante dei Genesis.

A partire dagli anni Sessanta gruppi e cantautori in tutta Europa – Gentle Giant, Tri Yann, Chieftains, Ougenweide, Angelo Branduardi, Alan Stivell, In Extremo, per fare alcuni esempi – hanno esplorato e continuano a esplorare le possibilità offerte dall'enorme immaginario medievale, dal recupero filologico a sperimentazioni di fusione con i generi rock e pop, proponendo un'idea di Medioevo profondamente reinterpretata alla luce del ciclo arturiano (si pensi a Joan Baez che canta *Sweet sir Galahad* all'epico concerto rock di Woodstock nel 1969) e della narrativa *fantasy*. Il comun denominatore di tante diverse esperienze può essere la contestazione della società industriale e del potere capitalistico, che hanno trasformato e distrutto inesorabilmente un mondo rurale percepito come società organica, più vicina alla natura e custode di una tradizione moralmente superiore a quella moderna.

VERSO LE COMPETENZE

esercitazione

● LESSICO

1. **Spiega sinteticamente (massimo 3 righe) il significato delle seguenti espressioni.**

   Dominico – *Pariage* – Lettera di cambio – *Oratores-bellatores-laboratores* – "arti"

● COLLOCARE GLI EVENTI NELLO SPAZIO E NEL TEMPO

2. **Completa la carta seguendo le indicazioni.**

Colloca correttamente i numeri corrispondenti ai seguenti nomi di città che furono importanti centri commerciali, sia nell'area mediterranea che in quella del Nord.

- [1] Amalfi
- [5] Lubecca
- [2] Baghdad
- [6] Danzica
- [3] Bruges
- [7] Parigi
- [4] Costantinopoli
- [8] Pisa

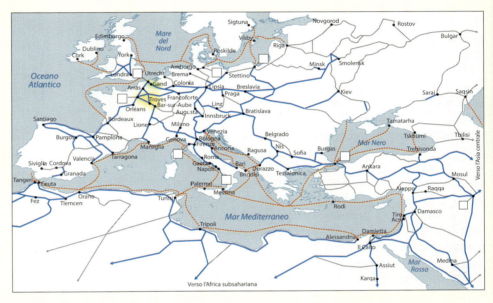

● LEGGERE E VALUTARE LE FONTI

3. **Osserva l'immagine e rispondi alle domande.**

   a) Sullo sfondo della miniatura è raffigurato un castello. Quale rapporto sussiste tra incastellamento e messa a coltura dei nuovi terreni?

   b) Quali nuove forme contrattuali vengono adottate per regolare il lavoro contadino?

   c) Quale relazione sussiste tra affermazione della famiglia nucleare e patriarcale e l'iniziativa signorile di dissodamento dei terreni?

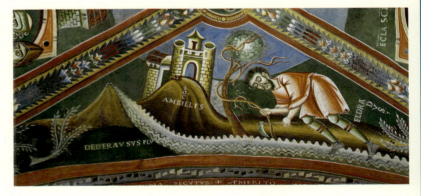

per approfondire Gli storici sono concordi nel sostenere che l'espansione produttiva e demografica dei secoli XI, XII e XIII sia stata influenzata dalla prossimità degli insediamenti antropici (castelli, villaggi, borghi), alle risorse e dalla loro capillarità territoriale. Quali tracce di insediamenti medievali permangono sul tuo territorio? Raggiungi quello più vicino a te e documenta la visita con alcune fotografie o ricerca online le immagini di un insediamento medievale a tua scelta e individuane la collocazione geografica, la vicinanza alle risorse naturali e ad altri insediamenti vicini. Cerca di individuare la funzione prevalente dell'insediamento: politico-difensiva o economico-produttiva?

I SAPERI FONDAMENTALI

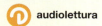 sintesi   audiolettura

● I CAMBIAMENTI MATERIALI ED ECONOMICI

▶ 1.1 Molte fonti materiali e alcune, seppur poche, fonti scritte testimoniano, **tra l'XI e il XIII secolo, l'aumento della popolazione europea**. Tra le ragioni di tale fenomeno gli storici annoverano l'incremento della produzione agricola dovuto al miglioramento delle tecniche e alla vitalità dell'azienda agricola altomedievale, il miglioramento delle condizioni climatiche, la maggiore stabilità politica, la rinascita delle città e l'espansione dei commerci.

▶ 1.2 Il ceto signorile innesca questa fase di crescita e dinamismo: per **recuperare nuovi terreni e incrementare le rendite**, i proprietari terrieri aumentano il **frazionamento dei terreni**, affidandoli a famiglie contadine con contratti di affitto brevi e finanziano **nuovi insediamenti** nelle aree da dissodare, dando ai nuovi coloni garanzie durature in termini di contratto, di sicurezza individuale e libertà personale.

▶ 1.3 **Migliorano le tecniche agricole** per il mantenimento della fertilità dei campi: viene introdotto **l'aratro pesante** e rinnovati i sistemi di trazione animale; il lavoro di macinatura dei cereali è svolto da **mulini** ad acqua o a vento; viene adottata la **rotazione biennale e triennale delle colture**. Quest'ultima tecnica, in particolare, rende più equilibrata la distribuzione dei lavori agricoli e più frequenti e diversificati i raccolti. Tali progressi portano tuttavia solo a un debole miglioramento della produttività dei terreni, che si misura principalmente nella maggiore stabilità del rendimento delle colture nel lungo periodo.

▶ 1.4 La crescita economica fa aumentare la **necessità di denaro per gli scambi**. Alle monete coniate in oro e argento si aggiungono altre forme di pagamento, come la lettera di cambio. Le decime rurali e i canoni di affitto dei terreni cominciano a essere riscossi in denaro anziché in natura.

● I CAMBIAMENTI SOCIALI

▶ 1.5 L'introduzione di nuove tecnologie e modelli produttivi cambia sensibilmente anche il tessuto sociale: nascono figure intermedie tra il signore e il contadino, nuovi rapporti clientelari. **Si afferma la famiglia nucleare e patriarcale**, che sostituisce modelli familiari più allargati e esclude la donna dalla trasmissione ereditaria dei patrimoni.

▶ 1.6 I processi di privatizzazione della terra tra il X e l'XI secolo cambiano i paesaggi europei: **al fine di controllare le campagne e migliorarne lo sfruttamento**, **nascono nuovi insediamenti** (castelli, borghi, villaggi), si ripopolano le città, che divengono luogo di scambi commerciali e di inurbamento dalle campagne. Crescono in numero e qualità le vie d'acqua e di terra che consentono una ripresa significativa dei commerci.

▶ 1.7 **In città si sviluppano i mestieri artigiani**, come per esempio quelli della produzione tessile e delle pelli e della lavorazione dei metalli. Nascono le prime organizzazioni strutturate su base professionale, le arti.

linea del tempo

950 circa
prime testimonianze di dissodamenti e della diffusione del mulino ad acqua

1080-1086
il *Domesday book* elenca i beni dei proprietari terrieri inglesi

62

L'espansione economica europea CAPITOLO 1

□ mappa

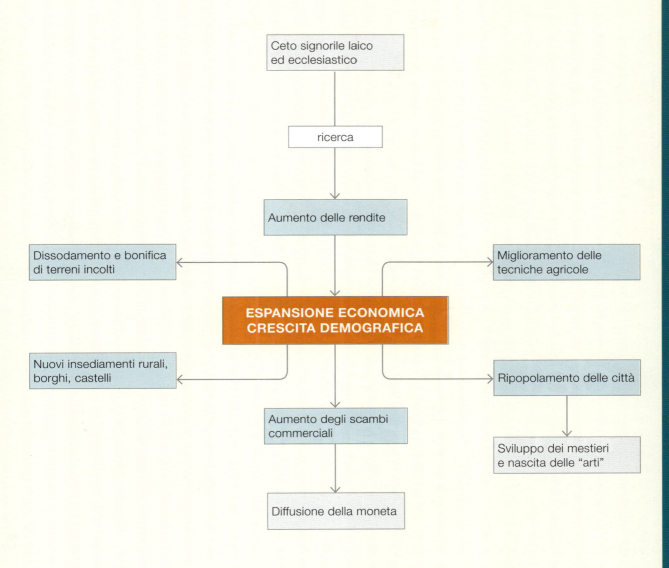

CAPITOLO 2

La Chiesa di Roma dal pluralismo al centralismo

Riforma gregoriana

Il termine "riforma", impiegato soprattutto in riferimento a quella protestante del XVI secolo (la studieremo più avanti), è applicato anche a un altro momento decisivo della cristianità: l'XI secolo, epoca in cui cambiarono radicalmente la concezione del potere del papa, i suoi rapporti con i poteri civili, il modello di organizzazione della Chiesa. Per definire questi cambiamenti si parla spesso di "riforma", al singolare, o di riforma "gregoriana", dal nome di uno dei suoi protagonisti, papa Gregorio VII. Si trattò tuttavia di un complesso di riforme di varia provenienza e con vari obiettivi, sostenute da soggetti anche molto diversi – ordini religiosi, movimenti popolari, imperatori germanici, lo stesso papato – che si trovarono spesso in aspro conflitto fra loro. Alla fine di questo processo un organismo plurale e policentrico, qual era la Chiesa altomedievale, si trasformò in un'istituzione accentrata, dominata dalla figura del papa. Le istanze riformatrici diverse da quella propugnata da Roma subirono una duratura condanna morale, segnata dall'accusa di "decadenza" e "corruzione".

le parole della storiografia

La Chiesa di Roma dal pluralismo al centralismo | **CAPITOLO 2**

– GUIDA&RISORSE
PER LO STUDIO

Per riprendere il filo... Nell'alto Medioevo i sovrani franchi avevano legittimato la loro sovranità dichiarandosi eredi del potere imperiale romano e presentandosi come i supremi difensori della cristianità. In stretto collegamento con la sede vescovile di Roma, Pipinidi e Carolingi influenzarono profondamente lo sviluppo del cristianesimo occidentale medievale, sia sul piano teologico, sia su quello delle disposizioni pratiche. Nel corso del X secolo, con la fine della dinastia carolingia e l'ascesa degli Ottoni alla guida dell'Impero germanico, il contesto dei poteri europei andò però complicandosi. Si delineò, in particolare, una dicotomia fra un impero che si presentava come istituzione universale, nonostante fosse attraversato da vasti processi di frammentazione e di dispersione del potere sul territorio, e un papato che cominciava anch'esso a rivendicare, con inedita forza, un'autonomia e un'aspirazione all'universalità presto destinate a entrare in conflitto con le autorità civili.

videopresentazione

2.1 La Chiesa nel contesto dei poteri medievali

Potere civile e potere religioso In un'Europa caratterizzata da un'estrema frammentazione politica, e nella quale la mentalità religiosa dominava ogni aspetto della vita collettiva, il confine fra potere politico (*regnum*) e potere sacerdotale (*sacerdotium*) era quanto mai labile e indefinito.

Un confine incerto

- Le autorità civili, i **sovrani**, rivendicavano per sé un carattere sacrale e si ponevano a guida e protezione del "gregge di Dio", cioè dei fedeli. Sulla base di questo presupposto **si sentivano legittimati a intervenire anche nel mondo ecclesiastico**, soprattutto attraverso la nomina di abati e vescovi, o dettando norme sul comportamento dei chierici.
- Le autorità religiose, i **vescovi**, tendevano da parte loro a porsi in maniera antagonistica nei confronti delle gerarchie civili. Pur consacrando e legittimando il potere regio, **affermavano la supremazia di chi amministra i** sacramenti e si ponevano dunque su un piano di superiorità anche rispetto a re e imperatori [👁1].

[👁1] **Un vescovo e il suo popolo** Zaccaria, vescovo di Anagni (IX secolo), guida l'intera cittadinanza ad accogliere le reliquie di san Magno, vescovo e martire di epoca romana, riscattate dai saraceni che se erano impossessati durante una scorreria.

◄ Affresco della cripta della Cattedrale di Anagni, XII-XIII secolo.

sacramento Rito religioso attraverso il quale la Chiesa sancisce il cammino del fedele verso la salvezza.

65

SEZIONE I — IL DINAMISMO DELL'OCCIDENTE MEDIEVALE (SECOLI XI-XII)

L'episcopato fra modello di potere imperiale...

Il ruolo dei vescovi L'estensione delle prerogative vescovili oltre l'ambito religioso non era una novità: per gran parte dell'**alto Medioevo** l'episcopato aveva ricoperto ruoli di **supplenza dei poteri civili**, fortemente indeboliti dal crollo del sistema istituzionale di Roma antica, e intorno al X secolo continuava a ispirarsi a un modello di potere di derivazione romano-imperiale: il vescovo, cioè, si presentava spesso come **garante dell'ordinamento pubblico**, tanto da assumere il governo di importanti realtà urbane [▶fenomeni].

... e modello di potere signorile

Anche la Chiesa, tuttavia, era stata profondamente influenzata dalla trasformazione in senso signorile dei poteri dell'Occidente europeo, che aveva accentuato la frammentazione e la dispersione dell'autorità pubblica sul territorio. Anzi, poiché una larga parte dell'episcopato proveniva dall'aristocrazia e disponeva quindi di proprietà e clientele militari sia in ambito urbano che rurale, era più vicino a un **modello privato e familiare di gestione del potere**, di tipo signorile, che al modello pubblico di derivazione antica. Questi due elementi convivevano nella vita ecclesiastica ancora all'inizio dell'XI secolo e nemmeno il vescovo di Roma, la figura più autorevole e rappresentativa della cristianità, si sottraeva a questa pesante ambiguità.

Chiesa e aristocrazia

Nel quadro di questa interrelazione fra aristocrazia militare e ambito ecclesiastico si colloca anche **l'istituto delle chiese e dei monasteri privati**. I potenti, infatti, fon-

---

Il mito storiografico del "vescovo-conte"

fenomeni

L'interpretazione tradizionale
A differenza di quanto ancora comunemente affermato in molti ambiti della divulgazione storica, la figura del "vescovo-conte" non è mai esistita. Tradizionalmente la storiografia riteneva che alcuni imperatori, e in particolare Ottone I (962-973), dinanzi alle difficoltà dovute alla patrimonializzazione degli uffici pubblici da parte dei grandi aristocratici (cioè al fenomeno in base al quale le cariche pubbliche e i benefici connessi tendevano a diventare parte del patrimonio familiare privato di chi le deteneva), concedessero la carica di conte ai vescovi, per i quali le norme canoniche avrebbero impedito il matrimonio e dunque la trasmissione ereditaria della carica.

La revisione del concetto
Bisogna ricordare invece che, da un lato, come spieghiamo in questo capitolo, il matrimonio del clero fu formalmente proibito solo alla fine dell'XI secolo; dall'altro, che esercitare funzioni proprie di un conte non vuol dire essere un conte. Il fatto che un vescovo ricevesse diritti di natura pubblica su territori corrispondenti alle circoscrizioni amministrative carolingie (comitati, marche) non significava infatti che questi fosse un funzionario pubblico. Egli infatti esercitava quei diritti in virtù della concessione delle immunità di cui esso già godeva in ambito cittadino (*districtus*). Il fatto, poi, che alcuni vescovi fossero legati all'autorità regia o imperiale non rese mai le concessioni di diritti pubblici delle prerogative relative alla singola persona, ma sempre alla sede episcopale nella sua interezza e dunque a tutta la comunità urbana. ◼

▲ Ariberto da Intimiano, potente vescovo di Milano nella prima metà dell'XI secolo, mentre offre a Dio il modello della Basilica di San Vincenzo a Galliano (Como).

66

La Chiesa di Roma dal pluralismo al centralismo | CAPITOLO 2

davano monasteri e chiese sulle proprie terre affinché il clero pregasse per i membri della famiglia e intercedesse per loro al momento della morte, ma anche per sfruttarne le grandi capacità di **controllo sociale ed economico**, dal momento che per le popolazioni rurali dipendenti tali istituzioni religiose fungevano da concreto punto di riferimento morale e materiale.

La costruzione di chiese private, però, riguardò anche gli episcopati e le abbazie, che le erigevano in concorrenza con i poteri *laici*. Non si trattava quindi unicamente di un'ingerenza laica nell'organizzazione della Chiesa, quanto piuttosto di un'**interdipendenza ambigua fra due strutture di potere**, l'episcopato e l'aristocrazia, che pur essendo distinte nascevano dallo stesso ambiente sociale ed economico e traevano la propria forza dal possesso e dal controllo della terra.

La pretesa supremazia papale Fu in questo contesto che, nel corso dell'XI secolo, il vescovo di Roma affermò la superiorità del suo potere sia nell'ambito dell'organizzazione ecclesiastica, sia nei rapporti con le autorità laiche, e in particolare con la principale istituzione politica del tempo in Occidente, l'Impero. All'interno della cristianità, la pretesa supremazia papale portò a un durissimo scontro con le Chiese orientali circa l'estensione delle proprie **sfere di influenza** in Italia meridionale, nei Balcani e nell'Europa settentrionale, cui si aggiunsero non meno rilevanti **contrapposizioni di carattere teologico**. Nell'ambito di questo scontro papato e Impero si trovarono ancora alleati ma, sulla base di tali premesse, anche i loro rapporti erano destinati a deteriorarsi.

Vedremo meglio i caratteri e l'esito di queste vicende nei prossimi paragrafi. Prima, però, è necessario soffermarsi su un altro fondamentale aspetto del processo che la storiografia ha definito "riforma" della Chiesa: la denuncia dei comportamenti immorali del clero e il rifiuto, da parte di alcune correnti della cristianità, della commistione fra potere civile e religioso che abbiamo fin qui descritto.

2.2 Tensioni di riforma e nuove sensibilità: monaci, vescovi, laici

La (falsa) questione della moralità del clero Fin dal IX secolo, nel mondo cristiano erano maturate richieste ed esperienze di rinnovamento delle istituzioni ecclesiastiche. A posteriori, queste istanze sono state interpretate quasi esclusivamente come una protesta contro comportamenti di dubbia moralità mantenuti da parte del clero; a destare scandalo sarebbero state in particolare le pratiche della **simonia** e del **concubinato**. Il primo termine deriva da un personaggio degli *Atti degli apostoli*, Simon Mago, che aveva cercato di acquistare da Pietro il potere della guarigione, e indica per questo il **commercio di beni spirituali** (indulgenze, assoluzioni, consacrazioni) e la **compravendita delle cariche ecclesiastiche**. L'altra principale critica alla moralità del clero riguardava i **costumi sessuali dei prelati** e in particolare la pratica del concubinato (ossia un'unione stabile tra uomo e donna non sancita da vincolo matrimoniale), molto diffusa nella società e anche nel clero, a tutti i livelli.

In realtà, rispetto a quanto ancora spesso si afferma, si tratta di accuse che hanno acquisito una rilevanza straordinaria solo a causa delle dinamiche di scontro interno che agitarono la cristianità dell'XI secolo. La simonia, per esempio, era una prassi condannata e combattuta dagli stessi imperatori, non solo dai movimenti di riforma nati

---

laico Chiunque non faccia parte delle gerarchie ecclesiastiche (dal greco *laós*, "popolo").

Verso lo scontro con la Chiesa orientale e con l'Impero

rispondi
1. Quale rapporto sussisteva tra episcopato e aristocrazia? **2.** Qual è il ruolo di chiese e monasteri privati?

I problemi della simonia e del concubinato...

approfondimento
*I simoniaci nell'*Inferno *dantesco*

... e la loro corretta lettura storiografica

SEZIONE I — IL DINAMISMO DELL'OCCIDENTE MEDIEVALE (SECOLI XI-XII)

"dal basso". L'**accusa di simonia** era però un efficace **strumento di lotta politica**, utilizzata contro gli avversari, in un campo e nell'altro: di questo clima polemico è rimasta forte traccia nei testi che ci sono stati tramandati, e di conseguenza il tema ha assunto nel dibattito storiografico una rilevanza che nella realtà non aveva.

Quanto alla questione del concubinato, si trattava, come si è detto, di una prassi del tutto corrente nel cristianesimo altomedievale occidentale nonché nelle Chiese orientali, quindi la sua condanna deriva soltanto da un **mutamento di sensibilità** rispetto alla capacità del sacerdote di svolgere il suo ruolo di mediazione con Dio: quanto più puro egli fosse stato, tanto più efficacemente avrebbe svolto il suo compito.

Nuove sensibilità religiose

Il movimento cluniacense È proprio per un generale mutamento di sensibilità che nel corso del X secolo, fra alcune élite di chierici e monaci, spesso con il sostegno dei laici, maturarono nuove istanze religiose e modelli innovativi di vita in comune. Particolarmente significativa è la vicenda del **monastero di Cluny**, fondato nel 909 o 910 a Mâcon, in Borgogna, su iniziativa di Guglielmo I duca di Aquitania e dell'abate Bernone. Il monastero si ispirava al monachesimo benedettino, accentuandone però l'aspetto liturgico e rituale attraverso l'importanza attribuita ai momenti della **preghiera comune**, del **canto**, delle **processioni**, dello **studio della Bibbia**.

Dalla spiritualità al potere

Dipendente direttamente da Roma e non dal vescovo territoriale, Cluny divenne nel tempo il centro di una **potenza signorile enorme**, accresciuta da donazioni e lasciti testamentari. La congregazione arrivò a contare centinaia di priorati e monasteri sia minori sia anche importanti, anch'essi direttamente legati a Roma e quindi indipendenti dai poteri locali. All'**abate di Cluny**, sempre proveniente da famiglie aristocratiche, era riconosciuta da principi e sovrani una capacità di consiglio e mediazione che ne faceva una **figura politica** di primo piano [👁 2]. Così, se da una parte questa "aristocrazia della preghiera" – come l'ha definita lo storico Giuseppe Sergi – offriva un modello di disciplina che teneva insieme la santità del monaco e la giustizia del signore, dall'altra la commistione fra potere civile e religioso riproduceva uno di quegli aspetti negativi che aveva inteso superare [👁 3].

Un "ritorno al Vangelo"

Esperienze eremitiche Riprese vigore in Occidente, in questo periodo, anche l'eremitismo, inteso come **rifiuto del potere** e **riavvicinamento alla povertà evangelica**. Personaggio eminente di questa tensione religiosa, che conquistò anche importanti esponenti dell'aristocrazia, fu Romualdo di Ravenna (952ca.-1027). Alla sua predicazione si ispirarono diversi eremi, il più importante dei quali fu quello di **Camaldoli**, e al suo insegnamento fecero riferimento figure di grande spessore culturale, come **Pier Damiani** (1007-72), suo allievo e successivamente cardinale [👁 4].

priorato Monastero guidato da un priore (latino *prior*, "[*colui*] che precede"), superiore gerarchicamente agli altri monaci ma subordinato all'abate.

cardinale Alto dignitario ecclesiastico appartenente al clero romano. Deriva il termine dall'ufficio liturgico che il sacerdote svolge nelle chiese *cardines* di Roma (le basiliche di San Pietro, San Lorenzo fuori le Mura, San Paolo fuori le Mura, Santa Maria maggiore).

Dotato di ricca cultura retorica, Pier Damiani affrontò in modo molto efficace, nelle sue lettere, alcuni temi che divennero fondamentali nel processo di riforma politico-istituzionale della Chiesa, sia per quanto riguarda l'organizzazione interna del papato e i suoi rapporti con le altre autorità, sia in relazione ai problemi morali da più parti denunciati.

I nodi principali toccati dalla sua elaborazione furono:

- il **rapporto fra cardinali e pontefice**, concepito in modo analogo a quello che esisteva, nell'antica Roma, fra i senatori e l'imperatore;
- la necessità di dare alla Chiesa un'**organizzazione burocratica e accentrata**, sul modello della curia imperiale romana;

La Chiesa di Roma dal pluralismo al centralismo | **CAPITOLO 2**

- il concetto di **libertas Ecclesiae**, ossia di libertà e di autonomia della Chiesa rispetto a ogni ingerenza esterna;
- la condanna del **nicolaismo** e del concubinato per gli ecclesiastici, basata sull'idea che la **castità del sacerdote** e del monaco fosse requisito essenziale per l'efficace mediazione con Dio;
- la **condanna della compravendita di cariche** ecclesiastiche (simonia).

> **nicolaismo** Termine polemico che indica la diffusa prassi del matrimonio ecclesiastico.

PERCORSO VISIVO

[👁 2] **I miracoli dell'abate Ugo** Tra gli abati di Cluny spicca la figura di Ugo, che governò l'abbazia per oltre sessant'anni (1048-1109). Fu un personaggio di grande rilevanza, affiancando i vari papi nell'opera di riforma della Chiesa e nel confronto con i poteri secolari, in particolare con l'Impero. A lui furono attribuiti anche svariati miracoli, come la risurrezione di un uomo morto illustrata in questa miniatura del XII secolo. Fu proclamato santo nel 1120, a soli 11 anni dalla morte.

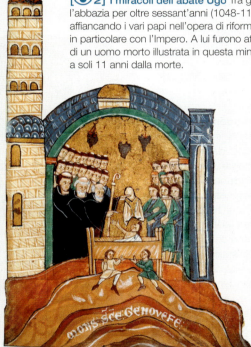

[👁 3] **Un vescovo cavaliere** La miniatura, che rappresenta un uomo armato che porta il copricapo da vescovo sopra l'elmo, è stata eseguita a margine di un testo che narra la vicenda di Phillip de Dreux (1158-1217). Di famiglia nobile, diventò vescovo di Beaux a 17 anni; fu un uomo d'azione e prese parte a diverse spedizioni in Oriente, contro gli inglesi e contro gli eretici; fu più volte catturato e tenuto prigioniero fino al pagamento di un riscatto. Per obbedire al divieto canonico di versare sangue, non combatteva con la spada ma con una mazza ferrata.

[👁 4] **Il santo eremita** Nel suo viaggio ultraterreno, Dante (1265-1321) incontra Pier Damiani che, dopo aver parlato della sua esperienza contemplativa nel monastero camaldolese di Fonte Avellana, esprime una ferma condanna della corruzione della Chiesa del XIII secolo. Il ricordo della sua figura di moralizzatore era dunque ben vivo.

▲ Dante e Pier Damiani nel canto XXXI del *Paradiso*, miniatura da un manoscritto della *Divina Commedia*, XV secolo.

69

SEZIONE I — IL DINAMISMO DELL'OCCIDENTE MEDIEVALE (SECOLI XI-XII)

protagonisti

Ildegarda di Bingen, una mistica pop

Fin da giovanissima Ildegarda, entrata nel monastero benedettino di Disibodenberg a otto anni, ebbe esperienze visionarie. Messe per iscritto, hanno costituito il nucleo del *Liber Scivias* (*sci*, "conosci", *vias* "le vie", 1141-53) che racconta, con stile drammatico e potente, le sue visioni di Cristo. Il contesto che Ildegarda fornisce di queste esperienze di conoscenza è originale: la debolezza femminile diventa un valore positivo, paragonata alla debolezza di Cristo stesso. In un altro testo, il *Liber divinorum operum* (1163-70), Ildegarda illustra i temi della corrispondenza tra universo (macrocosmo) e uomo (microcosmo) e l'idea della creazione come manifestazione delle idee eterne presenti nella mente di Dio, temi cari alla scuola di Chartres.

Ildegarda, badessa del suo monastero dal 1136 e fondatrice di un altro monastero nei pressi di Bingen, ebbe anche una vasta cultura medica, documentata da una serie di scritti raccolti sotto i titoli di *Physica* e *Causae et curae*, dove pure si notano sorprendenti intuizioni sull'eliocentrismo e la circolazione sanguigna. Compilò anche composizioni poetico-musicali (*Symphonia armonie celestium revelationum*), drammi morali (*Ordo virtutum*) e un nutrito epistolario, dal quale emerge il suo ruolo nella lotta per la riforma della Chiesa e la moralizzazione della vita del clero.

Una lettura moderna

Proclamata santa e Dottore della Chiesa nel 2012 da papa Benedetto XVI, Ildegarda vive anche una grande fortuna nella cultura pop contemporanea: protagonista di libri e spettacoli teatrali e musicali, la badessa tedesca è reinterpretata sia come donna di potere, capace di esprimere insieme mistica e sensualità, sia come precorritrice di tendenze naturopate e ambientaliste. Una banalizzazione, questa, della figura di Ildegarda, che tuttavia non ha influito su un'attenta opera filologica recente di edizione di suoi testi, che consente ora di indagare più a fondo nella complessità della sua vita e del suo pensiero.

▲ Miniatura dal *Liber Scivias*, 1150 ca.

I certosini

La nascita di nuovi ordini monastici In polemica con la congregazione cluniacense, tra la fine dell'XI e la prima metà del XII secolo si svilupparono alcune nuove proposte di vita comune e istanze di rinnovamento all'interno di quella benedettina [▶ **protagonisti**]. Dall'esperienza di Bruno di Colonia (1030 ca.-1101), maestro a Reims e asceta nella valle della Chartreuse (presso Grenoble), nacque nel 1084 l'**ordine dei certosini**, monaci che vivevano in **solitudine** per gran parte della giornata, riunendosi con gli altri solo nei momenti di preghiera comune.

I cistercensi

Una simile **integrazione fra pratica eremitica e vita in comune** è anche alla base del modello cistercense, proposto nel 1098 da Roberto di Molesme (ca. 1028-1111) a Cîteaux (in latino *Cistercium*), nella foresta presso Digione, in Borgogna. Basandosi su una rigida osservanza della regola benedettina, e contestando il modello cluniacense persino nel colore delle vesti (nere quelle cluniacensi, bianche quelle cistercensi), questi monaci organizzarono la propria congregazione secondo una parità riconosciuta a tutte le abbazie, coordinate da un capitolo generale annuale, e a differenza di Cluny **si collegarono strettamente alla struttura ecclesiastica territoriale**, sottoponendosi alla giurisdizione dei vescovi locali e ottenendone l'appoggio. I cistercensi rifiutarono inoltre le modalità signorili di gestione delle proprietà e almeno inizialmente basaro-

70

La Chiesa di Roma dal pluralismo al centralismo | **CAPITOLO 2**

no il proprio sostentamento sulla conduzione diretta delle terre e sulla costituzione di **aziende agrarie**, le grange, improntate a criteri di razionalità ed efficienza.

La congregazione visse il suo **massimo momento di sviluppo con Bernardo** (1090-1153), fondatore dell'abbazia di Clairvaux, nota anche in italiano come Chiaravalle. Figura chiave della cristianità occidentale del XII secolo, egli fu uno strenuo difensore della gerarchia ecclesiastica successiva alle riforme di papa Gregorio VII – di cui parleremo a breve – e dell'ascetismo monastico, contro i tentativi di impiegare concetti logici e filosofici nel campo delle discussioni teologiche. Intransigente con gli avversari, in particolare i cluniacensi, alla sua morte Bernardo lasciò un ordine cistercense ricco e potente, il cui **modello organizzativo** venne **assunto dall'intero monachesimo occidentale** [👁 5].

Tensioni di riforma nel mondo laico Anche il mondo laico partecipò ai fermenti di riforma propri del mondo monastico, rinnovando la propria **richiesta di partecipazione** alla vita ecclesiastica sulla base di un **ritorno alla povertà evangelica** che non vedeva praticata dagli alti esponenti del clero. Un esempio di questa tensione pauperistica, che coinvolse laici e chierici, si sviluppò a Milano con il **movimento patarinico** o della **patarìa**, da cui il termine patarini (derivato forse da *patée*, vocabolo spregiativo dialettale con cui si indicavano robivecchi e straccivendoli). Sotto la guida del chierico Arialdo (1010 ca.-66), i patarini contestarono duramente la gerarchia ecclesiastica della città, e l'arcivescovo in particolare, ottenendo per un certo periodo l'appoggio della Chiesa romana.

Vi fu anche, tuttavia, una partecipazione laica meno radicale e contestatrice, come quella degli **imperatori tedeschi** della casa di Franconia, Corrado II, Enrico III, Enrico IV ed Enrico V, che cinsero la corona imperiale tra il 1024 e il 1125. Essi, anche al fine di ottenere l'appoggio dei movimenti riformatori sorti nei loro territori, intervennero a più riprese e con grande vigore per imporre nel ruolo di pontefici alcune personalità riformatrici e colte provenienti dalla Chiesa tedesca, che era ancora sotto lo stretto controllo imperiale, contrastando in ogni modo, anche sul piano militare, i tentativi dell'aristocrazia romana di mantenere il controllo dell'elezione del pontefice.

Bernardo di Chiaravalle

Derive radicali e interventi imperiali

rispondi
1. In che cosa consisteva la differenza tra il monachesimo cluniacense e quello cistercense? **2.** Quali sono i punti fondamentali del pensiero riformistico di Pier Damiani? **3.** Quali richieste di riforma provenivano dal mondo laico?

capitolo Riunione di religiosi con funzioni liturgiche e amministrative all'interno di una cattedrale, di una chiesa o di un ordine monastico o conventuale.

pauperistico Dal latino *pauper* ("povero"), indica la rinuncia volontaria ai beni terreni sulla base dell'idea che la povertà avvicini a Cristo e alla perfezione evangelica.

arcivescovo Responsabile di una provincia ecclesiastica formata da più diocesi. È detto anche "metropolita".

PERCORSO VISIVO

[👁 5] Bernardo da Chiaravalle
Scrittore molto prolifico, dotato di grandi capacità retoriche, Bernardo si schierò contro i metodi di indagine razionali e dialettici che si stavano affermando nelle scuole cattedrali, a favore di una teologia volta essenzialmente all'ascesi, alla preghiera e alla contemplazione: un itinerario mistico fondato esclusivamente sull'amore dell'uomo per Dio. La fede, secondo Bernardo, si fonda sulla rivelazione, ed è vano cercare di penetrare i misteri divini. Fu sostenitore del culto della Vergine, che divenne fondamento della successiva devozione mariana.

◀ Bernardo, isolatosi tra le rocce, studia i testi sacri, particolare di una pala d'altare di Palma di Maiorca, XIII secolo.

SEZIONE I IL DINAMISMO DELL'OCCIDENTE MEDIEVALE (SECOLI XI-XII)

2.3 La riforma del papato e lo Scisma d'Oriente

Il ruolo dell'Impero

I pontefici riformatori Le varie istanze di riforma della Chiesa provenienti dal mondo monastico, episcopale e laico entrarono in alcuni casi in relazione fra loro, in altri casi in conflitto, e fra le varie opzioni in campo alla fine prevalse quella promossa dalla sede vescovile di Roma, il papato. Ciò avvenne, paradossalmente, proprio in seguito alla forte iniziativa degli imperatori tedeschi: questi infatti imposero alla guida della Chiesa figure che, elaborando una visione autonoma del ruolo del papato, accelerarono poi gli esiti delle riforme in senso contrario agli interessi dell'Impero.

Dalla Chiesa "imperiale"...

Il primo fra gli imperatori tedeschi portatori di iniziative di riforma fu **Enrico III** (1046-56), influenzato dal pensiero di Pier Damiani. Nel 1046 egli intervenne duramente nel caos prodotto a Roma dalla compresenza di ben tre papi, ciascuno nominato da fazioni avversarie dell'aristocrazia romana. In forza del *Privilegium Othonis* (962) [▶ cap. 0] e del titolo di *patricius Romanus*, che gli imperatori detenevano dal tempo di Carlo Magno, egli **impose un proprio candidato, Clemente II** (1046-47). Si stabiliva così un forte controllo imperiale sulla gerarchia ecclesiastica anche a Roma, in Lombardia, nel Veronese e nell'Esarcato, secondo un modello che va sotto il nome di "Chiesa imperiale". Clemente e i suoi successori, Leone IX (1049-54) e Vittore II (1055-57), anch'essi nominati dall'imperatore, promossero con decisione alcuni progetti di riforma. **Leone IX,** strettamente legato all'imperatore Corrado II, si circondò di uomini di grande autorevolezza – oltre a Pier Damiani, Ugo di Cluny, Umberto di Moyenmoutier, Anselmo da Baggio (futuro papa Alessandro II), Ildebrando di Soana (futuro Gregorio VII) – per condurre una politica di **contrasto radicale alla pratica della simonia e al matrimonio ecclesiastico**.

... alla supremazia papale

Fu appunto durante il pontificato di queste illustri personalità che si definì con chiarezza un nuovo modello ideologico della Chiesa occidentale che, diversamente da quanto ci si aspettava in Germania, negava radicalmente il modello di Chiesa imperiale posta sotto il controllo della massima autorità laica del continente. Il nucleo della riforma propugnato da Roma consisteva infatti nell'affermazione dell'**assoluta centralità e universalità della figura del pontefice**, superiore a ogni altra autorità in quanto successore e vicario di Cristo. Il papa era l'immagine vivente del Cristo in terra e in quanto «solo primate apostolico della Chiesa universale», per usare le parole di Leone IX, gli era riconosciuta una **pienezza del potere** (*plenitudo potestatis*) che comprendeva non solo le prerogative esercitate in accordo con le leggi (*potestas ordinaria et ordinata*), ma anche, in senso astratto, un'autorità che poteva completamente trascenderle (*potestas absoluta*). Si affermava insomma una visione pienamente ierocratica del potere.

I motivi di scontro con i patriarchi orientali

Lo scontro con le Chiese orientali Tali concetti di supremazia dottrinale e giuridica del papato sconvolsero l'intera cristianità. In primo luogo, contribuirono alla completa rottura con le Chiese orientali, già da tempo divise da quelle occidentali su diversi nodi politici e dottrinari:

- le **divergenze politiche e territoriali** legate al controllo delle missioni evangelizzatrici nell'Europa orientale e delle chiese nell'Italia meridionale bizantina;
- la dottrina della consustanzialità fra Padre e Figlio, che, affermata con forza dalle Chiese occidentali per combattere l'arianesimo (sostenitore invece della superiorità del Padre), aveva trovato il dissenso di quelle orientali in quanto contraddiceva i concili di Nicea (325) e Costantinopoli (381), nei quali si era stabilito che lo Spirito san-

La Chiesa di Roma dal pluralismo al centralismo | **CAPITOLO 2**

to procede soltanto dal Padre e non dal Padre e dal Figlio (messi in questo modo sullo stesso piano);
- la disciplina contraria al **matrimonio ecclesiastico**, che, come abbiamo visto, Roma cercava di imporre anche in Oriente.

A causa di questi contrasti la comunione delle due sedi di Roma e Costantinopoli si era già interrotta da molto tempo; nel **1054**, la pretesa di assoluta supremazia pontificia proclamata da Leone IX condusse alla definitiva rottura con la reciproca scomunica, dando luogo al cosiddetto **Scisma d'Oriente** ("Grande Scisma" nelle fonti bizantine). Questa data è così divenuta simbolo della **definitiva separazione delle due Chiese**, profondamente diverse e ormai reciprocamente estranee. La Chiesa bizantina, in opposizione a quella latina ma anche ad altre Chiese cristiane orientali, fondò da questo momento la propria identità sulla figura del patriarca, sul sinodo **permanente dei vescovi** e soprattutto sul ruolo di un **imperatore competente in materia dogmatica**, diffusore dell'ortodossia e persecutore degli eretici [👁6].

> Lo Scisma d'Oriente e i caratteri della Chiesa orientale
>
> **rispondi**
> 1. Come si arriva dalla "Chiesa imperiale" alla supremazia papale?
> 2. Quali situazioni portano allo Scisma d'Oriente?

CHIESA BIZANTINA

- **Patriarca di Costantinopoli**
  - "Primo tra pari"
  - Ha un ruolo di preminenza spirituale
- **Sinodo dei vescovi**
  - Organo collegiale
  - Dirige la Chiesa nelle questioni materiali e religiose
- **Imperatore**
  - Nomina il patriarca
  - Interviene anche in materie religiose

PERCORSO VISIVO

[👁6] **Lo Scisma d'Oriente** La divisione tra le Chiese segnò, con qualche eccezione, la separazione tra il mondo latino-germanico e quello greco-slavo. A ciascuna Chiesa d'Oriente facevano capo anche i cristiani sottoposti ai domini musulmani o di zone ancora non completamente cristianizzate.

> **primate apostolico**
> Il sostantivo *primate* è attribuito all'arcivescovo della sede principale ("prima") di una provincia ecclesiastica; l'aggettivo *apostolico* indica invece l'unico successore degli apostoli, titolo riconosciuto al vescovo di Roma.
>
> **ierocrazia** Sistema politico basato sul dominio della classe sacerdotale, che esercita sia il potere spirituale sia quello temporale.
>
> **consustanzialità** Dottrina teologica del cristianesimo che afferma l'identità di sostanza fra Padre e Figlio, ponendoli dunque sullo stesso piano.
>
> **scomunica** Pena o censura ecclesiastica che esclude il fedele dalla comunità ecclesiale.
>
> **patriarca** Titolo di grado superiore al vescovo; anticamente era riconosciuto solo ai capi delle più antiche e importanti sedi cristiane.
>
> **sinodo** Nel linguaggio ecclesiale, assemblea di fedeli o di vescovi (dal greco "adunanza", "convegno").

SEZIONE I   IL DINAMISMO DELL'OCCIDENTE MEDIEVALE (SECOLI XI-XII)

2.4 Lo scontro fra Impero e papato: la "lotta per le investiture"

I motivi del conflitto L'ideologia ierocratica della Chiesa romana sollevò durissimi contrasti anche in Occidente, contrapponendosi direttamente ai tradizionali diritti esercitati dal potere civile nell'**elezione del pontefice** e nel **conferimento di diritti pubblici ai vescovi** (esercitare la giustizia, provvedere alla difesa armata della comunità).

Il nodo dell'elezione del papa

Quanto all'elezione pontificia, si è già detto come il *Privilegium Othonis* ne assegnasse all'imperatore il controllo decisivo. Nel 1059 il papa Niccolò II (1058-61), eletto l'anno precedente con il sostegno dei cardinali riformatori e dell'influente famiglia dei Canossa-Lorena, emanò un decreto che regolava in termini nuovi l'elezione papale (*Decretum in electione papae*). Secondo questo documento **il diritto di scegliere il pontefice spettava ai cardinali vescovi** e non più all'imperatore o all'aristocrazia romana; a costoro si sarebbe poi associato il restante clero, mentre il popolo di Roma avrebbe infine acclamato il nuovo papa.

Gli attriti tra papa, imperatore e Chiesa tedesca

La contesa fra il clero sostenuto dall'Impero e i riformatori romani toccò il culmine a partire dal raggiungimento della maggiore età, nel 1065, di **Enrico IV** (re di Germania dal 1056, imperatore dal 1084 sino al 1105), deciso a difendere il proprio ruolo, e alla di poco successiva ascesa al pontificato di Ildebrando di Soana, con il nome di **Gregorio VII**, nel 1073. Questi, eletto per acclamazione (dunque contro le regole stabilite da Niccolò II), inviò legati in Germania per far riconoscere all'episcopato tedesco le proprie ambizioni di primato gerarchico e di **rifiuto di ogni ingerenza laica nel governo delle istituzioni ecclesiastiche**. I vescovi tedeschi, presso i quali era molto forte un'istanza riformatrice diversa da quella elaborata a Roma, volta a un maggiore e più ordinato controllo delle diocesi, si opposero, sostenuti dal sovrano.

La riforma gregoriana

Lo scontro sulle investiture e i *Dictatus papae* Tra papato e Impero scoppiò un duro conflitto: nel 1075 Gregorio VII dichiarò nulli tutti i diritti di natura pubblica che i vescovi avevano ottenuto dall'imperatore, le cosiddette "investiture". Probabilmente nello stesso anno fu elaborato un testo noto come *Dictatus papae*: 27 proposizioni che affermavano con forza il modello monarchico, stabilendo l'assoluta **supremazia del vescovo di Roma** sull'intero mondo monastico ed ecclesiastico, l'**infallibilità della Chiesa** in ambito dottrinale e la facoltà, fra le altre cose, di sciogliere i fedeli dal vincolo di obbedienza dovuto a re e imperatori e di deporre questi ultimi [▶ FONTI]. Era il nucleo di quella che la storiografia ha poi definito **"riforma gregoriana"** in riferimento a questa specifica fase della più ampia riforma della Chiesa che stiamo descrivendo in queste pagine.

Lo scontro con Enrico IV

Di fronte a tale presa di posizione, Enrico tentò senza successo di deporre il papa, che per tutta risposta lo scomunicò (1076). La scomunica procurò al re grandi difficoltà interne, perché molti aristocratici ne approfittarono per ribellarsi al suo potere. Enrico fu costretto così a scendere in Italia: raggiunto il papa a Canossa, presso la potente marchesa Matilde, mentre già era in cammino verso Augusta, dove una dieta avrebbe dovuto giudicare l'operato del re, fece pubblica penitenza chiedendo l'assoluzione dai propri peccati [▶ eventi, p. 76]. Gregorio ritirò la scomunica, ma nel 1081 Enrico, tornato in forze in Italia per farsi incoronare imperatore, dovette affrontare nuovamente l'ostilità del papa, che si rifugiò a Castel Sant'Angelo. Per rompere l'assedio Gregorio chiese aiuto ai normanni, che – come vedremo più avanti – controllavano l'Italia meri-

La Chiesa di Roma dal pluralismo al centralismo | **CAPITOLO 2**

FONTI

I *Dictatus Papae*

■ Il termine *dictatus* fa riferimento all'*ars dictaminis*, ossia all'atto di comporre testi, e forse questo elenco di proposizioni (*I dettami del papa*), sprovvisto delle formule usuali dei decreti pontifici e mai promulgato, è uno schema di lettera o di appunti utilizzati come promemoria durante il sinodo romano del 1075, oppure un sommario di una collezione di canoni andata perduta. Certamente però queste proposizioni riassumono perfettamente il pensiero di Gregorio VII e costituiscono un manifesto ideologico della nuova Chiesa riformata. Qui ne sono presentate alcune.

> La Chiesa non ha fondazione umana, ma divina, e come tale è l'istituzione superiore a tutte le altre.

> Come la XII, questa affermazione riassume l'idea di superiorità del potere del papa rispetto a quello imperiale.

> La proposizione afferma l'infallibilità della Chiesa romana. L'infallibilità del pontefice, invece, è un costrutto moderno, ma che ha radici nella posizione del francescano Pietro di Giovanni Olivi (1248-98).

I. La Chiesa romana è stata fondata solamente dal Signore.
II. Solo il pontefice romano è detto a giusto titolo universale.
III. Egli solo può deporre o assolvere i vescovi.
IV. Il suo legato, in un concilio, è superiore a tutti i vescovi anche se è loro inferiore per ordinazione, e può pronunciare contro di loro una sentenza di deposizione. […]
VI. Con quanti sono stati scomunicati da lui, non si può, fra l'altro, abitare sotto il medesimo tetto.
VII. Egli solo può, se opportuno, stabilire nuove leggi, riunire nuove pievi[1], trasformare una canonica in abbazia, dividere un vescovato ricco, unire vescovati poveri.
VIII. Egli solo può servirsi delle insegne imperiali. […]
XII. Gli è lecito deporre gli imperatori.
XIII. Gli è lecito trasferire i vescovi da una sede all'altra, secondo la necessità.
XIV. Ha il diritto di ordinare un sacerdote di qualsiasi chiesa, dovunque gli piaccia. […]
XVIII. Le sue sentenze non possono essere revocate da nessuno, ed egli solo può modificare le sentenze di chiunque.
XIX. Non può essere giudicato da nessuno.
XX. Nessuno può condannare chi fa appello alla Sede apostolica.
XXI. Le *cause maiores*[2] di ogni chiesa devono essere portate davanti alla Sede apostolica.
XXII. La Chiesa romana mai ha errato né errerà in perpetuo, come attesta la Sacra Scrittura. […]
XXVI. Non è considerato cattolico chi non concorda con la Chiesa romana.
XXVII. Il papa può sciogliere i sudditi dal giuramento di fedeltà fatto agli iniqui.

> Questa proposizione è volta a stabilire un ferreo controllo pontificio sulla pluralità dei vescovati occidentali.

> Come in altre proposizioni, qui si afferma una gerarchia giurisdizionale all'interno della Chiesa cattolica, che fa naturalmente capo al pontefice stesso.

> Si afferma con forza la necessità di una totale adesione dei cattolici al magistero della Chiesa. Fuori della Chiesa non vi è alcuna salvezza.

Monumenta Germaniae Historica, Epistolae selectae, II, II, n. 55, trad. E. Vaccari Spagnol (adatt.), in J. Le Goff, *Il Basso Medioevo*, Feltrinelli, Milano 1967

---

1 pieve: chiesa rurale dotata di fonte battesimale. Il termine indica anche la comunità di fedeli che vi si riunisce.

2 cause maiores: "questioni maggiori" che riguardano l'operato dei vescovi in materia di giurisdizione. *Cause* è forma medievale per *causae*.

SEZIONE I IL DINAMISMO DELL'OCCIDENTE MEDIEVALE (SECOLI XI-XII)

eventi

Il papa a Canossa

video
Enrico IV a Canossa

Al centro della dominazione costituita da Adalberto Atto (m. 998), aristocratico di origine longobarda, Canossa è un castello dell'Appennino, presso Reggio Emilia. L'ampio dominio degli Atto raggiunse il suo culmine con Matilde (m. 1115), dopo che i successori di Adalberto, Tedaldo, Bonifacio di Toscana e Beatrice, sua madre, moglie prima di Bonifacio e poi di Goffredo il Barbuto, duca dell'Alta Lotaringia, l'ebbero esteso sino a controllare vasti territori in Italia, tra Toscana ed Emilia, e in Lorena.

Nel gennaio 1077 avvenne a Canossa il celebre incontro tra Enrico IV e Gregorio VII. Inaspettatamente il re tedesco non attaccò il castello, come temeva il papa, ma chiese perdono, privo di insegne regie, scalzo, nella neve, digiuno da mattino a sera. Dopo tre giorni Gregorio, convinto dalla mediazione di Ugo, abate di Cluny, e di Matilde, cugina di Enrico, fu costretto a perdonarlo e a rimettere la scomunica. Non sapremo mai quanto il pentimento di Enrico fosse sincero, ma certo con questa penitenza pubblica egli trasse un vantaggio politico. Tornato in Germania, Enrico affrontò vittoriosamente la rivolta di Rodolfo, duca di Svevia, nominato re da alcuni aristocratici tedeschi. Tuttavia, è probabile che Gregorio intendesse l'assoluzione solo sul piano strettamente privato, e infatti non aveva alcuna intenzione di consentire a Enrico di cingere la corona imperiale. Gli eventi successivi dimostrano che quanto accadde a Canossa non mutò radicalmente le sorti del conflitto, ma certamente è un simbolo dei tempi nuovi che si stavano prefigurando nei rapporti tra papato e impero.

Una memoria dell'episodio vive ancora oggi nell'espressione "andare a Canossa", che indica un gesto di sottomissione forzata.

▼ L'imperatore Enrico incontra Matilde alla presenza di Ugo di Cluny, miniatura del XII secolo.

dionale. Questi liberarono il papa, ma sottoposero Roma a un tremendo saccheggio (1084); la reazione popolare spinse Gregorio ad accettare il consiglio del duca normanno Roberto e a fuggire a Salerno, dove morì l'anno successivo. Enrico invece fece eleggere un nuovo papa, Clemente III, da cui si fece incoronare imperatore.

Un nuovo tentativo di accordo

Il "concordato" di Worms La lotta per le investiture continuò negli anni successivi. Nel 1111 un accordo stipulato a Sutri tra papa Pasquale II (1099-1118) e l'imperatore Enrico V (1111-25) prevedeva l'impegno del **pontefice a imporre ai vescovi la rinuncia a tutti i diritti pubblici** a essi collegati; da parte sua l'**imperatore rinunciava al diritto di investitura** e a qualsiasi intervento nell'assegnazione delle diocesi.

Una parziale vittoria per la Chiesa

Sembrava la vittoria delle istanze più estreme della riforma, ma l'accordo non funzionò per l'opposizione dei vescovi tedeschi, che non intendevano rinunciare ai privilegi derivanti dall'esercizio di poteri civili [👁7], e di alcuni esponenti della curia romana. Nel **1122**, a **Worms**, Enrico V e i delegati di papa Callisto II (1119-24) regolarono in modo definitivo le **elezioni dei vescovi e degli abati dei monasteri imperiali** (cioè formalmente dipendenti dal solo imperatore). Si stabilì che nel regno di Germania le nomine vescovili dovessero svolgersi alla presenza del re, che avrebbe consegnato al vescovo eletto, già prima della consacrazione, lo scettro, simbolo del po-

La Chiesa di Roma dal pluralismo al centralismo | **CAPITOLO 2**

tere temporale e dei doveri verso il sovrano (in precedenza venivano invece consegnati l'anello e il <u>pastorale</u>); nel resto dell'Impero il conferimento dei diritti pubblici avrebbe seguito al massimo di sei mesi la consacrazione ecclesiastica, eseguita dai rappresentanti del papa in assenza del sovrano. Sostanzialmente il patto, modernamente definito "<u>concordato</u>", chiuse questa fase della riforma, consentendo ai vescovi di mantenere le ricche prerogative pubbliche su delega regia e tuttavia assoggettandoli a un legame molto forte di dipendenza con il pontefice romano. L'**Impero** vedeva così **indeboliti**, dalla concorrenza concreta del potere pontificio, il proprio **carattere sacrale** e la **dimensione universalistica** che risalivano ai Carolingi e agli Ottoni.

L'esigenza di un potere politico efficiente

I rapporti fra papato e Impero si attestavano dunque su una situazione di **compromesso**: l'Impero era sostanzialmente esautorato dalla gestione delle vicende ecclesiastiche, con la perdita del controllo sull'elezione papale; perdeva anche in buona parte il controllo sulla Chiesa tedesca, che veniva ricondotta all'obbedienza a Roma. In compenso, però, otteneva che i poteri pubblici dei vescovi rimanessero sottoposti al suo controllo. In altre parole, pur dovendo accettare il ruolo preminente del papa sul clero tedesco, l'Impero vedeva un indebolimento del potere temporale della Chiesa in Germania.

La storia dei rapporti fra potere religioso e civile, in questa fase della storia europea, è dunque complessa. Bisogna infatti considerare che, sebbene rivendicasse la propria superiorità, l'autorità religiosa aveva bisogno di un potere politico efficiente che garantisse, attraverso la forza militare, il mantenimento di una società pacifica e ordinata, al cui interno le norme e le credenze religiose trovassero il massimo rispetto. Più che sostituirsi al potere civile, quindi, la teocrazia papale spesso intervenne per integrare le mancanze o le insufficienze che, a suo avviso, limitavano il funzionamento degli ordinamenti pubblici. Questo vale sia per l'Impero, come s'è detto, sia per i singoli regni nei quali si articolava il panorama dei poteri dell'Europa tra l'XI e il XII secolo. Un esempio di ciò, come vedremo più avanti, è la nascita del Regno di Portogallo che fu creato da papa Alessandro III nel 1179 per frenare gli aspri conflitti tra gli Stati cristiani della penisola iberica, che rallentavano la conquista delle terre governate dai musulmani.

Nuovi equilibri tra poteri

Il potere religioso come integrazione di quello politico

rispondi
1. Che cosa sancisce il *Decretum in electione papae*? **2.** Che ruolo gioca l'episcopato tedesco nella lotta per le investiture? **3.** Quali equilibri impone il concordato di Worms?

PERCORSO VISIVO

[◉ 7] L'imperatore e il vescovo Il complesso ruolo svolto dall'episcopato tedesco può essere riassunto dalla figura di Rutardo, arcivescovo di Magonza (1089-1109), che in venti anni di carica fu più volte alleato e avversario sia dell'Impero che del papato, entrando attivamente in eventi come la deposizione di Enrico IV per mano del figlio, Enrico V.

◀ Enrico V riceve una sfera, simbolo del potere terreno, dall'arcivescovo di Magonza Rutardo, miniatura da un manoscritto del XII secolo.

pastorale Bastone con estremità ricurva e decorata che simboleggia l'autorità del pastore sul gregge dei fedeli. Era usato dal vescovo (o dall'abate) in occasione di celebrazioni solenni.

concordato Termine usato dal XV secolo per indicare gli accordi volti a regolare i rapporti giuridici fra Chiesa e Stato su materie di interesse temporale e religioso.

SEZIONE I   IL DINAMISMO DELL'OCCIDENTE MEDIEVALE (SECOLI XI-XII)

2.5 Il consolidamento delle istituzioni pontificie

L'altra faccia della riforma: l'organizzazione interna

Un cristianesimo medievale e occidentale Lo scontro con il potere civile culminato nella lotta per le investiture e la nascita di nuovi ordini monastici in risposta alle istanze di riforma morale non esauriscono il quadro delle "riforme" ecclesiastiche dei secoli XI e XII. L'affermazione della supremazia dottrinale e giuridica del pontefice, infatti, ebbe conseguenze fondamentali anche nell'organizzazione interna della Chiesa e nei rapporti fra centro e periferie della cristianità. Insieme a tutti gli elementi considerati fin qui, anche queste trasformazioni contribuirono alla formazione, nell'Europa occidentale, di un **cristianesimo del tutto distinto da quello orientale**. È proprio da questo momento che la Chiesa romana comincia ad autodefinirsi "**cattolica**", cioè "**universale**", a dimostrazione del tentativo di superare la pluralità delle Chiese altomedievali in favore di un progetto di **Chiesa romana accentrata.**

Dal pluralismo altomedievale...

L'accentramento del governo della Chiesa La cristianità occidentale altomedievale, così come si era strutturata fra il V e il X secolo, si configurava come un insieme di Chiese autonome: le singole sedi vescovili e i concili locali erano sovrani in materia di governo delle diocesi e il papa era nient'altro che il vescovo di Roma: godeva cioè soltanto di un primato onorifico e di una riconosciuta autorevolezza in materia di fede in quanto Roma era luogo di morte degli apostoli Pietro e Paolo, nonché l'unica sede patriarcale dell'Occidente (le altre, Antiochia, Alessandria, Gerusalemme, Costantinopoli, si trovavano in Oriente e, tranne l'ultima, erano ormai inserite nel sistema politico islamico).

... a una struttura ramificata ma controllata da Roma

Le cose cambiarono quando il pontefice cominciò a presentare il proprio primato sulle Chiese cristiane non più come riconoscimento onorifico, ma come prerogativa fondata sulla **pienezza di poteri** di intervento su ogni aspetto della vita quotidiana, materiale e spirituale, di uomini e donne in quanto cristiani [👁 8]. Per rendere effettivo questo potere era essenziale un controllo esteso sull'intero mondo cristiano occidentale; così, in base al riconoscimento del possesso, da parte dei vescovi, della **pienezza del sacerdozio**, ossia della piena potestà di esercitare i ministeri del culto e di governare la comunità dei fedeli, la Chiesa romana si diede una struttura organizzativa e territoriale omogenea in tutte le aree su cui si estendeva l'autorità del vescovo di Roma, costituendosi in **arcidiocesi, diocesi, pievi e parrocchie**. Le strutture non sottoposte a un'autorità vescovile locale, come talvolta accadeva a monasteri o chiese **collegiate**, dipendevano comunque dal pontefice.

cattolico Dal greco *katholikós*, "generale", "universale"; il termine, già in uso nei primi secoli per indicare il carattere universale della missione della Chiesa nel mondo, dall'XI secolo espresse la conformità all'autorità e alla dottrina del papa e della Chiesa romana.

collegiata Chiesa servita da un gruppo di sacerdoti che formano un collegio, o capitolo. Furono costituite soprattutto nei centri rurali sul modello delle chiese cattedrali urbane.

L'ORGANIZZAZIONE TERRITORIALE DELLA CHIESA CATTOLICA

78

La Chiesa di Roma dal pluralismo al centralismo | **CAPITOLO 2**

L'uniformazione culturale I cambiamenti organizzativi si accompagnarono a un vasto fenomeno di **unificazione culturale** che interessò sia le élite, sempre più in contatto fra loro grazie alla diffusione della cultura scritta e la circolazione dei testi, sia i ceti più bassi, tra i quali le elaborazioni culturali "alte" si diffusero tramite la predicazione, l'apparato liturgico, l'iconografia e l'architettura. Così, nei secoli posteriori al Mille **riti e liturgie**, che nell'alto Medioevo erano ancora molto vari a livello locale, si uniformarono. Anche le tradizioni popolari, che spesso attingevano a repertori di simboli, situazioni e personaggi precristiani, furono coinvolte in questo processo, in un duplice senso: in parte furono relegate in una sfera culturale "sospetta" e duramente combattute dalla Chiesa; in parte vennero assimilate e reinterpretate in chiave cristiana.

Cultura alta e cultura popolare

L'uniformazione giuridica L'accentramento e la supremazia giurisdizionale del pontefice comportarono molte conseguenze anche sul piano giuridico. Se fino al X secolo ciascuna provincia ecclesiastica aveva autonomamente deliberato norme (canoni) valide per i singoli territori e non per l'intera cristianità, l'accentramento giuridico e amministrativo promosso da Roma non poteva tollerare la convivenza di norme talvolta molto diverse, quando non in contrasto fra loro. All'omogeneità strutturale doveva corrispondere un'analoga **omogeneità giuridica**.

Il riordino del diritto canonico

A questo progetto unitario lavorò Graziano, un monaco camaldolese maestro di teologia a Bologna. Intorno al 1140 egli completò un compendio, la *Concordia discordantium canonum* (*Concordanza dei canoni discordanti*), meglio noto come **Decretum Gratiani**, che, con metodo critico e razionale, eliminava tutte le norme ridondanti o contraddittorie. Esso costituì sino a tutto il Duecento la base del diritto vigente nella Chiesa cattolica, periodicamente aggiornata con le nuove norme emanate dai pontefici, le **decretali**. Si costituì dunque, nel corso di due secoli, un *corpus* omogeneo di leggi

Un *corpus* organico e aggiornato

PERCORSO VISIVO

[👁 8] Le radici di un potere "imperiale"
L'immagine, un affresco del XIII secolo nell'Oratorio di San Silvestro presso la Basilica romana dei Santi Quattro Coronati, rappresenta l'imperatore Costantino mentre offre a papa Silvestro I la tiara imperiale, simbolo del potere temporale, indicando la città di Roma. La Donazione di Costantino (*Constitutum Constantini*), il falso documento elaborato in ambienti pontifici nell'VIII secolo, costituiva il fondamento teorico di quella *imitatio imperii* che portava il papa a presentarsi come *imperator*, legittimo erede politico degli imperatori romani.

79

SEZIONE I IL DINAMISMO DELL'OCCIDENTE MEDIEVALE (SECOLI XI-XII)

ecclesiastiche, detto *Corpus iuris canonici* (in analogia con il *Corpus iuris civilis* dell'imperatore Giustiniano), che esprimeva la legge emanata direttamente dalla volontà del pontefice.

La curia **Gli organi del governo pontificio** La riorganizzazione del controllo sulle periferie si accompagnò a una sistemazione degli organi centrali di governo della Chiesa. Dalla fine dell'XI secolo compare costantemente il termine "curia" per indicare la **corte del pontefice**: mutuato dal luogo dove si riuniva il senato nella Roma antica, il termine veniva ora impiegato, per analogia, per designare gli organismi burocratici al servizio dei papi.

Il collegio cardinalizio La curia si strutturava come un insieme di organi di governo per il cui funzionamento i cardinali erano elementi essenziali. I tre gradi in cui si dividevano i titolari delle maggiori basiliche di Roma e dintorni (vescovi, preti e diaconi) vennero sostanzialmente equiparati e i **cardinali**, nominati dal papa, furono raccolti in un **unico collegio**. Riuniti in concistoro, essi svolgevano compiti delicati, come dare il proprio parere sulle questioni giurisdizionali più importanti (*causae maiores*). In quanto rappresentanti del papa trattavano inoltre **questioni diplomatiche** presso le corti europee e costituivano il mezzo più autorevole ed efficace per diffondere in tutta la cristianità la **disciplina ecclesiastica** stabilita nei concili.

Il concilio Come strumento privilegiato per affermare la propria supremazia, infatti, subito dopo il concordato di Worms il papato ripristinò lo strumento del **concilio generale** (l'ultimo si era tenuto a Costantinopoli nell'869-70). Dopo il primo e il secondo, svoltisi nel 1123 e nel 1139 nel palazzo del Laterano (la residenza ufficiale del papa), che confermarono la condanna della simonia e del concubinato, nonché l'estraneità dei laici alla vita ecclesiastica, il terzo, nel 1179, sancì nuove regole per l'elezione papale, stabilendo come necessaria la maggioranza dei due terzi del collegio cardinalizio ed eliminando del tutto la pur secondaria partecipazione dei laici ancora prevista dalle norme del 1059. Le norme per l'elezione furono ulteriormente modificate durante il secondo Concilio di Lione, nel 1274, quando furono introdotte rigide norme di isolamento per i cardinali riuniti in conclave.

La struttura amministrativa La curia pontificia perfezionò inoltre la propria struttura amministrativa e burocratica. Furono così istituite la **cappella**, ossia un insieme di chierici addetti principalmente alla liturgia pontificia, e la **camera apostolica**, organismo preposto, sotto la direzione di un cardinale detto "camerlengo", alla cura delle enormi necessità finanziarie del papato, dovute al mantenimento della burocrazia curiale e al finanziamento di iniziative politiche e diplomatiche a Roma, in tutta Europa e nel Mediterraneo.

Nelle casse papali affluivano somme dalla provenienza più disparata: censi (tributi annuali) pagati da alcuni regni europei vassalli del papa (Aragona, Portogallo, Regno di Sicilia); contributi periodici a sostegno dell'attività missionaria della Chiesa (il cosiddetto "obolo di San Pietro"); censi dovuti da enti ecclesiastici dipendenti direttamente dal papa; donazioni di vescovi in occasione delle periodiche visite *ad limina apostolorum* (cioè presso il papa o la curia romana). Nel 1192 il cardinale camerlengo Cencio Savelli (papa Onorio III dal 1216) giunse alla redazione di una fondamentale compilazione di tutti i redditi papali, il *Liber censuum Romanae Ecclesiae* (*Libro dei censi della Chiesa romana*), che costituì la base dell'amministrazione finanziaria per gli anni successivi.

---

diacono Dal greco *aiákonos*, "servitore". Primo grado dell'ordine sacro, sottoposto a presbiterato ed episcopato.

concistoro Consiglio cardinalizio che coadiuva il papa nell'assunzione delle decisioni. Il nome deriva dal consiglio imperiale romano (*consistorium*, da *consistere*, "stare in piedi").

conclave Dal latino *cum clave camera* ("camera chiusa a chiave"): riunione plenaria dei cardinali per eleggere il nuovo pontefice, nonché luogo dove essi si riuniscono.

La Chiesa di Roma dal pluralismo al centralismo | **CAPITOLO 2**

Le necessità politiche e diplomatiche dovute ai sempre più numerosi e stretti contatti con chiese, sedi vescovili e monasteri, ma anche con le sedi del potere civile, indussero infine l'amministrazione pontificia a riordinare e a potenziare enormemente la **cancelleria** (*scrinium*), cioè l'ufficio preposto alla **redazione, trasmissione e conservazione dei documenti inviati o ricevuti dalla curia**.

Alle grandi competenze tecniche e giuridiche necessarie alla redazione dei documenti si accompagnava, nei notai (*scriniarii*) e negli altri addetti alla cancelleria, un'altissima preparazione retorica: i documenti emanati dalla cancelleria pontificia costituivano un modello non solo per la loro raffinatezza materiale, ma anche perché si presentavano come dei compiuti manifesti ideologici e, come tali, costituivano il più potente veicolo di legittimazione e di diffusione delle idee della Chiesa riformata in tutta la cristianità.

La cancelleria

rispondi
1. Qual è il senso della denominazione "cattolica" con cui si definiva la Chiesa romana? 2. Attraverso quali vie si persegue il progetto di una Chiesa romana accentrata? 3. Quali sono i ruoli del nuovo collegio cardinalizio?

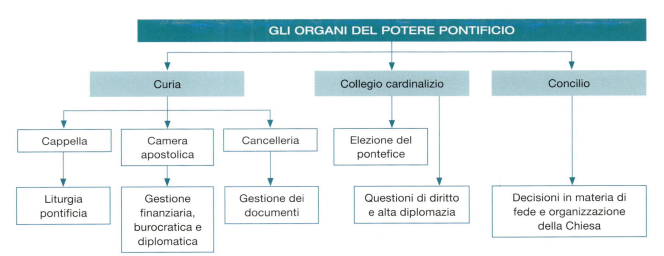

2.6 Il monopolio della parola e la disobbedienza: ortodossia ed eresie

Il primato esclusivo della Chiesa di Roma Il cristianesimo che scaturì dal vasto movimento di riforma dell'XI secolo aveva una fortissima dimensione politica, evidente nell'esaltazione del **ruolo sacerdotale** – innanzitutto quello del papa – **come esclusivo mediatore con la divinità**. L'umanità, insomma, non si poteva salvare al di fuori del magistero della Chiesa di Roma. Chiunque contestasse tale magistero, o il primato del pontefice, o la sua articolazione istituzionale, era fuori dalla Chiesa: la **disobbedienza**, quand'anche si ispirasse ai principi cristiani, era di per sé un'eresia [▶ cap. 0].

Su questa base la Chiesa riformata affrontò una serie di movimenti eterodossi di natura diversa, che si diffusero in Europa, specie nella Francia meridionale, proprio nel corso dell'XI secolo.

Il fenomeno delle eresie

Sopravvivenze pagane e istanze pauperistiche Nonostante lo sforzo di uniformazione culturale di cui abbiamo detto, numerosi testi elaborati da ecclesiastici in questo periodo danno conto della permanenza, nel folklore delle società rurali europee, di immagini e temi comuni a epoche e luoghi lontanissimi – come il ritorno dei morti

SEZIONE I   IL DINAMISMO DELL'OCCIDENTE MEDIEVALE (SECOLI XI-XII)

guidati da personaggi mitici come Odino [👁 9] o i cortei di donne in preda a estasi, guidati da entità femminili dai vari nomi – sulla cui base fiorivano **culti** sostanzialmente **estranei alla predicazione cristiana** e che dunque costituivano una minaccia all'ordine sacrale imposto dalla Chiesa [▶idee].

Le negazione del ruolo della Chiesa

A questo si aggiungevano i fermenti di contestazione del potere signorile e della ricchezza della Chiesa che avevano caratterizzato numerosi movimenti laici agli inizi della riforma. La vicenda umana e intellettuale di **Arnaldo da Brescia** è in questo senso significativa: maestro di Sacre Scritture, morì sul rogo nel 1155, a Roma, per la sua predicazione di tipo patarinico e per il suo collegamento con l'esperienza politica del comune romano, sorto in opposizione al pontefice Adriano IV. Altri movimenti laici di tipo pauperistico che si ispiravano al Vangelo, come quello avviato da **Valdo** (o Valdesio) di Lione sulla fine del XII secolo, furono condannati e scomunicati: non perché avanzassero posizioni dogmatiche o dottrinarie contrarie al cristianesimo, ma perché contestavano in varie forme la capacità esclusiva di mediazione fra Dio (e le sue Scritture) e i fedeli da parte della Chiesa romana.

Il ritorno di forme dualistiche di cristianesimo

I catari Si diffusero inoltre forme di cristianesimo che le fonti di parte cattolica definiscono di tipo dualistico, ossia incentrate sull'opposizione netta tra i principi divini ed eterni del **Bene**, di cui consistono le realtà spirituali, e del **Male**, che sostanzia di sé la realtà sensibile e corporea. Simili concezioni erano diffuse già in Asia Minore nel III secolo (manicheismo) e presenti in forme analoghe nel mondo slavo del X secolo (bogomilismo). Questi nuovi movimenti, definiti "**càtari**" (dal greco *katharós*, "puro") e radicati in particolar modo nella Francia meridionale – fra Tolosa e Albi, da cui anche il termine "**albigesi**" – e in Lombardia, condividevano con le altre manifestazioni di tipo pauperistico-evangelico l'istanza della lettura e dell'**interpretazione diretta dei testi sacri**. Tali orientamenti di pensiero e le pratiche di vita da essi promosse, come vedremo in seguito, saranno poi duramente repressi, non solo attraverso nuovi strumenti giuridici e istituzionali elaborati all'interno della Chiesa al fine di combattere ogni forma di disobbedienza, ma anche grazie alla collaborazione politico-militare con i poteri laici.

rispondi
1. Quali ragioni spingono a dichiarare eretici i fenomeni di disobbedienza, anche quando questi si ispiravano a principi cristiani? 2. Quali caratteristiche accomunano i movimenti definiti "càtari"?

PERCORSO VISIVO

▲ Odino, con il suo cavallo a otto zampe Sleipnir, conduce i caduti in battaglia nel Walhalla, accolto da una valchiria che gli offre da bere. Stele funeraria vichinga, VIII-IX secolo.

[👁 9] **Odino** Alla figura di Odino, divinità che guida le anime dei defunti, signore della guerra e capo della "caccia selvaggia", è associata una notevole quantità di riti provenienti da varie tradizioni agrarie precristiane. Battaglie rituali erano condotte in inverno, da uomini variamente identificati come benandanti, licantropi, luperci, per propiziare la fertilità e la rinascita del ciclo agrario. Doppi di Odino sono Artù e Hallequin, capo di una masnada di diavoli (dal tedesco *Holle*, "inferno") e diventato poi una delle maschere più note del carnevale, esso stesso festa di purificazione e rinnovamento in cui le norme naturali e del vivere civile erano sospese.

82

La Chiesa di Roma dal pluralismo al centralismo | CAPITOLO 2

Tra vivi e morti: cacce selvagge e fuochi del Purgatorio

Tra l'XI e il XII secolo, sul piano culturale e folklorico, si assiste a un mutamento di grandissimo rilievo nella percezione del mondo dei morti da parte delle società medievali europee. Molti testi infatti rielaborano il tema dell'apparizione minacciosa dei morti: un "esercito furioso", detto anche "caccia selvaggia", a volte composto dai soli morti anzitempo (soldati uccisi in battaglia, bambini non battezzati), alla testa del quale si trovano generalmente personaggi maschili mitici come Wotan e Odino. A loro vennero poi associate anche divinità e figure femminili come Diana, Berta, Oriente, che si diceva conducessero, in determinati giorni dell'anno, schiere di donne in groppa ad animali. Si tratta del sabba (dall'ebraico *shabbat*, "sabato, giorno di riposo", con interpretazione negativa), generalmente inteso come convegno di streghe ma sostanzialmente, dal punto di vista folklorico, un viaggio compiuto da viventi, in condizione di estasi, verso il mondo dei morti.

Questo nucleo mitico, alla base dell'intreccio di numerose fiabe, alimentò poi nello stesso periodo la tradizione legata ad Artù, il mitico re della Tavola rotonda: la caccia selvaggia, infatti, viene talvolta definita *chasse Arthur*, guidata dal sovrano in groppa a una sorta di caprone, che si presenta come vero e proprio re dei morti.

La nascita del Purgatorio

Questo "mondo dei morti" inizia a essere razionalizzato e cristianizzato proprio in questi secoli, attraverso un processo in cui l'elaborazione teorica di alcuni Padri della Chiesa, in particolare Agostino, si somma a una rinnovata curiosità verso l'aldilà, testimoniata dal proliferare di "visioni" di cui sono protagonisti monaci o sovrani. Gradualmente si forma l'immagine di un tempo e un luogo di espiazione per quei defunti che si trovino in una condizione intermedia tra lo stato di perfezione e quello di dannazione eterna: appunto il Purgatorio, termine associato al fuoco (*ignis purgatorius*, "fuoco purificatore").

Suggestioni provenienti dai culti pagani e dall'ebraismo, lezioni tratte dal Vecchio e Nuovo Testamento, tradizioni celtiche e nordeuropee concorrono alla formazione di questo "terzo luogo" dell'aldilà, dopo Paradiso e Inferno, di cui Dante fornisce una mirabile sintesi teologica e poetica.

Essenziale è il rapporto che in questo "luogo" si stabilisce tra vivi e morti: i primi infatti possono, attraverso la preghiera, alleviare la permanenza e la durata dell'espiazione che i defunti devono sostenere. Cluny gioca un ruolo fondamentale, ai primi dell'XI secolo, nel preparare il terreno all'affermazione del Purgatorio, da un lato insistendo sulla necessità della mediazione sacerdotale tra i due mondi, dall'altro introducendo nella liturgia un giorno dedicato al suffragio per i morti, il 2 novembre, subito dopo la festa di Tutti i santi.

Riti e rituali dei morti

Il legame tra vivi e morti non si esprime solo attraverso la preghiera recitata secondo i canoni

▲ Re Artù raffigurato nel mosaico pavimentale della Cattedrale di Otranto (1163-66).

ecclesiastici, ma anche con altri rituali. Il consumo di particolari cibi, come legumi o semi di cereali e di frutti come melagrane, noci, nocciole, mandorle, carrube (il seme è simbolo di rinnovamento del ciclo agrario e della vita), o il lasciare un posto a tavola per i parenti defunti, o ancora l'accensione di fuochi, magari all'interno di una zucca, costituiscono un'ulteriore testimonianza della comunicazione tra due mondi: progressivamente ordinata e razionale in un sistema teologico, per la dottrina cristiana; oscura e pericolosa, ma non meno affascinante, per grandissima parte della tradizione folklorica euroasiatica.

SEZIONE I | IL DINAMISMO DELL'OCCIDENTE MEDIEVALE (SECOLI XI-XII)

2.7 L'etica cristiana e la cavalleria

Cambia la concezione cristiana della guerra

Il cristianesimo e la guerra L'ambiguità del rapporto fra Chiesa e potere politico si misura anche sul complesso piano degli atteggiamenti relativi alla guerra. Se originariamente il cristianesimo aveva adottato un completo **rifiuto della violenza**, lo svolgimento di funzioni pubbliche in età tardoantica e altomedievale aveva indotto larga parte dell'episcopato a teorizzare la possibilità di una **guerra legittima** (*bellum iustum*) e ad assumere obblighi militari nell'ambito delle strutture regie. D'altro canto, si è visto come i vescovi provenissero in gran parte dalle aristocrazie militari, condividendone dunque l'etica guerresca.

La violenza dilagante

La crisi dell'ordinamento carolingio, con la conseguente perdita di controllo sul territorio, e la forte concorrenza fra i poteri signorili accentuarono i **fenomeni di disordine e violenza** propri della società medievale. Alla tradizionale aggressività dell'aristocrazia militare si aggiungeva ora anche quella proveniente dai ceti sociali più bassi, con numerose bande armate che non esitavano a razziare popolazioni rurali inermi e ricchi patrimoni ecclesiastici. Era dunque opportuno che le élite ecclesiastiche, muovendosi nello stesso contesto culturale e sociale dei guerrieri nobili, cercassero di incanalarne e disciplinarne le energie, sia a fini di riordinamento interno della cristianità occidentale, sia ai fini della sua espansione. Sotto questo aspetto, la riforma della Chiesa rappresentava il contesto più adeguato per imprimere una **svolta concettuale ed etica al mestiere delle armi**.

I doveri dei cavalieri

video
I cavalieri nel Medioevo

approfondimento
Breve storia della cavalleria

Il codice del cavaliere cristiano La prima formulazione di un codice etico del cavaliere cristiano e dell'idea della liceità della guerra è contenuta nelle opere di Bonizone vescovo di Sutri, patarino e acceso sostenitore di Gregorio VII. In esse, fra i doveri dei cavalieri figura non solo la **fedeltà al proprio signore**, anche se questa comporta la morte, ma anche la **difesa dei deboli, delle vedove e degli orfani**, nonché l'**eliminazione dei nemici della Chiesa e della fede**, scismatici ed eretici, contro i quali l'intervento armato è dichiarato lecito.

Le paci di Dio

I concili episcopali tentarono inoltre di disciplinare l'uso delle armi attraverso le cosiddette "**tregue**" o "paci di Dio", cioè **periodi di sospensione dell'attività militare**, sotto pena di gravi sanzioni spirituali. Il *bellator* (guerriero) o *miles* (cavaliere) era dunque indotto a porsi al servizio della cristianità e veniva così incluso nell'ordine sociale, divenendo uno dei cardini dello schema trifunzionale della società, insieme con *oratores* e *laboratores* [▶ cap. 1.5]. Venne sfruttato a fondo il ricco repertorio ideologico dell'Antico Testamento collegato all'immagine del Dio degli eserciti, e alcuni santi e arcangeli – san Michele, san Giorgio, san Teodoro, san Demetrio – furono arruolati nelle file delle milizie terrene. Erano le premesse per la creazione di un esercito di "testimoni di Cristo" che, come vedremo nel prossimo capitolo, alla fine dell'XI secolo si sarebbe messo in marcia verso i nemici della Chiesa [👁10]: i musulmani che detenevano il controllo del Santo Sepolcro e di Gerusalemme; gli ebrei, ritenuti responsabili della morte di Cristo; gli scismatici bizantini; gli eretici dottrinari e gli avversari politici.

Cavalleria e cristianesimo

Ritualità e letteratura cavalleresca Tra il XII e il XIII secolo la cristianizzazione della cavalleria – una professione ormai diventata un onore, il segno distintivo dell'appartenenza a un "ordine" sociale – è pienamente riconoscibile nell'epica d'area francese (*chansons de geste*, "canzoni di imprese eroiche") e nella diffusione della cerimonia di

La Chiesa di Roma dal pluralismo al centralismo | **CAPITOLO 2**

vestizione del cavaliere [👁 11]. Il rito si connotò sempre più in senso sacramentale, prevedendo momenti di penitenza e di preghiera che legavano il candidato cavaliere alla sfera religiosa.

Questo processo di cristianizzazione della cavalleria, tuttavia, non cancellò del tutto l'originario nucleo laico della *militia* (cavalleria), rivendicato sia sui campi di battaglia sia nella cultura cortese. Con il mito del Graal – la coppa leggendaria cui erano attribuiti poteri soprannaturali – il filone laico dell'epopea cavalleresca avrebbe arricchito il tema della difesa della fede con elementi legati al servizio d'amore verso la dama e alla ricerca di sé [▶ *altri* LINGUAGGI, p. 86].

rispondi
1. Che cosa esprime il codice del cavaliere cristiano? **2.** Come cambia la concezione cristiana della guerra in età altomedievale?

PERCORSO VISIVO

[👁 10] **Il santo e il cavaliere** La riforma della Chiesa assegnò al papa anche un ruolo decisivo nell'affermazione dei modelli di santità. Mentre prima erano le singole chiese locali a riconoscere e promuovere nuovi santi, tra il XII e il XIII secolo le canonizzazioni rientrarono nell'esclusiva sfera di competenza pontificia. L'accostamento tra cavalleria e santità è tipico nella nuova etica che la Chiesa cerca di attribuire all'esercizio delle armi.

◀ San Giorgio e Hugo di Vermandois in partenza per la guerra contro gli infedeli, affresco francese del XII secolo.

▼ La cerimonia della spada, miniatura da una raccolta di poesie francesi del XIII secolo.

[👁 11] **La vestizione del cavaliere** Durante la complessa cerimonia di *adoubement* ("addobbamento", dal francone *dubban*) il cavaliere, che aveva trascorso la notte a digiuno in veglia di preghiera, veniva cinto con la spada e colpito simbolicamente – con la mano o con il piatto della spada – sulla gota o sulla nuca da un cavaliere più anziano.

altri LINGUAGGI

Cavalleria e legittimazione cristiana: la ricerca del Graal

Nel *Perceval* o *Racconto del Graal* di Chrétien de Troyes (1180-81), il *Graal* – piatto per cibi raffinati e salse – è presentato come recipiente dotato di poteri taumaturgici, custodito all'interno del castello-isola-montagna del Re Pescatore, cui possono accedere solo i puri di cuore. L'associazione di questi temi, propri della mistica celtica, all'eucaristia cristiana si sviluppa in un secondo romanzo, il *Roman de l'Estoire dou Graal* di Robert de Boron (fine XII secolo). Qui emerge la figura del ricco ebreo Giuseppe di Arimatea, che l'apocrifo *Vangelo di Nicodemo* presenta come testimone privilegiato della Resurrezione. L'autore inventa, per il *Graal*, la funzione di recipiente del sangue di Cristo, mentre la figura di Giuseppe diventa quella di un discepolo iniziato a misteri rivelati da Gesù a una cerchia ristretta di seguaci. Si prefigura così una Chiesa esoterica, la cavalleria, che prosegue in segreto l'insegnamento del Messia. Protagonisti della ricerca del *Graal* e testimoni delle sue varie manifestazioni sono infatti cavalieri: Bort, Perceval, Galvano, Galaad, ciascuno dei quali diventa allegoria di virtù.

La congiunzione tra Graal e i cavalieri cristiani per eccellenza, i Templari, si opera con il *Parzival* di Wolfram von Eschenbach e il *Jüngerer Titurel* di Albrecht von Scharfenberg. Il *Parzival* introduce anche temi nuovi rispetto alla tradizione romanzesca, ispirati a concezioni filosofico-religiose neoplatoniche: il *Graal* diventa una pietra purissima discesa dal cielo, che in virtù di un'ostia depositata ogni venerdì santo da una colomba conferisce vita eterna a chi se ne ciba.

Il tema iniziatico fu approfondito poi nell'Ottocento soprattutto con il dramma musicale *Parsifal* di Richard Wagner, che diventò un punto di riferimento per correnti massoniche, occultistiche e neotemplari. A queste si ricollega anche la tesi, esemplificata da *Il Codice Da Vinci* di Dan Brown, secondo la quale in realtà Gesù non sarebbe morto sulla croce, ma avrebbe sposato Maria Maddalena e si sarebbe rifugiato nel Sud della Francia, dove avrebbe avuto dei figli (il *Saint Graal* viene interpretato, con una paretimologia, come *sang réal*) e dato origine alla dinastia merovingia; alla sua caduta si sarebbe costituita una società segreta, il Priorato di Sion, con il compito di ristabilirne la sovranità sulla Francia e sul mondo.

Dinanzi a tali interpretazioni deliranti rimangono come ultima difesa la filologia e la storia, ma anche il surreale sarcasmo cinematografico dei Monty Python (*Monty Python e il Sacro Graal*, 1975) e la parodia e l'ironia letteraria del *Cavaliere inesistente* di Italo Calvino (1959) e del *Pendolo di Foucault* di Umberto Eco (1988).

▶ Tra gli anni Ottanta e Novanta del Novecento gli elementi più avventurosi e fantastici del mito del Graal hanno conquistato un ampio pubblico grazie a film quali *Excalibur* (1981) di J. Boorman e *Indiana Jones e l'ultima crociata* (1989) di S. Spielberg.

VERSO LE COMPETENZE

☐ esercitazione

● USARE IL LESSICO

1. **Spiega sinteticamente (massimo 3 righe) il significato delle seguenti espressioni.**

   Aristocrazia della preghiera – Eremitismo – Chiesa imperiale – Investiture – Eresia

● COLLOCARE GLI EVENTI NELLO SPAZIO E NEL TEMPO

2. **Completa la carta seguendo le indicazioni.**

   Completa la legenda e scrivi una didascalia. Il titolo della carta è "Eresie e tensioni di riforma nell'XI-XII secolo".

Centri di riforma	Aree di movimenti ereticali
●	■ ....
●	■ ....
●	■ ....

....
....
....

● LEGGERE E VALUTARE LE FONTI

3. **Osserva l'immagine e completa la scheda per l'analisi della fonte.**

In quale contesto è stata prodotta?	
Di che tipo di fonte si tratta?	
Che cosa raffigura?	
Quali informazioni se ne ricavano?	

┤per approfondire├ I rapporti tra Impero e papato si intrecciano con il tema dell'elezione pontificia: dal 962 il *Privilegium Othonis* ne assegnava all'imperatore il controllo decisivo. Nel 1059 il papa Niccolò II emanò un decreto che regolava in termini nuovi l'elezione papale (*Decretum in electione papae*). Ricerca online le due fonti e confrontale costruendo una tabella di comparazione da presentare in classe.

87

I SAPERI FONDAMENTALI

→ sintesi  audiolettura

● LA CHIESA NEL CONTESTO DEI POTERI MEDIEVALI

▶ **2.1** Nel corso del X secolo **il contesto dei poteri europei va complicandosi**: da una parte un Impero e un papato che si presentano come istituzioni universali, dall'altra episcopato e aristocrazia che condividono un **modello privato e familiare di gestione del potere**.

▶ **2.2** Si accende uno **scontro straordinario tra poteri concorrenti**, combattuto con armi inedite: le **accuse di simonia e concubinato**, più che essere i bersagli ultimi della protesta riformista, diventano efficaci strumenti di lotta politica utilizzati contro gli avversari. A Mâcon, in Borgogna, è fondato **il monastero di Cluny**, centro di una potenza signorile enorme direttamente sottoposta a Roma, che si fa **portavoce di una nuova sensibilità religiosa e di modelli innovativi di vita** in comune. Riprende vigore in questo periodo anche l'**eremitismo**. Tra la fine dell'XI e la prima metà del XII secolo si sviluppano **nuove proposte di vita monastica (certosini e cistercensi)**, alternative a quella cluniacense perché collegate alla struttura ecclesiastica territoriale e non aderenti alle modalità signorili di gestione della proprietà. Anche dal mondo laico arrivano molte richieste di rinnovamento del clero: a Milano si sviluppa il **movimento patarinico**.

● LO SCONTRO FRA IMPERO E PAPATO

▶ **2.3** Gli imperatori tedeschi, in virtù del ***Privilegium Othonis***, impongono propri candidati al soglio pontificio. Proprio durante i pontificati della cosiddetta **"Chiesa imperiale"** si definisce con chiarezza un nuovo modello ideologico dell'istituzione ecclesiastica e del papato, che emancipa il pontefice dall'imperatore e afferma la sua superiorità rispetto a ogni altra autorità. I concetti di supremazia dottrinale e giuridica del vescovo di Roma, proclamati con forza da Leone IX, contribuiscono alla completa rottura con le Chiese orientali (Scisma d'Oriente, 1054).

▶ **2.4** La **svolta ierocratica della Chiesa romana** scardina le dinamiche consolidate di elezione del pontefice e conferimento di diritti pubblici ai vescovi (investiture). Niccolò II emana il *Decretum in electione papae*, che assegna ai cardinali vescovi il diritto di scegliere il pontefice. Con l'elezione al soglio pontificio di Gregorio VII e il raggiungimento della maggiore età dell'imperatore Enrico IV, il conflitto tra le due istituzioni, Impero e papato, si acuisce: **Gregorio VII** dichiara nulli i diritti di natura pubblica dei vescovi ottenuti dall'imperatore e con i ***Dictatus papae*** (1075) stabilisce l'assoluta supremazia del vescovo di Roma, l'infallibilità della Chiesa in ambito dottrinale e la facoltà di sciogliere i fedeli dal vincolo di obbedienza al re e di deporre quest'ultimo. **La lotta per le investiture prosegue fino al 1122** quando, a **Worms**, si regolano le elezioni dei vescovi e degli abati.

● IL CONSOLIDAMENTO DELLE ISTITUZIONI PONTIFICIE

▶ **2.5** **La riforma della Chiesa è anche una riforma della sua organizzazione interna** e dei rapporti fra centro e periferie della cristianità: da un insieme di Chiese autonome nell'alto Medioevo, a un **progetto di Chiesa romana accentrata**, a guida papale, con diramazioni territoriali omogenee e strutturate, **uniformità giuridica** (*Corpus iuris canonici*) e **culturale**.

▶ **2.6** Nonostante lo sforzo di uniformazione **nascono movimenti di disobbedienza**, che negano il ruolo della Chiesa o predicano un ritorno a forme dualistiche di cristianesimo e all'interpretazione diretta dei testi sacri (càtari).

▶ **2.7** La riforma della Chiesa dà anche l'occasione per una riforma del mestiere delle armi, dentro la quale rientrano la formulazione di un **codice etico del cavaliere cristiano** e l'ammissione della liceità della guerra.

→ linea del tempo

909-910 fondazione del monastero di Cluny

1046 Enrico III in forza del *Privilegium Othonis* nomina Clemente II papa

88

La Chiesa di Roma dal pluralismo al centralismo — CAPITOLO 2

mappa

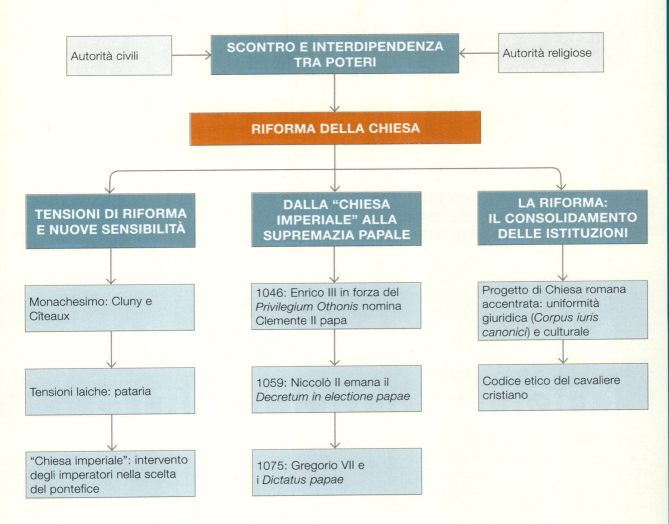

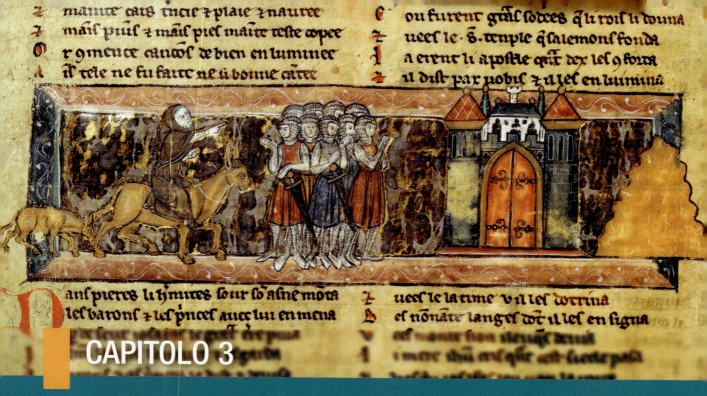

CAPITOLO 3

Mondi in contatto, mondi in conflitto

Crociata

Nell'XI secolo il Mediterraneo costituì il terreno di scontro per grandi realtà politiche e religiose, cristiane e islamiche, ciascuna delle quali attraversata da tensioni interne e fermenti innovatori. Le espressioni più evidenti di questo scontro furono le crociate. Designate all'epoca con i termini di *iter*, *passagium*, *peregrinatio*, le crociate assunsero nel corso del tempo il carattere di spedizioni militari dotate delle caratteristiche spirituali e penitenziali dei pellegrinaggi, e come tali regolate secondo la dottrina della Chiesa. Queste spedizioni ebbero obiettivi e caratteri eterogenei. Non tutte, infatti, furono indirizzate alla conquista di Gerusalemme e della Terrasanta, dove peraltro il dominio cristiano fu di fatto precario e di breve durata. Alcune infatti si rivolsero verso Costantinopoli, il Cairo e Tunisi; altre giustificarono le conquiste nella penisola iberica e in Sicilia; altre furono lanciate contro gruppi ereticali interni alla cristianità europea, contro le popolazioni slave in Europa nordorientale o contro avversari politici del papato.

le parole della storiografia

Mondi in contatto, mondi in conflitto | **CAPITOLO 3**

GUIDA&RISORSE
PER LO STUDIO

Per riprendere il filo... Tra il VII e il IX secolo la formazione di un impero arabo-musulmano dall'Atlantico all'Indo aveva modificato profondamente gli equilibri politici, economici e religiosi in Asia centrale e nel Mediterraneo. Qui due realtà politiche robuste ma meno estese, l'Impero carolingio e quello romano-orientale, avevano frenato l'avanzata musulmana in regioni che per secoli avrebbero costituito una mobile e instabile frontiera: la penisola iberica, l'Italia meridionale con le grandi isole e la regione tra Anatolia, Siria e Nord dell'Iraq. A lungo le realtà politiche orientali risultarono egemoni, avendo mantenuto un'efficace organizzazione fiscale, un'ampia burocrazia, il controllo dei traffici commerciali e l'impiego della monetazione aurea, oltre a costituire un contesto favorevole al progresso delle scienze fisiche e filosofiche. La definizione in termini nuovi, tra il X e l'XI secolo, dei rapporti tra formazioni sedentarie e nomadi nelle steppe asiatiche, da un lato, e il consolidamento dei poteri regi, signorili e religiosi nell'Europa occidentale, dall'altro, condussero a una fase di conflitto aperto.

videopresentazione

3.1 Il mondo musulmano tra Africa, Europa e Asia

Lo smembramento dell'Impero abbaside

L'età postimperiale Nel tardo X secolo l'impero arabo-musulmano governato dalla dinastia abbaside subì grandi trasformazioni. Nelle **regioni orientali** il potere politico e militare iniziò a essere esercitato di fatto da **capi guerrieri nomadi**, ma la supremazia del **califfo** di Baghdad non fu messa in dubbio e i principi della religione islamica rimasero vigenti [▶ cap. 0]. Nelle **regioni occidentali** dell'impero, dalla Siria alla penisola iberica, dove pure era forte la presenza di tribù nomadi, si affermarono invece dinastie che contestavano radicalmente la legittimità del califfo abbaside. Nacquero così due **califfati indipendenti**: quello **omayyade,** e poi almohade, a Cordova e quello **fatimide** nel Maghreb centrale e in Egitto, rispettivamente espressione dell'islam sunnita e sciita [▶fenomeni].

califfo Dall'arabo *khalifa*, "successore", "vicario" (si intende dell'inviato di Allah, Maometto/Muhammad), indica la massima autorità religiosa e civile della comunità dei credenti musulmani.

Le grandi divisioni dell'islam

approfondimento
Sunniti e sciiti

fenomeni

Attraverso i secoli, l'islam ha conosciuto vari scismi ed eresie, sia sul piano politico che su quello dottrinale, filosofico e giuridico. La maggiore suddivisione tra i musulmani, anche nel mondo contemporaneo, è tra sunniti e sciiti.

I sunniti sono seguaci della *Sunna* ("consuetudine", "condotta abituale"), una delle quattro fonti del diritto e della teologia musul- mani, basata sulla condotta di Maometto (Muhammad) espressa attraverso gli *hadith*, i detti del Profeta. I sunniti ritengono che il messaggio divino si sia compiuto con Maometto e che lo studio della legge e la sua interpretazione siano prerogativa dei giureconsulti, mentre il califfo ha un potere essenzialmente esecutivo.

Gli sciiti sono seguaci di Ali, genero di Maometto (da *Shi'a*, "la fazione di Ali"). Rivendicano l'autorità carismatica conferita ai membri della famiglia del Profeta nella linea continua dei discendenti di Maometto, conosciuti come *imam*, guide e interpreti degli scritti sacri. Si distingue uno scisma "estremo" (ismailiti, come i Fatimidi), "medio" (imamiti) e "moderato" (zaiditi), a seconda del grado di venerazione o santificazione dell'imam. ■

91

SEZIONE I IL DINAMISMO DELL'OCCIDENTE MEDIEVALE (SECOLI XI-XII)

La formazione di istituzioni e culture regionali

In modo più o meno compiuto, dunque, in tutto il mondo islamico dell'età postimperiale si affermarono nuove **istituzioni regionali**, derivanti dall'incontro fra concezioni della famiglia e dello Stato tipiche delle società nomadi con le forme amministrative consolidate dal sistema imperiale abbaside. Anche sul piano culturale, accanto alle espressioni cosmopolite (arte, architettura, poesia, scienza) che avevano caratterizzato l'aristocrazia abbaside, si svilupparono **varianti culturali regionali** inserite all'interno di una più ampia suddivisione fra le **aree linguistiche araba e persiana**. Così, mentre Baghdad e la sua aristocrazia perdevano la loro egemonia, città come Samarcanda, Bukhara, Nishapur, Isfahan, il Cairo, Fez e Cordova divenivano centri culturali autonomi.

Il califfato omayyade di Cordova

Le regioni occidentali In Occidente la **penisola iberica** era stata la prima realtà politica islamica a rendersi autonoma dal califfato abbaside, nella forma di un emirato controllato dall'omayyade Abd al-Rahman I, che aveva conquistato Cordova nel 756 e, progressivamente, tutti i territori peninsulari sotto dominio musulmano, definiti in complesso *al-Andalus*. L'emirato arrivò a costituire un dominio unitario e saldo, e nel **929** Abd al-Rahman III assunse il titolo di **califfo**, consolidando il controllo sui propri territori e favorendo lo sviluppo di una raffinata **società agricola e mercantile, fortemente urbanizzata**, il cui centro era la grande città di Cordova.

Crisi e divisioni interne

Già nei primi anni dell'XI secolo iniziò tuttavia una fase di crisi e di **guerra civile** causata dalla rottura dell'equilibrio fra le varie componenti etniche e sociali (iberici convertiti all'islam, berberi, schiavi di origine slava, andalusi, mozarabi, ebrei) e dagli interessi particolaristici delle aristocrazie locali. Il frazionamento dell'unità politico-amministrativa in **piccoli potentati territoriali** (in spagnolo *taifas*) indebolì il califfato dinanzi all'espansione dei regni cristiani del Nord – la cosiddetta *reconquista* che studieremo nel prossimo capitolo – e consentì alle dinastie musulmane del Nord Africa occidentale di assumere il controllo di vaste porzioni di *al-Andalus* [👁1].

I domini di Almoravidi e Almohadi

L'Africa nordoccidentale Alla metà dell'XI secolo alcune **tribù berbere** del Nord della Mauritania avevano infatti accolto la predicazione di un **islam rigorista** e l'idea di un *jihad* [▶fenomeni, p. 94] da rivolgere non solo contro i cristiani, ma anche contro gli stessi musulmani ritenuti di fede troppo "tiepida". In pochi anni queste tribù sahariane, note con il nome dinastico di **Almoravidi** (da *al-murabitun*, "quelli del *ribat*" [👁2]), costituirono un emirato esteso **dal Marocco**, dove fondarono Marrakesh, fino **all'Algeria e al Senegal**. Nel 1086, un anno dopo che Toledo era caduta in mani cristiane, gli Almoravidi vennero chiamati dal califfo locale a difendere Siviglia; essi respinsero i cristiani, ma successivamente si estesero nel territorio di *al-Andalus*, segnando la fine del dominio omayyade.

Alla metà del XII secolo, tuttavia, gli Almoravidi furono soppiantati da un'altra dinastia berbera originaria dei monti dell'Atlante, gli **Almohadi** (da *al-muwahhidun*, "gli unitari", sostenitori dell'assoluta unicità divina). Proclamatisi califfi, gli Almohadi – in particolare sotto **al-Mansur** (1184-99) – condussero vittoriose campagne militari che sgretolarono il dominio almoravide, creando un nuovo **impero esteso dalla Tripolitania alla penisola iberica**.

Qui il loro potere sarebbe durato fino alla metà del XIII secolo, quando – come avremo modo di vedere – l'intera penisola, con la sola eccezione di Granada, fu ricondotta sotto il dominio cristiano.

---

emirato Provincia governata da un emiro (dall'arabo *amir*, "principe", "comandante militare"), alto funzionario politico-amministrativo.

berbero Dall'arabo *al-barbar* (derivato dal greco *bárbaroi*), indica le popolazioni indigene dell'Africa settentrionale.

mozarabo Dall'arabo *musta'rib*, "arabizzato", è un termine usato dai latini per indicare i cristiani che sotto la legge islamica avevano assimilato elementi culturali arabi.

Mondi in contatto, mondi in conflitto | CAPITOLO 3

PERCORSO VISIVO

[👁 1] I regni islamici occidentali

Dopo aver raggiunto la massima espansione con gli Abbasidi e gli Omayyadi ❶, in Occidente i regni degli Almoravidi ❷ e degli Almohadi ❸ spostarono il loro baricentro verso l'Africa, pur mantenendo il controllo di importanti territori nella penisola iberica.

[👁 2] Il *ribat* I berberi nordafricani si erano convertiti all'islam in seguito alla predicazione condotta da 'Abd Allah ibn Yasin e avevano adottato il *ribat* come modello di centro religioso fortificato. Esempi di questa struttura architettonica si trovano ancora oggi in Tunisia e Marocco (la cui capitale, Rabat, ne reca traccia anche nel toponimo).

▶ Il cortile interno del *ribat* di Sussa, in Tunisia.

SEZIONE I   IL DINAMISMO DELL'OCCIDENTE MEDIEVALE (SECOLI XI-XII)

fenomeni

Il *jihad*

Il *jihad* maggiore

Il concetto di *jihad* ("impegno") è stato tradizionalmente interpretato in due accezioni: il *jihad* maggiore e il *jihad* minore. Il primo, di natura spirituale, consiste in una lotta interiore e personale per vivere una vita virtuosa e sconfiggere i vizi che ostacolano il cammino per avvicinarsi a Dio.

Riflessioni su questo concetto si trovano nel sufismo, una corrente islamica sostenitrice di un approccio mistico alla religione, ossia incentrato sulla possibilità di entrare in contatto diretto con Dio attraverso l'estasi o l'intuizione.

Il *jihad* minore

L'interpretazione del *jihad* minore, associata in genere al concetto di "combattimento" o "guerra santa", è più complessa e controversa. La prima fonte canonica dell'islam, il Corano, contiene testi discordanti: le sure meccane (cioè i "capitoli" del Corano risalenti al periodo trascorso da Maometto alla Mecca) ingiungono di resistere alle persecuzioni senza reagire; quelle medinesi (successive all'emigrazione del Profeta a Medina) autorizzano talvolta, invece, il combattimento difensivo e le azioni aggressive.

La seconda fonte dell'islam, gli *hadith*, cioè i detti e le azioni attribuiti al Profeta, offre un'ampia gamma di indicazioni sul *jihad*, sulla quale le scuole giuridiche islamiche hanno elaborato diverse teorie. La teoria classica, sviluppata a partire dal IX secolo (epoca abbaside), ruota intorno al principio della divisione del mondo in due parti:
- la "casa dell'islam", comprendente tutti i territori governati da musulmani, nei quali le minoranze confessionali (ebrei e cristiani, con cui i musulmani condividono l'Antico Testamento) possono praticare la propria fede dietro pagamento di un'imposta;
- la "casa della guerra", sotto governo non musulmano. Solo il califfo può condurre un *jihad*

▲ L'assedio arabo di Messina dell'843, da un manoscritto del XII secolo.

contro la casa della guerra, previo invito alla conversione o alla sottomissione dietro il pagamento della tassa.

Alcuni dotti proposero delle modifiche alla teoria classica, riconoscendo l'esistenza di una "casa della tregua" o "della pace" laddove i governanti avessero concluso un accordo con la comunità musulmana. Altri interpreti, di fede sunnita, compresero nel concetto di *jihad* la lotta contro ribelli, apostati e sciiti. Si tratta dunque di un concetto duttile, applicato in modo diverso in contesti storici differenti e che non cessa tuttora di interrogare la giurisprudenza musulmana. ■

Il regno dei Fatimidi: nascita…

L'Africa nordorientale Anche il Maghreb centrale e orientale e l'Egitto videro emergere una dinastia antagonista degli Abbasidi, quella dei Fatimidi. Ai primi del X secolo Ubayd Allah **al-Mahdi**, esponente dello sciismo ismailita, aveva creato un vasto consenso tra le tribù berbere nomadi dichiarando di essere discendente di Maometto per tramite di sua figlia Fatima (da cui il nome della dinastia), moglie del quarto califfo Ali, cugino e genero del Profeta. Proclamatosi **imam e califfo** legittimo nel 910, in opposizione a quello sunnita di Baghdad, assunse il controllo delle piste carovaniere che conducevano nell'Africa centrale, da cui trasse oro e schiavi, e impiegò queste ingenti risorse per espandersi verso est. La sua politica diede frutti sotto i suoi successori, in particolare al-Mu'izz e al-Aziz, che conquistarono l'**Egitto** e parte della **Siria**, sottraendoli a dinastie formalmente dipendenti da Baghdad [◉3]. In Egitto, nei pressi della più antica Fustat, nel 969 fu fondata una nuova capitale, **Il Cairo** (al-Qahira, "la Trionfante"), che, in competizione con Baghdad, divenne un florido centro artigianale, commerciale, artistico e culturale: vi fu fondata, per esempio, l'importantissima moschea e centro di studio al-Azhar, in omaggio a Fatima detta *al-Zahra*, "la Luminosa", attualmente l'università più autorevole dell'islam sunnita [▶luoghi].

94

Mondi in contatto, mondi in conflitto | CAPITOLO 3

Baghdad, Il Cairo e le metropoli islamiche

luoghi

Città antiche e nuove

Mentre in Occidente le città stentavano a riprendere una funzione di rilievo, nel vasto impero islamico erano attivi numerosi centri urbani, anche di grandi dimensioni. Molte città già fiorenti nell'antichità avevano mantenuto il loro ruolo economico e culturale; inoltre, secondo una consuetudine tipica del mondo islamico, spesso i califfi fondavano nuovi nuclei urbani, adeguati alla dignità e al potere che volevano ostentare e rappresentare. Così fu, per esempio, per Baghdad, fondata nel 762 dinanzi alle rovine dell'antica capitale persiana Ctesifonte e progettata sulla base di un complesso sistema ideologico e culturale. Il palazzo del califfo (o dei suoi rappresentanti) e la grande moschea costituivano elementi essenziali della città islamica medievale, rappresentazioni del potere temporale e religioso, riccamente decorati e circondati da giardini con architettura a padiglioni. Accanto a questi edifici sorgevano i palazzi dell'amministrazione pubblica e le residenze di ufficiali e funzionari; più in periferia gli acquartieramenti dei militari.

Il riflesso di un governo efficiente

Governi centralizzati come quelli islamici consentirono di mantenere in efficienza e sviluppare complesse infrastrutture viarie e idrauliche. Grandi strade, bagni e terme stupivano i viaggiatori occidentali, sedotti da comodità allora impensabili in Europa. Essendo le scienze tenute in alta considerazione, nelle metropoli islamiche librerie, biblioteche e centri scientifici erano numerosi, e molti califfi tenevano a ospitare alla propria corte circoli di letterati e scienziati. Altri elementi caratteristici erano le aree di mercato e i luoghi destinati a magazzini, botteghe, ostelli e alberghi per mercanti e viaggiatori provenienti da ogni parte del mondo, nonché manifatture di vario genere, tra le quali primeggiavano quelle tessili, oggetto di particolare attenzione da parte del potere centrale.

▲ La moschea di al-Aqmar fu costruita all'inizio del XII secolo (1125) ed è la terza più antica del Cairo. Presenta una facciata particolarmente elaborata ed è detta anche "moschea grigia" per il colore della pietra utilizzata (il nome arabo significa "chiaro di luna").

[◉ 3] **Il dominio fatimide alla fine del X secolo** L'oro e gli schiavi provenienti da oltre il Sahara consentirono alla corte fatimide di accumulare un incredibile sfarzo, descritto con ammirazione dai viaggiatori, e di costituire un'efficace burocrazia e un temibile esercito.

SEZIONE I — IL DINAMISMO DELL'OCCIDENTE MEDIEVALE (SECOLI XI-XII)

... e fine

Sotto il califfato di **al-Hakim** (996-1021) la tensione ideologica e religiosa sciita si tramutò in persecuzione sia dei sunniti, sia degli ebrei e dei cristiani. Nel 1009 egli ordinò la **distruzione della chiesa del Santo Sepolcro a Gerusalemme**, destando grande scandalo nella cristianità. Dopo al-Hakim la dinastia fatimide fu segnata da lotte interne, ai cui effetti si sommarono l'espansione dei sultanati turchi in Siria e la formazione degli Stati crociati, come vedremo fra breve. Dal 1128, con l'affermazione dei sultani turchi di Mosul, il cuore dell'islam sunnita divenne il nord della Siria con la sua splendida capitale, **Aleppo**. Il sultano Nur al-Din, conosciuto in Occidente come Norandino (1146-74), assunse di fatto il controllo dell'Egitto e alla sua morte uno dei suoi migliori e più ambiziosi generali, **Salah al-Din** ("il Saladino", 1174-93), pose fine alla dinastia fatimide, ricevendo il titolo di *malik* (sovrano) dal califfo di Baghdad.

Le regioni asiatiche Anche in Asia centrale, in conseguenza di ampie migrazioni di popolazioni nomadi dalle regioni prossime alle frontiere dell'impero cinese Tang (VII-VIII secolo), nuove élite militari assunsero il controllo di estesi territori in autonomia dal califfo abbaside.

I Samanidi e la formazione di un islam arabo-persiano

I Samanidi (819-1005), una dinastia sunnita di origine persiana, assunsero il ruolo di **difensori della frontiera orientale del califfato** dai nomadi turchi dell'Asia interna, attraendo guerrieri (*mujahidun*) da tutto il mondo musulmano. La dinastia samanide tuttavia non si dedicò solo ad attività militari: consapevole del ruolo della filosofia e delle scienze nella costruzione del consenso politico, essa favorì lo sviluppo di una **fiorente vita culturale** che ebbe come centro Bukhara. Questo fermento diventò un modello per la diffusione della civiltà islamica nell'Asia interna, in India e in Indonesia: la **religione** e la **cultura musulmane** furono per la prima volta tradotte dall'arabo e il persiano divenne la prestigiosa lingua della letteratura e della poesia islamiche.

I Ghaznavidi afghani

Erano sunniti anche i Ghaznavidi, potente dinastia che aveva come centro la città di Ghazna (oggi Ghazni, in Afghanistan). Tra il 977 e il 1186 essi governarono un vasto

---

sultano Titolo politico e militare concesso dal califfo (dall'arabo *sultan*, "governatore", "principe"). Dopo la frantumazione del califfato abbaside, divenne gradatamente l'attributo per eccellenza del sovrano ottomano.

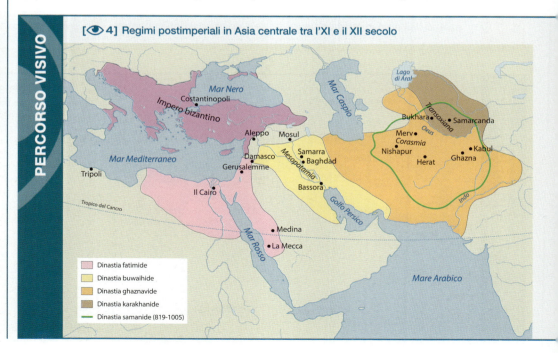

[👁 4] Regimi postimperiali in Asia centrale tra l'XI e il XII secolo

96

territorio che si estendeva **dall'Iran orientale all'India settentrionale**, dove si arricchirono grazie alle sanguinose scorrerie che **Mahmud** (969-1030) – il primo a ricevere dal califfo il titolo di sultano – condusse sotto l'egida del *jihad* contro le città e i templi politeisti controllati dai deboli principi *rajput* dell'India del Nord [👁4].

Alla fine del X secolo, sia Bukhara che Samarcanda furono conquistate da altre popolazioni turche, guidate dalla dinastia karakhanide, che analogamente a quella samanide favorì l'adozione di canoni letterari e politici fortemente ispirati a modelli persiani e islamici, promuovendo la formazione di una nuova cultura turca.

3.2 Il potere turco dalla Mongolia al Mediterraneo

La dinastia turca dei Selgiuchidi Tra il V e l'VIII secolo tutta l'Asia centrale era stata interessata da movimenti migratori di clan mongoli, chiamati anche "turchi" (*türk*, con probabile significato di "forza"). Intorno alla metà del X secolo, una tribù nomade della confederazione turca si stabilì sulle rive dell'Oxus (oggi Amu Darya), importante fiume dell'Asia centrale, sotto la guida di **Saljuq** (m. 1009 ca.) [👁5]. Abbandonati gli originari culti pagani e sciamanici e **abbracciato l'islam sunnita** delle popolazioni sedentarie, Saljuq consolidò i propri possedimenti. L'ascesa politica e militare dei suoi discendenti, che in suo onore presero a farsi chiamare **Selgiuchidi**, si ebbe tuttavia con i nipoti, **Toghril Beg** (m. 1063) e **Chaghri Beg** (m. 1060 ca.), rispettivamente "Falcone" e "Sparviero" (con l'aggiunta dell'appellativo *beg*, "signore").

Esercitando l'egemonia su molte tribù nomadi turche della Transoxiana, essi si scontrarono con i Ghaznavidi. Nel 1038 alcune città della Corasmia (Khorasan) si arresero ai Selgiuchidi e Toghril Beg conquistò la più importante, Nishapur. Qui egli assunse il titolo di sultano (1037) e nel 1040 sconfisse definitivamente i Ghaznavidi, impadronendosi di tutta la regione.

rispondi
1. A quali trasformazioni va incontro l'Impero arabo-musulmano in Occidente? **2.** A quali trasformazioni va incontro l'Impero arabo-musulmano in Oriente? **3.** Qual è l'evoluzione della penetrazione islamica nella penisola iberica?

Dalle origini mongole alla conversione all'islam

La vittoria sui Ghaznavidi

rajput Casta formatasi fra l'VIII e il IX secolo in seguito alla fusione di aristocrazie locali indiane e gruppi tribali provenienti dalla regioni trans-himalayane, cui venne riconosciuto dai sacerdoti induisti il rango di *kshatriya* (la casta dei guerrieri).

[👁5] I territori controllati dai Selgiuchidi

Impero bizantino
Sultanato dei Selgiuchidi
Territori successivamente ceduti all'Impero bizantino e agli Stati cristiani d'Oriente (fine XI secolo)

SEZIONE I   IL DINAMISMO DELL'OCCIDENTE MEDIEVALE (SECOLI XI-XII)

I Turchi campioni del sunnismo

La conquista di un territorio immenso Mentre Chaghri Beg si dedicava a consolidare il potere selgiuchide in Corasmia, Toghril Beg partì alla conquista dell'**Iran**, allora diviso in piccoli potentati locali. L'evento decisivo per l'affermazione del potere turco fu però la conquista di **Baghdad** (**1055**), allora governata dai Buwaihidi, una dinastia iranica che aveva lasciato al califfo abbaside un'autorità puramente nominale. Il califfo legittimò il titolo di sultano che Toghril aveva assunto, facendone così un campione del sunnismo e del califfato.

L'espansione fino all'Anatolia

A Toghril Beg succedette il figlio di Chaghri Beg, **Alp Arslan** ("Leone-eroe", 1064-72), che si affiancò, come gran *visir* (diremmo oggi un primo ministro), Abu Ali al-Hasan (1018-92), detto Nizam al-Mulk, promotore di importanti riforme in ambito burocratico e religioso [▶idee]. Alp Arslan riuscì a riunire le turbolente tribù turche sotto le bandiere di una *ghazwa* ("guerra santa"); nel 1064 fu conquistata la capitale dell'**Armenia**, Ani, e poco dopo l'esercito turco dilagò in Cilicia e nell'**altopiano anatolico**, in territorio bizantino. Presso la città armena di **Manzikert**, nel **1071**, un grande esercito bizantino, comandato dall'imperatore Romano IV Diogene, fu rovinosamente sconfitto, spalancando le porte alla conquista turca della regione.

caravanserraglio Dal persiano *karwansaray*, "edificio per le carovane", indica l'edificio pubblico destinato a ospitare i viaggiatori e i loro animali.

Prosperità ed espansione, ma anche fattori di debolezza

Apogeo e declino dei Selgiuchidi Sul piano economico, l'epoca selgiuchide fu caratterizzata da una notevole **prosperità agricola e commerciale**: il controllo degli assi carovanieri del Vicino e Medio Oriente, attuato grazie a un articolato sistema di **caravanserragli**, favorì infatti i commerci con l'Europa, in particolare di argento, lapislazzuli e manufatti in ferro. Sotto il governo di **Malik Shah** ("re-imperatore", 1072-92) il potere selgiuchide raggiunse il suo apogeo [👁 6]: furono condotte campagne milita-

---

idee

Diritto e potere in epoca selgiuchide

Le scuole di diritto
Nizam al-Mulk (che significa letteralmente "l'ordinamento del regno") fu un eminente studioso, autore di un influente *Libro della politica*. In qualità di *visir*, promosse la creazione di un modello di scuola giuridica (*màdrasa*) annessa a una moschea e dotata di biblioteche e pensionati per studenti. All'interno di queste scuole si svolgeva l'insegnamento dei maestri (*ùlama*), che oltre a formare esperti di diritto utili all'amministrazione statale svolgevano una propaganda sunnita e antisciita.

Nuove forme della regalità
L'emergere del potere turco fu accompagnato dall'affermazione di nuove pratiche di dominio e da originali riflessioni politiche. Negli scritti di Nizam al-Mulk, per esempio, nella figura del sultano confluirono concetti propri della regalità iranica insieme agli attributi religiosi di quella islamica; anche il grande teologo al-Ghazali (1058-1111) riconosceva al sultano, più che al califfo, la responsabilità di governare in conformità con i principi della legge religiosa e della giustizia.

L'integrazione dei principi amministrativi di origine persiana nelle strutture sociali nomadi turche consentì l'affermazione di un senso del potere pubblico molto forte: anche nella diffusa prassi della concessione di diritti fiscali sulle terre (*iqta*), come compenso per militari o funzionari, non venne mai meno la percezione della natura pubblica di quei diritti, anche quando, più tardi, essi divennero talvolta ereditari. ◼

◀ Studenti in una *màdrasa*, miniatura araba del XII secolo.

PERCORSO VISIVO

Mondi in contatto, mondi in conflitto | **CAPITOLO 3**

[👁 6] **Lo splendore del sultanato selgiuchide** Le città dell'impero furono luoghi della cultura e dell'amministrazione, centri in cui fiorirono le arti decorative (porcellana, ceramica, calligrafia, miniatura) e l'architettura pubblica. Nella costruzione e nella decorazione di mausolei funebri di santi e sovrani, di scuole coraniche, di terme e moschee furono adottate innovazioni (le volte a sesto acuto, le cupole a volta conica, le nicchie a nido d'ape) che costituiscono ancora oggi uno dei caratteri distintivi del paesaggio dell'Asia centrale.

L'architettura della moschea, in particolare, mutò rispetto al modello arabo, costituito da una corte circondata da un porticato. La moschea turco-persiana era costruita in mattoni e formata da un grande cortile centrale attorniato da arcate, la più grande e riccamente adornata delle quali, sovrastata da una grande costruzione a cupola, si apriva sul lato orientato verso La Mecca. A queste arti, che si svilupparono già in epoca samanide e ghaznavide, si deve infine aggiungere, come segno distintivo dell'arte selgiuchide, la tessitura dei tappeti (*kilim*).

▶ Piastrella smaltata con l'immagine di una fenice, XIII secolo.

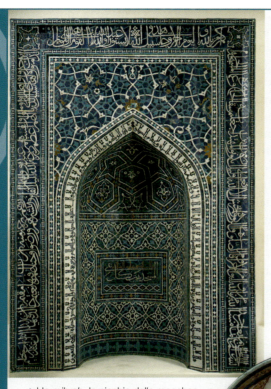

▲ Un *mihrab*, la nicchia della moschea orientata verso La Mecca, decorato con piastrelle smaltate a elementi grafici e scritture, XIV secolo.

▶ Piatto smaltato con figura di un principe a cavallo, XII-XIII secolo.

▲ Mausolei ottagonali di Kharraghan, nel Nord dell'Iran, XI secolo.

▲ Il minareto e la *màdrasa*, la scuola giuridica annessa alla moschea, di Konya (Turchia), XIII secolo.

99

SEZIONE I   IL DINAMISMO DELL'OCCIDENTE MEDIEVALE (SECOLI XI-XII)

> **Assassini** Dall'arabo *hashishiyyun*: forse da *hashish*, droga assunta prima dei combattimenti, o da altri termini, come *as'as*, "guardia urbana"; forse un'espressione dispregiativa rara nelle fonti musulmane ripresa dalle fonti occidentali.
>
> La divisione e la fine dei Grandi Selgiuchidi

> **rispondi**
> **1.** Dove arrivano i confini del Sultanato selgiuchide nel suo momento di massima espansione? **2.** Quali sono i fattori e gli eventi che portano al declino la dinastia Selgiuchide?

ri vittoriose in **Asia centrale**, nel sud-est dell'**Anatolia** e in **Siria**, dove fu ottenuto il controllo di Damasco, Aleppo e Antiochia. Il sultano selgiuchide, inoltre, ricevette dal califfo la tutela delle città sante arabe: La Mecca e Medina. Tuttavia, le **rivalità fra i figli** di Malik Shah e l'emergere della setta estremistica sciita dei Nizariti, conosciuta con il nome di **Assassini**, indebolirono molto il sultanato. In Anatolia, inoltre, alcuni principati turchi, alleatisi con i bizantini, misero in discussione l'egemonia selgiuchide, che fu tuttavia riaffermata nel 1176, con la sconfitta a Miriocefalo di un grande esercito bizantino guidato da Manuele Comneno.

Da questo momento **i bizantini rinunciarono a gran parte della penisola anatolica** e i Selgiuchidi si costituirono in una nuova realtà politico-militare, il **sultanato di Rum** (che prende il nome dai *Rhomáioi*, ossia i Romani d'Oriente), florido sino alla metà del XIII secolo, accanto a quello dei "**Grandi Selgiuchidi**" che dominavano la **Mesopotamia e l'altopiano iranico**. Quest'ultimo, già alla metà del XII secolo, dovette invece affrontare le **armate mongole** dei Kara Khitai. Questa popolazione, che si era imposta in Cina (dinastia Liao, 907-1125), ne era stata scacciata dai Jin provenienti dalla Manciuria e stava fondando un ampio dominio in Asia centrale. Nel 1141, presso Samarcanda, un esercito turco-mongolo inflisse una terribile sconfitta al sultano selgiuchide Sanjar, irrompendo nella Transoxiana. Nel 1194, invece, nei pressi di Teheran, la tribù turca dei Corasmi (*Kwarezm-shah*) sconfisse e uccise l'ultimo sultano dei Grandi Selgiuchidi, Toghril III.

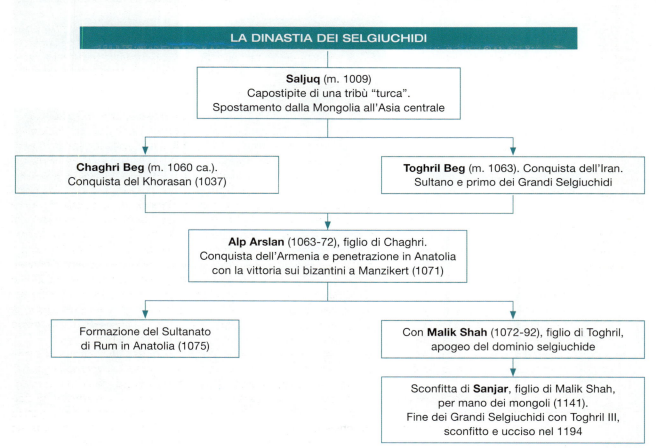

100

Mondi in contatto, mondi in conflitto | **CAPITOLO 3**

3.3 Espansione e declino dell'Impero bizantino

Una nuova fase di splendore A partire **dal IX secolo** l'Impero bizantino, sotto la dinastia macedone (867-1057), visse un periodo di rinnovato sviluppo ed espansione [▶fenomeni]. Nei confronti del **mondo slavo**, dai Balcani alla Russia, l'impero agì prevalentemente sul piano culturale e religioso e solo in seguito su quello militare. Fu infatti avviata un'intensa attività diplomatica e missionaria, affidata a due fratelli di Tessalonica dalle vaste competenze filologiche, Costantino (che morirà in un monastero greco a Roma con il nome di Cirillo) e Metodio, che crearono un alfabeto slavo (il glagolitico) e lo impiegarono per tradurre le Sacre Scritture. Costantinopoli ricomprese nella propria orbita Macedonia, Serbia e Bulgaria, consolidando le proprie posizioni anche sulla costa balcanica e in Italia meridionale continentale. Con i successori di Basilio I, fondatore della dinastia, **l'espansione interessò anche l'Oriente**. Nel X secolo Niceforo Foca (963-69) sottomise la Cilicia e Cipro, giungendo poi fino in Siria, dove con-

> L'espansione dell'Impero bizantino

fenomeni

Diritto, società e cultura sotto la dinastia macedone

Una nuova risistemazione del diritto

Basilio I (867-86) avviò un'ampia attività legislativa, poi proseguita dal successore, Leone VI il Saggio (886-912), allievo del coltissimo patriarca di Costantinopoli Fozio (827 ca.-91 ca.). La raccolta di leggi e la revisione del *Corpus iuris civilis* di Giustiniano, che Basilio aveva progettato, fu chiamata *Purificazione delle vecchie leggi* e costituì la base dei 60 libri dei *Basiliká* di Leone, il fondamento del successivo ordinamento giuridico bizantino. Insieme con altri libri giuridici, il diritto romano e bizantino codificato nei *Basiliká* si diffuse ampiamente anche nel mondo slavo.

Potere imperiale e potere patriarcale

Il modello dell'organismo statale ed ecclesiastico descritto nei *Basiliká* tende all'unità: le due sfere, laica ed ecclesiastica, sono teoricamente poste in perfetto parallelismo.

Da un lato, infatti, si afferma un modello statuale fortemente burocratico e centrato sulla figura dell'imperatore, capo supremo dell'amministrazione e dell'esercito, giudice e legislatore supremo nonché protettore della Chiesa e custode della fede ortodossa.

Dall'altro, l'ordinamento ecclesiastico trova il proprio fondamento nel patriarca di Costantinopoli e nell'istituto del concilio, ai quali spettano le decisioni in materia di fede.

Le campagne e l'ascesa di un'aristocrazia terriera

L'attività legislativa proseguì con gli imperatori Romano Lecapeno (920-44) e Costantino VII (945-59), figlio di Leone VI, che emanarono norme importanti in difesa dei contadini e dei piccoli proprietari terrieri impoveriti che costituivano il nerbo dell'esercito nelle province (*temi*): infatti solo a Costantinopoli erano di stanza reggimenti di soldati di professione e la flotta imperiale, mentre lungo i confini non esisteva un esercito permanente. La condizione di contadini e piccoli proprietari era sempre più spesso minacciata dall'aristocrazia, composta da dignitari civili, militari ed ecclesiastici, che acquistava le loro terre rendendoli dipendenti.

Nonostante i provvedimenti, la tendenza non si arrestò, e questa nuova classe di proprietari terrieri e funzionari pubblici arrivò a costituire un potente gruppo di pressione ai vertici dell'impero, i cui privilegi furono estesi e istituzionalizzati nel secolo successivo, con la dinastia comnena.

Un'intensa attività culturale

Sotto il patrocinio di Costantino VII si svolse inoltre un'intensissima attività culturale, dominata dal confronto tra tradizione aristotelica e neoplatonismo, volta alla redazione di una serie di opere enciclopediche e manuali di scienza politica (*L'amministrazione dello stato*, *Il libro dei temi*, *Il libro delle cerimonie*) necessari per la vita dell'amministrazione e della corte imperiale, nonché importanti opere enciclopediche di carattere linguistico o agiografico (raccolte di vite dei santi).

In questa occasione si avviò un'importante rivoluzione grafica: la traslitterazione in lettera minuscola (*metacharakterismós*) dell'intero patrimonio bibliografico antico, sino ad allora trasmesso in lettera maiuscola. ◼

SEZIONE I — IL DINAMISMO DELL'OCCIDENTE MEDIEVALE (SECOLI XI-XII)

quistò Antiochia. Vittoriose campagne nel Caucaso, in Siria e nel Nord della Mesopotamia furono condotte anche da Basilio II (976-1025), che inoltre consolidò la presenza bizantina nei Balcani e nell'Adriatico con una violentissima spedizione contro il regno bulgaro (che gli valse in seguito l'epiteto di Bulgaròctono, "uccisore di Bulgari"). Con Basilio II l'impero raggiunse la massima estensione geografica dopo Giustiniano [👁 7].

La crisi

Nell'ultima parte dell'XI secolo l'impero attraversò una fase di grave difficoltà: l'insediamento dei Selgiuchidi nel Nord della Mesopotamia costituì una grave minaccia, come abbiamo visto ricordando la sconfitta di **Manzikert** del **1071**. Nello stesso anno Costantinopoli dovette subire la **perdita di Bari e della Puglia**, che come vedremo passarono nelle mani dei normanni. Gli equilibri nel Mediterraneo e nel Vicino Oriente potevano ormai dirsi rovesciati.

L'alleanza con Venezia contro i Selgiuchidi

Nel **1082** l'imperatore **Alessio I** (1081-1118), il primo della **dinastia dei Comneni**, decise di fronteggiare la minaccia normanna di Roberto il Guiscardo che, dopo aver conquistato i territori bizantini in Italia, era sbarcato in Epiro. Chiese a questo scopo l'aiuto di Venezia, che inviò la sua flotta in cambio di consistenti privilegi commerciali. L'intervento veneziano si rivelò fallimentare: a Durazzo e Corfù la flotta bizantino-veneziana fu annientata e l'attacco normanno terminò solo per la morte di Roberto, a Cefalonia, a causa della peste. Tuttavia, i privilegi concessi alla città lagunare nel 1082 restarono in vigore e divennero il **cardine dell'impero commerciale veneziano**, nonché il paradigma delle relazioni fra Venezia e Costantinopoli per tutto il secolo successivo. Ai veneziani fu concessa la costituzione di una **colonia mercantile permanente a Costantinopoli**, oltre alla facoltà di commerciare ogni genere di merce con **esenzione da ogni dazio o tassa** in alcuni porti in Asia Minore e Grecia.

Come già avevano fatto i romani, contro i "barbari" Selgiuchidi Alessio chiese aiuto ad altri "barbari", normanni e slavi che avevano occupato territori dell'impero, vincolandoli con trattati diplomatici, giuramenti di fedeltà e contributi in denaro. Nel marzo 1095, durante un concilio a Piacenza, gli ambasciatori bizantini invocarono l'aiuto militare contro i "pagani" che minacciavano i cristiani d'Oriente. Era il *casus belli* per l'apertura di un nuovo fronte della cristianità contro il mondo musulmano: quello delle cosiddette "crociate" in Terrasanta.

---

rispondi
1. Dove arrivano i confini dell'Impero bizantino nel momento di massima espansione?
2. Qual è la posta in gioco nell'accordo con Venezia per arginare le conquiste normanne nella penisola italica?
3. Che cosa viene chiesto nel concilio di Piacenza del 1095?

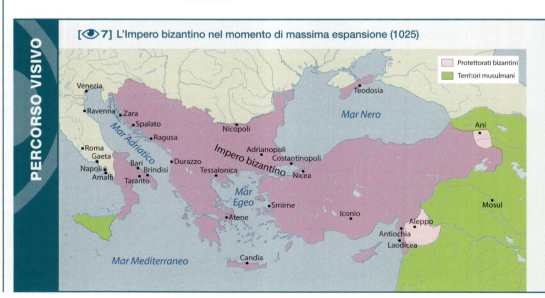

PERCORSO VISIVO — [👁 7] L'Impero bizantino nel momento di massima espansione (1025)

102

Mondi in contatto, mondi in conflitto | **CAPITOLO 3**

3.4 L'invenzione delle "crociate"

La guerra "giusta" Abbiamo visto come, nell'XI secolo, la Chiesa, attraversata da conflitti e istanze di riforma, avvertisse la necessità di incanalare la latente violenza sociale ed elaborasse perciò una complessa **dottrina sulla legittimità della guerra**, applicando infine il concetto di "guerra giusta" alle campagne contro gli infedeli [▶ cap. 2.7].

Episodi come la distruzione del Sepolcro di Gerusalemme, nel 1009, avevano suscitato grande sdegno nel mondo cristiano e avevano contribuito a connotare sul piano della fede incursioni militari originate da interessi materiali. A partire dal 1060 i riferimenti a un'etica della "guerra santa" si moltiplicarono. Nella penisola iberica le imprese militari condotte dai **Regni di León** e d'**Aragona** a danno dei domini musulmani furono giustificate dalle autorità religiose come la **necessaria riconquista** di territori originariamente cristiani: nel 1063 papa Alessandro II concesse ai cavalieri impegnati in Spagna la revoca delle penitenze e la **remissione dei peccati**; nel 1074 Gregorio VII annunciò una "ricompensa eterna" per chi combatteva gli infedeli, e nel 1089 Urbano II raccomandò la colonizzazione della città di Tarragona, a sud di Barcellona, come atto penitenziale.

Lo stesso processo accadde nell'ambito della **conquista normanna della Sicilia** islamica, tra il 1061 e il 1091. Ruggero d'Altavilla, che ne completò la conquista, fu investito dal pontefice Urbano II dell'autorità di *legato apostolico*, con facoltà di nominare i titolari delle sedi vescovili e il diritto di vestire l'abito ecclesiastico: una decisione di grandissimo valore politico e ideologico, che legittimava il nuovo potere normanno a contribuire in modo decisivo alla cristianizzazione dell'isola e che faceva della conquista una parte integrante dell'offensiva cristiana nel Mediterraneo contro i poteri musulmani.

L'appello di Urbano II Alla fine dell'XI secolo il conflitto con l'islam maturato alle frontiere dell'Europa cristiana, in Spagna e in Sicilia, si spostò verso i territori siriani e palestinesi. Al termine del **Concilio di Clermont**, in Francia, nel **novembre 1095**, papa **Urbano II** pronunciò infatti un famoso sermone [▶ FONTI, p. 104] invitando i cavalieri cristiani a cessare le ostilità reciproche per muovere guerra contro gli infedeli. L'appello è tradizionalmente considerato come l'avvio delle "**crociate**", un insieme di imprese militari svolte sotto il segno della croce che avrebbero a più riprese opposto gli eserciti cristiani provenienti dal cuore dell'Europa ai domini musulmani mediorientali.

L'appello di Urbano II aveva in primo luogo lo scopo di **rafforzare l'egemonia politica e spirituale del papato** in Europa. In secondo luogo, una guerra in Oriente poteva **convogliare verso l'esterno della cristianità forze che rendevano instabile il quadro politico** per ragioni demografiche, sociali ed economiche, trasformando un'aristocrazia militare corrotta e riottosa in una *militia* devota. Bisogna anche ricordare la richiesta degli ambasciatori bizantini, che durante il Concilio di Piacenza del 1095 avevano invocato l'aiuto degli occidentali **contro l'avanzata dei turchi Selgiuchidi**. Vi era infine l'obiettivo della **riconquista di Gerusalemme**. In realtà la città era caduta in mano musulmana ben 460 anni prima e le condizioni reali del pellegrinaggio in Palestina non erano mutate rispetto al passato: era mutata invece la conoscenza dell'Oriente, grazie a commerci, pellegrinaggi, servizi militari mercenari e corrispondenze diplomatiche. Inoltre, Gerusalemme non era una città qualsiasi, ma la **metafora della città di Dio**, il luogo spirituale per eccellenza della cristianità, e Urbano, cluniacense proveniente dai ranghi dell'aristocrazia, era sensibilissimo a questo richiamo ideale.

La "guerra santa" e la riforma

La guerra nella penisola iberica

La guerra in Sicilia

Urbano II a Clermont: la prima crociata

I motivi dell'appello alla crociata

☐— percorsi storiografici p. 122
L'immagine di Gerusalemme e la crociata
C. Edmann, C. Tyerman

legato apostolico
Dal latino *legare*, "prendere una disposizione legale (*lex*, "legge"); rappresentante temporaneo del papa in uno Stato o comunità ecclesiastica locale.

SEZIONE I IL DINAMISMO DELL'OCCIDENTE MEDIEVALE (SECOLI XI-XII)

FONTI

▲ Pagina della cronaca di Fulcherio.

Il sermone di Urbano II a Clermont

■ Del discorso tenuto dal papa al Concilio di Clermont non ci sono resoconti ufficiali; anni più tardi, dopo il successo della spedizione, tre testimoni oculari – Fulcherio di Chartres, Roberto il Monaco e Guiberto di Nogent – lo trascrissero, ciascuno plasmando, retrospettivamente, la propria cronaca. Fulcherio, che giunse a Gerusalemme pochi mesi dopo la conquista della città, scrisse la versione forse più incisiva e acuta, tanto che divenne un modello di sermone "da crociata". Eccone alcuni passaggi.

Poiché, o figli di Dio, a Lui avete promesso di osservare tra voi la pace e di custodire fedelmente i diritti della Chiesa con maggior decisione di quanto siate soliti, dovete ora impegnare la forza della vostra onestà […] in un altro servizio a vantaggio di Dio e vostro. È necessario infatti che vi affrettiate a soccorrere i vostri fratelli orientali, che hanno bisogno del vostro aiuto e lo hanno spesso richiesto. Infatti, i Turchi, gente che viene dalla Persia e che ormai ha moltiplicato le guerre occupando le terre cristiane sino ai confini della Romània[1] uccidendo molti e rendendoli schiavi, rovinando le chiese, devastando il regno di Dio, sono giunti fino al Mediterraneo […]. Se rimarrete inerti e li lascerete agire ancora per un poco, ancor di più avanzeranno e opprimeranno il popolo di Dio. Per la qual cosa insistentemente vi esorto […] affinché voi persuadiate […], tutti, di qualunque ordine (cavalieri e fanti, ricchi e poveri), affinché accorrano subito in aiuto ai cristiani per spazzare dalle nostre terre quella stirpe malvagia. Per tutti quelli che partiranno, se incontreranno la morte in viaggio o durante la traversata o in battaglia contro gli infedeli, vi sarà l'immediata remissione dei peccati: ciò io accordo ai partenti per l'autorità che Dio mi concede.

[…] Si affrettino alla battaglia contro gli infedeli, che avrebbe già dovuto incominciare ed esser portata felicemente a termine, coloro che prima erano soliti combattere illecitamente contro altri cristiani le loro guerre private! Diventino cavalieri di Cristo, quelli che fino a ieri sono stati briganti! Combattano contro i barbari, e stavolta a buon diritto, coloro che prima combattevano contro i fratelli e i consanguinei! Conseguano un premio eterno, coloro che sono stati mercenari per pochi soldi! Quelli che si stancavano danneggiandosi anima e corpo, s'impegnino ora per la salute di entrambi! Coloro che sono qui tristi e poveri, là saranno infatti lieti e ricchi; quelli che sono qui avversari del Signore, là Gli saranno amici. Né indugino a muoversi: ma, passato quest'inverno, cedano in fitto[2] i propri beni per procurarsi il necessario al viaggio e si mettano risolutamente in cammino al seguito di Dio.

Fulcherio di Chartres, *Historia Iherosolymitana*, in *Recueil des Historiens des Croisades. Historiens Occidentaux*, III, Parigi 1866; traduzione di F. Cardini (adattata)

> Il papa si rivolge qui agli ecclesiastici perché diffondano il suo messaggio attraverso la "macchina" della Chiesa.

> La frattura con la Chiesa d'Oriente era recente (1054), ma ora viene – anche strumentalmente – messa da parte di fronte alla minaccia degli "infedeli".

> Oltre che come sfogo per la violenza, la guerra santa appare come modello ideologico e politico per unificare la cristianità.

1 Romània: l'Impero Romano d'Oriente.   **2 cedano in fitto:** affittino.

Mondi in contatto, mondi in conflitto | **CAPITOLO 3**

Crociate e riforma della Chiesa

 approfondimento
Pellegrinaggi

L'appello alla crociata si inseriva nel più ampio programma che riguardava l'organizzazione ecclesiastica, il primato pontificio, la lotta contro la simonia, il nicolaismo e le investiture laiche: i nodi della riforma della Chiesa, riformulati ora in modo propagandistico attraverso l'enfasi posta sui temi della penitenza, dell'imitazione della vita di Cristo, della guerra, del pellegrinaggio. La conquista della Terrasanta si configurava così come una **guerra santa penitenziale**, che garantiva cioè la remissione dei peccati per chi avesse partecipato all'impresa adottando il simbolo della croce.

Il successo del reclutamento

I primi eserciti crociati In risposta all'appello papale, il reclutamento di forze militari per la spedizione in Oriente fu formidabile. L'emulazione, il ruolo attivo delle corti signorili, la prospettiva di un profitto materiale (terre e bottini), inscindibile da quello spirituale del perdono dei peccati e della ricerca della salvezza, il passaparola favorito da una predicazione itinerante impregnata di spirito apocalittico e visionario quale quella di Pietro d'Amiens detto l'Eremita, trovarono terreno fertile in società già predisposte ad accettare il concetto di **violenza meritoria e senza colpa** proposto da Roma.

Il viaggio dei primi crociati

Una prima ondata di crociati, divisa in vari tronconi al comando di Pietro l'Eremita e del suo seguito, si radunò nel **1096** in alcune località della Lorena e della Renania, giungendo a Costantinopoli in estate, dopo aver seminato paura e preoccupazione fra le comunità ebraiche tedesche e, al momento del passaggio nei Balcani, anche fra le autorità bizantine: in preda all'**indisciplina** e alla confusione tra i vari comandi, questi primi gruppi di soldati attuarono infatti una sistematica strategia di **saccheggio**. Questo comportamento fu la causa stessa della **distruzione dei primi eserciti crociati**: uno fu annientato presso Nicea dai Selgiuchidi, un altro dagli ungheresi, in risposta alle ripetute violenze dei crociati.

La seconda ondata

Le varie schiere che composero la seconda ondata di truppe crociate giunsero a fine 1096 a Costantinopoli, attraverso i Balcani e l'Italia [8]. Al comando, questa volta,

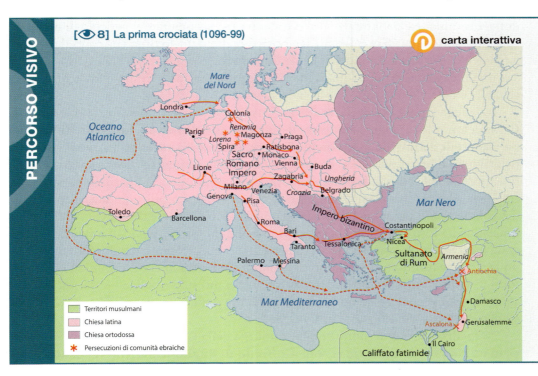

[8] La prima crociata (1096-99) — **carta interattiva**

Accanto ai regni creati dai crociati esisteva anche il Regno armeno di Cilicia, creato nel 1078 da popolazioni cristiane armene che fuggivano dinanzi all'espansione selgiuchide. Lo Stato durò per tre secoli.

- Territori musulmani
- Chiesa latina
- Chiesa ortodossa
- ✱ Persecuzioni di comunità ebraiche

105

SEZIONE I IL DINAMISMO DELL'OCCIDENTE MEDIEVALE (SECOLI XI-XII)

c'erano alcuni **aristocratici di medio e alto rango**, fra cui Ugo di Vermandois, fratello del re francese Filippo I, Goffredo di Buglione duca della Bassa Lorena, Raimondo conte di Tolosa, Roberto duca di Normandia, Stefano conte di Blois, Roberto II conte di Fiandra, Tancredi d'Altavilla e il figlio di Roberto il Guiscardo, Boemondo.

La svolta della prima crociata

Le prime fasi della guerra Pur senza un comando unificato o una coerente strategia politico-militare, nei primi due anni gli eserciti occidentali consolidarono le proprie posizioni e avanzarono fino alla **conquista di Antiochia**. Il lungo assedio della città durò dall'ottobre 1097 al giugno 1098 e costituì un punto di svolta della crociata, sia perché si inserì nel conflitto tra Selgiuchidi e Fatimidi egiziani (frustrando i piani turchi di ristabilire la propria autorità sulla regione e permettendo ai Fatimidi di conquistare Gerusalemme nel settembre 1098), sia perché la conquista di Antiochia ebbe pesanti **ripercussioni sui rapporti fra eserciti occidentali e Impero bizantino**.

Il "tradimento" dei bizantini

Le armate imperiali, infatti, si ritirarono al sopraggiungere di un grande esercito turco in aiuto della città, ritenendo oramai sfumata l'occasione e desiderando preservare le forze per difendere l'Anatolia da un possibile attacco. I capi militari occidentali, che avevano giurato all'imperatore bizantino di combattere per la riconquista dei suoi territori, si sentirono traditi. Riuscirono comunque a concludere l'assedio, prendendo Antiochia, e successivamente sbaragliarono anche le forze turche venute in soccorso.

La radicalizzazione della guerra

Le condizioni gravissime in cui si trovarono i crociati alimentarono inoltre, nella loro psicologia, una **potente visione mistica e trascendente** degli eventi che stavano accadendo: le visioni, i miracoli, l'uso delle reliquie permisero di imporre una rigida disciplina alla massa di pellegrini e soldati e segnarono la seconda fase della campagna.

Primi screzi tra i capi crociati

La presa di Gerusalemme Boemondo, dopo duri contrasti, rivendicò per sé il controllo di Antiochia, costringendo in pratica Raimondo di Tolosa e altri capi crociati, tra cui Goffredo di Buglione, a proseguire la spedizione verso Gerusalemme con truppe ridotte. I Fatimidi egiziani intavolarono trattative per scongiurare il pericolo di un attacco, e probabilmente gli occidentali avrebbero accettato un accordo che concedesse loro parte della Palestina e il controllo di Gerusalemme, ma gli egiziani erano disposti solo a concedere l'ingresso nella Città Santa ai pellegrini disarmati. L'offerta fu ritenuta inaccettabile e l'esercito cristiano proseguì la sua marcia.

L'assedio e il massacro di ebrei e musulmani

Nel giugno 1099 i soldati che avevano lasciato Antiochia giunsero sotto le mura di Gerusalemme. Il 13 luglio i contingenti di **Raimondo di Tolosa**, **Goffredo di Buglione**, **Tancredi d'Altavilla** e dei **duchi di Normandia e Fiandra** lanciarono l'assalto finale, durato due giorni: il 15 il contingente normanno-lorenese riuscì a spezzare le difese, mentre sul lato meridionale i provenzali inseguirono la guarnigione sino alla cittadella, che poco dopo si arrese. I vincitori si abbandonarono a un **massacro** che fu devastante sia sul piano materiale sia su quello simbolico [▶ **FONTI**]. Gli ebrei furono bruciati nella loro sinagoga, i prigionieri musulmani furono trucidati a sangue freddo nella moschea di al-Aqsa; cataste di cadaveri di uomini, donne e bambini ingombravano le strade e furono bruciate fuori delle mura della città in enormi pire, su cui trovarono la morte anche coloro che, sopravvissuti, erano stati obbligati a trasportarle: fu «una raggelante eco premonitrice di più moderne pratiche di genocidio», ha scritto lo storico delle crociate Christopher Tyerman.

La spedizione non terminò con la conquista della Città Santa. Nei giorni successivi, in un clima di contrasti tra fazioni, **Goffredo di Buglione** fu eletto **reggente** (*advo-*

106

Mondi in contatto, mondi in conflitto | **CAPITOLO 3**

catus) **di Gerusalemme**, e il normanno **Arnolfo patriarca**. Le divisioni fra i capi cristiani furono temporaneamente ricomposte quando dovettero affrontare un esercito egiziano presso l'importante piazzaforte di **Ascalona**, il 12 agosto. La vittoria sulle truppe fatimidi fu ricca di bottino, ma nuovi attriti tra i comandanti impedirono la presa della città, che continuò ancora per un cinquantennio a costituire una pericolosa spina nel fianco per il nuovo Stato crociato. La battaglia di Ascalona concluse la campagna iniziata due anni prima a Costantinopoli, senza che il suo ideatore, Urbano II, potesse essere informato del suo successo (morì infatti il 29 luglio del 1099).

Per consuetudine si individuano otto crociate rivolte alla conquista della Terrasanta [▶fenomeni, p. 108], sebbene, tra il XIII e il XIV secolo, l'istituto della crociata abbia allargato i suoi orizzonti comprendendo azioni militari contro eretici, pagani sulle coste baltiche, avversari politici del papato. L'idea di crociata sopravvisse a lungo: per esempio, la Lega santa che sconfisse i turchi a Lepanto nel 1571 fu approvata con una bolla di crociata da papa Pio V.

> **rispondi**
> **1.** Quali sono i motivi dell'appello alla crociata da parte di Urbano II? **2.** Come si conclude la prima crociata? **3.** In che termini si può parlare di "invenzione" delle crociate?

FONTI

▲ La presa di Gerusalemme, miniatura del XIV secolo.

L'assedio di Gerusalemme

■ **Saccheggi e stragi, che pure erano la norma in ogni guerra, impressionarono anche i più incalliti veterani. Le loro testimonianze ricordano che la zona dei massacri, il monte del Tempio (al-Haram al-Sharif, sito della moschea di al-Aqsa e del santuario della Cupola della Roccia, che i cristiani identificavano con il tempio di Salomone), "ribolliva di sangue", e il cronista Raimondo di Aguilers descrisse cavalieri cristiani dinanzi alla moschea di al-Aqsa immersi nel sangue fino alle ginocchia.**

Lì dunque vi fu tale strage, che i nostri avanzavano nel sangue sino alle caviglie […]. Riuniti in quel luogo [il tempio di Salomone], resistettero strenuamente ai nostri per tutto il giorno, finché il loro sangue non ruscellò per tutto il tempio.

Gesta Francorum et aliorum Hierosolimitanorum, in R. Hill, R.A.B. Mynors (a cura di),
Oxford Medieval Texts, Londra 1962

I Saraceni vivi trascinavano i morti dinanzi alle porte, e ne facevano mucchi come fossero case. Nessuno aveva mai udito o visto tanta strage di pagani: le cataste dei loro cadaveri erano ammassate come a formare delle torri, e nessuno conosce il loro numero, se non Dio.

Gesta Francorum et aliorum Hierosolimitanorum, cit.

> Citazione dall'Apocalisse: «L'angelo lanciò la sua falce sulla terra, vendemmiò la vigna della terra e rovesciò l'uva nel grande tino dell'ira di Dio. Il tino fu pigiato fuori della città e dal tino uscì sangue fino al morso dei cavalli, per una distanza di milleseicento stadi» (14,19-20; trad. CEI).

Si vedevano per le strade e le piazze della città ammassi di teste, mani e piedi mozzati. Si procedeva tra i cadaveri di uomini e cavalli. Ma quel che abbiamo detto sino a questo momento è ancora poco. Giungiamo così al tempio di Salomone […]. Nel tempio e nel portico di Salomone si cavalcava con il sangue alle ginocchia, e sino al morso dei cavalli. Questo fu naturalmente per grazia di un giusto giudizio, come se il luogo stesso, che aveva dovuto sopportare tanto a lungo le loro parole blasfeme, avesse cavato loro il sangue.

Le "Liber" di Raymond d'Aguilers, in J.H. Hill, L.L. Hill (a cura di),
Documents relatifs à l'histoire des croisades, XII, Parigi 1977

SEZIONE I   IL DINAMISMO DELL'OCCIDENTE MEDIEVALE (SECOLI XI-XII)

fenomeni

Le crociate

Il termine "crociata" fu coniato nel XVIII secolo dallo storico inglese Edward Gibbon; anche la numerazione proposta è moderna e serve a dare coerenza a una serie di spedizioni armate condotte verso la Terrasanta e molto eterogenee per obiettivi, esiti e svolgimenti.

Cronologia delle crociate

1095

1095-99
I crociata Indetta da Urbano II, guidata da Goffredo di Buglione, Raimondo di Tolosa, Roberto di Fiandra, Boemondo d'Altavilla, si conclude con la conquista di Gerusalemme.

1145-47
II crociata Indetta da Eugenio III, guidata dall'imperatore Corrado III di Svevia e dal re di Francia Luigi VII, che cercano invano di recuperare la Contea di Edessa, caduta in mano musulmana (1144).

1189-92
III crociata Bandita da Clemente III dopo la conquista di Gerusalemme da parte di Saladino (1187). Presenti i più importanti sovrani europei: l'imperatore Federico Barbarossa, Riccardo Cuor di Leone d'Inghilterra e Filippo II Augusto di Francia. Viene riconquistata San Giovanni d'Acri e si giunge a un accordo che concede ai cristiani di visitare Gerusalemme.

1202-04
IV crociata Bandita da Innocenzo III, deviata dai veneziani verso Costantinopoli, che viene saccheggiata e diventa capitale di un effimero Impero Latino d'Oriente, sino al 1268.

1217-21
V crociata Voluta da papa Onorio III, guidata da Andrea re d'Ungheria e da Giovanni di Brienne, re di Gerusalemme. È diretta contro l'Egitto, ma dopo alcuni successi (presa di Damietta, 1219) fallisce. Vi partecipa anche Francesco d'Assisi, che predica davanti al sultano.

1228-29
VI crociata Promossa da Federico II, scomunicato nel 1227 da papa Gregorio IX per i continui rinvii.
Ottiene per via diplomatica il ritorno in mano cristiana di Gerusalemme per dieci anni.

1248-49
VII crociata Bandita da Innocenzo IV dopo la caduta di Gerusalemme in mano musulmana (1244); vi aderisce solo il re di Francia, Luigi IX. Sconfitto e catturato in Egitto, venne liberato dietro riscatto.

1270
VIII crociata Diretta a Tunisi sotto la guida di Luigi IX, termina con la morte del sovrano per un'epidemia di peste. L'ultimo possedimento cristiano in Terrasanta, San Giovanni d'Acri, cadrà nel 1291.

VERSO LE COMPETENZE

esercitazione

● USARE IL LESSICO

1. **Spiega sinteticamente (massimo 3 righe) il significato delle seguenti espressioni.**

   Caravanserraglio – *Jihad* – Crociata – Berbero – Califfo

● COLLOCARE GLI EVENTI NELLO SPAZIO E NEL TEMPO

2. **Completa la carta seguendo le indicazioni.**

   Osserva le tre carte e ordinale cronologicamente inserendo l'indicatore numerico (1; 2; 3) nello spazio apposito. Per ciascuna carta trascrivi, negli spazi tratteggiati, il regno islamico corrispondente.

● LEGGERE E VALUTARE LE FONTI

3. **Leggi il passo seguente e rispondi alle domande (massimo 10 righe).**

   È necessario infatti che vi affrettiate a soccorrere i vostri fratelli orientali, che hanno bisogno del vostro aiuto e lo hanno spesso richiesto. Infatti, i Turchi, gente che viene dalla Persia e che ormai ha moltiplicato le guerre occupando le terre cristiane sino ai confini della Romània uccidendo molti e rendendoli schiavi, rovinando le chiese, devastando il regno di Dio, sono giunti fino al Mediterraneo […]. Se rimarrete inerti e li lascerete agire ancora per un poco, ancor di più avanzeranno e opprimeranno il popolo di Dio.

   […] Si affrettino alla battaglia contro gli infedeli, che avrebbe già dovuto incominciare ed esser portata felicemente a termine, coloro che prima erano soliti combattere illecitamente contro altri cristiani le loro guerre private! Diventino cavalieri di Cristo, quelli che fino a ieri sono stati briganti! Combattano contro i barbari, e stavolta a buon diritto, coloro che prima combattevano contro i fratelli e i consanguinei! Conseguano un premio eterno, coloro che sono stati mercenari per pochi soldi!

   Il passo è una retrospettiva del discorso del di Urbano II a Clermont, che Fulcherio scrive mesi dopo la presa di Gerusalemme.

   a) Quali sono i due eventi richiamati implicitamente nel sermone?
   b) Qual è, al di là della retorica del cronachista, la missione principale che il pontefice affida alla cavalleria europea?

per approfondire Traccia un profilo biografico del condottiero Goffredo di Buglione, recuperando le informazioni in biblioteca o online e attingendo da dizionari storici, enciclopedie e da cronache coeve o opere letterarie successive. Predisponi una presentazione digitale (Powerpoint – Prezi – Thinglink – Sway) da illustrare in classe oralmente (massimo 10 minuti).

I SAPERI FONDAMENTALI

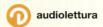 sintesi audiolettura

● IL MONDO MUSULMANO

▶ 3.1 **L'impero arabo-musulmano subisce grandi trasformazioni nel tardo X secolo**, con lo smembramento della dinastia abbaside. Si affermano frattanto **istituzioni e varianti culturali regionali** che non fanno più capo a Baghdad.
Nella penisola iberica, la prima realtà politica islamica a rendersi autonoma dal Califfato abbaside, si stabilisce il **Califfato omayyade di Cordova**, poi conquistato dagli Almoravidi e successivamente dagli Almohadi. Nell'Africa nordoccidentale gli **Almoravidi**, portatori di un islam rigorista, costituiscono un emirato esteso dal Marocco all'Algeria e al Senegal. **A loro succedono**, a capo di un impero esteso dalla Tripolitania alla penisola iberica, **gli Almohadi**, proclamatisi califfi.
Nell'Africa nordorientale si stabilisce il regno dei Fatimidi, esponenti dello sciismo, protrattosi fino all'insediamento del sunnita Saladino che restituisce l'Egitto all'autorità del califfo abbaside.

▶ 3.2 Anche **in Asia centrale** nuove élite militari assumono il controllo di estesi territori: **i turchi Selgiuchidi**, discendenti di clan nomadi mongoli, dopo aver sconfitto tutti i potentati locali **giungono a Baghdad (1055) e restano padroni del Medio Oriente con il titolo di sultani**, sotto il potere formale del califfo abbaside, per circa due secoli.
L'epoca selgiuchide è caratterizzata da una notevole prosperità agricola e commerciale e da campagne militari vittoriose in Armenia, in Asia centrale, in Anatolia (a scapito dei possedimenti bizantini) e in Siria. Il declino del sultanato coincide con le sconfitte contro le armate mongole e contro altre tribù turche.

● L'IMPERO BIZANTINO

▶ 3.3 Sotto la dinastia macedone, a partire dal IX secolo, **l'Impero bizantino vive un periodo di rinnovato sviluppo ed espansione nei Balcani, nell'Adriatico e in Oriente** (Cilicia, Cipro e Siria). La **crisi dell'impero** ha inizio nell'ultima parte dell'XI secolo, in concomitanza con **l'insediamento dei Selgiuchidi nel Nord della Mesopotamia e con le conquiste normanne nella penisola italica**. La minaccia dei "pagani" in Oriente, denunciata dai bizantini durante un **Concilio a Piacenza nel 1095**, costituisce il *casus belli* per l'inizio delle cosiddette "crociate" in Terrasanta.

● L'INVENZIONE DELLE "CROCIATE"

▶ 3.4 Il mondo cristiano all'inizio dell'XI secolo è attraversato dalla **retorica della "guerra santa" e della riconquista** dei territori perduti. I papi promettono remissione dei peccati e ricompense eterne per chi combatta contro gli infedeli, in Spagna come in Sicilia e di lì a poco anche in Terrasanta. Nel **1095**, durante il **Concilio di Clermont**, papa Urbano II pronuncia un famoso sermone in cui invita i cavalieri cristiani a muovere guerra contro gli infedeli. **I motivi dell'appello risiedono nell'urgenza di dirottare verso l'esterno le energie militari che rendevano instabile il quadro politico interno, nella volontà di rafforzare l'egemonia della Chiesa in Europa e nel tentativo di riunificare la cristianità divisa dopo lo scisma del 1054**. I primi crociati partono, in preda all'indisciplina e alla confusione, al comando di Pietro l'Eremita nel 1096. La prima vera crociata è guidata da Goffredo di Buglione e da altri aristocratici e si conclude con la **conquista di Gerusalemme nel luglio 1099**. Dopo atroci massacri nei confronti di ebrei e musulmani ad opera dei crociati, Goffredo di Buglione è eletto reggente di Gerusalemme. Le crociate rivolte alla conquista della Terrasanta sono – per consuetudine – otto, effettuate tra l'XI e il XIII secolo.

linea del tempo

110

Mondi in contatto, mondi in conflitto CAPITOLO 3

mappa

IL MONDO MUSULMANO

SMEMBRAMENTO DELLA DINASTIA ABBASIDE

Penisola iberica	Africa nordoccidentale	Africa nordorientale	Asia centrale
• Califfato omayyade • Almoravidi • Almohadi	• Almoravidi • Almohadi	Fatimidi	Turchi Selgiuchidi

Turchi Selgiuchidi:
- Conquista di Baghdad (1055)
- Conquiste in Armenia, Asia centrale, Anatolia, Siria

L'IMPERO BIZANTINO

ESPANSIONE (IX SECOLO)

Espansione sotto la dinastia macedone

CRISI (XI SECOLO)

- Insediamento dei turchi in Anatolia
- Conquiste normanne nella penisola italica
- Richiesta di aiuto contro i turchi (Concilio di Piacenza)

LE CROCIATE

CONCILIO DI CLERMONT (1095)

- Rafforzare la Chiesa in Europa
- Dirottare all'esterno le energie militari
- Ricompattare la cristianità

PRIMA CROCIATA (1096)

- Conquista di Gerusalemme (1099)
- Goffredo di Buglione reggente di Gerusalemme

1055
conquista di Baghdad da parte dei Selgiuchidi

1071
sconfitta dell'Impero bizantino a Manzikert ad opera dei Selgiuchidi

1095
Concilio di Piacenza: invocato l'aiuto di cavalieri occidentali contro i Selgiuchidi

1095
Concilio di Clermont: sermone di papa Urbano II

1096
crociata di Pietro l'Eremita

15 luglio 1099
presa di Gerusalemme da parte dei crociati

1194
fine dei Grandi Selgiuchidi

PERCORSI STORIOGRAFICI

PERCORSO	TESTI	TEMI
1 Quando inizia la crescita economica medievale? p. 112	A. Verhulst, **Commercio e denaro in epoca carolingia** tratto da *L'economia carolingia*	- Cronologia della crescita economica - Il ruolo del denaro nei commerci di età carolingia
	C. Wickham, **Una complessa geografia del dinamismo europeo** tratto da *L'eredità di Roma*	- L'importanza del commercio interno - Differenze regionali europee
2 Villaggi, *curtes* e signorie p. 116	G. Sergi, **Curtes e castelli alle origini dei poteri signorili** tratto da *Curtis e signoria rurale*	- La signoria fondiaria - L'incastellamento
	C. Violante, **La territorialità del potere signorile** tratto da *La signoria rurale nel contesto storico dei secoli X-XII*	- Gli elementi materiali del potere signorile - Il concetto di territorio
3 L'immagine di Gerusalemme e la crociata p. 122	C. Erdmann, **Gerusalemme come semplificazione della strategia di Urbano II** tratto da *Alle origini dell'idea di crociata*	- La difesa della cristianità orientale come obiettivo centrale dell'iniziativa pontificia - Propaganda pontificia e ricezione popolare
	C. Tyerman, **Gerusalemme come trionfo della *libertas ecclesiae*** tratto da *Le guerre di Dio*	- Gerusalemme al centro della "nuova guerra" di Urbano II - Gerusalemme nella liturgia della Chiesa riformata

▎PERCORSO 1 Quando inizia la crescita economica medievale?

▎Tradizionalmente la storiografia individua in un arco compreso tra fine X-XI secolo e fine XIII-XIV secolo la fase di crescita economica dell'Occidente medievale. Molti importanti studiosi (J.-P. Devroey, P. Toubert, A. Verhulst) hanno però proposto di anticipare ai secoli VIII-IX la datazione del ciclo espansivo (definendo talvolta questo fenomeno come "prima espansione"), riconoscendo all'economia curtense carolingia un dinamismo produttivo e commerciale che la lettura tradizionale negava. Si tratta di un'interpretazione ormai diffusa, ma che tuttavia non trova tutti d'accordo: alcuni contestano l'efficienza dell'organizzazione curtense; altri fanno notare come le reti commerciali siano per la gran parte, per tutto l'alto Medioevo, sostanzialmente locali; altri ancora, sulla scorta dei risultati delle ricerche archeologiche, notano come le cronologie della crescita cambino a seconda della geografia: la crescita *generalizzata* dunque, sarebbe un fenomeno riconducibile solo al XII secolo avanzato e al XIII. Una posizione intermedia suggerisce che probabilmente ci si trovi dinanzi a due età della crescita: la seconda di esse, a partire dall'XI-XII secolo, si salda alla prima, di età carolingia, in forme, però, ancora poco chiare e tutte da studiare. ▎

TESTO 1 Adriaan Verhulst
Commercio e denaro in epoca carolingia

La sintesi dello storico belga dà conto della tendenza a far partire la ripresa economica europea dall'VIII secolo anziché dall'XI. Da un'interpretazione pessimistica – derivata dai lavori di un altro grande storico belga, Henri Pirenne – che guardava all'economia delle *curtes* franche come a un sistema puramente agricolo e dominato dall'autoconsumo, molti storici sono passati invece a delineare un quadro economico vitale e dinamico, prevalentemente agricolo come qualsiasi economia preindustriale, ma per nulla indifferente ai problemi della moneta e degli scambi.

A. Verhulst (1929-2002)

SEZIONE I — IL DINAMISMO DELL'OCCIDENTE MEDIEVALE [SECOLI XI-XII]

Riguardo al commercio e agli scambi si deve fare attenzione a non applicare in modo semplicistico all'alto Medioevo concetti e realtà di oggi. Commercio oggi significa profitto, ma non sempre in quei secoli i beni venivano venduti e comprati su tale base. L'acquisto e la vendita erano spesso effettuati per necessità, non da mercanti di professione, ma dagli stessi produttori e consumatori. In quei casi il denaro poteva essere sostituito da merci [...]. In certe occasioni, a un certo livello sociale, aveva luogo anche il semplice scambio senza denaro nella forma della donazione di oggetti di pregio tra re, principi e membri dell'aristocrazia, ma anche di beni più ordinari, quali il piombo o il sale [...]. Per l'economia carolingia alcuni storici propongono addirittura il modello del circuito a doppio livello: uno, privilegiato, riservato ai produttori e ai consumatori che compravano e vendevano per necessità e non per profitto, attraverso operatori che agivano al loro servizio, e un altro sovrapposto al primo di liberi mercati di professione che agivano per profitto e accettavano esclusivamente denaro, ma erano sottoposti a tasse. In entrambi i casi, tuttavia, e nonostante gli esempi alternativi citati sopra, gli scambi avvenivano di norma a mezzo di denaro, anche se in un'economia largamente autosufficiente. Re, principi, membri dell'aristocrazia e dignitari della Chiesa, al di là di quanto ottenuto tramite donazioni, canoni di dipendenti, tributi e saccheggi, avevano bisogno di denaro per comprare beni rari: spezie d'oltremare, gioielli, seta e altri tessuti costosi, armi e beni generali che non si potevano ottenere tramite baratto. I contadini dipendenti, benché in gran parte tenuti alle consegne e ai servizi obbligatori, dovevano versare alcuni canoni in contante [...]. Di tanto in tanto erano costretti a comprare semi e attrezzi agricoli all'esterno della loro fattoria. Ci sono ampie prove della circolazione del denaro nel periodo carolingio: testi riguardanti i pagamenti, spesso in contante, di alti tributi alle bande vichinghe, o relativi a regolazioni di prezzi, mucchi di monete scoperti per via archeologica, ecc., dimostrano l'uso del denaro, disponibile in grosse quantità fin dall'introduzione del nuovo soldo d'argento (*denarius*) da parte di Pipino III nel 755, più adatto alle operazioni commerciali del *tremissis* d'oro del periodo merovingio[1].

tratto da *L'economia carolingia*, Salerno, Roma 2004
(ed. orig. Cambridge 2002)

---

1 *tremissis* **d'oro del periodo merovingio:** il tremisse è una moneta d'oro in vigore nell'Impero romano prima, e in quello bizantino poi (pari a 1/3 del valore del solido aureo), che in seguito divenne l'unità della monetazione aurea dei Longobardi e dei Franchi.

TESTO 2 Chris Wickham
Una complessa geografia del dinamismo europeo

Un approfondimento delle dinamiche interne all'economia carolingia viene dalla riflessione dello storico inglese Chris Wickham. Egli, senza negare l'intensificazione dell'attività mercantile nell'Europa occidentale prima dell'XI secolo, è meno categorico di Verhulst o di altri storici sulla tesi della "crescita anticipata" del continente. Pone infatti questioni relative all'incidenza del commercio interno (per il quale la fonte archeologica è fondamentale), alla geografia di questa complessità economica e infine agli attori principali e ai beneficiari di questo dinamismo. Altrove Wickham ha sottolineato come, per aree già sviluppate nei secoli VIII e IX, quali alcune regioni italiane, una vera e propria crescita non sia riscontrabile prima della metà del XII secolo.

C. Wickham (n. 1950)

PERCORSI STORIOGRAFICI

La produzione artigianale e lo scambio erano in via di sviluppo [...] a partire dal periodo carolingio. [...] in numerosi luoghi, lo scambio era limitato. Ciò era meno vero per la Francia settentrionale, dove si ebbe un significativo movimento di merci lungo i grandi fiumi come il Reno e la Senna, che nell'VIII secolo aveva interessato una serie di porti del Mare del Nord. La maggior parte dello scambio italiano, invece, difficilmente si estendeva al di là dello specifico territorio civico, mentre in Inghilterra, tranne che vicino alla costa orientale, è possibile parlare di scambio quasi esclusivamente a livello di villaggio. Ciò è ancora più vero per la Scandinavia e i territori slavi e celtici, eccezion fatta per i generi di lusso che giungevano alle élite attraverso il Mare del Nord e il Baltico, e lungo i fiumi russi, con la stessa facilità con cui avveniva in Francia e in Italia. Dopo l'800 tutte queste tipologie di scambio divennero più elaborate.

La Francia tra la Loira e il Reno costituisce dopo l'800 la parte economicamente più complessa dell'Occidente. L'archeologia urbana ci mostra una maggiore attività economica, con Magonza che si aggiunge a Dorestad, Colonia e Parigi quale importante centro mercantile e artigianale. Già nel X secolo le popolazioni urbane appaiono svolgere un ruolo politico [...]. Nel X secolo abbiamo anche maggiori testimonianze di un'attiva presenza commerciale ebraica nelle città della Renania. Prese a svilupparsi anche un insieme di nuovi centri urbani più piccoli, come il *burgus* che sorse attorno a Saint-Denis, appena fuori Parigi, e come la rete di città fiamminghe costituita da Bruges, Ghent e Saint-Omer, la cui espansione sembra sia iniziata alla fine del IX secolo e di cui registriamo in questo caso i primi segni di attività. [...] Aumentano anche per l'intera Francia settentrionale le prove documentali relative ai mercati, i quali nel X secolo, come mostrano numerose concessioni di diritti di mercato da parte degli Ottoni, coprono anche la Francia orientale. La produzione di ferro è sempre più visibile nel dato archeologico. La produzione ceramica, l'indicatore di gran lunga più chiaro della scala dei sistemi economici, ebbe ulteriore sviluppo [...]. La vendita della produzione delle grandi proprietà ecclesiastiche, che abbiamo visto documentata nei polittici, si inseriva in questa rete. Persino in Francia, la maggior parte dello scambio era sempre relativamente locale; l'80% circa delle monete sono state ritrovate all'interno di un raggio di 100 chilometri dai loro luoghi di conio. C'era comunque sufficiente traffico interregionale di merci di ogni tipo per offrire l'impressione di una notevole attività. Questa sarebbe proseguita ormai senza interruzione grazie al decollo della produzione di tessuti nelle città fiamminghe dopo il 1000 e le grandi fiere della Champagne del secolo successivo: elementi che determinarono un nuovo livello di complessità dello scambio e che tuttavia avevano salde radici nel IX e nel X secolo. [...] Situazione analoga presenta l'Italia. Poiché la penisola era la parte più vicina del mondo latino alle importanti reti di scambio del Mediterraneo musulmano meridionale e orientale, attorno ad essa si ebbero rotte marine a lungo raggio sempre più attive, con Venezia che dopo il tardo VIII secolo divenne rapidamente un centro commerciale in specie per il commercio di schiavi verso il mondo arabo [...]. Nel X secolo, nell'Italia meridionale, la parte più ricca della penisola, Venezia venne affiancata dall'attività commerciale di Amalfi, Salerno, Gaeta, Napoli (la più grande di queste città). Le quali, persino più di Venezia, guardavano al mondo arabo. Tuttavia, lo scambio internazionale non rifletteva pienamente l'attività decisamente più moderata dell'economia italiana dell'entroterra. Le città italiane dell'interno della penisola erano molto grandi secondo gli standard occidentali; avevano tutte mercati attivi e, in specie nel X secolo, come mostrano i prezzi in crescita per le abitazioni di Milano, erano in via di espansione. Alcune rappresentavano punti di riferimento per uno scambio di più ampio raggio, in particolare Pavia e Cremona. Ma le altre erano centri di scambio che operavano soprattutto a livello locale. [...] Nelle pagine precedenti, ho messo in rilievo la crescente attività di scambio del periodo 800-1000, ma il suo significato non dovrebbe essere esagerato. In particolare, non dobbiamo sovrastimare l'importanza degli itinerari a lungo raggio. [...] Come nel Mediterraneo, sono le economie interne dell'Europa a contare di più; la maggior parte delle merci veniva trasportata, acquistata e venduta all'interno delle regioni, non all'esterno (se questo è vero ancora oggi, figuriamoci un migliaio di anni fa), e la complessità economica, lo «sviluppo», dipendeva soprattutto da queste. [...] Alla fine del periodo oggetto del nostro studio si ebbe quindi una qualche vitalità commerciale nell'Europa occidentale, ma non un vero e proprio decollo dello scambio. [...] Tuttavia, cosa spiega l'attività di scambio che si può osservare nel IX e nel X secolo? Ho sostenuto [...] che prima dell'800 il motore dello scambio era, grosso modo, la ricchezza e il potere d'acquisto degli aristocratici: quanto più ricche erano le élite, tanto più erano in grado di sostenere reti di produzione e distribuzione su larga scala. Dopo l'800, e in misura maggiore dopo il 950 circa, si può aggiungere a ciò l'accresciuta complessità economica che una popolazione in crescita avrebbe di per sé comportato; inoltre, persino i contadini potevano trarre benefici dall'espansione economica [...] e i signori, che traevano canoni da più individui e luoghi, certamente se ne avvantaggiarono. Ma il principale motore era ancora aristocratico. E in questo contesto l'in-

casellamento dei contadini rappresentò un elemento di fondamentale importanza. Tutte le dinamiche tese a un più forte assoggettamento dei contadini [...] ebbero quale risultato la concentrazione del surplus nelle mani dei signori, attraverso i canoni e i diritti signorili. La percentuale di produzione globale che finiva nelle mani dei signori si accresceva continuamente (talvolta, come in Inghilterra, rapidamente). Il potere d'acquisto aristocratico si accrebbe quindi di conseguenza. Fu questo ad alimentare lo scambio del IX e nel X secolo, e lo avrebbe alimentato ancora per alcuni secoli, perché fu solo molto in là nel Medioevo che lo scambio capillare poté ovunque fare affidamento sui contadini in modo sufficiente per auto sostenersi. [...] Gli storici tendono a valutare positivamente la complessità dello scambio, e usano per descriverlo parole dalla forte connotazione positiva quali prosperità, sviluppo e (come ho fatto anch'io) dinamismo. Ma la complessità ha i suoi costi, e il suo costo nel periodo che stiamo studiando fu un passo decisivo verso la limitazione dell'autonomia (e talvolta, in effetti, della prosperità) di una quota tra l'80 o il 90 per cento della popolazione.

tratto da *L'eredità di Roma. Storia d'Europa dal 400 al 1000 d. C.*, Laterza, Roma – Bari 2014

● Il **LINGUAGGIO** della storiografia:

Riconduci ciascuna delle seguenti espressioni allo storico che l'ha utilizzata e contestualizzala rispetto alla tesi sostenuta nei testi che hai letto (massimo 5 righe).

a) La produzione artigianale e lo scambio erano in via di sviluppo [...] a partire dal periodo carolingio.

b) Commercio oggi significa profitto, ma non sempre in quei secoli i beni venivano venduti e comprati su tale base.

c) Tutte le dinamiche tese a un più forte assoggettamento dei contadini [...] ebbero quale risultato la concentrazione del surplus nelle mani dei signori.

d) Modello del circuito a doppio livello.

PERCORSI STORIOGRAFICI

● Storie A CONFRONTO

Individua la tesi di fondo dei due testi proposti aiutandoti con lo schema di inizio sezione e compila la seguente scheda di sintesi e comparazione dei documenti.

	Commercio e denaro in epoca carolingia	Una complessa geografia del dinamismo europeo
TESI		
ARGOMENTAZIONI		
PAROLE CHIAVE		

● COOPERATIVE Learning

competenza DIGITALE Dividiamo la classe in piccoli gruppi con la guida dell'insegnante. Il compito di ciascun gruppo è costruire una definizione della parola "Scambio", contestualizzandola nel contesto storico che stiamo studiando. I gruppi possono aiutarsi consultando il lemma "Scambio" sul Dizionario online Treccani di economia e finanza (http://www.treccani.it/enciclopedia/scambio_%28Dizionario-di-Economia-e-Finanza%29).

PERCORSO 2 — Villaggi, *curtes* e signorie

La signoria è un concetto storiografico, uno strumento utile a interpretare l'ampio campo semantico relativo alla nozione, presente nelle fonti medievali, di *dominium* e *dominus*. Ogni scuola storiografica nazionale ha dunque elaborato un proprio concetto di signoria, con cronologie e geografie diverse a seconda dei territori studiati. In linea generale, la signoria può essere ricondotta all'esercizio di due ambiti di potere: economico, instaurato tra un proprietario terriero e i contadini dipendenti, definito in Italia come "signoria fondiaria"; politico-militare, legato a prerogative di comando e di coercizione che in teoria afferirebbero alla sfera pubblica, definito come "signoria territoriale" o "bannale". Come notava già Marc Bloch in un fondamentale volume sulla *Società feudale*, l'esercizio di un tipo di potere non esclude però l'altro, anzi, sono spesso intrecciati tra loro. Indagare sulle "interferenze" tra le due strutture di potere e proporre un modello interpretativo efficace per comprendere e paragonare le numerose variabili assunte dal fenomeno è lo sforzo cui tendono le ricerche più recenti.

TESTO 1 — Giuseppe Sergi
Curtes e castelli alle origini dei poteri signorili

G. Sergi (n. 1946)

Nel brano qui proposto, tratto da un volume orientato alla didattica universitaria, Giuseppe Sergi spiega il nesso tra proprietà fondiaria e nascita di ambiti di potere signorile (e non feudale), che aggiungono al controllo economico, di natura privata, quello relativo all'esercizio di poteri di natura pubblica. La parziale sovrapposizione tra strutture del potere è resa evidente dagli schemi che accompagnano il testo.

SEZIONE I IL DINAMISMO DELL'OCCIDENTE MEDIEVALE [SECOLI XI-XII]

Sin dagli inizi del Novecento gli storici del Medioevo si sono convinti che è impossibile trovare un'investitura feudale all'origine di ognuno dei piccoli ambiti di potere postcarolingi. Quegli ambiti non erano «feudi»; e non erano «feudatari» quei potenti personaggi che, dal loro castello, esercitavano protezione e dominio sui contadini della zona circostante. Che cos'erano, allora? Le fonti medievali definiscono *dòmini* quei potenti e *dominatus loci* i territori del loro potere: la traduzione è «signori» e «signorie locali». Consideriamo allora i processi di formazione e la struttura di queste signorie. Era tradizione risalente all'età romana che le famiglie potenti, all'interno dei loro patrimoni terrieri, esercitassero sui coltivatori non soltanto un controllo economico, ma anche forme di protezione, di coordinamento e di disciplina sociale. Totali sui servi, più leggeri e informali sui liberi, questi poteri si precisarono attraverso il loro esercizio sulle parti diverse («dominico» e «massaricio», a gestione diretta e a gestione indiretta) delle *curtes*, le grandi aziende agrarie in cui si articolava il grande possesso altomedievale. Queste signorie, che possiamo definire «fondiarie», erano tutt'altro che compatte. Erano costituite da *curtes* lontane fra loro, le stesse *curtes* erano molto frammentate al loro interno, nel medesimo villaggio abitavano contadini dipendenti da signori diversi: questa assenza di compattezza territoriale aveva agevolato, nei regni romano-barbarici e nella prima età carolingia, una chiara distinzione fra il governo militare e civile degli ufficiali regi e l'empirica e quotidiana influenza sociale dei signori fondiari. Nella stessa età carolingia la signoria fondiaria accentua la sua ambizione di incorporare poteri militari e giurisdizionali di origine pubblica: danno una spinta in questo senso le concessioni regie di immunità (ottenute da enti religiosi e imitate nei loro effetti da ricchi laici) e le costruzioni di «chiese private», grazie alle quali molti signori fondiari cominciano a influire sull'ordinamento ecclesiastico, ad aumentare il loro prestigio e ad agire anche su contadini non inseriti nei loro nuclei fondiari. Ma è decisivo, nel declinare degli ordinamenti carolingi e soprattutto nel

X secolo, l'incastellamento. I castelli, edificati su terre possedute da signori, determinano intorno a sé la formazione di autonomi circondari militari e giurisdizionali. Allora al signore del castello cominciarono a essere sottoposti tutti i residenti del circondario: non solo i coltivatori delle terre possedute dal signore, ma anche coltivatori di terre di grandi possessori lontani (che avevano eventualmente altrove i loro centri signorili incastellati) e, infine, un numero non esiguo di piccoli possessori che coltivavano terra propria. Con questa costruzione territoriale il signore si era assicurato il potere «di banno» (cioè di coercizione e di comando [...]) e quel potere era ormai territorializzato: non dipendeva cioè dalla distribuzione frammentata dei suoi possedimenti, non era esercitato solo sui suoi coltivatori, ma su un territorio compatto e su tutti i contadini che a vario titolo lo abitavano. Per queste due caratteristiche a tale signoria, che si può semplicemente definire «signoria rurale», è attribuita anche la definizione di «signoria territoriale di banno». Tutti i contadini inseriti nella signoria rurale erano accomunati dal fatto di essere sudditi del signore. Pagavano al signore, e non più agli ufficiali regi, tasse e prestazioni di origine pubblica (pedaggi, contributi per il mantenimento della fortezza e di gruppi di armati) e altre «bannalità» legate alla struttura della nuova signoria: come i pagamenti per l'uso (obbligatorio) dei mulini e di altre attrezzature del signore. Coloro che, inoltre, abitavano e coltivavano terra del signore, avevano altri distinti oneri: dovevano pagare il censo (un affitto) per i campi che erano stati loro affidati e fornire (sempre come pagamento dello sfruttamento della terra) prestazioni d'opera (le *corvées*) sulle terre «dominiche» che il signore gestiva direttamente. Con un fitto mosaico di queste signorie sono governate le campagne dei secoli X-XIII: è caratteristica del regime signorile il concentrarsi di rendite fondiarie e di proventi «bannali» nella medesima gestione signorile. Spesso ai signori conveniva seguire la riscossione dei proventi di natura signorile con attenzione maggiore di quella riservata all'amministrazione fondiaria: perché spesso quei proven-

PERCORSI STORIOGRAFICI

ti costituivano una voce più rilevante delle rendite agricole nel complesso delle entrate signorili. Non bisogna tuttavia dimenticare quanto fosse eterogenea, all'interno, la signoria; non bisogna confondere i possessi del signore con le zone in cui esercitava soltanto il potere bannale; non bisogna pensare che il signore riducesse tutti i contadini al rango di suoi coltivatori e che potesse chiedere a tutti le medesime prestazioni; non bisogna dimenticare l'esistenza della piccola proprietà. Non bisogna pensare al brutale esercizio del potere di un latifondista sui contadini del suo latifondo, a una pura militarizzazione e politicizzazione del possesso fondiario: la signoria rurale è […] ben più estesa all'esterno e ben più complessa all'interno.

tratto da Curtis e signoria rurale. Interferenze fra due strutture medievali. Antologia di storia medievale, Scriptorium, Torino 1996

Schema di villaggio medievale-tipo

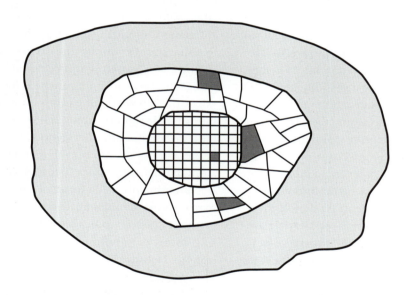

▦ Centro abitato con case, orti, stalle

▱ Campi coltivati

▢ Pascoli e boschi soggetti a uso comune

▬ Un "manso", l'unità di conduzione agraria (a ognuno corrisponde una famiglia contadina): comprende una casa con gli annessi nel centro abitato, diversi campi variamente distribuiti nel coltivo (perché non restino mai a riposo tutti contemporaneamente durante le rotazioni), una quota dei diritti di sfruttamento dell'incolto

SEZIONE I IL DINAMISMO DELL'OCCIDENTE MEDIEVALE [SECOLI XI-XII]

La frammentazione topografica della *curtis*

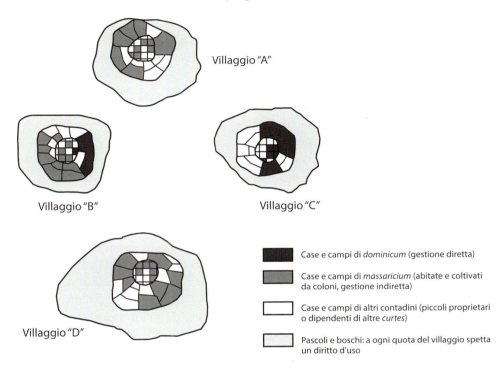

Signoria fondiaria e signoria rurale

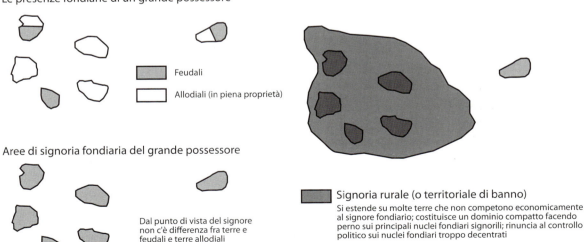

PERCORSI STORIOGRAFICI

TESTO 2 Cinzio Violante
La territorialità del potere signorile

C. Violante (1921-2001)

Nel saggio, che funge da introduzione a un volume importante per la storiografia recente sulla signoria rurale, Cinzio Violante traccia un ampio quadro degli sviluppi della signoria, mettendone in evidenza distinzioni concettuali, origini, condizioni sociali e giuridiche dei signori e dei dipendenti. Il brano proposto si concentra su alcune strutture territoriali tipiche della signoria rurale e sui diritti a esse connessi.

Il nucleo centrale del territorio signorile era costituito da un elemento originario, per così dire propulsore, e da altri due che ad esso erano strettamente legati. In un primo momento (tra la fine del secolo X e il principio dell'XI) elemento originario fu – in genere – la "corte" padronale. Gli altri due elementi, il castello e la cappella, erano immediatamente pertinenti alla "corte", a cui erano inoltre topograficamente vicinissimi: «... *curtis cum castro et capella*». Infatti nei documenti il castello e la cappella erano indicati sempre al primo posto tra le pertinenze della "corte". Questa condizione della "corte" si spiega con il fatto che essa era già il centro organizzativo ed economico delle attività agrarie, comunque organizzate, e il luogo dove si amministravano i diritti e i poteri della "signoria fondiaria" e della "immunitaria". E di solito accanto alla "corte" c'era intanto il castello. Ma presto nella "signoria territoriale" elemento originario cominciò ad essere il castello, o comunque – dalla metà (circa) del secolo XI – il castello prevalse sulla "corte" e sulla cappella, che diventarono sue pertinenze immediate, al primo posto tra le altre: «... *castrum cum curte et capella*». Il castello derivava la sua crescente influenza tutt'intorno dalle sue funzioni militari, alle quali si accomunavano i diritti e i poteri che facevano capo alla "corte" o alla cappella. Infine era dotata di propri poteri, sebbene di natura diversa, pure la cappella signorile, che diventava sempre più il centro della cura d'anime per tutto il territorio, completando così i poteri connessi con il castello e con la "corte". Nei documenti che descrivono la "signoria territoriale" quei tre elementi che ho ora illustrati compaiono sempre ai primi posti e non sono separati l'uno dall'altro ma costituiscono come un tutt'uno, un nucleo centrale, appunto. [...] Chi possedesse la "corte", il castello e la cappella poteva disporre dei diritti signorili connessi con quel nucleo centrale applicandoli alle terre che ne erano pertinenza e si trovava anche in grado di estenderli all'intero territorio che contestualmente si veniva formando. Si verificava così la "territorialità", in quanto i diritti regalistici e d'altro tipo non erano connessi con i singoli terreni, che potevano appartenere anche ad altri, ma diventavano elemento giuridico costitutivo del territorio connettendosi particolarmente con il nucleo centrale signorile. [...] Sempre nelle descrizioni della "signoria territoriale" troviamo elencati, dopo gli elementi che ne costituivano il nucleo centrale [...], le pertinenze («*cum casis, terris, pratis, boscuis ... et accessionibus ... pertinentibus*») e infine i diritti signorili («*cum iurisdictionibus, districtionibus, condicionibus, usibus ...*») [...]. Con l'andare del tempo il castello assorbì la corte, che sempre più spesso nei documenti non veniva nemmeno più rammentata, e finì con l'inglobarla materialmente estendendo le proprie dimensioni. Da allora la corte (*curtis*) non fu altro che la sede e l'ufficio della giustizia signorile (curia). D'altra parte, la cappella si estraneò progressivamente dal nucleo centrale della signoria poiché i diritti di patronato del signore cedevano di fronte al recupero dei poteri circoscrizionali d'ufficio degli ecclesiastici (recupero, che avveniva nel clima della riforma) e di fronte alla crescente partecipazione dei fedeli ai problemi pratici della loro chiesa. Perciò sempre più spesso dagli ultimi anni del secolo XII troviamo solo il castello al centro giuridico della "signoria territoriale". A causa della territorialità della signoria ogni libero poteva, indipendente-

SEZIONE I IL DINAMISMO DELL'OCCIDENTE MEDIEVALE [SECOLI XI-XII]

mente dal suo stato giuridico personale, avere titolo legittimo all'esercizio dei diritti signorili ma solo mediante l'acquisto del nucleo centrale di un territorio con i diritti connessi e con le terre ad esso pertinenti. Così la "signoria territoriale" veniva trattata al pari di una piena proprietà e, come tale, veniva acquistata e ceduta per mezzo di vari negozi giuridici di natura privatistica (compravendita, permuta, donazione, livello, enfiteusi, "giudicato" o testamento); veniva anche data in pegno a garanzia dell'adempimento di obblighi di natura feudale o perfino a cautela di prestiti di somme in danaro. Essendo considerata come piena proprietà, la "signoria territoriale" poteva inoltre essere spartita ereditariamente ed anche essere alienata divisa in quote.

tratto da La signoria rurale nel contesto storico dei secoli X-XII, *in* Strutture e trasformazioni della signoria rurale nei secoli X-XIII, *Atti della XXXVII settimana di studio dell'Istituto storico italo-germanico (Trento, 12-16 settembre 1994), a cura di G. Dilcher, C. Violante, Il Mulino, Bologna 1996*

● Il **LINGUAGGIO** della storiografia

Riconduci ciascuna delle seguenti espressioni allo storico che l'ha utilizzata e contestualizzala rispetto alla tesi sostenuta nei testi che hai letto (massimo 5 righe).

a) Assenza di compattezza territoriale […] nei regni romano-barbarici e nella prima età carolingia.

b) Territorialità […] i singoli terreni diventavano elemento giuridico costitutivo del territorio.

c) La "signoria territoriale" veniva trattata al pari di una piena proprietà.

d) È decisivo, nel declinare degli ordinamenti carolingi e soprattutto nel X secolo, l'incastellamento.

● Storie **A CONFRONTO**

Individua la tesi di fondo dei due testi proposti aiutandoti con lo schema di inizio sezione e compila la seguente scheda di sintesi e comparazione dei documenti.

	Curtes e castelli alle origini dei poteri signorili	La territorialità del potere signorile
TESI		
ARGOMENTAZIONI		
PAROLE CHIAVE		

● **COOPERATIVE** Learning

Nel testo 2, lo storico Cinzio Violante afferma: «Il nucleo centrale del territorio signorile era costituito da un elemento originario, per così dire propulsore, e da altri due che a esso erano strettamente legati». I tre elementi sono la "corte", il "castello" e la "cappella".

Dopo aver diviso la classe in tre gruppi con la guida dell'insegnante, assegniamo a ciascuno il compito di realizzare un approfondimento su uno dei tre elementi che costituiscono il territorio signorile ("corte", "castello" e "cappella"). I gruppi lavorano in classe ricercando informazioni sui tre lemmi online e nei brani proposti.

competenza DIGITALE Ciascun gruppo dovrà poi preparare una presentazione digitale (utilizzando PowerPoint – Prezi – Thinglink – Sway) per illustrare alla classe il proprio lavoro. Tempo di relazione massimo 15 minuti.

PERCORSI STORIOGRAFICI

PERCORSO 3 — L'immagine di Gerusalemme e la crociata

La storiografia ha ormai da tempo riconosciuto un ampio ventaglio di motivazioni che spingevano alla partenza per la crociata. La tradizionale interpretazione della crociata come possibilità di arricchimento e ascesa sociale per cavalieri occidentali – privati della signoria o del feudo per essere figli cadetti – è stata dunque ridiscussa nell'ottica di una maggiore complessità. Dal punto di vista economico, ad esempio, si è notato come partecipare a un'impresa del genere fosse molto dispendioso e costringesse a impegnare o vendere tutti i propri beni e che solo pochi abbiano poi goduto di vantaggi o acquisito posizioni di prestigio in Oriente. Si è tornati dunque a indagare anche sulle motivazioni "immateriali" (ad esempio perdono dei peccati; desiderio di gloria famigliare e di memoria delle proprie imprese) che la Chiesa dell'XI secolo aveva saputo suscitare in vari strati della società: tra queste, il fascino di Gerusalemme, che la liturgia riformata fa adesso percepire come un luogo perduto dalla cristianità (in realtà la Città Santa era stata conquistata dagli eserciti arabi oltre quattro secoli prima, nel 637), da riconquistare grazie alla "nuova" cavalleria.

TESTO 1 — Carl Erdmann
Gerusalemme come semplificazione della strategia di Urbano II

L'opera di Carl Erdmann è fondamentale nella storiografia sulle crociate perché pone magistralmente in evidenza le relazioni tra i pellegrinaggi armati in Terrasanta (e analoghe imprese militari nella penisola iberica e in Italia meridionale) e quanto accade alla Chiesa occidentale, sia al suo interno, sia nelle relazioni materiali e spirituali che sviluppa con il ceto cavalleresco, mentre invece una buona parte della storiografia contemporanea e successiva ha prevalentemente posto l'attenzione su aspetti socio-economici. Nel passo proposto l'autore ipotizza che il richiamo alla conquista di Gerusalemme, nell'iniziativa di Urbano II, sia stato più propagandistico che reale, mirando invece alla liberazione dell'intera cristianità orientale.

C. Erdmann (1898-1945)

A Piacenza, al fine di salvare la Chiesa dall'annientamento, il pontefice predicò la guerra contro i pagani, che si erano spinti fino alle mura di Costantinopoli. Ciò non significava che si volesse difendere solo Costantinopoli, che in quel momento non era minacciata direttamente. Piuttosto, l'intento era evidentemente di passare al contrattacco, espandendo di nuovo, dapprima, i confini del dominio cristiano in Asia Minore e liberando dalla dominazione turca i cristiani che ancora vi risiedevano numerosi […]. È del tutto possibile che già a Piacenza si sia ricordata anche Gerusalemme tra i luoghi in cui la Chiesa cristiana doveva essere preservata dalla distruzione […]. Per questo aspetto, non vi è stato, a Clermont, alcun mutamento di fondo: non si parlò più direttamente, tuttavia, dell'aiuto da fornire all'Impero bizantino, evidentemente perché quest'idea non godeva, in Occidente, di particolare popolarità; in compenso però, l'obiettivo della guerra era descritto semplicemente come liberazione della Chiesa d'Oriente, il che, *de facto*, avrebbe avuto il medesimo esito. Una volta che si fosse iniziato a combattere, infatti, le cose non avrebbero potuto andare molto diversamente da come in effetti andarono: in primo luogo era necessario riconquistare l'Asia Minore, alleandosi con l'imperatore bizantino. Come motivazione dell'impresa, il papa citò la furia dei Turchi contro la Chiesa d'Oriente ridotta in sudditanza ed in particolare nella città di Gerusalemme. Con questo, egli rimase nel quadro del suo piano originario. Si trattò solo di uno spostamento d'accento [...]. Il porre in evidenza Gerusalemme costituiva quindi, per il pontefice, semplicemente un mezzo finalizzato al reclutamento dell'esercito. In ragione di questo egli s'indusse a designare Gerusalemme come meta della spedizione; fine della guerra era, e rimaneva, però, la liberazione della Chiesa orientale nella sua totalità. Evidentemente, Urbano riteneva che queste due finalità, benché eterogenee, potessero coesistere ed ha avuto ragione, almeno in una certa misura, come ha mostrato lo svolgimento della prima crociata. Tuttavia, accanto a ciò, nella concezione popolare non poté che prodursi una semplificazione ed una riduzione di questa idea, dal momento che si cominciò a considerare la liberazione del Santo Sepolcro, indipendentemente dal destino del resto d'Oriente, come vero e proprio fine della guerra. Questa finalizzazione «mistica», contraria ad ogni logica militare, la cui origine immediata non dobbiamo ricercare nel pontefice, emerse qua e là già durante la prima crociata; l'esito finale di questa concezione sarebbe poi stata la guerra condotta per la «Terrasanta».

tratto da *Alle origini dell'idea di crociata*, Centro italiano di studi sull'alto medioevo, Spoleto 1996 (ed. orig. Stuttgart 1935; ed. ingl. Princeton 1977)

TESTO 2 — Christopher Tyerman
Gerusalemme come trionfo della *libertas ecclesiae*

Christopher Tyerman, uno dei più affermati studiosi contemporanei delle crociate, pur ammirando la ricostruzione del contesto culturale della crociata proposto da Erdmann e la sua valutazione di fenomeno scaturito all'interno della Chiesa riformata, in questo brano si discosta dall'interpretazione dello storico tedesco sul ruolo puramente propagandistico della conquista di Gerusalemme nella predicazione della prima crociata, puntando invece l'attenzione sul suo ruolo tanto reale quanto ideale nel pensiero di Urbano II.

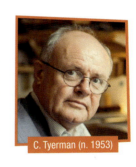
C. Tyerman (n. 1953)

Nel 1095 Gerusalemme divenne la pietra angolare del concetto di guerra penitenziale di Urbano. Il decreto di Clermont, conservato dal vescovo di Arras e ripetuto quasi parola per parola dal papa in una lettera a Bologna nel 1096, non lasciava spazio ad equivoci: «Chiunque per sola devozione, non perseguendo onore o denaro, si rechi a Gerusalemme per liberare la Chiesa di Dio può sostituire con il viaggio tutte le penitenze». Scrivendo ai sostenitori nelle Fiandre pochi giorni dopo il discorso a Clermont, Urbano parlò della conquista e della devastazione della Chiesa d'Oriente a opera dei musulmani: «Quel che è peggio, si sono impadroniti della Città Santa di Cristo, ornata dalla sua passione e resurrezione, e [...] hanno venduto la città e le sue chiese riducendola in abominevole schiavitù [...] abbiamo visitato la Gallia e abbiamo raccomandato con fervore ai signori e ai sudditi di quella terra di liberare le Chiese d'Oriente [...] e abbiamo imposto loro l'obbligo di intraprendere tale iniziativa militare per la remissione di tutti i peccati».

Le descrizioni della sua predicazione nella valle della Loira lasciateci dai contemporanei e riprese in numerosi documenti [...] confermano che Urbano esortava le persone a «recarsi a Gerusalemme a scacciare i pagani». Come il papa scrisse in una lettera ai monaci di Vallombrosa nell'ottobre 1096, le sue reclute erano «dirette a Gerusalemme con il buon proposito di liberare la cristianità». Restituire alla cristianità i luoghi che avevano fatto da sfondo alla chiesa ideale raccontata negli Atti degli Apostoli era qualcosa di più di un dispositivo propagandistico, di un conten-

123

PERCORSI STORIOGRAFICI

tino o di una capitolazione a un populismo malinformato[1], come hanno sostenuto alcuni storici novecenteschi, tra i quali Carl Erdmann. Era invece il segno della massima *libertas ecclesiae* per cui l'intero movimento di riforma della Chiesa si stava battendo da mezzo secolo.

Gerusalemme, nell'XI e in altri secoli, non definiva solo una città terrestre, ma anche una città ideale. La si poteva usare come una metafora del mondo redento da Cristo […] poteva rappresentare una condizione e un'aspirazione spirituale […]. Eppure, con tutte le sue qualità liminali[2] – sospesa tra cielo e terra, tra Dio e l'uomo – Gerusalemme non cessava di essere un luogo fisico, oltre che ideale, temporale oltre che spirituale, corporea oltre che soprannaturale. Nei secoli X e XI la sua lontananza […] e la sua connessione con la vita, la passione e la resurrezione di Cristo assicurarono a Gerusalemme il ruolo di meta di pellegrinaggio più meritoria, al punto che il cronista Rodolfo il Glabro annotò che quel viaggio rischiava di divenire un vezzo e una moda, anziché un atto di pietà. Le difficoltà del viaggio, centuplicate dalla guerra, ne assicuravano il potere di attrazione penitenziale. […] Papa Urbano II era particolarmente sensibile al richiamo di Gerusalemme. Come monaco e, più tardi, alla fine degli anni Sessanta del secolo XI, come priore di Cluny, fu esposto a vivide immagini della Città Santa nell'inter-

minabile canone liturgico, nei Salmi […] oltre che nelle speciali cerimonie che circondavano la Pasqua e la Pentecoste nella grande abbazia borgognona. […] In veste di cardinale di Roma, dopo il 1079, Urbano era sempre circondato da reliquie di Gerusalemme e della Terrasanta, in particolare la collezione custodita presso il palazzo del Laterano, a quel tempo abituale residenza romana del papa. Della raccolta lateranense facevano parte il cordone ombelicale e il prepuzio di Cristo, più una piccola quantità del suo sangue, frammenti della croce, numerosi oggetti associati al ministero e alla Passione di Gesù (per esempio, un pane e tredici fagioli provenienti dall'ultima cena), reliquie di santi della Terrasanta e numerosi campioni naturali, tra cui rocce provenienti da Betlemme, dal Monte degli Ulivi, al fiume Giordano, dal Calvario e dallo stesso Santo Sepolcro. Una collezione di tal fatta era in linea con la devozione religiosa del secolo XI, sempre più tendente ad allontanarsi dai santi locali per avvicinare quelli di richiamo mondiale, come san Nicola di Bari o il culto della Vergine Maria. […] Non fu la predicazione di Urbano nel 1095 a causare quell'interesse o quell'entusiasmo, per quanto possa averli rafforzati e ampliati: il papa, piuttosto, usò i resti di vecchie armi per forgiarne una nuova.

tratto da Le guerre di Dio. Nuova storia delle crociate, *Einaudi, Torino 2012 (ed. orig. London 2006)*

---

1 populismo malinformato: il riferimento è alle parole di Erdmann che interpretano in chiave di «semplificazione» e «riduzione», da parte della concezione popolare, del messaggio di Urbano II volto alla liberazione della cristianità.

2 qualità liminali: dal lat. *limen*, "soglia", è un termine che afferisce alla sfera psicologica e che marca ulteriormente sul piano linguistico il carattere insieme terreno e ultraterreno che l'autore attribuisce a Gerusalemme nella cultura ecclesiastica di XI secolo.

SEZIONE I IL DINAMISMO DELL'OCCIDENTE MEDIEVALE [SECOLI XI-XII]

● **Il LINGUAGGIO della storiografia:**

Riconduci delle seguenti espressioni proposta allo storico che l'ha utilizzata e contestualizzala rispetto alla tesi sostenuta nei testi che hai letto (massimo 5 righe).

a) Il papa, piuttosto, usò i resti di vecchie armi per forgiarne una nuova.

b) Fine della guerra era, e rimaneva, la liberazione della Chiesa orientale nella sua totalità.

c) Si cominciò a considerare la liberazione del Santo Sepolcro […] come vero e proprio fine della guerra.

d) Nel 1095 Gerusalemme divenne la pietra angolare del concetto di guerra penitenziale di Urbano.

● **Storie A CONFRONTO**

Individua la tesi di fondo dei due testi proposti aiutandoti con lo schema di inizio sezione e compila la seguente scheda di sintesi e comparazione dei documenti.

	Gerusalemme come semplificazione della strategia di Urbano II	*Gerusalemme come trionfo della libertas ecclesiae*
TESI		
ARGOMENTAZIONI		
PAROLE CHIAVE		

● **RIASSUMERE un testo argomentativo**

Dopo aver schematizzato i saggi con l'aiuto della tabella dell'esercizio precedente, suddividi i due testi in paragrafi e assegna a ciascun paragrafo un titolo. A partire da questi paragrafi sviluppa un testo di mezza pagina di quaderno che riassuma le argomentazioni dei due brani proposti.

	Gerusalemme come semplificazione della strategia di Urbano II	*Gerusalemme come trionfo della libertas ecclesiae*
PARAGRAFO 1		
PARAGRAFO 2		
PARAGRAFO 3		

SEZIONE II
Il culmine della civiltà medievale europea
[secoli XII-XIII]

XII secolo

| 1066 | 1183 | 1204 | 1214 | 1223 | 1250 |

1066 Guglielmo duca di Normandia diventa re d'Inghilterra

1183 Pace di Costanza (1183) tra Federico I e i comuni italiani

1204 I crociati conquistano Costantinopoli

1214 Battaglia di Bouvines

1223 Approvazione dell'Ordine dei Frati minori

1250 Morte di Federico II

4 Regni e principati nell'Europa feudale
p. 128

5 Mondo urbano e autonomie cittadine
p. 158

6 Apogeo e crisi degli universalismi: Impero e papato
p. 184

■ Percorsi storiografici
p. 210

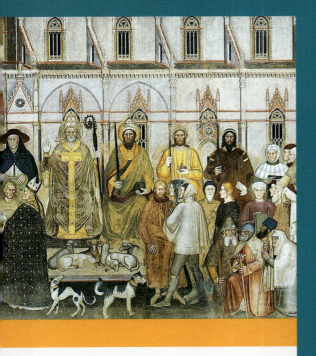

XIII secolo

1300	1305

1300
Bonifacio VIII celebra il primo Anno Santo

1305
Il papato si trasferisce ad Avignone

Tra la fine dell'XI e il XIII secolo in Europa si diffusero i legami di natura feudale, che si rivelarono efficaci per ricomporre la frammentazione dei poteri locali tipica del IX-XI secolo. Protagoniste di questa ricomposizione furono le monarchie che si consolidarono in Francia, Inghilterra, Italia meridionale e nella penisola iberica. Il potere imperiale, legato alla titolarità del Regno di Germania, non riuscì invece a far parte di questo processo. Un tentativo di rafforzare il potere imperiale fu compiuto dalla dinastia Hohenstaufen, che cercò di frenare l'acquisizione di poteri pubblici da parte dei comuni che si erano sviluppati in Italia centrosettentrionale; tuttavia, alla morte di Federico II l'Impero attraversò una lunga fase di crisi e ripiegamento. Il potere pontificio perfezionò l'apparato giuridico e ideologico della crociata e affermò con forza la sua posizione di vertice nella cristianità: questa gli fu contestata, però, prima dall'Impero, e poi dalla monarchia francese. Ne derivò lo spostamento della sede papale ad Avignone e, in seguito, uno scisma che divise la cristianità occidentale.

- FEUDALESIMO E SIGNORIA p. 128
- COMUNE p. 158
- UNIVERSALISMO p. 184

le parole della storiografia

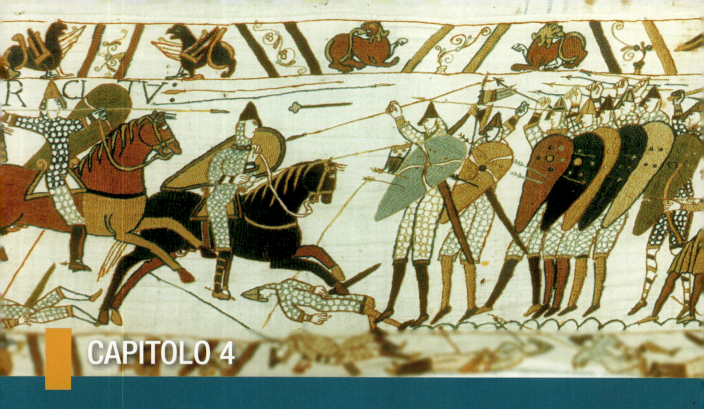

CAPITOLO 4

Regni e principati nell'Europa feudale

Feudalesimo e signoria

Il concetto di feudalesimo è stato elaborato in età moderna per designare l'organizzazione politica e sociale del Medioevo. A lungo esso è stato interpretato sulla base di due elementi correlati tra loro: la dispersione anarchica del potere pubblico e la dipendenza dei contadini nel quadro di un'economia basata sull'agricoltura. A partire da Marc Bloch, che aveva invece distinto in senso giuridico i rapporti vassallatico-feudali dai poteri signorili, il dibattito storiografico si è maggiormente concentrato sui questi ultimi, nati dal basso e non delegati dal sovrano, come effettivi elementi di crisi dell'ordinamento pubblico carolingio. I legami feudali, invece, avrebbero costituito una forza per le monarchie territoriali, che iniziarono a formarsi dal XII secolo e che avevano bisogno di subordinare a sé i poteri signorili. Nel corso di ulteriori revisioni storiografiche alcuni hanno però proposto di abolire del tutto il concetto di feudalesimo: feudo e vassallaggio non avrebbero mai costruito un "sistema" come quello ipotizzato dai giuristi di età tardomedievale e moderna.

le parole della storiografia

Regni e principati nell'Europa feudale | **CAPITOLO 4**

GUIDA&RISORSE
PER LO STUDIO

Per riprendere il filo... La crisi dell'ordinamento pubblico di matrice carolingia e la reazione alle attività militari di vichinghi, ungari e saraceni nel X secolo avevano prodotto un'ampia militarizzazione del territorio europeo, accentuando autonomi sviluppi di potere ad opera di aristocrazie locali. La congiuntura economica e demografica positiva aveva ulteriormente rafforzato questi poteri signorili, concretamente rappresentati dai castelli, tanto nelle campagne quanto nelle città. Un quadro frammentato dunque, sia sul piano territoriale sia, soprattutto, su quello dell'esercizio del potere, domina l'Europa occidentale fino alle soglie del XII secolo.

videopresentazione

4.1 La costruzione delle nuove monarchie: rapporti feudali e burocrazia

L'Europa feudale I rapporti vassallatico-beneficiari avevano costituito un elemento di forza dell'ordinamento carolingio; gli ufficiali pubblici del regno venivano talvolta scelti tra i vassalli del sovrano proprio perché uomini di sua assoluta **fiducia**. Durante la fase di disgregazione dell'impero, tuttavia, le **grandi famiglie aristocratiche**, che avevano a disposizione patrimoni fondiari e nuclei armati, iniziarono un processo di **appropriazione dei benefici** (sostanzialmente ricchezze e beni fondiari) che ebbe un primo riconoscimento nell'**877**, con il **capitolare di Quierzy**. Questo processo andò di pari passo con la formazione di nuclei signorili che, grazie al controllo di castelli, si appropriarono di quote di giurisdizione pubblica senza averne delega dal sovrano: una presa di possesso del potere, per così dire, "dal basso". In questa pluralità di poteri, le famiglie che disponevano di maggiori ricchezze e che dimostrarono migliori capacità di coordinamento militare, e che magari avevano conservato antichi titoli comitali o ducali di tradizione carolingia, riuscirono a porsi come elemento di raccordo politico tra i sovrani, i potenti di rango inferiore e il resto della società.

Nel corso dei secoli X e XI, progressivamente, si affermò poi l'**inalienabilità dei benefici** (cioè la loro non cedibilità) a ogni grado della condizione vassallatica. In Italia tale processo fu sancito nel 1037 dall'**Edictum de beneficiis** (o *Constitutio de feudis*), emanato dall'imperatore Corrado II per risolvere la complessa situazione politica di Milano, dove gli strati inferiori dell'aristocrazia si erano schierati contro i loro signori e contro l'arcivescovo Ariberto. Sulla base di questa legge, che mirava innanzitutto a definire i procedimenti giudiziari in caso di controversia tra signore e vassallo, si stabilì infatti che la successione nel beneficio dovesse essere ereditaria e che il beneficio non poteva essere alienato dal signore senza il consenso del vassallo.

In questa situazione, i signori dotati di patrimoni meno consistenti trovarono conveniente subordinarsi ai maggiori signori territoriali attraverso il legame vassallatico, che consentiva loro di conservare margini di autonomia e di esercitare in forme legittime quei poteri di natura pubblica che già di fatto esercitavano, inquadrandoli all'interno di una più stabile gerarchia politica e sociale, benedetta anche dalla Chiesa. Il **feudo** (dal francone *fehu-ôd*, "possesso temporaneo"), ossia un beneficio di cui era formalmente titolare il sovrano, ma che di fatto veniva ora incorporato nei patrimoni familiari aristocratici, divenne lo strumento principale con il quale il sovrano stesso o

La progressiva disgregazione del potere imperiale

Dal beneficio al feudo

Le caratteristiche del feudo

SEZIONE II   IL CULMINE DELLA CIVILTÀ MEDIEVALE EUROPEA [SECOLI XII-XIII]

percorsi storiografici p. 210
Possiamo ancora parlare di feudalesimo?
S. Reynolds, C. Wickham

i principi concedevano ai vassalli la **giurisdizione** sulle terre. Ecco dunque la **differenza** fondamentale **tra beneficio** di età carolingia **e feudo**: mentre il primo era quasi sempre un bene fondiario precario che ricompensava un servizio personale di tipo militare ed era revocabile ad alcune condizioni, il secondo diventava parte del patrimonio familiare, era un bene ereditario che aggiungeva all'aspetto fondiario anche quelli legati all'esercizio di poteri di natura pubblica (e dunque comprendeva anche i mezzi per esercitarli), come il prelievo fiscale e l'amministrazione della giustizia [▶idee].

idee

La trasformazione dei rapporti di potere tra il IX e il XIII secolo in Europa

I rapporti vassallatico-beneficiari ai tempi di Carlo Magno (IX secolo)

L'insieme dei vassalli di uno stesso *senior* costituisce la clientela vassallatica di quel *senior*. *Senior* può essere il re, ma anche qualsiasi altro uomo ricco e potente. Non è detto inoltre che il *senior* di una clientela vassallatica fosse vassallo del re, o di qualcun altro socialmente superiore: non esiste dunque alcun rapporto piramidale. Il beneficio che il *senior* concede al vassallo è generalmente una terra: si tratta di una concessione precaria e revocabile e non prevede l'esercizio di poteri pubblici, che compete al re o ai suoi ufficiali, oppure a vescovi e abati dotati del privilegio di immunità.

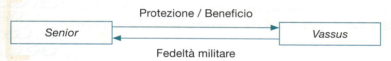

▲ Denaro d'argento con l'effigie di Carlo Magno (800).

La signoria

Con il cedimento dell'ordinamento pubblico di matrice carolingia si sviluppano le signorie territoriali, sostanzialmente autonome rispetto al potere regio. Alla preminenza economica i signori sommano anche poteri di natura pubblica (giustizia, tasse, servizio militare), il cui esercizio viene garantito dal possedimento di uno o più castelli e dal mantenimento di milizie.

I rapporti feudali nell'XI-XIII secolo

Rispetto al passato, quando un vassallo decide di sottomettersi a un *senior* ora giura fedeltà dopo aver ricevuto il beneficio e compresi nel beneficio vi sono anche poteri di natura pubblica.

Con questi contenuti, il beneficio passa a essere più spesso definito "feudo" e diventa progressivamente ereditario. Molti sovrani, grandi principi e comunità urbane si servirono della definizione giuridica di tali rapporti per legare a sé i poteri signorili minori.

▼ Il rapporto di vassallaggio si compiva attraverso un atto ufficiale e simbolico: chi si voleva legare con tale rapporto poneva le proprie mani tra quelle del signore, diventando un suo "uomo" (il francese *hommage* è derivato dal latino *homo*); il vassallo giurava così sottomissione e fedeltà in cambio di protezione.

Miniatura da una Bibbia dell'XI secolo.

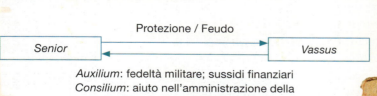

Auxilium: fedeltà militare; sussidi finanziari
Consilium: aiuto nell'amministrazione della giustizia o nelle decisioni politiche

Ai livelli più alti della società, il contenuto del beneficio/feudo fu solitamente l'**esercizio della signoria** e fu dunque questa istituzione a regolare progressivamente i rapporti tra centri di potere maggiori (principati, regni, città) e nobiltà signorili. Da un lato, infatti, essa conferiva legittimità al potere dei signori minori, mentre dall'altro venne utilizzata da quelli maggiori per coordinare e tendenzialmente ridurre a unità la molteplicità dei nuclei di potere signorile. Si tratta di un processo secolare destinato a durare per gran parte dell'età tardomedievale e moderna.

Una nuova distribuzione del potere

La natura del potere regio La vasta rete di raccordi feudali che si creò indusse il pensiero giuridico a elaborare, tra l'XI e il XIII secolo, una sistemazione generale delle molte configurazioni che il feudo poteva assumere. I giuristi si rifecero ai principi che nel diritto romano regolavano i rapporti di clientela (fedeltà del cliente, divieto di provocare danno al patrono, al suo onore e al suo patrimonio) e formularono lo schema ideologico di un potere che discende dal sovrano ai vari vassalli, dai maggiori ai minori. Da tale astrazione, che non rispecchia la complessa articolazione della realtà, deriva l'**abusata immagine** della "**piramide feudale**", spesso indebitamente utilizzata per descrivere i rapporti sociali dell'intera epoca medievale.

L'immagine impropria della "piramide feudale"

Dal punto di vista patrimoniale o dell'esercizio di poteri pubblici, i re non si differenziavano sostanzialmente dai grandi principi territoriali. Le **dinastie regie** furono quelle che seppero gestire più efficacemente di altre famiglie principesche **patrimoni fondiari** (estesi anche su ampie regioni geografiche) e coordinare **nuclei di uomini armati** e che, sfruttando il bisogno di ridurre la violenza sociale avvertito dalla Chiesa nei pieno della sua riforma [▶ **cap. 2.7**], riuscirono a proporsi come **garanti della giustizia e della pace**, a beneficio dei mercanti, e a rivendicare la **natura sacrale del proprio potere** [👁 1].

I fattori dell'affermazione dei sovrani

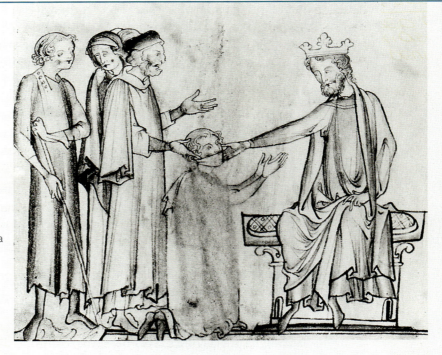

PERCORSO VISIVO

[👁 1] I re taumaturghi
A testimonianza del carattere sacrale attribuito al potere dei sovrani, i re di Francia e Inghilterra erano ritenuti depositari della capacità taumaturgica di guarire con il loro tocco gli ammalati di scrofolosi, una forma di tubercolosi delle ghiandole linfatiche che colpiva principalmente bambini e persone indebolite da malnutrizione e cattiva igiene. Per questo la "scrofola", così chiamata perché apparentemente simile a una malattia dei maiali, era chiamata anche "male del re".

▶ Edoardo il Confessore, re d'Inghilterra, tocca un malato di scrofola, miniatura del XIII secolo.

SEZIONE II IL CULMINE DELLA CIVILTÀ MEDIEVALE EUROPEA [SECOLI XII-XIII]

La natura "pubblica" del potere del re

rispondi
1. Che nesso c'è tra la diffusione della signoria e la disgregazione del potere imperiale?
2. Quali sono le caratteristiche della struttura feudale?
3. Come si afferma il sovrano e quali sono le caratteristiche del suo potere?

A seguito di queste trasformazioni, la cerimonia di incoronazione e il concetto stesso di "corona" accentuarono i loro connotati simbolici: la prima venne articolata in un'ampia serie di formule e gesti (*ordines coronationis*) volta a esprimere il complesso rapporto tra potere civile e spirituale; mentre la **corona** divenne, oltre che insegna regia per eccellenza, una nozione che indicava l'intero **insieme di patrimoni e prerogative dell'autorità regia**. È infatti in questo periodo che entrarono nell'uso i termini di *fiscus* e *demanium* a indicare il patrimonio del detentore dell'autorità pubblica in quanto tale, distinto quindi dal suo patrimonio privato.

Lo sviluppo di **sistemi amministrativi** di controllo fiscale e giuridico, seppure molto lento e complesso, costituisce l'altra grande novità delle monarchie europee a partire dall'XI secolo. Nascono infatti in questo periodo, per poi svilupparsi pienamente nei secoli seguenti, le prime forme di **burocrazia**: **uffici dotati di personale specializzato** e preparato sul piano giuridico che, oltre ad amministrare i patrimoni domestici del sovrano, si occupano anche di un controllo su aspetti finanziari e giudiziari esteso all'intero regno.

4.2 La monarchia capetingia nella Francia dei principati territoriali

La frammentazione del Regno franco

Il sistema dei principati franchi La disgregazione dell'Impero carolingio e la stagione delle seconde invasioni avevano trasformato il Regno dei Franchi occidentali, situato tra il Reno e i Pirenei, in un **insieme di principati** retti da **famiglie aristocratiche** che esercitavano poteri pubblici in modo sostanzialmente **autonomo rispetto ai sovrani**, il cui dominio vero e proprio non andava al di là del ricco territorio compreso tra Parigi e Orléans. Il territorio controllato direttamente dal re era cioè solo uno dei grandi principati francesi che con la corona avevano solo un esile legame feudale e che si erano costituiti in vario modo:

- sulla base della tradizione carolingia degli antichi comitati [▶ cap. 0];
- su **base** vagamente **etnica**, come nel caso dell'Aquitania o della Bretagna;
- per efficaci **iniziative** di dinastie **principesche**, come fu per l'Angiò, la Champagne e la Provenza;
- sulla base delle **relazioni** che intrattenevano con territori **al di fuori** dei confini **del regno**, come per esempio Tolosa con l'area catalana (la contea di Barcellona, ex marca carolingia), la Normandia con il mondo anglosassone, le Fiandre con il vitale mondo commerciale del Mare del Nord, la Borgogna con le terre imperiali [👁 2].

A questa frammentazione si sommavano anche differenze di natura linguistica e culturale tra il Mezzogiorno, caratterizzato dalla **lingua *d'oc*** e da una tradizione di diritto scritto, e il Nord, di **lingua *d'oïl*** e che presentava tradizioni giuridiche e articolazioni fondiarie molto variegate.

L'ascesa della dinastia capetingia

I Capetingi Le vicende della dinastia capetingia sono esemplari di quello che lo storico francese Dominique Barthélemy ha definito il "sistema dei principati": iniziata nel 987 con l'elezione di Ugo Capeto, conte di Parigi, a re dei Franchi occidentali, nell'XI secolo riuscì a rafforzare la propria posizione sia nei territori direttamente dominati dalla famiglia, tra la Loira e la Senna, sia nei confronti di signori locali che ne avevano usurpato l'esercizio dei diritti pubblici. Le strutture del regno capetingio si andarono con-

132

Regni e principati nell'Europa feudale | **CAPITOLO 4**

solidando in particolare con i re Luigi VI (1108-37) e Luigi VII (1137-80), che recuperarono il **pieno controllo di terre e diritti sul demanio** e diedero efficacia a **organi amministrativi** in campo giudiziario e fiscale (rispettivamente la *curia* e il *consilium*). Furono inoltre in grado di assumere il ruolo di **garanti della sicurezza delle chiese** e dei loro patrimoni come pure delle **"paci di mercato"**, periodicamente indette per porre al riparo le attività commerciali da conflitti armati, anche nei territori non direttamente controllati da loro. Questa dimensione "morale" del potere regio guadagnò alla dinastia il sostegno dei ceti cittadini e della gerarchia ecclesiastica, ulteriormente rafforzato sia dal ruolo eminente che i Capetingi svolsero durante le crociate, sia dal **collegamento ideologico con i re carolingi** – di cui si sentivano legittimi eredi – abilmente costruito dall'influente abate di Saint-Denis, Sugerio.

Forte di questo consenso, la corona poté intessere una fitta rete di **relazioni feudali con duchi e conti** che, non senza resistenze, le riconobbero una forma di primato (*souzaineté*), sancendo una formale subordinazione vassallatica al re capetingio. La sacralità della figura del re, un'efficace articolazione amministrativa del **demanio regio**, il cui controllo si estese anche su terre e città situate in aree controllate da altri principati, il sostegno sempre maggiore di signori e principi alla dinastia capetingia attraverso il vincolo feudale furono dunque gli elementi essenziali perché si giungesse, alla fine del XII secolo, all'adozione di una formula, *regnum Francie*, che metteva in evidenza come l'autorità regia si estendesse, almeno idealmente, su un territorio omogeneo sino agli antichi confini del regno di Carlo il Calvo.

I Capetingi "re di Francia"

PERCORSO VISIVO

[◉ 2] La Francia tra il X e l'XI secolo
Il Regno di Francia appare costituito da ambiti territoriali frammentati e disarticolati. Tuttavia non si tratta di una situazione cristallizzata: instabilità e violenza connesse a questa divisione inducono a desiderare quadri di riferimento politico e territoriali più ampi e pacificati al proprio interno. Questo fu un fattore determinante anche per consolidare la crescita economica e demografica.

burocrazia Termine derivato dal francese *bureaucratie* (da *bureau*, "ufficio", e *-cratie*, "crazia"); indica il complesso dei funzionari dell'amministrazione di uno Stato o altro ente.

lingua d'oc-lingua d'oïl Antiche lingue romanze, rispettivamente il provenzale e il francese settentrionale, indicate con il termine utilizzato da ciascuna per indicare "sì".

demanio regio Dal francese antico *demaine*, derivato dal latino *dominium*: patrimonio della corona (città, castelli, beni e diritti regi) che non è oggetto di alienazione o concessione.

133

SEZIONE II | IL CULMINE DELLA CIVILTÀ MEDIEVALE EUROPEA [SECOLI XII-XIII]

---

rispondi
1. Come si costituiscono i principati francesi e che legame hanno con la corona? **2.** In che cosa consiste l'originalità della dinastia capetingia? **3.** Come nasce il *regnum Franciae*?

L'apogeo del potere capetingio Con **Filippo II**, detto **Augusto** (1180-1223), la monarchia capetingia fu in grado di estendere enormemente i domini della corona: per via matrimoniale furono acquisiti l'Artois e il Vermandois, mentre con le armi furono conquistati l'Angiò (*Anjou*), il Maine, il Berry, la Bretagna e la Normandia. Come vedremo nel prossimo paragrafo, fu la grande vittoria nella battaglia di **Bouvines** (1214) [▶ eventi, p. 139] a consentire a Filippo di occupare tutti i possedimenti anglo-normanni a nord della Loira. L'enorme **demanio regio** così costituito fu retto grazie all'ampio sviluppo dell'**apparato burocratico e giudiziario**, mentre la **subordinazione feudale dei signori** al sovrano fu resa più stringente e sempre più spesso codificata in forma scritta.

4.3 Il Ducato di Normandia e il Regno d'Inghilterra

I rapporti tra anglosassoni e normanni

I normanni in Inghilterra A partire dal IX secolo l'Inghilterra, divisa in **vari regni anglosassoni**, subì frequenti incursioni da parte di popolazioni scandinave (genericamente definite "danesi"), che arrivarono a controllarne ampi territori, finché ai primi dell'XI secolo l'isola entrò a far parte di un vasto dominio che comprendeva anche Norvegia, Svezia e Danimarca, governato da Canuto (Knut) il Grande. Nel 1042, dopo alcune lotte interne, tornò sul trono un re anglosassone, **Edoardo III**, poi canonizzato con l'appellativo di "Confessore" per la sua profonda fede, che portò una certa pace e prosperità nel regno. Sotto la continua minaccia danese, Edoardo **guardò con favore alla vicina potenza normanna**. Il Ducato di Normandia infatti era uno dei più solidi tra i principati francesi, grazie alle sue ricche risorse e all'efficace amministrazione; inoltre la sua dinastia regnante aveva intrecciato stretti rapporti con i principali potentati anglosassoni, rafforzati da matrimoni e vincoli di parentela.

La conquista normanna dell'Inghilterra

Alla morte di Edoardo (1066) tuttavia il regno passò nelle mani del conte del Wessex, Harold, sostenitore del partito ostile ai normanni. Il duca di Normandia, Guglielmo, riteneva però di essere legittimo successore di Edoardo per via del suo matrimonio

---

PERCORSO VISIVO

[👁 3] L'arazzo di Bayeux
La conquista normanna dell'Inghilterra è stata "raccontata" in un arazzo, attribuito alla regina Matilde moglie di Guglielmo, e ora custodito in Bretagna, a Bayeux. Sulla tela, alta 50 centimetri e lunga 70 metri, è ricamata l'intera vicenda, dalla preparazione della spedizione allo sbarco, alla battaglia e alla morte del re Harold.

▶ Il passaggio di una cometa desta grande stupore e preoccupazione (*Isti mirant stellam*): è un presagio negativo per le notizie che re Harold sta ricevendo. In effetti, la cometa di Halley fu visibile nel marzo 1066.

134

Regni e principati nell'Europa feudale | **CAPITOLO 4**

con Matilde di Fiandra, figlia di un cugino del re. Con l'appoggio di papa Alessandro II (1061-73), decise di far valere i suoi diritti e si preparò ad attaccare. Sbarcato sull'isola a capo di un forte esercito, sconfisse gli anglosassoni nella battaglia di Hastings (14 ottobre 1066) [👁 3]. Guglielmo, detto "il Conquistatore", poté così impadronirsi del territorio inglese (esclusi dunque Galles e Scozia) e fu consacrato re nel Natale dello stesso anno.

Il nuovo regno inglese Guglielmo (1066-87) operò un'efficace sintesi tra i risultati raggiunti dal governo dei re anglosassoni e i metodi propri del ducato normanno. Mantenne dunque le **circoscrizioni territoriali** sassoni (*shires*) in cui operavano gli agenti regi (*sherifs*), integrati da giudici itineranti, mentre rese progressivamente **meno importanti le corti giudiziarie popolari** alle quali partecipava la popolazione degli insediamenti rurali (*tuns*, da cui *towns*, "villaggi"). Fu notevolmente **ridotto** anche **il potere degli *earls*** anglosassoni, grandi proprietari terrieri con funzioni militari, le cui terre furono in gran parte redistribuite da Guglielmo alla propria famiglia (alla quale egli riservò un quinto dell'intero territorio) e ai cavalieri normanni. In forza di questa amplissima proprietà demaniale, Guglielmo ebbe la possibilità di legare direttamente alla corona, attraverso il vincolo feudale, questi cavalieri (*tenants in chief*), concedendo unità fondiarie (*manors*) munite di fortificazioni, ma badando a impedire la concentrazione nelle mani di singoli vassalli. La redazione di un minuzioso inventario delle terre del regno, il *Domesday Book* (completato nel 1086), consentì inoltre all'amministrazione giudiziaria e fiscale del regno di avere una base certa per l'imposizione fiscale e per giudicare eventuali usurpazioni [▶ cap. 1.1].

Eredità anglosassone e innovazioni normanne

Un nuovo assetto istituzionale Con **Enrico I** (1100-35), quarto figlio di Guglielmo, l'evoluzione delle forme amministrative procedette di pari passo nel ducato e nel regno, specialmente quando Enrico si impadronì della Normandia che era andata in eredità a uno dei suoi fratelli, Roberto II Cosciacorta, facendone un suo dominio personale. En-

Gli uffici e i funzionari regi

◀ Il duca di Normandia Guglielmo tiene un discorso ai suoi cavalieri (*Hic Willelmus dux alloquitur suis*) prima della battaglia, per vincere la quale dovranno infrangere il muro di scudi eretto dalla fanteria anglosassone.

135

SEZIONE II   IL CULMINE DELLA CIVILTÀ MEDIEVALE EUROPEA [SECOLI XII-XIII]

rico si venne dunque a trovare nella condizione di essere feudatario del re di Francia come duca di Normandia, e sovrano indipendente come re d'Inghilterra: una situazione ibrida, alla base – come studieremo più avanti – di un conflitto territoriale che, con alterne vicende, connotò per secoli i rapporti tra Francia e Inghilterra. La costituzione di una **household** regia in Inghilterra, ossia di un **insieme centralizzato di uffici** addetti all'amministrazione dei patrimoni e dei redditi demaniali e feudali, alla riscossione dei tributi, alla produzione di documenti e al sostentamento della corte (spesso itinerante), aveva il suo analogo in Normandia negli **uffici ducali** e nella rete degli **agenti ducali** (detti siniscalchi, nel Nord, o balivi, nel Sud), che esercitavano uno stretto controllo sui castelli e sull'amministrazione della giustizia. Fra le istituzioni amministrative anglo-normanne, una delle più celebri e longeve è lo **Scacchiere** (dal latino *Scaccarium*, "scacchiera", *Exchequer* in inglese), l'ufficio incaricato di gestire le entrate e le uscite del regno (o del ducato) e di redigerne i bilanci.

Le città Enrico intervenne inoltre nella regolazione degli **statuti delle comunità urbane**. L'attrazione del surplus agricolo verso i mercati cittadini – fenomeno favorito dalla fase di crescita economica che stava attraversando il continente europeo – rese infatti più ricche e dinamiche le città, che richiesero di conseguenza ordinamenti giuridici che garantissero loro maggiori ambiti di autonomia. Nell'accordare privilegi alle comunità urbane, il re si garantì comunque il controllo sull'esercizio dei diritti regi (tasse, servizio militare, giustizia) e la partecipazione ai proventi delle attività economiche non strettamente legate al mondo rurale.

L'amministrazione della giustizia Infine, Enrico operò una vasta serie di riforme in ambito giudiziario. Le *Leges Henrici primi* disciplinarono le cause di competenza regia, distinguendole da quelle riservate alle tradizionali corti popolari, sulla base del principio che il re, giurando di essere garante di pace, giustizia ed equità, poteva modificare le consuetudini qualora risultassero contrarie a quei principi. Le cause di competenza regia furono individuate nei reati contro il re, la corte o il patrimonio regio, contro la persona (omicidio), il patrimonio (furto, incendio) o l'onore (tradimento). La trattazione separata delle cause comportò la creazione di un **apparato giudiziario** che operava in stretta connessione con la curia regia attraverso un fitto sistema di produzione di scritti (*writs*), con i quali gli ordini e le disposizioni raggiungevano le corti, gli agenti regi e i giudici.

Enrico II Plantageneto duca di Normandia e re d'Inghilterra **Il rafforzamento monarchico** Dopo un periodo di disordini seguito alla morte di Enrico I, la politica di affermazione del potere monarchico fu proseguita con decisione dal nipote **Enrico II** (1154-89). Figlio di Goffredo V, conte d'Angiò e Maine – detto Plantageneto dall'insegna della sua casata, una pianta di ginestra (in francese *plante de genêt*) –, e di Matilde, figlia di Enrico I e vedova dell'imperatore Enrico V, nel 1144 ereditò dal padre il Ducato di Normandia, l'Angiò, la Turenna e il Maine; l'anno successivo, sposando Eleonora d'Aquitania, divorziata dal re Luigi VII di Francia, acquisì anche il Poitou e l'Aquitania, diventando il più potente signore di Francia, sebbene vassallo del re capetingio [👁 4]. Nel 1153 promosse una spedizione militare in Inghilterra e si fece nominare erede al trono, allora occupato dal cugino, Stefano di Blois; nel 1154 cinse finalmente la corona inglese [👁 5].

Le costituzioni di Clarendon, origine della *common law* Dovendo ristabilire l'ordine e la pace sociale messe a rischio durante il periodo di anarchia seguito alla morte di Enrico I, Enrico II proseguì energicamente la politica del nonno. Distrusse le fortezze erette abusivamente, favorì la ripresa delle colture e recuperò i beni demaniali. Questa azione di governo fu condotta limitando ulteriormente il peso militare e sociale dell'aristocrazia a vantaggio degli **apparati burocratici regi**. Nel 1164, in occasione delle assise di Clarendon, il re emanò 16 costituzioni che attribuivano **ai tribunali regi** la **competenza su molti reati** in precedenza giudicati da tribunali feudali, sia laici sia ecclesiastici. Queste disposizioni normative e amministrative favorirono la creazione di un **diritto scritto unitario e comune** per tutto il regno (per questo chiamato *common law*), che comprendeva le consuetudini del diritto anglosassone e il diritto feudale. Diffuso grazie alle sentenze emanate dai tribunali regi, fornì una solida base giuridica e burocratica al regno.

PERCORSO VISIVO

[👁 4] **I possedimenti anglo-francesi dei Plantageneti (XII secolo)**
La carta evidenzia come in questo periodo l'ambito di reale dominio della corona francese fosse molto ristretto; oltre ai domini dei Plantageneti, sfuggiva completamente al controllo di Parigi anche il Sud del paese, in cui la Contea di Tolosa svolgeva un ruolo egemone.

Legenda:
- Possedimenti della corona di Francia
- Vassalli della corona di Francia
- Possedimenti dei Plantageneti

siniscalco Dal francese antico *siniskalk*, "anziano servitore", in origine era l'ufficiale di palazzo addetto alla mensa regia; acquisì poi compiti militari e giudiziari. Il gran siniscalco è il sovrintendente del re in assenza del sovrano.

balivo Derivato da *bail*, dal latino *baiulus*, "portatore (delle insegne imperiali)"; funzionario che esercita giurisdizione d'appello in nome del re e controlla l'operato dei funzionari minori.

assise Dal latino *assidere*, "sedere": grande assemblea, spesso con valore giudiziale.

costituzione Atto avente forza di legge, solitamente emanato da un sovrano.

[👁 5] **La costruzione di un mito** Per superare i contrasti che ostacolavano l'ascesa di una dinastia francese sul trono inglese fu necessario, sul piano simbolico, individuare una figura mitica da contrapporre a Carlo Magno, cui facevano riferimento sia i re di Francia sia gli imperatori tedeschi. Fu Artù, leggendario capo della resistenza romano-bretone ai sassoni, a divenire modello di sovranità sacrale (le sue reliquie furono opportunamente "scoperte" a Glastonbury, abbazia protetta dai Plantageneti) e magica, testimoniata dalla presenza di Merlino nel mito. Con la diffusione dell'*Historia regum Britanniae* di Goffredo di Monmouth, il modello di un re "primo tra pari" – concetto alla base della leggendaria immagine della Tavola rotonda – raggiunse anche le corti principesche francesi antagoniste della monarchia capetingia, dando l'avvio alla straordinaria fortuna letteraria del ciclo arturiano.

▶ Artù con le cinque corone dei regni pacificati dal padre, miniatura del XIII secolo.

SEZIONE II IL CULMINE DELLA CIVILTÀ MEDIEVALE EUROPEA [SECOLI XII-XIII]

Dallo scontro all'accordo con la Chiesa

Le tensioni con la Chiesa e con i nobili Le costituzioni stabilivano uno stretto **controllo regio sulle elezioni di vescovi, priori e abati** e limitavano fortemente l'autonomia giurisdizionale della Chiesa. Nel caso in cui, per esempio, un chierico fosse stato accusato di omicidio o furto, dopo il giudizio di un tribunale ecclesiastico (che poteva comminare solo sanzioni disciplinari) avrebbe dovuto poi essere giudicato anche da un tribunale regio. Questo scatenò la **rivolta del clero inglese**, geloso della propria tradizionale immunità giurisdizionale, e determinò la fine della collaborazione con **Thomas Becket** (1118-70), arcivescovo di Canterbury e cancelliere del regno. Da sostenitore delle libertà della Chiesa, secondo i principi della riforma [▶ cap. 2.2], Becket fu costretto all'esilio in Francia; tornato in Inghilterra nel 1170, fu ucciso poco dopo da uomini del re [👁 6]. Alcuni anni più tardi, Becket fu proclamato santo da Alessandro III ed Enrico fece pubblicamente penitenza, accordandosi con il papato per eliminare le costituzioni più sfavorevoli alla Chiesa in cambio di una sostanziale accettazione delle disposizioni regie e dell'appoggio pontificio alla conquista dell'Irlanda. Da questo momento la **subordinazione vassallatica del re al papa** e il mantenimento di una sfera di **autonomia** da parte dell'**episcopato inglese**, sia rispetto alla corona sia rispetto alla Sede apostolica romana, costituirono un duraturo punto di equilibrio tra i due poteri.

La Magna Charta: la limitazione del potere regio

La macchina amministrativa regia continuò a funzionare bene anche durante la lunga assenza dal regno di Riccardo Cuor di Leone (1189-99), impegnato prima in campagne militari in Europa poi nella terza crociata, ma in compenso crebbe la tensione fra corona e nobiltà a causa dell'aumentata **pressione fiscale** imposta per fronteggiare i numerosi impegni bellici. Questi continuarono anche sotto il successore di Riccardo, Giovanni Plantageneto detto "Senzaterra" (1199-1216), che però si trovò in gravissime difficoltà dinanzi all'iniziativa politico-diplomatica di Filippo Augusto, coronata dal

cancelliere Grande dignitario, responsabile della redazione degli atti scritti di un potere sovrano. L'ufficio di cancelleria dispone del sigillo regio, e dunque ha il pieno controllo delle forme scritte con cui il potere del re si esprime.

barone Titolo aristocratico che inizialmente designava un uomo libero e adatto alle armi (dal germanico *bers*); dal XII secolo assunse, nei regni di influsso francese o normanno, il valore di "vassallo del re" e dunque designò generalmente l'alta nobiltà.

PERCORSO VISIVO

[👁 6] **La morte di Becket**
Costretto all'esilio in Francia per i contrasti sorti tra Chiesa e corona inglese in seguito all'emanazione delle costituzioni di Clarendon, Thomas Becket fu convinto a rientrare in Inghilterra con un inganno. La sua uccisione, avvenuta in modo sacrilego all'interno della stessa Cattedrale di Canterbury, la più importante del paese, suscitò una vasta eco in tutta Europa: anche in Italia ci sono raffigurazioni pressoché contemporanee dell'evento, come questa realizzata tra il XII e il XIII secolo nella Chiesa dei Santi Giovanni e Paolo a Spoleto.

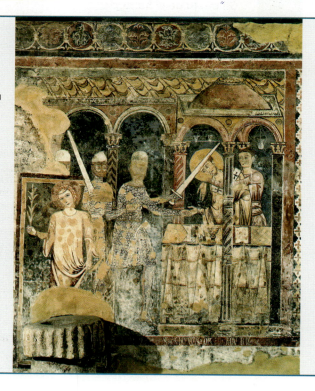

138

Regni e principati nell'Europa feudale | **CAPITOLO 4**

eventi

La domenica di Bouvines

Il 27 luglio 1214, di domenica, giorno formalmente interdetto alle battaglie, si scontrarono nei pressi di Bouvines, villaggio della Francia settentrionale presso Lille, gli eserciti di Filippo II, re di Francia, e dell'imperatore scomunicato Ottone IV, alle cui schiere si erano affiancati gli alleati Ferdinando, conte di Fiandra, e Giovanni I Senzaterra, re d'Inghilterra (quest'ultimo però non presente sul campo di battaglia), che avevano invaso il Regno di Francia.

Vari furono i fattori che consentirono a Filippo Augusto di ottenere una piena vittoria: in primo luogo, il mancato coordinamento tra le truppe filoimperiali, pur superiori di numero, ma anche la perfetta organizzazione data alla cavalleria francese da Guérin de Senlis, cavaliere dell'Ordine degli Ospedalieri e vescovo.

Gli effetti della battaglia
L'esito della battaglia ebbe profonde ripercussioni sulla politica europea: in Francia, si consolidò l'unità dello Stato sotto il segno della monarchia capetingia; in Inghilterra, Giovanni Senzaterra fu costretto dall'opposizione nobiliare a concedere la *Magna Charta* (1215); in Germania, Ottone IV non poté far altro che ritirarsi dalla lotta per la rielezione imperiale, lasciando il campo libero a Federico II e favorendo così il gioco di papa Innocenzo III, che aveva favorito i francesi.

Un breve tentativo di unificare i regni di Francia e Inghilterra fu condotto da Luigi, figlio di Filippo Augusto, futuro Luigi VIII, che nel 1216 attraversò la Manica per appoggiare una grande rivolta dei nobili inglesi, ma la vittoria a Lincoln delle forze regie frustrò definitivamente le speranze capetinge.

▼ La battaglia di Bouvines, miniatura dalle *Cronache di Francia*, XIV secolo.

successo della battaglia di **Bouvines** (1214) [▶ **eventi**]. I **baroni**, il **clero** e la **borghesia mercantile** costrinsero così il sovrano a concedere nel 1215 un documento, detto *Magna Charta libertatum* [▶ FONTI, p. 140], in forza del quale venivano confermati i privilegi (*libertates*) di chiese, aristocrazia e città e veniva riconosciuta ai baroni riuniti nella *Magna curia* la possibilità di **limitare** l'**autorità regia in materia fiscale**. Si affermava così l'idea di un ridimensionamento del potere regio ad opera di una rappresentanza dei corpi sociali, sulla quale si sviluppò, fra tardo Duecento e Trecento, il sistema parlamentare inglese.

> **rispondi**
> 1. A che cosa dà inizio la battaglia di Hastings? 2. Che cosa stabiliscono le costituzioni di Clarendon? 3. Quali condizioni portano alla concessione della *Magna Charta libertatum*?

4.4 Il Regno normanno di Sicilia

L'Italia meridionale A differenza di quanto accadde in Inghilterra, in Italia meridionale la costituzione di un Regno normanno avvenne molto lentamente e per effetto di una progressiva infiltrazione di **guerrieri e gruppi familiari in un quadro politico molto frammentato**: sul continente infatti vi erano principati longobardi e territori soggetti o dipendenti dall'Impero bizantino, mentre la Sicilia era allora divisa tra vari emirati, formalmente dipendenti dai Fatimidi del Cairo [▶ cap. 3.1].

La frammentazione politica dell'Italia meridionale

139

SEZIONE II IL CULMINE DELLA CIVILTÀ MEDIEVALE EUROPEA [SECOLI XII-XIII]

FONTI

La *Magna Charta libertatum*

La *Magna Charta libertatum* ("Grande carta delle libertà") è uno statuto in 63 capitoli che accoglie le richieste dei baroni in merito al tema fondamentale della limitazione del potere regio nei confronti dei sudditi. Riconosce così la libertà e l'inviolabilità della Chiesa e dei cittadini, i privilegi e le consuetudini di città, borghi e porti. Regola i conflitti feudali e garantisce a ogni uomo libero il diritto di essere giudicato da una corte di suoi pari e di non essere arrestato in modo arbitrario.

▲ Una copia della *Magna Charta*.

> **Il re aveva dunque già rinunciato a intromettersi nella nomina delle gerarchie ecclesiastiche.**

1. In primo luogo abbiamo concesso a Dio e abbiamo confermato con questa nostra carta […] che la Chiesa inglese sia libera ed abbia i suoi diritti integri e le sue libertà intatte, e vogliamo che ciò sia osservato, come è evidente dal fatto che per nostra chiara e libera volontà, prima che nascesse la discordia tra noi e i nostri baroni, abbiamo concesso e confermato con la nostra carta la libertà delle elezioni, che è considerata sommamente importante ed essenziale alla Chiesa inglese […]. […]

12. Nessuno scudaggio[1] o altro ausilio[2] sia imposto nel nostro regno, se non per comune consiglio del regno nostro, a meno che non sia per pagare il riscatto della nostra persona, per far cavaliere il nostro primogenito o per far la dote una sola volta alla nostra primogenita, e a questi fini sia da richiedere soltanto un ragionevole ausilio. […]

13. La città di Londra abbia tutte le antiche libertà e libere consuetudini sia per terra che sulle acque. Inoltre vogliamo e concediamo che tutte le altre città, borghi, villaggi e porti abbiano tutte le loro libertà e libere consuetudini.

> **La convocazione del "consiglio del regno" viene garantita da una procedura ben precisa, per dare realmente modo a tutti di partecipare.**

14. Per radunare il comune consiglio del regno perché stabilisca un ausilio (eccetto che nei tre suddetti casi) o scudaggio, noi faremo convocare gli arcivescovi, vescovi, abati, conti ed i maggiori baroni individualmente con nostre lettere, e invieremo inoltre una convocazione generale per mezzo dei nostri sceriffi e balivi a tutti i nostri vassalli immediati […]. […]

38. Da ora in poi nessun balivo chiamerà in causa alcuno sulla base della propria affermazione, senza produrre testimoni d'accusa attendibili.

> **Viene introdotto il tema dell'inviolabilità della persona, se non a fronte di accuse ben provate e per decisione di un giudice.**

39. Nessun uomo libero sia arrestato, imprigionato, multato, messo fuori legge, esiliato o danneggiato in alcun modo, né ci volgeremo o manderemo alcuno contro di lui, eccetto che per legale giudizio di suoi pari[3] o secondo la legge del regno[4].

61. […] diamo e concediamo […] le seguenti garanzie: i baroni eleggano venticinque baroni del regno […], i quali […] debbono osservare, mantenere e far osservare la pace e le libertà che abbiamo concesso e confermato loro […], cosicché se noi […] commettiamo mancanza contro chiunque in qualunque maniera, o trasgrediamo uno qualsiasi degli articoli di pace o di sicurezza [e se] non correggessimo l'offesa entro quaranta giorni [dalla denuncia], [i baroni] tutti, insieme alle comunità di tutto il regno, ci danneggeranno e molesteranno in ogni maniera che potranno, cioè impadronendosi di castelli, terre e proprietà, e in altre maniere che potranno, restando salva la nostra persona e quelle della regina e dei nostri figli finché, a loro giudizio, sia stata corretta l'offesa […].

video CLIL
Cos'è la Magna Charta? (inglese)

J.C. Holt, *Magna Charta*, Cambridge 1965 (1992), in G. Musca, *La nascita del Parlamento nell'Inghilterra medievale*, Dedalo, Bari 1994 (con modifiche)

---

1 scudaggio: somma versata in cambio della prestazione militare diretta.
2 ausilio: contributo richiesto dal signore in particolari momenti di bisogno.
3 giudizio di suoi pari: si definiscono "pari" coloro che hanno il privilegio di essere giudicati da una giuria composta da persone dello stesso rango.
4 legge del regno: secondo i principi stabiliti dal diritto comune (*common law*).

140

Regni e principati nell'Europa feudale | **CAPITOLO 4**

Tra gli anni Venti e Trenta del X secolo, la frammentazione politica e territoriale si tradusse in aperto **conflitto** a seguito dei tentativi di espansione dei principati longobardi di Capua e Salerno ai danni del Ducato di Benevento e dei ducati tirrenici. Tutte le parti in causa furono indotte a procurarsi **mercenari** tra cavalieri e uomini d'arme italiani e transalpini. Questi ultimi erano in gran parte **normanni,** che non avendo possibilità di carriera nel Ducato di Normandia, e conoscendo abbastanza bene la realtà dell'Italia meridionale grazie ai pellegrinaggi al Santuario di San Michele arcangelo sul Gargano, cercarono di sfruttare a proprio vantaggio il complesso quadro politico meridionale [👁7].

L'arrivo dei normanni

Nel 1030 una banda di normanni capitanata da Rainulfo Drengot fu installata dal duca di Napoli nel casale fortificato di Aversa, mentre nel 1041, in occasione di una rivolta antibizantina, Melfi fu occupata da truppe mercenarie al servizio del principe di Salerno Guaimario IV e spartita tra Guglielmo detto "Braccio di Ferro" e Drogone, due dei 14 figli di Tancredi di Hauteville (italianizzato in Altavilla), signore di un modesto territorio nei pressi di Coutances in Normandia. Da quel momento in poi i normanni abbandonarono progressivamente l'attività mercenaria e condussero invece iniziative militari e politiche autonome, attaccando e saccheggiando la Calabria, il Nord della Puglia e Benevento. Papa Leone IX (1049-54), raggiunto dall'invito ad accorrere in difesa della città, allestì un **esercito di truppe pontificie e longobarde**, ma fu gravemente **sconfitto** a Civitate, **in Puglia**, e fatto prigioniero (1053). La circostanza fu superata grazie a un oculato calcolo politico: in cambio del **giuramento di fedeltà** che i capi normanni concessero al pontefice, questi si garantì potenti alleati in un momento difficile, quello dei più aspri conflitti fra le varie anime della riforma della Chiesa e dei dissidi con l'Impero e la Chiesa di Costantinopoli.

Da mercenari ad alleati del papa

PERCORSO VISIVO

[👁7] La conquista normanna del Sud Italia
All'inizio del X secolo Benevento, Capua e Salerno erano sedi di principati longobardi; Puglia, Basilicata e gran parte della Calabria facevano parte del dominio bizantino d'Italia, mentre i ducati di Gaeta, Amalfi e Napoli dipendevano solo formalmente da Costantinopoli; la Sicilia era un emirato islamico. Inizialmente i vari gruppi di guerrieri normanni operarono indipendentemente l'uno dall'altro, mettendosi al servizio dei vari poteri meridionali. La vera svolta unitaria fu impressa all'azione normanna dagli Altavilla e soprattutto da Roberto il Guiscardo, che seppe sfruttare a fondo la vittoria sulla coalizione pontificia a Civitate.

Primi feudi normanni
Conquiste normanne nell'XI secolo
Conquiste normanne nel XII secolo

SEZIONE II IL CULMINE DELLA CIVILTÀ MEDIEVALE EUROPEA [SECOLI XII-XIII]

I normanni signori dell'Italia meridionale

Il consolidamento della presenza normanna Nel **1059 Riccardo di Aversa** fu investito formalmente del **Principato di Capua** (di cui s'era già impadronito militarmente) e **Roberto d'Altavilla**, detto **"il Guiscardo"** ("l'astuto", ma con connotazione negativa), del **Ducato di Puglia e Calabria** e della **Sicilia**, ancora da conquistare. L'occupazione dell'isola fu condotta congiuntamente da Roberto e dal fratello Ruggero sino al 1072, e continuata dal solo Ruggero sino al 1091. Nel 1088 il papa Urbano II conferì inoltre a Ruggero l'autorità di legato apostolico, che autorizzava lui e i suoi successori ad assumere il pieno controllo sulla disciplina e sulla condotta del clero siciliano.

Le caratteristiche della signoria normanna

Negli stessi anni Roberto completava la conquista dei territori bizantini, occupando **Bari** (1071), mentre altri capi normanni, per iniziativa di **Roberto di Loritello**, avviavano l'insediamento in **Abruzzo**. Oltre a questi tre condottieri carismatici ve ne furono molti altri che, in particolare nella Puglia costiera, svilupparono ambiti di potere autonomi rispetto a Roberto il Guiscardo. A differenza della Sicilia, dove la conquista per mano di un unico capo militare consentì la formazione di un ampio demanio controllato direttamente, nel Mezzogiorno continentale l'**invasione normanna** ebbe un **carattere policentrico**, cosa che avrebbe avuto in seguito importanti ripercussioni.

Il confronto con i poteri locali

Dopo le prime fasi di saccheggio, la **presenza normanna** in Italia meridionale si stabilizzò tendenzialmente secondo i **caratteri tipici della signoria territoriale**, confrontandosi con poteri che già da tempo insistevano su queste aree: dai grandi monasteri (Montecassino, Cava, San Vincenzo al Volturno) agli apparati amministrativi e di governo longobardi, bizantini e arabo-islamici [👁 8]. I normanni cercarono di legittimarsi anche al di là della penisola, intraprendendo una guerra in Epiro contro l'Impero bizantino e partecipando attivamente al movimento crociato [▶ cap. 3.4].

L'accentramento di Ruggero II e dei suoi successori

La spinta alla centralizzazione Nonostante l'instabilità politica del Mezzogiorno continentale e l'opposizione del pontefice Onorio II, il figlio di Ruggero I, **Ruggero II** (1130-54), alla morte senza eredi dell'ultimo duca di Puglia, Guglielmo, riuscì a imprimere un nuovo corso alla storia del territorio. Approfittando di uno scisma apertosi nel-

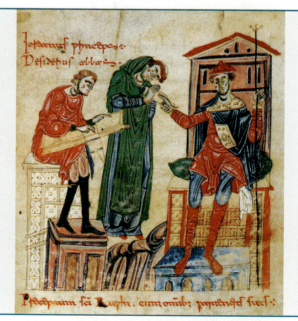

PERCORSO VISIVO

[👁 8] **I normanni e i poteri locali** La miniatura, tratta dal registro dell'Abbazia di Sant'Angelo in Formis, mostra il potente abate Desiderio di Montecassino – di cui l'abbazia era dipendente – mentre riceve un privilegio da Giordano Drengot, principe normanno di Capua. La scena lascia intendere che tra i due personaggi vi fosse una certa familiarità: le mani che si toccano, il ricco oggetto della donazione – una chiesa con le sue pertinenze – e l'inchino dell'abate evidenziano la vicinanza ideologica tra i due poteri territoriali, laico ed ecclesiastico, a testimonianza della volontà dei normanni di cercare legittimazione al loro ruolo politico. Nel 1086 Desiderio, anche se per pochi mesi, sarà eletto papa con il nome di Vittore III.

Regni e principati nell'Europa feudale | **CAPITOLO 4**

la Chiesa di Roma, nel 1130 Ruggero si fece solennemente incoronare **re di Sicilia, Calabria e Puglia** [👁 9] dal rappresentante dell'antipapa Anacleto II: una cerimonia necessaria per dare ulteriore legittimità a una dinastia nascente, sia nei confronti degli altri sovrani europei e mediterranei, sia soprattutto nei riguardi degli altri principi normanni, che continuarono a lungo a mostrarsi ostili al potere monarchico. La stessa Roma avversò questa svolta: nel 1138, morto Anacleto, Innocenzo II (1130-43), pur riconosciuto come papa da Ruggero, mosse con un esercito contro il sovrano normanno, uscendone tuttavia sconfitto, prigioniero e obbligato a confermarne il ruolo.

Ruggero, e poi i suoi successori Guglielmo I (1154-66) e Guglielmo II (1166-89), impiegarono grandi energie nell'affermare, spesso con spietatezza, un modello politico-ideologico che attingeva a piene mani sia dalla regalità occidentale (definita attraverso la difesa della pace, della giustizia e della Chiesa), sia dai grandi modelli amministrativi orientali, da quello imperiale bizantino a quello califfale fatimide:

- fu riorganizzata la **burocrazia con competenze fiscali** (*dohana*) **e giudiziarie**, animandola con specialisti arabi, latini e greci e centralizzandola a **Palermo** [▶luoghi, p. 144];
- il territorio del regno fu suddiviso in **aree di competenza di vari ufficiali** (*camerari*, *forestari*, *baiuli*, *giustizieri*), che garantivano la costante presenza regia dinanzi alla Chiesa, agli aristocratici e alle città, sempre percorse da fermenti autonomistici.

I sovrani normanni cercarono anche di imporre la loro **supremazia sulle aristocrazie del Mezzogiorno continentale**, sostenendo che i poteri da esse esercitati nei propri territori erano, in ultima analisi, delegati dal re, cui spettava un **potere supremo**. I sovrani stabilirono dunque con i signori locali vari rapporti di subordinazione, alleanza, fedeltà, clientela, patronato religioso, legame parentale, che tendevano inoltre a rafforzare con **legami di tipo feudale**, come testimoniato dal *Catalogus baronum*, una sorta di censimento dei *milites* del regno (sia che essi fossero militarmente soggetti a una signoria, sia che fossero direttamente dipendenti dal re) e dei loro obblighi verso il sovrano.

I modelli del potere normanno in Sicilia

Gli equilibri di potere interni al regno

[👁 **9**] **Un modello bizantino per la regalità normanna** Cristo incorona Ruggero, immagine dal mosaico della Martorana a Palermo.
La Chiesa di Santa Maria dell'Ammiraglio, detta "la Martorana", venne fatta costruire a partire dal 1143 per volontà di Giorgio di Antiochia, capo della flotta normanna. Il ciclo di mosaici che ricopre le sue pareti venne realizzato da maestranze bizantine secondo lo stile e il progetto artistico propri di quella cultura.
La scena dell'incoronazione di Ruggero mostra il sovrano con i panni propri dell'imperatore (*basilèus*) di Costantinopoli; il normanno china la testa in segno di deferenza, tuttavia viene raffigurato in piedi e non prostrato e la sua figura non è molto più piccola di quella di Cristo.
La chiesa è ancora oggi dedicata al culto greco ortodosso di rito albanese.

SEZIONE II   IL CULMINE DELLA CIVILTÀ MEDIEVALE EUROPEA [SECOLI XII-XIII]

luoghi

La Palermo normanna

La corte regia divenne anche un centro promotore di cultura scientifica: vi vennero tradotti alcuni testi greci di Tolomeo, Euclide e Aristotele. Alla committenza di Ruggero II dobbiamo un'opera cartografica rivoluzionaria: un planisfero d'argento di tutto il mondo conosciuto (disperso durante una rivolta a Palermo) e il testo geografico corrispondente, il *Libro dello svago per chi desidera viaggiare per il mondo*, opera di al-Idrisi, nato a Ceuta ma di nobile famiglia maghrebina.

Le testimonianze artistiche

Il sincretismo culturale della Palermo arabo-normanna, per quanto sorvegliato da un rigido programma politico e religioso di latinizzazione dell'isola, è testimoniato dai monumenti della città: dal Palazzo reale (o Palazzo dei Normanni), manifestazione del potere, al duomo di Monreale, con la sua vastissima decorazione a mosaico; dalla chiesa di Santa Maria dell'Ammiraglio, simbolo dell'arte bizantina di età comnena, al Palazzo della Zisa (dall'arabo *al-Aziza*, "la Splendida"), le cui forme dialogano direttamente con le architetture nordafricane, sino alla Cappella Palatina, straordinaria opera di sintesi delle correnti artistiche e culturali dell'intero bacino mediterraneo.

L'itinerario arabo-normanno di Palermo, che comprende anche Monreale e la cattedrale di Cefalù, fondata da Ruggero II, è stato dichiarato patrimonio UNESCO nel 2015. ◼

▲ Sala del trono, Palazzo dei Normanni, XII secolo.

▲ Cristo Pantocratore ("Onnipotente"), Duomo di Monreale, XII secolo.

▶ Palazzo della Zisa, XII secolo.

▶ Chiostro di San Giovanni degli Eremiti, XII secolo. Le famose cupole rosse delle costruzioni normanne richiamano un elemento comune nell'architettura araba; in realtà quelle palermitane presentano una struttura leggermente differente, mentre la stessa colorazione è frutto di un invasivo – quanto poco scientifico – restauro ottocentesco.

Regni e principati nell'Europa feudale | **CAPITOLO 4**

Il controllo dei matrimoni tra nobili e l'esercizio dell'alta giustizia furono i mezzi più efficaci a disposizione del potere regio per risolvere a proprio vantaggio la competizione con le aristocrazie, insieme con la progressiva emanazione di leggi che avrebbero poi avuto una sistemazione organica soltanto nel Duecento. Di questa competizione si avvantaggiarono soprattutto le **comunità rurali, che godettero di condizioni assai favorevoli in merito al prelievo signorile** sulla produzione agricola, generalmente basso, e che difesero efficacemente le quote di **terra** e risorse in gestione **comunitaria**.

I vantaggi per le comunità rurali

Disomogeneità interna e ingerenza esterna Le tensioni tra sovrano e aristocrazia, la molteplicità dei centri di potere signorile nel Mezzogiorno continentale, la pluralità di componenti culturali e religiose, che non sempre convissero pacificamente, costituirono elementi costanti della vita del regno normanno. Inoltre, l'incertezza relativa al fatto che la **trasmissione ereditaria** non fosse ancora determinata in via di diritto consentì a un forte gruppo di laici ed ecclesiastici di schierarsi a favore di un **coinvolgimento diretto** dell'Impero nelle vicende del regno, come vedremo tra poco.

rispondi
1. Qual è la situazione politico-territoriale dell'Italia meridionale all'inizio del X secolo?
2. Come si insedia il potere normanno?
3. Quali modelli di potere adottano i sovrani normanni una volta conquistati i territori?

4.5 L'Impero, tra Europa e Mediterraneo

Frammentazione e debolezza dell'istituzione monarchica A differenza che in Francia e in Inghilterra, nelle terre dell'Impero non si verificò un processo di accentramento delle competenze e dei poteri del sovrano. **Regni e principati** scaturiti dalla crisi dell'ordinamento pubblico carolingio [◉10] mantenevano **ampi margini di autonomia** nei confronti di una figura regia cui erano demandati solo i compiti di **giudice**

L'autonomia dei principati

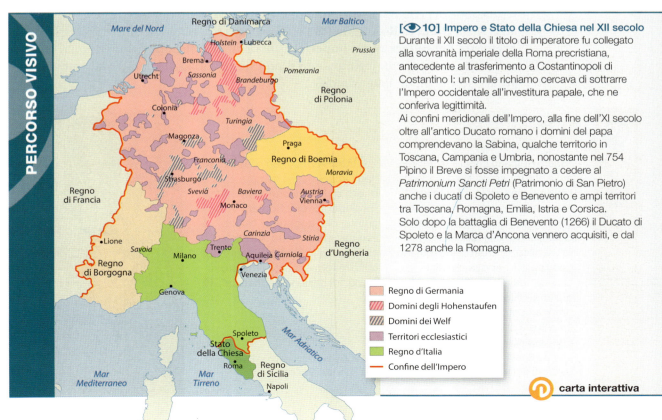

[◉10] Impero e Stato della Chiesa nel XII secolo
Durante il XII secolo il titolo di imperatore fu collegato alla sovranità imperiale della Roma precristiana, antecedente al trasferimento a Costantinopoli di Costantino I: un simile richiamo cercava di sottrarre l'Impero occidentale all'investitura papale, che ne conferiva legittimità.
Ai confini meridionali dell'Impero, alla fine dell'XI secolo oltre all'antico Ducato romano i domini del papa comprendevano la Sabina, qualche territorio in Toscana, Campania e Umbria, nonostante nel 754 Pipino il Breve si fosse impegnato a cedere al *Patrimonium Sancti Petri* (Patrimonio di San Pietro) anche i ducati di Spoleto e Benevento e ampi territori tra Toscana, Romagna, Emilia, Istria e Corsica.
Solo dopo la battaglia di Benevento (1266) il Ducato di Spoleto e la Marca d'Ancona vennero acquisiti, e dal 1278 anche la Romagna.

carta interattiva

145

SEZIONE II — IL CULMINE DELLA CIVILTÀ MEDIEVALE EUROPEA [SECOLI XII-XIII]

supremo e comandante degli eserciti reclutati dai principi vassalli. Questa debolezza si tradusse, in primo luogo, nella mancata affermazione di un principio dinastico di successione al trono di Germania (che infatti era ancora decisa per elezione dall'assemblea dei principi tedeschi) e inoltre nell'instabilità del patrimonio regio, che cambiava di volta in volta a seconda della casata ducale del re. Si ricorderà come già dai tempi di Ottone I il titolo di re di Germania era collegato a quelli di re d'Italia e di imperatore.

Le origini dei "guelfi" e dei "ghibellini"

A questa frammentazione politica e territoriale si aggiunsero le tensioni derivate dal complesso processo di riforma della Chiesa in atto tra l'XI e il XII secolo, che contribuirono a polarizzare gli schieramenti aristocratici in **due fazioni**: una egemonizzata dagli Hohenstaufen, **duchi di Svevia**, più tardi detta **"ghibellina"** (da Waibling, un castello nella Svevia), l'altra dai **duchi di Baviera**, chiamata in seguito **"guelfi"** (da Welf, capostipite della casata).

Riconciliare le casate aristocratiche…

Federico I Barbarossa Alla morte di Enrico V di Franconia, nel 1125, la scelta dei principi tedeschi cadde dapprima su Lotario, duca di Sassonia, e alla morte di questi, nel 1137, su Corrado III di Svevia. Per succedere a quest'ultimo, nel 1152, fu scelto un altro duca svevo, **Federico Hohenstaufen detto "Barbarossa"** (1152-90), che però discendeva per parte materna dalla casa guelfa; la sua elezione rappresentava dunque un tentativo di **ricomporre gli aspri dissidi** tra i gruppi aristocratici tedeschi.

… e affermare il potere imperiale

Attraverso il rafforzamento dei vincoli feudali, il ricorso ad argomentazioni tratte dal diritto romano – secondo cui ogni autorità territoriale discendeva da quella dell'imperatore – e l'impiego di fedeli funzionari (*ministeriales*) nei domini della propria casata, Federico cercò risolutamente di **ristabilire l'autorità imperiale** tanto in Germania quanto nel Regno d'Italia, dove – come approfondiremo nel prossimo capitolo – l'affermazione dei comuni aveva limitato il controllo diretto del sovrano tedesco a poche aree. Nella **Dieta di Roncaglia** (1158) Barbarossa rivendicò appunto il principio di **supremazia del potere regio-imperiale** sulla pluralità di giurisdizioni e poteri esistenti nelle terre dell'Impero, legittimando il proprio tentativo di subordinare questi ultimi attraverso vincoli di natura feudale [▶idee].

---

idee

Il Sacro Romano Impero

"Sacro Romano Impero" è una formula che la cancelleria di Federico I iniziò a impiegare a fini di legittimazione e di polemica nei confronti della curia pontificia, traendo ispirazione anche dalla contemporanea riscoperta del diritto romano codificato in epoca giustinianea. Questa denominazione, con la quale generalmente si indica impropriamente l'Impero medievale fin dall'età di Carlo Magno, è dunque una novità del XII secolo (la prima attestazione è del 1180) e ha evidenti fini propagandistici.

Il titolo formalmente detenuto dagli imperatori è sempre e solo quello di *Romanorum imperator*, "imperatore dei Romani"; l'aggiunta dell'aggettivo "sacro" è sempre stata molto sporadica e solo dal 1474 sarà impiegato per definire formalmente l'Impero romano "di nazione germanica". ◾

▶ Barbarossa (*Rotbart*) con i figli, miniatura del XII secolo.

Regni e principati nell'Europa feudale | **CAPITOLO 4**

Tuttavia, la vicenda del processo intentato nel 1180 contro Enrico XII il Leone, duca di Sassonia e Baviera, rifiutatosi di sostenere la spedizione imperiale contro i comuni lombardi, chiarì i limiti dell'azione imperiale, che per essere efficace aveva bisogno del costante consenso dei grandi principati. Inoltre, la confisca dei domini ducali da parte di Barbarossa, avvenuta in base a norme del diritto feudale, non rafforzò il patrimonio regio, così come accadde in Francia o in Inghilterra: i ricchi territori furono infatti redistribuiti e il sovrano riuscì a mantenere solo un ruolo di coordinamento tra poteri che, riconoscendo formalmente la dipendenza dal re-imperatore, operavano in modo sostanzialmente autonomo.

I limiti del potere imperiale

Pochi anni dopo la risoluzione della crisi in Germania, nel 1186, Federico riuscì a stabilire un controllo imperiale sulle vicende della corona di Sicilia. Morto senza eredi il sovrano normanno, Guglielmo II, il trono doveva passare a **Costanza d'Altavilla**, figlia di Ruggero II e moglie di **Enrico VI**, figlio del Barbarossa. Enrico, scomparso il padre durante la terza crociata (1190), si trovò ad assommare il titolo di **re di Germania, re d'Italia e imperatore**; al trono di Sicilia invece gli si oppose Tancredi d'Altavilla, nipote illegittimo di Ruggero II, che godeva del sostegno di alcuni ambienti di corte ma soprattutto della Chiesa di Roma, timorosa di un accerchiamento da parte dell'Impero. Quando Tancredi morì, nel 1194, Enrico ottenne finalmente la corona e procedette con estrema durezza contro il ceto dirigente normanno che gli si era opposto. Da questo momento le vicende dell'Impero e del Regno di Sicilia furono strettamente connesse.

Il legame tra Impero e Regno di Sicilia

Nel 1197, con la prematura morte di Enrico, iniziarono anni di instabilità politica: il titolo imperiale fu a lungo conteso tra Filippo di Svevia, fratello di Enrico, e Ottone di Brunswick; poi **Costanza**, come reggente in nome del figlio avuto da Enrico, Federico II, prese la **guida del regno**, rinnovando il **vassallaggio nei confronti del papa** e accettando la **rinuncia a ogni aspirazione al titolo imperiale**. Come vedremo, le cose cambiarono nuovamente quando Federico, forte della sconfitta di Ottone di Brunswick a Bouvines (1214), divenne maggiorenne.

Federico II In Germania le fazioni aristocratiche, che puntavano a erodere patrimoni e diritti regi, elessero contemporaneamente due re: **Filippo di Svevia**, fratello di Enrico, e **Ottone IV di Brunswick** (1209-15), duca di Baviera. A quest'ultimo diede il suo appoggio papa Innocenzo III, incoronandolo imperatore nel 1209. L'intervento di Ottone in Italia meridionale per ripristinare il controllo imperiale sul Regno di Sicilia rese tuttavia di nuovo plausibile il timore del pontefice di un'unione del regno all'Impero, timore che era sembrato svanire con la morte di Enrico VI; per questo Innocenzo scomunicò l'imperatore (1210) e si schierò con il figlio di Enrico, Federico II, che nel 1212 fu eletto "re dei Romani". L'esito della battaglia di Bouvines, sfavorevole a Giovanni Senzaterra e a Ottone, decise anche le sorti di questo conflitto; la morte di Ottone, nel 1218, lasciò infine campo libero a **Federico II**, incoronato **imperatore** nel 1220.

La contesa per il trono imperiale

⊕ **approfondimento**
*Federico II nell'*Inferno *dantesco*

L'elezione di Federico II si accompagnò però a una forte limitazione del suo potere. I **testi giuridici** tedeschi rappresentano infatti una catena di dipendenze feudali tra il re e i principi e tra questi e i signori minori, senza che tra le due sfere vi fosse alcun collegamento, ponendo dunque i **principi** in una posizione di vantaggio e di **autonomia** nei propri territori. Federico stesso emanò poi una serie di provvedimenti attraverso i quali legittimava la **giurisdizione** dei principi nei loro domini, attribuendo loro diritti di natura pubblica (battere moneta, imporre dazi e pedaggi, apprestare fortificazioni) e autolimitando l'iniziativa regia alla fondazione di città e alla concessione di statuti.

I limiti al potere di Federico II

147

SEZIONE II IL CULMINE DELLA CIVILTÀ MEDIEVALE EUROPEA [SECOLI XII-XIII]

Alcuni tentativi di ristabilire il ruolo di garante della pace e di rafforzare la giurisdizione regia non sortirono grandi effetti: ferma restando la formale e ideale rappresentanza dell'Impero da parte del sovrano, la vera titolarità dei poteri pubblici era in mano ai grandi principi territoriali.

I "principi elettori"

Fu in questo periodo che **sette** dei maggiori **principi tedeschi** – i vescovi di Treviri, Magonza e Colonia, il re di Boemia e i principi di Palatinato, Sassonia e Brandeburgo – si riservarono la **prerogativa di designare il re**, mentre la partecipazione di **altre potenze territoriali** al quadro politico dell'area imperiale, attraverso la frequente convocazione di assemblee (Diete), consolidò un sistema di rapporti che si sarebbe protratto per tutta l'età moderna.

La frontiera mobile dell'Impero a est

L'Europa orientale Le vicende politiche dell'Impero e la concorrenza tra le Chiese di Roma e Costantinopoli [▶ cap. 2.3] ebbero profonda influenza anche nell'Europa orientale, dove la forza militare e politico-sociale dei regni e dei principati cristiani e l'attitudine missionaria delle organizzazioni ecclesiastiche e monastiche caratterizzarono la struttura delle nuove compagini politiche [👁11].

L'espansione tedesca verso est

Già Ottone I aveva portato la frontiera dell'Impero al fiume Oder e nel corso del X secolo la fondazione dei vescovadi di Amburgo e Praga aveva contribuito a stabilire un'egemonia tedesca sulla regione, ma le successive rivolte degli slavi orientali avevano ricondotto i confini lungo l'Elba. Alla metà del XII secolo questa frontiera – una terra di nessuno in cui il vescovato di Magdeburgo costituiva un polo isolato – era stata nuovamente superata lungo la costa baltica, spesso per iniziativa militare dei duchi di Sassonia e Baviera. Questo **movimento di espansione verso est** (*Drang nach Osten*), che assumeva connotati religiosi poiché molte delle popolazioni slave orientali e baltiche erano ancora pagane, si accentuò con la fondazione di due **ordini religioso-cavallereschi**, i **Teutonici** e i **Portaspada**, il primo dei quali trasportò nel Nord Europa lo spirito della crociata oltremare. L'area di **influenza tedesca** si estese così alla **Prussia** e ai **paesi baltici** (gli attuali Lettonia, Estonia, Lituania), anche attraverso una massiccia colonizzazione contadina e la fondazione di numerosi insediamenti di diritto tedesco.

Nascita e frammentazione del Ducato di Polonia

La Polonia e l'Ungheria Nella seconda metà del X secolo si era intanto sviluppato, fra l'Oder e la Vistola, il **Ducato di Polonia**, originariamente tributario dell'Impero ottoniano [👁12] e poi regno autonomo (dal 1025) con Boleslao I, della dinastia dei Piasti, che contribuì fortemente alla **cristianizzazione in senso romano** di questi territori, in competizione con la Chiesa di Costantinopoli.

I suoi successori tuttavia non riuscirono a mantenere l'unità territoriale del regno. Si crearono così alcuni **principati autonomi** (la Piccola Polonia, con Cracovia; la Grande Polonia, con Gniezno e Poznań; la Pomerania), tra i quali emerse soprattutto il **Ducato di Boemia**, elevato a regno da Federico Barbarossa, i cui titolari, come si è visto, divennero principi elettori dell'Impero a partire dal XIII secolo.

Ascesa e declino del regno ungherese

Anche nel caso dell'**Ungheria** il ruolo dell'Impero fu decisivo. Agli inizi dell'XI secolo, con Stefano I, la dinastia ungara degli **Árpád** assunse la **dignità regia** grazie al sostegno dell'imperatore Ottone III (996-1002) e del pontefice Silvestro II. La concorrenza tra Roma e Costantinopoli determinò tuttavia violente prese di posizione del regno in favore ora dell'Impero tedesco, ora di quello bizantino. Il matrimonio di re Colomanno I (1095-1116) con una principessa normanna riavvicinò il regno ungherese a Roma e questo legame con la Chiesa consentì di prendere il controllo sulla Croazia meridio-

Regni e principati nell'Europa feudale | **CAPITOLO 4**

nale e sulla Dalmazia, provocando la reazione dell'imperatore bizantino Manuele Comneno (1143-80), che non voleva veder ridurre la propria influenza sui Balcani.

Pur dovendo destreggiarsi tra due imperi di teoriche aspirazioni universali, il regno ungherese costituì un grande tentativo di organizzare sul piano sociale e religioso popolazioni di varia cultura e provenienza stanziate nella grande pianura danubiana. Nel **XIII secolo** il regno visse una fase di **forti difficoltà**, tra i tentativi dell'aristocrazia di appropriarsi dei patrimoni regi e di esercitare giurisdizione in modo autonomo, l'influenza del vicino Impero tedesco e il sopraggiungere dei mongoli. All'**estinzione della dinastia degli Árpád, ai primi del XIV secolo**, seguì, come si vedrà, l'assunzione del regno da parte di un ramo degli Angioini, potente casata francese.

L'Europa del Nord Vicende diverse connotarono la **cristianizzazione** delle genti scandinave. Così come le missioni verso il territorio compreso tra l'Elba e l'Oder, anche le missioni verso nord avevano come centro di irradiamento il vescovato di Amburgo. Qui tuttavia le **scorrerie vichinghe** avevano annullato gli scarsi successi ottenuti in Danimarca e in Svezia e la sede episcopale era stata distrutta e accorpata a quella di Brema. A partire dalla metà del X secolo, l'energica ripresa dell'Impero sotto gli Ottoni ridiede vigore all'attività missionaria, con la fondazione di alcuni episcopati dipendenti da Brema-Amburgo in Danimarca, mentre in Norvegia e Islanda operarono prevalentemente missionari anglosassoni.

Tra cristianizzazione e permanenza di tradizioni germaniche

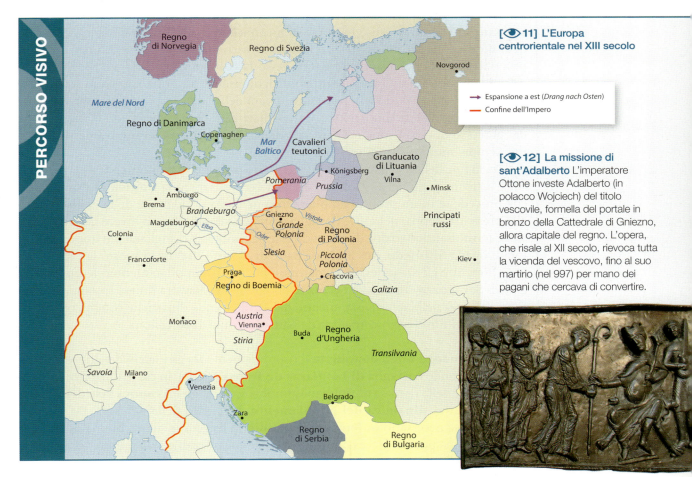

[👁 11] L'Europa centrorientale nel XIII secolo

[👁 12] La missione di sant'Adalberto L'imperatore Ottone investe Adalberto (in polacco Wojciech) del titolo vescovile, formella del portale in bronzo della Cattedrale di Gniezno, allora capitale del regno. L'opera, che risale al XII secolo, rievoca tutta la vicenda del vescovo, fino al suo martirio (nel 997) per mano dei pagani che cercava di convertire.

149

SEZIONE II IL CULMINE DELLA CIVILTÀ MEDIEVALE EUROPEA [SECOLI XII-XIII]

rispondi
1. Quali peculiarità conserva l'assetto politico-territoriale dell'Impero rispetto a Francia e Inghilterra?
2. Come si intrecciano le vicende dell'Impero e del Regno di Sicilia?

L'estensione dell'influenza politica e religiosa dell'Impero fu tuttavia molto **lenta e contrastata**, tanto che la tradizione culturale germanica e vichinga non solo si conservò assai viva, ma trovò anche feconde espressioni nelle rielaborazioni letterarie di **saghe eroiche e miti**, innervate dal culto della forza virile e dominate da un senso tragico del destino umano. Solo nel secolo seguente la costituzione delle diocesi si completò in tutta la Scandinavia in concomitanza con l'affermazione di poteri regi in Norvegia, in Svezia e in Danimarca.

4.6 I regni iberici

La penisola iberica cristiana Nella prima metà dell'XI secolo il quadro politico della regione iberica si era stabilizzato intorno a due nuclei di potere:

L'assetto politico-territoriale nell'XI secolo

- il Regno di **León e Navarra**, egemonizzato ora dalla Contea di **Castiglia**, che con Ferdinando I assurse anch'essa a dignità di regno (1032);
- il Regno d'**Aragona**.

Oltre a questi due Stati si era sviluppata, sulla base territoriale di una marca carolingia, la **Contea di Barcellona**, che giocò un ruolo fondamentale sia nelle vicende politiche della Francia meridionale, sia nella nascita e nel consolidamento di un'identità catalana [👁 **13**].

Una fase statica della conquista

I regni di Castiglia e Aragona furono anche i poli della **conquista dei territori musulmani**, che il primo attuò in nome di un concetto di regalità "imperiale", cercando di unificare le altre realtà politiche cristiane, e il secondo perseguì invece lungo una propria traiettoria di espansione, orientata verso la costa mediterranea e il Mediterraneo orientale. I continui rimescolamenti politici, dinastici e territoriali avvenuti sia in campo cristiano, sia nei cosiddetti regni musulmani delle *taifas* – i piccoli potentati locali – con l'affermazione di Almoravidi e Almohadi, ebbero però come effetto la stagnazione del processo di espansione militare, che divenne una **guerra di logoramento** lungo una sempre mutevole frontiera.

Nuovi regni e nuovi confini

Tra la fine dell'XI e la metà del XII secolo si disegnarono contorni più netti per i territori settentrionali: nel 1095 dalla Castiglia-León si separò la **Contea di Portogallo**, che procedette in un proprio ampliamento nell'area occidentale della penisola sino alla presa di Lisbona, nel 1157. Castiglia e Aragona continuarono invece la loro espansione territoriale lungo due direttrici diverse: la conquista castigliana più importante fu infatti quella di **Toledo**, nel 1085, da parte di Alfonso VI (che vi spostò la capitale da León), mentre gli aragonesi espugnarono nell'arco di un quarantennio le importanti città di **Saragozza, Tortosa e Lérida**. Dopo il 1134 la Navarra rimase sostanzialmente fuori dall'area della *reconquista*, mentre nel 1137 vicende dinastiche condussero all'assunzione del titolo regio d'Aragona da parte del conte di Barcellona [▶**idee**].

Militarizzazione e problemi di convivenza religiosa

Le conseguenze della conquista Il coordinamento tra gli eserciti dei due regni condusse alla grande **battaglia di Las Navas de Tolosa** (1212), in cui le forze cristiane ebbero ragione della riscossa musulmana almohade, aprendo una **nuova fase della guerra** e una **nuova dinamica del popolamento** del centro della penisola. Da un lato, infatti, si rese necessario **potenziare la cavalleria** leggera cristiana, buona per attività di scorreria ma poco efficace contro eserciti ben organizzati e città munite come quelle musulmane, e apprestare più moderne **fortificazioni** per insediamenti vecchi e nuovi.

Regni e principati nell'Europa feudale | **CAPITOLO 4**

Dall'altro, la conquista di territori con popolazione a maggioranza musulmana poneva **problemi di convivenza** con nuclei di popolazione cristiana, indotta a trasferirsi nelle terre appena conquistate con vantaggi fiscali e giuridici.

Il maggior peso acquisito dai **professionisti della guerra**, che disponevano di ampie risorse terriere dalle quali attingere per procurarsi un equipaggiamento sempre più pesante, si rifletté anche nell'articolazione della società scaturita da quelle conquiste. I protagonisti delle azioni belliche venivano **ricompensati dai sovrani con altre terre**, spesso dotate di fortificazioni: si accentuava così la loro **preminenza sociale**, analoga a quella dei grandi signori territoriali del resto d'Europa. A un livello più basso, invece, era il **ceto militare dei cavalieri**, anch'essi comunque proprietari di terre, a svolgere un **ruolo di primo piano nelle comunità rurali** che si creavano nelle zone conquistate, organizzate in assemblee (*concejos*) dotate dal sovrano di statuti e consuetudini (*fueros*). La necessità di organizzare dal punto di vista militare, economico e religioso le recenti

L'ascesa sociale dei ceti guerrieri e l'importanza degli istituti religiosi

PERCORSO VISIVO

[👁 13] **Le tappe della conquista della penisola iberica (XI-XIII secolo)** Dal 1037 è possibile parlare di un regno unitario di Castiglia-León. Nonostante le divisioni alla morte del primo re, Ferdinando, l'unità si ricostituì ancora nel 1073 con Alfonso VI e in via definitiva a partire dal 1230.

- Territori cristiani nel X secolo
- Conquiste nell'XI secolo
- Conquiste nel XII secolo
- Conquiste nel XIII secolo

idee

L'invenzione della *reconquista*

Il termine *reconquista*, a indicare il processo di espansione colonizzatrice cristiana della penisola iberica in contrasto con la *conquista* araba, non è entrato nel vocabolario spagnolo prima della seconda metà dell'Ottocento. In quel periodo un forte sentimento nazionalista rilesse in termini di omogeneo sforzo militare, culturale e religioso le complesse vicende che avevano visto le realtà politiche iberiche confrontarsi con i domini musulmani. Ne è derivata l'idea di un'identità spagnola, centrata sul ruolo della Castiglia e sul cristianesimo, forgiatasi nell'opposizione armata all'islam.

A partire dal secondo Novecento questo concetto è stato ridiscusso e superato dalla storiografia spagnola che lo ha interpretato come fenomeno complesso ed eterogeneo, ricostruendone i reali presupposti presenti nella cultura medievale e primo-moderna.

▲ Rodrigo Díaz (1043-99) fu un aristocratico che servì sia i re cristiani (nella miniatura è impegnato in una guerra tra i re di Castiglia e Aragona) sia i signori musulmani; l'epica spagnola lo trasfigurò poi nel campione della cristianità contro gli infedeli (*Cantar de mio Cid*, derivato dall'arabo *sayyid*, "signore").

SEZIONE II | IL CULMINE DELLA CIVILTÀ MEDIEVALE EUROPEA [SECOLI XII-XIII]

conquiste accentuò inoltre il ruolo di **vescovati**, **monasteri** e di alcuni grandi **ordini religioso-cavallereschi** (di Santiago, di Calatrava, di Alcantara), che consolidavano la propria potenza nel **clima di crociata** ormai stabilmente acquisito dal generale processo di conquista.

Il ruolo di **coordinamento militare** assunto dai re, l'ampia **riserva demaniale** regia costituitasi nel corso delle conquiste, il controllo della concessione dei diritti consuetudinari alle comunità urbane e rurali, il costante afflusso di denaro nelle casse della corona garantito dai **tributi** pagati dai regni delle *taifas* o dai **bottini** ricavati da saccheggi nelle terre di frontiera costituirono la base per un'ampia **iniziativa politica accentratrice** dei sovrani, che diedero vita a una **burocrazia** centralizzata (corti giudiziarie, apparato fiscale, cancelleria) e a una fitta rete di **agenti e ufficiali**. Inoltre, a partire dall'area catalana, la figura regia – secondo tradizionali modelli continentali – affermò la propria egemonia sugli altri signori territoriali grazie all'impegno nella garanzia delle **paci giurate** tra potenti, che periodicamente presero a riunirsi, insieme con rappresentanti delle comunità urbane e dei poteri ecclesiastici, in un organismo di tipo assembleare che prese il nome di *Cortes*.

Il rafforzamento dei poteri monarchici

> **rispondi**
> **1.** Quali istituzioni politiche popolano la penisola iberica alla metà dell'XI secolo?
> **2.** Quali problemi innesca l'annessione dei territori musulmani ai regni cristiani e quali soluzioni sono individuate?

4.7 Il Regno di Gerusalemme

Un regno fragile e diviso Poco dopo la conclusione vittoriosa della prima crociata [▶ cap. 3.4], Baldovino di Boulogne venne incoronato re di Gerusalemme nel Natale del 1100. Il nuovo regno mostrò tuttavia sempre una **grande fragilità strategico-militare e politica**: geograficamente poco esteso, stretto tra le potenze fatimide e selgiuchide, ebbe sempre disperatamente bisogno di aiuti militari dall'Europa [◉ 14]. Tale condizione restrinse di molto l'iniziativa politica regia a vantaggio delle **fazioni interne**: numerose volte si giunse sull'orlo della guerra civile e non si affermò mai in modo incontrastato la successione dinastica. Pur con queste scarse basi materiali, Gerusalemme era tuttavia il cuore della Terrasanta e dell'immaginario occidentale, materia di storie epiche e di leggende già all'epoca, nonché della riflessione politica delle corti europee.

La fondazione dello Stato crociato

Le istituzioni monarchiche occidentali in Terrasanta ebbero sviluppi almeno in parte originali rispetto ai modelli continentali europei. Le ragioni di questa originalità sono dovute a molteplici fattori. La conquista, a seguito della prima crociata, era avvenuta con un coordinamento militare unitario molto debole; si erano infatti formati **diversi principati** (Edessa, Tripoli, Antiochia) che riconoscevano un'autorità poco più che simbolica al **Regno di Gerusalemme**, a sua volta formato da **ampie signorie territoriali** governate da **capi militari**, con largo margine di intervento degli **ordini religioso-cavallereschi** (Templari, Teutonici, Giovanniti) [◉ 15]. In secondo luogo, il continuo stato di guerra e la progressiva riduzione del territorio del regno, dopo il mancato successo della seconda crociata, che non era riuscita a recuperare Edessa (conquistata dai turchi nel 1144), ma soprattutto dopo la disfatta di Hittin nel 1187 contro Saladino [▶ protagonisti, p. 154], sultano d'Egitto e di Siria [▶ cap. 3.1], non contribuirono allo sviluppo di solide istituzioni monarchiche.

Frammentazione e debolezza strategica

> **diritto consuetudinario**
> Comportamento costante e uniforme nel tempo, riconosciuto come diritto dotato di forza vincolante, in particolare in riferimento all'uso di alcuni beni collettivi come acque, boschi per pascolo e legname.

La debolezza del potere monarchico Un ruolo determinante nella società cristiana di Terrasanta era infatti svolto dai **grandi signori territoriali**: l'obbligo di prestare **omaggio feudale** al sovrano, inteso come primo signore del regno, era da loro inter-

Signori forti e demanio regio ristretto

Regni e principati nell'Europa feudale **CAPITOLO 4**

pretato come **diritto a partecipare all'elezione del re e della sua Alta corte**. D'altro canto, a differenza delle monarchie europee, il sovrano **progressivamente vide ridursi le terre demaniali** a sua diretta disposizione (erose dalle conquiste musulmane e da iniziative di capi militari cristiani) e dunque non poté contare su uno strumento decisivo di coordinamento delle varie signorie feudali. Inoltre, vari ordinamenti giuridici relativi alle comunità mercantili e alle popolazioni ebraiche e musulmane riducevano ulteriormente le possibilità di intervento regio nella società.

Questo insieme di consuetudini, obblighi feudali e privilegi, derivati dal mondo occidentale ma – come si è visto – sviluppati in modo eccezionale e isolato, furono poi codificati rigidamente nelle **Assises de Jerusalem** (**Assise di Gerusalemme**) quando la corte si trasferì a Cipro, all'indomani della caduta di Acri, ultima città cristiana in Terrasanta (1291).

rispondi
1. In che cosa consiste l'originalità del Regno di Gerusalemme?
2. Come viene interpretato il vincolo feudale al re dai grandi signori territoriali?

PERCORSO VISIVO

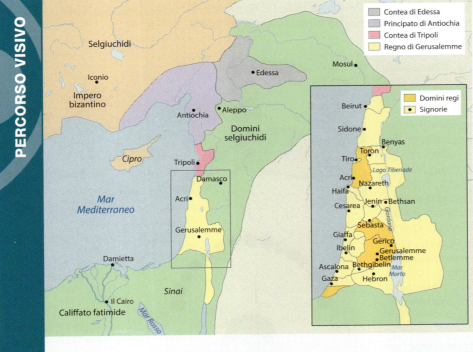

[👁 14] **La Terrasanta crociata (inizio XII secolo)**
Nella prima metà del XII secolo al Regno di Gerusalemme fu riconosciuta la supremazia anche sugli altri Stati crociati. I fattori di debolezza del regno impedirono tuttavia di reagire all'offensiva musulmana, che inflisse prima la caduta di Edessa e poi la rovinosa sconfitta di Hittin.

[👁 15] **Il Krak dei Cavalieri**
Situato su un'altura strategica e quasi inespugnabile, il Krak faceva parte di una rete di fortificazioni a protezione dei regni crociati. Oggi in Siria, questo magnifico castello (il cui nome franco, *Crac*, deriva dalla sovrapposizione del nome arabo, *Hosn al-Akrad*, "forte dei Curdi", e del siriaco *karak*, fortezza) fu conquistato dai cristiani nel 1110 e successivamente affidato agli Ospitalieri di San Giovanni.

153

SEZIONE II   IL CULMINE DELLA CIVILTÀ MEDIEVALE EUROPEA [SECOLI XII-XIII]

protagonisti

Il mito di Saladino

Yusuf ibn Ayyub Salah al-Din (1138-93) fu capostipite della dinastia degli Ayyubidi, che regnò in Egitto, Siria, Mesopotamia e Arabia sino alla prima metà del XIII secolo. Dando prova di grandi capacità politiche e militari, Saladino si inserì nel conflitto interno al califfato fatimide d'Egitto, riuscendo a divenire gran *visir* (1169) del sultano al-Adil. Alla sua morte (1171) ne occupò il trono e lo difese contro Nur al-Din Zengi (Norandino), signore di Aleppo, presso cui aveva prestato servizio. Alla morte di Norandino (1174) Saladino si impossessò anche del sultanato di Siria, sottomettendosi formalmente al califfo di Baghdad.

Artefice della grande vittoria di Hittin del 1187, al culmine di una serie di campagne militari che gli consentirono la riconquista di Acri, Ascalona, Giaffa, Beirut e Gerusalemme, Saladino resistette poi ai tentativi cristiani di ripresa della Città Santa condotti durante la terza crociata da Riccardo Cuor di Leone. A quest'ultimo Saladino dovette cedere Cipro e Acri, ma mantenne sostanzialmente quasi tutte le conquiste ottenute in precedenza.

Una figura di grande rilievo
Ritenuto dai musulmani uno dei più grandi eroi della storia islamica, Saladino divenne anche una leggenda in Occidente. Crudele e terribile, nelle fonti occidentali egli infatti appare dotato anche di un proprio codice cavalleresco: magnanimo, generoso, prode in battaglia, clemente verso alcuni nemici, implacabile verso altri (Rinaldo di Châtillon, colpevole di aver violato una tregua e di aver tentato di profanare la tomba di Maometto, fu da lui ucciso personalmente). Così l'immagine del condottiero curdo-armeno quale perfetto cavaliere viene trasposta nella novellistica, che aggiunge a notizie reali spunti fantasiosi, come duelli con campioni cristiani e tenzoni d'amore con principesse occidentali. Alcuni testi letterari si spingono sino a immaginare una conversione in punto di morte, altri invece assumono la sua figura come castigatrice della corruzione della Roma papale. È collocato da Dante tra gli "spiriti magni" del Limbo (*Inferno*, IV 129), grandi personaggi che, pur non potendo ambire alla salvezza eterna perché non conobbero il vero Dio, tuttavia non meritarono la dannazione dell'inferno. ■

▼ Combattimento tra Riccardo Cuor di Leone e Saladino, miniatura inglese del XIV secolo.

◀ Salah al-Din ("l'integrità della vera fede") in una miniatura araba del 1185 circa. Di origine armena e nato a Tikrit, villaggio curdo presso il Tigri, in Mesopotamia, Saladino costruì progressivamente la propria leggenda di *mujahid* ("combattente per la fede"), fino a diventare il campione dell'ortodossia sunnita.

VERSO LE COMPETENZE

◰ esercitazione

● USARE IL LESSICO

1. Spiega sinteticamente (massimo 3 righe) il significato delle seguenti espressioni.

   Feudo - *Reconquista* - Corona - Libertà - *Common law*

● COLLOCARE GLI EVENTI NELLO SPAZIO E NEL TEMPO

2. Completa la carta seguendo le indicazioni.

   La carta rappresenta le quattro fasi della conquista della penisola iberica. Ricostruisci la legenda indicando la corretta periodizzazione. Infine scrivi una didascalia.

● LEGGERE E VALUTARE LE FONTI

3. Osserva l'immagine e completa la scheda per l'analisi della fonte.

In quale contesto è stata prodotta?	
Di che tipo di fonte si tratta?	
Che cosa raffigura?	
Quali informazioni se ne ricavano?	

per approfondire L'arazzo di Bayeux, oltre a essere un documento storico unico per i giorni nostri, rappresenta uno straordinario documento di *storytelling* medievale. L'arazzo, commissionato da Odone, fratello di Guglielmo il Conquistatore, per la cattedrale di Bayeux, mette in scena 623 persone, 505 animali di specie differenti, 202 tra cavalli e bestie da soma, 55 cani, 41 imbarcazioni e 49 alberi, lungo un rotolo di lino di 70 metri. Guarda il video realizzato da BBC sull'arazzo e fai una breve scheda di sintesi dell'ascolto (massimo 30 righe).

Guarda il video
https://gtvp.it/storia01-01

I SAPERI FONDAMENTALI

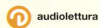 sintesi audiolettura

● LE NUOVE MONARCHIE FEUDALI

▶ 4.1 Dopo la disgregazione dell'Impero carolingio si formarono **nuclei signorili** di varie dimensioni, rafforzati dall'acquisizione di poteri pubblici. Tra le **grandi signorie territoriali** emersero quelle che gestirono più efficacemente i **patrimoni fondiari**, e coordinarono **eserciti** e poteri signorili minori attraverso il **legame feudale**. Diedero continuità alla propria azione affermando la **successione dinastica** e si dotarono di primi **apparati burocratici**. Su questa base, con **l'aiuto della Chiesa**, si proposero come garanti della giustizia e della pace, rivendicando la natura sacrale del proprio potere.

● IL *REGNUM FRANCIE*

▶ 4.2 La vicenda dei **Capetingi** esemplifica il fenomeno di **affermazione politica e territoriale** di una **casata principesca**: prendono controllo delle terre e dei diritti sul **demanio** e istituiscono **organi giudiziari e fiscali**; assumono il ruolo di garanti della sicurezza delle chiese e si fanno riconoscere dagli altri principati una forma di **primato feudale**. Alla fine del XII secolo viene adottata la formula *regnum Francie*, per indicare l'estensione dell'autorità regia su un territorio almeno potenzialmente unitario.

● IL REGNO D'INGHILTERRA

▶ 4.3 **Nel 1066 Guglielmo, duca di Normandia, diviene re** dopo la vittoria di Hastings. Il regno viene organizzato in circoscrizioni territoriali, viene costituito un ampio demanio regio e, con Enrico I, si creano uffici centralizzati e un apparato giudiziario dipendente dal re. Con le **costituzioni di Clarendon (1164)** si consolida l'azione degli ufficiali regi e si stabiliscono le basi della **common law**, un diritto unitario che comprendeva consuetudini e diritto feudale. L'equilibrio tra potere regio e l'aristocrazia volge verso quest'ultima nel **1215**, quando Giovanni Senzaterra concede la *Magna Charta libertatum*.

● IL REGNO NORMANNO DI SICILIA

▶ 4.4 Della **frammentazione politica dell'Italia meridionale**, nella prima metà del X secolo, approfittano gruppi di **cavalieri normanni**. Con il sostegno papale, Roberto il Guiscardo e Ruggero d'Altavilla conquistano le province bizantine, i principati longobardi e la Sicilia islamica. **Alla fine dell'XI secolo l'Italia meridionale è in mano ai normanni**. Il loro potere riceverà legittimazione regia nel 1130, con Ruggero II, e si caratterizzerà per il tentativo di sintesi tra i caratteri tipici della signoria europea e le forme amministrative preesistenti.

● L'IMPERO

▶ 4.5 Permangono **regni e principati autonomi**, da cui dipende l'elezione del re di Germania, titolo collegato a quelli di re d'Italia e di imperatore. Poiché non si afferma un principio dinastico e il demanio regio è instabile, il peso politico del re e imperatore è debole. La **dinastia sveva**, con Federico I, Enrico VI e Federico II, cerca di attuare politiche di **accentramento** e punta a immettere il **Regno di Sicilia nell'orbita imperiale**. Federico II, dopo la sconfitta di Ottone di Brunswick a Bouvines (1214), è incoronato imperatore nel 1220 con l'appoggio del papa Innocenzo III. I poteri pubblici, in Germania, rimangono tuttavia in mano ai grandi principi territoriali.

● I REGNI IBERICI

▶ 4.6 La penisola iberica cristiana alla metà dell'XI secolo è politicamente stabile intorno a due nuclei di potere: **il Regno di León e il Regno d'Aragona**, impegnati nelle **guerre contro i musulmani**. Questo fa sì che i **professionisti della guerra** abbiano un ruolo sociale di primo piano. I sovrani coordinano le imprese militari e danno vita ad una **burocrazia centralizzata**. Si creano **problemi di convivenza** tra la popolazione musulmana dei territori conquistati e i cristiani che vi si trasferiscono.

● IL REGNO DI GERUSALEMME

▶ 4.7 I principati e potentati locali del regno hanno un grado di autonomia molto elevato e l'intervento regio nella società è assai limitato, anche per il progressivo ridursi delle terre demaniali a disposizione del re. Il regno aggiunge a questa **debolezza politica** anche una grande **fragilità strategica e militare**.

linea del tempo

877 — capitolare di Quierzy

1037 — *Edictum de beneficiis* (*Constitutio de feudis*)

1066 — battaglia di Hastings: Guglielmo re di Inghilterra

156

Regni e principati nell'Europa feudale CAPITOLO 4

mappa

MONARCHIE FEUDALI

MONARCHIE FEUDALI

- Affermazione del principio dinastico
- Costruzione di apparati giuridici e fiscali

- Appropriazione di ampi demani
- Capacità di vincolare i poteri locali con legami feudali

Formazione di nuclei signorili postcarolingi

Regnum Francie → Affermazione dei Capetingi →
- Sostegno della Chiesa
- Primato feudale

Regno d'Inghilterra → Conquista da parte di Guglielmo, duca di Normandia (1066) → Dinastia Plantageneti: preminenza del sovrano sull'aristocrazia → Limitazioni del potere regio tramite la *Magna Charta* (1215)

Regno di Sicilia → Dalla frammentazione politica alla costituzione del regno (1130) →
- Caratteri tipici della signoria territoriale
- Integrazione con le forme amministrative bizantine e islamiche

Regni iberici → Regni di León e Aragona impegnati nella conquista (dall'XII secolo) →
- Preminenza sociale della cavalleria
- Questione della convivenza tra cristiani e musulmani

Regno di Gerusalemme →
- Numerosi principati con alto grado di autonomia
- Intervento regio limitato

Debolezza strategica

Ingresso nella sfera imperiale

IMPERO →
- Frammentazione del potere
- Mancata affermazione del principio dinastico
- Instabilità dei demani regi

→ Autorità militare e giudiziaria ma scarso peso politico del re-imperatore → Tentativo di accentramento da parte degli imperatori Hohenstaufen (Federico I, Enrico VI, Federico II)

1086
Domesday Book, inventario delle terre del Regno d'Inghilterra

1158
Dieta di Roncaglia

1164
costituzioni di Clarendon

1212
battaglia di Las Navas de Tolosa

1214
battaglia di Bouvines

1215
Magna Charta libertatum

1220
incoronazione di Federico II imperatore

1291
caduta di Acri

CAPITOLO 5

Mondo urbano e autonomie cittadine

Comune

Tradizionalmente la storiografia ha guardato all'esperienza comunale italiana come a un fenomeno rivoluzionario e borghese che, a partire dall'XI secolo circa, si contrapponeva al feudalesimo tipico dei rapporti sociali nelle campagne. In questa interpretazione tipicamente sette-ottocentesca, il comune divenne quindi sinonimo di borghesia, libertà, repubblica e come tale fu proposto come modello politico per l'Italia ancora divisa tra le potenze europee. Da alcuni decenni questa visione è stata ridiscussa nell'ottica di una maggiore complessità. Dapprima si è messa in evidenza l'importanza cruciale, anche nelle città, di ceti signorili pervasi da logiche di appartenenza familiare e di clan; in seguito, l'interpretazione si è fatta più sfumata e attenta ai singoli contesti in cui questa esperienza si è svolta. Il risultato è un'indagine ancora aperta, ma che è giunta senz'altro a riconoscere nella città un laboratorio della trasformazione sociale, economica, politica e istituzionale, di cui il comune, in quanto autonoma organizzazione politica, è uno dei tratti più interessanti.

le parole della storiografia

Mondo urbano e autonomie cittadine | **CAPITOLO 5**

■ — **GUIDA&RISORSE**
PER LO STUDIO

Per riprendere il filo... La rinascita urbana dell'XI-XII secolo è connessa a determinati fenomeni: da un lato, lo sviluppo economico e demografico che caratterizzò l'Europa occidentale, i cui effetti diventarono evidenti nel corso dell'XI secolo; dall'altro, la crescita di poteri su base locale, spesso intorno ai vescovi, che approfittavano della crisi dell'ordinamento di matrice carolingia per proporsi come autonomi centri di inquadramento territoriale. In questo senso, grazie al ruolo fondamentale del vescovo, la città medievale ereditò la funzione direzionale del territorio propria della città antica.

videopresentazione

5.1 Società cittadine e primi ordinamenti comunali nell'Italia centrosettentrionale

Poteri giurisdizionali e percorsi di legittimazione Dopo l'età altomedievale, il modello urbano tardoantico centrato sul ruolo politico dei vescovi riprese vigore tra il IX e il X secolo, in relazione con la congiuntura economica espansiva, aprendo nuove prospettive di sviluppo politico. La crisi dell'ordinamento carolingio favorì, secondo varie soluzioni locali, l'appropriazione da parte dei **vescovi** di **responsabilità politiche e civili** in aggiunta ai poteri derivanti dall'immunità. Il concetto di ***districtus***, che indicava questi poteri, comprendeva l'amministrazione della giustizia, l'imposizione di norme e il prelievo di imposte, senza tuttavia che ciò fosse sempre riconosciuto ufficialmente [▶ capp. 0-2].

Il ruolo dei vescovi

La pienezza dell'esercizio di queste prerogative di natura pubblica si saldò poi, tra il X e l'XI secolo, con l'emergere di **ceti urbani competenti nel governo delle città**. Essi elaborarono presto la consapevolezza di essere accomunati non solo da una condizione giuridica, individuale e collettiva, di liberi, ma soprattutto da consuetudini e da una **memoria storica, culturale e artistica** costruita e condivisa: la città si configurò dunque innanzitutto come «uno stato d'animo» (R.S. Lopez) e questo autoriconoscimento diventò un elemento di legittimazione e di superiorità politica rispetto al mondo rurale.

"Sentirsi cittadini"

La genesi degli ordinamenti comunali L'**Italia centrosettentrionale** fu un laboratorio di sperimentazione di questi nuovi poteri. Il passaggio dalla città vescovile alla città comunale fu preparato da un crescente protagonismo delle **assemblee cittadine** (*arengum, concio, conventum, parlamentum*), cui si accedeva in base a criteri di genere (solo maschi), anagrafici (l'età per portare le armi) e socio-economici (il possesso di alcuni beni, per esempio una casa, o la residenza). Il compito delle assemblee era quello di dare pareri su questioni particolarmente importanti e designare un numero ristretto di elettori che avrebbero provveduto a nominare magistrati e membri dei consigli.

Il ruolo delle assemblee

Intorno alla metà del XII secolo nella documentazione emerge una **magistratura stabile**, rinnovata annualmente: il **consolato**, composto da un numero variabile di magistrati (da quattro a venti), coadiuvati da uno o due consigli cittadini. L'affermazione di questa magistratura si verificò in vari modi: a Milano il seguito vassallatico del vesco-

La magistratura consolare

159

SEZIONE II — IL CULMINE DELLA CIVILTÀ MEDIEVALE EUROPEA [SECOLI XII-XIII]

vo, composto da *capitanei* e da quei *valvassores* cui Corrado II [👁 1] aveva garantito, con l'*Edictum de beneficiis* del 1037, la trasmissione ereditaria del beneficio [▶ cap. 4.1], partecipava al collegio consolare insieme con i *cives* (cittadini senza legami vassallatici con il vescovo e privi di signorie, ma sufficientemente ricchi per dotarsi dell'equipaggiamento da guerra); a Genova sembra che il comune sia nato piuttosto per iniziativa di milizie cittadine organizzate su base rionale e collegate alle attività marinare; altrove, come a Mantova, l'iniziativa comunale fu opera di signori fondiari. I consoli svolgevano in primo luogo la funzione di giudici, cui la comunità si rivolgeva per risolvere controversie in materia di beni e diritti, ma presto esercitarono altri poteri, dalla riscossione di alcune entrate fiscali alla stipula di patti con signori, comunità rurali e altri comuni.

I consigli cittadini

L'aumento delle competenze dei consoli, sottratte alle prerogative che un tempo erano del vescovo, rese molto difficile, per le assemblee, svolgere il proprio ruolo. Tra gli anni Sessanta e Settanta del XII secolo nacque così un **consiglio**, formato da pochi membri, che affiancò direttamente i consoli nell'azione di governo (*minor consiglio*); nel secolo successivo se ne sarebbe aggiunto un secondo, più ampio, con un ruolo determinante in ambito legislativo (*consiglio speciale*). Si pose poi ancor di più il problema della partecipazione al potere da parte dei vari gruppi sociali all'interno delle città.

L'egemonia della militia

Per la gran parte del XII secolo, il potere cittadino fu nelle mani della nobiltà cittadina, o **militia**, che si riservò l'accesso al consolato e alla quasi totalità dei seggi nei consigli. La *militia* cittadina aveva alcune caratteristiche che la rendevano un gruppo sociale abbastanza ampio e variegato sia sul piano economico che su quello del prestigio: combattimento a cavallo nell'esercito comunale (nel caso, anche navale); disponibilità di patrimonio fondiario; legami con enti ecclesiastici, da cui ricavava concessioni di beni e diritti.

I rapporti di forza tra città e campagna…

L'espansione nel contado e la *libertas civitatis* Un'altra peculiarità della civiltà comunale italiana è data dall'**espansione nel contado**, ossia nello spazio rurale circostante, sul quale già insistevano, in concorrenza tra loro, comunità rurali e poteri signorili laici ed ecclesiastici. Questa espansione avvenne in diversi modi, talvolta pacificamente, attraverso patti o legami vassallatici, ma più spesso attraverso spedizioni

PERCORSO VISIVO

[👁 1] **L'imperatore e il vescovo**
L'arcivescovo di Milano Ariberto (970 ca.-1045) coltivò l'ambizioso progetto di estendere la propria egemonia su tutta l'Italia settentrionale e per questo non esitò a scendere in guerra contro l'imperatore tedesco Corrado II. Nella memoria collettiva, Ariberto è ricordato come l'inventore del "carroccio", un carro su cui era issato un lungo palo con in cima una croce d'oro, che avrebbe dovuto guidare le truppe milanesi contro Corrado nel 1039. Allora non si giunse alla battaglia, ma l'idea fu ripresa in seguito e il carroccio divenne il simbolo della resistenza contro gli imperatori svevi.

▶ Corrado II e l'imperatrice Gisela ai piedi di Cristo, miniatura dell'XI secolo.

militari: in ogni caso, essa portò all'imposizione di **prestazioni d'opera e obblighi fiscali a danno delle comunità rurali**, che subirono inoltre limitazioni a svolgere attività artigianali e commercio dei prodotti della terra, destinati prioritariamente ad alimentare i consumi cittadini.

Questo processo incise profondamente anche all'interno delle città: le necessità imposte dal continuo stato di conflitto, prima tra tutte quella di denaro per gli eserciti e gli approvvigionamenti, contribuirono a **modificare il sistema politico comunale** originario. Gli stessi rapporti tra *militia* e vescovo, per esempio, subirono variazioni considerevoli: i vescovi difesero infatti strenuamente, appellandosi alla *libertas Ecclesiae* della riforma [▶ cap. 2.2], le proprie prerogative in materia giudiziaria e fiscale, ma con poco successo dinanzi alla coesione del corpo sociale cittadino.

La costruzione ideologica a fondamento di questa espansione e della rivendicazione di autonomia dinanzi ai poteri regi e imperiali fu fornita dai ceti intellettuali con la teoria della **comitatinanza** e con la formula della ***libertas civitatis***. La prima individuava nell'orizzonte del *comitatus* (da cui "contato") carolingio o della diocesi lo spazio legittimo di espansione comunale. La seconda, che aveva come fondamento il richiamo a un'antica libertà della *res publica* cittadina, prevedeva la facoltà di eleggere i propri consoli, di costituire leghe tra città e di costruire fortificazioni.

Elementi analoghi per un fenomeno multiforme Molti comuni, molto simili tra loro ma nessuno uguale all'altro: un'enorme varietà di esperienze, dunque, che è possibile riassumere avendo in mente un **modello** che, per quanto astratto, tiene conto di specifici elementi caratterizzanti l'esperienza comunale. Tali elementi, secondo la proposta del medievista inglese C. Wickham, sono i seguenti:

- la presenza di una **collettività urbana autoconsapevole**, che includeva gli abitanti maschi della città che godevano dei diritti civili e politici;
- la creazione di una serie di **magistrature** occupate in base a una **regolare rotazione**, con incarichi affidati, o convalidati, dalla collettività;
- il riconoscimento, per queste magistrature, di un'**autonomia** in merito a temi riguardanti la **guerra e** la **giustizia**;
- più tardi, lo sviluppo delle possibilità di esercitare **potere legislativo** e imporre la **leva fiscale**.

5.2 Città e comuni nell'Italia centrosettentrionale: il sistema podestarile e i regimi di popolo

Ulteriori sviluppi delle magistrature consolari La crescita delle responsabilità giurisdizionali e militari dei comuni ebbe come conseguenza una maggiore articolazione delle mansioni all'interno del collegio consolare e l'instaurarsi di una gerarchia tra i consoli. Da un modello di organizzazione politica orizzontale, senza una netta gerarchia tra i vari organi che la componevano, si passò a un **modello verticale**, in cui una magistratura aveva la prevalenza (*primus consul*, *rector*, podestà). Anche la cerchia di famiglie della *militia* da cui provenivano i consoli si restrinse e si differenziò notevolmente, per censo e prestigio, dal resto del corpo sociale cittadino.

...e all'interno della città

I fondamenti teorici del potere del comune

approfondimento
Urbanistica medievale

rispondi
1. Quali responsabilità politiche e civili dei vescovi sono comprese nel concetto di *districtus*? **2.** Quali sono le caratteristiche della magistratura consolare? **3.** Quali rapporti intrattiene la città con il contado? **4.** Quali elementi accomunano la nascita dell'esperienza comunale?

Gerarchizzazione delle magistrature

SEZIONE II   IL CULMINE DELLA CIVILTÀ MEDIEVALE EUROPEA [SECOLI XII-XIII]

I tecnici del diritto

> **percorsi storiografici p. 215**
> *Alle origini del comune italiano*
> H. Keller, J.-C. Maire Vigueur

Una burocrazia più complessa affiancò le alte magistrature: tesorieri, notai, scrivani, sovrintendenti a pesi, misure, monete, viabilità e a molti altri aspetti della vita quotidiana nella città. Un ruolo fondamentale fu svolto da **uomini di legge e notai**, preparati nelle scuole cittadine o nelle università (di cui parleremo fra poco), che si incaricarono di redigere, conservare e tramandare la crescente normativa prodotta dalle magistrature comunali. Il prodotto di questa attività furono libri nei quali era compresa l'intera regolamentazione della vita civile del comune, dagli aspetti militari a quelli fiscali e giudiziari (*statuti*), e libri che regolamentavano i patti tra comune e signorie e comunità del contado (*libri iurium*).

Una sottomissione formale

I comuni e l'Impero Si è detto come i comuni italiani siano stati una creazione politica originale in risposta alla crisi del Regno d'Italia e alla sostanziale debolezza del potere imperiale. L'Impero si limitava, sostanzialmente, a riconoscere tanto ai comuni quanto alle signorie una sorta di autonomia che non pregiudicasse la loro formale sottomissione all'imperatore, cui si accordava un ruolo eminente di difesa della pace e della giustizia.

Lo scontro tra comuni e Impero

Le cose cambiarono invece con l'ascesa di Federico I Barbarossa [▶ **cap. 4.5**], intenzionato a ristabilire un forte controllo imperiale su una situazione che giudicava potenzialmente pericolosa per l'unità imperiale. Federico individuò il nemico nel comune di Milano, egemone in Lombardia, e nel 1155, durante una **Dieta a Roncaglia** (presso Piacenza), lo mise al bando, con il supporto di comuni tradizionalmente avversari dei milanesi come Pavia e Como. Durante una seconda Dieta a Roncaglia (1158), con l'appoggio di Pavia, Cremona e Lodi (da poco rifondata dopo la distruzione per mano dei milanesi [▶ **FONTI**]), l'imperatore cercò di imporre un sistema di governo basato in parte sul rafforzamento delle relazioni feudali e in parte – grazie all'apporto dei maestri di diritto romano di Bologna [👁 2] – sulla gestione tramite funzionari pubblici dei diritti regi (*regàlia*), di cui i comuni cercavano di appropriarsi.

> **regalia** Dal latino *iura regalia*, "diritti spettanti alla sovranità": diritti pubblici, divisi in maggiori (diritto di battere moneta, amministrare la giustizia, nominare i giudici) e minori (diritti su caccia, pesca, saline, miniere, boschi, strade, ponti, beni vacanti, ammende giudiziarie…).

PERCORSO VISIVO

[👁 2] **I glossatori bolognesi** Nel corso del XII secolo la trasmissione e la conoscenza in Occidente dei testi che costituivano il *Corpus iuris civilis*, la raccolta di editti imperiali fatta redigere da Giustiniano nel VI secolo, consentì ai maestri di diritto, in particolare la scuola di glossatori cui diede origine Irnerio, giureconsulto bolognese, di fornire all'Impero una strumentazione intellettuale adeguata allo scontro con comuni e pontefici. Insieme con le norme emanate dai re barbarici, il diritto feudale e il diritto canonico, modellato a partire dal *Decretum* di Graziano, il diritto romano costituì l'architrave giuridica dell'Europa bassomedievale.

▶ Pagina miniata da un manoscritto bolognese del *Corpus* di Giustiniano, XIV secolo. Il testo è riportato al centro, mentre tutt'intorno si leggono le glosse, cioè i commenti interpretativi.

Mondo urbano e autonomie cittadine | **CAPITOLO 5**

FONTI

Una "rifondazione": la nuova Lodi

■ Per la conoscenza degli elementi costitutivi di una città medievale, più utili dei documenti relativi a una fondazione ex novo appaiono quelli concernenti una "rifondazione", cioè lo spostamento di insediamento di una città preesistente, abbandonata per motivi bellici e ricostruita in altro sito, come nel caso di Lodi. Dopo che i milanesi avevano distrutto l'antica città di origine romana, sorta nel luogo dell'attuale "Lodi vecchio", nel 1158 gli abitanti ottennero da Federico Barbarossa l'autorizzazione a ricostruirla sul monte Eghezzone, in riva all'Adda. Nel diploma di concessione sono specificati gli elementi costitutivi della città: mura e fossati, sobborghi, ponti e strade.

▲ La città di *Laude Pompeia* (Lodi) nella "tavola Peutingeriana", copia risalente al XII-XIII secolo di un'antica carta delle vie militari dell'Impero romano.

In nome della santa e individuale Trinità. Federico per grazia di Dio augusto imperatore dei Romani.

Abbiamo[1] [...] designato come nuovo luogo d'abitazione quanto è sufficiente a ricostruire sul monte Eghezzone presso l'Adda l'ambito della città e dei suoi sobborghi e abbiamo trasferito dalla vecchia città distrutta dai Milanesi, a titolo nostro e della nostra imperiale autorità, a quella nuova, quelle prerogative che saranno in seguito esposte, per grazia e indulgenza nostra nei loro riguardi.

Per primo concediamo dunque la facoltà di costruire per difesa della nostra città muri, fossati e altre fortificazioni contro gli assalti del nemico. A maggior utilità della nostra città concediamo poi che i Lodigiani possano avere piena autorizzazione a costruire ponti per la comodità di chi deve attraversare, sopra il fiume Adda e su tutti gli altri corsi d'acqua che scorrono per la diocesi lodigiana. Stabiliamo anche e ordiniamo che la predetta città abbia sempre un porto generale[2] per le navi senza opposizione alcuna, a cui confluiscano con sicurezza le navi dei mercanti che salgono o scendono per l'Adda, con libera facoltà di vendere e di comperare, riservando al fisco regio tutti i diritti connessi col passaggio e col commercio. [...]

Poiché nessuna città può poi essere mancante di via pubblica che la colleghi con le altre città e gli altri luoghi, per nostro Imperiale decreto doniamo alla nuova città di Lodi [la possibilità di creare] libere vie e liberi transiti tutto intorno, al fine di collegarsi con le vie pubbliche e comuni che conducono alle città adiacenti. Inoltre per lo stesso decreto proibiamo che vengano edificati o restaurati, nel caso in cui fossero distrutti, castelli, torri e fortezze in tutta la diocesi di Lodi.

Ad aumento della nostra grazia concediamo alla nostra città sopra ricordata tutti gli incolti e le altre terre non coltivate collocate sulle due sponde a uso comune di pascolo, in modo che possano essere acquistate dai possessori a cui appartengono allo stesso prezzo a cui potevano essere acquistate un anno prima che la città fosse rifondata. [...]

Affinché tutto quanto sia osservato inviolabilmente, confermiamo il presente diploma col sigillo della nostra autorità.

Monumenta Germaniae Historica, Diplomata regum et imperatorum Germaniae,
X, doc. 246, trad. R. Bordone

> L'autorità imperiale si rivolge alla comunità lodigiana con alcuni verbi dal contenuto pregnante: "concedere", "donare", "stabilire", "ordinare", "proibire", "confermare" configurano altrettante sfere di giurisdizione. L'Impero "concede" al comune alcune autonomie, riservandosi però le *regalie*, come per esempio i diritti connessi al commercio o il controllo delle fortificazioni nell'intero territorio diocesano.

---

1 Abbiamo: il *plurale maiestatis* è la forma aulica con cui si esprimono, parlando di sé, sovrani e pontefici.

2 porto generale: porto per ogni tipo di imbarcazione.

163

SEZIONE II — IL CULMINE DELLA CIVILTÀ MEDIEVALE EUROPEA [SECOLI XII-XIII]

La Pace di Costanza e un nuovo equilibrio

Nel 1162 **Milano venne conquistata e distrutta** dopo un lungo assedio, e il governo imperiale fu esteso a tutta la Lombardia e alla Toscana. Tuttavia esso ebbe vita breve, perché causò una forte opposizione da parte di alcune città, che nel 1167 si allearono militarmente in una lega, la cosiddetta Lega lombarda, contestando all'imperatore l'aver travalicato il normale sistema di relazioni stabilito dai suoi predecessori. Dopo alterne vicende, tra cui la piena **vittoria della Lega** nella battaglia di **Legnano** nel 1176 [▶eventi], le due parti giunsero nel 1183 a un compromesso (**Pace di Costanza**) i diritti regi stabiliti ed enumerati minuziosamente a Roncaglia passarono sotto la competenza dei comuni, in cambio del formale riconoscimento dell'autorità imperiale [👁 3].

L'ascesa del popolo

L'allargamento della base sociale dei comuni La vittoria contro l'Impero costituì un elemento importante di **crescita sociale e istituzionale** delle città comunali. Alcuni ceti non nobili esclusi dalla *militia* cittadina, appartenenti al mondo dei commerci e delle manifatture e organizzati su base professionale o rionale, pretesero una maggiore partecipazione alla vita pubblica. Questi ceti, che fornivano la base della fanteria cittadina, iniziarono a esprimere un'azione politica propria attraverso vari tipi di associazioni, articolate per mestieri (**arti**) [▶ cap. 1.7] o su base rionale (*societates populi, comunanze, credenze, concordie*) e incaricate di difendere una circoscrizione urbana – rioni, contrade, parrocchie, sestieri – dalla violenza dei cavalieri. Tali forze sociali eterogenee, denominate nelle fonti come "**popolo**" (*populus*) e assimilate sul piano storiografico e sociologico nel concetto di "borghesia" [▶fenomeni], si contrapposero con forza sempre maggiore all'aristocrazia urbana: se sia sul piano politico, sia su quello giuridico e ideologico per i *milites* l'autorità era essenzialmente di natura militare e organizzata sulla base delle strutture familiari, il popolo riteneva che la vita comunale dovesse essere gestita anche secondo una più stringente applicazione di regole pubblicamente condivise e definite da procedure.

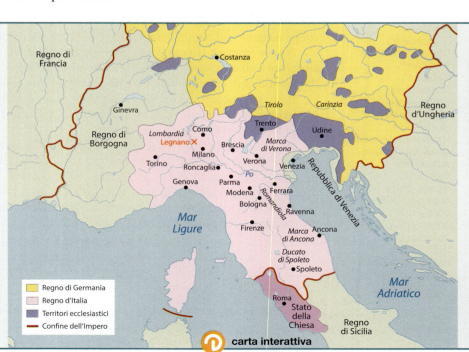

[👁 3] **Impero e comuni nel Regno d'Italia (fine XII secolo)** In seguito alla Pace di Costanza all'imperatore rimase il diritto di confermare consoli e podestà, di esercitare il ruolo di giudice supremo e di percepire la tassa per l'approvvigionamento suo e del suo seguito (*fodro*) quando passava sul territorio comunale. Con la sostanziale autonomia dei comuni il titolo di re d'Italia assunse sempre più un carattere puramente formale.

- Regno di Germania
- Regno d'Italia
- Territori ecclesiastici
- Confine dell'Impero

carta interattiva

164

Mondo urbano e autonomie cittadine | **CAPITOLO 5**

eventi

La battaglia di Legnano (1176): miti medievali e Risorgimento

Nella prima metà dell'Ottocento la battaglia di Legnano entrò nell'immaginario del Risorgimento italiano come battaglia per la libertà (nelle parole dello storico ginevrino Sismondi), condotta dalla democrazia comunale contro la tirannide imperiale. Anche altri episodi di conflitto con lo straniero – il giuramento di Pontida, sempre connesso a Legnano, i Vespri siciliani, la Disfida di Barletta – divennero parte della retorica risorgimentale, ma, procedendo l'unificazione nazionale per iniziativa dei Savoia, la memoria di Legnano incominciò a creare difficoltà. Nella battaglia, infatti, i Savoia erano schierati con l'imperatore, non con i comuni, e la vittoria di questi, percepita come frutto dei ceti popolari, era vista sotto cattiva luce dai liberali e dai conservatori. Anche l'alleanza dei comuni con il papato creava imbarazzo, negli anni in cui il Regno d'Italia si scontrava duramente con il papa per la questione di Roma capitale.

Legnano dunque divenne parte di un mito democratico e popolare del Risorgimento, alimentato anche dalla musica e dalla letteratura, da Garibaldi a Mazzini, da Berchet a Carducci, sino a Giuseppe Verdi.

▲ Amos Cassioli, *La battaglia di Legnano*, 1860 (particolare).

Altre interpretazioni del mito
Compiuta l'Unità, il mito popolare di Legnano decadde rapidamente, rivisto in chiave nazionalistica ed elitaria. La vittoria sarebbe stata merito di un'élite di guerrieri, la Compagnia della Morte, guidata da Alberto da Giussano (citato solo a partire da un testo trecentesco), che avrebbe fornito alla massa popolare una sicura e necessaria guida.

Le vicende politiche contemporanee, dagli anni Novanta del Novecento in poi, hanno visto un nuovo uso del mito di Legnano, di Alberto da Giussano e di Pontida, per opera di una parte politica che, almeno originariamente, guardava con favore alla secessione dallo Stato unitario. Forse un paradosso, per un mito nato nel Risorgimento popolare, che in realtà continua a dimostrarne la polivalenza e la necessità di ripensare continuamente i fondamenti dell'identità nazionale italiana.

fenomeni

La nascita delle borghesie

Il linguaggio storiografico ottocentesco, influenzato dalla Rivoluzione francese, intendeva per borghesia una classe sociale unitaria, composta da mercanti, industriali e burocrati, che stava vittoriosamente contendendo alla nobiltà l'egemonia sulla società europea. Tuttavia, la storiografia più recente declina al plurale questo concetto, e inoltre le borghesie ottocentesche avevano poco in comune con le società medievali.

Il termine indica propriamente l'abitante di un borgo (latino *burgus*), ossia un insediamento dai caratteri non ancora pienamente urbani, sorto a ridosso di una città, di un monastero o di un castello. Con questa accezione, nel basso Medioevo, indica persone che svolgevano attività artigianali e commerciali, e che per questo si vedevano riconosciuti particolari privilegi di natura giuridica ed economica dalle autorità pubbliche o signorili.

Realtà poco omogenee
La borghesia medievale non è una realtà unitaria e definita sul piano dell'identità sociale: gli strati sociali composti da artigiani, mercanti, banchieri, giuristi, personale amministrativo, distinti sia dai

▲ Un mercante di granaglie, XIV secolo.

ceti aristocratici che dai lavoratori delle campagne, erano differenziati per livelli di reddito ed erano attraversati da estesi fenomeni di mobilità sociale, tanto verso l'alto, per effetto di processi di nobilitazione, quanto verso il basso, a causa di impoverimento e perdita di prestigio.

SEZIONE II IL CULMINE DELLA CIVILTÀ MEDIEVALE EUROPEA [SECOLI XII-XIII]

La crisi del sistema consolare

Il sistema podestarile-consiliare Alla fine del XII secolo tra le famiglie di *milites* cittadini dominava un elevato grado di conflittualità, tale da mettere in crisi l'intero sistema consolare. L'odio tra clan familiari seminava violenze e omicidi e questa situazione induceva i consigli cittadini a tentare la strada di un magistrato unico con maggiori poteri. Dopo una fase di transizione lunga alcuni decenni si giunse alla sostituzione della magistratura consolare con quella esercitata dal **podestà**, dapprima interno alla città, poi forestiero, scelto dai consigli cittadini sulla base della sua preparazione in particolari ambiti (giustizia, guerra, diplomazia), con il compito fondamentale di mediare tra le famiglie della *militia* in modo che i conflitti fossero sempre risolti all'interno del sistema istituzionale consiliare [👁 4]. Anche il popolo, a sua volta, si dotò di una magistratura analoga a quella podestarile, il **capitano del popolo**: allo stesso tempo organo di governo e rappresentante di una parte politica e sociale, era anch'egli forestiero, itinerante e dotato di cultura giuridica.

Poteri e funzioni del podestà

La carica del podestà era limitata temporalmente e al termine del mandato veniva sottoposto a un processo per accertare se avesse operato correttamente. Ogni podestà recava con sé una nutrita schiera di giudici, notai, cavalieri e funzionari per lo svolgimento di determinati incarichi (polizia urbana, funzioni giudiziarie, redazione di atti), sull'operato dei quali doveva vigilare costantemente. Nei campi in cui le decisioni più importanti venivano prese dai consigli, ossia in caso di guerra e nelle relazioni diplomatiche, il podestà poteva comunque intervenire direttamente con un sostanziale margine di autonomia.

I poteri dei consigli

Dai **consigli** dipendeva anche l'operato di tutti gli altri settori dell'amministrazione comunale: pesi e misure, bilanci, lavori pubblici, normative in merito all'emancipazione dei servi o all'accesso alla cittadinanza, quest'ultimo legato alla possibilità di testimoniare una lunga permanenza in città e l'assoggettamento agli obblighi militari del comune.

Una nuova cultura politica

L'incanalarsi della lotta politica nel confronto tra schieramenti all'interno del sistema podestà-consigli e l'ascesa istituzionale del popolo favorirono il nascere di una **nuova cultura politica**, finalizzata al raggiungimento del **bene comune** e all'**accrescimento della potenza della città** ed esemplificata nei concetti di **equità e giustizia**. Il

PERCORSO VISIVO

[👁 4] **Il podestà contro i *milites*** A Genova gli scontri tra le fazioni nobiliari divennero così gravi che nel 1191 fu deciso di sospendere il consolato, incapace di porre un argine alla situazione, e affidare la guida del comune a un podestà straniero, il bresciano Manegoldo del Tettuccio. Gli *Annales ianuenses*, cronache cittadine del XII secolo, riportano che egli intervenne con energia: la miniatura mostra l'abbattimento della casa di Folco del Castello, un nobile che era insorto contro la nuova magistratura. Alla scadenza del mandato però le lotte ripresero con maggior vigore, lasciando irrisolti i problemi del comune.

primo rinviava all'idea che tutti i cittadini – maggiorenni e liberi – avessero gli stessi obblighi e diritti, il secondo alla necessità che l'apparato giudiziario funzionasse con regole chiare e uguali per tutti.

I comuni e Federico II L'ascesa del popolo nelle istituzioni comunali fu contemporanea a una stagione di duri **conflitti intercittadini**, complicati dalla ripresa dell'**iniziativa imperiale** con gli eredi di Federico Barbarossa, Enrico VI e, soprattutto, Federico II [▶ cap. 4.5]. Per reazione alla politica imperiale si formarono infatti due *partes* ("partiti"):

- l'una **ghibellina**, a favore dell'Impero svevo (Cremona e Pavia in Italia settentrionale; Pisa e Siena nel Centro);
- l'altra, denominata **guelfa** per analogia con gli avversari tedeschi degli imperatori svevi, era appoggiata dalla Chiesa (Milano e Piacenza al Nord; Firenze e Perugia nell'Italia centrale) e diede vita a una seconda Lega lombarda nel 1226.

La vittoria sulla Lega nel 1237 a Cortenuova, presso Brescia, consentì a Federico II di **imporre ai comuni la restituzione dei diritti regi**, sottoponendoli a un podestà da lui stipendiato, con competenze civili e criminali, dipendente da un vicario generale. Il Regno d'Italia fu così diviso in nove vicariati, sottoposti all'autorità di un legato generale, Enzo, figlio di Federico e re di Sardegna. Questo disegno di articolazione amministrativa, analogo a quello applicato nel Regno di Sicilia, non ebbe grande fortuna: **Federico II** fu, anche per queste vicende, **scomunicato** nel 1245 al concilio di Lione da papa Innocenzo IV e inoltre fu **sconfitto** a Parma nel 1248, mentre nel 1249 lo stesso Enzo fu fatto prigioniero dai guelfi a Fossalta, in territorio modenese, e condotto prigioniero a Bologna, dove morì nel 1272.

I regimi di popolo Alla morte dell'imperatore, nel 1250, l'**Italia settentrionale** era **nelle mani delle fazioni guelfe**, vincitrici sulle opposizioni ghibelline interne alle singole città ma in competizione tra loro. Sempre nel 1250 il popolo prese il potere a Firenze, in seguito a una sconfitta dell'esercito imperiale a Figline: da allora questa data è stata enfatizzata come paradigmatica di un fenomeno comune a molte città, ma la realtà è più complessa. Sotto l'etichetta di "regimi di popolo" vi è infatti un'ampia gamma di situazioni soggette a repentini mutamenti. A Firenze, per esempio, il primo governo popolare durò dieci anni: nel 1260, sconfitto a Montaperti, dovette cedere il

SEZIONE II — IL CULMINE DELLA CIVILTÀ MEDIEVALE EUROPEA [SECOLI XII-XIII]

Le innovazioni istituzionali e gli ordinamenti antimagnatizi

potere ai ghibellini, che a loro volta tra il 1266 e il 1280 lasciarono il posto a un governo nobiliare guelfo. A Roma, nel giro di un secolo, il popolo raggiunse il governo almeno una decina di volte, ma tutte per brevissimo tempo.

Generalmente, i regimi popolari introdussero alcune innovazioni ispirate a una visione politica tutta centrata sul ruolo delle istituzioni a scapito della preminenza sociale aristocratica, razionalizzando gli apparati fiscali e finanziari dei comuni e dando vita a legislazioni organiche nei vari ambiti della vita cittadina. Culmine della politica di limitazione della preminenza nobiliare furono gli *Ordinamenti sacratissimi* (1284) a Bologna e gli *Ordinamenti di giustizia* (1293) a Firenze, che **estromettevano** dalla competizione politica **i** cosiddetti **magnati**, gli appartenenti a ricche famiglie aristocratiche, antiche e recenti, che facevano delle tradizioni militari e dello stile di vita cavalleresco il tratto caratteristico della propria identità sociale e politica [👁 5]. La strategia dei governi di popolo era incentrata su quattro elementi fondamentali, che la rendevano innovativa rispetto alla tradizione precedente.

I fondamenti politici dei nuovi governi

- Il **potere** era concepito non più come costrizione e dominio (così come lo intendevano i ceti signorili), ma **come mediazione** all'interno di istituzioni.
- La rete di condizionamenti entro cui il potere si esprimeva favorì poi l'emergere di una più **sofisticata capacità di governo**, che si manifestò nelle normative riguardanti l'estensione della cittadinanza o lo scioglimento delle società di rione a favore di un organismo cittadino unitario.
- La **rivoluzione documentaria**: si moltiplicarono le scritture legate alla quotidianità amministrativa, di cui i registri dei consigli, delle sentenze e dei bandi, furono la massima espressione.
- Il ruolo del **notariato** rivestì un'importanza fondamentale come elemento di razionalizzazione e traduzione scritta delle forme del potere, in questo modo sempre meno arbitrario.

Su questa base alcune scuole retoriche costruirono il **mito di un comune repubblicano**, espressione di una legalità collettivamente condivisa, del bene comune, della pace, della giustizia: esempio ne sia il prologo del *Liber Paradisus* bolognese del 1257 che emancipò dalla condizione servile e rese libere circa 6000 persone [▶ FONTI].

---

repubblicano In epoca antica, si definiva repubblica un regime non fondato su monarchia, dove però il potere non era esercitato dal popolo ma da determinati ceti. In Italia si definirono repubbliche fra gli altri i comuni di Firenze (1115), Genova (1218), Pisa, Amalfi, Venezia.

libertà Nelle società medievali è uno stato giuridico personale di privilegio rispetto a coloro che, in vari modi, sono dipendenti da un'altra persona.

PERCORSO VISIVO

[👁 5] **La degenerazione popolare di Firenze** Dante (1265-1321), che apparteneva alla piccola nobiltà fiorentina, fu molto critico nei confronti della svolta "popolare" della sua città. Nei canti centrali del *Paradiso* (XVI-XVII), attraverso le parole dell'avo Cacciaguida, il poeta si scaglia più volte contro la "degenerazione" di Firenze, causata – a suo dire – dall'arrivo dal contado di «piccola gente», dedita solo al commercio e agli affari. Per lui, il «puzzo del villan» aveva causato la rovina delle famiglie nobili, tra i cui discendenti c'era anche Giano della Bella, schieratosi con il popolo e autore degli *Ordinamenti di giustizia*. I nuovi inurbati e la perdita degli antichi valori, secondo Dante, erano la causa anche degli odi e delle violenze tra fazioni. Un giudizio severo, che però inquadra bene il radicale cambiamento sociale avvenuto nel giro di pochi decenni.

▲ Beatrice, Dante e Cacciaguida, miniatura del XIV secolo.

Mondo urbano e autonomie cittadine | **CAPITOLO 5**

FONTI

▲ La prima pagina del *Liber Paradisus*.

Il paradiso in terra:
il *Liber Paradisus* di Bologna

■ **Quello che si presenta è un brano di uno tre prologhi del *Liber Paradisus*, redatto a Bologna nel 1257, con il quale il comune emancipò dalla condizione servile circa 6000 uomini, donne e minori: essi dunque tornavano alla condizione primitiva di ogni uomo, quella libera. L'emancipazione dei servi andava contro gli interessi dei magnati, non tanto sul piano economico (il riscatto avvenne dietro pagamento di una somma non modesta, l'equivalente di un bue da lavoro) quanto su quello della preminenza sociale, che nel caso della *militia* cittadina e dell'aristocrazia poggiava anche sulla dipendenza servile. Provvedimenti simili furono presi in varie città, con intenti meno nobili di quanto affermassero manifesti ideologici come questo: primo tra tutti l'aumento della popolazione tassabile, dal momento che i servi erano esenti da imposte in quanto proprietà del loro signore.**

Questo è il *Memoriale dei servi e delle serve* che sono stati liberati dal comune di Bologna; e questo memoriale a buon diritto si intitola *Paradiso*. […]

Un Paradiso di gioia creò al principio Dio onnipotente; in esso pose l'uomo che aveva plasmato e ornò il suo corpo di una candida veste, donandogli un'assoluta e perenne libertà. Ma quell'infelice, dimenticando la propria dignità e il dono di Dio, mangiò il frutto proibito[1], violando il comandamento divino, e così trascinò miseramente se stesso e l'intera sua discendenza in questa valle[2] e avvelenò irreparabilmente il genere umano, legandolo tristemente con le catene della servitù diabolica. Così da incorruttibile divenne corruttibile, da immortale mortale, sottoposto alla decadenza e ad un'opprimente servitù. Tuttavia, vedendo Dio che tutto il mondo si avviava alla rovina, ebbe pietà del genere umano e mandò il Figlio suo unigenito, nato dalla Vergine Madre per grazia dello Spirito Santo, affinché spezzate dalla gloria della sua dignità le catene della servitù che ci tenevano prigionieri, fossimo restituiti all'antica libertà; pertanto assai bene si opera quando, col beneficio della affrancazione[3], si restituiscono alla libertà originaria quegli uomini, che da principio la natura generò facendoli liberi, e il diritto delle genti sottopose poi al giogo della servitù. Considerando tutto ciò, la nobile città di Bologna, che sempre si è battuta per la libertà, memore del passato e preparando il futuro, in onore del Signore nostro, Gesù Cristo Redentore, riscattò per denaro tutti coloro che, nella città e nella diocesi di Bologna, trovò oppressi dalla condizione servile e dopo attenta indagine decretò che fossero liberi, stabilendo che in futuro nessuno che sia oppresso da una qualche forma di servitù osi stabilirsi nella città o nella diocesi di Bologna, affinché la comunità degli uomini, liberi per natura o dopo il riscatto, non possa essere nuovamente corrotta dal germe di una qualche servitù, poiché un piccolo germe è in grado di corrompere tutta la comunità, così come la presenza di un solo malvagio potrebbe disonorare tantissimi onesti […].

Liber Paradisus. Con un'antologia di fonti bolognesi in materia di servitù medievale (942-1304), vol. I, a cura di A. Antonelli, Marsilio, Venezia 2007

Dio crea l'uomo libero, ma questi sceglie il peccato e si condanna alla servitù.

Dio invia Gesù a rinnovare il patto con gli uomini e affrancarli dalla servitù, ma permane la condizione servile codificata nel diritto e nella prassi sociale.

Norme come il *Liber Paradisus* operano in accordo con la volontà di Dio per rivoluzionare il diritto e far riguadagnare agli uomini il proprio stato di libertà.

---

1 mangiò … proibito: il riferimento è alla narrazione biblica del peccato originale (*Genesi* 3,1-6).

2 in questa valle: il riferimento è alla "valle di lacrime" (la terra) dalla quale i fedeli, esuli figli di Eva, si rivolgono a Maria nell'antifona *Salve Regina*, dell'XI secolo.

3 affrancazione: atto pubblico con cui una persona veniva liberata da un onere perpetuo come la condizione di schiavitù.

SEZIONE II IL CULMINE DELLA CIVILTÀ MEDIEVALE EUROPEA [SECOLI XII-XIII]

Il caso della Marca trevigiana

Precoci esperienze signorili Mentre nell'Italia centrale, in città perennemente in lotta tra loro per l'affermazione della propria egemonia, per effetto delle leggi antimagnatizie si formarono potenti collegi oligarchici popolari (generalmente con il nome di Anziani), nell'Italia settentrionale si assisté alla progressiva affermazione di signorie dinastiche di matrice nobiliare. Un esempio fu **Ezzelino III da Romano** (1194-1259), che riuscì a realizzare un'ampia egemonia nella Marca trevigiana (Treviso, Vicenza, Verona e in misura minore Padova) [👁 6]. Nonostante la sua famiglia fosse tradizionalmente antimperiale e antisveva, i conflitti interni alla seconda Lega lombarda riavvicinarono Ezzelino all'imperatore. Questa alleanza gli consentì di portare avanti una politica tesa a indebolire i suoi avversari, gli **Estensi**, che controllavano Ferrara, Mantova e parte della Marca trevigiana, e a ingrandire il territorio sotto il suo controllo, conquistando nel 1248 le città vescovili di Feltre e Belluno. Tutto ciò senza intaccare formalmente le istituzioni comunali, ma anzi presentandosi come difensore di queste nei confronti del marchese d'Este. Pur sanguinaria e feroce nella sua fase finale, la signoria di Ezzelino costituì un fenomeno complesso, che divenne un modello ideologico e di governo anche per altre famiglie aristocratiche, come gli **Scaligeri** a Verona.

L'esperienza di Milano

Altro caso di precoce costituzione signorile fu Milano. Dopo il raggiungimento di un equilibrio tra popolo e aristocrazia alla metà del Duecento, lo scontro riprese nel 1277 e vide prevalere la parte nobiliare, capitanata dall'arcivescovo **Ottone Visconti** (1207-95) [👁 7]. Questi svuotò di significato le istituzioni comunali, pur formalmente rimaste in vigore, ottenendo dal Consiglio generale che suo nipote, Matteo Visconti (1250-1322), fosse nominato capitano del popolo per cinque anni, carica di volta in volta rinnovabile. Matteo associò poi alla carica, nel 1305, il figlio Galeazzo (1277 ca.-1328).

Le ragioni dell'ascesa signorile

Sostanzialmente questi poteri personali si affermarono per una serie di fattori. In primo luogo, alcuni esponenti nobiliari riuscirono a instaurare efficaci **relazioni clientelari** con ampie frange del popolo, che a sua volta partecipava, dividendosi al suo interno, ai grandi sistemi di alleanza guelfo e ghibellino. Spesso questi poteri si affermarono, inoltre, per stessa **delega degli organismi comunali**, nella speranza che ponessero fine alle laceranti guerre di fazione, e solo in seguito si legittimarono richiedendo alla superiore autorità imperiale un titolo formale, quello di **vicario imperiale**. Nel

PERCORSO VISIVO

[👁 6] **Ezzelino e l'imperatore** Jacopo da Carrara, signore di Padova, sguaina la spada contro Ezzelino da Romano al cospetto di Federico II, miniatura del XIV secolo. I due capitani, Jacopo ed Ezzelino, erano nemici personali ma servivano al progetto politico di Federico, che li volle entrambi nel fronte filoimperiale.

170

Mondo urbano e autonomie cittadine | **CAPITOLO 5**

caso milanese, per esempio, Matteo Visconti ottenne questa dignità nel 1294 da Adolfo di Nassau, designato imperatore nel 1292.

Si tratta tuttavia di un processo lungo un secolo, durante il quale queste prime brevi esperienze ebbero caratteri di sperimentazione istituzionale e tutto sommato furono difficilmente distinguibili dai regimi comunali nei quali si sviluppavano e dei quali mutuavano ancora forme e ideologia. Come vedremo successivamente, la vera svolta giungerà alla metà del Trecento, con la definitiva affermazione delle grandi dinastie signorili nell'Italia padana e dei regimi oligarchici in Italia centrale.

> **rispondi**
> **1.** Quali ragioni oppongono Federico I ai comuni italiani?
> **2.** Che cosa stabilisce la Pace di Costanza?
> **3.** Come si caratterizza la magistratura podestarile? **4.** Quali sono le innovazioni principali introdotte dai regimi di popolo?

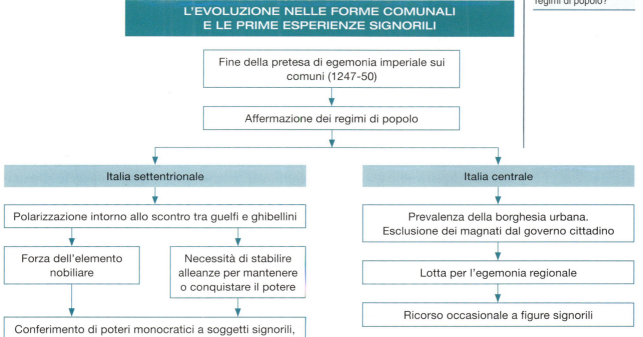

L'EVOLUZIONE NELLE FORME COMUNALI E LE PRIME ESPERIENZE SIGNORILI

Fine della pretesa di egemonia imperiale sui comuni (1247-50) → Affermazione dei regimi di popolo

Italia settentrionale
- Polarizzazione intorno allo scontro tra guelfi e ghibellini
- Forza dell'elemento nobiliare
- Necessità di stabilire alleanze per mantenere o conquistare il potere
- Conferimento di poteri monocratici a soggetti signorili, svuotando di senso politico le istituzioni comunali

Italia centrale
- Prevalenza della borghesia urbana. Esclusione dei magnati dal governo cittadino
- Lotta per l'egemonia regionale
- Ricorso occasionale a figure signorili

[👁7] **Ottone e il papa** Nominato arcivescovo di Milano, Ottone Visconti dovette attendere 15 anni prima di potersi insediare. La città infatti era allora retta dai della Torre, nemici giurati dei Visconti, e Ottone non poteva chiedere aiuto al papa perché i della Torre erano il cardine dell'alleanza guelfa nel Nord Italia. Solo dopo averli battuti sul campo Ottone poté fare il suo ingresso a Milano, evento celebrato in questo affresco trecentesco nel castello visconteo di Angera sul lago Maggiore.

SEZIONE II   IL CULMINE DELLA CIVILTÀ MEDIEVALE EUROPEA [SECOLI XII-XIII]

5.3 Città e forme di governo urbano nell'Europa dei principati e delle monarchie

I caratteri generali

Il movimento comunale europeo Le peculiarità dell'Italia centrosettentrionale non devono tuttavia nascondere la ricchezza del **movimento comunale europeo**. Le società cittadine europee (Nord della Francia, zona del Reno, Fiandre), manifestarono infatti un grado di iniziativa politica in forme diverse rispetto a quelle sinora esaminate, ma non per questo meno efficace, legato alla presenza di ampie signorie territoriali. L'iniziativa politica fu caratterizzata da quattro punti:

- presenza di un dibattito pubblico;
- contestazione della legittimità delle autorità tradizionali;
- autogestione;
- presenza di una lotta per l'affrancamento dei servi.

Quest'ultimo aspetto, in particolare, si spiega con il fatto che, a differenza di quanto accadeva in Italia, nel resto d'Europa una quota rilevante di popolazione urbana non era di condizione giuridica libera e non si differenziava dagli abitanti delle campagne.

La differenza con i comuni italiani del Centro-nord

È tuttavia attraverso la **contrattazione** con i poteri sovraordinati che si espresse nel modo più efficace l'iniziativa politica delle città e in questo consiste la differenza fondamentale rispetto all'Italia centrosettentrionale: mentre qui era la comunità che diventava signore collettivo e, come potere concorrente rispetto agli altri poteri signorili, rivendicava piena autonomia politica, il gioco politico europeo si svolgeva secondo regole non molto diverse da quelle proprie di un normale rapporto tra signori e comunità.

Il caso della Francia

A Soissons (a nord-est di Parigi), per esempio, nel 1136 un movimento associativo urbano di resistenza contro i molteplici oneri che gravavano sugli abitanti, imposti sia dal conte che dal vescovo, richiese l'intervento del re, Luigi VI, per ottenere il consenso a riunirsi in "comune" e superare così la frammentazione di poteri che caratterizzava la città. Allo stesso modo si comportarono Luigi VII e Filippo Augusto, che specie nelle aree al di fuori del proprio dominio diretto favorirono la **nascita dei comuni** e lo sviluppo sul piano politico di **ceti mercantili** a danno delle **forze signorili**. Varie combinazioni di forze sociali diedero così luogo a forme di associazione cittadina in funzione antivescovile o antisignorile a Le Mans, Cambrai, Laon, St. Quentin, Noyon, innescando conflitti pluridecennali. La situazione in Francia era peraltro complicata dal fatto che ampi territori si trovavano sotto controllo della dinastia inglese dei Plantageneti. In questi territori, in Normandia e sulle coste atlantiche, il comune infatti sorse tardi, agli inizi del XIII secolo, secondo modalità tipiche inglesi: il re sceglieva un sindaco all'interno di una lista presentata da notabili locali, che formavano un consiglio con funzioni amministrative. Nel Sud della Francia, invece, il contesto di crisi dei poteri tradizionali fu più favorevole all'affermazione di forme comunali simili a quelle italiane, sia nelle magistrature, sia nella proiezione territoriale nelle campagne circostanti.

Il caso dell'Inghilterra

Il ruolo del sovrano nel controllo delle città era ben presente nella situazione inglese: Enrico I, per esempio, favorì la fondazione di nuove città o luoghi di mercato, così come facevano molti signori fondiari, ma allo stesso tempo ne limitò la crescita sul piano politico, almeno sino a tutto il XII secolo, mentre invece nel secolo successivo molte comunità, in primo luogo Londra, riuscirono a destreggiarsi nel conflitto tra baroni e re ricevendone privilegi: si ricordi qui la funzione riconosciuta alla comunità di Londra nella *Magna Charta libertatum* [▶ cap. 4.3].

Mondo urbano e autonomie cittadine | **CAPITOLO 5**

Il caso della Spagna

Anche nel contesto iberico il **sovrano** ebbe un **ruolo predominante** nel favorire la **crescita** politica delle **comunità urbane**. Durante il processo di conquista della penisola [▶ cap. 4.6] i re concessero infatti privilegi ed esenzioni fiscali (*fueros*) a signori e comunità cittadine e rurali al fine di favorire la crescita economica e demografica nelle zone di frontiera, man mano che venivano conquistate. Nella **Castiglia-León** i ceti urbani preminenti risultarono quelli costituiti da **possessori fondiari** che accedevano al **rango nobiliare** assicurando la difesa delle città e la prosecuzione delle **guerre contro i musulmani**, mentre le attività mercantili e creditizie erano in gran parte esercitate da ebrei e stranieri; in **Catalogna**, invece, il patriziato urbano di città come Valencia, Maiorca e Barcellona [👁 8] era composto da membri molto attivi nei **commerci mediterranei** e furono proprio i profitti ottenuti nelle attività mercantili a essere talvolta impiegati nell'acquisizione di patrimoni fondiari. L'importanza del **porto** in queste città fu tale che esso diventò un territorio dotato di giurisdizione autonoma rispetto al resto del tessuto urbano: un "consolato del mare" regolava infatti tutte le attività mercantili e legate alla marineria.

Il caso del Regno di Germania

Nel regno tedesco i **centri urbani** si caratterizzarono per essere **dipendenti** o direttamente dal **re-imperatore** (*Reichstadt*, "città imperiale") oppure da un **signore** laico o ecclesiastico (*freie Stadt*, "città libera"). In alcuni casi, la lotta affinché fossero riconosciuti dal signore cittadino diritti alle associazioni giurate di cittadini e borghesi fu molto aspra: così in particolare in Renania e in Lotaringia. Altrove invece autonomie cittadine emersero grazie all'alleanza tra famiglie di tradizione militare e potenti famiglie appartenenti alle clientele vescovili (*ministeriales*): un tratto, quello della forte presenza ecclesiastica, comune a molte altre città tedesche, da Magonza a Worms, da Strasburgo a Norimberga. In alcuni casi, come a Colonia, i *ministeriales* furono impegnati nelle attività mercantili e finanziarie, costituendo un elemento portante dello sviluppo economico: le collettività urbane si dotarono dapprima di organi di governo dipendenti dalle magistrature vescovili, poi, tra il XIII e il XIV secolo, il governo cittadino passò a forme consiliari, eliminando del tutto la presenza vescovile a favore del ceto mercan-

PERCORSO VISIVO

[👁 8] **I privilegi di Barcellona** Il re Giacomo d'Aragona presiede le *cortes* cittadine, manoscritto trecentesco del *Libro Verde*, la raccolta di leggi e privilegi riguardanti la Catalogna e Barcellona a partire dall'XI secolo.

SEZIONE II | **IL CULMINE DELLA CIVILTÀ MEDIEVALE EUROPEA [SECOLI XII-XIII]**

tile e dei ricchi proprietari terrieri. Sul modello consiliare di Colonia e di Lubecca [👁 9], sul Baltico, si svilupparono poi analoghe magistrature in Danimarca, Norvegia e Svezia, dove le città erano molto più piccole di quelle europee occidentali e si caratterizzavano per essere principalmente luoghi di mercato.

Le città dell'Europa centrorientale

In Polonia, Boemia e Moravia, così come anche in Slovacchia, Ungheria e Slavonia (la Croazia orientale), la progressiva affermazione del diritto tedesco consentì, alla metà del XIII secolo, l'emergere di una **borghesia legata al commercio e** allo sfruttamento delle **risorse minerarie**. Un certo grado di autonomia riuscirono a raggiungere le città adriatiche di Croazia e Dalmazia, per esempio **Ragusa** (oggi Dubrovnik), che pur sotto controllo veneziano riuscì a esprimere una politica consiliare e un'espansione commerciale estesa a tutto l'Adriatico sudorientale. In Russia emergeva invece **Novgorod**, che sino al XIV-XV secolo, quando entrò nella sfera di influenza di Mosca, costituì un'ampia dominazione territoriale coordinata da una complessa realtà sociale urbana. I boiari, grandi proprietari terrieri dotati di ingenti rendite, e i mercanti esprimevano i membri delle assemblee e contrattavano direttamente con il principe aspetti legati al governo della città e del territorio.

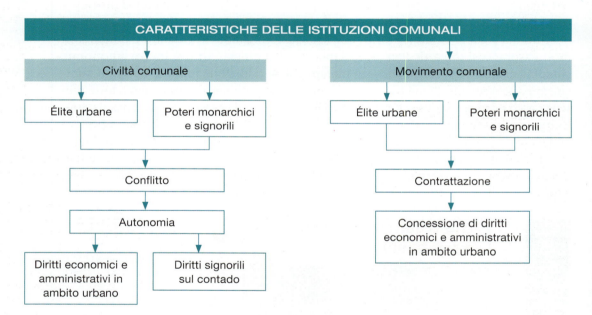

Le organizzazioni mercantili e la contrattazione dei diritti

Gilde, leghe e *hanse* Tra il XIII e il XIV secolo, anche grazie allo sviluppo economico che interessò Inghilterra orientale, Fiandre, Nord della Francia e costa tedesca, alle magistrature comunali si affiancarono, talvolta sostituendole, le **gilde** [▶ cap. 1.7], consigli reclutati tra i componenti delle associazioni di mestiere formate da artigiani e mercanti. Questo protagonismo dei ceti non nobili delle città dovette tuttavia fare i conti con la presenza di poteri più vicini e ingombranti rispetto a quelli con cui dovettero confrontarsi i comuni italiani: i sovrani e le grandi signorie territoriali. Con le molte variazioni dovute alla contingenza politica, a lungo andare il rapporto tra città e principe/sovrano si stabilizzò secondo uno scambio negoziato: le città fornivano capitali attraverso l'organizzazione della tassazione; da parte loro, i principi garantivano l'esercizio della giustizia. Per giungere a questo, le città si riunirono spesso in alleanze politico-

Mondo urbano e autonomie cittadine | **CAPITOLO 5**

militari (leghe), così come era accaduto in Italia già nel XII secolo. Così facendo, impararono a stabilire strategie comuni e a rivendicare autonomia, cosa che tornò utile quando, alla morte di Federico II (1250), strenuo oppositore di queste leghe, si aprì un lunghissimo periodo di interregno, con il concreto rischio di anarchia.

Diverso fu il caso del Nord della Germania. Qui già dalla metà del XII secolo, si formarono patti tra associazioni mercantili di diverse città (**hanse**) [▶ cap. 1.6]. Intorno a un nucleo originario delle città di Lubecca, Brema e Amburgo si costituì poi, a partire dalla metà del XIV secolo, una vera a propria **Lega** anseatica, formata da queste tre città e da molte altre sul Baltico e sul Mare del Nord [👁 10] e caratterizzata dall'ampiezza dei territori sottoposti alla sua giurisdizione, dal carattere permanente dei patti di alleanza e dal notevole peso politico nel governo urbano.

Le *hanse* tedesche

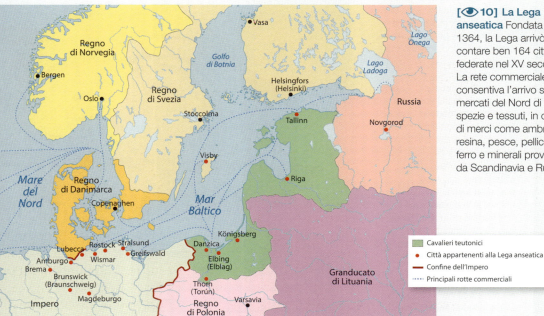

PERCORSO VISIVO

[👁 9] **Lubecca** Già dotata di ampi privilegi economici e giurisdizionali nel XII secolo, nel corso del secolo seguente Lubecca sviluppò tendenze autonomistiche rispetto alle dinastie signorili che se ne contendevano il controllo, finché Federico II le accordò il privilegio di essere "città imperiale": il consiglio cittadino, composto da grandi mercanti, ebbe così modo di instaurare una vera e propria signoria sulla città e di imprimere una chiara direzione non solo alle attività commerciali della città, ma anche al processo di colonizzazione dei paesi baltici.

◀ La *Holstentor*, la più antica porta della Lubecca medievale, XV secolo.

[👁 10] **La Lega anseatica** Fondata nel 1364, la Lega arrivò a contare ben 164 città federate nel XV secolo. La rete commerciale consentiva l'arrivo sui mercati del Nord di vini, spezie e tessuti, in cambio di merci come ambra, resina, pesce, pellicce, ferro e minerali provenienti da Scandinavia e Russia.

175

SEZIONE II IL CULMINE DELLA CIVILTÀ MEDIEVALE EUROPEA [SECOLI XII-XIII]

La crisi dei comuni in Europa

Città e monarchie Nel corso del XIII secolo si assisté, nell'Europa delle monarchie, a una **regressione del movimento comunale**. La crescita degli apparati burocratici regi e la necessità di denaro obbligarono i sovrani a richiedere capitali alle élite cittadine che si erano costituite in comune. La turbolenza delle popolazioni urbane e le difficili situazioni finanziarie dei comuni, che non consentivano di soddisfare le esigenze regie, fece orientare le monarchie verso un restringimento delle libertà comunali. I **consigli cittadini** non scomparvero, ma furono presieduti da un rappresentante del re e mutarono i propri compiti: da organismi deliberativi divennero luoghi di **redazione di petizioni e richieste ai sovrani**. Inoltre, la rete di ufficiali regi si rafforzò e le funzioni tipiche delle magistrature urbane, prime tra tutte quelle giudiziarie, furono unificate, lasciando pochissimi margini al gioco politico-sociale interno alle città.

Città e universitas nel Meridione italiano

Il Regno di Sicilia Un processo analogo a quello descritto per l'Europa del Nord avvenne nell'Italia meridionale, già dalla prima metà del XII secolo inquadrata in una forma di governo monarchica e unitaria [▶ cap. 4.4]. Qui **fermenti autonomistici in ambito urbano** (Napoli, Amalfi, Salerno, Bari, Messina, Troia) si erano già manifestati per tutta la secolare fase di insediamento dei nuclei normanni, approfittando del fatto che, con il progressivo indebolimento dei ducati longobardi e delle circoscrizioni territoriali bizantine, il Mezzogiorno continentale prima, e la Sicilia subito dopo, erano divenuti un'area di frontiera tra la cultura politica occidentale e quella di lunga tradizione orientale. Così come altrove in Europa, l'instaurarsi di un regno che tendeva a stabilire il proprio controllo su ogni potere concorrente modificò gli ambiti di autonomia delle comunità urbane, le cui istituzioni di governo erano comprese nel concetto di ***universitas***, termine che indicava l'unità collettiva, soggetto giuridico e fiscale all'interno della città e nel territorio.

PERCORSO VISIVO

[👁 11] **L'imperatore e le città della Puglia** Federico II fece della Capitanata un luogo di sperimentazione di politiche economiche e territoriali. Alcuni centri però sopportavano male il controllo imperiale e non perdevano occasione per cercare di contrastarlo. Quando si sparse la (falsa) voce che Federico era morto in Oriente durante la crociata alcune città, sobillate dal papa, si ribellarono. La risposta fu inflessibile: Foggia e San Severo dovettero abbattere le loro mura, così come Troia, nel 1233. La tradizione locale vuole che Federico II distruggesse completamente la città, risparmiando solo le chiese e le case delle famiglie a lui fedeli.

▶ La facciata della Cattedrale di Troia, XI-XIII secolo.

176

Mondo urbano e autonomie cittadine **CAPITOLO 5**

L'inquadramento di questi poteri, compresi quelli urbani, in distretti territoriali più ampi avvenne compiutamente, peraltro, solo nella prima metà del XIII secolo con **Federico II**, che smantellò le grandi contee normanne e **limitò le ambizioni delle città più dinamiche a crearsi un proprio contado** [👁 11]. Come vedremo, le successive vicende in età angioina, tra la metà del XIII e la metà del XV secolo, favorirono invece alcune comunità urbane che ebbero modo di **stabilire anche sui villaggi da loro dipendenti la propria giurisdizione** su alcuni punti:

- la partecipazione alle imposte regie gravanti sulla città, ai dazi cittadini, alle spese per edifici pubblici, strade e opere di difesa;
- la giurisdizione civile e penale del capitano cittadino, di nomina regia;
- l'osservanza degli statuti cittadini, presentati all'autorità regia e da essa formalmente "concessi";
- la regolamentazione dei mercati, dei pesi, delle misure e del calendario dei lavori agricoli.

Le *universitates* sotto Svevi e Angioini

rispondi
1. Quali sono le richieste comuni alle diverse iniziative politiche cittadine in Europa? **2.** Che cosa sono le *hanse* tedesche? **3.** Quali spazi per le autonomie cittadine ci sono nel Regno di Sicilia?

5.4 Città e nuovi movimenti culturali: scuole e università

Le eredità dell'alto Medioevo Nel corso dei secoli altomedievali, entrato in crisi il sistema scolastico tardoantico, si affermò faticosamente una rete di centri di insegnamento posti presso grandi monasteri, vescovati e pievi. Un impulso alla riorganizzazione delle sedi e dei contenuti dell'insegnamento, basati sulle discipline del **trivio** (grammatica, retorica e dialettica) e del **quadrivio** (aritmetica, geometria, musica, astronomia) oltre allo studio della Bibbia e dei testi sacri, fu dato dai Carolingi come elemento di una più ampia riforma dell'apparato ecclesiastico e amministrativo.

La riforma della Chiesa nell'XI secolo riedede poi slancio alle scuole stabilite presso le chiese e i vescovadi, con una maggiore attenzione all'istruzione ai laici, che come si è visto giocarono un ruolo fondamentale durante la riforma [▶ cap. 2.2]. Il controllo delle attività di insegnamento, che si erano diffuse in modo autonomo in ambito urbano, fu infatti uno degli obiettivi della Chiesa riformata. Nel 1179 il III concilio lateranense emanò importanti canoni in materia di istruzione, disponendo in particolare che gli studiosi idonei, dopo averne fatto richiesta, potessero ottenere una *licentia docendi*, un permesso di insegnamento rilasciato dal responsabile della scuola cattedrale e valido nell'ambito di una diocesi. Allo stesso modo, consapevole degli strumenti che la scuola e la cultura potevano fornire alla legittimazione delle proprie rivendicazioni, anche l'Impero prese a organizzare una propria politica scolastica e altrettanto fecero i comuni.

A partire dal XII secolo le **città** divennero sedi di nuove **istituzioni scolastiche laiche**, che svolgevano le proprie attività parallelamente alle scuole ecclesiastiche. Lo slancio della **cultura laica** si accompagnò ad altri fenomeni nuovi. Da un lato, l'uso nella scrittura dei **volgari romanzi**, che erosero progressivamente l'egemonia del latino e assunsero dignità letteraria in particolar modo nella produzione epica, dalla *Chanson de Roland* al *Cantar del mio Cid*, dai *Nibelungenlied* tedeschi al *Beowulf*, e nella produzione poetico-lirica siciliana. Dall'altro, una nuova sensibilità architettonica che, combinando in vario modo influssi culturali islamici e bizantini con la tradizione romana, costituì il trionfo della pietra come elemento costruttivo dando origine allo stile "romanico", come è stato definito nel XIX secolo [👁 12, p. 178].

La riorganizzazione carolingia degli studi

Riforma della Chiesa, istruzione e innovazioni culturali

video
La rinascita culturale del XII secolo

approfondimento
La lingua delle origini

volgare Il termine *volgare* ("proprio del volgo, del popolo"), si applica alle lingue **romanze** (dal francese antico *romanz*, derivato da *romanice [loqui]*, "parlare latinamente") per indicare lingue parlate, e poi anche scritte, da tutte le componenti sociali nelle situazioni informali della vita quotidiana.

177

SEZIONE II — IL CULMINE DELLA CIVILTÀ MEDIEVALE EUROPEA [SECOLI XII-XIII]

PERCORSO VISIVO

[👁 12] Tempo, lavoro e attesa della fine nell'arte romanica

▶ La lunetta sul portale del nartece della Cattedrale di Vézelay, in Borgogna, è una perfetta raffigurazione dell'intreccio tra tempo dell'uomo e tempo divino, un tempo che la sensibilità romanica ritiene essere ormai prossimo. Ai ventiquattro medaglioni che, a coppie, rappresentano i segni zodiacali e le attività lavorative che li caratterizzano, si sommano infatti tre medaglioni pieni e un mezzo medaglione, al di sopra dell'aureola del Salvatore, e altri tre, uno e mezzo per parte, in corrispondenza dell'architrave; mentre quelli in alto rappresentano la rottura del tempo umano determinata da Cristo (e il mezzo medaglione è proprio la rappresentazione del 24 giugno, festa di san Giovanni e ultimo dei tre

giorni di solstizio, trionfo del sole e di Cristo), quelli in basso raffigurano un uomo che taglia il pane, da un lato, e uno che leva un calice di vino, dall'altro: è la consacrazione, sotto le due specie del pane e del vino, dell'uomo e del suo lavoro quotidiano.

▶ I segni e le attività dei mesi di novembre e dicembre, mosaico della Cattedrale di Otranto, XI secolo. Ricchissima raffigurazione di temi delle Sacre Scritture, del *Romanzo di Alessandro* e del ciclo di Artù, il mosaico pavimentale di Otranto scandisce la storia della salvezza umana, all'interno della quale è compresa la vita quotidiana che si svolge mese dopo mese. Una delle novità più importanti della cultura di età romanica è infatti la connotazione positiva del lavoro come mezzo che permette all'uomo di purificarsi dal peccato e di avvicinarsi a Dio.

◀ Il Duomo di Modena, che custodisce la tomba del secondo vescovo della città, Geminiano (312-97), fu costruito a partire dal 1099 da due grandi artisti dell'epoca, Lanfranco e Wiligelmo. L'edificio evidenzia gli elementi caratteristici dell'arte cosiddetta romanica, sviluppatasi verso la fine del X secolo e dominante in Europa per circa duecento anni. Applicato quasi esclusivamente nell'ambito dell'architettura religiosa, il romanico si è ramificato in una grande varietà di stili locali, accomunati dal richiamo di modelli e tecniche costruttive della Roma antica (da qui il termine, coniato nell'Ottocento, costruito in analogia con le lingue romanze). Di impianto classico è il rapporto tra peso e elementi architettonici: le navate sono ritmate dall'alternanza di colonne e possenti pilastri, sui quali si scarica il peso delle volte costolonate a crociera, in pietra o in cotto, che campiscono gli spazi interni. Grande attenzione è poi dedicata alla decorazione scultorea, nei portali e nei capitelli: la raffigurazione di animali e uomini, reali o mostruosi, aveva il compito didattico ed etico di mostrare ai fedeli il modello di vita e di fede da seguire.

Mondo urbano e autonomie cittadine | CAPITOLO 5

La mediazione "mediterranea"

Anche sul piano dei contenuti dell'insegnamento si avvertì un processo di profondo rinnovamento: opere di autori greci ancora poco conosciuti in Occidente, come Aristotele, Platone ed Euclide vennero tradotte in latino grazie all'opera di mediazione di traduttori, copisti e filosofi ebrei e musulmani [▶fenomeni, p. 180]. Tra questi spiccano l'ebreo Mosheh ben Maimon (Maimonide), autore anche di una originale *Guida dei perplessi*; il persiano Ibn Sina (Avicenna), autore di un *Canone* medico, in cui compendiava la scienza medica di Galeno e la biologia aristotelica, e di una enciclopedica opera filosofica (*La guarigione dall'errore*); il persiano al-Khwarizmi, autore della fondamentale *Algebra*; il commentatore per eccellenza di Aristotele, il cordovano Ibn Rušd (Averroè). La penisola iberica e il Regno di Sicilia costituirono i due più importanti tramiti della cultura classica e delle opere originali di ogni ramo del sapere prodotte nei grandi centri di cultura islamica del Mediterraneo e d'Asia.

Le prime università

Le nuove conoscenze e la necessità, per le amministrazioni regie e comunali, di uomini giuridicamente preparati favorirono la nascita di associazioni di maestri e studenti analoghe a quelle degli appartenenti ad altre organizzazioni professionali, le *universitates*; il luogo e l'istituzione universitaria così come la intendiamo oggi erano invece designati con il termine di *studium*. Tradizionalmente si fa risalire al 1088 la nascita del primo *studium* a Bologna, grazie all'opera di associazioni di maestri laici di diritto, ma numerosi altri *studia* furono fondati tra il XII e il XIII secolo: Parigi, per volontà di professori di teologia, chierici, desiderosi di sottrarsi al controllo della scuola episcopale, Montpellier, Oxford, Padova, Cambridge, Napoli (per impulso di Federico II), Vercelli, Salamanca, Tolosa e altri ancora [◉13]. Alcune scuole, come quella medica salernitana, erano già attestate nel XII secolo ma ricevettero una formalizzazione in quello successivo.

rispondi
1. Qual è il ruolo della Chiesa nel rilancio delle istituzioni scolastiche? 2. Come e dove nascono le prime università?

[◉13] I più antichi *studia* in Europa La lingua in cui si tenevano i corsi negli *studia* era il latino. L'ordinamento degli studi era variabile, ma in generale dopo un primo ciclo di sei anni (al quale si accedeva a tredici anni) dedicato alle Arti (trivio e quadrivio) seguiva poi una "specializzazione" in diritto civile e/o canonico, medicina o teologia. L'insegnamento consisteva nella lettura (*lectio*) e nel commento (*quaestio*) di un testo scelto dal maestro, che sollecitava gli studenti a discutere i punti più controversi sul piano interpretativo (*disputatio*); la lezione si chiudeva poi il giorno successivo, quando il maestro riassumeva la discussione e determinava (*determinatio*) il suo parere in merito alle questioni sollevate.

SEZIONE II IL CULMINE DELLA CIVILTÀ MEDIEVALE EUROPEA [SECOLI XII-XIII]

fenomeni

Le grandi questioni dell'insegnamento universitario

Fede e ragione

La grande questione al fondo della filosofia medievale era la possibilità di coniugare fede e ragione: sino a che punto è possibile, o lecito, applicare un metodo di indagine dialettico alle Scritture? Mentre alcuni, come Pier Damiani, sostenevano che la logica non si potesse applicare al divino, altri, come Anselmo d'Aosta, aprirono la strada all'indagine logico-linguistica nella teologia. Sulla sua scia altri maestri, come Alberto Magno (1200 ca.-80) e soprattutto Tommaso d'Aquino (1225 ca. -74), professore di teologia a Parigi e teologo della sede pontificia, cercarono di costruire un sistema di interpretazione coerente del mondo, tenendo insieme verità rivelata e pensiero di Aristotele.

Tuttavia non sempre la Chiesa favorì questo atteggiamento di integrazione tra filosofia greca (aristotelismo e neoplatonismo) e religione. Già nel XII secolo Pietro Abelardo, maestro presso la scuola di Notre-Dame a Parigi, ebbe uno scontro durissimo con Bernardo di Chiaravalle in merito alle possibilità di sottoporre le verità di fede all'indagine razionale. Ancora nella seconda metà del XIII secolo, i maestri di teologia domenicani e francescani e la Chiesa rimproverarono a Boezio di Dacia e a Sigieri di Brabante, maestri di Arti a Parigi, i tentativi più estremi di applicazione del metodo scientifico ai testi sacri. I francescani inglesi, per esempio, come Roberto Grossatesta e Ruggero Bacone, accentuarono infatti il valore dell'illuminazione come fondamento della conoscenza umana, criticando l'eccessiva presenza dell'aristotelismo nella teologia.

▲ Tommaso da Modena, *Ritratto del cardinale Ugo di Provenza*, XIV secolo. Il prelato esemplifica la figura del dotto, intento al suo lavoro intellettuale.

Al di là di posizioni teologiche e filosofiche potenzialmente pericolose, il problema era il metodo. Sigieri riteneva infatti superiori le verità di fede in ambito religioso, ma sosteneva che i testi dei filosofi dovessero invece essere indagati con metodi razionali; per lui era opportuno dunque distinguere l'indagine filosofica da quella teologica, senza nascondere le conclusioni potenzialmente contraddittorie cui poteva giungere la logica umana rispetto alla rivelazione divina.

La medicina

Lo studio dei testi greci e islamici (Ippocrate, Galeno, Avicenna) tradotti in latino fu progressivamente associato all'esperienza pratica e alla dimostrazione scientifica: chirurgia e dissezione dei cadaveri furono praticate presso la scuola di medicina di Salerno, attivo centro di studi e traduzioni già nel X-XI secolo, e si diffusero poi nel corso del XIV secolo nel resto d'Europa.

Secondo Galeno e i maestri di medicina medievali, l'anatomia non doveva arrestarsi agli organi e ai tessuti visibili, ma giungere in profondità sino agli elementi primari costituenti dei corpi – aria, fuoco, acqua, terra – con le rispettive qualità: freddo, caldo, fluido, solido. Si riteneva infatti che nel corpo umano la diversa combinazione di questi elementi desse luogo ai vari "temperamenti", associati agli "umori" propri della tradizione ippocratica (sangue, flegma, bile gialla o nera). L'equilibrio tra gli elementi era l'obiettivo della medicina medievale.

Le scienze fisiche

L'opera di traduzione dall'arabo, in Italia (Pisa, Venezia, Palermo) e nella penisola iberica (Toledo), fornì alla cultura europea la possibilità di avere a disposizione testi fondamentali per le scienze fisiche e matematiche. Presso la corte normanna di Palermo furono tradotti l'*Almagesto* e l'*Ottica* di Tolomeo, la *Meteorologia* di Aristotele; a Toledo furono tradotte numerose opere matematiche, tra cui l'*Algebra* di al-Khwarizmi, che integrava le conoscenze matematiche greche (Euclide e Diofanto) e indiane (Brahmagupta) e introduceva nuovi metodi di soluzione dei calcoli matematici, come i logaritmi e gli algoritmi. Su questa base il pisano Leonardo Fibonacci redasse nel 1202 il suo *Liber abaci*, che contribuì alla diffusione dello zero e del sistema di numerazione indiano-arabo.

VERSO LE COMPETENZE

esercitazione

● VERSO LE COMPETENZE

1. Spiega sinteticamente (massimo 3 righe) il significato delle seguenti espressioni.

   Militia – Consolato – Popolo – Guelfi/ghibellini – Volgare

● COLLOCARE GLI EVENTI NELLO SPAZIO E NEL TEMPO

2. Completa la carta seguendo le indicazioni.

   Colloca correttamente sulla carta gli eventi elencati e riporta in legenda accanto a ognuno di essi la relativa datazione.

   1. Diete di Roncaglia (............................)
   2. Conquista di Milano (............................)
   3. Battaglia di Legnano (............................)
   4. Pace di Costanza (............................)

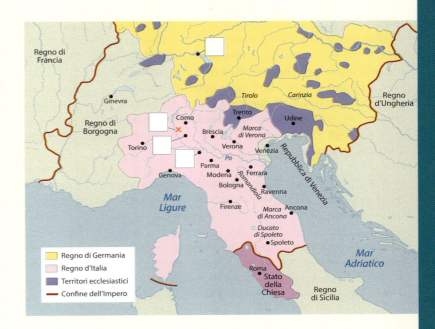

● LEGGERE E VALUTARE LE FONTI

3. Leggi il passo seguente e rispondi alle domande (massimo 5 righe).

   [...] la nobile città di Bologna, che sempre si è battuta per la libertà, memore del passato e preparando il futuro, in onore del Signore nostro, Gesù Cristo Redentore, riscattò per denaro tutti coloro che, nella città e nella diocesi di Bologna, trovò oppressi dalla condizione servile e dopo attenta indagine decretò che fossero liberi, stabilendo che in futuro nessuno che sia oppresso da una qualche forma di servitù osi stabilirsi nella città o nella diocesi di Bologna, affinché la comunità degli uomini, liberi per natura o dopo il riscatto, non possa essere nuovamente corrotta dal germe di una qualche servitù [...].

   a) Da quale documento è estratto il passo riportato?
   b) Qual è il significato del richiamo a Gesù Cristo Redentore?
   c) Descrivi il contesto politico della città di Bologna negli anni della redazione di questo documento.

---

per approfondire Tra i provvedimenti di natura antimagnatizia più importanti dell'epoca si ricordano gli *Ordinamenti di Giustizia* di Giano della Bella. Ti proponiamo la lettura del lemma "Ordinamenti di Giustizia" sull'Enciclopedia Dantesca online, opera nata con lo scopo di analizzare e approfondire la figura del poeta fiorentino, la sua fortuna letteraria e il rapporto della sua opera con il contesto storico coevo e con lo sviluppo successivo della lingua e della letteratura italiana.

Consulta la voce "Ordinamenti di giustizia"
https://gtvp.it/storia01-02

I SAPERI FONDAMENTALI

→ sintesi    audiolettura

● CITTÀ E COMUNI NELL'ITALIA CENTROSETTENTRIONALE

▶ 5.1 La crisi dell'ordinamento carolingio favorisce tra il IX e il X secolo l'appropriazione da parte dei **vescovi** di responsabilità politiche e civili in ambito urbano. Le città si popolano di **ceti urbani competenti**, animati da un forte sentimento cittadino, e **ottengono autonomia in materia giudiziaria, legislativa e militare**. Nel XII secolo il potere è nelle mani della **nobiltà cittadina**, o *militia*. Emerge una magistratura stabile, il **consolato**, e cresce di importanza il ruolo delle **assemblee cittadine** e dei **consigli**. La città cerca spazi di **espansione nel contado**, rivendicando autonomia dinanzi ai poteri regi e vescovili.

▶ 5.2 L'aumentare della **complessità amministrativa** dei comuni porta a una divisione dei compiti tra i membri delle magistrature e a una loro gerarchizzazione. Benché acquisiscano crescenti autonomie, i comuni italiani rimangono sottomessi all'autorità imperiale. **Federico Barbarossa**, intravedendo nell'istituto comunale un pericolo per la stabilità dell'Impero, nelle **Diete di Roncaglia** (1155, 1158) **mette al bando il comune di Milano e stabilisce regole per il rafforzamento del governo centrale**, ma viene sconfitto a **Legnano (1176)**. La **Pace di Costanza (1183) segna un riconoscimento delle prerogative comunali**. Nel frattempo i comuni vedono allargare la propria base sociale: iniziano a esprimere un'opinione politica i ceti non nobili appartenenti al mondo dei commerci e della manifattura, organizzati in arti o su base rionale: il cosiddetto "**popolo**". Tra le fazioni nobiliari si accendono scontri insanabili dalla magistratura consiliare; per questa ragione si cerca in un magistrato unico, dall'incarico a tempo e forestiero, il **podestà**, che faccia da mediatore tra le famiglie della *militia*. Anche il popolo si dota di una magistratura analoga: **il capitano del popolo**.
La contesa tra comuni e Impero prosegue con **Federico II**, che impone ai comuni la restituzione dei diritti regi nel 1237. Per reazione alla politica imperiale si formano due fazioni: **ghibellini (filoimperiali) e guelfi (antimperiali)**. L'imperatore, scomunicato da papa Innocenzo IV, è battuto a Parma nel 1248 dalla lega dei comuni. Nei comuni italiani, in maggioranza nelle mani di fazioni guelfe, si instaurano, a fasi alterne, **regimi di popolo**, che innovano le istituzioni e promuovono **ordinamenti antimagnatizi**. In Italia settentrionale si manifestano le prime forme di regime signorile, a Milano e nella Marca trevigiana.

● L'EUROPA DEI PRINCIPATI E DELLE MONARCHIE

▶ 5.3 In **Europa**, come in Italia, si registra una **forte iniziativa politica cittadina** caratterizzata da richieste di **autogestione**, di **affrancamento dei servi** e soprattutto di **contrattazione** con i poteri sovraordinati. A differenza della civiltà comunale italiana, il movimento comunale europeo non prescinderà mai, infatti, dall'autorità regia. In **Francia** i re favoriscono la nascita dei comuni in funzione antivescovile e antisignorile. In **Inghilterra**, fino a tutto il XII secolo, il sovrano detiene il controllo politico delle città e quindi si arroga la facoltà di scegliere il sindaco. Anche in **Spagna** è il re a favorire la crescita delle comunità urbane, mentre nel **regno tedesco** le città si caratterizzano per essere dipendenti direttamente da re-imperatore oppure da un signore laico o ecclesiastico. Nel Nord della Germania si formano patti tra associazioni mercantili di diverse città; una di queste è la **Lega anseatica**. Laddove, nel corso del XIII secolo, si affermano **forti monarchie sostenute da robusti apparati burocratici,** le **autonomie comunali arretrano**. Lo stesso fenomeno si verifica nel **Regno di Sicilia**.

● LA NASCITA DELLE UNIVERSITÀ

▶ 5.4 Dopo la riorganizzazione carolingia e quella successiva alla riforma della Chiesa, a partire dal XII secolo **le città divengono sedi di nuove istituzioni scolastiche laiche**. I contenuti dell'insegnamento vengono profondamente rinnovati: grandi opere classiche e i commenti dei filosofi ebrei e musulmani vengono tradotti in latino. Nascono **associazioni di maestri e studenti** che danno vita alle **università** (*studia*), favoriti anche dalle istituzioni laiche, che hanno bisogno di personale giuridicamente preparato per l'amministrazione e i tribunali.

linea del tempo

1088 — nascita del primo *studium* a Bologna

1155-1158 — Diete a Roncaglia: messa al bando del comune di Milano e nuovo sistema di governo imperiale

1167 — costituzione della Lega lombarda contro l'imperatore Federico Barbarossa

Mondo urbano e autonomie cittadine CAPITOLO 5

🔲 mappa

```
Crisi dell'ordinamento
carolingio
        │
        ▼
Appropriazione di              Continuità/conflitti con          Collettività urbane autoconsapevoli
responsabilità civili e    →   autorità vescovile           ←   e socialmente articolate
poltiche da parte dei vescovi
                                       │
                                       ▼
                          ┌─────────────────────────┐
                          │   NASCITA DEL COMUNE     │
                          └─────────────────────────┘
```

Civiltà comunale (Regno d'Italia)

- Autonomia effettiva in materia giudiziaria, legislativa e militare
- Espansione nel contado
- Magistrature consolari e assemblee

Conflitti e alleanze con l'Impero (Federico I)

Pace di Costanza (1183)

Ripresa dei conflitti con Federico II

militia

Crescenti contrasti fra le fazioni nobiliari

Affermazione del podestà, mediatore tra le famiglie della *militia*

Prime esperienze di signorie cittadine

popolo (non nobili legati al commercio e alla manifattura)

Capitano del popolo, magistratura analoga al podestà

Regimi di popolo e ordinamenti antimagnatizi

Movimenti comunali (regni e principati europei)

- Richiesta di autogestione
- Richiesta di affrancamento servile

Fino al XIII secolo: contrattazione con i poteri sovraordinati

MONARCHIE E PRINCIPATI EUROPEI → Affermazione di forti monarchie sostenute da robusti apparati burocratici → Dal XIII secolo: arretramento delle autonomie comunali

---

1176
battaglia di Legnano: vittoria della Lega lombarda

1183
Pace di Costanza: l'imperatore riconosce le prerogative comunali

1237
sconfitta della Lega a Cortenuova da parte di Federico II

1248
sconfitta di Federico II a Parma da parte della Lega

1250
morte di Federico II

1257
redazione del *Liber Paradisus* di Bologna

1284
Ordinamenti sacratissimi a Bologna

1293
Ordinamenti di giustizia a Firenze: estromissione dei magnati dalla competizione politica

1294
Matteo Visconi è designato vicario imperiale da Adolfo di Nassau

CAPITOLO 6

Apogeo e crisi degli universalismi: Impero e papato

Universalismo

La tendenza a considerare il proprio messaggio come rivolto a tutti gli uomini indistintamente è tipica delle religioni salvifiche e come tale è caratteristica anche del cristianesimo. Nella società europea medievale, poi, questa tendenza era accentuata dall'affermazione della superiorità del pontefice rispetto a ogni altro potere terreno. D'altro canto, anche in ambito laico, secondo una tradizione che risaliva all'Impero romano, si sviluppò un'idea di istituzione politica, insieme di leggi e sistema di valori, in cui tutti potessero riconoscersi. L'aspirazione a costituire un potere tale da riassumere questo senso di comunità fu condivisa dunque sia dai pontefici sia dagli imperatori. Al termine del XIII secolo i margini per l'affermazione concreta di questi principi si fecero molto più ristretti; essi tuttavia continuarono a informare la riflessione politica, religiosa, filosofica.

le parole della storiografia

Apogeo e crisi degli universalismi: Impero e papato | **CAPITOLO 6**

— GUIDA&RISORSE
PER LO STUDIO

Per riprendere il filo... Il patto concordato a Worms (1122) aveva definito i rapporti di forza reciproci tra papato e Impero: sostanzialmente il papato ne era uscito rafforzato e i vescovi stessi, pur assoggettati a un più rigido controllo pontificio, conservavano prerogative di natura pubblica; la missione universalistica dell'Impero, propria dei Carolingi e degli Ottoni, era stata invece indebolita.
A questo avevano contribuito anche il primo consolidamento delle monarchie territoriali e lo sviluppo delle autonomie cittadine, per quanto la dinastia Hohenstaufen, con Federico I Barbarossa e con Federico II, si impegnasse a fondo per cercare di costruire un nuovo ruolo politico per l'Impero.

6.1 La Chiesa teocratica di Innocenzo III

La quarta crociata Il **progetto teocratico** della Chiesa riformata trionfò durante il pontificato di **Innocenzo III** (1198-1216). Lotario dei conti di Segni (questo il nome secolare del papa), proveniente da una potente famiglia romana, aveva ricevuto una solida preparazione giuridica e teologica e su questa base articolò una politica di intervento su molti fronti, sia in Italia che in Europa.

Innocenzo assunse un'energica direzione dell'iniziativa **crociata**. I territori oggi compresi tra Estonia e Lettonia, sul Mar Baltico, furono investiti da una spedizione condotta da un nuovo Ordine religioso-cavalleresco, quello dei Portaspada (poco dopo ricompreso nell'Ordine teutonico), che fece entrare quei paesi nell'orbita dell'Impero [▶ cap. 4.5]. Anche nel Mezzogiorno d'Italia fu proclamata una crociata, condotta contro un avventuriero tedesco ed ex funzionario imperiale, Marcovaldo di Annweiler, che aveva cercato di ritagliarsi una signoria personale. L'obiettivo primario era però aiutare il Regno di Gerusalemme a recuperare i territori persi nel 1187 dopo la battaglia di Hittin [▶ cap. 4.7]. La sconfitta era stata disastrosa, ma non tutte le speranze erano perse poiché la morte di Saladino, nel 1193, aveva innescato feroci lotte intestine tra i suoi eredi, indebolendo lo Stato ayyubide.

Per la crociata in Terrasanta, Innocenzo tese a coinvolgere sin da subito **l'imperatore bizantino Alessio III**, ma le trattative diplomatiche non andarono in porto: Innocenzo pretendeva il riconoscimento dell'autorità papale e Alessio a sua volta chiedeva la restituzione di Cipro, conquistata da Riccardo Cuor di Leone durante la terza crociata (1189-92). Nello stesso tempo, la **rivalità tra Genova e Pisa**, che in quell'occasione avevano svolto un ruolo fondamentale, rendeva impossibile organizzare il trasporto degli armati in Terrasanta. Innocenzo si rivolse dunque al doge veneziano, Enrico Dandolo, così come fecero i capi crociati francesi. Con il doge, nel 1201, si giunse a un accordo, valido per un anno, in base al quale Venezia avrebbe fornito navi, equipaggi e viveri a oltre 30 000 uomini e in cambio avrebbe ricevuto una considerevole somma in denaro e una quota dei territori conquistati. Una **scommessa azzardata** per entrambe le parti, complicata dal fatto che non era stato preposto un legato papale che coordinasse le operazioni, come accadeva usualmente durante le crociate, e che sopraggiunse la morte di uno dei capi più carismatici della spedizione, Tibaldo di Champagne. Fu designato a sostituirlo, dopo molte controversie, Bonifacio, marchese di Monferrato (1150-1207).

Nuove crociate contro i nemici della Chiesa

video
La quarta crociata e l'Impero Latino d'Oriente

I preparativi della spedizione

doge Dal latino *dux*, "comandante": suprema carica politica e amministrativa a Venezia e Genova.

185

SEZIONE II — IL CULMINE DELLA CIVILTÀ MEDIEVALE EUROPEA [SECOLI XII-XIII]

La presa di Zara e il patto con Alessio Angelo

Quando, nel 1202, i crociati giunsero a Venezia con l'obiettivo di attaccare i domini ayyubidi in Egitto, ci si rese conto che la **spedizione rischiava il fallimento**, perché il denaro raccolto raggiungeva a malapena la metà dell'importo dovuto. Il doge propose dunque un accantonamento del debito, che sarebbe stato ripagato con le conquiste future; in cambio, i crociati avrebbero aiutato i veneziani a **conquistare** il porto dalmata di **Zara**. Caduta Zara, nella spedizione crociata si insinuarono dubbi sulla liceità dell'operazione, poiché Innocenzo III aveva proibito di attaccare città cristiane e scomunicò la spedizione. Un buon pretesto per proseguire verso Oriente fu però fornito da uno dei pretendenti al trono bizantino, Alessio Angelo (1182-1204) [👁1], imparentato con il duca di Svevia Filippo, di cui Bonifacio di Monferrato era saldo sostenitore nella lotta per il trono di Germania contro Ottone di Brunswick. Il principe bizantino propose ai crociati di aiutarlo a salire sul trono di Costantinopoli; in cambio avrebbero ottenuto una consistente quantità di denaro e soldati da impiegare nel prosieguo della spedizione e questo convinse definitivamente i capi crociati a deviare verso Costantinopoli.

Un periodo difficile per l'Impero bizantino

La situazione a Costantinopoli Dopo la crisi dell'XI secolo l'Impero bizantino era riuscito a consolidare le proprie posizioni e Costantinopoli era ancora la più grande metropoli cristiana (350-400 000 abitanti, sei o sette volte Parigi). Tuttavia, il controllo dei **territori di frontiera** risultava ancora molto difficile: nei Balcani si formò un impero in Bulgaria e nacquero entità politiche autonome in Serbia e in Grecia; a Oriente, l'Anatolia fu quasi del tutto perduta dopo una rovinosa sconfitta subita a **Miriocefalo** nel 1176 per mano dei Selgiuchidi [👁2]. Le perdite territoriali minarono la vita economica dell'impero, poiché la **riduzione delle fonti di tassazione** non consentiva di tenere in piedi il costoso apparato militare e burocratico. Dinanzi a queste difficoltà, la **lotta tra fazioni** all'interno delle famiglie aristocratiche bizantine non faceva che aumentare il caos.

Una confusa situazione politica

L'esito della crociata Giunti alle porte di Costantinopoli nel 1203, i crociati si resero conto che il "loro" candidato imperiale non aveva alcun seguito. Si trovarono così invischiati, per oltre un anno, nei **confusi rivolgimenti politici** della città: l'imperatore Alessio III fuggì, mentre Alessio Angelo si fece proclamare coimperatore, insieme al padre Isacco II, con il nome di Alessio IV. Tra assedi, battaglie e cambiamenti repentini di regime cresceva tuttavia in città una fazione fortemente ostile agli occidentali, capitanata da Alessio Ducas. Alessio IV fu ucciso e Ducas si proclamò imperatore come Alessio V, dichiarando nullo l'accordo stipulato dal predecessore. A quel punto i capi crociati valutarono che l'unica possibilità di sopravvivenza per la spedizione risiedeva nell'occupazione della città, e dunque anche dell'impero, e diedero l'ordine di attacco.

Il "sacco" di Costantinopoli

Nella **primavera del 1204** l'**assedio** ebbe successo, dando l'avvio alla **strage** e al **saccheggio**. In tre giorni furono ammassati beni e ricchezze, sottratti a luoghi di culto, case e palazzi, e il racconto di testimoni oculari greci, come Niceta Coniata [▶ FONTI, p. 188], dà conto della ferocia con cui la razzia fu condotta. Le perdite artistiche e librarie furono incalcolabili e molte reliquie furono depredate e portate in Occidente, dove fecero la fortuna di numerose chiese e monasteri.

La nascita dell'Impero Latino d'Oriente

L'Impero latino che ne sorse, capeggiato da Baldovino di Fiandra quale imperatore e dal veneziano Tommaso Morosini, nuovo patriarca, fu contrastato da un impero greco in Asia minore, sorto intorno alle città di Smirne e Nicea mentre anche in Epiro e a Trebisonda si costituirono centri di resistenza greca in mano a famiglie imperiali bizan-

Apogeo e crisi degli universalismi: Impero e papato | **CAPITOLO 6**

tine [👁 3]. L'Impero Latino d'Oriente ebbe **vita breve**, non riuscendo in alcun modo a costituire uno Stato solido in grado di sostenere la Terrasanta crociata. Già nel 1261, infatti, **Michele VIII Paleologo**, imperatore di Nicea, con l'aiuto della flotta genovese riportò le insegne imperiali a Costantinopoli.

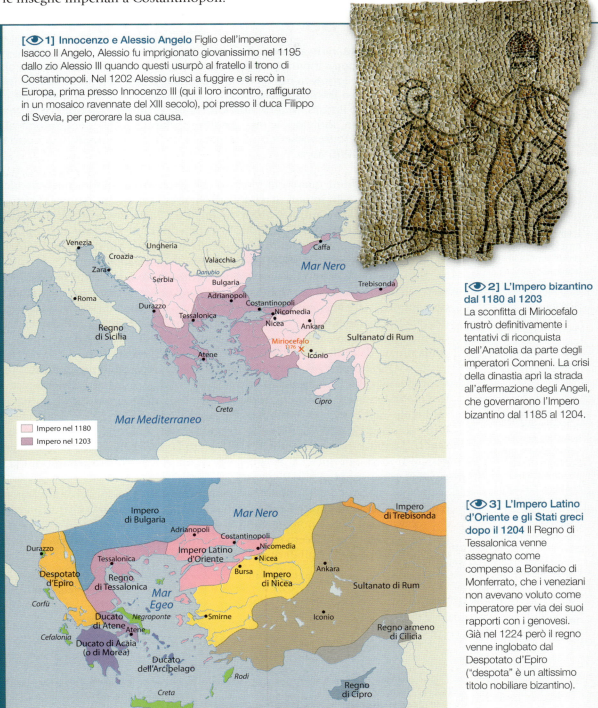

PERCORSO VISIVO

[👁 1] **Innocenzo e Alessio Angelo** Figlio dell'imperatore Isacco II Angelo, Alessio fu imprigionato giovanissimo nel 1195 dallo zio Alessio III quando questi usurpò al fratello il trono di Costantinopoli. Nel 1202 Alessio riuscì a fuggire e si recò in Europa, prima presso Innocenzo III (qui il loro incontro, raffigurato in un mosaico ravennate del XIII secolo), poi presso il duca Filippo di Svevia, per perorare la sua causa.

[👁 2] **L'Impero bizantino dal 1180 al 1203**
La sconfitta di Miriocefalo frustrò definitivamente i tentativi di riconquista dell'Anatolia da parte degli imperatori Comneni. La crisi della dinastia aprì la strada all'affermazione degli Angeli, che governarono l'Impero bizantino dal 1185 al 1204.

[👁 3] **L'Impero Latino d'Oriente e gli Stati greci dopo il 1204** Il Regno di Tessalonica venne assegnato come compenso a Bonifacio di Monferrato, che i veneziani non avevano voluto come imperatore per via dei suoi rapporti con i genovesi. Già nel 1224 però il regno venne inglobato dal Despotato d'Epiro ("despota" è un altissimo titolo nobiliare bizantino).

187

SEZIONE II   IL CULMINE DELLA CIVILTÀ MEDIEVALE EUROPEA [SECOLI XII-XIII]

FONTI

Il saccheggio di Costantinopoli

■ **Niceta Coniata**, nato a Cone (Asia minore) tra il 1150 e il 1155 e morto esule nel 1217 a Nicea, ricoprì incarichi di grande responsabilità nella burocrazia bizantina, sino a diventare logoteta dei *Sekreta*, ossia capo dell'amministrazione imperiale. Nella sua acuta e tragica opera storica, la *Narrazione cronologica*, che copre gli anni tra il 1118 e il 1206, Niceta individua i mali profondi dell'Impero Romano d'Oriente – egoismo, individualismo, avidità, codardia – che consentono ai barbari analfabeti latini lo scandaloso saccheggio di Costantinopoli. Qui sono riportati passi tratti dal XVIII libro.

▲ Niceta Coniata, miniatura.

XVIII, 5, 2 Ahimè quanto fu indegno che gettassero al suolo icone venerande e che scagliassero in luoghi impuri le reliquie di chi aveva sofferto in nome di Cristo. Ma cosa orrenda anche solo a sentirla, si videro il sangue e il corpo divino di Cristo versati e gettati per terra: quelli arraffarono i loro preziosi contenitori, ne spaccarono alcuni intascando gli ornamenti che vi si trovavano […] quei precursori dell'Anticristo, primi artefici e premonitori delle empissime azioni che si attendono da costui […].

5, 3 Poiché dovevano essere portati via come fossero bottino i santissimi arredi e i sacri veli, incomparabili per abilità tecnica e per grazia e rarissimi per i materiali […] vennero introdotti fin nei penetrali della chiesa[1] muli e animali da soma con il basto, alcuni dei quali, scivolati a terra e non riuscendo a stare sulle zampe a causa della levigatezza dei marmi del pavimento, furono trafitti con dei coltelli, cosicché il pavimento divino fu contaminato dallo sterco degli intestini e dal sangue versato […].

6, 1 Questo fecero il collo bronzeo, la mente superba, il cipiglio ritto, la guancia sempre rasata che dà un aspetto giovanile, la destra assetata di sangue, il naso irascibile, l'occhio levato in alto, la mascella insaziabile, l'animo incapace di amore, la parlata squillante, rapida e quasi danzante sulle labbra, o meglio lo fecero quelli che presso di loro erano saggi e sapienti, rispettosi dei giuramenti, amanti del vero e odiatori dei malvagi […] e più ancora coloro che si erano presa la croce sulle spalle[2] e più volte avevano giurato in nome di quella e delle Sacre Scritture che avrebbero attraversato la terre dei cristiani senza spargimento di sangue […].

6, 2 Si rivelarono dei contafrottole: inseguendo la vendetta del Santo Sepolcro infuriarono apertamente contro Cristo e, con la croce, perpetrarono la distruzione della croce che recavano sul dorso, non temendo di gettarsela ai piedi per un po' d'oro e di argento […] Gli Ismaeliti[3] non fecero così, se non altro si comportarono con pietà e mitezza nei confronti dei connazionali di costoro quando espugnarono Sion[4].

Niceta Coniata, *Grandezza e catastrofe di Bisanzio (Narrazione cronologica)*, vol. III, trad. A. e F. Pontani, Fondazione Lorenzo Valla-Mondadori, Roma-Milano 2014

L'empietà dei crociati preannuncia il compiersi del tempo in cui, secondo le Scritture, l'Anticristo avrebbe dominato la terra.

La descrizione dei tratti somatici e caratteriali, insieme con quella dell'ipocrisia con cui i cattolici avevano giurato sulla croce e sulle Scritture di non attaccare altri cristiani, riassume la dura condanna dello storico nei confronti dei crociati occidentali.

Il riferimento è alla presa di Gerusalemme da parte di Saladino, nel 1187.

1 **penetrali della chiesa:** luoghi più nascosti e sacri della chiesa di Santa Sofia.
2 **la croce sulle spalle:** la croce cucita sulle tuniche che ricoprivano le armature.

3 **Ismaeliti:** da Ismaele, figlio di Abramo e della schiava Agar, tradizionalmente considerato capostipite degli arabi.
4 **Sion:** il colle di Gerusalemme; qui indica la città.

Apogeo e crisi degli universalismi: Impero e papato | **CAPITOLO 6**

La crociata contro i catari Un altro fronte di intervento di Innocenzo III fu la **lotta contro i movimenti ereticali**. Come si ricorderà, l'affermazione dell'assoluta supremazia dottrinale e giuridica della Chiesa aveva provocato la nascita di movimenti di contestazione di tipo pauperistico, che avevano in Arnaldo da Brescia e in Valdo di Lione i maggiori punti di riferimento [▶ cap. 2.6]. La Chiesa reagì alla predicazione arnaldista e valdese in modi diversi: la prima fu repressa con il concorso dell'autorità imperiale, poiché se ne intuiva la forte carica di contestazione politica dell'autorità pontificia; la seconda fu condannata come eretica, nonostante Valdo avesse ricercato la legittimazione papale, ma alla morte del suo ispiratore (intorno al 1205-07) una parte del movimento rifluì nella comunità ecclesiale. Diversa da questi movimenti pauperistico-evangelici era la corrente dei **catari**, che proponeva una dottrina e una struttura ecclesiastica del tutto alternativa rispetto a quella romana, riscuotendo successo soprattutto tra le famiglie nobili della Francia meridionale.

La contestazione dell'autorità delle gerarchie ecclesiastiche era stata percepita, non a torto, come contestazione anche dell'autorità laica: a Verona, nel 1184, si era giunti così a un'**alleanza per la repressione delle eresie** tra Federico I Barbarossa e papa Lucio III (1181-85), che aveva condotto all'emanazione di un'importante bolla, la *Ad abolendam diversarum haeresium pravitatem* ("Per sopprimere la malvagità delle diverse eresie"). Questo documento, oltre alla condanna di catari, patarini, valdesi, arnaldisti e altri movimenti minori, affidava ai vescovi il compito di inquisire i sospetti di eresia, allestendo speciali commissioni diocesane, mentre alle autorità laiche era stato assegnato il compito di applicare le sentenze, facendo scontare le pene ed eseguendo le eventuali condanne a morte.

Il salto di qualità nella lotta all'eresia fu compiuto proprio da Innocenzo III. Quando un suo legato, il cistercense Pietro di Castelnau, fu ucciso in Linguadoca nel 1208, il papa bandì contro gli eretici una vera e propria **crociata**: coloro che vi avrebbero partecipato, infatti, avrebbero beneficiato degli stessi benefici materiali e spirituali accordati ai combattenti in Terrasanta [4]. La crociata, la prima su vasta scala ad avere un

La repressione armata dei movimenti ereticali

 approfondimento
Dante e i catari

L'alleanza tra Chiesa e Impero

Le motivazioni politico-religiose della crociata

video
La crociata contro gli albigesi

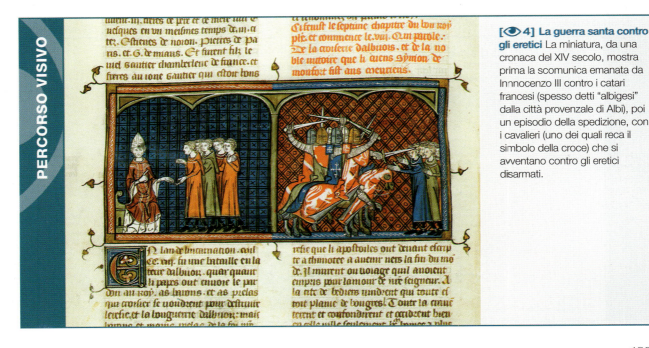

PERCORSO VISIVO

[👁 4] **La guerra santa contro gli eretici** La miniatura, da una cronaca del XIV secolo, mostra prima la scomunica emanata da Innocenzo III contro i catari francesi (spesso detti "albigesi" dalla città provenzale di Albi), poi un episodio della spedizione, con i cavalieri (uno dei quali reca il simbolo della croce) che si avventano contro gli eretici disarmati.

189

SEZIONE II IL CULMINE DELLA CIVILTÀ MEDIEVALE EUROPEA [SECOLI XII-XIII]

valore politico oltre che antiereticale, si protrasse per anni ed ebbe l'**appoggio della monarchia capetingia**, che esercitava sulle signorie del Mezzogiorno francese un'autorità solo nominale e che desiderava invece non solo un accesso diretto al Mediterraneo, ma anche bloccare i tentativi di espansione della corona d'Aragona, dalla quale dipendevano alcune contee meridionali. Capeggiata da Simone di Monfort (1165 ca.-1218), la guerra ebbe come obiettivo in primo luogo Albi, centro della Signoria dei Trencavel, e poi la potente Contea di Tolosa e le altre contee pirenaiche, sino alla completa conquista avvenuta nel 1244 [👁 5].

Il IV concilio lateranense Nel 1215 Innocenzo III indisse il IV concilio lateranense, uno dei più importanti della cristianità medievale, per realizzare il suo vasto programma **di lotta all'eresia**, di **riforma della Chiesa** dinanzi al sentimento di crisi spirituale incombente in Europa e di **nuova crociata** per la riconquista della Terrasanta. A esso parteciparono anche rappresentanti delle autorità laiche e della Chiesa orientale, ora sottoposta politicamente all'Impero latino.

I temi del concilio

Innocenzo, all'apice della propria potenza religiosa e politica – si ricordi che grazie al suo intervento era asceso al trono di Germania Federico II [▶ cap. 4.5] –, presentò all'assemblea una grande quantità di temi. Tra le altre cose, furono affrontati problemi legati ai costumi di vita del clero e all'elezione dei vescovi, nonché questioni relative al culto dei santi e delle reliquie. Fu imposto l'obbligo della confessione annuale e della comunione e agli ebrei che vivevano tra i cristiani l'uso di un segno distintivo sugli abiti. I tribunali preposti all'indagine sugli eretici furono sottratti all'autorità dei vescovi e furono posti alle dirette dipendenze del pontefice: era il primo passo per la creazione di un unico **tribunale dell'Inquisizione**, che fu poi formalmente fondato da Gregorio IX nel 1231-35. Il pontefice bandì inoltre una nuova crociata, la quinta nel computo tradizionale, che sarebbe stata indirizzata verso l'Egitto ayyubide, e infine cercò di disciplinare i diversi movimenti pauperistico-evangelici laici. Per far questo, furono favorite **nuove esperienze e sensibilità religiose** che fornissero ai fedeli un esempio di vita nuova, ma comunque interno alle strutture ecclesiastiche.

rispondi
1. In quale maniera Innocenzo III gestisce l'iniziativa crociata in Terrasanta? 2. Per quale ragione viene bandita una crociata contro i catari? 3. Quali obiettivi si propone di raggiungere Innocenzo III con la convocazione del IV concilio lateranense?

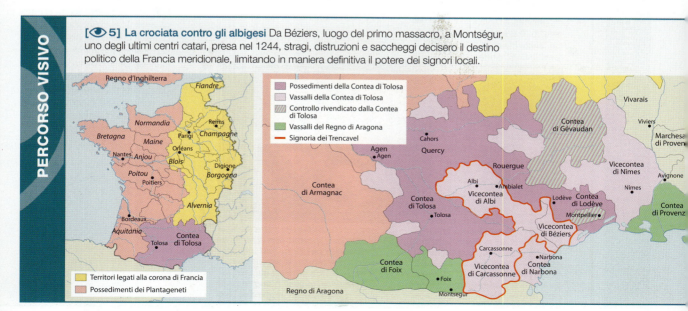

PERCORSO VISIVO

[👁 5] **La crociata contro gli albigesi** Da Béziers, luogo del primo massacro, a Montségur, uno degli ultimi centri catari, presa nel 1244, stragi, distruzioni e saccheggi decisero il destino politico della Francia meridionale, limitando in maniera definitiva il potere dei signori locali.

190

Apogeo e crisi degli universalismi: Impero e papato   CAPITOLO 6

6.2 Il cristianesimo evangelico degli Ordini mendicanti

Domenico di Guzmán La presenza in tutta Europa di movimenti religiosi ispirati a principi di povertà, vita comunitaria e penitenza metteva in difficoltà la Chiesa, che aveva bisogno di recuperare la piena autorevolezza delle proprie funzioni pastorali. Sorsero così, contemporaneamente e in vari punti, esperienze che intendevano porsi come alternativa valida, all'interno della Chiesa di Roma, ai movimenti pauperistici. Tali esperienze diedero vita a nuovi ordini religiosi, detti appunto **Ordini mendicanti** perché praticavano un rigoroso ideale di povertà.

Dopo aver conosciuto e combattuto l'eresia catara in Francia meridionale, il canonico castigliano **Domenico di Guzmán** da Caleruega (1170-1221) orientò la propria attività alla predicazione e all'esempio di vita povera. Con un piccolo nucleo di sacerdoti Domenico si dedicò alla predicazione in Provenza, costituendo anche alcune comunità religiose femminili. Insieme a pochi seguaci si trasferì a Tolosa nel 1213, ponendo le basi per la trasformazione della comunità, sino a quel momento itinerante, in un vero e proprio ordine. Nel 1215, in occasione del concilio, chiese dunque al pontefice di poter istituire un nuovo ordine religioso. L'anno seguente Onorio III (1216-27) approvò definitivamente la regola proposta, basata su quella agostiniana, in cui un ruolo fondamentale era svolto dallo **studio**, dalla preghiera e dalla **predicazione** (l'Ordine è detto "dei frati predicatori"), ma anche dalla **povertà** e dalla penitenza [👁 6].

Il grande successo del nuovo Ordine è evidente dal consistente numero di fondazioni conventuali che, alla morte di Domenico, avvenuta nel 1221 a Bologna, si contavano già in tutta Europa, con forte concentrazione nelle città universitarie [▶ cap. 5.4]. La **vocazione culturale** del nuovo Ordine nasceva infatti dalla necessità di affrontare sul piano dottrinale la predicazione eretica e la lotta avrebbe avuto tanto più successo quanto più i predicatori fossero stati ben preparati nella conoscenza delle Scritture e della teologia. I domenicani occuparono dunque ben presto cattedre di filosofia e teologia nelle università più importanti e fondarono essi stessi nuovi centri di studio su-

---

La risposta della Chiesa alle eresie pauperistiche

Vita e opere di Domenico

regola Nella tradizione cristiana, il complesso di norme che organizzano la vita individuale e collettiva di una comunità religiosa.

Il ruolo dei domenicani

frate Dal latino *frater*, "fratello", termine diffuso a partire dal XIII secolo per indicare il religioso appartenente a un Ordine mendicante.

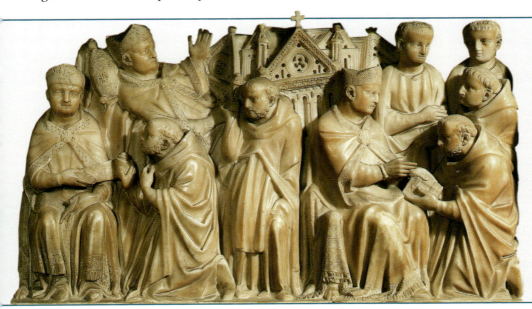

[👁 6] L'approvazione della regola domenicana
L'episodio viene così narrato da Nicola Pisano, uno dei maggiori artisti italiani del Duecento. L'intero ciclo di rilievi, ideato per celebrare la vita di Domenico di Guzmán, decora l'Arca (cioè il sarcofago monumentale) del santo nell'importante basilica bolognese a lui dedicata.

SEZIONE II · IL CULMINE DELLA CIVILTÀ MEDIEVALE EUROPEA [SECOLI XII-XIII]

periore, da Bologna a Parigi, da Tolosa a Colonia. Attraverso figure di grande rilievo come **Alberto Magno** (1200 ca.-80) e **Tommaso d'Aquino** (1225 ca.-74), la riflessione domenicana costituì un pilastro culturale e religioso dell'Europa duecentesca e il cuore dell'**aristotelismo latino**, la tradizione per la quale filosofia e teologia sono discipline autonome, fondate su due principi distinti, rispettivamente la ragione e la rivelazione [▶protagonisti].

Vita e opere di Francesco

Francesco d'Assisi Francesco di Pietro di Bernardone (1182 ca.-1226) nacque ad Assisi da un ricco mercante e trascorse la giovinezza tipica di qualsiasi giovane di buona famiglia. Impegnato in un conflitto tra Assisi e Perugia, Francesco fu imprigionato nel 1204 e poco dopo, mentre tentava nuovamente la carriera militare, una **crisi interiore** lo condusse alla **conversione**, cosa che lo pose in grave contrasto con la famiglia. Con pochi seguaci, si propose infatti di perseguire una vita povera e isolata. Dopo tre anni di eremitaggio Francesco, con i suoi compagni, decise tuttavia di dedicarsi alla predicazione itinerante della penitenza, e nel 1210 chiese a Innocenzo III l'approvazione di una norma di vita radicalmente ispirata alla **povertà**, alla misericordia e all'esaltazione della letizia nel Signore. L'avversione del papa per un programma poco diverso da quello di altri numerosi movimenti evangelici in sospetto di eresia venne parzialmente meno quando riconobbe l'assoluta **obbedienza alla gerarchia ecclesiastica** cui la norma si ispirava, e concesse una prima approvazione. Lo spirito missionario di Francesco spinse lui e alcuni seguaci a cercare la conversione degli infedeli: egli stesso fu a Damietta, in Egitto, tra il 1219 e il 1221, durante la quinta crociata. Nel frattempo, la sua comunità religiosa cresceva a dismisura, suscitando non poche perplessità e resistenze.

approfondimento
I Fioretti di San Francesco

Le vicende della regola francescana

Molti esponenti della curia romana infatti premevano affinché la comunità francescana fosse inquadrata in strutture canonicamente più regolari. Francesco tuttavia rifiutava di far confluire la sua esperienza religiosa in una tradizione monastica esistente, e d'altro canto non voleva nemmeno imporre la sua volontà: **rinunciò** dunque, nel 1220, **alla guida del movimento**. Questo processo forzato di istituzionalizzazione dell'esperienza francescana, ispirata soltanto dagli ideali di semplicità evangelica, si concluse con un compromesso solo nel 1223, quando papa Onorio III approvò una regola (*regula bullata*), che insisteva sì sull'aderenza al dettato del Vangelo, sulla castità, sulla povertà e sull'umiltà, ma che naturalmente ribadiva l'obbedienza alla Chiesa romana e che, soprattutto, rendeva meno tassativi alcuni divieti che Francesco aveva stabilito in precedenza, ispirati a un **modello di perfezione** di vita **molto rigido** [▶*altri* LINGUAGGI, p. 206].

Morte e canonizzazione

Il 1223 dunque può essere considerata la data d'inizio dell'Ordine dei frati minori – così come Francesco volle chiamarlo accentuando la dimensione di penitenza e umiltà – ma fu anche il momento in cui si acutizzò la sofferenza fisica di Francesco, che accompagnava quella spirituale. Morì nel 1226, lasciando un testamento in cui riemergevano sul piano ideologico alcuni elementi che la regola "bollata" aveva eliminato sul piano normativo, come la rinuncia a qualsiasi tipo di possesso. Fu proclamato **santo poco dopo la sua morte**, nel 1228, e nello stesso anno iniziò la costruzione della basilica che ad Assisi porta ancora il suo nome. Tuttavia, già nel 1230 papa Gregorio IX tolse al testamento di Francesco il valore di testo vincolante per i frati dell'Ordine.

La "neutralizzazione" della figura del santo

La complessa eredità di Francesco Nonostante l'approvazione della regola, l'eccezionale rigore della proposta di vita di Francesco e la presenza di alcuni suoi seguaci della prima ora, custodi del ricordo di quell'ideale tanto semplice quanto radicale, era-

Apogeo e crisi degli universalismi: Impero e papato | **CAPITOLO 6**

no ancora percepiti come una minaccia. Ci si sforzò dunque di rendere la **memoria** della vita del santo **meno sovversiva**. Furono redatte tre biografie, due da Tommaso da Celano (1190 ca.-1260 ca.) e una, definitiva e resa ufficiale, da **Bonaventura da Bagnoregio** (1221 ca.-74). Generale dell'Ordine tra il 1257 e il 1274, Bonaventura impose di eliminare tutte le testimonianze biografiche precedenti (lo stesso era accaduto alle biografie di Domenico) ed elaborò due testi (una *Legenda maior* e una *minor* destinata a uso liturgico), in cui la santità di Francesco fu riempita di miracoli e resa un modello irraggiungibile di perfezione, rendendo di fatto impossibile cercare di emulare il suo esempio. Simbolo di questa perfezione divennero le stimmate [👁 7] che, con un'enorme forzatura nei confronti di Francesco, in termini di credibilità e ortodossia, Bonaventura impose alla costruzione agiografica del santo e che Giotto fissò nell'arte e nell'immaginario collettivo sino ai giorni nostri.

> **stimmate** Dal greco *stígma*, "marchio", indicano le piaghe Cristo dopo la crocifissione e la loro comparsa miracolosa sul corpo di alcuni santi.
>
> **agiografia** Dal greco *hàghios*, "santo", e *graphèin*, "scrivere". L'agiografia è lo studio della vita, delle opere e del culto dei santi.

protagonisti — Tommaso d'Aquino, "dottore angelico"

Tommaso d'Aquino, il principale punto di riferimento dottrinale per il pensiero cattolico tardomoderno e contemporaneo, fu un pensatore fortemente originale e innovativo. Discepolo di Alberto Magno, Tommaso insegnò a Parigi e negli *studia* domenicani di Roma e Napoli, dedicando all'attività didattica l'opera con la quale è più noto, la *Somma di Teologia*. La sua riflessione rielaborò in modo originale gli insegnamenti di Aristotele, Avicenna e la tradizione neoplatonica, ma questo gli attirò sospetti d'eresia: alcune sue proposizioni furono addirittura condannate nel 1277 insieme con le posizioni degli aristotelici più radicali che, tra le altre cose, mettevano in dubbio la creazione del mondo e la provvidenza universale di Dio.

Rispetto alla tradizione che faceva riferimento a sant'Agostino, incentrata sul ruolo dell'illuminazione divina per la conoscenza umana, Tommaso sosteneva che la mente ha già in sé tutto ciò che le consente di conoscere naturalmente, senza necessità di un continuo intervento di Dio. Il superamento della divisione tra sapienza, relativa alla divinità, e scienza, relativa alle cose mondane, fu la caratteristica del movimento intellettuale definito con il termine di "scolastica". A esso Tommaso diede un contributo fondamentale, portando ad altissimi livelli la riflessione sui rapporti tra metafisica e teologia, sulla capacità dell'uomo di conoscere essere ed essenza – e dunque Dio e il mondo – e sui rapporti tra ragione naturale e fede.

PERCORSO VISIVO

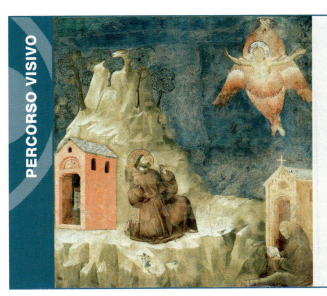

[👁 7] **Un segno divino** Poco dopo il 1236, il cronista inglese Matteo Paris narrò nei suoi *Chronica majora* l'episodio delle stimmate. A Francesco, assopito, compare il Serafino, immagine dell'infuocata carità divina. Porta con sé un messaggio, l'invito ad abbandonarsi alla volontà del Padre e imitare il Figlio. Le stimmate – secondo quanto riferisce frate Leone, uno dei compagni più vicini a Francesco – rappresentano la comprensione profonda di questo messaggio. L'immagine verrà poi ripresa, pochi decenni dopo, da Giotto nel grandioso ciclo di affreschi realizzato nella basilica assisiate dedicata al culto di Francesco.
La rappresentazione giottesca, peraltro, costituisce un'efficace trasposizione iconografica dell'operazione intellettuale voluta da Bonaventura: la riformulazione e il sostanziale depotenziamento del messaggio originale di Francesco, carico di elementi sovversivi.

◀ Giotto, *San Francesco riceve le stimmate*, affresco della Basilica superiore di San Francesco ad Assisi, 1290 ca.

SEZIONE II — IL CULMINE DELLA CIVILTÀ MEDIEVALE EUROPEA [SECOLI XII-XIII]

I dissidi interni all'Ordine

La costruzione di un'immagine del santo depurata dai suoi aspetti più radicali, sia rispetto alle concezioni della proprietà e del denaro, sia in riferimento ai contrasti con la curia romana ai tempi di Innocenzo III, andò di pari passo con una rapida **istituzionalizzazione dell'Ordine**, perseguita dal papa attraverso una politica di inserimento dei frati nell'episcopato e di concessione di privilegi. Si accrebbe la **frattura** tra **conventuali**, disposti a un'interpretazione meno rigida della regola, e **rigoristi** ("spirituali" o "fraticelli"), miranti a un'adesione integrale allo spirito e alla lettera della volontà del fondatore. Gli ambienti rigoristi furono poi influenzati da dottrine millenariste di derivazione gioachimita, ispirate cioè alla predicazione del monaco cistercense calabrese **Gioacchino da Fiore** (1130 ca.-1202). Questi sosteneva il dispiegarsi della Trinità nella realtà storica, riconoscendo tre distinte età. La terza, quella dello Spirito santo, in cui libertà e carità si sarebbero compiutamente espresse in un ordine monastico perfetto, fu interpretata come il periodo immediatamente successivo alla morte del monaco e i francescani rigoristi pensarono a se stessi come l'ordine predestinato, che avrebbe dovuto sostenere la terribile prova dell'avvento dell'Anticristo.

L'affermazione dei conventuali

L'ascesa di Bonaventura al vertice dell'Ordine determinò la vittoria della corrente conventuale. Le controversie sulla liceità di possedere ricchezze, da parte dell'ordine e dei singoli frati, furono risolte inventando la formula dell'**"uso povero"**, in base alla quale i beni eventualmente ricevuti sarebbero stati usati solo limitatamente alle necessità, senza abusi o eccessi. Anche all'Ordine delle clarisse, fondato da **Chiara d'Assisi** (1194-1253), seguace di Francesco e testimone sino alla morte di una condotta di vita esemplarmente povera, la Chiesa diede una regola in linea con l'attenuazione del primitivo messaggio di povertà evangelica.

La condanna delle correnti radicali

Angelo Clareno (1247-1337), Pietro di Giovanni Olivi (1248 ca.-98), Ubertino da Casale (1259 ca.-1330 ca.) mantennero vive le interpretazioni millenaristico-rigoristiche della regola francescana, che sembrarono avverarsi con la salita al soglio pontificio dello spirituale **Celestino V** (Pietro di Morrone, maggio-dicembre 1294). Ma la sua abdicazione, avvenuta pochi mesi dopo l'elezione, accrebbe le persecuzioni di gruppi marginali del francescanesimo, in particolare durante il pontificato del successore, **Bonifacio VIII** (Benedetto Caetani, 1294-1303), e poi di **Giovanni XXII** (1316-34).

La repressione delle eresie pauperistiche

Coerentemente con la chiusura alle esperienze evangelico-pauperistiche al di fuori della Chiesa decretata nel Concilio di Lione del 1274, erano destinati a soccombere anche i movimenti di **Gherardo Segarelli** (m. 1300) e di **Dolcino** (1250 ca.-1307), in cui la radicalizzazione religiosa e politica era cresciuta anche dal punto di vista ideologico. La tesi stessa secondo la quale tutti i religiosi avrebbero dovuto ispirarsi a Cristo e agli apostoli, senza detenere proprietà terrene, fu condannata come eretica nel 1323.

Il ruolo dei francescani

Negli stessi anni, con l'ingresso dei francescani negli ambienti universitari, raggiungevano l'apice della propria vita e dei propri studi frati minori che ricoprivano ruoli di primo piano nella ricerca scientifica: Ruggero Bacone (1214 ca.-94), Giovanni Duns Scoto (1265/66-1308) e Guglielmo di Ockham (1285-1349 ca.), sulla scia di Roberto Grossatesta (1175-1253), diedero un contributo fondamentale agli **studi logico-matematici e teologici** dalle loro cattedre a Oxford [▶ cap. 5.4].

Francescani e domenicani nell'Inquisizione

Sia ai domenicani che ai frati minori francescani, dal 1246, fu affidata la direzione dei tribunali dell'Inquisizione, la cui prassi si perfezionò tra la fine del XIII e i primi del XIV secolo. Furono redatti infatti i primi **manuali per gli inquisitori** (come la *Practica inquisitionis* di Bernardo Gui e il *Directorium inquisitorum* di Nicola Eymerich), che affiancavano i tribunali diocesani con propri funzionari. Autorizzati anche a ricorrere alla tortura durante gli interrogatori, in caso di eresia pertinace e recidiva gli inquisitori potevano emettere sentenza di morte, che sarebbe stata eseguita dal potere civile; in caso di pentimento, o per coloro che avessero solo sostenuto in vario modo l'attività ereticale, le pene potevano invece variare dall'obbligo di portare sulle vesti un segno infamante sino al carcere a vita.

6.3 Federico II di Svevia e la fine dell'universalismo imperiale

La riorganizzazione del Regno di Sicilia Re di Sicilia e imperatore [▶ cap. 4.5], Federico II, giunto in Italia nel 1220 per ricevere la corona imperiale, si era posto come obiettivo un'ampia riorganizzazione del regno meridionale e la costruzione di uno **spazio imperiale coeso**, in cui i comuni dell'Italia centrosettentrionale, la Chiesa di Roma, le forti aristocrazie tedesche e normanne condividessero un progetto politico unitario [👁 8]. Come abbiamo visto, il modello monarchico normanno, attraversato da aspri scontri tra aristocrazie normanne e apparati amministrativi centralizzati, era stato rafforzato in senso burocratico, secondo un processo comune alle altre monarchie europee [▶ cap. 5.3]. Federico aveva limitato dunque i particolarismi non solo intervenendo con la forza, ma anche inquadrandoli con rapporti di tipo feudale molto più stretti che nel periodo normanno e costruendo una legittimazione giuridica e ideologica del proprio operato.

PERCORSO VISIVO

[👁 8] L'Impero e il Regno di Sicilia sotto Federico II Quando, all'indomani della battaglia di Bouvines (1214), Federico II ottenne concretamente il trono di Germania cui era stato eletto nel 1212, promise a Innocenzo III di mantenere separate le corone di Germania e di Sicilia e di affidare quest'ultima al figlio minorenne Enrico (VII). Alla morte di Innocenzo (1216), Federico tenne invece per sé sia la corona siciliana sia il titolo imperiale, che ricevette nel 1220 grazie all'appoggio del nuovo pontefice, Onorio III, mentre nello stesso anno Enrico – allora di nove anni – fu formalmente eletto re di Germania e dei Romani, sotto la reggenza dell'arcivescovo di Colonia Engelberto.

---

rispondi

1. Quali sono i principi fondamentali della regola di Domenico di Guzmán? **2.** Quali sono i principi fondamentali della regola di Francesco d'Assisi? **3.** Come viene gestita dalla Chiesa l'eredità spirituale di Francesco?

Il progetto politico di Federico II

millenarismo
Credenza nell'avvento del regno millenario di Cristo sulla Terra, prima del giudizio universale.

Anticristo Spesso identificato con la "bestia che sale dal mare" del libro dell'Apocalisse, è colui che si opporrà e sostituirà a Cristo prima della fine del mondo. Il trionfo di Cristo segnerà poi la sua sconfitta e la fine della storia.

SEZIONE II   IL CULMINE DELLA CIVILTÀ MEDIEVALE EUROPEA [SECOLI XII-XIII]

Lo *Studium* napoletano: una scuola per giuristi e burocrati

A questo scopo fondò nel 1224 uno **studium** a Napoli, con l'esplicito intento di formare tecnici del diritto. Agli studenti dello *studium* si aprivano infatti le porte dell'amministrazione del regno e prospettive di carriere prestigiose e remunerative, ma era fatto loro assoluto divieto di frequentare altre università, in particolare Bologna, per evitare che lo "spirito comunale" potesse minarne la fedeltà. Con enfasi mitizzante, la fondazione napoletana è stata salutata come la prima università statale europea, ma un esame più equilibrato (si contano quattro "rifondazioni" in età sveva, tra il 1234 e il 1258) rivela le molte difficoltà legate alla nascita di uno *studium* imposto dall'alto, senza *universitates*, senza cioè una precedente presenza di associazioni di maestri e/o studenti.

L'inquadramento giuridico del regno

L'ampia opera legislativa avviata dal sovrano e condotta da giuristi di primo piano, come Taddeo da Sessa (1190/1200-47) e Pier della Vigna (1190 ca.-1249), ebbe il suo sbocco nel **Liber augustalis** (o *Liber Constitutionum Regni Siciliae*), emanato a Melfi nel 1231. In esso il diritto romano e la precedente normativa normanna concorrevano a limitare l'incidenza giuridica delle consuetudini e a consolidare il regno sulla base di un potere stabile. Uno dei cardini di questa politica fu il riordino e il potenziamento del **sistema dei castelli**, tangibili manifestazioni del potere regio, in tutte le circoscrizioni in cui il regno era ripartito, in particolare in Sicilia, in Puglia e in Basilicata. Ne sono testimonianza, tra gli altri, il Castello Ursino di Catania, Castel Maniace a Siracusa, Castel Lagopesole in Basilicata [◉9] e Castel del Monte in Puglia [▶luoghi].

percorsi storiografici p. 219
Federico II, l'immagine di un imperatore
E. Kantorowicz, D. Abulafia

Economia e politica

Ancora, Federico, cosciente della necessità di **ampie risorse fiscali** per sostenere la propria politica su scala europea e mediterranea, diede al regno un indirizzo di politica economica, dotandolo di un articolato sistema portuale e di nuove strutture produttive (le masserie e gli allevamenti di cavalli); la sua realizzazione tuttavia risentì in modo determinante della **continua emorragia di denaro e di risorse** impiegate nei vari teatri di guerra.

PERCORSO VISIVO

[◉9] **I castelli di Federico II** Dall'alto: Castello Ursino, Castel Maniace e Castel Lagopesole. La rete di castelli e residenze (*domus*) costituiva un vero e proprio sistema organico di difesa e, insieme, di controllo del territorio, della rete viaria, delle comunità rurali e urbane. La cartina mostra il dettaglio relativo alla sola Terra di Bari, nel cui giustizierato ricadeva Castel del Monte.

▼ Castelli e *domus* in Terra di Bari secondo lo *Statutum de reparatione castrorum*, elenco di castelli e residenze regie la cui manutenzione era affidata ai sudditi (1241-46).

Apogeo e crisi degli universalismi: Impero e papato | **CAPITOLO 6**

luoghi

Castel del Monte: mito e storia

Certamente il più affascinante dei castelli federiciani, Castel del Monte è stato nel corso del tempo variamente interpretato come casino di caccia, tempio laico dedicato a conoscenze esoteriche, osservatorio astronomico, "centro benessere" per la cura del corpo e dell'anima; persino la fumettistica lo ha immaginato come luogo di custodia del Graal, grazie alla mediazione dei cavalieri templari, o come luogo di appassionate dispute filosofiche e scientifiche.

Arricchite di autentiche sciocchezze, dall'ipotizzata presenza di una cupola d'oro all'allineamento con Chartes e Gerusalemme, dall'essere riproduzione della piramide di Cheope alla capacità di emanare energia radioattiva, queste illazioni continuano spesso a rovinare la percezione dell'edificio per quello che è e che le fonti storiche riportano senza ombra di dubbio: un *castrum*, un edificio con prevalenti funzioni strategico-militari.

Un vero castello

Pienamente inserito nel sistema castellare che Federico II si preoccupa di rafforzare in tutto il regno, nel quadro di più ampie riforme amministrative, il castello (originariamente detto "di Santa Maria del Monte" in riferimento a un monastero ora non più visibile) è menzionato in un documento del 29 gennaio 1240 in cui è dato ordine al giustiziere di Capitanata di provvedere al completamento dei lavori del castello apportandovi, dalle cave sul Gargano, materiale utile alle coperture e all'apparato decorativo. Compare inoltre in numerosi altri documenti, sia di epoca sveva che angioina, a smentita del fatto che, come si afferma erroneamente, non esistano fonti relative al castello.

Dominato dalla forma geometrica dell'ottagono, simbolo della corona imperiale ed elemento ben presente nel mondo tardoantico, al quale fanno riferimento sia le architetture carolingie che quelle orientali, il castello – oggi visibile

▲ L'ingresso principale del castello, rivolto verso est.

in seguito ai restauri novecenteschi – era dotato di elementi difensivi e di strutture dedicate al mantenimento di una guarnigione e del personale di servizio (magazzini, scuderie, cisterne, camini); era inoltre ben collegato con i castelli e le città della Terra di Bari.

Gli aspetti militari dell'edificio furono ulteriormente rafforzati in età angioina, quando più spesso fu utilizzato come prigione per reclusi di rango elevato, analogamente ad altri castelli in Puglia e nel resto del regno, e venne impiegato come fortezza sino alla prima età moderna. ◼

La politica europea e mediterranea Del conflitto con i comuni italiani si è parlato nel capitolo precedente: l'affermazione dei diritti imperiali che Federico II aveva sostenuto in una Dieta a Cremona nel 1220, sotto l'urgenza della lotta all'eresia e della preparazione di una nuova crociata, non poteva essere accettata dai comuni al di là del dettato della Pace di Costanza (1183) [▶ cap. 5.2]. Il tentativo di controllare la politica italiana gli inimicò anche il papato: con Onorio III l'imperatore aveva intavolato lunghe trattative per l'avvio di una **nuova crociata**, ma dopo la morte di questi i rapporti si guastarono con il successore, Gregorio IX (1227-41), che prendendo a pretesto gli ulteriori ritardi della spedizione giunse a scomunicarlo nel 1227.

Nonostante la **scomunica**, Federico partì ugualmente, legittimato anche dal proprio matrimonio, nel 1225, con Iolanda (o Isabella) figlia di Giovanni di Brienne, reggente del trono di Gerusalemme. In Terrasanta, però, agì prevalentemente con gli strumenti della diplomazia. Approfittando delle tensioni che opponevano gli esponenti della dinastia ayyubide, in lotta per l'egemonia sulla Siria-Palestina e sull'Egitto, nel

I contrasti tra imperatore, comuni e papato

Federico II in Terrasanta

SEZIONE II   IL CULMINE DELLA CIVILTÀ MEDIEVALE EUROPEA [SECOLI XII-XIII]

1229 Federico riuscì a ottenere una **tregua decennale** dal sultano d'Egitto al-Kamil (che aveva già contrastato vittoriosamente la quinta crociata) e il consolidamento di alcune posizioni nel Regno di Gerusalemme, compresa la stessa Città Santa, sebbene sguarnita e con poche possibilità di allestire difese efficaci [👁 10-11].

L'opposizione alla tregua dell'imperatore

Questo modo di procedere **non** era dovuto a uno **spirito di tolleranza** attribuibile a Federico: nell'Oltremare franco accordi di questo genere erano abbastanza diffusi, dal momento che le realtà politiche cristiane facevano parte da oltre un secolo dello scacchiere geopolitico locale e uno stato di guerra permanente era impossibile da sostenere per chiunque: scontri militari e patti di alleanza si susseguivano a seconda della convenienza politica. In altri casi egli infatti intervenne con la forza, come quando, fra gli anni Venti e Quaranta, represse duramente i musulmani siciliani che si erano ribellati, minacciando l'integrità del regno. Tuttavia, la tregua in Terrasanta fu avversata in modo veemente da **esponenti religiosi integralisti**, sia cristiani che musulmani. Anche alcuni esponenti della nobiltà franca e cipriota temevano che l'ingombrante presenza di Federico, insignitosi nel frattempo del titolo di re di Gerusalemme, sconvolgesse gli assetti consolidati. Mentre l'imperatore era in Terrasanta, un esercito pontificio gli mosse **guerra nel regno**, appoggiando la ribellione di alcune città meridionali [▶ cap. 5.3]. Tornato precipitosamente, Federico ebbe ragione degli avversari e costrinse il pontefice a stipulare una pace a San Germano e a ritirare la scomunica (1230).

Una corte multiculturale

La dimensione culturale La politica federiciana poggiava su una considerazione sacrale del ruolo del sovrano, direttamente ispirato dalla provvidenza divina e considerato «**legge animata sulla terra**» (*Lex animata in terris*). Alla costruzione ideologica di questa immagine, fortemente condannata dalla Chiesa, concorreva la raffinata propaganda elaborata negli ambienti della cancelleria e della corte. Qui, dove nacque tra l'al-

PERCORSO VISIVO

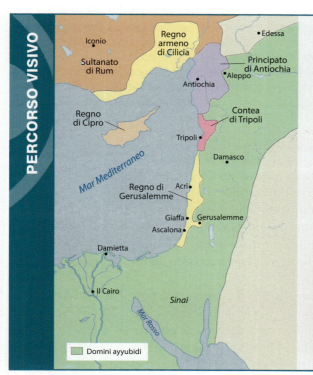

[👁 10] Gli Stati cristiani in Terrasanta dopo la sesta crociata (1229)

[👁 11] **Armi e trattative** L'accordo tra Federico e al-Kamil davanti alle porte di Gerusalemme in una miniatura trecentesca italiana. Il patto ebbe una lunga preparazione diplomatica nel vasto scacchiere orientale: per esempio si ha notizia di un'ambasceria effettuata nel 1227 dall'arcivescovo di Palermo Berardo in Egitto, durante la quale egli ebbe modo di vedere le piramidi di Giza e il sito di Menfi; nello stesso periodo, inoltre, furono scambiate lettere tra la corte federiciana e gli ismaeliti di Alamut.

198

Apogeo e crisi degli universalismi: Impero e papato | **CAPITOLO 6**

tro la prima scuola poetica della letteratura in volgare italiano [▶fenomeni], erano ospitati **dotti di varie lingue e religioni**, secondo un modello diffuso nel Mediterraneo. Essi a loro volta erano in contatto con altri intellettuali, scienziati e matematici nel resto d'Europa, come Leonardo Fibonacci, autore nel 1202 del *Liber de numero* (o *Liber abaci*), o Ibn Sab'in, maestro sufi di Ceuta cui Federico inviò alcune questioni filosofiche. Lo stesso imperatore si dedicò, nel corso di un trentennio, all'elaborazione di un trattato sulla caccia con il falco, *De arte venandi cum avibus*, opera che coniugava la passione per la falconeria tipica delle élite orientali con un'acuta indagine scientifica del mondo naturale.

La ripresa delle ostilità Dopo la Pace di San Germano, Federico II rinnovò l'**attacco allo "spirito di Costanza"** che regolava i rapporti tra Impero e comuni. Con la vittoria di Cortenuova [▶ cap. 5.2] il disegno di incorporare nell'Impero anche l'Italia centrale divenne più evidente. Gregorio IX scomunicò di nuovo Federico nel 1239, ma l'avanzata degli imperiali in Umbria, Marche e Lazio sembrava inarrestabile. Nel 1241, in un clima di terrore apocalittico per le tremende notizie che giungevano dall'Europa orientale invasa dai mongoli (che studieremo nel prossimo capitolo), Federico, che progettava una crociata contro di loro e nello stesso tempo guardava con preoccupazione alla Terrasanta, dove ormai era scaduta la tregua, impedì la riunione di un concilio convocato a Roma per deporlo.

Nel 1245 papa **Innocenzo IV** (1243-54) proclamò un altro concilio a Lione, scomunicando per la terza volta l'imperatore e deponendolo, ossia dichiarando decaduta la sua autorità. Questa volta gli effetti della decisione papale si fecero presto sentire, sia in **Germania**, dove fu eletto un nuovo re, Enrico Raspe, sia in **Italia**, dove riprese vigore l'iniziativa militare guelfa. Battuto a Parma e a Fossalta rispettivamente nel 1248 e

Un impegno su molti fronti

L'aggravarsi della situazione

La "Scuola siciliana"

fenomeni

La denominazione deve la sua fortuna a Dante, che nel *De vulgari eloquentia* chiamò "siciliana" tutta la produzione poetica anteriore a quella toscana. La curia e la cancelleria sveve costituivano un ambiente culturalmente molto vivace, dominato dalle figure di Pier della Vigna, protonotario e logoteta (segretario) dell'imperatore, Michele Scoto, filosofo e astrologo, e Teodoro di Antiochia, filosofo, matematico e fisico. Agli studi filosofici, giuridici e scientifici si accompagnava anche l'impegno poetico e letterario.

Insieme con gli stessi sovrani svevi poetarono giovani nobili, giureconsulti e dignitari di corte, come Iacopo da Lentini, considerato il caposcuola, lo stesso Pier della Vigna, Rinaldo d'Aquino, Giacomino Pugliese, Guido delle Colonne, Cielo d'Alcamo e molti altri. Il merito della scuola è quello di aver creato la prima lingua d'arte in un volgare italiano, un siciliano depurato dagli elementi più vivacemente dialettali e modellato sia sul provenzale che sul latino cancelleresco (usato per agli atti amministrativi), reso nella forma poetica della canzone e del sonetto. I temi morali e filosofici che dominano le composizioni della scuola ruotano in particolare attorno alla natura e alla fenomenologia dell'amore, preparando così la tensione poetica stilnovistica.

La battaglia di Benevento del 1266, in cui Manfredi fu sconfitto da Carlo I d'Angiò, segnò non solo la fine politica della dinastia sveva in Italia meridionale, ma anche quella della scuola: il baricentro culturale della penisola si spostò dalla Sicilia alla Toscana.

▲ Manoscritto miniato di un sonetto di Giacomino Pugliese.

SEZIONE II   IL CULMINE DELLA CIVILTÀ MEDIEVALE EUROPEA [SECOLI XII-XIII]

nel 1249 [▶ cap. 5.2], Federico si trovò inoltre costretto a reprimere contestazioni interne e tentativi di tradimento; ne fece le spese, tra gli altri, Pier della Vigna, fedele collaboratore dell'imperatore per trent'anni: arrestato e accecato per un presunto tradimento, fu infine costretto a suicidarsi.

La fine degli Svevi nell'Impero e nel Regno di Sicilia

Federico morì nel 1250, lasciando una **difficile eredità** sia nell'Impero sia nel Regno di Sicilia, per non parlare dell'Oltremare crociato, dove nel 1244 Gerusalemme era stata nuovamente – e definitivamente – perduta. **Corrado IV** (1250-54), secondogenito di Federico e re di Gerusalemme, di Germania e di Sicilia, si vide contendere il trono di Germania prima da Enrico Raspe, poi da Guglielmo II d'Olanda, sostenuto dal papa e da alcune città tedesche, ma la morte pressoché contemporanea di Innocenzo IV, di Corrado e di Guglielmo cambiò nuovamente il gioco politico europeo. Al trono di Sicilia successe **Manfredi**, figlio di Federico, sebbene la curia pontificia, che non ne riconosceva la legittimità, gli scatenasse contro una nuova crociata e tentasse di offrire la corona dell'isola a vari principi europei. Nell'Impero la situazione giunse a un accordo solo nel 1273 con l'elezione di Rodolfo d'Asburgo, un potente principe tedesco che, dopo aver sostenuto gli Svevi, fece atto di sottomissione al papa rinunciando a unificare le corone italica e germanica e cedendogli le rivendicazioni sul Regno di Sicilia.

In Italia meridionale il pontefice Urbano IV prospettò invece la conquista del regno a **Carlo, conte di Provenza e d'Angiò**, fratello del re francese Luigi IX. Manfredi, che pure era riuscito a coagulare attorno a sé le forze ghibelline italiane e a riportare una vittoria a Montaperti nel 1260, fu battuto e ucciso dagli Angioini nel **1266 a Benevento**. Un tentativo di recuperare il trono alla casa sveva da parte del giovane nipote di Federico, **Corradino** (1252-68), fu vanificato dalla sconfitta a Tagliacozzo: lo stesso Corradino venne pubblicamente decapitato a Napoli. Il Regno di Sicilia era ormai in mano francese.

I RE DI SICILIA DELLA CASA DI SVEVIA

Enrico VI (1194-97)
imperatore, re di Germania

↓

1197-1208: reggenza di Costanza d'Altavilla, figlia di Ruggero II e madre di

↓

Federico II (1196-1250)
imperatore, re di Germania e di Gerusalemme

↓

Corrado IV (1250-54)
re di Germania, dei Romani e di Gerusalemme

↓

Manfredi (1254-66)

rispondi
1. Quali sono gli strumenti utilizzati da Federico II per la costruzione di uno spazio imperiale coeso? **2.** Quale strategia viene adottata da Federico II in Terrasanta? **3.** Quali tappe portano alla conclusione del dominio svevo nei territori imperiali e nel Regno di Sicilia?

6.4 La fine dell'universalismo pontificio

Un nuovo progetto teocratico

Il papato di Bonifacio VIII Nel 1294 l'abdicazione di Celestino V, impotente a sostenere un pontificato ispirato ai valori di povertà e carità dinanzi ai feroci scontri di potere interni alla curia romana, spianò la strada all'elezione di Benedetto Caetani, discendente di una potente famiglia laziale, che assunse il nome di **Bonifacio VIII** (1294-1303). Il nuovo pontefice aveva in animo di ristabilire quei principi di **teocrazia papale** che avevano raggiunto la massima espressione con Innocenzo III e i suoi successori, impegnati nel confronto con Federico II. Tuttavia, la **realtà politica** tra il XIII e il XIV secolo era **profondamente cambiata**: indebolito l'Impero si erano ormai affermate le grandi monarchie territoriali, svincolate dall'autorità imperiale e disposte a riconoscere al pa-

200

Apogeo e crisi degli universalismi: Impero e papato **CAPITOLO 6**

pa soltanto un'autorità religiosa che non si traducesse più in supremazia politica. La monarchia francese, in particolare, si stava dotando di strumenti amministrativi di grande efficacia.

Un primo scontro si ebbe dunque con il re francese **Filippo IV il Bello** (1286-1314), il quale, per soddisfare immediate necessità finanziarie, progettò nel 1296 di imporre una **tassa del 2% sui beni della Chiesa**. Bonifacio proibì ai chierici di consentire il prelievo fiscale e per tutta risposta il sovrano, con l'appoggio di gran parte del clero francese, vietò l'uscita di denaro dal regno, comprese le collette e le decime destinate a Roma. L'anno successivo le relazioni tornarono buone: Bonifacio riconobbe la legittimità di imposizioni fiscali senza previa autorizzazione pontificia, ma solo in caso di grave necessità. La canonizzazione di Luigi IX parve appianare ulteriormente il conflitto, così come l'indizione del primo **Anno Santo** (o Giubileo) nel 1300, durante il quale tutti i pellegrini giunti a Roma avrebbero ottenuto l'indulgenza plenaria per i propri peccati [👁 12].

Il contrasto con la monarchia francese...

L'evento fu un grande successo di immagine e una dimostrazione di potenza della Chiesa, che però entrò in crisi poco dopo. Nel 1301 Bonifacio istituì autonomamente una nuova sede episcopale in Francia e Filippo per tutta risposta arrestò il nuovo vescovo e ne confiscò i beni. Questo episodio riaccese uno scontro durissimo. Bonifacio emanò nel 1302 una famosa bolla, la **Unam sanctam**, con la quale riassumeva e rafforzava il pensiero teocratico romano: la Chiesa, a causa della condizione di peccato in cui versano tutti gli esseri umani, ha il diritto di giudicare e reprimere i poteri terreni quando non conformi al suo volere e fuori di essa non vi è possibilità di salvezza. La bolla preludeva alla convocazione di un concilio per deporre il re, da tenersi nel 1303, ma questi giocò d'anticipo e, inviato in Italia uno dei suoi consiglieri più influenti, Guglielmo di Nogaret, con l'aiuto dei Colonna – patrizi romani avversari dei Caetani – fece arrestare Bonifacio ad Anagni. Dopo alcuni giorni il pontefice fu liberato dagli stessi abitanti della città, ma morì poco dopo il suo ritorno a Roma.

... e la sconfitta di Bonifacio

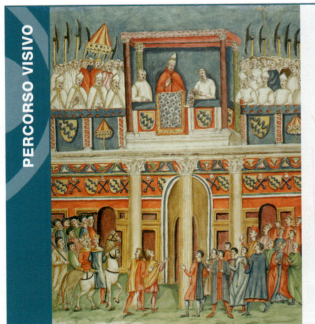

PERCORSO VISIVO

[👁 12] Il primo Giubileo della storia
L'Anno Santo voluto da Bonifacio VIII fu un trionfo per il papa: nella sua *Nuova cronica* Giovanni Villani (1280 ca.-1348) scrive di 200 000 pellegrini che affluirono a Roma in quell'anno, mentre Dante cita nell'*Inferno* l'«essercito molto» dei cristiani in cerca di indulgenza.
Il successivo Giubileo fu indetto nel 1343 da Clemente VI, che ne fissò l'intervallo a cinquanta anni. Dopo un'ulteriore modifica, Paolo II nel 1470 stabilì l'intervallo, osservato sino a oggi, di venticinque anni.

◀ Bonifacio VIII proclama l'apertura dell'Anno Santo dalla Loggia delle benedizioni del Palazzo Laterano, miniatura del XVI secolo copia di un affresco eseguito in San Giovanni in Laterano intorno al 1300 e attribuito a Giotto (opera andata quasi completamente perduta).

Giubileo Dall'ebraico *jôbel*, "corno di capro", tromba rituale per annunciare l'anno sacro in cui si rimettevano i debiti, si liberavano i servi e le terre tornavano agli antichi padroni.

indulgenza
Cancellazione delle pene temporali (quelle che rimangono da scontare anche dopo la confessione, in vita o in purgatorio) dovute per peccati già rimessi dal sacramento della confessione. È *plenaria* quando libera dall'intera pena.

SEZIONE II   IL CULMINE DELLA CIVILTÀ MEDIEVALE EUROPEA [SECOLI XII-XIII]

L'influenza di Filippo sul papato

Il periodo avignonese Nel 1305 fu eletto papa il francese Bertrand de Got, arcivescovo di Bordeaux, con il nome di **Clemente V** (1305-14), che si installò temporaneamente – almeno nelle intenzioni – ad **Avignone**, nella Francia meridionale, sotto il controllo degli Angioini re di Napoli e, sostanzialmente, della monarchia francese. Filippo il Bello condizionò infatti pesantemente la politica papale: impose a Clemente un processo postumo contro Bonifacio VIII, che tuttavia non approdò ad alcuna condanna, e fu su sua esplicita richiesta che nel 1312 il papa soppresse l'Ordine templare [▶eventi].

Il giudizio dei contemporanei

Il periodo avignonese, che si protrarrà sino al 1377, è stato **tradizionalmente** considerato come una **fase negativa** della storia della Chiesa. Personalità religiose di grande rilievo, come santa Caterina da Siena (1347-80), mistica domenicana fervente sostenitrice di una profonda riforma delle istituzioni ecclesiastiche, lo interpretarono come un momento di crisi del papato, corrotto e asservito agli interessi del re di Francia. Dante stesso, nella *Commedia*, scaraventò all'inferno, oltre a Bonifacio VIII, anche Clemente V, criticando ferocemente la Chiesa avignonese e i papi francesi, mentre Francesco Petrarca paragonò Avignone alla corrotta Babilonia (si usa infatti spesso la locuzione "cattività avignonese", ricalcata sulla "cattività babilonese" del popolo ebraico durante il regno di Nabucodonosor II). Tuttavia, per la città questo fu un periodo di **grande rinnovamento urbanistico** – il grandioso Palazzo dei papi [👁13] ne è un esempio – e l'**apparato burocratico** e di governo si sviluppò così efficacemente da diventare un modello per le corti europee.

video
Santa Caterina da Siena

Le conseguenze in Italia

La residenza avignonese creò un **vuoto di potere in Italia centrale**, accentuando alcuni **fermenti autonomistici e signorili** già presenti a causa di un permanente stato di conflitto tra le maggiori famiglie aristocratiche: Colonna, Orsini, Caetani, Farnese. Fu necessario dunque potenziare gli strumenti di controllo e ai cardinali inviati in Italia centrale come legati pontifici furono assegnati vasti poteri. Bertrando del Poggetto, per esempio, negli anni Venti del Trecento represse duramente focolai ghibellini in Lombardia, in Emilia e in Romagna, ravvivati dall'ascesa al trono imperiale di Ludovi-

PERCORSO VISIVO

[👁13] **Il Palazzo dei papi di Avignone** Contesa tra conti di Provenza e di Tolosa, Avignone fu conquistata nel 1226 da Luigi VIII di Francia nell'ambito della crociata anticatara, e poi ceduta da Filippo III a Carlo II d'Angiò nel 1290.
La costruzione del palazzo fu avviata con il pontificato di Benedetto XII e proseguì con Clemente VI, che acquistò la città di Avignone da Giovanna I regina di Napoli per 80 000 fiorini. Il palazzo divenne sede della corte e della complessa burocrazia pontificia e la città ebbe un'enorme espansione edilizia e demografica.
Dopo il ritorno della sede papale a Roma (1378), Avignone divenne sede degli antipapi Clemente VII e Benedetto XIII.

Apogeo e crisi degli universalismi: Impero e papato | **CAPITOLO 6**

co IV il Bavaro (1328-47), che aveva accordato il proprio appoggio ai Visconti, e impose l'obbedienza al papa a Bologna, Modena, Reggio e Piacenza.

Nel 1353 Innocenzo VI (1352-62) inviò in Italia centrale il cardinale spagnolo **Egidio Albornoz** (1310 ca.-67), con il compito di ristabilire l'autorità papale minacciata, a Roma, da continue tensioni tra le famiglie nobiliari. Nei moti popolari che nel 1343 cercarono di contrastare la turbolenta aristocrazia locale era emersa infatti la figura di **Cola di Rienzo** (1313-54), un notaio che, proclamato "tribuno della plebe", propone-

L'esperienza di Cola di Rienzo

eventi — Il processo ai Templari e il loro mito

Il 18 marzo 1314 Jacques de Molay, Gran maestro dell'Ordine dei cavalieri templari, morì sul rogo a Parigi. Con lui si concluse la vicenda dell'Ordine monastico e cavalleresco che Hugues de Payns aveva fondato nel 1119, sotto gli auspici di Bernardo di Chiaravalle, nonostante ricostruzioni fantasiose e ispirate all'esoterismo alimentino il mito di un potere templare segreto e tuttora attivo. La fine dell'Ordine è strettamente legata agli esiti dell'esperienza crociata in Terrasanta e al conflitto tra Roma e Parigi tra la fine del Duecento e i primi del Trecento. Dopo la caduta di San Giovanni d'Acri nel 1291 tutti gli Ordini militari crociati trasferirono la propria sede a Cipro: gli Ospitalieri continuarono a curare i malati e i feriti e a raccogliere sull'isola i profughi della Terrasanta; i Cavalieri teutonici operavano ormai da tempo in Italia meridionale e, soprattutto, in Prussia.

Quanto ai Templari, si cominciò a guardarli con crescente diffidenza nelle corti europee, di pari passo con l'incremento del potere economico dell'Ordine, ormai però privo del suo "ruolo sociale". La loro reputazione, peraltro, proprio in quegli anni veniva macchiata da infamanti accuse di eresia, sodomia e idolatria: secondo gli avversari, infatti, i cavalieri adoravano un idolo barbuto, il Bafometto, e sputavano sulla croce in segno di disprezzo verso Cristo in occasione della cerimonia di ingresso nell'Ordine. Queste accuse ricevettero credito presso Filippo il Bello, allora impegnato in una fase di duro conflitto con il papato: si trovava oberato di debiti che non riusciva a onorare e guardava con sospetto i vasti possedimenti di un potere sovranazionale come quello dell'Ordine.

La condanna

Nell'agosto del 1307 papa Clemente V aprì un'indagine sui Templari su richiesta dello stesso Gran maestro, perché fosse dimostrata la falsità delle accuse. Venerdì 13 ottobre, da allora giorno infausto nelle credenza popolari, il re passò tuttavia all'azione. Centinaia di cavalieri furono catturati e i beni dell'Ordine posti sotto sequestro. Così, senza poter reagire, essi andarono incontro alle torture, alla prigione e alla morte con accuse tremende: eresia, rinnegamento di Cristo, idolatria, pratiche oscene, sodomia, rifiuto dei sacramenti, arricchimenti illeciti. Sotto tortura, molti, compreso il Gran maestro, confessarono, salvo poi ritrattare più volte. I tentativi del papa di avocare a sé la procedura di inquisizione si scontrarono con la volontà di Filippo il Bello: in ogni caso, la linea di difesa pontificia si attestò sulla condanna dei rituali osceni, negando però l'eresia.

Dopo sette anni di carcere, il 18 marzo 1314, Jacques de Molay comparve di fronte a una commissione di cardinali insieme a tre alti dignitari dell'Ordine: i quattro furono condannati alla prigione a vita, ma Molay si ribellò alla sentenza. Il tentennamento dei cardinali, sorpresi dalla reazione, fu risolto dal re: informato della vicenda, ordinò la loro immediata condanna al rogo.

◀ Il rogo dei Templari, miniatura del XIV secolo.

203

SEZIONE II   IL CULMINE DELLA CIVILTÀ MEDIEVALE EUROPEA [SECOLI XII-XIII]

va un'azione politica ispirata alle esperienze comunali settentrionali, ma reinterpretate con un forte **richiamo alla Roma antica**. Il sogno umanistico di rinnovare con una morale di ispirazione classica le strutture politiche comunali e imperiali, che Cola condivideva con eminenti intellettuali, primo tra tutti Francesco Petrarca [▶fenomeni], gli alienò tuttavia l'iniziale appoggio della curia papale. Fuggito a Praga presso l'imperatore Carlo IV di Lussemburgo e poi da questi imprigionato e consegnato al papa ad Avignone per essere processato come eretico, Cola fu infine liberato per intercessione dello stesso Petrarca e tornò a Roma nell'agosto 1354, al seguito di Albornoz, ottenendo il titolo di "senatore". Pochi mesi dopo, tuttavia, rimase ucciso in una **sommossa popolare** fomentata dalle famiglie aristocratiche romane.

L'azione di Albornoz

Il ruolo di Albornoz nell'articolazione politico-amministrativa dell'Italia centrale fu decisivo. Costruì fortezze, impose una rete di funzionari pontifici e legò giuridicamente comunità urbane e signorie al papa [👁14]. Emanò inoltre nel 1357 un corpo di leggi, le *Constitutiones Sancte Matris Ecclesie* o **Costituzioni egidiane**, che sottoponevano gli statuti e le consuetudini precedenti a una razionalizzazione e omogeneizzazione della struttura istituzionale che avrebbe sostenuto lo Stato della Chiesa sino all'età napoleonica.

Il contrasto tra vescovi italiani e francesi

Lo Scisma d'Occidente Fu Gregorio XI (1370-78) a volere il **rientro della sede pontificia** a Roma (1377). Alla sua morte però si produsse una profonda frattura all'interno della Chiesa: infatti sotto la pressione del popolo romano, che temeva un nuovo trasferimento in terra francese, una parte del collegio cardinalizio elesse papa un arcivescovo italiano, con il nome di Urbano VI (1378-89). Pochi mesi dopo, tuttavia, la maggioranza dei cardinali elesse un nuovo pontefice gradito alla corte di Francia, Clemente VII (1378-94), che decise il **ritorno ad Avignone**.

PERCORSO VISIVO

[👁**14**] **Lo Stato della Chiesa nel XIII-XIV secolo** Le comunità che componevano i domini pontifici si distinguevano in *mediate subiectae* e *immediate subiectae*. Le prime erano governate da un signore senza interferenze da parte dei funzionari papali; le seconde avevano una forma di governo misto, che prevedeva organi collegiali espressi dalle comunità e presenza di rappresentanti pontifici (rettori o legati).

● Sedi di signorie nei territori dello Stato della Chiesa (XIII-XIV secolo)

Apogeo e crisi degli universalismi: Impero e papato | **CAPITOLO 6**

Fermenti umanistici nella cultura del Trecento

fenomeni

Le radici dell'umanesimo

Alle origini della nozione di umanesimo si trova la distinzione tra *humanitas* e *divinitas*, già di Cicerone ma ripresa e approfondita da Petrarca (1304-74), che con *humanitas* individua la riabilitazione dell'uomo e del suo operare nella sua propria dimensione storica, sociale e civile, di contro alla subordinazione dell'operato mondano alla divinità e alla rivelazione, atteggiamenti tipici della cultura dei secoli precedenti.

Elementi per una nuova valutazione etica dell'attività umana sono già presenti in età dantesca, nell'attività della scuola retorica padovana ispirata da Lovato de' Lovati (1241-1309) e Albertino Mussato (1261-1329), notai, uomini politici e autori di opere tragiche e poetiche. In modo più programmatico e radicale, il *Defensor pacis* di Marsilio da Padova (1275-1342), redatto nel 1324, propugnava la superiorità dello Stato laico sulla Chiesa e dell'uomo in quanto impegnato nella vita civile rispetto all'uomo identificato come tale dalla propria fede.

Il ruolo della classicità

L'opera di Coluccio Salutati (1332-1406), cancelliere della Repubblica fiorentina nell'ultimo trentennio del XIV secolo, riprese inoltre l'insegnamento petrarchesco e utilizzò nella polemica politica la locuzione di *florentina libertas*, erede di quella romana antica, contro i pericoli di tirannide che venivano da altre parti d'Italia; tuttavia, più in generale, l'atteggiamento di Salutati e di coloro che ne condividevano le idealità – retori, filologi, letterati, storici – era volto alla difesa di un'idea di convivenza politica laica che trovava il proprio sostegno nella rivalutazione della classicità e nel ricercato equilibrio tra questa e le strutture del potere politico contemporaneo. La riscoperta dei testi antichi, più che fonte di soddisfacimento estetico, era il modo con il quale recuperare a una piena dimensione storica il passato e il presente insieme.

▲ Capolettera miniato con ritratto di Petrarca, XIV secolo.

A questo punto Urbano VI sciolse il collegio cardinalizio e ne nominò un altro. Prese così avvio lo **Scisma d'Occidente**, che per alcuni decenni avrebbe visto la Chiesa divisa tra due papi, ciascuno con la propria corte, la propria struttura burocratico-amministrativa e le proprie alleanze. Gli Stati europei si divisero infatti tra l'appoggio al papa italiano – Inghilterra, Fiandre, Italia centrosettentrionale – e a quello francese – Francia, Castiglia, Aragona, Sicilia, Napoli. Nonostante vari tentativi di giungere a una soluzione condivisa, solo durante il **Concilio di Costanza**, fortemente voluto dall'imperatore Sigismondo, lo scisma ebbe termine: nel 1417 furono deposti i tre papi che in quel momento, contemporaneamente, detenevano il titolo (l'aragonese Benedetto XIII, il veneziano Gregorio XII e Alessandro V, eletto durante un concilio a Pisa nel 1409) e venne eletto papa Martino V, un cardinale romano.

La figura del pontefice uscì gravemente indebolita dal lungo conflitto e in seno alla Chiesa si affermarono per breve tempo posizioni che ne ridimensionavano le prerogative a favore del riconoscimento della superiorità del concilio sul papa (il cosiddetto **conciliarismo**). Secondo questa dottrina, elaborata da alcuni grandi autori come Marsilio da Padova e Giovanni Gerson, il concilio, rappresentante dell'intera comunità dei fedeli, possedeva un potere derivato direttamente da Dio, senza intermediazioni papali. Sebbene uscisse alla fine **sconfitto** dal confronto con il papato teocratico, tuttavia il conciliarismo ebbe enorme influenza sul pensiero politico moderno.

> La divisione dell'Europa cattolica e il conciliarismo

> **rispondi**
> **1.** Quali sono i tratti distintivi del pontificato di Bonifacio VIII?
> **2.** Che cosa si intende con l'espressione "cattività avignonese"?
> **3.** Qual è la situazione italiana durante il periodo avignonese?
> **4.** Come è nato e si è sviluppato lo Scisma d'Occidente?

altri LINGUAGGI

Francesco

La figura di san Francesco ha avuto un enorme successo in ambito cinematografico e televisivo. Già il cinema muto aveva dedicato due film al santo, ma la svolta decisiva fu segnata dall'opera di Roberto Rossellini, *Francesco, giullare di Dio* (1950), cosceneggiato con Federico Fellini e un frate francescano, Antonio Lisandrini, sulla base del testo dei *Fioretti* francescani. Come Rossellini ribadì, il film non aveva pretese storiche né voleva fornire una biografia del santo, quanto piuttosto rappresentare un modo di essere, quello di Francesco, in radicale contraddizione rispetto al conformismo della società contemporanea, sia quella medievale, sia quella del secondo dopoguerra. La capacità che l'eroica santità di Francesco ebbe di far esplodere le contraddizioni della società in cui viveva veniva dunque presa come modello anche per la contemporaneità, minacciata da un falso progresso che non riponeva nell'individuo le uniche possibili speranze di progresso sociale e politico.

A questa "provocazione" di Rossellini, maestro del neorealismo italiano, si sono legate anche alcune successive produzioni cinematografiche e televisive, come per esempio i tre film che Liliana Cavani ha dedicato al santo, uno per la televisione (1966) e due per il cinema (1989 e 2014). In generale l'esperimento di Rossellini aprì la strada all'affermazione di un'immagine plebea, antieroica e comica del Medioevo – che si ritrova, per esempio, nel *Brancaleone* di Mario Monicelli (1966) – di contro alla sua lettura "classica", incentrata sulla figura del cavaliere.

Degni di nota sono, infine, anche l'unica biografia hollywoodiana del santo (*Francis of Assisi*, a firma di Michael Curtiz, 1961) e *Fratello sole sorella luna*, film di grande successo di Franco Zeffirelli del 1972, fondato sulla parallela vicenda di Chiara e Francesco. ◼

◂ Una scena del film di Rossellini.

VERSO LE COMPETENZE

esercitazione

● USARE IL LESSICO

1. **Spiega sinteticamente (massimo 3 righe) il significato dei seguenti termini.**

   Scolastica – Millenarismo – Inquisizione – Giubileo – Universalismo

● COLLOCARE GLI EVENTI NELLO SPAZIO E NEL TEMPO

2. **Completa la carta seguendo le indicazioni e rispondi alle domande.**

   Completa la legenda e rispondi alle domande (massimo 5 righe).

   a) Quali provvedimenti di consolidamento legislativo vengono adottati da Federico II durante il suo regno?

   b) Il progetto politico unitario di Federico II non prende la forma sperata dall'imperatore: quali sono i principali segnali della fine dell'universalismo imperiale?

● LEGGERE E VALUTARE LE FONTI

3. **Osserva l'immagine e completa la scheda per l'analisi della fonte.**

In quale contesto è stata prodotta?	
Di che tipo di fonte si tratta?	
Che cosa raffigura?	
Quali informazioni se ne ricavano?	

per approfondire Castel del Monte è una straordinaria fonte materiale di tipo architettonico-monumentale. L'Italia è un paese ricchissimo di castelli: scegline uno sul tuo territorio o cercalo online e produci un reportage fotografico (massimo 15 immagini) che ne illustri i dettagli architettonici e le fasi costruttive.

207

I SAPERI FONDAMENTALI

● LA CHIESA TEOCRATICA DI INNOCENZO III

▶ 6.1 **Innocenzo III rafforza il progetto teocratico della Chiesa e assume il controllo dell'iniziativa crociata**. La spedizione però, per problemi economici e politici, non raggiunge la Terrasanta ma termina con la **conquista di Costantinopoli (1204)**. Innocenzo III si impegna anche nella **lotta contro i movimenti ereticali**. La Chiesa reprime le predicazioni di Arnaldo da Brescia e Valdo da Lione e affronta l'eresia dei catari, bandendo contro di loro una vera e propria crociata. Per realizzare il suo vasto programma di lotta all'eresia, riforma della Chiesa e riconquista della Terrasanta, **nel 1215 Innocenzo III indice il IV concilio lateranense**.

● GLI ORDINI MENDICANTI

▶ 6.2 **Come alternativa ai movimenti pauperistici nascono gli Ordini mendicanti**. Domenico di Guzmán istituisce un ordine religioso che si ispira alla regola agostiniana e assume come valori la predicazione, la povertà e la pratica della penitenza. Per via della sua vocazione culturale, il nuovo Ordine riscuote grande successo soprattutto nelle città universitarie. **Francesco d'Assisi** si dedica a una vita ispirata alla povertà e alla misericordia. L'obbedienza alla gerarchia ecclesiastica gli vale il riconoscimento da parte di Innocenzo III. Nonostante l'approvazione della regola, **l'eccezionale rigore di Francesco e il suo radicale esempio di vita sono percepiti come una minaccia: la Chiesa ne costruisce un'immagine meno sovversiva**. Parallelamente, la Chiesa procede all'istituzionalizzazione dell'Ordine e questo provoca una frattura tra "conventuali" e "rigoristi". Ai domenicani e ai frati minori francescani dal 1246 viene affidata la direzione dei tribunali dell'Inquisizione.

● LA FINE DEGLI UNIVERSALISMI IMPERIALE E PONTIFICIO

▶ 6.3 **Nel 1220 Federico II avvia un'ampia riorganizzazione del regno meridionale.** Nel 1224 fonda uno *Studium* a Napoli per formare tecnici del diritto e **sostiene un'opera legislativa volta a limitare l'incidenza delle consuetudini locali.** Dopo molti rinvii, che gli costano la scomunica, Federico parte per la Terrasanta e con mezzi diplomatici ottiene il controllo del Regno di Gerusalemme (1229). **La politica federiciana poggia su una considerazione sacrale del sovrano**, sostenuta ideologicamente dai dotti della cancelleria e della corte. Quando il suo progetto di incorporare nell'Impero anche l'Italia centrale si fa più evidente, papa Gregorio IX lo **scomunica di nuovo**, senza poter però fermare l'avanzata delle truppe imperiali. Quando nel 1245 Innocenzo IV scomunica per la terza volta Federico e lo depone, sia in Germania che in Italia riprende vigore l'iniziativa antimperiale. Federico muore nel 1250, lasciando una difficile eredità. Il figlio Manfredi muore a Benevento combattendo contro gli Angioini (1266), che conquistano il Regno di Sicilia.

▶ 6.4 **Nel 1294 sale al soglio pontificio Bonifacio VIII, fautore della teocrazia papale.** L'affermazione delle monarchie territoriali costituisce però un ostacolo alla sua azione, come dimostra lo **scontro con il re francese Filippo IV il Bello**. Con la bolla *Unam sanctam* (1302) Bonifacio VIII medita di far deporre Filippo, ma questi lo anticipa e lo fa imprigionare ad Anagni. Bonifacio muore pochi giorni dopo il suo rientro a Roma. **Nel 1305 è eletto papa il francese Clemente V e la sede pontificia viene spostata ad Avignone**, sotto il controllo della monarchia francese. La residenza avignonese crea un **vuoto di potere in Italia centrale**, dove si accentuano i conflitti tra le famiglie aristocratiche. In questa fase **emerge la figura di Cola di Rienzo, che tenta di proporre un modello politico ispirato a quello comunale**.

Nel 1377 **Gregorio XI decide di riportare il papato a Roma**, ma alla sua morte la Chiesa si spacca e al papa di Roma Urbano VI si oppone Clemente VII, eletto dai cardinali francesi: è lo **Scisma d'Occidente**. La debolezza dei papi dà forza al concilio, che sostiene la propria superiorità sul pontefice (**conciliarismo**). Sotto la spinta dell'imperatore Sigismondo il **Concilio di Costanza (1417)** depone i papi in lotta ed elegge Martino V.

linea del tempo

1204

primavera 1204
assedio e saccheggio di Costantinopoli da parte dell'esercito crociato

1215
Innocenzo III indice il IV Concilio lateranense

1216
approvazione della regola di Domenico di Guzmán

Apogeo e crisi degli universalismi: Impero e papato — CAPITOLO 6

mappa

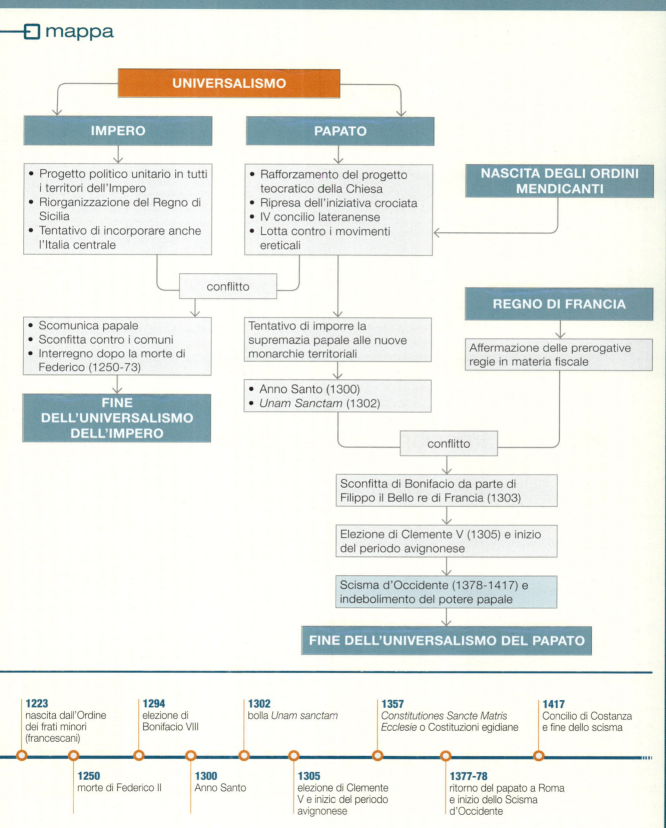

PERCORSI STORIOGRAFICI

PERCORSO	TESTI	TEMI
1 Possiamo ancora parlare di feudalesimo? p. 210	S. Reynolds, Aboliamo il feudalesimo tratto da *Feudi e vassalli*	- Feudalesimo come costrutto intellettuale - Complessità dei rapporti sociali in età medievale, non esauribili nei legami vassallatici
	C. Wickham, Tre modelli di feudalesimo (maneggiare con cura) tratto da *Le forme del feudalesimo*	- Legittimità e utilità delle varie interpretazioni di feudalesimo - Consapevolezza della storia delle idee in ambito storiografico
2 Alle origini del comune italiano p. 215	H. Keller, La matrice vassallatica del comune tratto da *Signori e vassalli nell'Italia delle città (secoli IX-XII)*	- Continuità degli strati dirigenti sin dall'età carolingia - Ruolo decisivo del vescovo
	J.-C. Maire Vigueur, L'importanza della *militia* tratto da *Cavalieri e cittadini*	- Complessità del fenomeno comunale - Centralità della *militia*
3 Federico II, l'immagine di un imperatore p. 219	E. H. Kantorowicz, Lex animata in terris tratto da *Federico II imperatore*	- Novità assoluta del diritto codificato da Federico II - Dimensione divina del ruolo imperiale
	D. Abulafia, L'eredità normanna nelle Costituzioni di Melfi tratto da *Federico II, un imperatore medievale*	- Pragmatismo delle scelte di Federico II - Contestazione, da parte dell'imperatore, del ruolo del pontefice come intermediario tra Dio e uomo

■ PERCORSO 1 Possiamo ancora parlare di feudalesimo?

In anni recenti si è discusso sulla legittimità di continuare a usare il concetto di feudalesimo, specialmente nell'accezione che mette in risalto i nessi giuridici tra vassallo e signore, per descrivere nel suo complesso la società dell'Europa medievale. Il feudalesimo, più che una realtà effettiva, sarebbe stato nient'altro che una struttura interpretativa che prende origine dall'elaborazione giuridica iniziata nel secolo XII da parte dei maestri di diritto delle università e che si perfeziona poi in età moderna. Molte obiezioni sono state avanzate a questa ipotesi, ma certamente un risultato positivo di questa critica sta nell'aver aperto nuove prospettive di ricerca e nell'aver indotto gli storici successivi a fare attenzione alla genesi e all'efficacia dei concetti che adoperano per spiegare la società medievale.

TESTO 1 Susan Reynolds
Aboliamo il feudalesimo

Nel brano riportato la storica inglese riassume alcuni punti importanti del suo lavoro, primo tra tutti la negazione che il vassallaggio e i rapporti di proprietà compresi nel concetto tradizionale di feudalesimo traggano origine dalla società guerriera altomedievale. Nella visione classica dell'argomento, invece, i rapporti personali sarebbero stati del tutto predominanti rispetto alla forza della regalità o della statualità: un aspetto che Reynolds contesta anche da un punto di vista antropologico, oltre che basandosi sulle evidenze documentarie. Il feudalesimo va inteso dunque come costrutto intellettuale e non come realtà effettiva, e questo implica anche una profonda revisione metodologica.

S. Reynolds (n. 1929)

SEZIONE II IL CULMINE DELLA CIVILTÀ MEDIEVALE EUROPEA [SECOLI XII-XIII]

La documentazione da me rinvenuta ed esposta nel corso del libro non indica che i rapporti tra governanti e nobili del basso Medioevo si siano sviluppati a partire da quelli tra capi militari e loro seguaci dell'alto Medioevo […]. Tali rapporti non presero avvio dal vassallaggio "personale" delle bande guerresche, trasformatosi poi in "territoriale" attraverso la concessione di feudi. Né i feudi divennero gradualmente ereditari, mentre gli obblighi di servizio militare, aiuto, consiglio e così via, continuarono ad essere associati ai feudi. L'idea di questo sviluppo deriva, in definitiva, da uno stralcio di storia congetturale, proposto nella prima parte del Dodicesimo secolo da uno di quei giuristi lombardi i cui brevi trattati furono raccolti poco dopo nei *Libri Feudorum*. A partire dal Sedicesimo secolo, una versione elaborata di questa storia è stata associata ai miti delle origini nazionali, in conseguenza delle invasioni barbariche, per creare un paradigma talmente affascinante, flessibile e avvincente, da essere in grado di assorbire secoli di revisioni, adattamenti ed elaborazioni, senza perdere la propria fisionomia. Il mito appariva logico sullo sfondo delle idee di storia d'Europa e di evoluzione sociale in generale che si svilupparono nell'epoca in cui esso prese forma. Tra la caduta dell'Impero romano e lo sviluppo di quello che fu visto come un governo moderno civilizzato, l'Europa era sprofondata di nuovo, si pensava, in uno stato di barbarie, in cui le idee di bene pubblico, spirito collettivo e diritto razionale, erano mantenute in vita solo dalla Chiesa. In questo ritorno allo stato primitivo, gli unici valori che erano in grado di apprezzare gli uomini laici erano quelli della parentela e della fedeltà personale. Come ho sostenuto […] questa immagine di "società primitiva" è incompatibile con lo stadio attuale delle conoscenze, mentre alcune delle testimonianze […] hanno suggerito […] che la società altomedievale non fosse tenuta insieme solo dai legami interpersonali […]. Quasi tutte, per non dire tutte le società medievali, erano estremamente diseguali e autoritarie, ma presentavano diverse gradazioni, più che essere separate da un solo fossato tra i nobili e i contadini. Come altre società stratifica-

te, autoritarie e agrarie, venivano tenute insieme in parte dalla coercizione, ma anche da valori e norme che, per quello che siamo in grado di vedere, erano probabilmente in larga misura condivise […]. I valori medievali posero un forte accento sull'autorità, e in particolare sull'autorità regia. I regni erano visti come comunità, e allo stesso modo erano considerate le signorie al loro interno. Nell'ambito di ogni comunità, le responsabilità vengono assunte sempre da quelli che sono spesso chiamati gli elementi migliori e più saggi, ossia i più ricchi e affermati. Ciò che teneva insieme la società nobile, dunque, nella misura in cui fosse coesa, erano i medesimi valori che tenevano insieme il resto della società, rinforzati dal bisogno di solidarietà contro inferiori, ed estranei. I rapporti interpersonali non erano tutto, e neppure l'elemento più importante […]. Da questa conclusione negativa sul vassallaggio, passo ad altre più positive […]. La mia prima conclusione positiva è quindi che, nella misura in cui siano mai esistite delle istituzioni feudo-vassallatiche, esse furono il prodotto non del governo debole e scarsamente burocratico dell'alto Medioevo, ma di un'amministrazione sempre più burocratica e di un diritto esperto che cominciarono a svilupparsi a partire, all'incirca, dal Dodicesimo secolo […]. Il resto delle mie conclusioni riguardano possibili oggetti e metodi di ricerca. Prima di tutto il bisogno di confronti […]. Le condizioni politiche e i sistemi giuridici differivano, e, di conseguenza, anche i diritti e gli obblighi di proprietà, comunque venissero classificati […]. Un'altra proposta metodologica riguarda lo studio dei rapporti sia politici, che di proprietà. Costituiscono entrambi ambiti in cui la ricerca è stata ostacolata dall'uso di concetti e presupposizioni naïf sulla relazione esistente tra concetti, termini e fenomeni. La concentrazione sul vassallaggio ha oscurato le differenze tra un'intera gamma di rapporti sociali e politici […]. Infine, ipotizzo che l'enfasi attribuita ai rapporti interpersonali del modello feudo-vassallatico abbia oscurato le ragioni dei cambiamenti […]. Se vogliamo capire i cambiamenti dei rapporti politici, e dei diritti e degli obblighi della proprietà, dobbiamo

PERCORSI STORIOGRAFICI

prestare un'attenzione maggiore a altri fattori. In primo luogo, la politica e gli eventi […]. Le ambizioni e le guerre dei governanti comportarono richieste di uomini e denaro molto legate allo sviluppo del nuovo tipo di governo e di diritto che io sostengo abbiano prodotto le presunte istituzioni feudo-vassallatiche del Medioevo. Ma lo sviluppo di una burocrazia e di un diritto professionale era reso possibile solo da cambiamenti sociali molto più profondi, come la crescita della popolazione e dell'economia, la disponibilità di argento, coniato o grezzo, e la diffusione di una formazione letteraria e accademica.

tratto da *Feudi e vassalli. Una nuova interpretazione delle fonti medievali*, Jouvence, Roma 2004

TESTO 2 — Chris Wickham
Tre modelli di feudalesimo (maneggiare con cura)

Partendo da un'impostazione storiografica marxista l'autore rivendica, in questa relazione a un importante convegno, la piena legittimità dell'uso dei diversi concetti di feudalesimo, a patto però che siano impiegati con piena consapevolezza delle tradizioni storiografiche da cui provengono e anche degli intrecci tra queste e la formazione delle identità nazionali nel corso dell'età moderna. La proposta di Wickham ha trovato ampio seguito nelle ricerche successive, rese più coscienti del problema di doversi confrontare tanto con le fonti, quanto con interpretazioni stratificate nel corso di secoli.

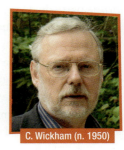

C. Wickham (n. 1950)

Credo che il feudalesimo possa essere considerato come tre concetti separati, che vorrei illustrare uno alla volta: il concetto marxista del "modo di produzione feudale"; l'immagine essenzialmente blochiana[1] di "società feudale"; e la più ristretta definizione legale basata sulle norme delle relazioni feudo-vassallatiche, teorizzata nel modo migliore da Mitteis[2] e diffusa più ampiamente da Ganshof[3], per citare soltanto gli storici non viventi. Tutte le definizioni di feudalesimo valutate con attenzione […] si possono associare ad uno di questi tre […]. Marx[4] stesso fu, naturalmente, uno studioso del capitalismo; le sue riflessioni sulle società precapitaliste raramente furono altro che la costruzione di antitipi[5] a elementi specifici del suo modello del modo di produzione capitalista […]. Nel contesto di questo saggio, lo chiamerò feudalesimo di tipo A. Essenzialmente, questa immagine è quella di una società il cui plusvalore è soprattutto quello derivato dalla produzione agricola di tenute contadine familiari, che è poi rilevato da una classe aristocratica fondiaria, per mezzo di un rapporto di coercizione: i signori usano la forza o la minaccia della forza per ottenere canoni e/o *corvée*, e quindi derrate agricole, dai coltivatori. Ciò distingue il modo di produzione feudale dal modo schiavistico, in cui tutto il plusvalore di uomini e donne non liberi viene estorto lasciando loro solo i mezzi di sostentamento, e dal capitalismo, in cui i lavoratori ricevono una paga, lasciando tutto il plusvalore al proprietario dell'impresa produttiva; distingue an-

---

1 blochiana: il riferimento è a Marc Bloch (1886-1944).
2 Mitteis: Heinrich Mitteis (1889-1952).
3 Ganshof: François-Louis Ganshof (1895-1980).
4 Marx: Karl Marx (1818-83).

5 antitipi: si intende qui elementi ideali posti in antitesi ad altri, propri del modello di interpretazione del processo capitalistico.

SEZIONE II IL CULMINE DELLA CIVILTÀ MEDIEVALE EUROPEA [SECOLI XII-XIII]

che tutti questi modi dalle forme diverse precedenti le società di classe, in cui c'è meno sfruttamento. [...] Penso che analizzare il feudalesimo di tipo A sia [...] utile per tre ragioni. In primo luogo, perché sarebbe un errore da parte nostra dimenticare che tutti i sistemi politici, sociali e culturali del Medioevo furono basati sulla coercizione dei contadini, che rappresentavano, in molti luoghi, il 90% e passa della popolazione. In secondo luogo, perché, sebbene molte società del nostro periodo fossero feudali, parecchie zone dell'Occidente postromano e la maggior parte del Nord non romanizzato avevano aristocrazie che non erano ancora riuscite ad imporsi del tutto sui vicini contadini. L'assoggettamento di gran parte dei contadini liberi e l'imposizione di una logica economica feudale sui sopravvissuti [...] è un processo sociale di importanza cruciale ma ancora largamente incompreso [...]. In terzo luogo, perché il modo di produzione feudale aveva per la verità una sua logica economica specifica [...]: la classe dei proprietari terrieri era per lo più separata dal processo produttivo, controllato dai contadini; i primi potevano solo influenzare la produzione con metodi indiretti, quali l'insistenza su particolari tipi di canone (denaro, vino, o frumento piuttosto che orzo), o semplici incrementi forzati dei canoni, che i contadini sabotavano più che potevano [...]. I signori invece dominavano nel campo degli scambi: tutti i maggiori progressi e regressi commerciali del periodo medievale possono venire attribuiti alla ricchezza, alla gamma di interessi e ai tipi di consumo dell'aristocrazia, che comprendeva, naturalmente, le chiese e i re [...].

Vorrei ora considerare il secondo campo di immagini del feudalesimo, il feudalesimo di tipo B, che nella seconda metà di questo secolo è stato dominato dall'esempio de La *societé féodale* di

Bloch. Che cosa intendeva Bloch per *societé féodale*? Lo riassunse alla fine del libro in una famosa serie di caratterizzazioni, che meritano di essere citate per intero:

> soggezione contadina; in luogo del salario, generalmente impossibile, largo uso della *tenure*-servizio[6], che è, nel senso preciso, il feudo; supremazia di una classe di guerrieri specializzati; vincoli di obbedienza e di protezione che legano l'uomo all'uomo e, in quella classe guerriera, assumono la forma particolarmente pura del vassallaggio; frazionamento dei poteri, generatore di disordine; e, nonostante questo, in mezzo a tutto ciò, la sopravvivenza di altri tipi di raggruppamento: parentela e Stato, quest'ultimo destinato a riprendere, nella seconda età feudale, un vigore nuovo: questi sembrano essere dunque i tratti fondamentali della feudalità europea[7].

[...] Quindi Bloch delineava un tipo ideale, un modello di una *societé féodale* astratta, piuttosto che una descrizione di società reali [...] basata su ciò che [...] chiamò l'impossibilità del salario. La caratteristica principale, secondo me, dei sistemi politici occidentali dell'alto Medioevo e del Medioevo centrale è il fatto che non imponevano tasse; come risultato, tutte le ricompense per servizi politici dovettero essere non pagamenti in denaro o tesoro, ma cessioni di terre, in possedimento pieno o precario. Ma la disponibilità di terre era limitata, e grande era la difficoltà di reclamarle dagli sleali: ecco quindi il gioco della politica della terra che fu una caratteristica di tutte le società medievali occidentali fino al 1250 al più presto [...].

Il rapporto feudo-vassallatico è il feudalesimo di tipo C [...]. Ciò che vorrei [...] sottolineare è che si tratta di un tipo ideale tanto quanto sono gli altri due. Il *feudum* è un tipo di proprietà [...]; il vassallaggio è un tipo di dipendenza [...]. Su-

---

6 **tenure-servizio:** la *tenure* è una frazione della grande proprietà, per la quale il concessionario deve canoni e prestazioni di lavoro. Bloch intende che quando questa *tenure* viene affidata a guerrieri, il possesso viene sgravato delle prestazioni

dovute da contadini e collegato a servizi, generalmente di natura militare.

7 **soggezione ... europea:** in francese nel testo.

213

PERCORSI STORIOGRAFICI

san Reynolds ha recentemente presentato una critica completa della coerenza delle istituzioni feudo-vassallatiche, che considera in modo convincente quasi inesistente prima della diffusione dei *Libri feudorum* e delle analoghe codificazioni legali […] dal tardo XII secolo in poi […].

Vorrei concludere […] indicando, brevemente, alcuni tipici errori, che mi sembrano di poca utilità. Il primo è semplicemente la vaghezza: usare "feudale" come semplice indicatore di cattivi signori, o per l'oppressione dei contadini da parte di uomini armati […]. Il secondo […] è consi-

derare erroneamente come descrizioni i tipi ideali […]. Il terzo è pretendere la supremazia di una definizione di feudalesimo e respingere le altre in quanto illegittime […]. Il quarto errore è mescolare involontariamente questi tipi […]. Un quinto e ultimo errore è considerare i tre tipi come parte di una teleologia, in cui ciascuno conduce "naturalmente" al prossimo.

tratto da *Le forme del feudalesimo*, in *Il feudalesimo nell'alto Medioevo*, Settimane di studio del Centro italiano di studi sull'alto Medioevo XLVII (Spoleto, 8-12 aprile 1999), Spoleto 2000

● Il LINGUAGGIO della storiografia

Riconduci ciascuna delle seguenti espressioni allo storico che l'ha utilizzata e contestualizzala rispetto alla tesi sostenuta nei testi che hai letto (massimo 5 righe).

a) I sistemi politici, sociali e culturali del Medioevo furono basati sulla coercizione dei contadini.

b) La concentrazione sul vassallaggio ha oscurato le differenze tra un'intera gamma di rapporti sociali e politici.

c) Feudalesimo: società il cui plusvalore è soprattutto quello derivato dalla produzione agricola di tenute contadine familiari.

d) Questa immagine di "società primitiva" è incompatibile con lo stadio attuale delle conoscenze.

● Storie A CONFRONTO

Individua la tesi di fondo dei due saggi proposti aiutandoti con lo schema di inizio sezione e compila la seguente scheda di sintesi e comparazione dei documenti.

	Aboliamo il feudalesimo	*Tre modelli di feudalesimo (maneggiare con cura)*
TESI		
ARGOMENTAZIONI		
PAROLE CHIAVE		

● COOPERATIVE Learning

competenza DIGITALE In gruppi di massimo 5 persone costruite la definizione della parola "Feudalesimo", facendo riferimento alle tesi esposte nei testi proposti e collocandola nel contesto storico che stiamo studiando. Potete aiutarvi consultando il lemma "Feudalesimo" sull'Enciclopedia online Treccani (www.treccani.it/enciclopedia/feudalesimo/).

SEZIONE II IL CULMINE DELLA CIVILTÀ MEDIEVALE EUROPEA [SECOLI XII-XIII]

PERCORSO 2 Alle origini del comune italiano

A lungo i comuni italiani sono stati interpretati come espressione di libertà borghese antitetica al feudalesimo e precursori dello spirito repubblicano moderno. Questo precedente storico avrebbe dovuto essere d'esempio agli italiani del XIX secolo, che aspiravano a ricomporre l'unità politica della penisola. Agli inizi del Novecento questa interpretazione si saldò con quella, proposta da Henri Pirenne (1862-1935) e destinata a lunga fortuna, che saldava rinascita urbana e ripresa del commercio a partire dall'XI secolo. Intorno agli anni Settanta del Novecento la storiografia ha riconosciuto invece la forza dei legami feudali, e di soggezione in generale, interni ai comuni. Il dibattito causato da questa revisione, cui venivano appuntate varie critiche (le clientele vescovili non sarebbero state sempre allo stesso modo importanti per la selezione dei ceti dirigenti cittadini; la cultura comunale è una cultura tipicamente urbana, originale rispetto alle campagne; la preminenza dell'appartenenza alla comunità cittadina rispetto all'omaggio feudale), è stato poi ulteriormente rinnovato dall'interpretazione di Jean-Claude Maire Vigueur e dal riconoscimento di un ben preciso ceto sociale, la *militia*, al centro delle istituzioni comunali.

TESTO 1 Hagen Keller
La matrice vassallatica del comune

H. Keller (n. 1937)

Il volume di Hagen Keller riconobbe una rilevanza sino ad allora ignorata ai legami feudali, al ruolo di famiglie dotate di beni cospicui e di stili di vita aristocratici, alle testimonianze relative ai rapporti di soggezione, di vario genere, che legavano ampi gruppi famigliari. Keller sottolineò, concentrando la propria attenzione sul caso milanese, come i rapporti di dipendenza e le definizioni di ceto connesse (*capitanei*, ossia vassalli episcopali, e valvassori, vassalli dei primi) giochino un ruolo decisivo nelle origini del comune. Nel brano proposto, l'autore rileva come lo strato nobiliare superiore dimostri continuità di strutture sociali dall'epoca carolingia a quella comunale; nelle pagine che seguono questo brano, egli pone in evidenza alcuni elementi del ceto composto dai valvassori, che attraverso il vassallaggio e il servizio feudale ottiene anch'esso una connotazione nobiliare.

La nostra ricerca ha tracciato due linee[1] fondamentali dello sviluppo sociale nell'Italia padana:

1. Gli strati dirigenti nobili restano sorprendentemente costanti nella loro composizione dall'età carolingia fino all'epoca dei comuni. 1.1. La nobiltà fondiaria, come noi la incontriamo intorno al 900, conserva la sua posizione dirigente fino al XII secolo. I *capitanei*, che nella prima età comunale costituiscono un *ordo* distinto, discendono in linea diretta dai *nobiles* e *vassi regis* dell'età carolingia. Essi sono i discendenti di quello strato di funzionari franchi e di possessori longobardi tra i quali si reclutano anche le famiglie comitali e marchionali del X e XI secolo. 1.2. Il fondamento della posizione di preminenza politica e sociale, conservata da queste famiglie per oltre tre secoli, si costituisce durante la tarda età carolingia e l'epoca postcarolingia attraverso la formazione di signorie. Queste prendono origine da proprietà allodiali e da possedimenti tenuti in feudo e in livello[2], ossia da una base di potere già sussistente verso il 900. Agli inizi è promossa dal regno e dalle chiese, che con questo sostegno sperano di costituire un contrappeso al dominio in via di affermazione dell'alta aristocrazia carolingia. 1.3.

---

1 due linee: la seconda è riferita all'ordine dei valvassori, qui non riportato.
2 in livello: il contratto di livello prevedeva che un concedente desse una terra in godimento a un ricevente (livellario) per un certo periodo di tempo, a determinate condizioni e dietro compenso. Il livello (dal latino *libellus*) era il documento scritto con il quale chi desiderava ottenere la concessione faceva la sua petizione.

215

PERCORSI STORIOGRAFICI

Nelle campagne la formazione di signorie ha trasformato i signori fondiari franco-longobardi in signori di banno detentori di castelli. La riduzione del potere dei conti avviata dal re stesso conduce a una generale dissoluzione dell'ordinamento comitale. Dotati, nella loro signoria fondiaria, di una posizione assimilabile a quella comitale, dalla metà del dell'XI secolo i signori detentori di castelli – nobili e istituzioni ecclesiastiche – ottengono il riconoscimento di diritti di banno sulla popolazione rurale nel territorio locale. La concorrenza di diversi signori fondiari in una medesima località, tuttavia, impedisce spesso un rapido imporsi delle nuove rivendicazioni di dominio sul territorio. 1.4. Sostenuti da possedimenti urbani, in alcuni casi già fortificati nel X secolo, da vassalli e gente di condizione servile in città, da incarichi d'ufficio e da posizioni di potere nella vita politica, non da ultimo da parenti nel capitolo della cattedrale[3], i signori di banno possessori di castelli nella campagna costituiscono lo strato dirigente cittadino. La comune appartenenza della nobiltà fondiaria, comprensiva delle famiglie comitali, alla curia feudale del vescovo, dall'XI secolo intesa anche come istituzione "cittadina", rafforza il legame della nobiltà con il centro urbano e accresce il suo peso nei processi decisionali riguardanti la città. Potere e influenza, rango e reputazione delle antiche famiglie nobiliari permangono come forze indomite nella vita politica della città nella prima età comunale, allorché rappresentanti di altri gruppi sociali prendono parte al governo del comune. 1.5. Questo gruppo non ha ricevuto un afflusso da altri strati sociali che ne mutasse i caratteri; esso resta costante nella sua composizione dal IX fino al XII secolo. Pertanto, il confine di ceto rispetto ai valvassori con stile di vita cavalleresco, che emerge dalla metà dell'XI secolo, sottolinea una distanza sociale riconoscibile in precedenza. Esso chiude l'accesso all'*ordo capitaneorum* forse proprio nel momento in cui un nuovo gruppo potrebbe gradualmente mettere in discussione – nello stile di vita, nei privilegi, nella ricchezza e nell'influenza politica – il primato dell'antica nobiltà.

tratto da *Signori e vassalli nell'Italia delle città (secoli IX-XII)*, Utet, Torino 1995

---

3 capitolo della cattedrale: collegio di canonici che aiuta il vescovo nel governo della diocesi.

TESTO 2 Jean-Claude Maire Vigueur
L'importanza della *militia*

La lettura di Jean-Claude Maire Vigueur del comune consolare ha innovato il dibattito sulla storia comunale. Contrapponendosi all'interpretazione di Keller e analizzando una grande quantità di casi di studio, lo storico francese propone di leggere le società comunali attraverso l'individuazione di un ceto sociale numeroso e composito, la *militia*, composto da coloro che hanno possibilità economica e capacità tecnica di combattere a cavallo. Questo ceto innerva le istituzioni cittadine condizionandone l'esercizio dei vari poteri, fiscale, giudiziario, militare.

J.-C. Maire Vigueur (n. 1943)

Chi intenda oggi affrontare la storia politica e sociale dei regimi comunali trova il terreno occupato da una storiografia di ottima qualità ma che […] ha finito per imporre l'immagine di città comunali dominate da una potente aristocrazia di signori e vassalli episcopali, in grado di mantenere l'egemonia per tutta l'età consolare e talora anche oltre […]. Ma, a parte il fatto che la sua presenza è lungi dall'essere attestata dappertutto con la stessa frequenza, la sua importanza, in termini stret-

SEZIONE II IL CULMINE DELLA CIVILTÀ MEDIEVALE EUROPEA [SECOLI XII-XIII]

tamente quantitativi, e la sua fisionomia, da un punto di vista qualitativo, variano notevolmente da una regione all'altra, e addirittura da una città all'altra. Tali variazioni contribuiscono in maniera decisiva a plasmare il volto della *militia* che ingloba quella componente, là dove esiste, ma non vi si confonde del tutto [...]. Inoltre occorre aggiungere che, all'interno di quel vasto complesso, che si estende alla maggior parte dell'Italia del Nord e corrisponde alla regione che i trattati intercomunali del XII e del XIII secolo chiamano Lombardia, la componente feudo-vassallatica è lungi dal presentare dovunque la stessa faccia. Di qui la necessità di procedere a un'ulteriore distinzione, questa volta tra il Nord del Piemonte e la *Lombardia* da una parte, dove i capitani[1] segnano con la loro forte presenza la *militia* locale, la Marca trevigiana e la maggior parte delle città emiliane dall'altra, dove i signori venuti dal contado raggiungono tardi i ranghi di una *militia* fino ad allora dominata da uno strato più o meno esteso di vassalli episcopali di minor levatura [...]. Divise tra parecchie diocesi, le famiglie dell'alta aristocrazia capitaneale[2] conservano a lungo una mobilità di residenza che non sempre ne favorisce il radicamento nelle città da cui provengono e che può finire per tagliarle fuori dall'ambiente urbano. Allo stesso modo, le famiglie i cui beni si concentrano in una stessa diocesi sono in principio indotte a dividersi tra città e campagna ma possono finire anch'esse per scegliere la seconda a scapito della prima e non fare che brevi apparizioni in città [...]. La situazione si complica se ci rivolgiamo alle città della Lombardia orientale, Cremona, Brescia e Bergamo [...] ma in un certo senso si chiarisce anche, nella misura in cui la ricerca di Menant[3] porta su molti punti essenziali un prezioso contributo a quanto già sappiamo sulle famiglie capitaneali. In primo luogo sulla composizione e la consistenza numerica del-

le clientele vassallatiche. [...]. Tutto ciò che possiamo dire [...] è che i capitani e i valvassori milanesi [...] formano, nella migliore delle ipotesi, un gruppo di non più di una trentina o una quarantina di famiglie. Niente a che vedere quindi con quelli che sono all'epoca gli effettivi della *militia* cittadina [...]. A Cremona, città che è allora in grado, non dimentichiamolo, di contendere a Milano la leadership regionale, una ventina o una trentina di signori castellani fanno regolarmente parte della *curia vassallorum* episcopale nel corso dell'XI secolo [;] come a Milano, è pur sempre dall'ambiente dell'aristocrazia signorile del contado che sembrano provenire la maggior parte dei capitani che diventano i capostipiti di famiglie nella Cremona dell'XI e XII secolo [...]. A Brescia troviamo dei capitani non solo nella clientela vassallatica del vescovo ma anche in quella dei due grandi monasteri di S. Giulia e di S. Benedetto di Leno. Anch'essi provengono in maggioranza dalle famiglie signorili del contado, il che conferisce loro un profilo del tutto simile a quello dei capitani milanesi e cremonesi [;] possiamo ritenere che nel complesso formano un gruppo di 20 o 30 famiglie [...] dunque molto meno che a Milano, il che non ha niente di sorprendente vista la differenza di popolazione tra le due città, ma molto più che a Bergamo, dove il grosso dei vassalli reclutati dal vescovo a partire dalla fine dell'XI secolo proviene dalla classe dei *cives* [...]. Bergamo si distingue inoltre dalle altre città lombarde per la scarsa presenza di capitani tra la clientela episcopale o, per essere più esatti, per l'esiguo numero di grandi vassalli in grado, dopo la nascita del comune, d'intervenire nella vita cittadina [...]. L'*ordo militum* delle città lombarde, composto di capitani e valvassori, poteva in tali condizioni fornire alla cavalleria comunale del XII secolo molto più di una ridottissima parte dei suoi effettivi? La risposta è

---

1 **capitani:** si intendono i *capitanei*.
2 **le famiglie ... capitaneale:** l'autore qui sintetizza la situazione delle città studiate da Keller: Milano, Lodi, Novara, Ivrea, Vercelli.

3 **Menant:** il riferimento è a François Menant (n. 1948), autore del volume *Campagnes lombardes au Moyen Age*, pubblicato nel 1993, in cui indaga le realtà economico sociali di Bergamo, Cremona e Brescia tra il X e il XIII secolo.

PERCORSI STORIOGRAFICI

evidente: naturalmente no […]. Ma allora, ci chiederemo, da dove veniva il grosso della cavalleria? Quali erano, nella popolazione delle città lombarde, le persone in grado di mantenere un cavallo da guerra, di essere istruiti nelle manovre del combattimento a cavallo, di dedicare una parte del loro tempo alle cavalcate e ad altre operazioni militari? Anzitutto gli esponenti della vassallità minore che è così difficile individuare a Milano, ma che è un po' meglio reperibile a Cremona e a Brescia e su cui Menant ha puntato i riflettori a Bergamo. Il fatto che questi vassalli siano di origine più modesta rispetto alle grandi famiglie feudali non ne fa comunque degli indigenti […]. Chiarito ciò, quanto vale per la vassallità minore vale in realtà per tutti quanti i *cives*, se riconosciamo […] che l'*ordo civium* riunisce a Milano […] la sua frangia più ricca e meglio organizzata, insomma l'élite della popolazione. Una élite che dal punto di vista delle attività economiche, dello stile di vita, del sistema di valori, dei privilegi politici ecc., non differisce da quella del resto dell'Italia comunale, se non per il fatto di dover coabitare qui con una "superélite" di capitani e valvassori che non esiste altrove o comunque non con lo stesso rilievo. Una

élite che è dunque, a Milano come in qualsiasi altra città, chiamata a fornire alla cavalleria comunale il grosso dei suoi effettivi […]. Troviamo dunque un po' di tutto nella *militia* del XII e XIII secolo: dal proprietario che vive di rendita all'uomo d'affari iperattivo, dal grande capitano titolare di vaste signorie al semplice cavaliere di origine puramente cittadina. Da un lato, la fisionomia della *militia* è fortemente condizionata […] dalla diffusione delle relazioni feudo-vassallatiche e dalla presenza di un nucleo più o meno attivo di famiglie signorili. Dall'altro, all'interno di ogni singolo comune, la condizione materiale delle decine e centinaia di famiglie che costituiscono la *militia* si rivela estremamente diversificata, in funzione dei livelli di ricchezza, delle attività professionali e dei comportamenti economici. Fattori che non rimettono in discussione la coesione politica e ideologica della *militia*, che deriva non solo dalla pratica del combattimento a cavallo e […] dai conseguenti privilegi, ma anche da uno stile di vita e da un sistema di valori.

tratto da *Cavalieri e cittadini. Guerra, conflitti e società nell'Italia comunale*, Il Mulino, Bologna 2004

● Il **LINGUAGGIO** della storiografia

Riconduci ciascuna delle seguenti espressioni allo storico che l'ha utilizzata e contestualizzala rispetto alla tesi sostenuta nei testi che hai letto (massimo 5 righe).

a) La condizione materiale delle decine e centinaia di famiglie che costituiscono la *militia* si rivela estremamente diversificata.

b) Potere e influenza, rango e reputazione delle antiche famiglie nobiliari permangono come forze indomite nella vita politica della città nella prima età comunale.

c) Gli strati dirigenti nobili restano sorprendentemente costanti nella loro composizione dall'età carolingia fino all'epoca dei comuni.

d) L'*ordo civium* riunisce a Milano […] la sua frangia più ricca e meglio organizzata, insomma l'élite della popolazione.

● Storie **A CONFRONTO**

Individua la tesi di fondo dei due testi proposti aiutandoti con lo schema di inizio sezione e compila la seguente scheda di sintesi e comparazione dei documenti.

SEZIONE II IL CULMINE DELLA CIVILTÀ MEDIEVALE EUROPEA [SECOLI XII-XIII]

	La matrice vassallatica del comune	*L'importanza della* militia
TESI		
ARGOMENTAZIONI		
PAROLE CHIAVE		

● **COOPERATIVE Learning**

competenza DIGITALE In gruppi di massimo 5 persone cercate di ricostruire la storia della fondazione del vostro comune di residenza. Potete visitare l'archivio storico del Comune e chiedere di avere accesso, con l'aiuto dell'archivista, ai documenti conservati che ne attestino la nascita. Raccogliete le informazioni e preparate una presentazione digitale per la classe, accompagnata da immagini, dati e, qualora fosse possibile, fotografie dei documenti originali.

PERCORSO 3 Federico II, l'immagine di un imperatore

Nel corso del XIX secolo la cultura tedesca andò sempre più interessandosi alla figura di Federico II. Primo uomo moderno per Jakob Burckhardt (1818-97), eroe antimoderno e anticristiano per Friedrich Nietzsche (1844-1900), l'imperatore svevo fu oggetto sia di grandi imprese filologiche, volte alla ricostruzione della produzione documentaria della sua cancelleria, sia della costruzione intellettuale di un sovrano come precursore del futuro. A questa lettura "astorica" di Federico II si aggiunse, nel pieno della crisi della Germania del primo dopoguerra, un'interpretazione politica: il Mediterraneo sembrava essere lo scenario e il simbolo del rinnovamento spirituale del *Reich* tedesco e la figura dell'imperatore incarnava perfettamente questo progetto politico-culturale, cui guardarono con interesse fascismo e nazismo. Di larghissima fortuna, queste interpretazioni sono state recentemente riviste e i problemi impostati in modo più equilibrato, riconoscendo a Federico II la sua piena condivisione di un orizzonte politico e intellettuale pienamente "medievale".

TESTO 1 Ernst H. Kantorowicz
Lex animata in terris

Il volume dello storico Ernst Kantorowicz, tedesco di origini ebraiche (per questo rifugiato negli Usa nel 1939), apparve nel 1927 all'interno di una collana editoriale ispirata da un poeta, Stefan George, nel cui circolo si riunivano intellettuali che, aspirando a rappresentare un'élite spirituale, aristocratica e conservatrice, mal sopportavano le angustie culturali della Germania uscita sconfitta dalla Grande guerra. La poderosa biografia, sorretta da un'amplissima documentazione e tuttavia scritta in modo trascinante e quasi panegirico, ruota intorno all'idea che Federico II, riassorbendo l'eredità dell'Oriente e dell'antichità, fosse espressione di una rinnovata dignità del diritto e dell'impero, concreta presenza dell'armonia di Dio.

E. H. Kantorowicz (1895-1963)

Giustiniano (con Scipione, Catone e Traiano, l'immagine stessa della giustizia per il medioevo), "ministro del Signore" in quanto raccoglitore del diritto romano, e come tale santo anche per Dante, fu logi-

PERCORSI STORIOGRAFICI

camente il modello di Federico legislatore. Subito dopo la pace con il papa[1], Federico si rivolse a unificare le leggi siciliane, e le *Costituzioni* pubblicate a Melfi nell'agosto 1231 costituirono il risultato d'un lungo e attivissimo lavoro della gran corte imperiale. La raccolta, una specie di corpus di diritto pubblico e amministrativo, constava in parte di leggi normanne […] in parte di decreti rilasciati dall'imperatore nei primi anni di regno, e infine un gran numero di leggi nuove che, coll'aggiunta di altre promulgate in seguito, furono riunite in un tutto dall'imperatore e dai suoi collaboratori. Questa grande codificazione, la prima dopo Giustiniano e l'unica in tutto il Medioevo, riscosse l'ammirazione del mondo intero e fu glossata dai dotti; ed essendo durata in vigore per tutto un secolo, la sua influenza sulla formazione del diritto degli Stati assoluti d'Europa è tutt'altro che trascurabile […]. Accanto a Giustiniano, imperatore del diritto, servì di modello a Federico II l'imperatore della pace, Augusto […]. Rinnovare la *pax augustea* e l'ordine divino del mondo, fu da Federico II riguardata come missione propria; poiché se quell'ordine divino fosse stato ripristinato, anche il suo tempo sarebbe stato "compiuto", e la *pax* e la *iustitia* – unico senso dello Stato terreno – sarebbero tornate sulla terra come già con Augusto […]. Vista l'importanza della raccolta di leggi di Melfi – «l'atto di nascita della burocrazia moderna», come fu definita –, deve per forza interessarci anche l'ora in cui questa raccolta nacque […]. Nel Medioevo cristiano, dunque, l'imperatore appariva simile a Dio padre, reggitore e custode della terra. Quando però in quest'altissima pace entrò improvvisamente una giovane forza irruente, e sull'imperatore troneggiante tra le nubi scoccò dall'alto dei cieli la scintilla; allora egli, sin qui simile a Dio padre, divenne anche simile al figlio suo, mediatore e giudice, anzi redentore. D'ora innanzi l'imperatore non doveva apparire più soltanto custode e tutore, né mediatore e portatore[2], bensì fonte del diritto divino-naturale: l'imperatore portava il diritto divino nel suo Stato, con statuti celesti ed eterni traeva il cielo in terra, colle sue leggi sacre, con la *iustitia* […]. La giustizia non era più qualcosa di spirituale e santificante che toccasse alla Chiesa di dispensare come grazia […] che la giustizia stesse a mediatrice tra Dio e imperatore come fra imperatore e popolo («il diritto terreno sta sotto il sovrano come sopra di questi sta quello divino»[3]): questo corrispondeva pienamente alle frasi brevi e minuziose delle *Costituzioni*, con le quali l'imperatore Federico così introduceva le circa settanta leggi del nuovo ordinamento giuridico […]. In tal modo, la fonte della giustizia nello Stato diviene l'imperatore stesso: per mezzo di Dio e come Dio egli è creatore del diritto; non solo custode di esso, ma anzi «fondatore di un nuovo diritto» […]. Pur se l'imperatore, posto in vetta all'edificio del mondo, riceveva direttamente i raggi «della giustizia che emana direttamente dal cielo», e li serbava dentro di sé per distribuirli a sua volta in numerose ramificazioni a giudici e giuristi (perciò emanava come imperatore, e non come re, le leggi di Sicilia); pur se, grazie alla sua scienza delle leggi di natura, era in grado di leggere anche quelle della giustizia divina e naturale; col rapporto fra l'imperatore e Dio, tuttavia, il ciclo non era ancor chiuso […]. Ecco allora che, accanto a Dio e alla propria scienza della natura, Federico II pose come terza fonte quella che sprizza dalla terra: quella che viene dal popolo, cioè; che egli raccolse in sé per il tramite della *lex regia* dei romani […]. Dio, popolo e imperatore erano la fonte del diritto per Federico II, che aveva assommato in sé tutt'e tre le cose: Dio, l'imperatore come sua irradiazione, come figlio suo, e la *iustitia*: ecco la nuova trinità laica, che, nello Stato di Federico II, lasciava impregiudicata la validità della Chiesa, e che s'impersonava nell'imperatore, nella *lex animata in terris*. Sul culto di codesta trinità poggiò tutto lo stato giuridico-burocratico di Federico II […].

tratto da *Federico II imperatore*, Garzanti, Milano 1976

---

1 la pace con il papa: la Pace di San Germano del 1230, tra l'imperatore e Gregorio IX.
2 mediatore e portatore: come nell'alto Medioevo, intende l'autore.

3 «il diritto … divino»: questa citazione è tratta, come le seguenti, dal proemio delle *Costituzioni*.

SEZIONE II IL CULMINE DELLA CIVILTÀ MEDIEVALE EUROPEA [SECOLI XII-XIII]

TESTO 2 — David Abulafia
L'eredità normanna nelle *Costituzioni* di Melfi

In contrapposizione esplicita con la biografia di Kantorowicz, il volume di David Abulafia contesta punto per punto gli assunti fondamentali dello storico tedesco e dell'immagine corrente di Federico II come despota illuminato e anticipatore dello Stato moderno, spregiudicato sul piano ideologico e religioso, tollerante organizzatore di cultura, innovatore del diritto. Su questo aspetto si concentra l'autore nel passo qui proposto, che mette in rilievo la continuità, molto pragmatica e ben poco ideologica, delle *Costituzioni* di Melfi rispetto alla tradizione normanna, con attenzione ai diritti consuetudinari acquisiti.

D. Abulafia (n. 1949)

Le *Costituzioni* di Melfi, contenendo più di duecento disposizioni legislative e proclami, sono state salutate dagli storici come la più cristallina evidenza del desiderio di Federico di fare della Sicilia uno "Stato modello", ben ordinato, centralizzato, efficiente, in cui tutti i diritti e gli obblighi fossero soggetti al capriccio o alla volontà del sovrano. Le esigenze pratiche della ricostruzione si fusero alle necessità teoriche di un concetto altamente sviluppato di monarchia assolutistica concretizzandosi in un corpo di legislazione logico e coerente. Ma una siffatta interpretazione delle *Costituzioni* di Melfi si fonda su un pio desiderio. Quali che siano le influenze esercitate su Federico dai gloriosi codici romani, dai giuristi canonici contemporanei e dalla filosofia aristotelica, da poco tornata sulla cresta dell'onda, la sua normativa giuridica non segna l'avvento di un nuovo Giustiniano. Tutto l'insieme manca dell'ampio respiro e dell'organicità onnicomprensiva dei testi romani, limitandosi ad affrontare i problemi specifici ad un regno in urgente bisogno di ricostruzione. Né si può parlare di profonda originalità, ma piuttosto di una combinazione ben dosata di fonti romane, canoniche e feudali – elementi di diritto consuetudinario germanico, se giudicati di maggior praticità, trovavano collocazione accanto a radicate usanze italiche [...]. La ricerca di prove del romanismo della monarchia siciliana – un tema largamente evidenziato in altre, più antiche fonti – ha distratto gli studiosi dall'importanza di queste leggi come guida alla prassi legale contemporanea in tribunali popolati di Lombardi[1], Greci ed anche noncristiani. Ciò che qui vogliamo mettere in evidenza è il legame tra questa legislazione e la struttura politica e sociale del *regnum* negli anni intorno al 1231. Gli antecedenti delle singole norme – romane, normanne o quali che siano – hanno un interesse secondario. Per motivi analoghi ci asterremo dall'usare il nome correntemente attribuito al codice, vale a dire il *Liber Augustalis*, "il libro di Augusto": un nome coniato da commentatori di età posteriore avidi di cogliere in questi principi regolatori un'esplicita asserzione di autocrazia [...]. L'introduzione al codice ci offre comunque una prospettiva singolare del pensiero di Federico. Le prime parole sono un elenco di titoli: imperatore dei Romani, Cesare Augusto, signore dei regni d'Italia, Sicilia, Gerusalemme e Borgogna. Ecco il primo paradosso: in tutta l'opera Federico parla di se stesso come dell'«augusto», accennando ai suoi «divini predecessori», gli *Augusti* dell'antica Roma o anche di epoca più recente (come Enrico VI e Costanza). Si presenta dunque come imperatore, eppure legifera per un regno apparentato all'impero [...] da vincoli alquanto aleatori – un regno la cui separazione dall'Impero romano era stata enfatizzata da Ruggero II e all'apparenza accettata persino da Enrico VI; un regno che in ogni caso era uno Sta-

---

1 Lombardi: longobardi, ossia donne e uomini che sottostanno alle norme longobarde.

221

PERCORSI STORIOGRAFICI

to vassallo del papato, una realtà questa che lo classificava come corpo estraneo all'impero anche se la medesima persona reggeva entrambe le corone. L'ordinamento giuridico di Federico non si perde in queste sottigliezze [...]. Questa confusione relativa allo status della monarchia siciliana avrebbe intralciato la politica italiana per tutto il tempo che Federico restò al potere [...]. Il *regnum* richiedeva le cure di Federico: la Necessità sta alle radici della legislazione [...]. L'appello di Federico alla Necessità viene interpretato come una sostituzione di una forza naturale positiva, benefica d'impronta, alla forza coercitiva negativa dello Stato immaginato dai teorici precedenti. In realtà le idee non sono così rivoluzionarie. Egli non dice che i governanti non abbiano il compito di punire l'umanità per le colpe commesse. Il suo pensiero si riallaccia alla concezione agostiniana dello Stato come correttore delle iniquità dell'uomo, anche se è arricchito da accidentali "lampi" di sapore aristotelico evidenzianti la funzione dell'universo creato e del governante come fonte di potenziale perfezione o miglioramento nell'ambito della società [...]. La sua spiegazione della natura dell'autorità politica si richiamava a fonti cristiane e a assunti cristiani sul rapporto tra Dio e l'uomo; ma l'edificio che ne risultava poteva benissimo reggersi in piedi senza l'aiuto o l'intervento di un pontefice romano. Non si trattava di un'idea secolare della monarchia; l'introduzione al codice non lascia adito a dubbi sull'origine divina del potere concesso a Federico. Tra Dio e il principe non v'era alcun intermediario sacerdotale. Qui sta il nocciolo politico del proemio delle *Costituzioni* di Melfi: dimostrare come fosse possibile esporre una teoria di governo che poteva fare benissimo a meno dell'azione salvifica del papa. Era il principe che aveva il potere di guidare l'umanità verso lidi migliori, tramite l'emanazione di buone leggi fondate sull'esercizio della probità (*iustitia*) [...]. Ispira questo *corpus iuris* il prin-

cipio non tanto che la legge sia valida perché rinsaldata nel tempo[2], quanto che debba essere sorvegliata e disciplinata affinché sia sempre idonea e giusta. Il principe, designato da Dio a fare e disfare le leggi, decreta quali debbano essere le norme con un atto di imperio. Questa concezione, d'impronta romana, non si rifà soltanto alle scuole giuridiche di Bologna e agli scampoli della tradizione legale bizantina nell'Italia meridionale; anche la monarchia normanna di Ruggero II aveva presentato il sovrano come «imperatore nel suo proprio regno» (per usare un'espressione in uso tra i commentatori napoletani delle legislazioni di entrambe le monarchie intorno al 1300), seppur non imperatore nel senso universale, romano [...]. Dall'ordinamento giuridico della società in base a principi generali si passa alla riorganizzazione del regno siciliano alla luce dei problemi della gioventù di Federico. Molti dei provvedimenti interessano i diritti e gli obblighi dei vassalli dell'Italia meridionale, e la conferma del loro assoggettamento al potere centrale; il codice giustinianeo lascia rapidamente il posto ai costumi locali di longobardi, normanni e altri baroni. Non può esistere rispetto per la pace senza giustizia, né d'altronde vera giustizia senza pace [...]. Sarebbe ozioso addentrarsi nei particolari, poiché alla fin fine il messaggio trasmesso è di una logica semplice e stringente: l'assolutismo del monarca, che rispetta la legge esistente ma ha il potere di abrogarla o darle nuova forma. Egli è l'incarnazione della legge, la legge animata (*lex animata*), l'unico in grado di garantire il mantenimento dell'ordine sociale creato da Dio. Non vi è perciò contraddizione tra la ratifica o rielaborazione di un vasto assortimento di diritti feudali e la posizione sostanzialmente dispotica adottata nei confronti della facoltà di legiferare.

tratto da *Federico II, un imperatore medievale*,
Einaudi, Torino 1992

---

2 **la legge ... tempo:** opinione diffusa nel Medioevo.

SEZIONE II IL CULMINE DELLA CIVILTÀ MEDIEVALE EUROPEA [SECOLI XII-XIII]

● Il **LINGUAGGIO** della storiografia

Riconduci ciascuna delle seguenti espressioni allo storico che l'ha utilizzata e contestualizzala rispetto alla tesi sostenuta nei testi che hai letto (massimo 5 righe).

a) Rinnovare la *pax augustea* e l'ordine divino del mondo, fu da Federico II riguardata come missione propria.

b) L'assolutismo del monarca, che rispetta la legge esistente ma ha il potere di abrogarla o darle nuova forma.

d) Dio, popolo e imperatore erano la fonte del diritto per Federico II.

e) *Costituzioni* di Melfi: combinazione ben dosata di fonti romane, canoniche e feudali.

● Storie **A CONFRONTO**

Individua la tesi di fondo dei due testi proposti aiutandoti con lo schema di inizio sezione e compila la seguente scheda di sintesi e comparazione dei documenti.

	Lex animata in terris	*L'eredità normanna nelle* Costituzioni *di Melfi*
TESI		
ARGOMENTAZIONI		
PAROLE CHIAVE		

● **RIASSUMERE** un testo argomentativo

Dopo aver schematizzato i testi con l'aiuto della tabella dell'esercizio precedente, suddividi i due testi in paragrafi e assegna a ciascun paragrafo un titolo. A partire da questi paragrafi sviluppa un testo di mezza pagina di quaderno che riassuma le argomentazioni dei due brani proposti.

	Lex animata in terris	*L'eredità normanna nelle* Costituzioni *di Melfi*
PARAGRAFO 1		
PARAGRAFO 2		
PARAGRAFO 3		

SEZIONE III
Crisi e processi di riorganizzazione
[secoli XIV-XV]

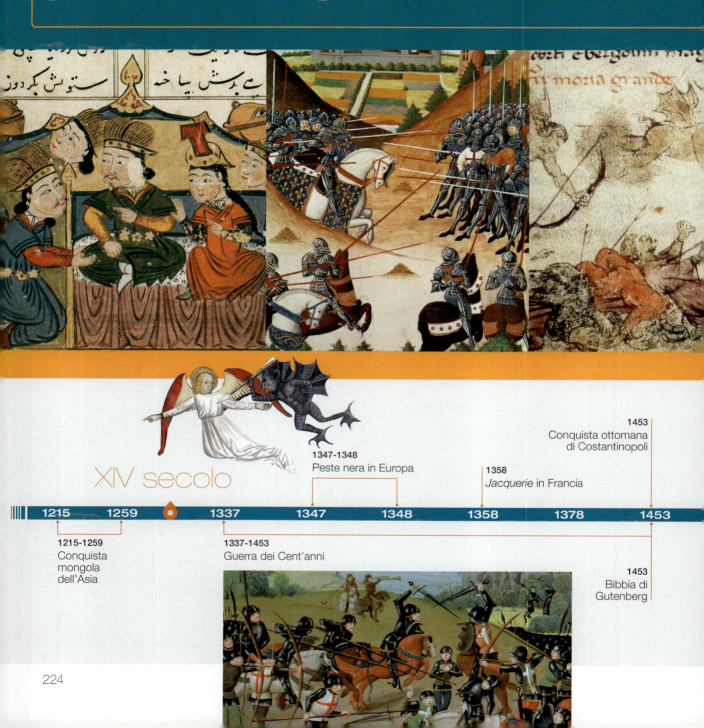

XIV secolo

1215-1259 Conquista mongola dell'Asia

1337-1453 Guerra dei Cent'anni

1347-1348 Peste nera in Europa

1358 *Jacquerie* in Francia

1453 Conquista ottomana di Costantinopoli

1453 Bibbia di Gutenberg

7 Grandi trasformazioni tra Asia e Africa
p. 226

8 Monarchie europee
p. 248

9 La crisi del Trecento e la ripresa del Quattrocento
p. 276

10 Transizioni politiche e culturali in Italia (secoli XIV-XV)
p. 302

■ Percorsi storiografici
p. 332

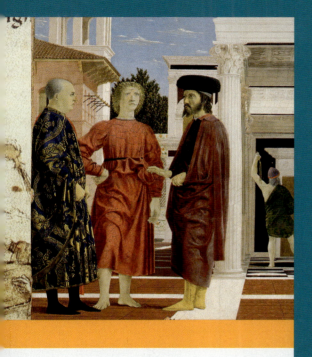

N el XIV e XV secolo avvennero importanti trasformazioni nel continente euroasiatico. Sul piano economico e demografico si interruppe la fase espansiva precedente e dalla crisi derivò una profonda riorganizzazione della produzione, della manifattura e del sistema di scambi commerciali. Anche gli assetti politici mutarono: i grandi poteri universali, il papato e l'Impero occidentale, dovettero affrontare tensioni e conflitti, subendo infine un sostanziale ridimensionamento a favore dei poteri monarchici emergenti, favoriti dall'elaborazione di nuovi strumenti per il controllo dei poteri signorili locali. In Asia, il secolare confronto tra civiltà nomadi e sedentarie produsse esiti di grandissimo rilievo: l'emergere del potere turco ottomano pose fine all'Impero bizantino e le dinastie che ereditarono l'esperienza mongola in Asia centrale diedero vita a istituzioni politiche solide. Esse tuttavia non riuscirono a tenere il passo culturale e tecnologico con l'Europa occidentale, che riuscì a sfruttare efficacemente innovazioni tecnologiche in campo militare, navale e scientifico.

XV secolo

1454 — Pace di Lodi

1454 — 1462 — 1505

1462-1505 Ivan III il Grande in Russia

- VIA DELLA SETA p. 226
- MONARCHIE NAZIONALI p. 248
- CRISI DEL TRECENTO p. 276
- UMANESIMO/RINASCIMENTO p. 302

le parole della storiografia

225

CAPITOLO 7

Grandi trasformazioni tra Asia e Africa

Via della seta

L'espressione è stata coniata da un geografo tedesco, alla fine dell'Ottocento, per indicare la vasta rete di itinerari terrestri e marittimi che andavano dalla Cina, attraverso l'Asia, sino al Mediterraneo, e che collegavano inoltre nord e sud del continente asiatico, dalle steppe mongole all'Oceano Indiano. Una rete commerciale identificata con il bene più prezioso che vi si scambiava, la seta appunto. Evocativa di un mondo di sogno al cui controllo l'Europa ambiva, la definizione è stata poi variamente declinata al plurale ("vie della seta") e arricchita di sfumature, sottolineando per esempio che non solo la seta si commerciava lungo questi percorsi, ma anche tessuti, spezie, carta, cobalto, ceramiche. Per convenzione dunque si impiega la locuzione "via della seta" per indicare l'insieme dei commerci euroasiatici e delle relazioni tra questi e i sistemi politico-culturali, nomadi e sedentari, dell'Asia centrale, dall'antichità all'età contemporanea.

le parole della storiografia

Grandi trasformazioni tra Asia e Africa | **CAPITOLO 7**

— GUIDA&RISORSE
PER LO STUDIO

Per riprendere il filo... Il confronto tra formazioni politiche sedentarie e nomadi delle steppe e dei deserti aveva condotto tra l'XI e il XII secolo a notevoli mutamenti sia in Asia, con l'affermazione dei Selgiuchidi turchi all'interno del Califfato abbaside e sunnita di Baghdad, sia nella penisola iberica e in Nord Africa, dove erano nati altri califfati. Questi fenomeni cruciali per il continente asiatico e per l'area mediterranea avevano avuto conseguenze dirette e profonde anche sull'Europa cristiana occidentale, sia sul piano militare che su quello culturale ed economico.

videopresentazione

7.1 La conquista mongola dell'Asia

L'impero di Genghiz Khan Tra il XIII e il XV secolo, nell'enorme territorio compreso tra Europa orientale e Cina, si sviluppò il **dominio dei mongoli**, popolo nomade stanziato a sud-est del lago Bajkal. Il termine "mongolo" (*meng-wu* in cinese, *mongol* nella loro lingua) designava in origine una piccola tribù, mentre il raggruppamento principale di clan era definito, nelle iscrizioni turche e cinesi, come "tatari" e come tali sono conosciuti non solo nelle lingue europee coeve, ma anche in cinese e arabo.

Un primo tentativo di confederare varie tribù fu compiuto nella prima metà del XII secolo da Khabul Khan, condottiero della tribù mongola cristiana dei Kiyad [👁1], ma fu ucciso dai tatari, in quel momento alleati della dinastia Jin che controllava il Nord della Cina e che aspirava a coordinare politicamente le confederazioni mongole. Alle continue guerre tra clan pose fine un pronipote di Khabul Khan, **Temujin** ("fabbro", 1167 ca.-1227), che alleandosi con i Jin riuscì a sconfiggere duramente per due volte i tatari, riunificando così i popoli delle steppe orientali. Proclamato **Chinghiz Khan** (o, nella forma occidentalizzata, **Genghiz Khan**, "Signore oceanico") nel 1206, in seguito a una grande assemblea di capi tribali mongoli, Temujin combatté o giunse ad accordi diplomatici con le formazioni politiche che circondavano geograficamente le steppe mongole.

Mongoli e tatari

L'affermazione di Genghiz Khan

PERCORSO VISIVO

[👁1] **I cristiani d'Oriente** La leggenda del Prete Gianni, un sovrano-sacerdote che dal suo regno orientale (ora identificato con la Cina, ora con l'India o l'Etiopia) sarebbe giunto a soccorrere la Terrasanta cristiana, nacque nel XII secolo sulla base di alcune testimonianze reali che attestavano la presenza di nuclei di cristiani nestoriani in Asia. L'eresia nestoriana, che aveva preso il nome dal patriarca di Costantinopoli Nestorio (m. 451) e che sosteneva la congiunzione, in Cristo, di due nature e due persone distinte (umana e divina), si era infatti diffusa in Mesopotamia e nell'Estremo Oriente, raggiungendo anche le tribù nomadi turco-mongole.

◀ Il combattimento tra il Prete Gianni e Genghiz Khan, miniatura del XIV secolo.

227

SEZIONE III   CRISI E PROCESSI DI RIORGANIZZAZIONE [SECOLI XIV-XV]

Le campagne militari

Muovendo verso la Cina, le armate mongole attaccarono i **Jin**, sino a conquistare nel 1215 la loro capitale centrale, Pechino; negli stessi anni, verso ovest, Temujin sottomise l'Impero **Kara Khitai**, che si estendeva dall'odierno Xinjiang sino a Bukhara e Khiva, importante città carovaniera [👁 2]. La strada verso l'Asia centrale era ormai aperta, ma l'espansione era ostacolata dal potente Stato dei **corasmi**, che nel XII secolo aveva preso il controllo di amplissimi territori in Transoxiana e Persia ai danni dei Grandi Selgiuchidi [▶ cap. 3.2]. Dopo alcuni incontri diplomatici, la situazione tra corasmi e mongoli precipitò. Tra il 1218 e il 1223 tre imponenti armate mongole ebbero infine ragione dell'altrettanto numeroso esercito corasmio: dopo saccheggi e stragi indicibili, che costarono la vita o la deportazione a centinaia di migliaia di abitanti di città come Bukhara, Samarcanda, Nishapur, Merv, Herat, Balkh, l'intero territorio venne sottoposto al controllo di governatori locali e di agenti mongoli. L'ultima campagna di Genghiz fu contro l'Impero cinese **Xi Xia**, che sconfisse trovandovi però la morte (1227).

Un vastissimo impero

L'Impero mongolo andava dalla Siberia al Tibet, dal Mar Caspio al Mar del Giappone. Genghiz Khan aveva compiuto genocidi, deportazioni, distrutto e fondato città, ma aveva anche dato vita a un **organismo politico multietnico**, in cui convivevano decine di popoli diversi per stirpe, religione e lingua, e dove mercanti e viaggiatori stranieri potevano sentirsi al sicuro: questo nuovo ordine continentale fu definito **pax mongolica**.

L'espansione verso Occidente

I successori Il figlio di Temujin, Ogodei (1227-41), gli successe come **gran khan** e continuò nelle conquiste contro la dinastia Jin, mentre sotto la guida nominale di Batu, nipote di Temujin, le armate mongole avanzarono verso ovest. Nel 1236 attaccarono le popolazioni stanziate lungo il corso del Volga, giungendo nel 1238 a conquistare Vladimir (a est di Mosca) e nel 1240 a distruggere **Kiev**, metropoli religiosa del mondo russo. Dimostrando una straordinaria capacità di coordinamento strategico, i mongo-

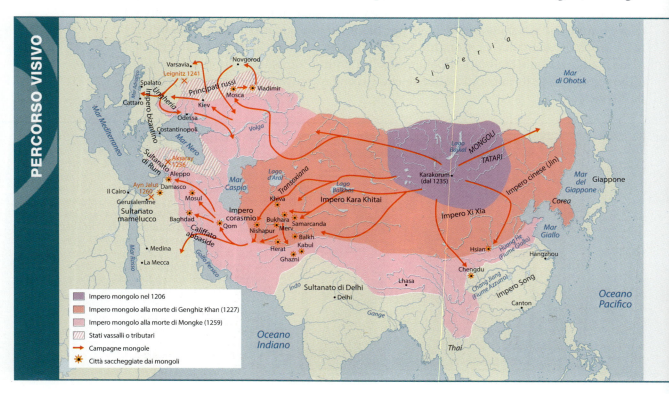

Grandi trasformazioni tra Asia e Africa | **CAPITOLO 7**

li, sotto l'alto comando di Subedei, il loro più brillante generale, si spinsero a devastare la Polonia, la Boemia e la Moravia, annientando nel 1241 a **Liegnitz** un esercito polacco-tedesco rafforzato dal meglio della cavalleria cristiana, i Cavalieri teutonici [▶ cap. 6.1]; in seguito, procedettero verso il Regno d'Ungheria sino all'Adriatico, dove saccheggiarono Spalato e Cattaro.

Nulla sembrava poterli fermare [▶ FONTI, p. 230]. L'invasione mongola avveniva infatti in un momento di **crisi** delle due autorità tradizionali dell'Europa occidentale, **papato e Impero**: Federico II, scomunicato, era impegnato contro le città dell'Italia settentrionale e il soglio pontificio, d'altro canto, rimase vacante per due anni, dal 1241 al 1243. La stessa Gerusalemme venne coinvolta in questi eventi; fu infatti definitivamente persa nel 1244 per mano di mercenari corasmi, sospinti dall'avanzata mongola in Asia centrale.

Sul finire del 1241, inaspettatamente, i mongoli si ritirarono, carichi di bottino e prigionieri. La morte di Ogodei rese infatti necessario partecipare alla grande assemblea tribale (*kuryltai*) – convocata nella nuova capitale fondata dallo stesso Ogodei, Karakorum ("Pietre nere", nell'attuale Mongolia) – per nominare il nuovo khan supremo. La lotta per il potere ebbe termine con l'elezione di **Mongke**, nipote di Temujin, che intraprese una massiccia campagna di consolidamento della presenza mongola in Asia centrale e nel Vicino Oriente. Il fratello di Mongke, **Hulegu**, nel 1256 distrusse Alamut, la base operativa della setta ismailita degli Assassini, e annientò un esercito selgiuchide ad Aksaray, riducendo il Sultanato di Rum [▶ cap. 3.2] a uno Stato vassallo; nel 1258, con grande scandalo del mondo musulmano, conquistò **Baghdad**, la capitale del Califfato abbaside, uccidendo lo stesso califfo e migliaia di abitanti [👁 3].

La morte di Mongke nel 1259 costrinse il grosso delle truppe a tornare nelle steppe e il Sultanato **mamelucco**, che controllava Siria ed Egitto, per la prima volta riuscì a scon-

Il consolidamento del dominio mongolo

L'articolazione dei khanati mongoli

◀ [👁 **2**] **La formazione dell'Impero mongolo (1206-59)** L'avanzata dei mongoli sembrava inarrestabile, eserciti e città che opponevano resistenza venivano distrutti senza scampo. Solo a sud-ovest la loro espansione, in realtà già molto affievolita, venne contenuta dai mamelucchi. In principio servitori della dinastia ayyubide, i mamelucchi la rovesciarono prendendo il potere e governarono l'Egitto e l'area siro-palestinese dal 1250 al 1517.

▶ [👁 **3**] **La caduta di Baghdad** La conquista di Baghdad da parte dei mongoli, con la conseguente caduta della dinastia abbaside, è considerata uno degli eventi più catastrofici della storia dell'islam. Seguì un tremendo saccheggio, durato sette giorni, e la morte del califfo al-Mustansir. Poiché i mongoli ritenevano che spargere il sangue di un capo nobile, sebbene straniero e avversario, fosse un affronto verso la Madre Terra, il califfo fu avvolto in un tappeto, sul quale a più riprese passarono cavalli al galoppo.

khan Titolo usato da turchi e mongoli per indicare il capo di gruppi tribali e orde; **il-khan** invece indicava un originariamente un "khan inferiore" rispetto al gran khan di tutti i mongoli, ma con il tempo indicò un sovrano con piena autonomia politica nei territori persiani.

mamelucco Dall'arabo *mamluk*, "schiavi", nell'Egitto musulmano il termine designava uno schiavo addestrato al combattimento.

SEZIONE III   CRISI E PROCESSI DI RIORGANIZZAZIONE [SECOLI XIV-XV]

FONTI

L'«odiato popolo di Satana»: i mongoli secondo Matteo Paris

■ Le caratteristiche barbariche dei mongoli sono riassunte in questo brano del benedettino Matteo Paris, tratto dai suoi *Chronica majora*: tutto fa di questi popoli un pericolo "altro" rispetto alla civiltà, dai tratti somatici alla lingua, dalle pratiche di guerra alla ferocia, sino alle orrende pratiche alimentari. Forse sono giunti, teme Matteo, i tempi ultimi dell'avvento dell'Anticristo?

▲ Cavalieri mongoli inseguono il nemico, miniatura persiana.

> Molti commentatori medievali collegavano i due termini. In realtà "tartari" (o tatari) è derivato da una voce linguistica altaica, diffusa tra i popoli nomadi delle steppe, *ta-ta*, "trascinare", "tirare". Il Tartaro invece è già dalla letteratura classica un inferno popolato da mostri.

In quell'anno [il 1241] l'odiato popolo di Satana, lo sterminato esercito dei Tartari, uscì dalla sua terra circondata dai monti, perforò quelle rocce che parevano di durezza insuperabile, tracimò come una schiera di demoni liberati dal Tartaro (è da questo che prendono il nome). Essi coprirono la superficie della terra come locuste e devastarono le regioni dell'Oriente con miserandi saccheggi, tutto bruciando e ovunque facendo strage [...] loro stessi sono esseri bestiali, piuttosto mostri che uomini. Hanno sete di sangue e se lo bevono; sbranano e divorano carne di cane e di uomo; vestono pelli di bue, si armano con corazze di ferro, sono bassi ma tarchiati, di costituzione robusta, invincibili in guerra, incuranti della fatica; non si coprono con l'armatura la parte posteriore del corpo, ma solo quella anteriore. La loro bevanda preferita è il sangue filtrato delle loro pecore; hanno cavalli grandi e forti [...] sui quali salgono con una piccola scala, visto che hanno le gambe corte. Non possiedono leggi e non conoscono la clemenza; sono più feroci di orsi e leoni. Hanno imbarcazioni di cuoio di bue [...] sono abili a nuotare e navigare, e passano dunque rapidamente e senza difficoltà i fiumi più grandi e impetuosi. [...] Hanno spade e pugnali affilati da una sola parte; sono arcieri provetti, che non risparmiano nessuno, quale che sia il sesso, l'età o la condizione. Conoscono solo la loro lingua, che nessun altro parla.

> L'immagine dei mongoli come locuste, una delle piaghe d'Egitto già nell'Antico Testamento (Esodo, 1-20), si trova anche nel coevo resoconto di un monaco di Novgorod, che attribuisce l'arrivo dei mongoli a una punizione divina per i peccati degli uomini.

Matteo Paris, *Chronica majora*, cit. in Guglielmo di Rubruk, *Viaggio in Mongolia*, a cura di P. Chiesa, Fondazione Lorenzo Valla-Mondadori, Roma-Milano 2011

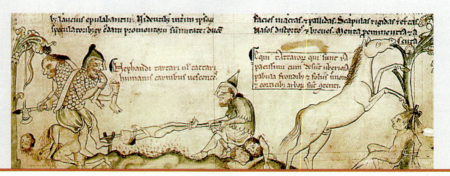

▶ I mongoli cannibali, miniatura da un manoscritto dei *Chronica majora*, XIII secolo.

Grandi trasformazioni tra Asia e Africa | **CAPITOLO 7**

figgere in battaglia i contingenti mongoli (Ayn Jalut, 1260). Tuttavia, poco dopo Hulegu consolidò le proprie posizioni in Iran, Iraq e gran parte dell'Asia centrale, dando vita a un **il-khanato**, subordinato, così come il **Khanato dell'Orda d'oro** (Russia tra i fiumi Ob e Volga, parte del Kazakistan, Ucraina e Romania) e quello di **Chaghatai** [👁 4] (Kazakistan, Kirghizistan, Uzbekistan, Tagikistan e Afghanistan settentrionale), al Gran Khan **Kubilai** (1260-94), che era succeduto al fratello Mongke e che controllava direttamente i territori compresi tra Russia sudorientale, Mongolia, Cina e Corea [👁 5].

> **rispondi**
> **1.** Fin dove arriva il dominio mongolo nel periodo di massima estensione? **2.** Come vengono strutturati i territori mongoli dopo la morte di Genghiz Khan?

PERCORSO VISIVO

[👁 **4**] **La divisione dell'Impero mongolo** L'immenso territorio conquistato dai mongoli venne strutturato in grandi regni, con a capo i discendenti di Genghiz Khan.

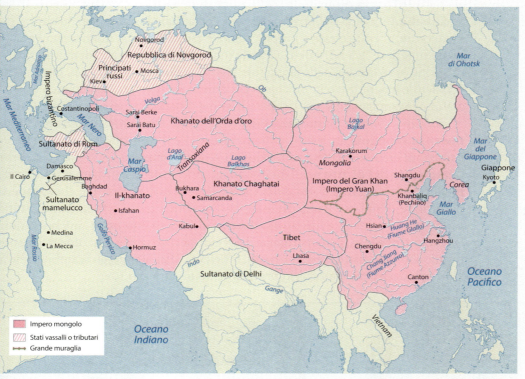

[👁 **5**] **Il "vento divino"** Dopo la conquista della Corea, Kubilai condusse due tentativi per invadere il Giappone, nel 1274 e nel 1281. In entrambi i casi le più esigue forze giapponesi riuscirono a respingere l'attacco perché gran parte delle flotte mongole venne distrutta da imponenti tifoni, ribattezzati per questo "venti divini" (*kamikaze* o *shinpu*).
Il dipinto giapponese mostra un samurai che attacca gli invasori affrontando le frecce e le prime, rudimentali bombe, che i mongoli impararono a costruire dai cinesi.

SEZIONE III   CRISI E PROCESSI DI RIORGANIZZAZIONE [SECOLI XIV-XV]

7.2 I mongoli in Cina e in Persia

La conquista mongola della Cina

Kubilai Khan e la Cina Yuan Nonostante alcuni anni di contrasti interni, Kubilai era riuscito nel 1258 ad allestire una grande **spedizione contro l'Impero Song**, che controllava un'ampia area tra Cina meridionale e Tibet. La caduta di Hangzhou, nel 1276, costituì un evento epocale per la storia dell'Asia: per la prima volta tutto il **territorio cinese** era **nelle mani dei mongoli**, che tuttavia da anni elaboravano una **complessa sintesi** tra elementi culturali tradizionali dei popoli delle steppe con le grandi religioni cristiana, musulmana e buddhista e con l'altissima cultura giuridica e istituzionale degli imperi sedentari. La politica di Kubilai è particolarmente significativa in questo senso: già nel 1267 aveva ordinato la costruzione di una nuova capitale, Ta-tu o, in mongolo, **Khanbaliq** ("La città del khan"), sul sito dell'attuale Pechino, per sostituire la lontana Karakorum, mentre eresse a propria capitale estiva Kaiping, ribattezzata Shangdu ("Capitale superiore"), a nord della Grande muraglia; istituì un'accademia storica, cui commissionò la redazione della storia ufficiale delle dinastie precedenti, cui si affiancarono accademie letterarie e scientifiche in cui dominava il sapere matematico e astronomico arabo-persiano; assunse per l'impero il nome dinastico cinese di **Yuan** ("Origine").

I caratteri della nuova dinastia

La Cina Yuan fu caratterizzata dal tentativo di affermare la **supremazia della minoranza mongola** attraverso il mantenimento e il controllo di molte delle sofisticate istituzioni ereditate dalle dominazioni precedenti, mentre si affermava un principio di **personalità del diritto** per il quale ogni gruppo etnico seguiva un proprio ordinamento giuridico. La grande forza della Cina risiedeva nell'agricoltura, che caratterizzava in particolare il Sud-est, e nell'ordinato sistema burocratico e finanziario: i mongoli ne mutuarono i principi e inserirono il paese in uno **spazio economico e commerciale intercontinentale** (percorso anche dagli europei [▶fenomeni, p. 234]), garantendo comunicazioni terrestri, fluviali e navali efficienti e facilitando gli scambi grazie all'istituzione di un sistema monetario prevalentemente cartaceo.

PERCORSO VISIVO

[👁 6] Religione e politica
Decaduto in India, il buddhismo era fiorito in Cina e Tibet. Kubilai Khan affidò a un lama, Drogön Chögyal Phagpa (nell'immagine), la gestione degli affari religiosi dell'Impero Yuan. Il controllo violento e repressivo dei tibetani apparve però un'intollerabile imposizione degli "occupanti" mongoli e il buddhismo cinese diventò un baluardo di resistenza anche politica. In questo contesto fu attiva una setta segreta, detta del Loto bianco, in cui operò Zhu Yuanzhang.

◀ **[👁 7] La Pechino dei Ming** Il Palazzo imperiale della Città proibita, la cui costruzione fu voluta da Yongle, in una pittura del XV secolo. Edificato fra il 1406 e il 1420, è composto da circa 1000 edifici, per un totale di 720 000 m². Dal 1987 è riconosciuto dall'UNESCO Patrimonio mondiale dell'umanità.

▶ **[👁 8] Una giraffa a corte** Al ritorno da una spedizione verso le terre occidentali, l'animale – qui ritratto da un anonimo pittore di corte – venne portato all'imperatore Yongle come testimonianza delle meraviglie di quei paesi.

Grandi trasformazioni tra Asia e Africa | **CAPITOLO 7**

La Cina Ming Specialmente nelle campagne, il crescente sviluppo di **sentimenti ostili ai mongoli** contribuì alla nascita di sette ribelli, che animarono alcune rivolte. All'interno di queste sette, intorno alla metà del XIV secolo, si trovò a operare **Zhu Yuanzhang**, monaco buddhista di origine contadina [👁 6]. Dopo aver stabilito la propria supremazia su altre formazioni politiche cinesi nel Sud e nel Centro del paese, costrinse l'imperatore Yuan ad abbandonare prima Pechino e poi Shangdu. Nel 1368 Zhu si proclamò imperatore e fondò una nuova dinastia imperiale con il nome di **Ming** ("Luce").

Riforme sociali ed economiche di ampia portata, seppure in un clima di repressione e stretto controllo sui funzionari dell'amministrazione da parte del sovrano, permisero all'Impero Ming di raggiungere l'apogeo del suo splendore con l'ascesa al trono nel 1403 di Yongle. All'interno di un nuovo piano di **espansione** territoriale e commerciale verso la Mongolia, l'Asia centrale, il Tibet e l'India e scelta definitivamente come capitale Pechino [👁 7], fu concepito uno dei più grandi progetti di esplorazione della storia: sette spedizioni marittime, guidate dall'ammiraglio **Zheng He** (1371-1434), che impegnarono centinaia di navi e migliaia di uomini di equipaggio in viaggi diplomatici verso Vietnam, Giava, India, Sri Lanka, Thailandia, Africa orientale [👁 8]. Una dimostrazione di potenza navale e di capacità tecnologica e cantieristica che tuttavia non ebbe seguito: alla morte di Zheng He l'impero rinunciò a impegnarsi direttamente nel commercio e a imporre una propria supremazia marittima, ma mercanti e compagnie continuarono a operare sul piano privato. Sete, porcellane, tè, libri, strumenti musicali raggiungevano i porti asiatici o percorrevano le strade terrestri nel cuore del continente, ripagati con oro, argento, rame, pellicce, pepe, perle, nonché spezie, erbe e resine impiegate nella medicina cinese e nella produzione di incenso destinato ai templi buddhisti.

Alla morte del successore di Yongle, Xuande, nel 1435, l'impero attraversò un lungo periodo di **debolezza**, di **chiusura** e di **ripiegamento**: l'abbandono del controllo marittimo consentì un rapido sviluppo della pirateria e l'ingresso nei mari dell'Asia orientale delle flotte europee; d'altro canto, l'emergere di nuove forti formazioni politiche mongole costrinse l'impero ad arretrare le proprie difese a sud della Grande muraglia. La seconda metà del XV e tutto il XVI secolo furono periodi di progressivo **declino della struttura statale**, aggravato dall'emergere di gruppi di potere autonomi rispetto a quello imperiale.

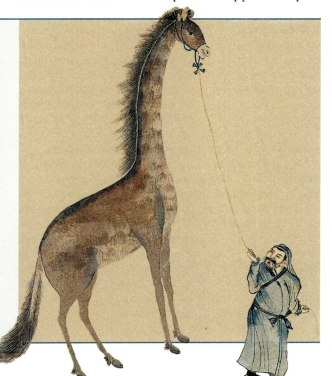

I mongoli in Persia In Persia i mongoli avevano dato vita a un'organizzazione statale accentrata e debitrice in gran parte dei modelli politico-culturali affermatisi in epoca selgiuchide, favorendo i commerci con il mondo cinese e

Il rovesciamento della dinastia Yuan

I capisaldi della politica Ming

Il declino dell'impero

Un crocevia dei commerci tra Oriente e Occidente

233

SEZIONE III   CRISI E PROCESSI DI RIORGANIZZAZIONE [SECOLI XIV-XV]

fenomeni

Lo sguardo occidentale sui mongoli

L'avanzata mongola in Russia e in Europa orientale negli anni Trenta e Quaranta del XIII secolo fu percepita come un pericolo mortale. Già nel 1237 un frate domenicano, Giuliano, che si trovava negli Urali per una missione evangelizzatrice, metteva in guardia il legato papale in Ungheria dalla ferocia e dalla potenza delle armate mongole. Le loro caratteristiche esotiche e "barbariche" indussero i cristiani a pensare che si trattasse delle genti di Gog e Magog, misteriose popolazioni rinchiuse, secondo la tradizione biblica, da un'enorme muraglia fatta erigere da Alessandro Magno e che l'Anticristo avrebbe radunato per la battaglia finale: il nome stesso con cui queste genti venivano chiamate, tartari, evocava il Tartaro, l'inferno della mitologia classica.

Missionari, mercanti e viaggiatori

L'improvvisa ritirata dovuta alla morte di Ogodei (1241) consentì alle corti europee e alla Chiesa di elaborare una strategia di maggiore conoscenza del nemico, magari con la possibilità di evangelizzarlo e usarlo come alleato contro le potenze musulmane.

L'Oriente fantastico di tante leggende, tra cui quella del Prete Gianni, sovrano cristiano che dalle sue ricchissime terre sarebbe giunto in aiuto della cristianità in pericolo, il luogo in cui si diceva si trovasse l'Eden, il Paradiso terrestre, ma anche terre popolate da uomini deformi e animali sconosciuti e mostruosi: questo immenso territorio mitico e pressoché sconosciuto iniziò a essere esplorato e attraversato da mercanti e viaggiatori. Tra le prime missioni, la più nota è quella del francescano Giovanni di Pian del Carpine che, partito nel 1245 e raggiunta Karakorum, tornò nel 1247 con una minacciosa lettera da parte del nuovo khan, Güyüg, che intimava al papa e ai principi della cristianità di sottomettersi al suo potere. Stessi risultati ebbe una nuova importante missione, ispirata da Luigi IX di Francia e compiuta tra il 1253 e il 1255 da un francescano fiammingo, Guglielmo di Rubruk, presso il gran khan Mongke. La sua relazione di viaggio è ricchissima di aspetti diplomatici ed economici e narra di come la rude civiltà nomade e pastorale mongola si stesse modificando al contatto con le raffinate culture persiana e cinese.

Marco Polo e Kubilai Khan

Nel contesto di questo complesso ambito culturale, in cui un ruolo di rilievo è occupato dal cristianesimo nestoriano, si inserirono le missioni mercantili, tra le quali famosissima è quella dei fratelli veneziani Niccolò e Matteo Polo, e poi del figlio di Niccolò, Marco (1254-1324), che racconta di avere conosciuto Kubilai Khan e di essere addirittura entrato al suo servizio. L'affascinante resoconto di questo viaggio durato oltre vent'anni, tra il 1271 e il 1295, noto come *Milione* (o, in francese, *Devisement du monde*), fu redatto dal pisano Rustichello, compagno di prigionia di Marco a Genova sul finire del XIII secolo, ed è una delle opere più celebri della letteratura di viaggio di tutti i tempi.

▲ Il palazzo del gran khan a Khanbaliq, miniatura da un'edizione francese del *Milione*, XV secolo.

Il bilancio di un secolo di contatti

Altre missioni francescane, come quelle di Giovanni di Montecorvino (1294 e 1308), Odorico da Pordenone (1325-28) e Giovanni de' Marignolli (1342), riuscirono a fondare un episcopato cattolico a Khanbaliq e a Zayton, in Cina meridionale, che però non sopravvisse molto oltre la metà del Trecento: l'affermazione della dinastia Ming, ostile al cristianesimo diffusosi negli anni di Kubilai, aveva spostato gli assi dei propri interessi verso l'Oriente e le vie di comunicazione verso Occidente divennero molto più insicure.

Insieme con una rinnovata visione del mondo e una maggiore conoscenza dell'universo mongolo e cinese, missionari, mercanti e viaggiatori occidentali riportarono innovazioni che avrebbero avuto un'enorme fortuna: armi da fuoco e polvere da sparo, cartamoneta, seta, tessuti stampati, xilografia, nuove tecnologie in campo metallurgico e idraulico. ■

Grandi trasformazioni tra Asia e Africa | **CAPITOLO 7**

rendendo così estremamente vitale dal punto di vista economico quei territori che conosciamo come "**via della seta**": tra le merci di maggior pregio vi erano sete, broccati d'oro, pellicce – impiegati nell'abbigliamento dei nobili mongoli e nell'arredamento delle loro tende – e porcellane, decorate con pigmenti blu ricavati dal cobalto iraniano. Queste stesse merci, insieme con carta e spezie, facevano la fortuna anche dei mercanti occidentali, in particolare veneziani e genovesi, che attraverso i porti del Mediterraneo orientale e del Mar Nero diffondevano questi beni nell'Europa occidentale [9].

L'élite militare turco-mongola in Persia si era islamizzata rapidamente e traeva la propria legittimazione a governare tanto dalle tradizioni mongole quanto dalla letteratura persiana. **Opere storiografiche** di grande respiro culturale furono redatte a questo scopo: la più grande di queste, il *Compendio delle storie* di Rashid ad-Din, pubblicata nel 1318, abbracciava in un'unica prospettiva la storia cinese, indiana, europea, mongola e islamica. Come gli altri conquistatori turchi, i mongoli dimostrarono gusto e perizia tecnica nella realizzazione di opere architettoniche, di pitture e manoscritti.

Tamerlano Il regime il-khanide durò sino al 1335 quando, per mancanza di un unico erede, si frammentò in piccoli potentati locali. Questi furono poi ricompresi in un nuovo impero, fondato da **Timur** (1370-1405), detto Timur-e Lang ("Timur lo Zoppo", da cui il **Tamerlano** delle fonti occidentali). Nato in un villaggio a un centinaio di chilometri a sud di Samarcanda, fu a lungo impegnato nei conflitti che opponevano vari capi nel Khanato Chaghatai, per poi essere proclamato **unico khan** di Transoxiana nel 1370. Sebbene si sentisse pienamente erede di Genghiz Khan, di cui aveva sposato una discendente, egli preferì fregiarsi del titolo arabo di *amir kabir* ("grande emiro"): sostenne infatti con vigore la **religione islamica**, professandosi un *ghazi* ("guerriero per la fede"), e si guadagnò così il favore delle élite musulmane di Samarcanda, scelta come capitale.

Rafforzato in questo modo il proprio controllo territoriale, intraprese una serie di straordinarie conquiste in Persia, India settentrionale, Anatolia, Siria, Russia meridio-

---

percorsi storiografici p. 332
L'Illuminismo perduto sulla via della seta
P. Frankopan,
S. Frederick Starr

Un interessante sintesi culturale

L'ascesa al potere

video
L'avventura di Tamerlano

Lo scontro con gli ottomani

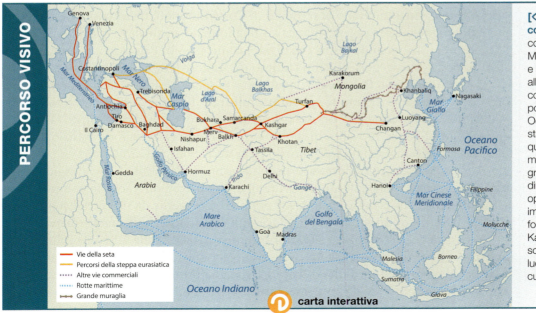

PERCORSO VISIVO

- Vie della seta
- Percorsi della steppa eurasiatica
- Altre vie commerciali
- Rotte marittime
- Grande muraglia

carta interattiva

[9] Le vie dei commerci La regione compresa tra Mediterraneo orientale e Mar Nero sino all'Himalaya può essere considerata come un ponte tra Oriente e Occidente ed è sempre stata un crocevia di civiltà: qui sono nate le prime metropoli, gli imperi e le grandi religioni. Città ora dimenticate, come Merv, oppure oggi associate a immagini di violenza e fondamentalismo, come Kabul, Mosul o Aleppo, sono state per secoli luoghi di splendore culturale ed economico.

235

SEZIONE III CRISI E PROCESSI DI RIORGANIZZAZIONE [SECOLI XIV-XV]

nale [👁10]. Fu un grande stratega, capace di sbaragliare eserciti molto più numerosi dei suoi, ma ebbe anche fama di spietato repressore di ogni dissenso. Le monarchie cristiane europee guardarono con favore l'espansione di Tamerlano: da un lato, speravano in una nuova epoca di pace sotto un unico dominatore asiatico che garantisse sicurezza ai commerci tra Mediterraneo e Asia centrale; dall'altro, speravano che le sue armate sopraffacessero quelle dei turchi Ottomani, che già circondavano Costantinopoli e che nel 1396 avevano battuto a Nicopoli un esercito occidentale. Nel 1402 Tamerlano sconfisse e imprigionò il sultano ottomano, Bayezid I, e sembrò quello il momento in cui la cristianità orientale sarebbe stata definitivamente liberata dalla minaccia ottomana.

Morte e successione

Tuttavia Tamerlano, ormai settantenne, morì nel 1405, marciando contro la Cina dei Ming: le speranze occidentali furono deluse e il suo impero si divise. Una parte andò a suo nipote, che prese il titolo di **Ulugh beg** ("Grande signore"). Sotto il suo regno fu terminata la costruzione del Mausoleo di Tamerlano, il Gur-i Amir [👁11], e fu favorita una **ricca vita culturale**: numerosi edifici a Samarcanda, Herat e Balkh testimoniano un grande fervore scientifico, che si espresse soprattutto in campo matematico e astronomico. Un discendente di Tamerlano, conosciuto come Babur ("leopardo", "pantera"), ai primi del XVI secolo fondò invece un potente impero in India, detto "**moghul**" proprio dall'origine mongola dei conquistatori.

> **rispondi**
> **1.** Quali sono gli effetti, sul piano culturale, della conquista mongola della Cina?
> **2.** Quali rapporti stabilisce Tamerlano con la tradizione islamica? **3.** Che cos'è la via della seta?

7.3 Il tardo Impero bizantino e la fondazione dell'Impero ottomano

La fine dell'Impero latino d'Oriente L'Impero latino d'Oriente, nato in seguito alla quarta crociata [▶ cap. 6.1], era una **formazione politica molto debole**: all'interno la sua coesione era minata da ducati e principati personali, di fatto autonomi (Regno di Tessalonica, ducati di Acaia e Atene); all'esterno era minacciato dagli imperi di Nicea e Trebisonda e dal Despotato d'Epiro, controllati dalle famiglie bizantine dei Lascaris e dei Comneni, che puntavano al recupero di Costantinopoli; un'ulteriore minaccia era poi rappresentata dalla potenza bulgara. Abbandonato anche dagli occidentali, lo Stato cadde nel 1261, quando il sovrano di Nicea, Michele VIII Paleologo, riconquistò Costantinopoli costringendo all'esilio l'ultimo imperatore latino, Baldovino II [👁12].

Lo sviluppo culturale

Con la dinastia dei **Paleologhi**, la più longeva sul trono imperiale, l'Impero bizantino visse un momento di **grande splendore culturale**. Le opere cardine dell'aristotelismo latino furono tradotte in greco, per ispirazione del patriarca Gennadio II Scolario (1405-73), entrando nel dibattito filosofico bizantino e scontrandosi con una forte tradizione platonica, sostenuta invece dal filosofo Giorgio Gemisto Pletone (1355/60-1452 ca.).

Diseguaglianze e instabilità sociale

A questo fervore culturale non corrispondeva una realtà politico-sociale salda. I contrasti tra potenti famiglie di proprietari terrieri, la cui egemonia sociale non poteva essere limitata dall'imperatore, e le masse popolari impoverite da un'eccessiva pressione fiscale e da un'**economia in crisi** producevano uno stato di tensione permanente.

La guerra civile

Alla metà del XIV secolo la situazione politica della capitale fu scossa da una guerra civile tra **fazioni aristocratiche**, che avevano nel comandante militare Giovanni Cantacuzeno il proprio punto di riferimento, e il governatore di Costantinopoli Alessio Apocauco, sostenuto invece dai **ceti mercantili** e dai marinai della flotta imperiale. La rivolta dei sostenitori di Apocauco, detti **zeloti**, contro Cantacuzeno, autoproclamato-

Grandi trasformazioni tra Asia e Africa | CAPITOLO 7

PERCORSO VISIVO

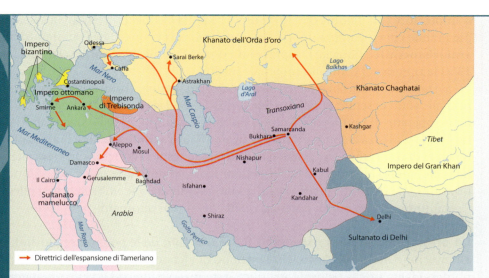

[👁 10] L'impero di Tamerlano (1405)
Le conquiste di Tamerlano rinnovarono le leggende del Prete Gianni e dei Re Magi, che dall'Asia avrebbero portato aiuto all'Europa contro i turchi. Anche i mercanti europei guardavano con favore a una nuova *pax mongolica* che facilitasse i commerci, ma la morte del condottiero consentì la definitiva affermazione degli Ottomani.

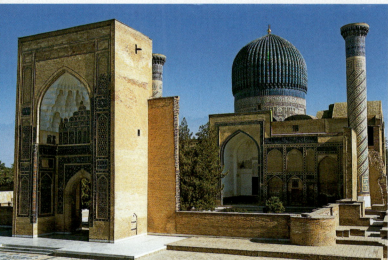

[👁 11] Il Mausoleo di Tamerlano a Samarcanda L'edificio è una delle più importanti architetture mongolo-persiane ed è il modello delle grandi tombe del periodo moghul in India, tra le quali il Taj Mahal di Agra. La tomba fu aperta nel 1941, durante una spedizione archeologica sovietica guidata dallo studioso M. Gerasimov: Tamerlano era alto circa 1,70 m (molto, considerando gli standard dell'epoca e della sua etnia) e riportava menomazioni alla gamba destra, sin dalla nascita, e alla spalla destra, per una ferita riportata all'età di 25 anni.

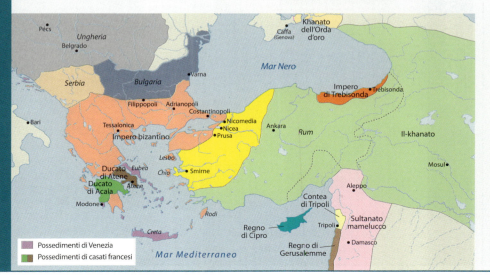

[👁 12] L'Impero bizantino nel 1278
La riconquista di Costantinopoli fece tornare l'impero tra i grandi attori politici nel Mediterraneo, ma occorrevano enormi risorse finanziarie sia per riallestire esercito e flotta, sia per riparare numerosi edifici nella capitale. Ancora più che nel passato, l'enorme città poggiava sulle province come una grande testa su un corpo troppo piccolo e indebolito per sostenerla.

237

SEZIONE III   CRISI E PROCESSI DI RIORGANIZZAZIONE [SECOLI XIV-XV]

si imperatore con il nome di Giovanni V (1347-54), ebbe il suo centro a Tessalonica, la più grande città bizantina dopo Costantinopoli, e si connotò per caratteri **fortemente antiaristocratici**; tuttavia, il sopravvento di una fazione moderata tra i ribelli favorì nel 1350 la ripresa del controllo imperiale in città.

Teorie della conciliazione tra poveri e ricchi

Le tensioni tra ricchi e poveri nella società bizantina, che avevano animato la guerra civile, sono descritte, sul piano letterario, dal *Dialogo dei ricchi e dei poveri*, un'illuminante operetta di un filosofo e uomo politico bizantino, Alessio Macrembolite, che rifuggiva la violenza zelota e teorizzava una **collaborazione tra ceti** e la costituzione di una rete di protezione che evitasse degenerazioni esplosive per il corpo sociale dell'impero. Si trattava, appunto, di elaborazioni teoriche non infrequenti tra gli intellettuali bizantini, ma del tutto inefficaci sulla vita quotidiana: incombeva ormai alle porte di Costantinopoli una nuova potenza, quella dei turchi ottomani.

Una popolazione turca

Le origini dell'Impero ottomano Il disfacimento delle potenze selgiuchidi dinanzi all'invasione mongola causò la migrazione di alcune popolazioni turche all'estremità nordoccidentale della penisola anatolica, a stretto contatto con quanto rimaneva dell'Impero bizantino. Qui si affermò la **dinastia degli Ottomani,** così chiamata dal suo capostipite, **Othman I** (1259 ca.-1326); la loro prima grande conquista fu realizzata nel 1326 dal figlio **Orhan**, che si impadronì di Prusa (Bursa, a sud del Mar di Marmara) e ne fece la propria capitale, conquistando poi nel giro di pochi anni Nicea e Nicomedia.

Una rapida conquista

Gli Ottomani proseguirono da qui le proprie azioni militari in Asia Minore e nella penisola balcanica, che presto caddero sotto il loro controllo: nel 1389 Murad I sconfisse i serbi nella decisiva battaglia di Kosovo Polje ("il campo dei merli"), pur perdendovi la vita, mentre già dal 1361 **Adrianopoli** (l'odierna Edirne), sul suolo europeo, aveva sostituito Bursa come capitale [◉13]. Costantinopoli era stata sostanzialmente aggirata e il suo destino era segnato: nel 1396 a Nicopoli un esercito composto da ungheresi, valacchi, Cavalieri teutonici e giovanniti fu sbaragliato dal sultano Bayezid I.

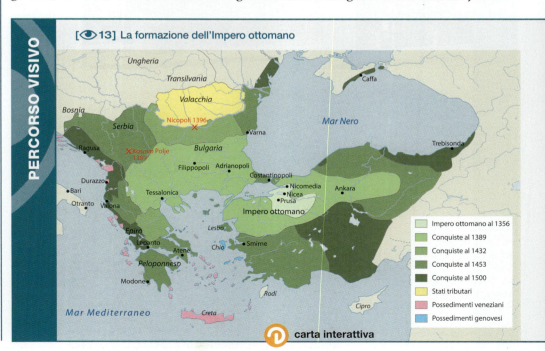

PERCORSO VISIVO   [◉13] La formazione dell'Impero ottomano

carta interattiva

238

Grandi trasformazioni tra Asia e Africa | **CAPITOLO 7**

La caduta di Costantinopoli Nel 1402 l'**Impero bizantino era ridotto alla capitale**, ai suoi immediati sobborghi e alla parte centromeridionale del Peloponneso. Venezia si trovò a dover difendere l'Adriatico e cercò di presidiare le città costiere dell'Epiro, Durazzo e Valona, e le isole nell'Egeo. Le trattative di Costantinopoli per ricevere aiuti dall'Europa, favorite almeno temporaneamente dalle difficoltà ottomane con Tamerlano, ebbero scarsi risultati. Già nel 1369 un viaggio dell'imperatore Giovanni V a Roma, e a Venezia l'anno successivo, non aveva sortito alcun effetto: anzi aveva destato scandalo sul piano interno la sua conversione al cattolicesimo, fortemente avversata dalle gerarchie ortodosse.

Allo stesso modo, a nulla valsero i **tentativi diplomatici** dell'imperatore Manuele II, che tra il 1399 e il 1403 viaggiò in Europa e promosse l'unione delle due Chiese presso il papa. Imperatore intellettuale, autore di trattati politici e teologici di rilievo, Manuele tentò un'**ultima difesa** dell'impero costruendo una grande linea fortificata sull'istmo di Corinto, per proteggere il Peloponneso da attacchi turchi, ma ormai la situazione era disperata. La potenza ottomana, ristabilita dopo la morte di Tamerlano, si era infatti consolidata con i sultani Mehemet (Maometto) I (1413-21) e Murad II (1421-51): a nulla erano valsi i tentativi di difendere grandi città, come Tessalonica (recuperata con altri territori nel 1403 grazie a un trattato), che cadde nel 1430, o di sconfiggere in campo aperto gli eserciti turchi, vittoriosi sia a Varna che in Kosovo.

Nel frattempo, alla morte di Manuele nel 1425, il successore Giovanni VIII tentò ancora una volta di assicurarsi l'appoggio occidentale. Nel 1438 giunse a Ferrara, dove si teneva un concilio per discutere delle condizioni dell'entrata della Chiesa ortodossa in quella cattolica romana, unione che fu formalmente proclamata nel 1439, ma che non ebbe alcun effetto pratico. Il 29 maggio del 1453, il sultano **Maometto II** (1451-81), dopo due mesi d'assedio, scatenò l'attacco generale contro Costantinopoli. Con la difesa eroica dell'ultimo imperatore, Costantino XI, **finiva dopo un millennio l'Impero bizantino** [👁14].

L'isolamento dell'impero

 video
La caduta di Costantinopoli

Le ultime difese

La conquista ottomana di Costantinopoli

▭── **percorsi storiografici** p. 336
Il declino dell'impero e l'eredità della civiltà bizantina
G. Ostrogorsky, A. Cameron

[👁14] **Da Costantinopoli a Istanbul**
Con la conquista di Costantinopoli da parte di Maometto II (qui raffigurata in una miniatura occidentale del XV secolo) si diffuse l'uso del nome Istànbul per designare la città. Il termine era impiegato in testi armeni e arabi, e poi turchi, già nel X secolo e nasce dall'espressione greca "*eis ten Polin*", ovvero "verso la Città", la *Polis* per antonomasia, capitale dell'Impero romano; tra la popolazione turca si era invece diffusa una falsa etimologia da "*Islambol*", ovvero "abbondante di islam", attribuita proprio al conquistatore. I due nomi, Costantinopoli e Istanbul, convissero nella lingua formale e cancelleresca ottomana sino agli inizi del XX secolo, quando, con la fondazione della Repubblica di Turchia, Istanbul divenne la dizione ufficiale.

SEZIONE III CRISI E PROCESSI DI RIORGANIZZAZIONE [SECOLI XIV-XV]

Le conquiste nel Mediterraneo e nell'area balcanica

L'espansione dell'Impero ottomano Il nuovo impero fondò la propria azione politica e amministrativa ispirandosi a principi di **accentramento del potere** e di lenta e progressiva **islamizzazione** delle popolazioni con cui i conquistatori entravano via via in contatto: più intensa nelle regioni anatoliche e nelle regioni sudorientali della **penisola balcanica** (Tracia, Macedonia, Bulgaria meridionale), più debole e più contrastata dalla presenza cristiano-ortodossa in quelle occidentali e meridionali (Bosnia, Albania, Serbia, Peloponneso). Alcuni possedimenti o Stati autonomi cristiani conservarono la loro autonomia pagando tributi, come la Morea (Peloponneso), l'isola di Chio, il Ducato di Nasso nell'Egeo, l'Impero greco di Trebisonda, la Repubblica di Ragusa sull'Adriatico, mentre la Grecia, la Bosnia, l'Erzegovina e la Serbia, nonostante la strenua resistenza, caddero in mano ottomana entro la fine del XV secolo. Anche Venezia e Genova subirono alcune perdite territoriali: Trebisonda e le colonie genovesi in Crimea caddero in mano ottomana tra il 1461 e il 1475, mentre i veneziani persero Lesbo (Mitilene) e l'Eubea (Negroponte), conservando però le basi di Corone, Modone, Monembasía e Lepanto. Il khan della Crimea diventò vassallo del sultano e fu suo valido sostegno nella politica verso l'**Europa centrorientale**: qui l'**Ungheria** riuscì a mantenersi indipendente, fermando gli Ottomani in Transilvania, mente Valacchia e Moldavia mantennero la propria autonomia diventando tributari dell'impero. L'**Albania** resistette per molti anni con l'aiuto di Venezia e per l'abilità militare di Giorgio Castriota Skanderbeg (1403-68), ma alla sua morte diventò quasi per intero **possedimento ottomano**.

Padroni di Valona, dalle coste albanesi gli ottomani attaccarono **Otranto** nel 1480 uccidendone centinaia di abitanti, determinati a non arrendersi. La presenza turca in Italia durò un anno, tra 1480 e 1481, e terminò per gli effetti delle discordie tra i figli di Maometto II e per l'iniziativa militare della corona aragonese di Napoli, che intraprese un ampio programma di **fortificazione delle città e delle coste** dell'Italia meridionale.

Dopo Maometto II, i successori Bayezid II, Selim I e Solimano I furono impegnati per circa un secolo in Siria, Arabia, Egitto e Africa settentrionale, conseguendo risultati anche nel consolidamento della frontiera orientale verso la Persia.

rispondi

1. Quali contraddizioni convivono nel tardo Impero bizantino dei Paleologhi? **2.** Come si afferma la dinastia degli Ottomani in Asia minore e quali rapporti intrattiene con le potenze vicine? **3.** Quali strategie di integrazione politica, amministrativa e religiosa adottano gli Ottomani?

7.4 L'Africa subsahariana

La frammentazione politica del mondo islamico

Le società africane Abbiamo già visto come nel corso del X secolo l'istituzione califfale abbaside fosse andata incontro a processi di **frammentazione [▶ cap. 3.1]**. Sebbene formalmente la *umma*, la comunità islamica dei credenti, fosse concepita in modo unitario, la realtà storicamente realizzata fu molto più complessa, al punto che è più opportuno parlare di **società islamiche**, al plurale, piuttosto che di un'unica società. La stessa cosa vale anche in Africa: se è vero che le istituzioni nordafricane avevano forti tratti in comune con quelle del Vicino Oriente, è altrettanto vero che le società africane a sud del Sahara, dell'area sudanese o della costa swahili (corrispondenti agli attuali Kenya e Tanzania) svilupparono **esperienze politiche** dai tratti molto **originali**.

Gli Stati del Sudan

L'Africa centroccidentale Nell'area geografica compresa tra la foce del Senegal e il Mar Rosso e tra i corsi dei fiumi Zambesi e Lipompo esistevano già, sul finire del X secolo, formazioni statali complesse di tipo monarchico e con ampi insediamenti urbani. Nell'intera zona, definita in arabo *bilad al-Sudan* ("terra dei neri") dai viaggiatori e

240

Grandi trasformazioni tra Asia e Africa · **CAPITOLO 7**

mercanti musulmani, il controllo delle vie carovaniere tra Atlantico e Mediterraneo, con gli scambi tra i prodotti delle foreste pluviali (oro, avorio, pelli, compresi gli schiavi) e quelli dell'Africa centrale e mediterranea (sale, tessuti e manufatti) era sempre stato di grande importanza strategica e aveva consentito l'affermazione di **vasti imperi e regni** tra il corso del Niger e l'Atlantico, come quelli del **Ghana**, del **Mali**, del **Benin** e **Songhai**, e tra Niger e lago Ciad, come quello di **Kanem-Bornu** [👁15].

La formazione dello Stato almoravide, a occidente, e del Califfato fatimide a oriente [▶ cap. 3.1] aveva iniziato a drenare risorse dall'Africa subsahariana, incrementando i commerci e lo sfruttamento delle vene aurifere dei giacimenti forestali africani, ma anche disarticolando alcuni imperi, come quello del Ghana, che soccombette all'espansione almoravide alla metà dell'XI secolo. In generale, tuttavia, l'**incontro con l'islam** non fu troppo conflittuale per queste società. L'attività dei mercanti musulmani era infatti rigidamente regolamentata dai sovrani e sul piano sociale la loro presenza era confinata in cittadelle ai margini dei grandi centri urbani. La solida struttura militare di questi regni, che potevano armare eserciti di decine di migliaia di guerrieri, rafforzata da una concezione sacrale della regalità, impedì a lungo la formazione di Stati islamici. Le potenti formazioni del Nord erano d'altro canto troppo lontane per tentare di imporsi al di là del Sahara. Le élite mercantili musulmane costituirono tuttavia comunità abbastanza potenti da influenzare la politica di questi regni e gli esiti di questa pressione furono generalmente caratterizzati da una **lenta islamizzazione delle aristocrazie**, dopo secoli di contatti reciproci e coabitazione, mentre la gran parte delle popolazioni

Una lenta penetrazione culturale islamica...

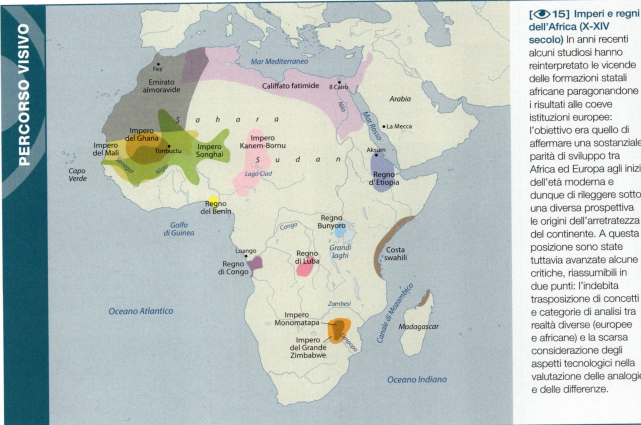

PERCORSO VISIVO

[👁15] **Imperi e regni dell'Africa (X-XIV secolo)** In anni recenti alcuni studiosi hanno reinterpretato le vicende delle formazioni statali africane paragonandone i risultati alle coeve istituzioni europee: l'obiettivo era quello di affermare una sostanziale parità di sviluppo tra Africa ed Europa agli inizi dell'età moderna e dunque di rileggere sotto una diversa prospettiva le origini dell'arretratezza del continente. A questa posizione sono state tuttavia avanzate alcune critiche, riassumibili in due punti: l'indebita trasposizione di concetti e categorie di analisi tra realtà diverse (europee e africane) e la scarsa considerazione degli aspetti tecnologici nella valutazione delle analogie e delle differenze.

SEZIONE III | **CRISI E PROCESSI DI RIORGANIZZAZIONE [SECOLI XIV-XV]**

non si convertì, reinterpretando la nuova religione nel quadro dei culti politeisti e animisti che le caratterizzavano.

... fino a un'importante assimilazione

L'adesione delle élite all'islam, che si presentava come culto unificante per imperi multietnici e multiculturali, comportava numerosi vantaggi:

- agevolava il **commercio**, grazie all'adozione di misure standard;
- favoriva le **relazioni diplomatiche** con le realtà politiche dell'Africa mediterranea;
- forniva strumenti per un più efficace controllo politico e sociale, grazie alla diffusione di un'omogenea **cultura scritta**.

Questa fu l'occasione, per molti esponenti delle élite culturali e politiche sudanesi, di conoscere il Mediterraneo e il Vicino Oriente, anche grazie alla pratica dello *haji*, il rituale **pellegrinaggio alla Mecca** obbligatorio per ogni buon musulmano almeno una volta nella vita. Le università islamiche del Nord si aprirono a studenti provenienti dall'Africa subsahariana e già nel XII secolo vi erano in Ghana dottori della legge e lettori del Corano educati in Marocco, mentre nei secoli successivi fu aperta al Cairo una *madrasa* per pellegrini e studenti originari del Sudan; intorno al 1330 sorse infine la prima università islamica a Timbuctu, fondata dal sovrano del Mali **Mansa** ("imperatore") **Musa** (1312-37) [◉16]. Le aristocrazie sudanesi ebbero così modo di migliorare la propria conoscenza del Mediterraneo già prima dell'arrivo dei portoghesi, avvenuto nel XV secolo.

Una ricca testimonianza dell'ammirazione con la quale i viaggiatori guardavano a queste civiltà è data da uno di essi, il berbero Ibn Battuta (1304-77), particolarmente colpito dalla prosperità di agricoltura e commercio nel Mali, dalla giustizia e dalla magnanimità del suo sovrano e dalla sicurezza garantita a mercanti e viaggiatori [▶ FONTI].

PERCORSO VISIVO

[◉16] **L'uomo più ricco della storia** La favolosa ricchezza di Mansa Musa era ben nota anche in Occidente, come dimostra questa miniatura che lo ritrae in trono con corona, scettro e una moneta d'oro in mano. L'Atlante di carte nautiche da cui è tratta l'immagine venne realizzato intorno al 1375 dal cartografo maiorchino ebreo Abraham Cresques (o dalla sua scuola) ed è in lingua catalana. L'opera risulta presente nelle collezioni librarie del re di Francia Carlo V già nel 1380 ed è ora conservata nella Biblioteca nazionale di Francia.

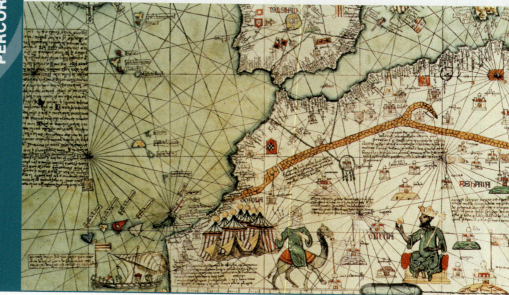

Grandi trasformazioni tra Asia e Africa | **CAPITOLO 7**

FONTI

▲ Ibn Battuta in una miniatura del XIV secolo.

Ibn Battuta nella terra dei neri (*al-Sudan*)

■ Ibn Battuta partì nel 1325 per il pellegrinaggio verso i luoghi santi ed ebbe così il modo di visitare numerosi paesi islamici, dall'Egitto all'India, dalle Maldive al Niger. Nel 1356 terminò la sua cronaca di viaggio, il cui titolo completo è *Un dono di gran pregio per chi vuol gettar lo sguardo su peripli inconsueti e città d'incanto*. Nel brano qui riportato sono lodati il senso di giustizia e la sicurezza di cui ha goduto nel Sultanato del Mali, nonché il sincero sforzo di adesione all'islam, nonostante perdurino consuetudini e tradizioni alimentari e di abbigliamento che confliggono con la religione dei "bianchi", musulmani nordafricani e asiatici.

> Fra quanto mi è sembrato buono vi è che dai neri l'ingiustizia è un fatto raro – non c'è gente al mondo che l'aborrisca di più – e il loro sultano non mostra indulgenza con nessuno se ne renda colpevole. Un'altra cosa buona è la sicurezza che, in linea di massima, regna nel loro paese, per cui viaggiatori e abitanti non devono mai temere di incontrare un ladro o un aggressore. O ancora il fatto che i neri non prelevano nulla dai beni dei bianchi che muoiono nel loro paese, nemmeno se si tratta di fortune immense: li lasciano in mano a un bianco affidabile sinché gli eredi non vanno a prenderli. E poi la loro stretta osservanza delle preghiere, l'impegno con cui partecipano alle riunioni della comunità e il fatto di battere i figli che vengono meno a tali norme. Il venerdì[1] chi non va alla moschea di buon'ora non trova più posto, tanto c'è affollamento […]. Un'altra cosa buona, poi, è l'usanza per cui, il venerdì, indossano tutti dei begli abiti bianchi, e se qualcuno possiede solo una camicia logora, la lava per bene prima di mettersela per andare alla preghiera. Senza contare lo zelo con cui studiano l'eccelso Corano: addirittura, se un figlio si dimostra svogliato nell'apprenderlo a memoria gli mettono una catena e non gliela tolgono finché non l'ha imparato. […] Per quanto riguarda le cattive usanze vi è che le domestiche, le ancelle e le ragazze giovani si mostrano nude in pubblico senza nemmeno celare le pudenda […]. O ancora l'usanza di coprirsi la testa polvere e cenere in segno di buona educazione e di rispetto; […] infine il fatto che molti neri mangiano carne di animali non sgozzati, cani e asini[2].

Ibn Battuta, *I viaggi*, a cura di C.M. Tresso, Einaudi, Torino 2008

- Ibn Battuta sottolinea qui la sicurezza non solo fisica, ma anche giuridica di cui i mercanti e i loro beni godono nel Mali.

- La necessità di non mostrarsi nudi è fortemente affermata dalla tradizione islamica, già a partire dal Corano.

- La norma coranica proibisce il consumo alimentare di sangue. La macellazione degli animali prevede dunque la recisione dei grandi vasi del collo, causando il dissanguamento totale della bestia.

1 Il venerdì: la preghiera comune del venerdì sera è un obbligo per il credente.

2 cani e asini: cibi considerati impuri e pertanto vietati dalle norme alimentari islamiche.

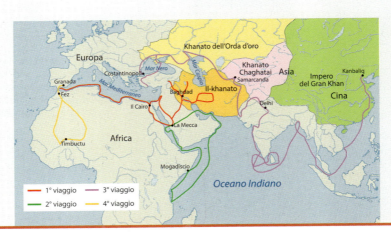

◀ I viaggi di Ibn Battuta.

243

SEZIONE III — CRISI E PROCESSI DI RIORGANIZZAZIONE [SECOLI XIV-XV]

Una lenta penetrazione commerciale islamica

bantu Definizione, sulla base di un criterio linguistico, delle popolazioni dell'Africa centrale, orientale e australe.

sincretismo Fusione di dottrine (religiose, filosofiche) o culture di origine diversa, con conseguente parziale contaminazione.

L'Africa orientale Già dal VII secolo la costa orientale africana era inserita in un'**ampia rete commerciale** che la connetteva con i centri dell'Oceano Indiano. Merci provenienti dall'interno del continente e scambiate dalle popolazioni nere bantu con i mercanti islamici insediati in piccole colonie sulla costa giungevano sino ai mercati asiatici; da qui manufatti realizzati in Asia centrale e orientale (tessuti, ceramiche, porcellane) giungevano sulle coste africane. L'insediamento musulmano in Africa orientale ebbe caratteri ed esiti profondamente diversi da quelli che accompagnarono la conquista dell'Africa del Nord e del Vicino Oriente: si dispiegò infatti nell'arco di secoli e fu sostanzialmente di carattere commerciale. Insediamenti di tipo urbano sono infatti databili solo intorno al IX-X secolo – Mogadiscio, Merca, Brava sulla costa somala –, favoriti dal commercio di oro proveniente da Grande Zimbabwe, capitale di un regno compreso tra gli attuali Zimbabwe e Mozambico; numerosi altri centri furono poi fondati tra il XII e il XIII secolo sino a contare circa 40 città musulmane, tra cui Malindi e Mombasa. In questo contesto territoriale non si svilupparono grandi formazioni statali, come invece accadde nella regione dei laghi (Bunyoro), sull'altopiano dello Zimbabwe (dove nel XV secolo all'egemonia di Grande Zimbabwe si sostituì l'Impero monomotapa) o in Africa centroccidentale (Luba, Kongo), e così le élite mercantili musulmane ebbero buoni margini per condurre un'**azione politica autonoma** che portò, attraverso accordi con le aristocrazie locali, alla formazione di **città-Stato** [👁 17].

La formazione di una società sincretica

rispondi
1. Come entra la cultura islamica nell'Africa subsahariana? 2. In che senso la cultura swahili è un esempio di sincretismo?

Un panorama politico frammentato dunque, ma fortemente **sincretico** sul piano religioso e sociale. Dalla convivenza dell'islam con le pratiche religiose tradizionali nacque infatti nel XIV secolo una società dai tratti originali, nota come **swahili** (da *sahil*, "costa"): la lingua swahili, di ceppo linguistico bantu ma con molte parole derivate dall'arabo, divenne da quel momento lingua franca per tutta l'Africa orientale e per gran parte di quella centrale. Sostanzialmente pacifici, almeno sino al XV-XVI secolo, furono poi i rapporti tra queste città e il Regno cristiano d'Etiopia, in cui, come in Egitto e nel Vicino Oriente, era diffuso il monofisismo, dottrina già condannata come eretica nel V secolo al Concilio di Calcedonia [▶ cap. 0].

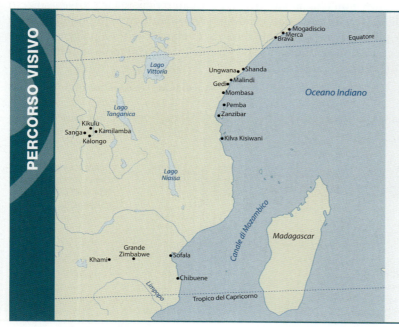

PERCORSO VISIVO

[👁 17] Le città-Stato dell'Africa swahili
Le città-Stato swahili sono state per molto tempo rappresentate come entità chiuse, simili a quelle della Grecia antica, sempre in contrasto l'una con l'altra e gelose della propria identità soprattutto rispetto ai nativi africani non ancora islamizzati. In realtà le città swahili erano caratterizzate da una fluidità sociale e da una permeabilità nei riguardi dell'entroterra indigeno molto rilevanti. Sussistevano dunque rapporti di tipo militare, politico e commerciale (per esempio riguardo il commercio di schiavi) tra élite swahili e tribù africane: il fatto che queste ambissero all'integrazione spiega il processo di penetrazione dell'islam anche nell'interno del continente.

VERSO LE COMPETENZE

esercitazione

● USARE IL LESSICO

1. **Spiega sinteticamente (massimo 3 righe) il significato delle seguenti espressioni.**

   Il-khanato – via della seta – Sudan – swahili – sincretismo

● COLLOCARE GLI EVENTI NELLO SPAZIO E NEL TEMPO

2. **Osserva la carta e rispondi alle domande.**

   a) Confronta la carta proposta con quella che riporta le divisioni dell'Impero mongolo a pagina 231. Quali territori attraversa la via della seta?

   b) Quali porti italiani beneficiano delle tratte commerciali?

   c) In quali anni la Cina della dinastia Ming conduce le sue spedizioni esplorative via mare?

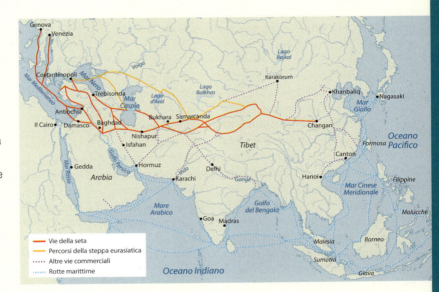

● LEGGERE E VALUTARE LE FONTI

3. **Osserva l'immagine e completa la scheda per l'analisi della fonte.**

In quale contesto è stata prodotta?	
Di che tipo di fonte si tratta?	
Che cosa raffigura?	
Quali informazioni se ne ricavano?	

per approfondire Dai suoi viaggi di esplorazione, l'ammiraglio Zheng He portava straordinarie testimonianze di mondi e culture lontane. La sua flotta era denominata "la flotta dei tesori", le sue imbarcazioni erano grandi come una moderna portaerei. Cerca online un'immagine relativa alle imbarcazioni in oggetto e compila una scheda delle caratteristiche tecniche della nave.

I SAPERI FONDAMENTALI

sintesi **audiolettura**

● LA CONQUISTA MONGOLA DELL'ASIA

▶ **7.1** Il dominio dei mongoli si sviluppa nei vasti territori dall'Europa orientale alla Cina tra il XII e il XV secolo. Il capo mongolo Temujin (1167 ca.-1227), conosciuto come **Genghiz Khan**, pone fine alle guerre tra le tribù mongole e conduce campagne militari che estendono la dominazione mongola dalla Siberia al Tibet, dal Mar Caspio al Mar del Giappone. L'immenso territorio conquistato dai mongoli viene strutturato in grandi regni, con a capo i discendenti di Genghiz Khan.

▶ **7.2** Sotto il regno di **Kubilai Khan** tutto il territorio cinese passa nelle mani dei mongoli (1276). La politica di Kubilai cerca di elaborare una sintesi tra le grandi diversità del territorio cinese: stabilisce la capitale sul sito dell'attuale Pechino, istituisce accademie storiche, letterarie e scientifiche. Nella Cina della nuova dinastia mongola Yuan ogni gruppo etnico segue un proprio ordinamento giuridico. **Forti sentimenti antimongoli** portano, nel 1368, **alla caduta della dinastia Yuan**. La **nuova dinastia imperiale Ming** conduce riforme sociali ed economiche di ampia portata, oltre a un piano di espansione territoriale e commerciale via mare.

In Persia il regime mongolo dura fino al 1335, integrandosi con le strutture amministrative e culturali affermatesi in epoca selgiuchide e favorendo i commerci con il mondo cinese sulla cosiddetta "via della seta". **Tamerlano** (Timur-e Lang) è proclamato khan nel 1370 e, da quel momento in poi, intraprende una serie di conquiste in Persia, India settentrionale, Anatolia e Russia, arrivando anche a insidiare il potere del Sultanato ottomano.

● IL TARDO IMPERO BIZANTINO E LA FONDAZIONE DELL'IMPERO OTTOMANO

▶ **7.3** Con la conquista di Costantinopoli da parte di **Michele VIII Paleologo** (1261) inizia un periodo di grande splendore culturale per l'Impero bizantino, che va di pari passo con forti disuguaglianze e instabilità sociale. Nel corso dei decenni successivi il dominio bizantino riduce progressivamente l'estensione dei suoi possedimenti e, nel frattempo, si afferma in Asia minore e nei Balcani la dinastia degli **Ottomani**, una popolazione turca insediatasi in Anatolia dopo il disfacimento delle potenze selgiuchidi dinanzi all'invasione mongola. Il 29 maggio del 1453, il sultano **Maometto II conquista Costantinopoli** e mette fine all'Impero bizantino. Il nuovo impero avvia un processo di accentramento del potere e di lenta e progressiva islamizzazione delle popolazioni con cui i conquistatori entrano in contatto.

● L'AFRICA SUBSAHARIANA

▶ **7.4** Nell'Africa subsahariana centroccidentale, definita **Sudan** ("terra dei neri") dagli arabi, esistono **importanti formazioni statali** come gli imperi del Ghana, del Mali, del Songhai, del Kanem-Bornu e di Grande Zimbabwe o il regno del Benin. Questi Stati controllano i commerci, dispongono di una notevole forza militare e di solide strutture amministrative. A partire dal X secolo si registra una **lenta penetrazione culturale islamica**, che passa prima di tutto dagli scambi commerciali. La conversione delle élite aristocratiche all'islam agevola il commercio, le relazioni diplomatiche e la diffusione di un'omogenea cultura scritta. In Africa orientale la penetrazione commerciale islamica favorisce la formazione di una **società sincretica** sul piano religioso e sociale. Nasce nel XIV secolo la lingua **swahili**, di ceppo linguistico bantu ma con molte parole derivate dall'arabo.

linea del tempo

1206 — Temujin proclamato Genghiz Khan da un'assemblea di capi tribali mongoli

1227 morte di Genghiz Khan

Grandi trasformazioni tra Asia e Africa — CAPITOLO 7

→ mappa

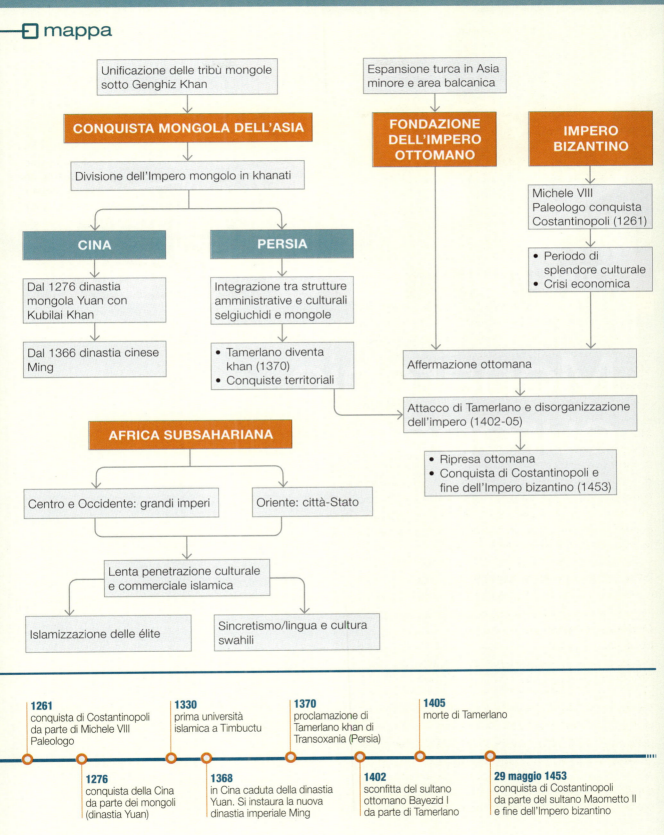

CAPITOLO 8

Monarchie europee

Monarchie nazionali

La storiografia ottocentesca, nel momento più pieno dell'elaborazione della sovranità statuale e di vera e propria "invenzione" delle tradizioni nazionali, ha spesso guardato al tardo Medioevo come a un momento di genesi delle strutture dello Stato nazionale e assoluto che si sarebbe affermato a partire dall'età moderna. Negli Stati tardomedievali venivano cercati i primi caratteri di accentramento del potere regio, di consolidamento delle strutture amministrative e di nascita di un'identità nazionale che avrebbero caratterizzato gran parte dell'Europa del XIX secolo. Successivamente questo modello interpretativo è stato modificato, guardando con più attenzione sia alla pluralità di poteri che continuavano a esercitarsi sul territorio, sia ai loro rapporti con il potere regio, nonché al ruolo che le assemblee rappresentative di vari ceti sociali avevano nel favorire e nel trarre vantaggio dalle trasformazioni dei poteri pubblici. Il processo di formazione di una coscienza nazionale fu inoltre estremamente lento e a lungo interessò soltanto alcune élite. Ecco perché è più opportuno riconoscere agli Stati monarchici tardomedievali una propria specificità, distinta sia dalle monarchie del XII-XIII secolo, sia dagli Stati moderni.

le parole della storiografia

Monarchie europee **CAPITOLO 8**

Per riprendere il filo... Tra l'XI e il XIII secolo, lo sviluppo di sistemi amministrativi sempre più complessi nelle monarchie europee andò di pari passo con l'impiego degli strumenti propri del diritto feudale, al fine di raccordare alla corona i numerosi poteri signorili che esercitavano quote significative di diritti pubblici sul territorio. Questi processi avvennero non senza aspri conflitti, sia all'interno delle compagini monarchiche (si ricordi il confronto tra re e aristocrazia inglese ai primi del Duecento), sia tra monarchie concorrenti (per esempio la concorrenza tra i regni di Inghilterra e Francia per il controllo di territori strategici in terra francese). Un caso diverso fu quello dell'area compresa nell'Impero germanico, dove la fine della dinastia sveva comportò un lungo e difficile interregno.

8.1 La Guerra dei Cent'anni

Conflitti di regalità I processi di consolidamento delle monarchie europee avvennero in un contesto internazionale segnato da conflitti. Il più noto, e quello che maggiormente segnò gli sviluppi futuri delle monarchie inglese e francese, fu la cosiddetta **Guerra dei Cent'anni** (1337-1453). Come si è visto in precedenza, il confronto tra le due corone risaliva, se non già alla conquista normanna del Regno anglosassone, almeno a Enrico II Plantageneto, re d'Inghilterra e vassallo del sovrano francese in virtù del possesso di ampi territori sul continente, e alla successiva iniziativa francese, coronata dal successo ottenuto da Filippo Augusto nella battaglia di Bouvines (1214) [▶ cap. 4.3]. Tra la fine del XIII e i primi del XIV secolo, inoltre, i rapporti tra le due corone si erano inaspriti a causa dell'appoggio che i sovrani francesi fornivano a una parte dell'aristocrazia scozzese, desiderosa di affrancarsi dalla corona inglese per dar vita a un regno autonomo. L'**ambiguità del legame feudale**, tuttavia, che legittimava gli interessi inglesi nel controllo di territori strategici (la zona fiamminga, l'Aquitania), fu la causa principale del lungo conflitto.

Le premesse della guerra

La prima fase del conflitto Causa scatenante del lungo conflitto fu **lo scontro per la successione al trono francese** quando la discendenza diretta della dinastia capetingia si estinse. Nel 1328 Carlo IV morì senza eredi e fu fatto valere il principio dell'illegittimità di una successione femminile: i pretendenti legati appunto per via femminile ai Capetingi, Edoardo III (1327-77) re d'Inghilterra e Filippo III re di Navarra, furono dunque esclusi e la corona passò al cugino Filippo VI, primo della casata dei Valois. Nel 1337, tuttavia, approfittando del conflitto che opponeva le città fiamminghe e la monarchia francese, Edoardo rispolverò le vecchie pretese al trono di Francia: sbarcò in forze nei Paesi Bassi e diede inizio alla guerra. L'intervento militare fu coronato dal successo: la vittoria navale a **l'Écluse** nel 1340 e una grande vittoria campale a **Crécy** nel 1346 consentirono agli inglesi di conquistare, l'anno successivo, lo strategico porto di Calais; in seguito a un'altra vittoria, a **Poitiers** nel 1356, il nuovo sovrano francese, Giovanni II (1350-64), fu addirittura preso prigioniero [👁 1, p. 250].

Le prime vittorie inglesi

In queste battaglie si scontravano due diverse concezioni della guerra e dell'organizzazione militare: dal lato francese, il perno dell'esercito era costituito dalla **cavalleria**

Due concezioni della guerra

249

SEZIONE III   CRISI E PROCESSI DI RIORGANIZZAZIONE [SECOLI XIV-XV]

coscritto Soldato arruolato per il servizio militare obbligatorio.

pesante corazzata, reclutata secondo i meccanismi propri della leva feudale, ispirata da modelli di gloria guerriera e di spirito cavalleresco; da parte inglese, l'esercito era composto da una **disciplinata élite di professionisti** assoldata dalla corona e guidata da capitani con i quali venivano stipulati dettagliati contratti, cui si aggiungevano contingenti di **coscritti** provenienti da ciascuna contea del regno, addestrati all'uso dell'arco lungo (*longbow*), arma che si era rivelata micidiale contro le cavallerie nelle guerre contro gallesi e scozzesi.

La Pace di Brétigny

Una grande rivolta contadina scoppiata nel 1358 (la *jacquerie*, che studieremo in dettaglio nel prossimo capitolo) aggravò la situazione per la monarchia francese, costretta nel 1360 a sottoscrivere una **pace a Brétigny**: con essa il figlio del re prigioniero, Carlo, riconosceva agli inglesi il controllo di ampi territori, mentre Edoardo rinunciava alla corona francese.

I francesi tra ripresa e problemi

La seconda fase Nel 1369 il conflitto riprese, stavolta con esiti più favorevoli agli eserciti francesi, che riuscirono a contenere la **superiorità militare inglese** adottando una **tattica di logoramento**, con rapide incursioni e senza affrontare il nemico in battaglia campale. Nel 1380, quando morì Carlo V, molte **posizioni** erano state **riconquistate** e i possedimenti inglesi si erano ridotti a poche roccaforti in Aquitania (o Guienna) e nel Nord. Negli ultimi anni del secolo si giunse a un riavvicinamento tra gli avversari: fu concordata una tregua nel 1389 e nel 1396 il re inglese Riccardo II sposò la figlia del re di Francia. I problemi maggiori per la corona francese vennero tuttavia da due fattori:

- **la debolezza del nuovo re**, Carlo VI (1380-1422), che rese il paese ingovernabile e preda delle ambizioni dell'alta aristocrazia;

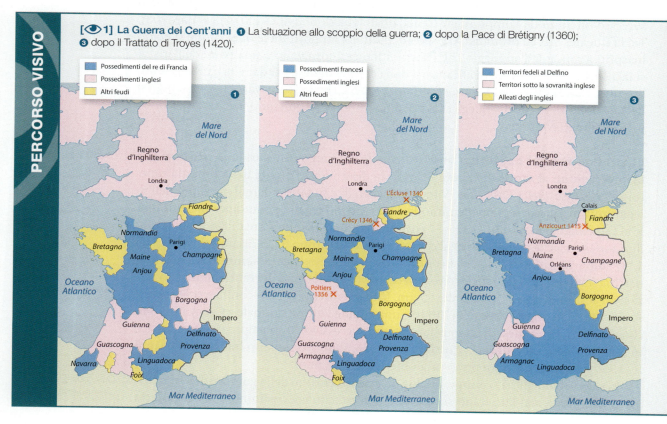

PERCORSO VISIVO

[👁 1] **La Guerra dei Cent'anni** ❶ La situazione allo scoppio della guerra; ❷ dopo la Pace di Brétigny (1360); ❸ dopo il Trattato di Troyes (1420).

Monarchie europee — CAPITOLO 8

- **l'ambiguità politica dei grandi principi**, alcuni dei quali vedevano nella presenza inglese un'occasione per accrescere i propri poteri sottraendosi a quel processo di accentramento del potere regio che, come abbiamo visto [▶ cap. 4.2], era in corso da oltre un secolo.

Prima la **minorità anagrafica** del sovrano, salito al trono nemmeno dodicenne, poi – a partire dal 1392 – la sua conclamata **follia** diedero occasione a due principi irriducibilmente nemici, **Luigi I duca d'Orléans**, fratello di Carlo, e **Filippo II l'Ardito duca di Borgogna** e conte di Fiandra [👁 2], zio di Carlo e di Luigi, di disputarsi il controllo effettivo della corona. Attorno a loro si formarono due fazioni: gli Orleanisti, detti anche **Armagnacchi** per un legame familiare di Luigi con i conti di Armagnac (regione della Francia sudoccidentale), e i **Borgognoni**. Quando, nel 1407, Luigi d'Orléans fu assassinato in seguito a una trama ordita dal figlio di Filippo, Giovanni Senza Paura, scoppiò un aspro conflitto, durante il quale la fazione dei Borgognoni, per sopraffare gli avversari, cercò l'alleanza con la corona inglese, che nel frattempo, in seguito a complesse vicende dinastiche, era passata sotto il controllo della potente casata dei Lancaster.

La rivalità tra Armagnacchi e Borgognoni

La fase finale Con l'ascesa al trono di **Enrico V di Lancaster** (1413-22) l'Inghilterra riprese le ostilità contro la debole corona francese, sul piano sia diplomatico che militare. Dopo aver trattato la neutralità dei Borgognoni, nel 1414 Enrico rivendicò ufficialmente il trono francese chiedendo in sposa Caterina, figlia di Carlo VI. Naufragato questo tentativo, nel 1415 il sovrano inglese intavolò una **dura trattativa** per ritornare all'equilibrio territoriale stabilito a Brétigny, con l'aggiunta della Provenza. Si trattava di condizioni inaccettabili e a una controproposta francese Enrico rispose con l'invasione.

La ripresa della guerra

[👁 2] **Le vicende della casa di Borgogna**
Alcuni territori controllati dalla casa ducale borgognona erano formalmente in territorio imperiale, altri nel Regno di Francia. Ai tempi di Carlo il Temerario (1467-77) questo organismo politico-territoriale comprendeva il Ducato di Borgogna, la Franca Contea, il Ducato di Lussemburgo, il Ducato di Brabante e le contee di Fiandra, Hainaut e Artois. Morto Carlo senza eredi maschi, il Regno di Francia assunse il controllo del ducato, ma le ricche province settentrionali (Fiandre, Olanda, Zelanda, Brabante) continuarono a essere governate dalla figlia, Maria di Borgogna, sposa dell'imperatore Massimiliano I d'Asburgo. Il Trattato di Arras del 1482 divise infine i territori del ducato: la Francia assunse il controllo del Ducato di Borgogna propriamente detto e Massimiliano mantenne il controllo di Fiandre, Paesi Bassi, Lussemburgo e Franca Contea.

SEZIONE III   CRISI E PROCESSI DI RIORGANIZZAZIONE [SECOLI XIV-XV]

La battaglia di Azincourt e le sue conseguenze

Presso il villaggio di **Azincourt**, nel 1415, la fanteria e gli arcieri inglesi sbaragliarono ancora una volta il più numeroso e pesantemente armato esercito francese, che lasciò sul campo migliaia di caduti [👁 3]. Preso prigioniero il duca Carlo d'Orléans, capo della fazione antinglese, Enrico rinsaldò la propria posizione attraverso un'ampia azione diplomatica, volta a garantirsi l'appoggio sia dei Borgognoni, sia dell'imperatore Sigismondo. La morte del **Delfino** di Francia, Giovanni di Valois, e la giovane età del nuovo principe ereditario, Carlo (futuro VII), l'**annientamento dell'esercito**, il controllo di Parigi da parte dei Borgognoni e l'**isolamento diplomatico** permisero a Enrico di rivendicare direttamente per sé la corona francese.

La riunione delle due corone

Il **Trattato di Troyes** del 21 maggio 1420 riconobbe a Enrico **la reggenza del Regno di Francia** e il **diritto di successione**, mentre pochi giorni dopo si celebrò il matrimonio tra il re inglese e Caterina di Valois, figlia di Carlo VI. Entrambi i sovrani, Enrico e Carlo, morirono nel 1422: nuovo re d'Inghilterra e di Francia divenne dunque Enrico VI, di soli nove mesi. Tutto il Nord e l'Ovest della Francia erano in mano inglese, con l'appoggio dei duchi di Borgogna. Nel 1429 ormai sembrava che la guerra fosse prossima alla fine: Orléans, ultima roccaforte del Delfino Carlo, era assediata.

La riscossa dei francesi

Giovanna d'Arco e la conclusione della guerra Qui tuttavia l'intervento di una giovane contadina analfabeta, **Giovanna d'Arco** (Jeanne d'Arc, 1412-31), fu decisivo per le sorti del conflitto. Giovanna, che ottenne l'appoggio di un'influente intellettuale come Christine de Pizan [▶protagonisti], convinse il Delfino di essere inviata da Dio per sconfiggere gli usurpatori inglesi e riuscì, con il suo carisma, a rimotivare l'esercito francese, consentendogli di rompere l'assedio. Una successiva grande vittoria francese a Patay permise a Carlo di raggiungere Reims, dove fu incoronato re come **Carlo VII**, e di consolidare le proprie posizioni nella valle della Loira. Gli inglesi, per ragione di propaganda e legittimazione ideologica, risposero allestendo due cerimonie di incoronazione per **Enrico VI**, nel 1429 in Inghilterra come re inglese e nel 1431 a Parigi come re francese; ma soprattutto catturarono, processarono e condannarono al **rogo per eresia e stregoneria** Giovanna d'Arco (1431) [▶ FONTI, p. 254]. Nel 1435, tuttavia, l'azione

> **Delfino** Dal francese *dauphin*, originariamente soprannome e titolo onorifico dei signori del Delfinato; in seguito (1349) titolo attribuito al primogenito ed erede al trono del sovrano francese.

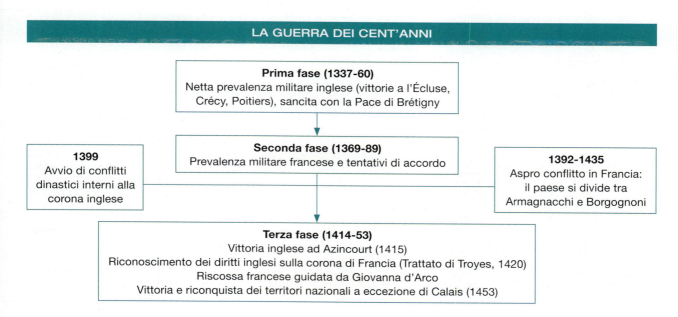

LA GUERRA DEI CENT'ANNI

Prima fase (1337-60)
Netta prevalenza militare inglese (vittorie a l'Écluse, Crécy, Poitiers), sancita con la Pace di Brétigny

Seconda fase (1369-89)
Prevalenza militare francese e tentativi di accordo

1399
Avvio di conflitti dinastici interni alla corona inglese

1392-1435
Aspro conflitto in Francia: il paese si divide tra Armagnacchi e Borgognoni

Terza fase (1414-53)
Vittoria inglese ad Azincourt (1415)
Riconoscimento dei diritti inglesi sulla corona di Francia (Trattato di Troyes, 1420)
Riscossa francese guidata da Giovanna d'Arco
Vittoria e riconquista dei territori nazionali a eccezione di Calais (1453)

Monarchie europee | **CAPITOLO 8**

protagonisti

Christine de Pizan: la donna intellettuale

Il nome è una francesizzazione di Cristina da Pizzano, luogo dell'Appennino bolognese. Era infatti figlia di Tommaso da Pizzano, professore di medicina e astrologia all'Università di Bologna, e nipote per parte materna di un consigliere della Repubblica di Venezia. Nel 1357 Tommaso lasciò Bologna per insegnare a Venezia; qui Cristina nacque, nel 1365. In seguito Tommaso fu chiamato alla corte di Carlo V di Francia e si trasferì a Parigi, dove la famiglia lo seguì qualche anno dopo.

Una scrittrice di professione e di successo

Cristina, sebbene abbia avuto la normale vita che tutti si attendevano avesse una donna (si sposò, ebbe dei figli, si occupò delle faccende domestiche e patrimoniali della famiglia quando rimase vedova), è una figura straordinaria perché è stata la prima donna a concepirsi come scrittrice di professione, che ha guadagnato molto ed è diventata famosa scrivendo libri. Ne ha scritti molti, sia in poesia che in prosa, nel difficilissimo contesto della Francia dilaniata tra Armagnacchi, inglesi e Borgognoni, senza trascurare alcun aspetto del dibattito politico.

Le opere poetiche generalmente ruotano intorno al rimpianto per la morte del marito e per la felice gioventù trascorsa, ma vi è anche occasione di scrivere un poemetto in onore di Giovanna d'Arco, incarnazione della concezione forte e autorevole della donna che Cristina sviluppa nelle opere in prosa. Tra queste, la più famosa è *La città delle dame*, pubblicata nel 1405, dallo spiccato carattere politico e sociale: i motivi dell'oppressione delle donne (violenza, esclusione dal sapere, accuse di scarsa virtù) a causa della misoginia maschile sono analizzati e contestati punto per punto.

Ragione, Rettitudine e Giustizia, le tre "dame" che governano una città abitata solo da donne – regine, guerriere, poetesse, indovine, scienziate, martiri, sante – mostrano il fondamentale ruolo civilizzatore ricoperto dalle donne nella storia umana.

▲ Christine de Pizan in una miniatura francese del XV secolo.

PERCORSO VISIVO

◀ La battaglia di Azincourt, miniatura da un manoscritto inglese, XV secolo.

[👁 3] Il vincitore di Azincourt L'arco lungo (*longbow*) usato dagli inglesi durante la Guerra dei Cent'anni aveva un'efficacia di tiro pari a quella di una balestra ma era molto più rapido da ricaricare. La quantità di frecce lanciate, e con una così alta forza di penetrazione nelle armature, scompaginava i reparti di cavalleria pesante, cuore degli eserciti feudali francesi. Per quanto però fosse abbastanza facile costruire un arco lungo, non lo era altrettanto maneggiarlo: richiedeva infatti molta forza e una lunga pratica, che veniva incentivata attraverso le tante gare di tiro nelle contee.
Nonostante i successi ottenuti dagli inglesi, l'arco lungo fu usato molto raramente nell'Europa continentale, anche perché di lì a poco avrebbero fatto il loro ingresso sui campi di battaglia le armi da fuoco.

SEZIONE III — CRISI E PROCESSI DI RIORGANIZZAZIONE [SECOLI XIV-XV]

politico-militare inglese subì due duri colpi: morì il duca di Bedford, reggente per il re e vero artefice della politica sul continente, e **si sciolse l'alleanza con i Borgognoni**, che si riavvicinarono ai Valois consentendo il ritorno di Parigi in mano francese. Nonostante alcune trattative e alleanze matrimoniali tentate da Enrico VI per ridurre gli esiti negativi di queste vicende, in breve tempo si tornò a uno stato di guerra.

Rispetto al passato, ora l'esercito francese poteva contare su un'**organizzazione** più efficiente e su un **reclutamento** molto più ampio: Maine, Normandia e Guascogna tornarono in mano francese tra il 1448 e il 1450. Quando anche l'Aquitania, possedimento inglese sin dal XII secolo e molto legato economicamente e ideologicamente alla corona inglese, cadde nel 1453, la guerra si concluse con la **definitiva vittoria della Francia**. Dell'originario dominio plantageneto sul continente rimaneva solo la città di Calais, che sarebbe stata perduta nel 1558. I sovrani inglesi continuarono tuttavia a fregiarsi – in modo puramente nominale – anche del titolo francese sino ai primi del XIX secolo.

rispondi
1. Quali sono i motivi principali che muovono Edoardo III ad attaccare la Francia?
2. Gli eserciti inglese e francese esprimono due concezioni diverse della guerra: riassumile.
3. Come si conclude la Guerra dei Cent'anni?

FONTI

▲ Giovanna davanti al tribunale, miniatura del XV secolo.

L'interrogatorio di Giovanna d'Arco

■ Il 23 maggio 1430 Giovanna d'Arco fu catturata dai Borgognoni e ceduta per 10 000 lire tornesi agli inglesi. Fu sottoposta a due processi e in entrambe le occasioni fu condannata: la prima volta come eretica, la seconda come eretica *relapsa*, ossia come recidiva, per essere caduta di nuovo nell'errore (si era vestita, in carcere, con abiti maschili). Il 30 maggio 1431, condannata a morte, fu arsa viva nella piazza del mercato di Rouen. Dal processo, condotto dal vescovo titolare di Beauvais, Pierre Cauchon, sono tratti due brani relativi al primo e secondo giorno di interrogatorio (21 e 22 febbraio 1431): si tenne in lingua francese, ma la redazione è scritta in latino. 25 anni dopo, un nuovo processo annullò il precedente e riabilitò Giovanna. Fu proclamata santa nel 1920 da Benedetto XV.

Il cognome d'Arc comparve per la prima volta nel processo di riabilitazione del 1455 e si fissò nell'uso solo nell'Ottocento. Prima le grafie erano varie: Dars, Darx, Dart, Tarc, Tart e simili (queste ultime vicine alla pronucia dura della sua terra d'origine). Secondo alcuni la forma ultima sarebbe un tentativo di nobilitare le origini di Giovanna.

E dunque, avendo prestato giuramento in questo modo, Giovanna fu interrogata da noi sul suo nome e cognome. Al che rispose che dalle sue parti era chiamata Jeannette, e che, dopo essere venuta in Francia[1], viene chiamata Jeanne. Il suo cognome, invece, diceva di non saperlo. Di seguito interrogata sul luogo di origine rispose che era nata nel villaggio di Domrémy, che è unito con il villaggio di Greux, e che a Greux si trova la chiesa principale. Interrogata allo stesso modo sul nome del padre e della madre, rispose che suo padre era chiamato Jacques Darc e sua madre Isabella. [...] Ancora, interrogata sulla propria età, rispose che, per quanto le sembrava, doveva avere quasi diciannove anni. Disse inoltre che sua madre le aveva insegnato il *Pater noster*, l'*Ave* e il *Credo*, e che non aveva imparato la fede da nessun altro che da sua madre. [...] Terminate queste cose, noi vescovo predetto[2] proibimmo alla predetta Giovanna di lasciare senza nostra licenza il carcere a lei assegnato nel Castello di Rouen, sotto pena di essere accusata del crimine di eresia. Lei invero rispose che non accettava questa proibizione [...].

1 **essere venuta in Francia:** Domrémy (attualmente Domrémy-la-Pucelle) era un villaggio del Ducato di Lorena, formalmente dipendente dall'Impero, ma sottoposto il controllo del Ducato di Borgogna.
2 **noi vescovo predetto:** Pierre Cauchon, vescovo di Beauvais.

254

Monarchie europee CAPITOLO 8

8.2 Monarchia, parlamento e aristocrazie nel Regno inglese

L'affermazione del modello parlamentare Come abbiamo visto in precedenza, i rapporti di forza stabiliti nel Regno d'Inghilterra all'indomani dell'emanazione della *Magna Charta* favorivano la nobiltà, che aveva ottenuto il diritto di imporre il proprio assenso alle richieste fiscali decise dalla corona [▶ cap. 4.3]. Tuttavia, **l'amministrazione e la giustizia erano saldamente in mano alla burocrazia regia**. Una serie di importanti norme emanate da Edoardo I Plantageneto (1272-1307), che insieme con le costituzioni di Clarendon (1164) e la stessa *Magna Charta* diventarono il fondamento della **common law** inglese, integrarono il sistema delle assemblee nobiliari, dette **parlamenti**, nell'ordinamento del regno, rendendole **istituzioni stabili di governo**. Tale ordinamento poi venne imposto anche nei territori conquistati da Edoardo: in modo permanente in Galles e temporaneamente anche in Scozia.

Il riconoscimento dei parlamenti

Interrogata se in gioventù aveva imparato qualche mestiere, disse di sì: cucire i panni di tela e filare, e non temeva il confronto con nessuna donna di Rouen nel filare e cucire […]. Ancora, interrogata se si confessava dei suoi peccati ogni anno, rispose di sì, dal proprio parroco […]. E riceveva il sacramento dell'Eucarestia alla festa di Pasqua […]. E inoltre dichiarò che, quando aveva tredici anni, ella ebbe una voce da Dio per aiutarla a governarsi. E la prima volta ebbe una gran paura. E quella voce venne quasi a mezzogiorno, d'estate, nell'orto di suo padre, e Giovanna non aveva digiunato il giorno prima³. Sentì la voce sul lato destro, verso la chiesa, e la sente di rado senza che vi sia anche un chiarore. E quando Giovanna veniva in Francia, sentiva spesso quella voce. Interrogata su come faceva a vedere questo chiarore che diceva esserci, se questo chiarore si trovava su un lato, non rispose nulla ma passò ad altro. Disse invece che se lei si trovava in un bosco, udiva bene le voci che venivano da lei. Disse anche che le sembrava una voce degna, e che credeva che questa voce fosse stata inviata da Dio, e che dopo aver udito la voce per tre volte, aveva capito che era la voce di un angelo. Disse anche che quella voce l'aveva sempre custodita bene e che lei quella voce la capiva bene⁴. Interrogata su quale insegnamento le dava quella voce per la salvezza dell'anima, rispose che le aveva insegnato a comportarsi bene, a frequentare la chiesa, e che aveva detto a Giovanna che era necessario che la stessa Giovanna venisse in Francia. La predetta Giovanna aggiunse che chi la stava interrogando non avrebbe saputo da lei, per quella volta, sotto quale forma le era apparsa quella voce. Inoltre dichiarò che quella voce le diceva due o tre volte a settimana che era necessario che Giovanna partisse e venisse in Francia, e che suo padre non aveva mai saputo della sua partenza. Disse anche che quella voce le diceva di venire in Francia, e che non poteva più rimanere là dove si trovava, e quella voce le diceva anche che lei avrebbe fatto togliere l'assedio posto alla città di Orléans.

Procès de condamnation de Jeanne d'Arc, I, II, a cura di P. Tisset, Y. Lanhers, Parigi 1960-1971, trad. T. di Carpegna Falconieri.

L'obbligo della confessione annuale fu stabilito nel IV Concilio lateranense del 1215, riconfermato nel Concilio di Trento (1554-63).

Tutta la vicenda di Giovanna in Francia e la vittoria a Orléans sono attribuite al diretto intervento divino.

---

3 non aveva digiunato il giorno prima: dunque, sostiene Giovanna, non può trattarsi di un'allucinazione dovuta alla fame.

4 custodita … bene: Giovanna rivendica il fatto di non aver travisato, o parzialmente dimenticato, il messaggio divino.

video *Giovanna d'Arco*

255

SEZIONE III CRISI E PROCESSI DI RIORGANIZZAZIONE [SECOLI XIV-XV]

Le caratteristiche della politica inglese

Nel 1264 venne convocato a Londra un parlamento rappresentativo dell'intero regno. I **lords** (alta aristocrazia) ne dominarono a lungo la politica, ma dalla fine del XIV secolo a loro si affiancarono i **commons** ("comuni"), rappresentanti della piccola e media aristocrazia di contea e delle élite urbane. I componenti del parlamento partecipavano al governo, dando la propria approvazione al finanziamento delle attività belliche nei vari teatri di guerra in cui la corona era impegnata. Il **ruolo delle aristocrazie**, che si esercitava in primo luogo nell'attività giudiziaria a livello locale, e l'**azione parlamentare** costituivano le maggiori originalità del sistema politico inglese.

La rappresentanza del parlamento

Un nuovo equilibrio politico e sociale La divisione del parlamento tra **Camera alta** (dei *lords*) e **Camera bassa** (dei *commons*) corrispose a un nuovo equilibrio tra le varie componenti della società inglese: da un lato, ai vertici del regno si collocarono poche **famiglie di antica tradizione nobiliare** ereditaria, il cui ruolo era rafforzato dai titoli conferiti dal sovrano (conte, duca); dall'altro, le restanti **élite rurali e urbane**, sulle quali spiccavano quelle londinesi, che spesso facevano parte di ampie clientele al servizio dell'alta nobiltà e del re.

CLIL approfondimento Il parlamento inglese (inglese)

Il bilanciamento tra poteri

Tuttavia, la disponibilità di queste clientele non consentì mai ai grandi aristocratici di diventare principi territoriali, in primo luogo perché non disponevano di strutture amministrative efficaci, poi perché il loro potere era limitato, dal basso, dalle stesse élite locali e infine perché il demanio regio rimaneva ancora molto più esteso dei territori di cui essi potevano disporre. **Si realizzava dunque un'integrazione tra poteri aristocratici e borghesi e amministrazione centrale** senza possibilità di generare spinte autonomistiche: ogni concorrenza di giurisdizione e ogni conflitto politico teoricamente avrebbero trovato composizione in ambito parlamentare.

PERCORSO VISIVO

[👁 4] **La Guerra delle Due rose** Nel 1453 l'Inghilterra era divisa tra la fedeltà al re Enrico VI Lancaster e l'appoggio a Riccardo, duca di York. Questi morì in battaglia (1460), ma l'anno successivo suo figlio riuscì a farsi incoronare re come Edoardo IV, arrivando a imprigionare Enrico nella Torre di Londra (1465). Nel 1470 Enrico fu riportato sul trono, costringendo Edoardo a fuggire in Borgogna, da dove pochi mesi dopo tornò per ottenere, con l'aiuto dei francesi, una decisiva vittoria a Tewkesbury (1471). Alla sua morte, nel 1483, gli successe il figlio dodicenne, Edoardo V, il cui trono fu però subito usurpato dallo zio, Riccardo III York, finché venne sconfitto a Bosworth (1485) da Enrico Tudor, erede per parte materna dei Lancaster.

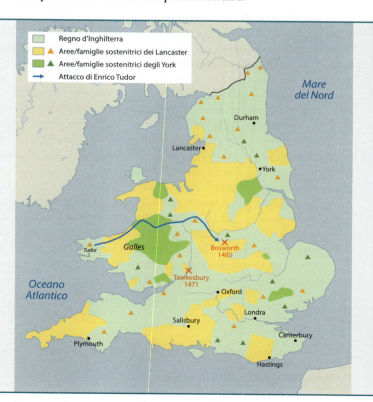

256

Monarchie europee | **CAPITOLO 8**

La Guerra delle Due rose L'Inghilterra rimase una comunità coesa e ben amministrata anche quando visse la lunga fase di instabilità politica legata alla Guerra dei Cent'anni. Le tensioni interne all'alta aristocrazia inglese esplosero tuttavia con l'affermazione di **Enrico IV Lancaster** (1399-1413), influenzando notevolmente l'andamento della guerra con la Francia, e sfociarono in un'aperta **guerra civile** alla fine del conflitto. Il parlamento nominò "difensore del regno" un discendente di Edoardo III, **Riccardo**, **duca di York** (1411-60), che in contrasto con il debole sovrano, Enrico VI (1422-61), procedette subito all'allontanamento dalla corte dei membri della famiglia Lancaster. Era l'inizio di quella che nell'Ottocento fu definita "Guerra delle Due rose", ancora oggi elemento ben presente nell'immaginario anglosassone [▶ *altri* LINGUAGGI, p. 272] poiché sia Lancaster che York, entrambi rami della dinastia dei Plantageneti, avevano nel loro emblema una rosa, rispettivamente rossa e bianca [👁 4].

Al termine di un sanguinoso conflitto durato dal 1455 al 1485, che stremò le famiglie aristocratiche dell'isola, si impose **Enrico Tudor**, erede di una famiglia nobile gallese imparentata con i Lancaster. Dopo avere sconfitto Riccardo III (1483-85) a Bosworth, si proclamò re con il nome di **Enrico VII** (1485-1509) e suggellò definitivamente la pace sposando Elisabetta di York. Enrico riuscì a **risanare le finanze inglesi**, messe a dura prova da tanti anni di guerre, e a stringere **patti commerciali** e **alleanze politiche** con le città della Lega anseatica, i Paesi Bassi, Venezia e con i regni iberici; pose infine le basi per la crescita della marineria inglese, favorendo inoltre – come vedremo in seguito – le spedizioni del veneziano Giovanni **Caboto** in America settentrionale.

8.3 Monarchia, principati e città nel Regno francese

Amministrazione regia e nuovi principati Abbiamo già visto [▶ cap. 4.2] come sin dal XII-XIII secolo la monarchia francese si fosse dotata di strumenti di controllo amministrativo, fiscale e militare sul territorio, cosa che aveva favorito la **crescita di apparati centrali e periferici di governo** e la formazione di un ceto di professionisti del diritto, spesso reclutati in ambito universitario. Con Filippo il Bello (1286-1314), vittorioso nei confronti tanto del papato quanto dell'Ordine templare [▶ cap. 6.4], questo processo conobbe un'ulteriore accelerazione, che riguardò in particolare il coordinamento dei vari istituti giuridici locali. Nel 1302 Filippo convocò infatti, per la prima volta, gli **Stati generali**, assemblea straordinaria composta da rappresentanti di clero, nobiltà e borghesia urbana, con il compito di deliberare e ripartire le imposte. I rappresentanti agli Stati generali sarebbero stati designati in assemblee territoriali, gli **Stati provinciali**, che avevano anche la funzione di votare i sussidi richiesti dal re e di ripartire le imposte secondo usanze locali.

Il XIV secolo fu tuttavia anche il periodo dello sviluppo di alcuni **principati**, primo tra tutti il Ducato di Borgogna, che replicavano al loro interno le strutture ideologiche, amministrative e fiscali del regno e che limitavano quindi sul piano territoriale il potere della corona. Uno dei concetti dominanti della politica di questi ampi poteri territoriali fu infatti quello di *réformation*, ossia un complesso di riforme che avrebbero dovuto di volta in volta **limitare il potere** di intervento **del sovrano** e dei suoi ufficiali, in particolare in materia fiscale, secondo le indicazioni provenienti dagli Stati provinciali, che in questi contesti svolgevano funzioni analoghe agli Stati generali del regno.

Una guerra per il trono

approfondimento
La Guerra delle Due rose in Shakespeare (inglese)

L'avvento dei Tudor e la ripresa

rispondi
1. Come viene diviso il parlamento? **2.** Quale contesa dinastica porta alla Guerra delle Due rose?

Il processo di accentramento dello Stato…

… e la permanenza di poteri territoriali

257

SEZIONE III — CRISI E PROCESSI DI RIORGANIZZAZIONE [SECOLI XIV-XV]

La formazione degli apparati centrali

Le fasi dell'affermazione del governo regio Il **consolidamento del potere regio** si realizzò dunque secondo un percorso difficoltoso e non lineare, svoltosi tra la seconda metà del Duecento e tutto il Quattrocento. Durante una prima fase, all'incirca tra la metà del XIII e il primo trentennio del XIV secolo, si svilupparono gli apparati centrali.

Il governo politico e militare

Il **Consiglio del re** (*curia regis*), che assisteva il sovrano nel governo e nell'amministrazione del regno, in pace e in guerra, raccoglieva gli esponenti maggiori dell'intero apparato burocratico: *connestabile* (capo dell'esercito), cancelliere, nobili di alto rango, alti prelati. Un ruolo sempre più importante venne assunto, all'interno di questa antica istituzione, da specialisti del diritto, di estrazione piccolo-nobiliare e borghese e di educazione universitaria, che fornivano al sovrano competenti pareri legali su varie questioni.

Fisco e giustizia

Dal gruppo di ufficiali addetti al palazzo (*hôtel*) regio si differenziarono per funzioni alcuni **uffici giudiziari e finanziari** (la tesoreria e la Corte dei conti), mentre il parlamento, a differenza di quello inglese, aveva la funzione di supremo organo giudiziario. Il **controllo della fiscalità** era un tema strategico e l'efficacia della politica regia rese la Francia lo Stato economicamente più florido dell'Europa occidentale: nel 1328 fu redatto, appunto, il primo **censimento** dei *fuochi* fiscali del regno (*Stato delle parrocchie e dei fuochi*) ed esattori delle imposte furono installati nelle sue circa duecento città.

Lo Stato centrale modello per i principati

Lo scoppio della Guerra dei Cent'anni, naturalmente, fu un periodo di grandi difficoltà, sia militari che sociali, durante il quale il processo di costruzione statale rallentò ma non si arrestò. Gli apparati regi si dotarono di **personale stabile e sempre più laico**: per esempio, dal 1345 i giuristi che componevano il parlamento di Parigi furono nominati senza limiti di tempo. Le città in cui erano presenti i rappresentanti regi (chiamati balivi nel Nord, siniscalchi nel Sud) divennero sempre più capoluoghi regionali, con un'accentuata funzione di mediazione tra le società territoriali e il potere centrale. Questa mediazione si svolgeva poi al livello più alto negli Stati provinciali e generali. Lo stesso modello politico si diffuse poi, in questo periodo, anche negli Stati principeschi di Borgogna, Bretagna, Savoia, Delfinato.

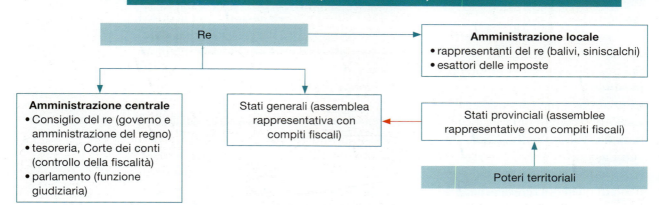

LA STRUTTURA DEI POTERI NEL REGNO DI FRANCIA (XIV-XV SECOLO)

Monarchie europee | **CAPITOLO 8**

Come si è visto, il lungo regno di Carlo VI vide la **contrapposizione** di due fazioni, gli Armagnacchi e i Borgognoni. Dal punto di vista della gestione dell'apparato statale e dei suoi rapporti con gli Stati principeschi, gli **Armagnacchi** erano favorevoli a un regolare intervento fiscale e amministrativo regio e alla supremazia ideologica e giuridica del re, mentre i **Borgognoni** puntavano a un ridimensionamento dell'attività degli ufficiali regi, appoggiandosi sull'aristocrazia signorile, sulle élite mercantili urbane e sulle masse popolari parigine.

Solo con le vittoriose campagne militari di Carlo VII e con lo sviluppo di un'ideologia regia e tendenzialmente nazionale, incarnata dalla figura di Giovanna d'Arco, la monarchia francese poté avviare un saldo, ancorché lungo, processo di costruzione statale:

- nel 1438, con il consenso del clero francese, Carlo VII emanò a Bourges una **Prammatica sanzione** che stabiliva la superiorità dell'autorità dei concili su quella del papa, secondo i principi del conciliarismo [▶ cap. 6.4], e la libertà della Chiesa francese rispetto all'accentramento di ogni potere nelle mani del pontefice (gallicanesimo);
- nel 1445 si stabilì la costituzione di un **esercito permanente** e retribuito;
- la **presenza dei funzionari e giuristi regi** divenne sempre più pervasiva, nonché legittimata dal punto di vista ideologico, definendo un ceto di nobiltà di servizio o di toga (*noblesse de robe*) distinto dalla nobiltà di sangue o di spada (*noblesse d'epée*) [👁 5];
- le **assemblee rappresentative locali persero parte delle loro funzioni**, dal momento che il controllo regio sulla società politica avvenne sempre più spesso attraverso processi di nobilitazione e di costruzione di clientele personali che legavano l'aristocrazia direttamente al sovrano.

Le fazioni pro e contro il potere centrale

Le basi della costruzione dello Stato regio

rispondi
1. Quali funzioni burocratico-amministrative sorgono a supporto del governo regio? 2. Qual è la funzione degli Stati generali? 3. Quali novità apporta Carlo VII nella macchina dello Stato?

connestabile Dal francese antico *conestable*, in origine ufficiale soprintendente alle scuderie (*comes stabuli*, "conte di stalla"); in seguito capo militare di massimo grado.

fuoco Dal latino *focus*, "focolare": l'unità base del prelievo fiscale diretto, composta da un numero variabile di persone.

gallicanesimo Dal latino *gallicanus*, "della Gallia": tendenza politico-religiosa che afferma le libertà della Chiesa di Francia nei confronti del progressivo accentramento dei poteri nelle mani del pontefice.

PERCORSO VISIVO

[👁 5] **Il re e i suoi funzionari** La miniatura quattrocentesca rappresenta una "sessione reale", in cui Carlo VII appare circondato dai suoi consiglieri ed esperti di diritto.

SEZIONE III · CRISI E PROCESSI DI RIORGANIZZAZIONE [SECOLI XIV-XV]

8.4 Monarchia, nobiltà e città nei regni di Castiglia e Aragona

Il rafforzamento del regno

La Castiglia La guerra permanente sulle frontiere del Regno di Castiglia-León contro gli Stati musulmani aveva garantito al potere monarchico fin dal XII-XIII secolo l'appoggio dell'aristocrazia, un ceto dai caratteri spiccatamente militari che dalla corona riceveva terre e diritti di governo locale in modo assai simile al mondo carolingio. Quando però questo potere iniziò a essere intaccato dallo sviluppo di signorie territoriali e di castello i sovrani svilupparono un **sistema di governo e di esercizio della giustizia** a livello locale basato su funzionari. Tale sistema, forte dell'enorme patrimonio fondiario controllato dal sovrano, di un'efficace sistema di tassazione e del ruolo ideologico centrale del re come guida della cristianità contro gli infedeli, all'indomani della vittoria contro i musulmani ottenuta da Alfonso VIII a Las Navas de Tolosa (1212) [▶ cap. 4.6] fu esportato anche nei territori centromeridionali della penisola.

La guerra civile

Alla metà del XIV secolo questo controllo da parte della monarchia, che si avvaleva della crescita di un ceto di funzionari specializzati e giuristi universitari (i *letrados*), si ridusse a vantaggio dell'aristocrazia. Il processo si incrociò con una **guerra civile**, scoppiata già negli anni Trenta, che portò nel 1369 all'ascesa al trono di Enrico II di Trastámara (1369-79), fratello illegittimo del sovrano deposto, Pietro I il Crudele: le lotte interne infatti da un lato tendevano a generare ampie concessioni fiscali a favore di aristocratici e comunità urbane – per convincerli a schierarsi con l'una o l'altra parte –, dall'altro facevano lievitare le necessità di denaro per pagare le milizie.

L'ascesa dell'aristocrazia e il declino della corona

L'aristocrazia approfittò di questi rivolgimenti per **assumere il controllo di ampi territori** (*estados*) comprendenti più città e per far valere i propri interessi nelle *Cortes*: tuttavia i sovrani erano riusciti a mantenere il controllo di alcune entrate fiscali fondamentali, come la tassa sui commerci, che resero la corona castigliana una delle più ricche d'Europa. Dagli anni Novanta del Trecento, però, la monarchia non fu più in grado di esercitare questo potere in modo stabile: alla metà del XV secolo le entrate fiscali erano molto diminuite e le varie fazioni aristocratiche si disputavano il controllo effettivo del potere.

> **Cortes** (**Corts** in catalano) Organi di rappresentanza della nobiltà, del potere ecclesiastico e delle élite cittadine.

Un regno attivo e in espansione

La confederazione catalano-aragonese Nel corso del XIII secolo il Regno di Aragona visse un momento di grande **dinamismo militare ed economico**, sorretto da due poli sociali e politici: da un lato la **dinastia regia**, dall'altro le **élite catalane**, in particolare barcellonesi, le cui ricchezze provenivano tanto dall'attività mercantile quanto da quella militare. Esauritasi la possibilità di estendere il proprio controllo sul Mezzogiorno francese in seguito alle vicende della crociata anticatara [▶ cap. 6.1], la monarchia aragonese si volse con vigore alla guerra contro i poteri musulmani. Partecipò alla vittoriosa battaglia di Las Navas de Tolosa e conquistò, nel corso degli anni Trenta, le isole Baleari e Valencia, impegnandosi poi nell'**ulteriore espansione nel Mediterraneo**. Ne risultò una **confederazione di entità statuali** – Aragona, Catalogna, Valencia, Maiorca – i cui ceti dirigenti negoziarono in forme diverse le loro modalità di partecipazione alla politica del regno.

Il controllo delle Cortes sul fisco e l'indebolimento della corona

Il controllo, non senza conflitti e difficoltà, della Sardegna e della Sicilia, cadute – come vedremo in seguito – in mano aragonese sul finire del XIII secolo, garantì al regno un'**ampia possibilità di manovra nei traffici commerciali** con il Levante e il Nord Africa, consentendogli di rivaleggiare con Pisa e Genova e i loro mercanti. Una simile

260

politica espansionistica aveva bisogno di grandi capitali per essere finanziata, e dunque costante fu il **ricorso al credito**, garantito da banchieri catalani e italiani, e alla **leva fiscale**. Tuttavia, l'imposizione di tasse fu sempre subordinata all'approvazione da parte delle *Corts* di Catalogna e Valencia, che ispiravano la loro azione a una teoria del governo di tipo contrattualistico, sul modello inglese. Nel 1359 fu istituito un organo permanente di controllo fiscale e amministrativo, la ***Generalitat***, che pose dei **limiti a ulteriori forme di accentramento** da parte della monarchia. Questa peraltro risultò, nella seconda metà del secolo, sempre più indebolita da una lunga guerra con la Castiglia, che vide anche il re aragonese schierarsi a favore di Enrico di Trastámara.

L'unificazione delle corone castigliana e aragonese Una crisi dinastica in Aragona condusse, nel 1412, all'avvento del principe castigliano Ferdinando di Trastámara (1412-16), nipote di Enrico, sotto il quale il Regno aragonese riprese l'iniziativa politica nel Mediterraneo. Nel 1442 il figlio di Ferdinando, Alfonso il Magnanimo (1416-58), giunse a conquistare Napoli, stabilendo un'**egemonia commerciale e culturale sul Mediterraneo occidentale** [👁 6]. Alla sua morte, tuttavia, la situazione degenerò in una **guerra civile decennale** che di nuovo coinvolse anche la Castiglia. Il conflitto fu risolto soltanto nel 1469, quando Isabella, erede al trono castigliano, sposò Ferdinando, erede al trono aragonese: la **definitiva unificazione** avvenne poi nelle mani di Ferdinando detto "il Cattolico", nel 1479.

Il processo di integrazione tra i due regni, dalla composizione sociale e dagli interessi commerciali e strategici molto diversi, fu molto lento e contrastato, sebbene entrambi si dotassero di **strutture amministrative e istituzionali simili**, in grado di mediare fra tendenze accentratrici sempre più forti da parte dei sovrani e ruolo politico

Un'unione dinastica

Il fondamento ideologico cristiano

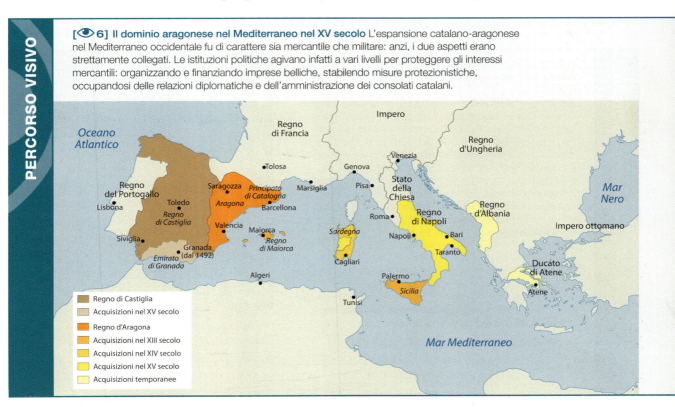

PERCORSO VISIVO

[👁 6] **Il dominio aragonese nel Mediterraneo nel XV secolo** L'espansione catalano-aragonese nel Mediterraneo occidentale fu di carattere sia mercantile che militare: anzi, i due aspetti erano strettamente collegati. Le istituzioni politiche agivano infatti a vari livelli per proteggere gli interessi mercantili: organizzando e finanziando imprese belliche, stabilendo misure protezionistiche, occupandosi delle relazioni diplomatiche e dell'amministrazione dei consolati catalani.

SEZIONE III   CRISI E PROCESSI DI RIORGANIZZAZIONE [SECOLI XIV-XV]

video
Il sultanato di Granada

rispondi
1. Quali ambizioni espansionistiche nutre il Regno d'Aragona? **2.** Descrivi l'evoluzione dei regni di Castiglia e di Aragona. **3.** 1492, un anno per molti eventi. Richiamiamoli insieme.

delle élite signorili e urbane. Un elemento unificante e legittimante del potere regio iberico fu dato dalla **religione**: nel 1481 fu lanciata l'ultima campagna militare della cosiddetta **reconquista** contro Granada, emirato musulmano governato dalla dinastia nasride sin dal 1231, ascesa al trono in seguito alla crisi degli Almohadi [▶ cap. 4.6]. La città fu conquistata nel 1492, anno in cui, oltre all'avvio dell'impresa atlantica di Cristoforo Colombo, la monarchia promosse l'**espulsione degli ebrei** dal regno [👁 7]: la corona puntava decisamente sulla **cristianizzazione delle comunità iberiche**, con l'aiuto determinante e inflessibile del tribunale dell'Inquisizione, guidato dal domenicano Tommaso di Torquemada (1420-98).

8.5 Il Regno di Germania e l'Impero

La fragilità dell'istituzione imperiale

Una monarchia elettiva A differenza di quanto accadeva in Francia e Inghilterra, la successione al Regno di Germania fu sempre caratterizzata dall'elezione e non dall'ereditarietà, nonostante i tentativi di importanti famiglie che, nel corso del tempo, cercarono di imporre un principio dinastico, come gli Svevi o, fra Tre e Quattrocento, la casata dei Lussemburgo. La **debolezza del potere regio**, che non poteva disporre di un sistema fiscale nemmeno lontanamente simile a quello delle grandi monarchie europee, ebbe notevoli conseguenze anche per l'Impero. Anche quando il lungo interregno seguito alla morte di Federico II di Svevia si concluse con l'elezione e l'incoronazione di Rodolfo d'Asburgo nel 1273, le basi materiali del potere regio e imperiale furono molto scarse, poggiando sostanzialmente solo sui patrimoni della famiglia da cui proveniva l'imperatore. Dominavano la scena politica, invece, i **grandi principi territoriali** tedeschi (insieme con la Borgogna, a ovest) e alcune città settentrionali (Lubecca, Colonia) e meridionali (Norimberga, Augusta).

PERCORSO VISIVO

[👁 7] **La cacciata degli ebrei** La durata della presenza ebraica nelle varie regioni europee ha caratteri poco uniformi e un tema classico della storiografia ebraica sono le ragioni del deterioramento della convivenza con le comunità cristiane. Gli ebrei furono infatti oggetto di vari decreti di espulsione nel corso del Medioevo. Nel 1290 furono cacciati dal re inglese Edoardo I (ma, per esempio, la loro presenza è attestata solo dalla conquista normanna); in Francia, le prime provvisorie espulsioni si verificarono nel 1306 e nel 1322, seguite da quella definitiva del 1394; nel 1492 provvedimenti di espulsione colpirono gli ebrei residenti in Castiglia, Aragona, Sicilia e Sardegna, mentre nel 1497 una misura analoga fu decisa in Portogallo. Anche nei territori dell'Impero gli ebrei non sfuggirono a violenze ed espulsioni, avvenute fra il 1298 e il 1348.

▶ Episodi della vita di Mosè, miniatura dalla cosiddetta "*Haggadah* di Sarajevo", un manoscritto rituale del XIV secolo arrivato nella città bosniaca, allora sotto l'Impero ottomano, dopo l'espulsione degli ebrei dalla Spagna.

Monarchie europee | **CAPITOLO 8**

Nel 1356 l'imperatore Carlo IV di Lussemburgo emanò la **Bolla d'oro**, un documento che, oltre a stabilire norme fondamentali relative all'indivisibilità dei principati e alla cessione ai principi di diritti di natura pubblica (zecca, miniere, giurisdizione di ultima istanza), regolava l'elezione imperiale, assegnandone l'incarico a **sette Grandi principi elettori**, quattro laici – il duca di Sassonia, il marchese di Brandeburgo, il conte del Palatinato e il re di Boemia – e tre ecclesiastici, gli arcivescovi di Magonza, Treviri e Colonia [▶ FONTI, p. 264].

I meccanismi elettivi

Alla metà del XV secolo non rimaneva più nulla di terre e diritti imperiali e nemmeno i tentativi degli imperatori della casa d'Asburgo Federico III e Massimiliano I di imporre una tassa generale su tutti i territori ebbero successo. L'Impero si trovava sostanzialmente a essere un'entità priva di spessore concreto, ma che tuttavia rivestiva un alto ruolo cerimoniale e di **legittimazione ideologica** dei poteri che concretamente operavano sul territorio. La definizione assunta a partire dal 1474, **Sacro Romano Impero di nazione germanica**, segnò inoltre il completo distacco dall'intervento pontificio (l'ultima incoronazione papale di un imperatore avvenne nel 1452) e dal mondo mediterraneo, nel quale più volte era stato costretto a intervenire nel corso dei secoli.

Un Impero tedesco

Länder, Stati territoriali e parlamenti L'articolazione territoriale nell'area imperiale era costituita dai **Länder**: si trattava di territori generalmente compatti sul piano topografico, **retti da un signore** sulla base di un comune diritto consuetudinario e comprendenti istituzioni diverse (città, signorie fondiarie) tra le quali vigevano patti di pace territoriale (*Landfriede*). Tra il XIV e il XV secolo la geografia di questi territori si consolidò secondo questo schema:

La divisione in Länder

- a est e a sud, soprattutto nell'area alpina e in Baviera, si trovavano **Stati territoriali molto ampi**, in cui si svilupparono esperienze di governo centralizzato e che costruirono una propria identità "nazionale" sulla base di tradizioni risalenti all'epoca carolingia;
- nella zona del Reno, area di maggiore urbanizzazione, le **formazioni** territoriali erano molto **più frazionate**;
- a nord, lo sviluppo di **sistemi territoriali omogenei** arrivò solo nel **tardo Quattrocento**, dopo una lunga fase di frazionamento territoriale.

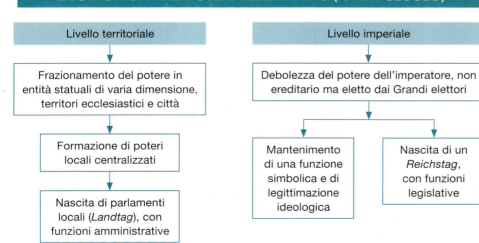

263

SEZIONE III   CRISI E PROCESSI DI RIORGANIZZAZIONE [SECOLI XIV-XV]

FONTI

La Bolla d'oro di Carlo IV (1356)

▲ La Bolla imperiale.

■ Carlo IV di Lussemburgo fu incoronato imperatore a Roma il 5 aprile 1355, un anno dopo la morte di Cola di Rienzo per opera dell'aristocrazia romana. Nel 1356 Carlo emanò un decreto per stabilire le norme di elezione dell'imperatore, norme che rimasero valide sino al 1806. Promulgata in due fasi, la Bolla stabilì che l'imperatore sarebbe stato scelto dai sette Grandi elettori tedeschi e che sarebbe stato incoronato in Germania. Il legame fortissimo che il titolo imperiale aveva sempre avuto, sin dall'età carolingia, con Roma e il papato venne meno e così anche l'Italia fuoruscì, sostanzialmente, dall'orizzonte politico imperiale. Qui di seguito una parte del dispositivo relativa alle prime fasi dell'elezione.

Dopo che gli elettori o i loro delegati saranno entrati nella città di Francoforte, immediatamente il giorno dopo, all'alba, facciano cantare una messa dello Spirito santo alla presenza di tutti loro, nella chiesa di San Bartolomeo apostolo, affinché lo Spirito santo illumini i loro cuori e infonda ai loro sensi il lume della sua virtù, cosicché essi, sostenuti dal suo aiuto, abbiano la capacità di eleggere un uomo giusto, buono e adatto come re dei Romani e futuro Cesare, per la salvezza del popolo cristiano. Svoltasi in tal modo la messa, tutti gli elettori o i loro delegati accedano all'altare sul quale è stata celebrata la messa. Lì i principi elettori ecclesiastici, davanti al Vangelo di san Giovanni «*In principio erat verbum*»[1], che deve essere posto dinanzi a loro, portino le mani al petto in segno di devozione; invece i principi elettori laici tocchino materialmente il Vangelo con le loro mani; tutti, insieme al loro seguito, dovranno assistere disarmati. L'arcivescovo di Magonza darà loro il formulario del giuramento ed assieme a lui tutti gli elettori o i rappresentanti degli elettori assenti presteranno giuramento in lingua volgare[2] secondo la seguente formula: «Io ... arcivescovo di Magonza, arcicancelliere del Sacro Impero per la Germania e principe elettore, giuro per i santi Vangeli di Dio posti qui davanti a me che io per la fede, con la quale mi sono obbligato a Dio e al Sacro Romano Impero, secondo ogni mia capacità di giudizio e intelletto, con l'aiuto di Dio voglio eleggere a capo temporale del popolo cristiano, cioè a re dei Romani, che dovrà essere promosso Cesare, chi sia idoneo, secondo quanto la mia ragione e coscienza mi indirizzano, e secondo la fede; darò il mio voto e la mia voce, ovvero l'elezione, senza alcun patto, stipendio, ricompensa o promessa o qualsiasi altro nome abbia tale genere di favori. Così mi assistano Dio e tutti i santi».

Monumenta Germaniae Historica, Constitutiones et acta publica imperatorum et regum, XI, trad. T. di Carpegna Falconieri (con adatt.)

> «Re dei Romani» equivale a re d'Italia, titolo necessario per essere designato imperatore sin dall'XI secolo. L'incoronazione a Roma, per mano del papa, avrebbe confermato la designazione, attribuendo formalmente il titolo imperiale.

> Gli elettori giurano solennemente di non scambiare il proprio voto con onori o ricchezze di qualsiasi genere.

1 «*In principio erat verbum*»: l'inizio del Vangelo di Giovanni.
2 in lingua volgare: in tedesco.

▶ Carlo IV e i sette Grandi elettori, da un manoscritto del XIV secolo.

Monarchie europee | **CAPITOLO 8**

È in questa varia compagine territoriale che giunsero a costruirsi **poteri di tipo statale**, sia in ambito laico che ecclesiastico, capaci di intervenire efficacemente in merito all'articolazione burocratica, giudiziaria, fiscale e militare. La mediazione tra i vari ceti e formazioni sociali – nobili, clero, città, più tardi anche comunità rurali – si strutturò progressivamente, tra il XIV e il XV secolo, in **istituzioni locali di tipo parlamentare** (*Landtag*), analogamente a quanto avveniva a livello imperiale con la creazione di un *Reichstag* in cui si riunivano i principi dell'Impero e i rappresentanti delle maggiori città.

La formazione dei poteri

Reichstag Dal tedesco, "Dieta imperiale": organismo parlamentare imperiale con funzioni legislative.

La dimensione centroeuropea Nonostante fosse ancora ben presente agli imperatori tedeschi la dimensione universalistica che l'istituzione aveva avuto sino alla metà del Duecento, l'area del loro effettivo intervento si era progressivamente ristretta all'Europa centrorientale e al controllo delle vicende che interessavano lo sviluppo del Ducato di Borgogna e della Confederazione di comunità svizzere, costituitasi autonomamente ai margini occidentali delle terre degli Asburgo austriaci tra la fine del XIII e la metà del XIV secolo [👁 8].

Nell'Europa centrale, particolarmente rilevante fu l'esperienza del Regno di Boemia, poiché fu l'**unica entità politica slava a entrare a far parte dell'Impero**. Ciò accadde in seguito a un lungo processo che, iniziato già nel X secolo, trovò compimento nel XIII secolo e fu condotto con ancora maggior vigore con il casato di Lussemburgo, a partire dal 1310. Sotto il lungo regno di Carlo IV (1347-78) **Praga** divenne una vera città capitale e vi fu fondata l'università, la prima in Europa a oriente del Reno. Le grandi **risorse del demanio regio** e i ricchi proventi delle **miniere d'argento** furono impiegati in una politica di consolidamento del potere centrale sia all'interno sia all'esterno del regno, concretizzatasi anche nella temporanea conquista di altri principati, come quello di Brandeburgo. Sotto il successore, Venceslao IV (1376-1400), l'alta aristocrazia favorita da Carlo fu estromessa dalla scena politica a favore di ceti sociali borghesi o piccolo-aristocratici e questo provocò una crisi politica.

Il Regno di Boemia

A questa si aggiunsero anche forti **tensioni religiose**, innescate dalla predicazione di **Jan Hus** (1370 ca.-1415), maestro di Arti all'Università di Praga, che, ispirato dalle

La predicazione di Jan Hus e la condanna

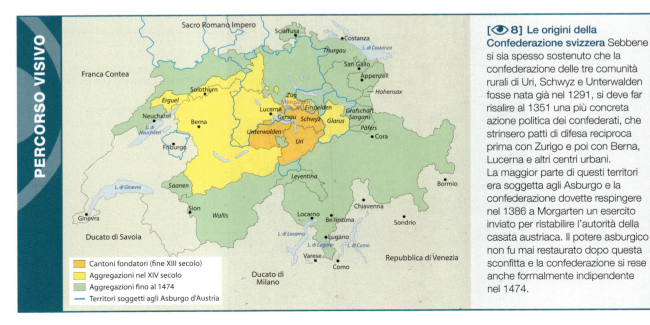

PERCORSO VISIVO

[👁 **8**] **Le origini della Confederazione svizzera** Sebbene si sia spesso sostenuto che la confederazione delle tre comunità rurali di Uri, Schwyz e Unterwalden fosse nata già nel 1291, si deve far risalire al 1351 una più concreta azione politica dei confederati, che strinsero patti di difesa reciproca prima con Zurigo e poi con Berna, Lucerna e altri centri urbani.
La maggior parte di questi territori era soggetta agli Asburgo e la confederazione dovette respingere nel 1386 a Morgarten un esercito inviato per ristabilire l'autorità della casata austriaca. Il potere asburgico non fu mai restaurato dopo questa sconfitta e la confederazione si rese anche formalmente indipendente nel 1474.

265

SEZIONE III — CRISI E PROCESSI DI RIORGANIZZAZIONE [SECOLI XIV-XV]

idee del francescano inglese John Wycliff (1331-84), condannava la mondanità e le ricchezze degli ecclesiastici e guardava alle Sacre Scritture come all'unica autorità in materia di fede, contestando in questo modo i fondamenti giuridico-religiosi del papato. Osteggiato dal vescovo di Praga e condannato dall'università, Hus proseguì nelle campagne la sua opera di predicazione in boemo; invitato a ritrattare le sue idee al Concilio di Costanza nel 1415, Hus rifiutò, ritenendo di non essere in contrasto con il dettato della Scrittura, per questo fu **condannato al rogo**.

Dopo la sua morte si sviluppò un movimento hussita che teneva insieme sia l'aspetto "nazionale" della sua predicazione (legato in particolare all'uso del boemo come lingua di predicazione e come lingua colta), sia quelli più direttamente teologici e religiosi: Hus, pur mantenendo alcuni punti fondamentali della dottrina cattolica, riteneva infatti che la **vera Chiesa** fosse la **comunità dei predestinati alla salvezza**, unita nella fede e nell'osservanza della legge di Dio, e non la corrotta istituzione ecclesiastica, di cui ripudiava il principio gerarchico. Il nuovo re boemo, Sigismondo, che era anche imperatore, re d'Ungheria e di Germania, tentò di reprimere la rivolta dei sostenitori dell'hussitismo, tra i quali vi era un'**ala radicale** denominata taboriti, finché nel 1434 si giunse a un accordo: Sigismondo accolse le istanze più moderate, come la concessione della libertà religiosa e l'accesso degli hussiti alle cariche pubbliche. La situazione si compose definitivamente e in modo più stabile con la riconciliazione tra Chiesa hussita e papato e, sul piano politico, con l'ascesa al trono di Giorgio di Poděbrady (1458-71), nobile hussita che ridiede vigore al sentimento nazionale boemo e ripristinò un costante afflusso di risorse finanziarie grazie al controllo delle miniere d'argento [👁 9].

I caratteri del movimento hussita

rispondi
1. Quali sono i motivi della fragilità dell'istituzione imperiale?
2. Quali sono i caratteri del movimento hussita?

taboriti Hussiti radicali, che avevano come proprio centro la località di Ustì, da loro rinominata Tabor come il monte della Galilea dove i discepoli assistettero alla trasfigurazione di Gesù.

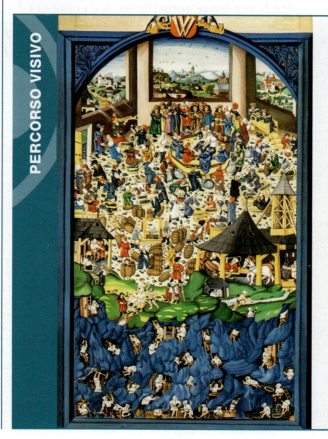

PERCORSO VISIVO

[👁 9] Un tesoro sottoterra
La ricchezza della Boemia si fondò per secoli sull'estrazione dell'argento. Esemplare di questa vicenda è la floridezza raggiunta dalla città di Kutna Hora ("Montagna delle miniere"). Durante le guerre hussite Kutna Hora fu parzialmente distrutta, ma in seguito lo sfruttamento dei filoni permise all'insediamento di tornare a splendere. L'immissione sul mercato europeo dell'argento proveniente dall'America e la Guerra dei Trent'anni nel Seicento ne segnarono tuttavia il declino.

◀ Le miniere di Kutna Hora in una miniatura del XV secolo.

8.6 L'Europa centrorientale

Caratteri generali A parte il caso boemo, anche in altri contesti politici centroeuropei si assisté a processi di rafforzamento delle istituzioni monarchiche analoghi a quanto avveniva in Occidente, ma con alcune peculiarità relative ai **rapporti tra sovrano e aristocrazia** e alla presenza dell'ingombrante **minaccia turco ottomana**. Un elemento in comune fu senz'altro il tentativo di elaborare redazioni scritte del diritto consuetudinario e di codici legislativi validi per l'intero territorio, la cui applicazione fu demandata alle leve di giuristi formatisi nelle università di nuova fondazione (Praga, Cracovia, Pécs): gli statuti di Casimiro il Grande in **Polonia** (1346-62), di Carlo IV in **Boemia** (1350) e di Stefano Dušan in **Serbia** (1349). Fondamentale fu anche lo stretto **rapporto tra monarchia e istituzioni ecclesiastiche**: al tradizionale ruolo del clero nelle cancellerie e nei consigli regi si affiancò l'altrettanto tradizionale funzione di legittimazione del potere regio attraverso figure eminenti di re-santi, tanto in Ungheria quanto in Serbia e in Boemia. Inoltre, i poteri monarchici vissero una fase di consolidamento e ricchezza anche grazie a processi di **accentramento delle risorse fiscali**, facilitati da ampie risorse minerarie, e alla costituzione di una rete di ufficiali (*starosta*) dipendenti direttamente dal sovrano con competenze giudiziarie e militari.

Tuttavia, quest'ultimo aspetto della politica regia a lungo andare subì un forte rallentamento a causa dell'ostilità dei **ceti cavallereschi e nobiliari**, sui quali si fondava un'altra funzione decisiva di queste formazioni politiche: la lotta contro gli ottomani. Se dunque ancora agli inizi del XIV secolo grandi sovrani carismatici, come Casimiro il Grande o Carlo IV, avevano tenuto a freno le **tendenze centrifughe** della nobiltà nei loro regni, in seguito la tendenza si invertì e solo occasionalmente alcuni re, come l'ungherese Mattia Corvino (1458-90), riuscirono a esercitare un efficace controllo sociale. Questa preminenza sociale aristocratica si manifestò in tre modi evidenti:

- attraverso la **centralità delle assemblee nobiliari**, che avevano voce in capitolo in tutte le decisioni fiscalmente e politicamente significative e che si costituirono come **rappresentanza "nazionale"** dinanzi a sovrani che provenivano spesso da dinastie straniere;
- attraverso un ordinamento militare che garantiva all'aristocrazia **il controllo** dei meccanismi di mobilitazione **dell'esercito**;
- attraverso un ampio **controllo delle rendite fondiarie**, cui erano collegati anche diritti di tipo signorile, e dei ceti contadini.

Vi è da aggiungere inoltre che l'Europa centrorientale era un territorio a **scarsa urbanizzazione**, in cui le poche città di una qualche rilevanza (Cracovia, Breslavia, Danzica, Stettino in Polonia, Praga in Boemia, alcuni centri sul Baltico) avevano ridotta consistenza demografica e un'**articolazione sociale semplice**, dominata, anche nei centri commerciali più vivaci, da capitali e mercanti tedeschi ed ebrei: tutto ciò rendeva deboli le borghesie locali dinanzi all'**egemonia aristocratica** e limitava fortemente la loro influenza nei processi di decisione politica.

Il Regno d'Ungheria Un notevole fermento politico caratterizzò nel XIV-XV secolo i Regni di Ungheria e di Polonia. In Ungheria, tra il 1308 e il 1387, estintasi la dinastia degli Árpád [▶ cap. 4.5], grazie all'appoggio del papato dominò un ramo della casa francese degli Angiò. Si trattò di una fase di grande **dinamismo politico**, che vide il regno ungherese, in particolare con Luigi I il Grande (1342-82), impegnarsi direttamente

SEZIONE III — CRISI E PROCESSI DI RIORGANIZZAZIONE [SECOLI XIV-XV]

nella conquista o nel controllo dei territori balcanici fino alle coste adriatiche, cercando di opporsi all'espansione ottomana e intervenendo anche – come vedremo più avanti – nei conflitti interni alla corona angioina di Napoli. Dopo gli Angiò, l'Ungheria vide l'ascesa al trono di un esponente della casata di Lussemburgo, Sigismondo, che, insieme con la **corona imperiale**, assommò anche quelle **ungherese** e **boema**. Entrambe, insieme con quella di Polonia, passarono poi al successore di Sigismondo, Ladislao III Jagellone, che morì nel 1444 nella battaglia di Varna, sul Mar Nero, contro gli Ottomani.

La continua minaccia ottomana

In questo complicato scacchiere geopolitico solo Giovanni Hunyadi, governatore di Transilvania e poi reggente del trono ungherese, l'epirota Giorgio Castriota Skanderbeg (Gjergj Kastrioti Skënderbeu, 1403 ca.-67) e il terribile Vlad III di Valacchia (1431-76 ca.) sostenevano con successo lo scontro con i turchi [▶protagonisti, p. 270]. Alla morte di Skanderbeg tuttavia gli ottomani dilagarono nei Balcani meridionali, mentre l'eredità politica di Hunyadi fu raccolta dal figlio, **Mattia Corvino** (1458–90). Appena eletto re, Corvino dovette affrontare la rivolta hussita e l'espansione turca, contro la quale cercò invano di mobilitare le potenze occidentali. Intraprese un'ampia **politica espansionistica** [◉10], accompagnata da un'intensa **attività culturale**. Alla morte senza eredi di Mattia Corvino la corona d'Ungheria fu offerta al re di Boemia Ladislao VII, nella speranza che un unico Stato boemo-ungherese, con l'appoggio della Polonia e della Lituania, potesse validamente opporsi all'espansione ottomana nella regione balcanica.

La divisione dei territori ungheresi

La sconfitta contro i turchi nella battaglia di Mohács nel 1526 decretò la **fine dalla monarchia degli Jagelloni in Ungheria**, i cui territori risultarono divisi tra **Impero ottomano** e domini della casata imperiale degli **Asburgo**, imparentata con gli Jagelloni.

PERCORSO VISIVO

[◉10] **L'espansione dell'Ungheria (XIV-XV secolo)** Nel 1301, con l'ascesa al trono di Caroberto, nipote di Carlo II d'Angiò, la dinastia angioina si radicò in Ungheria. Per tutto il Trecento i regni di Napoli e d'Ungheria furono legati da rapporti familiari, in base ai quali i sovrani ungheresi cercarono più volte di ottenere la corona napoletana. I due regni si confrontarono a lungo in quel gioco di relazioni diplomatico-matrimoniali e militari che costituì la caratteristica della politica di espansione angioina in tutto il Mediterraneo. Dopo un'aspra contesa dinastica seguita alla morte, nel 1384, di Luigi I, la corona ungherese passò nel 1387 a Sigismondo di Lussemburgo, successivamente re di Boemia (1419) e imperatore (1433).

- Regno d'Ungheria
- Territori tributari o sotto il temporaneo controllo della corona ungherese
- Territori temporaneamente acquisiti da Mattia Corvino
- Confine del Sacro Romano Impero

I regni di Polonia e Lituania Nel XIV secolo la Polonia attraversò un momento di grande fervore politico e culturale sotto la dinastia dei Piasti, in particolare con Casimiro il Grande (1333-70), ma una **crisi dinastica** tra gli anni Settanta e Ottanta consentì il passaggio del regno prima agli Angioini ungheresi, poi al granduca di Lituania Jogaila (in polacco Jagiełło), che governava un ampio territorio compreso tra le attuali Lituania, Bielorussia e Ucraina e che assunse la corona polacca con il nome di Ladislao II Jagellone, riunendo così i due regni (**Unione di Krewo**, 1386) [👁 11]. Ladislao condusse vittoriosamente il confronto contro il Principato di Prussia retto dal Gran Maestro dell'Ordine teutonico, uno Stato nato in seguito alle crociate del Duecento condotte nel XIII secolo per costringere alla conversione i lituani e gli altri popoli pagani del Nord Europa e del Baltico [▶ cap. 4.5]. Nel 1410 l'esercito polacco sconfisse duramente i Cavalieri teutonici nella battaglia di **Tannenberg** (Grünwald per i polacchi) e la conquista di **Danzica**, strappata agli stessi teutonici nel 1466, completò l'annessione di gran parte del territorio prussiano (salvo la Livonia, coincidente all'incirca con l'attuale Estonia), ponendo le basi per il rafforzamento dell'egemonia della famiglia degli Jagelloni sul grande Regno polacco-lituano sino alla seconda metà del Cinquecento.

Il Granducato di Mosca All'apogeo della propria potenza, il Regno polacco-lituano confinava a est con alcune formazioni politiche slave e slavo-mongole dipendenti o derivate dal Khanato dell'Orda d'oro, che aveva sconfitto il più antico Principato di Kiev [▶ cap. 7.1]. La costante presenza mongola favorì, all'interno delle società slave coordinate sul piano istituzionale dai granducati di **Novgorod** e **Mosca**, il consolidamento dell'aristocrazia militare e del cristianesimo ortodosso di matrice costantinopolitana:

Monarchie europee | **CAPITOLO 8**

L'unione con la Lituania e la vittoria sui Cavalieri teutonici

Il ruolo del Granducato di Mosca

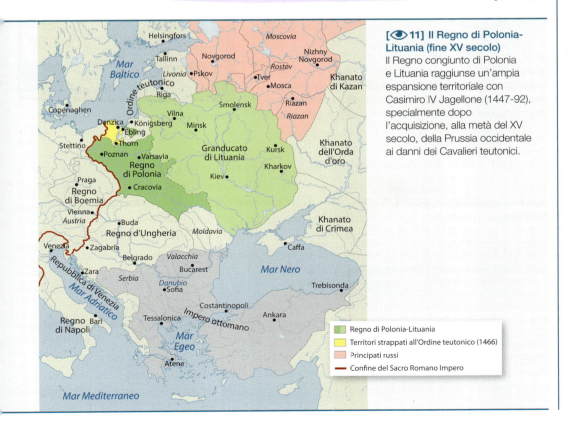

[👁 11] **Il Regno di Polonia-Lituania (fine XV secolo)**
Il Regno congiunto di Polonia e Lituania raggiunse un'ampia espansione territoriale con Casimiro IV Jagellone (1447-92), specialmente dopo l'acquisizione, alla metà del XV secolo, della Prussia occidentale ai danni dei Cavalieri teutonici.

SEZIONE III   CRISI E PROCESSI DI RIORGANIZZAZIONE [SECOLI XIV-XV]

protagonisti

Dracula: alle origini della leggenda nera

La ferocia del conflitto nei Balcani tra forze cristiane e ottomane spiega la nascita di leggende spaventose, come quelle che circondarono le imprese di Vlad II e soprattutto del figlio, Vlad III Tepeș ("l'impalatore"), principi rumeni e governatori di Valacchia.

L'origine del nome Dracula deriva da Vlad II, che faceva parte di un ordine cavalleresco chiamato "Sacro Ordine del Drago", fondato nel 1408 dall'imperatore Sigismondo IV in funzione anti-ottomana. Come in altre lingue europee, in romeno *Drac*, "drago", significa anche "diavolo": per le sue atrocità in battaglia, il nome Vlad II *Dragonul* (Vlad il Drago) venne quindi mutato in *Dracul* (il Diavolo). Il termine *Draculea*, "Figlio del Diavolo", identificò così il principe Vlad III.

Un sanguinario difensore della fede

Dopo la sconfitta di Varna nel 1444, il giovane Vlad fu inviato – appena tredicenne – in ostaggio a Edirne, presso la corte del sultano Murad II ⊗, dove ricevette un'educazione religiosa e militare. Nel 1456, morto il padre per mano degli ungheresi, i turchi gli concessero di riconquistare il controllo della Valacchia. L'obiettivo degli Ottomani era controllare la politica del nuovo governatore, ma questi si rese presto autonomo. La sua "leggenda nera" nacque dall'abitudine di far impalare i propri nemici, un vero e proprio strumento di tortura e di terrore propagandistico. Salutato da Roma e dalle altre potenze europee come salvatore della cristianità, alla fine fu sconfitto dai turchi.

Al termine della guerra Vlad trascorse alcuni anni (1462-74) come prigioniero alla corte del sovrano ungherese Mattia Corvino, che lo voleva tenere con sé per evitare altri conflitti con la potenza ottomana.

Dal racconto delle gesta di entrambi i Vlad, narrate per la prima volta in un'opera russa della seconda metà del XV secolo, trasse spunto lo scrittore irlandese Bram Stoker per il suo *Dracula*, pubblicato nel 1897. Facendo ricerche sulla Valacchia, nelle cui leggende era presente la figura del *vampyr*, il non-morto che si nutre del sangue dei vivi, Stoker si imbatté in Vlad e il vampiro si trasformò in conte Dracula. ■

▲ Vlad III, incisione colorata, XV secolo.

Ivan III alla guida del mondo russo ortodosso

nel 1326, infatti, la sede del metropolita ortodosso fu spostata da Kiev a Vladimir, nei pressi di Mosca, e poco dopo il duca Ivan I ricevette dai mongoli ampie prerogative fiscali. Questi due elementi, **il controllo delle entrate fiscali e la centralità dell'aspetto religioso**, insieme con la favorevole congiuntura geopolitica (la sconfitta dei mongoli del Khanato dell'Orda d'oro da parte di Tamerlano [▶ cap. 7.2]), favorirono tra la fine del XIV e il XV secolo **l'ascesa del Granducato moscovita**, così denominato dopo l'annessione del Granducato di Vladimir.

Successivamente **Ivan III il Grande** (1462-1505) seppe abilmente porsi come erede politico e religioso dell'Impero bizantino ormai caduto: sposò Sofia, nipote dell'ultimo imperatore Paleologo, Costantino XI, e si proclamò difensore della **fede ortodossa**, ritagliando per Mosca il ruolo di erede di Roma, dopo Costantinopoli. Un'efficace **iniziativa militare e diplomatica** consentì a Ivan, da un lato, di stabilire la propria egemonia su Novgorod, sino a conquistarla nel 1478, e su altri principati russi indipendenti [👁 12]; dall'altro, di approfittare delle divisioni e delle debolezze dei khanati mongoli per respingere l'attacco del khan dell'Orda d'oro, Achmat, nel 1480 [👁 13].

270

Monarchie europee | **CAPITOLO 8**

Sebbene già con il padre di Ivan, Basilio II (1425-62), Mosca si fosse resa sostanzialmente autonoma dai mongoli, questa data viene ricordata dalla storiografia russa come la liberazione dal "giogo tataro".

Questa politica espansionistica si diresse poi verso occidente, avendo necessità di limitare l'**influenza del Granducato lituano**: furono stabilite relazioni diplomatiche con l'Ungheria e l'Impero, con la Danimarca, per via dell'accesso al Baltico che la conquista di Novgorod aveva comportato, e con la Lituania stessa, con la quale si giunse nel 1494 a un trattato che riconosceva a Ivan l'egemonia sulle terre russe dello Stato lituano.

La supremazia militare e ideologica del principe di Mosca si tradusse anche in una **accentuata centralizzazione politica e amministrativa** all'interno del principato: per esempio, nel 1497 fu promossa un'ampia raccolta legislativa che limitava i poteri dell'alta nobiltà fondiaria (i boiari), i cui interessi erano espressi da un organismo collegiale, la **Duma**.

rispondi
1. Qual è il ruolo dell'aristocrazia nei regni dell'Europa centrorientale?
2. Come si espande il Regno di Polonia-Lituania?
3. Quale ruolo assume Mosca dopo la caduta di Costantinopoli?

PERCORSO VISIVO

[👁 **12**] **L'espansione del Granducato di Mosca (XIV-XV secolo)** Nella seconda metà del XV secolo i duchi di Moscovia accrebbero il proprio potere, mentre il Khanato dell'Orda d'oro attraversava un momento di divisioni interne. Nel 1389 il duca Dmitrij Donskoj, senza chiedere l'autorizzazione al khan, nominò suo figlio maggiore Vasilij anche granduca di Vladimir. Il Ducato moscovita, cui si legarono anche i granducati di Tver' e Rjazan', acquistò dunque una posizione dominante nella Russia di nord-est, sino a minacciare la superiore autorità mongola.

[👁 **13**] **La vittoria dei russi sui tatari** I tatari cercarono più volte di piegare la resistenza di Ivan III, che rifiutava di riconoscere l'autorità mongola e aveva già respinto due spedizioni militari. Essi si allearono dunque con i lituani, mentre Mosca cercò l'aiuto del khan di Crimea. Nel 1480 i due eserciti si fronteggiarono sulle rive del fiume Ugra (qui raffigurati in una miniatura russa cinquecentesca) ma, dopo la diserzione dei lituani, i mongoli non riuscirono ad attraversarlo. La data segna ufficialmente la fine del controllo mongolo sulla Moscovia.

altri LINGUAGGI

Un Medioevo postmoderno

La serie televisiva *Game of Thrones* (*Il Trono di spade*), tratta dal ciclo di romanzi *A Song of Ice and Fire* (*Cronache del ghiaccio e del fuoco*) dello scrittore americano George R.R. Martin, è una buona occasione per parlare dell'idea di Medioevo nel fantasy contemporaneo. Come afferma lo stesso scrittore, sebbene l'opera attinga da una serie disparata di fonti storiche, il suo punto di partenza è legato alla Guerra delle Due rose, a partire dal conflitto fra le famiglie Lannister e Stark che riecheggia le "vere" Lancaster e York. Certamente nell'Inghilterra quattrocentesca non comparvero mai draghi o zombie di ghiaccio, ma la violenza, la brutalità, l'ambiguo intreccio di strategie militari e matrimoniali alla base dei romanzi sono rintracciabili anche nei resoconti e nelle cronache dell'epoca. Questi aspetti, inseriti in modo crudo in una narrativa che vuole essere "realistica", sono in antitesi rispetto al "Medioevo" eroico e romantico di Tolkien e di Disney: ma secondo Martin il suo è il "vero" Medioevo, un'esplosione di violenza, sesso, potere e sudiciume.

A proposito del *Trono di spade*, molti studiosi si sono esercitati nell'individuare un esatto corrispettivo storico per ogni personaggio, luogo o situazione. Tuttavia tale operazione, per quanto interessante, rischia di mancare il bersaglio: la vera chiave di lettura non è nell'aderenza alle fonti, non richiesta a un romanzo, ma nell'interpretare le scelte stilistiche e l'idea di Medioevo che l'autore vuole veicolare. Un'idea, peraltro, nutrita di una serie codificata di "Medioevi" immaginati nel corso dei secoli: barbarico e colto, feudale e cittadino, nordico e mediterraneo, scettico e religioso, tutti resi immediatamente riconoscibili grazie a una serie di elementi di corredo (armi, castelli, onomastica, vestiti, alimentazione). Per quanto dunque la narrativa prenda spunto da eventi, fonti, processi storici, l'intreccio tra questi elementi è sempre un'operazione condizionata dal momento in cui viene realizzata: se il Medioevo di Tolkien è trasfigurato e idealizzato rispetto alla carneficina della Prima guerra mondiale, quello di Martin è figlio del caos postmoderno, vicinissimo alle dinamiche sociali che viviamo quotidianamente.

VERSO LE COMPETENZE

esercitazione

● USARE IL LESSICO

1. **Spiega sinteticamente (massimo 3 righe) il significato delle seguenti espressioni.**

   Longbow – Stati generali – Prammatica sanzione – *Länder* – Gallicanesimo

● COLLOCARE GLI EVENTI NELLO SPAZIO E NEL TEMPO

2. **Completa la carta seguendo le indicazioni.**

   Segna l'estensione dei regni di Castiglia e di Aragona alla fine del XV secolo.
   Utilizza un colore per ciascun regno, indicandolo in legenda.

☐ Regno di Castiglia
☐ Acquisizioni
☐ Regno d'Aragona
☐ Acquisizioni

● LEGGERE E VALUTARE LE FONTI

3. **Osserva l'immagine e completa la scheda per l'analisi della fonte.**

In quale contesto è stata prodotta?	
Di che tipo di fonte si tratta?	
Che cosa raffigura?	
Quali informazioni se ne ricavano?	

---

per approfondire L'Enciclopedia dell'Arte medievale Treccani riporta questa descrizione dell'arco inglese: «L'arco inglese, il c.d. *longbow* (arco lungo), aveva come caratteristica principale appunto la lunghezza, che era praticamente corrispondente all'altezza dell'arciere e che consentiva notevole gittata e precisione del tiro». Ricerca altre tipologie di armi utilizzate nel Medioevo e componi per una a scelta una scheda di presentazione per la classe che ne sintetizzi gli aspetti morfologici, la funzione e il contesto di utilizzo. Puoi consultare la voce "Armi bianche" dell'Enciclopedia dell'Arte medievale Treccani.

Consulta la voce "Armi bianche"
https://gtvp.it/storia01-03

I SAPERI FONDAMENTALI

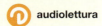 sintesi   audiolettura

● LA GUERRA DEI CENT'ANNI

▶ 8.1 Fin dall'XI secolo le monarchie inglese e francese sono legate da un **ambiguo vincolo feudale**. L'estinzione dei Capetingi pone il problema della successione al trono francese, rivendicata dal re inglese Edoardo III che dà avvio alla **Guerra dei Cent'anni (1337-1453)**. La **prima fase del conflitto** (Pace di Brétigny, 1360) vede la superiorità militare inglese sulla Francia, stremata anche dalla *jacquerie*, la rivolta contadina (1358). In una **seconda fase** i francesi hanno la meglio, ma la debolezza del nuovo re, Carlo VI, e il **conflitto tra grandi principi feudali**, divisi tra gli **Armagnacchi** (fedeli al re) e i **Borgognoni** (alleati con gli inglesi), riaprono la strada alle pretese inglesi. Enrico V di Lancaster invade il paese e con il **Trattato di Troyes** (1420) vede riconosciuti i suoi diritti di successione. Quando tutto sembra perduto, **Giovanna d'Arco** guida la resistenza: sciolta l'alleanza anglo-borgognona, la guerra si conclude con la **vittoria francese** (1453).

● IL REGNO D'INGHILTERRA

▶ 8.2 In Inghilterra le **assemblee nobiliari, dette parlamenti, diventano istituzioni stabili di governo** e nel 1264 viene convocato a Londra un parlamento rappresentativo dell'intero regno. Il parlamento è diviso tra **Camera alta** (dei *lords*) e **Camera bassa** (dei *commons*), la piccola e media aristocrazia rurale e le élite urbane. Dopo il 1453 l'instabilità politica crea le condizioni per una **guerra civile** tra le famiglie aristocratiche inglesi sostenitrici dei **Lancaster** e quelle sostenitrici degli **York** (**Guerra delle Due rose, 1455-85**). Alla fine si impone Enrico Tudor, proclamato re con il nome di **Enrico VII**.

● IL REGNO DI FRANCIA

▶ 8.3 Nel 1302 Filippo il Bello convoca per la prima volta gli **Stati generali**, con **rappresentanti del clero, della nobiltà e della borghesia urbana**. Il potere regio si consolida dal Duecento a tutto il Quattrocento, circondandosi di **funzioni burocratico-amministrative** di supporto (Consiglio del re, tesoreria, parlamento), ma i poteri territoriali e i grandi Stati principeschi, come il Ducato di Borgogna, rimangono molto forti fino alla fine della Guerra dei Cent'anni, quando Carlo VII getta le basi della costruzione di uno Stato regio.

● I REGNI DI CASTIGLIA E ARAGONA

▶ 8.4 Nei due Stati si ha una fase di **rafforzamento del regno** e di un sistema di governo e di esercizio della giustizia basato su funzionari statali, seguita alla metà del XIV secolo da un'**ascesa dell'aristocrazia locale**. Dopo un lungo conflitto per l'egemonia commerciale sul Mediterraneo occidentale, nel 1469 Isabella, erede al trono castigliano, sposa Ferdinando, erede al trono aragonese.

● IL REGNO DI GERMANIA E L'IMPERO

▶ 8.5 L'istituzione imperiale è **fragile e frammentata**; **il sovrano** è eletto secondo i meccanismi stabiliti dalla Bolla d'oro emanata da Carlo IV nel 1356 e **ha un ruolo solo ideologico e simbolico**. Territorialmente l'Impero è diviso in **Länder** retti da un signore e governati sulla base di un comune diritto consuetudinario. L'Impero assume una dimensione sempre più centroeuropea. Particolarmente rilevante è l'esperienza del **Regno di Boemia**, l'unica entità politica slava a entrare a far parte dell'Impero. A Praga nasce una fiorente università dove si sviluppa il movimento hussita, che predica il pauperismo religioso.

● L'EUROPA CENTRORIENTALE

▶ 8.6 Fino agli inizi del XIV secolo le monarchie centroeuropee riescono a **contenere le tendenze centrifughe della nobiltà** ma, anche a causa dell'indebolimento delle istituzioni regie in seguito alla lotta contro gli ottomani, si manifesta una sempre più forte **preminenza sociale dell'aristocrazia**. I regni di Ungheria e Polonia-Lituania vivono fasi di espansione. L'esercito polacco sconfigge i Cavalieri teutonici e annette gran parte del territorio prussiano.

Con **Ivan III il Grande** (1462-1505) il **Granducato di Mosca** si pone come **erede politico e religioso dell'Impero bizantino** e respinge l'attacco dei tatari (1480).

linea del tempo

1337-60 — prima fase della Guerra dei Cent'anni

1358 — rivolta contadina in Francia

274

Monarchie europee CAPITOLO 8

mappa

REGNO DI FRANCIA
- Re d'Inghilterra e vassallo del sovrano francese • Ambiguità del legame feudale
  - Guerra dei Cent'anni
    - **Prima fase (1337-60)** Netta prevalenza militare inglese (Pace di Brétigny)
    - **Seconda fase (1369-89)** Prevalenza militare francese • Debolezza e divisioni in Francia (conflitto tra Armagnacchi e Borgognoni)
    - **Terza fase (1414-53)** Vittorie di inglesi e Borgognoni • Intervento di Giovanna d'Arco e liberazione di Orléans • Vittoria francese

REGNO D'INGHILTERRA
- Guerra delle Due rose (1455-85)
  - Guerra civile tra le famiglie aristocratiche sostenitrici dei Lancaster e degli York
    - Enrico VII Tudor

REGNO DI GERMANIA E IMPERO
- Bolla d'oro di Carlo IV per regolare l'elezione imperiale (1356)
- Fragilità e frammentazione dell'Impero, diviso in *Länder*

REGNI DELL'EUROPA CENTRORIENTALE
- Espansione dei regni di Ungheria e Polonia-Lituania
- Il Granducato di Mosca come erede politico e religioso dell'Impero bizantino

REGNI DI CASTIGLIA E ARAGONA
- Matrimonio tra Isabella, erede al trono di Castiglia, e Ferdinando, erede al trono d'Aragona (1469)
- Conquista di Granada ed espulsione delle comunità ebraiche (1492)

1360 Pace di Brétigny

1369-89 seconda fase della Guerra dei Cent'anni

1414-53 terza fase della Guerra dei Cent'anni

1420 Trattato di Troyes

1455-85 Guerra delle Due rose

1492 conquista di Granada ed espulsione degli ebrei dal Regno di Spagna

CAPITOLO 9

Le crisi del Trecento e la ripresa del Quattrocento

Crisi del Trecento

Dopo una fase espansiva di oltre tre secoli, l'economia europea assisté a una caduta di tutti i principali indicatori economici, dai livelli demografici alle forme di reddito. Sulle cause di questa congiuntura regressiva, che terminò con l'avvio di una nuova fase espansiva nel XV secolo, sono state avanzate molteplici interpretazioni: alcune hanno concentrato l'attenzione sul problematico rapporto tra popolazione e risorse disponibili, altre sui mutamenti climatici, altre ancora sui rapporti tra classi sociali e forme di reddito collegate ai fattori della produzione. Nel corso degli ultimi anni l'analisi dei meccanismi istituzionali e di mercato, applicata ad alcune aree europee, ha ispirato una più complessa ricostruzione della congiuntura tre-quattrocentesca, al termine della quale l'Europa risultò dotata di strutture economiche, culturali e politiche che le consentirono di espandere la propria egemonia a scapito di altre grandi civiltà avanzate, dalla Cina all'India, al mondo islamico.

le parole della storiografia

Le crisi del Trecento e la ripresa del Quattrocento | **CAPITOLO 9**

Per riprendere il filo... L'espansione economica aveva interessato, con ritmi e forme diverse, l'Europa occidentale tra il X-XI e il XIII secolo. Si è visto come, per varie ragioni concomitanti, in questa lunga fase del ciclo tutti gli indicatori economici delle società europee avessero una tendenza positiva e questa crescita è stata messa in relazione con le profonde novità che hanno interessato anche le forme degli insediamenti o le strutture familiari. La congiuntura favorevole aveva inoltre posto alcune realtà politiche ed economiche europee in diretta competizione con gli imperi orientali, erodendone la secolare egemonia nel Mediterraneo. Tuttavia, alcuni elementi sui quali l'espansione economica si era fondata mostrarono, a lungo andare, alcune importanti debolezze, che misero in crisi l'intero sistema.

9.1 Rendite signorili e profitti: l'avvio della crisi a fine XIII secolo

Uno sguardo complessivo sulla crisi Le società europee, che pur in modo non omogeneo avevano vissuto una fase di crescita lunga circa tre secoli, alla fine del XIII secolo iniziarono a manifestare i primi segni di difficoltà, sia sul piano demografico che su quello economico. La **crescita demografica si indebolì**, per poi bloccarsi del tutto già nei primi anni del XIV secolo; la messa a coltura di nuove terre rallentò; le attività commerciali e bancarie risentirono della **minore disponibilità di merci**, a causa di una produzione artigianale sempre più in difficoltà e della scarsità di moneta. Questi fenomeni provocarono una **riduzione dei redditi**, sia in campagna che in città, da cui derivarono una diffusa miseria e numerosi conflitti sociali.

A questi processi, interni al ciclo economico europeo, si aggiunsero alcuni fattori esterni: **epidemie** – con altissimi tassi di mortalità – e un **peggioramento delle condizioni climatiche**, caratterizzate da un'alternanza di stagioni più fredde e piovose rispetto ai secoli IX-XII, che contribuirono a ridurre talvolta drasticamente l'entità dei raccolti.

Le campagne Si è visto come la fase di crescita fosse stata determinata, nella fase espansiva, da un incremento di tutti i fattori propri del sistema produttivo (terra, capitale e lavoro), causato a sua volta da mutamenti nei sistemi giuridici, istituzionali e culturali, e dal dinamismo dei ceti signorili, desiderosi di incrementare le proprie rendite. L'aspettativa di un aumento della rendita aveva permesso ai ceti signorili di sostenere la crescita demografica mettendo a coltura terre nuove, destinate alla cerealicoltura, e investendo capitali in alcune innovazioni tecnologiche [▶ cap. 1].

La crisi giunse quando la **messa a coltura di nuove terre**, sempre più marginali in rapporto alle rese, divenne sempre **meno conveniente**. La scarsa fertilità di terre strappate a territori boschivi e incolti in collina o in montagna non riusciva infatti a essere compensata dalla tecnologia disponibile e inoltre produceva forti squilibri nella gestione delle risorse territoriali, sia sul piano ecologico, sia su quello sociale. Da un lato, infatti, eccessivi diboscamenti effettuati in aree collinari o montuose accentuavano i danni causati da eventi meteorologici eccezionali, come per esempio piogge di forte

Fattori interni

Fattori esterni

Un'inversione di tendenza

La riduzione delle rendite agrarie

277

SEZIONE III   CRISI E PROCESSI DI RIORGANIZZAZIONE [SECOLI XIV-XV]

intensità; dall'altro, più frequentemente che in passato, le terre comuni – su cui cioè le comunità rurali esercitavano diritti collettivi di far legna, di prelevare acqua e di condurre le bestie al pascolo – divennero oggetto di ripartizioni interne alle singole comunità e di accesa disputa con le comunità confinanti. Ancora, la marginalità si misurava anche considerando la **distanza rispetto ai mercati**: distanze sempre più grandi dai luoghi di scambio incrementavano i costi di trasporto e dunque i prezzi: in ogni caso, i costi di produzione aumentavano e si riducevano i margini di rendita.

Le strategie per il recupero della rendita

Quando questi fenomeni di **caduta della rendita** comparvero, come conseguenza non furono più messe a coltura nuove terre e dove fu possibile i proprietari terrieri adottarono alcune strategie di recupero:

- intensificando **colture a più alto valore aggiunto**, in particolare in area mediterranea (vigneti, oliveti, alberi da frutto, piante industriali – gelsi, cotone, lino –, zafferano, riso, canna da zucchero, erbe tintorie);
- destinando quote sempre più ampie di terra all'**allevamento**, redditizio e non bisognoso di grandi investimenti o di manodopera.

Tuttavia, in linea generale, la riduzione delle rendite bloccò l'espansione dei coltivi e i ceti proprietari cercarono di **accrescere i prezzi** dei prodotti agricoli per mantenere alti i profitti, mentre gli strati di popolazione di più recente inurbamento e i più socialmente emarginati, che vivevano di assistenza pubblica e privata, ebbero grandissima difficoltà a garantirsi l'accesso ai beni essenziali, sempre più costosi, cui tuttavia non potevano rinunciare [◉1]. Le ripetute **carestie**, ossia il susseguirsi di rincari dei beni agricoli, e le difficoltà che questi beni incontravano nel raggiungere le zone di maggior fabbisogno (**crisi di distribuzione**) costituirono il segnale dell'inceppamento del sistema.

Le carestie e il calo demografico

Gravi carestie si registrarono già negli anni Settanta del XIII secolo, raggiungendo picchi drammatici nel 1271-72 e 1275-77 in Italia, nel 1315-17 in tutta l'Europa nord-occidentale e in Inghilterra, nel 1333 nella penisola iberica, nel 1339-40 e nel 1346-47 in particolare ancora in Italia. **Denutrizione e malnutrizione**, dovute alla minore disponibilità di cibo e a un'alimentazione povera di apporti proteici, oltre a uccidere direttamente esponevano gli organismi indeboliti

PERCORSO VISIVO

[◉1] L'assistenza pubblica
Specialmente nei periodi di carestia o di cattivi raccolti le città si riempivano di persone ridotte alla fame e impossibilitate a procurarsi da vivere, che aggravavano il problema dei rifornimenti per la popolazione urbana. Le autorità pubbliche cercarono più volte d'imporre calmieri (prezzi massimi di vendita) e divieti di esportazione, mentre acquistavano all'estero forti quantitativi di derrate o promuovevano le importazioni; esercitavano inoltre severi controlli dei quantitativi di merci esistenti presso i produttori, gli intermediari e i mercanti.

▶ I poveri di Siena accolti e sfamati a Firenze, miniatura del XIV secolo.

278

Le crisi del Trecento e la ripresa del Quattrocento | **CAPITOLO 9**

alla diffusione di molteplici malattie. L'aumento del tasso di mortalità è verosimilmente la causa principale del **declino demografico** che iniziò a interessare varie aree d'Europa, prima tra tutte l'Italia, già prima della catastrofica epidemia di metà Trecento.

Credito, commercio e lavoro Segnali di un'inversione di tendenza si moltiplicarono anche nel sistema europeo degli scambi commerciali. Si verificarono infatti numerosi fallimenti di aziende mercantili e bancarie, sia per ragioni strutturali – incremento della **concorrenza** dovuta al moltiplicarsi degli operatori economici, crescita dei costi, perdita di mercati – sia per motivi contingenti: mancati pagamenti di merci, mancate restituzioni di capitali prestati a causa dell'insolvenza dei debitori, primi tra tutti le grandi monarchie e signorie.

Gli effetti della concorrenza

La condizione di stato di **guerra** permanente in cui gran parte dell'Europa del Trecento si trovava comportava infatti **costi molto alti** in termini sia economici che di vite umane. La prassi delle compagnie di ventura [▶protagonisti], milizie mercenarie assoldate a caro prezzo per integrare gli eserciti cittadini o regi, era infatti quella di distruggere e saccheggiare le campagne, dove si trovava gran parte degli apparati produttivi del nemico – campi, vigne, bestiame, villaggi rurali, mulini, frantoi, forni – infliggendo danni materiali molto superiori rispetto al passato.

I costi delle guerre

Monarchie, comuni e signorie fronteggiavano dunque la crescente **necessità di denaro** attraverso due strategie: da un lato, svalutavano o rivalutavano arbitrariamente, a seconda della loro condizione di debitori o creditori, il **valore delle monete** emesse dalle zecche, modificando la quantità di metallo prezioso presente; dall'altro, ricorrevano largamente al **prestito** di grandi compagnie bancarie, specialmente toscane. L'inadempienza da parte delle monarchie a rispettare gli impegni di restituzione dei ca-

Una catena di fallimenti

Compagnie di ventura

Le compagnie di ventura venivano ingaggiate mediante un vero e proprio contratto, detto "condotta", da cui il termine di "condottieri" con cui si indicavano i loro capi. Le spese che gli Stati sostenevano per assicurarsi le migliori truppe erano enormi, tanto da incidere in modo significativo sulle casse pubbliche e sul prelievo fiscale necessario a sostenerle. Il XIV e il XV secolo furono i momenti di massima fortuna delle compagnie mercenarie, che sfruttavano l'efficacia del combattimento a cavallo con lunghe lance e pesanti armature combinato con fanterie di balestrieri.

In Italia ne operarono molte, tra cui la Grande compagnia di Fra Moriale (Jean Montréal du Bar, 1303 ca.-54), ex frate ospedaliere della Provenza, e la Compagnia Bianca, guidata dall'inglese John Hawkwood, italianizzato in Giovanni Acuto (1320 ca.-94), ma furono ugualmente attive in tutti gli scacchieri europei e anche nell'Impero bizantino, dove agì la Compagnia Catalana guidata da Roger da Flor (1267-1305). Tra i più celebri capitani di compagnie di ventura italiani si ricordano Braccio da Montone (1368-1424), Erasmo da Narni detto il Gattamelata (1370 ca.-1443), Francesco Bussone detto il Carmagnola (1385 ca.-1432), Bartolomeo Colleoni (1400-75), Francesco Sforza (1401-66), Federico da Montefeltro (1422-82), Giovanni de' Medici (1498-1526).

▲ Paolo Uccello, *Monumento equestre a Giovanni Acuto*, affresco, 1436.

SEZIONE III CRISI E PROCESSI DI RIORGANIZZAZIONE [SECOLI XIV-XV]

pitali ricevuti comportò il fallimento di gran parte di queste compagnie: tra 1297 e 1308 la Gran Tavola dei Bonsignori, banchieri senesi, fece **bancarotta**, e così i Ricciardi lucchesi; poco dopo, anche le grandi famiglie fiorentine dei Bardi e dei Peruzzi furono colpite duramente dalla crisi dei meccanismi di credito.

La crisi del settore tessile

Una forte **crisi** investì inoltre il **settore tessile**, il più sviluppato dell'artigianato medievale. L'aumento della popolazione inglese, infatti, finì per assorbire una quantità sempre maggiore di lana grezza prodotta nel regno, all'epoca il maggior produttore europeo, facendone così diminuire le esportazioni e di conseguenza **aumentare il prezzo**. Agli effetti della crescita demografica si sommavano inoltre deliberate politiche delle monarchie: all'inizio della Guerra dei Cent'anni [▶ cap. 8.1], per esempio, il re d'Inghilterra, per danneggiare la produzione laniera delle città fiamminghe schierate con il re francese, dapprima aumentò il prezzo della lana inglese, poi ne **vietò l'esportazione**. Molte aziende furono costrette a chiudere, lasciando nella disperazione lavoratori che difficilmente avrebbero potuto essere impiegati altrove.

rispondi
1. Come si manifesta la crisi del XIV secolo?
2. Che cosa si intende per "crisi di distribuzione"?
3. Quali sono le cause della crisi del sistema creditizio?

9.2 La peste

Il ritorno dell'epidemia Nelle fonti medievali "peste" è un termine utilizzato per definire diverse malattie, tutte caratterizzate dalla loro elevata contagiosità e mortalità: deriva infatti dal latino *peius*, "(la malattia) peggiore". La peste vera e propria, dopo una prima **epidemia** tra il VI e l'VIII secolo, dilagò nuovamente in tutta Europa tra la fine del 1347 e il 1348 [▶fenomeni].

La grande epidemia europea della metà del Trecento ebbe probabilmente origine nell'**altopiano del Qinghai**, una regione tra il Tibet settentrionale e la Cina centromeridionale, confinante con l'Impero di Xia [👁 2]. Per la sua rilevanza strategica, nei primi anni del XIII secolo questo Stato venne annientato nel 1227 da Genghiz Khan

approfondimento
Il tema iconografico del Trionfo della Morte

L'origine del contagio...

bancarotta Insolvenza dell'imprenditore commerciale dichiarato fallito. Il termine deriva dall'uso medievale di rompere pubblicamente il banco (*bancae ruptio*) al banchiere insolvente.

epidemia/pandemia Manifestazione di una malattia infettiva che si diffonde rapidamente tra gli individui di uno stesso territorio. Un'epidemia a larghissima diffusione, senza limiti regionali o continentali, si definisce pandemia.

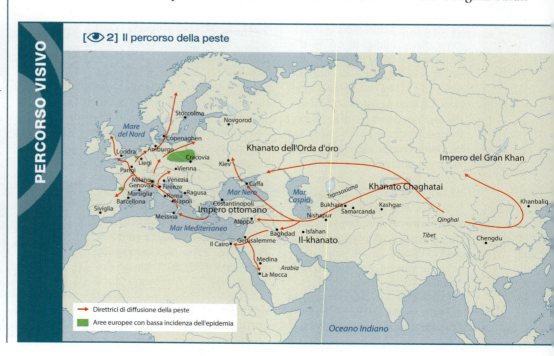

[👁 2] Il percorso della peste

280

Le crisi del Trecento e la ripresa del Quattrocento | **CAPITOLO 9**

La "morte nera"

fenomeni

Alcuni cronisti in epoca medievale indicavano la peste come *atra mors*, "morte atroce, terribile". In latino però *atrus* significa anche "oscuro, cupo" ed è con questo significato che l'espressione venne usata nell'Ottocento dal medico tedesco Justus Hecker, il primo a studiare la storia delle epidemie.

Che cosa è la peste

Alla fine del XIX secolo, in occasione dell'ultima grande pandemia mondiale, venne scoperto a Hong Kong l'agente infettante della malattia: un batterio, chiamato *Yersinia pestis* dal nome dello svizzero francese Alexandre Yersin che, contemporaneamente al giapponese Kitasato Shibasaburo, riuscì a isolarlo. La peste è un'infezione dei roditori selvatici (oltre ai più comuni topi e ratti, anche scoiattoli, lepri, conigli, marmotte e cammelli), è endemica nelle steppe e negli altopiani asiatici e può trasmettersi anche ai roditori che vivono a contatto con l'uomo. Quando – per le cause più disparate, come per esempio lievi variazioni di temperatura o di precipitazioni – la mortalità tra questi animali diventa molto alta, le pulci ospitate abitualmente nella loro pelliccia possono migrare sull'uomo, contagiandolo con la loro puntura.

Il morbo si può presentare in diversi modi. La forma polmonare si sviluppa in climi più freddi ed è l'unica possibile di contagio diretto da uomo a uomo; quella bubbonica, così detta perché attacca le ghiandole linfatiche facendole gonfiare, trova invece condizioni ottimali in ambienti umidi, caldi e bui e questo spiega perché in luoghi come cantine o stive di navi il batterio possa mantenersi attivo a lungo: la grande pestilenza europea iniziata nel 1347 venne dall'Oriente, ma una volta esaurita si ripresentò per secoli, con una certa regolarità, in zone differenti del continente.

▲ Un medico incide il bubbone di un appestato, miniatura del XV secolo.

[▶ cap. 7.1] e si suppone che attraverso le pellicce delle marmotte, molto apprezzate dai mongoli, il bacillo della peste si sia propagato per decenni attraverso le steppe asiatiche, raggiungendo la Cina interna, l'Iran, l'Egitto, la Siria e la penisola arabica.

Dal Mar Nero al Mediterraneo e all'Italia l'itinerario della malattia è abbastanza ben illustrato nelle fonti: nel 1347 i mongoli, ritirandosi dall'assedio della colonia genovese di **Caffa** (oggi Feodosia, nella penisola di Crimea), vi catapultarono i cadaveri di alcuni appestati. Le galee genovesi che salparono dalla città alla volta del Mediterraneo portarono con sé la malattia, che si diffuse rapidamente lungo tutti i porti di scalo: le **rotte commerciali** divennero così letali vie di **trasmissione del contagio**. La prima città italiana a esserne colpita fu **Messina**, alla fine del 1347; successivamente la peste raggiunse Genova, Marsiglia, Pisa, Venezia, Ragusa (oggi Dubrovnik) e dai centri costieri si estese alle località dell'entroterra. Tra il marzo e il giugno del 1348 il contagio era ormai diffuso a Firenze, Siena, Perugia e in tutto il Nord Italia (a parte Milano, interessata solo marginalmente), così come in buona parte della Francia e della penisola iberica. Entro la fine dello stesso anno toccò l'Inghilterra e tra il 1349 e il 1350 le Fiandre, i Paesi Bassi, la Scandinavia e alcune regioni dell'Europa centrorientale.

La **pandemia** ebbe **diffusione non omogenea**. Operando una sintesi delle disparità regionali e dei dati a disposizione, e considerando che la peste colpiva in modo maggiore poveri, bambini e verosimilmente le donne, è stato calcolato che in pochi an-

...e la sua diffusione in Europa

 **approfondimento**
Petrarca piange la morte di Laura

Gli effetti demografici

SEZIONE III   CRISI E PROCESSI DI RIORGANIZZAZIONE [SECOLI XIV-XV]

ni quasi **un terzo della popolazione europea** nel suo complesso, circa 30 milioni di persone, abbia perso la vita e le decine di ondate epidemiche successive contribuirono ad aggravare ulteriormente un bilancio già pesantissimo, cui l'Italia e le regioni mediterranee della Francia contribuirono in modo molto elevato.

L'ignoranza sulle cause

L'altissima mortalità stravolse quasi ovunque schemi e stili di vita [👁 3]. La mancanza di conoscenze sulle cause della malattia, e dunque sui rimedi più efficaci, provocò le reazioni più varie. Il collegio dei medici di Parigi indicò la causa della pestilenza in una **nebbia fetida** proveniente dall'India, che aveva oscurato il sole e ucciso i pesci nelle acque, mentre le cronache sono piene di **notazioni astrologiche nefaste**, di avvistamenti di vermi piovuti dal cielo, folgori e draghi, **flagelli inviati da Dio** per punire i peccati degli uomini [▶ FONTI]. Chi ne aveva la possibilità fuggiva in campagna, chi rimaneva nelle città ingannava il terrore della morte con feste e banchetti. Molti presero a percorrere le strade in processione, ostentando reliquie, spogliandosi e flagellandosi con violenza, cantando e digiunando.

La reazione popolare e gli interventi delle autorità

L'**isteria collettiva** attribuì la colpa ai musulmani, presso le cui terre si riteneva fosse sorto il morbo, e alle **minoranze sociali e religiose**, in particolare agli ebrei. Questi ultimi, portatori di una diversità culturale sospetta in tempi di crisi, furono accusati di avvelenare pozzi e di spargere polveri nell'aria e nel corso di violente persecuzioni in Germania, in Francia e in Catalogna molti furono linciati, squartati o arsi vivi. In Inghilterra come capro espiatorio furono talvolta indicate alcune donne, accusate di stregoneria, e nei paesi di lingua tedesca nacque la leggenda della "ragazza della peste" (*Pest Jungfrau*), che fuorusciva come un fuoco dalla bocca dei morti e propagava il contagio al cenno della mano.

Talvolta le autorità pubbliche cercarono di frenare il contagio prendendo provvedimenti di buon senso: controllarono gli accessi alle città, organizzarono quarantene nei porti e vietarono assembramenti in occasione di funerali e cerimonie religiose. Inoltre, intervennero per **impedire l'esplodere degli odi sociali e razziali**, ma non ebbero grande efficacia.

rispondi
1. Qual è il percorso che porta la peste in Europa? 2. Quali sono gli effetti della peste sulla demografia europea? 3. Qual è la reazione popolare alla peste?

PERCORSO VISIVO

[👁 3] La morte quotidiana
Strade, botteghe e taverne vuote, malati lasciati soli in casa o per strada ad attendere la morte, molti cadaveri stipati in un'unica bara o gettati in fosse comuni, a strati che venivano ogni volta ricoperti di calce «come si ministrasse lasagne a fornire di formaggio», secondo le parole di un cronista fiorentino. I loro vestiti e oggetti venivano dati alle fiamme: un'operazione simbolica, ma corretta dal punto di vista medico.

▶ La sepoltura dei cadaveri degli appestati in una miniatura del XIV secolo.

282

Le crisi del Trecento e la ripresa del Quattrocento | **CAPITOLO 9**

FONTI

▲ Un vescovo benedice gli appestati, miniatura, XIV secolo.

Il racconto della peste

■ La *Cronica* del fiorentino Matteo Villani (1280 ca.-1363), avviata probabilmente qualche anno dopo il 1348, prosegue l'opera del più noto fratello Giovanni, morto di peste, innestandosi su di essa e narrando fatti contemporanei all'autore fino all'anno della sua morte. La pagina che qui si presenta è emblematica dei tentativi di interpretare le cause dell'inarrestabile epidemia, di cui si fornisce anche una plausibile geografia della propagazione. Fra le possibili ragioni vengono elencate nefaste congiunzioni astrali, il castigo divino e misteriosi fenomeni naturali riportati da mercanti e viaggiatori in paesi d'Oriente.

Videsi negli anni di Cristo, dalla sua salutevole[1] incarnazione, 1346 la congiunzione di tre superiori pianeti nel segno dell'Acquario, della quale congiunzione si disse per gli astrologhi che Saturno fu signore: onde pronosticarono al mondo grandi e gravi novitadi; ma simile congiunzione per li tempi passati molte altre volte stata e mostrata, la influenzia pealtri particulari accidenti non parve cagione di questa, ma piuttosto divino giudicio secondo la disposizione dell'assoluta volontà di Dio. Cominciossi nelle parti d'Oriente, nel detto anno, inverso il Cattai[2] e l'India superiore e nelle altre provincie circustanti a quelle marine dell'Oceano[3], una pestilenzia tra gli uomini d'ogni condizione di catuna[4] età e sesso: che cominciavano a sputare sangue e morivano chi di subito, chi in due o in tre dì, e alquanti sostenevano[5] più al morire. E avveniva che chi era a servire questi malati, appiccandosi quella malattia, o infetti, di quella medesima corruzione incontanente[6] malavano, e morivano per somigliante modo; e a' più ingrossava l'anguinaia[7], e a molti sotto le ditella[8] delle braccia a destra e a sinistra, e altri in altre parti del corpo, che quasi generalmente alcuna enfiatura[9] singulare nel corpo infetto si dimostrava. […] Avvenne, perché parea che questa pestifera infezione s'appiccasse per la veduta enfiatura e per lo toccamento, che, come l'uomo o la femmina o i fanciulli si conoscevano malati di quella enfiatura, molti n'abbandonavano: e innumerabile quantità ne morirono che sarebbono campati se fossono stati aiutati delle cose bisognevoli. Tra gl'infedeli cominciò questa inumanità crudele, che le madri e' padri abbandonavano i figliuoli, e i figliuoli le madri e' padri, e l'uno fratello l'altro e gli altri congiunti: cosa crudele e maravigliosa e molto strana alla umana natura, detestata tra i fedeli cristiani, nei quali, seguendo le nazioni barbare, questa crudeltà si trovò. Essendo cominciata nella nostra città di Firenze, fu biasimata da' discreti[10] la sperienza veduta di molti, i quali si provvidono[11] e rinchiusono in luoghi solitari e di sana aria, forniti d'ogni buona cosa da vivere, ove non era sospetto di gente infetta; in diverse contrade il divino giudicio (a cui non si può serrare le porti) gli abbatté come gli altri che non s'erano provveduti. E molti altri, i quali si dispuosero alla morte per servire i loro parenti e amici malati, camparono avendo male, e assai non l'ebbono continovando[12] quello servigio; per la qual cosa ciascuno si ravvide, e comincia-

Nell'astrologia e nella medicina antica, medievale e rinascimentale, al pianeta Saturno era attribuita una complessa e ambigua influenza sugli uomini: qui tuttavia il cronista, sulla base dell'esperienza, rigetta questa spiegazione e ricorre all'assoluta volontà di Dio.

Villani nota come alcuni si immunizzino rispetto alla malattia e questo favorisce l'assistenza e il rinsaldarsi dei rapporti sociali.

---

1 salutevole: (dal latino *salus*, "salvezza"), salvifica per l'umanità. A Firenze l'anno iniziava il 25 marzo, giorno appunto dell'incarnazione annunciata a Maria dall'arcangelo Gabriele.
2 il Cattai: la Cina.

3 Oceano: l'Oceano Indiano.
4 catuna: ogni.
5 sostenevano: duravano.
6 incontanente: immediatamente.
7 anguinaia: inguine.
8 ditella: ascelle.

9 enfiatura: gonfiore (il bubbone della peste).
10 discreti: persone sensate.
11 si provvidono: si erano premuniti.
12 continovando: continuando.

283

SEZIONE III   CRISI E PROCESSI DI RIORGANIZZAZIONE [SECOLI XIV-XV]

FONTI

rono senza sospetto ad aiutare e servire l'uno l'altro: onde molti guarirono, ed erano più sicuri a servire gli altri. Nella nostra città cominciò generale all'entrare del mese d'aprile gli anni Domini 1348, e durò fino al cominciamento del mese di settembre del detto anno. E morì, tra nella città, contado e distretto di Firenze, d'ogni sesso e di catuna età de' cinque i tre[13] e più, compensando il minuto popolo e i mezzani e' maggiori, perché alquanto fu più menomato, perché cominciò prima ed ebbe meno aiuto e più disagi e difetti. E nel generale per tutto il mondo mancò la generazione umana per simigliante numero e modo, secondo le novelle che avemmo di molti paesi strani e di molte provincie del mondo. Ben furono provincie nel Levante dove vie più ne moriro. Di questa pestifera infermità i medici in catuna parte del mondo, per filosofia naturale o per fisica o per arte d'astrologia, non ebbono argomento[14] né vera cura. Alquanti per guadagnare andarono visitando e dando loro argomenti, li quali per la loro morte mostrarono l'arte essere fitta[15] e non vera: e assai per coscienza lasciarono a ristituire i danari che di ciò aveano presi indebitamente.

Avemmo da mercatanti genovesi, uomini degni di fede, che aveano avute novelle di què paesi, che alquanto tempo innanzi a questa pestilenzia, nelle parti dell'Asia superiore uscì della terra ovvero cadde dal cielo un fuoco grandissimo, il quale stendendosi verso il ponente, arse e consumò grandissimo paese[16] senza alcuno riparo. E alquanti dissono[17] che del puzzo di questo fuoco si generò la materia corruttibile della generale pestilenzia: ma questo non possiamo accertare. Appresso sapemmo da uno venerabile frate minore di Firenze vescovo di …[18] del Regno[19], uomo degno di fede, che s'era trovato in quelle parti dov'è la città di Lamech[20] ne' tempi della mortalità, che tre dì e tre notti piovvono in quello paese biscie con sangue che appuzzarono e corruppono tutte le contrade: e in quella tempesta fu abbattuto parte del tempio di Maometto e alquanto della sua sepoltura.

G. Villani, *Cronica. Con le continuazioni di Matteo e Filippo*,
a cura di G. Aquilecchia, Einaudi, Torino 1979

> Il cronista ha ben presente il fatto che la pestilenza ha duramente colpito anche l'Oriente; poiché in precedenza ha attribuito alla volontà divina il diffondersi della malattia, sembra suggerire che Dio abbia voluto punire in misura ancora maggiore gli infedeli: tempio e sepolcro di Maometto alla Mecca ne sono dunque fortemente colpiti.

13 de' cinque i tre: il 60%.
14 argomento: riparo, rimedio.
15 fitta: falsa.
16 grandissimo paese: gran parte del paese.
17 dissono: dissero.
18 …: non indicato nel testo.
19 Regno: di Napoli.
20 Lamech: La Mecca.

▶ Processione di flagellanti durante un'epidemia di peste nera, miniatura fiamminga, XIV secolo.

284

Le crisi del Trecento e la ripresa del Quattrocento | **CAPITOLO 9**

9.3 La crisi degli insediamenti urbani e rurali

Il calo demografico nelle città Approfittando della crescita economica dei secoli precedenti, la popolazione delle aree più produttive, pianure e città, era cresciuta in modo evidente, alimentata anche da consistenti **flussi migratori dalle campagne**. Erano zone ad **altissima densità di popolamento** la penisola italiana, dove si calcola che molte città avessero superato la soglia dei 10 000 abitanti e, in diversi casi, le decine di migliaia (Milano, Venezia, Firenze oltre i 100 000, Genova 60 000, Verona, Brescia, Bologna, Pisa, Siena, Napoli, Palermo 40 000), la Piccardia, la Provenza e la regione di Parigi (Île-de-France).

Queste stesse aree (con l'eccezione di Milano) furono quelle più duramente colpite dalla pandemia, giungendo a **perdere dalla metà ai due terzi della popolazione**: solo per fare alcuni esempi, Firenze, una delle città più popolose d'Europa agli inizi del Trecento, con circa 110 000 abitanti, nel 1427 ne contava appena 37 000, mentre Barcellona passò da 45 000 a 20 000 abitanti tra il 1340 e il 1477. In questi e altri casi le ampie cinte murarie precedenti alla crisi risultarono per lungo tempo sproporzionate rispetto alla popolazione e all'interno delle città si diffusero orti e campi.

Il calo demografico nelle campagne Alla crisi demografica urbana si sommò anche quella degli insediamenti rurali medi e piccoli, fortificati o aperti, già in atto nel tardo Duecento: è il cosiddetto fenomeno dei **villaggi abbandonati**, che interessò gran parte delle aree rurali europee [▶luoghi, p. 286]. Nel continente, le aree più duramente colpite da questo fenomeno furono la Turingia, la Sassonia e il Brandeburgo, l'Inghilterra e l'Italia, specialmente in Sardegna e Sicilia, nel Mezzogiorno continentale e nelle maremme costiere di Lazio e Toscana, mentre nei territori dell'Italia comunale fu più contenuto.

Nei casi in cui gli abbandoni furono definitivi (molti castelli e casali del Mezzogiorno, o i villaggi del fertile *open field* inglese), il fatto che essi non fossero più rioccupati è legato a quanto detto in precedenza riguardo alle strategie dei proprietari terrieri e degli investitori in ambito agricolo: la **riconversione delle terre a usi pastorali** consentiva di sostenere i livelli di rendita, attraverso la produzione e il commercio di carne, lana, pelli, formaggi, e di far fronte al crollo del mercato dei grani in seguito alla crisi demografica. La maglia insediativa rurale che più risentì di queste strategie fu infatti quella delle regioni che avevano concentrato la produzione nel settore cerealicolo, dove si assisté a una profonda ricomposizione territoriale: da un lato, larghe masse contadine persero gran parte del potere contrattuale su cui avevano potuto contare durante la fase di crescita economica, per cui si trasferirono nelle città, riducendo di conseguenza la piccola proprietà; dall'altro, si costituirono **ampie riserve signorili e statali destinate all'allevamento**.

In gran parte si trattò di **allevamento transumante**, con imponenti spostamenti stagionali di greggi e mandrie di ovini, caprini, bovini e cavalli dalle montagne alle pianure, organizzato da **associazioni di allevatori e pastori** (le *meste* iberiche) o da istituzioni pubbliche (le **dogane**) che operavano un sistematico **prelievo fiscale** per garantire l'accesso ai pascoli. Tra queste ultime, si ricordino la *Dogana delle pecore* di Foggia, che estendeva la propria autorità tra Abruzzo e Puglia e che costituiva una delle principali entrate fiscali del Regno di Napoli [👁4, p. 286], i Paschi senesi o la dogana del Patrimonio di San Pietro, nel Lazio.

Le aree maggiormente urbanizzate

Il crollo demografico nelle città

Lo spopolamento delle aree rurali

La riconversione a pascolo delle terre coltivate

Il sistema della transumanza

rispondi
1. Quale effetto ha la peste su città e campagne? **3.** Come nascono le dogane?

SEZIONE III CRISI E PROCESSI DI RIORGANIZZAZIONE [SECOLI XIV-XV]

luoghi

I villaggi abbandonati

Il tema dei villaggi medievali abbandonati è stato a lungo oggetto di dibattito di storici e archeologi. A partire dalla prima metà del Novecento si sono confrontate due grandi tesi per spiegare le cause e la cronologia del fenomeno: una lo collegava al tracollo demografico verificabile alla metà del Trecento; l'altra lo considerava invece come effetto della generale crisi economica, iniziata già nell'ultimo quarto del Duecento. In seguito, tuttavia, entrambe queste ipotesi sono state ridiscusse: oltre alla peste e alla crisi anche le guerre, l'accresciuta pressione fiscale e alcune deliberate scelte politiche influirono infatti direttamente su questo processo.

Ci si è inoltre resi conto che le fonti registrano fenomeni di abbandono anche in periodi di crescita economica: la causa, in tali casi, fu l'accesa concorrenza tra i vecchi insediamenti e quelli più recenti, sorti per effetto delle politiche di colonizzazione di terre nuove. Si è tentato dunque di riordinare gli elementi fondamentali del dibattito, distinguendo l'oggetto dell'abbandono (campi o insediamenti, questi ultimi a loro volta divisi tra insediamenti maggiori e minori) e le modalità con cui questo processo si è verificato: parziale o completo, rispetto ai tassi di spopolamento; temporaneo o definitivo rispetto alla durata.

Differenze geografiche e funzionali

Va inoltre sottolineata la varia incidenza geografica degli abbandoni: essa fu molto alta in Germania, dove si calcolano circa 40 000 insediamenti rurali scomparsi tra Trecento e Cinquecento, e nel Mezzogiorno continentale d'Italia, che registra percentuali di abbandono superiori al 50%; molto più contenuta fu invece, per esempio, nell'Italia comunale, dove tale percentuale si attesta intorno al 10%. Infine, alcuni di questi villaggi abbandonati cambiarono funzione, sia per iniziativa privata che pubblica: diventarono aziende agrarie e dimore rurali (cascine, poderi, masserie) al servizio delle nuove logiche economiche e sociali che attraversavano le campagne tardomedievali, dove pure si andavano diffondendo castelli residenziali o fortilizi (torri, casetorri, bicocche), efficienti nel controllo del territorio e nel rafforzamento del prestigio sociale aristocratico.

▲ Il sito di Fiorentino, oggi Castelfiorentino (Torremaggiore, Foggia). Fondata in età bizantina, la città fu dotata in età normanna di un *castrum* e in età sveva di una *domus* (edificio residenziale); è ricordata inoltre per essere stata il luogo di morte di Federico II di Svevia (1250). Come per molti altri centri in Capitanata, la diffusione della transumanza tra il XIV e il XV secolo concorse allo spopolamento dell'insediamento, che risulta definitivamente abbandonato agli inizi del XVII secolo.

PERCORSO VISIVO

[👁 4] Le "locazioni" nel Regno di Napoli
Le locazioni erano grandi estensioni di terra, nel Tavoliere o sulle Murge, assegnate per il pascolo invernale delle greggi provenienti dall'Abruzzo, dal Molise e dall'Appennino campano. In questa carta, tratta da un *Atlante delle locazioni* redatto a partire dalla fine del XVII secolo, è rappresentata quella in cui ricadeva Foggia, il centro amministrativo e giuridico della Dogana delle pecore del Regno di Napoli. Per la ricchezza delle informazioni relative al paesaggio agrario, atlanti come questi sono fonti cartografiche di grande utilità per lo storico contemporaneo.

Le crisi del Trecento e la ripresa del Quattrocento | **CAPITOLO 9**

9.4 Le rivolte nelle campagne

Un rapido cambiamento economico e sociale Uno degli effetti del calo della popolazione fu, in misura e in momenti diversi nel continente europeo, l'**aumento dei salari** in tutti i settori, a partire da quello agricolo, sia in termini assoluti (**salario nominale**), sia in termini relativi alla capacità di acquisto (**salario reale**) considerando il contemporaneo ribasso dei prezzi agricoli. In una prima fase, a ridosso della metà del XIV secolo, contadini dipendenti e salariati agricoli poterono godere di migliori condizioni di vita ed ebbero un maggiore potere contrattuale, mentre nelle città la maggiore disponibilità di denaro e l'impatto psicologico della vicinanza con la morte stimolavano maggiori consumi di generi alimentari e di capi di abbigliamento costosi.

Tuttavia, questo miglioramento ebbe vita breve. In primo luogo, i ceti signorili reagirono con forza alle crescenti richieste dei lavoratori, dal momento che alti salari erodevano le rendite, emanando norme e statuti volti ad **ancorare prezzi e salari** ai livelli precedenti alla peste (è il caso, per esempio, dello *Statute of labourers* inglese del 1351, o di molte legislazioni cittadine in Italia). In secondo luogo, gli stessi salari erano minacciati dall'**accresciuto peso della fiscalità**, imposta da organismi statali sempre più perfezionati e minacciati dai debiti contratti a causa delle continue guerre.

La diffusione delle rivolte Malcontento, tensioni e tumulti, dovuti alla tensione tra tendenza all'aumento dei salari e politiche contenitive, attraversarono le campagne europee. Era sempre accaduto, ma questa volta ci fu una maggiore consapevolezza e una più efficace organizzazione. In Francia, in Inghilterra e nella penisola italiana si ebbero i sommovimenti di più ampia portata e meglio documentati [👁 5].

In Francia la ribellione, che prese il nome di **jacquerie** – dal nome *Jacques Bonhomme*, con cui i signori indicavano genericamente i contadini – scoppiò nel 1358 nell'Île-de-France, estendendosi anche nelle regioni a nord di Parigi e in Normandia. Alle ragioni strettamente economiche del malcontento, aggravate dall'inasprimento fiscale dovuto alle spese di guerra, si aggiungevano anche motivazioni legate alle

Le cause delle rivolte

La reazione signorile e il peso della fiscalità

Il montare del malcontento

La ribellione in Francia

[👁 5] **Rivolte popolari in Europa (XIV-XV secolo)**
Lo storico Samuel K. Cohn jr ha calcolato, per il periodo 1200-1425, 1112 esempi di proteste popolari, urbane e rurali. Nonostante la grande fortuna storiografica della *jacquerie* o della rivolta inglese del 1381, la grandissima parte riguarda contesti urbani.

carta interattiva

SEZIONE III CRISI E PROCESSI DI RIORGANIZZAZIONE [SECOLI XIV-XV]

disfatte militari subite dagli eserciti nobiliari francesi durante le prime fasi della Guerra dei Cent'anni [▶ cap. 8.1], sconfitte che delegittimavano, agli occhi dei ceti subalterni, il ruolo eminente svolto dall'aristocrazia. In un primo momento la rivolta, capeggiata da alcuni esponenti delle **élite di villaggio** tra cui un certo Guillaume Carle, che ne prese il comando militare, ebbe successo grazie anche all'appoggio di artigiani, preti, e soprattutto dalla borghesia commerciale parigina, guidata da **Étienne Marcel** (1316 ca.-58). Influente prevosto dei mercanti cittadini, Marcel era riuscito a ottenere il controllo degli Stati generali [▶ cap. 8.3] e vedeva ora l'occasione per ridurre il peso politico dei nobili e dello stesso sovrano, allora seriamente in difficoltà per i continui rovesci nella Guerra dei Cent'anni. Giunto al punto di schierarsi con il partito filoinglese, Marcel venne ucciso; altrettanto rapidamente come era divampata, la più grande rivolta contadina della storia francese fu schiacciata dall'aristocrazia e da quelle componenti borghesi più sensibili alla difesa della monarchia. Si calcola che circa 20 000 persone, compresi donne e bambini innocenti, siano state massacrate durante la **repressione** [👁 6].

La rivolta in Inghilterra

In Inghilterra una violenta rivolta contadina esplose nel 1381 nelle contee a est di Londra, per poi propagarsi a gran parte dell'isola. L'occasione fu l'introduzione di un'imposta personale (***poll-tax***) che triplicava quella istituita pochi anni prima, ma le ragioni della ribellione, oltre che nelle difficoltà indotte dalla guerra con la Francia, affondavano nell'inasprimento della reazione signorile che aveva prodotto lo **Statute of labourers** del 1351. Improntata a un vago richiamo a principi di povertà ed egualitarismo affermati in quegli anni da un importante teologo di Oxford, **John Wyclif** (1331-84), la rivolta, guidata da un certo **Wat Tyler** e da alcuni esponenti del basso clero (di cui il più noto era **John Ball** [👁 7]), la rivolta giunse anche ad avanzare precise richieste, incontrando gli interessi dei ceti salariati di Londra e delle élite municipali di alcune città come Cambridge e York: tra le altre cose, si chiedeva l'**abolizione del servaggio**, l'aumento dei **salari** e una **ripartizione dei beni ecclesiastici**, di cui si contestava la legittimità giuridica. Dopo i primi accordi, cui il re Riccardo II aveva ceduto, in pochi mesi la rivolta ebbe termine nel sangue: Tyler fu ucciso durante le trattative condotte presso le mura della città di Londra e il sovrano, con l'appoggio del ceto aristocratico, scatenò una durissima repressione, eliminando gli altri capi della rivolta, tra cui Ball. Gli **oneri**

---

prevosto Dal latino *praepositus*, "preposto": nella Francia medievale e moderna, magistrato che aveva l'amministrazione della città, con autorità diretta sulle corporazioni e ampio potere giudiziario.

oneri servili Obblighi che uomini di condizione giuridica servile avevano nei confronti di signori territoriali o fondiari. Potevano consistere in pagamenti in denaro o in natura, per disporre di alcuni beni o trasferirsi al di fuori della signoria, o in giornate di lavoro (*corvée*) nella *pars dominica* di una proprietà fondiaria.

tuchini Dal latino medievale *tuchinus*, "predone, ribelle".

PERCORSO VISIVO

[👁 6] **La fine della *jacquerie*** La miniatura quattrocentesca mostra Gastone III conte di Foix mentre, alla testa dei suoi cavalieri, carica e disperde i rivoltosi che assediano la fortezza del mercato di Meaux, dove si era rifugiata la moglie del Delfino Carlo, Giovanna di Borbone. Il sindaco della città, che aveva fatto entrare i ribelli, fu decapitato e la città incendiata.

Le crisi del Trecento e la ripresa del Quattrocento | CAPITOLO 9

servili contro i quali i rivoltosi si erano battuti furono ripristinati e scomparvero solo molto gradatamente, trascinandosi in qualche caso sino al Cinquecento.

Negli anni Ottanta del XIV secolo un ampio movimento contadino interessò inoltre Piemonte, Linguadoca e Svizzera. I **tuchini**, così erano definiti gli aderenti a questo movimento, insorsero contro l'opprimente politica fiscale dei conti di Savoia e dei marchesi del Monferrato, giungendo a minacciare in armi Torino. Dopo aver ricevuto alcune concessioni, tuttavia, gli insorti, privi di un'efficace strategia politico-militare, furono sconfitti dagli eserciti di Amedeo VII d'Aosta e da alcune milizie comunali.

Rivolte contadine si ebbero a più riprese lungo tutto il Quattrocento, tanto in Italia, per esempio nel pistoiese e in Calabria, quanto in **Catalogna**. Qui la rivolta antisignorile dei contadini, che erano tenuti a pagare un riscatto (*remensa*) per poter abbandonare la terra cui erano legati da stretti vincoli giuridici, si saldò con la contesa per il controllo politico delle istituzioni catalane. Lo scontro oppose il re Giovanni II, appoggiato da esponenti della piccola borghesia commerciale, e gli esponenti dell'aristocrazia e i grandi commercianti e banchieri che controllavano la *Generalitat* [▶ cap. 8.4]. La guerra che ne seguì (1462-72), e che coinvolse anche Francia, Castiglia e Portogallo, vide il sovrano sfruttare la rivolta contadina al fine di limitare il potere oligarchico dell'aristocrazia. Il successo della monarchia decretò anche, più tardi, l'accoglimento delle rivendicazioni alle origini della rivolta: Ferdinando il Cattolico, erede di Giovanni II, garantì le libertà personali dei contadini dietro pagamento di una somma di denaro e la possibilità per loro di contrattare affitti a lungo termine.

Le rivolte in Savoia, Italia, Catalogna

rispondi
1. Quali sono le motivazioni principali delle rivolte contadine?
2. Quali sono gli esiti delle rivolte in Francia e in Inghilterra?

9.5 Le rivolte nelle città

Temi economici e diritti politici Le strategie di controllo signorile della breve stagione di miglioramento economico e sociale dei ceti subalterni fecero sentire i loro effetti anche nelle città. Molti lavoratori dei vari **settori artigianali**, primi tra tutti quello tessile e quello edile, temevano da un lato di vedersi assottigliare le possibilità di azione politica che si erano prospettate in precedenza, dall'altro di ripiombare nelle dif-

Le rivendicazioni politiche e sociali degli artigiani

[👁 7] **Il teologo e il ribelle** La miniatura, tratta da un manoscritto quattrocentesco delle *Chroniques* di Froissart, raffigura John Ball, a cavallo, mentre parla agli insorti guidati da Wat Tyler. Al teologo vengono attribuite queste parole: «In principio tutti gli uomini furono creati uguali; la servitù dell'uomo, dall'uomo fu introdotta per l'opera ingiusta del maligno ed è contraria alla volontà di Dio. Quando Adamo zappava ed Eva filava, chi era allora il nobile?».
Il 14 giugno 1381 Ball e Tyler negoziarono con Riccardo II l'accoglimento delle loro richieste, confidando che il "buon" re, a differenza dei suoi consiglieri, ritenuti traditori dell'Inghilterra, li avrebbe ascoltati. Il giorno dopo tuttavia Tyler fu ucciso per intervento del sindaco di Londra; i ribelli ebbero un salvacondotto per lasciare Londra, ma un esercito fu inviato a reprimere definitivamente la rivolta. Ball fu giudicato colpevole di alto tradimento, impiccato e smembrato (15 luglio).

289

ficili condizioni economiche della prima metà del secolo, dalle quali credevano di essere usciti grazie all'aumento dei salari e del loro potere d'acquisto. Per queste categorie il rischio concreto era quello di **precipitare nella povertà**, andando ad alimentare le numerose schiere di vagabondi, disoccupati e sottoccupati che caratterizzavano in particolare le grandi città. Inoltre, alcuni grandi mercanti e investitori, capaci di controllare l'intera filiera produttiva massimizzando i profitti, iniziavano a **scardinare l'organizzazione tradizionale della bottega artigiana e delle arti**, che ne erano l'espressione socio-politica, insieme con la legislazione di tutela del lavoro artigiano. Combinati con gli effetti della concorrenza tra vari centri di produzione a livello europeo (per esempio quella tra città fiamminghe e italiane per l'egemonia nel settore tessile) e con gli squilibri causati dalla crisi demografica, questi fattori determinarono numerose ribellioni.

Le sommosse nelle città fiamminghe e anseatiche

Nelle più importanti **città fiamminghe** (Bruges, Ypres, Gand) le organizzazioni dei lavoratori della lana presero temporaneamente il sopravvento, rovesciando l'egemonia delle oligarchie urbane e riportando vittorie anche in campo militare. Tuttavia, **conflitti interni** allo stesso fronte dei lavoratori impedirono di raccogliere frutti duraturi dai successi ottenuti, determinando la definitiva crisi, intorno agli anni Ottanta del XIV secolo, di questa stagione di rivendicazioni. Analogo **insuccesso** ebbero movimenti simili nelle **città della Lega anseatica**, dove il ceto mercantile rimase saldamente al potere, mentre le organizzazioni di mestiere nel Centro e nel Sud della Germania ottennero migliori risultati.

Le sommosse nella penisola italiana

Nella penisola italiana un nutrito numero di sommosse si registra già alla metà del secolo, intensificandosi negli anni Settanta: motivazioni economiche, disagio sociale e rivendicazioni politiche si intersecavano strettamente. Nel 1371, in una **Perugia** divisa tra nobili, appoggiati dal papato, e regime popolare al governo egemonizzato dalla famiglia Raspanti, scoppiò una rivolta animata da lavoratori delle manifatture tessili e da giovani sobillati da membri di importanti famiglie nobiliari, che ebbe come obiettivo le proprietà dei ricchi popolari. La rivolta, operata dalle forze congiunte di nobiltà, papato e popolo minuto, ebbe come esito la **fine del regime popolare**, la repressione e la sostanziale perdita di autonoma espressione politica da parte del comune perugino, sottoposto al **controllo pontificio**. Nello stesso anno a **Siena**, in una situazione politica resa instabile dalla debolezza del governo dei Dodici (espressione dell'alleanza tra Arti ed esponenti dei ceti magnatizi), scoppiò la cosiddetta **rivolta "del Bruco"**: i lavoratori del settore tessile rivendicavano aumenti salariali e margini di azione politica di contro alla chiusura oligarchica dei grandi mercanti e artigiani e del ceto aristocratico. Il regime che alla fine si instaurò, una signoria composta da una maggioranza di Riformatori – popolani minuti – e alcuni esponenti del governo dei Nove – portatori degli interessi degli strati più alti del ceto mercantile – durò sino al 1385, consentendo ad alcune istanze dei rivoltosi di essere accolte nella **revisione degli statuti** dell'Arte della Lana.

La sommossa di Firenze nel 1378

A Firenze, nell'estate 1378, si ebbe la più nota rivolta urbana del Trecento, il cosiddetto **tumulto dei ciompi**, come venivano chiamati i lavoratori salariati che svolgevano la parte meno qualificata della lavorazione dei panni. La rivolta, guidata da Michele di Lando (1343 ca.-1401), operaio dell'Arte della Lana, e preceduta da altre sommosse – tra cui un importante sciopero nel 1345 –, fu originata da due fattori: uno **politico**, dovuto alla divisione tra esponenti delle antiche famiglie magnatizie filoguelfe e uno schieramento alto borghese che faceva capo alle Arti maggiori, e uno **economico**, le-

Le crisi del Trecento e la ripresa del Quattrocento | **CAPITOLO 9**

gato all'imposizione di tetti ai salari dei lavoratori e alla svalutazione della moneta di rame con la quale venivano corrisposti. I ciompi, schierandosi a favore di una ripresa della **legislazione antimagnatizia [▶ cap. 5.2]**, elaborarono un programma in cinque punti, con queste richieste:

- **rifiuto di essere subordinati** ai padroni di bottega;
- possibilità di costituirsi in un'**Arte autonoma** rispetto a quella della Lana;
- **abolizione** della carica dell'**ufficiale forestiero**, che vigilava sulla condotta dei lavoratori dipendenti impedendo loro di fondare associazioni;
- **aumento dei salari** pari a circa il 50%
- **impunità** per i partecipanti al movimento.

Diritti politici, diritti civili e rivendicazioni economiche dunque si saldavano, riscuotendo successo anche tra altri gruppi di salariati. L'iniziale successo della rivolta condusse alla formazione di un **priorato provvisorio**, capeggiato dallo stesso di Lando, e alla formazione di tre nuove Arti minori (Tintori, Farsettai e Ciompi).

Il boicottaggio istituzionale opposto al governo dei ciompi dalla borghesia artigiana e il blocco della produzione laniera attuato dai padroni delle botteghe, che lasciava senza paga migliaia di lavoratori, mise tuttavia in evidenza la **debolezza politica del nuovo governo**: una frazione radicale dell'Arte dei Ciompi cercò di costituire un potere alternativo, ma fu represso da di Lando e dalla comunità delle Arti. Nonostante l'Arte dei Ciompi venisse sciolta, il nuovo governo non riuscì comunque a mediare efficacemente i contrasti tra gruppi oligarchici esclusi dal governo, esponenti delle nuove Arti, masse di salariati, ancora senza riconoscimento politico e giuridico, e proprietari di botteghe laniere che rifiutavano i poteri contrattuali acquisiti dai tintori. L'epilogo della rivolta, nel 1382, vide la soppressione delle nuove Arti, il ridimensionamento delle Arti minori nel governo cittadino, la vanificazione dei decreti del governo dei Ciompi e il risarcimento per chi avesse subito confische e distruzioni di proprietà: era l'avvio di un processo di sempre **maggiore concentrazione del potere nelle mani di poche famiglie**.

> La reazione oligarchica

> **rispondi**
> **1.** Perché scoppiano le rivolte cittadine?
> **2.** Quali sono le richieste dei ciompi?

> **popolo minuto** Dal latino *minutus*, derivato da *minus*, "meno"; espressione con cui si indicava la plebe e, in età tardocomunale, i ceti non nobili inferiori, in opposizione al **popolo grasso**, la borghesia artigiana più ricca e influente.

> **Arti maggiori** Le Arti di maggior prestigio: Giudici e Notai, Lana, Seta, Calimala, Cambio, Medici e Speziali, Vaiai e Pellicciai; le **Arti minori** invece erano legate ai mestieri artigianali, come beccai, calzolai, cuoiai, fabbri, tintori.

LE RIVOLTE NEI COMUNI ITALIANI (XIV SECOLO)

Perugia 1371
↓
Governo popolare
↓
Rivolta di nobili e popolo minuto con l'appoggio del papa
↓
Fine dell'autonomia comunale

Siena 1371
↓
Governo dei Dodici (magnati e Arti)
↓
Rivolta dei lavoratori
↓
Governo misto di popolo minuto e mercanti

Firenze 1378
↓
Governo delle Arti maggiori
↓
Rivolta dei ciompi
↓
Governo del popolo minuto
↓
Reazione delle Arti maggiori e repressione

291

SEZIONE III CRISI E PROCESSI DI RIORGANIZZAZIONE [SECOLI XIV-XV]

9.6 Nuovi equilibri: produzioni, mercati e istituzioni

I fattori della ripresa

L'avvio di una nuova congiuntura Molti furono i fattori che consentirono all'Europa occidentale, e in particolare ad alcune aree (Paesi Bassi e Inghilterra su tutte), di riprendersi dalla negativa congiuntura trecentesca. Si è già detto delle strategie di contrasto ai fenomeni di caduta della rendita e dei profitti. Inoltre, le società europee furono in grado di conservare un patrimonio di **pratiche redistributive**, dall'assistenza ai poveri e ai malati alla gestione comunitaria della decima nelle campagne, che erano state messe in atto durante la fase di crescita [▶ cap. 1.4], e mantennero comunque in vita le più importanti innovazioni nel settore creditizio e nella contrattualistica. Queste strategie economiche risultarono efficaci perché realizzate in un quadro di mutamenti istituzionali molto rilevanti, il maggiore dei quali riguardò la costituzione di **organismi politici** almeno tendenzialmente **centralizzati**. La crisi demografica ed economica fu cioè uno dei fattori per i quali i poteri pubblici furono indotti a riorganizzarsi in modo unitario sia sul piano giuridico che fiscale, orientando così positivamente lo sviluppo e l'integrazione reciproca dei mercati locali e internazionali.

Le risposte alla crisi

Gli interventi pubblici Dinanzi alle contraddizioni sorte nel sistema produttivo, le istituzioni pubbliche – città, regni, principati – cercarono di adottare strategie di contrasto. Le più diffuse riguardarono il **controllo dei prezzi dei cereali** e degli altri beni agricoli. In un primo momento si cercò di imporre per legge i prezzi massimi delle derrate, ma questa legislazione ebbe poco effetto per il sorgere di mercati clandestini; successivamente, e in maniera molto più efficace, le istituzioni ricorsero, attraverso il denaro pubblico, all'**importazione dei beni necessari**, che venivano poi **rivenduti sui mercati interni a prezzi stabiliti**. L'obiettivo principale era quello di frenare una caduta eccessiva del potere d'acquisto dei salari, ma così facendo si favorivano soprattutto i profitti dei mercanti-imprenditori urbani a scapito della rendita fondiaria, svantaggiata dai bassi prezzi delle derrate.

Le recinzioni

I cambiamenti nella proprietà agraria e nella produzione Le manovre sui prezzi potevano tuttavia ben poco nel caso di crisi generalizzata: sarebbe stata invece necessaria una profonda riorganizzazione delle strutture produttive nei vari settori. Nel settore agricolo, come si è detto, divenne preponderante l'allevamento e iniziarono a venir meno gli usi comunitari dei suoli a favore della riorganizzazione della proprietà privata. Tipico in questo senso fu il fenomeno delle **recinzioni** (*enclosures* in Inghilterra, dove il fenomeno fu particolarmente rilevante) delle terre comuni e dei fondi indivisi sui quali tutti i membri di una comunità di villaggio, secondo una precisa gerarchia, esercitavano diritti: aumentarono così le **proprietà accentrate** a beneficio di **un ceto ridotto di possidenti terrieri**.

I nuovi patti agrari

Un'ulteriore testimonianza del profondo mutamento dei rapporti nelle campagne è fornita dalle nuove tipologie di contratti agrari. Già nel corso del XIII secolo, infatti, furono introdotti nuovi contratti riguardanti sia l'allevamento sia la coltivazione dei campi: rispettivamente i **patti di sòccida**, che prevedevano l'affidamento di animali da un proprietario a un allevatore, e la **mezzadria**, che – come dice il termine – prevedeva di dividere a metà, tra affittuario e proprietario, i raccolti e gli investimenti necessari. La proprietà ne usciva molto rafforzata, poiché di rado contribuiva effettivamente al-

soccida Dal latino *socīetas* "società", nella variante popolare *sòcietas*.

la metà degli investimenti di capitale e non si era mai dato, in tempi precedenti, un prelievo del 50% della produzione; inoltre, consentiva l'accesso alla terra soltanto a famiglie numerose [▶ cap. 1.5] e per brevi periodi (la durata dei contratti non era superiore ai cinque anni), di fatto rendendo precario il lavoro contadino e quindi contrattualmente più deboli i lavoratori.

Nuove modalità di produzione si affermarono anche nel settore artigianale. Nel settore tessile e metallurgico, per esempio, il modello produttivo della bottega cedette progressivamente il passo a prime forme di **manifattura**. Mentre il capobottega era ancora una figura profondamente legata al processo di produzione dell'oggetto, il **mercante-imprenditore** che gli subentrò era sostanzialmente un detentore di capitali, con i quali acquistava materie prime, macchinari, energia e forza lavoro, delegando il processo produttivo vero e proprio ad artigiani salariati retribuiti sulla base della quantità di beni prodotti (cottimo). Dalla vendita del prodotto, di cui era unico proprietario, egli traeva infine tutto il profitto. Si assistette così alle prime rudimentali forme di separazione tra proprietari dei mezzi di produzione (capitali, macchinari) e detentori della forza lavoro (operai/lavoranti), che prefigurarono un **modello moderno di impresa** e di produzione [👁 8].

Dalla bottega alla manifattura

Nuove strategie commerciali Alla caduta dei profitti, causata dalla crescente concorrenza, le **imprese mercantili** reagirono adottando alcune efficaci strategie. In primo luogo, diversificarono sia i luoghi di approvvigionamento delle materie prime, cercando prezzi più bassi, sia i luoghi di mercato, dove poter rivendere a prezzi più alti. Gli empori stabiliti lungo le coste, dai mari del Nord al Mediterraneo orientale al Mar Nero, divennero da scali commerciali **vere e proprie colonie**, ossia insediamenti di controllo territoriale. Con il sostegno militare delle città o delle monarchie di provenienza si costituirono dunque vaste aree – l'Adriatico e l'Egeo veneziani, il Mediterraneo occidentale egemonizzato dai mercanti catalani – che consentivano alle imprese mercantili di godere condizioni di privilegio o di monopolio commerciale.

La ricerca di mercati più redditizi

PERCORSO VISIVO

[👁 8] La bottega del drappiere

Per drappo si intende un tessuto pregiato, generalmente di seta, spesso intessuto con filati metallici preziosi (come l'oro). Tra il XV e i primi del XVI secolo le fiere di Lione, allora il maggior centro mercantile e finanziario europeo, venivano costantemente rifornite di raffinate e costose stoffe seriche (prodotte a Genova, Lucca, Firenze, Milano, Venezia, Bologna), che costituivano una tra le voci più importanti nell'ambito delle esportazioni delle città italiane all'estero. Tra i tessuti più apprezzati e costosi c'era il velluto serico, che richiedeva quantità enormi di seta rispetto ai tessuti semplici.

▶ Bottega di drappiere, miniatura, XV secolo.

SEZIONE III — CRISI E PROCESSI DI RIORGANIZZAZIONE [SECOLI XIV-XV]

La ristrutturazione delle imprese

Inoltre le imprese furono costrette a riorganizzarsi. Memori dei terribili fallimenti di inizio secolo, causati dall'incapacità di una struttura rigida a fronteggiare l'insolvenza dei debitori, le aziende vennero organizzate in un nuovo sistema. Tutte le aziende/filiali appartenenti a un gruppo imprenditoriale avrebbero d'ora in poi agito in modo giuridicamente separato l'una dall'altra. Si trattava dunque di una **unità economica**, caratterizzata da capitali e presenza di soci autorevoli, da appoggio reciproco e da strategie di divisione dei compiti, **ma non** più di una **unità giuridica**: in caso di fallimento dunque la perdita sarebbe rimasta circoscritta, senza estendersi all'intero gruppo.

Il sistema delle assicurazioni

Nuovi strumenti finanziari Proprio in risposta alle difficoltà trecentesche, al fine di garantire maggiore sicurezza nelle operazioni commerciali, si perfezionò l'istituto dell'**assicurazione**: il mercante imprenditore si associava temporaneamente ad altri mercanti per suddividere il rischio durante un singolo viaggio d'affari e il premio pagato dall'assicurato veniva suddiviso tra i soci assicuratori a seconda della quota di capitale investito. L'elemento innovativo di questo istituto era il **calcolo del rischio**, sulla cui base si determinava l'ammontare del premio: per esempio un viaggio effettuato su una nave in non ottime condizioni di manutenzione, lungo coste infestate da pirati e magari durante i mesi invernali, avrebbe avuto un premio molto elevato.

Dal libro mastro alla partita doppia

Anche il settore della **contabilità** fu riorganizzato e reso più efficiente. La possibilità di calcolare con precisione i patrimoni e gli effetti delle operazioni commerciali permetteva infatti agli imprenditori di avere una maggiore quantità di **informazioni** sulla cui base decidere le proprie strategie. La contabilità duecentesca, caratterizzata dall'uso dei libri di crediti e debiti, si arricchì di una serie di registri analitici e sintetici – tra cui il libro mastro, il libro di bilancio, il conto avanzi e disavanzi – che consentivano di avere sempre presente, per un dato arco di tempo, la situazione reale del patrimonio e delle sue variazioni. Queste innovazioni nelle scritture contabili prepararono il rivoluzionario metodo della **partita doppia**, descritto in maniera compiuta da Luca Pacioli nella *Summa de arithmetica* (1494) ma già attestato tra metà Trecento e primi del Quat-

---

PERCORSO VISIVO

[9] Dall'inferno al paradiso Attraversando il girone riservato agli usurai, Dante incontra un dannato con una borsa su cui campeggia «una scrofa azzurra e grossa». È lo stemma degli Scrovegni, famiglia padovana di cui Rinaldo – questo il nome dell'uomo – costruì le fortune grazie ad attività finanziarie che, secondo una cronaca contemporanea, lo resero odioso ai suoi concittadini, tanto che alla sua morte (nel 1288) la sua casa fu assalita e devastata. Mentre Dante scriveva la *Commedia*, Giotto, che un decennio prima aveva celebrato ad Assisi la vita di san Francesco, si recò a Padova per decorare la cappella che Enrico Scrovegni, figlio di Rinaldo, fece erigere – con la benedizione del vescovo e dello stesso papa – per assicurarsi la salvezza dell'anima sua e della famiglia. È evidente l'opposta valutazione del ruolo sociale e politico del denaro: Dante, ancorato alla tradizionale condanna ecclesiastica, condanna l'uso del denaro come merce, mentre Giotto non trova scandaloso collaborare a un'operazione che ha come fine ultimo dare gloria a Dio.

▶ Giotto, *Enrico Scrovegni presenta il modello della cappella*, affresco, 1303-05.

294

trocento: le scritture contabili venivano organizzate in due sezioni, "dare" e "avere", che dovevano equivalersi: nella prima rientravano le variazioni finanziarie attive (aumento dei crediti, diminuzione dei debiti) e variazioni economiche negative (costi); nella seconda variazioni finanziarie passive (aumento di debiti, diminuzione di crediti) e variazioni economiche positive (ricavi).

La riorganizzazione del sistema bancario

La creazione del sistema delle aziende e il ricorso a più efficienti forme di contabilità fecero sentire i loro effetti anche nelle attività bancarie, che in questo momento erano ancora elementi costitutivi dell'impresa commerciale. Dal punto di vista creditizio i mercanti, la cui figura racchiudeva appunto anche quella del banchiere e dell'imprenditore, adottarono nuove strategie per migliorare l'**efficienza delle aziende**, con l'obiettivo di semplificare le operazioni di concessione di prestiti e riscossione e pagamento di debiti, riducendone i costi. Le numerose innovazioni in questo senso erano orientate all'**impiego su vasta scala di sistemi di pagamento in forma scritta** (cambiali, assegni, lettere di cambio) [▶ cap. 1.4], che integravano la moneta circolante senza i costi e i rischi che quest'ultima comportava (difficoltà di trasporto, rischi di furto e perdita del denaro). A questi interventi di natura economica, il ceto mercantile aggiunse anche strategie di tipo istituzionale: cercarono cioè di inserirsi con sempre maggiore forza nei **processi di decisione politica**, influenzandola o partecipandovi in prima persona.

Queste misure, già operanti nel Duecento e indotte a perfezionarsi dalla congiuntura trecentesca, si fondavano sul concetto di **bene comune**, in base al quale per i mercanti l'arricchimento si giustificava come beneficio per l'intera comunità [👁9], e sulla **fiducia** [👁10]. Questo principio non era tanto un atteggiamento mentale, quanto un vero e proprio indice di affidabilità, efficace nel ristretto mondo di imprenditori e banchieri – in cui il venir meno ai patti avrebbe significato porsi fuori dalla sfera degli affari e della politica – e garantito da figure professionali specializzate e preparate presso le università: notai, giudici, giureconsulti.

[👁10] **La costruzione della fiducia** Il legame tra fiducia e forme di potere che la sanzionano è stato molto indagato da un importante storico italiano, Paolo Prodi. La più recente storiografia ha indagato le logiche che presiedono alla formazione della credibilità pubblica, un processo in cui in Occidente un ruolo fondamentale è dato dalle procedure giudiziarie, tanto civili quanto ecclesiastiche: le testimonianze ammissibili in un processo iniziano infatti a essere strettamente collegate anche ai gruppi sociali cui i testimoni appartengono. Questo elemento contribuisce, anche sul piano culturale, a vincolare i ceti mercantili a norme di comportamento condivise, pena la perdita di credibilità e affidabilità economica e sociale.

◀ Commercianti che concludono un affare, miniatura del XIV secolo.

Il ruolo dei mercanti-imprenditori

Fiducia e bene comune

assicurazione Istituto nato come tutela dai rischi della navigazione commerciale (naufragio, perdita del carico, pirateria): un soggetto (assicurato) trasferisce a un altro soggetto (assicuratore) gli oneri del rischio al quale si trova esposto dietro pagamento di una somma di denaro (premio).

SEZIONE III — CRISI E PROCESSI DI RIORGANIZZAZIONE [SECOLI XIV-XV]

fenomeni

La nascita degli ospedali

Nel Medioevo gli "ospedali" erano sì luoghi di cura dei malati (come i lebbrosari o i lazzaretti), ma non solo: come dimostrano i vari modi con cui erano denominati, si occupavano di ospitalità per pellegrini e viaggiatori (*hospitales, hospitium, xenodochium*, "luogo di accoglienza per stranieri", *mansio*, come le stazioni di posta romane poi divenute punti di ristoro), e fungevano anche come ricovero per orfani (*brephotrophium*), vecchi, vedove e soprattutto per i poveri, bisognosi di aiuto e di protezione.

La loro nascita riguardò tanto le élite aristocratiche quanto i ceti popolari e, accanto a singoli individui, promossero fondazioni ospedaliere anche le associazioni, come confraternite e corporazioni, e le istituzioni, laiche e soprattutto ecclesiastiche. Moltissimi di coloro che vi prestavano servizio erano laici, ma fortemente intrisi di spirito caritativo cristiano: alcuni di questi "laici religiosi" formarono poi veri e propri ordini dotati di una regola, come gli Ordini del Tempio (Templari), di S. Giovanni Gerosolimitano e dei Cavalieri teutonici, per citare i più noti perché connessi con l'esperienza delle crociate.

▲ Un ospedale, miniatura tardomedievale.

Il sostegno alla piccola economia

Il ruolo delle istituzioni Dal canto loro, coscienti del contesto di crisi, anche le istituzioni pubbliche intervennero direttamente per **sostenere il credito al consumo**, istituendo **banchi pubblici**, ossia banche di diretta proprietà pubblica che prestavano denaro a tassi di interesse controllati, favorendo dunque gli investimenti e la spesa. In maniera analoga, ad opera spesso di enti religiosi, si diffusero dalla seconda metà del XV secolo gli ospedali [▶fenomeni] e i **monti di pietà** [👁 11], con lo scopo di consentire ai meno abbienti di ottenere piccoli prestiti (una sorta di primitiva forma di "microcredito") a tassi di interesse migliori di quelli imposti dai grandi prestatori (generalmente al 5%, anziché al 20-30%) [▶fenomeni, p. 298].

Un modello comune d'intervento

Le istituzioni pubbliche europee, nel corso degli ultimi secoli del Medioevo, condividevano sostanzialmente un modello basato su alcuni punti, che ne garantivano efficacia e che fornì loro la capacità di reagire alla crisi:

- stretta **alleanza tra élite imprenditoriali e ceti signorili**;
- intervento diretto nell'**organizzazione dei mercati interni**, i cui confini coincidevano cioè con quelli amministrativi dei territori sottoposti all'autorità pubblica;
- intervento diretto nella soluzione o nella **repressione dei conflitti sociali**.

Questo modello era dunque in grado di garantire una **direzione politica ai processi economici** e sempre più ampio divenne l'ambito di intervento dell'amministrazione di comuni, regni e principati: dalla moneta all'edilizia, dalla produzione di navi e armi al credito, sino al settore agricolo, dove, pur senza intaccare la proprietà, si intervenne con regolamenti volti a garantire gli approvvigionamenti di derrate sui mercati interni. Quanto al terzo punto, le istituzioni intervenivano cercando di prevenire le manifestazioni

Le crisi del Trecento e la ripresa del Quattrocento | **CAPITOLO 9**

più acute delle congiunture economiche negative – stabilendo per esempio **tetti ai prezzi** o acquistando con soldi pubblici le derrate di cui si aveva bisogno in periodi di carestia – o, come s'è visto, reprimendo le rivolte sociali nelle campagne e nelle città: in pratica, cercavano un punto di equilibrio tra la volontà di garantire ai ceti abbienti l'accumulazione di rendite e profitti e quella di dover prevenire situazioni critiche di disperazione sociale, che avrebbero potuto sfociare in rivolte.

Questo interventismo politico nell'economia generava tuttavia una **spesa pubblica** molto alta: basti pensare alle spese militari che servivano alla sicurezza degli insediamenti coloniali, ai costi delle infrastrutture (porti, arsenali, strade) e degli stessi apparati burocratici e giuridici. Così le istituzioni dovettero agire anche sul miglioramento dell'efficienza del **prelievo fiscale**, che integrava i redditi provenienti dai beni pubblici o da quelli privati del sovrano. Il prelievo fiscale poteva suddividersi in:

- **entrate straordinarie**, come quelle prelevate sui beni mobili, ossia sul commercio;
- **entrate ordinarie**, che potevano essere su base **regolare**, come quelle provenienti dall'esercizio di diritti consuetudinari, come la coniazione delle monete e la tassazione della produzione agricola, o su base **occasionale**, come l'esercizio di diritti regi (per esempio la fornitura obbligatoria di derrate per l'approvvigionamento dell'esercito in tempo di guerra e della corte nei suoi spostamenti, la manutenzione dei castelli, il pagamento di ammende giudiziarie).

Progressivamente un ruolo dominante nella tassazione fu assunto da alcune imposte ordinarie che da occasionali divennero regolari, come la **colletta**, e da imposte indirette che ricadevano in modo uguale su tutti i contribuenti, favorendo così i ceti più ricchi.

Infine, gli Stati bassomedievali sperimentarono le prime forme di una straordinaria innovazione finanziaria, il **debito pubblico**, alimentato da prestiti di soggetti privati. Grazie alle somme ricevute, le istituzioni potevano disporre di denaro prontamente utilizzabile per le varie necessità, mentre i prestatori godevano in cambio di importanti vantaggi: in primo luogo ricavavano dal prestito interessi tanto più alti quanto maggio-

Le forme di tassazione

colletta Imposta determinata in base al patrimonio fondiario, originariamente riscossa in circostanze particolari riguardanti il sovrano e la sua famiglia (incoronazione, matrimoni…) e la difesa militare del regno.

L'"invenzione" del debito pubblico

PERCORSO VISIVO

[👁 11] **I monti di pietà** I monti di pietà (qui in una miniatura trecentesca) nascono intorno alla metà del XV secolo con il fine di fornire crediti modesti, e per un tempo limitato, a piccoli artigiani che per la durata del prestito cedevano in garanzia un pegno di valore superiore alla somma richiesta. Non competono dunque con i grandi banchi gestiti da imprenditori ebrei, i cui canali di finanziamento riguardano le finanze di enti pubblici e privati. In Italia il primo monte, detto "dei poveri", nacque a Perugia nel 1462; presto, con il notevole impulso dato a questa istituzione dai francescani, numerosi altri sorsero in Umbria, Toscana e nel resto d'Italia. Peculiare è la vicenda del monte di pietà di Siena, fondato nel 1472. Dopo una profonda crisi attraversata alla metà del XVI secolo, dal 1568 riprese l'attività ampliando il proprio campo d'azione al credito alla produzione agricola e all'allevamento, sino a diventare, nel 1624, il Monte dei paschi: a garanzia dei depositi erano concesse le rendite dei pascoli (paschi) demaniali della Maremma.

SEZIONE III   CRISI E PROCESSI DI RIORGANIZZAZIONE [SECOLI XIV-XV]

re era il rischio dell'investimento; inoltre, quando il prestito veniva effettuato, le istituzioni rilasciavano al prestatore un **titolo di credito** utilizzabile come moneta perché garantito dalle casse pubbliche. Il sistema del debito pubblico contribuì enormemente al trasferimento di ricchezza dai contribuenti più poveri ai ceti più ricchi della popolazione, dal momento che le istituzioni pagavano gli interessi sui prestiti forniti da ricchi mercanti e banchieri con il denaro fornito alle casse statali dalle imposte indirette, pagate da tutti indistintamente.

Il debito pubblico divenne così uno dei motori dell'**accumulazione di capitali** necessaria all'avvio della **nuova fase espansiva** dell'economia europea tardomedievale e moderna. Le radici della rivoluzione industriale del XVIII secolo sono infatti da ricercare principalmente negli effetti della riorganizzazione del sistema commerciale e creditizio grazie alla quale produttività, aspirazioni, livelli di ricchezza e capacità di spesa ripresero ad aumentare.

rispondi
1. Come reagiscono gli Stati alla crisi?
2. Come cambia la figura del mercante-imprenditore?
3. Come si riorganizza il sistema bancario e creditizio pubblico e privato?

Cristianesimo e dottrina economica

fenomeni

Le relazioni tra fede cristiana e pratiche di mercato sono ambigue già all'interno dei Vangeli, in cui sono presenti sia l'episodio della cacciata dei mercanti dal tempio, in quanto profanatori della casa di Dio, sia la parabola dei talenti, in cui – anche se in maniera certamente allegorica – risulta virtuoso chi impegna e fa fruttare i denari ricevuti dal padrone, dividendo con lui il guadagno, e non chi si limita a conservarli. Su questa base si discusse a lungo sul ruolo della moneta e del commercio nella vita del buon cristiano.

Nel corso dell'alto Medioevo la diffusione delle istituzioni monastiche e l'integrazione tra poteri religiosi e poteri regi e imperiali consentì l'affermazione di un modello di buone pratiche di amministrazione: non si negava affatto l'uso dei meccanismi economici o di mercato, ma se ne individuava il fine nella corretta gestione dei grandi patrimoni che le stesse istituzioni ecclesiastiche e pubbliche si trovavano a gestire. Produrre, commerciare, gestire ricchezze e investire denaro, in particolare durante la positiva congiuntura economica del pieno Medioevo, divennero progressivamente attività ricomprese concettualmente nella sfera del sacro, purché i frutti di queste fossero a beneficio dell'intera comunità cristiana.

L'usura come danno al bene comune

Tra il XIII e il XV secolo questo concetto collettivo, specialmente per opera della riflessione degli Ordini mendicanti, fu definito come "bene comune" della *res publica* e la buona amministrazione dei beni fu considerata un esempio di carità, di amore per il prossimo. L'avarizia o l'usura (ciò che il prestatore riceve in più dal debitore, rispetto al capitale prestato) venivano così condannate non in base a un'astratta condanna del denaro, ma alla luce del danno che esse potenzialmente apportavano al bene della collettività, ossia come cattiva pratica del denaro, qualora esso non fosse rimesso a disposizione della comunità.

L'attività di prestito praticata dagli ebrei era condannata appunto perché i frutti dell'interesse maturato non sarebbero stati rimessi a disposizione dell'intera società cristiana, ma avrebbero arricchito solo una comunità "altra" e marginale rispetto alla maggioranza. In questo modo, da un teorico divieto assoluto di percepire interessi da un prestito, si passò a riconoscere invece la liceità dell'interesse quando il prestatore correva un rischio o quando il prestito non veniva restituito nei tempi previsti, recandogli dunque un danno. La dottrina economica cristiana poté così legittimare e sostenere sul piano teorico ed etico lo sviluppo dell'economia europea.

▲ Il banco di un usuraio, miniatura del XV secolo.

VERSO LE COMPETENZE

🗂 esercitazione

● USARE IL LESSICO

1. Spiega sinteticamente (massimo 3 righe) il significato delle seguenti espressioni.

   Ciompi – Mezzadria – Peste – *Jacquerie* – Assicurazione

● COLLOCARE GLI EVENTI NELLO SPAZIO E NEL TEMPO

2. Osserva la carta e rispondi alle domande.

   a) In quali centri della penisola italiana si sono verificate rivolte urbane?

   b) Quali aree del Regno di Francia sono state maggiormente interessate da rivolte contadine?

   c) Scegli una località evidenziata sulla carta tra quelle in cui si sono svolte rivolte contadine e urbane e svolgi un approfondimento sulle motivazioni che portarono alla ribellione.

● LEGGERE E VALUTARE LE FONTI

3. Leggi il passo seguente e rispondi alle domande (massimo 10 righe).

   > Videsi negli anni di Cristo, dalla sua salutevole incarnazione, 1346 la congiunzione di tre superiori pianeti nel segno dell'Acquario, della quale congiunzione si disse per gli astrologhi che Saturno fu signore: onde pronosticarono al mondo grandi e gravi novitadi; ma simile congiunzione per li tempi passati molte altre volte stata e mostrata, la influenzia pealtri particulari accidenti non parve cagione di questa, ma piuttosto divino giudicio secondo la disposizione dell'assoluta volontà di Dio. […] Avemmo da mercatanti genovesi, uomini degni di fede, che aveano avute novelle di què paesi, che alquanto tempo innanzi a questa pestilenzia, nelle parti dell'Asia superiore uscì della terra ovvero cadde dal cielo un fuoco grandissimo, il quale stendendosi verso il ponente, arse e consumò grandissimo paese senza alcuno riparo. E alquanti dissono che del puzzo di questo fuoco si generò la materia corruttibile della generale pestilenzia: ma questo non possiamo accertare.

   Il passo è estratto dalla *Cronica* del fiorentino Matteo Villani (1280 ca.-1363).

   a) Quali episodi sono riportati dal cronista come possibili cause della pestilenza?

   b) In due casi, nel testo riportato, il cronista si prende delle cautele rispetto alle cause descritte. Quali?

per approfondire Dopo la peste nera divennero ancora più frequenti in Europa le rappresentazioni del *Trionfo della morte*. Cerca online, in biblioteca o visita direttamente uno dei tanti *Trionfi della morte* presenti nelle città italiane e raccogli le immagini e le informazioni necessarie a realizzare una presentazione in classe di massimo 10 minuti. Per realizzare la tua presentazione ti puoi servire di supporti informatici come PowerPoint.

I SAPERI FONDAMENTALI

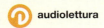 sintesi   audiolettura

● LE CRISI DEL TRECENTO

▶ 9.1 Tra la fine del XIII e l'inizio del XIV secolo si manifestano i primi segni di **crisi, sia sul piano demografico che su quello economico**. A questi fenomeni si aggiungono **epidemie e un peggioramento delle condizioni climatiche**. Con la progressiva **riduzione delle rendite agrarie** non vengono messe a colture nuove terre, i proprietari terrieri intensificano colture a più alto valore aggiunto e destinano quote più ampie di terra all'allevamento. La **riduzione dei coltivi** causa un aumento dei prezzi e una crisi di distribuzione degli stessi, elementi che conducono a **ripetute carestie su tutto il territorio europeo**. Monarchie, comuni e signorie in stato di guerra permanente mettono **in crisi il sistema creditizio**, che non riesce a riassorbire il peso dei debiti insoluti.

▶ 9.2 **Un'epidemia di peste dilaga in tutta Europa tra la fine del 1347 e il 1348**. Le rotte commerciali sono le principali vie di trasmissione del contagio della malattia che in pochi anni uccide quasi un terzo della popolazione europea. L'isteria collettiva attribuisce la colpa della pestilenza a minoranze sociali e religiose, in particolare agli ebrei, e si verificano gravi e diffusi episodio di odio sociale e razziale.

▶ 9.3 **Il calo demografico** si verifica sia nelle città che nelle campagne, dove molti villaggi vengono abbandonati. Questo fenomeno **va di pari passo con la riconversione a pascolo dei coltivi**: si riducono le piccole proprietà e si costituiscono ampie riserve destinate all'allevamento. Insieme agli allevamenti transumanti nascono istituzioni pubbliche che, tramite prelievi sistematici, garantiscono l'accesso ai pascoli.

● LE RIVOLTE

▶ 9.4 **Uno degli effetti del calo della popolazione è l'aumento dei salari, al quale vengono però subito contrapposte politiche contenitive come l'aumento delle tasse. Le ribellioni non si fanno attendere**, a partire da quelle nei paesi coinvolti nella Guerra dei Cent'anni: **in Francia prendono il nome di *jacquerie*, in Inghilterra l'occasione per le rivolte è scatenata dall'introduzione della *poll-tax***. Entrambe le rivolte falliscono e sono represse nel sangue. Rivolte contadine si registrano anche in Savoia, in Italia e in Catalogna.

▶ 9.5 Anche nelle città i ceti medi, lavoratori dei settori artigianali, temono di cadere vittime delle strategie di controllo signorile e dei grandi mercanti e investitori, capaci di gestire l'intera filiera produttiva. In Italia ci sono rivolte urbane a Perugia e Siena (1351); **la più nota è quella di Firenze, nel 1378, detta *tumulto dei ciompi***. I ciompi sono lavoratori salariati operai dell'Arte della Lana; esclusi dal governo e senza riconoscimento politico e giuridico, i ciompi chiedono la possibilità di costituirsi in un'Arte autonoma e di avere aumenti salariali e rifiutano di essere subordinati ai padroni di bottega. Nonostante l'iniziale successo, tutte le conquiste sono perdute a partire dal 1382.

● NUOVI EQUILIBRI

▶ 9.6 **Per uscire dalla crisi i governi reagiscono centralizzando le funzioni amministrative principali e imponendo un controllo dei prezzi dei beni agricoli** per non far calare eccessivamente il potere d'acquisto dei salari. Nascono nuove tipologie di contratti agrari, come la mezzadria, e si diffonde la pratica delle recinzioni delle terre comuni. Le botteghe iniziano a trasformarsi in manifatture e nasce la figura del mercante-imprenditore detentore del capitale. Per prevenire fallimenti e debiti vengono istituiti nuovi strumenti di gestione, come la separazione tra unità economica e giuridica di un'impresa, e finanziari, come le assicurazioni. **Vengono predisposti modelli di controllo politico dei processi economici, per prevenire le crisi più gravi e le rivolte sociali e sostenere il credito al consumo**. Tutti questi interventi politici nell'economia devono essere finanziati o tramite il prelievo fiscale o emettendo titoli di debito pubblico.

linea del tempo

1347

1347-48 epidemia di peste nera in Europa

1351 Statute of labourers

Le crisi del Trecento e la ripresa del Quattrocento — CAPITOLO 9

mappa

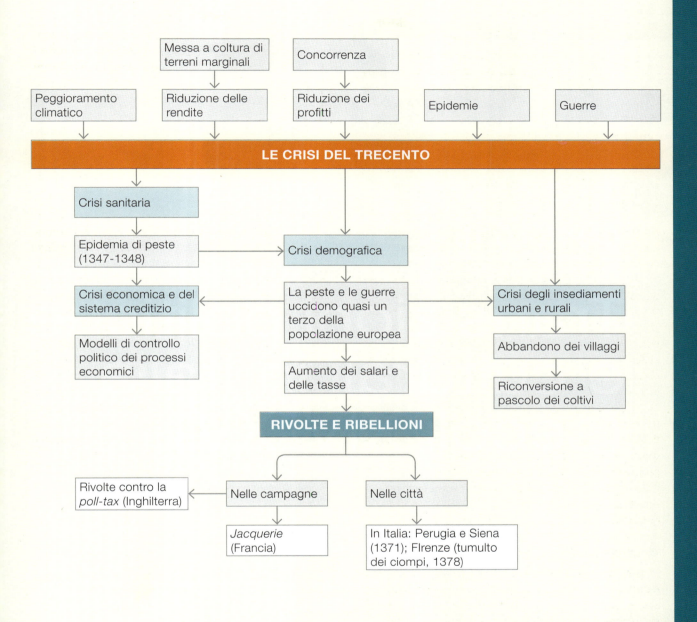

CAPITOLO 10

Transizioni politiche e culturali in Italia (secoli XIV-XV)

Umanesimo/Rinascimento

La metà del XV secolo è stata spesso vista come momento di profondo cambiamento culturale. Per definire questa fase, iniziata in realtà già nel secolo precedente, quando era cominciata la ricerca dei codici antichi e una lettura più ampia dei testi dell'antichità greca e latina, sono entrati nell'uso tra la fine del Settecento e l'inizio dell'Ottocento i concetti di Umanesimo e Rinascimento: "Umanesimo" deriva dalla distinzione, già di Cicerone, tra *divinitas*, che riguardava l'uomo in rapporto al sacro, e *humanitas*, intesa come studio delle letterature classiche (*humanae litterae*), strumento di conoscenza dell'uomo colto nella sua attività civile e mondana e modello etico-politico; "Rinascimento" indicava invece un cambiamento più ampio, esteso anche alle arti figurative e alla scienza. Sul piano economico, sociale e istituzionale erano invece innegabili le eredità dei secoli appena trascorsi. Nella tensione tra continuità e discontinuità rispetto al passato si costruì così progressivamente anche il concetto di "Medioevo" come omogenea epoca storica, dall'età di Costantino sino alla caduta della città da lui fondata nel 1453.

le parole della storiografia

Transizioni politiche e culturali in Italia (secoli XIV-XV) | **CAPITOLO 10**

GUIDA&RISORSE
PER LO STUDIO

Per riprendere il filo... Le istituzioni comunali sviluppatesi tra l'XI e la metà del XIII secolo si erano rivelate progressivamente inadeguate a tenere sotto controllo sia il confronto politico interno tra ceti dirigenti aristocratici e popolari, sia i conflitti intercittadini. Si era avviato dunque un periodo di forte sperimentazione istituzionale, durante il quale alle magistrature consolari si erano affiancate, sino a esautorarle, magistrature rette da un'unica persona. Mentre nell'Italia centrale si erano formati potenti collegi oligarchici popolari, grazie alle leggi antimagnatizie, nel resto dell'Italia settentrionale avevano cercato di affermarsi signorie dinastiche di matrice nobiliare.
In ambito culturale, l'aspro confronto tra universalismi aveva portato anche a inedite elaborazioni teoriche, che proponevano una nuova valutazione dell'agire umano nella società e la superiorità dell'uomo in quanto cittadino rispetto all'uomo in quanto fedele cristiano.

10.1 Una pluralità di modelli e di esperienze

I mutamenti delle istituzioni comunali A partire dalla metà del XIII secolo varie sperimentazioni istituzionali avevano condotto, più spesso nell'Italia centrale, alla creazione di **magistrature monocratiche** (podestà e capitano del popolo) che controllavano l'attività legislativa dei consigli, mentre in Lombardia, Veneto e Romagna alcune **dinastie signorili** avevano assunto il controllo dei punti nevralgici delle istituzioni urbane e del contado [▶ cap. 5.2]. La diffusa percezione di una discontinuità nelle pratiche di governo sino ad allora vigenti fece nascere, nella terminologia politica e giuridica, il concetto di **"tirannide"**, a identificare una forma di governo degenerata rispetto alle istituzioni comunali: un governo esercitato non per il bene comune, ma nell'interesse del singolo.

Nell'Italia padana coloro che detenevano la magistratura di vertice consolidarono il potere personale, anche richiedendo una legittimazione all'imperatore, e ne favorirono la trasmissione a membri della propria famiglia: si tratta dei casi della signoria di Ezzelino III da Romano (1194-1259) in Veneto, degli **Estensi** a Ferrara, dei **della Scala** a Verona [▶ fenomeni, p. 304], dei **da Carrara** a Padova, dei **della Torre** e poi dei **Visconti** a Milano. Scaligeri e Visconti furono poi protagonisti di un efficace dinamismo militare, estendendo il loro controllo signorile su molte altre città, le cui magistrature furono così poste in una condizione di soggezione rispetto all'autorità di Verona o di Milano: si pensi a comuni come Vicenza, Treviso, Feltre, Belluno, e poi Padova, nel primo caso; a Lodi, Pavia, Piacenza e quasi tutta la Lombardia nel secondo. Analogamente, anche gli Estensi riuscirono ad assoggettare alcune città vicine, come Modena e Reggio.

Anche nell'Italia centrale, e in particolare in Toscana, la contrapposizione di interessi di scala locale tra aristocrazie e popolo, che attraversavano trasversalmente i contrapposti schieramenti guelfi e ghibellini, aveva favorito nei primi anni del XIV secolo la nascita di alcune signorie personali all'interno degli istituti comunali, come quella di Uguccione della Faggiola (1250 ca.-1319) a Pisa o di Castruccio Castracani (1281-1328)

Verso una concentrazione del potere

approfondimento
Tirannide

L'Italia settentrionale

video
I magnifici Estensi - Storia di un'impresa che fece storia

L'Italia centrale

303

SEZIONE III   CRISI E PROCESSI DI RIORGANIZZAZIONE [SECOLI XIV-XV]

rispondi
1. Quali dinastie si affermano nell'Italia padana?
2. Che cosa accomuna signorie e magistrature monocratiche?

a Lucca e Pistoia. Si trattò tuttavia sempre di esperienze effimere, che non misero in crisi gli assetti istituzionali, poiché il ricorso a un potere monocratico straordinario rimase sempre uno strumento saldamente in mano alle fazioni.

La logica che governò i mutamenti nelle gerarchie tra città fu invece dettata dalla competizione tra i comuni maggiori, Firenze, Pisa e Siena, in lotta per l'egemonia regionale [▶ FONTI].

fenomeni

Arte e potere alla corte di Verona

Ottenuto il controllo della città nella seconda metà del XIII secolo, i della Scala espansero progressivamente la propria influenza alle aree circostanti, facendo della Marca veronese un'importante soggetto politico del Nord Italia.

A partire dal XIV secolo la loro azione si spostò anche sul piano culturale, urbanistico e artistico: Dante, accolto a corte durante il suo esilio, dedicò a Cangrande il suo *Paradiso*, mentre Boccaccio definì Verona "marmorina" per lo sfarzo dei suoi palazzi.

Un capolavoro autocelebrativo
Il mausoleo degli Scaligeri, presso la chiesa di Santa Maria Antica, è un complesso formato da tre arche principali a baldacchino, sormontate da statue equestri (la più antica è l'arca di Cangrande, cui seguirono quelle di Mastino II – realizzata ancora vivente il signore – e di Cansignorio) e dalle tombe di altri sei familiari: Mastino I, Alberto I, Bartolomeo, Alboino, Giovanni e Cangrande II. La rappresentazione del potere signorile è tutta centrata sull'aspetto militare: pronto alla pacificazione e alla benevolenza appare Cangrande (1291-1329); in assetto da torneo, duro e orgoglioso, Mastino II (1308-51), che portò la potenza scaligera alla massima espansione; fiero e sprezzante Cansignorio (1340-75).

La realizzazione delle arche venne affidata ai migliori artisti locali e lombardi secondo i canoni dello stile gotico allora in voga, di cui il mausoleo veronese rappresenta uno dei più riusciti esempi nel suo genere.

I caratteri del gotico europeo
Nato nell'ambito dell'architettura sacra nell'Île-de-France del XII secolo, il gotico si era rapidamente esteso in tutta Europa. Alcuni elementi tipici di questo stile – gli effetti dei ritmi lineari e la concentrazione delle funzioni statiche nei pilastri, l'impiego dell'arco a sesto acuto e il tutto tondo delle figure, ben visibili nelle arche veronesi –

rivelano un preciso nesso con il processo di ascesa a Dio di cui si incaricava la filosofia contemporanea: le grandi cattedrali francesi e inglesi hanno molto in comune con le costruzioni teologiche della Scolastica, con le aspirazioni mistiche verso la trascendenza e l'attenzione alla natura come riflesso di Dio. Dopo quasi due secoli però le originarie aspirazioni spirituali si erano affievolite e il gotico tardo si era evoluto in esiti differenti, tutti però accomunati da un'accurata ricerca formale e compositiva.

Il gotico era lo stile diffuso in tutte le corti europee, dove rimase egemone fin oltre il XV secolo, ma in Italia già ai primi del Quattrocento dovette confrontarsi con la nascente ricerca filosofica e artistica di impronta umanistica. Lo stesso aggettivo "gotico" era un termine usato dagli intellettuali umanisti per indicare un tipo di scrittura di area germanica, marcato e spigoloso, ben diverso da quello "romano", più rotondo e regolare; in seguito venne applicato in senso polemico e negativo anche all'architettura, alla scultura e alla pittura, sentite troppo lontane dai modelli della ritrovata classicità.

◀ Bonino da Campione, *Arca di Cansignorio Della Scala*, 1340-75.

304

Transizioni politiche e culturali in Italia (secoli XIV-XV) | CAPITOLO 10

FONTI

Manifesti politici: il buono e cattivo governo di Ambrogio Lorenzetti

■ Il ciclo di affreschi noto oggi come *del Buon Governo* fu realizzato nel Palazzo pubblico di Siena da Ambrogio Lorenzetti nel 1338. Si tratta di un'opera eccezionale dal punto di vista non solo artistico, ma anche politico, ideologico e propagandistico: l'obiettivo è infatti quello di dimostrare gli effetti positivi del governo dei Nove, l'élite borghese e popolare di Siena, in quel momento messo a dura prova da congiure e tentativi di rovesciamento dell'ordine comunale.

Le allegorie che dominano il Buon Governo sono la Sapienza divina, con Giustizia e Concordia, e il Comune, rappresentato come un vecchio – saggio e orgoglioso della sua antichità – che prevale sull'interesse dei singoli individui grazie alle virtù cardinali (prudenza, giustizia, fortezza, temperanza) e teologali (fede, speranza, carità). Egli fornisce così alla campagna e alla città pace, concordia, giustizia e grazie a queste sicurezza e prosperità.

Una seconda parte del ciclo di affreschi mostra gli effetti del buono e del cattivo governo. I primi occupano due pareti e mostrano una situazione di ordine in città, nei campi e negli insediamenti rurali, ritratti certamente con richiami alla realtà senese dell'epoca, e un'industriosa armonia delle attività umane.

Gli affreschi del Cattivo Governo, rappresentati su una sola parete, disegnano un quadro del tutto opposto: la città è semidiruta, la campagna è sterile e preda di soldataglie che bruciano i raccolti. È il pericolo che la repubblica corre se cede all'ambiguo fascino delle tirannidi. L'allegoria del mal governo è dominata dalla Tirannia, una figura che semina paura, attorniata dai vizi (avarizia, superbia e vanagloria) e da varie espressioni del male (guerra, tradimento, frode, violenza, divisione).

SEZIONE III   CRISI E PROCESSI DI RIORGANIZZAZIONE [SECOLI XIV-XV]

10.2 Principati e repubbliche dell'Italia settentrionale e centrale

Caratteri generali dei poteri locali

La progressiva concentrazione del potere Sul piano politico, l'Italia centrosettentrionale del XIV secolo offriva un **quadro molto frammentato**, causato sia dalla competizione tra comuni e potentati territoriali, sia dalla complessità dei rapporti di potere interni a ciascuna compagine istituzionale. Quanto al primo punto, analogamente a quanto si è detto a proposito degli Stati monarchici europei, le autorità dominanti non esercitavano un potere assoluto, ma sempre mediato e negoziato con molti attori politici: comuni, poteri signorili e feudali nei contadi, comunità rurali. Sostanzialmente il processo generale fu caratterizzato dalla costituzione di **reti di comunità** relativamente autonome, che riconoscevano al signore o alla città dominante una superiore autorità, consistente nella capacità di:

- imporre **tasse**, attraverso più efficaci sistemi di accertamento dei patrimoni (estimi e catasti [▶ FONTI]);
- coordinare le **attività militari e diplomatiche**;
- concentrare le funzioni educative superiori (fra il XIV e il XV secolo vedono la luce nuove **università** come Pavia nel 1361, o vengono rifondati studi più antichi, come Pisa nel 1472);
- produrre e conservare i **documenti scritti** di natura pubblica;
- concentrare la maggior parte degli **apparati amministrativi**, forti di innovazioni decisive in campo finanziario come il debito pubblico [▶ cap. 9.6] e la costituzione di banchi pubblici capaci di attrarre investimenti.

Il principe, le élite e la formazione delle oligarchie

Le decisioni in questi campi, in quanto aspetti fondamentali per la vita dello Stato, furono progressivamente concentrate nelle mani del "principe" o delle élite urbane delle città dominanti, che disciplinarono i ceti dirigenti delle città sottoposte delegando loro gli affari correnti della vita comunitaria. Si costituirono così delle **oligarchie** chiuse a ogni tentativo di mobilità sociale, che assunsero quel ruolo di mediazione tra corpi sociali che nelle monarchie europee era generalmente svolto da parlamenti e assemblee. Il compromesso che risolse l'ampia conflittualità dei secoli XI-XIII si giocò sostanzialmente sulla **rinuncia al diretto esercizio del potere** da parte dei cittadini e dei proprietari fondiari in cambio del riconoscimento di alcuni privilegi: fiscali, rispetto agli abitanti del contado; corporativi, in quanto artigiani e mercanti; contrattuali, nei confronti dei contadini.

Firenze Già dal tardo Duecento la vita politica fiorentina era egemonizzata dai rappresentanti delle Arti maggiori, in continuo conflitto con alcune famiglie aristocratiche; queste, nonostante riuscissero a prevalere durante alcune brevi esperienze signorili nella prima metà del Trecento, finirono per essere escluse dalla vita politica cittadina, portando alla costituzione di un **patriziato urbano** composto dalle maggiori famiglie del popolo e dalla nobiltà meno ostile al governo popolare. **Formalmente rimasero in vita le istituzioni comunali** e l'attività degli organi collegiali, ma quello che mutò in senso oligarchico fu il numero e la condizione sociale dei membri dei consigli.

L'ascesa dei Medici

Questo processo di concentrazione del potere nelle mani di poche famiglie subì poi un'accelerazione in seguito al tumulto dei ciompi del 1378 [▶ cap. 9.5], che aveva segnato il tentativo di allargare la partecipazione politica ai ceti subalterni: l'esito fu, al contrario, un ulteriore **restringimento degli spazi politici**, che giunse ai primi del XV

Transizioni politiche e culturali in Italia (secoli XIV-XV) | CAPITOLO 10

FONTI

Per la giustizia fiscale: il Catasto fiorentino del 1427

■ Il 24 maggio 1427 fu istituito a Firenze, nel pieno di una crisi fiscale provocata dalle guerre con Milano, un censimento dei beni mobili e immobili dell'intera popolazione, compresi gli ecclesiastici. Era prescritto che ogni cittadino dichiarasse la composizione del nucleo familiare, l'età e il lavoro dei componenti, i beni posseduti, le somme di denaro, i crediti, le mercanzie, gli schiavi, il bestiame. L'operazione riguardò circa 260 000 persone: una registrazione enorme e dai caratteri moderni, che testimonia lo sforzo degli Stati tardomedievali per sviluppare strumenti raffinati di controllo demografico, economico e sociale.

▲ Una pagina del Catasto fiorentino.

Allo squilibrio della fiscalità cittadina sono attribuite le cause della crisi di Firenze: la perdita delle ricchezze induce infatti alla perdita della cittadinanza e della speranza di potervi rientrare.

Quegli, quanti e quali cittadini la **inequalità delle graveze publice**[1] abbia de suoi beni spogliati, della patria privati, lo exterminio delle substanze[2] a disperatione quasi abbia condocti, il desiderio di molti che disideravano ritornare in patria abbia ritracto, di quanti mali abbia dato caggione, spauriti e dubbiosi di suo stato abbia tenuti, con scriptura o vero lingua dire non si potrebbe. Et però[3] considerando i magnifici et potenti Signori Signori Priori dell'arti et Gonfaloniere della giustizia del popolo et comune di Firenze, **che se la decta inequalità si potresse levar via, sanza dubio ne seguirebbe un bene infinito**, et sperando per la infra scripta[4] via del catasto quello potersi fare, però seguitando quasi la voce del popolo fiorentino etc. providono[5] etc.

Il proemio fornisce le motivazioni ideologiche e pratiche della redazione del catasto, un censimento fiscale (parzialmente mutuato da Venezia): la ricerca di maggiore giustizia e del bene collettivo.

La legge del Catasto fiorentino del 1427,
a cura di O. Karmin, Firenze 1906

1 **graveze publice:** fiscalità cittadina.
2 **exterminio delle substanze:** distruzione delle ricchezze.
3 **però:** perciò.
4 **infra scripta:** scritta poi, nelle pagine seguenti.
5 **providono:** provvedettero.

---

secolo alla delimitazione di un insieme di famiglie caratterizzato dalla continuità di partecipazione alle magistrature, il cosiddetto "Reggimento". Tra le famiglie di mercanti, banchieri e grandi imprenditori presto ne emersero due, in competizione tra loro: gli **Àlbizzi**, imprenditori lanieri, e i **Medici**, banchieri e ricchi proprietari fondiari collegati alla corte pontificia. **Cosimo de' Medici** (1389-1464), erede del banco di famiglia fondato nel 1397, venne esiliato da Rinaldo Àlbizzi nel 1433, ma l'anno successivo riuscì a rientrare a Firenze e a stabilire definitivamente la propria egemonia sulle istituzioni cittadine. Pur senza cambiamenti formali, infatti, le più importanti posizioni di governo furono occupate da membri della famiglia, dando vita a una cosiddetta "**criptosignoria**", ossia a una signoria nascosta dalla formale permanenza in vita delle istituzioni comunali. L'eredità di Cosimo fu raccolta in particolar modo da **Lorenzo** di Piero, detto **il Magnifico** (1449-92), che assunse il governo di Firenze nel 1469.

Sul piano interno Lorenzo proseguì nella politica di Cosimo, tesa a **modellare le istituzioni comunali** al servizio dei propri interessi, pur dovendo fronteggiare forti op-

video
Il Banco dei Medici

approfondimento
Lorenzo il Magnifico

L'azione di Lorenzo il Magnifico

SEZIONE III CRISI E PROCESSI DI RIORGANIZZAZIONE [SECOLI XIV-XV]

posizioni, come quella che condusse alla congiura ordita dalla famiglia aristocratica dei Pazzi nel 1478 [▶eventi]; nel campo della diplomazia, tanto italiana quanto europea, riuscì a **consolidare il precario equilibrio** tra le maggiori potenze italiane, raggiunto con la stipula di una pace a **Lodi (1454)** [▶fenomeni] e con la costituzione di una **Lega italica (1455)**, intervenendo sia nella guerra che Venezia aveva mosso a Ferrara (1482-84), sia nella repressione di una congiura dei baroni nel Regno meridionale (1485-86). L'efficacia della Lega italica, che garantì un sostanziale equilibrio politico-diplomatico alla penisola per tutta la seconda metà del secolo e che fornì un esempio per successivi analoghi tentativi su scala europea, fu tuttavia vanificata dalla discesa in Italia del re di Francia Carlo VIII nel 1494, che inaugurerà – come avremo modo di vedere – una duratura fase di sconvolgimenti politico-militari.

L'egemonia sulla Toscana

Sul piano dell'espansione territoriale, Firenze stabilì un ampio controllo su gran parte della Toscana: acquisiti già tra il 1330 e il 1350 centri come Pistoia, Prato e Colle Valdelsa, a partire dagli anni Ottanta sino alla prima metà del secolo successivo furono sottomesse Arezzo e Volterra, ma soprattutto Pisa, nel 1406, cosa che permise alla repubblica di giungere al Tirreno e di proseguire nell'espansione alla volta di Livorno [👁1]. La geografia politico-amministrativa dei territori conquistati ne fu profondamente cambiata: all'interno di nuove circoscrizioni – podesterie, capitanati e vicariati – furono **ridisegnati i confini dei contadi e i rapporti tra città dominante e città dipendenti** dalla repubblica, mentre i poteri signorili, già indeboliti dal protagonismo

Intrigo internazionale a Firenze

eventi

Una vasta congiura internazionale, organizzata da Jacopo e Francesco Pazzi e dall'arcivescovo di Pisa, Francesco Salviati, e che vedeva coinvolti i protagonisti della vita politica italiana contemporanea – dal papa Sisto IV al re di Napoli Ferrante d'Aragona, da Girolamo Riario, signore di Imola e nipote del papa, a Federico da Montefeltro, duca di Urbino – condusse il 26 aprile 1478, nel Duomo di Firenze, all'uccisione di Giuliano dei Medici (1453-78) e al ferimento del fratello, Lorenzo, il cui controllo delle istituzioni comunali fiorentine era giudicato intollerabile.

Dalla morte dei due Medici sarebbero derivati vari vantaggi ai congiurati: Firenze sarebbe entrata nell'orbita pontificia, il duca di Urbino avrebbe esteso i propri possedimenti anche a parte della Toscana e Ferrante avrebbe inferto un duro colpo a un importante alleato di Venezia, suo nemico diretto. Il popolo si schierò tuttavia con i Medici: in poche ore molti congiurati furono uccisi, compreso Salviati, che fu impiccato a una finestra di Palazzo Vecchio. A Giovanni Battista di Montesecco, un congiurato che all'ultimo momento si era tirato indietro, salvando Lorenzo, e aveva confessato i retroscena della congiura, fu fatto l'onore della decapitazione.

Il potere mediceo ne uscì rafforzato, mentre le fortune dei Pazzi declinarono rapidamente: molti furono uccisi o esiliati e i superstiti si legarono ai Medici attraverso legami matrimoniali. La successiva guerra contro Sisto IV e Ferrante d'Aragona, con Milano e Venezia alleate di Firenze, terminò sostanzialmente già nel 1480, dopo che con un'abile mossa diplomatica Lorenzo convinse Ferrante ad abbandonare l'alleanza con il pontefice.

▼ L'impiccagione di Berardo Bandini Baroncelli in un disegno di Leonardo da Vinci, XV secolo.

Transizioni politiche e culturali in Italia (secoli XIV-XV) | **CAPITOLO 10**

La ricerca dell'equilibrio nella penisola italica

fenomeni

I secoli XIV e XV sono stati spesso interpretati come il periodo in cui le libertà comunali entrarono in crisi, dando luogo a una decadenza che avrebbe aperto le porte d'Italia al gioco delle grandi monarchie europee. La Pace di Lodi sarebbe stato dunque solo un estremo e fallimentare tentativo di mantenere un equilibrio tra gli Stati regionali italiani, prima della fine della loro libertà. Questa debolezza è stata spiegata con la nozione di particolarismo: una sorta di strenua difesa dei propri interessi regionali a discapito di un quadro geopolitico che aveva invece già vocazioni unitarie. All'interno di questa categoria interpretativa un ruolo fondamentale era poi svolto dalla riflessione sull'arretratezza del Mezzogiorno: una doppia vicenda di marginalizzazione, dunque, dell'Italia rispetto all'Europa e del Mezzogiorno rispetto all'Italia centrosettentrionale.

Oggi invece la ricerca storica tende a riconoscere come i processi di concentrazione della sovranità, di territorializzazione dei poteri e di aggregazione di strutture amministrative che vediamo operanti in Italia avvenissero secondo lunghi processi – di integrazione di signorie, comunità e ceti sociali – comuni anche alle grandi monarchie europee. Il complesso mosaico italiano, dunque, va studiato per sé e non avendo in mente, come esito necessario, l'unificazione ottocentesca della penisola.

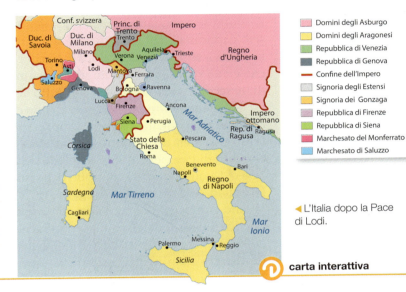

◀ L'Italia dopo la Pace di Lodi.

carta interattiva

PERCORSO VISIVO

[👁 1] L'espansione della Repubblica di Firenze (XIV-XV secolo) Per descrivere la natura del dominio territoriale fiorentino, recentemente si è iniziato a parlare di "Stato-contado", un'immagine che ben rappresenta anche il dibattito coevo sulla natura del potere fiorentino, condotto da Machiavelli e Guicciardini. Mentre quest'ultimo concepisce le comunità soggette come obiettivi di politiche di conquista e assoggettamento attraverso reti di rapporti informali di potere quali sistemi clientelari e di patronato, Machiavelli mostra l'inefficacia della repressione militare e di una politica volta a favorire gli scontri di fazione interni alle comunità: il tessuto politico dello Stato ne soffre, in particolare in occasione di guerre con gli altri Stati italici. Il potere pubblico, secondo Machiavelli, non può essere demandato a una rete di poteri di tipo privatistico e l'autorità di Firenze deve essere imposta al di sopra dei partiti e delle fazioni locali.

SEZIONE III   CRISI E PROCESSI DI RIORGANIZZAZIONE [SECOLI XIV-XV]

comunale, furono generalmente ridimensionati. L'autonomia giurisdizionale dei comuni assoggettati, pur non del tutto annullata, fu fortemente ridotta e comunque sempre controllata da ufficiali fiorentini.

La "chiusura" del governo

Venezia La Repubblica di Venezia costituì un precoce paradigma delle tendenze oligarchiche di cui si è detto. Sin dalla fine del XIII secolo, infatti, l'appartenenza alla classe di governo tese a diventare una condizione di privilegio rispetto al resto del corpo sociale. Nel 1297 fu emanato uno statuto che stabiliva alcune regole per l'accesso al massimo organo comunale, il **Maggior consiglio**, suddividendo i cittadini tra coloro che ne avevano già fatto parte nei tre anni precedenti e tutti gli altri. Nel 1323 si impose la norma per la quale il candidato all'elezione avrebbe dovuto dimostrare che il padre o il nonno avevano fatto parte del consiglio e nel corso del secolo ulteriori norme esclusero dapprima i figli illegittimi, poi, nel 1422, anche coloro che, benché legittimi, non avessero avuto una madre nobile. Nacque così un patriziato urbano composto da **poche e ben riconosciute famiglie**, impermeabile a eventuali apporti esterni, che per più di tre secoli esercitò un totale controllo delle istituzioni pubbliche cittadine.

La concorrenza genovese sui mari

Sul piano territoriale Venezia, che sin dall'XI secolo aveva guardato all'Adriatico e al Mediterraneo orientale come al proprio spazio economico e politico (*Stato da mar*), nella seconda metà del Trecento dovette affrontare Genova, che dopo aver eliminato la concorrenza di Pisa nel Tirreno le contendeva il controllo dei commerci con il Mar Nero e l'Egeo. La questione del controllo delle isole greche sfociò in aperto conflitto nel 1377. La cosiddetta **Guerra di Chioggia** (1377-81), che coinvolse anche Cipro, l'Ungheria, Milano, Aquileia e i domini asburgici, vide Genova spingersi vittoriosamente sino all'Adriatico settentrionale, sconfiggendo i veneziani a Pola e nella stessa laguna, fino a conquistare Chioggia [👁 2]. Solo dopo un lungo assedio le truppe genovesi furono costrette alla resa e la fine del conflitto fu sancita dalla Pace di Torino, promossa dal duca Amedeo VI d'Aosta. L'esito – a fronte di un ridimensionamento della sua presenza in un Oriente soggetto alla progressiva conquista turca – fu un riorientamento strategico

PERCORSO VISIVO

[👁 2] **L'attacco dei genovesi** La conquista genovese di Chioggia, avvenuta con il concorso, da terra, delle truppe padovane dei da Carrara, sembrò segnare la fine di Venezia: Genova disponeva di una base che le consentiva di effettuare blocchi navali e aveva l'appoggio dei rifornimenti dalla terraferma. Venezia tuttavia, dando fondo a tutte le sue risorse, riuscì a bloccare nella laguna la flotta genovese, che si arrese dopo un assedio di sei mesi.

▶ La flotta genovese assale le navi veneziane a Chioggia, miniatura del XV secolo.

310

Transizioni politiche e culturali in Italia (secoli XIV-XV) — CAPITOLO 10

da un lato verso il **rafforzamento della potenza veneziana nell'Adriatico**, dall'altro **verso la terraferma**.

Entro la prima metà del XV secolo furono acquisite Padova, Verona, Vicenza, Brescia, Bergamo, Belluno, i territori del Patriarcato di Aquileia e Ravenna, mentre Treviso era già sotto il dominio veneziano dal 1339; alle soglie del Cinquecento anche Cremona, Imola e Forlì entrarono a far parte della repubblica [◉3]. Generalmente rispettosa delle autonomie cittadine, che riuscì a controllare favorendo i patriziati locali, Venezia riconobbe anche alcune autonomie signorili attraverso lo strumento della subordinazione feudale, come accadde in Friuli e nei territori di Vicenza, Treviso e Brescia: i signori conservarono dunque buona parte dei loro poteri **subordinandosi in forma feudale al doge**, che dal 1437 ottenne anche il titolo di vicario imperiale.

Genova La proiezione territoriale veneziana, così come quella contemporanea fiorentina, nasceva, oltre che dal mutamento degli equilibri internazionali, anche da ragioni interne, legate al consolidamento degli interessi delle grandi famiglie patrizie nel contado. In parte questo vale anche per Genova, dove però i casati principali (tra i quali spiccavano i Doria, i Fieschi, i Grimaldi), detentori di signorie – dipendenti da Milano, dal comune genovese e dall'Impero – e al contempo protagonisti della vita politica della repubblica, controllavano sì un territorio di antica conquista, ma **poco coerente e omogeneo sul piano geografico**.

Questo rese la Repubblica genovese molto **debole sul piano politico** sia rispetto alle ambizioni milanesi e poi francesi di controllo della Liguria (Genova fu sotto il dominio visconteo tra il 1421 e il 1435; francese tra il 1458 e il 1461; sforzesco tra il 1464 e il 1478, e poi ancora dal 1488 al 1499, quando ritornò sotto il controllo francese sino al 1507), sia rispetto alla ripresa dei conflitti per l'egemonia sul Mediterraneo occidentale, che la città ligure aveva conquistato con la battaglia della Meloria, vinta sulla Repubblica di Pisa nel 1284: nuovi protagonisti erano ora Marsiglia, Barcellona e la corona aragonese, e la stessa Firenze (che aveva annesso Pisa nel 1406).

L'espansione sulla terraferma

La debolezza territoriale della repubblica

Debolezza politica...

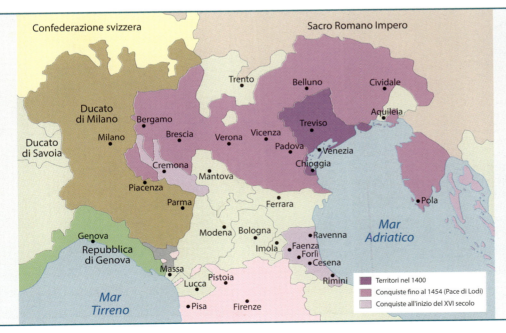

[◉3] **L'espansione della Repubblica di Venezia (XIV-XV secolo)** L'espansione territoriale di Venezia nell'entroterra lombardo e veneto non solo costituì una netta cesura nella storia geopolitica della repubblica, ma ebbe anche importanti conseguenze in campo artistico e architettonico. Lo stile gotico-bizantino si arricchì del linguaggio rinascimentale (soprattutto grazie alla mediazione di Padova) e delle influenze fiamminghe, dando origine alla pittura di Giovanni Bellini (1435-1516) e Vittore Carpaccio (1460 ca.-1526).

SEZIONE III — CRISI E PROCESSI DI RIORGANIZZAZIONE [SECOLI XIV-XV]

... e forza del settore privato

Tuttavia mercanti, armatori e banchieri genovesi **incrementarono il volume dei traffici e dei profitti**, rafforzando da un lato i rapporti con il Mediterraneo orientale e meridionale, dall'altro con le corone iberiche e l'Inghilterra. Da Genova si dipartivano infatti quattro rotte principali, tre verso l'Oriente – il Mar Nero, le isole dell'Egeo e Cipro, l'Egitto e la Siria – e un'altra che, oltrepassato lo stretto di Gibilterra, si apriva a Nord la via verso le Fiandre e l'Inghilterra, con numerosi scali sulla costa iberica, e a Sud verso il Marocco [👁 4].

Una potenza navale e finanziaria

Rispetto ad altre potenze coeve, come quella veneziana o barcellonese, il punto di forza del commercio genovese fu nel **progressivo aumento del tonnellaggio** (e armamento militare) delle navi: una cocca genovese nel Quattrocento stazzava sulle 530 tonnellate, contro le circa 200 di una galeazza grossa veneziana. Lo scopo era aumentare il volume e la velocità di traffico (navi così grandi dovevano fermarsi meno spesso per fare scali intermedi) e contemporaneamente scoraggiare la guerra di corsa e la pirateria. Questo comportava, naturalmente, anche alcune conseguenze: la perdita di una sola nave avrebbe provocato ingenti danni economici e si rese inevitabile dividere i rischi tra più soci. Prosperò dunque l'attività finanziaria e assicurativa [▶ cap. 9.6]: nel 1407 venne fondato, da parte dei portatori di titoli di debito pubblico genovese, l'ufficio della "Compera e dei banchi di San Giorgio" (poi **Banco di San Giorgio**), cui nel giro di pochi anni venne affidata sia la gestione delle imposte, delle gabelle e dei dazi, sia, in garanzia degli interessi e dei capitali, la gestione delle colonie. Il Banco disponeva così di un piccolo esercito e gestiva la giurisdizione civile e penale, mentre l'accesso agli organi consultivi ed esecutivi era stabilito in base ai titoli di credito posseduti. Finì per avere dunque un'enorme importanza politica e un ruolo di primo piano nella vita della città, che esercitò nel corso di tutta l'età moderna (venne soppresso nel 1805).

> **guerra di corsa**
> Attacchi alle navi mercantili di potenze straniere, attuati con il consenso ("patente di corsa") dello Stato sotto la cui bandiera il corsaro agisce.

PERCORSO VISIVO

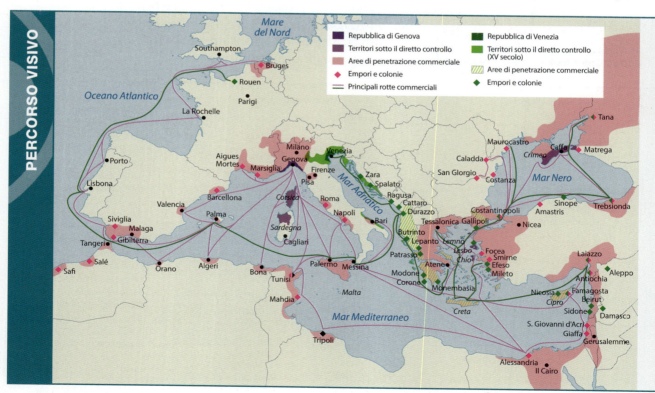

Transizioni politiche e culturali in Italia (secoli XIV-XV) | **CAPITOLO 10**

Milano Si è già detto come la famiglia **Visconti**, che aveva ricoperto ruoli importanti nelle magistrature comunali (anziano e capitano del popolo), nel 1294 avesse legittimato la propria supremazia a Milano ricevendo la dignità del vicariato imperiale [▶ cap. 5.2]. Dalla metà del XIV secolo, lo Stato visconteo visse un momento di grande **espansione territoriale**, sia in Lombardia che in Emilia e in Piemonte, spingendosi con Gian Galeazzo (1351-1402) a occupare la Marca trevigiana e persino Pisa, Siena e Perugia [👁 5].

Le acquisizioni territoriali di Gian Galeazzo, che comprò nel 1395 il titolo ducale dall'imperatore Venceslao, furono rapidamente perse alla sua morte, ma una ripresa di questa **politica egemonica in Italia settentrionale** si ebbe con il figlio, Filippo Maria (1392-1447). Assoldati i migliori condottieri dell'epoca, egli si assicurò il controllo dei territori compresi tra il fiume Mincio, le Alpi e Genova e conquistò Imola e Forlì. Questa direttrice espansionistica pose il Ducato milanese in diretta contrapposizione con Firenze e Venezia, che nel 1425 si unirono in una **lega antiviscontea** cui aderirono anche gli Estensi, i Gonzaga (signori di Mantova) e i Savoia.

La **sconfitta subita a Maclodio** nel 1427 costrinse i milanesi alla pace, stipulata a Ferrara l'anno successivo: il quadro politico dell'area padana vedeva i confini dello Stato dei Savoia fissati a Vercelli, mentre Novara rimaneva in mano ai Visconti e Bergamo e Brescia entrarono a far parte della Repubblica di Venezia. Questa battuta d'arresto non limitò le ambizioni di Filippo Maria, che dopo un'iniziale opposizione si decise a sostenere l'acquisizione del Regno di Napoli da parte di Alfonso V d'Aragona ai danni degli Angioini, con l'obiettivo di suddividere la penisola in due zone di influenza: il Centronord sotto il controllo visconteo e il Meridione in mano aragonese. Fu la morte di Filippo Maria, nel 1447, a interrompere il progetto.

Le conquiste dei Visconti

approfondimento
Le guerre espansionistiche di Gian Galeazzo Visconti

I progetti egemonici dei Visconti

Sconfitte e fine del progetto

◀ [👁 4] **L'egemonia genovese e veneziana nel Mediterraneo e nel Mar Nero** Bussole, portolani, carte nautiche, carte di navigazione, scafi più capienti, timone unico a poppa in associazione ai remi laterali, compresenza di vele quadre e vele latine: grazie a questi accorgimenti e innovazioni tecnologiche la navigazione nel Mediterraneo mutò sensibilmente tra Due e Trecento, inducendo alcuni studiosi a parlare di una vera e propria "rivoluzione nautica".

▶ [👁 5] **L'espansione del Ducato di Milano (XIV-XV secolo)** Durante la signoria di Gian Galeazzo Visconti sembrò che Milano, ducato dal 1395, potesse ambire a costruire un unico Stato comprendente grandissima parte dell'Italia centrosettentrionale. Solo Firenze, accerchiata, riuscì a resistere: Gian Galeazzo, ormai pronto all'attacco decisivo, morì improvvisamente, lasciando il ducato diviso e in crisi.

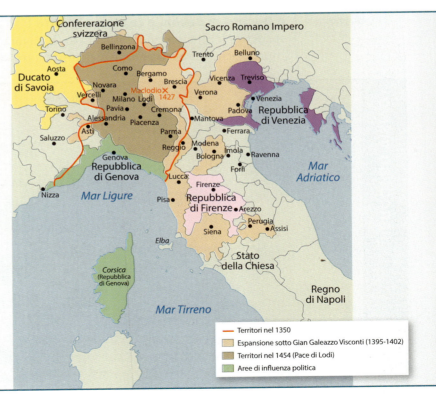

SEZIONE III — CRISI E PROCESSI DI RIORGANIZZAZIONE [SECOLI XIV-XV]

La signoria degli Sforza

Dopo una breve esperienza oligarchica e repubblicana per iniziativa del patriziato milanese (la **Repubblica ambrosiana**, 1447-50), le difficoltà a frenare l'espansione veneziana favorirono l'affermazione di **Francesco Sforza** (1450-66), figlio di un noto condottiero come Muzio Attendolo, condottiero egli stesso e genero di Filippo Maria. Sotto la sua signoria Milano visse una nuova espansione territoriale e una fase di crescita sul piano economico e delle infrastrutture: furono realizzati infatti l'Ospedale maggiore e il Castello sforzesco, nonché il Naviglio della Martesana, che conduceva a Milano le acque dell'Adda; tuttavia, **i conflitti interni alla famiglia Sforza** – il successore di Francesco, Galeazzo Maria, fu assassinato nel 1476, e il ducato, passato a Gian Galeazzo, fu usurpato quattro anni dopo dal fratello del duca assassinato, Ludovico Maria detto il Moro – **indebolirono la legittimità della signoria** su Milano, aprendo la strada alle rivendicazioni francesi di egemonia sulla penisola e a un lungo periodo di conflitti.

L'assetto istituzionale del Ducato di Milano

Sul piano istituzionale il Ducato di Milano si configurò come un'esperienza diversa rispetto alle evoluzioni signorili dei comuni di Firenze e Venezia. All'interno di un processo secolare, tra la fine del XIII e la fine del XIV secolo, i Visconti fecero largo uso delle **relazioni feudali** per coordinare in modo più efficace le città, le comunità rurali e le signorie presenti negli ampi territori conquistati. Questi poteri locali furono disciplinati attraverso la concessione del titolo feudale, per cui i signori furono formalmente legittimati a esercitare le funzioni giurisdizionali e amministrative che già esercitavano, ma sotto il controllo del duca e dei suoi uffici finanziari (i feudi concessi in questo modo si chiamavano infatti *feudi camerali*). L'**amministrazione centrale** (consiglio di giustizia, camera ducale – il centro finanziario –, consiglio segreto) e quella periferica furono dunque rafforzate e a capo degli uffici i Visconti nominarono uomini provenienti da tutto il ducato, suscitando risentimenti nell'aristocrazia milanese.

Un principato in ascesa

Il Ducato di Savoia e le altre signorie Con modalità in parte diverse rispetto all'esperienza lombarda, anche il **Ducato di Savoia** visse una lunga fase di espansione territoriale, che lo rese egemone rispetto ad altri Stati di origine feudale di estensione più

[◉ 6] L'Italia centrosettentrionale alla fine del XV secolo

modesta, come i marchesati di Saluzzo, Monferrato, Ceva e la Contea di Asti. Già titolari di un principato concesso dall'imperatore Enrico VII nel 1310 e nel 1313, nel 1416 i Savoia, con Amedeo VIII (1383-1451), ottennero il titolo ducale dall'imperatore Sigismondo, legittimando così un'**iniziativa militare** che aveva progressivamente posto sotto il proprio controllo gli strategici passi alpini di collegamento tra la Francia e l'Italia. Il duca, che si sarebbe poi ritirato a vita religiosa diventando addirittura antipapa nel 1439 con il nome di Felice V, promosse nel 1430 una generale riorganizzazione politica e amministrativa degli ampi territori sotto il suo controllo, compresi tra Borgogna, Svizzera e Valle d'Aosta, cui aggiunse gran parte del Piemonte occidentale (Pinerolo, Torino, Vercelli, sino a Nizza) [👁6].

Nella ricomposizione politica dell'Italia centrosettentrionale meritano infine menzione **altri domini signorili**, come quelli dei Montefeltro (Montefeltro e Urbino), dei Malatesta (Rimini e costa marchigiana), degli Este – duchi di Modena e Reggio nel 1452 e di Ferrara nel 1471 – e dei Gonzaga (Mantova), che acquistarono dall'imperatore Sigismondo il titolo ducale nel 1433. Sul piano politico, questi Stati di estensione territoriale ridotta erano costretti all'esterno a barcamenarsi tra le maggiori potenze, mentre all'interno si scontravano con **robusti nuclei signorili locali** dotati di ampia autonomia, costituiti attorno a piccole fortezze o centri rurali (soprattutto tra Pianura padana, Appennino tosco-romagnolo e Appennino ligure-emiliano). Questa situazione era fonte di un sostanziale immobilismo; tuttavia, alcuni esponenti di queste famiglie trovarono nelle **condotte militari** importanti fonti di reddito. Ne sono esempio Braccio da Montone (1368-1424), che divenne signore di Perugia; Gian Francesco Gonzaga (1395-1444), signore di Mantova e condottiero al servizio di Venezia negli anni Venti del Quattrocento; Alessandro Sforza (1407-73), fratello di Francesco, che si insignorì di Pesaro; o ancora esponenti delle famiglie Torelli e dal Verme, che riuscirono a ritagliarsi alcuni feudi e signorie rurali tra il Po e l'Appennino.

> Domini signorili con ampie autonomie

10.3 Il Mezzogiorno tra Angioini e Aragonesi

La divisione del Regno di Sicilia Le vittorie su Manfredi a Benevento (1266) e su Corradino a Tagliacozzo (1268) avevano consentito a Carlo I d'Angiò di impadronirsi del Regno di Sicilia [▶ cap. 6.3]. Di qui, Carlo aveva l'ambizione non solo di porsi come campione del guelfismo italiano ed europeo [▶eventi, p. 316], ma anche di intraprendere una **vasta politica mediterranea**: in quest'ottica, cercò di rafforzare il controllo delle coste dell'Adriatico orientale e di sostenere la presenza latina nei territori dell'Impero bizantino, da poco tornato sotto controllo dei Paleologhi (1261) [▶ cap. 6.1]. Nell'organizzare l'ampio **prelievo fiscale** necessario a sostenere questa politica di potenza, così come negli ambiti amministrativi e normativi del regno, gli Angioini si mossero in sostanziale **continuità con i predecessori Svevi**; quello che cambiò, talvolta in modo consistente, fu la composizione del **gruppo dirigente** del regno, **rinnovato** da uomini provenienti dall'Angiò e dalla Provenza.

Questa continuità istituzionale venne meno con lo scoppio a Palermo della rivolta popolare dei **Vespri** (1282). Molte ragioni concorrono a spiegare la sollevazione: una parte dell'aristocrazia siciliana era rimasta infatti fedele a una identità ghibellina e filosveva e i suoi interessi coincidevano con le pretese dinastiche accampate da Pietro III il Grande (1240-85), re d'Aragona, in quanto marito di una figlia di Manfredi, Costanza;

> **rispondi**
> **1.** Che cosa accomuna le formazioni istituzionali nella penisola italiana tra il XIV e il XV secolo? **2.** Come arrivano al potere i Medici a Firenze? **3.** Quali sono le caratteristiche del potere visconteo a Milano?

> La Sicilia sotto Carlo d'Angiò

> **Vespri** Dal latino *vĕsper*, l'ora verso il tramonto; nella liturgia cattolica i Vespri erano la preghiera serale. La rivolta prese avvio proprio la sera del 31 marzo.

> Il passaggio della Sicilia agli Aragonesi

> 🌐 **approfondimento**
> *La rivolta dei Vespri che diventò leggenda*

SEZIONE III   CRISI E PROCESSI DI RIORGANIZZAZIONE [SECOLI XIV-XV]

eventi

La fine di Lucera "dei Saraceni"

Lucera (Foggia) assunse per volontà di Federico II un ruolo del tutto eccezionale nel Regno di Sicilia. Tra il 1224 e il 1226, e poi ancora negli anni Quaranta, l'imperatore fece deportare in città e in alcuni casali circostanti alcune decine di migliaia di musulmani siciliani che si erano ribellati. Il territorio lucerino fu così investito da una precisa politica economica e strategica: i musulmani erano abili coltivatori, allevatori e artigiani e anche ottimi arcieri. Giuridicamente considerati servi della *curia regia*, i musulmani godevano di importanti garanzie, in particolare la libertà di culto e la possibilità di avere un certo grado di autogestione amministrativa e giudiziaria, attraverso propri giudici.

La crociata

L'ultima età sveva e la prima età angioina videro Lucera al centro di un durissimo confronto tra il Regno siciliano e Roma. La presenza di questa enclave musulmana divenne motivo di scontro ideologico già durante il regno di Manfredi: i papi Alessandro IV, Urbano IV e Clemente IV citarono espressamente la comunità musulmana di Lucera come uno dei motivi determinanti per scatenare una "guerra santa" contro Manfredi e quando Carlo I d'Angiò prese il potere (1266) una crociata fu condotta direttamente contro la città.

La fine giunse però qualche decennio più tardi, nonostante alcune esperienze di integrazione delle élite musulmane nella *militia* del regno. In un periodo di rinnovata durezza nei confronti delle minoranze religiose in tutto il Mediterraneo cristiano, al successore di Carlo I, Carlo II, re titolare di Gerusalemme, nipote di san Luigi re di Francia e padre di san Luigi di Tolosa, furono certamente presenti motivazioni religiose, oltre che economiche (legate all'urgente bisogno di denaro per sostenere le spese della Guerra del Vespro) per decidere di eliminare completamente, nel 1300, l'insediamento lucerino: circa diecimila musulmani furono venduti come schiavi e la città fu per breve tempo ribattezzata con il nome di Santa Maria.

▲ Un guerriero saraceno, piatto decorato di manifattura lucerina, XIII secolo.

---

inoltre, lo spostamento del centro politico del regno da Palermo a Napoli aveva provocato grande risentimento nell'isola. Il Mezzogiorno si trovò dunque al centro di un ventennale conflitto internazionale (detto appunto "**Guerra del Vespro**") per l'egemonia nel Mediterraneo occidentale. Nel 1296 fu proclamato re di Trinacria (per distinguerlo dal titolo normanno di re di Sicilia) Federico III (1296-1337), fratello del sovrano aragonese, e questa data segnò la nascita di una compagine politica autonoma sia rispetto al Mezzogiorno continentale (che nel corso del Trecento prese a chiamarsi Regno di Napoli), sia rispetto alla corona aragonese. Questo stato di cose fu sostanzialmente accettato nel **Trattato di Caltabellotta** del 1302, che tuttavia prevedeva il ritorno della Sicilia agli Angioini alla morte di Federico. Nel 1313-14 il sovrano siciliano rigettò però gli accordi e nominò suo successore il figlio Pietro, sostenendo con successo il ritorno al conflitto con gli Angiò grazie anche al sostegno dei ghibellini italiani (soprattutto Genova) e dell'imperatore Ludovico IV il Bavaro.

I problemi dinastici nei due regni Federico III in Sicilia e Roberto I d'Angiò (1309-43) a Napoli incarnarono, anche sul piano ideologico e letterario, la **contrapposizione europea tra fronte ghibellino e fronte guelfo** e ciascuno si impegnò a consolidare le nuove realtà sorte dalla scissione dell'unità politica meridionale.

La crisi del Regno di Napoli

Alla metà del Trecento entrambi i regni attraversarono un momento di grande debolezza. A Napoli l'autorevolezza della corona fu posta in discussione da complicati

passaggi dinastici, resi più complessi dai rapporti internazionali che gli Angiò mantenevano in Europa: la regina Giovanna I (1343-81), accusata di aver ucciso suo marito e cugino Andrea, fu deposta nel 1381 dopo un **lungo scontro** che dapprima la oppose a Luigi d'Ungheria (1342-82), fratello di Andrea, e che poi si estese ad altri rami della casata angioina, quello di Provenza e quello di Durazzo. Il conflitto, collegato alle vicende dello Scisma d'Occidente (Clemente VII, papa francese, sosteneva i provenzali, mentre Urbano VI, papa romano, appoggiava i durazzeschi), si concluse temporaneamente nel 1399, con Ladislao di Durazzo (1383-1414) [👁 7]. Alla sua morte gli successe la sorella Giovanna II (1414-35), la quale non avendo una discendenza diretta designò come proprio erede prima Alfonso V re d'Aragona e di Sicilia, poi Luigi III d'Angiò, innescando nuovamente un aspro conflitto tra le forze iberiche e francesi che, come vedremo fra poco, finì per intrecciarsi con le vicende del Regno siciliano.

Il periodo compreso tra gli anni Quaranta e Ottanta del Trecento fu difficile anche per la **corona siciliana**, **indebolita** dalla morte del sovrano Federico IV nel 1377. Il governo fu informalmente nelle mani dei maggiori esponenti delle famiglie aristocratiche dell'isola, tra cui spiccavano gli **Alagona** (da Alagon, nei pressi di Saragozza) e i **Chiaromonte-Ventimiglia**, che diedero vita a un lungo confronto per l'occupazione dei più importanti uffici del regno e per il controllo delle città maggiori, dotate di ampi ambiti di autonomia. La soluzione a questa complessa situazione venne da dinamiche interne alla corona aragonese di Barcellona, che portarono **Martino il Vecchio** prima sul trono aragonese, nel 1395, e in seguito anche su quello siciliano, nel 1409: egli agì con vigore per arginare il potere degli aristocratici e consolidare il controllo della corona. Da quel momento la Sicilia non ebbe più un sovrano autonomo e fu legata alla corona aragonese e questo processo fu confermato dall'acquisizione di entrambe le corone da parte di **Ferdinando di Trastàmara** nel 1412 [▶ cap. 8.4].

La riunificazione aragonese del Mezzogiorno Le corone di Napoli e Palermo vennero riunificate dal figlio di Ferdinando, Alfonso V d'Aragona, che, come abbiamo visto, era stato scelto da Giovanna II come successore al trono di Napoli e che puntava a

La crisi del Regno di Sicilia

Una nuova unificazione

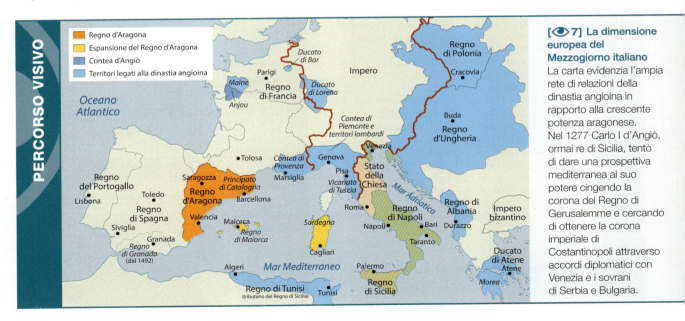

[👁 7] La dimensione europea del Mezzogiorno italiano
La carta evidenzia l'ampia rete di relazioni della dinastia angioina in rapporto alla crescente potenza aragonese. Nel 1277 Carlo I d'Angiò, ormai re di Sicilia, tentò di dare una prospettiva mediterranea al suo potere cingendo la corona del Regno di Gerusalemme e cercando di ottenere la corona imperiale di Costantinopoli attraverso accordi diplomatici con Venezia e i sovrani di Serbia e Bulgaria.

SEZIONE III — CRISI E PROCESSI DI RIORGANIZZAZIONE [SECOLI XIV-XV]

espandere l'area di influenza catalana nel Mediterraneo occidentale. Ancora una volta si scontrarono Aragonesi e Angioini, intervenuti a sostegno dell'altro pretendente designato, Luigi III d'Angiò (1403-34). Alla guerra presero parte molti Stati italiani, influenzandone le sorti: in particolare il Ducato di Milano, che come abbiamo visto prima avversò e poi sostenne l'impresa di Alfonso fino al suo **ingresso trionfale a Napoli** nel 1442 [👁 8].

Il regno di Alfonso V

Alfonso fissò a Napoli la propria residenza, facendone il fulcro del complesso sistema politico ed economico della corona d'Aragona e rendendola un vivacissimo centro di **cultura umanistica**: sebbene i vari domini del Regno aragonese mantenessero ciascuno la propria identità, il sovrano **coordinò in senso unitario le attività militari, commerciali, amministrative e fiscali** dell'intera compagine, avvalendosi di **ceti burocratici catalani** e dei prestiti garantiti da **banchieri catalani e fiorentini**. Lo spazio economico meridionale, rafforzato da politiche di protezione delle merci e dei mercati, si configurò come luogo di produzione su grande scala di derrate alimentari e di lana (si ricordi l'istituzione della Dogana delle pecore [▶ cap. 9.3]), inserite in un circuito commerciale egemonizzato da grandi imprenditori, in particolare fiorentini, veneziani e catalani.

La nuova separazione dei regni meridionali

In controtendenza rispetto ai tentativi di coordinare in modo unitario il sistema istituzionale aragonese, Alfonso alla sua morte (1458) deliberò di separare il **Regno di Napoli** dagli altri domini, assegnandolo al figlio naturale Ferdinando (**Ferrante**, 1459-94), mentre **il Regno iberico, la Sicilia e la Sardegna** andarono al fratello **Giovanni** (1458-79). Ferrante proseguì decisamente la politica paterna di rafforzamento del potere monarchico e di consolidamento del demanio regio, ma dovette sostenere la ribellione di alcuni esponenti di spicco dell'aristocrazia e del ceto burocratico meridionale, sostenuti da Venezia e dal pontefice Innocenzo VIII. La ribellione, scoppiata nel 1485, mise a rischio gli equilibri decisi a Lodi: attraverso la Lega italica la Firenze medicea e la Milano

---

PERCORSO VISIVO

[👁 8] **Il trionfo del re** Conte di Barcellona, re d'Aragona, di Valencia, di Maiorca, di Sicilia, di Sardegna e, da quel momento, re di Napoli, Alfonso – d'ora in poi ricordato con l'appellativo di Magnanimo – celebra il suo trionfo il 26 febbraio 1443, nove mesi dopo il suo primo ingresso in città. Il corteo, accuratamente preparato sotto l'aspetto propagandistico e ideologico, mescola richiami alla tradizione romana e imperiale e suggestioni della cultura cortese europea. I più potenti signori del regno seguono o reggono il pallio che copre il carro, trainato da cavalli bianchi, sul quale il re, con mantello scarlatto foderato di zibellini, ostenta le insegne del potere, tra suoni di trombe, pifferi e tamburi. Le messe in scena preparate dalla comunità dei catalani (scontri tra cristiani e saraceni) e dei mercanti fiorentini (rappresentazioni delle virtù teologali e cardinali, guidate dalla Fortuna) formano una sorta di *Specchio del principe*, un modello didattico che mostra al sovrano i principi etici cui ispirare la propria arte di governo.

▶ Il corteo trionfale di Alfonso il Magnanimo a Napoli, fregio del Maschio angioino, XV secolo.

sforzesca nel 1486 riuscirono a far giungere le parti a un accordo, che prevedeva il riconoscimento del vassallaggio del re di Napoli rispetto al pontefice e il perdono dei ribelli, accordo che non fu rimesso in discussione nemmeno quando Ferrante punì con la morte gran parte dei principali congiurati.

rispondi
1. Che cosa sancisce il Trattato di Caltabellotta? **2.** Quali tratti caratterizzano il regno di Alfonso V d'Aragona?

10.4 Umanesimo e Rinascimento: fra Italia ed Europa

L'età nuova Gli anni compresi fra la fine del XIV e l'inizio del XVI secolo furono caratterizzati dall'**attesa di un'età nuova**. Persino l'astrologia – un sapere di radici antichissime che metteva in relazione l'osservazione delle stelle e i destini umani, oltre a occupare campi di indagine che sarebbero stati successivamente attribuiti all'astronomia – cominciò a disegnare nuovi scenari, considerando la fortuna non più come una sentenza ineluttabile, bensì come un'opportunità che l'uomo doveva saper cogliere per **modificare la storia a suo favore**. Secondo gli scritti circolanti all'epoca, quindi, gli astri definivano le inclinazioni degli individui, ma non determinavano affatto i loro successi o i fallimenti, dovuti principalmente alle scelte e alle capacità personali.

Di questo nuovo atteggiamento del resto si colgono i segni già nel corso del Trecento: nella figura del poeta di origine aretina **Francesco Petrarca** (1304-74) [▶ cap. 6.4] si riscontrano tracce significative del mutamento culturale. Nel 1337 Petrarca arrivò per la prima volta a Roma e rimase colpito dalla grandiosità delle rovine della città che era stata capitale di un impero immenso, traendone ispirazione per cercare di entrare in un mondo di scritti e immagini del quale i suoi contemporanei avevano una conoscenza fumosa e alterata. Si impegnò per imparare la lingua greca e cominciò pazientemente a raccogliere le opere degli autori antichi, per riportarne in vita lo stile e comprenderne

Petrarca e l'Umanesimo trecentesco

SEZIONE III — CRISI E PROCESSI DI RIORGANIZZAZIONE [SECOLI XIV-XV]

i contenuti autentici. Cercò di superare una tradizione interpretativa consolidata da secoli e dominata da teologi che cercavano nei testi della classicità alcuni "segni nascosti" che andavano, secondo loro, oltre o al di là del significato letterale: quegli scritti finivano per diventare principalmente strumenti per penetrare gli imperscrutabili tracciati della provvidenza divina o per interpretare i contenuti della Bibbia [👁 9].

Boccaccio e i primi passi della filologia

Petrarca contribuì ad aprire una nuova strada per i letterati, ponendo invece il problema di riportare il patrimonio della cultura classica all'interno del contesto storico-culturale che lo aveva prodotto e di ripristinarne quindi il messaggio autentico, al fine di apprenderne la lezione e di trasformarla in ispirazione per il presente. Insieme ad altri dotti del tempo – primo fra tutti **Giovanni Boccaccio** (1313-75) – costruì le fondamenta della nuova "**filologia**", orientata proprio al recupero e a un accurato ripristino di testi che erano stati perduti, corrotti o dimenticati perché ritenuti non adatti alle esigenze delle scuole di retorica, grammatica o teologia.

Il ruolo dello studio dell'antichità

L'Umanesimo di Lorenzo Valla Gli studi incentrati sull'antichità erano considerati uno strumento di elevazione spirituale e rimasero per tutto il XV secolo al centro dell'**Umanesimo**: la stessa parola "umanista" – è utile ricordarlo – aveva il significato di "insegnante di lettere".

Lo smascheramento di un falso storico

Umanista fu certamente il romano **Lorenzo Valla** (1405-57), che mise al centro del suo lavoro la filologia e sottolineò con decisione la necessità di conoscere in profondità i segreti e le variazioni della lingua latina (soprattutto nelle contaminazioni con i volgari iniziate già nel III secolo d.C.), al fine di poter decifrare i messaggi di testi antichi che sembravano spesso impenetrabili. Nel 1440 Valla completò la stesura di un'opera fondamentale che sarebbe stata pubblicata solo 77 anni più tardi, intitolata **De falso credita et ementita Constantini donatione declamatio** (*Discorso sulla donazione di Costantino, falsamente creduta vera e contraffatta*). Le sue ricerche si erano concentrate su un documento noto come la *Donazione di Costantino* [▶ cap. 2.5], tradizionalmente usato dalla Chiesa per giustificare la propria pretesa di esercitare un potere temporale e non solo spirituale. Il contenuto era infatti apparentemente cristallino: con il trasferimento della sede dell'impero a Costantinopoli, lo stesso Costantino il Grande (274-337) aveva

PERCORSO VISIVO

[👁 9] **Virgilio cristiano** In età medievale Virgilio era ritenuto un mago e un profeta per i contenuti della sua quarta *Bucolica*, interpretata anche nella *Commedia* di Dante come una profezia della nascita di Cristo. La stessa lettura "cristianizzante" permise di salvare e tramandare le opere di altri poeti e autori classici, mentre figure come Catone l'Uticense, pagano e suicida, erano viste come prefigurazioni di particolari virtù cristiane, in questo caso l'amore assoluto per la libertà e il disprezzo delle cose terrene, vita compresa.

▶ Virgilio prega Catone di ammettere Dante al Purgatorio, miniatura per la *Divina Commedia*, XV secolo.

Transizioni politiche e culturali in Italia (secoli XIV-XV) **CAPITOLO 10**

deciso di donare i restanti territori occidentali a papa Silvestro I (in carica dal 314 al 335). Valla dimostrò che si trattava di **un falso**, prodotto nell'VIII secolo all'interno della stessa cancelleria pontificia per sostenere un progetto di dominio politico sulle autorità temporali europee: ne sottolineò l'inverosimiglianza storica, le incongruenze giuridiche, ma soprattutto riuscì a dimostrare che il latino usato nel testo era molto diverso dalla lingua in uso ai tempi del celebre imperatore. **Si indebolì**, di conseguenza, la tradizionale legittimazione della sfera di **influenza della Santa Sede**.

La dignità dell'uomo e la nuova Atene La tensione pedagogica fu al centro di opere che segnarono una netta inversione di marcia rispetto al passato, come la *Oratio de dignitate hominis* (*Discorso sulla dignità dell'uomo*) di **Giovanni Pico della Mirandola** (1463-94) che sosteneva **la capacità dell'uomo di forgiare il proprio destino**, di liberarsi dai dettami dell'autorità, di rendersi consapevole della propria centralità all'interno del cosmo, facendo leva sulla volontà e l'arbitrio che Dio gli aveva concesso. I letterati fiorentini Coluccio Salutati (1331-1406) e Poggio Bracciolini (1380-1459) riportarono alla luce, fra le altre opere, epistole e orazioni di Cicerone, la *Institutio oratoria* (*L'educazione dell'oratore*) di Quintiliano, le *Silvae* (*Le selve*) di Publio Papinio Stazio e il poema *De Rerum Natura* (*Sulla natura*) di Tito Lucrezio Caro.

La riscoperta di capolavori dell'antichità influenzò anche personaggi politici di primissimo piano come **Lorenzo il Magnifico**, che affiancò una ricchissima produzione letteraria (principalmente in lingua volgare) all'attività di **mecenate**. Nella convinzione che il suo potere si basasse anche sul consenso e sul benessere dei sudditi, Lorenzo lavorò alla trasformazione urbanistica di Firenze e al restauro degli edifici più importanti, circondandosi di letterati (Luigi Pulci, Angelo Poliziano), filosofi (gli stessi Pico della Mirandola e Ficino), architetti (Giuliano Giamberti da Sangallo, Andrea del Verrocchio), pittori (Filippino Lippi, Sandro Botticelli e i giovanissimi Donatello e Michelangelo Buonarroti) e musicisti (il fiammingo Heinrich Isaac) [👁10]. L'idea era quella di affermare l'immagine di Firenze come "**novella Atene**", imponendone l'egemonia culturale e linguistica, oltre che politica, nella penisola italiana, nonché di far circolare la sua fama anche nelle altre aree d'Europa.

Pico della Mirandola e l'uomo fautore del proprio destino

Umanesimo e potere

[👁10] L'omaggio al signore
L'affresco, realizzato nell'Ottocento a imitazione di un bassorilievo, mostra Giuliano da Sangallo mentre presenta a Lorenzo il Magnifico il modello della villa di Poggio a Caiano (presso Firenze), che il Medici voleva far costruire.
Il tema dell'omaggio, ricorrente nella rappresentazione artistica, in epoca medievale viene spesso raffigurato con l'offerta di un edificio sacro a Dio o a un santo mentre in epoca rinascimentale è interpretato in chiave totalmente laica. Il percorso è quindi emblematico e dimostra come la cultura di quegli anni si fondasse sul riuso di contenuti già noti e dotati di nuovi significati all'interno del nuovo contesto sociopolitico e culturale.

321

SEZIONE III CRISI E PROCESSI DI RIORGANIZZAZIONE [SECOLI XIV-XV]

Le due facce delle città rinascimentali

Il Rinascimento delle città italiane fra splendore e violenza Le novità artistiche, letterarie e scientifiche trovarono la loro maggiore espressione nelle città italiane, che tuttavia non devono essere idealizzate. Nei ricordi privati e nelle cronache cittadine del XIV, XV e XVI secolo si conservano memorie di comunità all'interno delle quali convivono **elementi contrastanti**: da un lato si osservavano infatti progetti magniloquenti, creazioni straordinarie che andavano a occupare spazi pubblici e privati, stimolati anche da una spiccata tendenza all'esibizione dell'orgoglio municipale; dall'altro si perpetuavano forme di brutalità cieca, omicidi, vendette, risse, duelli, rappresaglie consumate ai danni di nemici politici, abbattimenti di abitazioni, furti, incendi di archivi pubblici, spesso culminanti in tentativi di riaffermazione del ruolo delle autorità costituite che infliggevano punizioni esemplari e altrettanto spettacolari (esecuzioni in piazza, lapidazioni, processioni penitenziali). La vivacità culturale e la propaganda organizzata dai poteri costituiti e da signori come Lorenzo il Magnifico si innestava quindi su un tessuto sociale attraversato dalla **violenza**, in cui erano ancora predominanti le difese di privilegi e le faide per la conquista o la salvaguardia del potere.

La diffusione della nuova cultura

Pur nei suoi vari aspetti, la penisola italiana fu il **centro di irradiazione della nuova cultura**, che parlava di nuovo un latino classicheggiante, considerando "barbaro" chi non era in grado di farlo, e che divenne patrimonio di altre aree d'Europa quando i dotti cominciarono a prendere coscienza di far parte di un'unica *res publica literaria*, una **repubblica delle lettere,** riconoscendosi nella condivisione di ricerche, testi, idee, valori, sperimentazioni e in una lingua comune. Dalle città italiane partivano le nuove scoperte riguardanti l'antichità greca, le speculazioni filosofiche di matrice platonica e più tardi (nel Cinquecento) aristotelica: fra il 1469 e il 1494 il pensatore toscano Marsilio Ficino (1433-99) tradusse e commentò i dialoghi di Platone, mentre nel 1516 il mantovano Pietro Pomponazzi (1462-1525) mise a frutto la lezione di Aristotele pubblicando il *De Immortalitate animae*: lo scritto sollevò reazioni scandalizzate e critiche feroci soprattutto dai parte dei fedeli alle dottrine cristiane, poiché sosteneva l'impossibilità di dimostrare con argomenti razionali l'immortalità dell'anima.

rispondi

1. Quali innovazioni portano, in ambito umanistico, Petrarca e Boccaccio? **2.** Qual è il significato storico-politico dell'opera di Valla?

10.5 L'arte e la prospettiva: l'importanza dei "punti di vista"

La riproduzione scientifica della realtà

La geometria nell'arte: la prospettiva Il rinnovamento delle arti figurative si svolse in molteplici direzioni, ma i vettori più importanti furono analoghi a quelli percorsi dalle lettere: l'osservazione dei modelli antichi, il ruolo dell'uomo e della natura. Già nel lungo percorso segnato da figure celebri come Giotto di Bondone (1267-1327) e Tommaso di Ser Giovanni di Mone Cassai detto Masaccio (1401-28) si era posta estrema attenzione alla resa naturalistica dei volumi e alla prospettiva, intesa come capacità di rappresentare la profondità spaziale su una superficie piana. In termini geometrici, essa si definì come scienza della rappresentazione di **oggetti tridimensionali su una superficie bidimensionale**. Fu l'architetto di origine genovese Leon Battista Alberti (1404-72) a codificarla nel 1435 nel *De Pictura*, un trattato (scritto prima in latino e poi in volgare) diviso in tre libri e dedicato al suo collega fiorentino Filippo Brunelleschi (1377-1446): l'autore invitava a riflettere sulla necessità di elaborare teorie estetiche e di codificare i procedimenti geometrici per tradurre su un dipinto ciò che l'occhio umano coglieva osservando la realtà. Sulla scia di Alberti si posero Piero della Francesca (1416-92) con il

Transizioni politiche e culturali in Italia (secoli XIV-XV) | **CAPITOLO 10**

De Prospectiva Pingendi (scritto in volgare e completato probabilmente negli anni Ottanta del XV secolo) e **Leonardo da Vinci** (1452-1519) con le annotazioni che avrebbero portato al *Trattato della pittura* pubblicato postumo (probabilmente completato dal suo allievo Francesco Melzi nel 1540), che legava il problema della prospettiva geometrica con quello della **prospettiva aerea**, fondata sulle sfumature di colore e in grado di avvicinarsi maggiormente, secondo lui, alla percezione visiva [👁11].

PERCORSO VISIVO

[👁11] In aria più sottile… Fu proprio Leonardo da Vinci a inaugurare gli studi sulla prospettiva "aerea", ovvero di una tecnica di rappresentazione che cercava di rappresentare su una superficie piana le distanze dei diversi elementi attraverso variazioni di colore e di intensità luminosa, studiando inoltre in maniera attenta la fonte di luce (come evidenziano i particolari dei quadri messi in evidenza).
Una delle chiavi interpretative più importanti era la densità dell'aria, che secondo il pittore era maggiore vicino al suolo e diminuiva man mano che si andava verso l'alto. Si legge infatti nel *Trattato della pittura*: «Le cime de' monti si dimostreranno sempre più oscure che le loro basi. Questo accade perché tali cime de' monti penetrano in aria più sottile che non fanno le basi loro […]».

◀ Leonardo da Vinci e aiuti, *Vergine delle rocce*, 1491-1508 ca.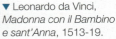

▼ Leonardo da Vinci, *Monna Lisa*, 1503-06.

▼ Leonardo da Vinci, *Madonna con il Bambino e sant'Anna*, 1513-19.

323

SEZIONE III CRISI E PROCESSI DI RIORGANIZZAZIONE [SECOLI XIV-XV]

Un genio multiforme

Leonardo dedicò grande attenzione ai corpi degli esseri viventi (sia uomini che animali), alla definizione delle proporzioni fra le varie parti, all'anatomia, al movimento. A differenza dei letterati umanisti, non conosceva il latino ma cercava di trarre dall'osservazione dei fenomeni naturali insegnamenti ugualmente o maggiormente degni di essere condivisi. Leonardo elesse **l'esperienza a sua maestra**, nella convinzione che l'universo fosse guidato da leggi ben identificabili. Riuscì in tal modo a dare contributi significativi in vari campi, dalla geologia alla botanica e all'idraulica, arrivando a intuire dinamiche fondamentali del funzionamento degli organi interni del corpo umano e della circolazione del sangue. Nei suoi interessi rientrarono anche i rapporti dell'uomo con l'acqua e l'aria: arrivò a progettare metodi di immersione e macchine volanti.

Le forme della ricerca artistica

Forte fu l'influenza di Leonardo su artisti che, come il tedesco **Albrecht Dürer** (1471-1528), si impegnarono in ricerche lunghissime sulla geometria, la rappresentazione dei corpi, l'osservazione degli astri. Questi interessi trovano una manifestazione visibile nella frequenza dei **ritratti**, utili a sottolineare la rilevanza dell'individualità, ma anche il suo rapporto con gli spazi del mondo circostante. Altrettanto rilevanti sono gli **autoritratti**, testimoni dell'importanza che gli artisti attribuivano a se stessi in quanto creatori di prodotti unici e insostituibili.

Dall'artigiano all'artista

Il pittore e lo scultore erano infatti considerati ancora come **artigiani**, incaricati di produrre all'interno delle loro botteghe manufatti che obbedivano a committenze specifiche, con soggetti predeterminati: basti pensare al fatto che per tutto il Quattrocento ebbero enorme fortuna in Italia le opere di artisti fiamminghi che campeggiavano nelle dimore dei mercanti e dei nobili ed erano apprezzate soprattutto per le loro capacità di ispirare devozione e comportamenti moralmente edificanti. Solo alla fine del secolo ci fu un'inversione di tendenza, quando sul mercato cominciò a essere valutato **il contributo specifico dell'artista** e della sua mano.

> **rispondi**
> **1.** Come cambiano le arti figurative con l'introduzione della prospettiva? **2.** Come cambia la figura dell'artista?

10.6 L'introduzione della stampa e la circolazione dei saperi

Manoscritti e libri stampati Il rinnovamento dell'insegnamento e delle discipline passò anche attraverso la **trasformazione dei mezzi attraverso i quali si comunicava il sapere**, vale a dire i libri. I codici manoscritti di epoca umanistica e rinascimentale erano diversi dai grandi *in folio* incatenati ai leggii delle biblioteche monastiche: erano decisamente più piccoli e maneggevoli, prestandosi all'uso di studiosi che potevano portarli con sé in diversi luoghi. La grafia umanistica era chiara ed elegante (si trattava della base del "tondo" che si usa ancora nei libri odierni), a differenza delle scritture notarili e mercantesche in voga nei secoli precedenti. Persino le miniature che ornavano i testi si distaccavano dai tradizionali soggetti religiosi e cominciavano a fare largo uso di motivi ispirati alle architetture classiche o alla mitologia greco-latina.

I nuovi mezzi di comunicazione

in folio La locuzione latina designa un formato grande, che si ottiene piegando a metà un foglio intero e ottenendo quattro facciate.

L'introduzione della stampa

Fu tuttavia la **stampa a caratteri mobili** a cambiare radicalmente il rapporto fra il libro e il lettore. La nuova tecnica fu introdotta in Europa negli anni Cinquanta del Quattrocento, anche se era già presente in Asia dalla metà dell'XI secolo: fu elaborata a Magonza da **Johannes Gutenberg** (1403-68) che pubblicò una Bibbia prodotta con la nuova tecnica [▶oggetti] e fondò una vera e propria impresa tipografica. I singoli caratteri venivano allineati e cosparsi di inchiostro in modo da poter riprodurre una pagina in più copie, per poi essere riutilizzati per altre pagine.

Transizioni politiche e culturali in Italia (secoli XIV-XV) — CAPITOLO 10

oggetti

La Bibbia di Gutenberg

Realizzata a Magonza dal 1453 al 1455, questa prima Bibbia è solitamente identificata con il codice B42, derivante dal numero di "linee" (42) che compongono ciascuna pagina. Si tratta di un volume in folio e il testo – che riproduceva la cosiddetta *Vulgata*, ovvero la traduzione in latino di San Gerolamo risalente al V secolo – era diviso in due tomi, rispettivamente composti da 322 e 319 fogli, che andavano a formare 1282 pagine.

L'Antico Testamento copriva l'intero primo volume e parte del secondo. Le copie stampate furono circa 200, alcune su pergamena, altre su una carta di canapa sottile e molto resistente importata dalla penisola italiana. I caratteri utilizzati imitavano la scrittura che i paleografi moderni hanno definito "gotica", in uso in Europa fin dall'XI secolo e riconosciuta dai contemporanei come *littera textualis* o *textus fractus*, tipica dei testi liturgici, caratterizzata da spazi ridotti fra un carattere e l'altro, nonché fra una riga e l'altra.

Non sappiamo esattamente quante presse avesse a disposizione Gutenberg nella sua tipografia, ma l'analisi degli esemplari disponibili oggi (poche decine, ciascuno valutato fino a 10 milioni di dollari) può farci tranquillamente ipotizzare che ne avesse usata più di una.

Pur essendo molto meno costosa rispetto a una versione manoscritta, la Bibbia aveva un prezzo non sostenibile per soggetti privati. Le copie disponibili furono acquistate, nella maggior parte dei casi, da monasteri, biblioteche e università: molte furono utilizzate per lo studio o per letture ad alta voce nei refettori, altre furono destinate alla semplice esibizione al pubblico.

▼ Un esemplare della Bibbia di Gutenberg, stampato intorno al 1455.

Nel giro di pochi decenni, le conseguenze di questa innovazione assunsero proporzioni enormi. In Italia i primi libri furono stampati negli anni Sessanta, ma fra il XV e il XVI secolo sorsero prospere attività tipografiche a Roma, Firenze e soprattutto a Venezia. **I libri divennero meno costosi** (pur rimanendo prerogativa di ceti benestanti) e, per questa ragione, accessibili a persone che mai avrebbero potuto permettersi oggetti di questo genere nell'epoca precedente. Molti testi furono stampati in 200, 300, 500, o persino 1000 copie; i manuali per il clero, i messali, i Vangeli, il Vecchio e il Nuovo Testamento mantennero un netto primato, ma si diffusero in maniera importante anche i libri scolastici (grammatiche, dizionari, manuali), i testi classici latini e greci (anche in traduzione), i poemi cavallereschi, i trattati scientifici, gli opuscoletti che trasmettevano saperi pratici (di agricoltura, artigianato, cucina). All'editore veneziano **Aldo Manuzio** (1449-1515) si deve la creazione del libretto a mano "in ottavo" (un formato ridotto ottenuto piegando il foglio tre volte così da ricavarne 16 pagine) e scritto in carattere corsivo italico, chiaro e scorrevole alla lettura: si rispondeva così alle esigenze di lettori colti che non dovevano essere necessariamente professionisti delle lettere, ma potevano anche essere animati da interessi meno sistematici.

Nel Quattrocento, fu il latino a prevalere nel mercato dei libri: si configurava infatti come lingua franca in grado di unire la comunità europea dei colti e poneva tutti i fruitori nella condizione di poter comprendere e discutere i contenuti. La situazione cambiò solo nel corso del XVI secolo, quando nella penisola italiana **il fiorentino** co-

La diffusione dei libri stampati

approfondimento
Lingua dell'Umanesimo e del Rinascimento

Dal latino al volgare

325

SEZIONE III   CRISI E PROCESSI DI RIORGANIZZAZIONE [SECOLI XIV-XV]

idee

La *Grammatichetta* di Leon Battista Alberti

Un'operazione fondamentale per la valorizzazione della lingua volgare fu quella compiuta da Leon Battista Alberti, poliedrica figura di intellettuale umanista. Con la composizione di una *Grammatichetta*, redatta intorno agli anni Trenta del XV secolo, Alberti descrisse la struttura della lingua volgare con gli stessi criteri e secondo le stesse categorie usate per il latino.

La lingua oggetto di questa opera è sempre etichettata da Alberti come *toscana*, ma le descrizioni in essa contenute corrispondono sostanzialmente al fiorentino, che nel corso del Trecento e del Quattrocento aveva assorbito molte varietà regionali.

Nella *Grammatichetta* è dunque costante il riferimento all'uso e al parlato, senza richiamarsi all'autorità degli scrittori trecenteschi, come faranno invece molti autori più tardi. Di grande modernità fu poi la proposta di un alfabeto capace di rendere con accuratezza tutti i fonemi della lingua parlata, distinguendo per esempio vocali aperte e chiuse.

▶ Presunto autoritratto di Alberti.

minciò a prevalere sugli altri volgari e – sostenuto anche da importanti pensatori che produssero trattati di successo, come vedremo più avanti – divenne dominante nei libri a stampa [▶idee].

I vantaggi rispetto alla stampa

La persistente fortuna dei manoscritti Le profonde innovazioni portate dalla stampa non devono comunque far credere che gli strumenti comunicativi in uso nelle epoche precedenti venissero di colpo abbandonati. I libri prodotti con la tecnica dei caratteri mobili non soppiantarono affatto i manoscritti. Questi ultimi conservavano l'**unicità** conferita loro dall'intervento degli amanuensi e dal pregio di decorazioni e illustrazioni e rimanevano perciò molto ricercati sul mercato, soprattutto da parte di membri di famiglie aristocratiche e facoltose che consideravano le biblioteche di casa come manifestazioni visibili del loro status e quindi non rinunciavano ad acquisire nuovi pezzi per impreziosirle. Inoltre i manoscritti rientravano in circuiti di distribuzione che implicavano la presenza di rapporti di fiducia personali fra venditori e acquirenti. Non erano "standardizzati" come i testi stampati prodotti in tipografia e, a differenza di quanto spesso accadeva a questi ultimi, **non erano sottoposti a controllo e censura** da parte di poteri ecclesiastici e secolari. Essendo garantiti dal lavoro di un individuo, erano in definitiva ritenuti **maggiormente affidabili** e certamente unici nel loro genere.

La trasmissione orale

Anche l'**oralità** mantenne un ruolo centrale dopo il successo della stampa, non solo come semplice sopravvivenza ma come parte integrante di un **sistema comunicativo complesso**, capace di riaffermare la sua forza interagendo di volta in volta con i manoscritti, con le arti figurative, con gli stessi libri prodotti grazie alla tecnica dei caratteri mobili. Di frequente la stessa cultura scritta portava le tracce evidenti di questo **rapporto strettissimo con la voce**, essendo caratterizzata da imitazioni di schemi tipici del parlato ("Ascoltate quello che vi dico", "Sentite e stupite", "Porgete l'orecchio", "I meravigliosi eventi che voi udirete").

326

Transizioni politiche e culturali in Italia (secoli XIV-XV) | **CAPITOLO 10**

Sia negli spazi pubblici che in quelli privati, agivano diversi **mediatori culturali** – predicatori, cantori, attori – che garantivano con i loro atti performativi la circolazione dei testi fra coloro che non sapevano leggere o che avevano una dimestichezza limitata con la parola scritta. I rituali, le rappresentazioni teatrali, le prediche, gli spettacoli di strada non si ponevano dunque in concorrenza con la stampa ma al contrario ne amplificavano talvolta la portata, consentendo a un pubblico analfabeta di accedere a contenuti altrimenti inaccessibili, trasmessi attraverso formule recitate oralmente e con il potere della voce: tutti fattori che contribuivano a **conferire ai libri un'aura di potere magico**, un aspetto destinato a diventare cruciale nei grandi scontri religiosi che caratterizzeranno l'Europa del Cinquecento.

Il potere del libro e della voce

Le evoluzioni tecnologiche La circolazione dei saperi stimolata dalla stampa contribuì ai progressi della tecnica in vari campi:
- l'**edilizia**, con la progettazione di dispositivi per trasportare grandi blocchi di pietra o marmo;
- l'**estrazione e la lavorazione dei metalli**;
- la **produzione di tessuti**: per esempio il mulino da seta bolognese [👁12] velocizzò i tempi di lavorazione; altre macchine per la filatura erano il frutto di procedimenti appresi dalla Cina o dall'India;
- la **misurazione del tempo** (agli orologi dei palazzi pubblici si affiancarono i primi esemplari da tavolo [👁13]) **e dello spazio** (l'astrolabio consentiva di stabilire le posizioni e i movimenti delle costellazioni e, insieme alla bussola, aiutava a stabilire le rotte di navigazione).

Edilizia, metalli, tessuti e misurazioni

Copernico e la teoria eliocentrica Una svolta epocale nell'osservazione dell'universo fu la pubblicazione, nel 1543, dell'opera ***De Revolutionibus orbium celestium*** (*Le rivoluzioni dei corpi celesti*) dello scienziato di origine polacca **Nicola Copernico** (Nikolaus Koppernik, 1473-1543). Dopo aver studiato in Italia ed essersi interessato di lette-

Una nuova visione del cosmo

approfondimento
De Revolutionibus di Copernico

PERCORSO VISIVO

[👁12] **Il mulino da seta bolognese**
A Bologna, tra il XIV e il XV secolo, il filatoio rotondo inventato a Lucca venne modificato applicando la ruota idraulica, che permetteva di lavorare una quantità maggiore di seta e di qualità migliore.

[👁13] **L'orologio da tavolo** Un modello tedesco del XVI secolo, elegantemente decorato e in grado di segnare, oltre alle ore, anche le fasi lunari.

327

SEZIONE III CRISI E PROCESSI DI RIORGANIZZAZIONE [SECOLI XIV-XV]

re, diritto, economia, filosofia, Copernico ripercorse le teorie astronomiche degli antichi smentendone le conclusioni e dimostrando che al centro delle orbite dei pianeti non vi era la terra, bensì il sole. Il libro segnò quindi il passaggio dalla dottrina **geocentrica** allora comunemente accettata (che vedeva per l'appunto la terra al centro dell'universo) a una teoria **eliocentrica** (che assegnava quel posto al sole): si comprese quindi per la prima volta che i movimenti degli astri osservabili dagli uomini erano riconducibili alla rotazione della terra intorno al proprio asse e ai movimenti del nostro pianeta intorno al sole. L'accoglienza riservata all'opera non fu delle migliori, visto che i contemporanei non ne presero in considerazione le clamorose intuizioni. Letterati, filosofi, scienziati e teologi la osteggiarono con forza perché metteva in discussione la cosmologia di pensatori antichi la cui autorità rimaneva fortissima, come Aristotele e Tolomeo.

I progressi negli studi naturali

Altrettanto forti furono le resistenze alle innovazioni nel campo della medicina, legate a doppio filo all'astrologia, poiché ai medici dell'epoca si richiedeva di conoscere le possibili influenze degli astri sul corpo umano. Nel 1437, per esempio, l'università di Parigi raccomandava ai medici l'uso dell'astrolabio. Le teorie dominanti erano ancora quelle di Galeno (II secolo d.C.), che consideravano l'uomo come un microcosmo soggetto agli influssi delle sfere celesti, composto da quattro elementi (terra, aria, acqua e fuoco) corrispondenti a quattro "umori" (sangue, flemma, bile gialla e bile nera) da mantenere in equilibrio fra loro. Solo fra Quattrocento e Cinquecento il sapere medico cominciò lentamente a staccarsi da queste teorie con l'affermazione dell'insegnamento universitario dell'**anatomia**: nel 1543, lo stesso anno del *De Revolutionibus* di Copernico, fu pubblicato il **De humani corporis fabrica** (*La struttura del corpo umano*) del medico fiammingo **Andrea Vesalio** (Andreas van Wesel, 1514-64), testo che entrò in uso in importanti università come quelle di Padova e Bologna e stabilì nuovi metodi: invitava infatti gli studenti a confrontarsi con i malati per cercare di collegare i sintomi con le patologie degli organi interni, nonché a studiare l'anatomia sui cadaveri [👁14].

rispondi
1. Quali importanti innovazioni contribuiscono a cambiare la circolazione dei saperi in Europa? 2. Come cambia la concezione dell'universo dopo le scoperte di Copernico?

PERCORSO VISIVO

[👁14] **Le tavole di Vesalio** Nel *De humani corporis fabrica libri septem* Vesalio confessava che tante "cose assurde" erano state accettate dai dotti in nome dell'acritica devozione all'autorità del medico greco Galeno (II secolo d.C.). Grazie all'osservazione dei cadaveri, lo studioso fiammingo riuscì a descrivere con notevole precisione il sistema muscolare, il decorso di vene e arterie e la struttura del cuore.

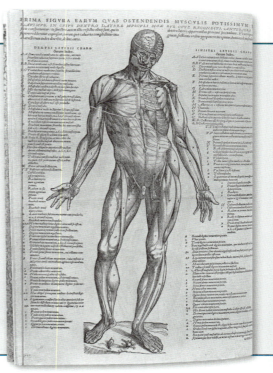

VERSO LE COMPETENZE

▭ esercitazione

● USARE IL LESSICO

1. **Spiega sinteticamente (massimo 3 righe) il significato delle seguenti espressioni.**

   Catasto – Vespri – Guerra di corsa – *In folio* – Stampa a caratteri mobili

● COLLOCARE GLI EVENTI NELLO SPAZIO E NEL TEMPO

2. **Completa la carta seguendo le indicazioni.**

   La carta rappresenta l'Italia dopo la Pace di Lodi.
   Completa la carta scrivendo il nome delle città e colorando gli Stati in legenda.

   ☐ Domini degli Aragonesi
   ☐ Repubblica di Venezia
   ☐ Ducato di Savoia
   ☐ Ducato di Milano
   ☐ Signoria degli Estensi
   ☐ Signoria dei Gonzaga
   ☐ Repubblica di Firenze

● LEGGERE E VALUTARE LE FONTI

3. **Osserva l'immagine e completa la scheda per l'analisi della fonte.**

In quale contesto è stata prodotta?	
Di che tipo di fonte si tratta?	
Che cosa raffigura?	
Quali informazioni se ne ricavano?	

▭ **per approfondire** Scegli una delle scene del ciclo di affreschi di Lorenzetti nel Palazzo pubblico di Siena e prepara un presentazione orale per la classe di massimo 10 minuti. Analizza la scena dal punto di vista iconografico, ovvero descrivi e classifica quanto raffigurato nella sezione dell'opera.

329

I SAPERI FONDAMENTALI

 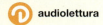

● PRINCIPATI E REPUBBLICHE DELL'ITALIA SETTENTRIONALE E CENTRALE

▶ 10.1 Nella penisola italiana convivono, a partire dalla metà del XIII, una **pluralità di modelli e di esperienze di governo**. Un elemento comune a tutte le esperienze è il **tentativo di concentrazione del potere in istituzioni monocratiche**.

▶ 10.2 Al signore o alla città dominante vengono riconosciute le capacità di **imporre tasse, di coordinare le attività militari e diplomatiche, di concentrare gli apparati amministrativi e educativi, di produrre e conservare i documenti pubblici**. Tutte queste funzioni sono detenute da ristrette élite urbane, oligarchie che svolgono le funzioni assolte da parlamenti e assemblee nelle monarchie europee.

A **Firenze** il processo di concentrazione del potere porta a partire dal 1434 all'**ascesa dei Medici**, che danno vita a una **"criptosignoria"** che formalmente conserva in vita le istituzioni comunali. Lorenzo il Magnifico, che assume il governo di Firenze nel 1469, consolida il precario equilibrio tra le potenze italiane con la **Pace di Lodi** (1454).

Anche **a Venezia governa un patriziato urbano di poche famiglie**, che accedono per via quasi ereditaria al Maggior consiglio, il massimo organo comunale. La repubblica cresce territorialmente verso la terraferma e rafforza la sua potenza sull'Adriatico, lo Ionio e l'Egeo.

Genova, dopo duri conflitti con Venezia per il controllo dei commerci nell'Adriatico, è più debole sul piano politico, subisce la concorrenza sul Mediterraneo occidentale di Pisa, Marsiglia e Barcellona, ma **mantiene saldo il ruolo di potenza navale e finanziaria**.

A **Milano** la famiglia **Visconti** ottiene, a partire dal 1294, la dignità del vicariato imperiale e, dalla metà del XIV secolo, con Gian Galeazzo, conduce lo Stato a importanti conquiste territoriali. Le conquiste sono proseguite dal figlio di Galeazzo, Filippo Maria, fino allo scontro con Firenze e Venezia, e poi da Francesco Sforza.

Nell'Italia settentrionale vive una lunga fase di espansione anche il **Ducato di Savoia**, mentre al centro convivono altri domini signorili: **Montefeltro (Urbino), Este (Ferrara) e Gonzaga (Mantova)**.

● IL MEZZOGIORNO TRA ANGIOINI E ARAGONESI

▶ 10.3 **La Sicilia**, dopo le vittorie sul campo contro l'autorità imperiale sveva, è nelle mani di Carlo I d'Angiò. L'equilibrio costruito dagli angioini si rompe con la **Guerra del Vespro (1282), che contrappone angioini e aragonesi**. La guerra si conclude con il **Trattato di Caltabellotta del 1302**, che sancisce la spartizione del regno tra i due contendenti: agli Aragonesi va la Sicilia, agli Angioini il Regno di Napoli. A metà del Trecento entrambi i regni vivono un momento di debolezza istituzionale. **Alfonso V d'Aragona riunifica le due corone a partire dal 1442**, alla sua morte però le due corone sono nuovamente divise.

● UMANESIMO, RINASCIMENTO, INNOVAZIONI

▶ 10.4 ▶ 10.5 Gli anni compresi fra la fine del XIV e l'inizio del XVI sono caratterizzati dall'**attesa di un'età nuova**, la **filologia** muove i suoi primi passi con **Petrarca e Boccaccio**, **Lorenzo Valla** smaschera la *Donazione di Costantino* come un falso storico, si riscoprono capolavori dell'antichità e prende campo il mecenatismo. La penisola italiana è il centro di irradiazione di questa nuova cultura e sensibilità. Nel campo delle arti figurative si attua una vera e propria rivoluzione: si ricerca una riproduzione scientifica della realtà e viene introdotto lo **studio della prospettiva**.

▶ 10.6 **L'invenzione della stampa a caratteri mobili rivoluziona il rapporto tra il libro e il lettore**, velocizza la circolazione dei saperi e abbassa il costo del libro; tuttavia il manoscritto sopravvive alla stampa e anzi diventa ancora più forte, perché più credibile. Gutenberg pubblica una Bibbia prodotta con la nuova tecnica (1453-55). Contemporaneamente si diffonde l'uso del volgare, in sostituzione del latino. Progrediscono complessivamente le scienze naturali, l'anatomia e l'astronomia.

linea del tempo

1282 — 1282-1302 Guerra del Vespro
1302 — Trattato di Caltabellotta

Transizioni politiche e culturali in Italia (secoli XIV-XV) — CAPITOLO 10

mappa

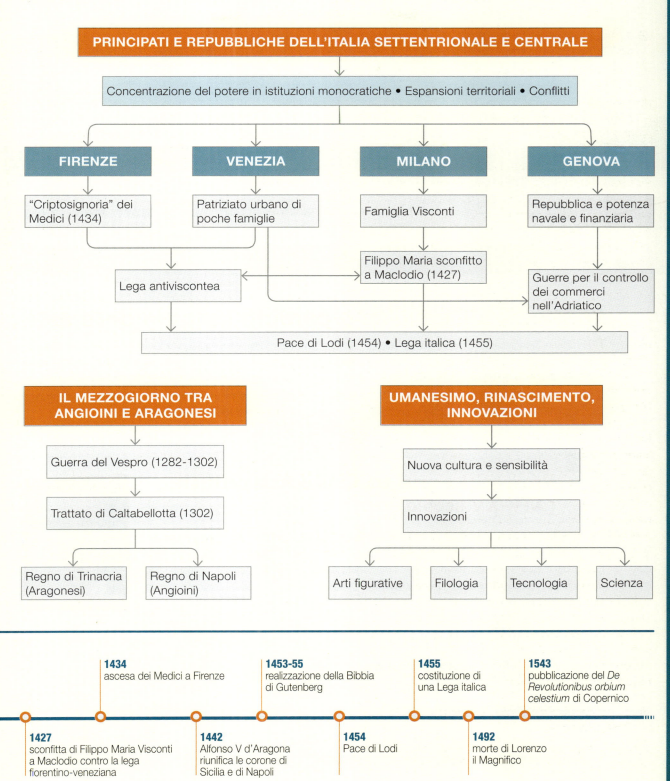

PERCORSI STORIOGRAFICI

PERCORSO	TESTI	TEMI
1 L'Illuminismo perduto sulla via della seta p. 332	P. Frankopan, Prosperità e crisi tra Cina e Asia centrale (XIV-XV secolo) tratto da Le vie della seta	- Crisi finanziaria in Asia centrale dopo Tamerlano - Politica economica della Cina Ming
	S. Frederick Starr, Conservatorismo culturale e decadenza economica tratto da L'Illuminismo perduto	- Caratteristiche comuni degli imperi eredi di Tamerlano - Progressiva chiusura culturale
2 Il declino dell'impero e l'eredità della civiltà bizantina p. 336	G. Ostrogorsky, I fattori di crisi dell'Impero bizantino (XIII-XV secolo) tratto da Storia dell'Impero bizantino	- Le contraddizioni dell'epoca paleologa - La forza delle aristocrazie
	A. Cameron, Le eredità di Costantinopoli tratto da I bizantini	- L'eredità politica, religiosa e culturale dell'impero - Modelli storiografici e ideologie contemporanee
3 Potere e mercati nel Mediterraneo tardomedievale: il caso della Sicilia p. 341	H. Bresc, I ritardi della Sicilia tratto da Sicilia del tardo Medioevo: parallelismi e divergenze	- I ritardi del settore manifatturiero - La struttura della bilancia commerciale siciliana
	Stephan R. Epstein, Una diversa modalità di sviluppo tratto da Potere e mercati in Sicilia	- Carattere rurale della manifattura siciliana - Specializzazione, integrazione tra aree economiche complementari, ruolo del mercato interno

PERCORSO 1 L'Illuminismo perduto sulla via della seta

Per millenni la regione compresa tra coste orientali del Mediterraneo e l'Himalaya è stata il crocevia della civiltà. La fitta rete di comunicazioni e le istituzioni politico-economiche che ne controllavano i segmenti, chiamate complessivamente, nel corso dell'Ottocento, "via della seta", hanno giocato un ruolo fondamentale nella trasmissione delle scienze, della filosofia e della tecnologia, delle ricchezze e delle religioni. Il XV e il XVI secolo sembrano essere un momento di svolta per l'Asia centrale a causa di difficoltà politico-economiche e, soprattutto, di atteggiamenti conservatori sul piano culturale.

TESTO 1 Peter Frankopan
Prosperità e crisi tra Cina e Asia centrale (XIV-XV secolo)

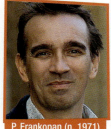

P. Frankopan (n. 1971)

Nel brano qui riportato, lo storico inglese Peter Frankopan rivolge la propria attenzione al contesto asiatico e alle relazioni tra affermazione del dominio timuride e fase di prosperità economica della Cina Ming. A questa fase espansiva seguì poi una contrazione globale della congiuntura economica, in concomitanza con le divisioni politiche tra gli eredi di Tamerlano, dalla quale l'Europa uscì con un significativo vantaggio rispetto alle altre aree economiche in Asia e in Africa.

Queste missioni[1] facevano parte di un insieme di misure sempre più ambiziose adottate dalla dinastia Ming, che aveva rimpiazzato la dinastia mongola dei sovrani Yüan alla metà del XIV secolo. Somme enormi vennero spese per Pechino, dove furono costruite infrastrutture commerciali e militari. Furono investite notevoli risorse anche per mettere in sicurezza la frontiera settentrionale con la steppa e per competere con una Corea che si era nuovamente affacciata in Manciuria. Nel frat-

---

[1] **Queste missioni:** si riferisce alle spedizioni navali guidate dall'ammiraglio Zheng He.

SEZIONE III CRISI E PROCESSI DI RIORGANIZZAZIONE [SECOLI XIV-XV]

tempo venne rafforzata la presenza militare a Sud, con il risultato che dalla Cambogia e dal Siam (Thailandia) iniziarono ad arrivare regolarmente missioni che venivano a rendere omaggio portando specialità locali e beni di lusso in quantità considerevoli, in cambio di una promessa di pace [...].

Ampliare gli orizzonti in questo modo, tuttavia, aveva i suoi costi. La prima spedizione di Zheng He impiegò una sessantina di navi di grandi dimensioni, diverse centinaia di piccole imbarcazioni e quasi 30 000 marinai, con un costo elevatissimo in termini di paghe, equipaggiamenti e ricchi doni, che l'ammiraglio portava con sé per impiegarli come armi diplomatiche. Questa e altre iniziative furono finanziate tramite un netto incremento dell'emissione di carta moneta, ma anche con un aumento delle quote minerarie, il che fece sì che dopo il 1390, in poco più di un decennio, i ricavi in questo settore triplicassero. Anche i progressi nel campo dell'economia agricola e nella riscossione delle imposte produssero un repentino innalzamento delle entrate per il governo centrale e stimolarono quella che un commentatore moderno ha descritto come la creazione di un'«economia pianificata[2]».

Le fortune della Cina furono propiziate dagli accadimenti occorsi in Asia centrale, dove un signore della guerra di oscure origini riuscì a diventare il personaggio più famoso del tardo Medioevo: [...] Timūr, o Tamerlano [...]. Fondando nelle terre mongole, a partire dagli anni Sessanta del XIV secolo, un grande impero che si estendeva dall'Asia minore fino all'Himalaya, Tamerlano attuò un ambizioso programma di costruzione di moschee e residenze reali in tutto il suo regno [...]. Dopo il saccheggio di Damasco, racconta un autore contemporaneo, vennero deportati carpentieri, pittori, tessitori, sarti, tagliatori di gemme, «in breve, artigiani di ogni genere», per abbellire le città dell'Oriente [...]. Presso il Palazzo Ak Sa-

ray[3], vicino a Samarcanda, il portale d'ingresso era «splendidamente decorato con un magnifico mosaico in piastrelle blu e oro, e il soffitto tutto dorato» [...]. E questo non era nulla in confronto alla stessa Samarcanda e alla corte di Tamerlano, ornata con alberi d'oro «dai tronchi grossi come la gamba di un uomo». Tra le foglie auree si nascondevano «frutti» che a un più attento esame si rivelavano essere rubini, smeraldi, turchesi e zaffiri, insieme a enormi perle, perfettamente rotonde. Tamerlano non esitava a spendere il denaro ricavato dai popoli che aveva soggiogato. Comprava dalla Cina sete che erano «le più belle del mondo», così come muschio, rubini, diamanti, rabarbaro e altre spezie [...]».

I problemi non tardarono ad affiorare. Divisioni e rivolte si diffusero nelle province persiane mentre gli eredi di Tamerlano rivaleggiavano per prendere il controllo del suo impero. Ma ulteriori difficoltà strutturali vennero create da una crisi finanziaria globale che colpì l'Europa e l'Asia nel XV secolo. A causarla furono una serie di fattori che oggi, a seicento anni di distanza, suonano familiari: eccessiva saturazione dei mercati, svalutazione della moneta e bilancia dei pagamenti, già squilibrata, che va fuori controllo. Malgrado la crescita della domanda di seta e di altri prodotti di lusso, le capacità di assorbirli erano limitate. Non che gli appetiti fossero sazi o i gusti fossero cambiati, era il meccanismo degli scambi che si era guastato: l'Europa, in particolare, aveva ben poco da offrire in cambio di prodotti tanto apprezzati come tessuti, ceramiche e spezie. Con la Cina che produceva più di quanto riuscisse ad esportare, quando la capacità di acquisto si esaurì accadde ciò che era facilmente prevedibile ed è stato spesso descritto come una «carestia d'oro», e che oggi chiameremmo stretta creditizia[4] [...] i contribuenti non erano in grado di tenere il passo dell'irrazionale esuberanza di un governo en-

---

2 economia pianificata: sistema economico i cui processi non vengono dettati dal mercato, ma diretti da un piano centralizzato elaborato dalla burocrazia statale.

3 Ak Sarai: si trova a Shakhrisabz, nell'attuale Uzbekistan. Letteralmente significa "Palazzo (*saray*) bianco (*ak*)".
4 stretta creditizia: contrazione dell'offerta di credito.

PERCORSI STORIOGRAFICI

tusiasta di spendere denaro in grandiosi progetti, in base all'assunto che le entrate avrebbero continuato sempre e comunque a crescere. Non era così [...]. La bolla doveva scoppiare, e di lì a poco scoppiò. Gli imperatori Ming si affrettarono a tagliare i costi, fermando gli abbellimenti in atto a Pechino, sospendendo costose spedizioni navali e progetti come quello del Grande Canale: al culmine dei lavori, decine se non centinaia di migliaia di uomini erano impiegati nella costruzione di una rete navigabile che collegasse la capitale con Hangzhou[5] [...]. Quel che è certo, comunque, è che l'insieme delle riserve monetarie si ridusse ovunque, dalla Corea al Giappone, dal Vietnam a Giava, dall'India all'Impero ottomano, dal Nord Africa all'Europa continentale [...] detto in parole semplici, la disponibilità di metallo prezioso, che aveva fornito una valuta comune in grado di collegare una parte del mondo conosciuto all'altra [...] si ridusse e venne meno: non c'era abbastanza denaro per tutti.

tratto da *Le vie della seta. Una nuova storia del mondo*, Mondadori, Milano 2017

---

5 Hangzhou: capoluogo della provincia di Zhejiang, si trova a circa 1300 km a sud di Pechino.

TESTO 2 Stephen Frederick Starr

Conservatorismo culturale e decadenza economica

Nel brano proposto, l'autore concentra la propria attenzione sul conservatorismo culturale che caratterizza le formazioni politiche eredi di Tamerlano: sebbene ricche e potenti, tuttavia a causa di questo fattore accumuleranno uno svantaggio relativo rispetto alle potenze europee che iniziano ad affacciarsi in Asia e che giocheranno un ruolo progressivamente egemone nell'area, sino alla costituzione di imperi coloniali.

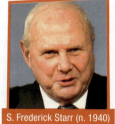

S. Frederick Starr (n. 1940)

Il lascito della dinastia di Timur si dimostrò straordinariamente ricco. Lungi dal finire nel 1506[1], molti aspetti della sua cultura continuarono a sopravvivere, trovando nuovi spazi nei tre grandi imperi musulmani che raggiunsero il loro zenith nei due secoli successivi: i Moghul in India, i Safavidi in Persia e gli Ottomani in Turchia [...] tutti e tre erano governati da dinastie turcofone che avvertivano la forte influenza culturale di Herat, Samarcanda e Tabriz, la terza capitale di Timur [...].

Tutti questi grandi imperi erano entità sostanzialmente militari [...] e ciascuno costruì la propria potenza sulla solida roccia della cavalleria turca. Tutti e tre, tuttavia, si affrettarono a padroneggiare le tecnologie necessarie per fondere cannoni e fabbricare moschetti, per cui sono stati talvolta definiti «Stati della polvere da sparo». Tutti traevano grandi ricchezze dalle tasse imposte all'agricoltura, ma tutti incoraggiavano le loro popolazioni a impegnarsi nel commercio, da cui uno Stato ricavava normalmente cospicue entrate fiscali. Tutti e tre occuparono città che erano già grandi centri di cultura – come Delhi, Isfahan e Costantinopoli – e le trasformarono a loro immagine [...]. In nessuna delle tre entità statali, tuttavia, si sviluppò una solida scuola contemporanea di filosofia o di scienza [...]. Abbiamo notato che tutti e tre questi imperi appresero alla fine le tec-

---

1 1506: data di morte dell'ultimo sovrano timuride di Persia, Husayn Bayqara.

SEZIONE III CRISI E PROCESSI DI RIORGANIZZAZIONE [SECOLI XIV-XV]

nologie necessarie per fondere il bronzo e costruire armi moderne. Tale apertura alle nuove tecnologie si estendeva a molti altri campi, senza mai andare però in profondità. Un atteggiamento tipico fu quello del sultano ottomano Bayezid II, che commissionò a Leonardo da Vinci un progetto tecnicamente audace per un ponte sul Corno d'Oro[2], ma rinunciò poi alla sua costruzione. Sia gli Ottomani che i Moghul si rivelarono provetti navigatori, e i capitani delle loro navi fornirono informazioni dettagliate ai cartografi dei rispettivi paesi. Eppure, le mappe risultanti erano tecnicamente arretrate rispetto a quelle dell'Occidente. [...] In India, l'imperatore Akbar il Grande amava dilettarsi con ingranaggi, impianti di aria condizionata e armi da fuoco, ma da quella curiosità per la tecnologia non derivarono risultati degni di nota. In nessuno dei tre imperi progredirono né la molatura delle lenti né la fabbricazione di orologi, il che costrinse i rispettivi sovrani ad affidarsi agli stranieri residenti nelle loro capitali per disporre di tali tecnologie di miniaturizzazione. I parallelismi tra i tre imperi e la cultura dell'Asia centrale timuride sono particolarmente evidenti nel campo della matematica e delle scienze naturali. Gli Ottomani si affrettarono a rivendicare come loro primo scienziato il maestro di Ulugh Beg[3], Qadi Zada al-Rumi [...]. La scienza astronomica, in realtà, non decollò nella capitale ottomana fino al 1576, quando Taqi ad-Din, un turco nato a Damasco, erudito, matematico e astronomo di talento, persuase il sultano a finanziare un osservatorio sul modello di quello di Ulugh Beg [...]. Il sultano tuttavia, istigato da un visir sospettoso, fece abbattere l'intera struttura. A Costantinopoli, pertanto, da allora in poi l'astronomia rimase lettera morta per secoli [...]. Il progresso in sordina della matematica e delle scienze naturali sotto i tre imperi legati all'etnia turca esige una spiegazione [:] in tutti e tre gli imperi il mondo della conoscenza venne fortemente limitato dall'ortodossia religiosa [...]. In tutti e tre gli imperi, le scuole coraniche sancivano e perpetuavano l'ortodossia religiosa. Tutti e tre avevano acquisito le loro prime madrase all'epoca di Nizam al-Mulk, che aveva usato il suo potere come visir del sultano per aprire istituzioni scolastiche destinate a debellare per sempre l'eterodossia e imporre la più rigorosa ortodossia religiosa. In mancanza di università[4], queste istituzioni mantennero in tutti e tre gli imperi il loro carattere originale e lo scopo di proteggere e perpetuare l'ortodossia dominante di fronte a qualsiasi interpretazione religiosa che venisse percepita come una deviazione da parte sia dell'opposizione musulmana interna sia della scienza e della filosofia moderna [...]. In altre parole, nessuno dei tre imperi che successero alla dinastia timuride sfidò i limiti alla ragione proposti da al-Ghazali[5] nel XII secolo e divenuti da allora i pilastri stessi dell'ortodossia musulmana. Avendo accettato la possibilità di una comunione diretta tra il credente e Dio, al-Ghazali non aveva tanto rifiutato la ragione, ma l'aveva emarginata, accettandola come uno strumento valido per risolvere problemi pratici, ma rigettandone l'uso come mezzo per affrontare questioni esistenziali [...]. Tutte queste caratteristiche si conservarono nel tempo grazie a un ulteriore fattore che ritardò significativamente la vita intellettuale dei tre grandi imperi turchi nel XVI e XVII secolo, vale a dire la loro estrema riluttanza ad accogliere la stampa a caratteri mobili.

tratto da *L'Illuminismo perduto. L'età d'oro dell'Asia centrale dalla conquista araba a Tamerlano*, Einaudi, Torino 2017

---

2 Corno d'oro: l'estuario di due fiumi che sfociano nello stretto del Bosforo formando la penisola di Costantinopoli.

3 Ulugh Beg: letteralmente "Grande Signore", appellativo di Mirza Mohammed Taragai (1393-1449) nipote di Tamerlano. Scrisse un importante trattato su stelle e pianeti (le *Tavole del sultano*) e fece costruire un grande osservatorio a Samarcanda nel 1429. L'osservatorio fu distrutto e Ulug Beg decapitato, per ordine del figlio maggiore, Abd al-Latif, influenzato da posizioni religiose fanatiche.

4 In mancanza di università: altri studiosi sostengono invece che la *màdrasa* di origine selgiuchide possa essere equiparata a una università.

5 al-Ghazali: teologo, giurista e mistico di origine persiana (1058-1111).

PERCORSI STORIOGRAFICI

● Il LINGUAGGIO della storiografia

Riconduci ciascuna delle seguenti espressioni allo storico che l'ha utilizzata e contestualizzala rispetto alla tesi sostenuta nei testi che hai letto (massimo 5 righe).

a) Stati della polvere da sparo.

b) La disponibilità di metallo prezioso [...] si ridusse e venne meno: non c'era abbastanza denaro per tutti.

c) In tutti e tre gli imperi il mondo della conoscenza venne fortemente limitato dall'ortodossia religiosa.

d) La bolla doveva scoppiare, e di lì a poco scoppiò.

● Storie A CONFRONTO

Individua la tesi di fondo dei due testi proposti aiutandoti con lo schema di inizio sezione e compila la seguente scheda di sintesi e comparazione dei documenti.

	Prosperità e crisi tra Cina e Asia centrale (XIV-XV secolo)	*Conservatorismo culturale e decadenza economica*
TESI		
ARGOMENTAZIONI		
PAROLE CHIAVE		

● COOPERATIVE Learning

Nell'ultimo decennio la Cina ha cercato nuove strade per sviluppare il suo ruolo nel commercio mondiale. Nel 2013 il presidente cinese Xi Jinping ha lanciato infatti un progetto da mille miliardi di dollari di investimenti (*Belt and Road Initiative*, BRI, o Nuova Via della Seta) per integrare con una serie di infrastrutture terrestri e marittime Asia, Africa ed Europa. In gruppi di massimo 5 persone provate a stabilire un confronto tra nuova e vecchia via della seta rispondendo alle seguenti domande: quali sono i mezzi di trasporto di oggi e di ieri? Quali merci vengono oggi scambiate tra Oriente e Occidente? I tragitti delle due vie sono sovrapponibili? Come sono cambiati i rapporti di forza tra gli Stati coinvolti?

■ PERCORSO 2 Il declino dell'impero e l'eredità della civiltà bizantina

A lungo trascurata e ritenuta marginale rispetto alle vicende occidentali, la civiltà bizantina è oggi riconosciuta invece come fondamentale per comprendere le radici di alcune delicate questioni contemporanee, in primo luogo la definizione geografica, culturale e religiosa dell'Europa e i rapporti con l'Oriente musulmano. La millenaria storia dell'impero non è affatto quella di un lunghissimo declino verso una fine annunciata: persino i due secoli finali sono caratterizzati da ambizione politica e intensa attività culturale e costituiscono un momento decisivo per la trasmissione dell'eredità bizantina in Europa, contribuendo in modo decisivo anche all'Umanesimo e al Rinascimento italiani.

SEZIONE III CRISI E PROCESSI DI RIORGANIZZAZIONE [SECOLI XIV-XV]

TESTO 1 Georg Ostrogorsky
I fattori di crisi dell'Impero bizantino (XIII-XV secolo)

Georg Ostrogorsky, storico russo naturalizzato iugoslavo, è stato un maestro della bizantinistica novecentesca e la sua *Storia* è un imprescindibile punto di riferimento storiografico. Nel testo proposto, l'autore mette in rilievo alcuni aspetti cruciali della vita politica e sociale sotto gli imperatori Paleologhi, compresi alcuni elementi disgregatori che condurranno a vanificare qualsiasi ambizione di fronteggiare con successo la minaccia ottomana.

G. Ostrogorsky (1902-76)

Michele VIII uscì vincitore dalla guerra difensiva contro l'aggressione occidentale, ma, nonostante tutti gli sforzi, non riuscì che a conseguire successi assai limitati nei suoi tentativi di riprendere l'offensiva e di riconquistare le antiche province bizantine […]. Intanto le continue guerre sui Balcani e l'estenuante lotta difensiva contro il pericolo angioino avevano completamente esaurito le forze dell'Impero bizantino. La politica di Michele VIII aveva qualcosa in comune con quella di Manuele[1] […]. Era una politica imperiale di grande stile, che influenzava il corso degli avvenimenti mondiali dall'Egitto fino alla Spagna. Ma essa imponeva gravami intollerabili allo Stato bizantino. Così come cent'anni prima l'ambizione di Manuele Comneno di creare un impero universale aveva privato l'impero delle sue ultime forze, lo stesso avveniva ora come conseguenza del tentativo di Michele Paleologo di fare di Bisanzio una grande potenza […].

Sotto i successori di Michele VIII Bisanzio diventa un piccolo Stato e alla fine null'altro che un obiettivo della politica dei suoi confinanti. Si è soliti dare una spiegazione semplice di questa svolta: Michele VIII sarebbe stato un uomo di Stato geniale, mentre il suo successore Andronico II un sovrano debole e incapace. In realtà la rapida decadenza della potenza bizantina a partire dalla fine del secolo XIII ha cause più profonde […]. Certamente Andronico II (1282-1328) non era un uomo di Stato di grande stile, ma non era nemmeno così debole e incapace, come di solito si sostiene […]. Inoltre egli possedeva una cultura molto elevata e mostrava un profondo interesse per la scienza e la letteratura […]. Se l'età dei Paleologhi fu un'epoca di grande fioritura culturale, se Costantinopoli, nonostante la decadenza politica, restò uno dei centri intellettuali del mondo, una parte del merito va attribuita proprio al tanto disprezzato Andronico.

Già sotto il regno di suo padre, Andronico II aveva preso parte alla direzione degli affari politici come coreggente […]. Questi sono i primi passi sulla via della trasformazione dell'autocrazia centralista in un dominio della famiglia imperiale nel suo complesso sulle varie parti dell'impero con le loro tendenze separatiste. Già emerge l'idea di una divisione dell'impero, anche se all'inizio solo come un frutto di concezioni straniere, occidentali. Era la seconda moglie dell'imperatore Andronico II, Irene (Jolanda) di Monferrato[2] che nell'interesse dei suoi figli voleva una spartizione dell'impero tra tutti i principi imperiali. È tuttavia significativo per questa fase di sviluppo il deciso rifiuto che il piano dell'imperatrice incontrò in quel momento […]. In questo conflitto si esprimeva l'opposizione tra la concezione romano-bizantina e quella occidentale. Alla base delle pretese dell'imperatrice c'era una mescolanza tra diritto pubblico e diritto privato […]. Tuttavia Bisanzio restò fedele all'unità dell'impero. Ma la compagine statale si disintegrava sempre più e il

---

1 **Manuele:** Manuele I Comneno (1143-80).
2 **Iolanda … Monferrato:** figlia di Guglielmo VII, marchese di Monferrato, e di Beatrice, figlia di Alfonso X re di Castiglia e León, prese il nome greco di Irene quando sposò Andronico II.

PERCORSI STORIOGRAFICI

legame tra il centro e le province diventava sempre più debole […].

L'ascesa dei Paleologhi al trono bizantino rappresentò una vittoria dell'alta nobiltà bizantina. Il processo di feudalizzazione riprende slancio e nel secolo XIV raggiunge il suo apogeo. I proprietari terrieri laici ed ecclesiastici accrescono le loro proprietà e il numero dei loro *paroikoi*[3] e si assicurano privilegi sempre più ampi e ottengono spesso la completa immunità. Nella miseria generale, essi conducono, isolati, una vita splendida, e si sottraggono sempre più al potere dello Stato. Invece contemporaneamente ha luogo non solo la decadenza della proprietà contadina, ma anche della proprietà fondiaria della piccola proprietà non privilegiata, che perde le sue terre e le sue forze lavoro in favore dei grandi proprietari e questo avviene soprattutto perché soltanto i grandi latifondisti dalle grandi disponibilità di capitali erano nelle condizioni di potere resistere alle tremende devastazioni delle aggressioni nemiche. Questo processo indebolisce lo Stato non solo dal punto di vista politico, ma anche da quello finanziario nonché militare. Poiché la grande proprietà terriera si sottraeva sempre più all'obbligo tributario e poiché inoltre assorbiva la proprietà terriera dei contadini che pagavano le tasse, e quella della piccola nobiltà, le entrate dello Stato diminuiscono considerevolmente. A questo si aggiungono i sempre più gravi arbitri nell'amministrazione dei tributi. Come gli antichi grandi proprietari terrieri, così anche i pronoiari[4] ottengono nuovi privilegi. Mentre all'inizio le concessioni in *pronoia* erano un possesso temporaneo, condizionato e non ereditabile, ora i pronoiari ottengono sempre più spesso il diritto di trasferire ai loro eredi le proprietà loro concesse e le rispettive entrate. […] Ma anche

se la *pronoia* ereditaria non cessava di essere una proprietà inalienabile legata alla prestazione del servizio militare, la crescente ereditarietà delle concessioni in *pronoia* rappresentava indubbiamente una considerevole modificazione del sistema originario ed è un segno evidente della crescente debolezza del potere centrale e della sua crescente arrendevolezza di fronte alle pretese della rafforzata nobiltà feudale. L'inadeguatezza del sistema della *pronoia* nel periodo dei Paleologhi si mostra con tutta chiarezza anche nel fatto che ora l'esercito bizantino è composto di mercenari stranieri non solo in gran parte, come già all'epoca dei Comneni, ma in misura del tutto prevalente. Ne deriva un pesante gravame finanziario per lo Stato. La necessità del mantenimento delle numerose truppe mercenarie necessarie per l'ambiziosa politica estera di Michele VIII e per i molteplici compiti militari che ne derivavano, portò l'impero alla rovina finanziaria […]. Gli effettivi dell'esercito dovevano essere radicalmente ridimensionati, e Andronico II lo fece. Ma all'inizio lo fece in modo troppo drastico. Egli credette di potere rinunciare del tutto ad avere una flotta […] ma così non faceva che aggiungere alla dipendenza militare il peso della dipendenza economica da Genova. Ma anche l'esercito di terra venne fortemente ridimensionato e la forza militare bizantina raggiunse un livello così basso da «essere ridicolo», e anzi, «del tutto inesistente» […] questo solo fatto già spiega perché Bisanzio perdette la sua posizione di grande potenza e perché si trovò incapace di resistere alla pressione delle forze molto superiori degli Osmani[5].

tratto da G. Ostrogorsky, *Storia dell'Impero bizantino*,
Einaudi, Torino 1993

---

3 *paroikoi*: contadini affittuari.
4 *pronoiari*: detentori della *prónoia*, un istituto fiscale e amministrativo che prevedeva la concessione da parte dell'imperatore di una sovvenzione, espressa originariamente in denaro e successivamente in terra, per ricompensare il servizio militare. La *pronoia* è stata spesso paragonata al feudo occidentale e in questo senso, sostanzialmente, la intende Ostrogorsky. Ricerche più recenti hanno tuttavia sottolineato alcune

differenze, dall'impossibilità di effettuare subconcessioni al fatto che, in ogni caso, non si tratta della forma dominante della conduzione delle terre nel mondo bizantino.
5 **Osmani**: equivalente di Ottomani. La forma Osmani o Osmanli è turca e deriva dal sovrano Osman I, primo sultano dell'impero (1299-1326); lo stesso nome è reso Othman/Uthman in arabo, da cui la forma Ottomani.

SEZIONE III CRISI E PROCESSI DI RIORGANIZZAZIONE [SECOLI XIV-XV]

TESTO 2 Averil Cameron
Le eredità di Costantinopoli

A. Cameron (n. 1940)

In questo brano Averil Cameron, storica inglese docente a Oxford, traccia alcune linee dell'eredità bizantina nel mondo europeo, compresa l'assimilazione di Costantinopoli al dispotismo russo fosse esso zarista o sovietico: una notazione interessante che fa comprendere anche alcune ragioni del ritardo occidentale nello studio dell'Oriente bizantino.

Il contributo di Bisanzio alla formazione dell'Europa medievale è innegabile. Secondo Obolensky[1] esso consisté soprattutto nella tradizione ortodossa. L'eredità "postbizantina" è chiaramente visibile nei paesi ortodossi e in quelli che sperimentarono il dominio bizantino attraverso l'architettura ecclesiastica e i manufatti religiosi, oltre che all'influsso spirituale, in primo luogo del Monte Athos [...], ma anche delle Meteore[2] in Tessaglia e di molti complessi monastici dei Balcani. Anche la cultura bizantina sopravvive, sia ad "alto" livello sia nel folclore popolare. L'influsso di Bisanzio non terminò con la caduta di Costantinopoli, nel 1453: in altri centri, infatti, gli Ottomani iniziarono a esercitare un controllo solo più tardi, e la loro architettura mutuò numerosi elementi da quella bizantina; inoltre, grazie allo spazio concesso alla Chiesa ortodossa sotto il dominio ottomano e con la perdita delle strutture politiche e civili bizantine, le chiese e i monasteri mantennero la loro funzione e addirittura prosperarono come depositari dell'identità ortodossa [...]. L'influsso di Bisanzio non si limitava alla vita religiosa, all'architettura degli edifici sacri o alla tradizione popolare: si estendeva anche alle strutture politiche, che imitavano il modello monarchico dell'Impero bizantino, fatta eccezione, probabilmente, per gli ostacoli e le sfide intellettuali che l'avevano caratterizzato. Quando gli Stati ortodossi dell'Europa sudorientale vennero assorbiti dall'Impero ottomano una simile evoluzione non fu più possibile, e si arrivò a identificare definitivamente Bisanzio con l'assolutismo da un lato e con la spiritualità ortodossa dall'altro [...]. Un altro fattore importante di questo dibattito è la separazione tra mondo "bizantino" e "ottomano"; quest'ultimo è a sua volta relegato nell'ambito dell'"Oriente" e del "declino". Talvolta chi abbraccia questa interpretazione rischia di identificare l'ortodossia, o addirittura l'"ortodossia slava", con questo senso di arretratezza, condividendo l'opposizione binaria tra cristianesimo e islam. Tuttavia, anche il concetto alternativo di "giogo turco" pone i paesi ortodossi, prima fra tutti la Grecia, di fronte al dilemma dei loro rapporti con il passato bizantino. Nel tentativo di reinventarsi come eredi di Pericle e di purificare ed ellenizzare il loro monumento più iconico, gli abitanti di quell'arretrato villaggio ottomano che era l'Atene di inizio Ottocento demolirono tutte le strutture erette dopo l'età classica nell'Acropoli e riportarono il Partenone alla sua forma originaria. Sotto il dominio ottomano il tempio aveva ospitato una moschea, ma per tornare alla purezza classica furono cancellate anche tutte le tracce della chiesa della Theotókos[3], luogo sacro e di pellegrinaggio costruito all'interno del monumento nel periodo bizantino [...]. La rimozione di Bisanzio in favore del passato classico, tuttavia, lasciò un inquietante vuoto nella storia greca, e nel XIX secolo una diversa corrente recuperò l'eredità bizantina per evidenziarne il carattere nazionalista e ortodosso. Come altri paesi balcanici avevano serbato il ricordo delle loro lotte contro gli Ottomani, così i greci custodivano quello del 1453. Un articolo del 1987 definì la caduta di Costan-

---

1 Obolensky: Dimitri Obolensky (1918-2001), storico russo di famiglia principesca, emigrato in Inghilterra subito dopo la rivoluzione russa con la sua famiglia.

2 Meteore: rilievi della Tessaglia. Dal XIII secolo sulle sommità pianeggianti sono stati costruiti vari monasteri.

3 Theotókos: Madre di Dio.

PERCORSI STORIOGRAFICI

tinopoli [...] «un trauma nazionale, una calamità che cancellò la cultura greca, impedì la partecipazione della Grecia al rinascimento occidentale e gettò il paese nella povertà culturale ed economica». Il clamoroso fallimento primo novecentesco della «grande idea» di riconquistare Costantinopoli fu un tremendo shock, che rese ancora più difficile una valutazione obiettiva di Bisanzio. Lo stesso vale per l'ascesa della Turchia moderna, uno stato i cui confini vennero fissati solo in seguito a una serie di conflitti svoltisi tra fine Ottocento e Novecento [...]. Infine, considerare Bisanzio in rapporto all'Europa solleva il problema dell'orientalismo[3]. È vero che il dibattito sull'orientalismo si basa, in fondo, su un'opposizione binaria tra Oriente e Occidente, e in particolare tra Occidente e islam, mentre l'"Altro" nell'Europa sudorientale può anche essere un cristiano di una diversa confessione. Nel caso di Bisanzio, però, abbiamo a che fare con un'entità che, anche se considerata

solo dal punto di vista geografico, fece parte sia della storia dell'Oriente, sia di quella dell'Europa. L'Impero bizantino, pertanto, si inserisce nei dibattiti sull'Europa e nel contempo è vittima delle interpretazioni orientaliste che lo accusano di arretratezza, esotismo e autocrazia [...].

Una delle principali cause del lento sviluppo degli studi bizantini come disciplina accademica è la posizione di prestigio occupata dagli studi classici nella maggior parte dei paesi dell'Europa occidentale, posizione rafforzata dal classicismo e dall'ellenismo romantico settecentesco. La parola Bisanzio poteva evocare rovine misteriose ma non un'immagine di civiltà. Solo negli ultimi decenni dell'Ottocento gli studi bizantini emersero come disciplina accademica, e ancora oggi hanno una tradizione meno consolidata rispetto agli studi sull'antichità classica.

tratto da I bizantini, *Il Mulino, Bologna 2008*

---

3 orientalismo: l'interesse e lo studio, da parte degli occidentali, di civiltà e culture proprie dell'Oriente.

● Il LINGUAGGIO della storiografia

Riconduci ciascuna delle seguenti espressioni proposta allo storico che l'ha utilizzata e contestualizzala rispetto alla tesi sostenuta nei testi che hai letto (massimo 5 righe).

a) L'Impero bizantino [...] è vittima delle interpretazioni orientaliste che lo accusano di arretratezza, esotismo e autocrazia.

b) L'influsso di Bisanzio non terminò con la caduta di Costantinopoli.

c) L'ascesa dei Paleologhi al trono bizantino rappresentò una vittoria dell'alta nobiltà bizantina.

d) La rimozione di Bisanzio a favore del passato classico, però, lasciò un inquietante vuoto nella storia greca.

● Storie A CONFRONTO

Individua la tesi di fondo dei due testi proposti aiutandoti con lo schema di inizio sezione e compila la seguente scheda di sintesi e comparazione dei documenti.

	I fattori di crisi dell'Impero bizantino (XIII-XV secolo)	Le eredità di Costantinopoli
TESI		
ARGOMENTAZIONI		
PAROLE CHIAVE		

SEZIONE III CRISI E PROCESSI DI RIORGANIZZAZIONE [SECOLI XIV-XV]

● **COOPERATIVE** Learning

Nel testo di Cameron compare la categoria storiografica di "orientalismo", elaborata nel 1978 da E. Said nel saggio omonimo. «Il dibattito sull'orientalismo», dice Cameron, «si basa su un'opposizione binaria tra Oriente e Occidente, e in particolare tra Occidente e islam»; attraverso il termine "Oriente", caricato di valenze negative e stereotipate, la cultura occidentale avrebbe definito se stessa in opposizione a quella orientale, diversa, arretrata e illiberale.

Cercate online, con l'aiuto dell'insegnante, la definizione di "orientalismo" per come è stato proposto da Said e, in gruppi di massimo 5 persone, raccogliete, in una presentazione digitale, immagini, articoli di giornale, film o fiction che richiamino alla mente qualche elemento dell'orientalismo, inteso come un modo di rappresentare, nell'immaginario occidentale, l'Oriente e l'islam.

PERCORSO 3 Potere e mercati nel Mediterraneo tardomedievale: il caso della Sicilia

Il dibattito sull'arretratezza del Mezzogiorno rispetto al resto d'Italia e all'Europa ruota da decenni intorno allo svantaggio produttivo e commerciale che Sicilia e Regno di Napoli avrebbero accumulato nel corso del basso Medioevo a causa di scelte politiche ed economiche, di intrinseche debolezze istituzionali e sociali e del protagonismo dei ceti mercantili e finanziari dell'Italia centrosettentrionale e catalani. Attualmente il dibattito, che costituisce un punto di riferimento per una più generale analisi della congiuntura quattrocentesca europea, si è fatto molto più complesso rispetto al passato: nuove ricerche hanno puntato l'attenzione sul fatto che il Mezzogiorno e la Sicilia mostrano vitalità economica, ricchezza dei commerci interni e favorevoli innovazioni istituzionali sino a questo momento trascurate.

TESTO 1 Henri Bresc **I ritardi della Sicilia**

Questa lezione dello storico francese Henri Bresc riassume alcuni punti centrali di una sua ampia monografia sulla Sicilia tra il XIV e il XV secolo, in cui sostanzialmente individua nel tardo Medioevo l'inizio del rallentamento economico dell'isola rispetto ad altre realtà europee. Tre sono gli aspetti su cui si concentra la sua indagine: dipendenza commerciale e finanziaria (risalente a suo parere già dal XII secolo), ritardo tecnologico, difficoltà di collegamento all'interno dell'isola. In questo brano Bresc si sofferma sul secondo aspetto, il ritardo nel settore manifatturiero, che obbliga l'isola a importare beni ad alto valore aggiunto esportando grandi quantità di derrate alimentari, in primo luogo cereali e zucchero.

H. Bresc (n. 1939)

Alla fine del XIV secolo le tecniche sono stagnanti o in regressione: l'industria del lusso messinese è ridotta alla fabbricazione di nastri, mentre era testimoniata nel Duecento e in probabile continuità con le fabbricazioni citate dalla Geniza[1] nel secolo XI, mandili[2], tappeti, turbanti, veli e vesti-

---

1 Geniza: magazzino annesso a una sinagoga, in cui veniva depositato materiale documentario di vario genere ormai non più utile in attesa di essere distrutto secondo una complessa liturgia. Alla metà dell'Ottocento, nella Geniza della sinagoga Ben Ezra del Cairo furono scoperti circa 300 000 documenti, il cui studio ha fornito un'enorme quantità di informazioni sul commercio e sulle comunità ebraiche nel Mediterraneo.
2 mandili: dal greco *mandílion*: tessuto, fazzoletto, tovaglia.

341

PERCORSI STORIOGRAFICI

ti. La presenza del quartiere dei setaioli e la precocità della legislazione sulla moda sono degli indici sufficienti: Messina chiede nel 1272 a Carlo d'Angiò di approvare un severo regolamento municipale sul consumo della seta, uno dei primi tra le leggi suntuarie[3] pubblicate, prima di quelle di Siena, di Bologna e di Firenze. Gli inventari del Duecento, in ambienti di giuristi, di canonici, di sergenti, vicini ma non troppo all'aristocrazia, manifestano l'abbondanza del consumo della seta, i nomi arabi dei vestiti, degli altri pezzi tessili e dei colori. Si tratta dunque di un'industria locale e non solo messinese. La regressione tecnica è notevole a Palermo: si conoscono almeno venticinque setaioli prima del 1358, finanziati da mercanti di Messina, di Pisa e di Lucca, poi l'arte della seta scompare dalla documentazione, mentre si mantiene una modesta attività a Messina. L'industria del vetro è scomparsa, non esiste un vetraio nell'isola, e gli inventari specificano che gli oggetti di vetro, caraffe, provengono per lo più da Montpellier; la prima finestra a vetrate è testimoniata a Palermo solo nel 1476, all'arcivescovato, mentre è presente a Bologna dal 1335 e a Firenze alla fine del Trecento. Il palazzo vicereale, lo Steri, riceve la luce da tele cerate fissare su dei quadri. L'importazione è descritta con precisione dai contratti notarili e confermata dagli inventari (trecento di loro sono stati sfruttati) che identificano frequentemente l'origine geografica degli oggetti, in particolare gli inventari delle botteghe di merciai. Essa non si limita agli oggetti di lusso: tutti i prodotti industriali vengono portati nell'isola, l'integralità dei pannilani colorati, di lusso (Malines, Bruxelles, Lille, Firenze) o di media qualità (Wervicq, Beauvais, Montivilliers, catalani, inglesi, di Linguadoca), una grande varie-

tà di tele di lino, dalla Borgogna e dall'Olanda, e di tele di cotone, tovaglie napoletane, pisane e genovesi. L'assenza nell'isola di miniere in attività spiega l'importazione del ferro in verghe, pisano (dall'Elba) e biscaino[4], mentre la debolezza tecnica dell'artigianato dei fabbri, in gran parte ebrei, è confermata dal flusso di oggetti di ferro pisano, vomeri, focolai, candelieri, pignatte, e di ferro genovese, serrature, striglie, di armi da Milano, di coltelli fiamminghi, di spade tedesche, catalane, di scudi catalani, di catenacci catalani, genovesi e tedeschi, di pignatte catalane. Lo stesso vale per gli oggetti di rame, dinanderie[5], bacini e candelabri fiamminghi, giunti con le galee veneziane. I prodotti ceramici, anche ad uso di cucina, sono trasportati in grandi giare: ceramica pisana e catalana (cannate[6], caraffe), ceramica di lusso di Murcia e Malaga a riflessi metallici (scodelle e piatti), infine ceramica delle Marche e di Romagna esportata tramite Ancona alla fine del Quattrocento, e anche mattonelle invetriate di Roma, di Pisa e di Genova per il lastrico dei nuovi palazzi palermitani […]. I prodotti artigianali sono descritti e identificati negli inventari delle case: mobili di legno, cassapanche dipinte pisane, scrigni napoletani e messinesi, sedie catalane e napoletane, gabbie napoletane, oreficeria da Montpellier (coppe, cucchiai) nel Trecento, poi da Barcellona, infine da Napoli nella seconda metà del Quattrocento, quando la corte aragonese ha stabilito un punto di consumo e fabbricazione di prodotti di lusso. Possiamo notare i numerosi oggetti dell'artigianato maghrebino, vestiti (burnùs[7], barracani[8], giubbe), altri tessuti (tappeti, coltre di Tripoli, tovaglie), oggetti vari (catenacci, coffe[9], stuoie) e rari (gabbie) che apportano un tocco d'esotismo, come anche i tappeti

---

3 leggi suntuarie: che limitano le spese voluttuarie e di lusso (*sumptus* in latino).
4 biscaino: proveniente dal Golfo di Biscaglia.
5 dinanderie: vasellame e utensili di ottone (da Dinant, città del Belgio meridionale, importante centro di produzione).
6 cannate: boccali.

7 burnùs: ampio e lungo mantello di lana pesante per l'inverno, o di tela per l'estate, spesso dotato di cappuccio.
8 barracani: vesti costituite da una lunga pezza di stoffa rettangolare bianca, in origine solo di lana o pelo di cammello poi anche di altri materiali, drappeggiata intorno al corpo.
9 coffe: ceste, panieri di vimini.

turchi e greci di Romània [...]. L'immigrazione di tecnici, orafi, ceramisti, muratori e scultori compensa in una certa misura la mancanza di trasmissione delle tecniche, rispondendo ai bisogni dell'aristocrazia. La circolazione di specialisti si fa più intensa nel Quattrocento quando l'aristocrazia si inurba definitivamente. Limitata nel Trecento a mestieri molto specializzati legati all'origine geografica dei migranti, armaioli milanesi, bottai amalfitani, essa si sviluppa e l'area di reclutamento si allarga: orafi e ricamatori catalani, argentieri del Delfinato, fabbri, fabbricanti di daghe francesi e tedeschi, cimatori di panni d'Arras, fabbricanti di scrigni di Napoli, cappellai e ciabattini tedeschi, sarti catalani, muratori infine e tagliatori di pietra lombardi.

tratto da Sicilia del tardo Medioevo: parallelismi e divergenze, in Alle origini del dualismo italiano. Regno di Sicilia e Italia centro-settentrionale dagli Altavilla agli Angiò (1100-1350), Atti del Convegno internazionale di studi (Ariano Irpino, 12-14 settembre 2011), a cura di G. Galasso, Rubbettino, Soveria Mannelli 2014

TESTO 2 — Stephan R. Epstein — Una diversa modalità di sviluppo

Alla tesi di Bresc si oppose quella dello storico anglosassone Stephan R. Epstein che, sulla base degli stessi dati utilizzati dal collega francese, dedusse notevoli elementi di dinamismo economico, demografico e sociale, in linea con quanto avveniva nel resto d'Europa. La via allo sviluppo siciliana fu diversa rispetto ad altre, ma non meno efficace e ritagliò per l'isola un ruolo non marginale nella specializzazione e nell'integrazione delle varie regioni economiche, che sono i fenomeni caratterizzanti, per Epstein, della vicenda economica europea nel tardo Medioevo.

S.R. Epstein (1960-2007)

Abbiamo visto [...] che la tesi che sostiene una condizione "coloniale" o dipendente della Sicilia medievale poggia fondamentalmente sull'assunto della debolezza della base manifatturiera dell'isola. In particolare, è stata analizzata a fondo la manifattura tessile, in quanto settore più sviluppato in tempi medievali. È opinione corrente che la Sicilia, non essendo in grado di produrre al proprio interno tessuti di qualità, fosse costretta a importarli dall'estero, pagando prevalentemente con le proprie esportazioni di cereali. Mancando dunque la base manifatturiera domestica, la Sicilia non poté che specializzarsi nell'esportazione di prodotti alimentari di base [...]. In linea di massima, nel Medioevo il mercato internazionale dei tessuti serviva a rifornire di prodotti di lusso la fascia alta della popolazione, giacché anche all'estremo più basso della loro gamma di prezzi tali beni erano inaccessibili alla grande maggioranza della popolazione. I tessuti d'esportazione non poterono mai contare su un vero mercato di massa. Nella sua disamina del mercato tessile internazionale dopo la Peste Nera, Miskimin[1] sostiene [...] che in tutta Europa si verificò un passaggio verso la produzione di tessuti di qualità superiore: si sarebbe trattato di una «risposta creativa» alla maggiore concentrazione di ricchezza [...] e al «modello di consumo edonistico» che a suo avvi-

---

[1] **Miskimin:** Harry A. Miskimin (n. 1932), storico dell'economia tardo medievale e moderna.

PERCORSI STORIOGRAFICI

so fecero seguito agli anni delle grandi epidemie [...] in realtà sembra che in questo settore l'effetto più significativo delle epidemie sia stata l'incentivazione della produzione di tessuti economici (spesso non di lana) su scala locale e regionale, per far fronte alla domanda dei consumatori a più basso reddito [...]. Una caratteristica importante di questi cambiamenti è che in genere avvennero in contesto rurale o semirurale [...]. Di solito si interpreta questa nuova opzione come un trasferimento in località più prossime alle fonti di materie prime – compresa l'acqua, che forniva la forza motrice alle follatrici – e dotate di maggior disponibilità di manodopera più economica e meno rigidamente organizzata. Questi sviluppi andarono a beneficio della quantità e, forse, della varietà della produzione, piuttosto che di elevati standard qualitativi: proprio quel che occorreva per un nascente mercato di massa. È comunque praticamente impossibile stimare il valore commerciale dei tessuti smerciati a livello locale [;] è possibile tuttavia affermare che la manifattura per il mercato interno abbia avuto sull'economia effetti moltiplicatori più forti rispetto alle industrie che lavoravano per l'esportazione. In altre parole, lo sviluppo e la crescita di lungo periodo della manifattura poggiavano su questi prodotti popolari e non sui tessuti di lana o di seta destinati al consumo di lusso. In quale misura si sviluppò la manifattura di tessuti economici nella Sicilia tardomedievale? [...] Mentre non disponiamo di informazioni dettagliate sulle attività manifatturiere locali (in particolare dei tessuti di lino), vi sono numerose prove indiziarie di una loro espansione nel corso dei secoli XIV e XV in risposta a una crescita della domanda interna. I dati sui consumi individuali che si ricavano dagli inventari e da altre fonti rivelano l'esistenza di un'ampia gamma di prodotti, in grado di soddisfare quasi ogni livello di esigenze personali, compreso l'importante aspetto della varietà dei colori. I dati sulle importazioni di tessuti indicano che queste erano circoscritte ai filati di lana pregiati [...]. Combinando questi due ordini di informazioni, vediamo che in Sicilia la manifattura tessile non era né tecnicamente primitiva né sottosviluppata. In Sicilia, come nell'Italia meridionale e nel Nordafrica, i tessuti di lana erano meno diffusi di quelli di lino e cotone. La manifattura della lana non si limitava però al solo orbace[2], e il principale centro di produzione tessile, Noto, nel Cinquecento divenne un importante centro per la produzione industriale di tessuti di lana per l'esportazione. L'assenza di un'industria laniera di alta qualità fu probabilmente dovuta tanto a caratteristiche istituzionali interne[3], quanto alla concorrenza estera. Così, in Sicilia la manifattura della lana si sviluppò in un contesto pesantemente condizionato dalle industrie del lino e del cotone, che dominavano una quota più ampia del mercato. Per ragioni tecniche e sociali [...] le strutture corporative non si rivelarono necessarie – o fu troppo difficile istituirle – per la produzione non laniera; questa debolezza corporativa finì forse per condizionare anche l'industria della lana. Anche un altro fattore, probabilmente più significativo, incise sull'intera industria tessile: il costo dell'imposizione del controllo da parte delle corporazioni sugli standard qualitativi della produzione risultava troppo alto nel contesto di un mercato relativamente poco specializzato (tecnicamente non sofisticato), disperso, ma anche in rapida espansione, e caratterizzato da un'elevata mobilità della manodopera. La virtuale assenza della concorrenza internazionale nel settore dei tessuti a basso prezzo [...] in un mercato interno in espansione ridusse (anche se non escluse) l'appetibilità dei monopoli corporativi. Di fatto, potrebbe essere stata proprio la mancanza di standardizzazione dei prodotti l'aspetto più gradito ai

---

2 orbace: tessuto composto da grossi filati di lana grezza, molto resistente e impermeabile.

3 caratteristiche ... interne: la mancanza di controllo territoriale delle città, condizione fondamentale per lo sviluppo di un'organizzazione formale della produzione attraverso le corporazioni.

SEZIONE III CRISI E PROCESSI DI RIORGANIZZAZIONE [SECOLI XIV-XV]

consumatori; essa avrebbe inoltre garantito i produttori da incontrollabili fluttuazioni della moda connesse a segmenti particolari della popolazione. Questa conclusione parrebbe comprovata dal fatto che in quei settori – anzitutto l'industria del fustagno – in cui questi stessi fattori istituzionali (produzione attestata in località prossime alle fonti di materie prime, energia e manodopera, ed evidente assenza di corporazioni) erano favorevoli, la manifattura siciliana fu in grado di resistere a una forte concorrenza estera.

tratto da Potere e mercati in Sicilia. Secoli XIII-XVI, Einaudi, Torino 1996

● Il **LINGUAGGIO** della storiografia

Riconduci ciascuna delle seguenti espressioni proposta allo storico che l'ha utilizzata e contestualizzala rispetto alla tesi sostenuta nei testi che hai letto (massimo 5 righe).

a) Assenza della concorrenza internazionale nel settore dei tessuti a basso prezzo.

b) La manifattura tessile non era né tecnicamente primitiva né sottosviluppata.

c) L'immigrazione di tecnici, orafi, ceramisti, muratori e scultori compensa in una certa misura la mancanza di trasmissione delle tecniche.

d) Regressione tecnica.

● Storie **A CONFRONTO**

Individua la tesi di fondo dei due testi proposti aiutandoti con lo schema di inizio sezione e compila la seguente scheda di sintesi e comparazione dei documenti.

	I ritardi della Sicilia	*Una diversa modalità di sviluppo*
TESI		
ARGOMENTAZIONI		
PAROLE CHIAVE		

● **RIASSUMERE** un testo argomentativo

Dopo aver schematizzato i testi con l'aiuto della tabella sopra, suddividili due testi in paragrafi e assegna a ciascun paragrafo un titolo. A partire da questi paragrafi sviluppa un testo di mezza pagina di quaderno che riassuma le argomentazioni dei brani proposti.

	I ritardi della Sicilia	*Una diversa modalità di sviluppo*
Paragrafo 1		
Paragrafo 2		
Paragrafo 3		

SEZIONE IV
LA NASCITA DEL MONDO MODERNO
[1480-1600]

1480 — 1492 Scoperta America — 1517 Riforma luterana — 1519 Salita al potere di Carlo V — 1534 Scisma anglicano — 1545 Concilio di Trento — 1555 Pace di Augusta — 1556 Salita al potere di Filippo II

11 La scoperta dei "nuovi mondi"
p. 348

12 L'Europa e il mondo nell'età di Carlo V
p. 374

13 La Riforma protestante
p. 400

14 Il Concilio di Trento e l'età della Controriforma
p. 424

15 Monarchie e imperi nell'età di Filippo II
p. 448

■ Percorsi storiografici
p. 476

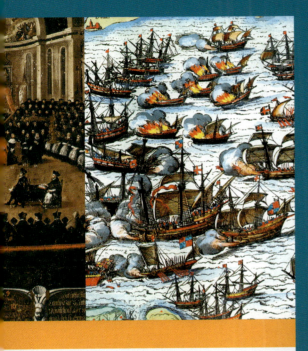

Salita al potere di Elisabetta I

1558 — 1563 — 1600

L'Europa e il mondo furono interessati da profonde trasformazioni fra XV e XVI secolo, tutte strettamente connesse fra loro. L'uso della stampa favorì la circolazione delle idee, l'introduzione di innovazioni nel campo della tecnica, delle lettere e del pensiero scientifico-filosofico, ma anche l'insorgere di nuove inquietudini legate al rapporto fra sudditi e poteri costituiti, ai modi di intendere l'autorità e la fede. L'apertura di nuove vie per la navigazione oceanica contribuì ad allargare gli orizzonti geografici e le rotte commerciali, stimolando al contempo corposi processi di ridefinizione dell'identità europea. Diversi Stati monarchici riuscirono a rafforzare i loro apparati, stabilendo nuovi assetti territoriali e nuovi equilibri fra potere centrale e sudditi. La frattura religiosa creata dalla riforma protestante fu seguita da una forte reazione da parte della Chiesa di Roma, che formulò nel Concilio di Trento una risposta organica allo scisma di Lutero sia sul piano dottrinale sia su quello disciplinare.

- SCOPERTA/CONQUISTA p. 348
- PARTICOLARISMO/CENTRALISMO p. 374
- RIFORMA SPIRITUALE E POLITICA p. 400
- CONTRORIFORMA p. 424
- MONARCHIA/IMPERO p. 448

le parole della storiografia

CAPITOLO 11

La scoperta dei "nuovi mondi"

Scoperta/Conquista

Tra la fine del XV e l'inizio del XVI secolo, l'arrivo di navigatori europei in terre fino ad allora sconosciute rappresentò una svolta decisiva per la storia mondiale. Al centro del dibattito storiografico si è posta, negli ultimi decenni, la questione della distanza fra la dimensione conoscitiva delle scoperte geografiche e lo sterminio delle popolazioni autoctone, in particolar modo quelle del continente americano. Per questa ragione, parliamo oggi più frequentemente di "conquista" del Nuovo Mondo, anziché di "scoperta", interrogandoci su come siano stati possibili l'annientamento di interi imperi (come quello azteco e inca) da parte di pochi soldati spagnoli e l'imposizione da parte dell'Europa, su queste terre, di un'egemonia politica, economica, culturale e religiosa pressoché totale.

le parole della storiografia

La scoperta dei "nuovi mondi" | **CAPITOLO 11**

GUIDA&RISORSE
PER LO STUDIO

Per riprendere il filo... Negli ultimi decenni del XV secolo, la società europea era stata interessata da grandi trasformazioni. Alcune monarchie – in particolare la Spagna, la Francia e l'Inghilterra – stavano riuscendo ad arginare i poteri nobiliari, a perfezionare i sistemi fiscali, a favorire gli scambi commerciali e ad acquisire un maggiore grado di controllo sulle economie nazionali.
Questi processi, che miravano a rafforzare i poteri centrali, contribuirono all'insorgere di nuove necessità, prima fra tutte quella di aumentare le entrate. Poiché i collegamenti mediterranei con l'Asia e con l'Africa – che alimentavano il mercato occidentale e le economie dei grandi regni europei – erano ormai ostacolati dalla forte concorrenza dell'Impero ottomano, i sovrani cominciarono ad avvalersi dell'aiuto di un ceto mercantile sempre più influente per esplorare nuove rotte, utili a raggiungere i porti del lontano Oriente.

videopresentazione

11.1 I primi viaggi oceanici

Le suggestioni dei mondi lontani Anche se alla fine del Medioevo le comunicazioni marittime fra l'Europa e gli altri continenti erano per lo più circoscritte al Mediterraneo e al Mar Nero, fin dai tempi di Marco Polo [▶ cap. 7.2] i **viaggi verso Oriente** erano stati frequenti e avevano lasciato segni profondi sul piano culturale, ispirando numerosi racconti sospesi fra realtà e finzione. Le Indie erano così legate a un'**immagine di ricchezza e prosperità**, mentre si favoleggiava di misteriosi domini cristiani nel cuore dell'Africa e dell'Asia. Era molto nota, in particolare, la leggenda del Prete Gianni [◉1], titolare di un mitico reame nel quale era stato portato il Sacro Graal (il calice usato da Gesù, secondo la tradizione, durante l'Ultima cena) e potenziale alleato in un'eventuale guerra contro i musulmani. Questi scenari suggestivi contribuirono non poco ad alimentare la sete di avventure, di scoperte e di nuove ricchezze.

Il mito dell'Oriente

Indie Con questo termine si indicava prevalentemente il subcontinente indiano; spesso, tuttavia, si faceva anche riferimento all'intero estremo Oriente.

PERCORSO VISIVO

[◉ 1] **Il regno del Prete Gianni** Il personaggio seduto su un trono, a destra, è il leggendario Prete Gianni. Il regno di questo personaggio veniva collocato in luoghi differenti, a seconda che venisse considerato come un re di Nubia o di Etiopia oppure come un principe indiano, mongolo o addirittura cinese.

▶ Mappa dell'Africa nordorientale, Arabia, e parte dell'India in un particolare dell'*Atlante di Vallard* (1547 ca.).

349

SEZIONE IV LA NASCITA DEL MONDO MODERNO [1480-1600]

Una conoscenza approssimativa

Conoscenze geografiche e vie del commercio Il materiale geografico sugli "altri mondi" era però piuttosto vago e impreciso. Nel corso del Quattrocento si era tentato di raccogliere e risistemare le conoscenze acquisite nei secoli precedenti, anche se rimaneva in sostanza intatta l'autorità degli scrittori greci e romani. L'idea della **sfericità della Terra** era ormai accettata, come già sostenuto dalla teoria tolemaica. Tuttavia, l'Africa era ritenuta molto meno estesa di quanto non fosse in realtà e le sue coste erano raffigurate secondo criteri che non aiutavano i navigatori (quella atlantica, per esempio, era semplicemente una linea obliqua tendente a sud-est). Inoltre, l'intero blocco Europa-Asia-Africa era collocato nell'emisfero settentrionale del globo [👁 2].

La situazione dell'Africa

Al contrario di quanto si poteva supporre leggendo i resoconti che circolavano in Europa [👁 3], l'**Africa** non era affatto immersa in una condizione di primitiva barbarie [▶ cap. 7.4]. Nella parte subsahariana del continente, conosciuta sotto l'unica definizione di Sudan, popolazioni come i pigmei, i boscimani e gli ottentotti vivevano di caccia e raccolta, ma altre praticavano l'agricoltura e l'allevamento e utilizzavano tessuti, utensili e ceramiche. A partire dal XIV secolo, inoltre, si erano sviluppate **formazioni statali complesse** – come il Mali e il Songhai – che, al pari dell'Impero etiopico, potevano contare su solidi sistemi fiscali e militari. Fra i centri più popolosi c'era **Timbuctu**, che, con i suoi 100 000 abitanti, sfruttava una posizione strategica al **crocevia delle strade carovaniere** che attraversavano il Sahara e sollevava lo stupore dei viaggiatori per la sua ricchezza e la varietà delle sue arti.

Il commercio arabo

La prosperità del **mondo arabo** aveva favorito una fioritura commerciale della quale aveva beneficiato soprattutto la costa orientale del continente, dove i centri più im-

PERCORSO VISIVO

[👁 2] Mappa Mundi
Il *Mappamondo di Fra Mauro*, conservato nella Biblioteca Marciana di Venezia, è stato realizzato probabilmente negli anni 1459-60. Vi è rappresentata la superficie terrestre allora conosciuta circondata dall'oceano, con una serie di golfi e rientranze. L'Oceano Indiano appare particolarmente esteso e inframmezzato da numerose isole e didascalie riferite anche a terre ancora sconosciute. Nelle terre note sono illustrati castelli, regge, edifici sepolcrali, monumenti, l'arca di Noè, le piramidi, templi, ponti, giunche, navi, animali marini e terrestri.

portanti fondavano la loro fortuna sugli scambi con il Mar Rosso e l'Asia meridionale, fino all'Indonesia. Lo stesso Mar Rosso era un transito obbligato per coloro che dall'Europa volessero accedere all'Oceano Indiano e al Mar Cinese. Su quegli itinerari si incontravano mercanti indiani, malesi, persiani e turchi, che davano vita a incontri di culture e religioni diverse e scambiavano prodotti molto ambiti, tra cui in particolare le **spezie** (il pepe, il cardamomo, la cannella, lo zenzero), utili a trasformare il sapore dei cibi ma anche a fabbricare profumi, pozioni e rimedi medici.

A seguito dell'avvento della dinastia Ming in Cina (1368) e dell'espansione della potenza ottomana, le tradizionali vie di comunicazione verso l'**Oriente** e l'**Africa** erano invece diventate meno praticabili [▶ cap. 7.2]. I mercanti veneziani avevano perso i loro monopoli ed erano ormai costretti a ricorrere alla **mediazione degli arabi**, che controllavano i porti di Beirut e Alessandria. Di conseguenza, l'arrivo di beni preziosi come l'**oro** e l'**avorio** dall'Africa era diventato difficile e dispendioso, così come gli **scambi di schiavi**, fiorenti nell'Egitto dei mamelucchi e negli Stati barbareschi del Maghreb.

Le esplorazioni portoghesi Il primo Stato a sostenere la ricerca di nuove rotte marittime, utili a superare questi problemi, fu il Portogallo. La **dinastia Aviz** stabilì una solida alleanza con il ceto mercantile, intenzionato ad ampliare i propri mercati e la sua influenza politica. Il principe **Enrico** (1394-1460), detto non a caso **"il Navigatore"**, mostrò grande interesse per le coste occidentali dell'Africa e favorì la crescita delle **conoscenze cartografiche e astronomiche**. Tali conoscenze giocarono un ruolo importante nell'incentivare nuovi viaggi, insieme al perfezionamento di **nuove tecnologie**.

Nuove conoscenze nautiche

[👁 3] **Il mondo conosciuto nel XV secolo** Nel XV secolo, le conoscenze geografiche degli europei si limitavano a tre continenti: l'Europa, appunto, e parti limitate di Asia e Africa.

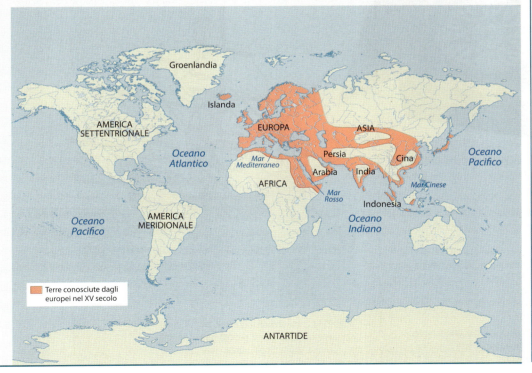

teoria tolemaica
Il sistema elaborato da Tolomeo (II secolo d.C.) postulò la centralità della Terra nell'universo (geocentrismo), ma ne affermò al contempo la sfericità.

barbaresco
Proveniente dalla Barberia, la regione dei berberi, popolazione nordafricana non araba ma islamizzata.

SEZIONE IV   LA NASCITA DEL MONDO MODERNO [1480-1600]

La **bussola** [👁 4] ad ago magnetico, per esempio, si affiancò ad altri strumenti che misuravano la latitudine in base alla posizione degli astri. Tuttavia, fu l'introduzione delle **caravelle** [👁 5] a rappresentare la vera svolta. Si trattava di velieri di piccole dimensioni (lunghi 20 metri e con una stazza di 60/100 tonnellate) con tre alberi dotati di vele triangolari e quadre, utili ad aumentare la velocità e a facilitare le manovre. Sfruttando al massimo la forza del vento, queste imbarcazioni potevano percorrere maggiori distanze e restare in mare aperto per lungo tempo, perché non avevano bisogno di un equipaggio numeroso e potevano stivare molte provviste e merci.

Così, all'inizio del **XV secolo**, l'espansione europea nel mondo era già cominciata. Nel 1415 i portoghesi avevano preso Ceuta, a sud di Gibilterra, e successivamente avevano occupato Madera e le Azzorre (1420-30), spingendosi progressivamente più a sud, verso le isole di Capo Verde (1456) e il Golfo di Guinea (1472). I viaggi si erano dimostrati fruttuosi sul piano economico: le imbarcazioni tornavano a casa cariche di **oro** e di **schiavi** (catturati con la forza o venduti dai capi indigeni).

Il nuovo re **Giovanni II** (1481-95) espresse apertamente la volontà di **circumnavigare l'Africa** per arrivare ai porti dell'Oceano Indiano. Il passo decisivo verso questo ambizioso obiettivo fu quello del navigatore **Bartolomeo Diaz** (Bartolomeu Dias, 1450-1500): spinto anche dal desiderio di incontrare il Prete Gianni, nel 1487 egli oltrepassò l'estremità meridionale del continente, cui attribuì il nome augurale di Capo di Buona Speranza, e risalì un pezzo di costa, dando così ulteriore vigore ai progetti di Giovanni che, a quel punto, manifestò l'intenzione di organizzare spedizioni dirette all'interno dell'Asia [👁 6]. Di lì a breve, tuttavia, la morte del sovrano intervenne a interrompere questi ambiziosi progetti.

Verso la circumnavigazione dell'Africa

rispondi
1. Perché gli europei cercano nuove vie commerciali?
2. Che tipo di società caratterizza l'Africa del XV secolo?

PERCORSO VISIVO

[👁 4] **La bussola** Lo strumento deve il suo nome alla scatola di legno in cui veniva collocato. Il suo funzionamento si basa sull'attrazione esercitata su un ago che, libero di ruotare, segue le linee di forza del magnetismo terrestre, coincidenti con sufficiente approssimazione con il Nord geografico. La scoperta del fenomeno va forse fatta risalire ai cinesi, già in tempi antichissimi; di sicuro l'uso come strumento per la navigazione è attestato nel Mediterraneo intorno al XII-XIII secolo.

▲ La bussola di Colombo, conservata al Museo di casa Colón, alle Canarie.

[👁 5] **La caravella** Caravella portoghese con vele quadre del XV secolo rappresentata su *azulejos* (ceramica dipinta).

La scoperta dei "nuovi mondi" | **CAPITOLO 11**

11.2 Cristoforo Colombo e la via per le Indie

Il viaggio verso Occidente Originario di Genova, nella prima parte della sua vita **Cristoforo Colombo** (1451-1506) aveva accumulato molte esperienze in campo mercantile e visitato numerosi porti, non solo mediterranei [▶ protagonisti, p. 354]. Influenzato in particolar modo dalle teorie dello scienziato fiorentino **Paolo dal Pozzo Toscanelli** (1397-1482), Colombo maturò nel tempo il progetto di **raggiungere le terre orientali** – le Indie – **puntando verso occidente**. I calcoli di Toscanelli, basati correttamente sull'ipotesi della sfericità della Terra, sottostimavano però la distanza fra l'Europa e le coste del Giappone; nessuno sospettava, inoltre, la presenza di altre terre su questo percorso marittimo.

Dopo aver tentato inutilmente di convincere Giovanni II di Portogallo a sostenere il suo progetto, Colombo decise di rivolgersi alla **corona spagnola**. I regni di Castiglia e di Aragona si erano unificati da poco tempo, grazie al matrimonio fra gli eredi al trono Isabella (1474-1504) e Ferdinando (1479-1516) [▶ cap. 8.4] e il paese viveva un momento di crescita. Ai progressi del commercio e della manifattura si aggiungeva l'entusiasmo generato dalla presa di Granada (gennaio 1492), con cui si era conclusa la conquista dei territori precedentemente posti sotto il controllo musulmano. In questo clima la **regina Isabella**, convinta dai discorsi di Colombo, decise di dare al navigatore genovese un'opportunità; gli assegnò il titolo di "Ammiraglio del Mare Oceano" e gli concesse le risorse necessarie al viaggio, promettendogli il titolo di viceré delle terre che avrebbe raggiunto.

Il progetto di Colombo

approfondimento
Paolo dal Pozzo Toscanelli e la distanza delle Indie

Il sostegno dei reali di Spagna a Colombo

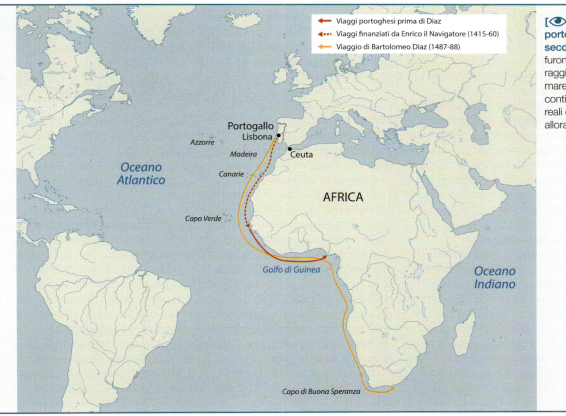

[👁 6] **Le esplorazioni portoghesi nel XV secolo** I portoghesi furono i primi a cercare di raggiungere l'Oriente via mare circumnavigando il continente africano, le cui reali dimensioni non erano allora note.

SEZIONE IV LA NASCITA DEL MONDO MODERNO [1480-1600]

L'errore di Colombo

Il 3 agosto 1492 Colombo partì dal porto atlantico di Palos con tre velieri (la *Niña*, la *Pinta* e la *Santa Maria*, quest'ultima di dimensioni maggiori rispetto a un'ordinaria caravella) e con 120 uomini di diverse nazionalità, non tutti esperti del mare, in gran parte animati dal desiderio di migliorare le loro condizioni di vita. Dopo una lunga sosta alle Canarie, continuò a navigare per 36 giorni verso ovest, prima di avvistare la terraferma il **12 ottobre 1492**. Si trattava probabilmente di un'isola dell'attuale arcipelago delle Bahamas, definita dagli abitanti *Guanahani*, ma Colombo la battezzò **San Salvador**. Mai l'ammiraglio ebbe opportunità di capire di non aver toccato l'Asia e anzi proseguì nella sua esplorazione arrivando sulle coste delle attuali Cuba e Haiti, credendo che fossero isole del Giappone.

protagonisti

Cristoforo Colombo e il suo equipaggio: storia e mito

I primi anni
Le notizie sui primi anni di vita del celebre navigatore sono scarse e confuse. Il carattere straordinario delle sue imprese ha dato vita a una sconfinata produzione letteraria in cui l'invenzione ha spesso messo in ombra i pochi dati attendibili. All'età di 30 anni, Colombo aveva già operato come agente commerciale per alcune famiglie genovesi (Centurione, Di Negro e Spinola) ed era stato coinvolto in traffici mercantili fra Mediterraneo, Inghilterra, Canarie e le coste occidentali dell'Africa. Si stabilì in Portogallo nel 1479, dove approfondì le sue conoscenze in materia di venti, rotte e correnti, cominciando a leggere anche testi storico-geografici come l'*Imago mundi* di Pierre d'Ailly, la *Historia rerum ubique gestarum* di Enea Silvio Piccolomini, il *Milione* di Marco Polo.

Verso le Indie
Il suo viaggio oceanico verso le "Indie" iniziò il 3 agosto del 1492 da Palos, un piccolo porto in Andalusia di circa 600 abitanti. Pur contando su un ordine della corona di Spagna, non riuscì a mettere insieme con facilità persone disposte ad affrontare un'impresa che sembrava folle. Fu decisivo l'aiuto dell'esperto marinaio Martín Alonso Pinzón e dei suoi fratelli Vicente Yáñez e Francisco, capaci di fornire le competenze necessarie ma anche di contribuire alla formazione di un equipaggio che non comprendeva soldati né frati, ma in compenso aveva fra i membri un medico, un farmacista, un chirurgo, alcuni scrivani ed esperti di contabilità. C'era anche un interprete di origini ebraiche, Luis de Torres, che parlava caldeo e arabo.

Durante la spedizione le tensioni furono enormi e l'equipaggio minacciò l'ammutinamento ai primi di ottobre. Colombo riuscì a convincere i suoi a continuare, con la promessa di invertire la rotta se non avessero intravisto terra entro pochi giorni. Anche dopo l'arrivo a San Salvador, l'ammiraglio fu costretto a fronteggiare il malcontento e la frustrazione della truppa: le coste d'Oltreoceano non sembravano possedere infatti i tesori e le ricchezze che i viaggiatori si aspettavano.

Non mancarono altri episodi di insubordinazione: il 21 novembre,

▲ Lo sbarco di Colombo in America, da un'incisione del XIX secolo eseguita su un'edizione delle lettere di Amerigo Vespucci (1507).

infatti, lo stesso Martín Alonso Pinzón si allontanò dalla flotta senza permesso e continuò a viaggiare con un manipolo di uomini per quasi due mesi al comando della *Pinta*. Si ricongiunse all'ammiraglio solo all'inizio di gennaio e fu perdonato, ma i contrasti fra i due rimasero forti, probabilmente causati da smisurate ambizioni personali che difficilmente potevano conciliarsi. ■

La scoperta dei "nuovi mondi" | **CAPITOLO 11**

Colombo tornò a Palos il 14 marzo del 1493 con alcuni "indiani", del tabacco, qualche oggetto prezioso e dei pappagalli. La comunità mercantile lo accolse con entusiasmo e con grande curiosità. La regina si convinse che l'impresa meritava un investimento maggiore e finanziò una **seconda spedizione** con 17 navi e 1500 uomini (1493-96). Il nuovo viaggio, tuttavia, non produsse i risultati sperati e l'ormai celebre navigatore si attirò molte critiche. Colombo ebbe l'opportunità di organizzare **altri due viaggi** (1498-1500, 1502-04), che gli consentirono di arrivare alle foci del fiume Orinoco e alle coste dell'America centrale [7]. Il suo prestigio, però, aveva subito un brusco ridimensionamento: morì fra gli stenti nel 1506, mentre altri navigatori lo stavano già sostituendo nella corsa al continente sconosciuto.

La parabola di Colombo

video — Processo a Cristoforo Colombo

La prima immagine del "Nuovo Mondo" Al ritorno dalla prima spedizione, Colombo inviò una lettera a Luis de Santángel, segretario della tesoreria reale, descrivendo le nuove terre e le genti che le abitavano [▶ FONTI, p. 356]. Il documento ebbe una circolazione notevole, visto che fu stampato a Barcellona in spagnolo, prima di essere pubblicato in diverse altre lingue, compresa quella latina. Alla fine del 1493, gli alfabetizzati di gran parte dell'Europa avevano ormai accesso al racconto del navigatore genovese, a partire dal quale si costruirono le prime riflessioni su un universo sconosciuto e sorprendente, destinato a essere riconosciuto, di lì a poco, come un "**Nuovo Mondo**".

Il racconto di Colombo

La lettera era il risultato di una molteplicità di suggestioni provenienti da resoconti di missionari, rapporti di viaggio, letteratura d'invenzione. L'ammiraglio si aspettava di trovare cannibali, amazzoni, giacimenti d'oro e altre rarità. Dopo il contatto con una realtà diversa e ben più "umana" rispetto alle previsioni, riuscì a modificare solo in parte i suoi preconcetti. Di fatto, più che contribuire alla conoscenza delle terre scoperte, lo scritto era fondato sul punto di vista di un "conquistatore", segnato da precise priorità culturali, economiche e politiche. I nativi, da quel che si leggeva nel rapporto, erano pronti ad accogliere la rivelazione cristiana e potevano fornire risorse importanti alla monarchia spagnola, in termini di beni pregiati e di forza lavoro.

La nuova terra, tra attese e realtà

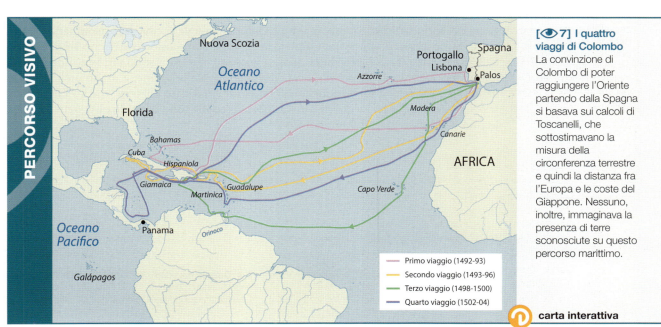

[7] I quattro viaggi di Colombo
La convinzione di Colombo di poter raggiungere l'Oriente partendo dalla Spagna si basava sui calcoli di Toscanelli, che sottostimavano la misura della circonferenza terrestre e quindi la distanza fra l'Europa e le coste del Giappone. Nessuno, inoltre, immaginava la presenza di terre sconosciute su questo percorso marittimo.

Primo viaggio (1492-93)
Secondo viaggio (1493-96)
Terzo viaggio (1498-1500)
Quarto viaggio (1502-04)

carta interattiva

355

SEZIONE IV   LA NASCITA DEL MONDO MODERNO [1480-1600]

FONTI

Colombo descrive il Nuovo Mondo

■ Dopo aver letto resoconti di missionari, letteratura di viaggio e d'invenzione, Colombo aveva delle aspettative precise, costruite attraverso le letture e le storie ascoltate sulle Indie. Si trovò invece a registrare con sorpresa la presenza di indigeni impauriti, attratti da oggetti di scarso valore, facili da catechizzare. La lettera che segue, diretta al tesoriere dei sovrani spagnoli, Luis de Santángel, non contribuisce quindi alla conoscenza di un universo ignoto: il punto di vista rimane quello di un "conquistatore", poco disposto a mettere in discussione le certezze acquisite in precedenza.

▲ La firma di Colombo, di non facile interpretazione, in calce a una sua lettera autografa.

Appare chiaro l'intento di descrivere una popolazione indigena incline a riconoscere l'autorità del nuovo arrivato e, quindi, ad essere evangelizzata secondo i dettami della Chiesa.

Colombo aveva aspettative ben definite: più che a descrivere ciò che ha visto, sembra incline a descrivere ciò che non ha visto.

Gli abitanti di quest'isola[1] e di tutte le altre che ho scoperto o di cui ho avuto notizia vanno tutti nudi, uomini e donne, così come le loro madri li mettono al mondo, anche se alcune donne si coprono una sola parte del corpo con una foglia o una pezzuola di cotone che preparano a tale scopo. Non hanno ferro, né acciaio, né armi e non vi sono tagliati, non già perché non siano gente robusta o di bella statura, ma per il fatto che sono incredibilmente paurosi. [...]

Qualunque sia la cosa in loro mano, che venga ad essi richiesta, non dicono mai di no; anzi, invogliano le persone a chiederla e si mostrano tanto amorevoli, che darebbero il cuore stesso e si tratti di cosa di valore, oppure di poco prezzo, la cedono in cambio di un oggettino qualsiasi e se ne tengono paghi. [...]. Prendevano perfino i pezzi degli archi rotti e dei barili e davano quello che avevano senza discernimento come bestie.

[...] Essi non professano credenza né idolatria di sorta; tutti però stimano che la potenza e il bene stiano nel cielo, e credevano fermamente che io, con queste navi e questa gente, fossi venuto dal cielo, e con tale convinzione mi ricevevano dovunque, dopo essersi scrollata di dosso la paura.

[...] Mostri dunque non ne ho trovati, e neppure ne ho sentito parlare, tranne che a proposito di un'isola "Quaris[2]", la seconda all'entrata dalle Indie, che è abitata da una gente che in tutte le isole è ritenuta molto feroce, la quale si ciba di carne umana.

Costoro possiedono molte canoe, con le quali compiono scorrerie in tutte le isole dell'India, rubando e depredando quanto possono; essi non sono più brutti degli altri, ma hanno l'abitudine di portare i capelli lunghi come le donne, e usano archi e frecce delle solite canne con un bastoncino all'estremità, in difetto del ferro che non hanno.

Sono feroci rispetto a queste altre popolazioni, che sono codarde oltre ogni dire, ma io non li tengo in maggior conto degli altri.

L. Firpo, *Colombo, Vespucci, Verrazzano: prime relazioni di navigatori italiani sulla scoperta dell'America*, UTET, Torino 1966

1 **quest'isola:** si tratta dell'attuale Haiti, che Colombo chiamò *Hispaniola* ("la Spagnola").

2 **Quaris:** del nome di questa isola esistono altre varianti, come *Carib* (da cui il nome Caribe o Caraibi) o *Canib* (da cui deriva il termine "cannibale").

La scoperta dei "nuovi mondi" **CAPITOLO 11**

L'impatto della notizia del viaggio di Colombo fu enorme e molti cominciarono a emularlo. Fra il 1497 e il 1498 il veneziano **Giovanni Caboto** arrivò alle coste della **parte settentrionale del continente** (gli odierni Canada e Stati Uniti) a capo di una spedizione sostenuta dalla **corona inglese** [▶ cap. 8.2]. Non trovò l'oro che si aspettava, ma in compenso si imbatté in luoghi adattissimi alla pesca. Disegnò mappe ricche di particolari, consentendo al paese che lo aveva finanziato di acquisire un importante vantaggio sui concorrenti.

La prima spedizione inglese

L'immagine del Nuovo Mondo si definì comunque in maniera più precisa solo con il viaggio del fiorentino **Amerigo Vespucci** (1454-1512), che fra il 1499 e il 1502 completò l'esplorazione della costa atlantica del continente. Fu Vespucci **il primo a comprendere che le terre scoperte non si trovavano in Asia** ma in un continente del tutto ignoto agli europei. Scrisse un resoconto della sua impresa che, al pari di quello di Colombo, ebbe un'enorme risonanza. In suo onore – per iniziativa del cartografo tedesco Martin Waldseemüller – al nuovo continente fu dato il nome di **America**.

L'America è un nuovo continente

Gli interessi spagnoli e portoghesi Le scoperte geografiche portarono presto all'insorgere di conflitti dettati da ragioni economiche. La Spagna e il Portogallo erano interessati ad accaparrarsi il controllo sulle vie marittime e soprattutto sui territori del nuovo continente. Papa Alessandro VI Borgia tentò una mediazione, in seguito alla quale il 7 giugno del **1494** fu stipulato il **Trattato di Tordesillas**, che tracciava un'immaginaria linea divisoria 370 leghe (circa 2000 km) a ovest delle isole di Capo Verde, assegnando ai portoghesi il settore orientale e agli spagnoli quello occidentale [👁 8].

La spartizione del Nuovo Mondo tra Spagna e Portogallo

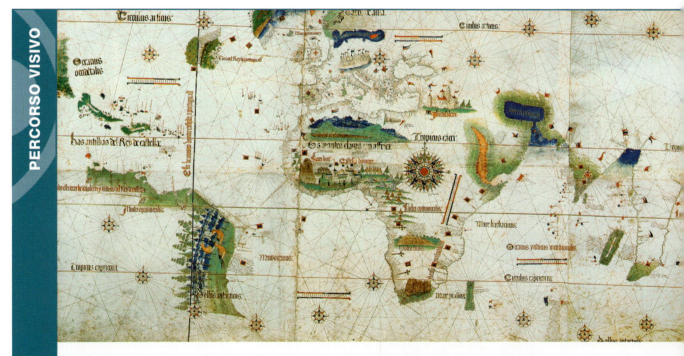

PERCORSO VISIVO

[👁 8] **La raya** La *Carta del Cantino* (1502) prende il nome dall'ambasciatore del duca Ercole d'Este presso la corte portoghese, Alberto Cantino. Essa mostra le terre note dopo i viaggi di Colombo e Vespucci. A sinistra si vede la linea divisoria fissata con il Trattato di Tordesillas, la cosiddetta *raya*, con cui Spagna e Portogallo si spartirono le vie marittime.

SEZIONE IV LA NASCITA DEL MONDO MODERNO [1480-1600]

I portoghesi in India e Brasile

Il Portogallo cercò di preservare il suo primato nella navigazione dei mari affidando quattro imbarcazioni all'esperto marinaio **Vasco da Gama** (1469 ca.-1524), che nel 1498 arrivò a Calcutta dopo aver **circumnavigato l'Africa** e aver risalito la costa orientale del continente fino a Malindi [👁9]. Tornò a casa dopo due anni, con due sole imbarcazioni e con l'equipaggio decimato dalle malattie infettive. Una flotta ben più ampia (13 navi e 1200 uomini) fu messa nelle mani di **Pedro Álvares Cabral** (1460 ca.-1520), che nel 1500, sfruttando i termini del Trattato di Tordesillas, prese possesso in nome del suo re di una nuova terra denominata **Brasile** (probabilmente dal nome di un'omonima pianta dal caratteristico legno rossastro). La conquista non produsse però grandi benefici economici per l'Impero portoghese, e la mancanza di oro e argento generò un veloce calo di interesse per questa terra. Le attenzioni tornarono quindi a rivolgersi alle circumnavigazioni dell'Africa verso le Indie orientali, anche se per coprire quelle enormi distanze – circa 40 000 km – erano necessari almeno 18 mesi.

Il monopolio portoghese sui commerci

L'impero marittimo portoghese I portoghesi erano presenti nei porti situati fra il Mozambico e la Cina soltanto in numero esiguo. Non potendo occupare con la forza territori molto estesi, diedero vita a un **"impero" marittimo** denominato *Estado da India* (Stato dell'India), basato su avamposti posizionati in luoghi strategici e destinati a gestire i traffici verso l'Europa, facendo concorrenza ai traffici arabi.

Non furono trascurati gli accordi con i sovrani locali, volti a ottenere privative sulle spezie o su altri prodotti considerati di primario interesse (stoffe e legni profumati). Fra gli anni Dieci e gli anni Venti del Cinquecento, la corona portoghese arrivò ad allargare la sua influenza all'isola di **Ceylon**, alle **Molucche** e a **Macao**, sulle coste cinesi. Ormai rassegnata alla perdita del controllo sul Mar Rosso, via d'accesso primaria agli avamposti portoghesi in Oriente, ma passato nelle mani dei turchi, la corona manteneva un controllo strettissimo sulle attività commerciali attraverso la *Casa da India* di Lisbona (compagnia commerciale fondata subito dopo il ritorno di Vasco da Gama), che ricavava benefici dalle merci importate smistandole in altri porti europei, primo fra tutti quello di Anversa.

> **privativa** Monopolio legale nella produzione o nel commercio di un bene. È riservata allo Stato, a un ente pubblico o a un loro concessionario, oppure accordata a privati.

Il primo viaggio intorno al mondo

La Spagna e l'impresa di Magellano La Spagna non rimase a guardare; al contrario, patrocinò diverse imprese, la più incredibile delle quali fu paradossalmente compiuta da un portoghese, **Ferdinando Magellano** (Fernão de Magalhães, 1480-1521). Partito nell'agosto del 1519 con cinque navi, Magellano costeggiò l'America meridionale verso sud, alla ricerca di un passaggio marittimo che consentisse di proseguire verso l'Asia. Doppiò l'estrema punta meridionale del continente attraversando lo stretto che avrebbe preso il suo nome e navigò, per i successivi tre mesi, in un oceano che rimase sorprendentemente calmo, tanto che gli fu attribuito il nome di **Pacifico**. La sorte, tuttavia, non gli fu favorevole: morì nelle Filippine in uno scontro con gli indigeni e non riuscì a portare a termine la sua impresa [👁10]. Una sola nave tornò in patria nel settembre del 1522; a bordo c'era anche l'italiano **Antonio Pigafetta** (1480/91-1531 ca.), che, partendo proprio dai suoi diari, scrisse un'appassionante resoconto del primo "viaggio intorno al mondo" destinato a diventare un clamoroso successo editoriale in Europa per molti decenni a seguire.

I contenuti del testo furono tramandati anche a voce, contribuendo in maniera consistente al cambiamento di prospettiva degli europei.

approfondimento
Pigafetta, Il primo viaggio intorno al globo

La scoperta dei "nuovi mondi" | CAPITOLO 11

PERCORSO VISIVO

[👁 9] **Una nuova via per le Indie** La scoperta della via marittima per raggiungere l'India rivoluzionò i traffici commerciali europei. Fino ad allora, infatti, ci si indirizzava verso Alessandria d'Egitto e da qui si conducevano le merci via terra fino alla località di Suez, sul Mar Rosso, da dove – ancora per mare – si potevano raggiungere le coste indiane.

◀ L'arrivo di Vasco da Gama a Calcutta, rappresentato su un arazzo del XVI secolo.

Le principali esplorazioni tra XV e XVI secolo

VIAGGIATORI	ANNI	COMMITTENTI	RISULTATO
Bartolomeo Diaz	1487	Portogallo	Raggiunge il Capo di Buona Speranza
Cristoforo Colombo	1492-93	Spagna	Scopre le isole del Mar dei Caraibi
Giovanni Caboto	1497-98	Inghilterra	Raggiunge la parte settentrionale del continente americano
Vasco da Gama	1497-98	Portogallo	Compie la prima circumnavigazione dell'Africa
Pedro Álvares Cabral	1500	Portogallo	Prende possesso del Brasile
Amerigo Vespucci	1499-1502	Spagna	Raggiunge ed esplora le coste del Brasile
Ferdinando Magellano	1519-22	Spagna	Compie la prima circumnavigazione della terra
Giovanni da Verrazzano	1524	Francia	Esplora la costa atlantica del Nord America

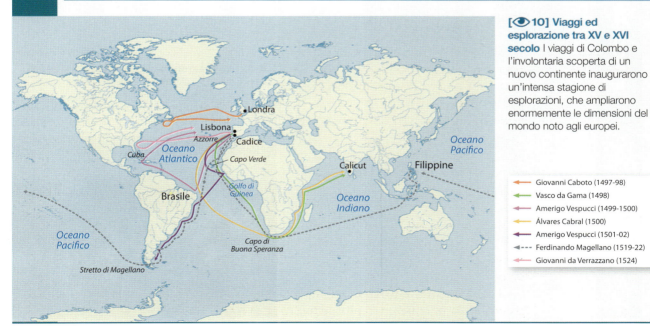

[👁 10] **Viaggi ed esplorazione tra XV e XVI secolo** I viaggi di Colombo e l'involontaria scoperta di un nuovo continente inaugurarono un'intensa stagione di esplorazioni, che ampliarono enormemente le dimensioni del mondo noto agli europei.

- Giovanni Caboto (1497-98)
- Vasco da Gama (1498)
- Amerigo Vespucci (1499-1500)
- Álvares Cabral (1500)
- Amerigo Vespucci (1501-02)
- Ferdinando Magellano (1519-22)
- Giovanni da Verrazzano (1524)

359

SEZIONE IV   LA NASCITA DEL MONDO MODERNO [1480-1600]

L'America terra di conquista

Desiderare il Nuovo Mondo Il progetto di Colombo si era realizzato, ma si era anche compreso quanto lunga e pericolosa fosse quella via per raggiungere l'Oriente. Per questa ragione, le potenze europee si concentrarono da quel momento sulle Americhe, contendendosi terre e ricchezze. Anche la **monarchia francese** mostrò grande interesse per le nuove rotte marittime e sostenne il progetto di **Giovanni da Verrazzano** (1485 ca.-1528 ca.), che nel 1524 riuscì a mappare la costa atlantica settentrionale.

I viaggi compiuti nel secolo che seguì l'impresa di Colombo sono generalmente ricordati attraverso i nomi delle persone che li condussero. Nei porti spagnoli, portoghesi, inglesi, francesi e italiani i racconti di queste imprese suscitarono emozioni enormi e stimolarono nuove partenze di **avventurieri** che non avevano nulla da perdere, ma solo nuove e favolose ricchezze da guadagnare. Pronti ad affrontare naufragi, epidemie e disagi provocati dalla malnutrizione, questi uomini talvolta riuscivano a tornare a casa con i loro trofei (metalli preziosi, spezie o schiavi) e con la possibilità di raccontare quanto era accaduto. In altri casi, scomparivano nel nulla e di loro non si avevano più notizie.

rispondi
1. Qual è il progetto di Colombo? 2. Chi lo finanzia? 3. Chi è il primo a capire che le terre scoperte da Colombo non erano in Asia?

11.3 I maya, gli aztechi e gli incas

Le civiltà centroamericane

Le civiltà degli altopiani centrali Quando Colombo mise piede alle Bahamas, il "nuovo" continente non era affatto disabitato. Le maggiori civiltà precolombiane si erano sviluppate sugli altopiani della parte centrale del continente americano o lungo la catena delle Ande [👁 11]. Su questi territori immensi vivevano più di 80 milioni di per-

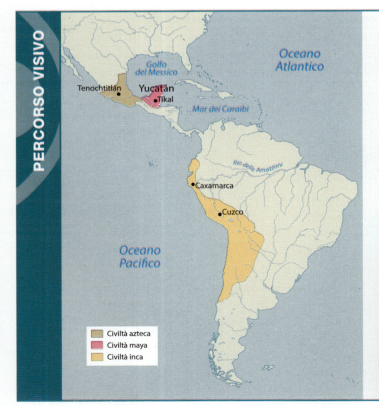

[👁 11] L'America prima di Colombo Alla fine del XV secolo, il continente americano era abitato da diverse popolazioni indigene. Le più importanti e organizzate diedero vita a Stati di una certa potenza, come quello dei maya, o a veri e propri imperi, come quello degli incas lungo la catena delle Ande o quello degli atzechi in Messico.

[👁 12] Le piramidi americane Il tempio di Tikal, una delle più importanti città maya, oggi importante centro archeologico e turistico del Guatemala. Il tempio ha la forma di un'altissima piramide a gradoni, tipica delle civiltà precolombiane.

sone che, pur avendo stili di vita profondamente diversi, presentavano anche alcune caratteristiche comuni. Praticavano un'**agricoltura sedentaria** fondata su pochi prodotti (mais, manioca, patate, pomodori, cacao), mentre l'allevamento aveva solo un'importanza limitata. La presenza di strutture statali si manifestava attraverso l'imponenza delle **opere pubbliche**: ai complessi monumentali utilizzati per scopi religiosi si affiancava una rete di strade e canali finalizzata a facilitare le comunicazioni interne e a trasportare il cibo e i prodotti dell'artigianato.

Maya e aztechi All'arrivo degli europei nelle Americhe, la civiltà dei **maya**, fiorita fra l'attuale Guatemala e lo Yucatán (a sud-est dell'attuale Messico), era già in **declino**. La loro organizzazione politica era basata su **città-Stato** dotate di enormi templi [👁12], culle di una cultura secolare fondata sulla scrittura, sulle arti figurative e su elaborate **conoscenze astronomiche** che consentivano di seguire in maniera molto precisa i movimenti del sole, della luna, dei pianeti e delle costellazioni. Avevano adottato un calendario basato su una suddivisione dell'anno in 365 giorni, del tutto simile a quello gregoriano utilizzato in Europa.

A partire dal XIV secolo, nel Messico centrale, si erano invece stanziati gli **aztechi**, che avevano fondato la loro capitale, Tenochtitlán (un centro urbano di 250 000 abitanti), su un'isola del lago Texoco [👁13]. Esteso dalla costa atlantica a quella pacifica, l'Impero azteco comprendeva una popolazione di circa 25 milioni di individui. Nel sistema azteco, un ruolo centrale era occupato dalla **guerra**, considerata un dovere religioso, oltre che necessaria per procurarsi tributi e prigionieri utilizzati – fra l'altro – per offrire sacrifici umani agli dèi durante le cerimonie sacre.

L'Impero maya

L'Impero azteco

◀ Mappa di Tenochtitlán, 1524.

[👁13] Tenochtitlán, la capitale azteca La capitale azteca era costruita su parte del lago Texoco e collegata alla terraferma con terrapieni fortificati. Anche se gli spagnoli rimasero meravigliati dalla raffinatezza di questa e altre architetture che incontrarono nel Nuovo Mondo, non esitarono a distruggerle e sostituirle con nuove costruzioni. Sulle rovine di Tenochtitlán fu costruita México, la capitale del Vicereame della Nuova Spagna.

SEZIONE IV — LA NASCITA DEL MONDO MODERNO [1480-1600]

Una cultura in attesa della propria fine

La religione e la società Accanto alla guerra, l'altro cardine della società azteca era costituito dalla **religione**. Essa era fondata sull'idea di un **ordine cosmico instabile**, che influenzava la vita sociale e le esistenze individuali. Il calendario era composto da 13 mesi, ognuno dei quali era diviso in giorni fausti e infausti. Secondo le credenze azteche, il dio Sole aveva bisogno di nutrirsi di sangue umano per combattere le forze avverse che cercavano di sopraffarlo. L'intera cultura azteca era permeata da **tensioni apocalittiche**, interpretando la storia umana come un susseguirsi di cicli destinati a chiudersi con grandi cataclismi.

La struttura della società azteca

La centralità della religione garantiva anche una certa stabilità delle stratificazioni sociali. Il trono imperiale si tramandava per via ereditaria. Le **comunità** erano insiemi di clan che condividevano la stessa linea di sangue; al loro interno venivano assegnate ai singoli le aree coltivabili. Fuori da queste rigide gerarchie, gli unici a godere di qualche privilegio erano i mercanti e gli artigiani dotati di un alto livello di specializzazione. Il sovrano e i nobili avevano un primato assoluto: i sacerdoti erano scelti solo fra i membri dell'aristocrazia, che conduceva uno stile di vita molto alto, potendo contare anche su un sostanzioso numero di servi.

L'Impero inca

I popoli delle Ande Mentre maya e aztechi occupavano ampie aree della parte centrale del continente, altre civiltà si erano sviluppate più a sud. Gli **incas**, in particolare, avevano possedimenti estesi lungo la costa pacifica e la catena montuosa delle Ande: dall'inizio del XV secolo, in un tempo relativamente breve, avevano dato vita a un **apparato statale complesso**, fondato sulla continuità territoriale e sul primato politico esercitato dal potere centrale. L'organizzazione dello Stato era molto solida: una fitta rete di governatori controllava un territorio che si estendeva da nord a sud per più di 4000 km.

La struttura della società inca

Come quella azteca, la società degli incas era fortemente stratificata. Il **sovrano** era considerato un semidio e controllava l'esercito, la religione e le attività economiche. L'**aristocrazia** era composita, perché comprendeva sia i nobili di antica tradizione, sia i discendenti dei capi delle tribù sottomesse. Alla base c'era la **comunità contadina**, che amministrava le terre e contribuiva alle opere pubbliche e all'organizzazione dei culti religiosi attraverso tributi e altre forme di lavoro forzato.

Gli incas veneravano il Sole, ma anche *Viracocha*, il creatore del mondo che doveva tornare per giudicare gli esseri umani. Anche la loro cultura, quindi, era segnata dall'ansia della disgregazione e dall'**attesa della fine**.

rispondi

1. Quali popoli abitavano l'America centromeridionale prima dell'arrivo di Colombo? **2.** Descrivi in breve le società amerindie.

11.4 Impero e conquista

Prime conseguenze dell'arrivo degli europei

Gli spagnoli nelle Americhe Il primo quarto di secolo che seguì l'impresa di Colombo fu segnato dalla **ricerca dell'oro** da parte degli spagnoli, concentrata principalmente nelle isole caraibiche. In questa fase, lo **sfruttamento delle popolazioni indigene** fu spietato e le conseguenze furono devastanti, ma ancora lontane dall'intaccare le principali civiltà amerindie.

Dal 1517, i nuovi arrivati cominciarono invece a inoltrarsi nella terraferma, sfruttando il vantaggio dato dalle **armi da fuoco** [▶fenomeni, p. 365]. Ad aprire questa nuova fase furono i *conquistadores*, soldati di origini spesso umili, suggestionati dai racconti epico-cavallereschi e spinti dal desiderio di avventura, ma soprattutto animati da una

362

grande fame di ricchezze e potere. Nel 1519 **Hernán Cortés** (1485-1547), un *hidalgo* spagnolo, partì da Cuba con 500 uomini e arrivò nel cuore dell'Impero azteco senza incontrare alcuna resistenza. Nella capitale Tenochtitlán fu accolto con cordialità e profondo rispetto dal sovrano Montezuma II (1503-20), che probabilmente credette di vedere in lui una reincarnazione del dio Quetzalcoatl [◉14]. Montezuma finì per pagare a caro prezzo il suo atteggiamento di sudditanza: incapace di contrastare l'aggressività del suo nemico, fu da questi fatto prigioniero e rimase ucciso durante una rivolta interna. Al suo posto salì al trono il fratello Cuitláhuac, che si pose a capo della resistenza antispagnola.

Cortés non si fece scoraggiare dalla situazione sfavorevole. Forte di un'alleanza con le tribù ostili al dominio azteco, nell'agosto del 1521 compì un autentico massacro sul lago Texoco. Nel giro di poco tempo l'Impero azteco fu sottomesso. Sulle rovine di Tenochtitlán fu edificata una nuova città chiamata México (probabilmente dal nome della divinità azteca della guerra, Mexitl) e i suoi domini, assegnati ufficialmente al *conquistador* dall'imperatore spagnolo Carlo V il 15 ottobre del 1522, furono denominati **Vicereame della Nuova Spagna**.

Più difficile fu vincere la resistenza dei maya, che furono definitivamente sottomessi solo nel 1545 da **Francisco de Montejo**, che aveva in precedenza combattuto con Cortés. **Francisco Pizarro** e **Diego de Almagro** portarono a compimento un'azione ancora più incredibile nel 1531. Partiti con 180 uomini e 37 cavalli da Panama, la prima città fondata dagli spagnoli sul Pacifico dodici anni prima, si diressero verso il regno del Perù, al quale le leggende attribuivano una straordinaria ricchezza. Incontrato l'esercito degli incas a Cajamarca, riuscirono ad avere la meglio nonostante una schiacciante sproporzione numerica. Pizarro catturò il condottiero **Atahualpa** chiedendo un

La sottomissione dell'Impero atzeco

La caduta degli imperi maya e inca

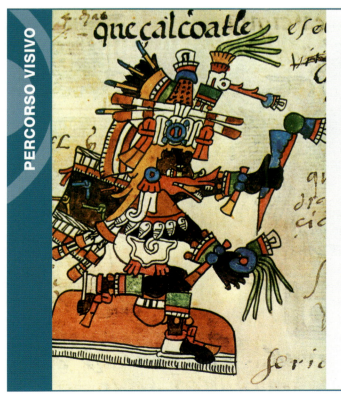

PERCORSO VISIVO

[◉14] **Il dio Quetzalcoatl**
Divinità tra le più importanti del pantheon azteco, questa creatura ibrida (serpente e uccello) era venerata come dio del vento, dell'alba, delle arti e della conoscenza e considerato il protettore di artigiani e mercanti. Quetzalcoatl era rappresentato anche come un uomo alto di statura, dalla pelle bianca, con lunghi capelli neri e una barba fluente, caratteristiche corrispondenti a quelle di Cortés. Questo spiega forse l'accoglienza riservata al *conquistador* dal re azteco Montezuma II.

◀ Una rappresentazione di Quetzalcoatl, dal *Codice Telleriano-Remensis*, un manoscritto probabile copia di un originale azteco realizzato nel XVI secolo.

amerindio Dall'inglese *Amerind* (abbreviazione di *American Indian*, "indiano d'America"), indica gli appartenenti alla popolazione indigena del continente (detti anche "indios"), preesistente cioè all'arrivo degli europei.

hidalgo Cavaliere escluso dal diritto di eredità familiare, legato in genere alla primogenitura.

SEZIONE IV   LA NASCITA DEL MONDO MODERNO [1480-1600]

ricco riscatto in oro in cambio della sua vita e, pur avendo ottenuto quanto chiedeva, lo fece uccidere senza pietà. La capitale **Cuzco** fu saccheggiata e sulle ceneri dell'Impero incas nacque il **Vicereame spagnolo del Perù**, con una nuova capitale, Lima, costruita per ordine dello stesso Pizarro nel 1535 [👁 15-16].

Motivi sociali e tecnologici

Le ragioni del crollo Come fu possibile un crollo così veloce di grandi imperi di fronte a quello che in fondo non era più di un manipolo di uomini? La spiegazione risiede in una somma di diversi fattori. Gli aztechi e gli incas erano profondamente divisi al loro interno e l'aiuto portato agli spagnoli da **minoranze** insofferenti verso il potere centrale non fu trascurabile. A questo si deve aggiungere il terrore provocato nei nativi dalle **armi da fuoco**, dai **cavalli** (animali sconosciuti alle popolazioni locali, che anzi, all'inizio, identificarono cavallo e cavaliere come un'unica entità) e dalla determinazione dei conquistatori, che sembravano combattere senza aver nulla da perdere.

L'impossibilità di capire l'Altro

Tuttavia, un ruolo preponderante fu giocato dal **trauma culturale** generato da un evento – l'incontro con l'"Altro", con lo sconosciuto – interpretato in chiave religiosa. L'immagine dei conquistatori europei alimentò i timori atavici che permeavano quelle culture, in costante attesa di catastrofi che avrebbero segnato la fine dei tempi. I nuovi arrivati non furono ritenuti semplici uomini, ma entità divine, giunte a riplasmare il mondo e a eseguire una punizione da lungo tempo temuta. Le popolazioni amerindie si scoprirono insomma incapaci di dare un significato a quello che stava accadendo e, facendo ricorso unicamente alle loro credenze, rimasero vittime di una "**paralisi cognitiva**": un'impossibilità di capire che si tradusse in incapacità di reagire. Molti indios si suicidarono, quasi tutti rinunciarono a combattere, lasciandosi morire di stenti.

percorsi storiografici p. 476
La conquista dell'America e la visione dei vinti
N. Wachtel, T. Todorov

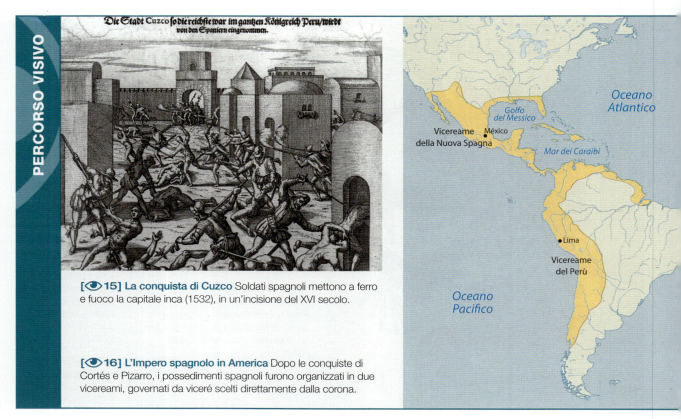

PERCORSO VISIVO

[👁 15] **La conquista di Cuzco** Soldati spagnoli mettono a ferro e fuoco la capitale inca (1532), in un'incisione del XVI secolo.

[👁 16] **L'Impero spagnolo in America** Dopo le conquiste di Cortés e Pizarro, i possedimenti spagnoli furono organizzati in due vicereami, governati da viceré scelti direttamente dalla corona.

La scoperta dei "nuovi mondi" | **CAPITOLO 11**

Se a questo si aggiungono le catastrofiche conseguenze delle **malattie** diffuse dai nuovi arrivati (vaiolo, morbillo, tifo, ma anche influenza), contro cui i sistemi immunitari degli indigeni erano impreparati [▶fenomeni], non stupisce che, secondo alcuni calcoli, gli abitanti dell'impero azteco si ridussero da 25 milioni a circa un milione nel giro di soli 80 anni.

Cortés e gli altri *conquistadores* colsero invece alcuni aspetti essenziali delle società indigene. Nei loro memoriali descrivevano nel dettaglio gli usi e i costumi delle popolazioni locali, comprendendo bene le loro divisioni interne, la loro concezione del potere, il loro sentire religioso. Queste analisi si trasformarono in strumenti di dominio: facendo leva sulle paure degli abitanti del Nuovo Mondo e trasformando le loro stesse peculiarità in fatali punti di debolezza, gli spagnoli furono capaci di farsi **dominatori sul piano comunicativo** prima ancora che su quello militare e in questo modo riuscirono a distruggere intere civiltà.

Le nuove malattie

La comprensione del nemico

rispondi
1. Perché le civiltà precolombiane crollano a causa dell'azione di pochi uomini?

fenomeni

Armi e malattie

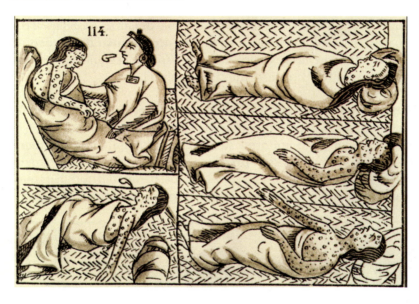

◀ Indios colpiti da un'epidemia di vaiolo. L'immagine è presente nell'opera di un missionario francescano spagnolo, Bernardino de Sahagún (1500-90).
Il frate, studioso della lingua e della cultura indigena, espresse forti critiche al disordine sociale introdotto dalla conquista spagnola e per questa ragione furono vietate la lettura e la pubblicazione della sua *Historia*; l'opera fu pubblicata soltanto nel XIX secolo.

Tavola della *Historia de las cosas de Nueva España* di Bernardino de Sahagún, manoscritto del cosiddetto "Codice Fiorentino", XVI secolo.

Nella città di Cajamarca (o Caxamarca) il *conquistador* Francisco Pizzarro, accompagnato da soli 168 soldati, riuscì a sottomettere l'imperatore inca Atahualpa, a capo di 80 000 uomini. Gli studiosi continuano a cercare una spiegazione per questo incredibile fenomeno, specchio di un più ampio massacro consumato ai danni dei nativi nonostante la sproporzione numerica delle forze. Lo statunitense Jared Diamond ha scritto – in uno dei suoi lavori più famosi intitolato *Armi, acciaio e malattie* – che non furono i fucili a giocare un ruolo decisivo: gli spagnoli ne avevano infatti solo una dozzina, peraltro difficili da caricare. Molto più importanti furono i cavalli, le armature, gli elmi e le cotte metalliche che proteggevano i soldati facendoli sembrare invulnerabili e velocissimi. Le mazze, i bastoni e le fionde usate dagli inca erano in grado al massimo di ferire i nemici, ma quasi mai di ucciderli.

L'arrivo degli spagnoli nelle zone che oggi conosciamo come Panama e Colombia aveva provocato inoltre lo scoppio di un'epidemia di vaiolo che aveva mietuto molte vittime (fra loro Huayna Capac, predecessore di Atahualpa). Anche il morbillo, il tifo, la peste furono potenti alleati degli europei: i calcoli sono estremamente complessi, ma è possibile che queste malattie abbiano sterminato il 95% delle popolazioni indigene. ▪

365

SEZIONE IV   LA NASCITA DEL MONDO MODERNO [1480-1600]

11.5 Nuovi assetti territoriali, nuovi problemi culturali

Il controllo dei territori colonizzati

La colonizzazione spagnola Nel corso del Cinquecento, la colonizzazione spagnola arrivò a toccare entrambe le sponde del continente americano, creando un impero enorme che andava dalle attuali California e Florida fino all'Argentina e al Cile meridionale.

Le **città** fondate dai conquistatori costituirono importanti snodi di questa **rete coloniale**; dai maggiori centri urbani si esercitava infatti un attento controllo dei territori circostanti, assegnati in gestione ai membri della comunità [👁 17]. Nelle aree rurali più inaccessibili o prive di metalli preziosi, invece, l'influenza dei conquistatori non fu altrettanto forte. In tali zone – come per esempio lungo il Rio delle Amazzoni – sopravvissero insediamenti indigeni che continuarono a vivere di caccia e di raccolta, preservando le loro tradizioni.

L'encomienda come base amministrativa

L'organizzazione delle terre coloniali si basò sull'**encomienda** ("commenda, affidamento"): a un *conquistador* o a un suo discendente veniva assegnata una circoscrizione territoriale, formata da città, villaggi e terre da coltivare. Pur essendo privo della proprietà formale del suolo, l'*encomendero* amministrava parzialmente la giustizia e gestiva la forza lavoro, offrendo in cambio la sua protezione; di fatto, l'*encomienda* divenne la base sulla quale si instaurò il sistema di **sfruttamento forzoso del lavoro degli indigeni**. Gli obblighi dell'*encomendero* verso la corona spagnola erano invece quelli di riscuotere tributi e convertire al cristianesimo i suoi sottoposti.

Una struttura rigida e accentrata...

Un difficile controllo del territorio La Spagna mirava a instaurare un modello di dominio che, a differenza di quello portoghese (essenzialmente marittimo), era finalizzato a esercitare un controllo uniforme su spazi molto ampi. I **due vicereami**, la **Nuova Spagna** e il **Perù**, furono divisi in **province**, mentre l'amministrazione della giustizia venne formalmente affidata alle *audiencias* (circoscrizioni territoriali). La macchina burocratica, però, era molto stratificata, tanto che spesso i sudditi la percepivano come far-

---

PERCORSO VISIVO

[👁 17] **Città coloniali** Porti sulla costa del Perù e del Cile, tra cui Lima, Concepción, Valparaíso e Quintero.

▶ Particolare di una tavola da un testo portoghese che riporta le mappe dei maggiori porti di Asia e d'America, 1630.

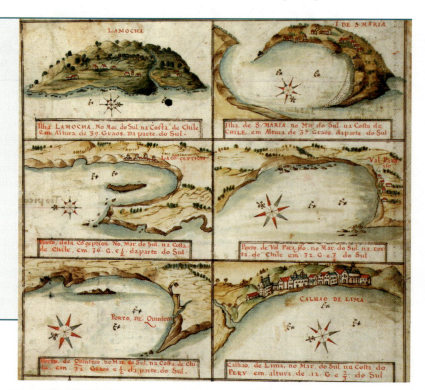

366

raginosa e inefficace. In più, le distinzioni fra spagnoli e indigeni rimasero fortissime, anche quando il potere centrale si sforzò di affermare che questi ultimi erano sottomessi direttamente alla corona e non vincolati agli *encomenderos* da forme di vassallaggio.

La corona spagnola fece dunque molta fatica ad affermare la sua presenza in un universo lontano dalla madrepatria, dove i soprusi finivano per essere la regola. Nel corso del XVI secolo, di conseguenza, fu costretta in diverse occasioni a escogitare dei metodi utili a sanare gli squilibri che si erano venuti a creare tra potere centrale e poteri locali, ricorrendo all'intervento di funzionari regi per affermare una giurisdizione meno particolaristica.

... indipendente da Madrid

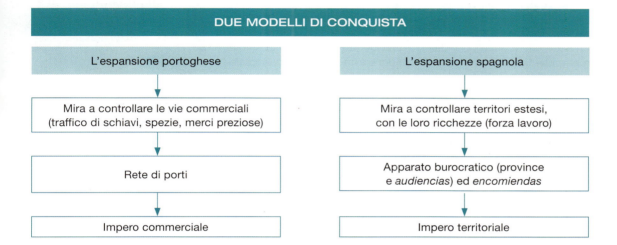

Colonizzazione, cristianizzazione, civilizzazione Al fine di acquisire il controllo territoriale, i conquistatori sfruttarono anche la capacità di influenza sui fedeli (non solo europei immigrati, ma anche nativi) esercitata dalle **parrocchie**, in un'ottica di stretta collaborazione tra potere politico e religioso. Ai funzionari e ai giudici si affiancavano infatti i **vescovi**: i titolari delle **22 diocesi** erano nominati dal *Consiglio delle Indie*, creato nel 1524 per sovrintendere al governo dei territori del Nuovo Mondo.

Pur nel quadro di una rigida gerarchia socio-economica che vedeva i nativi subordinati ai conquistatori, l'azione evangelizzatrice della Chiesa contribuì anche a dare una certa omogeneità a un universo politico-culturale dominato dai particolarismi. Sin dalle prime spedizioni, missionari e *conquistadores* riconobbero ai nativi un'umanità "incompleta", di un livello inferiore rispetto a quello dell'Europa cristiana e, quindi, bisognosa di essere elevata attraverso la **cristianizzazione**. Alla forza delle armi si aggiungeva così il potere di un messaggio salvifico che trasformava la **colonizzazione** in **civilizzazione**, le armi in strumenti di salvezza e redenzione, il sangue versato in un sacrificio necessario a divulgare la parola di Dio a culture barbare e incivili.

Gli **ordini religiosi** ebbero tuttavia una funzione di rilievo, oltre che nell'affermare la disciplina del culto, anche nel **denunciare le forme di sfruttamento** disumano sulle quali molti coloni costruivano le loro ricchezze. Emblematico fu il caso di **Bartolomé de Las Casas**, frate domenicano che ricopriva anche il ruolo di *encomendero*. Nel 1542 egli scrisse una *Breve relazione sulla distruzione delle Indie*, che impressionò non poco l'imperatore Carlo V, inducendolo a formulare nuove leggi per regolare il rapporto fra spagnoli e nativi [▶fenomeni, p. 368].

Il ruolo della Chiesa cattolica

Un duplice atteggiamento del mondo religioso

rispondi
1. Che cos'è l'*encomienda* e come è gestita? 2. In che modo la Chiesa contribuisce alla colonizzazione?

SEZIONE IV   LA NASCITA DEL MONDO MODERNO [1480-1600]

fenomeni

L'Europa e il Nuovo Mondo: il problema dell'"Altro"

L'"Altro" e la ridefinizione dell'identità

L'impatto delle scoperte geografiche sulla coscienza degli europei fu immediato. Confrontandosi con società dotate di codici culturali totalmente differenti da quelli conosciuti, l'Europa diede inizio a un processo di ridefinizione della propria identità. I "nuovi mondi" erano come specchi all'interno dei quali gli abitanti del "vecchio" continente riconobbero la loro immagine riflessa: soltanto comprendendo le peculiarità di comportamenti e credenze altrui furono in grado di raggiungere una maggiore consapevolezza della propria cultura, postulandone talvolta l'intrinseca superiorità.

Conoscere e dominare

Gli europei si posero fin da subito il problema di comprendere le realtà delle terre conquistate. Intorno ai "selvaggi" nacquero così discussioni accese. Secondo alcuni si trattava di esseri inferiori che vivevano senza leggi e senza Dio, al pari degli animali. Secondo altri erano semplicemente degli individui fermi a uno stato primordiale, che non avevano sperimentato forme di corruzione, preservando la loro innata innocenza: chiusi in dimensioni territoriali limitate, avevano praticato attività economiche di mero sostentamento, rimanendo estranei alle forme di conflitto per le quali si rendeva necessaria la presenza di una struttura statale.

Il confronto con altre civiltà stimolò la nascita di nuovi campi di indagine, che sottraevano credenze, consuetudini e valori a una dimensione atemporale, connettendola a contesti concreti, caratterizzati da precise forme di organizzazione della vita sociale. Uno dei punti più alti della conoscenza critica dell'"Altro" fu raggiunto dal pensatore francese Michel de Montaigne (1533-92) che, nei suoi *Saggi* (1580-95), studiò la genesi e lo sviluppo delle culture, comprendendo che era impossibile ridurle a un paradigma universale. Ogni civiltà aveva le sue specificità e non aveva senso modificarle sulla base di nuovi modelli politici o religiosi ispirati a verità indiscusse. Gli abitanti delle Americhe, per quello che veniva riferito dai testimoni, non erano affatto "barbari", ma semplicemente portatori di usi e costumi sconosciuti al vecchio continente.

Nonostante la profondità di queste riflessioni, l'atteggiamento dogmatico rimase prevalente. Il Nuovo Mondo che aveva preso forma nelle menti europee era il frutto di un incrocio fra aspettative e dati reali, sul quale avevano pesato secoli di missioni, scontri, incontri e scambi con le altre civiltà. Conoscere l'"Altro" significava talvolta "costruirlo" o "crearlo", attribuendogli caratteristiche che non gli appartenevano. Definire l'"Altro" poteva significare imprigionarlo in una posizione di subalternità, arrogarsi il diritto a dominarlo o a "civilizzarlo".

L'"Altro" come individuo: la voce di denuncia di Bartolomé de Las Casas

A queste logiche di dominio, su cui si basava la colonizzazione europea delle Americhe, si opposero molti missionari, soprattutto domenicani e francescani. Pur essendo convinti della necessità di convertire gli indios alla religio-

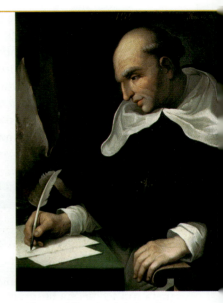

▲ Ritratto di Bartolomé de Las Casas, XVI secolo.

ne "vera", essi riconoscevano loro la dignità di esseri umani e si schierarono contro lo sfruttamento e le violenze dei coloni.

Tra questi missionari vi fu il domenicano Bartolomé de Las Casas (1474 o 1484-1566). Giunto nel 1502 a Santo Domingo come *encomendero*, nel 1512 prese i voti e rinunciò ai suoi privilegi, iniziando a denunciare con forza la violenza e lo sfruttamento cui erano sottoposti gli indigeni nel sistema delle *encomiendas* e perorando la causa di un'evangelizzazione pacifica nei confronti degli indios e di una loro gestione autonoma delle terre. Le sue argomentazioni trovarono ascolto presso la corte di Madrid, ma erano in gioco interessi economici enormi e i suoi nemici, in America e nella stessa Spagna, riuscirono sempre a rendere inefficaci le riforme a favore degli indios. Ritiratosi in convento a Valladolid, continuò a scrivere e le sue opere costituirono la base per una diversa valutazione della colonizzazione europea. ■

368

La scoperta dei "nuovi mondi" **CAPITOLO 11**

11.6 Le conseguenze globali della colonizzazione

Una nuova rete commerciale mondiale Le conseguenze culturali, demografiche ed economiche dell'arrivo degli europei nel continente americano ebbero una portata globale, portando alla nascita di nuove rotte commerciali, al cambiamento nella composizione della popolazione e alla trasformazione del paesaggio agrario di intere regioni del pianeta. L'abbondanza di **metalli preziosi**, localizzati soprattutto in Messico e in Perù, influì sui rapporti fra le aree coloniali e l'Europa, inaugurando un costante e cospicuo afflusso di oro e argento verso la Spagna, che sarebbe continuato fino alla metà del Seicento. Alcuni dei più grandi centri urbani sorsero proprio intorno ai giacimenti e diventarono poli d'attrazione anche per l'attività agricola e manifatturiera.

> Oro e argento dal nuovo continente

I metalli provenienti dalle Americhe giocarono un ruolo importante – anche se non determinante, come si è creduto fino a qualche decennio fa – nel rafforzare in Europa l'**aumento dei prezzi** dei beni di prima necessità, dei cereali e di altri prodotti alimentari, dovuto al notevole incremento demografico avvenuto agli inizi del XVI secolo. Ma soprattutto contribuirono allo sviluppo di una **rete di scambi** che coinvolgeva aree del pianeta molto distanti e fino ad allora reciprocamente estranee. Oro e argento furono per esempio utilizzati per importare spezie e altre merci dall'Oriente. In questo nuovo sistema, gli europei si specializzarono nella produzione di manufatti e nella gestione di attività finanziarie (per esempio i prestiti di denaro concessi ai mercanti per finanziare i loro viaggi), mentre i territori colonizzati assunsero il compito di fornire materie prime, derrate alimentari e forza lavoro a basso costo.

> Gli sviluppi commerciali e finanziari globali

Questa distribuzione di funzioni contribuì gradualmente allo **sviluppo di dinamiche economiche su scala planetaria**.

Le monarchie europee – alcune sul breve periodo, altre in tempi più lunghi – beneficiarono in maniera tangibile di questi cambiamenti. La disponibilità di nuove risorse e il ruolo preminente del potere centrale nella gestione degli itinerari commerciali consentì ai sovrani di regolare in misura maggiore le economie nazionali, nonché di investire in eserciti e armi. Gli stessi regnanti beneficiarono indirettamente anche della crescita del ceto mercantile, che controbilanciò il potere delle nobiltà terriere, tradizionalmente gelose delle loro prerogative locali e poco favorevoli al rafforzamento di strutture statali tendenti ad accentrare il potere e a sottrarre loro autonomie decisionali e risorse.

> Un rafforzamento dei poteri centrali europei

Migrazioni volontarie e forzate I nuovi rapporti tra i continenti non riguardarono soltanto lo spostamento di merci e capitali, ma anche di esseri umani. La rapida e radicale riduzione della popolazione indigena stimolò infatti l'importazione di numerosi **schiavi africani**: un fenomeno che, oltre ad avere effetti devastanti sulle loro terre di provenienza, consentì una forma di feroce sfruttamento del lavoro che divenne elemento strutturale nell'organizzazione del sistema produttivo delle colonie [👁 **18, p. 370**].

> Il traffico di schiavi

Inoltre, circa 220 000 persone (in maggioranza maschi) emigrarono dall'Europa nei primi 75 anni del secolo, contribuendo a una massiccia **europeizzazione dei costumi locali**. Gli europei, infatti, si stabilivano in prevalenza nei centri urbani, sposavano donne indie, usavano manufatti provenienti dai Paesi Bassi, si vestivano con lane inglesi, bevevano vini portoghesi, costruivano chiese ispirandosi ai disegni di artisti italiani.

369

SEZIONE IV   LA NASCITA DEL MONDO MODERNO [1480-1600]

Nuovi prodotti

Cambiamenti delle abitudini e trasformazioni del territorio A subire cambiamenti significativi, talvolta graduali e realizzatisi solo sul lungo periodo, fu anche la vita quotidiana degli europei e in particolare le loro **abitudini alimentari**. Il contributo del mais, della patata e del pomodoro alla dieta europea, per esempio, si fece rilevante nel corso del Seicento. Lo zucchero, che fino al Cinquecento era un prodotto decisamente raro, divenne di uso comune tra le classi più elevate. Altri generi accessori e non legati all'alimentazione di base – come il caffè, il cacao, il tè e il tabacco – contribuirono a cambiare le dinamiche della vita sociale, diventando presenze costanti nelle case nobiliari, o anche in quelle di persone semplicemente benestanti che si concedevano momenti di pausa dalle loro occupazioni [👁 19].

La nuova economia americana

Le isole caraibiche, dopo la fine della "corsa all'oro" di cui erano state oggetto nella prima fase della colonizzazione, furono destinate alla coltivazione della canna da zucchero. Lo sfruttamento agricolo, insieme all'arrivo di **nuove piante** e **nuovi animali**, modificò in profondità il paesaggio del Perù: alla coltivazione del mais fu abbinata quella del frumento, dell'olivo e della vite. Effetti ancora più evidenti ebbe l'allevamento, poco praticato in epoca precolombiana: gli indios delle Ande si specializzarono nella cura delle greggi ovine e nella produzione della lana, mentre i cavalli e i buoi ebbero maggiore fortuna nelle zone orientali del continente.

rispondi

1. Quali conseguenze economiche derivarono dal commercio con il Nuovo Mondo?

PERCORSO VISIVO

[👁 **18**] **Il lavoro forzato** Schiavi africani originari della Guinea lavorano in una miniera d'oro sotto il controllo di soldati spagnoli; a destra, altri schiavi impiegati nella raccolta e nel trattamento della canna da zucchero.

▶ Incisione colorata di Theodor de Bry risalente agli anni 1594-95.

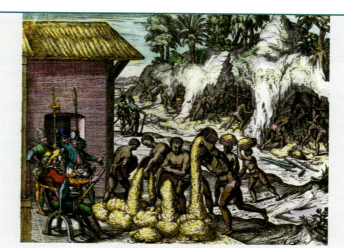

[👁 **19**] **Il cibo degli dèi** Maya e aztechi mescolavano le fave di cacao triturate con acqua per preparare una bevanda amara e molto speziata, consumata durante le cerimonie importanti. Gli spagnoli eliminarono le spezie, aggiunsero zucchero e altri ingredienti e importarono in Europa la deliziosa bevanda, a cui diedero il nome di *chocolate* (forse dalla parola azteca *xocoatl*). Nel XVI e XVII secolo, il cioccolato si diffuse come bene di lusso, riservato ai più ricchi.

▶ Nativi del Brasile durante la lavorazione delle fave di cacao, in un'incisione del XVI secolo.

VERSO LE COMPETENZE

esercitazione — CLIL The Discovery of "New Worlds" ▶ p. 620

● USARE IL LESSICO

1. **Spiega sinteticamente (massimo 3 righe) il significato delle seguenti espressioni.**

   Impero marittimo/commerciale – Impero territoriale – Paralisi cognitiva – *Conquistadores* – *Encomienda*

● COLLOCARE GLI EVENTI NELLO SPAZIO E NEL TEMPO

2. **Completa la carta seguendo le indicazioni.**

   Traccia sulla carta gli itinerari degli esploratori elencati in legenda e completala scrivendo gli anni in cui è stato compiuto ciascun viaggio.

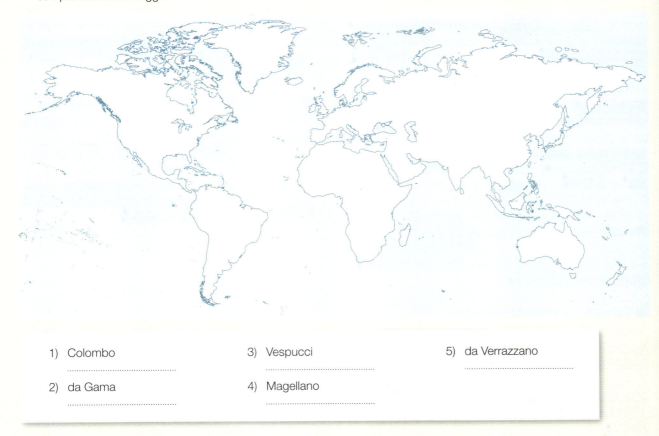

1) Colombo   3) Vespucci   5) da Verrazzano

2) da Gama   4) Magellano

● LEGGERE E VALUTARE LE FONTI

3. **Osserva le immagini e rispondi alle domande.**

   La *Carta del Cantino* (1502) (▶ p. 357) mostra le terre note dopo i viaggi di Colombo e Vespucci.
   Analizza il documento e accostalo a una carta precedente al 1502 (▶ p. 350) e a una odierna.
   a) Quali sono le principali differenze?
   b) Come cambia la percezione del mondo conosciuto?

   esporre a voce — CLIL Utilizzando queste domande come una scaletta, organizza una presentazione orale di massimo 5 minuti ed esponila alla classe.

I SAPERI FONDAMENTALI

 sintesi   audiolettura

● LE GRANDI ESPLORAZIONI GEOGRAFICHE

▶ 11.1 La necessità di individuare nuove vie commerciali verso Oriente, le suggestioni dei racconti dei viaggiatori e la rivalità territoriale e religiosa con l'Impero ottomano sono tra le cause della scoperta e della **conquista di "nuovi mondi"** da parte dell'Europa. Il **Portogallo**, con Enrico il Navigatore, avvia le spedizioni verso le coste occidentali dell'Africa, di cui Bartolomeo Diaz raggiunge l'estremità meridionale nel 1487.

▶ 11.2 Il Regno di **Spagna** risponde con la spedizione di **Cristoforo Colombo (1492)**. Navigando verso ovest per raggiungere le Indie, senza rendersene conto scopre un continente sconosciuto: l'America. I portoghesi esplorano il Brasile e circumnavigano l'Africa con **Vasco da Gama**; 20 anni dopo, la spedizione spagnola di **Ferdinando Magellano** compie la prima circumnavigazione del globo. Per disciplinare i possessi delle nazioni europee, il **Trattato di Tordesillas (1494)** traccia un confine a occidente delle isole di Capo Verde, assegnando ai portoghesi le terre a est, agli spagnoli quelle a ovest. I portoghesi costruiscono un impero marittimo/commerciale basato sugli avamposti lungo le coste africane e asiatiche. Anche **Inghilterra** e **Francia** finanziano spedizioni verso il Nuovo Mondo, raggiungendo il Nord del continente. Giovanni da Verrazzano, sostenuto dalla monarchia francese, mappa la costa atlantica settentrionale nel 1524.

● LE CIVILTÀ PRECOLOMBIANE

▶ 11.3 All'arrivo degli europei, nell'America centromeridionale sono presenti civiltà e popoli dotati di avanzate organizzazioni statali: i **maya**, organizzati in città-Stato, vivono a sud-est dell'attuale Messico; gli **aztechi** popolano una regione del Messico centrale; gli **incas** risiedono lungo la costa pacifica e la catena montuosa delle Ande. Queste società, basate su un'agricoltura sedentaria, presentano una forte stratificazione sociale e hanno complesse strutture statali.

● LA CONQUISTA DEL NUOVO MONDO

▶ 11.4 A partire dal 1517 i conquistatori spagnoli (*conquistadores*) cominciano a inoltrarsi nella terraferma. Cortés, de Montejo, Pizarro, de Almagro sono i primi cavalieri spagnoli (*hidalgos*) a compiere terribili massacri, sia con l'uso di mezzi sconosciuti ai nativi (armi in acciaio, armi da fuoco, cavalli), sia con l'involontaria diffusione di malattie, che uccidono milioni di persone. Incapaci di comprendere ciò che sta accadendo e quindi di reagire, le civiltà americane vengono distrutte.

▶ 11.5 Sulle terre conquistate gli spagnoli impongono la loro giurisdizione, costruendo un impero territoriale basato su due vicereami, della Nuova Spagna e del Perú. L'organizzazione dei domini coloniali si basa sull'*encomienda* ("affidamento") a un *conquistador* di una circoscrizione territoriale, sulla quale egli esercita lo sfruttamento forzoso del lavoro degli indigeni per le coltivazioni e la manifattura. Gli europei, a confronto con popoli così culturalmente lontani, ridefiniscono la propria identità e cercano di costruire quella dell'"Altro", in bilico tra riconoscimento di un'umanità differente e senso di superiorità.

● LE CONSEGUENZE DELLA CONQUISTA

▶ 11.6 Le conquiste portano anche significativi cambiamenti negli affari economici europei, che per la prima volta assumono una dimensione globale. I nuovi prodotti e le ricchezze portano mutamenti materiali ed economici nella vita del vecchio continente, mentre verso l'America si innescano enormi migrazioni di popoli, sia volontarie che forzate come nel caso degli schiavi africani.

linea del tempo

1394

1394-1460
regno di Enrico il Navigatore (Portogallo) e primi viaggi di conquista in Africa

1487
Bartolomeo Diaz oltrepassa l'estremità meridionale dell'Africa

12 ottobre 1492
Colombo raggiunge San Salvador

372

LA SCOPERTA DEI "NUOVI MONDI" CAPITOLO 11

mappa

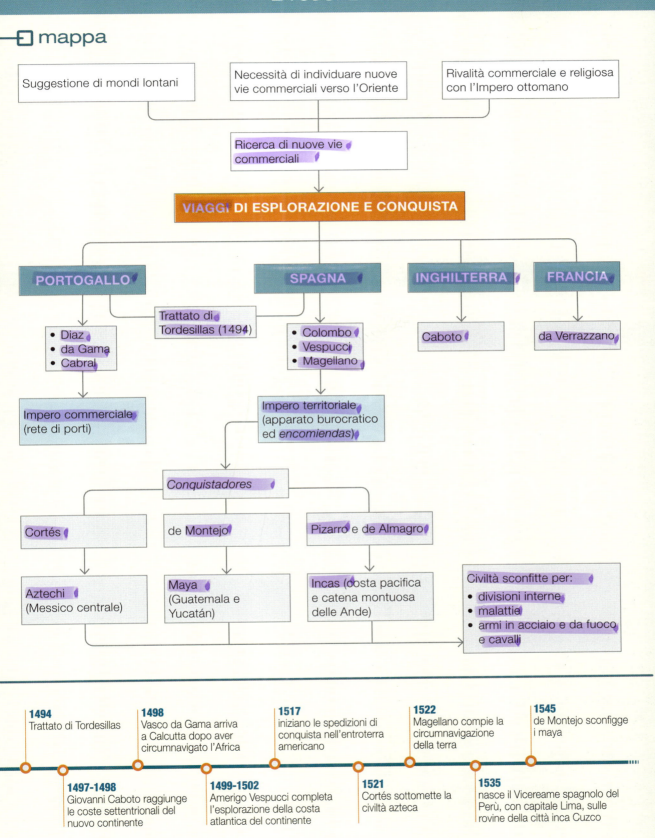

CAPITOLO 12

L'Europa e il mondo nell'età di Carlo V

Particolarismo/Centralismo

I processi di costruzione dello Stato moderno che si avviarono in Europa tra il XV e il XVI secolo furono segnati dall'affermazione di strategie centralistiche, cioè volte al concentramento dei poteri nelle mani dei sovrani e al superamento – ancora parziale – dei particolarismi propri delle formazioni politiche medievali. Ciò nonostante, le nuove forme di organizzazione politica presentavano forti elementi di continuità con il passato, sulle quali gli studiosi si interrogano ancora in maniera costante: per tutta l'età moderna, infatti, i nobili, gli ecclesiastici, le comunità locali e gli altri poteri territoriali seguitarono a conferire validità ai loro ordinamenti e alle loro consuetudini.

le parole della storiografia

L'Europa e il mondo nell'età di Carlo V | **CAPITOLO 12**

— GUIDA&RISORSE
PER LO STUDIO

Per riprendere il filo... La fine del XV secolo fu segnata dall'apertura di nuove vie di navigazione oceanica, dal declino del Mediterraneo come centro dei traffici, dalla diffusione della cultura umanistica, dall'acuirsi delle tensioni religiose. Questi fenomeni si accompagnarono alle trasformazioni delle grandi monarchie, come la Francia e la Spagna, che mentre all'interno dei propri confini cercavano di arginare i particolarismi e i privilegi territoriali, nel panorama continentale si impegnarono a rafforzare la loro posizione attraverso un massiccio impegno bellico contro i nemici esterni. Se il mondo tedesco poteva contare sulla parziale protezione garantita dal potere imperiale, non si può dire lo stesso per le piccole compagini territoriali italiane che, pur godendo di un periodo di pace, erano controllate da famiglie aristocratiche incapaci di accumulare le risorse economiche necessarie per organizzare buoni eserciti e apparivano sempre più deboli di fronte a grandi casati come quelli degli Asburgo o dei Valois.

12.1 Il rafforzamento degli apparati statali

Centralismi e particolarismi Secondo le interpretazioni più largamente condivise dagli studiosi, la storia politica europea del XV e del XVI secolo fu segnata da un processo di graduale **rafforzamento dei poteri monarchici**, pur all'interno di dinamiche complesse e differenziate sul piano geografico [◉1]. Il consolidamento del potere centrale, riscontrato in particolare in grandi Stati come la Francia, la Spagna e l'Inghilterra, riguardò da un lato la definizione delle prerogative del sovrano, la sua indipendenza giuridica da altre fonti di potere, il monopolio dell'uso della forza; dall'altro lato la co-

Un processo lento e contrastato

[◉1] **L'Europa del 1492** Il quadro europeo appariva estremamente composito. Accanto alle grandi formazioni politiche che occupavano il cuore del continente, c'erano altre realtà come il Regno d'Inghilterra, il Regno di Danimarca e lo Stato polacco-lituano. La penisola italiana era profondamente frammentata: gli unici territori ad avere un'estensione consistente erano la Repubblica di Venezia, il Ducato di Milano e quello di Savoia, Firenze, lo Stato della Chiesa, il Regno di Napoli, la Sicilia e la Sardegna (entrambe comunque sotto il controllo spagnolo).

SEZIONE IV   LA NASCITA DEL MONDO MODERNO [1480-1600]

struzione di un'autorità forte sul piano simbolico, capace di imporre il rispetto della legge, ma anche di trasmettere ai sudditi un comune senso di appartenenza.

Le tendenze centralistiche faticarono per lungo tempo a imporsi, dovendo confrontarsi con la persistente presenza di **poteri particolaristici**. Le aristocrazie, le comunità cittadine e rurali, i detentori di poteri signorili, gli ecclesiastici continuavano a esercitare forme di intervento sul corpo sociale, facendo leva in prevalenza su rapporti personali. Di fronte a forti spinte centrifughe, risultava oltremodo difficile affermare un sistema giudiziario, burocratico e fiscale omogeneo. Le frequenti controversie, che generavano conflitti fra individui e gruppi, venivano risolte sulla base di accordi privati, senza il ricorso a regole valide per tutti. Le corti o le assemblee territoriali tendevano a prendere decisioni indipendenti dalle direttive centrali, contribuendo a fare in modo che individui e famiglie percepissero come distante il potere del sovrano.

La forza dei poteri locali

Le **reti clientelari** rimanevano molto forti ed erano spesso soggetti privilegiati – appartenenti per lo più a casati influenti – a garantire protezione ai loro sottoposti sulla base di alleanze "verticali" o "trasversali". Sarebbe infatti un errore considerare la nobiltà, il clero, i mercanti o i lavoratori della terra come soggetti collettivi omogenei e solidali al loro interno: è certamente più opportuno pensare a corpi diversificati, le cui singole componenti si legavano ad altri attori di diversa condizione sociale, andando a formare **consorterie** o **fazioni** radicate sul piano territoriale. Raramente era il censo a stimolare la formazione e il consolidamento di reti di mutuo sostegno: la fedeltà, l'onore e la nascita valevano spesso più delle ricchezze. Per questa ragione, gli storici preferiscono descrivere la società europea dei secoli XVI, XVII e XVIII distinguendo con attenzione fra il concetto di **ceto** (fondato soprattutto sui privilegi del sangue) e quello di **classe** (incentrato sulla condizione economica) [▶fenomeni].

Le prime forme di Stato centralizzato

Il consolidamento dell'apparato amministrativo Oltre a regolare i feudi e le giurisdizioni locali, i governi si impegnarono nella riorganizzazione dei sistemi fiscali e nello sviluppo di organi di mediazione estranei a logiche territoriali e dotati di **compiti burocratici**, nei quali la struttura contava più delle singole personalità coinvolte. Per superare forme di esercizio del potere basate su arbitri e interessi personali, si affermò – sia pure in maniera discontinua e non senza generare controversie – il concetto di **"uf-**

Società di ceti e società di classi

fenomeni

Nelle società di antico regime, le espressioni più usate per identificare gruppi sociali erano "ceto" e "stato". L'idea di fondo era che i ruoli sociali fossero preordinati, senza la possibilità di effettive trasformazioni nel corso del tempo. I nobili erano tali per nascita e, in virtù dei loro privilegi, monopolizzavano l'accesso alle alte sfere della gerarchia clericale, essendo gli unici a poter usufruire di un'istruzione adeguata. La parte restante della popolazione rientrava nella variegata categoria dei lavoratori, che comprendeva contadini, artigiani, mercanti. Chi accumulava le ricchezze necessarie poteva comprare titoli aristocratici messi in vendita dai poteri monarchici per fare cassa, ma le nobiltà prive di antichi lignaggi e di recente formazione erano comunque guardate con disprezzo o diffidenza.

Il concetto di "classe", pur essendo già in uso nel Settecento, si consolidò solo nel secolo successivo, quando – dopo le grosse trasformazioni intervenute con la rivoluzione industriale – le differenze fra i singoli componenti del corpo sociale si andarono a definire in base alla posizione economica e al ruolo che essi occupavano nel processo produttivo. Quando si parla di "classe" si privilegiano quindi i ruoli professionali, gli stili di vita, i modelli di investimento, di scambio e di consumo. ◼

376

ficio": a contare non doveva più essere l'autorità dell'individuo che deteneva l'incarico, quanto la carica in sé, coperta per conto di uno Stato inteso come ente astratto e identificabile solo nella figura del re.

I funzionari impiegati in queste strutture erano tenuti a possedere competenze ben definite, acquisite anche attraverso una formazione universitaria. In tal modo, anche soggetti benestanti che non appartenevano per nascita al ceto aristocratico potevano accedere ai gradini più alti dell'amministrazione pubblica, guadagnando un prestigio sociale fino a quel momento loro precluso. Con il loro contributo, i monarchi cercarono di svincolarsi dai rapporti privati e dalle pratiche consuetudinarie che li legavano ai casati aristocratici. Al contempo, tesero a dotarsi di **rappresentanze diplomatiche** ugualmente provviste di una preparazione specifica, in modo da rendere percepibile anche all'esterno dei loro confini la presenza di un potere unico e non frammentato [👁 2].

In questa fase gli Stati accrebbero le loro prerogative tenendo conto solo parzialmente delle **identità nazionali**, intese come insiemi dei fattori che legano tra loro i membri di una collettività: tradizioni storiche, linguistiche, culturali, religiose. La Spagna, per esempio, si configurava come una compagine multietnica nella quale convivevano realtà differenti e disarticolate, ciclicamente protagoniste di situazioni conflittuali. Non è un caso se uno dei nodi centrali della gestione del potere in età moderna fu proprio la possibilità di conservare l'unità politica in territori le cui popolazioni rimanevano divise sul piano linguistico e religioso e prive di un sistema di valori condivisi.

Furono proprio questi fenomeni a stimolare la riflessione di giuristi, letterati e teologi sull'organizzazione della vita pubblica e sulla natura stessa del potere, sulla funzione della religione nella politica, sul ruolo del sovrano e sugli eventuali limiti da imporre alla sua azione, specialmente nel rapporto con i ceti eminenti e i sudditi. Il contesto degli Stati italiani – colpiti, come vedremo più avanti, da una violenta crisi politica e sociale – si rivelò particolarmente fertile nell'elaborazione di nuove idee, soprattutto grazie alle opere di pensatori come **Niccolò Machiavelli** (1469-1527) e **Francesco Guicciardini** (1483-1540), che si interrogarono su temi cruciali quali la conservazione e stabilizzazione dello Stato, la difesa della comune prosperità, il discernimento del giusto dall'ingiusto, il rispetto delle leggi umane e divine [▶idee, p. 378].

La creazione di una classe di funzionari

Stati territoriali poco omogenei

approfondimento
La volpe e il leone
(Il principe, XVIII)

percorsi storiografici p. 482
Lo Stato moderno: forze aggreganti e forze disgreganti
A. Mączak, O. Raggio

[👁 2] **L'arrivo degli ambasciatori** Anche se il quadro rappresenta un episodio collocato intorno al V secolo, il pittore ritrae la realtà del suo tempo: gli ambasciatori del re d'Inghilterra che si recano con grande sfarzo presso una corte straniera.

◀ Vittore Carpaccio, *Arrivo degli ambasciatori inglesi alla corte del re di Bretagna* (1494), dalle *Storie di Sant'Orsola*. Venezia, Gallerie dell'Accademia.

SEZIONE IV — LA NASCITA DEL MONDO MODERNO [1480-1600]

idee

La nascita dello Stato moderno

Nel corso dell'Ottocento gli studiosi di diritto pubblico e di scienza politica rintracciarono nei processi di razionalizzazione in ambito politico e amministrativo messi in atto dai regni europei nel XV e XVI secolo l'origine della formazione dello Stato moderno. Con questa espressione indicavano un modello di organizzazione finalizzato al controllo dei comportamenti individuali e all'affermazione di un'entità governativa centrale capace di affermare le sue prerogative a scapito di altri gruppi di influenza e centri di potere esistenti su un determinato territorio. Ancora oggi gli storici continuano a mostrare divergenze intorno all'idea di Stato moderno: i modelli di sviluppo all'interno del contesto europeo, infatti, non furono affatto univoci, così come non è chiaro se questo concetto possa essere impiegato per definire forme politiche diverse esistenti in altre aree del globo.

La forza e il potere per Machiavelli

Uno degli stimoli principali al rafforzamento del potere del sovrano fu certamente la guerra: per affrontare i nemici esterni furono assemblati eserciti permanenti e organizzati, solidi apparati burocratici capaci di raccogliere le risorse necessarie allo sforzo bellico, senza dimenticare le corti di giustizia e i corpi diplomatici. Questi sforzi furono accompagnati e sostenuti anche da elaborazioni teoriche, come quella di Niccolò Machiavelli (1469-1527) che sottolineò – in opere come Il principe (1513) – la necessità di separare l'ambito della politica da quello della morale e della religione: i detentori del potere, secondo lui, dovevano ricorrere a tutti i mezzi necessari per garantire il benessere e l'integrità dello Stato, senza inseguire astratti precetti morali. Chi conquistava o esercitava il potere non poteva trasformare gli uomini in creature buone, ma era chiamato a domare la loro natura, incline all'inganno e alla salvaguardia di interessi particolari ed egoistici.

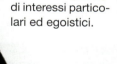
◀ Ritratto di Niccolò Machiavelli, XVI secolo.

▲ Ritratto di Francesco Guicciardini, XVI secolo.

Le riflessioni di Guicciardini

Diverso, ma altrettanto rilevante, il pensiero di Francesco Gucciardini (1483-1540), che rifiutava la possibilità di offrire ai governanti regole precise, affidandosi invece alla loro capacità di distinguere nello specifico le situazioni che di volta in volta si presentavano ai loro occhi, trovando opportune soluzioni, stringendo patti e alleanze, accettando compromessi. Nella Storia d'Italia – scritta fra il 1537 e il 1540, ma pubblicata solo un ventennio più tardi – il pensatore sottopose ad analisi le sue stesse esperienze politiche alla luce degli eventi che avevano interessato la penisola dopo il 1492: guardò con molta attenzione ai personaggi più importanti che avevano segnato quegli anni (come per esempio Rodrigo e Cesare Borgia), offrendone dei veri e propri "ritratti", ma giunse alla conclusione che non esistevano modelli interpretativi utili a prevedere o gestire le azioni degli uomini. ■

La guerra dei cavalieri, la guerra degli eserciti Un'altra significativa novità riguardò la creazione di **eserciti permanenti alle dipendenze del sovrano**, fenomeno che stimolò a sua volta il rafforzamento degli apparati statali e si accompagnò a una trasformazione del modo di fare la **guerra**. Le fanterie e le artiglierie diventarono decisive nei conflitti, permettendo ai sovrani – almeno a quelli che erano in grado di concentrare nelle loro mani grandi risorse finanziarie per garantire la paga ai soldati – di emanciparsi dal supporto della nobiltà cavalleresca, tradizionale nerbo degli eserciti medievali. Un ruolo importante sui campi di battaglia fu inoltre giocato dai grandi corpi di **mercenari**, soldati di professione che combattevano non per spirito di servizio nei confronti del sovrano o per senso appartenenza a uno Stato, ma unicamente per ricevere un compenso. Grazie all'apporto dei mercenari e all'arruolamento di soldati di estrazione popolare (dunque non professionisti) si arrivò a costituire **eserciti di massa**, guidati però sempre da ufficiali di estrazione nobiliare.

Sul piano propriamente militare, la cavalleria di età medievale risultava ormai inefficace contro una fanteria organizzata e disposta in quadrati compatti e conservava un ruolo importante solo come arma ausiliaria, per le rapide scorrerie nel campo nemico o per l'inseguimento dei soldati in fuga. Le **sciabole** e le **armi da fuoco** sostituirono gradualmente le pesanti armature di ferro e le lance [3]. Si trattò di trasformazioni che riflettevano ed erano allo stesso tempo causa di un profondo **cambiamento culturale e sociale**. Difficilmente un cavaliere avrebbe potuto accettare l'uso di un'arma che

> Il nuovo ruolo degli eserciti
>
> Il tramonto della cavalleria

PERCORSO VISIVO

[3] **Nuovi modi di fare guerra** In questa incisione colorata di fine Quattrocento, viene raffigurato un archibugiere in battaglia. Le armi da fuoco, come l'archibugio, nel XV secolo erano ancora rudimentali e meno efficaci di archi e balestre che, di contro, richiedevano addestramenti lunghi e costosi. Principi e sovrani, alla ricerca di soluzioni rapide ed economiche per armare grandi masse, stimolarono così inventori e artigiani, tanto che in un tempo abbastanza breve si ebbero progressi tecnici tali da rendere fucili e cannoni armi micidiali. Nel 1515 nella battaglia di Marignano (oggi Melegnano), l'artiglieria francese ebbe la meglio sulle picche delle fanterie svizzere, fino ad allora ritenute invincibili, assicurandosi il dominio sul Ducato di Milano. Il tempo della cavalleria si avvia alla fine.

SEZIONE IV   LA NASCITA DEL MONDO MODERNO [1480-1600]

consentiva di colpire da lontano il nemico: poiché lo scontro doveva essere una dimostrazione di coraggio, oltre che di abilità tecnica, un tale gesto sarebbe stato considerato espressione di viltà. Le figure dei guerrieri medievali tendevano così a essere relegate nell'ambito della letteratura, che le trasfigurava in personaggi leggendari, animati da sentimenti di fedeltà verso il signore e dalla necessità di salvaguardare l'onore sul campo di battaglia. Il trauma culturale generato dalle nuove pratiche belliche è ben testimoniato dai **poemi epico-cavallereschi** prodotti all'ombra delle corti italiane [👁 4], centri all'avanguardia sul piano della promozione delle arti e delle lettere ma ormai incapaci, sul piano militare, di reggere la concorrenza delle potenti corone del continente.

Un'Europa in movimento

Un periodo di grandi cambiamenti Questi processi si verificarono nel quadro di altre profonde trasformazioni che interessarono il continente europeo fra il XV e il XVI secolo.

- L'**allargamento degli orizzonti geografici**. L'azione di sovrani disposti a investire il denaro derivante da un più organizzato sistema di prelievo fiscale costituì un fattore di stimolo per la scoperta e la conquista di nuove terre [▶ cap. 11].
- Le **fratture del panorama religioso**, e in particolare la Riforma protestante che studieremo nel prossimo capitolo. L'inasprirsi dei conflitti religiosi spinse infatti i grandi monarchi e i principi territoriali a sviluppare nuovi strumenti di controllo volti a garantire l'unità culturale e confessionale del corpo dei sudditi.
- L'affermazione di **nuove idee nell'ambito della cultura**. Un'innovazione tecnologica come l'introduzione della stampa a caratteri mobili [▶ cap. 10] aumentò in modo considerevole lo scambio di notizie e la riorganizzazione dei saperi, ma anche la diffusione di inquietudini legate alla fede e al rapporto con l'autorità.

Il rafforzamento degli apparati burocratico-amministrativi e diplomatici, infine, trovò un valido appoggio nella crescita di ceti istruiti e dotati di dimestichezza con la scrittura, capaci di produrre nuovi linguaggi specialistici e promuovere scambi interculturali che favorivano la circolazione delle idee.

rispondi
1. In quale modo i sovrani iniziano processi di centralizzazione del potere? 2. Quali sono le maggiori resistenze che incontrano? 3. Quali cambiamenti avvengono in Europa tra il XV e il XVI secolo?

PERCORSO VISIVO

[👁 4] **La letteratura cavalleresca nell'Italia del Cinquecento** Poeti come Matteo Maria Boiardo e Ludovico Ariosto, supportati dal mecenatismo degli Este di Ferrara, raccontano nei loro celebri poemi – come l'*Orlando innamorato* e l'*Orlando furioso* – le gesta eroiche di leggendari guerrieri al servizio di Carlo Magno, celebrando fra nostalgia e ironico distacco un ideale cavalleresco ormai al tramonto.
In questo piatto cinquecentesco di manifattura italiana viene illustrato un episodio dell'*Orlando furioso*: Astolfo caccia le arpie dal regno del Prete Gianni, in Etiopia. Le arpie, creature mitologiche alate e malvagie, nel poema rappresentano i mali che affliggono l'Italia, «Ch'in guerre, in povertà sempre e in affanni / È […] stata, ed è per star molt'anni».

12.2 Le potenze europee fra centralismi e particolarismi

La Francia Sotto i regni di Carlo VIII (1493-98), Luigi XII (1498-1515) e Francesco I (1515-47), la Francia continuò l'azione di rafforzamento del potere centrale [👁 5] iniziata nel corso del XV secolo [▶ cap. 8.3]. Il paese contava allora, probabilmente, più di 15 milioni di abitanti, quasi il triplo della Spagna. La ricca attività agricola e manifatturiera era sostenuta dai flussi commerciali che percorrevano sia l'Atlantico e il Mediterraneo, sia le vie di terra dell'Europa continentale.

Il territorio francese fu diviso in circoscrizioni fiscali e il sistema di prelievo divenne più efficiente, anche se ampi settori della nobiltà e del clero conservarono l'esenzione. Un ruolo centrale venne affidato agli **Stati generali**, che portavano al sovrano le istanze dei rispettivi ceti: **clero**, **nobiltà** e **"terzo stato"**. Con il trascorrere degli anni però, queste assemblee rappresentative si riunirono sempre più raramente e lo stesso **Consiglio del re**, formatosi in età altomedievale e composto dai più influenti esponenti della nobiltà e dell'alto clero, perse progressivamente importanza a favore di organismi nominati direttamente dal sovrano e perciò più facilmente controllabili. Per cercare di arginare i potentati locali e di garantire il rispetto dell'autorità monarchica anche i **parlamenti**, che svolgevano funzioni giudiziarie nella capitale e nelle province, vennero sottratti alle influenze aristocratiche e affidati a giuristi – anche di origine borghese – formatisi nelle università.

Sul piano religioso furono sfruttati i privilegi propri della **tradizione "gallicana"**, che riservava al sovrano francese una considerevole indipendenza da Roma, permettendogli di vantare prerogative sul clero secolare e regolare: a lui era riservato, infatti, il diritto di nominare vescovi, abati e priori. La presenza sui territori di figure direttamente dipendenti dal re ridimensionava fortemente il ruolo della Chiesa come depositaria di autorità signorili o territoriali.

Un paese ricco e popoloso

L'amministrazione statale

Il re e la Chiesa

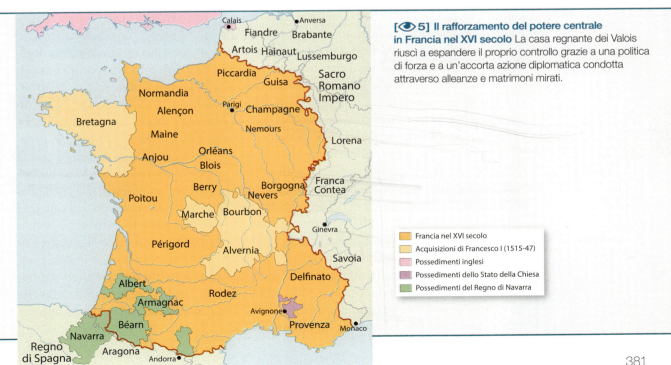

[👁 5] **Il rafforzamento del potere centrale in Francia nel XVI secolo** La casa regnante dei Valois riuscì a espandere il proprio controllo grazie a una politica di forza e a un'accorta azione diplomatica condotta attraverso alleanze e matrimoni mirati.

SEZIONE IV   LA NASCITA DEL MONDO MODERNO [1480-1600]

I limiti dell'accentramento

Gli sviluppi qui esposti potrebbero far pensare all'affermazione di un potere assoluto svincolato da altre forme di autorità, ma non fu così: le dialettiche fra spinte centralizzanti e sopravvivenze di poteri particolaristici producevano effetti talvolta complessi, generando nuove occasioni di conflitto. Basti pensare al fatto che i titolari di feudi conservarono comunque parte delle loro prerogative, che le assemblee delle comunità rurali potevano intervenire nella risoluzione delle controversie e nel controllo delle attività produttive, mentre le città tendevano ancora ad autogestirsi. Dagli anni Venti del Cinquecento, inoltre, le **cariche amministrative** divennero ufficialmente **vendibili**, permettendo sì allo Stato di acquisire risorse, ma dando anche il via alla formazione di un nuovo ceto di potere in grado di ritagliarsi importanti spazi di autonomia all'interno dell'apparato statale.

L'amministrazione di un paese diviso

La Spagna fra unità politica e repressione delle minoranze
Il matrimonio tra Ferdinando d'Aragona e Isabella di Castiglia (1469) era stato uno stimolo verso l'unificazione della penisola iberica, ma le divisioni interne rimanevano forti. Al di là delle differenze culturali e anche linguistiche tra i due regni, in un contesto segnato dalla sopravvivenza di forti poteri feudali; le **aristocrazie** esercitavano ancora una notevole influenza in ambito economico, controllando le attività produttive e gestendo i conflitti fra allevatori e agricoltori, anche se di fatto curavano prevalentemente i loro interessi. Le stesse assemblee rappresentative, le *Cortes*, erano convocate solo quando la corona doveva sottoporre ad approvazione le richieste di donativi e prelievi fiscali, ma avevano una grande influenza sul territorio. La monarchia cercò ridurre le prerogative dei ceti dominanti introducendo nuove figure di funzionari regi come i *corregidores*, chiamati a risolvere i conflitti locali. Anche i **consiglieri del re** cambiarono nettamente fisionomia, in conseguenza delle nuove possibilità di carriera apertesi per gli esperti di diritto di origini borghesi e mercantili.

donativo Elargizione straordinaria di somme a favore della corona, decise in occasioni particolari.

La fede cristiana, elemento identitario

L'unità politica del regno era garantita anche dall'**intransigenza religiosa**, che aveva avuto un ruolo importante nella definizione di un'identità unitaria, rafforzata anche dal comune sforzo prodotto nella guerra contro i mori (come venivano chiamati gli arabi). La cosiddetta *reconquista* si completò proprio nell'anno della scoperta del Nuovo Mondo, il 1492, con la caduta del Regno di Granada [▶ **cap. 8.4**]. L'evento produsse effetti negativi sul piano economico, visto che i mori si distinguevano per la loro intraprendenza nelle attività commerciali, ma dal punto di vista dei regnanti la conformità del profilo culturale e religioso del corpo dei sudditi era prioritaria rispetto alla prosperità del paese. La questione, peraltro, non era nuova: gli ebrei erano costretti già da tempo a rinnegare la loro fede – i cosiddetti *marranos* – ma spesso continuavano a professarla in privato, generando tensioni e sospetti nelle comunità di appartenenza. I musulmani convertiti con la forza furono invece identificati con l'appellativo spregiativo di *moriscos* e diedero vita a rivolte represse nel sangue. Le conseguenze di questa politica si manifestarono anche nel diffondersi dell'ossessione per la "purezza del sangue", che poneva una distinzione fra i cristiani di vecchia data e quelli che invece discendevano da "infedeli" convertiti.

La religione come strumento di controllo

Per garantire il consolidamento dell'autorità monarchica, un crescente potere fu conferito all'**Inquisizione**, che fin dal 1478 era stata posta sotto la direzione del sovrano ed era impegnata nella repressione di diverse forme di eresia e dissenso. Il temuto tribunale funse di fatto da forza centralizzante, essendo l'unico organo giudiziario che agiva uniformemente su tutto il territorio castigliano e aragonese, senza alcuna apprezzabile differenza procedurale da un luogo all'altro.

382

L'Europa e il mondo nell'età di Carlo V **CAPITOLO 12**

Il rafforzamento della monarchia inglese Alla fine della Guerra delle Due rose fra le case di Lancaster e York (1455-85) [▶ cap. 8.2], il re inglese Enrico VII Tudor (1485-1509) riuscì a stabilizzare la sua posizione limitando le prerogative nobiliari, aumentando le entrate della corona con politiche finanziare avvedute e circondandosi di un **Consiglio** composto da uomini che non facevano parte dei casati più potenti. Per le nomine dei giudici locali si preferì attingere dalla piccola nobiltà, mentre la **Camera stellata** (*Star Chamber*, 1487) [👁6] fu chiamata a occuparsi di tutti i casi che non trovavano risposta nel diritto consuetudinario (*Common Law* [▶ cap. 4.3]). Tutto concorrreva ad accentrare il potere nelle mani del sovrano, compreso lo scarso ricorso al parlamento, convocato sempre più di rado.

La politica di Enrico VII...

Il suo successore, Enrico VIII (1509-1547), proseguì il lavoro del padre ma acquisì come priorità la crescita dell'influenza inglese sul piano internazionale, concentrandosi sulla politica estera per fare del **paese una potenza di livello europeo**. Anche per questa ragione le energie dedicate al controllo del territorio vennero meno, e il re assegnò deleghe sempre più consistenti al Cancelliere, il cardinale Thomas Wolsey (1471-1530), suo consigliere personale, che finì per riunire cariche e poteri civili e religiosi.

... e quella di Enrico VIII

La frammentazione del Sacro Romano Impero Nel 1493 morì l'imperatore Federico III d'Asburgo [▶ cap. 8.5], lasciando il mondo germanico in una condizione di grande frammentazione territoriale, con una miriade di poteri distribuiti fra città (spesso consorziate a formare delle leghe), feudi e principati ecclesiastici. Le divisioni interne erano aggravate anche da profonde differenze economiche fra le aree meridionali, renane e anseatiche, che avevano un alto livello di urbanizzazione, e le zone interne ancora prevalentemente agricole. Inoltre gli Stati sotto il dominio della casa asburgica (Alta e Bassa Austria, Carniola, Stiria, Carinzia, Tirolo, Gorizia) erano parte del **diritto ereditario** del sovrano, mentre il titolo di imperatore era sottoposto all'elezione di una **Dieta** composta da **sette grandi elettori**. I poteri interni alla compagine imperiale comprendevano anche altri soggetti, fra i quali alti prelati, principi territoriali, feudatari e rappresentanti di comunità cittadine. La complessità dell'Impero come soggetto politico si completava con la presenza di sovrani stranieri, come il re di Danimarca che deteneva il titolo di signore dello Holstein.

I limiti al potere degli Asburgo

PERCORSO VISIVO

[👁6] Enrico VII nella Camera stellata Il re riceve in omaggio dai monaci un codice che definisce i rapporti tra la corona inglese e l'Abbazia di Westminster, miniatura del 1504.

SEZIONE IV   LA NASCITA DEL MONDO MODERNO [1480-1600]

Un tentativo di unificazione

rispondi
1. In quali paesi i processi di accentramento del potere ottengono risultati? **2.** Dove invece incontrano maggiori ostacoli, e quali?

A governare dal 1493 al 1519 fu **Massimiliano I**, che divise i domini imperiali in dieci circoli, facendo pesare su ciascuno di essi una parte di prelievo fiscale e assegnandoli alla supervisione di un unico tribunale. Massimiliano allargò i confini dell'Impero **[⟨👁⟩ 7]** includendo la Franca Contea, i Paesi Bassi e l'Artois, ma soprattutto lavorò alla **costruzione di un'identità tedesca**, cercando di unire tutte le componenti del mondo germanico contro un nemico comune, identificato in un Impero ottomano che aveva ripreso a esercitare le sue ambizioni di espansione territoriale. Non riuscì però a raccogliere risorse necessarie per rilanciare il progetto della crociata contro i turchi e – come vedremo fra poco – anche i tentativi di riprendere una politica aggressiva nella penisola italiana non riscossero il consenso auspicato né ottennero risultati.

IL PROCESSO DI ACCENTRAMENTO DEL POTERE NEI MAGGIORI STATI EUROPEI (XV-XVI SECOLO)

Francia
• Forte controllo statale delle entrate
• Rafforzamento degli organi di nomina regia
• Limitazione dei poteri ecclesiastici
• Persistenza di autonomie locali nella gestione di territorio e giustizia

Spagna
• Unificazione formale dello Stato, ma con differenze tra i regni
• Forte potere dell'aristocrazia territoriale
• Religione come elemento unificante
• Persecuzione di arabi ed ebrei
• L'Inquisizione come unico organo comune all'intero regno

Inghilterra
• Rafforzamento del potere della corona a danno dell'aristocrazia
• Perdita di importanza del parlamento

Sotto Enrico VIII (1509-47)
• ricerca di un ruolo di rilievo nel contesto europeo
• parziale arretramento nel controllo del territorio

Sacro Romano Impero
• Frazionamento del potere
• Forti differenze economiche territoriali
• Titolo imperiale elettivo

Sotto Massimiliano I (1493-1519)
• razionalizzazione di fisco e giustizia
• costruzione di un'identità tedesca contro il turco

PERCORSO VISIVO

[⟨👁⟩ 7] Il mondo germanico sotto Massimiliano I (1493-1519) La Franca Contea, passata sotto l'influenza degli Asburgo d'Austria con il matrimonio fra la duchessa Maria e Massimiliano I (1477), era nelle mire del Regno di Francia, che già si era assicurato il controllo del confinante Ducato di Borgogna.

Possedimenti degli Asburgo d'Austria
Possedimenti degli Asburgo di Borgogna
Territori ecclesiastici
• Città imperiali
— Confine del Sacro Romano Impero

384

L'Europa e il mondo nell'età di Carlo V | **CAPITOLO 12**

12.3 Gli Stati italiani e l'inizio delle "Guerre d'Italia"

L'instabilità politica e la "discesa" di Carlo VIII Alla fine del Quattrocento, la penisola italiana viveva un periodo di profonda crisi. Gli equilibri sanciti dalla pace di Lodi (1454) erano ormai compromessi, tanto più che con la morte del signore di Firenze **Lorenzo de' Medici**, nel 1492, venne meno non solo la guida di una delle più importanti formazioni politiche italiane, ma anche un uomo abile nel garantire la pacifica convivenza fra gli Stati della penisola. Nello stesso anno ebbe inizio il pontificato di **Rodrigo Borgia**, divenuto papa con il nome di **Alessandro VI** (1492-1503), che si distinse per la sua vita dissoluta e per lo smodato desiderio di accrescere le ricchezze e il prestigio della sua famiglia. Le mire espansionistiche veneziane e milanesi completavano un quadro di **grave instabilità**, ben ritratto da pensatori come Machiavelli e Guicciardini, i quali, anche in virtù di un'esperienza maturata sul campo coprendo importanti cariche istituzionali a Firenze tra fine Quattrocento e inizio Cinquecento, cercarono di tradurre in termini concreti l'urgenza di una solida riorganizzazione politica della penisola.

Una delle posizioni più deboli era quella del **Regno di Napoli**, ormai nel mirino della Francia di **Carlo VIII**, che desiderava far valere il diritto ereditario risalente al dominio angioino [▶ cap. 10.3]. Nell'estate del **1494** il sovrano francese si mise in marcia con un esercito ben attrezzato, comprendente migliaia di mercenari. L'11 settembre fu accolto ad Asti da **Ludovico Maria Sforza**, detto "**il Moro**", reggente del Ducato di Milano e impegnato a gestire il fragile potere del nipote, il duca Gian Galeazzo [▶protagonisti]. Nel febbraio dell'anno successivo Carlo arrivò a Napoli, senza sottoporre a fatiche eccessive i suoi soldati. Egli non riuscì però a conseguire risultati du-

Una grande debolezza politica

La discesa dei francesi in Italia

---

protagonisti

Ludovico il Moro

Dopo avere accolto Carlo VIII ad Asti nel settembre del 1494, Ludovico il Moro raggiunse il culmine del suo potere. Viste le sue capacità di influenza sulle sorti della politica della penisola italiana, il suo obiettivo era quello di farsi arbitro nei rapporti fra i diversi Stati. Consapevole dell'ormai straripante pericolo derivante dalla Francia, cercò infatti di cambiare le carte in tavola cercando in un primo momento l'alleanza di Venezia e poi quella di Firenze. Le mosse non conseguirono gli effetti sperati, rivelandosi al contrario controproducenti. Fu infatti costretto a deporre le armi in seguito all'ascesa al trono di Luigi XII nel 1498, già acerrimo nemico di Ludovico e pretendente al Ducato di Milano (in virtù della sua discendenza da parte di madre dalla potente famiglia Visconti, che aveva occupato quel trono).

Pur essendo al centro di una convulsa serie di vicende politiche, Ludovico seppe imprimere al suo territorio negli ultimi due decenni del Quattrocento (fu reggente dal 1480 al 1494, poi duca fino al 1499) una grande spinta culturale. Fu lui a commissionare a Leonardo da Vinci il celebre affresco detto *L'Ultima cena*, nel refettorio del convento domenicano di Santa Maria delle Grazie. ◼

▶ G.A. De Predis, *Ritratto di Ludovico Maria Sforza*, 1496 ca.

SEZIONE IV — LA NASCITA DEL MONDO MODERNO [1480-1600]

revoli, dal momento che gli Stati italiani – proprio su iniziativa del Moro, divenuto nel frattempo duca a causa della prematura morte di Gian Galeazzo – fecero venir meno il loro appoggio iniziale al sovrano francese, temendo che la sua presenza potesse farsi troppo ingombrante. Si formò anzi una **Lega antifrancese**, alla quale parteciparono, oltre a Milano, a Venezia e al papato, anche l'Impero di Massimiliano I e la Spagna di Ferdinando e Isabella.

L'Italia terra di conquista

Carlo VIII fu costretto a fare ritorno in Francia e ad accettare il reinsediamento degli aragonesi sul trono napoletano; tuttavia, i contraccolpi sul sistema politico italiano furono enormi. La "discesa" dell'esercito di Carlo, infatti, aprì un lungo periodo di **contese militari per l'egemonia territoriale nella penisola**: un insieme di conflitti, definiti dalla storiografia "**Guerre d'Italia**", che avrebbero sconvolto gli Stati italiani fino alla metà del Cinquecento.

L'esperienza "democratica" di Firenze

La Firenze di Savonarola e l'avventura di Cesare Borgia A Firenze, il passaggio di Carlo VIII indebolì il potere mediceo, lasciando così spazio alla predicazione del frate domenicano **Girolamo Savonarola** (1452-98). Il religioso denunciava la corruzione del potere secolare e di quello ecclesiastico, preannunciando un'imminente vendetta di Dio contro i peccati dell'umanità e affermando l'urgenza di una rigenerazione morale e sociale [👁 8]. I suoi seguaci ottennero la costituzione di un Consiglio composto da ben 3000 cittadini, con il fine di scardinare il potere della vecchia aristocrazia. Le reazioni, tuttavia, non si fecero attendere. La più risoluta fu quella di Alessandro VI, che scomunicò Savonarola nel 1497, favorendo l'apertura di un processo che portò alla sua **condanna a morte** l'anno successivo.

approfondimento
La fine di Savonarola

Il ruolo politico del papato

Il figlio naturale del papa, **Cesare Borgia** – detto "**Il Valentino**" perché aveva ricevuto dal re di Francia Luigi XII il titolo di duca di Valentinois –, riuscì per breve tempo a imporre il suo dominio personale su alcune aree della Romagna e delle Marche, grazie al sostegno francese. L'impresa tuttavia naufragò, anche a causa della morte del padre (1503): il nuovo papa, **Giulio II** (1503-13) interpretò infatti queste iniziative come una minaccia al dominio temporale della Chiesa e si impegnò per riaffermare la sua autorità sul settore centrosettentrionale della penisola, dove anche Venezia aveva mostrato mire espansionistiche pericolose, occupando Rimini e Faenza (precedentemente sotto il

---

PERCORSO VISIVO

[👁 8] **La parabola di Savonarola** Già prima della discesa di Carlo VIII, Girolamo Savonarola si era affermato a Firenze come predicatore di successo. Gran parte del suo carisma derivava da una straordinaria presenza scenica e da una mimica facciale che incuteva timore e venerazione. Le sue omelie divennero celebri anche oltre i confini urbani grazie alla stampa: si diffusero in lingua volgare dando vita a un potente intreccio fra oralità e scrittura e offrendo ad altri religiosi l'opportunità di riusare gli stessi contenuti in contesti diversi. La dinamica è tanto più interessante, se si pensa che uno dei cardini fondamentali della moralizzazione della vita cittadina voluta da Savonarola fu proprio la distruzione di libri e stampe licenziose, accompagnata dal rogo di abiti femminili sconvenienti e di altri oggetti di lusso ("bruciamenti delle vanità"). Per questo atteggiamento austero e rigoroso i suoi seguaci vennero definiti "piagnoni".

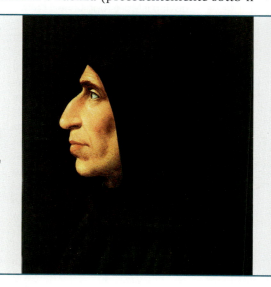

▶ Fra Bartolommeo, *Ritratto di Girolamo Savonarola*, 1497 ca.

L'Europa e il mondo nell'età di Carlo V | **CAPITOLO 12**

controllo del Valentino). Nel **1508**, a **Cambrai**, il papa riuscì a promuovere un'**alleanza fra l'imperatore Massimiliano, la Francia e la Spagna contro la Repubblica di Venezia**, che il 14 maggio del 1509 fu sconfitta ad **Agnadello**, non lontano da Milano.

La crisi e il nuovo equilibrio La battaglia di Agnadello segnò l'apertura di un **lungo periodo di crisi per gli Stati italiani**, che presero coscienza dei loro limiti di fronte al potere delle grandi monarchie europee e compresero di non poter più coltivare mire egemoniche sulla penisola. Venezia riuscì a limitare le sue perdite territoriali grazie a un'abile azione diplomatica che evidenziò le divisioni del fronte avverso, ma anche grazie alla cessata ostilità di Giulio II, soddisfatto per aver salvaguardato le sue prerogative e intimorito dal fatto che le potenze vincitrici (l'Impero, la Francia e la Spagna) potessero a loro volta nutrire propositi di conquista.

Questo, in effetti, fu ciò che accadde nel 1515, quando il nuovo re di Francia **Francesco I di Valois** (1515-47) decise di oltrepassare le Alpi a capo di un esercito di 10 000 cavalieri e 30 000 fanti, in massima parte lanzichenecchi [👁9] reclutati in territorio tedesco. Egli entrò a Milano da vincitore, ponendo le basi per la firma della **Pace di Noyon con la Spagna (1516)**, con la quale le due potenze sancirono, di fatto, l'esistenza di un **nuovo equilibrio nella penisola italiana**: la parte settentrionale veniva posta sotto il controllo francese, quella meridionale era assegnata al potere spagnolo.

12.4 Il sogno universalistico di Carlo V

Da Gand all'impero planetario Il 24 febbraio del 1500 nacque a Gand, nelle Fiandre, **Carlo d'Asburgo**, da Filippo il Bello (figlio dell'imperatore Massimiliano I) e Giovanna la Pazza (figlia dei "re cattolici" Ferdinando e Isabella). Il giovane Carlo crebbe in un ambiente impregnato di cultura aristocratica e cavalleresca, nel quale l'obbedienza alla tradizione si affiancava a una concezione sacrale del potere monarchico, chiamato a offrire ai sudditi dei modelli di comportamento, oltre che una direzione politica. In quegli anni, pochi avrebbero immaginato che quel bambino potesse diventare il sovrano più potente d'Europa.

Un fragile equilibrio, terminato in una nuova spartizione

rispondi
1. Qual è la situazione degli Stati italiani?
2. Perché Carlo VIII scende in Italia?
3. Quali conseguenze ha la battaglia di Agnadello?

[👁9] **I lanzichenecchi** I due fanti rappresentati sono lanzichenecchi, come dimostrano le caratteristiche armi: lo spadone a due mani dalla lama ondulata e la lunghissima alabarda. I lanzichenecchi erano mercenari di area tedesca (che allora comprendeva anche il Tirolo), al servizio dell'imperatore cattolico ma di fede protestante e antipapisti, come dimostrò la feroce violenza usata a Roma su chiese e religiosi. Spesso venivano seguiti dalle mogli, che si accodavano alle truppe in marcia.

◀ Lorenzo Lotto, particolare del ciclo di affreschi della *Vita di santa Barbara*, 1524.

lanzichenecco
Il nome deriva dal tedesco *Landesknecht*, "servo di campagna", perché erano in gran parte contadini che si arruolavano per sfuggire alla misera vita dei campi.

SEZIONE IV — LA NASCITA DEL MONDO MODERNO [1480-1600]

Un'immensa eredità...

In seguito alla morte di Ferdinando il Cattolico nel 1516, Carlo si trovò a ereditare il **trono di Spagna**, comprendente i **Paesi Bassi** e l'**Italia meridionale**, oltre alle colonie del **Nuovo Mondo** che si andavano rapidamente allargando [👁10]. Sfruttava il diritto ereditario di sua madre, che aveva già mostrato in diverse occasioni segni di follia, mostrandosi inadeguata al governo del paese [👁11]. Furono le *Cortes* a riconoscere al giovane la legittimità del ruolo prestandogli un giuramento di fedeltà, ma anche ottenendo in cambio la promessa della conservazione delle consuetudini locali e l'impegno a escludere gli stranieri dal conferimento di cariche e benefici.

... e il titolo imperiale

Nel gennaio del 1519, con la morte dell'altro nonno, l'imperatore del Sacro Romano Impero Massimiliano I, Carlo si vide spianata anche la strada verso la **dignità imperiale**, riconosciutagli pochi mesi più tardi (27 giugno) dalla Dieta di Francoforte, che lo preferì all'altro candidato, Francesco I, re di Francia. A rendere possibile questo successo furono due fattori, uno di natura politica, l'altro di carattere economico:

- sul piano politico, i principi tedeschi si erano dimostrati più volte ostili alle pretese di Francesco I, e gli negarono ora il voto per il timore di vedere ridotte le loro prerogative territoriali;
- sul piano economico, invece, il punto di forza di Carlo fu il sostegno dei grandi elettori, ottenuto in cambio di una sostanziosa quantità di oro raccolta grazie ai **prestiti dei banchieri** di Augusta, i Fugger e i Welser.

La società spagnola

Il sovrano e l'identità ispanica In quegli anni il regno iberico comprendeva **diverse città**, come Granada e Cordoba, che contavano fra i 30 000 e i 40 000 abitanti. Siviglia iniziò una straordinaria espansione sfruttando i commerci atlantici, mentre Toledo si affermò come centro di potere religioso e divenne sede di un'importante cattedra episcopale, che si distinse anche nell'opera di conversione degli "infedeli". La **corte** era **itinerante**,

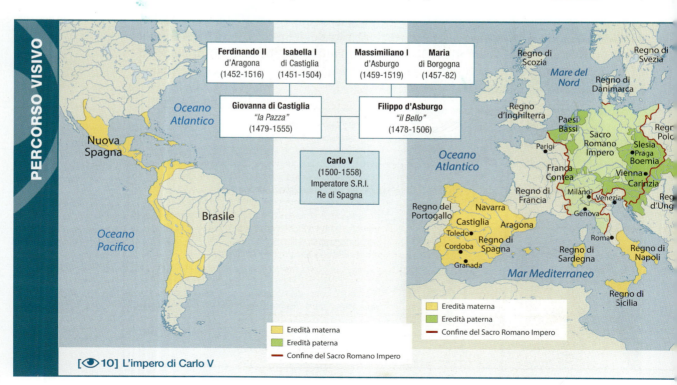

[👁10] L'impero di Carlo V

388

L'Europa e il mondo nell'età di Carlo V **CAPITOLO 12**

cercando così di far sentire la sua presenza in un territorio profondamente segmentato e in rapida trasformazione (Madrid, che sarebbe diventata più tardi capitale del regno e sede stabile del sovrano, era allora un piccolo centro rurale di circa 4000 abitanti). La società presentava una stratificazione comune a quella di altre aree europee, con una nobiltà divisa al suo interno, un corpo ecclesiastico molto forte organizzato in diocesi, parrocchie e ordini religiosi, un nutrito ceto mercantile che animava le comunicazioni interne e quelle via mare con l'esterno, una popolazione rurale fatta di piccoli proprietari, salariati e braccianti sottoposti a molteplici giurisdizioni.

L'ascesa al trono di Carlo suscitò non pochi timori nel paese. Fermo restando che la provenienza di un sovrano da un contesto diverso non era affatto insolita, era forte il timore che la tutela delle autonomie locali e degli interessi nazionali potesse venir meno, in un dominio tanto ramificato e vasto. Furono soprattutto i **centri urbani** a mostrare segni di disagio, in particolare quando ci si accorse che i prodotti dell'artigianato – su tutti, i panni di lana – percorrevano itinerari disegnati dalla corona finendo sui banchi dei mercati delle Fiandre, dove dovevano fare i conti con la **concorrenza fiamminga**. Altrettanto importanti furono le tensioni che segnarono l'area basca, a ridosso dei Pirenei, e quella catalana, che si mostrarono particolarmente gelose delle loro prerogative, manifestando insofferenza nei confronti della monarchia.

Nel **1520**, alcune città castigliane approfittarono dell'assenza dell'imperatore per rivendicare un ruolo più importante nelle decisioni politiche, soprattutto in campo fiscale, dando vita a un movimento che fu definito dei **Comuneros**. Ben presto il malcontento si estese alle campagne, assumendo anche un carattere antifeudale e rendendo concreto il rischio di un sovvertimento dell'ordine vigente. Gli insorti furono sconfitti a Villalar nel 1521, e Carlo riprese il controllo del territorio grazie a un'alleanza con i grandi aristocratici, chiamati a governare a livello locale in suo nome.

Il mal contento per un re "straniero"

Il patto tra Carlo e l'aristocrazia

[👁 11] **Una pazzia sospetta** Pare che effettivamente dopo la morte del marito Filippo, nel 1506, Giovanna di Castiglia sia entrata in uno stato di prostrazione, ma la sua "pazzia", e la conseguente riconosciuta incapacità di governare, servirono al futuro imperatore Carlo V e alla corte di Spagna per eliminare una figura poco consona al programma politico dei due poteri. Giovanna, donna di forte carattere e dalle posizioni eterodosse in materia di religione, venne fatta rinchiudere in un castello e rimase quasi ininterrottamente prigioniera fino al 1555, anno della morte. Il tema della sua follia per amore venne comunemente accettato per secoli fino a che, nel secondo Ottocento, alcuni studiosi tedeschi riesaminarono tutti i documenti gettando nuova luce sul caso. Nel quadro intitolato *Giovanna la Pazza in attesa della resurrezione del marito Filippo il Bello* (1836) l'artista, Charles de Steuben, raccoglie la tradizione secondo cui la morte dell'amato marito aveva sconvolto la mente della regina.

SEZIONE IV LA NASCITA DEL MONDO MODERNO [1480-1600]

Carlo, un re "spagnolo"

L'imperatore dimostrò comunque di aver colto l'ammonimento proveniente da queste difficoltà. In particolare, cercò di rafforzare la propria **identità spagnola**, apparsa fino a quel momento incerta. Imparò la lingua, si circondò di consiglieri castigliani e allungò i periodi di permanenza accanto ai suoi sudditi. Sposò inoltre la portoghese Isabella d'Aviz e diede al regno un erede: Filippo.

La presenza del potere

Il controllo dell'impero L'impresa più difficile, per Carlo, era mantenere il controllo di un impero vastissimo senza poter assicurare ovunque la sua presenza fisica. Egli scelse di viaggiare molto e in alcuni casi, per consolidare l'immagine del potere del proprio casato, conferì importanti incarichi a membri della sua famiglia. In alcuni contesti particolarmente complessi si servì invece di figure a lui vicine (come il fiammingo Charles de Lannoy, viceré di Napoli), come *alter ego* visibile dell'imperatore.

Carlo capo della cristianità

In virtù di una concezione della dignità imperiale di ascendenza medievale, Carlo cercò di accreditarsi come **autorità morale alla guida di un universo cristiano** che, pur esteso ormai ad altre aree del mondo, manteneva il suo cuore pulsante nel continente europeo. Si arrogò quindi il ruolo di **pacificatore** interno dei suoi territori, favorendo la concordia dei principi cristiani e identificando nel "turco" la principale minaccia esterna. Tuttavia, l'unità religiosa si trovò ben presto minacciata dalla crescita di un forte dissenso verso la Chiesa di Roma e poi – come vedremo nel prossimo capitolo – spezzata dalla diffusione della Riforma protestante.

Il problema delle autonomie

Il complesso sistema imperiale mostrò del resto molti altri punti deboli: furono le autonomie riconosciute ai diversi territori, in particolar modo, a dimostrarsi di difficile gestione, visto che i potentati locali non persero occasione di sfruttare il malcontento generato dal pesante carico fiscale per farsi promotori di istanze disgreganti.

La situazione dell'Italia

Carlo, la Francia e la penisola italiana A interferire nel progetto di potenza di Carlo fu innanzitutto la Francia, letteralmente accerchiata dai domini imperiali. Uno dei principali motivi di **contesa fra Carlo V e Francesco I** fu l'**Italia**.

La penisola italiana contava all'inizio del Cinquecento circa 9 milioni di abitanti, ma la popolazione crebbe nel giro di pochi decenni fino a 11 milioni. Rispetto ad altre aree europee, il **tasso di urbanizzazione** era molto alto: la frammentazione politica aveva favorito lo sviluppo di centri con più di 50 000 abitanti, come Milano, Genova, Firenze, Roma e Palermo, mentre altre realtà come Venezia e Napoli avevano assunto dimensioni eccezionali per i livelli medi dell'epoca, entrando nel novero delle città più popolose del continente (la prima contava più di 150 000 abitanti a metà secolo, la seconda superava i 200 000). Il paese deteneva ancora il primato economico grazie a una manifattura fiorente e a un commercio che sfruttava le tratte mediterranee (la penisola avrebbe perso la sua centralità solo con la definitiva affermazione dei commerci atlantici).

L'Italia al centro degli interessi imperiali e francesi

L'attenzione dell'imperatore allo spazio mediterraneo diede un ruolo di rilievo all'Italia, considerata come una frontiera naturale che separava i suoi domini da quelli ottomani. Per questa ragione, Carlo tentò di affermare la sua egemonia tessendo una fitta rete di alleanze al fine di indebolire la posizione francese. L'operazione fu complessa e gli Stati italiani non tardarono a comprendere le sue intenzioni, ma la loro cronica debolezza divenne drammaticamente evidente il 6 maggio del **1527**, quando 12 000 lanzichenecchi al servizio della corona asburgica arrivarono a **Roma** senza incontrare alcuna resistenza. Rimasti privi di una solida guida (a causa della scomparsa di Carlo di Borbone, a capo della spedizione) i mercenari sottoposero la "città eterna" a un terribile **saccheggio**.

390

L'Europa e il mondo nell'età di Carlo V | **CAPITOLO 12**

Gli effetti del "sacco di Roma" L'evento ebbe conseguenze enormi, sul piano culturale, politico e religioso, al punto che molti studiosi ne hanno evidenziato il **valore simbolico** identificandolo come la fine del Rinascimento. Molti contemporanei lo interpretarono come una catastrofe voluta dalla provvidenza per suggerire l'urgenza di una palingenesi, un cambiamento radicale nella società attuato attraverso il rinnovamento della Chiesa e la riscoperta della sua natura spirituale. Ma la crisi del Regno pontificio venne anche considerata come il segno più evidente di un più generale **declino degli Stati italiani**, che dovevano ormai riconoscere la loro debolezza e la loro marginalità nel contesto delle egemonie europee.

Risulta significativo il fatto che il dibattito sull'unità della penisola si spostò dal piano della politica a quello delle lettere e delle arti. Un momento di svolta si era avuto già nel 1525 con la pubblicazione delle *Prose della volgar lingua* da parte di Pietro Bembo, il quale riconobbe la necessità di individuare una **lingua** che potesse essere compresa nei diversi contesti degli Stati italiani. Il modello scelto fu quello dei grandi scrittori fiorentini del Trecento, come Petrarca e Boccaccio. Le idee di Bembo ebbero una veloce risonanza, ma il dibattito non si fermò: nel 1529 fu infatti pubblicato il dialogo *Il Castellano* di Gian Giorgio Trissino, che suggerì di operare una selezione fra i volgari usati nelle diverse corti, offrendo al contempo una viva testimonianza sulle diverse parlate del tempo. Questi tentativi di reagire alla crisi non oscurarono di certo l'atmosfera colma di angoscia degli anni Trenta del secolo, che trovò anche una compiuta espressione nel celebre *Giudizio universale* di Michelangelo Buonarroti, commissionato da papa Paolo III (1534-49): un'opera grandiosa che collocava tanto i dannati quanto i beati in un contesto caotico e privo di certezze [👁12].

Crisi del papato e crisi dell'Italia

La cultura, sola riposta alla crisi

PERCORSO VISIVO

[👁12] Il *Giudizio universale* di **Michelangelo** Il tema centrale dell'opera è il dubbio del Creatore di fronte all'esigenza di dover dividere fra coloro che saranno dannati e coloro che si salveranno. L'affresco – oggetto di consistenti censure da parte delle autorità ecclesiastiche, che finirono per accusare l'autore di oscenità e mancata aderenza al contenuto dei testi sacri – include più di 400 figure. È significativo il fatto che i singoli soggetti rappresentati non si possano collocare in un preciso schema: l'impossibilità di leggere il loro ruolo nel mondo si traduce nell'impossibilità di decifrare il loro destino alla fine dei tempi.

◀ Michelangelo Buonarroti, *Giudizio universale*, affresco nella Cappella Sistina in Vaticano, 1536-41.

391

SEZIONE IV   LA NASCITA DEL MONDO MODERNO [1480-1600]

Un nuovo equilibrio europeo, nuove tensioni in Italia

Nel **1530** fu la **Pace di Cambrai** (la cosiddetta "Pace delle due dame") a stabilire le sfere di influenza di Carlo V e Francesco I: il primo si vedeva confermati tutti i suoi domini italiani, a partire dal Ducato di Milano; il secondo conservava la Borgogna, pur pretesa dal suo nemico.

L'affermazione del controllo asburgico non riuscì a placare le **tensioni presenti nella penisola**. Realtà come Genova e Firenze si dimostrarono instabili, dovendo gestire le rivolte dei sudditi che mettevano in discussione i poteri costituiti. La situazione non era certo più tranquilla nei domini diretti dell'imperatore, come per esempio il Regno di Napoli che attraversò un momento critico nel 1547: nobili, rappresentanze cittadine e popolo si coalizzarono in un fronte comune di **resistenza** costringendo la corona a rinunciare all'introduzione dell'Inquisizione spagnola, considerata come strumento di centralizzazione del potere giudiziario e di aggressione ai privilegi esistenti. L'episodio è rivelatore di un problema di più ampio nei rapporti fra Spagna e Italia meridionale, visto che proprio in quel vasto territorio, dotato di importanza strategica per la corona imperiale, i poteri locali conservarono abbondanti prerogative.

rispondi
1. Su quali territori si trova a regnare Carlo V? 2. Come e dove si svolge il confronto con la Francia? 3. Che cosa stabilisce la Pace di Cambrai?

L'Impero ottomano con Selim I

12.5 L'espansione della potenza ottomana

Il sultano e la guida politica del mondo islamico Il dominio europeo di Carlo V doveva guardarsi anche dalla minaccia rappresentata dalla potenza ottomana, che aveva ormai occupato i Balcani e controllava la costa meridionale del Mediterraneo, subendo invece a Oriente la ricostruzione dell'Impero persiano [👁13]. Fu il sultano Selim I (1512-20) ad arginare questo pericolo, rafforzando anche il suo potere interno tramite il massacro di un gran numero di sudditi sciiti [▶ cap. 3.1]. Al 1516-17 risale la conquista della Siria e dell'Egitto, che consentì di controllare le principali vie commerciali

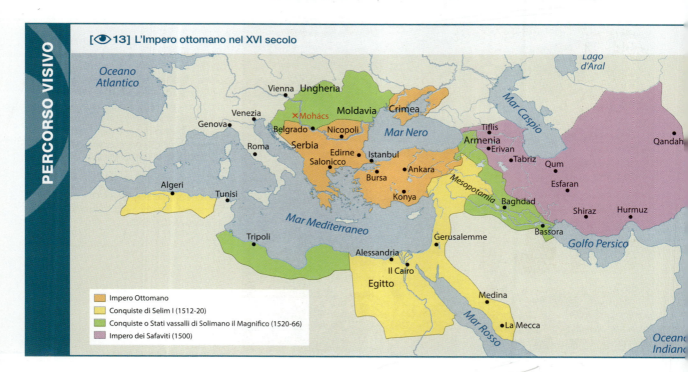

[👁13] L'Impero ottomano nel XVI secolo

- Impero Ottomano
- Conquiste di Selim I (1512-20)
- Conquiste o Stati vassalli di Solimano il Magnifico (1520-66)
- Impero dei Safaviti (1500)

392

L'Europa e il mondo nell'età di Carlo V | **CAPITOLO 12**

che portavano all'Oceano Indiano attraverso il Golfo Persico e il Mar Rosso, ma ebbe anche un grande significato sul piano morale e religioso, essendo le città sacre di La Mecca e Medina sotto il dominio egiziano.

Gli Stati del Nord Africa cominciarono a guardare al **sultano come protettore e capo riconosciuto dell'islam** sunnita, sentendosi più sicuri nell'esercizio della guerra di corsa sul Mediterraneo, di fatto una delle loro principali fonti di ricchezza: agli introiti derivanti dalle merci, infatti, bisognava aggiungere quelli legati agli uomini catturati in mare, spesso ridotti in schiavitù e liberati in cambio di ricchi riscatti. Il corsaro più intraprendente fu certamente **Khair ad-Din** (meglio conosciuto come Ariadeno Barbarossa [👁14]), signore di Algeri, che conservò la sua autonomia nonostante i tentativi di grandi potentati del tempo di ridurlo al loro servizio e arrivò in diverse occasioni a fare ricchi bottini sulle coste italiane.

Anche l'espansione balcanica continuò in maniera consistente. Nell'estate del 1526, **Solimano "il Magnifico"** (Sulaiman, 1520-66) riuscì ad arrivare fino a Buda, trasformando l'Ungheria in uno Stato vassallo [👁15], e nel **1529** si spinse perfino ad **assediare la stessa Vienna**. Il successivo scontro con il Sacro Romano Impero condusse le due potenze a firmare una pace, con la quale si riconosceva a Carlo V il possesso di un settore nordoccidentale del territorio ungherese.

L'organizzazione dell'impero Nonostante l'attenzione dei sultani alla dimensione religiosa del loro potere, l'Impero ottomano non era una compagine unicamente islamica. Nei confini controllati nel 1530 da Solimano il Magnifico vivevano circa 30 milioni di persone, tra cui molti cristiani ed ebrei. Dei 400 000 abitanti della capitale, Istanbul, solo poco più della metà era musulmana. L'impero era fondato dunque su una delicata **convivenza fra gruppi di diversa cultura e religione** (che non escludeva comunque, come si è visto nel caso del massacro degli sciiti per mano di Selim I, lo scoppio di violenti con-

---

La progressiva espansione in Africa...

approfondimento
Il corsaro Barbarossa

... ed Europa

Un impero multietnico e multireligioso

[👁14] Un "re dei mari" *Ritratto di Khair ad-Din*, opera di artista italiano (XVI secolo). Anche se già in età avanzata, Barbarossa è rappresentato con il tridente di Nettuno, a indicare il suo dominio sui mari.

[👁15] Un'avanzata travolgente
La miniatura, tratta da un manoscritto turco del 1588, raffigura la battaglia di Mohács, in cui le truppe di Solimano distrussero nel 1526 l'esercito ungherese. Con la caduta di Buda, la minaccia ottomana arrivava alle porte dell'Impero cristiano. L'intraprendenza politica e militare di Solimano trovò però un'inaspettata sponda: con grande scandalo della cristianità, il re francese Francesco I non esitò infatti a stipulare un'alleanza con il "turco" infedele pur di creare problemi al suo acerrimo nemico, Carlo V, che si trovò così a dover fronteggiare una seria minaccia alle porte della sua Austria e anche sui mari.

SEZIONE IV LA NASCITA DEL MONDO MODERNO [1480-1600]

trasti). I cristiani potevano professare il loro credo dietro il pagamento di una tassa e contribuivano al reclutamento dell'esercito con la leva forzata dei loro figli, addestrati a diventare membri del corpo scelto di fanteria, composto dai cosiddetti **giannizzeri** [◉16].

I **cavalieri** al servizio del sultano ricevevano terre in cambio del servizio militare, ma le concessioni erano solo temporanee e non permettevano il consolidamento di poteri assimilabili a quelli dei feudatari europei. L'**autorità centrale** era dotata di un notevole potere di intervento, ma era anche spesso indotta a trovare **forme di compromesso** con le realtà locali e periferiche. La civiltà ottomana era quindi ben più complessa rispetto all'immagine che emergeva dalle descrizioni del "turco" destinate al pubblico dell'Europa cristiana di Carlo V e dei suoi successori: lo spirito di contrapposizione sottraeva al nemico ogni sfumatura, rappresentando invece gli "infedeli" come avvezzi a sottostare a un potere cieco e dispotico, privo di qualsiasi forma di umanità.

Un potere abbastanza accentrato

rispondi
1. Quali direttrici segue l'espansione ottomana? 2. Come è strutturato l'Impero ottomano?

12.6 I nuovi equilibri del continente europeo

La conclusione del conflitto franco-asburgico e la divisione dell'impero Con la morte di Francesco I, avvenuta nel 1547, il conflitto tra Valois e Asburgo si spostò dalla penisola italiana, ormai soggetta all'egemonia imperiale, al confine renano. Approfittando delle divisioni religiose del mondo tedesco e dell'insubordinazione dei principi che – come vedremo – aderirono alla Riforma, il successore al trono di Francia, Enrico II (1547-59), promosse nuove offensive ma rimase lontano dal raccogliere i risultati sperati. Cercò di sfruttare le pressioni esercitate dal sultano sul fronte orientale della compagine asburgica, ma non riuscì a far pendere la bilancia del conflitto dalla parte dei Valois.

Una guerra senza vincitori...

PERCORSO VISIVO

[◉16] **Il corpo dei giannizzeri**
I giannizzeri (dal turco *yenī čerī*, "nuova milizia") erano un corpo scelto al servizio del sultano. L'arruolamento forzato di questi soldati (detto *devscirme*, o "tassa del sangue") era applicato soprattutto tra le famiglie cristiane dei Balcani e dell'Europa centrorientale, e aveva lo scopo di creare una forza militare fedelissima ed estranea alle lotte di potere dell'aristocrazia turca. Questa pratica cadde in disuso già alla fine del XVI secolo, quando anche i giannizzeri occuparono una posizione di rilievo della vita politica di corte. Molti tra i funzionari più importanti vennero infatti dalle file di questo corpo, che rimase sempre il punto di forza dell'esercito ottomano ma che assunse un carattere ereditario.

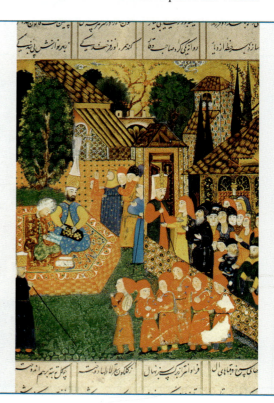

▶ L'arruolamento dei giovani cristiani, manoscritto persiano del XVI secolo.

L'Europa e il mondo nell'età di Carlo V | **CAPITOLO 12**

... ma con uno sconfitto: Carlo V

Carlo V, al culmine di un vorticoso alternarsi di successi e insuccessi, si ritirò nel 1556 in un convento di Yuste, in Estremadura (Spagna sudoccidentale), dove avrebbe trovato la morte due anni più tardi. Comprese sul finire della sua vita che la divisione fra la corona spagnola e quella imperiale era ormai inevitabile, riconoscendo al contempo il **fallimento del suo disegno universalistico** [▶ FONTI, p. 396].

La **spartizione** fu così effettuata:

- i possedimenti derivanti dall'eredità materna (quella della madre Giovanna e dei nonni Ferdinando d'Aragona e Isabella di Castiglia) vennero assegnati al **figlio Filippo**;
- quelli pertinenti direttamente alla casa d'Asburgo (ereditati dal padre Filippo il Bello e dal nonno Massimiliano I) andarono al **fratello Ferdinando**, sostenuto anche per il riconoscimento ufficiale del titolo di imperatore.

La divisione tra Asburgo di Spagna e d'Austria

Di lì a poco, nel **1559**, fu stipulata la **Pace di Cateau-Cambresis**, con la quale i Valois riconoscevano una **limitata supremazia asburgica** sull'area continentale decretando di fatto la sostanziale inutilità di decenni di conflitti [◉17]. I confini francesi tornavano infatti a essere quelli del 1494, a eccezione di Calais e di alcuni territori in Alsazia, entro i confini dell'Impero. Non è semplice comprendere se tali guerre furono espressione di una reale **politica di potenza**, volta a rafforzare il potere centrale, o guerre dinastiche per imporre i diritti della famiglia regnante [▶fenomeni, p. 396]. È certo però che i Valois, pur impegnandosi nella difesa del casato, erano riusciti a consolidare il ruolo della monarchia nella società francese, favorendo anche un processo di identificazione fra corona e nazione. Al contrario, gli Asburgo avevano mantenuto il controllo di un territorio smembrato, impegnando tutti i sudditi in imprese militari percepite come estranee.

Una pace non definitiva

Oltre a segnare la fine delle Guerre d'Italia, la pace ebbe un ruolo cruciale nella ridefinizione delle egemonie europee per diversi decenni.

rispondi
1. Come termina il confronto tra Asburgo e Valois? 2. Quale importante decisione prende Carlo prima di ritirarsi in convento?

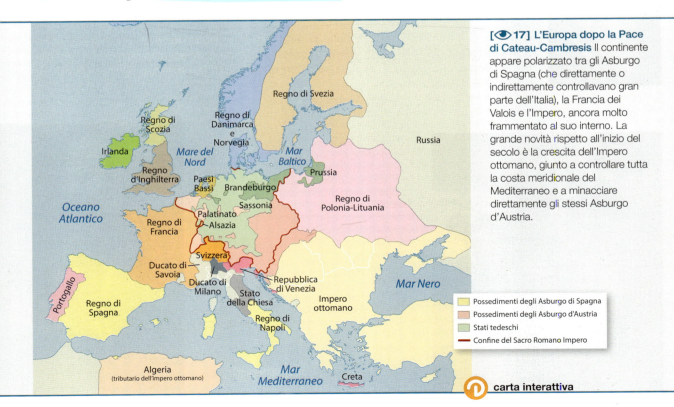

[◉17] L'Europa dopo la Pace di Cateau-Cambresis Il continente appare polarizzato tra gli Asburgo di Spagna (che direttamente o indirettamente controllavano gran parte dell'Italia), la Francia dei Valois e l'Impero, ancora molto frammentato al suo interno. La grande novità rispetto all'inizio del secolo è la crescita dell'Impero ottomano, giunto a controllare tutta la costa meridionale del Mediterraneo e a minacciare direttamente gli stessi Asburgo d'Austria.

395

SEZIONE IV LA NASCITA DEL MONDO MODERNO [1480-1600]

L'età di Carlo V tra continuità e rotture

fenomeni

Non è facile tracciare un bilancio sulla parabola del sovrano più potente dell'Europa occidentale nella prima metà del secolo XVI. La storiografia degli ultimi decenni, pur tenendo in conto gli innegabili elementi di rottura che accompagnarono l'esperienza di Carlo V, ha teso ad accentuare la presenza di forti elementi di continuità, visibili sia sul piano dell'organizzazione interna dello Stato sia su quello della politica estera.

I tentativi di rafforzamento del potere monarchico furono soggetti a una consistente quantità di vincoli, dovuti certo all'eterogeneità dei possedimenti, ma anche a una più generale tendenza al rispetto delle consuetudini. Ne derivò la persistenza delle divisioni territoriali e il rafforzamento delle élite nobiliari, pronte ad avvalersi dei loro margini di trattativa nei confronti di un imperatore incline ad accettare compromessi di ogni tipo pur di disporre delle risorse economiche necessarie a sostenere le sue spese militari.

Tra Spagna e impero

Fra le sfide più difficili affrontate dal sovrano ci fu infatti proprio la conciliazione fra le esigenze particolari della corona spagnola – che imponevano una grande attenzione alle priorità economiche e politiche della realtà iberica – e quelle più generali dell'impero. Per soli sedici anni soggiornò in quelle terre, facendo i conti con malumori e sospetti, soprattutto nei momenti in cui diveniva evidente che il peso degli impegni bellici gravava in misura considerevole sulle spalle dei sudditi castigliani. In compenso offrì loro prestigiosi incarichi civili e militari, accompagnati da una serie di benefici che si rendevano disponibili nei possedimenti del Nuovo Mondo.

FONTI

I ritratti dell'imperatore

■ Carlo V, insieme ai membri della sua famiglia, commissionò diverse opere al celebre pittore italiano Tiziano Vecellio, straordinariamente apprezzato per la sua abilità e ritenuto in grado di valorizzare l'immagine dell'imperatore attribuendogli sicurezza e determinazione.

▲ Tiziano, *Autoritratto*, 1562 ca.

Il ritratto a cavallo segue un modello tipico dell'arte greco-romana, seguendo un recupero della classicità molto in voga all'inizio del XVI secolo.

Per quanto visibilmente invecchiato, Carlo con la sua splendida armatura emana un'immagine di regalità ancorata a valori cavallereschi tipicamente medievali.

◀ Tiziano, *Ritratto di Carlo V a cavallo*, 1548.

▶ Tiziano, *Ritratto di Carlo V*, metà XVI secolo.

VERSO LE COMPETENZE

esercitazione

● USARE IL LESSICO

1. **Spiega sinteticamente (massimo 3 righe) il significato delle seguenti espressioni.**

   Società di ceti/classi – Burocrazia – Diplomazia – Universalismo/particolarismo – Centralismo

● COLLOCARE GLI EVENTI NELLO SPAZIO E NEL TEMPO

2. **Completa la carta secondo le indicazioni.**

   La "discesa" dell'esercito di Carlo VIII in Italia aprì un lungo periodo di contese militari per l'egemonia territoriale nella penisola: un insieme di conflitti che la storiografia ha chiamato Guerre d'Italia. Recupera all'interno del capitolo gli episodi più significativi che caratterizzarono questi anni di guerre e collocali sulla carta, costruendo un'apposita didascalia, come nell'esempio.

   1) Arrivo di Carlo VIII ad Asti (11 settembre 1494)
   ....
   ....
   ....

● LEGGERE E VALUTARE LE FONTI

3. **Osserva l'immagine e completa la scheda per l'analisi della fonte.**

   Nel passaggio tra Medioevo ed età moderna cambia in modo significativo anche il modo di combattere: vengono creati eserciti permanenti alle dipendenze del sovrano; fanterie e artiglierie diventano decisive nei conflitti. Anche le fonti ci parlano di questa importante trasformazione.

In quale contesto è stata prodotta?	
Di che tipo di fonte si tratta?	
Che cosa raffigura?	
Quali informazioni se ne ricavano?	

   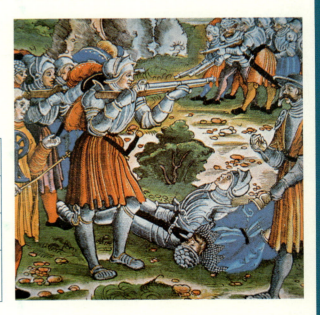

per approfondire La trasformazione del modo di combattere (la storiografia lo chiama *warfare*) riflette e causa allo stesso tempo profondi cambiamenti sul piano sociale, culturale ed economico.
Fai una ricerca online utilizzando il termine *warfare* e scrivi una definizione del termine storiografico (massimo 5 righe); compila poi una sitografia delle risorse utilizzate e allegala alla tua definizione.

I SAPERI FONDAMENTALI

 sintesi   audiolettura

● GLI STATI EUROPEI TRA CENTRALISMI E PARTICOLARISMI

▶ 12.1 Tra il XV e il XVI secolo i sovrani europei avvertono la necessità di rafforzare il proprio potere e controllare più saldamente i territori loro sottoposti, costruendo **apparati amministrativi centralizzati** che possano garantire omogeneità giudiziaria e fiscale all'interno degli Stati. Tale tendenza centralistica deve però scontrarsi con i molti poteri particolari che, per mezzo del sistema di relazioni clientelari ormai consolidato, guidano ancora la vita sociale, sostituendosi di fatto al potere monarchico. I sovrani europei si dotano poi di **eserciti permanenti**, ben organizzati ed equipaggiati con armi da fuoco, che prendono il posto della cavalleria medievale.

▶ 12.2 In **Francia**, sotto i regni di Carlo VIII, Luigi XII e Francesco I, il potere centrale si rafforza notevolmente. La gestione dell'apparato burocratico-amministrativo viene affidata a esperti giuristi e burocrati, e vengono tolti alla nobiltà e al clero molti dei privilegi di cui avevano goduto fino a quel momento.

La **penisola iberica**, unificatasi politicamente con il matrimonio tra Ferdinando d'Aragona e Isabella di Castiglia (1469), deve fare i conti con le differenze culturali e linguistiche presenti al suo interno, mentre l'unità religiosa viene raggiunta con la conversione forzata alla fede cattolica di ebrei e musulmani e con l'istituzione del tribunale dell'Inquisizione, impegnato nella repressione delle eresie e del dissenso.

Anche la **monarchia inglese** stabilizza la propria posizione e cerca di fare del paese una potenza di livello europeo, mentre l'imperatore Massimiliano I tenta l'unificazione del **mondo germanico**, frammentato in una miriade di poteri locali, lavorando alla difficile costruzione di un'identità tedesca.

● L'INSTABILITÀ POLITICA ITALIANA

▶ 12.3 Morto nel 1492 Lorenzo de' Medici, riprendono le lotte tra i vari Stati. Questa situazione di instabilità consente al sovrano francese Carlo VIII di attraversare con il proprio esercito tutto il territorio italiano e di raggiungere il Regno di Napoli. La discesa di Carlo VIII, anche se interrotta dalla formazione di una Lega antifrancese, dimostra la fragilità italiana e apre **un lungo periodo di contese per l'egemonia nella penisola**, che ha una prima battuta d'arresto con la firma della Pace di Noyon (1516) tra Francia e Spagna. Le due potenze europee si spartiscono quindi il territorio, prendendosi la prima la parte settentrionale della penisola, e la seconda quella meridionale.

● CARLO V E L'IMPERO PLANETARIO

▶ 12.4 Grazie alle eredità paterne e materne, **Carlo V** riesce a raccogliere nelle sue mani un potere immenso. I suoi domini comprendono i Paesi Bassi, la Spagna, il Regno di Napoli, la Sicilia, la Sardegna, le colonie spagnole del Nuovo Mondo e le terre del Sacro Romano Impero. Mantenere il controllo di un impero tanto vasto è impresa ardua, resa ancora più difficile dall'ostilità della Francia che, accerchiata dai domini imperiali, punta a espandersi in Italia.

▶ 12.5 L'Impero di Carlo deve poi guardarsi anche dalla minaccia dei **turchi Ottomani** che, dopo aver occupato i Balcani, arrivano ad assediare Vienna, impossessandosi di gran parte del territorio ungherese.

▶ 12.6 Sul finire della sua vita, Carlo V riconosce infine il **fallimento del suo disegno universalistico** e comprende la necessità di separare la corona spagnola da quella imperiale, assegnando la prima al figlio Filippo e la seconda al fratello Ferdinando.

linea del tempo

- 1469 — matrimonio tra Ferdinando d'Aragona e Isabella di Castiglia
- 1487 — istituzione della Camera stellata in Inghilterra
- 1492 — conquista del Regno di Granada e cacciata degli "infedeli"
- 1494 — discesa di Carlo VIII. Inizio delle Guerre d'Italia

L'Europa e il mondo nell'età di Carlo V **CAPITOLO 12**

mappa

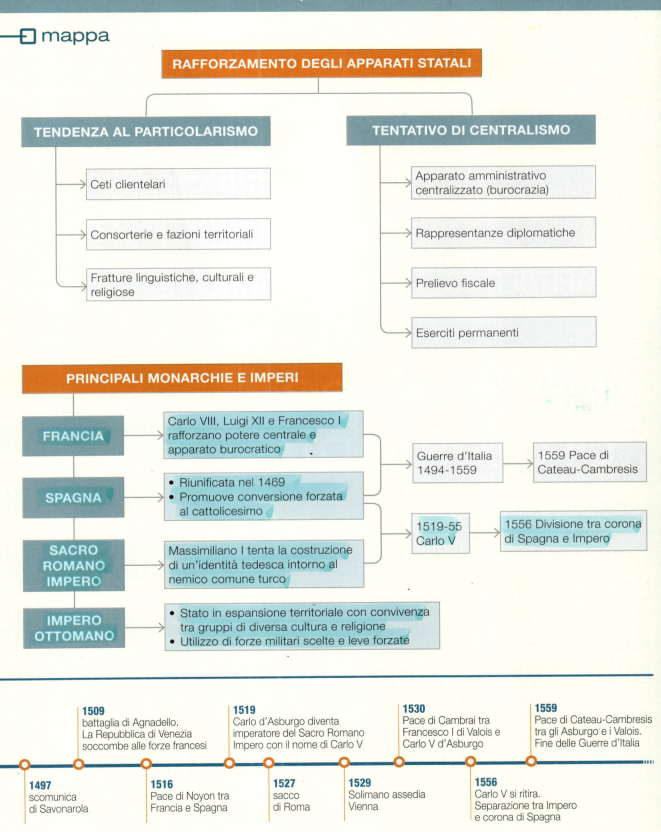

399

CAPITOLO 13

La Riforma protestante

Riforma spirituale e politica

La storiografia si è a lungo interrogata sui contenuti spirituali e su quelli più propriamente politici della Riforma protestante. In gioco ci sono questioni fondamentali, riguardanti le interrelazioni fra la fede e i comportamenti sociali degli esseri umani. Come osservò lo studioso francese Lucien Febvre nel 1928, Lutero era preoccupato principalmente per il destino della sua anima. La rottura con la Chiesa di Roma promossa dal monaco agostiniano – ribadì qualche anno più tardi lo storico americano Ronald Bainton – fu dettata principalmente da motivazioni religiose, in particolar modo dalla volontà di riscoprire il messaggio del Vangelo e di lottare contro la degenerazione morale e spirituale della Chiesa. La nuova dottrina divenne però, in breve tempo, un'arma per diverse componenti politiche del mondo tedesco, in particolar modo per alcuni principi, che intravidero in essa la possibilità di ritagliarsi uno spazio di autonomia dall'autorità imperiale e di incamerare i beni ecclesiastici.

le parole della storiografia

La Riforma protestante | **CAPITOLO 13**

Per riprendere il filo... Gli anni che precedettero e seguirono la presa del potere di Carlo V (divenuto imperatore nel 1519) furono segnati da un complesso intreccio di eventi e di fenomeni che cambiarono l'identità del continente europeo: l'allargamento degli orizzonti geografici, le innovazioni nel campo della tecnica e del pensiero scientifico-filosofico, l'apertura di nuove reti commerciali, il rafforzamento dei poteri monarchici, la definizione di nuovi assetti territoriali e nuovi equilibri di potere, l'affermazione di concezioni politiche distanti dagli ideali medievali. Un ruolo importante fu giocato anche dall'introduzione della stampa, che, favorendo la circolazione delle idee contribuì all'insorgere di nuove inquietudini legate sia al rapporto fra sudditi e poteri costituiti che ai modi di intendere l'autorità e la fede. Non appena eletto imperatore, Carlo V mostrò fin dall'inizio la volontà di unire la cristianità sotto un'unica guida, ma dovette confrontarsi con una crisi religiosa che aveva radici profonde e che era giunta ormai a un punto di non ritorno.

videopresentazione

13.1 La Chiesa di Roma: tensioni politiche e aspirazioni al rinnovamento religioso

I "mali della Chiesa" cinquecentesca Fin dal tardo Medioevo la Chiesa di Roma era stata scossa da **istanze di riforma** e dall'esigenza di una rinascita spirituale capace di affermare nuove priorità dei fedeli e delle gerarchie ecclesiastiche [▶ cap. 6]. Fra il XV e il XVI secolo le pressioni esercitate in questo senso sul potere pontificio si intensificarono a causa di una serie di fattori concomitanti. A seguito della crescente presenza delle potenze straniere sul territorio della penisola, gli Stati italiani persero parte della loro influenza a livello europeo e iniziò pertanto a intaccarsi il solido reticolo di mecenatismi che aveva sostenuto il prestigio delle dinastie regnanti [▶ cap. 10]. La collaborazione fra queste ultime e l'alto clero fu confermata, mettendo spesso ai margini artisti, pensatori e uomini di lettere. Un numero crescente di intellettuali si impegnò nella denuncia della **corruzione morale** che accompagnava le spietate **lotte di potere** fra i diversi casati, approfittando di una diffusione sempre maggiore della lingua volgare, che permetteva di raggiungere settori più ampi della popolazione. In particolar modo vennero prese di mira le azioni di papa Alessandro VI e della corte di alti prelati che circondava la famiglia Borgia [▶ cap. 12.3], e queste critiche finirono per rafforzare l'immagine di una gerarchia ecclesiastica assetata di ricchezza e poco attenta alla cura delle anime.

La denuncia della cattiva reputazione del clero

Ad aggravare la situazione intervenne il ricorso sempre più frequente, da parte della Chiesa, alla controversa pratica della **vendita delle indulgenze**, che offriva ai fedeli la possibilità di ottenere la **remissione dei peccati e delle pene attraverso donazioni e opere benefiche**, incrementando così a dismisura i beni materiali del clero. La dottrina sulla quale si basava questo scambio era, per certi versi, lineare: Cristo, la Vergine Maria e i santi avevano accumulato con i loro meriti un "tesoro" spirituale che veniva messo a disposizione della cristianità. Le gerarchie ecclesiastiche si attribuivano il diritto di attingere a questo patrimonio, distribuendone i benefici a tutti coloro che si mostravano disposti a pagare somme più o meno alte.

Il mercato delle indulgenze

401

SEZIONE IV LA NASCITA DEL MONDO MODERNO [1480-1600]

I predicatori che alimentavano questo mercato, capace di coinvolgere anche la nobiltà e i ceti abbienti, promettevano uno sconto delle pene purgatoriali [👁 1], mentre ai più generosi era prospettato addirittura l'accesso diretto al Paradiso.

Un nuovo approccio alle Scritture

Umanesimo e fermenti evangelici: Erasmo da Rotterdam Le critiche verso gli orientamenti della corte papale e delle gerarchie ecclesiastiche, oltre a tradursi in un diffuso anticlericalismo, assunsero in diverse aree d'Europa un respiro più ampio, confluendo in un organico tentativo di fusione fra istanze umanistiche e fermenti evangelici. Il rinnovamento culturale fondato sullo studio delle *humanae litterae* e sulla riscoperta dei testi antichi contribuì allo sviluppo di un nuovo interesse per l'**analisi critica del testo biblico**, aperta anche all'uso del **metodo filologico** [▶ cap. 10.4] e quindi indipendente dalla mediazione interpretativa del ceto sacerdotale. Molti pensatori furono inoltre accomunati dalla volontà di promuovere l'incontro tra fede e ragione, tra le eredità culturali del mondo greco-latino e il successivo pensiero cristiano. Si diffuse quindi una nuova cultura che alimentava il bisogno di riscoprire le radici del messaggio cristiano attraverso lo studio diretto dei testi sacri e la promozione di una nuova disciplina religiosa ispirata al Vangelo.

I tratti caratterizzanti del pensiero umanistico cristiano furono definiti dall'umanista olandese **Erasmo da Rotterdam** (Geert Geertsz, 1469 ca.-1536) [👁 2], che fu educato fin dall'infanzia alle suggestioni della *Devotio moderna*, un movimento religioso che aveva assorbito le profonde esigenze di rinnovamento spirituale diffuse nell'area dei Paesi Bassi. Dopo aver trascorso sei anni in un convento agostiniano, Erasmo cominciò a viaggiare fra Italia, Francia e Inghilterra, entrando in contatto con i più importanti letterati dell'epoca e mettendosi in luce per la sua conoscenza dei classici.

L'opera di Erasmo

Coerentemente con il suo ideale di vita cristiana, slegato dai sistemi dogmatici e fondato sul principio del libero accesso dell'individuo alle fonti primarie della religio-

PERCORSO VISIVO

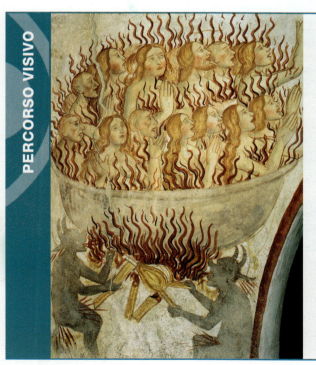

◀ *Il Purgatorio*, particolare degli affreschi del *Giudizio Universale*, Chiesa della Santissima Trinità, Momo (Novara), XV-XVI secolo.

[👁 1] **Il purgatorio** Secondo la dottrina della Chiesa prima di poter accedere al Paradiso, le anime dovevano attendere nel Purgatorio tempi a volte lunghissimi per scontare i peccati commessi in vita. Le terribili immagini e descrizioni delle dure punizioni future spingevano molti ad acquistare indulgenze per sé e per i propri cari.

[👁 2] **Erasmo da Rotterdam** L'umanista raffigurato nel 1523 dal pittore tedesco Hans Holbein il Giovane, uno dei maggiori ritrattisti europei della sua epoca.

402

La Riforma protestante CAPITOLO 13

ne, nel 1516 Erasmo pubblicò un'**edizione critica** della versione greca e latina del **Nuovo Testamento**, che costituirà la base delle successive edizioni in volgare. Nelle sue opere – fra le quali vanno ricordate l'*Elogio della pazzia*, i *Dialoghi*, il *Manuale del soldato cristiano*, *L'educazione del principe cristiano* – sviluppò un pensiero originale, dimostrando come gli insegnamenti di Cristo fossero conciliabili con le grandi lezioni dei pensatori dell'antichità e come potessero fungere da stimolo per la **ricerca di una nuova morale**, liberata dai retaggi secolari di una religiosità fondata sulla superstizione, sui comportamenti esteriori, sugli inganni di un clero corrotto, sull'intolleranza e sugli incomprensibili cavilli dottrinali elaborati dai teologi [👁 3]. Erasmo non si separò mai formalmente dalla Chiesa, ma il suo pensiero si rivelò sempre più incompatibile con la rotta intrapresa dalle gerarchie romane, che decisero infatti di mettere al bando i suoi scritti inserendoli nell'*Indice dei libri proibiti* (di cui parleremo).

> **rispondi**
> **1.** Che cosa sono le indulgenze e perché sono occasione di scandalo per parte dei fedeli? **2.** Quali sono le linee guida del pensiero di Erasmo da Rotterdam?

13.2 Il messaggio di Lutero

Le motivazioni spirituali Risulta difficile capire le origini della Riforma protestante senza partire dal presupposto che le motivazioni del suo ispiratore furono di natura prettamente spirituale. Troppo spesso si sono accentuati i caratteri politici eversivi di un movimento complesso che nacque da un'idea ben definita di rapporto con Dio e con le fonti della dottrina. **Martin Lutero** (Martin Luther, 1483-1546) nacque da una famiglia di piccoli imprenditori della Turingia a Eisleben, nelle aree interne del territorio tedesco. Fin da molto giovane venne a contatto con una **religiosità tenebrosa**, incentrata sul terrore del diavolo e sull'idea di colpa e punizione [👁 4]. Intraprese gli studi giuridici nel 1501, ma qualche anno più tardi decise di cambiare completamente rotta entrando nell'**ordine agostiniano**. Anche se questa svolta fu probabilmente dovuta a un

La formazione di Lutero

[👁 3] La pazzia del mondo
Cranach, famoso artista e amico di Lutero, dipinse più volte il soggetto dell'amore insano tra un vecchio depravato e una giovane donna interessata ai suoi soldi, una delle tante "follie" della società condannate nell'*Elogio* erasmiano.

◀ Lucas Cranach, *Il vecchio innamorato*, 1530 ca.

[👁 4] I volti mostruosi del diavolo Le opere d'arte, in particolare dell'area tedesca, erano piene di figure deformi e ripugnanti come quelle che compaiono a tormentare Antonio, santo eremita nel deserto, per indurlo a peccare.

▶ Mathias Grünewald, *Le tentazioni di sant'Antonio*, 1515.

403

SEZIONE IV   LA NASCITA DEL MONDO MODERNO [1480-1600]

lungo travaglio interiore, è utile ricordare che Lutero stesso la attribuì a un evento che lo aveva segnato in profondità: durante un temporale un fulmine era caduto a pochi passi da lui, facendogli comprendere la fragilità dell'esistenza umana di fronte alla potenza di Dio e al carattere imperscrutabile delle sue decisioni [▶ altri LINGUAGGI, p. 420].

Il rapporto con Dio

Ricevuta l'ordinazione sacerdotale nel 1507, approfondì gli studi di teologia ottenendo anche una cattedra a **Wittenberg**, in Sassonia. La sua riflessione si concentrò sulle vie concesse al fedele per ambire alla salvezza eterna e, proprio durante uno dei suoi corsi sull'*Epistola ai Romani* di san Paolo, ebbe occasione di elaborare una visione della giustizia suprema che poneva l'accento sull'onnipotenza dell'elargitore. Gli uomini, in questa prospettiva, potevano essere partecipi della **grazia divina** rivelata nel Vangelo solo in virtù della loro **fede**. Il sacrificio di Cristo era stato un dono, mediante il quale si offriva a ciascun peccatore l'occasione di riconoscere la propria miseria e di affidarsi gratuitamente alla misericordia del Padre.

La natura dell'uomo per Lutero

Per Lutero le **opere** umane non potevano in alcun modo cambiare le disposizioni di Dio e tale idea radicale sovvertiva radicalmente le regole codificate dalla Chiesa di Roma, secondo cui le buone azioni erano un fattore decisivo per ottenere il perdono dei peccati ed evitare la dannazione eterna. Per il teologo agostiniano la **natura umana** era irrimediabilmente **corrotta dal peccato originale** e di conseguenza non poteva ambire alla redenzione, che solo Dio poteva donare. Dio concedeva agli uomini peccatori la possibilità di fare del bene, ma ciò non poteva in alcun modo servire a ottenere la grazia.

Lutero ed Erasmo

In aperta opposizione con Erasmo da Rotterdam, che in una sua opera aveva sostenuto l'importanza del **libero arbitrio** dell'uomo nel raggiungimento della salvezza eterna, Lutero teorizzò la totale subalternità delle scelte individuali rispetto al disegno celeste (*De servo arbitrio*, 1525).

Lo "scandalo" delle indulgenze...

Le "95 tesi" e la loro diffusione Le teorie di Lutero, frutto di lente e laboriose elaborazioni maturate nel tempo, erano presto destinate a intrecciarsi alle vicende politiche del mondo tedesco. Ciò avvenne nel 1514, quando **Alberto di Hohenzollern**, già titolare di due diocesi e fratello del margravio di Brandeburgo, volle candidarsi al posto di arcivescovo di Magonza e diventare uno dei grandi elettori imperiali.

Il pontefice **Leone X** (1513-21), al secolo Giovanni de' Medici, accettò di appoggiarne la candidatura chiedendo però una somma ingente (10 000 ducati) per esonerarlo dal divieto canonico di cumulare le cariche [👁 5]. Cosciente della difficoltà nel mettere insieme una somma tanto ingente, il pontefice concesse ad Alberto anche il permesso di organizzare una **vendita delle indul-**

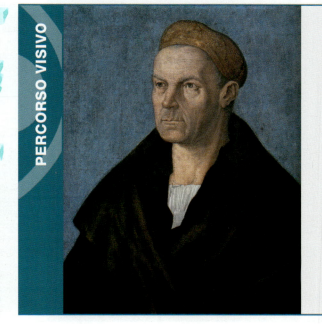

PERCORSO VISIVO

404

La Riforma protestante | **CAPITOLO 13**

genze straordinaria sull'ampio territorio tedesco, finalizzata in buona parte a rimpinguare le casse della camera apostolica [▶ cap. 2.5].

Fortemente colpito da quanto stava avvenendo, il 31 ottobre del **1517** Lutero inviò ad Alberto un documento contenente **95 tesi**, nelle quali condannava il mercimonio in corso e negava alla Chiesa il potere di rimettere le pene [▶ FONTI, p. 406]. Le tesi furono affisse anche – secondo la tradizione – all'entrata della chiesa del castello di Wittenberg ed ebbero una **risonanza enorme**, probabilmente maggiore di quella che lo stesso teologo si aspettava. Le stesse tesi furono date alle stampe e, grazie alle possibilità offerte da questo mezzo di riproduzione, circolarono in tutti i territori del mondo germanico, accrescendo il malcontento nei confronti della Santa Sede e delle gerarchie romane.

Il successo delle tesi di Lutero Le ragioni di tanto successo si spiegano anche in virtù di un'azione di **propaganda** costruita su una puntuale interazione fra parola scritta, immagine e comunicazione orale. I **testi** (secondo alcune ricerche diffusi in ben 300 000 copie, in un contesto dove i potenziali lettori alfabetizzati non erano più di 500 000) furono affiancati da **illustrazioni e xilografie** [👁 6] e dall'incessante opera di **predicatori** che svilupparono un linguaggio semplice ed espressivo, capace di rendere comprensibili al pubblico gli aspetti più spigolosi della teologia luterana, fatti confluire in un messaggio anticlericale che incontrava consensi presso diversi ceti sociali. In questa chiave i sostenitori di Lutero dipinsero il **papa come nemico di Cristo** e affamatore dei popoli, facendo anche leva sul riscatto dell'identità tedesca contro un'autorità straniera che, in nome di un primato spirituale più presunto che reale, si era mostrata incline a ogni forma di abuso.

L'affermazione della Riforma incise dunque anche sugli usi linguistici delle comunità del mondo tedesco, che non soltanto acquisirono familiarità con pratiche comunicative insolite, ma furono anche stimolate a sviluppare processi di alfabetizzazione. La nuova fede era fondata su una lingua che fondeva la grammatica della burocrazia

... e la reazione di Lutero

approfondimento
Le 95 tesi di Lutero

Un linguaggio efficace e popolare

approfondimento
Una svolta epocale

Un importante contributo alla lingua tedesca

[👁 5] **Un prestito oneroso** Per poter pagare al papa la somma richiesta, Alberto di Hohenzollern ottenne un prestito enorme da Jakob Fugger, ricchissimo finanziere tedesco, che in cambio incassò la metà dei proventi della vendita di indulgenze organizzata da Alberto. Iniziando come semplice commerciante, in pochi anni Fugger era diventato uno degli uomini più potenti d'Europa, in grado di decidere le sorti del continente: fu solo grazie al suo appoggio che Carlo V poté diventare imperatore.

◀ Albrecht Dürer, *Ritratto di Jakob Fugger "il Ricco"*, 1520.

[👁 6] **Una stampa antipapista** Il "papa-asino" (*Bapstesel*), un essere mostruoso dal corpo d'asino coperto di scaglie, il seno di donna, con una zampa di bue e una d'aquila: l'incisione di Lucas Cranach illustrava uno scritto satirico contro il pontefice di Roma (1523). Sullo sfondo si riconoscono Castel Sant'Angelo e il vessillo vaticano.

libero arbitrio
La possibilità per l'uomo di agire secondo la propria volontà e non in base a un disegno preordinato.

margravio Titolo del Sacro Romano Impero, assimilabile a quello di marchese.

405

SEZIONE IV   LA NASCITA DEL MONDO MODERNO [1480-1600]

FONTI

Le 95 tesi di Lutero

■ La vendita delle indulgenze era fra i temi più approfonditi da Lutero nelle 95 tesi. La critica proposta dal monaco agostiniano era radicale, ma anche immediatamente comprensibile ai destinatari del testo: a finire sotto accusa erano infatti i sacerdoti che infliggevano ai moribondi «pene canoniche da scontare in purgatorio» perché colpevoli di speculare sulle paure dei fedeli, cui facevano credere di poter risparmiare il supplizio grazie alle opere di carità. Il messaggio di Lutero era chiaro: solo l'onnipotenza di Dio, e non l'autorità terrena del papa e del clero, poteva concedere il dono della salvezza.

▲ Le tesi di Lutero.

Le pene stabilite dal diritto canonico della Chiesa.

10. I sacerdoti che infliggono ai moribondi **pene canoniche** da scontare in purgatorio dimostrano ignoranza e disonestà. [...]

13. Ai morti è concesso di scontare ogni peccato fino al momento della morte; dopo la morte, le disposizioni canoniche non li riguardano più, poiché ne sono sciolti di diritto. [...]

Lutero mette in discussione l'esistenza stessa del Purgatorio, sottolineando che la possibilità di scontare i peccati si limita alla vita terrena.

15. A parte ogni altra considerazione, questa paura, consistente nella tremenda sofferenza derivante dalla disperazione, costituisce già di per sé una pena purgatoriale.

16. La differenza tra l'inferno, il purgatorio e il paradiso sembra risiedere nella differenza esistente tra la disperazione, la quasi disperazione e la sicurezza. [...]

Il papa non può sostituirsi a Dio imponendo pene e concedendo il perdono.

20. Perciò il papa, quando parla della remissione plenaria di tutte le pene, non intende riferirsi al perdono di tutte, ma soltanto di quelle imposte da lui. [...]

24. La conseguenza inevitabile è che la maggior parte del popolo viene ingannata dalla indiscriminata e altisonante promessa della dispensa dalle pene. [...]

Le opere caritatevoli non devono essere compiute, secondo Lutero, per evitare la collera di Dio, ma in virtù della sua stessa grazia: gli uomini non fanno il bene per ottenere la salvezza, ma perché la grazia di Dio li ha raggiunti.

43. È necessario insegnare ai cristiani, che donare al povero o concedere un prestito ai bisognosi ha più valore dell'acquisto di indulgenze.

44. Infatti, le opere di misericordia favoriscono la carità rendendo l'uomo migliore, mentre le indulgenze non lo migliorano, ma lo liberano soltanto dalla pena. [...]

45. È necessario insegnare ai cristiani, che chi spende il suo denaro per comprare le indulgenze dimenticando i poveri, non acquista le indulgenze del papa, ma l'indignazione di Dio.

M. Lutero, *Scritti politici*, a cura di G. Panzieri Saija, Utet, Torino 1959

La Riforma protestante | **CAPITOLO 13**

sassone con forme dialettali e riuscì a superare le barriere regionali, affermandosi su ampia scala presso tutti i ceti. Ben diversa fu la tendenza nei territori rimasti cattolici, dove la lingua, l'alfabetizzazione e il persistente uso del latino nelle funzioni religiose continuarono a essere importanti fattori di divisione sociale.

La reazione del papa e dell'imperatore L'entità della spaccatura che si stava consumando nel cuore dell'Europa non fu subito compresa dalla Chiesa di Roma (definita d'ora in poi "cattolica", per distinguerla dalle confessioni riformate e dalle altre Chiese cristiane). Si dovette infatti infatti attendere il **1520** per avere la prima vera risposta da parte del papato, quando Leone X con la **bolla** *Exsurge Domine* ("Sorgi o Signore") minacciò Lutero di **scomunica**, concedendogli 60 giorni per ritrattare le sue idee. In risposta ottenne un gesto tanto plateale quanto significativo: la pubblica distruzione del documento, bruciato insieme ad alcuni testi di diritto canonico.

L'imperatore **Carlo V** [▶ cap. 12], preoccupato per il conflitto religioso che si andava profilando all'interno dei suoi domini, concesse all'autore delle tesi la possibilità di giustificarsi al suo cospetto. Convocato alla **Dieta di Worms** dell'aprile del **1521**, di fronte all'imperatore e a un delegato papale che lo esortava al pentimento, Lutero si rifiutò di rinnegare le proprie idee, affermando di rispondere alla sua sola coscienza, vincolata alla parola di Dio espressa nella Bibbia. In conseguenza di un tale affronto, egli fu dichiarato eretico e **messo al bando da tutti i territori dell'Impero**; riuscì anzi a sfuggire a una morte sicura soltanto grazie alla protezione dell'elettore di Sassonia Federico il Saggio e si pose in salvo nel castello di Wartburg, dedicando tutto il suo tempo alla **traduzione in volgare tedesco del Nuovo Testamento**.

I punti di rottura tra Lutero e la Chiesa romana La nuova prospettiva affermata da Lutero toccava corde sensibili sul delicato tema del rapporto fra il fedele e le Sacre Scritture, che dovevano essere lette e illustrate senza prendere in considerazione l'interpretazione ufficiale imposta da Roma. Accanto alla **centralità della fede** (*sola fide*) e della **grazia** (*sola gratia*), trovava posto quindi il **testo biblico** (*sola scriptura*) che sovrastava qualsiasi tipo di magistero clericale. Se affiancato alla teoria dell'inconsistenza delle opere ai fini della salvezza, il principio della *sola scriptura* cancellava di fatto tutte le principali funzioni svolte dai ministri della Chiesa, privandole di significato. Nell'ordinamento romano, infatti, i sacerdoti erano divulgatori esclusivi dell'interpretazione canonica della Bibbia, nonché mediatori fra il sovrannaturale e i fedeli, chiamati a mettere sulla bilancia i loro peccati, a verificare la sincerità dei pentimenti, a distribuire castighi e assoluzioni, a stabilire il valore specifico delle azioni per l'accelerazione, la compromissione o l'eventuale rallentamento del cammino di salvezza.

La rilettura dei testi sacri indusse il teologo a conservare due soli sacramenti, ritenendoli istituiti direttamente da Cristo: il **battesimo** e l'**eucarestia**. La comunità dei cristiani non poteva ammettere l'esistenza di alcuna Chiesa intesa come entità separata dal corpo sociale e, stando a questa prospettiva, anche i voti monastici perdevano qualsiasi forma di legittimità. Lutero affermò quindi il principio del **sacerdozio universale**, consentendo di fatto ai fedeli di poter entrare in rapporto diretto con il sovrannaturale e il divino senza alcuna mediazione terrena.

Lutero stesso abbandonò l'abito dell'ordine agostiniano e si unì in matrimonio con una ex monaca di nome Katharina Von Bora, nativa di Lippendorf e figlia di un cavaliere sassone.

La reazione del papato

La definitiva rottura

Le questioni della salvezza e del sacerdozio

I sacramenti e il ruolo della Chiesa

rispondi
1. Quali sono le linee guida del pensiero di Lutero? 2. Che cosa sono le 95 tesi?
3. Quali sono i punti di contrasto tra Lutero e la Chiesa di Roma?

SEZIONE IV   LA NASCITA DEL MONDO MODERNO [1480-1600]

Punti di contrasto	Chiesa di Roma	Lutero
Questione della salvezza	Si ottiene attraverso la fede e le buone opere	È nelle mani di Dio onnipotente: l'uomo può solo avere fede nella grazia
Sacramenti riconosciuti	Battesimo, eucarestia, cresima, penitenza, ordine sacro, matrimonio, unzione degli infermi	Solo battesimo ed eucarestia, in quanto istituiti direttamente da Cristo
Rapporto con le Sacre Scritture	La loro interpretazione è affidata al clero	Libero esame da parte dei fedeli (il Nuovo Testamento viene tradotto in lingua corrente)
Rapporto tra Dio e i fedeli	Magistero clericale	Sacerdozio universale

13.3 La Riforma luterana e i poteri laici

I riflessi politici della Riforma

La nobiltà tedesca e le città imperiali L'impatto politico del messaggio riformato sul mondo tedesco fu evidente già nel corso degli anni Venti. Alcuni **principi** – primi fra tutti i grandi elettori di Sassonia e del Palatinato – approfittarono dell'indebolimento dell'autorità imperiale causato dalla divisione religiosa per rafforzare il proprio potere territoriale e impossessarsi di molti beni ecclesiastici. Alberto di Hohenzollern decise per esempio di secolarizzare i beni dell'Ordine teutonico, di cui era Gran Maestro, assumendo il titolo di duca di Prussia, sotto la tutela nominale del re di Polonia.

Nuove tendenze autonomistiche

I piccoli feudatari, detti **cavalieri**, penalizzati da una difficile congiuntura economica e minati nel loro prestigio dall'affermazione delle grandi macchine belliche statali, intravidero nella Riforma la possibilità di organizzare un fronte comune di opposizione all'autorità papale. Le città imperiali [▶ cap. 8.5] colsero invece l'occasione per rafforzare le loro autonomie, accompagnando l'introduzione delle nuove liturgie alla soppressione di conventi e monasteri, percepiti come centri di potere oppressivi e obbedienti ad autorità lontane dal territorio.

PERCORSO VISIVO

[◉7] **Le rivolte in Germania nel XVI secolo**
Oltre alle aree rurali, diversi centri urbani furono interessati da agitazioni, esprimendo la loro volontà di affrancarsi dalle pressioni accentratrici degli Stati, ma anche dalle giurisdizioni ecclesiastiche. Il loro tessuto sociale era tendenzialmente favorevole all'azione di predicatori che diffondevano la teologia riformata.

408

La Riforma protestante | CAPITOLO 13

Riforma e cambiamento sociale: i contesti rurali Nelle aree rurali la Riforma luterana suscitò un grande interesse, soprattutto in virtù delle **istanze egualitarie** che essa sembrava contenere, nella misura in cui mettevano in discussione il ruolo dei poteri consolidati. Molti predicatori che dichiaravano di ispirarsi al nuovo credo – in alcuni casi sedicenti profeti di inclinazione millenaristica – presero a sobillare i contadini contro l'oppressione delle gerarchie ecclesiastiche, ma anche contro gli abusi signorili e i gravami feudali, sostenendo le esigenze di autonomia dei villaggi. L'obiettivo esplicito era **legare la riforma religiosa a un profondo cambiamento sociale** che portasse alla realizzazione terrena della "città di Dio", cioè all'istituzione di una società fondata sui valori comunitari del Vangelo.

Queste suggestioni ebbero un ruolo importante, innestandosi su un malcontento serpeggiante già da lungo tempo nei territori tedeschi. Nel **1524** si verificarono **le prime sommosse** in Svevia, lungo le rive del Reno, in Turingia, Sassonia, Carinzia e Tirolo [👁 7]. Non furono soltanto i lavoratori poveri a intraprendere la via della violenza, ma anche i piccoli proprietari, che reclamavano il **ripristino delle antiche consuetudini locali** contro gli abusi dei poteri signorili, in massima parte ecclesiastici. Costoro avevano infatti rafforzato i prelievi fiscali e inasprito il regime feudale, sottraendo a villaggi e comunità la possibilità di usufruire di spazi comuni e di mezzi di produzione collettivi comuni.

In queste posizioni fortemente rivendicative si rileva un tratto tipico delle rivolte dell'Europa di antico regime che, anziché guardare al futuro e alla prospettiva di un nuovo ordine, erano legate alla difesa di costumi e privilegi preesistenti, nonché alla conservazione di equilibri atti a regolare il rapporto fra i diversi ceti sociali.

La guerra dei contadini Fra i personaggi carismatici che si fecero propagatori di un messaggio di rigenerazione morale e materiale si distinse il religioso visionario **Thomas Müntzer** (1490-1525). Dopo essere entrato in contatto con diversi gruppi di contadini nel corso di lunghe peregrinazioni nelle campagne tedesche, egli si stabilì a **Mühlhausen**, in Turingia, dove diede inizio a una rivolta che fece tremare l'ordine costituito [👁 8].

> I fermenti sociali risvegliati dalla Riforma

> La rivolta nelle campagne...

> ... per un ritorno al passato

[👁 8] Una ribellione popolare Questa stampa propagandistica mostra i contadini tedeschi che, con l'aiuto di Dio, assaltano proprietari terrieri, monaci e lo stesso papa. La rivolta istigata da Müntzer assunse aspetti radicali: i cosiddetti "12 articoli", l'elenco delle rivendicazioni avanzate nel 1525 dagli insorti, partendo dal testo evangelico arrivavano a contestare i diritti signorili rivendicando i diritti comuni sulle terre. Le richieste non erano affatto rivoluzionarie, ma puntavano al ritorno a un ideale passato armonioso in nome della fratellanza cristiana.

> **antico regime** In storiografia, indica il complesso degli ordinamenti politici, giuridici e sociali che caratterizzarono, pur in una grande varietà di situazioni, le strutture dell'Europa moderna fino alla Rivoluzione francese.

SEZIONE IV LA NASCITA DEL MONDO MODERNO [1480-1600]

I caratteri della rivolta

Nella sua celebre *Predica ai principi* del 1524, Müntzer fece leva anche su messaggi eversivi e, con i suoi caratteristici toni apocalittici, invitò a uccidere «i governanti empi, particolarmente i preti e i monaci» che inquinavano con le loro eresie i testi sacri. Grazie alla sua capacità di persuasione, i contadini trovarono nella primavera del 1525 gli stimoli per prendere le redini della situazione, sia dal punto di vista politico che da quello economico e produttivo. Denunciarono il **tramonto di un'epoca aurea di prosperità** e privilegi accordati alle comunità rurali, affermando la necessità di una diversa distribuzione dei pesi fiscali e il ristabilimento dei pascoli e dei campi comuni.

La fine della ribellione...

La ribellione dilagò ma gli insorti delle varie regioni si dimostrarono presto divisi al loro interno e legati a logiche localistiche, perciò non riuscirono a coordinarsi in un fronte comune. I ceti dominanti nelle città si unirono invece ai nobili per combattere la rivolta. Fu lo stesso **Lutero**, preoccupato di perdere l'appoggio dei ceti più elevati, a compiere la mossa decisiva: nel maggio del 1525 pubblicò un testo intitolato *Contro le empie e scellerate bande dei contadini*, in cui esortava le autorità a punire senza pietà i fautori della ribellione, sancendo l'**assoluta estraneità del suo messaggio di fede da ogni pretesa di cambiamento sociale**. I contadini e i popolani furono massacrati a decine di migliaia; lo stesso Müntzer fu catturato e torturato prima di essere condotto a morte.

... come affermazione della Riforma

Le vicende identificate dalla storiografia come **"guerra dei contadini"** furono un decisivo punto di svolta per i seguaci di Lutero che riuscirono a consolidare le loro posizioni, confermandosi leali ai principi del mondo tedesco e stabilendo un reticolo di alleanze utili a proteggere lo sviluppo del nuovo credo. La cancellazione forzosa delle posizioni radicali sostenute da Müntzer e dagli altri profeti era un chiaro segnale della volontà di porsi a supporto dell'ordine vigente rafforzando le posizioni antipapali dei nuovi assetti di potere, che tendevano ad assecondare le autonomie facendo leva sui potentati locali ormai intenzionati a emanciparsi da qualsiasi vincolo con Roma.

Una nuova ribellione su base religiosa

Il massacro degli anabattisti Non mancarono le opposizioni da parte di gruppi fermi su posizioni contestatrici, come quello degli "**anabattisti**", che intendevano "ribattezzare" (dal greco *aná*, "di nuovo") i credenti considerando nullo il rito praticato su neonati inconsapevoli. In realtà a definire tali i seguaci di questa dottrina erano i denigratori, mentre loro stessi erano soliti identificarsi come "fratelli" e "sorelle", partendo dal presupposto che i veri credenti fossero uniti da un legame tanto indissolubile da potersi ritenere parte di una sola famiglia. Rifiutavano la violenza, ma con essa negavano anche il rispetto delle autorità terrene, sostenendo che solo le illuminazioni dello Spirito Santo erano meritevoli di sentimenti di obbedienza.

La breve esperienza teocratica

Agli inizi del **1534**, un gruppo di "ribattezzatori" proveniente dai Paesi Bassi si stabilì a **Münster**, in Vestfalia, prendendo il controllo della città e imponendo nuove **forme di vita comunitaria** fondate sulla condivisione dei beni, senza escludere forme di poligamia. I capi ribelli, preannunciando un'imminente fine dei tempi, definirono la loro roccaforte "**Nuova Sion**", abolirono l'uso del denaro, commisero atrocità dettate dalla volontà di reprimere il dissenso e misero fuori legge ogni libro diverso dalla Bibbia. Riuscirono a resistere per lunghi mesi in una città assediata, ma alla fine dovettero capitolare di fronte a papisti e luterani che si unirono in nome della repressione del movimento. La popolazione fu massacrata: molti credenti si rifiutarono di pronunciare una pubblica **abiura** e furono puniti finendo al centro di sanguinosi spettacoli di giustizia, con i loro corpi martoriati esposti agli occhi dei sopravvissuti.

La Riforma protestante CAPITOLO 13

Il teologo e l'imperatore L'imperatore Carlo V, avendo preso coscienza della pervicacia di Lutero, comprese di dover seguire altre vie per cercare di sanare il conflitto religioso che lacerava i suoi possedimenti e restaurare l'idea di unità sulla quale si alimentava il suo progetto universalistico. Convocò una **Dieta ad Augusta nel 1530**, alla quale partecipò il più fido collaboratore di Lutero, Filippo Melantone (Philipp Schwarzerdt, 1497-1560) [9], che fungeva da portavoce di un ampio fronte di sostegno: la professione di fede da lui redatta (*Confessio augustana*), nella quale si affermavano i cardini della dottrina luterana tentando di dimostrarne la coerenza con gli insegnamenti del Vangelo, fu infatti capace di ottenere il pieno appoggio delle città e dei principi che avevano aderito alla Riforma.

I teologi cattolici non si mostrarono disponibili ad alcun compromesso e Carlo, vista anche l'esigenza di difendere il credo di cui egli stesso si faceva garante, ordinò ai protestanti di fare un passo indietro, finendo paradossalmente per inasprire ancora di più le loro posizioni.

Nacque così la **Lega di Smalcalda**, un'alleanza di principi protestanti che si garantirono l'un l'altro l'appoggio nel caso di uno scontro con l'imperatore. Impegnato ad arginare la minaccia turca nel Mediterraneo e a combattere contro la Francia (il re francese Enrico II cercò in questo periodo l'appoggio dei principi protestanti e del sultano turco per sostenere la causa dei Valois contro l'egemonia della casa asburgica [▶ cap. 12]), Carlo fu tuttavia costretto a rimandare a lungo lo scontro diretto con il fronte avverso. Solo nel 1547, a Mühlberg, ottenne una vittoria importante, da cui non riuscì però a trarre il vantaggio politico auspicato.

La Pace di Augusta Fu il fratello di Carlo ed erede al trono imperiale, Ferdinando, a condurre le trattative che portarono alla **Pace di Augusta del 1555**. Riconoscendo l'esistenza di diverse fedi religiose sul territorio tedesco e decretando di fatto la fine di ogni velleità universalistica dell'Impero, fu costretto ad accettare il principio del *cuius regio eius religio* ("la religione [sia quella] di colui al quale appartiene la regione") in virtù del quale i sudditi erano chiamati a professare la fede del loro principe.

Un tentativo di mediazione

L'inasprimento delle posizioni

Lo scontro tra Impero e Riforma

Un accordo di spartizione

video
Carlo V in Germania e la Pace di Augusta

Nuova Sion Sion è il nome di un colle di Gerusalemme e per estensione della città stessa; l'espressione indicava quindi la nuova città sacra, centro della vera religione riformata.

abiura Giuramento con cui si rinuncia a una dottrina riconosciuta errata o eretica.

PERCORSO VISIVO

[9] **Melantone, umanista e riformatore** Di umili origini, Melantone fu educato grazie all'aiuto di un parente secondo principi umanistici. Fu un precocissimo studioso dei classici, prima di conoscere Lutero e dedicarsi alla teologia. Il suo nome è la latinizzazione di *Melanchthon*, cioè – come si usava nell'epoca tra intellettuali – la traduzione in greco del tedesco *Schwarzerdt*, "terra nera".

▶ Lucas Cranach, *Ritratto di Filippo Melantone*, 1543.

SEZIONE IV   LA NASCITA DEL MONDO MODERNO [1480-1600]

rispondi
1. Come si innesta lo "strappo" di Lutero nella situazione politica tedesca?
2. Che cosa è la Lega di Smalcalda?
3. Che cosa stabilisce la Pace di Augusta?

La divisione dei territori dell'Impero in due tronconi, uno cattolico e l'altro protestante (altre fedi non erano prese in considerazione), rappresentava una presa d'atto, da parte di Carlo V, delle lacerazioni ormai insanabili presenti in una compagine politica già duramente provata dai continui attacchi di forze disgreganti. Le conseguenze furono rilevanti soprattutto dal punto di vista dei sovrani riformati, che videro rafforzata la loro posizione e poterono incamerare i beni ecclesiastici, formando di fatto Chiese nazionali indipendenti dal potere spirituale e temporale del papa. Anche gli Stati che rimasero legati alla confessione romana acquisirono maggiore autonomia, consolidando la difesa dai nemici esterni e impegnando in maniera massiccia le forze di polizia per la repressione del dissenso interno.

13.4 Gli sviluppi della Riforma

L'esperienza di Zurigo

La parabola di Zwingli La Riforma assunse in Europa identità molteplici. Le esperienze di maggiore rilievo si realizzarono nel **territorio svizzero**, formalmente sottoposto all'Impero ma di fatto organizzato come una confederazione di cantoni indipendenti [◉10]. Fra coloro che fecero proprio il messaggio luterano, declinandolo in forme inedite, si distinse **Huldreich Zwingli** (1484-1531). Predicando nella cattedrale di Zurigo proprio nei mesi successivi alla pubblicazione delle tesi di Lutero, nel 1517, Zwingli formulò un'originale dottrina sui sacramenti e sul culto. Egli infatti **negava la presenza reale di Cristo nell'ostia consacrata**, rigettando sia la dottrina cattolica della "transustanziazione" (la totale conversione del pane nel corpo di Cristo), sia quella luterana della "consustanziazione" (secondo cui la conversione è solo parziale) e considerando il banchetto eucaristico come una semplice commemorazione dell'Ultima cena.

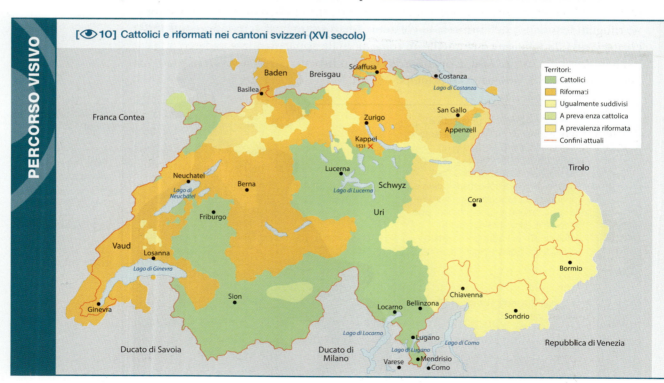

PERCORSO VISIVO

[◉10] Cattolici e riformati nei cantoni svizzeri (XVI secolo)

412

La Riforma protestante | **CAPITOLO 13**

Suggestionato dal pensiero di Erasmo da Rotterdam, Zwingli richiamava i fedeli a una religiosità meditativa, fondata sulla sobrietà e sulla centralità del messaggio biblico, fino a proporre una riforma radicale della liturgia che prevedeva l'**abolizione della messa** e la **distruzione delle immagini sacre**, che erano oggetto di idolatria (mentre le altre erano ammesse solo in quanto manufatti artistici e prodotti dell'ingegno donato da Dio all'uomo).

Le posizioni estreme di Zwingli

Le idee di Zwingli riscossero consensi anche a Berna e Basilea, ma ben presto il suo progetto venne a scontrarsi con l'opposizione dei territori rimasti fedeli a Roma. Fermi nel proposito di instaurare un nuovo ordine fondato sulla **simbiosi fra potere religioso e civile**, i seguaci del teologo cercarono l'alleanza dei protestanti tedeschi organizzando un incontro a Marburgo (1529) al quale parteciparono anche Lutero e Melantone. I contendenti non trovarono alcun accordo sul nodo dell'eucarestia e la compagine dissidente rimase priva dei supporti necessari contro i nemici che avanzavano in maniera minacciosa. Nel 1531, un esercito cattolico sferrò l'attacco contro la comunità di Zurigo, costretta a soccombere a Kappel in uno scontro che vide lo stesso Zwingli perdere la vita.

I contrasti con Lutero

Calvino: l'attivismo e i segni della salvezza I fermenti generati dalla predicazione di Zwingli non si spensero e trovarono una nuova espressione nel pensiero di **Giovanni Calvino** (Jean Calvin, da Calvinus, latinizzazione del francese Cauvin, 1509-64), nativo di Noyon in Piccardia, nella Francia settentrionale. Proveniente da una famiglia agiata (il padre Gérard fu funzionario del vescovo), ebbe la possibilità di studiare venendo in contatto con i circoli umanistici e perfezionandosi nel campo giuridico, prima di giungere all'inizio degli anni Trenta a distaccarsi dalla fede romana per abbracciare il credo protestante. Le iniziative di Francesco I contro le minoranze non obbedienti ai dettami della Chiesa gallicana [▶ cap. 8.3] indussero Calvino a scappare, rifugiandosi prima a Strasburgo e poi a Basilea, dove pubblicò in latino, nel 1536, l'*Istituzione della religione cristiana*, presto tradotta in francese, olandese, tedesco, inglese e spagnolo [▶ FONTI, p. 414]. L'opera prescriveva il rispetto per le autorità secolari, ma allo stesso tempo ricordava ai fedeli che qualsiasi disposizione voluta dagli uomini era subordinata all'obbedienza a Dio.

Le origini e la conversione alla Riforma

I presupposti della dottrina calvinista erano comuni al pensiero luterano. La centralità delle Sacre Scritture era alla base di una fede che vedeva l'uomo in una naturale condizione di miseria spirituale, impotente di fronte a un Dio maestoso che, seguendo la sua volontà imperscrutabile, aveva concesso la salvezza ad alcuni eletti. Le opere terrene non avevano alcun valore ai fini del conseguimento della beatitudine eterna. Ciò nonostante, al fedele non era totalmente preclusa la possibilità di intravedere in vita ciò che l'Altissimo aveva previsto per lui. La forza di condurre una vita retta e di contribuire alla realizzazione in terra del disegno celeste poteva essere un **indizio di predestinazione**, ma più di ogni cosa assumeva rilevanza la capacità di seguire la propria vocazione mettendosi al servizio della società.

I principi teologici del pensiero di Calvino

La fede calvinista si reggeva su un sottile paradosso poiché conservava – al pari del credo luterano – l'irrilevanza delle opere umane ai fini della salvezza, ma non escludeva la possibilità di conferire un ruolo all'**attivismo** e alla volontà. Per il teologo di origine francese, gli uomini avevano l'opportunità di ricevere una conferma della loro vicinanza ai disegni della provvidenza attraverso i risultati conseguiti nel lavoro e in tal modo potevano combattere i dubbi opprimenti che li attanagliavano circa il loro destino ultraterreno.

Il significato del lavoro

413

SEZIONE IV LA NASCITA DEL MONDO MODERNO [1480-1600]

FONTI

L'*Istituzione della religione cristiana* di Calvino

■ In questo catechismo, composto nel 1536 e diffuso l'anno successivo in lingua francese e in forma anonima, Calvino si sofferma, fra le altre cose, sul tema della predestinazione. Le ragioni di Dio sono imperscrutabili per l'uomo, che studia le Sacre Scritture e compie opere buone non per aspirare alla redenzione, ma solo in quanto partecipe della grazia suprema. Lo stesso fatto che il credente (sia esso un re, un giudice o un comune suddito) diventi esempio di rettitudine per la sua comunità è il frutto di un dono giunto dall'alto: gli uomini giusti non compiono il bene per salvarsi, ma in virtù del fatto che Dio li ha scelti.

Il seme della parola di Dio mette radice e fruttifica solo in quelli che il Signore, mediante la sua elezione[1] eterna, ha predestinati a essere suoi figliuoli ed eredi del Regno dei cieli. Per tutti gli altri, che il medesimo consiglio di Dio avanti la fondazione del mondo sono stati riprovati, la chiara ed evidente predicazione della verità non può essere altro che odore di morte […]. Ora, perché il Signore usa misericordia verso gli uni ed esercita il rigore del suo giudizio verso gli altri? Dobbiamo lasciare che la ragione di ciò sia conosciuta da Lui soltanto, che non senza motivi plausibilissimi ha voluto tenerla celata a noi tutti. […]

Citazione biblica: «Per mezzo mio regnano i re e i magistrati emettono giusti decreti; per mezzo mio i capi comandano e i grandi governano con giustizia» (Proverbi 8,15-16).

Il Signore non solo ha attestato che la magistratura[2] aveva la sua approvazione e gli era grata, ma ce l'ha pure grandemente raccomandata, avendo onorato tale dignità con titoli molto onorevoli. Infatti, Egli afferma che è opera della sua sapienza il fatto che i re regnino, che i consiglieri ordinino cose giuste e che i grandi della terra siano giudici […]. Perciò i principi e i magistrati devono pensare a chi servono nel loro ufficio e a non far nulla d'indegno di ministri e luogotenenti di Dio […]. D'altro lato, il dovere reciproco dei sudditi è non solo d'onorare e riverire i loro superiori, ma di raccomandare al Signore in preghiera la loro salvezza e prosperità. […]

Ma dall'obbedienza ai superiori bisogna sempre escludere una cosa: che ci distolga dall'obbedienza a Colui, agli editti del quale devono cedere i comandi di tutti i re […]. Se comandano qualcosa contro a Lui, non si deve fare nulla, né tener conto di tal ordine, ma si dia luogo piuttosto alla sentenza, che è meglio obbedire a Dio che agli uomini.

G. Calvino, *Il catechismo di Calvino*, Claudiana, Torino 1983

1 elezione: scelta, decisone. **2 magistratura:** il potere costituito.

◀ Calvino predica a Ginevra. Le donne assistono dal matroneo, l'area loro riservata e separata dagli uomini. Incisione colorata.

414

La Riforma protestante | **CAPITOLO 13**

La Chiesa visibile e la repubblica di santi Anche nella pianificazione del **rapporto fra autorità laiche ed ecclesiastiche** il calvinismo presentava importanti peculiarità che lo differenziavano dal luteranesimo. A una Chiesa "invisibile" composta dall'intera umanità che coltivava un rapporto diretto con le Scritture, Calvino preferiva una **Chiesa "visibile"** che trovava la sua realizzazione concreta in uno Stato o in una città dove i fedeli erano accomunati dalla pratica di un unico culto. In questi contesti, erano le autorità civili a farsi carico del controllo delle coscienze, acquisendo il ruolo che nei paesi fedeli al papa era svolto dai tribunali ecclesiastici.

Queste idee trovarono la loro piena attuazione a **Ginevra** che, fra il 1533 e il 1536, riuscì a liberarsi dal protettorato dei duchi di Savoia e decretò l'espulsione del vescovo in carica, accogliendo ufficialmente la Riforma protestante. Calvino arrivò in città per la prima volta proprio nel 1536, per poi risiedervi stabilmente a partire dal 1541. Si impegnò nel riorganizzare completamente la vita civile, dividendo l'area urbana in 12 distretti, affidando il controllo dei costumi della popolazione ai presbiteri, l'esercizio del culto e della predicazione ai pastori, l'istruzione ai dottori, l'assistenza di poveri e malati ai diaconi. L'intero ordinamento era retto da un concistoro che aveva il compito di controllare tanto gli affari religiosi quanto quelli civili.

Ginevra, plasmata per diventare una "**repubblica di santi**", divenne un baluardo per l'affermazione di una disciplina ferrea che non consentiva alcuna forma ricreativa (feste, banchetti, spettacoli e balli erano severamente proibiti), prevedendo dure punizioni per tutte le forme di trasgressione. Molti perseguitati per ragioni religiose provenienti da diverse aree d'Europa si rifugiarono lì, ma finirono in alcuni casi per diventare vittime delle rigidità del nuovo sistema. Il caso più clamoroso riguardò il medico spagnolo Michele Serveto (Miguel Servet, 1511-53), che coltivava interessi nel campo della matematica, dell'astronomia e della geografia, oltre a essere un fine teologo. Le sue opere suscitarono aspri dibattiti poiché mettevano in discussione il dogma della Trinità e la necessità di impartire il battesimo ai bambini. Fu arrestato nell'aprile del 1553 e fu mandato al rogo il 26 ottobre dello stesso anno.

Il calvinismo, le attività produttive, il commercio Nonostante queste rigidità, il calvinismo si diffuse ben oltre il territorio svizzero, arrivando in **Germania**, nei **Paesi Bassi**, in **Francia**, in **Inghilterra** e nelle colonie inglesi del **Nuovo Mondo**. La fede che aveva avuto in Ginevra il suo primo centro propulsore si dimostrò capace di raccogliere consensi tanto in società povere, quanto in contesti caratterizzati da fiorenti attività produttive e commerciali, favorendo in molti casi anche dei cambiamenti negli assetti politici vigenti.

Non è semplice comprendere le ragioni di tanta fortuna. Il sociologo tedesco Max Weber (1864-1920) elaborò agli inizi del Novecento una teoria suggestiva, capace di far discutere ancora oggi a distanza di oltre un secolo: nel suo lavoro ***L'etica protestante e lo spirito del capitalismo*** (1905) collegò la dottrina calvinista alle fortune economiche dei territori che l'avevano accolta, ritenendo che la possibilità di intravedere nella vita terrena i segni del destino ultraterreno avesse stimolato nei fedeli una forte abnegazione al lavoro, lo sviluppo di attitudini imprenditoriali, la voglia di investire e di rischiare. Molti hanno sollevato dubbi sulla sussistenza di questo discorso, affermando che la fortuna di determinate idee religiose, più che essere una miccia o un detonatore, sia stata al contrario il prodotto di un impulso derivante da contesti socio-economici in cui la tendenza all'accumulazione della ricchezza si faceva sem-

---

La prevalenza della religione sulla società

L'esperienza di Ginevra

Una società rigorosa

Calvinismo e capitalismo: un'interpretazione sociologica

415

SEZIONE IV   LA NASCITA DEL MONDO MODERNO [1480-1600]

> **rispondi**
> 1. Quali sono le linee guida del pensiero di Zwingli? 2. Quali sono le linee guida del pensiero di Calvino?

pre più visibile. Al di là delle controversie interpretative, quel che resta innegabile è il legame stretto fra la religione calvinista e le aree più dinamiche del continente europeo [▶fenomeni].

13.5 Enrico VIII e la Riforma in Inghilterra

La situazione inglese

Il potere dei Tudor e la Chiesa Negli anni segnati dalle contese di Carlo V con la Francia e con gli ottomani, il protestantesimo oltrepassò i confini del Sacro Romano Impero giungendo nei territori della monarchia inglese e nei paesi scandinavi [👁11]. In Inghilterra, i Tudor – al potere dalla fine della Guerra delle Due rose (1485) [▶ cap. 8.2] – controllavano un territorio con oltre due milioni e mezzo di abitanti, residenti in massima parte nelle aree rurali, le cui attività principali rimanevano l'agricoltura e l'allevamento. Le differenze sociali erano nette e il commercio era piegato agli interessi di un'oligarchia che esercitava la propria influenza a vari livelli, controllando anche le corporazioni cittadine dei mestieri.

La politica della corona

Nel **1509** ascese al trono **Enrico VIII Tudor** (1509-47), che all'obiettivo di rafforzare il potere centrale affiancò anche l'ambizione di competere su un piano di parità con le altri grandi casate europee [▶ cap. 12.2]. Pur essendo alla guida di un territorio socialmente ed economicamente composito, il sovrano cercò di estendere il proprio controllo sull'economia e sull'apparato militare, facendo anche un uso attento delle **strategie matrimoniali** per stringere alleanze nello scacchiere continentale. Ottenne infatti una **dispensa** dalla Santa Sede per sposare la zia di Carlo V, **Caterina d'Aragona** [▶protagonisti, p. 419], e mantenne per diversi anni buoni rapporti con il pontefice mostrandosi ostile alle novità introdotte da Lutero.

> **dispensa** Atto con cui l'autorità ecclesiastica permette un matrimonio anche in presenza di impedimenti, o esonera da un obbligo o un divieto.

La diffusione del calvinismo al Nord: il caso della Svezia

fenomeni

Dopo la sua ascesa al potere, il re svedese Gustavo I Vasa (1523-60) non sembrava intenzionato a intraprendere uno scontro frontale con la Chiesa di Roma. Tuttavia riteneva fondamentale conservare delle prerogative sulla scelta dei membri dell'alto clero all'interno del suo Stato e per questa ragione si trovò spesso in contrasto con il pontefice.

La completa rottura si consumò nel 1526, quando il sovrano decise di mettere al bando i libri cattolici, appropriandosi di buona parte delle decime ecclesiastiche e favorendo l'azione di predicatori riformati.

Fra questi ultimi si distinse Olaus Petri (Olof Persson, 1493-1552) che tradusse in svedese la Bibbia, ma non poté godere fino in fondo dei benefici derivanti dalla sua vicinanza a Gustavo. Fu infatti processato per aver espresso idee troppo radicali e, in particolare, per aver sottolineato in diverse occasioni la necessità di avere una religione indipendente dal potere secolare. La condanna a morte pronunciata nel 1540 fu in seguito tramutata in pena pecuniaria, ma Olaus fu comunque costretto a rimanere ai margini della vita politica fino alla fine dei suoi giorni.

▲ Ritratto di Gustavo I Vasa, XVI secolo.

La Riforma protestante | CAPITOLO 13

Nel paese, tuttavia, le gerarchie ecclesiastiche godevano di scarsa considerazione e l'atteggiamento di obbedienza a Roma che sembrava consolidato cominciò ben presto a incrinarsi. Anche in questo caso fu decisivo il ruolo della **stampa**, che portò a conoscenza del pubblico colto un'opera di fondamentale importanza, l'***Utopia* di Thomas More**: propugnando la diffusione degli ideali umanistici, lo scritto mostrava la possibilità di conciliare le nuove correnti del pensiero europeo con gli ideali cristiani. A livelli più bassi ebbe invece un ruolo importante una **produzione satirica e polemica di taglio millenaristico** che, affiancandosi all'azione di predicatori capaci di raggiungere anche gli illetterati, prendeva di mira i vescovi e gli ordini religiosi. Le accuse riguardavano sia la tendenza dei chierici ad accumulare ricchezze e benefici, sia la loro incapacità di dare ai fedeli esempi di vita morale: il concubinato ecclesiastico era infatti molto diffuso, così come gli episodi di corruzione, talvolta legati al mercato delle indulgenze. In tale contesto, il messaggio di Lutero ebbe modo di diffondersi già all'inizio degli anni Venti, stimolando un nuovo approccio alle Scritture, ben testimoniato dalla circolazione di numerosi esemplari del **Nuovo Testamento in inglese** curato dallo studioso riformatore William Tyndale.

La crisi della Chiesa inglese e la diffusione della Riforma

Il conflitto fra Enrico VIII e Clemente VII Le tensioni religiose non furono però le uniche ragioni della rottura che si consumò di lì a pochi anni fra il sovrano inglese e il papato: contribuirono infatti a determinarla anche gli equilibri internazionali, la competizione fra dinastie e in una certa misura le attitudini personali dello stesso Enrico VIII [▶ *altri* LINGUAGGI, p. 420].

Dal matrimonio fra il sovrano e Caterina non erano nati figli maschi, ma solo la piccola Maria. I Tudor guardavano con timore a un futuro matrimonio della loro erede al trono con un potente sovrano dell'Europa continentale, temendo ingerenze di altri casati sul loro territorio. Intenzionato a sventare questo pericolo e a rafforzare la sua

La questione ereditaria

[👁 11]
Cattolicesimo e Riforma in Europa
La carta illustra la diffusione delle confessioni protestanti alla fine del XVI secolo. In realtà i confini rimasero a lungo mutevoli e all'interno degli stessi Stati spesso vi erano minoranze religiose anche consistenti.

carta interattiva

417

SEZIONE IV LA NASCITA DEL MONDO MODERNO [1480-1600]

Lo scontro con il papa

posizione mediante una nuova unione, Enrico chiese lo **scioglimento del matrimonio** a papa Clemente VII. Quest'ultimo si rifiutò di concederlo, consapevole del fatto che una mossa del genere avrebbe suscitato le ire di Carlo V.

Il gesto fu mal recepito dalla corona inglese, che si vedeva negato un permesso in genere accordato ad altre famiglie regnanti nella stessa condizione. Non potendo sopportare un tale affronto – che metteva anche in evidenza la sua debolezza sul piano internazionale – Enrico reagì ordinando una serie di provvedimenti che favorivano l'insubordinazione del clero inglese alle gerarchie romane: nessuno poteva più rivolgersi al pontefice per chiedere protezione e persino le scomuniche diventavano inefficaci. Nel **1534** si arrivò a una **rottura definitiva**, con l'emanazione dell'**Atto di Supremazia** che sanciva l'assoluto **primato del re sulla Chiesa inglese**, conferendo alle autorità civili la facoltà di intervenire sulle materie religiose e aprendo, di fatto, le porte all'introduzione del protestantesimo.

Il nuovo matrimonio

Convolò a nozze con **Anna Bolena** [▶protagonisti], proveniente da una nobile famiglia del Norfolk, mostrando l'intenzione di consolidare il legame fra la dinastia Tudor e il paese. Ma anche il secondo matrimonio non risolse il problema della successione, visto che la sposa del re diede alla luce ancora una volta una bambina, che fu chiamata Elisabetta.

Condanne ed epurazioni

Il clima di sospetto e la repressione del dissenso Fra il 1535 e l'inizio del decennio successivo il sovrano inasprì la sua politica religiosa, inaugurando una stagione di cieca **repressione del dissenso**. Thomas More, che aveva ricoperto la carica di cancelliere del regno, fu giustiziato perché rimasto fedele alla Chiesa di Roma; il vescovo umanista John Fisher andò incontro alla stessa sorte per aver osteggiato la politica matrimoniale del re, mentre il cardinale Reginald Pole fu costretto a rifugiarsi in Italia. Il clima di sospetto di quegli anni fu fatale anche a personaggi eminenti che pure avevano appoggiato le politiche religiose dei Tudor, come Thomas Cromwell, che finì vittima di accuse di tradimento, forse a causa di invidie suscitate dalla sua posizione di segretario della corona.

Il terzo matrimonio e l'erede maschio

La stessa **Anna Bolena**, dopo aver avuto almeno due aborti (le cronache del tempo presentano versioni contrastanti e non sempre attendibili), fu messa sotto processo con l'accusa di adulterio. Ben sei uomini furono tratti in arresto perché ritenuti suoi amanti; fra questi, anche il fratello Giorgio, chiamato a rispondere dell'accusa di incesto. La regina fu **giustiziata** il 19 maggio del 1536 e dopo soli 11 giorni Enrico sposò Jane Seymour, che era stata dama di compagnia di Caterina d'Aragona e della stessa Anna. Jane fu la terza delle sei mogli del re d'Inghilterra. Diede alla luce nell'ottobre del 1537 un erede maschio, Edoardo, che non godeva però di buona salute.

Gli effetti religiosi e politici dello scisma

Il peso politico dello scisma anglicano La natura prettamente politica dello scisma – che d'ora in avanti ricorderemo come nascita della "Chiesa anglicana" – si rese evidente anche dal fatto che, nei primi anni, i fondamenti della dottrina non furono toccati. I *Sei articoli di religione* pubblicati nel 1539 si mantenevano sostanzialmente **fedeli al credo cattolico**, contribuendo a consolidare intorno a Enrico il consenso di buona parte dell'episcopato inglese. Allo stesso tempo, la **soppressione dei monasteri** fornì alla monarchia la possibilità di introdurre sul mercato un'imponente quantità di beni immobili confiscati, favorendo la crescita della media e grande proprietà terriera. L'economia ne uscì rivitalizzata e le popolazioni urbane e rurali trovarono la possibilità di affrancarsi dalle forme di controllo e di prelievo esercitate dagli ordini religiosi.

La Riforma protestante | **CAPITOLO 13**

Anche le altre regioni dell'area insulare britannica furono interessate da importanti cambiamenti. Il protestantesimo si propagò nel **Regno di Scozia**, dove non mancarono episodi di persecuzione che portarono alla condanna a morte di personaggi noti, come il predicatore calvinista George Wishart, avvenuta nel 1546. Si fecero sempre più tesi, inoltre, i rapporti fra i Tudor e la riottosa **nobiltà irlandese**, saldamente ancorata al cattolicesimo e desiderosa di sfruttare le tensioni religiose per rafforzare il proprio potere interno, limitando l'influenza della corona inglese.

Alla morte di Enrico VIII (1547), il trono andò al figlio **Edoardo VI**, che aveva solo 10 anni ed era esposto a forti pressioni provenienti dalla famiglia materna, di fede protestante, e da altri membri della corte. Fu l'arcivescovo di Canterbury Thomas Cranmer a far propendere il re per il protestantesimo, inducendolo a promulgare il **Book of Common Prayer** ("Libro delle preghiere comuni", 1549), che divenne la base della liturgia anglicana. Seppure fra malumori e aperte forme di dissenso, il paese si stava allontanando sempre di più dalla Chiesa di Roma, abbracciando i fondamenti della dottrina calvinista.

> La Riforma in Scozia e Irlanda e la Chiesa anglicana dopo Enrico VIII
>
> **rispondi**
> **1.** Perché Enrico VIII sceglie di aderire alla Riforma? **2.** Che cos'è l'Atto di Supremazia? **3.** In che cosa si differenzia la Chiesa anglicana da quella di Roma?

protagonisti

Caterina d'Aragona e Anna Bolena

Caterina, regina spagnola
Caterina d'Aragona (1483-1536) era figlia di Ferdinando il Cattolico e di Isabella di Castiglia. Nel 1501 sposò il principe Arturo, erede al trono d'Inghilterra, che morì dopo soli cinque mesi di matrimonio.

L'11 giugno 1509, dopo avere avuto la dispensa papale al divieto di nozze fra cognati, divenne moglie di Enrico VIII (fratello minore di Arturo) e fu incoronata regina 13 giorni più tardi. Nel 1511 partorì un erede maschio, ma il bambino restò in vita solo due mesi. Delle altre quattro gravidanze solo una andò a buon fine, con la nascita nel 1516 di Maria Tudor (la futura regina Maria la Cattolica). Dopo l'annullamento del matrimonio Caterina continuò a considerarsi a tutti gli effetti legittima sovrana. Fu tenuta in custodia nel castello di Kimbolton, autorizzata ad avere contatti limitati con l'esterno, fino alla morte avvenuta agli inizi del 1536.

Anna, nobile inglese
Nel frattempo le stanze di Caterina presso la corte reale furono occupate da Anna Bolena (1507-36), che era stata la sua damigella d'onore. Discendente del nobile casato inglese dei Boleyn, Anna riuscì a conquistare in poco tempo una posizione di grande influenza, arrivando ad avere voce nella risoluzione delle questioni politiche più delicate.

Ben consapevole del fatto che la sua unione con Enrico modificava la posizione dell'Inghilterra nel quadro dei rapporti internazionali, stabilì rapporti cordiali con ambasciatori che abbracciavano posizioni antispagnole e favorì il consolidamento dei rapporti con la Francia. In quel paese era rimasta infatti per ben sette anni, dal 1514 al 1521, imparando bene la lingua e coltivando interessi per l'arte, la musica e le lettere.

▲ Ritratto di Caterina d'Aragona, XVI secolo.

▲ Ritratto di Anna Bolena, 1534.

altri LINGUAGGI

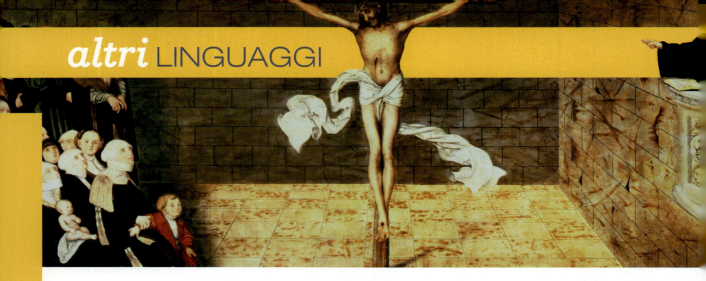

La frattura della cristianità tra cinema e televisione

Gli eventi legati alla Riforma protestante sono stati oggetto di grande attenzione da parte del cinema e della televisione negli ultimi decenni. Nel 2003 uscì per il grande schermo il film biografico *Luther*, interpretato da Joseph Fiennes e diretto da Eric Till e Marc Canosa. La pellicola si concentra sugli eventi compresi fra il 1505 e l'inizio degli anni Trenta, dedicando molto spazio alle ragioni spirituali del protagonista.

Molti critici hanno evidenziato il carattere didascalico e celebrativo della ricostruzione proposta, caratterizzata da una struttura teatrale, fondata su parole e riflessioni: allo spettatore vengono infatti "spiegati" alcuni aspetti della dottrina e il monaco agostiniano è descritto come un eroe che vince la sua lunga battaglia.

Nella produzione, un ruolo importante è stato giocato dalla Thrivent Financial, un'organizzazione no profit legata alle chiese protestanti che ha sede a Minneapolis (Minnesota) e ad Appleton (Wisconsin).

▶ La scena dell'affissione delle 95 tesi nel film *Luther*.

Risale invece al 2007 la messa in onda della serie televisiva *I Tudors*, creata e sceneggiata da Michael Hirst per il network americano Showtime. Composta da quattro stagioni per un totale di 38 episodi, l'opera racconta il regno di Enrico VIII fino alla sua morte (1547); romanzata e intrisa di inesattezze storiche, pone molta attenzione alle inclinazioni personali del sovrano (interpretato da Jonathan Rhys Meyers), descrivendolo come persona impulsiva, ondivago nel rapporto con i suoi consiglieri personali, raramente interessato alla vita economica e sociale del paese, facile preda dell'ira e delle passioni, estremamente disposto a cedere alla cultura del sospetto, incline a impartire condanne senza vere prove di colpevolezza.

Forte attenzione è dedicata ai personaggi femminili, in particolare a Caterina d'Aragona, Anna Bolena e Jane Seymour, anche se il centro della narrazione rimane sempre il re. Molti critici hanno sottolineato come le grandi battaglie politiche e religiose del tempo finiscano per essere presentate solo come il risultato delle sue pulsioni erotiche e dei suoi capricci personali.

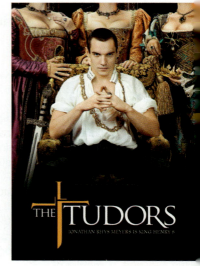

▲ Enrico VIII nello sceneggiato: la locandina allude al fatto che alcune mogli vennero decapitate.

VERSO LE COMPETENZE

☐ esercitazione

● USARE IL LESSICO

1. Spiega sinteticamente (massimo 3 righe) il significato delle seguenti espressioni.

Sacerdozio universale – Giustificazione per fede – Anabattismo – Predestinazione – Libero arbitrio

● COLLOCARE GLI EVENTI NELLO SPAZIO E NEL TEMPO

2. Completa la carta seguendo le indicazioni.

La carta riporta la diffusione della Riforma in Europa, in tutte le sue declinazioni. Colloca sulla carta, secondo le corrette coordinate spaziali, i momenti più significativi che accompagnano l'affermarsi della Riforma sul continente.

31 ottobre 1517: Martin Lutero invia ad Alberto di Hohenzollern le 95 tesi

Aprile 1521: Dieta di Worms

1526: Gustavo I Vasa rompe con la Chiesa cattolica

1530: Carlo V convoca la Dieta di Augusta

1534: Enrico VIII emana l'Atto di Supremazia

1536: Pubblicazione dell'*Istituzione della religione cristiana* di Calvino

1555: Pace di Augusta

● LEGGERE E VALUTARE LE FONTI

3. Leggi il passo seguente e rispondi alla domanda.

Il seme della parola di Dio mette radice e fruttifica solo in quelli che il Signore, mediante la sua elezione eterna, ha predestinati a essere suoi figliuoli ed eredi del Regno dei cieli. Per tutti gli altri, che il medesimo consiglio di Dio avanti la fondazione del mondo sono stati riprovati, la chiara ed evidente predicazione della verità non può essere altro che odore di morte [...].

Nel breve passo, tratto dall'*Istituzione della religione cristiana* di Calvino, compare *in nuce* la teoria della predestinazione. In che cosa consiste e come contraddistingue il calvinismo dalle altre religioni riformate?

esporre a voce Conduci una ricerca online sulla fortuna e l'evoluzione del calvinismo fino ai giorni nostri. Quali Chiese si riconoscono ancora oggi nei fondamenti del calvinismo? Prepara una scaletta da utilizzare come traccia ed esponi il contenuto ai tuoi compagni in non più di 10 minuti.

I SAPERI FONDAMENTALI

 sintesi   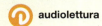 audiolettura

● LE ASPIRAZIONI AL RINNOVAMENTO RELIGIOSO

▶13.1 Tra il XV e il XVI secolo sono molte le tensioni politiche e le aspirazioni al rinnovamento religioso che si muovono intorno alla Chiesa di Roma. **La cattiva reputazione del clero e il mercato delle indulgenze** contribuiscono ad alzare il livello della contestazione e della denuncia di corruzione morale. Si diffonde, prima tra gli studiosi umanistici e poi anche tra i predicatori, l'esigenza di riscoprire le radici del messaggio cristiano attraverso lo studio diretto dei testi sacri.

● DALLE 95 TESI ALLA PACE DI AUGUSTA

▶13.2 **Martin Lutero**, monaco agostiniano e docente di teologia all'università di Wittenberg, redige, in risposta a una vendita straordinaria di indulgenze concessa da Leone X ad Alberto di Hohenzollern, **95 tesi (1517)** nelle quali condanna il mercimonio in corso e nega alla Chiesa il potere di rimettere le pene.
Le tesi luterane si espandono rapidamente, anche grazie alla diffusione in lingua volgare tedesca. **Il luteranesimo sostiene la centralità della fede e della grazia** e invita il fedele alla lettura autonoma delle Sacre Scritture, cancellando di fatto tutte le principali funzioni svolte dai ministri della Chiesa. Lutero viene dichiarato **eretico** e bandito da tutti i territori dell'Impero dopo la **Dieta di Worms** (1521).

▶13.3 La riforma religiosa ha profonde ripercussioni anche in ambito politico e sociale: fomenta la richiesta di **autonomia delle istituzioni feudatarie** locali, dai principi nei confronti dell'Impero ai piccoli feudatari nei confronti dell'autorità papale; inoltre ispira **sommosse contadine** contro gli abusi dei poteri signorili, in massima parte ecclesiastici. Lo scontro tra Impero e principi protestanti diventa guerra finché, nel **1555**, la **Pace di Augusta** afferma il principio del *cuius regio eius religio*, riconoscendo l'esistenza di diverse fedi religiose sul territorio tedesco.

● LA RIFORMA IN EUROPA

▶13.4 In **Svizzera** la Riforma viene accolta prima dalla predicazione di **Zwingli**, la cui esperienza si esaurisce già nel 1531 in seguito all'offensiva cattolica, e poi dal pensiero di Giovanni **Calvino**. La dottrina calvinista si fonda sul concetto della **predestinazione** – già presente in Lutero – sulla base del quale la salvezza sarebbe concessa soltanto ad alcuni eletti. Per Calvino però l'uomo, pur essendo predestinato, può cogliere in vita l'indizio del suo destino ultraterreno e quindi essere attivo: non per raggiungere la grazia, come nel cattolicesimo, ma solo per vedere se Dio lo ha già scelto.
Le esperienze di Zwingli e di Calvino, a differenza del luteranesimo, si fondano sull'idea che la Chiesa sia un'istituzione intimamente connessa al potere politico.
Il protestantesimo **luterano e calvinista** si diffonde ben oltre il territorio svizzero, propagandosi in Germania, nei Paesi Bassi, in Francia, in Inghilterra, nell'Europa del Nord e anche nelle colonie inglesi del Nuovo Mondo.

▶13.5 In **Inghilterra** la Riforma si fa strada in seguito alla rottura tra la corona e il papato; le ragioni dello scisma sono principalmente politiche, economiche e anche legate alle vicende matrimoniali del re. Nel 1534 **Enrico VIII** emana **l'Atto di Supremazia**, con cui sancisce l'assoluto primato del re sulla Chiesa inglese. Si deve attendere la promulgazione del *Book of Common Prayer* per trovare nuovi fondamenti della liturgia anglicana, vicini a quelli della dottrina calvinista.

linea del tempo

1509 sale al trono Enrico VIII Tudor

1516 Erasmo da Rotterdam pubblica un'edizione critica del Nuovo Testamento

31 ottobre 1517 Martin Lutero invia ad Alberto di Hohenzollern le 95 tesi

1520 bolla *Exsurge Domine*

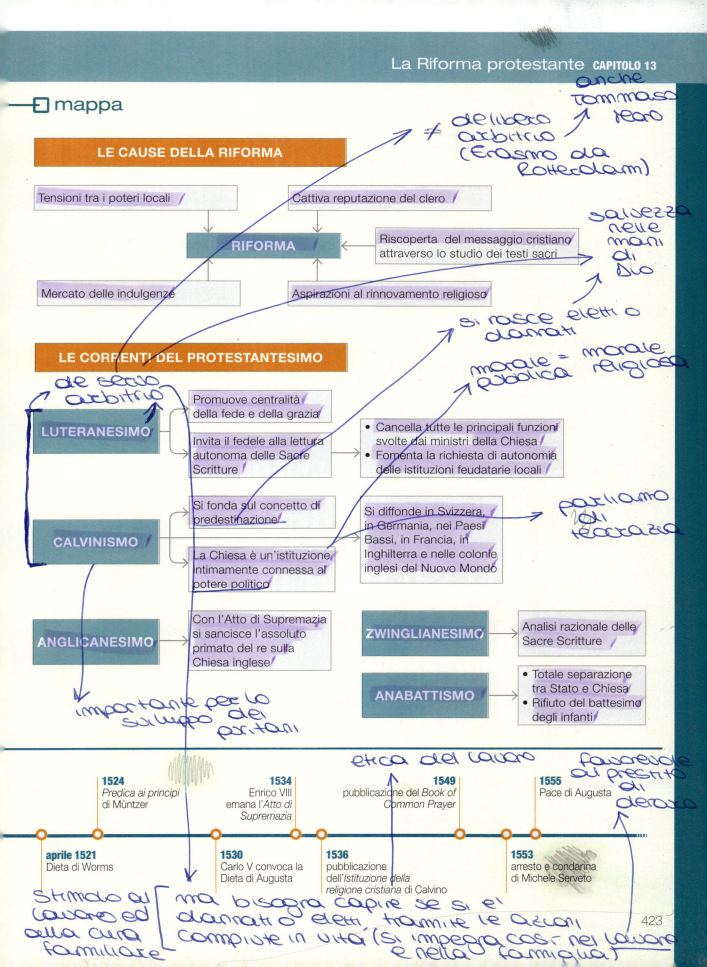

CAPITOLO 14

Il Concilio di Trento e l'età della Controriforma

Controriforma

Con il termine "Controriforma" la maggioranza degli storici individua il processo storico di reazione e riorganizzazione della Chiesa di Roma contro la Riforma protestante partito nella seconda metà del XVI secolo. La Controriforma agì a diversi livelli, riorganizzando i suoi apparati repressivi e i suoi assetti istituzionali, rafforzando la dottrina messa in discussione da Lutero e dai suoi seguaci, dotandosi di nuove forze per l'opera di evangelizzazione, stabilendo regole severe per la condotta del clero e quella dei fedeli. Alcuni studiosi preferiscono invece parlare di "riforma cattolica" per sottolineare la presenza di un'azione positiva prodotta dalle gerarchie ecclesiastiche e indipendente dalle esigenze di lotta al credo luterano, volta a rafforzare le verità teologiche e ad affermare una nuova disciplina per il clero e i fedeli.

le parole della storiografia

Il Concilio di Trento e l'età della Controriforma | **CAPITOLO 14**

Per riprendere il filo... L'affermazione della Riforma protestante determinò un radicale cambiamento del quadro politico e religioso del continente europeo. La crisi toccò da vicino anche le gerarchie ecclesiastiche romane, che cominciarono ad accogliere alcune istanze di rinnovamento e valutarono l'ipotesi di un'apertura alla nuova confessione luterana, cercando con essa dei punti di contatto. I tentativi, tuttavia, non ebbero successo e l'impossibilità di sanare la frattura divenne presto evidente.
L'idea di una cristianità ormai divisa contribuì al tramonto del progetto universale di Carlo V, che cercando di accreditarsi come autorità morale dell'Impero e pacificatore dei conflitti interni si era fatto garante dell'ortodossia cristiana e fautore della concordia dei principi cristiani.

videopresentazione

14.1 La Chiesa e la convocazione del Concilio di Trento

La crisi religiosa, la crisi politica, il ruolo del pontefice La Chiesa di Roma aveva cominciato a riflettere sulla propria organizzazione interna già prima della crisi provocata dalla diffusione del messaggio luterano [👁 1]. Nel 1513 i religiosi veneziani Pietro Querini e Paolo Giustiniani avevano inviato un lungo memoriale a papa **Leone X** (1513-21) nella speranza di poter incidere sulle decisioni che si stavano prendendo nel V Concilio ecumenico lateranense (1512-17).

Il documento non produsse alcun effetto concreto, ma testimoniò la presenza di **posizioni intransigenti negli apparati clericali**: suggeriva infatti di porre un freno alla selva di ordini e congregazioni religiose nate nei secoli precedenti, ma anche di inasprire le misure contro gli ebrei che rifiutavano di convertirsi, contro le pratiche devote non obbedienti alle liturgie ufficiali e contro la lettura di libri contenenti dottrine eterodosse.

La crescita di un'opposizione al dialogo

[👁 1] **La richiesta di riforme** Il cardinale Gasparo Contarini (1483-1542) fu tra gli ecclesiastici più attivi nel richiedere una riforma morale della Chiesa. Prima di impegnarsi nella carriera ecclesiastica, Contarini – di nobile famiglia veneziana – si era dedicato a studi umanistici all'Università di Padova e nei circoli intellettuali della sua città, dove divenne amico tra gli altri di Giustiniani e Querini. La sua esperienza di ambasciatore presso Carlo V gli permise di conoscere approfonditamente il mondo tedesco e dopo la nomina a cardinale fu uno dei pochi alti prelati a cercare di aprire un dialogo con il mondo protestante.

◀ Gasparo Contarini, incisione colorata, XVI secolo.

425

SEZIONE IV — LA NASCITA DEL MONDO MODERNO [1480-1600]

Critiche al ruolo politico del papato

Il **ruolo politico della Chiesa** era in questi anni oggetto di importanti trasformazioni. L'indebolimento degli Stati italiani, ormai del tutto esposti alle mire egemoniche delle grandi monarchie europee, aveva messo in evidenza l'importanza strategica del papato, che sempre più trascurava i propri compiti spirituali per dedicarsi alla difesa e al consolidamento del potere temporale. Importanti personalità della politica e della cultura, come Niccolò Machiavelli e Francesco Guicciardini [▶ cap. 12.1], avevano rivolto decise critiche verso questo orientamento del papato, raccogliendo il favore di filosofi, teologi e sacerdoti, che cominciarono da parte loro a maturare **esigenze di cambiamento** e a cercare di costruire intorno a queste un consenso più ampio. Le loro voci, tuttavia, rimasero in gran parte inascoltate, anche per la mancanza dei necessari appoggi politici: le famiglie dominanti contavano infatti un alto numero di rappresentanti ai vertici delle gerarchie clericali e i poteri secolari della penisola confermarono, sia pure in diversa misura, il loro sostegno a Roma.

La diffusione delle istanze riformatrici...

Gli Stati italiani e le idee luterane Alcuni centri come Milano, Venezia, Modena, Ferrara, Lucca si mostrarono aperti alle novità d'Oltralpe. A **Napoli** si formò un folto gruppo di nobili, sacerdoti e funzionari intorno al teologo spagnolo **Juan de Valdés** (1500 ca.-42), che seguendo la strada tracciata da Erasmo predicava un cristianesimo meditativo e libero dalle ritualità imposte dalle convenzioni [👁 2]. In sintonia con un libretto – uscito anonimo e di incerta attribuzione – intitolato *Beneficio di Cristo* (1543), molto diffuso e apprezzato in quegli anni in Italia e in Europa, de Valdés arrivò a differenziare il suo pensiero da quello di Erasmo, facendo propria l'idea della giustificazione per sola fede [▶ cap. 13.2], sottraendo così al clero buona parte delle sue funzioni di mediazione fra il fedele e Dio.

... e la chiusura della Chiesa

La diffusione delle suggestioni luterane e calviniste si rivelò comunque difficile nel contesto italiano, dove furono invece le correnti più moderate degli ambienti riformatori ad avere reali opportunità di introdurre dei cambiamenti: le loro posizioni dottrinali erano infatti molto duttili e i loro progetti non rappresentavano una minaccia per gli equilibri politici esistenti. Ciò nonostante, il collegio cardinalizio non mostrò alcun

protonotario apostolico Alto funzionario del governo papale, incaricato di registrare gli atti della curia.

PERCORSO VISIVO

[👁 2] I valdesiani di Napoli Al circolo napoletano sorto intorno a Juan de Valdés presero parte anche alti prelati e intellettuali, fra cui alcune donne come Giulia Gonzaga, Caterina Cybo e Vittoria Colonna (1490-1547), marchesa di Pescara. Poetessa e donna di grande cultura, la Colonna fu una figura di spicco nel mondo delle corti italiane; si tenne in contatto epistolare con i maggiori intellettuali dell'epoca tra cui Michelangelo, che aveva molta considerazione di lei e le fu amico devoto fino alla morte.

◀ Sebastiano del Piombo, *Ritratto di Vittoria Colonna*, 1520 ca.

Il Concilio di Trento e l'età della Controriforma | **CAPITOLO 14**

protagonisti | Il cardinal Carafa e la chiusura al dialogo

Gian Piero Carafa (1479-1559), futuro papa Paolo IV, fu una figura chiave nel definire l'atteggiamento della Chiesa di fronte alle sfide riformiste. Proveniva da una famiglia dell'alta nobiltà napoletana e, pur essendo inizialmente su posizioni favorevoli a una riforma della Chiesa, fu indotto dalla gravità della crisi luterana a scegliere la difesa dell'ortodossia e del primato pontificio.

Carafa divenne cardinale nel 1536 e ben presto entrò in rotta di collisione con un altro nobile prelato, il veneziano Gasparo Contarini. Questi infatti tentò nel 1541 la strada del dialogo con i teologi della Riforma, promuovendo i colloqui di Ratisbona (che si rivelarono fallimentari), mentre Carafa agì diversamente, facendo pressioni su Paolo III per l'istituzione della Congregazione del Sant'Uffizio, che divenne uno dei principali centri propulsori del potere della Chiesa di Roma.

Dopo la morte di Paolo III (1549), Carafa forzò gli esiti del conclave bloccando la candidatura del cardinale riformatore inglese Reginald Pole e continuò a vincolare l'operato del nuovo papa Giulio III (1550-55) utilizzando i fascicoli processuali segreti a cui aveva accesso facendo leva sul suo ruolo di inquisitore.

▲ Paolo IV, incisione colorata, XVI secolo.

interesse ad accogliere tentativi di conciliazione con le istanze riformatrici e, pur essendo diviso fra molteplici posizioni, conservò una **maggioranza intransigente**, che mise all'angolo le voci dissonanti.

La guerra al dissenso e il silenzio volontario All'inizio degli anni Quaranta le posizioni della Chiesa romana si erano ormai irrigidite nella difesa dell'ortodossia dottrinale, chiudendo di fatto a ogni possibilità di sviluppo delle istanze di riforma e i poteri secolari seguirono le indicazioni della Chiesa di Roma impegnandosi nella **repressione dei fermenti protestanti** [▶ protagonisti]. I valdesiani (i seguaci di de Valdés) furono costretti a riabbracciare l'ortodossia o ad abbandonare l'Italia; intellettuali come Pietro Paolo Vergerio, Pietro Martire Vermigli e Bernardino Ochino dovettero riparare in Svizzera. Molti altri pensatori di fede protestante preferirono coltivare in silenzio i loro sentimenti religiosi, per non incorrere in censure ufficiali. Il loro atteggiamento fu definito "**nicodemismo**", con richiamo a un personaggio evangelico, Nicodemo, che si recava solo di notte da Gesù per non dichiararsi pubblicamente suo seguace.

L'abitudine a celare il dissenso nel segreto delle coscienze individuali favorì il raggiungimento, da parte del potere pontificio, dell'obiettivo di ottenere obbedienza e rispetto delle proprie disposizioni dalla maggioranza delle popolazioni degli Stati italiani. L'atmosfera si inasprì ulteriormente negli anni Cinquanta, quando numerosi credenti in odore di protestantesimo lasciarono la penisola per propria scelta o ne furono allontanati con la forza. I pochi che non vollero piegarsi e continuarono a divulgare messaggi giudicati fuori dall'ortodossia finirono per pagare un prezzo altissimo: il vescovo Vittore Soranzo fu processato nel 1557 e condannato in contumacia, mentre il **protonotario apostolico** Pietro Carnesecchi fu condannato e giustiziato nel 1567 a Roma, nei pressi di Castel Sant'Angelo.

La repressione nella società e il nicodemismo

L'obbedienza forzata

427

SEZIONE IV LA NASCITA DEL MONDO MODERNO [1480-1600]

L'esigenza di un concilio tra contrasti politici e religiosi

Il concilio fra Chiesa e poteri secolari A seguito della diffusione delle tesi di Lutero, l'imperatore Carlo V aveva più volte caldeggiato l'apertura di un nuovo concilio, che discutesse a fondo alcuni cardini dottrinali della fede cristiana e ripensasse il funzionamento del corpo ecclesiastico. La Santa Sede aveva invece manifestato dubbi sull'opportunità di un'iniziativa del genere, temendo di veder messo in discussione il suo primato e di assistere all'affermarsi di posizioni conciliariste [▶ cap. 6.4]. Inoltre le guerre fra l'Impero e la Francia [▶ cap. 12] erano state causa di ulteriori rinvii, dal momento che al concilio avrebbero dovuto partecipare anche prelati provenienti dalle zone interessate dai combattimenti.

Un problema rilevante riguardava inoltre il luogo destinato a ospitare le sessioni. La scelta di Roma avrebbe reso manifesta la volontà del papa di esercitare un controllo sui lavori, mentre uno spostamento nell'area tedesca poteva essere interpretato come una resa alla tutela imperiale e alle richieste del fronte protestante. La soluzione di compromesso fu **Trento**, principato ecclesiastico appartenente all'Impero ma di cultura e lingua italiane.

Il Concilio di Trento

Convocato da **Paolo III Farnese** (1534-49) per il 1° novembre del 1542, il concilio si aprì effettivamente solo nel **1545**, mostrando subito evidenti squilibri nella composizione dell'assemblea: la maggioranza dei 25 vescovi presenti era infatti composta da italiani. Tra interruzioni, pause e spostamenti di sede l'attività del Concilio **tridentino** proseguì per **quasi un ventennio**, fino al 1563, risentendo della successione dei diversi papi e dunque del mutare degli orientamenti della Chiesa, come anche dei cambiamenti in corso nella politica europea.

approfondimento
Il Concilio di Trento

La Francia era sempre più dilaniata dalle divisioni religiose interne e l'Impero che era stato di Carlo V andava consolidando la sua separazione in due tronconi: da un lato il fratello, Ferdinando I, si affermò come imperatore tedesco; dall'altro il figlio, Filippo II, assunse la corona di Spagna, mantenendo l'egemonia nella penisola italiana e cercando di organizzare al meglio il controllo dei vasti domini coloniali. Nell'ultima fase del concilio, fra il 1562 e il 1563, i partecipanti arrivarono a essere ben 255, sempre con una larga maggioranza italiana che, per forza di cose, sosteneva le posizioni del "proprio" sovrano Filippo II.

rispondi
1. Qual è la fortuna delle idee riformate in Italia? **2.** Che cosa significa nicodemismo? **3.** Quali problemi sono legati alla convocazione del Concilio di Trento?

14.2 Il concilio: l'ortodossia, il clero e la società cristiana

Il contrasto alle tesi luterane

La dottrina e la disciplina Sul piano dottrinale, l'assemblea tridentina si preoccupò di rovesciare tutti i pilastri del pensiero luterano, riaffermando in primo luogo il **valore delle opere** ai fini della salvezza eterna: l'individuo poteva determinare il proprio destino ultraterreno attraverso una buona condotta e il rispetto delle prescrizioni ecclesiastiche, praticando i **sacramenti** (tutti riconfermati, contro le obiezioni del mondo protestante), offrendo la propria devozione alla Vergine Maria e ai santi, affidandosi all'assistenza dei **sacerdoti**, considerati gli unici mediatori fra Dio e i fedeli e interpreti privilegiati del testo biblico, che non doveva circolare in lingua volgare. Le decisioni furono pubblicate in una serie di documenti: la *Professio Fidei Tridentina* ("Professione di fede tridentina") del 1564, il *Catechismo* del 1566 e i *Decreti*, che riportavano i nuovi **canoni** sui punti fondamentali della dottrina e le nuove disposizioni in materia di vita religiosa [▶ FONTI].

tridentino Dal nome latino di Trento.

canone Nel diritto ecclesiastico, norma stabilita dal concilio, con valore di dogma.

428

Il Concilio di Trento e l'età della Controriforma | **CAPITOLO 14**

FONTI

I *Decreti* in difesa dell'ortodossia

■ Nei brevi passi che seguono, tratti dalla raccolta dei *Decreti dell'assemblea*, si affrontano alcune questioni cruciali:
- la salvezza dipende dalle opere umane, al contrario di quanto diceva Lutero che esaltava il ruolo della fede, sottolineando la solitudine e la miseria dell'uomo, incapace di incidere sul proprio destino ultraterreno, assegnatogli da Dio;
- i sacramenti validi sono sette e non solo due (battesimo ed eucarestia) come sostenevano i protestanti;
- le immagini sacre devono essere oggetto di venerazione (cosa che buona parte dei riformati giudicavano come idolatria) e hanno un ruolo pedagogico. I fedeli, soprattutto quelli che non hanno dimestichezza con il testo scritto, percepiscono con gli occhi quello che non potrebbero comprendere con ragionamenti complessi.

Sulla giustificazione, sessione VI, 13 gennaio 1547

Se qualcuno dirà che l'empio viene giustificato attraverso la sola fede, volendo dire con ciò che per conseguire la grazia della giustificazione non c'è bisogno di nient'altro e non c'è nessun bisogno che [il peccatore] si prepari e si disponga con la propria volontà, sia anatema[1].

Sui sacramenti, sessione VII, 3 marzo 1547

> Era quanto sosteneva Lutero, attenendosi ai contenuti delle Sacre Scritture.

Se qualcuno dirà che i sacramenti della nuova legge non sono stati tutti istituiti da Gesù Cristo nostro signore, oppure che sono più o meno di sette, cioè: battesimo, cresima, eucaristia, penitenza, estrema unzione, ordine e matrimonio, oppure che qualcuno di questi sette non sia un sacramento in senso stretto, sia anatema.

Sulle immagini, sessione XXV, 3 e 4 dicembre 1563

Bisogna tenere soprattutto nelle Chiese le immagini di Cristo, della Vergine madre di Dio e degli altri santi e tributare loro il dovuto onore e la dovuta venerazione, non perché si creda che in esse vi sia una qualche virtù divina o una qualità a causa della quale debbano essere oggetto di culto, [...] ma perché l'onore che ad esse viene tributato si riferisce agli esseri che esse rappresentano: attraverso le immagini che baciamo e di fronte alle quali ci inchiniamo e ci scopriamo il capo[2], noi adoriamo Cristo e veneriamo i santi [...].

> Fra gli aspetti più contestati dai protestanti c'era proprio il contatto fisico fra il fedele e l'immagine sacra.

Bisogna che i vescovi insegnino diligentemente che attraverso le storie dei misteri della nostra redenzione, espresse attraverso le immagini o altre similitudini, il popolo viene reso edotto e viene rafforzato nel ricordo della meditazione degli articoli di fede[3]. È in questo modo che si raccoglie un grande frutto da tutte le immagini sacre, [...] perché si propongono agli occhi dei fedeli gli esempi e i miracoli che Dio opera attraverso i santi, affinché [i fedeli] ringrazino Dio per queste cose e regolino la propria vita e i propri costumi ad imitazione dei santi [...].

Conciliorum Oecomenicorum Decreta, Istituto per le scienze religiose, Bologna 1973, cit. in G. Dall'Olio, *Storia moderna. I temi e le fonti*, Carocci, Roma 2004

---

1 sia anatema: sia interdetto, cioè venga scomunicato.

2 ci scopriamo il capo: togliersi il cappello in segno di reverenza.

3 articoli di fede: verità della corretta fede cattolica.

SEZIONE IV   LA NASCITA DEL MONDO MODERNO [1480-1600]

La riforma interna

Il concilio prese importanti decisioni anche sul piano disciplinare. Al centro della nuova struttura della Chiesa tridentina furono posti i **vescovi**, che fino a quel momento avevano spesso considerato le loro diocesi come semplici benefici, talvolta senza nemmeno risiedervi e curandosi assai poco dei doveri pastorali. Il nuovo sistema assegnava agli ordinari nuovi compiti:

- preparare culturalmente e spiritualmente il clero nei **seminari**, istituti ecclesiastici di formazione e istruzione;
- effettuare **visite annuali** ("pastorali") nella circoscrizione loro assegnata;
- esercitare un **controllo** della vita delle comunità parrocchiali, delle condizioni dei luoghi di culto, del rispetto delle regole nei monasteri e negli altri istituti religiosi (la clausura veniva spesso disattesa e gli scandali erano frequenti);
- svolgere **attività missionarie** nelle campagne e nei centri abitati;
- sorvegliare l'opera e le strategie dei predicatori.

Ai **parroci** fu richiesto di registrare su appositi registri i battesimi, i matrimoni, le morti; fu inoltre loro imposto di sorvegliare il rispetto del precetto pasquale da parte dei fedeli, chiamati a confessarsi e a ricevere l'eucarestia almeno una volta l'anno.

Le resistenze alla riforma

Il programma stabilito dal concilio fu quindi radicale e interessò tanto la vita comunitaria quanto quella individuale [◉ 3]. Tuttavia, l'attuazione dei decreti si rivelò ben presto complessa e incontrò non poche resistenze: alcune abitudini, radicate nel clero e tra i fedeli, si dimostrarono infatti dure a morire.

Il ruolo delle congregazioni Il nuovo modello di virtù ecclesiastica si fondò su alcune **figure esemplari**, divenute tali per le opere compiute nelle loro diocesi, come **Carlo Borromeo** (1538-84), che ottenne la carica di arcivescovo di Milano nel 1564 e po-

> **ordinario** Nel linguaggio ecclesiastico, la qualifica ufficiale del vescovo è "ordinario diocesano".

PERCORSO VISIVO

[◉ 3] Norme e indicazioni per l'arte

Le disposizioni conciliari riguardavano anche l'arte, in particolar modo quella sacra: le immagini esposte ai fedeli dovevano essere sobrie e avere un chiaro intento educativo.
Ne è un esempio questo affresco che raffigura una delle ultime sedute del concilio. In primo piano sono rappresentate allegoricamente la Chiesa trionfante sull'eresia e le sette virtù, tra cui la Fede, che regge la croce, la Fortezza, con elmo e ascia, e la Carità, che – compuntamente vestita – allatta due bambini. La mano sinistra della Chiesa tocca la cupola di San Pietro, da poco completata.

▶ Pasquale Cati, *Il Concilio di Trento*, 1588.

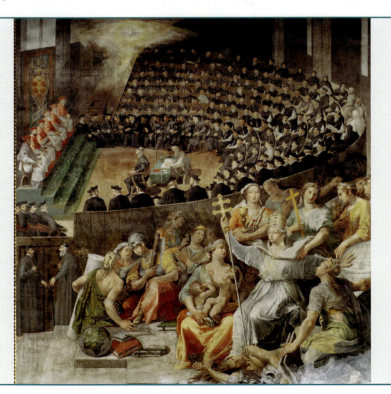

430

Il Concilio di Trento e l'età della Controriforma | **CAPITOLO 14**

protagonisti

Carlo Borromeo

Discendente di una nobile famiglia lombarda, nipote di Pio IV, nominato cardinale a soli 22 anni e vescovo a 26, Carlo Borromeo si costruì un solida fama di autentico uomo di Chiesa. Per tutta la vita infatti si impegnò, con le azioni e soprattutto con l'esempio, per ridare credibilità alle istituzioni cattoliche, minate dagli scandali e colpite dalla Riforma. Fu protagonista dei lavori del Concilio di Trento.

Nell'arcidiocesi di Milano, in 18 anni di attività pastorale, perseguì con tenacia l'obiettivo di porre un argine alle infiltrazioni delle idee protestanti, avvalendosi anche dell'aiuto dei gesuiti. Oltre a lavorare alacremente sull'istruzione del clero, sfruttò tutti gli strumenti a sua disposizione per controllare il territorio e intensificare l'attività pastorale: convocò infatti 11 sinodi diocesani e sei concili provinciali. Cruciale fu anche il soccorso al popolo nei periodi di emergenza, come l'epidemia di peste del 1576-77.

Si segnalò anche nell'azione repressiva: le sue iniziative contro i protestanti delle valli svizzere e contro decine di presunte streghe si distinsero per la loro violenza.

Agli inizi del Seicento, la Chiesa di Roma lo incluse formalmente fra i suoi "eroi", proclamandolo santo.

▶ Sigismondo Caula, *San Carlo Borromeo comunica gli appestati* (particolare), XVII secolo.

---

se in atto tutte le disposizioni tridentine cercando di riformare la vita religiosa della sua arcidiocesi [▶protagonisti].

La riorganizzazione delle gerarchie ecclesiastiche locali andò di pari passo con un deciso **accentramento** ai vertici della struttura: la corte pontificia rafforzò il proprio ruolo affidando a cardinali ben preparati il controllo delle **congregazioni**, una sorta di "ministeri" vaticani cui erano delegati compiti di coordinamento in alcuni specifici settori: la congregazione dei "vescovi e regolari", per esempio, si occupava del controllo delle diocesi e degli ordini religiosi; quella dei "riti" aveva competenze sulla pratica del culto e sull'organizzazione delle celebrazioni religiose; quella *de propaganda fide* concentrava la sua attenzione sull'evangelizzazione; quella "del Concilio" fu istituita nel 1564 per garantire l'effettiva osservanza dei decreti tridentini.

> La riorganizzazione della struttura vaticana

I sacramenti e la famiglia cristiana La nuova disciplina si proponeva di incidere non solo sulla dimensione sociale e comunitaria della fede cristiana, ma anche sul rapporto di individui e nuclei familiari con l'autorità ecclesiastica.

> Un nuovo rapporto tra Chiesa e fedele

Il sacramento del **battesimo** fu sottoposto a regole rigide: doveva essere somministrato al bambino a pochi giorni dalla nascita e i padrini non potevano essere più di due, a differenza di quanto accadeva fino ad allora, quando le famiglie utilizzavano il sacramento per sancire o rafforzare patti di carattere privato, conferendogli una natura politica.

La **confessione** perse in parte la propria dimensione pubblica per divenire un momento di confronto individuale con Dio, attuato attraverso la mediazione sacerdotale. Fu proprio Carlo Borromeo a introdurre l'uso del confessionale per riportare alla sfera

SEZIONE IV LA NASCITA DEL MONDO MODERNO [1480-1600]

Nuove regole per il matrimonio

privata il momento della penitenza e al tempo stesso impedire, attraverso il contatto diretto fra penitente e confessore, che si consumassero abusi [▶oggetti].

I cambiamenti più consistenti riguardarono il **matrimonio**, che fino ai decenni precedenti aveva avuto una valenza civile e familiare in quanto frutto di accordi tra famiglie e gruppi di potere, che decidevano le unioni anche ignorando la volontà dei contraenti e senza il bisogno di validarle al cospetto di autorità religiose. Per affermare una nuova prassi fu imposta la "pubblicazione di matrimonio", che rendeva partecipe l'intera comunità dell'intenzione dei due contraenti di sposarsi e permetteva a chiunque fosse a conoscenza di eventuali impedimenti di riferirli alle autorità. Il rito si doveva svolgere alla presenza di testimoni e di un ecclesiastico, che era tenuto a riportarne traccia sull'apposito **registro parrocchiale**. Non mancarono tuttavia incertezze nell'applicazione delle nuove norme: era richiesta la presenza di un sacerdote, ma non il suo assenso alle nozze e così molti approfittarono di questa opportunità per sorprendere i parroci e "registrare" ufficialmente unioni contrarie al volere delle famiglie o alle consuetudini sociali [👁 4]

rispondi
1. Quali sono i punti principali delle decisioni del concilio?
2. Che cosa sono le congregazioni e perché vengono create?
3. Come cambia il rapporto tra Chiesa e fedele?

L'intero universo della famiglia fu sottoposto a un controllo più stretto: i genitori, il parroco, i vescovi, i membri degli ordini religiosi prendevano in carico, a diversi livelli, l'educazione dei bambini, dei giovani e delle donne. Allo stesso tempo, accanto alla dimensione comunitaria della società cristiana si affermò un nuovo **protagonismo della sfera individuale** che poneva il singolo credente al cospetto del giudizio di Dio, con la sola mediazione dei sacerdoti.

14.3 La repressione dei comportamenti devianti

La scelta repressiva

Il Sant'Uffizio e i tribunali dell'Inquisizione L'affermazione delle normative tridentine fu resa possibile da una riorganizzazione complessiva – già in corso prima del concilio – delle **pratiche repressive**. Nel 1542, qualche mese prima della prevista apertura dei lavori, Paolo III promulgò una bolla con la quale prendeva atto del fallimento dei tentativi di pacificazione con il mondo protestante e istituiva la «Sacra Congrega-

Il confessionale

Prima della diffusione del confessionale, il sacramento della penitenza si celebrava nei luoghi più disparati, senza prescrizioni precise. Il nuovo arredo ecclesiastico prevedeva una grata a separare sacerdote e penitente, non consentendo alcun contatto visivo o diretto. Il carattere privato delle conversazioni era inoltre garantito da pannelli protettivi, di legno o di stoffa, che riparavano il fedele da occhi e orecchie indiscreti. La confessione faccia a faccia sarà nuovamente consentita dalla Chiesa di Roma solo dopo il Concilio Vaticano II (1962-65).

Il rapporto privato fra il rappresentante dell'autorità ecclesiastica e il peccatore ebbe risvolti importanti anche sulla repressione inquisitoriale. Nei casi di presunta eresia, infatti, l'assoluzione veniva talvolta negata o rimandata: il reo doveva dimostrare di aver deposto spontaneamente davanti ai giudici del Sant'Uffizio prima di poterla ottenere nel foro privato.

Il Concilio di Trento e l'età della Controriforma | **CAPITOLO 14**

zione della romana e universale Inquisizione» (presto identificata anche come **Congregazione del Sant'Uffizio**), chiamata a coordinare le attività di tutte le Inquisizioni locali, a preservare l'integrità della dottrina romana e a combattere tutte le deviazioni e le forme di dissenso. Tra i pontefici successivi, furono soprattutto Paolo IV (1555-59) e Pio V (1566-72) a fare affidamento su questa struttura per combattere eretici, riformati e altre minoranze religiose, prima fra tutte quella ebraica. Soltanto Pio IV (1559-65), al secolo Gian Angelo de' Medici, provò a porre degli argini al potere del temuto dicastero, ma i risultati del suo operato non furono duraturi e le sue stesse scelte oscillarono fra prudenza e intransigenza. Fu lui, per esempio, ad autorizzare lo sterminio della comunità valdese [▶ cap. 2.6] stabilitasi in Calabria, nel 1561 e a combattere con determinazione la diffusione del calvinismo sul territorio francese.

Negli anni, la rete inquisitoriale si allargò e consolidò, diventando capillare soprattutto sul **territorio italiano**; qui, i giudici aprirono processi contro tutti coloro che erano sospettati di aver coltivato simpatie luterane, soffocando di fatto tutti i focolai della nuova fede che nascevano nella penisola.

I ghetti ebraici Come si è visto, l'azione repressiva postconciliare colpì l'ebraismo, da sempre avvertito come una minaccia al cristianesimo e alla società dei credenti. Con la pubblicazione della bolla *Cum nimis absurdum* da parte di Paolo IV, nel 1555, vennero posti forti limiti ai diritti delle comunità ebraiche nello Stato pontificio: agli ebrei fu imposto di abitare in luoghi separati dal resto delle comunità cittadine e di indossare abiti con segni di riconoscimento. I luoghi di culto vennero chiusi o demoliti, fu proibito il lavoro durante le festività del calendario liturgico cattolico, ai medici fu negato il diritto di curare i cristiani.

La segregazione degli ebrei

Queste limitazioni finirono pian piano per essere estese anche agli altri Stati italiani e – soprattutto nell'area centrosettentrionale della penisola – furono creati diversi **ghetti**, fra i quali quelli di Roma (1555), Firenze (1561), Bologna (1566); qui vennero confinati tutti gli individui di fede giudaica, con l'obbligo di vivere sotto stretto controllo e secondo le regole imposte dalla Santa Sede.

ghetto Nome dell'isola di Venezia dove per la prima volta vennero fatti abitare gli ebrei di una città (1516).

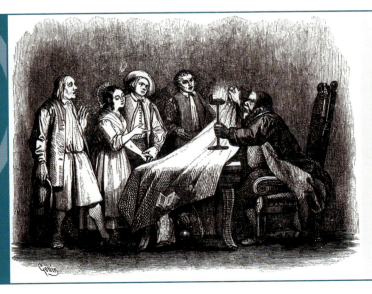

PERCORSO VISIVO

[👁 4] **Il matrimonio "di sorpresa"**
Un celebre esempio della possibilità di forzare il sacerdote a essere involontario celebrante di un matrimonio è riportato ne *I promessi sposi* di Alessandro Manzoni, romanzo storico ambientato in Lombardia intorno al 1630. Il tentativo è messo in atto da Renzo e Lucia, che di notte, con un trucco, cercano di superare il divieto di sposarli imposto a don Abbondio dal signorotto locale, don Rodrigo, invaghitosi della giovane protagonista.

◀ Francesco Gonin, incisione per l'edizione de *I promessi sposi* del 1840.

433

SEZIONE IV   LA NASCITA DEL MONDO MODERNO [1480-1600]

Il controllo
delle idee...

I libri proibiti Alla fine degli anni Cinquanta fu predisposto anche l'*Indice dei libri proibiti*, un elenco di tutte le opere che i cattolici non potevano leggere né possedere [👁 5]. Nella lista figuravano non solo gli autori che avevano espresso posizioni esplicitamente contrarie alla dottrina di Roma, ma anche quelli che avevano affermato idee ritenute immorali, pericolose o destabilizzanti, come Niccolò Machiavelli, Erasmo da Rotterdam e altri esponenti della cultura umanistica e rinascimentale. Fra i testi messi al bando c'erano anche decine di edizioni delle Sacre Scritture, nella maggior parte dei casi tradotte in volgare (francese, spagnolo, tedesco, italiano, inglese, fiammingo). I trattati di astrologia e magia furono vietati, così come molti libri di teologia scritti in una lingua diversa dal latino, che poteva renderli disponibili a un pubblico alfabetizzato più ampio, non esclusivamente appartenente alle gerarchie clericali.

...attraverso
la stampa

L'*Indice* fu aggiornato nei decenni successivi, lasciando aperta la possibilità di espurgare le opere da alcuni passaggi proibiti e consentendo la lettura della Bibbia in volgare solo dietro la concessione di speciali licenze. Le decisioni centrali della Chiesa su questa materia furono inoltre affiancate da iniziative locali, animate da soggetti che intendevano mettere in mostra il loro zelo per ricevere in cambio incarichi di prestigio. Nel 1580 fu pubblicato a Parma un *Indice* che si distinse per il suo rigore, colpendo letterati di primo piano quali **Ludovico Ariosto** e **Pietro Bembo**.

Gli effetti sulla libertà
di pensiero

Censura e conformismo Gli effetti complessivi di questa opera di controllo furono devastanti. La **circolazione del sapere fu gravemente ostacolata** e la cultura letteraria, filosofica e scientifica del tempo assunse i tratti del **conformismo**, dissuadendo gli intellettuali dall'affrontare le questioni più spinose e favorendo, al contrario, la produzione di opere apologetiche, incentrate unicamente sulla promozione delle dottrine ufficiali. Gli operatori del settore – committenti, scrittori, stampatori, librai – finirono vittime della cultura del sospetto, diventando censori preventivi dei loro stessi lavori nel tentativo di non incorrere nelle punizioni ecclesiastiche.

Censura e
autocensura

Il poema epico-cavalleresco più significativo del periodo, la *Gerusalemme liberata* di **Torquato Tasso** (ultimata nel 1575), fu sottoposto a una lunga serie di esami, richiesti in gran parte dallo stesso autore, che amplificava nella sua stessa psiche le ansie derivanti dalla repressione e temeva di aver reso i suoi versi permeabili a tentazioni etero-

PERCORSO VISIVO

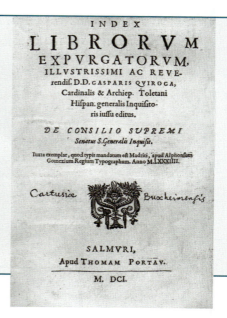

[👁 5] Libri proibiti e libri censurati

◀ Una pagina dell'*Indice* (1559) che riporta l'elenco degli autori la cui intera opera è vietata: tra gli altri si leggono – in latino – i nomi di Marsilio da Padova e di Lutero.

▶ Il frontespizio di un'edizione spagnola dell'*Indice dei libri espurgati* (1601), cioè quei testi che non potevano essere letti senza prima cancellare alcuni passi considerati contrari alla vera dottrina.

Il Concilio di Trento e l'età della Controriforma | **CAPITOLO 14**

dosse. L'opera fu letta da severi revisori come i cardinali Scipione Gonzaga e Silvio Antoniano, per poi essere sottoposta anche al giudizio dell'Inquisizione di Ferrara. I pareri positivi non convinsero il poeta ad abbandonare il proposito di riscrivere l'opera. Fu così che si giunse, nel 1593, alla pubblicazione della *Gerusalemme conquistata*, una versione rimaneggiata del poema in cui la trama era più chiaramente orientata verso l'imitazione dei modelli antichi, i protagonisti erano privi delle pulsioni erotiche e dei travagli interiori che caratterizzavano la prima versione, gli episodi incentrati sulla magia e sulle presenze diaboliche erano largamente modificati [👁 6].

Il primato del latino L'azione censoria si concentrò anche sui testi destinati a un pubblico non colto, dotato di una dimestichezza solo parziale con le pratiche di lettura o avvezzo alla ricezione passiva dei contenuti, attraverso la trasmissione orale. Le autorità ecclesiastiche diedero infatti **priorità assoluta al latino**, togliendo dalla circolazione molti scritti devozionali che da secoli nutrivano la pietà di uomini e donne di ogni ceto.

Furono in particolar modo i sudditi degli Stati italiani – dove la rete dell'Inquisizione era più forte e capillare – a pagare il prezzo di queste scelte. La lentezza che contraddistinse i **processi di alfabetizzazione** nella penisola fu anche conseguenza di un clima che restrinse i più elementari spazi di libertà, di pensiero e di parola, riservando a pochissimi privilegiati la pratica della scrittura e la fruizione dei testi scritti.

14.4 Il controllo delle devozioni e la caccia alle streghe

Dalla lotta all'eresia alla lotta contro la superstizione I fascicoli dell'Inquisizione rivelano un vivace rapporto di incontro/scontro fra la cultura ecclesiastica e quella dei fedeli, talvolta poco inclini a modificare i propri comportamenti anche di fronte alle ammonizioni dei giudici. Nonostante gli interventi repressivi, molte **comunità locali** restavano infatti saldamente ancorate alle loro abitudini, alle loro feste, al loro modo di vivere le devozioni, senza tener conto delle prescrizioni imposte dall'alto. Gli

---

percorsi storiografici p. 488
La Controriforma: libri, lingua e censura
G. Fragnito, M. Roggero

Un controllo a tutti i livelli

rispondi
1. Qual è il compito del Sant'Uffizio?
2. Che cosa sono i ghetti? **3.** Come si articola il sistema di controllo e di censura?

Le resistenze della cultura popolare...

[👁 **6**] **Un amore "cancellato"** Tra gli episodi che Tasso eliminò nella riscrittura della *Gerusalemme liberata* c'è la vicenda di Olindo e Sofronia, autoaccusatisi per preservare dalle persecuzioni la comunità cristiana di Gerusalemme e mandati ingiustamente al rogo dal re Aladino. I due vengono salvati da Clorinda, valorosa guerriera saracena, e alla fine il loro amore può trionfare, visto che sono entrambi cristiani: invece gli amori tra eroi di religione diversa, come quello tra la stessa Clorinda e Tancredi, finiscono tutti tragicamente.

◀ Luca Giordano, *Olindo e Sofronia*, XVII secolo.

435

SEZIONE IV LA NASCITA DEL MONDO MODERNO [1480-1600]

stessi sacerdoti raramente potevano contare su una solida istruzione e non possedevano quindi gli strumenti per governare la vita religiosa dei parrocchiani. In molti casi sceglievano di assecondare passivamente le loro iniziative o contribuivano al perpetuarsi di consuetudini consolidate.

… e le iniziative per sradicarle

Consapevoli di questa situazione, le autorità centrali pianificarono, sia pure in maniera non organica, una strategia di reazione. Dal momento che negli anni Ottanta del Cinquecento, in particolar modo sul territorio italiano, la **lotta all'eresia** si poteva considerare ormai conclusa e non c'erano più elementi concreti per temere una diffusione del protestantesimo, le energie dei tribunali furono convogliate verso il controllo di uomini e donne inclini a coltivare e alimentare credenze e **superstizioni** che, anche se non esplicitamente contrarie all'ortodossia, non risultavano comunque in linea con le liturgie ufficiali. Rientravano in questa categoria tutte le pratiche legate a rimedi, pozioni, fatture, malocchi e formule propiziatorie, talvolta influenzati da culture arcaiche che pretendevano di mettere l'individuo in contatto diretto con il sovrannaturale, senza mediazione sacerdotale.

Il potere dell'Inquisizione

Nel 1586, **Sisto V** (1585-90) pubblicò la bolla *Coeli et terrae creator* ("Creatore del cielo e della terra"), con la quale condannava la **magia**, e l'anno successivo confermò il **primato del Sant'Uffizio su tutti i reati contro la fede**. Ai vescovi restavano le giurisdizioni ordinarie sui crimini comuni che coinvolgevano i membri del clero, che diedero luogo a numerosi processi criminali e a dure azioni repressive, mentre l'Inquisizione doveva occuparsi di tutti gli altri reati, fra i quali non solo l'eresia manifesta, ma anche i sortilegi, gli incanti, le divinazioni, l'abuso dei sacramenti e l'apostasia.

Una persecuzione mirata

I mille volti delle streghe, gli esorcisti e la lotta al maleficio Una delle conseguenze più drammatiche di questa azione di **disciplinamento** fu la diffusione delle **cacce alle streghe**, cioè la persecuzione di donne accusate di praticare malefici e di stringere patti con il diavolo. Il fenomeno interessò vaste aree dell'Europa e persino le colonie americane, mostrando i risvolti più violenti dove il reato di stregoneria finì sotto il controllo non dei tribunali ecclesiastici ma di quelli secolari, come in Germania, Francia, Inghilterra e nel Nuovo Mondo anglosassone [▶ *altri* LINGUAGGI, **p. 444**]. L'Inquisizione romana mostrò maggiore cautela nella persecuzione delle presunte colpevoli, anche perché i confini fra stregoneria e superstizione erano molto labili: non erano rari i casi di donne che godevano della fiducia della comunità per le loro capacità di manipolare sostanze terapeutiche, ma che cadevano in disgrazia per interventi mal riusciti, o semplicemente perché erano sole e prive di protezioni all'interno del corpo sociale.

I processi celebrati in grandi centri come Napoli e Venezia e che in molti casi coinvolgevano individui provenienti dalle aree rurali, mostrano **tendenze diffuse**. Le donne che nel tardo Cinquecento apparivano di fronte ai tribunali frequentavano le messe e recitavano le preghiere seguendo le prescrizioni delle autorità, ma allo stesso tempo invocavano il diavolo per colpire i loro nemici, rubavano reliquie e altri oggetti sacri per organizzare riti propiziatori, si appropriavano dell'olio benedetto spalmandoselo sulle labbra e sugli occhi, nella convinzione che piacesse ai loro amanti. Altre cercavano di indovinare i luoghi in cui si trovavano gli oggetti smarriti o rubati, o confezionavano pozioni da somministrare alle partorienti per proteggere i nascituri. Solo in alcuni casi confessavano di aver partecipato a un **sabba** diabolico, forse perché sfiancate da lunghissimi interrogatori e torture, di fronte a giudici animati da pesanti preconcetti e disposti a tutto pur di ottenere dalle imputate risposte aderenti alle loro aspettative [▶ FONTI].

apostasia
Rinnegamento e abbandono della propria religione.

sabba Convegni notturni tenuti alla presenza del diavolo. Il termine deriva dal francese *sabbat* e richiama la festività ebraica del "sabato".

436

Il Concilio di Trento e l'età della Controriforma | **CAPITOLO 14**

FONTI

Le confessioni della "strega" Ippolita Palomba

▲ L'impiccagione di una strega, incisione italiana, 1520.

■ Nel 1586 Ippolita Palomba aveva settant'anni ed era ricoverata nell'Ospedale degli Incurabili di Napoli. Era stata ritrovata in possesso di immagini sacre, calamite, carte, chiodi e di un piede di un feto. Fu chiamata dall'Inquisizione a dare spiegazioni e confessò di aver compiuto reati ben più gravi, primo fra tutti aver partecipato a un sabba diabolico. Bisogna tenere in considerazione il fatto che molte volte le donne come lei tendevano a fornire racconti fantasiosi, esagerando le loro stesse colpe, per sfuggire alle torture e implorare clemenza.
È rilevante la tendenza di Ippolita a fare i nomi di altre persone incontrate nel sabba: gli inquisitori gradivano molto queste informazioni, grazie alle quali potevano allargare la loro rete repressiva a portare altri imputati alla sbarra.

> Primo, io sono andata in janaria[1] la notte [...]. Et ad questo me nce indusse et inparò[2] Beatrice de Pisciotta, la quale proprie essa faceva questo malificio[3] da andare in janaria. [...] Et quella volta andassemo[4] alle nuce de Benevento et prima che partessemo nce spogliassemo ala nuda et nce untassemo con certo unguento che feteva[5] [...]. Et llà alla nuce de Benevento trovassemo[6] più de quaranta persune che abballavano et pigliavanose piacere tra homini et donne[7]. Et quando nce untavamo l'unguento prima che partessemo nce untavamo lo filo delli reni, il ventre e sotto le parte pudende davante et dietro. Et fu de giovedì a notte, che segue il venerdì; et llà trovammo il Prencipe de demonij[8], il quale stava in una sede alta settato[9], al quale noi fecemo reverenza voltandoci le spalle verso esso, inchinandomo la testa verso dietro. Depoi me ferno giurar in un libro de ubedirli in quanto esso comandava, anzi li fici una polisa[10] et scritto del proprio sangue mio cavatomi dalle ziza[11].

G. Romeo, *Inquisitori, esorcisti e streghe nell'Italia della Controriforma*, Sansoni, Firenze 1990.

Note laterali:
- Nelle credenze popolari radicate fin dall'alto Medioevo, Benevento è terra di streghe. I sabba vi si tenevano ai piedi di un grande noce.
- L'unguento era messo anche nelle parti intime: le cerimonie avevano sempre una forte connotazione sessuale.
- Volgere le spalle al demonio è il rovesciamento del prostrarsi davanti a Dio.
- Secondo tradizione, il patto con il diavolo va firmato con il sangue.

1 andata in janaria: nell'Italia meridionale, espressione che significa transitare in uno stato di incoscienza credendo di essere una *janara*, una strega capace di attaccare le persone nel sonno e di compiere altre malefatte.
2 me ce ... nparò: me lo insegnò.
3 malificio: incantesimo.
4 andassemo: andammo.
5 prima che ... che feteva: prima di partire ci spogliammo nude e ci ungemmo con un unguento puzzolente.
6 trovassemo: trovammo.
7 pigliavanose ... donne: avevano rapporti sessuali.
8 Prencipe de demonij: Satana.
9 settato: seduto.
10 fici una polisa: firmai un documento.
11 ziza: mammelle.

▶ Streghe al sabba, stampa colorata da un'incisione, XVI secolo. Sul vaso si vedono lettere dell'alfabeto ebraico.

437

SEZIONE IV   LA NASCITA DEL MONDO MODERNO [1480-1600]

La presenza del diavolo

Oltre che con la repressione, le autorità cercarono di rispondere a queste credenze rafforzando il ruolo dei sacerdoti come esclusivi tutori del rapporto con il sovrannaturale. A giocare un ruolo importante, in questo campo, furono gli **esorcisti**, spesso gli stessi confessori o direttori spirituali, investiti dell'incarico di scacciare presunte presenze diaboliche da persone, animali, luoghi. La loro azione interferiva con quella dei guaritori e delle guaritrici, ma anche con quella dei medici [▶protagonisti]. Il sostegno fornito dalle gerarchie ecclesiastiche agli esorcisti si basava infatti sulla convinzione che malattie e disturbi fisici e psichici non fossero spiegabili solo in base a cause naturali, ma si fondassero sul potere del demonio, capace di intervenire nella vita degli individui e della società, fino a occupare i corpi e le anime dei fedeli o ad alterare la vita di intere comunità.

La proposizione di buoni esempi

Il culto dei santi La Chiesa di Roma produsse sforzi notevoli anche per affermare nuovi principi in relazione al **culto dei santi**, in risposta ai dubbi avanzati tanto dalla critica umanistica quanto dal mondo protestante rispetto alle leggende agiografiche prive di

---

Fattucchiere, esorcisti e guaritori

protagonisti

A differenza delle streghe, le fattucchiere non erano accusate di aver stipulato patti con il diavolo o di aver compiuto malefici; a loro era attribuita, per esempio, la capacità di praticare rituali per togliere il sonno o provocare incidenti ad amanti fuggiti (ed eventualmente convincerli a ritornare dalla persona lasciata), ritrovare oggetti rubati, riconoscere dichiarazioni false ma anche guarire da malanni provocati dall'invidia o da altri incantesimi.

Anche sui guaritori e sugli esorcisti "abusivi", cioè non appartenenti al clero o comunque privi di autorizzazioni rilasciate dalle gerarchie ecclesiastiche, l'Inquisizione rivolse la sua attenzione. Molte volte poi le figure si sovrapponevano: le stesse persone pretendevano di curare infermità con pozioni e scongiuri e di liberare i pazienti posseduti dal demonio. In molti casi le loro pratiche terapeutiche, basate su erbe e suffumigi, sembravano rituali magici e stregoneschi, accompagnate com'erano da formule trasmesse di padre in figlio o, più spesso, di madre in figlia.

Medici e ciarlatani

Non sempre era facile distinguere queste figure da quelle dei medici. Questi ultimi si trovavano spesso al capezzale di presunti indemoniati, dove erano chiamati a escludere che le stranezze del soggetto in cura fossero dovute a cause naturali. Inoltre l'Europa era percorsa da medici ambulanti poco più competenti dei loro pazienti e la stessa medicina era un intreccio di nozioni corrette e assurde credenze, molto vicine alle superstizioni popolari.

Spesso le cure, anziché affidarsi a conoscenze anatomiche o agli effetti di principi attivi contenuti nei prodotti naturali, si poggiavano sull'interpretazione di testi antichi, per lo più di Aristotele (IV secolo a.C.), considerato il culmine della sapienza umana.

Frequenti poi erano i ciarlatani, che affermando di saper porre rimedio a ogni tipo di malanno sfruttavano la credulità e l'ignoranza della gente. Vendevano di frequente terapie truffaldine, come attestano fonti scritte e artistiche del periodo.

▲ Hieronymus Bosch, *L'asportazione della pietra della follia*, XV-XVI secolo. Era opinione diffusa che la malattia e il ritardo mentali fossero dovuti alla presenza di un corpo estraneo, appunto la "pietra della follia", che andava estratto dal cranio del paziente per curarlo.

Il Concilio di Trento e l'età della Controriforma | **CAPITOLO 14**

fondamento storico o alle pratiche superstiziose incentrate sulla **venerazione di oggetti, icone e reliquie** di incerta provenienza. I **processi di canonizzazione** furono sottoposti al controllo centrale della Santa Sede, che cominciò a selezionare con attenzione le proposte provenienti dai diversi territori del mondo cattolico e a promuovere modelli di virtù incentrati sulla disciplina tridentina.

Al contempo, le procedure giuridiche di riconoscimento degli "eroi della fede" divennero molto più stringenti, con perizie sui presunti miracoli e sulla correttezza formale degli esami dei testimoni [👁7]. Combattere i falsi santi era un presupposto essenziale per difendere il culto dei santi canonizzati.

L'Inquisizione ricoprì un ruolo importante in questa macchina organizzativa, affermando il suo controllo sulle esperienze mistiche e profetiche, sull'organizzazione dei sepolcri e degli spazi sacri, sulla produzione di dipinti e immagini devozionali, sulla diffusione di vite di santi, libretti di preghiera, fogli propagandistici.

La storia ecclesiastica e la difesa della tradizione La promozione del culto dei santi era legata a una più generale opera di riaffermazione della **legittimità della storia della Chiesa**, così come era raccontata nei testi ufficialmente riconosciuti dalla gerarchia. In ambito protestante si era infatti affermata l'idea di combattere il cattolicesimo non soltanto sul piano dottrinale e disciplinare, ma anche attraverso una serrata critica della sua tradizione culturale.

Il teologo riformato Mattia Flacio diede per esempio inizio alla compilazione delle *Centurie di Magdeburgo* (pubblicate per la prima volta nel 1559), nelle quali si esaltava lo spirito evangelico dei primi secoli del cristianesimo e si accusavano le gerarchie di aver progressivamente perduto la retta via. L'opera suscitò grande interesse in Europa, non solo fra i riformati, ma la reazione cattolica non si fece attendere, trovando espressione compiuta negli *Annali ecclesiastici* del cardinale Cesare Baronio, un tentativo di dimostrare che l'istituzione romana si era mantenuta, attraverso i secoli, obbediente al messaggio di Cristo.

> **eroi della fede** Coloro che, come i santi e i martiri, hanno sacrificato la loro vita (perdendola o attraverso penitenze e privazioni) alla causa della fede.

> Il controllo sulle forme di devozione

> La rivendicazione del ruolo della Chiesa

> **rispondi**
> 1. Chi erano le principali vittime della caccia alle streghe?
> 2. Qual è il ruolo degli esorcisti?

PERCORSO VISIVO

[👁7] **Vera e falsa santità** Fra i reati che causarono maggiori problemi all'Inquisizione c'era la simulazione di santità, cioè coloro che – in assenza di sospetti di possessione diabolica – dicevano di ricevere rivelazioni celesti, facendo credere ai fedeli di poter fare profezie e miracoli. Fino a qualche decennio fa si è creduto che il fenomeno fosse prevalentemente femminile, ma ricerche più recenti dimostrano che i processi per "affettata [simulata] santità" furono equamente distribuiti fra i due sessi. La stessa Teresa d'Avila (1515-82), prima di essere riconosciuta come esempio di santità, venne esaminata dall'Inquisizione che indagò a lungo sulle sue visioni estatiche.

◀ Jean Baptiste de Champaigne (?), *L'estasi di santa Teresa*, XVII secolo.

439

SEZIONE IV — LA NASCITA DEL MONDO MODERNO [1480-1600]

14.5 Le missioni e gli ordini regolari

Nascita e diffusione della Compagnia

La predicazione della Compagnia di Gesù L'imposizione di nuove norme sul piano dottrinale e disciplinare fu accompagnata da un'intensa **attività missionaria**. A distinguersi in questo campo furono in particolare i membri della **Compagnia di Gesù**, un ordine religioso fondato nel 1534 dallo spagnolo **Ignazio di Loyola** (1491-1556), un uomo d'armi che aveva lasciato l'esercito per entrare in convento. Nel 1540 l'ordine venne approvato da Paolo III, che ne riconosceva le priorità: far progredire gli uomini nella fede, dare testimonianza di povertà, essere esempio di obbedienza alla Santa Sede. Ben presto i membri della Compagnia furono riconosciuti con il nome di **gesuiti** e si distinsero per la loro capacità di incidere sul corpo sociale predicando il Vangelo e facendo proseliti. Crearono numerosi istituti d'istruzione – i **collegi** – in molti paesi d'Europa, conquistando il **primato nell'educazione** dei rampolli delle casate nobiliari e dei ceti dirigenti.

approfondimento
I gesuiti

Un modo efficace di parlare al popolo

Nel corso dei decenni le missioni gesuitiche diventarono sempre più riconoscibili attraverso l'elaborazione di un ricco apparato di segni esteriori particolarmente graditi al popolo, soprattutto nelle aree rurali. Gli abitanti di villaggi e borghi, per esempio, venivano radunati all'aperto e coinvolti in **giochi teatrali** che facevano ampio uso di **musica** e **scenografie**. Le funzioni si svolgevano nelle ore notturne, per sfruttare il contrasto fra luci e ombre; i religiosi nascondevano i volti sotto vistosi cappucci, flagellandosi con violenza, mettendo in mostra le loro ferite, esibendo ossa e teschi per richiamare l'idea della morte e della dannazione eterna. I fedeli diventavano spettatori commossi e atterriti di uno spettacolo incentrato sulla paura dell'ignoto e l'esaltazione della sofferenza.

Un'azione di consolidamento sociale funzionale al potere

L'azione della Compagnia fu molto efficace sia nel riportare al cattolicesimo settori centrorientali del continente che avevano abbracciato la Riforma protestante, sia nel contribuire a rinsaldare i poteri aristocratici, rafforzando il sostegno dei ceti inferiori nei loro confronti. Grazie a questi successi, i gesuiti ottennero l'appoggio congiunto dei poteri secolari europei e della Santa Sede e poterono così allargare la loro attività ad altri continenti, mostrando – nonostante la rigida disciplina interna – la capacità di adattarsi a culture e riti elaborati da civiltà molto antiche. In Europa, in Asia, in Africa e nelle Ame-

PERCORSO VISIVO

[👁 8] **I gesuiti in Cina** Il gesuita padre Matteo Ricci e un altro missionario in Cina, incisione colorata da *Le meraviglie della Cina* di Athanasius Kircher (1667).
Studioso di matematica, astronomia e geografia, nel 1578 – dopo una lunga preparazione – Ricci partì per l'India, da cui quattro anni dopo raggiunse la Cina. Qui approfondì la lingua e la cultura locali, facendosi apprezzare per le sue conoscenze scientifiche e riuscendo a farsi ricevere alla corte dell'imperatore. Come mostra l'immagine, Ricci e i suoi confratelli adottarono gli usi del paese fino a prendere nomi cinesi. La loro opera missionaria si basava infatti sulla ricerca di punti comuni tra le due culture, adattando il messaggio cristiano ai principi del confucianesimo, la dottrina allora prevalente nell'impero, e cercando di integrare i culti locali nella pratica religiosa cristiana.

440

Il Concilio di Trento e l'età della Controriforma — CAPITOLO 14

riche costruirono collegi e crearono comunità che avevano nella fede religiosa il loro segno distintivo [👁 8]. Furono proprio queste iniziative a segnare l'inizio di un processo di lunga durata, destinato a trasformare il cattolicesimo in una **religione globale**.

Gli ordini religiosi dopo il Concilio di Trento L'evangelizzazione fu affidata anche ad altri **ordini di nuova fondazione**, come i **teatini**, i **barnabiti** e i **somaschi**, che si affiancarono alle *famiglie religiose* già esistenti (francescani, domenicani, agostiniani, carmelitani), spesso divise al loro interno in vari rami che prestavano giuramento a una regola (da cui anche la definizione di "regolari") sulla base della quale seguivano vocazioni eremitiche, contemplative o missionarie.

I membri degli ordini obbedivano ad **autorità centrali interne** – i "generalati", nella maggior parte dei casi – che non sempre avevano rapporti diretti con il potere pontificio e tendevano a sottrarsi al suo controllo. Sul territorio, gli ordini erano organizzati secondo una complessa rete di distretti, i cui confini erano talvolta molto diversi sia da quelli degli Stati sia da quelli delle circoscrizioni vescovili. Per tutte queste ragioni, l'universo delle missioni, della predicazione e della cura delle anime non aveva precisi punti di riferimento e poteva trovarsi coinvolto in conflitti giurisdizionali nel momento in cui i membri di un ordine, oltre a obbedire ai loro diretti superiori, dovevano stabilire rapporti con i poteri secolari o signorili, con le autorità diocesane o arcidiocesane o con i dicasteri della Santa Sede.

La struttura degli ordini

Gli ordini fra tendenze monarchiche e vocazioni cosmopolite I chierici regolari formulavano **strategie missionarie** estremamente duttili, con l'intento di correggere mentalità e costumi, di eliminare pratiche superstiziose e riportare all'ortodossia religiosa i gruppi marginali, di promuovere formule rituali capaci di stimolare aggregazioni comunitarie. Muovendosi all'interno di una fitta rete di poteri locali, operavano però sulla base di regole incerte, entrando spesso in concorrenza fra loro. I loro itinerari oltrepassavano spesso i confini stabiliti dalle istituzioni civili e religiose, stimolando spostamenti individuali e di gruppo motivati dalla necessità di partecipare a **pellegrinaggi**, **processioni**, **feste patronali**, incontri di preghiera [👁 9].

Il difficile controllo di una predicazione…

[👁 9] Una Gerusalemme in Valsesia
A partire dal XIV secolo il Sacro Monte di Varallo Sesia fu un'importante meta di pellegrinaggi di gente comune come di nobili. Il complesso nacque come una "replica" dei luoghi sacri di Gerusalemme, ma dal 1565 venne riorganizzato per presentare le tappe della vita di Gesù. L'opera, i cui ampliamenti continuarono per due secoli, forma un esempio unico di interazione tra architettura, scultura e pittura e colpì molto anche Carlo Borromeo, che vi si fermò più volte in preghiera.

◀ Gaudenzio Ferrari, *Cappella della Crocifissione*, 1510-23.

famiglia religiosa
Ordine che raccoglie differenti diramazioni (per esempio quello francescano raccoglie i Frati minori, i Frati minori conventuali e i Frati minori cappuccini).

SEZIONE IV LA NASCITA DEL MONDO MODERNO [1480-1600]

... poco attenta a limiti e confini

Gli atteggiamenti dei poteri monarchici e territoriali nei confronti degli ordini religiosi non erano univoci: da un lato c'era la volontà di garantirsi il supporto di un'azione evangelizzatrice che poteva trasformarsi in strumento di **consenso**; dall'altro lato si poneva la necessità di frenare le iniziative di predicatori che si rivelavano in alcuni casi troppo zelanti, imprudenti o affetti da manie di protagonismo, promuovendo culti e pratiche devote accolte con entusiasmo dal popolo, ma non aderenti alle liturgie ufficiali. Del resto, negli stessi ambienti missionari convivevano inclinazioni cosmopolite, volte a **considerare i fedeli come membri di un'unica grande civiltà cristiana**, e pulsioni di tipo aristocratico, monarchico o "nazionale", tendenti a difendere consuetudini culturali e politiche di matrice territoriale.

Il convento come scelta obbligata

La religiosità femminile Anche il mondo degli ordini femminili andò incontro a trasformazioni importanti. Papa Sisto V (1585-90) cercò di imporre una stretta osservanza delle regole e il rispetto del voto di **clausura**, ma non riuscì a incidere sui criteri di reclutamento delle religiose. I ceti dominanti, decisi a preservare la propria influenza sul tessuto sociale attraverso il controllo dei conventi, continuarono a disporre a proprio piacimento delle discendenti più giovani, sottraendole al mercato matrimoniale e costringendole a pronunciare i voti. In questo modo, fra l'altro, le doti versate ai conventi per le figlie tornavano a disposizione della famiglia al momento della loro morte, consentendo di non disperdere il patrimonio.

Non stupisce dunque che tra le mura di quegli istituti si consumassero numerosi **abusi**: le frustrazioni derivanti dalla **monacazione forzata** spingevano molte religiose a commettere intemperanze, spesso legate alla passione eccessiva verso i beni materiali o alla **sfera sessuale**. Gli stessi rapporti fra i direttori spirituali e le penitenti provocarono non pochi grattacapi ai giudici del Sant'Uffizio, costretti a fronteggiare comportamenti, da parte dei confessori, che mettevano in pericolo il rispetto della promessa di castità delle monache.

rispondi
1. Quali caratteristiche ha l'attività dei gesuiti?
2. Quali problemi sono connessi alla religiosità femminile?

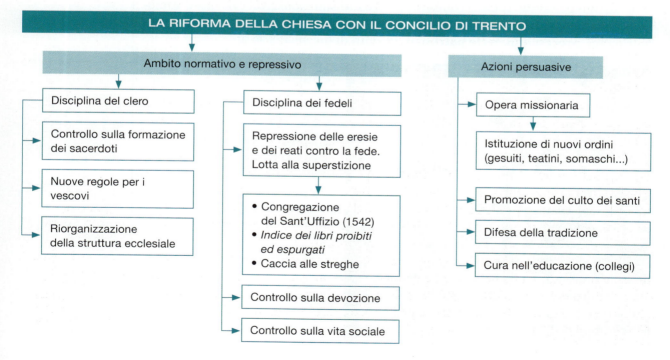

442

Il Concilio di Trento e l'età della Controriforma | **CAPITOLO 14**

14.6 La Controriforma e i poteri secolari

Ragion di Chiesa e "ragion di Stato" Le trasformazioni legate alla Controriforma cattolica ebbero un impatto importante sulla vita politica delle monarchie europee rimaste fedeli al pontefice, in particolar modo negli Stati italiani. Uno dei nodi più difficili da sciogliere fu il rapporto tra la diffusione dei modelli di religiosità postridentini e i percorsi di affermazione o consolidamento dei poteri secolari. Nel 1589 fu pubblicato il trattato *Della ragion di Stato* di **Giovanni Botero** (1544-1617): contro le tesi di Machiavelli, l'autore sosteneva che lo Stato si dovesse adeguare alla morale della Chiesa ed esponeva ai sovrani la necessità di ottenere la fedeltà dei sudditi reprimendo i comportamenti devianti, le pratiche rituali lontane dalle liturgie ufficiali, le simulazioni di santità e le superstizioni, favorendo al contempo la stretta osservanza delle prescrizioni romane nel campo delle cerimonie e delle liturgie. L'opera ebbe una notevole risonanza, ma ben presto l'espressione "ragion di Stato" divenne utile a legittimare le iniziative dei sovrani per rafforzare il loro potere.

Di fatto, le autorità secolari delegarono al **clero** la **gestione di settori sempre più ampi della vita civile**, legando la lotta all'eresia alla conservazione del consenso e facendo coincidere il controllo dell'ordine pubblico con l'imposizione di idee e pratiche uniformi in materia di fede. Il viceré spagnolo di Napoli – minacciato dal dissenso interno e da periodiche rivolte che coinvolgevano tanto i ceti privilegiati quanto quelli popolari – tese per esempio a lasciare ampi margini di manovra ai giudici di fede, al fine di esercitare un forte controllo sulle credenze e sulle coscienze. In altre aree della penisola, come nel Granducato di Toscana, nei ducati di Savoia e di Ferrara, i regnanti cercarono in un primo momento di conservare un potere di intervento sulla vita religiosa dei loro sudditi, ma finirono comunque per rinunciare a svolgere un ruolo di primo piano nel controllo delle coscienze, delegandolo alle autorità ecclesiastiche.

I giudici ecclesiastici e il braccio secolare Anche i sovrani più riluttanti finirono dunque per accettare l'operato dei tribunali ecclesiastici: in molti casi **i giudici confessionali disponevano di carceri e di una polizia** salariata e potevano richiedere l'intervento dei poteri secolari per rendere esecutive le loro sentenze. I loro spazi di azione erano notevoli, tanto da indurci a vedere nel rapporto tra Chiesa e Stati un sostanziale accordo e una docile sottomissione delle autorità civili al potere di Roma.

Non mancarono tuttavia i conflitti: fra il 1605 e il 1607 la **Repubblica di Venezia** fu al centro di un duro scontro con Roma per aver incarcerato alcuni ecclesiastici accusati di delitti comuni, sottraendoli ai tribunali papali. A sostegno della repubblica si schierò il teologo **Paolo Sarpi** (1552-1623), che si oppose al centralismo monarchico imposto dal pontefice, finendo nel mirino dell'Inquisizione. I punti cruciali del suo pensiero confluirono nell'opera intitolata *Istoria del concilio tridentino*, che offrì la prima imponente ricostruzione di quanto era avvenuto nel mondo cattolico nella seconda metà del XVI secolo. Il 22 ottobre del 1619 il testo fu condannato ufficialmente dalla Congregazione dell'*Indice* ed entrò nel novero dei libri proibiti.

L'aperta resistenza di Venezia all'ingerenza papale rappresenta comunque un episodio isolato nel panorama italiano ed è da mettere in collegamento alla difficile situazione politico-economica della repubblica, in lotta per mantenere un proprio spazio di autonomia tra le ingombranti presenze dell'Impero, degli spagnoli (sulla stessa linea del papato) e della potenza turca sul Mediterraneo.

Il nuovo rapporto tra potere secolare e religioso

La prevalenza del clero in Italia

Il ruolo dell'Inquisizione

L'eccezione di Venezia

rispondi
1. Qual è la tesi dell'opera di Botero e come viene successivamente interpretata? 2. Quale ruolo finiscono per assumere i tribunali ecclesiastici? 3. Chi è Paolo Sarpi e a quali vicende prende parte?

altri LINGUAGGI

Il *Dies Irae* di Dreyer

Risale al 1943 il film *Dies Irae* diretto dal regista danese Karl Theodor Dreyer (1889-1968). Fu girato proprio in Danimarca durante l'occupazione nazista: gli studiosi hanno sottolineato come la pellicola, pur essendo proiettata indietro nei secoli, sia legata al presente dell'Europa attraversata dalla guerra e intenda denunciare l'intolleranza e la degenerazione dei comportamenti umani in una società dominata da un potere disumano. *Dies Irae* narra le vicende del pastore Absalon Perderssön, sposato con la giovane Anne, segnata fin da bambina da diversi drammi legati all'accusa di stregoneria che aveva colpito la madre. Le riprese in ambienti esterni sono decisamente poche: Dreyer preferisce infatti concentrarsi sui volti dei protagonisti, imprigionati in un universo estremamente angusto, dominato da regole religiose rigide, nonché da rapporti sociali fondati sul vincolo, la gerarchia e la repressione di qualsiasi forma di libertà.

A essere sole sono soprattutto le donne che trovano nelle mura domestiche l'unica fragile protezione contro una comunità che le guarda con sospetto, quasi fossero depositarie di una forza intrinsecamente demoniaca pronta a venir fuori con tutta la sua forza distruttiva. A fungere da scudo nei confronti dell'aggressione esterna può essere talvolta la condizione di madre, moglie, sorella, figlia di un uomo, ma a volte – per morte o altra causa – la protezione maschile viene a mancare: nella nuova condizione di isolamento la donna diventa un bersaglio facile ed è spesso costretta (come accade proprio alla protagonista del film) ad autoaccusarsi, non trovando più altri appigli.

▶ La locandina originale del film, in danese. La traduzione italiana riprende le prime parole di una sequenza liturgica latina di origine medievale, che descrive il giorno del Giudizio finale.

VERSO LE COMPETENZE

◻ esercitazione

● USARE IL LESSICO

1. **Spiega sinteticamente (massimo 3 righe) il significato delle seguenti espressioni.**

   Nicodemismo – Inquisizione – Congregazione – Confessione – Culto dei santi – Missione

● COLLOCARE GLI EVENTI NELLO SPAZIO E NEL TEMPO

2. **Completa la carta secondo le indicazioni.**

   In Europa, in Asia, in Africa e nelle Americhe i gesuiti costruirono collegi e crearono comunità che avevano nella fede religiosa il loro segno distintivo. Nella carta è tratteggiato il viaggio di padre Matteo Ricci (Macerata, 6 ottobre 1552 – Pechino, 11 maggio 1610) che raggiunse la Cina con una missione evangelizzatrice. Ricerca online le tappe del viaggio del gesuita e trascrivile sulla carta.

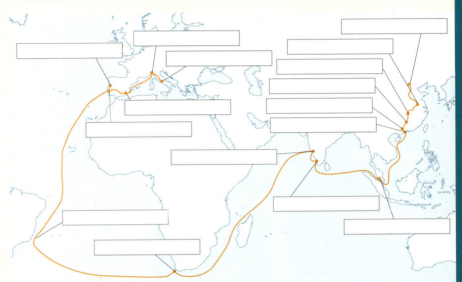

● LEGGERE E VALUTARE LE FONTI

3. **Leggi il passo seguente e rispondi alla domanda.**

   Bisogna tenere soprattutto nelle Chiese le immagini di Cristo, della Vergine madre di Dio e degli altri santi e tributare loro il dovuto onore e la dovuta venerazione, non perché si creda che in esse vi sia una qualche virtù divina o una qualità a causa della quale debbano essere oggetto di culto, [...] ma perché l'onore che ad esse viene tributato si riferisce agli esseri che esse rappresentano: attraverso le immagini che baciamo e di fronte alle quali ci inchiniamo e ci scopriamo il capo, noi adoriamo Cristo e veneriamo i santi [...].
   Bisogna che i vescovi insegnino diligentemente che attraverso le storie dei misteri della nostra redenzione, espresse attraverso le immagini o altre similitudini, il popolo viene reso edotto e viene rafforzato nel ricordo della meditazione degli articoli di fede.

   Nel passo, tratto dai *Conciliorum Oecomenicorum Decreta*, i *Decreti* del Concilio di Trento, viene riaffermata la sacralità dell'immagine come oggetto di venerazione in risposta all'accusa di idolatria formulata da buona parte dei riformati. Quali altri aspetti vengono richiamati tra quelli contestati dalla Riforma protestante?

   ◻ **esporre a voce** La venerazione delle immagini sacre sopravvive ancora oggi in molte cerimonie e liturgie legate al culto dei santi e della Madonna. Rintraccia, nelle tradizioni del tuo territorio, celebrazioni e festività che riproducono nelle gestualità e nei riti il culto delle immagini. Prepara una scaletta da utilizzare come traccia ed esponi il contenuto ai tuoi compagni in non più di dieci minuti. Predisponi anche un supporto visivo per rendere più semplice la comprensione agli ascoltatori.

I SAPERI FONDAMENTALI

→ sintesi 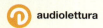 audiolettura

● RIFORMA CATTOLICA E CONTRORIFORMA

▶ **14.1** Nei primi anni del XVI secolo il ruolo della **Chiesa** è oggetto di importanti **trasformazioni e riflessioni**: da una parte il papato, che antepone il consolidamento del potere temporale ai propri compiti spirituali, dall'altra molti intellettuali, come Machiavelli e Guicciardini, che rivolgono decise critiche verso l'istituzione ecclesiastica e incoraggiano il cambiamento e la riforma. Nella penisola italiana iniziano a diffondersi, seppur molto debolmente, le idee della Riforma protestante, ma la Chiesa reagisce con una decisa politica repressiva.

▶ **14.2** Nel 1545 papa Paolo III Farnese convoca il **Concilio di Trento**, che dura – con alcune interruzioni – fino al 1563 e ha lo scopo di discutere alcuni **cardini dottrinali della fede cristiana**. Il concilio conferma i pilastri del catechismo romano (valore delle opere, pratica dei sacramenti, mediazione dei santi e ruolo dei sacerdoti) e assegna nuove funzioni e importanza ai vescovi nella gestione delle loro diocesi. La corte pontificia rafforza il proprio ruolo affidando ai cardinali il controllo delle congregazioni, una sorta di ministeri vaticani.

▶ **14.3** Tra queste assume un ruolo importante la **Congregazione del Sant'Uffizio**: con la sua azione eretici, riformati e altre minoranze religiose vengono sottoposti a pratiche repressive volte a preservare l'integrità della dottrina romana e molte opere e testi vengono messi al bando o epurati da passaggi non conformi a essa. La Chiesa accentua il controllo sulla formazione religiosa a tutti i livelli e pone un forte accento sul **rapporto individuale del fedele con Dio**, sempre attraverso la mediazione del sacerdote.

▶ **14.4** Scongiurato il pericolo di una diffusione delle idee riformate, negli anni Ottanta l'Inquisizione rivolge la sua azione al controllo di credenze e superstizioni, spesso di origine arcaica, non in linea con le liturgie ufficiali. A partire dal 1586, con la bolla *Coeli et terrae creator*, l'Inquisizione avvia una **caccia alle streghe** e a tutti i fenomeni che intrattengono un rapporto diretto con il sovrannaturale, senza la mediazione del sacerdote. Il culto dei santi e i processi di canonizzazione sono sottoposti al controllo centrale della Santa Sede.

● LE MISSIONI E IL RAPPORTO CON IL POTERE SECOLARE

▶ **14.5** Negli anni del concilio si avvia anche un'intensa **attività missionaria ed evangelizzatrice**, che porta il messaggio cristiano cattolico in tutto il globo. I più attivi, soprattutto nel settore dell'educazione, sono i **gesuiti**. Vengono istituiti anche altri nuovi ordini religiosi: teatini, barnabiti, somaschi.

▶ **14.6** I poteri secolari si trovano a confrontarsi quotidianamente con i nuovi ordini missionari e, più in generale, con la nuova religiosità postridentina. La prassi diviene far coincidere il controllo dell'ordine pubblico con l'imposizione di idee e pratiche uniformi in materia di fede. I giudici confessionali dispongono di carceri e di polizia salariata e possono richiedere l'intervento dei poteri secolari per rendere esecutive le loro sentenze.

linea del tempo

1534 Ignazio di Loyola fonda la Compagnia di Gesù

1542 viene istituita la Sacra Congregazione della romana e universale Inquisizione

1545 Paolo III Farnese apre il Concilio di Trento

446

Il Concilio di Trento e l'età della Controriforma CAPITOLO 14

mappa

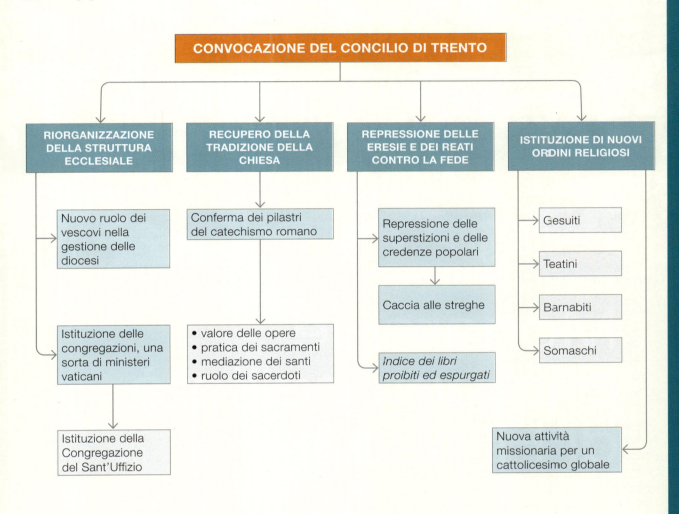

1555 con la bolla *Cum nimis absurdum* vengono posti forti limiti ai diritti delle comunità ebraiche

1561 strage della comunità valdese in Calabria

1563 chiusura del Concilio di Trento

1564 pubblicazione della *Professio Fidei Tridentina*

1586 con la bolla *Coeli et terrae creator* Sisto V condanna la magia

1589 pubblicato il trattato *Della ragion di Stato* di Giovanni Botero

1605-1607 conflitto tra la Repubblica di Venezia e il papato

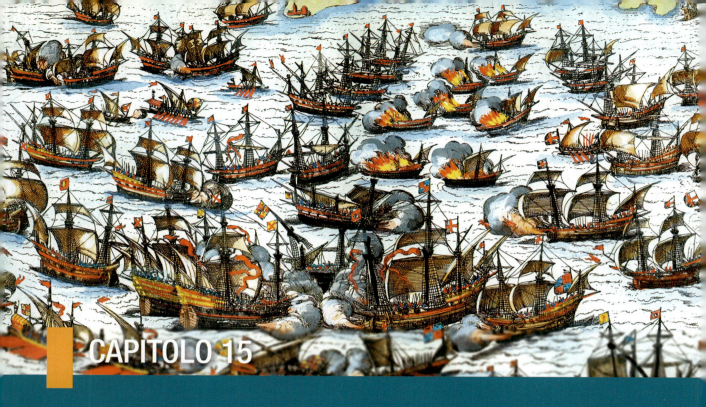

CAPITOLO 15

Monarchie e imperi nell'età di Filippo II

Monarchia/Impero

In seguito alla nascita dello Stato moderno, il concetto di sovranità entrò al centro di elaborazioni giuridiche che lo connotarono come esercizio esclusivo e omogeneo di potere di un solo individuo su un territorio. Gli storici continuano a interrogarsi sul tema da decenni, ponendo molta attenzione ai limiti imposti al monarca. Il suo potere era davvero assoluto, unico e indivisibile? Poteva essere delegato ad altri? Era davvero irrevocabile? Era limitato da consuetudini, poteri nobiliari, quadri normativi, assemblee rappresentative, autonomie locali, sistemi fiscali, giudiziari e militari? Nel caso specifico di Filippo II si pone poi un ulteriore problema: Filippo era formalmente un re, ma di fatto era a capo di un impero, pur non essendo un imperatore. In lui sopravviveva comunque l'inclinazione a stabilire un potere che aveva una vocazione universalistica ed era chiamato a includere formazioni territoriali conquistate militarmente o ereditate da una dinastia, dotate di tradizioni politiche, culturali e religiose diverse.

le parole della storiografia

Monarchie e imperi nell'età di Filippo II | **CAPITOLO 15**

— GUIDA&RISORSE
PER LO STUDIO

Per riprendere il filo... La frattura religiosa creata dallo scisma luterano era stata seguita da una decisa reazione della Chiesa di Roma, che nel Concilio di Trento formulò una risposta organica alla Riforma protestante sia sul piano dottrinale (ribadendo i capisaldi teologici della fede cattolica) sia su quello disciplinare (promuovendo un più efficace controllo della moralità del clero e dei comportamenti dei fedeli). Nel mondo protestante come in quello cattolico, comunque, l'obiettivo centrale dei poteri laici e religiosi rimaneva il controllo del corpo sociale. Nei paesi protestanti i sovrani si posero a capo di Chiese nazionali e si fecero carico della repressione di comportamenti considerati devianti ed eterodossi; in quelli cattolici, il compito preservare l'unità politico-religiosa fu in alcuni casi delegato a inquisitori e confessori. Questi sforzi, tuttavia, non bastarono a conferire agli Stati europei la stabilità auspicata. La morte di Carlo V e la divisione del suo Impero, inoltre, posero il continente in una condizione di debolezza strutturale e lo resero permeabile ad attacchi esterni, soprattutto sul versante mediterraneo.

15.1 I domini di Filippo II fra Vecchio e Nuovo Mondo

Il nuovo sovrano Nel 1556 Filippo II ereditò ufficialmente dal padre Carlo V d'Asburgo la corona di Spagna, i Paesi Bassi, i domini italiani (Milano, Napoli, Sardegna e Sicilia) e le colonie americane, mentre lo zio Ferdinando andò a sedere sul trono del Sacro Romano Impero [▶ cap. 12.6]. Il nuovo sovrano iberico aveva 29 anni al momento dell'insediamento – un'età matura per i parametri del tempo – e una personalità già formata, che gli consentì di perseguire con determinazione i propri orientamenti politici [▶ protagonisti, p. 450]. Le sue priorità furono fin da subito **la fedeltà al cattolicesimo**, **la salvaguardia dell'integrità territoriale** e **l'alleanza con il ramo imperiale** della casa asburgica.

Il rapporto con gli altri sovrani fu uno dei punti più delicati dell'azione politica di Filippo II. Con la divisione dell'eredità paterna, la corona spagnola fu costretta a subire il declassamento dei suoi rappresentanti nei cerimoniali di corte, posposti per dignità a quelli imperiali e a quelli francesi (considerati i rappresentanti del più antico regno europeo). Diversi giuristi legati a Filippo cercarono di convincerlo del fatto che le terre del suo regno – estese dall'Europa al Nuovo Mondo – avevano una vastità tale da fargli meritare il titolo di imperatore, ma Filippo scelse di adottare una linea morbida e non reclamare il titolo. Convinto comunque della sua preminenza fra i sovrani cattolici, scelse piuttosto di ergersi a difensore della fede, arrogandosi una responsabilità che riteneva dovesse essergli riconosciuta, al di là di qualsiasi protocollo.

La repressione delle minoranze religiose I primi provvedimenti messi in atto sul territorio spagnolo furono dunque finalizzati alla **salvaguardia dell'ortodossia religiosa**. Fra il 1558 e il 1560 fu rafforzata l'Inquisizione e vennero introdotte pesanti restrizioni alla diffusione di libri stranieri. Alcuni focolai di protestantesimo scoperti a Siviglia e Valladolid furono colpiti attraverso la dispersione dei loro membri e la

I cardini della politica di Filippo II

Un nuovo ruolo per la corona di Spagna

449

SEZIONE IV   LA NASCITA DEL MONDO MODERNO [1480-1600]

condanna a morte dei loro animatori. Va però detto che, se il controllo della libertà di pensiero e di espressione ebbe effetti negativi sulla vita intellettuale del paese, non si registrarono tuttavia derive conformistiche paragonabili a quelle riscontrabili nella penisola italiana, dove la produzione letteraria si appiattì sulla celebrazione della dottrina ufficiale. Al contrario, la Spagna della seconda metà del Cinquecento visse un periodo di straordinaria fioritura artistica e culturale [▶fenomeni].

La religione come elemento unificante

Tra la fine degli anni Sessanta e l'inizio del decennio successivo l'azione repressiva si rivolse poi ai **moriscos**, sudditi musulmani che, anche se convertiti ufficialmente al cattolicesimo, avevano conservato la loro lingua e i loro costumi. Le proteste dei *moriscos* furono schiacciate con interventi militari che provocarono molte vittime e con la deportazione dei superstiti nel nord della Castiglia. Nel giro di pochi anni la monarchia inasprì ulteriormente le sue posizioni verso le minoranze, ricorrendo sempre più spesso alle **espulsioni**. L'unità religiosa, condizione ritenuta essenziale per la salvaguardia della stabilità politica, fu insomma perseguita anche sul piano dell'identità etnica dei sudditi, nella difesa di una "fede pura" che doveva essere accompagnata da "sangue puro": la *limpieza de sangre* dei cristiani non discendenti da ebrei o musulmani convertiti.

Nonostante tutto ciò, i **rapporti fra la Spagna e la Santa Sede** non furono idilliaci come si potrebbe supporre. I decreti del Concilio di Trento furono applicati solo con ritardo e con molte riserve, cercando sempre di salvaguardare le prerogative del potere secolare.

Filippo II, il "re prudente"

protagonisti

Come osservarono i trattatisti politici del tempo, Filippo II aveva la capacità di prendere decisioni ponderate nelle situazioni più delicate, sia in ambito militare sia nella gestione degli affari interni; non a caso egli veniva chiamato il "re prudente". Essi apprezzavano, o addirittura celebravano, il fatto che nelle sue scelte di governo il sovrano facesse spesso prevalere le ragioni morali su quelle politiche. Le guerre combattute da Filippo, in particolare, furono sempre dettate da forti motivazioni religiose, a partire dall'esigenza di eliminare eretici e infedeli, e i risultati conseguiti furono considerati dal sovrano come un segno d'approvazione proveniente dalla provvidenza divina.

Carattere difficile o tutela della segretezza?
Il temperamento di Filippo, ostinato, riservato e prudente fino all'ossessione, favorì il diffondersi di una "leggenda nera" sul suo conto, che dipingeva a tinte fosche i suoi comportamenti in ambito familiare, i suoi rapporti con i collaboratori più stretti, la sua intransigenza verso i sudditi non obbedienti alla religione cattolica. Furono probabilmente alcune scelte a guadagnargli questa cupa reputazione: per impedire la diffusione di notizie sulla sua vita privata, la corrispondenza che non riguardava gli affari dello Stato veniva bruciata, mentre la pubblicazione di testi biografici sul suo conto fu del tutto vietata.

In realtà, tutta questa circospezione non era motivata dalla volontà di nascondere aspetti poco edificanti della sua personalità, quanto dall'esigenza di tenere sotto controllo agenti stranieri e spie: in un contesto internazionale segnato da forti tensioni, ogni informazione rubata poteva diventare una minaccia per la stabilità del potere monarchico. ■

◀ Filippo II ritratto da Sofonisba Anguissola, nobile cremonese divenuta pittrice di corte a Madrid.

Monarchie e imperi nell'età di Filippo II | CAPITOLO 15

fenomeni

Il "secolo d'oro"

Il regno di Filippo II (1556-98) e il periodo immediatamente successivo sono considerati ancora oggi come il *siglo de oro* ("secolo d'oro"), l'epoca aurea della letteratura, dell'arte e della cultura spagnole. In questi anni, infatti, vennero alla luce capolavori destinati a segnare la cultura europea, come il celebre romanzo *Don Chisciotte* di Miguel de Cervantes (1547-1616), i drammi di Lope de Vega (1562-1635), i dipinti di El Greco (1541-1614) e Diego Velázquez (1599-1660).

Cervantes

Miguel de Cervantes y Saavedra ebbe una vita avventurosa: ricercato, si arruolò e combatté contro i turchi, fu ferito e perse l'uso di una mano; rapito dai corsari ne restò schiavo per cinque anni; tornato in patria fu coinvolto in una bancarotta, venne scomunicato e finì in carcere. Nel suo capolavoro, opera fondamentale della letteratura occidentale, narra con distaccata ironia le disavventure di due personaggi, il nobile don Chisciotte e il suo servitore, il popolano Sancio. Il tema è l'impossibile convivenza fra gli ideali dei poemi epico-cavallereschi e il mondo moderno, utilitaristico e concreto. Molti vi hanno visto una critica alla Spagna, la cui classe nobiliare, ancorata a schemi e valori ormai sorpassati, era destinata a cedere il passo a società più attive e dinamiche.

El Greco

Dominikos Theotokópoulos nacque a Candia (Creta), allora dominio di Venezia, dove poi si recò per studiare la pittura italiana. Si trasferì quindi in Spagna, dove la sua origine gli valse il nome di "El Greco". I suoi quadri si distinguono per le figure allungate, quasi ascetiche, a volte appena abbozzate da cui emana un forte richiamo alla spiritualità perfettamente in linea con le indicazioni del Concilio tridentino.

Ne *La sepoltura del conte di Orgaz*, le esequie di un nobiluomo sono rappresentate come un evento soprannaturale: alla cerimonia terrena (nella fascia in basso), scura, statica, resa con estrema cura, corrisponde (in alto) un livello celeste in cui l'anima del morto viene portata al cospetto di Cristo, della Vergine e dei santi, in un vorticare di luci e forme. Le due scene, collegate solo dallo sguardo di qualche astante, si completano: come nella visione del potere di Filippo II, il piano terreno si rispecchia in quello divino quando ne realizza la volontà.

Velázquez

Diego Rodríguez de Silva y Velázquez, nobile sivigliano, fu pittore di corte sotto Filippo IV. Il suo abilissimo uso della luce esaltava corpi, volti ed espressioni; i personaggi ritratti, popolani o nobili, appaiono sempre acuti e vivi. Anche lui volle studiare la pittura in Italia, allora punto di riferimento per l'arte, e vi si recò al seguito del marchese Ambrogio Spinola, comandante dell'esercito spagnolo. Proprio lo Spinola viene celebrato in questo grande quadro, che lo ritrae mentre riceve la resa della città olandese di Breda, durante la guerra per l'indipendenza dei Paesi Bassi. Al di là degli intenti commemorativi, il quadro si distingue per la composizione: alla quieta scena centrale si oppongono la scura massa del cavallo, raffigurato di scorcio, e la selva delle picche, mentre sullo sfondo il paesaggio si sfuma sui colori azzurri.

▲ El Greco, *La sepoltura del conte di Orgaz*, 1586-88.

▼ Diego Velázquez, *La resa di Breda*, 1635.

SEZIONE IV   LA NASCITA DEL MONDO MODERNO [1480-1600]

La tendenza alla centralizzazione...

Il governo e il controllo del territorio Al fine di rafforzare la monarchia, Filippo II **volle accentrare il potere** nelle proprie mani, scegliendo tra l'altro una residenza stabile per la corte (nella prima età moderna molte monarchie europee non avevano ancora una sede fissa). La scelta cadde su Madrid, allora solo poco più di un villaggio al centro di un vasto altopiano semideserto, ma per questo lontano dall'influenza delle altre corti; nei pressi della nuova capitale fece poi costruire il **Palazzo dell'Escorial** [👁1], da cui avrebbe governato il suo enorme impero.

LA STRUTTURA DI GOVERNO DI FILIPPO II

RE
↓
CONSIGLI
↓
- Politico-amministrativi
  - di Stato
  - del tesoro e delle finanze
  - di guerra
  - dell'Inquisizione
- Territoriali (per provincia)
  - di Aragona
  - di Castiglia
  - d'Italia
  - delle Indie
  - del Portogallo
  - delle Fiandre
↓
VICERÉ, GOVERNATORI (provinciali)
↓
Organi di governo locale
(*cortes* in Castiglia e Aragona, *generalitat* in Catalogna...)

Sul piano amministrativo, tuttavia, il sovrano rimase fedele alla concezione imperiale del padre Carlo V, cercando di rispettare gli ordinamenti territoriali (come le *Cortes* in Castiglia e Aragona o le *generalitat* catalane).

Perfezionò il sistema dei **consigli**, gli organi di governo che assistevano il sovrano sul piano politico e amministrativo e su quello della gestione dei territori, includendovi tra l'altro giuristi ed ecclesiastici di provenienza non nobiliare. Dalle Fiandre all'Italia e al Nuovo Mondo, i rappresentanti della corona – governatori e viceré – erano chiamati a interagire con i poteri locali in un rapporto di carattere "pattizio", cercando cioè compromessi volti a preservare le consuetudini del luogo e a consolidare l'immagine del re come padre benevolo e attento alle sorti dei sudditi.

PERCORSO VISIVO

[👁1] Il palazzo dell'Escorial
La residenza voluta da Filippo II era costituita da un monastero e un mausoleo di famiglia interamente sviluppati intorno alla chiesa centrale, con una pianta complessiva a forma di graticola, che intendeva ricordare il supplizio subito da san Lorenzo martire, al quale il complesso era dedicato. In questa grandiosa opera architettonica si racchiudeva la visione del potere regio affermata dal monarca, incline a interpretare la sua azione terrena come una diretta conseguenza del disegno celeste.

▶ Veduta del palazzo in una incisione colorata del XVII secolo.

Il progetto di uno Stato forte e accentrato rimase dunque tale: già a partire dal territorio spagnolo, ancora formalmente diviso nei territori di Aragona e Castiglia, l'intera struttura orchestrata dal sovrano si rivelò un'ambizione non realizzata, al pari di quelle imperiali.

... e le resistenze al processo

Le difficoltà finanziarie e il problema del fisco

Le **enormi spese** necessarie per mantenere il presidio militare nei suoi possedimenti e le risorse impiegate nei molteplici fronti di guerra in cui si trovò impegnato imposero a Filippo II la necessità di ricorrere a **prestiti** di ricchi banchieri, principalmente italiani, tedeschi e portoghesi. Trovandosi però nelle condizioni di non poter ripagare i debiti contratti, egli dichiarò per ben tre volte **bancarotta** (nel 1557, nel 1575 e nel 1596), compromettendo la sua reputazione presso i creditori e portandone molti alla rovina. Alcuni di essi, come i genovesi, trovarono il modo di recuperare comunque le somme perdute convertendole in *juros*, titoli di debito pubblico di lungo periodo, o aggiudicandosi in cambio i lucrosi appalti sulla riscossione delle imposte dirette in Castiglia.

Il ricorso al prestito per finanziare lo Stato

Oltre a contrarre prestiti, il sovrano procedette a un forte **inasprimento del prelievo fiscale**, distribuito in modo iniquo dal punto di vista territoriale. Le tasse gravavano infatti in particolar modo su alcuni domini imperiali, comprimendone la vitalità economica (come nel caso della penisola italiana) o suscitando un forte malcontento (come nel caso dei Paesi Bassi). Ma l'iniquità del sistema fiscale fece sentire pienamente i suoi effetti anche nella stessa Spagna. La nobiltà rimase in gran parte esente dalle imposte dirette, mentre quelle indirette, colpendo i generi di prima necessità, pesarono soprattutto sui meno abbienti. Inoltre, le attività agricole e manifatturiere non furono incentivate e, a partire dagli anni Settanta del Cinquecento, la Spagna fu costretta a importare beni alimentari e manufatti, non riuscendo più a soddisfare la domanda interna.

L'aumento delle tasse

titoli di debito pubblico Obbligazioni (cioè quote) emesse da uno Stato per finanziare il suo debito, riconoscendo a chi li acquista il rimborso entro un certo periodo e un interesse predefinito. Sono detti anche titoli di Stato.

La "rivoluzione dei prezzi"

Questi processi erano direttamente interconnessi alle trasformazioni economiche in corso nelle **colonie americane**. La ricchezza derivante dalle estrazioni minerarie (oro, argento, pietre preziose) consentì un certo sviluppo dei mercati sudamericani, anche nel settore dei beni di lusso, e favorì investimenti nell'agricoltura che ridussero sensibilmente la dipendenza economica delle colonie dalla Spagna. Non c'era più bisogno del vino, dell'olio e dei cereali provenienti dalla penisola iberica, mentre per i manufatti (in particolare tessili) si continuava sì a far ricorso a merci provenienti dalla Castiglia, ma solo per via dell'obbligo di commerciare con la madrepatria, perché in realtà erano prodotte in altre parti d'Europa. Per evitare i pesanti dazi, spesso poi si ricorreva al contrabbando, rifornendosi direttamente dai mercanti inglesi e olandesi.

Gli effetti delle colonie sull'economia

L'arrivo di metalli preziosi dal Nuovo Mondo portò inizialmente una certa ricchezza ma contribuì anche alla **svalutazione monetaria** in corso nel Cinquecento, definita tradizionalmente "rivoluzione dei prezzi". L'aumento generalizzato dei prezzi che interessò l'economia spagnola e in generale europea nel corso del XVI secolo è stato infatti tradizionalmente attribuito dagli storici all'afflusso di grandi quantità di argento dalle colonie. In tempi più recenti si è dato maggior peso ad altri fattori, primo fra tutti lo squilibrio fra i processi di inflazione da un paese all'altro [▶ fenomeni, p. 454], e si è sottolineato il ruolo giocato dalla generalizzata crescita demografica, che aumentando le bocche da sfamare avrebbe reso più scarsi e ricercati (e quindi più costosi) i beni primari.

rispondi
1. Quali sono le linee guida della politica di Filippo II? 2. Come si struttura la gestione dello Stato in Spagna? 3. Che cosa si intende per "rivoluzione dei prezzi"?

SEZIONE IV LA NASCITA DEL MONDO MODERNO [1480-1600]

fenomeni

Moneta, inflazione, rivoluzione dei prezzi

La storia economica e la moneta

I fenomeni economici noti con i termini di inflazione e deflazione, che indicano rispettivamente l'aumento o la diminuzione generalizzata dei prezzi, hanno a che fare con molti fattori. Nelle economie preindustriali bisogna in primo luogo considerare il rapporto esistente fra il valore nominale delle monete (quello indicato su una o entrambe delle loro facce: una lira, dieci fiorini, cento ducati) e la quantità di metallo prezioso, prevalentemente oro o argento, contenuta al loro interno. In età medievale e moderna accadeva spesso che, a parità di valore nominale, si verificasse una diminuzione del contenuto metallico di una moneta, con il risultato di una diminuzione del suo valore reale. Ciò avveniva in genere perché i governi volevano immettere più denaro nel mercato allo scopo di favorire gli scambi monetari, i prestiti, gli investimenti. Per farlo, ordinavano alle zecche di coniare più moneta, ma, poiché la disponibilità complessiva di metallo prezioso era sempre quella, per coniare più monete bisognava ridurre la quantità di metallo prezioso presente in ciascun pezzo.

Le cause dell'inflazione

La svalutazione dovuta a politiche monetarie di questo tipo non è l'unica spiegazione dei fenomeni inflattivi, che possono dipendere dall'interazione di diversi altri fattori:

1. la massa di moneta in circolazione: se la quantità di moneta aumenta più di quella delle merci, la prima perde valore rispetto alle seconde, che dunque costano di più, secondo la classica legge della domanda e dell'offerta;
2. la velocità della circolazione della moneta: se le persone detengono la moneta per poco tempo, spendendola rapidamente, si hanno effetti analoghi a quelli creati da una maggiore quantità di moneta in circolazione;
3. l'aumento della domanda, cioè la richiesta di beni da parte dei consumatori, cui in genere i produttori rispondono alzando i prezzi delle merci per aumentare i propri guadagni;
4. l'andamento dell'offerta, cioè la disponibilità di beni acquistabili: se l'incremento dell'offerta di beni non riesce a tenere il ritmo dell'incremento della domanda, le merci si fanno scarse e il loro prezzo aumenta.

Che cosa accadde nella Spagna del Cinquecento?

In Europa, a partire dal XV secolo, un forte aumento demografico stimolò la domanda di beni di prima necessità (punto 3), ma la produzione agricola crebbe più lentamente (punto 4), facendo lievitare il prezzo dei beni alimentari.

Allo stesso modo, la grande quantità di metalli preziosi provenienti dalle Americhe permise di mettere in circolazione nuova moneta (punto 1): i conseguenti squilibri fra denaro e merci presenti sul mercato stimolarono un aumento dei prezzi.

L'inflazione danneggiò in primo luogo i percettori di salari: poiché in genere i salari crescono meno rapidamente dei prezzi, il risultato dell'inflazione nel breve periodo è una diminuzione del potere d'acquisto dei lavoratori dipendenti. Di per sé questi movimenti monetari potevano costituire anche un'occasione di crescita per l'economia spagnola: per i produttori, infatti, prezzi maggiori significano maggiori profitti e dunque possibilità di aumentare gli investimenti e la produzione. Ciò però non avvenne a causa dei limiti strutturali dell'economia spagnola, che vide transitare enormi quantità di denaro per il proprio territorio senza che gli investimenti produttivi ne traessero alcuno stimolo. In mancanza di un ceto imprenditoriale attivo e lungimirante e con una mentalità che riteneva ogni forma di lavoro indegna per un nobile, quasi tutto il metallo prezioso proveniente dalle Americhe fu speso per importare merci da altre aree d'Europa, che – queste sì – beneficiarono dell'afflusso di oro e argento americani anche nel lungo periodo, vedendo crescere le proprie attività economiche; all'interno del paese, invece, non si verificò alcun aumento dell'offerta (punto 4) e l'aumento della massa circolante si tradusse prevalentemente nell'aumento dei prezzi (punto 3).

Fu una vera "rivoluzione"?

In realtà, il fenomeno dell'inflazione cinquecentesca è stato a lungo sopravvalutato. Le ricerche più recenti sembrano infatti dimostrare che, nonostante i grandi cambiamenti in atto, nel corso del secolo il tasso di inflazione annuo sia stato tutto sommato contenuto, intorno al 2%, minore di quello riscontrato in altre epoche. Per questa ragione la definizione "rivoluzione dei prezzi" è oggi considerata più che mai problematica: molti studiosi ritengono che l'aumento dei prezzi, pur essendo evidente, non ebbe una portata realmente rivoluzionaria sui sistemi economici dell'Europa, né di quelle aree del pianeta che allora cominciavano a trovarsi a essa collegate.

15.2 Il governo dei domini spagnoli e la rivolta dei Paesi Bassi

L'annessione del Portogallo Nel 1580 la corona spagnola annetté il Portogallo, in seguito all'estinzione della sua dinastia regnante. Il piccolo paese iberico contava allora soltanto un milione di abitanti, ma portava in dote i suoi lucrosi possedimenti coloniali in America e Asia. Affinché l'unione dei due regni non fosse percepita in maniera traumatica si cercò di conservare le leggi e gli organi rappresentativi del paese, ma con l'annessione, di fatto, ebbe termine un'epopea che aveva portato gli intraprendenti mercanti portoghesi a sviluppare affari in tante parti del globo.

A portare il regno verso una crisi economica e politica senza via d'uscita, in realtà, era stato lo stesso slancio espansivo della monarchia lusitana, guidata nei decenni precedenti dalla dinastia degli Aviz e da un'intraprendente aristocrazia. A rivelarsi fatale, in particolare, fu il tentativo di controllare il Marocco, conclusosi nella **disfatta dell'esercito portoghese** ad Alcázarquivir (1578), in terra africana, dove trovò la morte il re Sebastiano, appena salito al trono a ventitré anni.

La fine di un impero

Il controllo dell'Italia Filippo II manteneva anche il controllo di buona parte del territorio italiano, ancora economicamente florido nonostante il peso della fiscalità spagnola e il lento declino cominciato dopo l'apertura dei traffici atlantici. Sia negli Stati da lui direttamente dominati, sia in quelli indipendenti (principalmente i ducati centrosettentrionali) [◉2], l'egemonia del potere iberico non era in discussione. **Venezia** manteneva una posizione privilegiata nei rapporti con l'Oriente che le garantiva notevoli spazi di autonomia, mentre **Genova**, come si è visto, diventò un punto di riferimento per la corona spagnola grazie ai suoi banchieri. I **territori costieri** meridionali, privi di difese autonome, erano poi esposti alla minaccia della **pirateria** proveniente dal mare e dunque quasi completamente dipendenti dall'aiuto militare della Spagna.

La situazione nella penisola

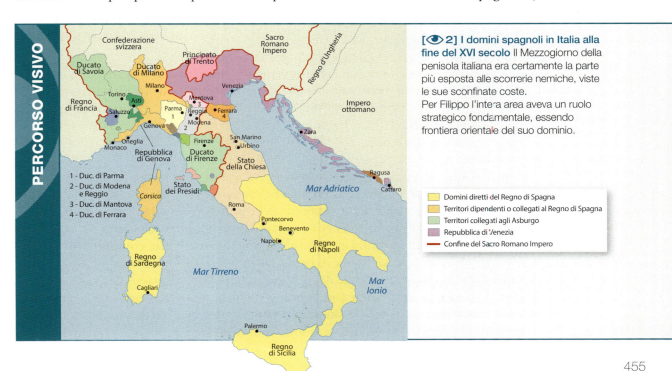

[◉2] **I domini spagnoli in Italia alla fine del XVI secolo** Il Mezzogiorno della penisola italiana era certamente la parte più esposta alle scorrerie nemiche, viste le sue sconfinate coste.
Per Filippo l'intera area aveva un ruolo strategico fondamentale, essendo frontiera orientale del suo dominio.

SEZIONE IV LA NASCITA DEL MONDO MODERNO [1480-1600]

Una netta differenza

L'economia della penisola rimaneva però divisa in due tronconi. Al **Nord** l'apparato produttivo era dinamico, sostenuto anche dalle attività commerciali e finanziarie; al **Sud** prevalevano invece la pastorizia e un'agricoltura basata su cereali e ulivi. I problemi legati all'approvvigionamento di risorse alimentari erano frequenti, soprattutto in grandi realtà urbane come Napoli; i poteri costituiti cominciarono di conseguenza a emanare norme per porre sotto controllo il gran numero di vagabondi ed emarginati che vagavano da un centro all'altro in cerca di fortuna o assistenza, senza tuttavia prevedere misure che permettessero di migliorare strutturalmente la situazione.

Una regione ricca e prospera

Il caso dei Paesi Bassi Questa regione (oggi corrispondente a Olanda, Belgio, Lussemburgo e una parte della Francia) era **fortemente urbanizzata** e una delle più attive economicamente nel panorama europeo, grazie all'intraprendenza e all'abilità dei suoi artigiani, marinai e commercianti. Era divisa in 17 province e la città più importante era Anversa, che pur essendo meno popolosa di altri centri europei (contava 50 000 abitanti contro i 300 000 di Parigi o i 280 000 di Napoli) ricopriva un ruolo economico cruciale come punto di incontro dei traffici del Mediterraneo e del Baltico; da qui entravano nel continente le spezie portoghesi e l'argento spagnolo.

L'oppressione del governo spagnolo

Filippo II aveva affidato alla sorellastra Margherita (1522-86), moglie del duca di Parma Ottavio Farnese, il governo dell'area, le cui popolazioni – soprattutto quelle più attive economicamente – avevano mostrato grande interesse per le nuove dottrine luterane fin dai primi anni della diffusione della Riforma. Affiancata da influenti membri del clero, che usavano l'Inquisizione come strumento di controllo del territorio, Margherita cercò di negare le forme di amministrazione autonoma delle città e di limitare l'indipendenza e la libertà economica dei ceti produttivi. Ciò nonostante, queste province mantenevano un forte **particolarismo** istituzionale e culturale, rafforzato anche dall'assenza di una lingua comune.

La ribellione del 1567

La nascita delle Province Unite Nel 1559 il pontefice Pio IV concesse la fondazione di 17 nuove sedi vescovili, attribuendo al sovrano spagnolo il diritto di scelta dei prelati che le avrebbero occupate. La decisione fu male accolta dalle aristocrazie e dai ceti produttivi, poiché rafforzava l'ingerenza spagnola: i vescovi, infatti, partecipavano agli Stati provinciali e generali, le assemblee di governo di questi territori. Un ampio malcontento crebbe fra i sudditi, tanto cattolici quanto protestanti, tradizionalmente gelosi delle loro autonomie politiche, amministrative e religiose e **nel 1567 la situazione precipitò in aperta rivolta**. Filippo II, temendo che si potesse formare un'alleanza fra tutti i gruppi calvinisti che mostravano solidarietà verso gli abitanti dei Paesi Bassi, si decise a ristabilire l'ordine con la forza. Pose il generale Fernando Álvarez de Toledo (1507-82), il **duca d'Alba**, alla guida di un esercito che non risparmiò violenze per riaffermare l'autorità spagnola, ma la repressione non ebbe successo perché i rivoltosi, con l'appoggio dell'Inghilterra, riuscirono a impadronirsi delle province dell'Olanda e della Zelanda.

La secessione del Nord

I ribelli cercarono di mantenersi compatti, ponendosi come obiettivo la convivenza fra le componenti cattolica e calvinista e formando un **fronte comune** che costrinse le truppe di Filippo a ristrettezze di ogni tipo, conducendole fino all'ammutinamento. La rivolta trovò appoggio in uno dei più importanti nobili del paese, Guglielmo di Nassau (1533-84), più noto come **Guglielmo d'Orange**, titolo ereditato da un cugino. Nel 1572 fu posto a capo delle **Province del Nord**, che dichiararono la propria autonomia, mentre le Province del Sud rimasero sotto il controllo spagnolo.

Monarchie e imperi nell'età di Filippo II | **CAPITOLO 15**

Nel 1576 le Province del Nord e del Sud si federarono nell'Unione di Gand, ma il nuovo governatore spagnolo, il duca di Parma Alessandro Farnese (1545-92), sfruttando abilmente le divisioni interne, riuscì a portare i cattolici dalla sua parte, inducendoli a giurare lealtà a Filippo: i Paesi Bassi erano nuovamente divisi in una parte cattolica, l'Unione di Arras, fedele alla Spagna, e una calvinista e indipendente, l'Unione di Utrecht [👁 3], da cui nel **1579** nacque l'**Unione delle Sette Province Unite**.

Per molti anni la Spagna cercò senza successo di ricondurre all'obbedienza quei territori. Gli abitanti delle Province Unite continuarono a distinguersi per la loro intraprendenza commerciale, mentre per la Spagna iniziava un lento declino economico.

rispondi
1. Quali sono le caratteristiche economiche, politiche e sociali dei Paesi Bassi? **2.** Come si struttura l'Unione delle Province Unite?

LA RIVOLTA DEI PAESI BASSI

- Il governo spagnolo limita l'autonomia politica ed economica dei Paesi Bassi
- Rivolta (1567) e diffusione del calvinismo
- Repressione spagnola guidata dal duca d'Alba
- Le province resistono e si federano (Unione di Gand, 1576)
- Intervento del nuovo governatore Alessandro Farnese
  - Le province cattoliche del Sud tornano fedeli alla Spagna (Unione di Arras)
  - Le province protestanti del Nord proclamano l'indipendenza (Unione delle Sette Province Unite, 1579)

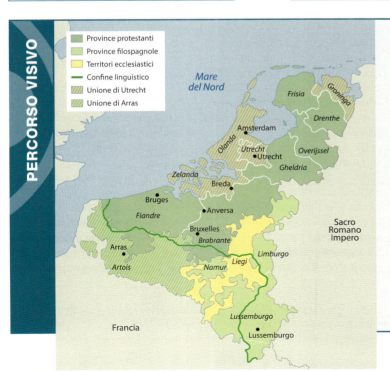

PERCORSO VISIVO

[👁 3] **Le province dei Paesi Bassi**
La divisione politica dei Paesi Bassi causò anche una spaccatura all'interno della popolazione che, nel giro di pochi anni, dopo una serie di spostamenti di massa, si ritrovò abbastanza nettamente divisa tra un Nord calvinista e di lingua germanica (olandese) e un Sud cattolico e di lingua francese. Le regioni centrali di Fiandra e Brabante, pur essendo sostanzialmente schierate con le Province Unite, erano invece attraversate da forti presenze e convivenze sia protestanti sia filospagnole.

SEZIONE IV LA NASCITA DEL MONDO MODERNO [1480-1600]

15.3 La potenza ottomana e i conflitti nel Mediterraneo

Un impero eterogeneo

Il mondo ottomano Dopo la morte di Solimano il Magnifico [▶ cap. 12.5], il nuovo sultano Selim II (1566-74) si trovò alla guida di un organismo politico dinamico ma fortemente eterogeneo, che comprendeva popolazioni turche, arabe, greche, albanesi, bulgare, serbe, magiare e transilvane. Le posizioni dominanti erano nelle mani dei sudditi di religione musulmana, ma la presenza di altri culti veniva tollerata ed era sufficiente convertirsi all'islam per godere di un maggiore prestigio sociale e aspirare addirittura a essere accolti a corte. Non stupisce quindi che molti abitanti della penisola italiana decidessero di attraversare il mare alla ricerca di condizioni di vita migliori, liberi dall'oppressione fiscale spagnola e dalle prepotenze della nobiltà feudale.

Una minaccia per l'Occidente

Sul fronte spagnolo, la presenza di un concorrente tanto forte e prestigioso provocava molte **paure**. Se l'egemonia sulla penisola italiana garantiva a Filippo II una posizione favorevole nel Mediterraneo, infatti, lo esponeva anche al pericolo delle **incursioni di pirati e corsari** e alle minacce di un attacco militare [▶luoghi]. Nel 1570, dopo aver tentato di impossessarsi di Malta, la flotta del sultano sferrò un attacco contro l'isola di **Cipro**, che aveva un importante ruolo strategico per l'intero Occidente cristiano, essendo l'avamposto orientale della Repubblica di Venezia. Nello stesso periodo Tunisi, conquistata dall'Impero asburgico nel 1535, finì sotto il controllo del *bey* di Algeri, alleato del sultano.

approfondimento
Pirati, corsari e bucanieri

bey In turco, "signore", "principe": titolo concesso ai sovrani di Stati vassalli dell'Impero ottomano.

Una schiacciante vittoria...

La battaglia di Lepanto La reazione cristiana fu affidata all'iniziativa di papa Pio V (1566-72) che cercò di costituire una **Lega Santa** in difesa della fede affiancando alla Spagna e alla Serenissima l'aiuto militare di Genova, del Granducato di Toscana, dei du-

La Puglia, frontiera contro "il Turco"

luoghi

Tra i luoghi della penisola italiana esposti agli attacchi ottomani c'era sicuramente la costa pugliese. Fin dall'assedio di Otranto del 1480 si erano create molte occasioni per costruire una capillare propaganda (voluta da poteri secolari ed ecclesiastici) finalizzata a fare in modo che le popolazioni percepissero una forte sensazione di accerchiamento.

Già intorno al 1528, prima di diventare inquisitore di Bologna, il domenicano Leandro Alberti (1479-1552) aveva messo mano a una corposa opera intitolata *Descrittione di tutta l'Italia*, destinata a essere ristampata per ben 12 volte fra Italia e Germania fino al 1596. L'opera contribuì a costruire l'immagine dell'Italia in Europa, anche negli anni che seguirono la battaglia di Lepanto, affidando alla Puglia il ruolo di frontiera locale nell'ambito di uno scontro fra grandi potenze.

Di fatto l'islam ottomano si espandeva dall'Africa settentrionale fino a lambire la Sicilia e le coste dell'Adriatico: mentre una formazione politica ancora prestigiosa come Venezia riusciva a trovare metodi di difesa, i litorali come quello pugliese rimanevano esposti alla pirateria e alla guerra di corsa.

Come ha sottolineato lo storico Giovanni Ricci, Alberti lavorò sul campo raccogliendo testimonianze dirette di incontri con "il Turco". In mancanza di superstiti, si rivolse a figli, nipoti e parenti, costruendo delle vere e proprie inchieste incentrate sulla memoria orale, lasciando vedere come alcuni sentimenti di paura e ostilità si fossero sedimentati nel patrimonio culturale della collettività.

458

Monarchie e imperi nell'età di Filippo II | **CAPITOLO 15**

cati di Urbino, Parma, Mantova, Ferrara e Savoia. Il comando della flotta, che recava il vessillo crociato, fu affidato a Giovanni d'Austria, condottiero e diplomatico spagnolo (nato da una relazione clandestina di Carlo V, era fratellastro di Filippo II). Lo scontro con le **galere** ottomane avvenne nei pressi di **Lepanto**, all'ingresso del Golfo di Corinto, nell'ottobre del 1571. Lo schieramento cristiano, pur potendo contare su un numero inferiore di imbarcazioni, aveva a disposizione una maggiore potenza di fuoco e riuscì a prevalere. Stando ai numerosi resoconti manoscritti e a stampa pubblicati nei paesi delle forze vincitrici, la battaglia fu decisa da sanguinosi scontri corpo a corpo sui ponti delle navi [👁 4].

> **galera** (o **galea**) Nave veloce e leggera, di forma allungata, mossa da remi e vele, usata principalmente per scopi militari. Schiavi e condannati ai lavori forzati (galeotti) venivano usati come rematori.

La propaganda messa in campo dai poteri secolari e religiosi trasformò i guerrieri in martiri che davano la vita per difendere le loro terre dagli infedeli; molti scrittori e artisti esaltarono la vittoria interpretandola come il trionfo dei valori della Chiesa del Concilio di Trento. Tuttavia, l'**impatto culturale** dell'evento non fu seguito da importanti riscontri sul piano politico: ben presto infatti riemersero le divisioni tra le forze alleate della Lega Santa. Genova tornò a competere con l'odiata Venezia, che dal canto suo stipulò una pace separata con Istanbul e facendo prevalere le ragioni commerciali su quelle territoriali rinunciò a Cipro; pur registrando un arretramento rispetto al vecchio splendore, la Serenissima continuò a far sentire la sua presenza sul mare, conservando avamposti importanti per le attività mercantili. La Spagna invece, come si è visto, rivolse la sua attenzione al fronte settentrionale. Lo stesso Impero ottomano si trovò costretto ad allontanare le sue forze militari dal Mediterraneo per fronteggiare nuovamente la potenza persiana.

... ma dagli effetti pratici limitati

Il Mediterraneo dopo Lepanto Nonostante la contrapposizione politico-religiosa fra la sponda cristiana e quella islamica, il Mediterraneo rimase un **crocevia di merci e di culture**. Le spezie e le sete orientali continuarono ad arrivare nei porti europei, insieme

La pratica della pirateria

PERCORSO VISIVO

[👁 4] La battaglia di Lepanto
In battaglia, le navi manovravano in modo da speronarsi; una volta giunte a contatto, gli equipaggi si affrontavano in combattimento. A Lepanto le flotte erano composte da navi a remi, destinate a essere soppiantate, nel giro di pochi anni, dai più veloci e maneggevoli scafi a vela.
La flotta cristiana ne contava più di 200: erano mosse da oltre 30 000 galeotti che avevano spade e corazze per poter prendere parte agli scontri, ma anche da schiavi che non potevano indossare armi e rimanevano incatenati al remo. Molti di loro (presumibilmente circa 15 000) furono liberati alla fine della battaglia e si recarono in pellegrinaggio presso la Santa Casa di Loreto, offrendo alla Madonna le loro catene.

◀ Andrea Michieli, detto Il Vicentino, *La battaglia di Lepanto* (particolare), 1580 ca.

SEZIONE IV LA NASCITA DEL MONDO MODERNO [1480-1600]

a grano, sale e altri beni di prima necessità. L'abbondanza dei carichi, come si è detto, stimolava gli appetiti dei **pirati** e nel periodo che seguì lo scontro di Lepanto la navigazione divenne più insicura [👁 **5**]. Gli Stati barbareschi dell'Africa settentrionale – vale a dire quelli formati intorno a centri come Tripoli, Tunisi, Algeri, sulla costa berbera – approfittarono dei rapporti poco definiti con l'Impero ottomano per intraprendere azioni autonome sul mare e intensificarono la **guerra di corsa** [▶ cap. 12.5]. Come i pirati, anche i corsari anteponevano la conquista del bottino a qualsiasi considerazione morale o religiosa ma, a differenza della semplice pirateria, la guerra di corsa era **autorizzata dai governi**.

Anche formazioni politiche dell'Europa cristiana se ne servirono: gli olandesi e gli inglesi, per esempio, cominciarono a far sentire la loro presenza sui mari. I loro velieri veloci e ben equipaggiati erano presto destinati a mettere in discussione i primati tradizionali, primo fra tutti quello veneziano [▶ cap. 10.2]. Il giro di affari dei corsari coinvolse inoltre alcuni porti della penisola italiana, come quelli della Repubblica di Genova e del Granducato di Toscana, intorno ai quali fiorirono organizzazioni militari e religiose che approfittavano delle razzie di merci e del lucroso sistema dei riscatti degli schiavi catturati in mare.

> **rispondi**
> **1.** Qual è la situazione nel Mediterraneo?
> **2.** Quali conseguenze ha la battaglia di Lepanto?

15.4 L'Inghilterra nell'età elisabettiana

Il tentativo di restaurazione cattolica

Fra cattolicesimo e protestantesimo Nel suo breve regno, Edoardo VI (1547-53) non solo proseguì l'impegno di Enrico VIII nell'opera di sradicamento dell'influenza della Chiesa cattolica romana, ma si impegnò anche nello sforzo di adattare la Chiesa anglicana al costume calvinista [▶ cap. 13.5]. Il sovrano morì però giovanissimo e senza eredi, lasciando sul trono la sorella **Maria Tudor** (1553-58) [👁 **6**], figlia di Enrico VIII e Caterina d'Aragona e moglie di Filippo II (la seconda di quattro per il re spagnolo). La regina iniziò un'**opera** di restaurazione del cattolicesimo usando metodi tanto violenti da meritarsi l'appellativo di "**Maria la sanguinaria**" (*Bloody Mary*). La sua opera si rivelò comunque effimera, dal momento che la popolazione rimaneva ostile al cattolicesimo e il potere della corona, nelle sue declinazioni politiche e religiose, era percepito come espressione di una potenza straniera (la Spagna).

video
Il Cinquecento: l'Inghilterra di Elisabetta

La rinuncia a un matrimonio non conveniente

Maria morì nel 1558 senza aver avuto figli; a succederle fu la venticinquenne **Elisabetta** (1558-1603), la seconda figlia di Enrico VIII, nata dal matrimonio con Anna Bolena [▶ *altri* LINGUAGGI, p. 472]. La nuova regina si mostrò ostinata nel non accettare i suoi numerosi pretendenti, perché pensava che nessuno di loro avrebbe potuto realmente rafforzare il suo paese [👁 **7**]. Fra essi c'era lo stesso Filippo II, che vedeva nel matrimonio con Elisabetta una possibile risposta all'alleanza venutasi nel frattempo a creare tra la Francia di Francesco II e la Scozia di Maria Stuart, sposi nel 1558: un'alleanza tanto più temuta in quanto Maria Stuart era anche la prima erede al trono d'Inghilterra, dopo Elisabetta.

I cardini della politica elisabettiana

Alle alleanze dinastiche Elisabetta prepose altre priorità, a partire da una politica religiosa improntata al ripristino della confessione anglicana e all'eliminazione di ogni residua influenza della Chiesa cattolica nel paese. Affermò la sua supremazia in materia religiosa con la **Legge di supremazia** (1563), che stabiliva il controllo della corona sul clero, ma non poté sfuggire a **forme di compromesso liturgico** con cattolici e protestanti: il *Book of Common Prayer* imposto con l'Atto di Uniformità del 1559 rispettava an-

460

Monarchie e imperi nell'età di Filippo II | **CAPITOLO 15**

PERCORSO VISIVO

[◉ 5] **Le aree di conflitto nel Mediterraneo (XVI secolo)**

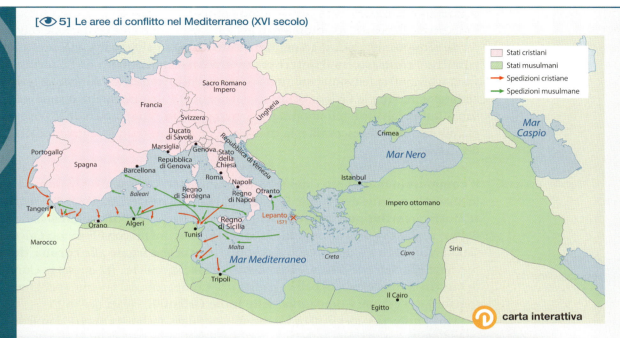

[◉ 6] **Una Tudor cattolica** Ritratto di Maria Tudor, che sfoggia un gioiello donatole dal suocero, l'imperatore spagnolo Carlo V. Maria fu a lungo incerta sul comportamento da tenere nei confronti della più giovane sorellastra Elisabetta, protestante, tanto che la fece rinchiudere per un breve periodo nella Torre di Londra, dove nel 1536 era stata decapitata la madre Anna Bolena.

[◉ 7] **La "regina vergine"** Elisabetta amava ripetere di non poter prendere marito perché già "sposata con il proprio paese". Il ritratto, eseguito da Nicholas Hilliard intorno al 1574, la mostra adorna di splendidi gioielli, a indicare la ricchezza inglese. Particolarmente significativo è il pendente che raffigura un pellicano: nel Medioevo si credeva che le femmine di questa specie si battessero il petto per nutrire i figli con il proprio sangue e perciò l'animale era considerato simbolo di Cristo, ma in questo caso rappresenta la regina che sacrifica la propria vita per il suo popolo.

461

SEZIONE IV   LA NASCITA DEL MONDO MODERNO [1480-1600]

I problemi irrisolti

cora la liturgia tradizionale, conservando punti di contatto con il cattolicesimo, mentre i *Trentanove articoli* di fede promulgati nel 1571 erano di chiara ispirazione calvinista.

Le tensioni religiose si accompagnavano, come in altre realtà europee, a tensioni politiche. I **contrasti fra il potere centrale e il parlamento** furono frequenti, ma una vasta schiera di fedelissimi continuò a sostenere la sovrana. Nondimeno, il tentativo di accontentare tutte le fazioni risultò problematico; a manifestare malcontento furono soprattutto i calvinisti più intransigenti, detti **puritani**, che chiesero in diverse occasioni l'abolizione dei vescovadi e la cancellazione di ogni residuo cattolico dalla pratica del culto.

L'Inghilterra potenza economica...

Il commercio marittimo Consapevole di non poter competere sul piano militare con lo Stato più potente del tempo, la Spagna, Elisabetta rivolse i suoi sforzi al tentativo di stimolare lo **sviluppo economico** interno, stabilendo rapporti commerciali nel Mar Baltico e nel Mare del Nord e rafforzando persino i contatti con l'Estremo Oriente. Alle vecchie corporazioni di mercanti si sostituirono **società legate alle corona, dotate di privilegi ufficiali** per gestire il commercio in aree specifiche: fra queste la Compagnia di Moscovia (per le regioni baltica e russa), la Compagnia del Levante (per l'Impero ottomano) e la celebre **Compagnia delle Indie Orientali**, creata nel 1600.

approfondimento
East India Company

... con ogni mezzo

Una buona fetta degli affari marittimi fu affidata anche ai **corsari**: con il tacito appoggio della corona, che cercava in tutti i modi di non farsi coinvolgere direttamente nelle loro azioni, essi percorrevano le tratte atlantiche scambiando merci e schiavi con le colonie spagnole del Nuovo Mondo e attaccavano le imbarcazioni cariche di metalli

I corsari inglesi

Fin dal XII-XIII secolo abbiamo tracce di "lettere" o "patenti" di corsa rilasciate da sovrani o principi territoriali, ma non bisogna pensare che questo tipo di attività fosse sempre considerato legittimo. In realtà queste "lettere" consentivano, in molti casi, l'esercizio della violenza solo contro nemici considerati responsabili di misfatti o di condotte illecite. Per chi praticava la guerra di corsa, però, il profitto derivava solo dai bottini o dal rapimento di membri dell'equipaggio, venduti come schiavi o liberati dietro pagamento di un riscatto, perciò capitava spesso che venissero attaccati obiettivi al di fuori dei limiti imposti. Questi comportamenti, che potevano causare seri incidenti diplomatici, erano in genere tollerati in quanto servivano ad assicurarsi

▲ Tre famosi corsari inglesi: Thomas Cavendish, Francis Drake e John Hawkins.

la fedeltà dei marinai. Solo agli inizi del Settecento alcuni trattati internazionali (come quello di Utrecht nel 1713) cominciarono a stabilire dei limiti agli Stati per la concessione di lettere o patenti di corsa.

Drake e gli altri

A differenza dei pirati, che avevano i loro rifugi in isole lontane o in luoghi appartati, i corsari erano personaggi pubblici: Francis Drake, di ritorno dal suo viaggio intorno al mondo, fu nomina-

462

Monarchie e imperi nell'età di Filippo II | CAPITOLO 15

preziosi nel Mediterraneo. Alcuni di loro conquistarono una notevole fama: fra il 1577 e il 1580 Francis Drake riuscì a circumnavigare il globo, saccheggiando le coste dell'America meridionale. Poco dopo, nel 1585, una spedizione guidata da Walter Raleigh riuscì a impiantare una **colonia inglese** nella parte settentrionale del Nuovo Mondo, ribattezzandola "**Virginia**" in onore della "regina vergine" Elisabetta [▶protagonisti].

Un paese in trasformazione In ambito economico, la regina puntò alla stabilizzazione della moneta e all'alleggerimento del prelievo fiscale per favorire l'acquisizione di terre e immobili, anche cedendo beni della corona, e creare una nuova fascia sociale di possidenti, attivi e dinamici. Il suo scopo era diminuire il peso della vecchia nobiltà titolata nelle realtà locali, inducendola a rifugiarsi negli agi della corte.

L'ascesa dei **proprietari terrieri** causò però forti problemi: per massimizzare la produzione attraverso metodi più intensivi di coltivazione, essi protessero i loro ampi appezzamenti con **recinzioni** (*enclosures*) che impedivano i tradizionali usi comuni delle terre e dei boschi. I contadini, che contavano sull'uso collettivo del suolo pubblico per la loro sopravvivenza, si trovarono in grave difficoltà; molti si rifugiarono nel vagabondaggio, inducendo il potere centrale a emanare leggi specifiche per arginare la crescente povertà [▶fenomeni, p. 464].

Nonostante le difficoltà legate a queste grandi trasformazioni – che avrebbero consentito all'Inghilterra, di lì a poco, di giocare un ruolo di primo piano in ambito internazionale – l'età elisabettiana fu segnata anche dallo sviluppo di un notevole **orgoglio patriottico**. La popolazione si strinse letteralmente intorno alla sua sovrana e trovò dei

> **privilegio** Concessione da parte di uno Stato del monopolio commerciale su un dato prodotto o con un'intera area.
>
> L'indebolimento dell'aristocrazia
>
> L'espropriazione dei suoli pubblici
>
> La grande rinascita inglese

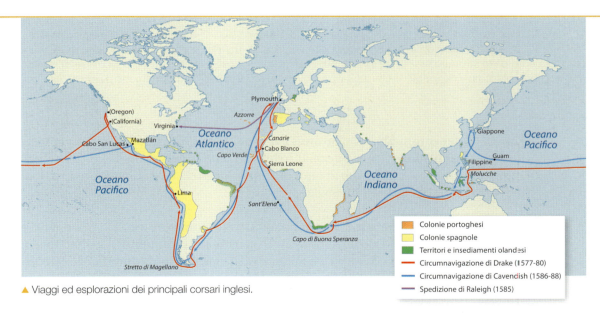

▲ Viaggi ed esplorazioni dei principali corsari inglesi.

to *sir* dalla regina. Durante il lungo regno di Elisabetta I, corsari come lo stesso Drake, Thomas Cavendish, John Hawkins e Walter Raleigh si resero protagonisti di clamorose imprese nell'Oceano Atlantico, colpendo navi e città spagnole, e il loro appoggio fu determinante per sconfiggere la minaccia di invasione durante la guerra mossa da Filippo II.

Le imprese di questi personaggi diedero anche un forte impulso alla colonizzazione britannica del Nuovo Mondo, finora praticamente lasciato in mano ai popoli iberici, e posero le basi per una politica espansiva che avrebbe condotto la Gran Bretagna alla formazione di un immenso impero. ■

SEZIONE IV LA NASCITA DEL MONDO MODERNO [1480-1600]

fenomeni

La povertà

Poveri e povertà nel XVI secolo
Il pauperismo, cioè una rapida diffusione della povertà, fu un fenomeno economico, sociale e culturale caratteristico dell'Europa a partire dal XVI secolo. Le cause potevano essere di diversa natura: crisi economiche, guerre, carestie, catastrofi naturali potevano alterare equilibri consolidati, riducendo in povertà persone prima capaci di sostentarsi con le proprie forze. In alcuni casi, tuttavia, erano le scelte dei governi o i contrasti fra ceti dominanti ad alterare i rapporti di produzione, causando problemi di approvvigionamento e inducendo individui o gruppi a porsi ai margini della società, tra privazioni, stenti e malnutrizione.

La povertà come fenomeno collettivo non è di certo un tratto specifico dell'età moderna. A partire dal XVI secolo, tuttavia, questo problema si intrecciò con il rafforzamento delle strutture statali, sempre più coinvolte negli sviluppi economici del territorio e costrette, di conseguenza, a fronteggiare tendenze come l'abbandono dei campi da parte dei contadini sfruttati dai possidenti terrieri, il rifugio in massa nei centri urbani, il ricorso massiccio alla beneficenza di istituzioni religiose, il proliferare dell'accattonaggio.

La *poor law* elisabettiana
Un po' ovunque si verificarono episodi di rivolta, ma ci sono evidenti differenze fra i diversi contesti. Negli Stati della penisola italiana, per esempio, gli atteggiamenti dei poteri secolari nei confronti dei mendicanti erano esitanti e spesso era il clero a offrire loro forme di soccorso. Nei paesi protestanti, invece, l'azione repressiva fu certamente più determinata, ma anche accompagnata da opere di assistenza. In questo contesto va collocata la cosiddetta *poor law*, perfezionata in Inghilterra tra il 1597 e il 1601: il principio di base che ispirava i provvedimenti voluti dalla regina Elisabetta era il recupero sociale dei marginali attraverso il loro reinserimento nei circuiti del lavoro. I bambini poveri erano chiamati a sostenersi a vicenda e a sperimentare forme di solidarietà reciproca, oltre che a intraprendere percorsi di formazione e a imparare un mestiere. Allo stesso modo, gli adulti erano obbligati a frequentare dei luoghi definiti *houses of industry*: il governo metteva a loro disposizione i materiali e gli strumenti per rendersi produttivi e utili al corpo sociale.

Gli unici ad aver diritto comunque a un aiuto (cibo, denaro, abiti) erano gli inabili all'attività lavorativa. I mendicanti fisicamente in salute che si rifiutavano di lavorare erano considerati nemici pubblici ed erano destinati alla prigione. Lo scopo delle autorità era comunque rinchiudere la povertà e le altre forme di marginalità all'interno di recinti precisi, nella paura che il disagio potesse stimolare comportamenti devianti.

---

punti di riferimento simbolici in **grandi personalità** che riuscirono a rappresentare la cultura e l'identità inglese nell'arte, nell'architettura, nella musica, nella filosofia e nella letteratura: basti ricordare che in questo periodo videro la luce i capolavori teatrali di Christopher Marlowe e William Shakespeare [👁 8].

Un complesso intreccio di religione e politica

Lo scontro con la Spagna e la successione Sul fronte esterno, più di un fattore conduceva l'Inghilterra verso una posizione di **rischioso isolamento**. In primo luogo, come si è visto, la forza economica e militare della Spagna; in secondo luogo la posizione di papa Pio V, che nel 1570 dichiarò Elisabetta eretica e illegittima, invitando – senza però esito – i suoi sudditi a ribellarsi. Ulteriori problemi, infine, erano legati alla presenza sul suolo inglese dell'ex regina di Scozia, la cattolica **Maria Stuart** (1542-87), al centro di una serie di trame ordite dalla Spagna e dalla Santa Sede e simbolo delle speranze di una restaurazione cattolica [👁 9]. Maria aveva abdicato al trono di Scozia nel 1567, dopo un'oscura vicenda che l'aveva vista accusata di aver organizzato l'omicidio del suo secondo marito, Lord Darnley (Francesco II di Valois, il primo marito, era morto dopo meno due anni di matrimonio). Cacciata dal suo paese, era stata accolta dalla stessa Elisabetta, che pure era la sua principale antagonista, ma nel 1587, divenu-

Monarchie e imperi nell'età di Filippo II | **CAPITOLO 15**

[👁 **8**] **Shakespeare e il suo teatro** Shakespeare (1564-1616) iniziò come attore; come si usava all'epoca, partecipava alla stesura collettiva dei testi delle opere. Presto però il suo nome cominciò a essere conosciuto. La sua firma era garanzia di successo: le sue tragedie e commedie piacevano a tutti, popolani e cortigiani, grazie a una perfetta mescolanza di temi e linguaggi drammatici e comici, volgari e raffinati. Con lui il teatro, grande passione dei londinesi, divenne una vera industria, tanto che nel 1599 la regina fece costruire il Globe (qui raffigurato in una ricostruzione novecentesca), una grande struttura circolare in grado di ospitare fino a 3000 spettatori.

[👁 **9**] **Una regina per tre corone** Di madre francese, Maria Stuart (qui raffigurata in un ritratto del 1558) divenne regina di Francia a 17 anni. Poco dopo però, rimasta vedova, tornò per salire al trono di Scozia dove, pur conservando la fede cattolica, stabilì buoni rapporti con i protestanti e favorì la tolleranza religiosa. Dopo il matrimonio con il cattolico Lord Darnley tentò di restaurare la religione romana, generando grosse tensioni che portarono alla sua cacciata. Accolta in Inghilterra, finì per essere una pedina nelle mani di chi voleva rovesciare Elisabetta e l'anglicanesimo.

ta ormai punto di riferimento per tutti gli avversari della corona, Maria fu accusata di tradimento e condannata a morte.

Dal canto suo, Filippo II temeva la crescente potenza economica e militare dell'Inghilterra. Così, dopo l'uccisione di Maria Stuart colse l'occasione di far valere il suo ruolo di "difensore delle fede" mettendo in mare una grande flotta – la cosiddetta **"Invincibile Armata"** – per attaccare le coste inglesi e invadere il paese. Ma l'impresa non riuscì e le pesanti imbarcazioni spagnole furono messe in grave difficoltà da violente tempeste e dai continui attacchi delle più veloci navi nemiche, aiutate anche da corsari inglesi e olandesi.

L'episodio fu vissuto come una grande vittoria per la monarchia inglese, ma i problemi interni permanevano e non sembravano aperti a facili soluzioni, in particolare in vista della successione al lungo regno di Elisabetta. Poiché la sovrana non lasciava eredi diretti, il trono era destinato a Giacomo VI Stuart, figlio di Maria e nipote di una sorella di Enrico VIII. I dubbi su questa successione erano molto profondi, soprattutto in tema di politica religiosa, per il timore che potessero risorgere nel paese sentimenti filocattolici. Le minoranze cattoliche continuavano infatti a creare tensioni, soprattutto in **Irlanda**, dove la corona inglese, cui il paese era assoggettato, era vista come una forza colonizzatrice.

La sconfitta spagnola e i timori di una restaurazione cattolica

rispondi
1. Come si risolve la successione a Edoardo VI? **2.** Quali categorie emergono in Inghilterra? **3.** Che cosa è l'Invincibile Armata?

SEZIONE IV   LA NASCITA DEL MONDO MODERNO [1480-1600]

15.5 Le guerre di religione in Francia

I gravi problemi del Regno di Francia

L'incerto potere dei Valois La pace di Cateau-Cambrésis del 1559 aveva posto fine al lungo conflitto tra la Francia e la monarchia asburgica [▶ cap. 12.6]. Nello stesso anno, con la morte del sovrano Enrico II di Valois, il regno francese precipitò in una grave crisi, dovuta a molteplici fattori: le **difficoltà della produzione agricola**, che generavano tensioni sociali nelle campagne, le **lotte politiche** interne ai ceti nobiliari, i **dissidi religiosi**. Nel 1560, dopo pochi mesi di regno, Francesco II morì e salì al trono il figlio Carlo IX, che però aveva solo 10 anni; un ruolo da protagonista fu giocato quindi dalla madre, Caterina de' Medici (1519-89), che approfittò della giovane età del re per imporre il proprio controllo sulle sue scelte.

Divisioni religiose e ambizioni politiche

La monarchia non riuscì ad arginare la diffusione del calvinismo, che arrivò a interessare circa due milioni di francesi, un ottavo della popolazione. Gli **ugonotti**, come erano definiti i protestanti in Francia, erano socialmente eterogenei e stanziati in maggioranza nella parte meridionale e occidentale del paese [👁10]. Le divisioni religiose erano ben visibili anche negli schieramenti delle **famiglie nobiliari** che si contendevano il potere e che conservavano importanti funzioni amministrative e militari nelle periferie del regno, garantendosi la fedeltà di numerosi sottoposti. I **Guisa**, duchi di Lorena, si fregiarono della fama di campioni del cattolicesimo, mentre sul fronte opposto c'erano i **Borbone-Navarra**, i **Condé**, i **de Coligny** e i **Montmorency**. Le tensioni erano acute inoltre dagli interventi delle **forze straniere**: da un lato la Spagna, che sosteneva la causa cattolica, dall'altro inglesi e olandesi, che parteggiavano per il fronte calvinista.

Oltre a quelli religiosi, altri dissidi scuotevano il paese: all'interno dello stesso fronte cattolico la debolezza dei Valois lasciava spazio alle ambizioni dei Guisa, che minacciavano lo stesso potere centrale.

ugonotti Probabile deformazione del termine tedesco *Eidgenossen*, "congiurati" o "confederati".

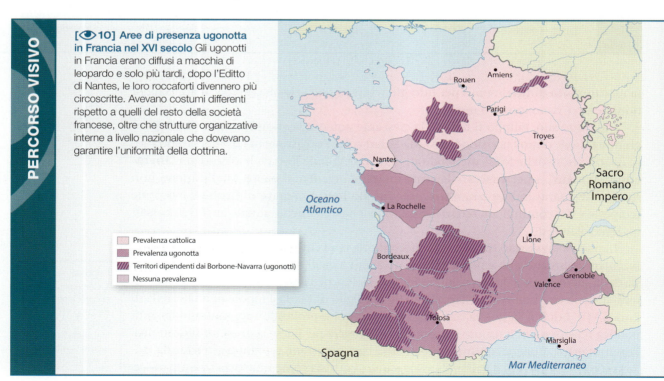

PERCORSO VISIVO

[👁10] **Aree di presenza ugonotta in Francia nel XVI secolo** Gli ugonotti in Francia erano diffusi a macchia di leopardo e solo più tardi, dopo l'Editto di Nantes, le loro roccaforti divennero più circoscritte. Avevano costumi differenti rispetto a quelli del resto della società francese, oltre che strutture organizzative interne a livello nazionale che dovevano garantire l'uniformità della dottrina.

- Prevalenza cattolica
- Prevalenza ugonotta
- Territori dipendenti dai Borbone-Navarra (ugonotti)
- Nessuna prevalenza

Monarchie e imperi nell'età di Filippo II | **CAPITOLO 15**

eventi

Una strage "politica"

Il confronto tra cattolici e protestanti francesi diventò parte di un gioco più grande, che riguardava i nuovi equilibri europei. La regina madre Caterina de' Medici infatti abbandonò la tradizionale posizione antiasburgica per ottenere l'appoggio spagnolo alla casa dei Valois; in cambio dovette rinunciare alla sua posizione di tolleranza nei confronti dei protestanti, odiati dal cattolicissimo Filippo II. Quando poi Gaspard de Coligny, prestigioso capo ugonotto moderato e aperto al dialogo, cercò di convincere il debole re Carlo IX ad allearsi con i Paesi Bassi protestanti in chiave antispagnola, fu deciso di intervenire in maniera drastica.

Il massacro

Il cosiddetto "massacro di San Bartolomeo" fu organizzato, insieme al partito dei Guisa, dalla regina madre e dai suoi figli, il re Carlo IX ed Enrico (futuro Enrico III), e con la probabile partecipazione di agenti mandati da Madrid. Il 22 agosto, in una Parigi in festa per il matrimonio regale, de Coligny fu ferito da un colpo d'archibugio; la tensione tra cattolici e ugonotti si impennò. Nel cuore della notte del 23 fu lo stesso Enrico di Guisa a guidare gli assalitori fino alla stanza dove giaceva ferito de Coligny, che venne trucidato; il suo corpo fu gettato nella Senna. Fu il segnale della strage: gli ugonotti vennero ferocemente stanati uno a uno nelle loro case e uccisi, i loro cadaveri gettati in strada o nel fiume. Quello che sembrò essere un moto popolare rapidamente si diffuse nel paese e da Lione a Bordeaux, da Rouen a Tolosa fino a Valence almeno altre 5000 persone vennero uccise, in una serie di massacri che continuò fino agli inizi di ottobre.

I sovrani cattolici europei si unirono al neoeletto papa Gregorio XIII (1572-85) nel celebrare con soddisfazione la notizia, interpretata come una giusta reazione alla minaccia protestante.

▲ François Dubois, *La strage di San Bartolomeo*, XVI secolo.

La notte di San Bartolomeo ed Enrico IV di Borbone al potere La situazione precipitò nel 1562. Caterina de' Medici fu indotta a fare concessioni agli ugonotti, garantendo loro una parziale libertà di culto (**Editto di gennaio**), per arginare il potere dei Guisa, ma questi ultimi reagirono violentemente, organizzando delle rappresaglie. Ebbe così inizio una **prima fase di scontri** che durò **otto anni**. A partire dal 1570 si affermò a corte la figura dell'ammiraglio Gaspard de Coligny (della fazione protestante), che ottenne la fiducia del sovrano Carlo IX fino a convincerlo a dare sua sorella Margherita di Valois in sposa a Enrico di Borbone-Navarra (anch'egli protestante). Durante i festeggiamenti per le nozze, i cattolici guidati dai Guisa riuscirono ad aizzare la plebe di Parigi facendo leva sui suoi sentimenti antiprotestanti. Nella notte fra il 23 e il 24 agosto del 1572 – la **notte di San Bartolomeo** – più di 2000 ugonotti furono uccisi nelle loro case e le violenze si allargarono anche nelle province [▶eventi].

Molti altri furono costretti a fuggire, ma la loro efficiente struttura organizzativa (le comunità ugonotte funzionavano quasi come Stati indipendenti) permise loro di mantenere il radicamento nel regno. I Guisa, dal canto loro, si misero a capo di una Lega santa, ben sostenuta soprattutto nella capitale, per continuare a combattere la presenza protestante.

La crisi politico-religiosa continuò per tutti gli anni Ottanta. **Enrico III** di Valois (1574-89), frattanto succeduto al fratello, fu infatti costretto a fronteggiare nuovi conflitti interni, tradizionalmente ricordati come "**la guerra dei tre Enrichi**". Oltre al detentore ufficiale del potere, infatti, la scena politica era dominata dal principe protestan-

Dal mancato accordo alla strage

La fine della dinastia dei Valois

467

te **Enrico di Borbone-Navarra** e dal cattolico **Enrico di Guisa** (1550-88), che aspiravano entrambi al trono (anche perché Enrico III non aveva eredi maschi). La fazione cattolica promosse una violenta campagna di propaganda contro la monarchia, costringendo il sovrano a scappare da Parigi. Il re si vendicò facendo assassinare Enrico di Guisa e stringendo un'alleanza con i Borbone-Navarra per riprendere Parigi, ma fu a sua volta ucciso da un frate domenicano vicino ai Guisa.

Il trono, a quel punto, passò proprio a Enrico di Borbone-Navarra, marito di Margherita di Valois (figlia di Caterina de' Medici e sorella dei re precedenti), che assunse il nome di **Enrico IV** (1589-1610).

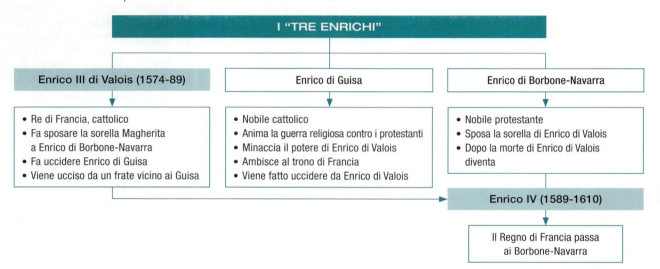

Il rafforzamento dei poteri della corona

La riorganizzazione del regno e l'Editto di Nantes Per la Francia cominciò una nuova fase di **pacificazione interna** e di restaurazione dell'autorità monarchica, con il tentativo di arginare gli eccessi della plebe parigina, le insurrezioni delle province, le prepotenze dei nobili, l'indisciplina dei militari. Un ruolo importante, in questa opera di consolidamento del potere centrale, fu giocato dai *politiques*, membri degli apparati amministrativi e giudiziari dello Stato, che promossero la crescita di un organismo statale capace di funzionare indipendentemente dalla presenza di diverse confessioni religiose. Fra i loro ispiratori c'era il giurista Jean Bodin, che aveva pubblicato nel 1576 i *Sei libri dello Stato*, in cui sosteneva fra l'altro che l'autorità assoluta del monarca doveva essere mitigata da alcune "leggi fondamentali".

Una conversione politica

L'ascesa al trono di Enrico IV, in realtà, aveva nuovamente portato la Francia sull'orlo della guerra con la Spagna di Filippo II pronta a intervenire militarmente per rovesciare una situazione – un protestante sul trono di Francia – ritenuta intollerabile. Ma nel luglio del 1593 Enrico IV si convertì al cattolicesimo (in quest'occasione, vuole la tradizione, egli avrebbe pronunciato la frase «Parigi val bene una messa», per dire che per il trono di Francia valeva la pena cambiare le proprie convinzioni religiose) e l'anno successivo ottenne l'assoluzione da papa Clemente VIII (1592-1605). Dopo aver sedato le ultime resistenze, nel 1598 Enrico emanò l'**Editto di Nantes**, che confermava il cattolicesimo come confessione di Stato ma riconosceva agli ugonotti il permesso di praticare il loro culto (fatta eccezione per Parigi e altre aree prestabilite) e concedeva loro il controllo di alcune piazzeforti da presidiare militarmente, a garanzia delle loro libertà [▶ FONTI].

rispondi
1. Qual è la situazione sociale ed economica della Francia? 2. Quali fasi portano all'avvento della dinastia dei Borbone? 3. Che cosa è l'Editto di Nantes?

Monarchie e imperi nell'età di Filippo II | **CAPITOLO 15**

FONTI

L'Editto di Nantes

■ I brani che seguono sono tratti dall'editto dell'aprile del 1598. L'intento esplicito di Enrico IV era quello di mettere fine alle lotte intestine che avevano lacerato il paese, cancellandone la memoria per evitare possibili strascichi: era infatti forte il timore che si potessero intraprendere vendette personali ricorrendo in giudizio presso le corti regie. La religione cattolica conservava la preminenza assoluta, ma ai protestanti erano finalmente concessi dei diritti. Il loro esercizio, però, non era ancora pienamente consentito, rimanendo limitato ai luoghi in cui il loro culto aveva maggiormente attecchito fino a quel momento.

▲ La prima pagina dell'Editto di Nantes, 1598.

[...] Noi, con questo editto perpetuo e irrevocabile [...] diciamo, dichiariamo e ordiniamo:

I. Primo, che il ricordo di tutte le cose che sono accadute da una parte e dall'altra a motivo dei disordini verificatisi a partire dall'inizio del mese di marzo del 1585 fino al nostro avvento alla corona e durante gli altri precedenti disordini, dovrà essere spento ed estinto, come di cose mai avvenute. E non sarà legittimo, né permesso ai nostri procuratori generali, né a nessun'altra persona, né pubblica né privata, in nessun momento e per nessun motivo quale che esso sia, fare menzione di quegli avvenimenti, avviare processi o azioni legali in nessuna corte o giurisdizione quale che essa sia [...].

III. Ordiniamo che la religione cattolica, apostolica e romana sia ricollocata e ristabilita in tutti i luoghi [...] di questo regno [...] nei quali il suo esercizio era cessato, e che tale religione possa essere praticata in pace e liberamente senza alcun ostacolo o impedimento [...].

VI. E per non offrire alcun'occasione di disordine o di dissidio tra i nostri sudditi, abbiamo permesso e permettiamo a quelli della [...] religione cosiddetta riformata di vivere e di abitare in tutte le città e i luoghi di questo regno [...] senza che siano processati, vessati, molestati né costretti a fare alcunché contro la loro coscienza e motivo della religione [...].

VII. Noi abbiamo anche concesso a tutti i signori, gentiluomini e altre persone [...] che professano la religione cosiddetta riformata, le quali posseggano nel nostro regno e nelle terre di nostra obbedienza il potere di alta giustizia, o posseggano un feudo a pieno titolo [...] di avere nelle loro case dove esercitano l'alta giustizia o nei loro feudi [...] [il diritto alla] pratica della detta religione [...].

IX. Noi permettiamo anche a quelli della detta religione, di praticare e di continuare a praticare il loro culto in tutte le città e luoghi di nostra obbedienza, laddove tale culto sia stato da loro stabilito e praticato pubblicamente da più persone e per più volte [...] fino alla fine di agosto del 1597, nonostante tutti i provvedimenti e le sentenze a ciò contrari [...].

J. Dumont, *Corps universel diplomatique du droit des gens*, in G. Dall'Olio, *Storia moderna. I temi e le fonti*, Carocci, Roma 2004

Il sovrano parla con il *plurale maiestatis*, ma in questo caso ha prima elencato altri personaggi con cui si è consultato: principi, ufficiali, notabili del Consiglio di Stato.

Espressione con cui si designa la confessione protestante francese.

I signori locali avevano l'incarico di esercitare la giustizia; solo chi aveva il potere di "alta giustizia" poteva emettere sentenze capitali.

Il limite temporale pone un freno alla diffusione del protestantesimo, che deve limitarsi ai luoghi dove era già praticato.

469

SEZIONE IV   LA NASCITA DEL MONDO MODERNO [1480-1600]

15.6 La Confederazione polacco-lituana e la Russia

La frammentazione del Regno polacco-lituano...

Dalla dinastia degli Jagelloni alla monarchia elettiva L'area nordoccidentale dell'Europa, oltre la linea ideale che congiunge il Mar Nero e il Baltico, era divisa nel secondo Cinquecento fra due grandi formazioni politiche: il Regno polacco-lituano e la Russia moscovita [👁 11]. La **Polonia** governata dalla dinastia degli Jagelloni era reduce da un lungo processo di espansione territoriale cominciato all'inizio del XV secolo da Ladislao II (1386-1434) e aveva ampliato i confini fino a formare uno Stato che comprendeva anche l'area lituana [▶ cap. 8.6]; i due paesi si unirono poi nella **Confederazione polacco-lituana** (Unione di Lublino, 1586). Le popolazioni comprese in quei confini abbracciavano **diverse fedi religiose**: oltre alle Chiese cattolica e greco-ortodossa c'erano infatti luterani, calvinisti, anabattisti ed ebrei. I gesuiti tentarono di ricomporre questo complesso scenario sotto le insegne del cattolicesimo romano, ma senza successo. Nel 1573 fu ribadito il diritto di ciascuno alla libera professione del proprio credo, proprio mentre gli altri Stati europei, a partire dalla Francia, erano lacerati da violente guerre di religione.

... indebolisce il potere della corona

In un panorama tanto composito l'affermazione di un'autorità centrale era difficile. Nelle assemblee rappresentative era presente solo la nobiltà, che aveva consistenti poteri di veto verso la monarchia. L'aristocrazia, numerosa e gelosa dei propri privilegi, riuscì comunque a promuovere lo **sviluppo economico e artistico-culturale** del regno, favorendo la produzione agricola, le esportazioni, l'iniziativa individuale, la circolazione dei saperi. Non riuscì però a unire il corpo sociale, distribuendo iniquamente doveri e benefici. I contadini, in particolare, avevano sulle spalle i carichi più pesanti, lavoravano in condizioni proibitive e vivevano di stenti, senza poter godere nemmeno in una minima parte dei beni dei loro signori.

PERCORSO VISIVO

[👁 11] La Confederazione polacco-lituana e la Russia tra XVI e XVII secolo

470

Nel 1572, dopo la morte di Sigismondo II Jagellone, la situazione precipitò. La stabilità della compagine politica era legata in maniera stretta a quella del casato, ma il re era privo di eredi. Ebbe così inizio una nuova fase, nella quale la monarchia ereditaria fu soppiantata da un **sistema elettivo** fondato sui poteri dei nobili, che limitarono ulteriormente il potere del sovrano fino al punto di esigere da lui un giuramento di fedeltà ai *pacta conventa* ("accordi convenuti").

La Russia di Ivan il Terribile Nella seconda metà del XV secolo il Principato di Mosca aveva completato il suo processo di rafforzamento sotto la guida di Ivan III (1462-1505), che accrebbe il suo potere opponendosi con forza ai tatari, da tempo la principale minaccia sul fronte orientale. Proprio intorno alla capitale, simbolicamente definita la "Terza Roma" (in riferimento all'antica potenza di Roma e a Costantinopoli), si cercò di **costruire uno Stato russo**, fondato sull'autorità del monarca moscovita e finalizzato a combattere il potere dei piccoli principi e dei feudatari.

L'espansione territoriale continuò con **Ivan IV**, detto "il Terribile" [▶*altri* LINGUAGGI, **p. 472**]. Nato nel 1530, a tre anni salì al trono sotto tutela della madre, ma fu incoronato **zar** – il primo ad assumere questo titolo – nel 1547. A sud-est Ivan sconfisse ancora i tatari, ottenendo il controllo del bacino del Volga fino al Mar Caspio, mentre non riuscì a espandersi a ovest, arginato dalla presenza polacca, né sul Baltico, in mano alla potenza svedese.

Nella gestione del regno, lo zar mise in atto un processo inverso rispetto a quello avvenuto in Polonia: egli riuscì infatti ad **arginare il potere dei nobili**, fondato sulle grandi proprietà signorili, ricorrendo ad alleanze con i ceti inferiori. Attraverso una mirata distribuzione delle cariche, inoltre, cercò di creare un **ceto di nuovi dignitari**, dotato di spirito di servizio e fedele alla corona. Sul piano della politica estera, Ivan stabilì vantaggiosi rapporti commerciali con le monarchie occidentali, soprattutto con l'Inghilterra.

Negli ultimi anni del suo regno, Ivan IV cominciò a dare segni di squilibrio mentale, arrivando ad abbandonarsi ad **atti di ferocia** contro tutti coloro che erano sospettati di voler minare il suo potere. Nel 1570 ordinò il massacro della popolazione di Novgorod, convinto che i *boiari* (i membri dell'alta aristocrazia feudale) della città volessero concludere alleanze con la Polonia.

I "falsi Dimitri" e l'inizio dell'era Romanov Alla morte dello zar, nel 1584, salì al trono il figlio Fëdor Ivanovič, la cui infermità mentale gli impedì però di governare. Il potere fu esercitato di fatto dal cognato Boris Godunov, che arrivò addirittura a farsi riconoscere come zar (1598) pur essendo sospettato dell'omicidio di suo nipote Dimitri (1582-91), ultimo figlio di Ivan IV e possibile erede al trono. Godunov, che apparteneva all'aristocrazia dei boiari, cercò di fronteggiare una difficile congiuntura economica, segnata da epidemie e carestie, conferendo ai proprietari terrieri la licenza di **trattenere con la forza i contadini** che volevano abbandonare le campagne.

Il suo potere si mostrò però fragile, minacciato persino da abili simulatori che pretendevano di appropriarsi dell'identità di Dimitri – i cosiddetti "falsi Dimitri" – pur di sedere sul trono di Russia. Dopo la morte di Godunov, avvenuta nel 1605, il paese finì in balia di una totale anarchia, che si concluse solo otto anni più tardi con la presa del potere da parte di **Michele Romanov**. Il nuovo zar diede inizio a una dinastia destinata a regnare fino alla rivoluzione del 1917.

Il predominio dell'aristocrazia

Il rafforzamento del potere centrale

Il regno di Ivan il Terribile

---

zar Derivato dal latino *Caesar*, "re", "imperatore"; titolo originariamente concesso dall'imperatore bizantino ad alcuni sovrani slavi.

Una difficile successione e l'"usurpatore" Godunov

---

rispondi
1. Qual è il ruolo dell'aristocrazia nello Stato polacco-lituano?
2. Come si articola l'azione di Ivan IV il Terribile?

altri LINGUAGGI

Elisabetta e Ivan al cinema

La figura di Elisabetta d'Inghilterra è stata al centro di numerosi prodotti cinematografici e televisivi. Meritano sicuramente attenzione due film del regista pakistano Shekhar Kapur, *Elizabeth* (1998) ed *Elizabeth: the Golden Age* (2007), incentrati su due diverse fasi del regno dell'ultima sovrana della dinastia Tudor. Il primo è focalizzato sulla scelta della regina di non prendere marito, nonostante una folta schiera di corteggiatori. Il secondo si concentra sul tentativo di difendere l'Inghilterra dagli attacchi di Filippo II di Spagna e sul contemporaneo tentativo di gestire le tensioni interne del paese, generate anche dall'assenza di un erede al trono.
La critica ha giustamente evidenziato l'idealizzazione del personaggio di Elisabetta che emerge da queste pellicole, nonché i toni forzatamente anticattolici: molte delle responsabilità dell'instabilità politica inglese vengono infatti ricondotte alle trame papiste.

Nel 1944 il regista sovietico Sergej Michajlovič Ėjzenštejn completò il film biografico *Ivan il Terribile*, primo di una progettata trilogia. L'opera fu realizzata con il beneplacito del dittatore e segretario generale del partito comunista Iosif Stalin, che intendeva sfruttare sul piano propagandistico la figura mitica di Ivan IV per giustificare le proprie scelte politiche. Il prodotto tuttavia non rispose alle aspettative del regime: Ėjzenštejn rifiutò i toni celebrativi e scelse invece di mettere in evidenza le contraddizioni dello zar, nonché le conseguenze funeste delle sue politiche militari.
La lavorazione del secondo film – *La congiura dei Boiardi* – terminò nel 1946, ma la pellicola fu bloccata dalle autorità e distribuita solo nel 1958, quando il regista era ormai morto da dieci anni (e Stalin da cinque) ed erano quindi venute meno le precedenti ragioni di tensione. Del terzo film furono girate solo poche scene.

VERSO LE COMPETENZE

esercitazione

● USARE IL LESSICO

1. Spiega sinteticamente (massimo 3 righe) il significato delle seguenti espressioni.

Rivoluzione dei prezzi – *Enclosure* – *Poor law* – Guerra di corsa – Invincibile Armata – Ugonotti

● COLLOCARE GLI EVENTI

2. Completa la carta secondo le indicazioni.

La penisola italiana nell'età di Filippo II era frammentata in innumerevoli Stati (regni, repubbliche, ducati…). Indica sulla carta i territori sottoposti al controllo diretto e indiretto del sovrano spagnolo, utilizzando per identificarli due differenti simboli o colori nella legenda. Infine completa con una didascalia discorsiva.

....

....

....

....

....

....

....

....

☐ Domini diretti del Regno di Spagna
☐ Territori dipendenti o collegati al Regno di Spagna

● LEGGERE E VALUTARE LE FONTI

3. Completa la scheda per l'analisi della fonte.

Attraverso i ritratti ufficiali, eseguiti da pittori di fama e spesso riprodotti e diffusi in copie di bottega, i regnanti diffondevano la propria immagine, curando ogni minimo dettaglio. Osserva l'immagine di p. 461 [👁 **7**], il ritratto della regina Elisabetta I d'Inghilterra eseguito da Nicholas Hilliard, e inserisci nella tabella i dati richiesti.

In quale contesto è stata prodotta?	
Di che tipo di fonte si tratta?	
Che cosa raffigura?	
Quali informazioni se ne ricavano?	

esporre a voce Osserva anche i ritratti di Maria Tudor (p. 461) e Maria Stuart (p. 465). Quali differenze noti nel modo in cui sono raffigurate le tre regine? Quali simboli indossano e quali caratteristiche della loro posa o del loro abbigliamento ti sembrano particolarmente significativi? Costruisci una tabella comparativa dei tre dipinti e predisponi una breve presentazione orale (massimo 5 minuti).

I SAPERI FONDAMENTALI

 sintesi   audiolettura

● IL REGNO DI SPAGNA

▶ 15.1 Nel 1556 Filippo II eredita da Carlo V la corona di Spagna, i Paesi Bassi, i domini italiani e le colonie americane. I suoi primi provvedimenti sono finalizzati alla **salvaguardia dell'ortodossia e dell'unità religiose**, condizioni ritenute essenziali per la salvaguardia della stabilità politica. Filippo II persegue il progetto di uno **Stato forte e accentrato**, impiegando ingenti risorse sulla gestione della macchina amministrativa. Prelievo fiscale, dazi sui commerci con le colonie e prestiti bancari sono le principali risorse finanziarie. Nel 1580 la Spagna annette il Portogallo e i suoi possedimenti coloniali.

● I PAESI BASSI

▶ 15.2 La regione dei Paesi Bassi, divisa in 17 province, mantiene un **forte particolarismo istituzionale e culturale**, rafforzato dall'assenza di una lingua comune e dalla penetrazione del calvinismo. La crescente ingerenza del governo spagnolo crea tra i sudditi un ampio malcontento che si trasforma in rivolta. Guglielmo d'Orange è posto a capo delle Province del Nord, che dichiarano la propria autonomia, mentre le Province del Sud rimangono sotto il controllo spagnolo. Fallito un tentativo di federazione tra Nord calvinista e Sud cattolico, sono le sole province calviniste a proclamare l'indipendenza: nasce l'**Unione delle Sette Province Unite (1579)**.

● L'IMPERO OTTOMANO

▶ 15.3 Sotto il regno di Selim II (1566-74) l'impero si dimostra tollerante nei confronti di tutti i culti e dei molti popoli che lo compongono. Nel 1571 si scontra con la Lega Santa guidata dalla Spagna per il controllo del Mediterraneo e viene sconfitto a **Lepanto (1571)**. La vittoria ha un forte impatto culturale per i cristiani, ma non comporta cambiamenti decisivi negli assetti politici dell'area.

● L'INGHILTERRA

▶ 15.4 In Inghilterra si succedono al trono Edoardo VI, Maria Tudor ed Elisabetta I. Il primo modella la Chiesa anglicana al costume calvinista, la seconda intende restaurare con la forza il cattolicesimo, **Elisabetta** consolida l'anglicanesimo con la Legge di supremazia, che stabilisce il controllo della corona sul clero, il *Book of Common Prayer*, l'*Atto di Uniformità* e i *Trentanove articoli* di fede (1571). Promuove lo **sviluppo economico**, favorendo la proprietà terriera e i rapporti commerciali via mare. **Filippo II**, temendo la crescente potenza economica e militare inglese, **attacca l'Inghilterra** via mare. L'operazione non ha successo e l'episodio viene vissuto come una grande vittoria per la monarchia inglese. Si apre però il problema della successione di Elisabetta.

● LA FRANCIA

▶ 15.5 Con la morte di Enrico II di Valois il regno precipita in una **grave crisi**, dovuta alle difficoltà della produzione agricola, alle lotte politiche, ai dissidi religiosi legati soprattutto all'affermazione del calvinismo, osteggiato da molte famiglie nobiliari cattoliche. Gli scontri durano otto anni, con picchi di violenza estrema come la **notte di San Bartolomeo**, in cui vengono uccisi più di 2000 ugonotti (1572). Alla crisi religiosa si affianca la crisi politica: una corsa al trono con tre contendenti, i "tre Enrichi". Enrico IV ha la meglio sugli altri due; è calvinista, ma una volta diventato re (1589) si converte al cattolicesimo. Nel 1598 viene emanato l'**Editto di Nantes**, che conferma il cattolicesimo come confessione di Stato ma riconosce ai calvinisti il permesso di praticare il loro culto.

● LA POLONIA-LITUANIA E LA RUSSIA

▶ 15.6 In **Polonia** la dinastia degli Jagelloni porta sviluppo economico e artistico-culturale, oltre a promuovere il riconoscimento della libera professione di fede già nel 1573. La forte influenza del ceto nobiliare nelle assemblee rappresentative conduce fino all'istituzione di una monarchia elettiva, fondata sul potere dei nobili. In **Russia** si afferma il regno di Ivan IV (1533-84), il primo a fregiarsi del titolo di zar (1547) e a cercare di costruire uno Stato russo arginando il potere della nobiltà feudale.

linea del tempo

1547 Ivan IV diventa zar di Russia

1556 Filippo II eredita la corona di Spagna

1563 la Legge di supremazia stabilisce il controllo della corona inglese sul clero

Monarchie e imperi nell'età di Filippo II — CAPITOLO 15

mappa

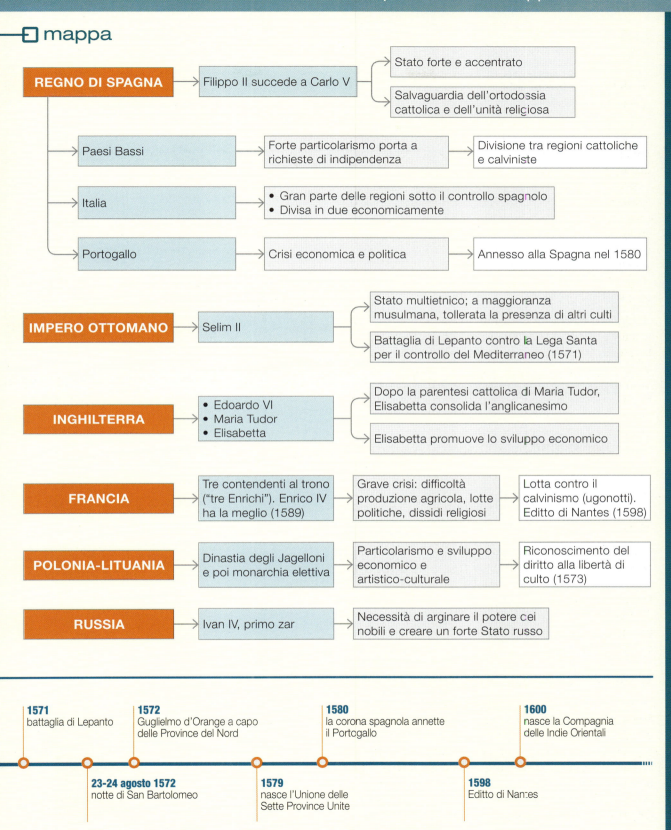

PERCORSI STORIOGRAFICI

PERCORSO	TESTI	TEMI
1 La conquista dell'America e la visione dei vinti pp. 476	N. Wachtel, **Poche centinaia di spagnoli e il crollo degli imperi** tratto da *La visione dei vinti*	- L'arrivo degli europei e la fine del normale corso delle cose - Le ragioni militari, religiose e psicologiche del tracollo
	T. Todorov, **Colombo e la scoperta dell'Altro** tratto da *La conquista dell'America.*	- L'Altro e l'importanza del punto di vista - Lo sguardo di Colombo e i caratteri dei nativi
2 Lo Stato moderno: forze aggreganti e forze disgreganti pp. 482	A. Mączak, **Il *patronage* e i pericoli per il potere assoluto** tratto da *Lo Stato come protagonista e come impresa: tecniche, strumenti, linguaggio*	- L'importanza dei rapporti di protezione personale in antico regime - Le risorse dello Stato e la riduzione dei conflitti localistici
	O. Raggio, **Il potere delle periferie e i limiti dello Stato** tratto da *Visto dalla periferia*	- Stato moderno: un modello storiografico ancora valido? - Un potere debole e frammentato
3 La Controriforma: libri, lingua e censura pp. 488	G. Fragnito, **La Chiesa e il primato del latino** tratto da *Censura romana e usi del volgare*	- La Chiesa e il volgare: una serie di norme contraddittorie - Proibire la Bibbia e le preghiere in volgare
	M. Roggero, **La Chiesa, le storie d'amore e le avventure cavalleresche** tratto da *Le carte piene di sogni*	- La censura delle narrazioni di larga diffusione - Le storie fantastiche e le inquietudini dei moralisti

PERCORSO 1 La conquista dell'America e la visione dei vinti

L'incontro fra europei e nativi del Nuovo Mondo rappresentò un grosso trauma per gli abitanti di entrambi i continenti. I popoli che affrontarono queste trasformazioni furono indotti anche a interrogarsi sulla propria identità e la propria cultura: la scoperta dell'Altro imponeva infatti di trovare risposte ad ansie diffuse, che riguardavano il destino di imperi e civiltà secolari. Chi abbiamo incontrato? Come dobbiamo reagire? Che ne sarà di noi? Queste erano le domande dominanti su entrambe le sponde dell'oceano. Lo storico francese Nathan Wachtel e il teorico della letteratura e filosofo bulgaro-francese Tzvetan Todorov hanno analizzato il problema concentrandosi su due punti di vista differenti: quello degli indios del Nuovo Mondo e quello dei conquistatori europei.

TESTO 1 Nathan Wachtel
Poche centinaia di spagnoli e il crollo degli imperi

Wachtel mette al centro della sua indagine il trauma vissuto dagli indios venuti a contatto per la prima volta con gli europei. Spaziando dalle fonti letterarie alla cultura materiale, esplora aree del continente americano molto lontane fra loro mettendo in evidenza i punti di connessione fra le visioni del mondo di aztechi, inca e maya. Nella "paralisi" dei nativi di fronte agli spagnoli la religione giocò un ruolo cruciale (i conquistatori furono spesso considerati come creature divine), ma altrettanto decisive furono le questioni militari e quelle politiche.

N. Wachtel (n. 1935)

SEZIONE IV LA NASCITA DEL MONDO MODERNO [1480-1600]

Gli indios scoprirono l'Europa attraverso poche centinaia di soldati spagnoli che li sconfissero. Due civiltà – che fino ad allora si ignoravano del tutto – si scontravano, e colpisce il fatto che per gli indios "l'incontro" sia avvenuto in un'atmosfera di prodigio e di magia. Forse, i presagi sono stati inventati dopo, tuttavia – anche in questo caso – dimostrano lo sforzo compiuto dai vinti per interpretare l'avvenimento.

Come interpretare, per quanto ci riguarda, le diverse reazioni degli aztechi, dei maya e degli inca all'arrivo dei bianchi? Bisogna impostare il problema con correttezza. Troppo spesso, infatti, prigionieri delle nostre categorie mentali, ci compiaciamo al pensiero che gli indios abbiano preso gli spagnoli per degli dei e ci soffermiamo, sempre con una certa compiacenza, sul lato pittoresco del fatto. Ma non c'è nulla di pittoresco. [...] Ogni società comporta una certa visione del mondo, una struttura mentale retta da una particolare logica. Gli avvenimenti storici, come i fenomeni naturali, si inseriscono nell'ordine di spiegazione dei miti e delle cosmogonie propri a ciascuna cultura. Tutto quanto fa eccezione a quest'ordine razionale (un animale il cui comportamento sembri strano, un avvenimento inusitato, ecc.) corrisponde all'irrompere di forze soprannaturali o divine nel mondo profano. Da quel momento, la razionalità quotidiana si frantuma e, al contatto con l'ignoto, nasce l'angoscia.

Ora, l'intrusione degli europei in una società vissuta isolata per secoli costituisce un avvenimento che spezza il normale corso delle cose. [...] Non tutti gli indios hanno scambiato gli spagnoli per degli dei, ma tutti, davanti alla loro straordinaria apparizione, si sono posti la domanda: dei o uomini? Nelle diverse società prese in considerazione vi è qualcosa di generale: l'irruzione dell'ignoto. Tutti i documenti – aztechi, maya, inca – descrivono l'aspetto strano (barba, cavalli) e la potenza (scrittura, fulmini) degli spagnoli. Comunque, la visione del mondo degli indios implicava la possibilità che i bianchi fossero degli dei. E questa possibilità significava, sempre, dubbio o angoscia. Tuttavia, la risposta alla domanda – dei o uomini? – poteva essere positiva o negativa: e fu diversa, a seconda delle particolari circostanze della storia locale. [...]

Poiché cerchiamo qui di capire i fatti nella prospettiva delle reazioni psicologiche dei vinti, non entriamo nei dettagli della storia militare della conquista. Tuttavia, ci si pone il problema di individuare le cause della sconfitta degli indios: come mai poche centinaia di spagnoli sono riusciti a distruggere, e con tanta rapidità, imperi potenti come quelli degli aztechi e degli inca?

Si pensa, dapprima, a cause d'ordine tecnico: la superiorità delle armi europee. E la civiltà del metallo contro la civiltà della pietra: spade d'acciaio contro lance d'ossidiana, armature metalliche contro tuniche foderate di cotone, archibugi e cannoni contro archi e frecce e, infine, cavalleria contro fanteria. Tuttavia, questo fattore tecnico sembra essere di limitata importanza: le armi da fuoco di cui gli spagnoli disponevano ai tempi della conquista erano poche e a tiro estremamente lento. Il loro effetto fu soprattutto psicologico: infatti, come i cavalli, seminarono il panico tra gli indios. Perlomeno all'inizio, quando gli spagnoli fruivano ancora del vantaggio della sorpresa: ma durò poco, e sappiamo che gli indios riuscirono ad adeguare i loro metodi di combattimento al tipo d'armi di cui gli europei erano dotati.

Più difficile è valutare le cause psicologiche e religiose della disfatta. Per quanto riguarda la natura divina degli spagnoli (almeno nei casi in cui fu ammessa), si tratta di un dato rapidamente superato. Ma c'è da ricordare la concezione molto particolare che gli indios avevano della guerra e che riveste un aspetto essenzialmente rituale: il fine del combattimento non era eliminare l'avversario, ma farlo prigioniero per sacrificarlo agli dei. Così è accaduto che i messicani si siano spesso lasciati sfuggire la vittoria nel tentativo di catturare gli spagnoli anziché ucciderli. Considerati da questo punto di vista, i metodi di combattimento dei bianchi costituivano uno scandalo assolutamente incomprensibile. Inoltre, per gli indios la guerra finiva, nella maggior parte dei casi, con un trattato che dava ai vinti il diritto di conservare i loro

PERCORSI STORIOGRAFICI

costumi e usi in cambio d'un tributo. Evidentemente, gli indios non potevano nemmeno immaginare che i cristiani si proponessero di distruggere la loro religione e le loro leggi. In questo senso, la visione che avevano del mondo contribuì alla disfatta.

Del resto, anche la vittoria degli spagnoli si deve, soprattutto, alle divisioni politiche che indebolivano questi imperi. Difatti, sono gli stessi indios a fornire a Cortés e a Pizarro la massa per i loro eserciti di conquista, una massa numerosa quanto quella degli eserciti indigeni che combattevano[1]. In Messico, i totonaques da poco sottomessi si ribellarono a Moctezuma e si allearono agli spagnoli che, più tardi, trovarono nei tlaxcalani un appoggio decisivo. [...]

Certo, i fattori religiosi e politici si mescolano strettamente tra loro. [...] Si può quindi dire che la scelta politica riveste una forma religiosa o, al contrario, che il fattore religioso prende corpo attraverso la congiuntura politica. In effetti, al momento dell'arrivo degli spagnoli, la dimensione religiosa pervade a tutti i livelli le società indigene d'America: ne permea la vita economica, l'organizzazione sociale e le lotte politiche.

tratto da *La visione dei vinti. Gli indios del Perù di fronte alla conquista spagnola*, Einaudi, Torino 1977 (ed. orig. 1971)

---

1 sono ... combattevano: l'autore fa riferimento alle tribù che si allearono con gli spagnoli per esprimere il loro dissenso verso il potere centrale.

TESTO 2 Tzvetan Todorov
Colombo e la scoperta dell'Altro

T. Todorov (1939-2017)

Todordov chiarisce, fin dal titolo della sua opera (*La conquista dell'America*), che quella europea non fu una "scoperta" ma una "conquista". La volontà degli europei di comprendere l'universo indigeno è infatti subordinata all'esigenza di affermare un dominio militare, politico, economico e religioso sul Nuovo Mondo. I conquistatori si interessano alle popolazioni native solo per trovare conferme di conoscenze già acquisite in precedenza, per capire quali sono i loro punti deboli, per individuare le risorse naturali da sfruttare. La scoperta dell'Altro ricopre quindi la funzione di uno specchio: aiuta chi guarda a riconoscersi, a rendersi conto delle proprie peculiarità e dei propri tratti distintivi. Colombo non riesce a comprendere realmente i nativi, ma si limita solo a evidenziare gli aspetti che li fanno apparire simili o differenti dagli europei.

Voglio parlare della scoperta che l'io fa dell'Altro. L'argomento è vastissimo. Non appena lo abbiamo formulato nei suoi termini generali, lo vediamo subito suddividersi in molteplici categorie e diramarsi in infinite direzioni. Possiamo scoprire gli altri in noi stessi, renderci conto che ciascuno di noi non è una sostanza omogenea e radicalmente estranea a tutto ciò che non coincide con l'io: l'io è un altro. Ma anche gli altri sono degli io: sono dei soggetti come io lo sono, che unicamente il mio punto di vista – per il quale tutti sono laggiù, mentre io sono qui – separa e distingue realmente da me. Posso concepire questi altri come un'astrazione, come un'istanza della configurazione psichica di ciascun individuo, come l'Altro, l'altro o l'altrui in rapporto a me; oppure come un gruppo sociale concreto al quale noi non apparteniamo. Questo gruppo a sua volta può es-

SEZIONE IV LA NASCITA DEL MONDO MODERNO [1480-1600]

sere interno alla società; le donne per gli uomini, i ricchi per i poveri, i pazzi per i "normali": ovvero può esserle esterno, può consistere in un'altra società, che sarà – a seconda dei casi – vicina o lontana: degli esseri vicinissimi a noi sul piano culturale, morale, storico, oppure degli sconosciuti, degli estranei, di cui non comprendiamo né la lingua né i costumi, così estranei che stentiamo, al limite, a riconoscere la nostra comune appartenenza ad una medesima specie. Scelgo questa problematica dell'Altro esterno e lontano, un po' arbitrariamente e perché non si può parlare di tutto in una sola volta, per cominciare una ricerca che non potrà mai essere conclusa. [...]

Colombo parla degli uomini che vede solo perché, dopotutto, fanno parte anch'essi del paesaggio. I suoi accenni agli abitanti delle isole sono sempre inframmezzati alle sue notazioni sulla natura: fra gli uccelli e gli alberi vi sono anche gli uomini. «Nell'interno vi sono molte miniere di metalli e innumerevoli abitanti» (*Lettera a Santángel*, febbraio-marzo 1493). «Continuamente in queste scoperte fino ad allora era andato di bene in meglio, tanto per le terre, gli alberi, i frutti e i fiori, quanto per gli abitanti» (*Giornale di bordo*, 25 novembre 1492). «Quattro o cinque di queste radici [...] sono molto gustose ed hanno lo stesso sapore delle castagne. Ma qui sono molto più grandi e migliori di quelle che aveva trovato nelle altre isole, e l'Ammiraglio dice di averne trovate anche in Guinea, ma qui erano grandi come una coscia. Afferma anche, di questa gente, che eran tutti robusti e valenti» (16 dicembre 1492). È chiaro in che modo vengono introdotti gli esseri umani: per mezzo di una comparazione, che serve a descrivere le radici. «I marinai videro che le donne maritate portavano mutandoni di cotone, ma non le ragazze, eccettuate alcune che avevano già diciott'anni. C'erano dei mastini e altri piccoli cani, e videro un uomo che aveva nel naso un pezzo d'oro, che poteva avere la grandezza di mezzo castellano[1]» (17 ottobre 1492): questa menzione

dei cani in mezzo alle osservazioni sulle donne e sugli uomini indica bene il registro nel quale questi saranno integrati.

Significativa è la prima menzione degli indiani: «Subito videro gente nuda» (11 ottobre 1492). Era vero, ma è rivelatore che la prima caratteristica di quel popolo che colpisce Colombo sia la mancanza di abiti, i quali a loro volta sono un simbolo di cultura (di qui l'interesse di Colombo per le persone vestite, che avrebbero potuto essere un po' meglio assimilate a ciò che si sapeva del Gran Khan; è un po' deluso di aver trovato solo dei selvaggi).

Fisicamente nudi, gli indiani – agli occhi di Colombo – sono anche privi di ogni proprietà culturale: sono caratterizzati, in qualche modo, dalla mancanza di costumi, di riti, di religione (e in ciò vi è una certa logica, perché per un uomo come Colombo gli esseri umani si vestono in conseguenza della loro espulsione dal paradiso terrestre, che è poi all'origine della loro identità culturale). C'è inoltre la sua abitudine di vedere le cose così come gli conviene di vederle; ma è significativo che questa abitudine lo porti a costruirsi l'immagine della nudità spirituale. «Mi parve che fossero gente molto povera di ogni cosa, – scrive in occasione del primo incontro con gli indiani; e aggiunge: – Mi parve che non abbiano alcuna religione» (11 ottobre 1492). «Questa gente è molto mite e timida, nuda, come ho detto, senza armi né legge» (4 novembre 1492). «Non hanno religione e non sono idolatri» (27 novembre 1492). Già privi di lingua, gli indiani si rivelano anche sprovvisti di leggi e di religione; e se hanno una cultura materiale, essa non attira l'attenzione di Colombo più di quanto lo interessi la loro cultura spirituale: «Essi portavano delle balle di cotone filato, pappagalli, lance e altre cosette, che sarebbe noioso mettere per iscritto» (13 ottobre 1492): l'importante, naturalmente, era la presenza dei pappagalli. L'atteggiamento di Colombo nei confronti di questa cultura è, nella

---

1 **castellano:** castigliano, moneta d'oro del Regno di Castiglia.

PERCORSI STORIOGRAFICI

migliore delle ipotesi, quello del collezionista di curiosità, e non si accompagna mai a un tentativo di comprensione: osservando per la prima volta delle costruzioni in muratura (nel corso del suo quarto viaggio, sulle coste dell'Honduras), si accontenta di ordinare che ne venga staccato un pezzo da conservare per ricordo.

Non desta meraviglia che tutti questi indiani culturalmente vergini, pagina bianca in attesa dell'iscrizione spagnola e cristiana, si somiglino fra loro. «Tutta questa gente è affine a quella già menzionata. Sono dello stesso tipo, egualmente nudi e della medesima statura» (17 ottobre 1492). «Vennero molti di questi abitanti, che sono simili a quelli delle altre isole, nello stesso modo nudi e dipinti» (22 ottobre 1492). «Questa gente, dice l'Ammiraglio, ha gli stessi caratteri e gli stessi costumi di quella incontrata prima» (1° novembre 1492). «Costoro sono simili agli altri che avevo trovato, dice l'Ammiraglio, e credono anch'essi che noi siamo venuti dal cielo» (3 dicembre 1492). Gli indiani si assomigliano perché sono tutti nudi, privi di caratteri distintivi. Misconoscimento, dunque, della cultura degli indiani e loro assimilazione alla natura; con queste premesse, non possiamo certo attenderci di trovare negli scritti di Colombo un ritratto particolareggiato della popolazione. L'immagine ch'egli ce ne offre obbedisce, in parte, alle stesse regole che presiedono alla descrizione della natura: Colombo ha deciso di ammirare tutto, e quindi in primo luogo la bellezza fisica. «Erano molto ben fatti, con corpi molto belli e volti molto graziosi» (11 ottobre 1492). «Tutti altissimi, gente veramente bella» (13 ottobre 1492). «Erano gli uomini e le donne più belli che avevano trovato sinora» (16 dicembre 1492). Un autore come Pietro Martire, che riflette fedelmente le impressioni (o i fantasmi) di Colombo e dei suoi primi compagni, si compiace di dipingere scene idilliache. Così, ad esempio, descrive le indiane che vengono a salutare Colombo: «Erano tutte belle. Si sarebbe creduto di vedere quelle splendide naiadi o quelle ninfe delle fontane tanto celebrate nell'antichità. Tenendo in mano grandi ciuffi di palme, che portavano mentre eseguivano le loro danze accompagnandole col canto, piegarono le ginocchia e li presentarono all'*adelantado*[2]».

Questa ammirazione, aprioristicamente decisa, si estende anche al campo morale. Sono brava gente, dichiara di primo acchito Colombo, senza preoccuparsi di giustificare la sua affermazione. «Sono il miglior popolo del mondo e soprattutto il più dolce» (16 dicembre 1492). «L'Ammiraglio afferma che è impossibile credere che qualcuno abbia mai visto un popolo con tanto cuore» (21 dicembre 1492). «Assicuro le Vostre Altezze che al mondo non c'è gente o terra migliori di queste» (25 dicembre 1492): il facile nesso istituito fra uomini e terre indica assai bene in quale spirito scrive Colombo, e quanta poca fiducia si debba attribuire al carattere descrittivo delle sue affermazioni. Del resto, quando conoscerà un po' meglio gli indiani, egli cadrà nell'estremo opposto, senza per questo fornire informazioni più degne di fede: naufrago in Giamaica, si vede «circondato da un milione di selvaggi crudelissimi e a noi ostili» (*Lettera rarissima*, 7 luglio 1503). Certo, si resta colpiti dal fatto che Colombo non trova – per caratterizzare gli indiani – aggettivi diversi dalla coppia buono/cattivo, che in realtà non dice niente: non solo perché queste qualità dipendono da un determinato punto di vista, ma anche perché corrispondono a stati momentanei e non a caratteristiche permanenti; non sono il frutto del desiderio di conoscere, ma dell'apprezzamento pragmatico di una situazione.

tratto da *La conquista dell'America. Il problema dell'"altro"*,
Einaudi, Torino 1984 (ed. orig. 1982)

---

2 *adelantado*: il comandante della spedizione.

SEZIONE IV LA NASCITA DEL MONDO MODERNO [1480-1600]

● Il LINGUAGGIO della storiografia

Riconduci ciascuna delle seguenti espressioni allo storico che l'ha utilizzata e contestualizzala rispetto alla tesi sostenuta nei testi che hai letto (massimo 5 righe).

a) La visione che [gli indios] avevano del mondo contribuì alla disfatta.

b) Fisicamente nudi, gli indiani – agli occhi di Colombo – sono anche privi di ogni proprietà culturale.

c) La vittoria degli spagnoli si deve, soprattutto, alle divisioni politiche che indebolivano questi imperi.

d) L'atteggiamento di Colombo nei confronti di questa cultura è quello del collezionista di curiosità.

● Storie A CONFRONTO

Individua la tesi di fondo dei due testi proposti aiutandoti con lo schema di inizio sezione e compila la seguente scheda di sintesi e comparazione dei documenti.

	Poche centinaia di spagnoli e il crollo degli imperi	*Colombo e la scoperta dell'Altro*
TESI		
ARGOMENTAZIONI		
PAROLE CHIAVE		

● COOPERATIVE LEARNING

«L'atteggiamento di Colombo nei confronti di questa cultura è [...] quello del collezionista di curiosità». Dal Nuovo Mondo arrivarono piante, animali, oggetti (primi tra tutti quelli in oro) e purtroppo persino uomini per stupire le corti europee. La classe si divide in gruppi e ciascun gruppo ricerca online o in biblioteca informazioni relative a uno o più ritrovati materiali provenienti dalle spedizioni nelle Americhe.

competenza DIGITALE I gruppi realizzano una presentazione digitale (utilizzando Powerpoint – Prezi – Thinglink – Sway) che illustri la storia del reperto, della pianta, dell'animale, la sua eventuale collocazione in una collezione, la ricezione che ebbe nella società europea. Tempo di relazione alla classe: massimo 15 minuti.

PERCORSI STORIOGRAFICI

PERCORSO 2 — Lo Stato moderno: forze aggreganti e forze disgreganti

Il rafforzamento dell'apparato statale è ancora oggi indicato dalla storiografia come una caratteristica peculiare che accomuna diverse formazioni territoriali europee nel corso della prima età moderna. Tuttavia il concetto di Stato rischia di apparire astratto e talvolta riscontrabile più nelle teorie dei pensatori che nella prassi governativa. Per questa ragione gli studiosi si sono concentrati su alcune dinamiche specifiche della centralizzazione del potere nel corso dei secoli XV-XVII, evidenziando le barriere contro le quali i monarchi talvolta si scontrarono. Riportiamo di seguito alcuni passi delle analisi sviluppate dallo storico polacco Antoni Mączak e dell'italiano Osvaldo Raggio, che guardano con attenzione al ruolo dei legami di fiducia personale, alle clientele, alla sopravvivenza dei poteri locali. Ne emerge un quadro in cui le continuità fra Medioevo ed età moderna sono talvolta più rilevanti delle discontinuità.

TESTO 1 — Antoni Mączak
Il *patronage* e i pericoli per il potere assoluto

Mączak si concentra sui rapporti di protezione personale (*patronage*), che sono tipici della società europea di antico regime. Lo Stato moderno, secondo lui, possiede le risorse necessarie per crearsi nuovi "protetti" (o "clienti"), riuscendo a intaccare, almeno in parte, le reti di solidarietà preesistenti.

A. Mączak (1928-2003)

Tra 1500 e 1700, lo Stato fu tra le forme di organizzazione sociale a più rapida crescita. La sua capacità di accumulare risorse crebbe più rapidamente di altri fattori di cambiamento sociale ed economico quali popolazione, produttività del lavoro, capitale commerciale, urbanizzazione. Nel corso del XVII secolo molti indicatori di carattere economico e demografico registrarono una diminuzione, mentre le strutture burocratiche e militari si rafforzarono. Quello che chiamiamo "Stato" subì cambiamenti qualitativi sostanziali in elementi strutturali quali le élite del potere, il sistema di coercizione, la distribuzione dei profitti. Tuttavia, gli Stati europei, nel processo di ampliamento delle proprie attività e nella lotta per il monopolio del potere e dell'autorità, si trovarono a dover fronteggiare ostacoli di tipo diverso e risolsero i loro problemi in modo altrettanto diverso. [...]

Ancora recentemente, il termine *patronage*[1] veniva usato dagli storici soprattutto in riferimento alla Chiesa romana e alle arti (per cui si parlava di mecenati e artisti). In seguito, però, il rapporto protettore-cliente fu indagato in maniera più approfondita dagli studiosi delle istituzioni e della politica dell'inizio dell'età moderna. E la terminologia che lo riguarda è usata tanto ampiamente quanto liberamente. Poiché alcuni studiosi della società sono inclini a individuare nel "clientelismo feudale" (vassallaggio) un preciso stadio di questo tipo di relazione, molti studiosi dei primi tempi dell'età moderna sottolineano la differenza esistente tra il formale e rituale vincolo di vassallaggio e feudo, e la relazione nuova e informale che ne prende il posto. [...]

Il *patronage* degli inizi dell'età moderna non fa eccezione alla regola generale secondo cui la principale posta in gioco erano le risorse pubbliche e l'autorità (quale ne fosse il significato nei diversi ambienti). Sotto questo aspetto si possono individuare due tipi principali di protettori: il titolare dell'ufficio, il funzionario regio, quello che si potrebbe chiamare il "vicino potente". Ruoli diversi richiedevano strategie diverse, è però pro-

---

1 *patronage*: letteralmente "patrocinio", "fedeltà", "clientela".

SEZIONE IV LA NASCITA DEL MONDO MODERNO [1480-1600]

babile che si trattasse perlopiù di casi misti. Con l'ampliamento della macchina statale, il tipo "vicino potente" andò perdendo importanza. I grandi proprietari terrieri avevano bisogno dei loro vicini di livello sociale inferiore: piccola nobiltà e popolani dovevano gestirne le proprietà, accompagnarli nelle occasioni ufficiali e in privato, combattere al loro servizio, tesserne ininterrottamente le lodi. Un seguito imponente aveva la funzione di esibire la grandezza del magnate, assicurarne il successo nelle faide o semplicemente nella competizione che lo opponeva ad altri signori per il raggiungimento dei massimi livelli sociali. Questi protettori offrivano agli appartenenti alla piccola nobiltà diverse opportunità sul piano sociale e direttamente economico, e sul piano familiare si prestavano a far da padrino[2] ai figli dei loro clienti. Ne "addomesticavano" [...] i figli e le figlie, ne combinavano i matrimoni, li aiutavano a dirimere le controversie di carattere legale. La funzione del protettore consisteva nel mantenere l'ordine nella società locale e nel garantire sicurezza ai suoi clienti. [...]

Con l'ampliamento dell'amministrazione statale, a livello centrale e locale, fu la struttura burocratica, e non più la proprietà della terra, a regolare il meccanismo del *patronage*. I "servitori" del re poterono esercitare il *patronage* grazie all'ampio e facile accesso alle diverse risorse che lo Stato offriva. Se l'ufficio era proprietà (o meglio in affitto) di chi lo esercitava, e l'"ufficiale" era leale nei confronti dei superiori, non c'era proprio nulla di strano che richiedesse una lealtà di tipo personale ai subordinati, né che li reclutasse nell'ambito dei "suoi uomini". L'aristocrazia di corte aveva particolari opportunità di crearsi ampie clientele a spese dello Stato. Lo Stato centralizzato era perfettamente compatibile con questo *patronage* burocratico; era ciò nondimeno assai probabile che si verificasse una situazione conflittuale se il re vi individuava un pericolo per il suo potere assoluto.

Molti e importanti ministri del re si mostrarono assai abili nel manovrare il *patronage*. In Inghilterra, William Cecil Lord Burghley[3] fu un grande protettore e un leale servitore che utilizzava la sua rete clientelare a sostegno della politica della regina Elisabetta. Nella generazione seguente, il duca di Buckingham diede alla propria clientela un'impronta assai più parassitaria (sebbene la sua funzione di statista sia oggetto di grandi dispute), e si mostrò eccellente mediatore allo scopo di monopolizzare quella che era la fonte principale di tutte le grazie: il sovrano. [...] La caduta di un ministro o di un favorito comportava la distruzione della sua rete clientelare, salvo non fosse rilevata dal suo successore. Anche i cortigiani meno importanti si creavano clientele alla loro portata, ma i clienti avevano una certa libertà di scelta e quando fiutavano il pericolo cambiavano protettore. [...]

L'intera storia dell'Europa dei primi tempi dell'età moderna si configura come una sequenza di rivolte e rivoluzioni, che però raramente si presentarono dirette contro lo Stato in quanto tale. [...] Gli storici del XVI e XVII secolo hanno individuato e analizzato diversi periodi caratterizzati da un numero elevato di rivolte. Nei primi anni della Riforma (1514 ca.-1525) scoppiarono rivolte popolari in paesi piuttosto diversi, quali Ungheria, Ducato di Prussia, Catalogna; mentre la guerra dei contadini si estese a varie regioni della Germania (1524-1526). [...]

Diverse erano le motivazioni delle rivolte in ambiente urbano e rurale; né tutte potevano definirsi come opposizione violenta allo Stato. I casi in cui riguardarono un vasto territorio furono piuttosto limitati, [come quello della] Germania intorno al 1525 [...]. Un minimo comun denominatore delle rivolte potrebbe individuarsi nella difesa del localismo, intesi sia come comunità, sia come gruppo d'interesse determinato, contro il centralismo. Volendo azzardare un'affermazione

---

2 **far da padrino:** essere padrini al battesimo era uno dei più diffusi segni di conferma del rapporto di fiducia personale.

3 **William ... Burghley:** Lord Burghley (1520-98) fu per due volte segretario di Stato, dal 1550 al 1553 e dal 1558 al 1572.

PERCORSI STORIOGRAFICI

di carattere generale, si potrebbe dire che il successo dello Stato dipese dalla sua capacità di aggiogare[4] le élite locali [e quindi le loro reti di *patronage*] al proprio carro; intendendo con ciò la corte del principe e burocrazia centrale, ovvero la ragion di Stato nel senso più ampio[5]. Nonostante i disordini di carattere locale, lo Stato dei primi tempi dell'epoca moderna ottenne sotto questo rispetto un discreto successo: quanto più era oneroso, tanto più aveva da offrire a burocrati e dipendenti statali. Contrapposizione e conflitto potenziale tra centralismo e localismo non vennero unicamente ridotti e disinnescati spalancando le porte dell'amministrazione statale a individui e gruppi privilegiati; lo Stato diventò anche un grande acquirente e un importante datore di lavoro. [...]

Per riassumere: lo Stato dei primi tempi dell'età moderna indebolì i suoi rivali interni persuadendo o comperando (il che non significa necessariamente corrompendo) le élite locali, e collocando in una rete fortemente centripeta i localismi, sull'onda di un processo che nel XVI e XVII secolo era appena agli inizi.

tratto da *Lo Stato come protagonista e come impresa: tecniche, strumenti, linguaggio*, in *Storia d'Europa*, vol. IV, *L'età moderna. Secoli XVI-XVIII*, a cura di M. Aymard, Einaudi, Torino 1995

---

4   aggiogare: sottomettere.
5   capacità ... ampio: Maczak intende riferirsi alla capacità dello Stato centrale di uniformare persone e gruppi di potere al volere della corte e del sovrano, ma anche di farle aderire a un principio più astratto fondato sulla necessità di conservare lo Stato stesso.

TESTO 2 Osvaldo Raggio
Il potere delle periferie e i limiti dello Stato

A differenza di Mączak, Raggio propone l'immagine di uno Stato più debole, non sempre capace di affermare le sue prerogative e costretto a confrontarsi con una periferia che, invece, conserva una grossa porzione del suo potere. Gli storici, secondo lui, hanno commesso l'errore di proiettare nel passato una forma di governo (più spiccatamente "assolutista") messa in pratica solo a partire dall'Ottocento.

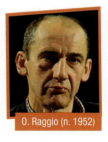
O. Raggio (n. 1952)

Come se si trattasse di tessere tutte uguali di un unico mosaico, gli storici hanno selezionato e accostato documenti provenienti dagli archivi centrali dei governi, con la fiducia di essere di fronte ad un processo storico unilineare fondato su un'unica trama. La categoria di *Stato* (con o senza aggettivi) è stata poi estesa a qualsiasi forma di organizzazione del potere del passato, dalla *polis* greca al "regno del Benin dopo il 1400". A questa categoria, che originariamente è stata delineata in modi contraddittori da alcuni pensatori politici del XVII secolo, appartiene la tesi sulla separazione tra la società e gli organi della sovranità, indicati in un unico luogo o centro di potere. Ma in questo modo la storia politica e la storia delle istituzioni hanno utilizzato in senso retrospettivo, per descrivere le società di antico regime, categorie e forme elaborate e istituzionalizzate soltanto nel XIX secolo. Di fatto lo Stato ha avuto una breve vita, non solo nella storia del mondo ma anche in quella dell'Europa che di questa forma di potere è stata il laboratorio. In realtà le società preindustriali erano il risultato dell'interazione tra innumerevoli centri di potere, diritti e privilegi, giurisdizioni e sistemi normativi diversi e conflittuali. [...]

Osservato dal centro, [l'edificio statale] può apparire come costruito intorno ad un unico "ter-

SEZIONE IV LA NASCITA DEL MONDO MODERNO [1480-1600]

minale" di tutti i rapporti di potere, o come il risultato logico di una progettualità capace di mettere radici nella realtà locali più eterogenee e di rendere uniformi i contesti più diversi. Ma a ben vedere si tratta quasi sempre di un miraggio, alimentato da un'ideologia che ha avuto un peso limitato nel tempo lungo dei secoli XV-XVIII, ed è poi diventata teoria politica e discorso storiografico. Le ricerche che adottano questa prospettiva focalizzano la costruzione di una astrazione (lo Stato moderno), descrivono un percorso storico il cui punto di arrivo è già noto e comunicano un falso senso di familiarità col passato. Nello stesso tempo, la categoria di Stato moderno – una costruzione intellettuale del XIX secolo – è diventata sempre più indeterminata per l'uso eccessivo che ne è stato fatto.

Possiamo certamente considerare come indicatori della costruzione statuale la fiscalità, l'esercito, la burocrazia; ma non possiamo limitarci a misurarne il peso assoluto. Ben più significativi sono le morfologie della loro ramificazione territoriale, l'attività pragmatica degli ufficiali, gli elementi consuetudinari e i conflitti che al livello locale ne fissano i caratteri ne stravolgono il significato. I privilegi e le prerogative che a qualsiasi scala innervavano questo universo di relazioni e di scambi costituivano nello stesso tempo il limite e la condizione della politica regia. [...]

Nel Regno di Napoli, [per esempio], le dinamiche politiche sono legate ai comportamenti, all'ampiezza e alla flessibilità dei gruppi familiari; alla loro capacità di costruire alleanze e radicamenti territoriali articolati, di redistribuire risorse e cariche. [La politica] si esprimeva in schieramenti fazionari e solidarietà verticali che orientavano anche la mobilità sociale e le trasformazioni istituzionali. Il rapporto aristocrazia-feudalità/"Stato" è definito da questi elementi e anche da iniziative selettive della monarchia nei confronti dell'aristocrazia [...]. Eppure, in qualche caso, anche davanti a questi contesti, il paradigma esplicativo

per gli storici (il motore ultimo della trasformazione storico-politica) è lo "Stato assoluto", e lo "Stato feudale assolutistico".

La diversa configurazione storica dei poteri locali determina gli esiti divergenti dei casi di Milano e Napoli. Nel Regno di Napoli, dove si costituisce una burocrazia dipendente o controllata dai viceré, i poteri baronali sono in contrasto con la crescita dell'autorità statuale. Il conflitto di interessi tra i baroni e il sovrano trova espressione nelle congiure nobiliari e nelle fazioni, che sottopongono la struttura statuale a spinte dissolutrici. Viceversa a Milano – dove gli spagnoli ereditano lo Stato visconteo-sforzesco, fondato su un accordo tra signore e ceti dominanti cittadini, ed hanno soltanto il governatore e l'amministrazione militare – il rafforzamento del patriziato porta ad una gestione privatistica dello Stato che non mette in discussione la sovranità regia. I patriziati cittadini lombardi sono infatti interessati al mantenimento di una struttura statuale regionale che ne garantisca l'autonomia. Nel confronto con la Spagna, a Milano un'aristocrazia cittadina con propri criteri di legittimazione vede riconosciuti i propri privilegi in quanto locali.

Nelle monarchie composite (ma dappertutto in antico regime), la creazione di nuovi organi istituzionali al livello del governo centrale si accompagna all'uso del *patronage* per assicurare la lealtà delle élite provinciali. Gli interessi e le prerogative di famiglie e fazioni sono riconosciuti come "pubblici" con la concessione di privilegi. In modo analogo si può porre il problema della burocrazia: come distinguere tra amministrazione pubblica e esercizio delle prerogative dei detentori delle cariche? Potremmo ricordare la nitida affermazione di Francesco Gucciardini: «Una delle fortune maggiori che possino avere gli uomini è avere occasione di mostrare che, a quelle cose che loro fanno per interesse proprio, siano stati mossi per causa di pubblico bene[1]». In nessuna società dell'Europa moderna è possibile trovare una

---

1 Una ... bene: il passo è tratto dai *Ricordi* di Gucciardini.

PERCORSI STORIOGRAFICI

catena di funzioni gerarchiche fra centro e periferia, e la burocrazia (ma la parola è anacronistica), per la sua natura patrimoniale, costituiva forse più il limite che lo strumento del sovrano. Ma è probabile che la distorsione ottica di molta storiografia sullo Stato stia proprio nel considerare le forme più diffuse di aggregazione e di potere come altrettanti limiti del potere del sovrano. In tutta l'Europa meridionale, nell'età moderna, di fatto, il forte sviluppo della burocrazia è indissociabile dal peso determinante dei legami clientelari o familiari nella società.

Il livello del governo, sia centrale sia locale, era definito da una pluralità di istituzioni con gradi diversi di autonomia e di sovrapposizione nell'esercizio del potere. In generale, gli elementi che definivano la politica erano la giurisdizione (intesa come sfera di potere e di privilegio più che come procedura), il *patronage*, la negoziazione e la mediazione. L'idea del bene pubblico era connessa a quella della composizione di privilegi, prerogative, interessi particolari, come condizioni della politica e del governo; bene comune e privilegi o diritti particolari erano indissociabili nell'ordinamento giuridico dell'età moderna. La politica era una prerogativa di una pluralità di istituzioni e gruppi.

Nei rapporti fra centro e periferia, il potere che derivava alle élite da un patto reciproco poteva essere usato sia per esercitare pressioni sul re e sui suoi ministri, sia per estendere il proprio dominio sulle comunità locali. Più in generale, le élite locali (nobili e notabili) potevano avere di volta in volta un rapporto di oppressione o di pro-tezione verso i contadini (locatari, piccoli proprietari etc.); potevano essere in aperto contrasto con gli ufficiali regi o fedeli servitori del re. La posizione ambigua delle élite locali era legata sia alla loro collocazione discontinua tra comunità e Stato, tra periferia e centro, sia al loro coinvolgimento in schieramenti conflittuali che caratterizzavano l'assetto dei poteri locali.

Il tema più ampio, di grande rilievo analitico, è quello dei mediatori, legati allo Stato perché è da esso che derivano una parte della propria autorità e potere, e nello stesso tempo in competizione con lo Stato nelle società locali. Quello che potremmo definire il paradigma della *gentry*[2] non esaurisce in effetti i modi della comunicazione tra centro e periferia; sia perché l'élite locale era diversificata socialmente e spazialmente, sia perché la comunicazione poteva avvenire attraverso gruppi corporati, e il sovrano e le magistrature dello Stato potevano avere di volta in volta come interlocutori diretti le comunità e unità insediative minori, i mercanti, i contadini, le parentele. Lo stesso tema del *patronage* va visto sia nei rapporti tra centro e periferia sia in quelli che strutturano le relazioni sociali, economiche e amministrative locali. Ma l'attenzione della storiografia per le periferie è stata molto limitata, e [si è quasi esclusivamente focalizzata sugli] elementi nobiliari o feudali visti come il vero ostacolo alla centralizzazione.

tratto da Visto dalla periferia. Formazioni politiche di antico regime e Stato moderno, *in* Storia d'Europa, *vol. IV,* L'età moderna. Secoli XVI-XVIII, *a cura di M. Aymard, Einaudi, Torino 1995*

---

2 *gentry*: piccola nobiltà inglese formatasi con l'acquisto delle terre.

SEZIONE IV LA NASCITA DEL MONDO MODERNO [1480-1600]

● Il LINGUAGGIO della storiografia

Riconduci ciascuna delle seguenti espressioni allo storico che l'ha utilizzata e contestualizzala rispetto alla tesi sostenuta nei testi che hai letto (massimo 5 righe).

a) Lo Stato ha avuto una breve vita, non solo nella storia del mondo ma anche in quella dell'Europa.

b) La distorsione ottica di molta storiografia sullo Stato sta proprio nel considerare le forme più diffuse di aggregazione e di potere come altrettanti limiti del potere del sovrano.

c) La principale posta in gioco (agli inizi dell'età moderna) erano le risorse pubbliche e l'autorità.

d) Il successo dello Stato dipese dalla sua capacità di aggiogare le élite locali [e quindi le loro reti di *patronage*] al proprio carro.

● Storie A CONFRONTO

Individua la tesi di fondo dei due testi proposti aiutandoti con lo schema di inizio sezione e compila la seguente scheda di sintesi e comparazione dei documenti.

	Il patronage e i pericoli per il potere assoluto	*Il potere delle periferie e i limiti dello Stato*
TESI		
ARGOMENTAZIONI		
PAROLE CHIAVE		

● Dal dibattito storiografico all'ARGOMENTAZIONE INDIVIDUALE

L'Enciclopedia Treccani definisce il lemma "Stato" come segue: «Ente dotato di potestà territoriale, che esercita tale potestà a titolo originario, in modo stabile ed effettivo e in piena indipendenza da altri enti» (www.treccani.it/enciclopedia/stato)

Metti in relazione questa definizione con i due brani di storiografia che hai letto.

a) Come vengono descritte dai due autori le tensioni tra localismo e centralismo, poteri particolari e potere sovrano, centro e periferia?

b) Nella società di oggi permangono i conflitti tra Stato e poteri locali? Riporta un esempio che ti sembra significativo.

Rispondi alle domande sul quaderno in massimo 15 righe.

487

PERCORSI STORIOGRAFICI

PERCORSO 3 — La Controriforma: libri, lingua e censura

Oltre a incidere in maniera corposa sui comportamenti dei devoti, la Chiesa controriformista ebbe un impatto enorme sulla diffusione della parola scritta e sulla lingua. Negli ultimi decenni la storiografia ha fatto enormi passi in avanti nel comprendere il funzionamento dei tribunali inquisitoriali, conquistando l'accesso a fonti di primaria importanza, in particolar modo dopo l'apertura dell'archivio centrale del Sant'Uffizio, avvenuta solo nel 1998. I lavori di Gigliola Fragnito e Marina Roggero guardano, tuttavia, a una strategia repressiva più ampia che non si occupò solo della lotta all'eresia, ma riuscì anche a limitare l'uso delle lingue volgari a vantaggio del latino, guardando con sospetto a tutte le opere (in poesia o in prosa) che arrivavano a un pubblico ampio e promuovevano una morale non aderente ai modelli imposti dalle autorità.

TESTO 1 — Gigliola Fragnito
La Chiesa e il primato del latino

Fragnito mostra come la Chiesa di Roma proibì in maniera severa la diffusione di testi sacri, preghiere, riflessioni teologiche in lingua volgare, riservando l'accesso a questa produzione solo a coloro che conoscevano il latino. Escludendo gli illetterati dalle riflessioni sui misteri della fede, le autorità ecclesiastiche riuscirono preservare in tal modo il loro monopolio della dottrina e a prevenire la diffusione del dissenso.

G. Fragnito (n. 1945)

Solo con la penetrazione della Riforma nella penisola, la Chiesa cominciò a cogliere le potenzialità eversive del volgare. L'abbattimento di una barriera sociolinguistica, l'allargamento dei confini del sapere scientifico, filosofico e religioso a gruppi sociali fino ad allora estranei alla cultura scritta, la caduta degli steccati che separavano il mondo dei chierici e dei dotti dal comune fedele che esso aveva favorito non potevano non destare allarme. Di fronte a uomini e donne di ogni ceto sociale che, nei centri urbani e nelle campagne, si erano sentiti legittimati a «por bocca nelle cose pertinenti alla religione et de essa ragionare così alla libera come se fossero gran theologi» e a rifiutarsi di «stare cheti ai precetti, comandamenti et declaratione della Santissima Romana Chiesa[1]», di fronte alla sottrazione al clero del monopolio della teologia, una stagione di grandi aperture al volgare si avviò inevitabilmente al tramonto.

Ma l'inversione di rotta fu contraddittoria e incerta, come mostra la proibizione delle traduzioni vernacolari della Bibbia, decisamente tardiva se messa a confronto con quanto era avvenuto altrove. In Spagna i re cattolici, nella lotta contro gli ebrei e contro le tendenze giudaizzanti dei *conversos*, le avevano proibite fin dal 1492; in Inghilterra, dopo i provvedimenti adottati all'inizio del Quattrocento contro la diffusione tra i lollardi[2] della versione biblica attribuita a Wycliffe e dopo il divieto del vescovo di Londra Cuthbert Tunstall (24 ottobre 1526) della traduzione inglese del *Nuovo Testamento* di William Tyndale pubblicata a Worms e ad Anversa, Enrico VIII, con una *Proclamation* del 1530, aveva vietato le traduzioni in inglese, francese e tedesco, assumendo solo dopo la rottura con Roma posizioni meno intransigenti [...].

Consapevole dell'antica familiarità intrattenuta da alcune popolazioni cattoliche con i volga-

---

[1] **por bocca ... Chiesa:** il riferimento è alle persone che si sentono autorizzate a parlare di religione senza possedere le conoscenze teologiche necessarie e senza obbedire ai dettami della Chiesa.

[2] **lollardi:** gruppo religioso che rifiutava di obbedire alla Chiesa di Roma e credeva, fra le altre cose, nella predestinazione.

SEZIONE IV LA NASCITA DEL MONDO MODERNO [1480-1600]

rizzamenti biblici che aveva indotto nel 1546 i padri riuniti al Concilio di Trento a non pronunciarsi sulla loro liceità o non liceità, Roma intervenne solo con il primo *Indice* "universale" promulgato nel 1558 dall'Inquisizione, congregazione creata nel 1542. Solo allora, alla luce del ruolo svolto dalla lettura e dall'ascolto delle traduzioni bibliche e dalle erronee interpretazioni che ne erano derivate emerso nel corso dei processi contro eretici o presunti tali, ci si avvide della necessità di bloccare il processo di acculturazione biblica dei fedeli, vietando tassativamente la lettura, il possesso e la stampa di traduzioni. Ma il divieto incontrò resistenze ai vertici stessi della Chiesa e fu all'origine di profondi contrasti. Sebbene fosse stato moderato dalla commissione di vescovi che al concilio elaborò il secondo indice universale o tridentino del 1564, mediante la *regola IV* che stabiliva che, previa licenza del vescovo o dell'inquisitore, lettura e possesso potessero essere autorizzati, fu ripristinato in maniera surrettizia dall'Inquisizione a partire dagli anni Ottanta. Alle direttive diramate da quest'ultima agli inquisitori periferici si opposero la Congregazione dell'*Indice*, creata nel 1572, e Clemente VIII: nel terzo indice romano del 1596 riproposero la *regola IV*, provocando l'inaudito intervento dell'Inquisizione che costrinse il papa a sospendere l'indice già promulgato e spedito in tutt'Europa per reintrodurre in fogli aggiuntivi, tra le tante "correzioni", il divieto tassativo non soltanto del testo integrale della Sacra Scrittura ma di una serie infinita di opere di contenuto biblico che dal tardo Medioevo avevano nutrito la pietà del clero e del laicato. Un divieto che, al momento dell'esecuzione dell'indice clementino, suscitò proteste e resistenze da parte delle popolazioni di tutta la penisola, tenacemente attaccate ai loro libri di devozione – proteste e resistenze di cui si fecero por-

tavoce vescovi e inquisitori presso la Congregazione dell'*Indice*.

Se i divieti delle traduzioni della Scrittura e dei volgarizzamenti biblici furono certamente l'espressione più significativa dell'inversione di rotta della Chiesa nei confronti dell'uso del volgare, provvedimenti precedenti e successivi indicano che l'obiettivo non fosse soltanto la lotta al principio luterano del *sola Scriptura* e alle ricadute sulla diffusione delle dottrine riformate. Vi era anche quello di allontanare dal *patrimonium fidei* chi era digiuno di latino, vale a dire la massa dei fedeli e gran parte del clero. Basti ricordare la bolla *Ac ut fidelium* emanata nel 1571 da Pio V che, mentre imponeva l'*Officium beatae Mariae Virginis* nella versione rivista, ossia depurata dal Maestro del Sacro Palazzo[3] di "molte cose superflue" tendenti a incoraggiare "varie superstizioni", non prevedeva la stessa operazione per gli *Ufficioli*[4] della Madonna, ma li proibiva in tutte le lingue vernacole, in primis in italiano, e prescriveva che fossero consegnati "quanto prima" agli inquisitori "senza speranza alcuna di recuperarli mai".

Estendeva, inoltre, il divieto alle orazioni e alle litanie in volgare. Nel divieto degli *Ufficioli* della Madonna, per il cui tramite avveniva prevalentemente la formazione biblica dei laici, fu certamente determinante l'avversione nei confronti delle traduzioni della Scrittura, ma essa si coniugò con la crescente opposizione alla tesi, peraltro sostenuta anche in ambito cattolico, secondo cui l'efficacia della preghiera era strettamente legata alla comprensione letterale dei testi. A riprova uno dei più fortunati manuali per gli inquisitori, il *Sacro Arsenale* di Eliseo Masini[5], il quale nelle istruzioni ai giudici sul *Come habbiano ad essaminarsi gl'heretici formali*, tra le domande da rivolgere all'imputato per accertarne l'adesione a posizioni eretiche, suggeriva di chiedere

---

3 **Maestro del Sacro Palazzo**: frate domenicano nominato teologo del pontefice, aveva – tra gli altri – l'incarico di esercitare la revisione e la censura dei libri stampati a Roma.
4 **Ufficioli**: è detto ufficiòlo (o uffiziòlo) il libriccino che con-

tiene il mattutino e le altre preghiere in onore della Madonna.
5 **Eliseo Masini**: domenicano (m. 1627), fu molto attivo come inquisitore e pubblicò diversi manuali, come il *Sacro Arsenale overo Prattica dell'officio della Santa Inquisitione*.

489

PERCORSI STORIOGRAFICI

«se avesse creduto che la Sacra Scrittura dovesse essere letta indiscriminatamente da tutti nella lingua volgare» e «se avesse creduto che [...] fosse inutile per coloro che non capivano la lingua latina recitare l'Ufficio della B.M. Vergine, e altre orazioni, se non nella lingua volgare».

Bibbie integrali o singoli libri della Scrittura, letteratura devozionale di derivazione biblica, libri di preghiera, non furono gli unici bersagli dei censori. Un altro settore più strettamente teologico venne colpito, di nuovo tra non poche contraddizioni e ritardi. Si tratta dei libri di controversia religiosa tra cattolici e riformati. La percezione da parte della Chiesa di Roma della pericolosità dell'uso del volgare nelle opere teologiche non fu però immediata, nonostante il dilagare nella penisola della Riforma protestante nelle sue varie declinazioni. Anche in questo caso il confronto con le politiche della lingua di altri paesi cattolici è illuminante. In Spagna, dove la penetrazione delle dottrine riformate era stata tempestivamente soffocata, l'Inquisizione, fin dagli anni Cinquanta, aveva ostacolato con ogni mezzo la produzione di testi religiosi e teologici in volgare non tanto per preservare i fedeli da errori dottrinali, quanto per mantenerli nell'ignoranza dei misteri della fede. La politica di esclusione dei "semplici" dalla conoscenza della teologia si spinse fino a indurre l'Inquisizione spagnola a vietare la traduzione castigliana del *Catechismus ad parochos*, ossia del catechismo romano promulgato nel 1566, nel timore che «*de andar en manos de todos en romance se podrían seguir muy peligrosos inconvenientes*». In Francia, per contro, per arginare la diffusione della Riforma, contro il dominio fino ad allora incontrastato del latino nel campo della teologia, venne precocemente adottato il francese sia nella trattatistica teologica e nella controversistica, sia in opere catechetiche e in scritti devozionali. [...]

Concludo osservando che se la Chiesa inizialmente aveva saputo sfruttare le potenzialità offerte dall'invenzione della stampa per divulgare il suo *patrimonium fidei* e renderlo accessibile anche al di fuori della ristretta cerchia dei dotti e se queste aperture avevano consentito a uomini e donne di ogni ceto sociale di avvicinarsi, sia pure con diversi livelli di cultura, alla Sacra Scrittura e alla teologia, di fronte alla diffusione delle dottrine riformate modificò la sua politica della lingua, pur tra forti contrasti ai suoi vertici. L'inversione di rotta non fu, quindi, né tempestiva né radicale. Sulle prime il bersaglio erano state le traduzioni vernacolari della Sacra Scrittura per il loro peso, vero o presunto che fosse, nel dilagare dell'eresia, ma in prosieguo di tempo la lotta al volgare rettificò i suoi obiettivi, trasformandosi in una decisa battaglia finalizzata all'esclusione dei semplici e dei semicolti dalla comprensione dei misteri della fede e progressivamente anche dalla cultura alta, sulla quale venne crescentemente imposto il monopolio del latino. La convinzione di Dante[6] che il volgare sarebbe stato «luce nuova, sole nuovo, lo quale surgerà là dove l'usato[7] tramonterà, e darà lume a coloro che sono in tenebre ed in oscuritade per lo usato sole che a loro non luce», si rivelerà fallace. Per potere riaffermare il proprio potere dopo la frantumazione della cristianità ed esercitare un più vigoroso controllo sulle menti e sulle coscienze, la Chiesa, sempre più diffidente verso un eccesso di cultura libresca, si impegnerà infatti a mantenere «in tenebre ed in oscuritade» la gran massa dei fedeli, chiudendo il proprio patrimonio di fede e di dottrina in un fortilizio inespugnabile da chi non possedesse la chiave del latino, col pretesto di preservare il "popolo fanciullo" dai pericoli di un'autonoma, personale riflessione.

tratto da *Censura romana e usi del volgare*, in *Il volgare: Idee, testi e contesti*, "Philosophical Readings", VII.3, 2015

---

6 **La convinzione di Dante:** espressa nel *Convivio* (I, XII).   **7** **l'usato:** il latino.

SEZIONE IV   LA NASCITA DEL MONDO MODERNO [1480-1600]

TESTO 2 Marina Roggero
La Chiesa, le storie d'amore e le avventure cavalleresche

M. Roggero (n. 1949)

Secondo Roggero, l'attenzione riservata dai censori alle narrazioni epico-cavalleresche era un chiaro indizio del loro successo. Oltre a essere largamente diffuse e capaci di attrarre l'attenzione di un pubblico ampio, queste appassionanti storie erano malviste in ambito ecclesiastico perché allontanavano il popolo dalla pratica religiosa e dal consumo di libri incentrati su temi sacri (come per esempio i catechismi e le vite dei santi).

Un tratto caratteristico della produzione cavalleresca, comune tra l'altro a molti paesi, era la mescolanza e la sovrapposizione di stampe di vario livello e qualità, riferimento implicito a una pluralità di lettori dall'identità mobile, il cui profilo umbratile ha talvolta disorientato gli studiosi. […] Chi si è soffermato sui motivi chiave dei testi, sul linguaggio o sui tratti aristocratici dei protagonisti ha pensato ch'essi parlassero soprattutto a un pubblico di cortigiani, cavalieri e letterati. Chi invece ha studiato le carte degli inquisitori o magari esaminato i libri dei *conquistadores* è del parere che ad appassionarsi a questi romanzi non fossero soltanto gli *hidalgos*[1], ma anche gli agricoltori, i piccoli mercanti e i soldati della *milicia de la India*, alcuni dei quali appunto «*traían entre las armas un libro de caballería, con que pasaran el tiempo*»; come testimoniano i diari dei naviganti, non era affatto raro che nel corso delle lunghe traversate transoceaniche i viaggiatori si intrattenessero con la recita e con il canto di *romances de caballerías*. A complicare ulteriormente il quadro concorre il fatto che in certe situazioni le tracce sono state occultate. È verosimilmente il caso degli uomini colti che, sebbene si dilettassero di tali letture, non amavano vantarsene, e dalle loro biblioteche – ove l'ordine dei libri rifletteva simbolicamente una gerarchia ideale – tendevano a eliminare i testi di consumo in volgare, magari acquistati o copiati, certo usati e letti. A questi livelli la circolazione si svolgeva per lo più in modo informale, in base a scambi o lasciti tra parenti e amici, perché l'estraneità al canone riconosciuto rendeva simili opere indegne di una conservazione pubblica e di un'utilizzazione a scopo di studio. Gli inventari legati ai testamenti rischiano pertanto di restituirci immagini parziali e addomesticate, soprattutto nel caso di biblioteche di intrattenimento, non professionali: queste cambiavano infatti con il mutare dell'età e del gusto del proprietario, che non di rado, con il passare degli anni, metteva da parte ciò che aveva apprezzato in gioventù. Considerata la cattiva fama di certi generi di libri presso i censori del Sant'Uffizio, non è infondato supporre che qualche lettore pentito provvedesse a disfarsi di opere sospette, *caballerías* comprese, per stare in pace con il proprio confessore o con la propria coscienza. L'ampiezza del consumo, che si è a varie riprese sottolineata, non deve occultare la diversità dei modi di approccio ai testi. […]

Accantoniamo comunque per il momento il problema della molteplicità delle letture per soffermarci sulla moltitudine dei lettori. Nella stagione della Controriforma, periodo nel complesso poco favorevole al sistema letterario ed editoriale, i libri "de bataia[2]" avrebbero manifestato una notevole vitalità, dando filo da torcere a moralisti e censori. Un chiaro segno del successo era dato proprio dai timori ricorrenti e mai sopiti delle gerarchie ecclesiastiche, che vedevan nel genere cavalleresco non soltanto una fonte di cor-

---

1   **hidalgos**: membri della piccola nobiltà.

2   **de bataia**: di battaglia, romanzo cavalleresco.

491

PERCORSI STORIOGRAFICI

ruzione morale (per le storie d'amore narrate) o un possibile veicolo di eresia (per le pratiche magiche divulgate), ma un prodotto concorrenziale per la letteratura religiosa. Per cogliere tutta la diffidenza della Chiesa romana, una diffidenza nutrita della consapevolezza che simili opere occupavano uno spazio vasto e potenzialmente pericoloso nell'immaginario del pubblico, occorre andare oltre gli *Indici dei libri proibiti*, ove ne era fatta menzione solo tangenzialmente. Si consideri piuttosto un'opera fondamentale della stagione postridentina, quella *Bibliotheca selecta*[3] (1593) che diservana il canone su cui laici e clero dovevano modellare le loro letture. Nelle pagine di Antonio Possevino – missionario, diplomatico, inquisitore, segretario della Compagnia di Gesù – romanzi di cavalleria e testi eretici in volgare erano accomunati dalla medesima condanna, poiché venivano percepiti come ingranaggi che facevano parte della stessa macchina diabolica. Tra Lancillotto e Tristano, Amadigi e Giron Cortese, spiccava in quella lista il titolo del *Furioso*, che catalizzava le ire dei censori, forse in virtù della sua straordinaria diffusione. In effetti l'opportunità di mettere al bando […] il poema di Ariosto, «*qui passim non sine magno detrimento legitur et canitur*[4]» (1593), era sostenuta anche dai più equilibrati membri della Congregazione dell'*Indice* […].

Limitiamoci per il momento a sottolineare che il giudizio espresso dagli illustri gesuiti costituiva ovviamente un'opinione isolata. Se neppure in passato erano mancate condanne di tale letteratura, dopo il Concilio di Trento i moralisti si erano fatti assai più severi verso opere mondane (poemi, novelle, opere teatrali), la cui carnale naturalezza appariva incompatibile con i valori centrali del cristianesimo. Un diffuso sospetto nei

confronti della finzione poetica, che mescolava irriverentemente sacro e profano, e un timore esasperato per la lascivia dei temi d'amore, che costituiva un pimento allettante, una salsa in grado di insaporire ogni vivanda, portavano a censurare anche gli eroi cavallereschi, letterariamente meno autorevoli, ma eticamente non meno pericolosi di quelli della classicità pagana.

La diffidenza non era attizzata soltanto dal gioco più meno esplicito delle passioni, ma dal distacco – ingannevole e seducente – dalla realtà. Era la fantastica, incontenibile, arbitraria leggerezza di storie che non rispondevano ad alcun criterio di verosimiglianza o di utilità a inquietare moralisti e pastori d'anime: a che serviva rappresentare ciò che non esisteva e mai era esistito? Quali insegnamenti si potevano trarre da eventi tanto improbabili? Per comprendere tutto il senso di queste osservazioni bisogna ricollocarle sullo sfondo di un'epoca in cui uomini di Chiesa e di governo erano drammaticamente consapevoli del potere dei libri, del ruolo acculturante e normativo della parola scritta. Ma entro questo generale contesto ciò che si vuole qui sottolineare è il fatto che disagio e timori tendevano a crescere con il crescere del pubblico potenziale; che l'emergere di lettori inesperti, apparentemente senza difese di fronte al testo, indiceva quanti avevano l'autorità di regolamentare le condotte e formare gli spiriti a moltiplicare i controlli sui prodotti stampati di vasta diffusone, a inasprire censure e esplicite o oblique per espungerne tutto ciò che poteva offendere religione, morale, decenza.

tratto da Le carte piene di sogni. Testi e lettori in età moderna, *Il Mulino, Bologna 2006*

---

3 ***Bibliotheca selecta***: opera di Antonio Possevino (1533 ca.-1611).

4 ***qui … canitur***: si sottolinea il fatto che apporta grande danno a chi lo legge o lo ascolta.

SEZIONE IV LA NASCITA DEL MONDO MODERNO [1480-1600]

● Il LINGUAGGIO della storiografia

Riconduci ciascuna delle seguenti espressioni allo storico che l'ha utilizzata e contestualizzala rispetto alla tesi sostenuta nei testi che hai letto (massimo 5 righe).

a) La lotta al volgare rettificò i suoi obiettivi, trasformandosi in una decisa battaglia finalizzata all'esclusione dei semplici e dei semicolti dalla comprensione dei misteri della fede.

b) Uomini di Chiesa e di governo erano drammaticamente consapevoli del potere dei libri, del ruolo acculturante e normativo della parola scritta.

c) Un diffuso sospetto nei confronti della finzione poetica [portava] a censurare anche gli eroi cavallereschi.

● Storie A CONFRONTO

Individua la tesi di fondo dei due testi proposti aiutandoti con lo schema di inizio sezione e compila la seguente scheda di sintesi e comparazione dei documenti.

	La Chiesa e il primato del latino	*La Chiesa, le storie d'amore e le avventure cavalleresche*
TESI		
ARGOMENTAZIONI		
PAROLE CHIAVE		

● Dal dibattito storiografico al DEBATE

I due passi storiografici proposti esprimono due idee fondamentali:

a) La Chiesa tende a tenere i "semplici" lontani da riflessioni riservate solo a teologi e gerarchie ecclesiastiche.

b) La Chiesa guarda con sospetto a prodotti ed eroi letterari capaci di stimolare la fantasia e di avere un impatto sui comportamenti dei fruitori/lettori.

Si pensi alla centralità dei discorsi odierni sul carattere educativo/diseducativo di personaggi letterari/cinematografici/televisivi, sulla loro capacità di incidere sui modelli di comportamento e di stimolare imitazioni da parte del pubblico (proprio come quello descritto da Marina Roggero). Si pensi a prodotti come *Gomorra*, *Suburra* ecc.

a) **Creazione dei gruppi di lavoro** La classe si divide in due gruppi che sostengono tesi opposte:

Gruppo 1: I personaggi delle serie televisive sono capaci di stimolare comportamenti imitativi e negativi.

Gruppo 2: L'arte e la fiction non possono essere costrette a un ruolo pedagogico. La fiction, per sua stessa definizione, non può avere un potere persuasivo.

b) **competenza DIGITALE** **Laboratorio di ricerca a casa e in classe** In classe si propone la lettura di alcuni articoli online a favore e contro le responsabilità delle fiction e il loro potere persuasivo.

c) **Preparazione di argomentazioni e controargomentazioni** Ciascun gruppo prepara le proprie argomentazioni e riflette sulle possibili repliche alle tesi del gruppo antagonista.

d) **Dibattito** Ciascun gruppo sceglie uno o più relatori che espongano almeno tre argomentazioni a favore della propria tesi, sostenendole con prove della loro validità (esempi, analogie, fatti concreti, dati statistici, opinioni autorevoli, principi universalmente riconosciuti, ecc.). In seguito, ciascun gruppo espone le controargomentazioni rispetto alle argomentazioni antagoniste. Con la guida dell'insegnante si conclude il dibattito con la sintesi e il bilanciamento delle posizioni.

SEZIONE V
Stati in costruzione
[1600-1715]

1600

1600-1602
Formazione delle grandi compagnie commerciali inglesi e olandesi

1618-1648
Guerra dei Trent'anni

1618 — 1643 — 1648

1643
Salita al potere di Luigi XIV

1649
Decapitazione di Carlo Stuart

494

16 L'Europa del Seicento fra crisi e nuovi equilibri
p. 496

17 L'ascesa delle Province Unite e la rivoluzione inglese
p. 526

18 L'Europa nella seconda metà del Seicento
p. 552

19 Relazioni globali: la nuova fisionomia del pianeta
p. 580

■ Percorsi storiografici
p. 608

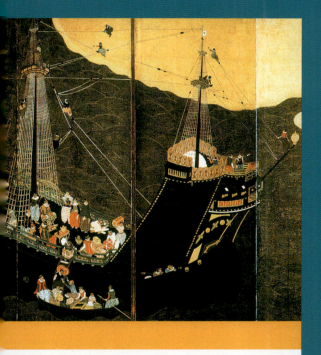

I processi di consolidamento delle monarchie europee furono segnati da accelerazioni e frenate nel corso del Seicento, influenzati anche da congiunture economiche non favorevoli. Le tendenze manifestatesi nelle diverse aree del continente non furono tuttavia omogenee: la contrazione demografica riguardò principalmente i paesi mediterranei e lo spazio tedesco, toccati anche da carestie, epidemie e guerre (prima fra tutte la Guerra dei Trent'anni, 1618-48). Al contrario, i paesi affacciati sull'Oceano Atlantico videro crescere le loro economie: i mercanti olandesi e inglesi, per esempio, riuscirono ad affermare la loro presenza in diverse aree del pianeta.
I poteri dei sovrani andarono incontro a sostanziosi processi di ridefinizione, con esiti talvolta divergenti: mentre l'Inghilterra si avviò ad accogliere un modello parlamentarista, la Francia fu segnata dal rafforzamento del potere assolutistico che raggiunse il culmine durante il lungo regno di Luigi XIV.

1688-1689
Gloriosa rivoluzione

1715
Morte di Luigi XIV

- CRISI DEL SEICENTO p. 496
- RIVOLTE/RIVOLUZIONI p. 526
- ASSOLUTISMO p. 552
- GLOBALE/TRANSNAZIONALE p. 580

le parole della storiografia

CAPITOLO 16

L'Europa del Seicento fra crisi e nuovi equilibri

Crisi del Seicento

Il termine "crisi" ricorre spesso nella storiografia, soprattutto economica. Infatti, se è difficile misurare oggettivamente fenomeni che riguardano la cultura e il pensiero, le istituzioni e i sistemi politici, l'economia si presta meglio all'analisi quantitativa. Tuttavia, anche in questo campo le cose non sono semplici: gli storici si trovano in disaccordo circa la durata, le cause e i caratteri delle "crisi" più studiate come quella del Seicento, tutt'altro che univoca nella sua dimensione spaziale e temporale. Le divergenze non dipendono solo dalle notizie ricavabili dalle fonti (andamento demografico, livello dei prezzi, presenza di rivolte sociali e così via), ma anche dal significato che si attribuisce al concetto stesso di crisi. In medicina "crisi" indica un peggioramento improvviso delle condizioni del paziente, e in questo senso il termine è estendibile anche alla ricerca storica. Ma come interpretare fenomeni che durano anni o decenni come proprio la crisi del Seicento? Si spiega così un uso più complesso del concetto di crisi, inteso come manifestazione di mutamenti socio-economici, politici e culturali tali da dar luogo, dopo un periodo più o meno lungo di difficoltà, a una nuova fase espansiva.

le parole della storiografia

L'Europa del Seicento fra crisi e nuovi equilibri | **CAPITOLO 16**

GUIDA&RISORSE
PER LO STUDIO

Per riprendere il filo... Il Cinquecento europeo era stato caratterizzato da un'espansione economica e da una generalizzata crescita demografica. Nella seconda metà del secolo, mentre la Spagna mostrava i segni di un incipiente declino, altri paesi erano riusciti a consolidare la propria posizione, come la Francia, o erano protagonisti di un'importante ascesa economica, come i Paesi Bassi e l'Inghilterra. Da un punto di vista politico la situazione si manteneva instabile. Tramontato il sogno di un impero universale, Filippo II, ergendosi a paladino del cattolicesimo, aveva cercato a lungo di interferire nelle vicende politiche della Francia e dell'Inghilterra, i cui equilibri politici interni continuavano a risentire di forti tensioni religiose. In Francia la situazione era sfociata addirittura in una serie di guerre sanguinose, fino all'assassinio dello stesso re Enrico III di Valois e all'avvento della dinastia dei Borbone.
Proprio da un insieme di questioni religiose, all'inizio del Seicento sarebbe esploso un nuovo e devastante conflitto di dimensioni continentali, presto trasformatosi in una lotta per l'egemonia europea.

 videopresentazione

16.1 Un periodo di profonde trasformazioni

Un continente a diverse velocità Agli inizi del XVII secolo la situazione dell'Europa si trasformò sul piano demografico, sociale ed economico:

- dopo un secolo di espansione, i **paesi mediterranei e lo spazio tedesco** furono interessati da un arresto della crescita della popolazione quando non da una vera e propria contrazione demografica, che si rifletté in un diffuso calo dei consumi;
- il **territorio fiammingo e quello italiano** furono colpiti da difficoltà economiche conseguenti alla crisi della manifattura tessile;
- in **Francia** i problemi riguardarono le campagne, dove crebbe l'autorità dei proprietari terrieri sui fittavoli e sui mezzadri, che si trovarono a fronteggiare un processo di impoverimento;
- nei **domini spagnoli** si ebbe un incremento dei gravami feudali, che alimentò tensioni fra signori e contadini. Inoltre la pressione fiscale si inasprì al punto da vanificare la riduzione del prezzo del pane e di altri beni di prima necessità, dovuta alla minore domanda di beni alimentari;
- nel **Baltico e nel Mare del Nord** si ebbe una contrazione degli scambi commerciali.

Accanto a queste ombre, tuttavia, il panorama continentale fu anche caratterizzato da alcune luci:

- mentre la Spagna non riusciva a capitalizzare le enormi ricchezze delle sue colonie, nell'Europa nordoccidentale **le Province Unite e l'Inghilterra** – come vedremo nel capitolo seguente – videro crescere le proprie economie attraverso i commerci con le terre oltreoceano;
- in **Scandinavia**, grazie alla solidità dei regni danese e svedese, si verificò un primo allargamento dei mercati interni, destinato a svilupparsi ulteriormente nei decenni successivi.

Paesi in crisi...

... e paesi in crescita

497

SEZIONE V   STATI IN COSTRUZIONE [1600-1715]

Nobili contro borghesia mercantile

Crisi economica e conflitto sociale Le aree toccate da una congiuntura economica sfavorevole videro manifestarsi anche un **inasprimento del conflitto sociale**. Le guerre, come vedremo, ebbero un peso rilevante nell'acuire le difficoltà economiche ma ancora più importanti furono le tensioni generate dai contrasti fra due veri e propri mondi, che prendevano direzioni divergenti: da una parte i ceti aggrappati a valori e privilegi tradizionali, inclini a esercitare un potere ereditato in virtù della discendenza o del favore dei regnanti; dall'altra i gruppi sociali che facevano dell'intraprendenza lavorativa uno strumento per acquisire ricchezza e prestigio.

La crisi come occasione di nascita di nuove strutture

Per questa ragione la caratterizzazione del Seicento come un **secolo di crisi**, a lungo proposta dagli studiosi, è da considerarsi riduttiva. Accanto ai processi regressivi o di stagnazione, infatti, si verificarono fenomeni di **cambiamento e ristrutturazione del tessuto economico**, spesso capaci di stimolare trasformazioni anche sul piano politico [▶fenomeni]. Nel contesto inglese, per esempio, i soggetti produttivi urbani e rurali cominciarono a esprimere la loro volontà di partecipare direttamente allo sviluppo del paese attraverso il parlamento o manifestarono il loro dissenso cercando una realizzazione nel Nuovo Mondo. In altre grandi formazioni politiche come la Francia, la Spagna e il Sacro Romano Impero i tentativi di accentramento statale si scontrarono con poteri che pretendevano di gestire risorse e forza lavoro: i mercanti, gli artigiani, i pro-

---

fenomeni

Il Seicento come secolo di crisi?

La crisi del Seicento è stato uno dei temi più dibattuti dalla storiografia dell'età moderna. Gli storici, infatti, hanno di volta in volta ricondotto le tensioni che attraversarono l'Europa del XVII secolo a molteplici cause: il peso del prelievo fiscale, imposto tanto dalle tradizionali autorità feudali ed ecclesiastiche quanto da poteri statali sempre più organizzati e temuti; le difficoltà del settore agricolo; la lotta per le egemonie fra le grandi potenze monarchiche, che portava guerre e devastazioni; l'afflusso di metalli preziosi dalle Americhe, che aveva alterato le dinamiche della domanda e dell'offerta sui mercati europei.

Ma quale significato dare all'insieme di questi fenomeni? Si trattò di difficoltà diffuse ma indipendenti l'una dall'altra oppure di diverse manifestazioni di una stessa crisi generale che coinvolse tutti gli ambiti della società del tempo? Fu un fenomeno eccezionale o una fase di un movimento economico di tipo ciclico?

Crisi ciclica o specifica?
Osservando il problema in una prospettiva di lungo periodo e scoprendo che fra il XV e il XVIII secolo le fasi di contrazione o stagnazione furono seguite – talvolta anche sistematicamente, a intervalli regolari di 25 anni – da fasi di espansione, alcuni studiosi hanno rintracciato un carattere ciclico delle crisi dell'età moderna.

Altri, considerando la molteplicità dei fattori in gioco, hanno invece interpretato queste crisi come "specifiche", vale a dire motivate da ragioni contingenti e indipendenti da qualsiasi regolarità. Nel Seicento, per esempio, le guerre non colpirono tutto il continente, o lo fecero in modo diverso (provocando distruzioni in area tedesca e italiana e svuotando di forza lavoro la Francia e la Spagna).

Gestazione del capitalismo?
Gli storici più attenti alle dinamiche economiche hanno letto la crisi del Seicento come conseguenza del contrasto fra le prime manifestazioni di una nuova intraprendenza mercantile e la persistenza di elementi di natura feudale. Per lo storico britannico Eric J. Hobsbawm (1917-2012) questa fu proprio l'epoca in cui si fecero strada una nuova concezione e una nuova pratica dei rapporti economici, incentrate sulla ricerca del profitto (cardine del sistema capitalistico).

L'italiano Ruggiero Romano (1923-2002) ha però messo in luce le contraddizioni di questo processo, osservando come molti mercanti dell'epoca preferissero ancora rifugiarsi nell'acquisto di terre e titoli nobiliari, che consentivano una vita di lussi e privilegi fondata sulle rendite, invece che reinvestire i profitti in nuove attività produttive capaci di moltiplica-

L'Europa del Seicento fra crisi e nuovi equilibri | **CAPITOLO 16**

prietari trovarono riferimenti in vecchie e nuove forme di organizzazione (assemblee, corporazioni, autonomie cittadine) o intrapresero una corsa alla nobilitazione attraverso l'acquisizione di titoli, cariche, immobili di prestigio. Nell'area olandese, l'intraprendenza commerciale stimolò il riconoscimento di diritti politico-religiosi e la creazione di un impero coloniale dotato di mezzi e armi.

La dimensione religiosa e secolare del Barocco Il Seicento è anche ricordato come **epoca del Barocco**. Il termine ha un'etimologia incerta, è spesso associato al significato di "bizzarro", "strano", "stravagante" e, già nel Settecento, assunse un significato negativo. Se, infatti, esso si riferiva a esperienze artistiche che si distaccavano dal classicismo rinascimentale, caro all'universo protestante per la sua enfasi della semplicità, venne anche associato a una **cultura decadente** rispetto a quella del Rinascimento (identificato come periodo di splendore), fondata sul conformismo morale, sull'ipocrisia e la dissimulazione, sull'ostilità al cambiamento politico e culturale, sull'esaltazione dell'esteriorità.

Furono soprattutto i territori sottoposti alla monarchia asburgica di Spagna a essere interessati da questi processi, che andavano di pari passo con il trionfo dei valori della Controriforma. La lotta contro l'eresia e la corruzione dei costumi si estese anche a

Il controllo sulle espressioni artistiche

re la ricchezza, come appunto avverrà con la piena affermazione del capitalismo.

Una crisi generale?
Altri studiosi hanno considerato i fattori economici come parte di un cambiamento più generale. Secondo lo storico inglese John Elliott (n. 1930), per esempio, le tensioni seicentesche derivarono dal tentativo attuato dagli Stati centrali di esercitare un maggiore controllo sulla vita economica, soprattutto allo scopo di finanziare gli eserciti, senza tuttavia possedere i corpi amministrativi (burocrati e funzionari) necessari per attuare questo programma. Altrettanto articolata è la posizione di Roland Mousnier (1907-93), che ha guardato al Seicento come a un secolo di crisi praticamente sotto tutti gli aspetti del vivere in società: crisi economica, sociale, della forma-Stato, delle relazioni internazionali, della morale e della cultura.

Crisi o ristrutturazione?
Le opinioni degli storici sono dunque molto articolate e in alcuni casi divergenti. C'è tuttavia qualcosa che accomuna i diversi approcci storiografici, distinguendoli soprattutto dallo sguardo degli uomini del tempo. Mentre questi ultimi vedevano nelle crisi la rottura di equilibri ritenuti immodificabili, lo sguardo distaccato dello storico interpreta le difficoltà economiche e politiche come manifestazioni di un travaglio che porta a un nuovo equilibrio, fondato su basi inedite.

In particolare, nel Seicento ciò avvenne attraverso una reazione alla crisi che stimolò l'introduzione di nuove tecniche agricole, la sperimentazione di nuove modalità produttive in ambito manifatturiero, la formazione di reti commerciali più capillari. E determinò anche nuovi equilibri geopolitici, con la progressiva marginalizzazione dell'area spagnola e italiana e l'ascesa di altre potenze economiche, come Olanda e Inghilterra. ■

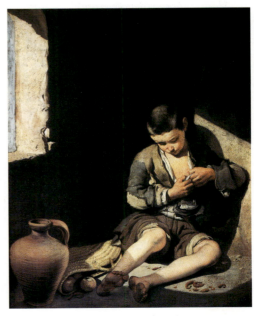
▲ Bartolomé Esteban Murillo, *Il giovane mendicante*, 1650 ca.

499

SEZIONE V STATI IN COSTRUZIONE [1600-1715]

campi come l'arte, la musica, la letteratura e il teatro. Si affermò una sorveglianza sempre più attenta sulle forme espressive fondate su idee e suggestioni profane, con l'intento di mettere in primo piano contenuti edificanti e obbedienti alle dottrine ufficiali o che almeno apparivano tali.

Il ruolo dei gesuiti

I gesuiti, prima ancora di altri ordini, affermarono la loro presenza in questo nuovo contesto, imprimendo il loro marchio sulla vita politica e religiosa del tempo. Monopolizzarono infatti l'educazione dei giovani aristocratici, occuparono ruoli chiave nelle amministrazioni degli Stati, organizzarono grandi eventi devozionali destinati a sollecitare la partecipazione del popolo, guidarono missioni nel Nuovo Mondo. I membri della Compagnia furono così fra i principali **promotori della cultura barocca**. Le estasi e le visioni dei santi, la meraviglia suscitata dai loro miracoli, la grandiosità delle processioni: tutti questi ingredienti contribuirono a costruire una risposta organica ai protestanti che avevano osato sfidare i dogmi imposti da Roma. A queste sollecitazioni risposero anche i monarchi e le famiglie dominanti, che raffinarono e ingigantirono i cerimoniali, al fine di circondare il loro potere di un'aura sacrale [▶fenomeni].

approfondimento
La Gloria di Sant'Ignazio di Andrea Pozzo

Il soldato come mestiere

Eserciti e impresari di guerra Anche gli apparati militari subirono in questo periodo una significativa trasformazione. Il reclutamento dei soldati fu sempre più affidato a **impresari della guerra** che ricevevano dai sovrani l'incarico di percorrere città e campa-

---

Il Barocco

fenomeni

Il Barocco era certamente riconducibile alla committenza delle corti e dei nobili che preferivano essere accolti in strutture architettoniche spettacolari, manifestare il loro potere in ambienti elaborati e stupefacenti, intrattenersi con le meraviglie delle arti visive, della parola scritta e recitata. Alcuni studiosi hanno contrapposto questo stile alla cultura borghese e mercantile, meno incline agli ornamenti e maggiormente improntata all'uso razionale dello spazio e delle risorse. Questa idea è confermata dal fatto che alcune aree a maggioranza protestante e contraddistinte da una più forte intraprendenza economica – l'Inghilterra, l'Olanda, la Scandinavia, alcuni territori tedeschi – mostrarono una preferenza per gli equilibri del classicismo, proprio nel periodo in cui il mondo cattolico abbracciava le forme ridondanti del nuovo stile.

Il Barocco nell'arte

L'architettura barocca era certamente più spettacolare rispetto a quella del secolo precedente. Alcuni luoghi della città di Roma come piazza Navona lo dimostrano in maniera eloquente, visto che assumono i contorni di un palcoscenico, proponendo sfondi ornati da fontane, obelischi e statue volti a rendere visibile allo spettatore il trionfo del cristianesimo sul mondo pagano e su tutte le forme di miscredenza. In particolare la *Fontana dei Quattro fiumi*, ideata da Gian Lorenzo Bernini (1598-1680) su commissione di papa Innocenzo X (1644-55), mostra quattro figure che impersonano i grandi fiumi dei continenti allora conosciuti (Nilo, Gange, Danubio, Rio de la Plata) ed è coronata dalla colomba dello Spirito Santo, volta a simboleggiare il dominio della Chiesa sulle diverse aree del pianeta.

Altrettanto significative sono le tendenze manifestate in opere scultoree come il *David* dello stes-

◀ Gian Lorenzo Bernini, *Fontana dei Quattro Fiumi*, 1651.

▶ Gian Lorenzo Bernini, *David*, 1623-24.

L'Europa del Seicento fra crisi e nuovi equilibri | **CAPITOLO 16**

gne alla ricerca di uomini da arruolare. Nella maggior parte dei casi i **soldati** erano volontari provenienti dagli **strati più disagiati della popolazione**, che intravedevano nella carriera militare nuove prospettive di vita, oltre che la possibilità di godere dei privilegi giuridici e fiscali accordati a chi si arruolava. Molti erano spinti dal desiderio di gloria e di avventura, altri da motivi religiosi; ma non di rado gli aspiranti soldati erano malviventi ed ex carcerati che imbracciavano le armi in cambio della remissione della pena.

Anche a causa delle molte guerre combattute nella prima metà del XVII secolo, il numero dei soldati crebbe in maniera vertiginosa e per i sovrani il loro sostentamento divenne uno dei maggiori problemi cui far fronte. La soluzione fu spesso semplice quanto distruttiva: dare via libera ai **saccheggi** delle città e delle campagne nelle zone di guerra, o costringere le popolazioni del luogo a versare forti somme di denaro agli eserciti occupanti per salvarsi.

Importanti cambiamenti riguardarono anche le **tecniche belliche** e la **produzione di armi**. Le armi da fuoco accrebbero ulteriormente la loro importanza grazie all'introduzione di un'**artiglieria più leggera**, facilmente trasportabile sulle lunghe distanze. In aree come la Renania e la Lombardia, in particolare, si svilupparono centri di produzione di ordigni esplosivi, archibugi, moschetti e altri strumenti bellici. Queste innovazioni tecniche comportarono costi enormi in termini di vite umane: a differenza delle armi da taglio, infatti, pallottole ed esplosivi risultavano spesso mortali.

Eserciti da mantenere

rispondi
1. Che cosa si intende per "crisi" del Seicento? **2.** Quali sono le caratteristiche culturali e artistiche del Barocco?

so Bernini, immortalato nel pieno del suo sforzo fisico mentre affronta il nemico lanciando la pietra con la sua fionda: l'opera celebra il movimento ed è in aperto contrasto con quella scolpita da Michelangelo Buonarroti che, pur essendo incentrata sullo stesso soggetto, ne esaltava la quiete.

La pittura di Michelangelo Merisi, detto il Caravaggio (1571-1610) interpretò in maniera significativa lo stile barocco, ma non fu immune da contestazioni: l'artista fu violentemente attaccato per aver disprezzato la bellezza e privilegiato la deformità, anche quando rappresentava soggetti intangibili come la Vergine Maria.

Nella letteratura, lo stile barocco trovò la sua espressione più definita in scrittori come il poeta napoletano Giambattista Marino (1569-1625), che usava i versi allo scopo di sorprendere lettori e ascoltatori (generare "meraviglia"), usando imprevedibili metafore fondate sull'arguzia verbale, o come il drammaturgo spagnolo Calderón de la Barca (1600-81), impegnato a produrre drammi religiosi come *Il grande teatro del mondo* (1635) che portavano sulla scena complesse costruzioni teologiche.

▲ Caravaggio, *Madonna dei Pellegrini*, 1604-06.

SEZIONE V STATI IN COSTRUZIONE [1600-1715]

16.2 L'Europa del primo Seicento

Le cause del declino

Il declino della Spagna e il ruolo della monarchia Le trasformazioni sociali ed economiche che si verificarono nel continente agli inizi del Seicento ebbero conseguenze sui processi di consolidamento in corso in alcune monarchie europee, in particolar modo Spagna e Francia. Il nuovo re spagnolo, Filippo III (1598-1621), dovette affrontare la difficile situazione della Castiglia, che per decenni era stata crocevia dell'economia della penisola iberica e dei domini stranieri della corona. Il declino aveva cause profonde, risalenti al secolo precedente, quando l'**incremento dei prezzi** [▶ cap. 15.1] aveva provocato un duplice effetto: i generi alimentari erano diventati più costosi, mettendo in difficoltà i ceti meno abbienti; i ceti ricchi, al contrario, avevano accentuato la loro tendenza all'esibizione del lusso e alla pratica dell'ozio. Inoltre il **settore agricolo**, a causa della sua scarsa produttività, non riusciva più a garantire il sostentamento della popolazione rurale. Di conseguenza, le campagne si erano spopolate e le importazioni di generi di prima necessità e di manufatti erano aumentate; le città, in questo contesto, si trasformavano in centri di consumo e parassitismo.

La guerra come soluzione

Le difficoltà nel controllo dei domini della corona, a partire da quello dei Paesi Bassi (nonostante la pace sancita nel 1609, nota come "tregua dei dodici anni"), fiaccò ancor di più un potere centrale già di per sé fragile. Infatti il debole Filippo III era stato incapace di arginare il potere dei *validos*, i favoriti del re, che avevano assunto enormi poteri decisionali nell'ambito della vita di corte [▶protagonisti, p. 504]. Per frenare il declino del paese non mancarono proposte di riforme politiche e finanziarie, ma la nobiltà aveva interesse a mantenere uno sfruttamento estensivo delle campagne per l'allevamento, anche se poco redditizio, mentre la monarchia puntava a ricompattare le divisioni interne individuando un **nemico esterno**: ancora una volta dunque si preferì percorrere la via militare, riaprendo le ostilità con la Francia, l'Inghilterra e le altre potenze europee.

Errori e riforme

A peggiorare la situazione intervennero scelte di politica interna e religiosa destinate a rivelarsi deleterie dal punto di vista economico. Nel 1609 Filippo III decise di **espellere i moriscos**, i sudditi di origine araba convertiti al cristianesimo. Ben 300 000 persone abbandonarono la penisola iberica per raggiungere il Nord Africa, aggravando la crisi demografica già in corso; si trattava inoltre di individui economicamente attivi, il cui contributo all'agricoltura, al commercio e alla manifattura veniva ora meno. Una parziale inversione di tendenza si ebbe sotto Filippo IV (1621-55) che si affidò completamente all'azione del suo ministro Gaspar de Guzmán, **conte-duca di Olivares** (1587-1645). Oltre a riorganizzare il **sistema fiscale** e a rafforzare il controllo delle **colonie** (sempre più in balia dei mercanti e dei pirati olandesi), il ministro si impegnò a rinfoltire l'**esercito**, obbligando ciascuna provincia a fornire un contingente di armati. In questo modo la corona arrivò a disporre di ben 140 000 effettivi al suo servizio.

approfondimento
L'espulsione dei moriscos *dalla Spagna*

Rodolfo II, imperatore cattolico ma tollerante

L'Impero germanico fra cattolicesimo e protestantesimo Il Sacro Romano Impero, controllato dal ramo collaterale della dinastia asburgica, era caratterizzato da un'estrema frammentazione politica e religiosa [👁1]. Sotto la guida di **Rodolfo II** (1576-1612) la corte accrebbe il suo prestigio, trasferendosi da Vienna a Praga dove attirò un gran numero di scrittori, artisti e alchimisti. La politica religiosa di Rodolfo fu improntata alla **tolleranza** verso il protestantesimo, ma la pace fra le diverse confessioni cristiane fu messa in discussione tanto dai **principi del Palatinato**, calvinisti, che nel 1608 fondarono

502

L'Europa del Seicento fra crisi e nuovi equilibri | **CAPITOLO 16**

l'**Unione evangelica**, quanto dai **duchi di Baviera**, che ergendosi a difensori della fede romana costituirono una **Lega cattolica** sostenuta anche dalla Spagna (1609).

Con l'ascesa al trono di **Mattia d'Asburgo** (1612-19) e poi di **Ferdinando II** (1619-37) si segnò un'inversione di tendenza rispetto alla tolleranza religiosa. I gesuiti furono accolti nei territori sottoposti al controllo diretto della corona (Stiria, Tirolo, Carinzia), dove fondarono nuovi collegi, mentre le confessioni protestanti cominciarono a essere marginalizzate e la famiglia regnante consolidò il suo rapporto con la Chiesa, usando la religione come elemento coagulante sia **contro l'avanzata luterana e calvinista** (che aveva successo proprio in funzione antiasburgica), sia contro la **minaccia turca**. Ai confini orientali dell'Impero rimaneva infatti costante la pressione degli **ottomani**, che dopo la fase espansiva del primo Cinquecento, quando erano arrivati a conquistare Buda e assediare la stessa Vienna [▶ cap. 12.5], erano stati respinti ma mantenevano il controllo di gran parte dell'Ungheria.

La svolta verso un cattolicesimo intransigente

La Francia di de Sully e Richelieu In Francia, l'ascesa al trono di Enrico IV di Borbone segnò la fine delle ostilità con la Spagna, oltre che delle guerre di religione che avevano lacerato il paese [▶ cap. 15.5]. I danni provocati dai lunghi conflitti interni erano stati notevoli, ma nonostante ciò la ripresa fu rapida. La gestione degli affari dello Stato fu assegnata al ministro ugonotto Maximilien de Sully (1560-1641), che irrobustì la **burocrazia** e riordinò il sistema di imposizione e riscossione delle **tasse**.

La riforma dello Stato di Sully

Le grandi casate aristocratiche continuavano a controllare i territori periferici – fatto che nei decenni precedenti aveva creato attriti e divisioni nel paese –, ma in questo periodo consolidarono il loro legame con il potere centrale. Rimanevano però forti le tensioni legate allo **scontro confessionale**. Il passato calvinista di **Enrico IV** continuò a suscitare ostilità nei cattolici più intransigenti e, nel clima di sospetto alimentato da

Le tensioni religiose e l'uccisione di Enrico IV

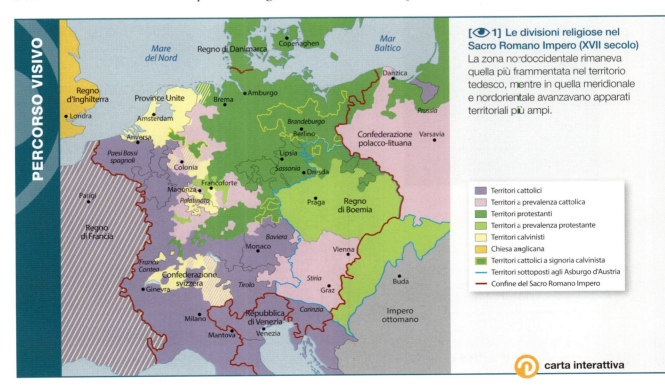

[◉ 1] Le divisioni religiose nel Sacro Romano Impero (XVII secolo)
La zona nordoccidentale rimaneva quella più frammentata nel territorio tedesco, mentre in quella meridionale e nordorientale avanzavano apparati territoriali più ampi.

- Territori cattolici
- Territori a prevalenza cattolica
- Territori protestanti
- Territori a prevalenza protestante
- Territori calvinisti
- Chiesa anglicana
- Territori cattolici a signoria calvinista
- Territori sottoposti agli Asburgo d'Austria
- Confine del Sacro Romano Impero

carta interattiva

503

SEZIONE V STATI IN COSTRUZIONE [1600-1715]

protagonisti

I favoriti alla corte del re: i casi di Spagna e Francia

La figura di Gaspar de Guzmán, conte-duca di Olivares è cruciale per le sorti della Spagna, ma è anche rappresentativa di una tendenza più ampia manifestatasi in diverse monarchie nell'Europa del Cinquecento e del Seicento: il potere attribuito ai "favoriti del re", infatti, non fu un tratto specifico della corona iberica e si configurò come una manifestazione complessa del tentativo delle corti di affermare la loro presenza nei quadri del potere centrale.

▲ Diego Velázquez, *Ritratto del conte-duca di Olivares*, 1624.

Ascesa e caduta del conte-duca

Olivares cominciò la sua scalata al potere partendo già da una posizione privilegiata. Era infatti il figlio dell'ambasciatore spagnolo presso la Santa Sede e non fu arduo per lui ottenere nel 1615 la nomina di gentiluomo di camera dell'erede al trono (il futuro Filippo IV, divenuto re nel 1621). Cominciò a influenzarlo in profondità sul piano caratteriale, arrivando perfino a dirigere le sue scelte. Divenuto titolare della direzione dello Stato, Olivares guardò con molta attenzione al bilancio e alla razionalizzazione dell'amministrazione interna. Cercò di ridimensionare l'autonomia dei diversi regni, principalmente quelli italiani, l'Aragona, il Portogallo, e contemporaneamente di stimolare un più omogeneo assetto istituzionale. Presto si svelò il suo intento di ricostruire il prestigio imperiale spagnolo, ma l'impegno nella Guerra dei Trent'anni si tradusse in un clamoroso insuccesso (come vedremo più avanti in questo capitolo) e in un ulteriore sgretolamento del quadro politico. Olivares cadde in disgrazia e lasciò definitivamente il potere nel 1643.

Alterne fortune dei favoriti in Francia

Dopo la morte di Enrico IV di Borbone (1610), Maria de' Medici divenne la reggente del figlio Luigi XIII e delegò una fetta consistente di decisioni alla sua confidente personale, Leonora Dori Galigai (1568-1617) e al consorte Concino Concini (1570-1617), proveniente da una famiglia notarile fiorentina. Quest'ultimo sfruttò la sua posizione per comprare titoli nobiliari e per governare in maniera diretta ampi territori dello Stato, soprattutto nelle aree settentrionali. Si attirò quindi molte inimicizie, prima fra tutte quella del futuro re, apertamente in contrasto con la madre. Quando il sovrano raggiunse la maggiore età Concini perse il suo potere e nell'aprile del 1617 venne assassinato, probabilmente su ordine dello stesso Luigi XIII. Poco dopo Leonora fu arrestata con l'accusa di stregoneria, processata e decapitata; il suo cadavere fu bruciato.
Si aprivano così le porte a un altro favorito della Medici, destinato ad avere ben altra fortuna: il cardinale Richelieu, che cambiando schieramento seppe conquistare la piena fiducia del re, tanto da diventare il principale artefice del suo potere. ■

▲ L'arresto e l'uccisione di Concino Concini, incisione tedesca del 1630.

L'Europa del Seicento fra crisi e nuovi equilibri | CAPITOLO 16

questi ultimi, nel 1610 un fanatico tese un agguato alla carrozza che trasportava il sovrano per le strade di Parigi, riuscendo ad **assassinarlo**.

L'episodio aprì un nuovo periodo di instabilità. L'erede al trono, **Luigi XIII** (1610-43), aveva solo nove anni ed era perciò posto sotto la tutela della madre, **Maria de' Medici** (1575-1642), seconda moglie di Enrico IV. Quest'ultima si circondò però di fiduciari incapaci e corrotti [▶ protagonisti], che lasciarono ampio spazio agli **abusi dell'aristocrazia** e misero in campo politiche fiscali che colpivano quasi esclusivamente i ceti più umili.

La reggenza di Maria de' Medici

La situazione mutò a partire dall'inizio degli anni Venti, dopo l'ingresso nel Consiglio del re del cardinale Armand-Jean du Plessis, **duca di Richelieu** (1585-1642), che si fece subito spazio fra le gerarchie di corte. Sul piano interno Richelieu mirò a rafforzare le strutture statali, destinando le risorse derivanti dal prelievo fiscale alla retribuzione degli **intendenti**, funzionari dotati di competenze finanziarie, giudiziarie e di polizia e incaricati del controllo delle province. Per il ministro, inoltre, il prestigio della corona doveva fondarsi sulla forza del suo **esercito**, che venne rafforzato.

Le riforme di Richelieu

Sul piano della politica religiosa, Richelieu ridimensionò bruscamente l'atteggiamento permissivo nei confronti dei protestanti. Pur confermando la libertà di culto sancita dall'Editto di Nantes [▶ cap. 15.5], il nuovo ministro **attaccò le piazzeforti ugonotte**, pagando anche un notevole prezzo in termini di vite umane (come a La Rochelle, l'ultimo presidio a cadere nel 1627-28) [👁 2]. Gli ordini monastici che si erano affermati in seguito al Concilio di Trento, e in particolar modo i gesuiti, poterono godere di ampi margini d'azione, ma il rifiuto di una sottomissione assoluta alla Santa Sede continuò a caratterizzare la specificità religiosa francese (la cosiddetta **tradizione gallicana**).

La stretta contro i protestanti...

Vi fu anche, in questo periodo, una prima diffusione del **giansenismo**, un movimento religioso che, ispirandosi al pensiero di Cornelius Otto Jansen (1585-1638), accentuava lo spirito cristiano delle origini e insisteva sulla necessità della grazia di Dio per la salvezza del genere umano, dotato di una natura intrinsecamente corrotta. In

... e contro i giansenisti

PERCORSO VISIVO

[👁 2] **L'ultima roccaforte ugonotta** Per far cadere La Rochelle, città-fortezza sull'estuario della Gironda, Richelieu dovette ricorrere a un enorme spiegamento di uomini e mezzi. Gli ugonotti assediati venivano appoggiati e riforniti dalla flotta inglese, per cui il cardinale fece progettare e costruire – come mostra il quadro dell'epoca – uno sbarramento che impedì l'accesso agli aiuti via mare, costringendo la città alla fame e infine alla resa. Si calcola che nei 14 mesi di assedio più di tre quarti della popolazione urbana sia morta.

SEZIONE V   STATI IN COSTRUZIONE [1600-1715]

aperta **polemica con i gesuiti**, considerati troppo morbidi verso il lassismo diffuso, i giansenisti predicavano una morale rigorosa. La Chiesa di Roma reagì in maniera risoluta, pronunciando diverse condanne del giansenismo, ma nonostante gli sforzi dello stesso Richelieu la dottrina mantenne vigore per lungo tempo, affermando la sua presenza anche fuori dai confini francesi nel corso del XVIII secolo.

Espansione commerciale e identità nazionale

Molta attenzione fu dedicata anche alle questioni economiche, in particolare nel sostegno al **commercio marittimo** e alla **penetrazione coloniale** in Africa, nelle Antille e in Canada. Il cardinale si adoperò anche per rafforzare l'**identità culturale** del paese. Nel 1635 nacque l'Accademia di Francia (*Académie française*), con il compito di accogliere uomini di cultura pronti a celebrare le glorie del potere e a orientare il pensiero e l'azione dei ceti dirigenti. I membri del sodalizio furono chiamati anche a perfezionare la lingua, conferendole regole precise.

L'ascesa della potenza svedese

La Svezia e il dominio sul Baltico Nell'area settentrionale dell'Europa, il primo Seicento fu caratterizzato dall'ascesa della Svezia della **dinastia Vasa** che, oltre a controllare buona parte della Scandinavia, possedeva avamposti anche nelle attuali Estonia e Lettonia [◉ 3]. Un tale assetto consentiva un controllo pressoché totale del Mar Baltico e dei commerci con il cuore del continente e con le isole britanniche, sostenuti dall'esportazione delle notevoli risorse naturali del territorio (in particolare minerali e legname, di cui si rifornivano i cantieri navali dell'area tedesca, olandese e inglese).

Sotto il re **Gustavo II Adolfo** (1611-32) fu perfezionato il sistema fiscale, al fine di finanziare la formazione di un **esercito forte**, fondato sulla **coscrizione obbligatoria**, finalizzata dall'assemblamento di un corpo di uomini addestrati e dotati di armi all'avanguardia.

rispondi
1. Come si presenta l'Europa del primo Seicento dal punto di vista economico, politico e religioso?
2. Quali nazioni appaiono in crisi e quali in crescita?

PERCORSO VISIVO

[◉ 3] L'espansione svedese
Oltre alla progressiva conquista di territori in Scandinavia, in concorrenza con la corona danese-norvegese, l'espansione svedese sul continente rendeva il Baltico un mare segnato da un'egemonia chiara. Solo nella seconda metà del Seicento questa situazione cambierà con l'avanzata del potere russo, impegnato in lunghe e sanguinose battaglie contro la potenza scandinava.

Regno di Svezia nel 1611
Conquiste sotto Gustavo II Adolfo (1611-32)

506

L'Europa del Seicento fra crisi e nuovi equilibri   **CAPITOLO 16**

16.3 La Guerra dei Trent'anni

La defenestrazione di Praga Come si è visto, gli **antagonismi politico-religiosi** presenti nei domini tedeschi della corona asburgica avevano condotto alla formazione di due leghe contrapposte, l'Unione evangelica, sotto la guida dell'elettore del Palatinato **Federico V**, e la Lega cattolica, che trovò un punto di riferimento in **Massimiliano I** di Baviera, accreditatosi come alfiere della Controriforma. Il 23 maggio del 1618 le tensioni esplosero quando un gruppo di nobili boemi in preda all'ira gettò dalla finestra del castello di Praga i rappresentanti dell'imperatore Mattia, accusato di aver preso provvedimenti a favore dei cattolici e di voler mettere in discussione le libertà delle confessioni riformate in Boemia [▶eventi]. Il gesto, di sicuro **valore simbolico**, ebbe conseguenze importanti, visto che i boemi decisero di non riconoscere più come sovrano Ferdinando II (appena succeduto a Mattia sul trono imperiale), preferendogli il calvinista Federico V, capo dell'Unione evangelica.

L'esplosione delle tensioni religiose

La prima fase della guerra Il conflitto che ebbe origine da questi violenti e annosi attriti sarebbe stato in seguito ricordato come "Guerra dei Trent'anni". L'andamento delle operazioni fu convulso ed è difficile operare semplificazioni. I primi anni furono segnati dalla **prevalenza del fronte cattolico-asburgico**: la Spagna infatti corse in aiuto dell'esercito imperiale, riuscendo ad arginare le pretese dei principi protestanti. A partire dal 1625 la **Danimarca** del re luterano Cristiano IV cercò di invertire la tendenza, ma fu fermata dalle truppe di Albrecht von Wallenstein, un abile e spregiudicato nobile cattolico capace di trasformare lo scontro in una grande occasione di profitto economico, mettendo insieme ben 30 000 uomini a sue spese e permettendo loro di

Le vittorie del fronte cattolico degli Asburgo

eventi

La defenestrazione di Praga

L'evento del 23 maggio 1618 è ricordato come causa scatenante della Guerra dei Trent'anni. L'autorità imperiale cercò di imporre la sua volontà in chiave filocattolica e vietò la costruzione di edifici di culto protestanti su terreni appartenenti alla Chiesa di Roma, suscitando un diffuso malcontento fra i nobili del posto e i ceti inferiori. Le vittime della furia dei ribelli furono due rappresentanti della casa imperiale, entrambi cattolici ferventi. Caddero, insieme al loro segretario, su un letto di letame scaricato sotto la finestra del castello dai contadini del posto. Nessuno di loro morì o riportò gravi ferite nell'impatto: molti predicatori e scrittori di parte cattolica interpretarono la loro sopravvivenza come un segno divino a sostegno della lotta al protestanesimo.

Lo stesso castello era già stato teatro di altre "defenestrazioni", sempre riconducibili a tensioni religiose. Fra queste ebbe particolare rilevanza quella del 1419, quando alcuni ribelli hussiti (seguaci della dottrina di Jan Hus) avevano rivolto la loro ira contro i membri del consiglio cittadino, schierati a favore della Chiesa di Roma, che morirono per le ferite riportate o uccisi dalla folla inferocita. ■

▶ L'evento in una incisione colorata dell'epoca.

consumare razzie in ogni dove. Grazie a sonanti vittorie, lo spregiudicato condottiero riuscì ad accrescere il suo prestigio fino a fare concorrenza alla stessa famiglia degli Asburgo [👁 4].

La guerra in Italia

Dal 1628 al 1631, le attenzioni dei contendenti si spostarono in Italia, dove il **Ducato di Mantova** era rimasto senza eredi in seguito all'estinzione della dinastia dei Gonzaga. L'esercito imperiale sottopose la città a un terribile **saccheggio**, ma l'intervento deciso del cardinale Richelieu riuscì a consegnare il piccolo Stato, insieme alla fortezza di Casale Monferrato, alla famiglia francese dei Nevers, imparentati con i Gonzaga. Fu certamente la **debolezza della Spagna** a consentire questa manovra al cardinale che, consapevole dei problemi economici del suo rivale Olivares, riuscì a ottenere anche il controllo della Valtellina, un luogo strategico sulla via di comunicazione fra i territori dell'alleanza austro-spagnola, come il Ducato di Milano e il Tirolo austriaco.

L'intervento della Svezia

Un'inversione nell'andamento del conflitto si ebbe all'inizio degli anni Trenta con l'entrata in scena della **Svezia di Gustavo II Adolfo** che contribuì in maniera decisiva alla rivalsa della causa protestante contro le forze dell'imperatore Ferdinando II. Tuttavia le vittorie conseguite non ebbero conseguenze durevoli. Il sovrano della dinastia Vasa riuscì infatti ad avere la meglio su un esercito di 100 000 uomini guidato da Wallenstein nella battaglia di Lützen, in Sassonia (1632), ma perse la vita sul campo. Una successiva grave disfatta costrinse gli svedesi a ritirarsi, segnando la **momentanea sconfitta del fronte antiasburgico**. Fu ancora una volta la Spagna a offrire l'intervento provvidenziale, nel tentativo di rinsaldare l'asse dinastico per mantenere in piedi un potere gravemente minacciato dalle divisioni interne e dalle pressioni esterne.

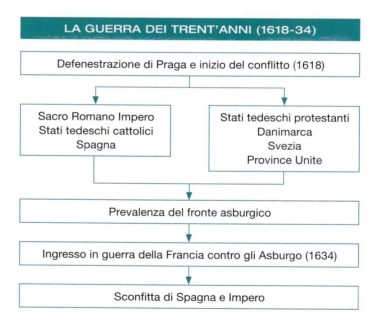

L'intervento della Francia...

L'alleanza Richelieu-protestanti e la sconfitta della Spagna Di fronte alla resistenza dell'asse iberico-austriaco, Richelieu si decise a intervenire in maniera diretta, scardinando lo schema fronte cattolico-fronte riformato e affermando la **priorità delle ragioni politiche su quelle religiose**. Incurante del suo ruolo di cardinale della Chiesa di Roma, nel 1635 decise di schierarsi con i protestanti tedeschi, gli unici che

L'Europa del Seicento fra crisi e nuovi equilibri | CAPITOLO 16

potevano aiutare la monarchia francese a non trovarsi schiacciata nel cuore di un'Europa continentale dominata dagli Asburgo. Poté contare sull'appoggio della Svezia, intenzionata ad affermare la sua supremazia sui mari del Nord, e su quello delle Province Unite, intente a proseguire la lotta per l'indipendenza.

La Spagna, giunta allo stremo delle forze, si piegò di fatto già all'inizio degli anni Quaranta (decisiva fu la vittoria francese ottenuta a Rocroi, al confine con i Paesi Bassi spagnoli, il 19 maggio del 1643), ma i negoziati si conclusero solo nel **1648**, in quella che si suole definire **Pace di Vestfalia**.

Le conseguenze della guerra Sul fronte dei vincitori, con la Pace di Vestfalia [👁 5] la **Francia** allargava la sua influenza a quasi tutta la regione dell'Alsazia, una porzione piccola ma non per questo poco importante del territorio tedesco, e ad alcune fortezze

...e la fine della guerra

Le acquisizioni territoriali dei vincitori

PERCORSO VISIVO

[👁 4] **La parabola di Wallenstein** Albrecht von Wallenstein (1583-1634), protestante convertitosi al cattolicesimo, grazie alla sua abilità militare divenne un ricco e potente "signore della guerra", ottenendo dall'imperatore diversi titoli e territori, ma anche suscitando invidie e timori. In una guerra che vide continui cambi di alleanze, tradimenti, sospetti, furono anche eventi fortuiti a segnare il suo destino: mentre forse si preparava a passare al nemico, venne ucciso da un gruppo di suoi ufficiali britannici (qui in un'immagine dell'epoca).

[👁 5] **L'Europa dopo la Pace di Vestfalia** Tra i cambiamenti notevoli della geografia politica si possono segnalare il rafforzamento di alcuni principati tedeschi, in particolar modo il Brandeburgo; il riconoscimento definitivo dell'indipendenza della Svizzera dall'Impero e delle Province Unite dalla Spagna; un primo passo verso il distacco del Portogallo dalla Spagna. In Italia, oltre a Mantova già ottenuta nel 1633, passano alla Francia Casale Monferrato e Pinerolo, due centri strategici per il collegamento verso il Regno d'Oltralpe.

☐ Territori governati dagli Asburgo di Spagna
☐ Territori governati dagli Asburgo d'Austria
☐ Repubblica di Venezia
☐ Territori ceduti dalla Spagna alla Francia nel 1659
— Confine del Sacro Romano Impero

SEZIONE V   STATI IN COSTRUZIONE [1600-1715]

italiane. La **Svezia** consolidava il suo dominio sul Baltico conquistando altri territori continentali.

Le cessioni degli sconfitti

Sul fronte degli sconfitti, invece, il **Sacro Romano Impero** risultava fortemente **indebolito**. I principi tedeschi acquisirono libertà maggiori sul piano religioso (accanto al luteranesimo, già riconosciuto dalla Pace di Augusta del 1555 [▶ cap. 13.3], il nuovo trattato ammise anche il calvinismo) e su quello politico, accentuando ancor più il particolarismo che caratterizzava l'area tedesca. Mentre la **Prussia-Brandeburgo** – uno Stato destinato a giocare un ruolo cruciale nella storia politica tedesca successiva – otteneva un'importante estensione territoriale nella Pomerania orientale, la **dinastia asburgica** assisteva al tramonto definitivo del progetto di creare un impero forte e unito.

Ad avere la peggio fu comunque la **Spagna**, che, nonostante le gravissime difficoltà economiche e militari in cui si trovava, si ostinò a protrarre le ostilità con la Francia fino al 1659, quando con la **Pace dei Pirenei** fu costretta a cederle anche la regione del Rossiglione e l'Artois.

Devastazioni e pestilenze

In termini economici e sociali, le conseguenze peggiori furono patite dall'**area tedesca**, principale teatro degli scontri, che perse circa un quarto della popolazione e fu costretta a fronteggiare l'abbandono di grandi appezzamenti di terra e di numerosi villaggi. Borghi e città furono devastati dai **saccheggi** [▶ FONTI], e le attività produttive e commerciali impiegarono decenni per risollevarsi. Anche la Boemia, la Danimarca, la Borgogna e l'Italia settentrionale conobbero l'orrore delle battaglie e delle **distruzioni**, aggravate dalle **epidemie di peste** portate dagli eserciti e che in molte zone decimarono una popolazione già provata dalla guerra e dalle carestie [👁 6].

rispondi
1. Quali sono le motivazioni che portano allo scoppio della Guerra dei Trent'anni? 2. Quali nazioni risultano vincitrici, e quali sicuramente sconfitte?

PERCORSO VISIVO

[👁 6] **La peste** Le truppe imperiali, scese in Italia per conquistare Mantova, portarono con sé anche il contagio della peste. Poco più di cinquant'anni dopo l'epidemia che nel 1576-77 aveva colpito Milano, fu Federico Borromeo, cugino di Carlo e anch'egli diventato vescovo della città, a prestare il suo aiuto alla popolazione. La Guerra dei Trent'anni e la peste del 1630 fanno da ambientazione storica ai *Promessi sposi* di Manzoni, che dedica un capitolo allo studio storiografico dei documenti sanitari dell'epoca.

▲ Luigi Pellegrino Scaramuccia, *Federico Borromeo visita gli appestati*, 1670.

L'Europa del Seicento fra crisi e nuovi equilibri | CAPITOLO 16

FONTI

L'avventuroso Simplicissimus e la Guerra dei Trent'anni

■ Nei decenni successivi alla guerra molti storici e scrittori rievocarono le atrocità commesse dagli eserciti durante le loro scorrerie. Fra questi lo scrittore Hans Jakob Christoffel von Grimmelshausen (1621-76), che pubblicò nel 1668 il romanzo *L'avventuroso Simplicissimus*, uno dei capolavori della letteratura tedesca, raccontando il lungo conflitto attraverso la voce dell'ingenuo Simplicius, protagonista-narratore incline a mescolare contenuti realistici e fantastici, drammatici e comici, idillici e satirici.
L'episodio narrato è ambientato sulle rive del fiume Meno, in Franconia: risale probabilmente al 1632, ovvero al momento in cui gli svedesi penetravano nelle aree della Germania centrale. Il protagonista narra la vicenda in prima persona, evidenziando – con il tono leggero di chi non si rende bene conto di cosa accade – le atrocità commesse dai cavalieri nemici nella tenuta del padre.

> Alcuni si misero a macellare, a mettere a lesso e arrosto[1] come se si stesse preparando un gran banchetto. [...] Alcuni infilavan le daghe[2] nel fieno e nella paglia come se non avessero avuto abbastanza pecore e porci da infilzare, altri tolsero le piume dai materassi e li riempirono di lardo, carne affumicata e altre vivande come se così ci si potesse dormir meglio. Altri distrussero il focolare e le finestre, che sembrava volessero annunziare un'eterna estate, spezzarono gli utensili di rame e di peltro[3] [...] e fecero fagotto dei rottami informi. [...]
> La nostra serva, nella stalla, fu trattata in tal modo che non se ne poté più uscire, cosa che riferisco con gran vergogna. Stesero a terra, legato, il nostro garzone, gli misero un bastone attraverso la bocca e gli cacciarono in corpo una schifosa secchia di scolaticcio di stalla[4] che chiamavano bibita svedese [...].
> Allora cominciarono a togliere dalle pistole le pietre focaie[5] e a mettere invece il pollice dei contadini, e si diedero a torturare in tal modo quei poveri diavoli che nemmeno fossero stati streghe da metter sul rogo. Uno poi di quei prigionieri lo ficcarono nel forno [...]; a un altro gli misero la corda intorno al capo e strinsero tanto, torcendola con un randello, che gli uscì il sangue dalla bocca, dal naso e dalle orecchie[6] [...].

H.J.C. von Grimmelshausen, *L'avventuroso Simplicissimus*, Mondadori, Milano 1982

Come se non ci si dovesse più riparare dal freddo. Oltre a saccheggiare, i soldati distruggono tutto per puro vandalismo.

Allude a una violenza sessuale.

I contadini vengono torturati perché rivelino dove sono nascosti gli oggetti preziosi.

1 **a mettere ... arrosto:** la carne del bestiame sequestrato ai contadini.
2 **daghe:** spade corte con lama a doppio taglio.
3 **peltro:** lega a base di stagno usata per gli utensili.
4 **colaticccio di stalla:** liquame che cola dal letame.
5 **pietre focaie:** le pietre che, con le oro scintille, accendevano la carica esplosiva erano bloccate da un morsetto, detto "cane".
6 **che gli uscì il sangue:** per la pressione intracranica.

◂ Sebastien Vrancx, *Il saccheggio di un villaggio*, XVII secolo.

511

SEZIONE V STATI IN COSTRUZIONE [1600-1715]

16.4 Un secolo di rivolte

Rivolte popolari e aristocratiche in Francia I conflitti che dilaniavano l'Europa nella prima metà del Seicento ebbero conseguenze anche sugli assetti interni delle monarchie, in particolar modo – ma non soltanto – quella francese e quella spagnola. Per sostenere i crescenti costi della guerra, Richelieu fu costretto ad aumentare la **pressione fiscale**, a danno soprattutto delle campagne, già colpite in quel periodo da una serie di cattivi raccolti. Come conseguenza, fra gli anni Venti e Trenta il potere centrale fu scosso da un'**ondata di rivolte** che, diffuse a macchia d'olio in tutto il paese, arrivarono a coinvolgere zone molto ampie, come l'area sudoccidentale e la Normandia [👁7]. Questi episodi non arrivarono ad assumere caratteri eversivi o rivoluzionari, perché non posero mai in discussione la legittimità del potere monarchico o l'ordine sociale vigente [▶fenomeni]. Gli insorti miravano piuttosto a colpire gli agenti del potere regio, identificandoli come i principali responsabili delle vessazioni commesse nei loro confronti.

Richelieu morì nel dicembre del 1642, seguito pochi mesi dopo dal re (maggio 1643). Il successore, **Luigi XIV** (1643-1715), era ancora un bambino e si trovava dunque sotto la tutela della madre, Anna d'Austria. Quest'ultima si affidò a sua volta a **Giulio Mazzarino** (1602-61), prelato di origine abruzzese molto vicino a Richelieu e perciò ritenuto in grado di proseguirne l'opera. L'abilità diplomatica del nuovo ministro **non riuscì a frenare le tensioni** che serpeggiavano nel paese. In particolare, il rafforzamento e l'accentramento delle funzioni burocratiche iniziato da Richelieu creava forti malumori fra la cosiddetta nobiltà di toga, i detentori delle cariche venali vendute nei decenni precedenti [▶ cap. 12.2], che si vedevano scavalcati e prevaricati dagli intendenti di nomina regia. La riscossione delle imposte permise poi ai finanzieri che le

---

Ribellioni contadine contro le tassazioni

percorsi storiografici p. 608
Le donne fra potere e ribellione
N. Zemon Davis, A. Farge

Il difficile governo di Mazzarino

carica venale Pubblico incarico attribuito in cambio di soldi e non per meriti.

Fronda Dal francese *fronde*, "fionda", perché i partecipanti dovevano agire di nascosto, come i ragazzi che giocavano cercando di sfuggire alla polizia.

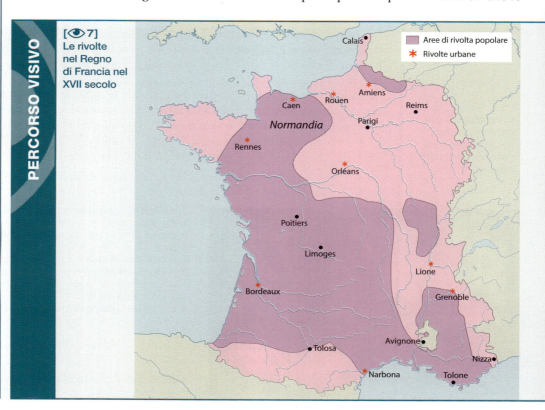

[👁7] Le rivolte nel Regno di Francia nel XVII secolo

PERCORSO VISIVO

▪ Aree di rivolta popolare
✱ Rivolte urbane

512

L'Europa del Seicento fra crisi e nuovi equilibri | **CAPITOLO 16**

Rivolte, non rivoluzioni

fenomeni

Il carattere delle rivolte seicentesche è stato oggetto di molte indagini, che hanno cercato di individuare tendenze comuni ai vari fenomeni verificatisi nei domini delle grandi monarchie europee. A occupare la scena non furono solo le masse popolari, spinte dalla fame, dagli abusi signorili o da una fiscalità statale sempre più esosa. In molti casi, anche i ceti benestanti giocarono un ruolo importante; le aristocrazie, in particolare, reagirono ai processi di rafforzamento del potere centrale, che determinavano il venir meno del loro tradizionale rapporto di fiducia con il sovrano in favore dell'avanzata di burocrati sempre più influenti. A mano a mano che i governi monarchici si imponevano, si riducevano i margini d'azione delle altre fonti di autorità: i tradizionali privilegi della nobiltà, le giurisdizioni nei territori signorili, la stessa propensione alla risoluzione privata dei contenziosi giudiziari anche con pratiche antiche come quella del duello, considerato un importante strumento di salvaguardia dell'onore.

Ribellioni sospese fra passato e futuro

Per reagire a queste trasformazioni del potere centrale, nel corso del Seicento le diverse componenti della società sperimentarono nuove forme di lotta politica, stabilendo alleanze trasversali che solo in alcuni casi erano espressione di interessi puramente economici o antifiscali. Spesso era la difesa di usi e costumi consolidati a coagulare il dissenso, assegnando alle rivolte un carattere rivendicativo più che sovversivo, in un ideale equilibrio fra innovazione e tradizione, fra ansia di cambiamento e desiderio di conservazione di un passato che si riteneva aureo e felice. Si trattava insomma di ribellioni prive di un progetto organico di rifondazione della società o delle istituzioni; piuttosto, esse esprimevano il rifiuto delle nuove forme di controllo elaborate dallo Stato centrale e la volontà di preservare gli spazi di autonomia e di difendere le antiche consuetudini che regolavano l'agricoltura, l'allevamento e i rapporti di produzione.

appaltavano di arricchirsi sempre di più fino a tenere sotto scacco la stessa corte, del tutto dipendente dalle somme che essi anticipavano.

La Fronda parlamentare e la Fronda dei principi Nelle fasi conclusive della Guerra dei Trent'anni la situazione divenne incandescente. L'aggressiva politica del potere centrale, alla continua ricerca di risorse per il mantenimento delle milizie, metteva in discussione tutti i privilegi acquisiti dalla vecchia e dalla nuova nobiltà. Fu il parlamento di Parigi – che pure costituiva soltanto un organo prevalentemente giudiziario ed era dunque privo di funzioni rappresentative – a prendere l'iniziativa formulando, fra il giugno e il luglio del **1648**, una serie di rivendicazioni, contenute in **27 articoli**. Fra le altre cose la **"Fronda parlamentare"**, come fu poi chiamata, chiedeva l'abolizione degli intendenti e del sistema degli appalti, la cancellazione di tributi non approvati in sede assembleare, il divieto di procedere ad arresti arbitrari.

La ribellione della nobiltà di toga...

Nel **1650** si scatenò la cosiddetta **"Fronda dei principi"**, promossa dai nobili, che aveva una natura composita e come unico obiettivo comune l'opposizione a tutte le forme di rafforzamento della monarchia: il governo ministeriale, la burocrazia, la fiscalità. In nome di una **restaurazione del potere delle aristocrazie**, che dovevano affiancare il re nel suo ruolo di guida del paese, il movimento assunse i caratteri di una vera e propria **anarchia feudale**, con diversi notabili che furono in grado di mettere in crisi la capacità della corona di controllare i territori periferici. Le campagne, già sfiancate dalla Guerra dei Trent'anni, furono sottoposte a estorsioni e violenze per circa due anni. Mazzarino riuscì a ripristinare l'ordine con molta fatica, approfittando anche della voglia di stabilità del ceto borghese e dei lavoratori della terra, desiderosi di aggrapparsi a un punto di riferimento sicuro e stanchi delle malversazioni signorili.

... e di quella di spada

513

SEZIONE V | **STATI IN COSTRUZIONE [1600-1715]**

In Spagna rivolte a carattere autonomistico

Le insurrezioni nella penisola iberica Anche la Spagna si trovò a fronteggiare una situazione interna molto critica. Quando le sorti della Guerra dei Trent'anni divennero chiaramente sfavorevoli, gli sforzi richiesti alla popolazione aumentarono il malcontento. Le tensioni esplosero nel 1640 con la rivolta della **Catalogna**, che manifestò la sua ostilità al sovrano rivendicando la sua identità autonoma, reclamando l'indipendenza dalla Castiglia e chiedendo l'appoggio della Francia [👁 8]. Contemporaneamente il **Portogallo** (che, come si è visto, era stato annesso dalla Spagna nel 1580) approfittò della debolezza della monarchia spagnola per rifiutare la chiamata alle armi arrivata da Madrid e per proclamare l'indipendenza.

Il differente esito delle insurrezioni

Il conte-duca Olivares dovette abbandonare il suo incarico nel 1643, lasciando le casse dello Stato completamente vuote e una moltitudine di creditori ad attendere soddisfazione. Servirono molti anni per ricomporre – parzialmente – la situazione interna: i catalani ritornarono all'obbedienza per iniziativa della nobiltà locale, che si mostrò timorosa del carattere eversivo assunto dai movimenti contadini, mentre ai portoghesi fu riconosciuta l'indipendenza dopo una lunga guerra conclusasi definitivamente nel 1668.

I domini spagnoli in Italia Ulteriori problemi insorsero nei domini italiani. Se il **Ducato di Milano** fu trattato con un certo riguardo in virtù della sua **posizione strategica** nel quadro bellico europeo, non si può dire altrettanto del Meridione della penisola.

Un potere debole al di fuori di Napoli

Attorno alla metà del Seicento il **Regno di Napoli** aveva una capitale molto popolosa (300 000 abitanti, terza città in Europa dopo Londra e Parigi [👁 9]), nella quale risiedevano il **viceré**, il Consiglio collaterale che lo affiancava nell'azione di governo e altre magistrature. Rilevante era anche la presenza di un **"ceto civile"** composto da uomini di legge di origine borghese, che occupando alcune posizioni di potere all'interno dell'amministrazione statale (in particolare nell'applicazione di leggi oscure e farraginose, che lasciavano spazio all'arbitrio di chi le interpretava) riuscivano a contrastare il ruolo dei nobili anche a costo di aizzare il malcontento delle plebi contro l'ordine co-

PERCORSO VISIVO

[👁 8] Le rivolte nella penisola iberica (1640)

stituito. Soltanto poche comunità periferiche erano sotto il diretto controllo regio; il resto del territorio, in sostanza un immenso contado privo di vere realtà urbane, era nelle mani dei **"baroni"**, signori feudali già titolari di poteri di giustizia e polizia, che avevano approfittato della debolezza della corona spagnola per consolidare il loro potere a livello locale (anche assoldando malviventi per imporsi con la violenza).

Altrettanto squilibrato era il panorama della Sicilia, dove la capitale **Palermo** contava oltre 100 000 abitanti e raccoglieva gran parte della nobiltà dell'isola, titolare di notevoli privilegi e abituata a sfruttare il lavoro dei contadini. A interloquire con il potere centrale c'era un **parlamento**, che rappresentava in gran parte le **istanze aristocratiche ed ecclesiastiche**. Nella primavera del **1647** il malcontento generato dall'esoso prelievo fiscale spagnolo sfociò in una violenta **rivolta**, che indusse l'esecutivo ad abolire alcune tasse e a consegnare alle corporazioni di mestiere il controllo dell'approvvigionamento e della polizia. Le concessioni furono comunque solo temporanee; poco alla volta l'ordine fu ristabilito e i rivoltosi catturati e condannati a morte.

L'avventura di Masaniello Più gravida di conseguenze fu la crisi scoppiata a **Napoli** nello stesso luglio del **1647**, a seguito dell'istituzione di una gabella **sulla frutta**. La nuova tassa arrivava al culmine di anni di pesanti prelievi fiscali dovuti all'impegno della corona iberica nella Guerra dei Trent'anni, aggravando ulteriormente l'annoso problema della fame del popolo minuto. L'ira popolare contro l'ennesimo balzello imposto si coagulò attorno alla figura del pescivendolo Tommaso Aniello d'Amalfi, detto **Masaniello**, che fu però ucciso dai suoi stessi seguaci dopo soli dieci giorni dall'inizio della rivolta [▶ *altri* LINGUAGGI, p. 516]. Nonostante la morte di Masaniello, l'insurrezione proseguì per diversi mesi; le province furono attraversate da **moti contro i baroni**, mentre nella capitale l'iniziativa fu presa da esponenti del **ceto civile**, che intendevano destabilizzare le gerarchie esistenti per conquistare posizioni di prestigio all'interno di un nuovo assetto politico-istituzionale.

> La situazione nel Regno di Sicilia

> Il carattere antispagnolo e antibaronale della rivolta napoletana

> **gabella** Imposta o dazio, generalmente posta su un genere di consumo.

[👁 9] **Napoli capitale**
La piazza del Carmine, detta anche piazza del Mercato, fu uno dei principali scenari della rivolta di Masaniello. Si trattava di un luogo importante per le attività economiche della città capitale, trovandosi sulla fascia rivierasca ed essendo facilmente raggiungibile sia dal porto sia dalle zone interne dell'area urbana.

◀ Domenico Gargiulo (detto Micco Spadaro), *Fiera in piazza Mercato*, 1654.

SEZIONE V   STATI IN COSTRUZIONE [1600-1715]

altri LINGUAGGI

Tommaso d'Amalfi a teatro

Risale al 1963 il dramma storico *Tommaso d'Amalfi*, scritto dal celebre commediografo e attore napoletano Eduardo De Filippo (1900-84) con la collaborazione del cantautore Domenico Modugno (1928-94) per le parti musicali. Incentrata sulla figura del pescivendolo che si mise a capo della ribellione del 1647, trovando nel giro di pochi giorni la celebrità e la morte, l'opera è costruita sul contrasto fra l'immagine idealizzata di un popolo obbediente e la sua capacità di dare sfogo a una violenza inaudita.

Particolare è l'ambientazione, che vuole restituire l'atmosfera di una precisa porzione di Napoli: la piazza del Mercato, con la chiesa del Carmine, le taverne all'aperto, le tavole e le panche per accogliere i clienti, i barili di vino, le baracche dei venditori, i ceppi dei macellai, le botteghe di pellami e di stoffe, gli ambulanti che promuovono urlando le loro merci, i ragazzini (*scugnizzi*) che seminano scompiglio correndo tra la folla, i suonatori ambulanti, gli attori, i soldati, le pie donne che si recano alla messa, i passanti che parlano ad alta voce gesticolando in maniera plateale per commentare i fatti del giorno. ■

Le vicende della breve repubblica

banditismo Attività criminosa (rapine, omicidi, sequestri, furti) commessa da singoli o gruppi. Nel Medioevo si veniva "banditi" (cioè condannati a un esilio temporaneo o definitivo) dalla propria città per reati comuni o per motivi politici; in età moderna la condanna colpiva soprattutto i criminali.

La reazione del potere spagnolo

Fattori scatenanti delle rivolte

In ottobre i rivoltosi proclamarono la nascita della **"Real Repubblica" napoletana**, utilizzando una denominazione che, con il suo apparente ossimoro (si parlava anche di "monarchia repubblicana"), mostra bene il carattere di questa ribellione: da una parte, infatti, essa mirava a segnare una netta discontinuità con l'ordine esistente, ma dall'altra rimaneva ancora proiettata più verso il passato che verso il futuro, nell'ambizione di riportare nel presente i fasti di un'epoca storica ritenuta più felice. Caratterizzando la loro iniziativa in chiave antispagnola, i rivoltosi chiesero aiuto alla Francia, ma Mazzarino preferì adottare una linea prudente, mobilitando il duca **Enrico II di Guisa**; questi accettò di sostenere il nuovo soggetto politico sperando di poter procurare al suo casato il controllo sul Mezzogiorno italiano. L'ambizioso nobile francese sperava di catalizzare intorno a sé buona parte dei potentati locali, ma dimostrò scarse capacità diplomatiche e finì per entrare in rotta con alcuni consiglieri che, anziché coadiuvarlo nella sua impresa, preferirono vendersi al nemico. Nell'aprile del 1648 **gli spagnoli ripresero la capitale**, mentre nelle zone periferiche i baroni riuscivano a recuperare le loro prerogative con la forza militare.

A distanza di poco tempo, nel 1656, una violenta epidemia di peste aggravò ulteriormente la crisi del regno, rendendo evidente la necessità, per il potere centrale, di cambiare le modalità di governo del territorio. A partire da questi anni, in effetti, **i viceré puntarono a limitare l'azione dei signori feudali**, a reprimere il **banditismo** che imperversava nelle campagne e ad assecondare maggiormente le iniziative del ceto civile.

Le rivolte nell'area polacco-lituana All'interno della Confederazione polacco-lituana i **conflitti sociali** propri del mondo rurale si sovrapposero a **tensioni di tipo etnico-religioso**. Nel 1648, in particolare, ebbe inizio la rivolta dei **contadini ucraini** che lavoravano nei latifondi controllati dalla nobiltà polacca intorno al fiume Dnepr. La guida del movimento fu assunta da Bogdan Chmelnyckij, che riuscì a unire i **cosacchi** (una comunità seminomade ostile alle forme di sfruttamento del lavoro instaurate sul territorio) e i **tatari** di Crimea, creando un poderoso esercito che mise in seria difficoltà il potere centrale, grazie anche all'appoggio dello zar di Russia [◉10]. La violenza dei ribelli si abbatté anche sulle **comunità ebraiche**, che, dopo aver faticosamente conquistato limitati spazi di libertà all'interno dei confini dello Stato, furono decimate dalla furia popolare. La nobiltà polacca infatti affidava generalmente i propri terreni a intendenti ebrei, che perciò divennero il primo obiettivo della rivolta, anche grazie alla campagna di odio religioso sostenuta dai predicatori cattolici.

A partire dalla metà degli anni Cinquanta questi conflitti assunsero chiaramente le caratteristiche di un **confronto russo-polacco**. Si giunse a una parziale tregua solo nel 1667, con la firma del Trattato di Andrusovo, che consentì allo **zar Alessio Romanov** (1645-76) di prendere possesso della città ucraina di Kiev, sancendo di fatto l'affermazione della sua potenza in un'area nevralgica dell'Europa orientale.

rispondi
1. Dove scoppiano rivolte e ribellioni e in quale periodo?
2. Quali sono le caratteristiche di queste rivolte?

16.5 Rivoluzione scientifica e nuove frontiere del pensiero

Un processo con radici profonde

Fra magia, alchimia e scienza La difficile congiuntura politica, economica e demografica seicentesca non impedì una serie di processi di innovazione in campo filosofico-scientifico e tecnologico, tradizionalmente definiti dalla storiografia come **rivoluzione scientifica**. Non si trattò, in realtà, di cambiamenti repentini, ma di conquiste maturate nel tempo e fondate in gran parte su premesse poste nei decenni precedenti.

PERCORSO VISIVO

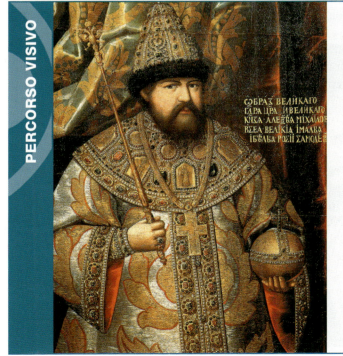

[◉10] **Il cosacco e lo zar**
Mentre l'insurrezione guidata da Bogdan Chmelnyckij attaccava il Regno polacco-lituano da sud, le truppe dello zar vi penetravano profondamente da est. Il ruolo di Alessio fu fondamentale per la ribellione, ma solo dopo molti sforzi i cosacchi si convinsero ad accettare la sua autorità.

◀ Ritratto dello zar Alessio Romanov, 1670-80.

▶ Ritratto di Bogdan Chmelnyckij, XVII secolo.

SEZIONE V   STATI IN COSTRUZIONE [1600-1715]

I tentativi di soffocare il libero pensiero

La discussione sugli assiomi della tradizione filosofica aristotelica e scolastica, per esempio, si era sviluppata già nel Cinquecento grazie al contributo di pensatori che avevano affrontato coraggiosamente i divieti posti dalle autorità cattoliche, fino a pagare con la vita la difesa delle loro idee. Fra questi vi fu il domenicano **Giordano Bruno** (1548-1600) condannato a morte dall'Inquisizione romana nel 1600 per aver rifiutato di pronunciare una pubblica abiura. Egli ipotizzava, fra le altre cose, un universo infinito, con altre stelle simili al Sole e pianeti abitati da esseri intelligenti [👁 11].

Uno sguardo nuovo sul mondo

L'intransigenza dei tribunali di fede e il conformismo dilagante non impedirono comunque lo sviluppo di nuovi percorsi di indagine, fra cui quelli di **maghi e alchimisti**, che tentavano di manipolare la natura emancipandosi gradualmente dai dogmi provenienti dalla tradizione [▶fenomeni]. Le loro suggestioni aprirono nuovi spazi per indagini più consapevoli sul mondo fisico, fondate sull'osservazione diretta di una realtà esterna concepita come un organismo complesso, interpretabile attraverso **strumenti matematici**.

Le scoperte di Copernico, Keplero e Galilei

Galileo e la difesa del sistema copernicano Risaliva al secolo precedente (1543) anche la pubblicazione del trattato *De revolutionibus orbium coelestium* ("Le rivoluzioni dei corpi celesti") dell'astronomo polacco **Nicola Copernico** [▶ cap. 10.6], in cui si smentiva la teoria geocentrica elaborata nel II secolo d.C. dallo studioso greco Claudio Tolomeo, fondata sulla centralità e sull'immobilità della terra nell'universo. Con la sua **teoria eliocentrica** Copernico poneva il sole al centro del sistema, in contrasto con la dottrina ecclesiastica, che sulla base delle Sacre Scritture continuava a considerare la terra al centro dell'universo. Non stupisce dunque il fatto che per lungo tempo le idee copernicane non riscuotessero seguito, fino a quando il teologo e astronomo tedesco **Giovanni Keplero** (Johannes Kepler, 1571-1630) non individuò alcune leggi che regolano il movimento dei pianeti, rendendole note nell'opera *Astronomia nova*, pubblicata a Praga nel 1609. Solo un anno più tardi, lo scienziato di origine pisana **Galileo Galilei** (1564-1642) pubblicò il *Sidereus Nuncius* ("Messaggero celeste"), in cui dimostrava l'e-

[👁 11] **Giordano Bruno** Ritratto di Giordano Bruno e frontespizio della sua opera *De l'infinito universo e mondi*. In questo libro (scritto e stampato a Londra, anche se come luogo di edizione compare Venezia) il filosofo prende le distanze dalle teorie fisiche aristoteliche e dallo stesso cristianesimo.

L'Europa del Seicento fra crisi e nuovi equilibri | **CAPITOLO 16**

fenomeni

L'alchimia e la scienza moderna

Il concetto di alchimia ha un'origine antichissima e racchiude in sé una varietà di pratiche e argomenti, ma è in generale definibile come arte della trasformazione o trasmutazione della materia. Nel corso del XVI secolo fu il medico svizzero Paracelso (Philippus Aureolus Theophrastus Bombastus von Hohenheim, 1493-1541) a modificarne i tratti trasformandola in una delle colonne portanti della scienza medica insieme alla filosofia, all'etica e all'astrologia, nella convinzione che la natura possedesse nelle sue viscere i segreti per riequilibrare il mondo e porre rimedio persino ai mali fisici: l'obiettivo centrale divenne quindi la preparazione di medicamenti.

L'alchimista concentrava la propria indagine proprio sull'osservazione diretta della natura, cercando di comprenderne le forze oscure e di orientarne il corso, sperimentando nuove combinazioni fra gli elementi, modificando o accelerando i processi di metamorfosi della materia. Un ruolo importante era svolto dai simbolismi e dai misticismi: non erano affatto secondari i numeri, i suoni e le credenze in creature fantastiche come mostri, folletti, ninfe e giganti.

La figura di Della Porta

Fra il XVI e il XVII secolo il napoletano Giovan Battista Della Porta (1535-1615) ebbe un ruolo centrale nello sviluppo dell'arte. I suoi scritti ebbero una risonanza enorme: basti pensare che i *Magiae naturalis, sive de miraculis rerum naturalium libri IV*, risalenti al 1558 e successivamente volgarizzati e ampliati (*De i miracoli et meravigliosi effetti della natura prodotti*), ebbero l'onore di essere ripubblicati circa 60 volte nel giro di un secolo e di venire tradotti in varie lingue fra cui il francese, l'olandese, il tedesco e l'inglese. L'autore vi esaltava la figura del "mago", definendolo depositario di una sapienza suprema, capace di entrare nei misteri del cosmo, di comprenderne le forze vitali e di fornire spiegazioni per tutti i fenomeni meravigliosi che il volgo credeva essere dei miracoli. Tutto il visibile era riconducibile al mondo naturale e l'intelletto umano poteva decifrarne i segreti. Le autorità della Chiesa di Roma, in particolare il Sant'Uffizio, guardarono con sospetto alle iniziative di Della Porta, ma non produssero mai una risoluta opposizione, visto il credito da lui goduto fra gli intellettuali più in vista.

Prima di essere abbandonata nel XVIII secolo, soppiantata da scienze più esatte come la chimica, l'alchimia – nonostante i suoi aspetti magici – fu oggetto di attenzioni da parte di importanti studiosi come il naturalista irlandese Robert Boyle (1627) e lo stesso Isaac Newton.

▲ Giovan Battista Della Porta.

◀ Paracelso.

▲ David Teniers il Vecchio, *Un alchimista*, XVII secolo.

SEZIONE V STATI IN COSTRUZIONE [1600-1715]

sistenza di altri corpi celesti simili al nostro pianeta grazie a un cannocchiale di sua invenzione [▶ oggetti].

Il processo e l'abiura

Nonostante la protezione garantitagli dalla famiglia Medici, il lavoro di Galileo finì ben presto per essere oggetto delle attenzioni delle autorità ecclesiastiche. Cominciò così un percorso travagliato che proseguì fino all'appassionata difesa del sistema copernicano portata avanti da Galileo nel ***Dialogo sopra i due massimi sistemi del mondo***, dato alle stampe nel 1632. L'opera – scritta in volgare e quindi dotata di notevole potere divulgativo, diversamente da quanto accadeva per gli scritti in latino – suscitò le ire di papa Urbano VIII e subì la **condanna della Congregazione del Sant'Uffizio**. L'autore tentò invano di difendersi, ma fu infine costretto ad abiurare, ammettendo pubblicamente il carattere eretico delle sue tesi [▶ FONTI].

approfondimento
Il processo a Galileo

La posizione di altri pensatori e scienziati

Il rapporto fra scienza e fede La vicenda del processo e della condanna di Galileo ebbe risonanza internazionale, portando all'attenzione del mondo della cultura il rapporto fra scienza e fede. Ad affrontare il problema furono pensatori e studiosi come il filosofo e matematico francese **René Descartes** (italianizzato in Renato Cartesio, 1596-1650), il medico e fisiologo inglese **William Harvey** (1578-1657), al quale si deve la spiegazione delle dinamiche della circolazione del sangue e della funzione del cuore come centro motore, e, qualche decennio più tardi, il fisico inglese **Isaac Newton** (1642-1727), scopritore della legge di gravitazione universale. Pur esprimendo punti di vista diversi, tutti costoro tentarono di affermare una **conciliabilità** fra l'indagine razionale e le dottrine della Chiesa, riconoscendo alla sua forza creatrice divina il merito di aver conferito un ordine al mondo fisico.

Il cannocchiale

oggetti

I primi cannocchiali comparvero in Olanda all'inizio del Seicento: si trattava di piccoli tubi di ottone o di piombo in cui erano inserite due lenti: una convergente (come quella degli occhiali da presbite), rivolta verso l'oggetto da guardare e perciò detta *lente oggettiva* o *obiettiva*; l'altra divergente (come per gli occhiali da miope), da accostare all'occhio e perciò detta *lente oculare*. Questi strumenti consentivano di ingrandire 2-3 volte gli oggetti lontani.

Nel 1609 Galileo Galilei – solitamente identificato come l'inventore del cannocchiale – combinò lenti più potenti fino a ottenere 30 ingrandimenti. Con questo strumento vide i monti e le valli della Luna, scoprì quattro satelliti di Giove e molte stelle invisibili a occhio nudo. Questo cannocchiale aveva però un grande limite: la maggiore potenza dell'oculare restringeva il campo visivo, tanto che Galilei riusciva a vedere soltanto metà della Luna. Era perciò difficilissimo puntarlo verso gli oggetti lontani.

Nel 1611 Keplero sostituì la lente oculare con una seconda lente convergente, ottenendo un campo visivo molto più ampio e maggiori ingrandimenti. Le immagini prodotte apparivano però capovolte e soprattutto disturbate da strani colori; per porvi rimedio si progettarono strumenti molto lunghi, molto costosi, difficili da costruire e da puntare se non ricorrendo a funi, argani, carrucole e contrappesi. Solo dopo la metà del Seicento Isaac Newton scoprì che i colori erano dovuti alla diffrazione causata dalla lente obiettiva, che separava la luce nei suoi componenti. Lo scienziato sostituì la lente obiettiva con uno specchio curvo, ponendo le basi di tutti i moderni telescopi.

▶ Il cannocchiale di Galilei.

L'Europa del Seicento fra crisi e nuovi equilibri | **CAPITOLO 16**

FONTI

Il processo a Galilei e l'abiura

■ Ormai vecchio, Galilei dovette arrendersi di fronte all'azione repressiva delle autorità ecclesiastiche dichiarando pubblicamente che le sue idee erano errate. L'abiura era un passo obbligatorio per quasi tutti gli "eretici" e il Sant'Uffizio imponeva loro di pronunciare formule precise, finalizzate a chiarire i punti critici del pensiero del condannato e rendere esemplare la sua punizione: nel caso specifico, l'idea incriminata è quella che vedeva il sole al centro dell'universo e non la terra.

▲ Il *Dialogo* galileano, opera condannata dall'Inquisizione.

Io Galileo [...] dell'età mia d'anni 70, constituto personalmente[1] in giudizio, e inginocchiato avanti di voi Emin.mi e Rev.mi Cardinali, in tutta la Republica Cristiana contro l'eretica pravità[2] generali Inquisitori; avendo davanti gl'occhi miei li sacrosanti Vangeli, quali tocco con le proprie mani, giuro che sempre ho creduto, credo adesso, e con l'aiuto di Dio crederò per l'avvenire, tutto quello che tiene, predica e insegna la S.a Cattolica e Apostolica Chiesa. Ma perché da questo S. Offizio, per aver io, dopo d'essermi stato con precetto[3] dall'istesso giuridicamente intimato che omninamente[4] dovessi lasciar la falsa opinione che il sole sia centro del mondo e che non si muova e che la terra non sia centro del mondo e che si muova, e che non potessi tenere, difendere ne[5] insegnare in qualsivoglia modo, ne in voce ne in scritto, la detta falsa dottrina, e dopo d'essermi notificato[6] che detta dottrina è contraria alla Sacra Scrittura, scritto e dato alle stampe un libro nel quale tratto l'istessa dottrina già dannata e apporto ragioni con molta efficacia a favor di essa, senza apportar alcuna soluzione[7], sono stato giudicato veementemente sospetto d'eresia, cioè d'aver tenuto e creduto che il sole sia centro del mondo e imobile e che la terra non sia centro e che si muova; Pertanto volendo io levar dalla mente delle Eminenze V.re e d'ogni fedel Cristiano questa veemente sospizione[8], giustamente di me concepita[9], con cuor sincero e fede non finta abiuro, maledico e detesto li sudetti errori et eresie, e generalmente ogni e qualunque altro errore, eresia e setta contraria alla S.ta Chiesa; e giuro che per l'avvenire non dirò mai più ne asserirò, in voce o in scritto, cose tali per le quali si possa aver di me simil sospizione; ma se conoscerò alcun eretico o che sia sospetto d'eresia lo denonzierò a questo S. Offizio, o vero all'Inquisitore o Ordinario del luogo, dove mi trovarò.

Giuro anco e prometto d'adempire e osservare intieramente tutte le penitenze che mi sono state o mi saranno da questo S. Off.o imposte; e contravenendo ad alcuna delle dette mie promesse e giuramenti, il che Dio non voglia, mi sottometto a tutte le pene e castighi che sono da' sacri canoni e altre constituzioni[10] generali e particolari contro simili delinquenti imposte e promulgate.

> Il Sant'Uffizio aveva già imposto a Galileo di non sostenere più la tesi copernicana...

> ... ma nonostante la proibizione Galileo aveva pubblicato il *Dialogo sopra i due massimi sistemi*.

> Come nei processi di stregoneria, ai sospetti viene richiesta la delazione per poter colpire ogni forma di eresia.

> Galileo si impegna a obbedire, consapevole del fatto che una rottura della promessa potrà avere conseguenze estreme, fino a essere pagata con la morte.

approfondimento
Il testo in versione integrale

---

1. **constituto personalmente:** presentatomi.
2. **pravità:** malvagità.
3. **con precetto:** con obbligo di obbedire.
4. **omninamente:** nella sua totalità.
5. **ne:** né.
6. **d'essermi notificato:** che mi era stato fatto sapere.
7. **soluzione:** cambiamento.
8. **sospizione:** sospetto.
9. **concepita:** concepita.
10. **constituzioni:** leggi, regole.

SEZIONE V   STATI IN COSTRUZIONE [1600-1715]

La questione della separazione tra scienza e fede

eresiarca Iniziatore di un movimento ereticale.

Importanza e nuovo ruolo delle scienze naturali

In particolare Descartes, destinato a essere additato dal pensiero cattolico intransigente come uno dei maggiori eresiarchi dell'età moderna dopo Lutero, riuscì a dare una precisa sistemazione filosofica di questi indirizzi di pensiero, postulando, nel suo famosissimo *Discorso sul metodo* del 1633, una **distinzione fra il mondo spirituale e la realtà materiale**, interpretabile, quest'ultima, in termini matematici e meccanicistici. L'opera si poneva sulla scia del *Novum Organon* (1620) dell'inglese **Francis Bacon** (1561-1626), che in esplicito contrasto con la tradizione aristotelica affermava la superiorità del **metodo induttivo**, vale a dire di un percorso di ricerca che partisse da esperienze sensibili particolari per arrivare alla formulazione di idee generali.

La promozione del sapere scientifico Nonostante gli scontri con l'autorità ecclesiastica, lo studio delle scienze naturali si diffuse largamente. Gli studiosi si riunivano in circoli privati oppure sovvenzionati o creati da principi e aristocratici, attenti al prestigio ma anche ai risultati pratici che ne potevano ottenere. Nascevano così le **accademie e società scientifiche**, fra cui vanno ricordate almeno l'*Accademia dei Lincei* di Roma (1603, la più antica) e quella *del Cimento* di Firenze (1632), la *Académie des Sciences francese* (1666), quella *di Berlino* (1700) e la *Royal Society of London for the Improvement of Natural Knowledge* ("Società reale per lo sviluppo della conoscenza della natura"). Nata nel 1660 ma presto sostenuta direttamente dalla corona inglese, in breve tempo accrebbe il suo prestigio grazie all'attiva partecipazione di esponenti di spicco del mondo intellettuale, che posero l'accento sulla promozione delle scienze fisico-matematiche. La *Royal Society* arrivò nel giro di poco tempo a curare lavori cruciali come i *Philosophiae Naturalis Principia Mathematica* ("I principi matematici della filosofia naturale") di Isaac Newton e a proporsi come **interlocutore privilegiato delle autorità** per la discussione di problemi di interesse nazionale: il sapere scientifico acquistava un importante ruolo tecnico nella gestione politica.

L'elaborazione di nuovi metodi di ricerca fu resa possibile anche da un'**intensa comunicazione** fra gli scienziati operanti in diversi paesi, in contatto fra loro con corrispondenze epistolari e con opuscoli, articoli, saggi [👁 12] e riviste con cui confrontavano e condividevano i risultati dei loro esperimenti usualmente in latino, che era ancora la lingua internazionale del sapere.

rispondi
1. Quali sono le principali scoperte scientifiche del XVII secolo? 2. Quale rapporto si instaura tra pensiero scientifico e credenza religiosa?

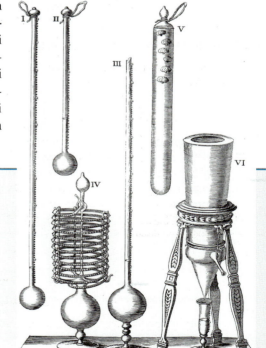

PERCORSO VISIVO

[👁 12] **Le pubblicazioni scientifiche**
Vari tipi di termometri e un pluviometro, tavola illustrativa che compare nei *Saggi di naturali esperienze fatte nell'Accademia del Cimento* pubblicati nel 1691.

522

VERSO LE COMPETENZE

esercitazione

● USARE IL LESSICO

1. Spiega sinteticamente (massimo 3 righe) il significato delle seguenti espressioni.

Giansenismo – Nobiltà di toga – Rivolta – Fronda – Rivoluzione scientifica

● COLLOCARE GLI EVENTI NELLO SPAZIO E NEL TEMPO

2. Completa la carta seguendo le indicazioni.

Nel XVII secolo in tutta Europa le pesanti conseguenze dei conflitti innescano ribellioni, di cui risentono in modo particolare il ruolo politico e i confini della Spagna. Completa la carta e la legenda degli eventi.

1	**1640**	Rivolta della ....
2	....	Rivolta di Palermo
3	....	Rivolta di Napoli
	1648	Indipendenza delle Province Unite
	1659	Territori ceduti dalla Spagna con la Pace dei Pirenei
6	....	Indipendenza del Portogallo

● LEGGERE E VALUTARE LE FONTI

3. Leggi il passo seguente e rispondi alla domanda.

Nel testo pronunciato da Galilei a Roma il 22 giugno 1633, davanti al tribunale dell'Inquisizione, lo scienziato ripudia «la falsa opinione che il sole sia centro del mondo e che non si muova e che la terra non sia centro cel mondo e che si muova».

Pertanto volendo io levar dalla mente delle Eminenze V.re e d'ogni fedel Cristiano questa veemente sospitione, giustamente di me conceputa, con cuor sincero e fede non finta abiuro, maledico e detesto li sudetti errori et eresie, e generalmente ogni e qualunque altro errore, eresia e setta contraria alla S.ta Chiesa; e giuro che per l'avvenire non dirò mai più né asserirò, in voce o in scritto, cose tali per le quali si possa aver di me simil sospizione; ma se conoscerò alcun eretico o che sia sospetto d'eresia lo denonziarò a questo S. Offizio, o vero all'Inquisitore o Ordinario del luogo, dove mi trovarò.

L'abiura salva l'uomo Galileo Galilei dalla condanna, ma che impatto hanno queste stesse parole sui pensatori del tempo?

esporre a voce Cerca sul web il testo dell'autodifesa di Galilei presentato al Sant'Uffizio il 10 maggio 1633 e confrontalo con quello dell'abiura. Predisponi una presentazione orale (massimo 5 minuti) che faccia emergere i punti di confronto fra i due documenti.

I SAPERI FONDAMENTALI

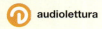 sintesi audiolettura

● UN SECOLO DI CAMBIAMENTI

▶ **16.1** Tra i principali **effetti della crisi** che attraversa l'Europa nel XVII secolo ci sono: arresto della crescita della popolazione (paesi mediterranei e spazio tedesco), antagonismi religiosi, impoverimento delle campagne (Francia), crisi della manifattura tessile (territorio fiammingo e italiano), aumento dei conflitti sociali e dei particolarismi regionali, contrazione degli scambi commerciali (Mar Baltico e Mare del Nord). Inghilterra e Province Unite, d'altra parte, vedono invece crescere le proprie esportazioni e in Scandinavia si verifica un primo allargamento dei mercati interni. In tutto il continente si assiste a **tensioni tra istituzioni politiche e sociali** che cambiano, a un inasprimento del conflitto sociale, ma anche alla **richiesta di partecipazione** alla vita pubblica da parte di nuovi soggetti sociali.

▶ **16.2** La **Spagna** di Filippo III (1598-1621) risponde alla crisi economica e alle difficoltà nel controllo dei domini della corona individuando nemici esterni (la Francia, l'Inghilterra) e interni (i *moriscos*) e aumentando la pressione fiscale.
Il **Sacro Romano Impero**, sotto la guida di Mattia e di Ferdinando II, modifica le proprie politiche di tolleranza religiosa a vantaggio di una svolta verso un cattolicesimo intransigente.
In **Francia**, con i ministri de Sully e Richelieu, vengono rafforzati la burocrazia, l'esercito e le strutture statali deputate al prelievo fiscale e al controllo delle province.

● LA GUERRA DEI TRENT'ANNI

▶ **16.3** Gli antagonismi religiosi e le tensioni politiche presenti nei domini tedeschi della corona asburgica rispondono a due leghe politiche contrapposte: l'**Unione evangelica**, protestante, guidata da Federico V, e la **Lega cattolica**, che si riconosce nella guida di Massimiliano I di Baviera. La successione al trono boemo, in bilico tra il cattolico Ferdinando II e il calvinista Federico V, fa scoppiare uno scontro su scala internazionale. Da un lato la Spagna e l'imperatore asburgico, dall'altro Federico V, la Danimarca, le Province Unite e l'Inghilterra.
Dal 1618 al 1635 l'asse cattolico iberico-austriaco ottiene considerevoli affermazioni sul campo di guerra, ma una svolta è impressa al conflitto dall'ingresso in guerra della Francia a fianco dello schieramento protestante. La Spagna, impegnata su più fronti (Germania, Paesi Bassi, confini francesi) cede.

La Pace di Vestfalia (1648) riconosce la sostanziale **vittoria della Francia e del fronte protestante e antiasburgico**.

● RIBELLIONI E RIVOLTE

▶ **16.4** In diverse aree d'Europa si registrano **rivolte contro i poteri centrali**, scatenate dalla difficile situazione e dalle pesanti conseguenze dei conflitti: insurrezione della **Catalogna**, indipendenza del **Portogallo**, sollevazione a **Palermo** e Real Repubblica nel Regno di **Napoli**, Fronda dei principi e Fronda parlamentare in **Francia**. Nella **Confederazione polacco-lituana** cosacchi e tatari si ribellano con l'aiuto dello zar Alessio Romanov, che ottiene il possesso Kiev.

● IL SECOLO DELLA SCIENZA

▶ **16.5** Nel XVII secolo si assiste a una serie di **progressi in campo filosofico e scientifico** (poi definiti "rivoluzione scientifica"). Viene finalmente legittimata la **teoria eliocentrica** di **Copernico**, che pone il sole al centro del sistema planetario. La natura viene indagata con metodi razionali partendo dall'osservazione diretta, e non più in base alle dottrine ufficiali. Si pone il problema della separazione tra scienza e fede, anche se forte è la repressione dell'Inquisizione che condanna a morte **Giordano Bruno** e costringe **Galilei** all'abiura. Il Seicento è anche il secolo della promozione del sapere scientifico, operata da numerose Accademie e società spesso sovvenzionate da regnanti e aristocratici.

linea del tempo

524

L'Europa del Seicento fra crisi e nuovi equilibri CAPITOLO 16

⊡ mappa

```
┌─────────────────────────────┐        ┌─────────────────────────────────┐
│ Impoverimento delle campagne │        │ Antagonismi religiosi           │
└─────────────────────────────┘        └─────────────────────────────────┘

┌─────────────────────────────┐        ┌─────────────────────────────────┐
│ Crisi delle manifattura      │        │ Conflitti sociali e             │
│ tessile                      │        │ particolarismi regionali        │
└─────────────────────────────┘        └─────────────────────────────────┘

┌─────────────────────────────┐        ┌─────────────────────────────────┐
│ Arresto della crescita della │        │ Richiesta di partecipazione     │
│ popolazione                  │        │ alla vita pubblica da parte di  │
└─────────────────────────────┘        │ nuovi soggetti sociali          │
                                        └─────────────────────────────────┘
```

CRISI E NUOVI EQUILIBRI

SPAGNA	FRANCIA	SACRO ROMANO IMPERO
Aumento della pressione fiscale	Potenziamento della burocrazia, dell'esercito e del sistema fiscale	Svolta verso un cattolicesimo intransigente
Ribellioni e insurrezioni	Ribellioni contro il potere centrale	Conflitto tra Unione evangelica e Lega cattolica per la successione al trono boemo
Individuazione di nemici esterni	Scontro politico-religioso: Guerra dei Trent'anni (1618-48)	
	Con la Pace di Vestfalia (1648), sostanziale vittoria del fronte antiasburgico	

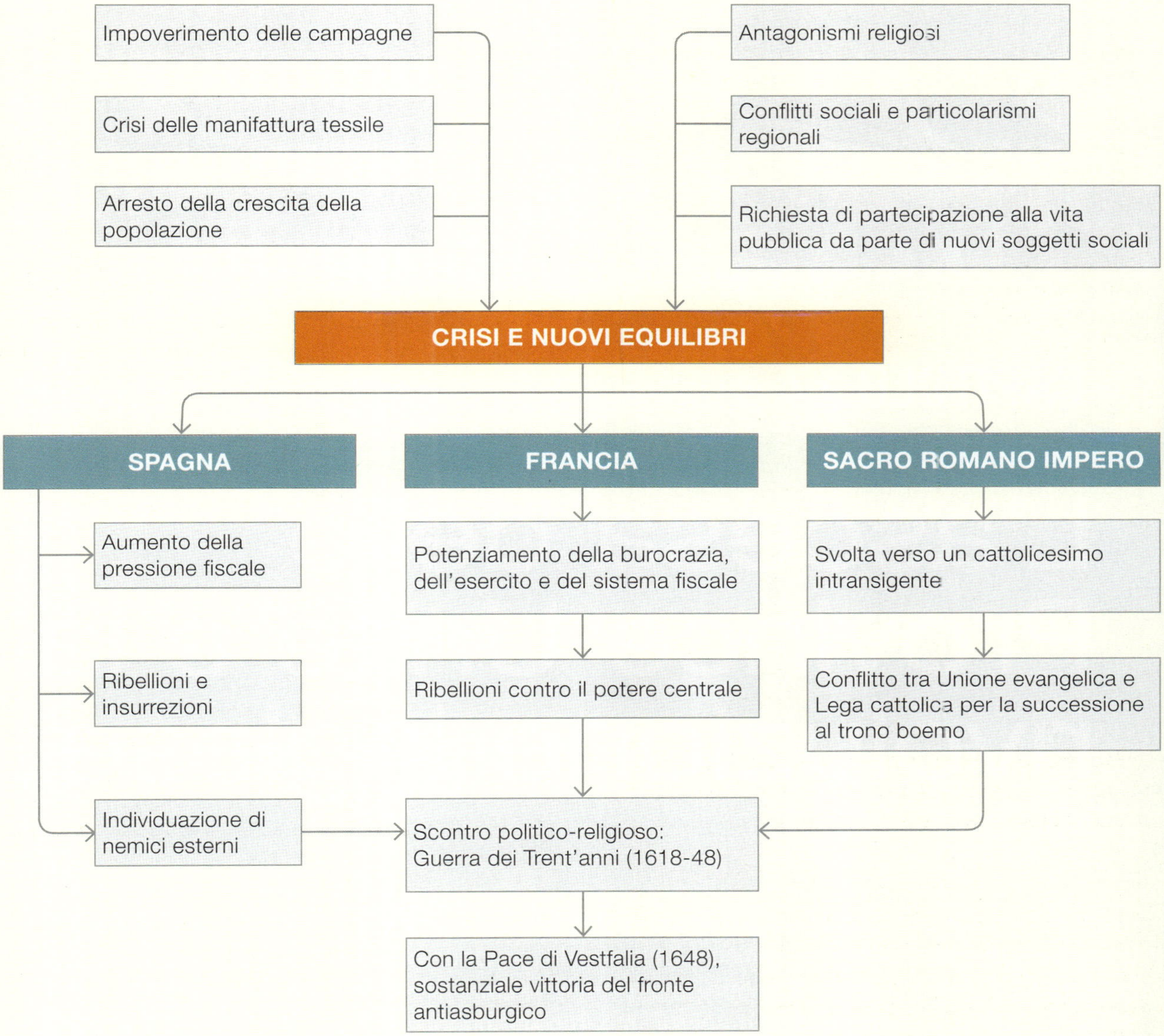

1610
pubblicazione del *Sidereus Nuncius* di Galilei

23 maggio 1618
defenestrazione di Praga

1640
rivolta indipendentista della Catalogna

1643
sale al trono di Francia Luigi XIV

19 maggio 1643
battaglia di Rocroi

1647
rivolte antispagnole nel Regno di Napoli

1648
Pace di Vestfalia

1659
Pace dei Pirenei tra Francia e Spagna

1668
indipendenza del Portogallo

CAPITOLO 17

L'ascesa delle Province Unite e la rivoluzione inglese

Rivolte/Rivoluzioni

Il termine "rivoluzione" indica un processo – in genere rapido e segnato dall'uso della violenza – di capovolgimento dell'ordine politico e istituzionale, condotto da forze che hanno lo scopo di instaurare un nuovo sistema di potere. In questo senso può allargarsi anche alla cultura, alla religione o alle relazioni economico-sociali, in particolar modo se si estende su un arco cronologico lungo. I cambiamenti che seguono le rivoluzioni, a differenza di quelli legati alle rivolte, hanno un carattere permanente ed epocale: stabiliscono cioè un principio che è destinato a durare.
Ma non sempre, nel dibattito storiografico, è possibile tracciare un confine netto tra fenomeni autenticamente rivoluzionari e fenomeni più vicini a un ribellismo destinato a non lasciare tracce profonde nella storia. Come interpretare gli avvenimenti verificatisi in Inghilterra negli anni Trenta del Seicento e culminati nella condanna a morte del sovrano Carlo I Stuart nel 1649? E la Gloriosa rivoluzione del 1688? Come sempre, il lavoro storiografico procede per interrogativi, dubbi e discussioni, alla ricerca di tracce e indizi che aiutino a gettare luce sul nostro passato.

le parole della storiografia

L'ascesa delle Province Unite e la rivoluzione inglese | **CAPITOLO 17**

GUIDA&RISORSE
PER LO STUDIO

Per riprendere il filo... Il regno di Elisabetta I Tudor in Inghilterra era stato segnato da una serie di processi tradizionalmente interpretati in chiave positiva dalla storiografia: l'incremento delle attività produttive, l'espansione commerciale marittima, lo sviluppo di un notevole spirito patriottico, un grande fermento culturale. La sovrana aveva però dovuto affrontare anche gravi problemi interni: i contrasti fra il potere centrale e il parlamento rimasero frequenti, così come le tensioni religiose legate alla paura diffusa di una restaurazione cattolica.

Un ruolo importante in tal senso era stato giocato dalla Spagna di Filippo II, sempre pronto a interferire nella vita politica inglese, ma anche costretto a fronteggiare una difficile situazione finanziaria dovuta al peso della macchina bellica. Proprio nel contesto della crisi della monarchia iberica, le cui conseguenze riguardarono anche i territori dominati, emerse una delle realtà più dinamiche del continente europeo: le Province Unite calviniste, che si distinguevano per la loro intraprendenza commerciale e per lo sviluppo di nuove forme di organizzazione politica.

17.1 La fortuna delle Province Unite

Le istituzioni della nuova repubblica All'inizio del XVII secolo, un ruolo sempre più centrale nel panorama europeo venne acquisito dalle Province Unite, che nel 1609 si liberarono dal controllo della Spagna (anche se l'indipendenza sarebbe stata confermata solo nel 1648 con la Pace di Vestfalia [▶ cap. 16.3]). La clamorosa vittoria sulla potenza spagnola era stata ottenuta, dopo decenni di lotta, da un paese piccolo ma tenace e convinto dei propri valori, che era riuscito a darsi un'organizzazione particolare. I Paesi Bassi protestanti avevano infatti dato vita alla **Repubblica delle Sette Province Unite**, con una struttura confederale. Ciascun territorio manteneva un proprio parlamento (**Stati provinciali**), con forti autonomie legislative e amministrative, e mandava dei rappresentanti agli **Stati generali**, un organo con sede all'Aja con compiti limitati di politica estera, economico-commerciale e militare. Le province nominavano un governatore, lo **statolder** (*stathouder*, letteralmente "luogotenente" [👁1]). Tale carica

Una struttura federale

[👁1] Una concezione sobria del potere
Il quadro, del 1635, mostra uno statolder olandese con la sua numerosa famiglia. Nonostante l'importanza della carica, gli abiti dei personaggi e l'ambiente – la stessa casa dello statolder – appaiono tutt'altro che sfarzosi, anzi quasi borghesi. Pensando a come nello stesso periodo si facevano ritrarre re e nobili europei, si comprende quanto fossero diversi i valori della società olandese.

PERCORSO VISIVO

527

SEZIONE V   STATI IN COSTRUZIONE [1600-1715]

era elettiva, anche se venne quasi sempre coperta da membri della casata degli Orange Nassau, che infatti premettero a lungo per renderla ereditaria. Lo statolder incarnava una **tendenza accentratrice** e **monarchica**, a volte combattuta apertamente dalle province e dagli stessi Stati generali.

Contrasti ed equilibri sociali e politici

Esisteva dunque un **dualismo** tra poteri provinciali e federali, come non mancavano contrasti tra differenti strati sociali e tra province più e meno ricche. Un ruolo preponderante era infatti giocato dall'**Olanda**, che da sola sosteneva metà dell'intero peso delle imposte federali e aveva un numero maggiore di rappresentanti agli Stati generali. La repubblica dovette affrontare contrasti interni anche gravi sul piano sia sociale che istituzionale, ma riuscì comunque a trovare forme di **equilibrio** che le permisero di resistere senza sfaldarsi.

La crescita economica

Economia, società e cultura Una delle conseguenze della nuova libertà fu la forte espansione economica del paese. Le sue città fiorirono, prima fra tutte la capitale olandese **Amsterdam**, che a metà secolo arrivò a contare circa 150 000 abitanti e soppiantò Anversa come centro dei **mercati internazionali**. La dinamica società **neerlandese** fu capace di smantellare le vecchie strutture corporative che regolavano le attività produttive per introdurre nuove e più efficaci forme di organizzazione del lavoro manifatturiero. Un sistema di istruzione diffuso a larghe fasce della popolazione rendeva possibile la condivisione di informazioni, competenze e conoscenze e creava un terreno fertile per l'**iniziativa imprenditoriale**.

> **neerlandese**
> Letteralmente, "proprio dei Paesi Bassi" (da *nederland*, "terra bassa" perché sotto il livello del mare).

Il controllo del commercio marittimo

Alla crescita delle manifatture, in particolare panni di lana leggeri e a prezzi concorrenziali, si associò una forte espansione nel campo del commercio marittimo. Infatti la

---

PERCORSO VISIVO

[👁 2] La grande arte del Seicento olandese

Uno tra i maggiori pittori olandesi, Rembrandt (Harmenszoon van Rijn, 1606-69), alternò scene tratte da episodi biblici e mitologici con rappresentazioni della società del suo tempo. *La lezione di anatomia* è un ritratto di gruppo che mostra un importante luminare olandese mentre diseziona a scopo didattico il corpo di un condannato a morte davanti ai suoi colleghi. Il quadro fu commissionato dalla gilda dei medici di Amsterdam: la rappresentazione artistica serviva alle varie corporazioni per mostrarsi tra i nuovi protagonisti della vita cittadina.

▲ Rembrandt, *La lezione di anatomia del dottor Nicolaes Tulp*, 1632.

528

L'ascesa delle Province Unite e la rivoluzione inglese | **CAPITOLO 17**

flotta mercantile olandese divenne la più grande d'Europa; le sue navi, maneggevoli e capienti, trafficavano di tutto: stoffe, vetro, carta, canapa, lino, luppolo e soprattutto il pescato del Mare del Nord (aringhe, merluzzi e balene). Mete privilegiate erano i porti del Baltico e del Mediterraneo, ma gli olandesi riuscirono ad approfittare della crisi spagnola e portoghese per estendere – a danno di questi ultimi – il proprio controllo nei territori d'oltremare.

La vivacità economica si accompagnava a un grande **fermento culturale**. Basti pensare al grande sviluppo della **pittura**, destinata non più solo agli edifici ecclesiastici o alle grandi case nobiliari, ma anche e soprattutto ai salotti della **nuova committenza borghese**: ai grandi soggetti sacri e profani si sostituirono le immagini di funzionari e ricchi mercanti, che volevano vedere rappresentato il loro mondo e celebrato il loro nuovo stato sociale [👁 2].

Inoltre, in nome della libertà personale la maggioranza di fede calvinista si era mostrata capace di **tollerare altre religioni**, compresa quella ebraica. Individui e gruppi di diverse confessioni, vittime di repressioni nei loro paesi, trovarono così rifugio in quelle terre, portando in dote le loro capacità professionali. Fra loro c'erano numerosi operatori commerciali, ma anche artigiani e letterati, che trovarono nuove occasioni di confronto e sperimentarono la possibilità di sviluppare la loro creatività in condizioni decisamente più favorevoli sul piano politico. Un ruolo importante fu infatti giocato dalle istituzioni, che garantivano una **libertà di pensiero e di parola** altrove sconosciuta, di cui approfittarono molti autori per stampare opere che in molti altri paesi del continente sarebbero state destinate alla censura o alla condanna [▶ fenomeni, p. 530].

L'arte per una committenza borghese

La tolleranza

rispondi
1. Quale struttura si danno le Province Unite dopo l'indipendenza?
2. Quali condizioni favoriscono il loro grande sviluppo economico?

▲ Jan Vermeer, *La lattaia*, 1663.

Oltre a una serie di delicati paesaggi della sua città, Delft, la raffinata produzione di Jan Vermeer (1632-75) è invece incentrata su piccole opere che rappresentano la vita quotidiana di personaggi comuni, ripresi in ambienti domestici come potevano essere quelli degli acquirenti.

▲ Jacob van Hulsdonck, *Natura morta con prugne e albicocche in un vaso di porcellana Wan-li*, XVII secolo.

Tipica dell'arte olandese era il genere della "natura morta", composizioni in cui vari elementi tolti dal loro contesto naturale vengono assemblati per formare composizioni piene di fascino e di simboli, come la porcellana cinese che allude ai commerci con la lontana Asia.

SEZIONE V   STATI IN COSTRUZIONE [1600-1715]

Il paese della tolleranza

Religione e pragmatismo

Nel Seicento, il "secolo d'oro" delle Province Unite, l'atmosfera che si respirava nella repubblica era di un'apertura straordinaria, soprattutto nelle città e in particolare ad Amsterdam. Alla vivacità dei traffici commerciali si accompagnavano una notevole curiosità culturale e l'interesse per le notizie provenienti da tutto il mondo, che originarono un diffuso mercato della stampa con la circolazione di volumi e opuscoli e delle prime "gazzette", fogli periodici in cui si raccontavano le più importanti novità.

Tratto tipico della società olandese del tempo era inoltre una certa tolleranza nei confronti delle diverse confessioni religiose. L'adesione al calvinismo si era ampiamente diffusa prima fra gli artigiani, poi fra mercanti e uomini d'affari, i ceti dinamici propensi a ricercare nel successo personale il segno della grazia divina. Ciò, però, non aveva generato evidenti fenomeni di fanatismo né dato vita a persecuzioni delle altre fedi. A metà del secolo, in un'epoca di gravi conflitti religiosi, un terzo della popolazione di Amsterdam proveniva dai cattolici Paesi Bassi spagnoli, per non parlare dei numerosi immigrati che giungevano da tutta Europa con il loro bagaglio di usi e costumi diversi. Ciò era possibile perché le scelte religiose, nella società olandese del tempo, si accompagnavano a un forte pragmatismo, per cui per esempio mercanti e banchieri continuavano a concludere lucrosi affari persino con gli spagnoli, con cui la repubblica era formalmente in stato di guerra.

Una libertà relativa

La capacità di integrazione e l'affermazione di principi di tolleranza religiosa avevano comunque dei limiti. La fede cattolica, identificata come espressione di un potere repressivo (quello spagnolo), non godeva infatti di piena libertà. Lo stesso calvinismo non fu esente da dissidi e polemiche interne: i sostenitori della sua interpretazione più intransigente imposero la persecuzione e il bando dei più moderati.

Anche figure sgradite all'establishment religioso della città poterono comunque continuare a esprimere il proprio pensiero. Lo dimostra il caso del filosofo Baruch Spinoza (1632-77) che venne cacciato dalla comunità ebraica perché la sua analisi filosofica razionale negava la verità assoluta della Bibbia, riconoscendole un valore etico ma non scientifico. Egli poté continuare la sua opera, arrivando a concepire un sistema filosofico in cui Dio coincideva con la Natura. Le violente reazioni alle sue posizioni, tuttavia, gli consigliarono di smettere di pubblicare le sue opere. L'idea della libertà di pensiero e di parola come elemento di vantaggio per l'intera società, contenuta nei suoi scritti, era ancora lontana da una compiuta affermazione. ■

▲ Ritratto di Spinoza, 1665 ca.

17.2 L'Inghilterra e l'eredità di Elisabetta

Scozia e Inghilterra, unite ma separate

Giacomo I Stuart re d'Inghilterra Elisabetta I morì nel 1603 senza eredi, mettendo fine alla dinastia Tudor. Le regole imposte dalla linea di successione aprirono la strada verso il trono a Giacomo VI Stuart, re di Scozia, figlio della cattolica Maria Stuart, giustiziata nel 1587 per accuse di tradimento, e discendente di Margherita Tudor, sorella di Enrico VIII. Il re, che come sovrano inglese assunse il nome di **Giacomo I** (1603-25), si trovò a governare un vasto territorio, che comprendeva circa 6 milioni di abitanti. Nonostante avessero lo stesso sovrano, Scozia e Inghilterra rimasero separate dal punto di vista istituzionale: **Edimburgo** conservò il suo parlamento, mentre **Londra** era il centro propulsore della parte più dinamica del paese, guidandone la vita politica, economica e culturale.

Chiacchiere e sospetti su un re poco amato

Giacomo non riuscì a godere del consenso dei sudditi inglesi. Fu molto generoso verso collaboratori di poco talento e grande cupidigia, dimostrò grande rigidità in materia fiscale e molte sue scelte derivarono dal convincimento che le pratiche stregonesche potessero influire negativamente sul suo regno. Pagò inoltre i **pettegolezzi** sulle

530

L'ascesa delle Province Unite e la rivoluzione inglese | **CAPITOLO 17**

sue inclinazioni omosessuali, alimentati anche dalla circolazione clandestina di componimenti satirici volti a screditare la sua persona. Le maggiori tensioni però derivarono dalla **questione religiosa**. Infatti il sovrano, cresciuto come protestante, fu sospettato di coltivare in segreto la religione cattolica (il cosiddetto "criptocattolicesimo") e, per scrollarsi di dosso ogni ombra, inasprì le **politiche repressive** contro i nemici della confessione anglicana. Già nei primi anni del suo regno fu sventata la "Congiura delle polveri" (1605), un attentato dinamitardo organizzato da estremisti cattolici con l'intento di far esplodere il parlamento [👁 3].

I limiti all'azione del re La corona inglese non poteva contare sui fattori di consolidamento del potere centrale che avevano segnato il tentativo di riassetto di altre monarchie europee. Mancava un esercito permanente, le burocrazie territoriali erano deboli ed era quasi **impossibile imporre nuove tasse** senza il consenso della Camera dei Lord e della Camera dei Comuni, che insieme costituivano il parlamento. Quest'ultimo andava progressivamente perdendo il suo ruolo di assemblea provvisoria, convocata solo in circostanze particolari, per acquisire invece il carattere di un **organo legislativo permanente** che pretendeva di affiancare il monarca nel governo del paese.

La guerra combattuta contro la Spagna [▶ cap. 15.4] aveva provocato gravi difficoltà finanziarie, perciò Giacomo si trovò a dover riparare alle falle di un sistema che vedeva **entrate modeste** a fronte di **uscite cospicue**. La dinastia Tudor aveva venduto molte terre della corona facendo diminuire fortemente gli introiti di origine demaniale, mentre le rendite fiscali provenienti dal commercio erano in crescita, vista l'espansione delle rotte marittime, ma non erano sufficienti e non si poteva gravarle ulteriormente per non perdere competitività. Una delle vie percorribili per aumentare il **gettito** era la tassazione delle rendite fondiarie, ma in parlamento i proprietari terrieri erano ben rappresentati e riuscirono a opporsi quasi sempre a provvedimenti in tal senso, votando solo per aiuti straordinari legati a emergenze militari.

La **popolazione crebbe enormemente** nel giro di pochi anni. Il paese passò da 4 a 5 milioni di abitanti e Londra addirittura raddoppiò i suoi 200 000 abitanti. Le attività produttive non progredirono con lo stesso ritmo, anche a causa della concorrenza

---

🌐 **approfondimento**
Anglicanesimo

La crescente importanza del parlamento

La difficile situazione finanziaria

gettito Introito derivante dall'imposizione di una tassa o di un tributo.

Espansione demografica e crisi economica

PERCORSO VISIVO

[👁 **3**] **Da strage mancata a festa** La scoperta della Congiura delle polveri (*Powder* o *Gunpowder Plot*), l'attentato ordito dai cattolici contro il parlamento, divenne subito un tema politico, tanto che quella data (il 5 novembre) fu subito solennizzata come importante ricorrenza civile, denominata *Guy Fawkes Day* dal nome del capo dei cospiratori. L'episodio venne addirittura inserito nel *Book of Common Prayer*, il testo unico delle preghiere riconosciuto dalla Chiesa anglicana, come esempio della protezione di Dio, che fece sventare la minaccia. Con i secoli la festività perse il suo carattere antipapista e oggi è celebrata soprattutto con spettacoli di fuochi d'artificio. Lo stesso personaggio di Guy Fawkes, che prima veniva insultato e bruciato in effigie, è diventato inoffensivo e addirittura, grazie al film *V per Vendetta* (2005), una maschera-simbolo di chi lotta contro il potere in nome della libertà.

SEZIONE V   STATI IN COSTRUZIONE [1600-1715]

> **rispondi**
> 1. Quali problemi deve affrontare Giacomo Stuart? 2. Quali limiti sono posti alla corona inglese?

dei Paesi Bassi che riuscivano a smerciare i loro manufatti con grande facilità. Inoltre le tensioni politiche che attraversavano il continente europeo e lo scoppio della Guerra dei Trent'anni sottrassero alla manifattura britannica alcuni mercati importanti, conducendo il paese verso una **congiuntura economica negativa** che, nel giro di poco tempo, avrebbe contribuito all'inasprimento dello scontro politico.

17.3 I conflitti tra corona e parlamento

La politica accentratrice del nuovo sovrano Con la morte di Giacomo Stuart salì al trono il figlio, Carlo I (1625-49) [👁 4]. Il nuovo re era un convinto sostenitore dell'ascendenza divina del potere monarchico e, in virtù di questo, difese le sue prerogative di **detentore del potere centrale contro i limiti imposti dal parlamento**, dimostratisi fatali per i progetti di ristrutturazione finanziaria coltivati dal padre.

I problemi di bilancio

La cronica mancanza di risorse nelle casse dello Stato divenne un grave fardello per la corona, che non aveva strumenti per imporre le sue decisioni e poteva ricorrere solo limitatamente all'**uso della forza**, visto che uomini e armi avevano un costo elevato. In una dinamica di potere segnata da **equilibri molto precari**, il sovrano cercò di ricorrere a **espedienti molteplici** per ricavare quanto più denaro possibile:

- la **vendita di cariche e titoli** nobiliari;
- la concessione a investitori privati di alcuni monopoli sulle attività produttive e sul commercio, in cambio di sostegno economico;
- il rafforzamento del sistema delle **multe** a carico di chi infrangeva le leggi.

I fallimenti in politica estera

Nei suoi primi anni di regno Carlo fu condizionato dal duca di Buckingham, già favorito del padre, il quale lo spinse a condurre una politica estera aggressiva. Il sovrano, intenzionato a conquistarsi il consenso dei calvinisti intransigenti e dell'intero fronte anticattolico, dichiarò **guerra alla Spagna**. Ottenne concessioni straordinarie dalla Camera dei Comuni e cercò di sfruttare al meglio le risorse a disposizione per intercettare i carichi di **metalli preziosi** provenienti dal Nuovo Mondo. La strategia però si ri-

> **prestito forzoso**
> Prestito imposto a privati a favore dello Stato; a differenza delle imposte è rimborsabile, ma alle condizioni poste dallo Stato stesso.

[👁 4] **La famiglia reale** Il quadro, eseguito dal pittore olandese Antoon van Dyck nel 1632, ritrae la famiglia reale tra fastosi panneggi, imponenti architetture e, sullo sfondo, Londra.
Carlo appare con la moglie Enrichetta Maria e due figli, Carlo e Maria Enrichetta. L'anno seguente sarebbe nato Giacomo, futuro re, poi altri cinque figli, tre dei quali morti ancora bambini. Enrichetta Maria, figlia del re francese Enrico IV di Borbone, era cattolica e ciò acuì i sospetti sul re, di fede anglicana ma considerato troppo vicino alla Chiesa di Roma.

L'ascesa delle Province Unite e la rivoluzione inglese **CAPITOLO 17**

velò fallimentare e fu necessario un cambiamento di fronte: il nemico fu individuato nella **Francia**, che si cercò di indebolire appoggiando – senza successo – gli ugonotti assediati a La Rochelle dal cardinale Richelieu [▶ cap. 16.2].

Fallito anche questo tentativo, il parlamento approfittò della debolezza della corona per imporre la *Petition of Right* (1628), una **carta dei diritti** con la quale venivano stabilite ulteriori **limitazioni al potere centrale** riguardo a punti essenziali: le imposte, la richiesta di prestiti, il ricorso all'arresto e alla legge marziale, le interferenze con la proprietà privata, l'obbligo dei sudditi di dare alloggio ai soldati.

L'ennesima umiliazione subita spinse Carlo a **interrompere l'attività delle camere** nel marzo del 1629 e a proseguire nel governo del paese in autonomia. Per 11 anni si avvalse dell'aiuto del Consiglio della corona e di tribunali come la Camera stellata. Le risorse finanziarie furono reperite grazie alla vendita dei titoli nobiliari, all'imposizione di **prestiti forzosi**, all'aumento dei dazi doganali, ma soprattutto allo sfruttamento della **Ship money**, una delle poche tasse che per legge il re poteva imporre senza il consenso parlamentare. L'imposta era applicabile in tempo di guerra a carico degli abitanti delle aree costiere, ma Carlo decise di estenderla anche ai territori interni e in periodo di pace. La mossa scatenò accese rimostranze, che contribuirono ad arroventare ancora di più il clima politico.

Religione e politica Come abbiamo visto, dal punto di vista dottrinale e gerarchico la **Chiesa anglicana** era rimasta vicina al cattolicesimo, fatto che creava continui timori tra i riformati, a maggior ragione ora che i nuovi regnanti erano sospettati di simpatie filocattoliche. In particolare i calvinisti più intransigenti, detti **puritani**, premevano per ripulire il culto della Chiesa d'Inghilterra da ogni legame con i rituali romani, riducendo o eliminando l'autorità dei vescovi per conferire maggiore autonomia alle singole congregazioni nella scelta dei loro ministri. Più che su un sistema teologico-dottrinale, il movimento puritano consolidò la sua identità attraverso la definizione di **modelli di comportamento**, arrivando ad acquisire una connotazione politica fondata sulla critica allo sfarzo delle corti e alla supremazia del monarca sulla vita religiosa [👁 5].

La Petition of Right

Lo scioglimento del parlamento e le nuove imposte

Puritani, presbiteriani e padri pellegrini

[👁 5] **Una famiglia puritana** Il quadro, eseguito da un anonimo pittore inglese, mostra un commerciante puritano, la moglie e i sei figli, tutti con abiti semplici e scuri su cui spicca un colletto candido. Le comunità puritane vivevano con estrema sobrietà: abitazioni semplici, niente eccessi nel mangiare, bere e vestire (chi indossava gioielli o abiti troppo decorati veniva punito dal consiglio degli anziani), e rifuggivano dai divertimenti mondani come il teatro.

533

SEZIONE V | STATI IN COSTRUZIONE [1600-1715]

Il puritanesimo raccolse consensi fra la *gentry*, la piccola nobiltà terriera locale, e diede voce a diverse istanze autonomistiche che nascevano al suo interno. Fra queste il **presbiterianesimo**, riconosciuto come Chiesa ufficiale in Scozia, che puntava ad assegnare la guida religiosa delle **comunità locali** ad anziani ("presbiteri") eletti dai fedeli raccolti in assemblea. Tale atteggiamento però era in netto contrasto con il controllo esercitato dal re sulla Chiesa d'Inghilterra e creava attriti anche politici con la corona. Le richieste di riforma religiosa rimasero comunque inascoltate e nel corso del primo ventennio del XVII secolo diversi puritani cominciarono ad abbandonare l'idea di realizzare le loro aspirazioni in patria e spostarono la loro attenzione verso le Province Unite e l'**America settentrionale**. Come vedremo, già nel 1620 alcuni si imbarcarono da Plymouth sulla prima nave, denominata *Mayflower*, per stabilirsi in Massachusetts.

La questione del cattolicesimo

Infine, il cattolicesimo rappresentava una minoranza fortemente osteggiata e discriminata anche politicamente in Gran Bretagna, mentre in Irlanda, dove era praticato dalla maggioranza della popolazione, era il collante che univa nobili e popolo contro la dominazione inglese.

La politica religiosa repressiva di Carlo I

Le opposizioni alla politica del re I contrasti fra il monarca e i puritani divennero sempre più accesi. Le correnti più radicali arrivarono persino a mettere in discussione l'idea di potere monarchico, sostenendo che un governo terreno ispirato ai dettami divini potesse fare a meno tanto dei vescovi quanto dei re. Carlo cercò di reagire scegliendo come obiettivo prioritario quello di **preservare l'unità religiosa** imponendo l'anglicanesimo anche alla Scozia presbiteriana e all'Irlanda cattolica. Tale scelta fu sostenuta dall'arcivescovo di Canterbury **William Laud** (1573-1645), il quale assunse un **atteggiamento intransigente** scegliendo vescovi contrari alla teoria calvinista della predestinazione, rimettendo in vigore liturgie tipiche del cattolicesimo e utilizzando i tribunali ecclesiastici per reprimere il dissenso.

La crisi politica e il Parlamento breve

Il processo di rafforzamento del potere monarchico inglese non fu, tuttavia, paragonabile a quello di altre realtà europee come la Francia e la Spagna. Gli **oppositori interni** erano forti e non privi di iniziativa, oltre che dotati di adeguati strumenti giuridici per affermare le loro pretese. La **Scozia** presbiteriana non si arrese di fronte alle riforme introdotte da Laud e diede inizio a una **rivolta** (1638). Rendendosi conto che non c'erano margini per una conciliazione, il re cambiò atteggiamento e nell'aprile del 1640 **convocò nuovamente il parlamento**, ma l'operazione non sortì gli effetti sperati perché le opposizioni si mostrarono ancora più ostili. L'assemblea fu sciolta dopo poche settimane (perciò fu detta "Parlamento breve"), lasciando l'intero paese in una situazione critica e, almeno in apparenza, lontana da una qualsiasi soluzione: oltre al problema politico l'esercito non riusciva a domare i ribelli scozzesi e i banchieri londinesi si rifiutarono di elargire nuovi prestiti per sostenere le spese militari.

Le riforme imposte al re dal parlamento

I successi del parlamento Il 3 novembre dello stesso 1640 Carlo ricorse nuovamente alle camere, dando inizio al cosiddetto "**Lungo parlamento**", destinato a durare 13 anni, sia pur con qualche interruzione e con estromissioni forzose di membri dissidenti. L'opposizione più energica al monarca venne dalla Camera dei Comuni, capace di far leva anche sul malcontento popolare, nonché di influenzare le stesse posizioni dei Lord, per ottenere importanti risultati:

- l'arcivescovo Laud fu **imprigionato** nel 1640 per tradimento e quattro anni più tardi giustiziato;

L'ascesa delle Province Unite e la rivoluzione inglese | **CAPITOLO 17**

- furono **chiusi i tribunali** posti sotto il controllo del monarca, come la Camera stellata;
- la *ship money* fu **dichiarata illegittima**, insieme ad altre tasse imposte nel periodo precedente;
- il potere dei vescovi fu ulteriormente limitato.

Inoltre, il parlamento si riservò il diritto di decidere collegialmente la data del proprio scioglimento, sottraendo di fatto al re questa prerogativa.

A questo punto **ogni conciliazione sembrava impossibile**, visto che i membri del parlamento intendevano sfruttare fino in fondo le loro prerogative, arrivando a sottrarre a Carlo persino il controllo delle forze armate. Nel lungo duello fra il sovrano e le camere un ruolo importante fu giocato dalla **stampa**, che si affiancò all'opera dei predicatori puritani aizzando gli animi dei sudditi con toni accesi e diffamatori volti a screditare la corte [👁 6].

La guerra in Irlanda Già dall'epoca dei Tudor, e ancor più sotto gli Stuart, era in atto una **colonizzazione britannica** dell'Irlanda nel tentativo di scardinare le antiche strutture di potere locale. I privilegi accordati ai nuovi arrivati dalla Scozia e dall'Inghilterra, divenuti in breve tempo titolari del diritto di sfruttamento di terre che fino a poco prima erano appartenute ai nativi, suscitarono un forte malcontento. Nel 1641, sotto la spinta della *gentry*, gli irlandesi passarono all'azione: dopo mesi segnati da agitazioni e violenze, con l'appoggio del clero locale venne formata una **"Confederazione cattolica"** che conquistò di fatto il controllo del paese. La religione era stato l'elemento capace di coagulare le varie componenti della società, sia quella **gaelica** che quella discen-

Lo scontro tra re e parlamento

La rivolta irlandese

PERCORSO VISIVO

[👁 6] Il ruolo della stampa
Come già all'epoca della Riforma, le stampe popolari contribuirono a diffondere idee e notizie: in un'epoca in cui leggere era appannaggio di pochi, le immagini potevano essere efficaci quanto le parole. La prima stampa mostra la rivolta dei fedeli scozzesi alla lettura dei nuovi riti imposta dall'arcivescovo di Canterbury William Laud; nella seconda lo stesso Laud è presentato – secondo un modello ricorrente nelle dispute a sfondo religioso – come un agente del demonio, che infatti gli offre il cappello da cardinale tipico della Chiesa romana.

gentry Nobili di basso rango, proprietari terrieri e con funzioni di governo locale.

gaelico Relativo alle popolazioni di origine celtica anticamente stanziate in Irlanda, Scozia e Galles.

SEZIONE V STATI IN COSTRUZIONE [1600-1715]

L'intervento britannico e scozzese

dente dei primi invasori normanni, finalmente definite sotto un'**unica identità nazionale** schierata contro il minaccioso potere della corona di Carlo I.

Carlo appariva ormai schiacciato nella morsa delle **rimostranze incrociate dei "tre regni"** (Inghilterra, Scozia, Irlanda), che andavano acquisendo pian piano caratteri nazionali nell'incrocio di fattori economici, religiosi, culturali, linguistici. A metà del 1642 **il re inviò in Irlanda un esercito di 20 000 uomini**, con l'appoggio di **forze scozzesi** arrivate con il consenso del parlamento di Edimburgo, momentaneamente alleatosi con il re in funzione **anticattolica** e per sostenere i suoi coloni. L'intervento militare non bastò a evitare la nascita di un'Irlanda confederata che si diede un governo provvisorio, affidato a un'assemblea generale composta da nobili, vescovi e rappresentanti dei ceti possidenti. Gli scontri tra gli insorti irlandesi e le forze britanniche si protrassero, con fortune alterne, fino al 1653, ed ebbero – come si vedrà – importanti riflessi sui destini della monarchia.

rispondi
1. Qual è il progetto politico di Carlo Stuart? **2.** Che cos'è la *Petition of Right*? **3.** Chi sono i puritani?

17.4 La guerra civile

Gli schieramenti militari...

Le forze in campo La rivolta irlandese fece deflagrare i conflitti politici latenti nel regno inglese, tanto che nel 1642 poteva ritenersi ormai iniziata una vera guerra civile: da un lato combattevano i **"cavalieri"** del re Carlo Stuart, così denominati per la loro estrazione prevalentemente nobiliare, e dall'altro le **"teste rotonde"** (*roundheads*), milizie a servizio delle opposizioni parlamentari, identificate dal caratteristico taglio di capelli [👁 7]. Al di là dell'aspetto militare, non è semplice identificare la composizione socio-politica dei due schieramenti perché non si trattò di alleanze omogenee e le differenze fra i vari contesti locali, urbani e rurali furono notevoli. Ciò nonostante, gli storici individuano schematicamente due grossi fronti:

... e quelli sociali e religiosi

- i **sostenitori del re**, composti da una minoranza filocattolica e dai notabili delle contee del Nord e dell'Ovest, caratterizzate da un'economia tradizionalista e statica, basata sulla rendita fondiaria;
- i **difensori dei diritti del parlamento**, favorevoli a un anglicanesimo radicale, appoggiati dalle contee del Sud e dell'Est e dai gruppi sociali più intraprendenti sul piano produttivo e commerciale.

Le spaccature si resero visibili anche nelle colonie nordamericane, spesso animate da simili motivazioni socio-economiche e religiose.

Il fattore religioso e quello militare

Cromwell e il *New Model Army* I primi scontri furono favorevoli alla corona, ma le sorti del conflitto cambiarono con l'entrata in scena di **Oliver Cromwell** (1599-1658), un gentiluomo di campagna dell'Est, già membro del parlamento nel 1628 e nel 1640. Animato da un profondo **fervore puritano**, Cromwell era dotato di grande inclinazione per la strategia militare e **riorganizzò l'esercito** (il cosiddetto *New Model Army*) secondo principi nuovi soprattutto nella distribuzione delle cariche di responsabilità: mettendo da parte i diritti acquisiti per nascita diede priorità al talento e al merito conquistato sul campo. Un ruolo fondamentale nella nuova macchina bellica fu giocato proprio dal **sentimento religioso**, che in alcuni frangenti fu decisivo nell'ispirare l'azione di soldati disciplinati e vincenti perché convinti di combattere per una causa giusta.

CLIL
approfondimento
Who was Oliver Cromwell? (inglese)

La sconfitta del re, ma non definitiva

Fra giugno e luglio 1645 le **forze parlamentari ottennero importanti vittorie** a Naseby e Langport, costringendo Carlo ad abbandonare i suoi propositi di controllo

536

L'ascesa delle Province Unite e la rivoluzione inglese | CAPITOLO 17

del paese [👁8]. Un anno più tardi dovettero cedere anche gli scozzesi, scesi in campo in appoggio al sovrano, che rimase di fatto senza possibilità di manovra. La gravità della situazione però non lo indusse ad arrendersi: tentò infatti di stringere accordi con fazioni e componenti del fronte nemico per cercare di spaccarlo. Non riuscì nel suo intento e rimase in una posizione di **estrema debolezza**.

La difficile riorganizzazione dello Stato I brillanti risultati ottenuti sul campo conferirono a Cromwell un crescente prestigio, che gli consentì di procedere a una riorganizzazione dell'intero **sistema istituzionale** inglese. Il fronte vincitore aveva però **posizioni politiche e religiose disomogenee**, perché la presenza di molti moderati convinti di dover conservare la monarchia era controbilanciata da forze radicali sempre più nutrite, poco disposte ad abbandonare gli slanci eversivi maturati durante la guerra civile. Fra il 1645 e il 1647 aveva assunto una fisionomia più definita il movimento dei *Levellers* ("livellatori"), composto da soldati, artigiani e contadini che si battevano per la sovranità popolare (con suffragio universale maschile, a eccezione di mendicanti e servi), per la cancellazione dei privilegi e la redistribuzione dei beni, per la separazione fra autorità secolari e religiose [▶fenomeni, p. 538]. Ancora più estreme erano le posizioni dei *Diggers* ("zappatori"), che in segno di protesta cominciarono a lavorare le terre dei proprietari dichiarando nulli i titoli di possesso e chiesero di rendere elettive le cariche pubbliche.

Lo stesso parlamento era attraversato da posizioni forti e divergenti. La **corrente presbiteriana** premeva per l'abolizione dell'episcopato, intendendo riorganizzare la Chiesa anglicana secondo un sistema di consigli rigidamente gerarchizzati e unificati dalla professione della fede calvinista. I cosiddetti "**indipendenti**" invece sostenevano la necessità di attuare una politica di tolleranza nei confronti di varie confessioni religiose, fatta eccezione per quella cattolica.

Le divisioni politiche nel fronte di Cromwell…

…e quelle religiose in parlamento

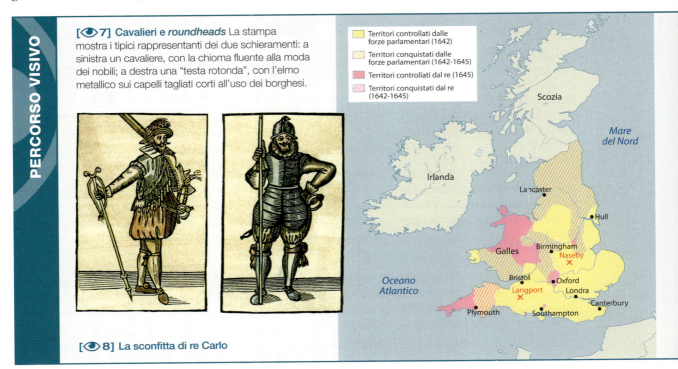

PERCORSO VISIVO

[👁7] **Cavalieri e *roundheads*** La stampa mostra i tipici rappresentanti dei due schieramenti: a sinistra un cavaliere, con la chioma fluente alla moda dei nobili; a destra una "testa rotonda", con l'elmo metallico sui capelli tagliati corti all'uso dei borghesi.

- Territori controllati dalle forze parlamentari (1642)
- Territori conquistati dalle forze parlamentari (1642-1645)
- Territori controllati dal re (1645)
- Territori conquistati dal re (1642-1645)

[👁8] **La sconfitta di re Carlo**

SEZIONE V STATI IN COSTRUZIONE [1600-1715]

Lo scontro tra esercito e parlamento

La centralità dell'esercito Cromwell, schierato con gli indipendenti, si trovò paradossalmente a dover fronteggiare i fautori di quelle posizioni politico-religiose radicali che erano state forza propulsiva durante la guerra civile e che erano attecchite all'interno del suo stesso esercito. La gestione dell'armata fu difficile, soprattutto quando divenne chiaro che il parlamento – in maggioranza presbiteriano – era intenzionato a congedare i soldati o a mandarli a combattere contro i ribelli irlandesi. Nelle reazioni a questi progetti di dismissione emerse tutta l'**intraprendenza del corpo militare**. Per rivendicare i loro diritti, i vari reparti nominarono degli "agitatori", incaricati anche di discutere con i vertici questioni cruciali, come la corresponsione delle paghe arretrate. Nel giugno del 1647 **l'esercito occupò Londra** riuscendo anche a porre il re sotto sequestro.

I dibattiti di Putney

Pochi mesi più tardi, a ottobre, si svolse a Putney una serie dibattiti tra esponenti del *New Model Army* che sancì di fatto il **ruolo preminente svolto dall'esercito** sul piano politico. L'obiettivo era arrivare a una posizione organica, ma il nodo irrisolto rimase proprio quello del **suffragio universale maschile**, considerato troppo pericoloso per la stabilità delle gerarchie sociali esistenti.

I *Levellers*

fenomeni

In Inghilterra il termine *Levellers* era già stato usato per i contestatori che, per difendere l'uso degli spazi comuni, abbattevano le recinzioni (*enclosures*) dei campi costruite dai latifondisti. Nell'estate del 1646 due uomini politici già noti per le loro pubblicazioni di ispirazione radicale, Richard Overton e William Walwyn, diedero inizio a un nuovo movimento con un documento intitolato *Remonstrance of Many Thousand Citizens of England* ("Rimostranza di molte migliaia di cittadini inglesi"). In esso si rivendicava l'uguaglianza di fronte alla legge di tutti gli individui e si accusavano, senza mezzi termini, il parlamento di usurpare la volontà popolare e i governanti e gli amministratori di essere insensibili nei confronti delle sofferenze dei poveri e degli affamati.

Lo stesso Cromwell, che aveva in pratica esautorato il re, si mostrò allarmato di fronte all'avanzamento di queste istanze estremiste, ritenendo che l'intera gerarchia sociale su cui si reggeva l'Inghilterra fosse messa pericolosamente in discussione, insieme ai privilegi nobiliari e al diritto di proprietà.

Le sue ansie erano fondate, visto che i livellatori – oltre a fare un massiccio uso della stampa per diffondere le loro idee – riuscirono a raccogliere un gran numero di adesioni alle loro rimostranze e petizioni, con un metodo assimilabile alle odierne raccolte di firme. Appartenevano in gran parte ai *Levellers* anche gli "agitatori" (*agitators*), gli esponenti più estremisti del *New Model Army*.

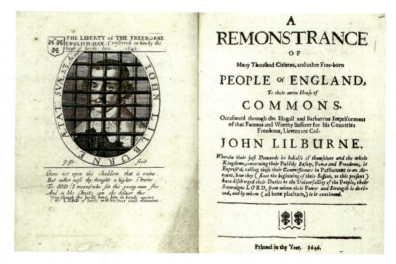

▲ Una delle "rimostranze" dei *Levellers*, diretta alla Camera dei Comuni per ottenere la liberazione di uno dei capi del movimento politico, John Liliburne, arrestato dopo le sue pesanti accuse al governo di Cromwell.

Il parlamento e il processo al re Carlo I Stuart riuscì a sottrarsi a suoi carcerieri grazie all'aiuto degli scozzesi e cercò di provocare una ripresa della guerra civile, ma le forze a sua disposizione si dimostrarono non all'altezza, andando incontro a una veloce sconfitta. Cromwell **escluse alcuni moderati dal parlamento**, per limitare la loro influenza. Il parlamento rimase quindi nelle mani di gruppi radicali, che affidarono a un'Alta commissione di giustizia il compito di imbastire un processo contro il re: per la prima volta in Europa un sovrano legittimo era sottoposto al giudizio di un **tribunale** regolarmente costituito con l'accusa di aver tradito i suoi sudditi e violato le leggi del suo regno [▶ FONTI, p. 540]. Carlo fu **condannato a morte** e giustiziato il 30 gennaio del 1649.

Le reazioni all'evento furono contrastanti: sulla figura del re la stampa si divise fra toni celebrativi e denigratori, ricalcando in sostanza i contenuti propagandati da predicatori e oratori favorevoli o contrari. Ampi strati della popolazione urbana e rurale però cominciarono a considerarlo un martire che aveva affrontato il patibolo con dignità ed eroismo. Di fronte al consumarsi di un gesto tanto rivoluzionario quanto la condanna a morte di un sovrano, la società inglese conservò per gli anni successivi le **profonde spaccature** emerse con la **guerra civile**, oscillando fra irriverenza e attaccamento alla tradizione monarchica.

17.5 Il protettorato di Cromwell

Il *Commonwealth* e il massacro degli insorti d'Irlanda Fra febbraio e maggio del 1649 **il sistema istituzionale inglese subì profondi cambiamenti**: il Consiglio privato della corona fu sostituito da un Consiglio di Stato in mano ai militari, la Camera dei Lord fu soppressa così come la monarchia e nacque il *Commonwealth*, ovvero la Repubblica unita di Inghilterra, Scozia e Irlanda. Tuttavia le tensioni erano ben lontane dall'esaurirsi e i nodi più intricati da sciogliere rimanevano i conflitti fra moderati e correnti radicali, prima fra tutte quella dei *Levellers*. Cromwell cercò di gestire la transizione con un'abile **politica metamorfica**, fondata sul controllo di gruppi estremisti che lui stesso aveva alimentato e sfruttato, usandoli contro i moderati. Nell'apparente contraddittorietà della sua azione egli perseguì obiettivi precisi, come la salvaguardia della proprietà privata e l'affermazione della tolleranza religiosa.

Nel frattempo **Carlo II** Stuart, figlio del re giustiziato, era stato riconosciuto come nuovo titolare della corona in Scozia e in Irlanda, ma la fiera opposizione del parlamento inglese lo costrinse a rifugiarsi in **esilio** in Olanda. La piega estremista assunta dagli avvenimenti in Inghilterra spaventò i parlamenti irlandese e scozzese, che si schierarono con Carlo II contro la neonata repubblica. Nel pieno del conflitto politico-istituzionale, un ruolo cruciale fu giocato ancora una volta dall'**esercito** inglese, sempre attraversato da posizioni eversive che mettevano in pericolo qualsiasi forma di potere costituito. Ci furono diversi tentativi di ammutinamento, il più rilevante dei quali ebbe luogo a Burford – vicino a Oxford – nel maggio del 1649 e venne stroncato da una sanguinosa repressione.

Nei mesi successivi, Cromwell si mise di nuovo a capo delle armate inglesi per combattere contro gli **insorti d'Irlanda**, da lui reputati come pericolosi barbari. Lo scontro si trasformò in un massacro e il paese fu ridotto alla fame. Più di mezzo milione di cattolici irlandesi perse la vita (su una popolazione di circa 1 400 000 persone) e molte fa-

---

Margin notes:

Il parlamento in mano ai radicali e la condanna del re

Le divisioni seguite all'uccisione del re

rispondi
1. Quali schieramenti si fronteggiano a partire dal 1642?
2. Chi è Cromwell e qual è il suo ruolo?
3. Come termina la guerra civile?

La politica di Cromwell

Commonwealth
Letteralmente "bene comune", è la traduzione inglese del latino *respublica* e all'epoca indicava l'insieme dei cittadini di una nazione.

La cacciata di Carlo II

Le vittorie contro Irlanda e Scozia

FONTI

Il processo a Carlo I Stuart

■ L'ultima seduta del processo contro il re d'Inghilterra si svolse a Westminster il 27 gennaio del 1649. Quelle proposte di seguito sono alcune delle parole pronunciate dal presidente del tribunale e registrate nei verbali: il sovrano è accusato, insieme ai suoi sostenitori, di aver infranto le leggi del paese e di essersi arrogato il diritto di interpretarle, minando in tal modo le prerogative del parlamento, suprema corte di giustizia del paese.

▲ La condanna a morte di Carlo I, con le firme e i sigilli dei giurati.

Vi siete sempre vantato, e l'avete testimoniato dappertutto con i vostri discorsi, di non essere in alcun modo soggetto alle leggi e ch'esse non erano affatto sopra di voi. La Corte fa benissimo a stimare, signore, e voglio sperare che lo reputino anche tutti coloro di questa nazione che hanno il senso e il giudizio sani, che le leggi sono sopra di voi e che avreste dovuto governare conformemente alle leggi. Avreste dovuto farlo, signore, e so bene che pretendete di averlo fatto. Ma, signore, il grande dissidio è stato il sapere chi sono coloro che devono essere gli interpreti delle nostre leggi: se dobbiate essere voi e il vostro partito[1], che è fuori delle Corti di giustizia[2], a dover attribuire il potere di interpretarle, oppure se non sia ben più ragionevole e molto più giusto che le Corti di giustizia ne rimangano le interpreti, anzi, se tale non sia il diritto della sovrana e più alta Corte di giustizia che è il Parlamento d'Inghilterra, il quale non ne è soltanto il supremo interprete, ma anche il solo ad avere il diritto e il potere di farle. [...]

L'affare, signore, al quale siamo ora intenti [...] è stato ed è ancora presentemente d'esaminarvi e giudicarvi per tali grandi offese che avete commesso. Siete imputato, signore, d'essere un tiranno, un traditore, un assassino e il nemico pubblico dello Stato d'Inghilterra.

G. Garavaglia, *Società e rivoluzione in Inghilterra. 1640-1689*, Loescher, Torino 1978

> La corte imputa al re di essersi sentito in diritto di agire al di sopra della legge.

> La corte si appella al re chiamandolo "signore" (*sir*) e non "sua altezza" perché non riconoscendolo più come legittimo sovrano lo tratta da normale cittadino.

> Poiché il re ha operato al di fuori della legge, è personalmente responsabile di ogni morte accaduta in conseguenza delle sue azioni, tra cui anche la guerra civile.

1 **il vostro partito:** i vostri sostenitori, i membri della vostra fazione.
2 **Corti di giustizia:** i tribunali locali che, nel sistema della *Common Law*, interpretando le leggi con le loro sentenze contribuiscono a formare la giurisprudenza.

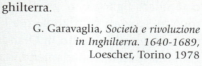

◀ La decapitazione di Carlo I, dipinta sulla base del racconto di un testimone oculare.

miglie furono deportate o si videro confiscare le terre a beneficio dei coloni protestanti [◉9]. Anche sul fronte scozzese la campagna fu veloce e trionfale.

Tuttavia non bastò la forza delle armi a realizzare il suo **progetto di coesione territoriale**. Alle isole britanniche continuò a mancare l'omogeneità politico-religiosa necessaria alla formazione di uno Stato realmente unito. Lo stesso Galles – integrato alla corona ai tempi di Enrico VIII e sottoposto a un processo di uniformazione linguistico-culturale – conservava un profondo attaccamento alle sue tradizioni. L'accentramento perseguito con l'uso della forza finì per rafforzare la percezione del **potere inglese** come elemento **estraneo alle dinamiche identitarie** che si andavano consolidando, marcando le differenze più che i punti in comune.

Il fallimento di un processo unificante imposto con la forza

Dalla repubblica alla dittatura Sul fronte interno, il nuovo ordinamento dello Stato inglese faticò a trovare una dimensione definita. Il parlamento fu sciolto nel 1653 e fu sostituito da un'assemblea di 144 membri selezionati dai capi dell'esercito. Le correnti radicali rimanevano fortissime e ben rappresentate, mettendo a repentaglio la stabilità politica. L'apparente insanabilità dei contrasti tra le fazioni rese necessaria la stesura di una carta costituzionale che riconobbe a Oliver Cromwell il ruolo di **Lord protettore** del *Commonwealth* di Inghilterra, Scozia e Irlanda. A lui era riservato il compito di scegliere i membri del Consiglio di Stato e le sue preferenze andarono prevalentemente agli esponenti degli apparati militari. Le istituzioni repubblicane diventavano così un semplice strumento nelle mani di Cromwell [◉10].

Cromwell garante dell'unità del paese

Il potere centrale produsse tutti gli sforzi possibili per occupare lo spazio pubblico: la circolazione di scritti a stampa fu sottoposta a un **rigido controllo** e cominciò una capillare attività repressiva nei confronti della proliferazione di nuove sette religiose.

Repressione e malcontento

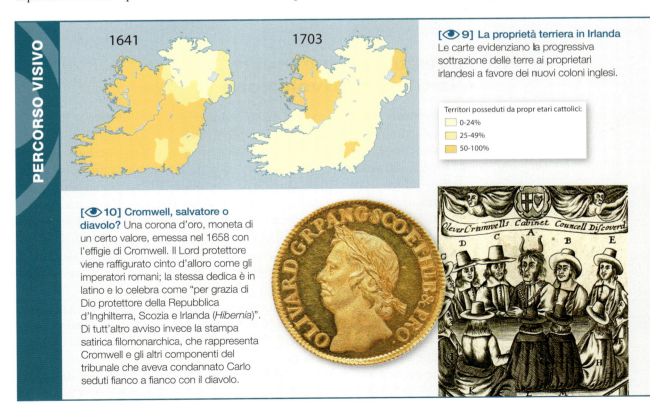

PERCORSO VISIVO

[◉9] La proprietà terriera in Irlanda
Le carte evidenziano la progressiva sottrazione delle terre ai proprietari irlandesi a favore dei nuovi coloni inglesi.

Territori posseduti da propretari cattolici:
- 0-24%
- 25-49%
- 50-100%

[◉10] Cromwell, salvatore o diavolo? Una corona d'oro, moneta di un certo valore, emessa nel 1658 con l'effigie di Cromwell. Il Lord protettore viene raffigurato cinto d'alloro come gli imperatori romani; la stessa dedica è in latino e lo celebra come "per grazia di Dio protettore della Repubblica d'Inghilterra, Scozia e Irlanda (*Hibernia*)". Di tutt'altro avviso invece la stampa satirica filomonarchica, che rappresenta Cromwell e gli altri componenti del tribunale che aveva condannato Carlo seduti fianco a fianco con il diavolo.

SEZIONE V STATI IN COSTRUZIONE [1600-1715]

Ciò nonostante, le opposizioni non si placarono e fu soprattutto la *gentry* a manifestare la sua insofferenza per una **pressione fiscale** che soffocava le attività produttive. Infatti il sistema messo in piedi dopo la condanna a morte di Carlo assegnava una totale centralità alla guerra e il sostegno alle attività belliche derivava principalmente dalle imposte fondiarie e dalla tassazione dei beni di prima necessità.

Il rafforzamento dei commerci a danno degli olandesi

Espansionismo mercantile e colonialismo In politica estera, Cromwell cercò di dare un forte impulso ai commerci, vera colonna portante del bilancio inglese. Nel settembre del 1651 il governo inglese promulgò l'**Atto di Navigazione** (*Navigation Act*), stabilendo **regole rigide sulla circolazione dei prodotti**. L'Inghilterra si riservava infatti l'esclusiva sugli scambi con le proprie colonie nordamericane, mentre suoi i porti privilegiarono il contatto diretto con altri empori escludendo le imbarcazioni che esercitavano forme di commercio di intermediazione. La decisione penalizzava soprattutto le Province Unite, che reagirono cercando di salvaguardare i loro interessi. In diverse occasioni lo scontro con l'Inghilterra fu condotto a viso aperto (tre guerre navali ebbero luogo negli anni 1652-54, 1665-67, 1672-74), ma le sorti arrisero quasi sempre alle forze britanniche. La flotta olandese, fino ad allora la più intraprendente e potente, dovette cedere il primato sui mari, segnando l'inizio di una parabola discendente.

Nel 1655 Cromwell entrò in **guerra contro la Spagna**, cercando di approfittare della debolezza di un paese già fiaccato dalla Guerra dei Trent'anni e dalla persistente concorrenza francese. Gli inglesi strapparono agli spagnoli il porto di Dunkerque sulla Manica e la **Giamaica**, che negli anni successivi sarebbe diventata uno snodo cruciale del **commercio degli schiavi**. I trattati commerciali stipulati con i paesi baltici furono, in sostanza, il suggello di una politica espansionistica che assunse tratti decisamente aggressivi.

rispondi
1. Che cos'è il *Commonwealth* e quando viene proclamato? **2.** Come si comporta Cromwell da Lord protettore?

17.6 La restaurazione Stuart e la Gloriosa rivoluzione

Carlo II re d'Inghilterra

La fine del processo rivoluzionario Oliver Cromwell morì il 3 settembre del 1658, lasciando in eredità un'organizzazione politica priva di affidabili strutture istituzionali e troppo dipendente dalle sue capacità personali di comando, tanto che il figlio Richard tentò di succedergli, ma senza successo. Ancora una volta fu l'esercito a prendere il controllo dei destini del paese, con l'appoggio dei ceti possidenti interessati a ritrovare una forma di stabilità, anche per difendersi dal pericolo di interferenze di potenze straniere. Nel 1660, i reduci del Lungo parlamento si rassegnarono a **richiamare il legittimo erede al trono**, Carlo II Stuart (1660-85), che si impegnò a governare in collaborazione con i membri dell'assemblea [👁 11]. Giungeva in tal modo a una parziale conclusione una fase di profondi cambiamenti, identificata dalla storiografia come "**rivoluzione inglese**" per i suoi risvolti eversivi verso l'istituzione monarchica.

Le conseguenze del processo rivoluzionario

Il ritorno al trono della dinastia regnante non deve però far pensare a un processo effimero. Le perturbazioni di questi decenni ebbero **effetti durevoli** sul paese perché furono alimentate da motivazioni molteplici, di carattere economico, politico e religioso. Sul piano delle istituzioni, da allora la monarchia fu costretta a confrontarsi con un **parlamento** che aveva acquisito una **centralità duratura nella gestione della vita pubblica**; esemplare a tale proposito fu la promulgazione dello *Habeas Corpus Act*

L'ascesa delle Province Unite e la rivoluzione inglese | CAPITOLO 17

(1679), una legge che garantiva l'inviolabilità della persona contro l'arbitrio dei tribunali [▶ FONTI, p. 544]. L'universo religioso rimase variegato e segnato dalla convivenza fra Chiesa di Stato e minoranze confessionali. Sul piano sociale, l'intero corpo dei sudditi si trovò coinvolto in uno scambio di informazioni che si avvalse di giornali, libelli e altri materiali a stampa. Gruppi e individui vennero indotti a prendere posizione tra le diverse correnti in gioco, sviluppando nuove **forme di partecipazione politica**.

Il ritorno della questione religiosa Durante il primo decennio di regno, Carlo II poté contare su entrate più consistenti, derivanti anche dall'incremento delle attività commerciali e dei consumi. Sul piano politico invece la situazione non era altrettanto favorevole: il sovrano non aveva figli e successore designato era il fratello Giacomo, divenuto fervente cattolico e perciò inviso alle gerarchie protestanti. Nel 1679 venne presentata in parlamento una legge (*Exclusion Bill*) per escludere la possibilità che un cattolico salisse al trono, ma il re si difese sciogliendo l'assemblea prima dell'approvazione, cosa che fece anche negli anni successivi ogni volta che venne ripresentata.

La minaccia di un re cattolico

Gli schieramenti politici In una **società dinamica e frammentata** come quella inglese, le posizioni politiche in cui si identificavano i vari gruppi erano composite, tuttavia riguardo all'atteggiamento nei confronti del sovrano si polarizzarono due grandi schieramenti, i cui nomi entrarono nell'uso comune:
- i ***tories***, difensori della proprietà fondiaria, fautori del legittimismo monarchico e del protestantesimo ma aperti a un cauto dialogo con il cattolicesimo;
- i ***whigs***, propugnatori dei diritti del parlamento, della tolleranza religiosa, degli interessi marittimi e coloniali e rappresentanti di un ampio fronte protestante, che andava ben oltre i limiti della Chiesa anglicana.

Tories e whigs

La Gloriosa rivoluzione Negli anni Ottanta, l'influenza di Giacomo a corte si fece sempre più forte e si accompagnò a una decisa azione di rafforzamento del potere monarchico. Alla morte del fratello salì al trono con il nome di **Giacomo II** (1685-88); nello stesso anno gli nacque un figlio maschio, alimentando fra gli anglicani le paure di una **restaurazione permanente** di marca filopapale. Il parlamento era impossibilitato a opporsi e il sistema giudiziario, asservito ai bisogni della corona, coadiuvava l'o-

La tendenza assolutista di Giacomo II

[👁 11] **Il "monarca felice"** Carlo II fu definito *Merry Monarch*, "felice, allegro" dai contemporanei per sottolineare il suo regno caratterizzato dal ritorno alla pace dopo decenni di sanguinose guerre, da una certa prosperità e anche dall'abbandono dei modi austeri e cupi propri dei puritani, come mostrano i suoi abiti colorati e lussuosi.

◀ Henri Gascard, *Ritratto di Carlo II*, XVII secolo.

PERCORSO VISIVO

543

SEZIONE V   STATI IN COSTRUZIONE [1600-1715]

FONTI

Lo *Habeas Corpus Act*

▲ Lo *Habeas Corpus Act* pubblicato tra le leggi promulgate da Carlo II.

■ La legge (*Act*) era in realtà la codifica di un principio presente nell'ordinamento inglese fin dal XII secolo, poi ribadito nella *Magna Charta* (1215) e nella *Petition of Right* (1628). La formula latina *Habeas Corpus ad subjiciendum* significa letteralmente "che tu abbia il corpo da portare in giudizio". La norma, infatti, consentiva la presenza materiale dell'imputato davanti al giudice e tutelava contro le carcerazioni illegali o arbitrarie che, al tempo, potevano essere applicate dai molti organi locali con potere giudiziario, per i motivi più vari. Su richiesta dell'imputato o di un suo rappresentante, tali provvedimenti avrebbero dovuto d'ora in avanti essere approvati da un giudice imparziale, entro precisi limiti di tempo e sotto la minaccia di forti pene per i trasgressori. La presenza obbligatoria dell'imputato, inoltre, lo proteggeva anche contro eventuali violenze, visto che il giudice poteva constatarne personalmente lo stato di salute.

Si prende atto della difficoltà dell'applicazione del principio.

Poiché da parte di sceriffi, carcerieri e altri funzionari alla cui custodia sono affidati sudditi del re per fatti criminosi o supposti tali, vengono praticati grandi ritardi nell'eseguire rescritti[1] di *Habeas Corpus* ad essi diretti, [...] contrariamente al loro dovere e alle leggi ben note del paese, per la qual cosa molti sudditi del re sono stati e anche in futuro potranno essere a lungo trattenuti in prigione, in casi nei quali essi hanno diritto alla libertà provvisoria dietro cauzione[2] [...];

L'istituto della cauzione tutelava soprattutto i più ricchi.

per impedire ciò, e per la più spedita liberazione di tutte le persone imprigionate per uno di questi fatti criminosi o supposti tali, sia sancito per legge [...] che ogni qualvolta una o più persone porteranno un *Habeas Corpus* indirizzato a uno sceriffo, carceriere, agente o a chiunque altro, nell'interesse di una persona in loro custodia, [...] il detto funzionario [...] entro tre giorni dalla consegna del rescritto [...]

La legge prevedeva procedure particolari per gli accusati di gravi crimini contro lo Stato.

(a meno che l'incarceramento predetto non sia per tradimento o fellonia[3] [...]), dietro pagamento o offerta delle spese di trasporto del prigioniero [...] deve dare esecuzione a tale rescritto, e portare o far portare il corpo della parte [persona] così incarcerata o detenuta davanti al Lord Cancelliere o al Lord Guardasigilli d'Inghilterra allora in carica, oppure davanti ai giudici o baroni del tribunale che avrà emanato il detto rescritto [...]; e allora [il funzionario] deve ugualmente specificare le ragioni della detenzione o carcerazione [...].

E sia inoltre sancito per legge [...] che se qualche funzionario [...] trascurerà di eseguire gli adempimenti predetti, [...] per la prima infrazione dovranno[4] versare al prigioniero o alla parte danneggiata la somma di cento sterline; e per la seconda infrazione la somma di duecento sterline, e per questo fatto saranno e sono resi incapaci di coprire ed esercitare il predetto loro ufficio. [...]

La clausola proteggeva da persecuzioni di natura politica.

E per impedire ingiuste vessazioni per mezzo di ripetuti imprigionamenti per lo stesso delitto, sia sancito per legge [...] che nessuna persona che sia stata liberata o rilasciata a seguito di un *Habeas Corpus*, in nessun momento successivo potrà essere nuovamente imprigionata o detenuta per lo stesso delitto [...].

R. Romeo, G. Talamo (a cura di), *Documenti storici. II: L'età moderna*, Loescher, Torino 1966

1 rescritti: ordinanze emesse dalla cancelleria regia, in Inghilterra come in altri Stati, per imporre ai sudditi una decisione della corona.

2 cauzione: somma di denaro che l'imputato versa alla corte al momento della scarcerazione, come garanzia che si presenterà al processo.

3 fellonia: cospirazione o altro grave delitto punibile con la morte e la confisca dei beni.

4 dovranno: tutti coloro che hanno materialmente in custodia il prigioniero.

544

L'ascesa delle Province Unite e la rivoluzione inglese | **CAPITOLO 17**

pera di repressione del dissenso politico. Un ruolo centrale fu ancora una volta giocato dall'esercito, che venne rinfoltito e affidato al controllo di comandanti fedeli al re.

Queste politiche assolutistiche suscitarono una risoluta reazione nello schieramento dei *whigs*, cui si associarono ben presto anche i *tories*, superando le reciproche divergenze in nome del mantenimento degli arricchimenti ottenuti negli anni della guerra civile con l'acquisto delle terre espropriate. In una situazione di diffuso malcontento, essi chiesero aiuto allo *statolder* generale delle Province Unite, **Guglielmo III d'Orange**, che aveva sposato Maria Stuart, prima figlia di Giacomo II. Animato da ambizioni di potere e dotato di una salda fede protestante, Guglielmo decise di rompere gli indugi e nel novembre del 1688 organizzò una **spedizione militare** che costrinse rapidamente Giacomo a riparare in Francia. La presa del potere non fu però immediata e passò attraverso una fase di risistemazione normativa del potere monarchico. Prima dell'investitura regale il parlamento fece approvare a Guglielmo e a Maria un "documento dei diritti" (***Bill of Rights***, 1689) che limitava in maniera netta gli spazi di azione della corona sul piano legislativo, fiscale, giudiziario e militare [▶ FONTI, p. 546]. Si affermavano anche principi di tolleranza religiosa per coloro che non aderivano al rito anglicano, escludendo però ancora i cattolici.

Con quella che venne definita "**Gloriosa rivoluzione**", perché avvenuta senza spargimenti di sangue, l'assemblea riconquistò la sua centralità nel controllo della vita del paese e **pose un argine istituzionale all'ascesa dell'assolutismo**, destinato ad avere effetti durevoli nei secoli successivi.

Nuovi rapporti di forza tra corona e parlamento

CLIL approfondimento
What's in the Bill of Rights? (inglese)

rispondi
1. Perché Carlo II Stuart viene nominato re? **2.** Che cos'è lo *Habeas Corpus Act*, e quando viene promulgato? **3.** Perché il nuovo sovrano deve accettare il *Bill of Rights*?

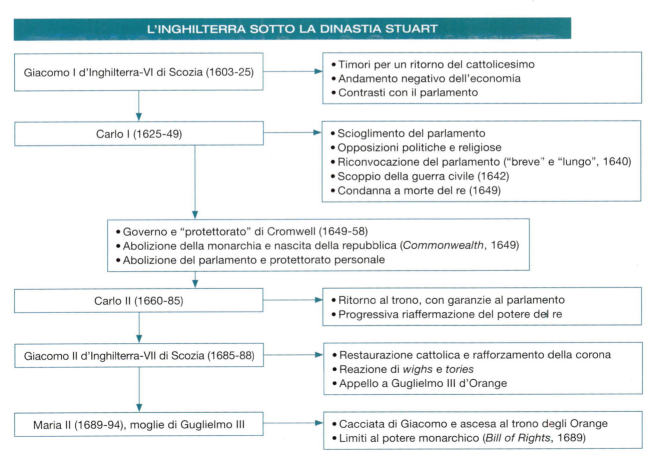

545

SEZIONE V STATI IN COSTRUZIONE [1600-1715]

FONTI

Il *Bill of Rights*

■ Sottoscrivendo questo documento Guglielmo d'Orange e Maria Stuart riconobbero ufficialmente l'instaurazione di una monarchia parlamentare. La corona, riconoscendo di essere sottoposta all'obbligo di obbedire alle leggi, rinunciava definitivamente a pretendere di governare per diritto divino ma perdeva anche altri diritti come quello di richiedere denaro con imposizioni fiscali senza il consenso del parlamento, di procedere all'arresto dei sudditi che inoltravano petizioni, di mantenere un esercito attivo fuori dalla congiuntura bellica. Come nel caso dello *Habeas Corpus*, anche questo documento affonda le radici nel passato e appare come fase finale di un cammino iniziato secoli prima con la concessione della *Magna Charta*.

▲ Una copia originale manoscritta del *Bill of Rights*.

Il documento si presenta come la difesa di prerogative di origini lontane.

Le forze armate erano state usate – anche da Cromwell – per reprimere il dissenso.

La norma tutela la libera espressione del singolo ma anche il diritto del parlamento a essere la fonte primaria della legge.

[I Lords e i Comuni] riuniti in un organo pienamente e liberamente rappresentativo di questa nazione, prendendo in considerazione i modi migliori per raggiungere i fini suddetti, in primo luogo (come hanno fatto in casi simili in genere i loro antenati) per l'asserzione dei loro antichi diritti e libertà, dichiarano:
1. Che il preteso potere di sospendere dalle leggi, o dall'applicazione delle leggi, per autorità regia, senza il consenso del parlamento, è illegale.
2. Che il preteso potere di dispensare dall'osservanza delle leggi, e dall'esecuzione delle leggi, per autorità regia, come è stato fatto di recente, è illegale. [...]
4. Che la raccolta di denaro ad uso della corona, sotto pretesto di prerogativa, senza concessione del parlamento, per un periodo più lungo, o in modi diversi da quelli fissati, è illegale.
5. Che è diritto dei sudditi rivolgere petizioni al re, e ogni arresto o processo per questo sono illegali.
6. Che radunare o mantenere un esercito permanente nel regno in tempo di pace, senza il consenso del parlamento, è illegale. [...]
9. Che la libertà di parola, e i dibattiti o i procedimenti in parlamento, non debbono essere posti sotto accusa o contestati in nessun tribunale o luogo al di fuori del parlamento.

G. Garavaglia, *Società e rivoluzione in Inghilterra. 1640-1689*, Loescher, Torino 1978

Provvedere che la religione protestante, le leggi e le libertà non fossero più in pericolo di essere sovvertite.

La prima delle accuse mosse a Carlo I durante il processo.

▶ Il *Bill of Rights* viene presentato a Guglielmo e Maria insieme con la corona d'Inghilterra, incisione, XVIII secolo.

546

L'ascesa delle Province Unite e la rivoluzione inglese | CAPITOLO 17

17.7 L'evoluzione del pensiero politico nel Seicento

Dallo stato di natura allo Stato delle leggi Oltre alla straordinaria fioritura delle scienze naturali, il Seicento conobbe importanti sviluppi nello studio del diritto e della politica. A fronte di una società ancora in larga parte contadina – non va dimenticato che l'agricoltura rimaneva la base dell'economia – si stavano sviluppando nuove forze che, pur avendo in molti casi interessi contrastanti, avevano anche la capacità di unirsi per scopi comuni. L'ascesa delle classi mercantili e borghesi, in particolare, dava luogo a una nuova richiesta di partecipazione, attraverso la quale tali gruppi cercavano di dare una dimensione politica alla loro affermazione economica e sociale. Le elaborazioni teoriche intorno al **problema dello Stato e della sovranità**, iniziate già nel Cinquecento, si trovarono così ad affrontare sotto una nuova luce temi dibattuti da secoli: le basi del diritto, il fondamento e la legittimità del potere, le modalità del suo esercizio.

Partendo dal presupposto di un'identità fra natura e ragione, cioè sostenendo che il diritto naturale (giusnaturalismo) è di per sé razionale, il giurista olandese Ugo Grozio (Huig van de Groot, 1583-1645 [👁12]) escluse che lo Stato potesse avere origine da un principio religioso. In altre parole, Grozio pose **i fondamenti dello Stato su un piano totalmente razionale**, ridimensionando le radici teologiche del potere: il diritto naturale, cui lo Stato si deve conformare, è paragonabile a principi matematici immutabili. Anche in questo ambito veniva dunque affermata una forma di separazione tra religione e ragione, già suggerita in campo scientifico e filosofico da Cartesio.

Legate all'idea di diritto di natura universale codificata da Grozio erano le nascenti **dottrine contrattualiste**. Il nucleo di questa nuova concezione politica riguardava il passaggio dallo stato di natura alla vita associata: gli uomini stipulano un patto fondato sul riconoscimento dei propri diritti e doveri, ma anche e soprattutto sulla **delega di poteri al monarca**. La volontà di quest'ultimo non è quindi illimitata, ma al contrario sottoposta a una lunga serie di vincoli e regole.

I riflessi di una società in mutamento

Grozio e il giusnaturalismo

La teoria del contrattualismo

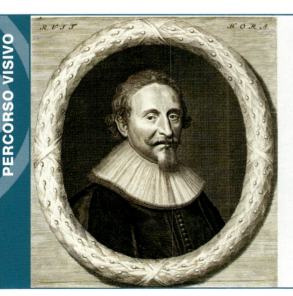

[👁12] Il pensiero di Grozio Nel 1625 Grozio pubblicò un trattato, dal titolo *De iure belli ac pacis* ("Diritto di guerra e di pace"), che viene considerato il punto d'inizio del giusnaturalismo moderno e in cui appaiono anche i primi lineamenti di diritto internazionale, soprattutto riguardo alla necessità di norme per regolare l'esercizio della guerra. Nella sua visione, la razionalità del diritto non escludeva, anzi convalidava il potere assoluto dello Stato. La sua convinzione nell'autonomia della ragione e la sua moderazione, anche in campo religioso, gli costarono l'esilio dalla pur tollerante Olanda.

giusnaturalismo Dal latino *ius naturale*, "diritto naturale" o "di natura", in opposizione al "diritto positivo", prodotto dagli esseri umani.

SEZIONE V   STATI IN COSTRUZIONE [1600-1715]

La dottrina giusnaturalista, infatti, considerava il patto vincolante tanto per i sudditi quanto per il re: i sudditi non potevano negare l'obbedienza al monarca, ma in caso di una degenerazione della sovranità in tirannia si poteva intraprendere una **giusta forma di ribellione**.

Hobbes e il potere assoluto

Un'interpretazione diversa fu data dal filosofo inglese **Thomas Hobbes** (1588-1679), che nel suo *Leviatano* (1651) [◉13] partì dalla convinzione che l'uomo fosse istintivamente ostile ai suoi simili (*homo homini lupus*, "l'uomo è un lupo per gli altri uomini"), privo di morale e portato solo a perseguire i suoi scopi personali. Lo stato di natura, secondo Hobbes, era una guerra di tutti contro tutti (*bellum omnium contra omnes*), che rendeva necessaria la totale rinuncia dei diritti individuali a vantaggio di un **potere assoluto**, l'unico in grado di garantire il rispetto delle leggi attraverso l'uso della forza.

Locke e il valore della legge

Queste elaborazioni teoriche animavano i dibattiti filosofici ma avevano anche ricadute pratiche: le varie tesi infatti erano impiegate nei diversi contesti per sostenere o contrastare le trasformazioni politiche in corso. Non è un caso, per esempio, che l'Inghilterra della guerra civile e della lotta alle pretese assolutiste della corona sia stato il paese in cui le teorie contrattualiste trovarono l'espressione più avanzata. Nel 1690, in particolare, apparvero i **Due trattati sul governo** del filosofo **John Locke** (1632-1704), il quale sosteneva che:

- il fine ultimo dello Stato è il bene della società, cioè dei sudditi;
- la monarchia è il mezzo per realizzarlo;
- **non esistono poteri al di sopra della legge** che il corpo dei sudditi si è data, per cui ogni tentativo di sovvertire l'ordine di governo da essa indicata è da respingere, fino alla **legittima destituzione del sovrano**.

La definitiva negazione del concetto di potere regio come "diritto divino" e la subordinazione del sovrano alla legge fornivano le basi teoriche allo Stato inglese uscito dalla Gloriosa rivoluzione, primo esempio di quella che verrà più tardi chiamata monarchia costituzionale.

rispondi
1. Che cos'è il giusnaturalismo?
2. Qual è il principio alla base del contrattualismo?
3. In quali casi viene ritenuta legittima la deposizione di un re?

PERCORSO VISIVO

[◉13] Lo Stato-mostro
Il Leviatano è, nella Bibbia, un animale marino non identificato (forse un coccodrillo), ma che si capisce essere enorme e terribile. Hobbes ne riprese l'immagine per spiegare il suo concetto di Stato, che come un "mostro" potentissimo inghiotte i suoi cittadini. Al tempo stesso però essi stessi, forzatamente raccolti nel "ventre" oppressivo dello Stato, si trovano protetti dal mondo esterno e vanno a formare un corpo unico, come si vede dall'immagine scelta per illustrare la prima edizione del volume.

VERSO LE COMPETENZE

esercitazione

● USARE IL LESSICO

1. **Spiega sinteticamente (massimo 3 righe) il significato delle seguenti espressioni.**

   Puritanesimo – *Ship money* – *New Model Army* – *Levellers* – Giusnaturalismo

● COLLOCARE GLI EVENTI NELLO SPAZIO E NEL TEMPO

2. **Completa la linea del tempo come indicato.**

   Nel XVII secolo Inghilterra e Province Unite avviano una significativa espansione dei traffici commerciali per mare. Inserisci le tappe più significative di questo percorso di espansione (i trattati, le leggi e i conflitti tra le due flotte) in una linea del tempo.

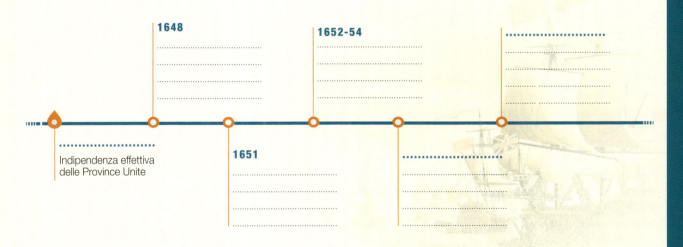

● LEGGERE E VALUTARE LE FONTI

3. **Leggi il passo seguente e rispondi alle domande.**

   Il *Bill of Rights* (documento dei diritti, 1689) e la *Petition of Rights* (Petizione del diritti, 1628) costituiscono, insieme alla *Magna Charta* il fondamento costituzionale inglese. Leggi i seguenti articoli del *Bill of Rights*.

   - Che il preteso potere di dispensare dall'osservanza delle leggi, e dall'esecuzione delle leggi, per autorità regia, come è stato fatto di recente, è illegale. [...]
   - Che la raccolta di denaro ad uso della corona, sotto pretesto di prerogativa, senza concessione del parlamento, per un periodo più lungo, o in modi diversi da quelli fissati, è illegale.
   - Che radunare o mantenere un esercito permanente nel regno in tempo di pace, senza il consenso del parlamento, è illegale. [...]

   a) Di chi sono i comportamenti definiti "illegali"? Chi li definisce così?
   b) In quale modo vengono posti dei limiti al potere del re?

   per approfondire Con il *Bill of Rights* si afferma un potere monarchico non più assoluto, ma almeno parzialmente controllato dalla volontà del parlamento. Commenta questa affermazione e individua nel testo i riferimenti alla gestione del potere sotto i regni degli Stuart e il protettorato di Cromwell (massimo 7 righe).

I SAPERI FONDAMENTALI

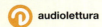 sintesi   audiolettura

● LE PROVINCE UNITE

▶ 17.1 Le Province Unite calviniste si liberano dal controllo della Spagna nel 1609 (indipendenza confermata nel 1648) e danno vita a una repubblica, con una **struttura confederale**: i territori hanno propri parlamenti (Stati provinciali) che mandano i rappresentanti agli Stati Generali, organo governativo con compiti, abbastanza limitati, in ambito militare e di politica estera. Le province nominano poi un governatore, lo *statolder*, quasi sempre un nobile. Le Province Unite divengono ben presto un **territorio economicamente molto fertile, tollerante e culturalmente vivace**.

● L'INGHILTERRA

▶ 17.2 Il sovrano inglese che nel 1603 succede a Elisabetta prende il nome di Giacomo I. Il sovrano mette in atto un **programma di forte accentramento** basato soprattutto sull'affermazione della confessione anglicana.
▶ 17.3 Morto Giacomo I sale al trono il figlio, Carlo I, che estremizza la tendenza accentratrice del padre e avvia un'intensa politica di recupero del gettito fiscale. Il parlamento risponde all'aggressività della corona emanando la **Petition of Right (1628)**, che stabilisce limitazioni al potere centrale. Sul piano religioso il re impone l'anglicanesimo anche alla Scozia, presbiteriana, e all'Irlanda, cattolica. La Scozia dà inizio a una rivolta per difendere la propria libertà religiosa e il re convoca per due volte il Parlamento (**Parlamento breve e Lungo Parlamento**) per trovare una risoluzione del conflitto e approvare nuove imposizioni fiscali. Nel 1642 entra in guerra anche con l'Irlanda, riunita sotto il segno del cattolicesimo.

● LA GUERRA CIVILE

▶ 17.4 Nel 1642 si acuisce il contrasto tra i sostenitori del re e i difensori dei diritti del parlamento, ispirati dal puritanesimo e guidati da **Oliver Cromwell**. Questi ultimi hanno la meglio sulle forze reali nel 1645. Lo schieramento vincitore è attraversato da forti radicalismi ed è lo stesso parlamento a **sottoporre il sovrano a processo e a condanna capitale**.
▶ 17.5 Nel maggio del 1649 viene abolita la Camera dei Lords e proclamato il **Commonwealth**, la Repubblica unita di Inghilterra, Scozia e Irlanda. Cromwell seda, con la forza militare e con l'accentramento del potere, i conflitti che minano il suo progetto di coesione territoriale e sociale. Una **politica estera fortemente improntata all'espansione commerciale e coloniale** porta l'Inghilterra allo scontro con le Province Unite.

● LA RESTAURAZIONE DEGLI STUART E LA GLORIOSA RIVOLUZIONE

▶ 17.6 Con la morte di Cromwell (1658) il parlamento richiama il legittimo erede al trono Carlo II Stuart, a cui succede il fratello, il cattolico Giacomo II. Il parlamento chiede allora aiuto allo statolder delle Province Unite, **Guglielmo III d'Orange**, genero del re e protestante, per impedire la restaurazione di un regime filopapale. La Gloriosa rivoluzione avviene senza combattere perché Giacomo II fugge in Francia. Nel **1689**, prima dell'investitura regale, il parlamento fa approvare a Guglielmo il **Bill of Rights**, documento che **limita in maniera netta gli spazi di azione della corona** sul piano legislativo, fiscale, giudiziario e militare e stabilisce principi di tolleranza religiosa per tutti i non cattolici.

● IL PENSIERO POLITICO

▶ 17.7 L'ascesa delle classi borghesi crea una richiesta di partecipazione alla vita politica, offrendo nuovi temi alla riflessione sui fondamenti del diritto e del potere. La **teoria giusnaturalista di Ugo Grozio** nega ogni base divina al potere del sovrano, ponendo invece le basi dello Stato su un piano razionale. La **dottrina contrattualista** individua l'origine del potere in un primitivo **patto** con cui gli uomini delegano il potere a un monarca; tale delega però può essere ritirata nel caso il sovrano governi contro il diritto naturale. **Thomas Hobbes** invece sostiene il **potere assoluto del sovrano**, che solo limitando i diritti individuali può garantire il rispetto delle leggi. Infine nel 1690, con i *Due trattati sul governo*, **John Locke** afferma che **la legge è al di sopra di ogni potere**, quindi se il sovrano agisce contro di essa può essere deposto.

linea del tempo

550

L'ascesa delle Province Unite e la rivoluzione inglese CAPITOLO 17

mappa

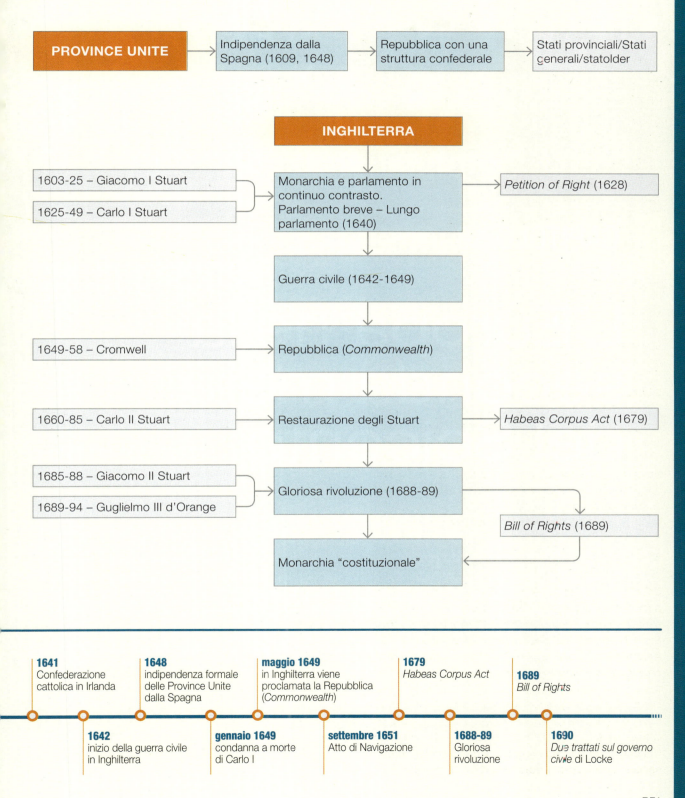

CAPITOLO 18

L'Europa nella seconda metà del Seicento

Assolutismo

Pur avendo delle origini nel tardo Medioevo, il concetto di assolutismo conobbe una piena elaborazione teorica solo nel corso del XVI e XVII secolo. Il potere statuale si profilava come unico e indivisibile, ma la figura del sovrano – pur nelle differenti prospettive proposte dai singoli pensatori – rimaneva distante dai paradigmi del dispotismo o della tirannide, in quanto vincolata nel suo spazio d'azione alle leggi di Dio, a quelle naturali o a quelle degli uomini. La storiografia continua a interrogarsi ormai da decenni sulla traduzione di questi complessi quadri concettuali sul piano pratico: gli intenti dei sovrani si scontrarono infatti con la realtà di un potere che rimaneva frammentato, fra persistenze dei privilegi nobiliari e feudali, ingerenze dei membri del ceto ecclesiastico, intraprendenze dei corpi burocratici inclini ad abusare delle prerogative legate alle loro cariche, gruppi di potere urbani e rurali.

le parole della storiografia

L'Europa nella seconda metà del Seicento | **CAPITOLO 18**

GUIDA&RISORSE
PER LO STUDIO

Per riprendere il filo... La fine della Guerra dei Trent'anni (1648) e la Pace dei Pirenei del 1659 avevano segnato il definitivo tramonto dell'egemonia spagnola in Europa. La Francia, pur lacerata dalle ribellioni interne (le rivolte nelle campagne e le "fronde" dei parlamenti e dei principi), era uscita rafforzata dal conflitto e, sotto la guida del cardinal Mazzarino, ministro del re, aveva avviato un processo di consolidamento delle proprie strutture burocratiche e diplomatiche. Il ramo imperiale degli Asburgo fu invece costretto ad accettare l'avanzata di altri poteri territoriali sul territorio tedesco, come quello del Brandeburgo-Prussia. In Inghilterra, dopo una fase guerra civile, si era affermato un nuovo modello di monarchia, fondato sulla centralità del parlamento; ai cambiamenti politici si era accompagnata una notevole intraprendenza commerciale sui mari, dal Mediterraneo all'Atlantico, che faceva ormai una dura concorrenza ai mercanti delle Province Unite, resesi definitivamente indipendenti dal dominio spagnolo.

18.1 L'accentramento del potere nella Francia di Luigi XIV

Luigi XIV re di Francia Quando divenne re di Francia, nel 1643, Luigi XIV non aveva nemmeno cinque anni. Fino al 1651 egli fu dunque sotto la **tutela della madre**, Anna d'Austria, figlia di Filippo III di Spagna; per i successivi dieci anni poté contare inoltre sul supporto del cardinale Giulio Mazzarino, che si trovò ad affrontare le rivendicazioni di nobili e burocrati che mettevano in discussione il **rafforzamento dell'autorità monarchica** [▶ cap. 16.4].

Alla morte di **Mazzarino**, nel 1661, Luigi XIV **assunse personalmente il potere**. I suoi obiettivi furono chiari fin dall'inizio: sulla **terraferma** la priorità era la difesa dei confini, mentre sui **mari** il nuovo re intendeva combattere la concorrenza inglese e olandese traendo tutti i vantaggi possibili dal doppio sbocco sul Mediterraneo e sull'Atlantico.

Un potere assoluto? Per dotarsi degli strumenti necessari a realizzare il suo progetto, il sovrano promosse una riorganizzazione del regno a diversi livelli, mettendo in atto una **politica assolutistica** ferma e compiuta. Spinto da un'idea della regalità intimamente connessa al **concetto di potenza**, egli cercò anzitutto di ristrutturare gli **apparati militari** e le **forze di polizia**.

Per la gestione dello Stato si affidò a un sistema strutturato, in cui i compiti erano divisi in maniera razionale. Il re presiedeva di persona il **Consiglio superiore** nel quale si riunivano i delegati per la guerra e gli affari esteri. Il **Consiglio dei "dispacci"** si occupava della corrispondenza proveniente dalle province, mentre il **Consiglio delle "parti"** vigilava sulle questioni di giustizia. Per il controllo del territorio Luigi XIV si affidò alla mediazione di ministri qualificati provenienti dalla nuova nobiltà di toga, anziché dalla tradizionale nobiltà di spada, valorizzando il ruolo del **Consiglio di Stato** e impegnando in misura maggiore gli **intendenti**, che svolgevano un compito essenziale per il funzionamento della macchina statale garantendo la comunicazione fra il potere centrale e le province.

Infanzia e adolescenza di Luigi XIV

Gli obiettivi di Luigi XIV

L'apparato di governo nella Francia di Luigi XIV

553

SEZIONE V — STATI IN COSTRUZIONE [1600-1715]

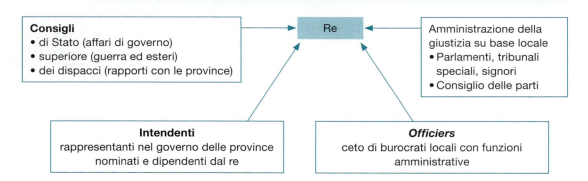

IL SISTEMA DI POTERE NELLA FRANCIA DI LUIGI XIV

I limiti del potere monarchico

Se gli intendenti erano alle strette dipendenze del re, i **detentori di cariche venali**, i cosiddetti *officiers*, potevano invece godere di maggiore **autonomia**, anche in virtù dell'ereditarietà delle loro posizioni. Così, pur facendo il possibile per ridurli all'obbedienza, il monarca era talvolta costretto a far loro delle concessioni per assicurarsi il loro appoggio. La dimensione assolutistica del potere del sovrano, sostenuta dal suo carisma personale e affermata con orgoglio sul piano della propaganda, si rifletteva dunque solo in parte nell'esperienza concreta di governo e in una società ancora legata a **privilegi particolaristici tradizionali**, che limitavano di fatto le prerogative del potere centrale. Un esempio eloquente viene dall'**amministrazione della giustizia**, spesso ancora nelle mani dei **signori feudali** o delle corti. Le corti di giustizia più importanti erano i **parlamenti**, che tendevano ad applicare norme variabili da luogo a luogo. In alcune aree del paese operavano inoltre i tribunali religiosi, inflessibili nella repressione dei reati contro la morale pubblica (quali la bestemmia, il sacrilegio o l'adulterio).

I fasti della corte, i simboli e il rapporto con l'aristocrazia

La corte e la celebrazione del "Re Sole" Temendo la riottosità degli abitanti di Parigi, periodicamente protagonisti di disordini e rivolte, Luigi XIV decise di stabilire la sua sede fuori città, nel fastoso **Palazzo di Versailles**, ultimato nel 1682 [▶luoghi]. In questo luogo, adornato dalla presenza delle immagini trionfali del dio Apollo e del **Sole**, scelto come **simbolo della sua regalità**, egli organizzava banchetti e ricevimenti nei quali i **cortigiani** sfilavano secondo un **ordine gerarchico** corrispondente al loro rango. I detentori di poteri feudali erano invece costretti ad abbandonare i loro distretti per andare a rendergli omaggio, accompagnati da servitori e altri sottoposti. Pur di non sfigurare in presenza dei loro pari e di difendere il prestigio della propria casata, gli aristocratici erano pronti a investire somme ingenti in viaggi, abiti, beni di lusso e servitù, trovandosi poi in difficoltà finanziarie cui rimediava lo stesso re attraverso doni e pensioni. In virtù di questo sistema, Versailles diventava specchio ideale di un potere munifico e privo di limiti teorici, che esibiva il suo **splendore** di fronte a sudditi obbedienti e adoranti [▶altri LINGUAGGI, p. 576].

video
Versailles, costruzione di un sogno impossibile (francese)

approfondimento
Madame de Pompadour

La politica religiosa come strumento di governo

Le politiche religiose e la revoca dell'Editto di Nantes Diversamente da quanto abbiamo visto a proposito di Filippo II di Spagna [▶ cap. 15.1], le grandi ambizioni personali di Luigi XIV non poggiavano su profonde convinzioni religiose. Nondimeno, egli utilizzò la politica religiosa per realizzare la sua idea di potere e di Stato, fondata

L'Europa nella seconda metà del Seicento | **CAPITOLO 18**

La Reggia di Versailles

Il finanziamento della nuova residenza reale

La costruzione della Reggia di Versailles ebbe costi notevoli e fu completata in diverse fasi. In un primo momento il luogo era stato pensato come una residenza occasionale del sovrano, che fu dunque costretto ad attingere al suo patrimonio personale. Con l'ascesa al potere del ministro delle finanze Jean-Baptiste Colbert, invece, divenne sempre più chiaro che l'edificio doveva rappresentare la monarchia francese e ospitare gli uffici di governo. Il finanziamento dell'opera divenne quindi parte integrante delle politiche economiche dello Stato. Coerente con il suo obiettivo di stimolare gli apparati produttivi del paese, il ministro Colbert curò che tutti i materiali utilizzati fossero prodotti in Francia.

Struttura e caratteristiche della reggia

Il re e la regina ebbero a loro esclusiva disposizione i cosiddetti "grandi appartamenti" posti al primo piano, utilizzati anche per gli eventi che coinvolgevano gli ospiti. Altre sezioni del palazzo erano invece riservate alle loro esigenze private. La "Galleria degli specchi" era destinata alle cerimonie più spettacolari.

Un ruolo importante era riservato al giardino (con i suoi parterre – le aiuole ornamentali – e i suoi boschetti) e al parco di caccia che era circondato da una cinta muraria di circa 43 chilometri (oggi non più visibile, dopo vari abbattimenti) intervallata da varie porte monumentali (circa 20, poche delle quali ancora conservate).

La vita di corte

Le regole di corte erano molto rigide e privilegiavano l'ammissione di individui abili nell'esercizio dell'arte della conversazione o della dissimulazione. La vita a Versailles somigliava a un immenso spettacolo teatrale che ruotava intorno alla figura del monarca, ossessivamente seguito dai cortigiani in tutti i suoi movimenti, dal risveglio mattutino alla fine della giornata. Essere ospitati in uno degli appartamenti disponibili (specialmente in quelli collocati nei pressi delle stanze del re) era considerato dai nobili o dai funzionari dello Stato francese come un incommensurabile privilegio. Miravano a essere idealmente abbracciati dalla luce emanata dal monarca: il loro comportamento era stimolato dall'idea di poter consolidare, in tal modo, il loro prestigio o di poter acquisire nuova credibilità. I testi dei grandi drammaturghi del tempo, come Jean Racine o Molière, denunciano il conformismo e mettono a nudo i limiti dell'autorità di medici e giudici, denunciando una cultura che assegnava all'apparenza un ruolo fondamentale.

▲ La *Galleria degli specchi* come appare oggi.

▲ Pierre Patel, *Il "Grand Trianon"* (la costruzione principale della reggia di Versailles), 1668 ca.

SEZIONE V STATI IN COSTRUZIONE [1600-1715]

sulla **compattezza del corpo dei sudditi**, che dovevano essere accomunati da un unico sistema di valori, di convinzioni e di tradizioni. La memoria delle rivolte contadine e delle fronde era ancora viva nel paese [▶ cap. 16.4], così come quella delle guerre di religione di fine Cinquecento, che avevano lasciato ferite profonde [▶ cap. 15.5]. Per queste ragioni, il monarca cominciò a mostrare **ostilità verso le minoranze ebraiche e gli ugonotti**, privando questi ultimi del diritto di accesso a cariche pubbliche e sottraendo loro tutti gli spazi di autonomia conquistati nei decenni precedenti.

La revoca dell'Editto di Nantes e la fuga degli ugonotti

Nel 1685 fu emanato l'**Editto di Fontainebleau**, che revocava la libertà di culto concessa dall'Editto di Nantes del 1598 e stabiliva di fatto l'**obbligo di conversione al cattolicesimo** per tutti i protestanti che vivevano nel regno [▶ FONTI]. Almeno 200 000 persone furono costrette ad abbandonare la Francia, e molte di loro si erano distinte per la loro intraprendenza economica come **artigiani**. Fu in particolare la **Prussia** calvinista, che **accolse una quantità di profughi**, a trarre **vantaggio economico** dalle loro capacità. Altri esuli si rifugiarono in Inghilterra, nelle Province Unite e in Svizzera, o addirittura fuori dal continente [👁 1]. Nel dicembre del 1687 un'imbarcazione di ugonotti arrivò nella colonia olandese del Capo di Buona Speranza, nell'estremo Sud del continente africano, e si unì agli europei già insediati nell'area: "**boeri**" e coloni bavaresi, austriaci e prussiani.

boero Nella lingua neerlandese, "contadino".

Il controllo del clero cattolico come aspetto dell'assolutismo

Il rapporto con la Chiesa e il papato Le politiche del Re Sole si distinsero per la loro fermezza anche nei rapporti con le autorità cattoliche. Le **diocesi** e i **monasteri** furono posti **sotto il controllo di famiglie vicine al monarca**, allo scopo di garantirgli supporto e fedeltà. Anche nella geografia ecclesiastica del paese, dunque, si rese concreta la forza di un potere capace di ramificarsi e di far sentire la propria presenza fino ai luoghi più lontani da Parigi ed estranei agli splendori della corte.

Dallo scontro con Roma...

I pontefici accolsero le decisioni di Luigi XIV mostrando volontà di collaborazione, ma i rapporti si incrinarono con l'esplosione della questione della **régale**, una serie di **diritti regi su alcune diocesi**, in base ai quali in alcune diocesi alla morte del vescovo le rendite rimanevano a disposizione della corona fino all'insediamento di un nuovo ti-

PERCORSO VISIVO

[👁 1] Fuggire o morire
I riformati che dopo l'Editto di Fontainebleau decisero di restare in Francia senza abiurare vennero perseguitati con durezza. Violenze, torture e uccisioni erano la norma, come mostra la stampa realizzata in Olanda nel 1686 da ugonotti che erano riusciti a espatriare, nonostante il divieto contenuto nello stesso editto.

556

L'Europa nella seconda metà del Seicento | CAPITOLO 18

FONTI

L'Editto di Fontainebleau

■ Gli articoli proposti testimoniano l'intransigenza della monarchia nei confronti della minoranza ugonotta. Le soluzioni di compromesso proposte quasi un secolo prima dall'Editto di Nantes risultavano ormai lontane dal progetto assolutistico di Luigi XIV, nel quale l'unità confessionale tornava a essere presupposto essenziale per l'unità politica. Nel testo però non mancano le contraddizioni, a testimonianza di quanto fosse difficile tradurre sul piano pratico la volontà di accentrare il potere e il controllo. L'articolo XII, per esempio, concedeva ai protestanti il diritto di commerciare e di godere delle loro proprietà: la pretesa di ridurre all'obbedienza l'intero corpo dei sudditi entrava in conflitto con l'esigenza di salvaguardare il benessere economico del paese.

I. Facciamo sapere che Noi, […] di nostra sicura scienza, pieno potere e Regia autorità, abbiamo con il presente editto perpetuo e irrevocabile, soppresso e revocato […] l'editto del Re nostro predecessore, emanato a Nantes nel mese di aprile del 1598, in maniera integrale […]; e di conseguenza vogliamo e così ci piace, che tutti i templi di quelli della suddetta Religione Cosiddetta Riformata[1] presenti nel nostro regno, paesi, terre e signorie di nostra obbedienza, siano al più presto demoliti.

> Il potere monarchico non si accontenta di controllare le manifestazioni pubbliche di culto, ma pretende di entrare anche negli spazi privati.

II. Vietiamo ai nostri sudditi della Religione Cosiddetta Riformata di riunirsi per praticare il culto […] in luoghi o case private, con qualunque pretesto o scusa […].

> L'editto colpisce anche i nobili, cui in precedenza erano riconosciute maggiori libertà.

III. Vietiamo allo stesso modo a tutti i signori di qualsivoglia condizione di praticare culti nelle loro case e feudi […], con pena di arresto e confisca dei beni per tutti i sudditi che si impegnano in tali esercizi.

IV. Imponiamo a tutti i ministri[2] della Religione Cosiddetta Riformata che non intendono convertirsi e abbracciare la Religione Cattolica, Apostolica e Romana, di uscire dal nostro regno […] entro 15 giorni dalla pubblicazione del nostro presente editto, senza il permesso di trattenersi oltre né quello di tenere prediche, esortazioni o altre funzioni nello stesso tempo di 15 giorni, a pena della galera. […]

> Lo scopo è impedire alla radice la continuazione dell'"eresia" ugonotta.

VIII. Riguardo ai bambini che nasceranno da genitori della suddetta Religione Cosiddetta Riformata, vogliamo che siano d'ora in poi battezzati dai curati delle parrocchie. […]

X. Facciamo espresso e continuato divieto a tutti i sudditi della Religione Cosiddetta Riformata di uscire, loro, le loro mogli e i loro figli, dal nostro regno […], e di esportare i loro beni e averi, a pena della galera degli uomini, dell'arresto e della confisca dei beni per le donne.

> L'unica possibilità lasciata oltre alla conversione è la pratica privata del culto.

XII. Potranno i fedeli della Religione Cosiddetta Riformata, in attesa che Dio voglia illuminarli come gli altri, rimanere nei villaggi e nei luoghi del nostro regno […] continuando i loro commerci e godendo dei loro beni senza essere soggetti a molestie né ostacolati con il pretesto della suddetta Religione Cosiddetta Riformata, a condizione di non praticare il culto della detta religione e di non radunarsi con il pretesto di preghiere o servizi religiosi, qualunque sia la loro natura, a pena di arresto e confisca dei beni. […]

C. Bergeal, A. Durrleman (a cura di), *Protestantisme et libertés en France au 17e siècle: de l'édit de Nantes à sa révocation. 1598-1685*, La Cause, Carrières-Sous-Poissy 2001

---

1 Religione Cosiddetta Riformata: la confessione ugonotta, formula usata nell'Editto di Nantes.

2 ministri: si intendono gli alti funzionari dell'amministrazione statale.

tolare. A partire dagli anni Settanta, il sovrano volle estendere queste prerogative all'intero territorio dello Stato. Alcuni membri dell'alto clero protestarono per questa ingerenza in questioni che erano state fino ad allora prerogativa della Chiesa di Roma, ma negli anni Ottanta una porzione maggioritaria del clero, schierata a fianco del re, ribadì l'autonomia della Chiesa francese da Roma, secondo i principi del gallicanesimo.

... all'alleanza con il papato

Nel 1693 lo scontro giunse a una svolta. **Papa Innocenzo XII** (1691-1700) accettò l'estensione della *régale*, ma solo a patto di vedere consolidata la sua **alleanza con il sovrano francese**, che con la sua politica estera aggressiva stava intanto alterando gli equilibri europei. Luigi XIV accettò di buon grado questa condizione, consapevole del ruolo che il **capo della cristianità cattolica** poteva ancora giocare sul piano internazionale.

La persecuzione dei cristiani dissidenti

Il giansenismo e il ruolo dei gesuiti A subire le conseguenze della volontà del re di preservare l'unità religiosa, intanto, non furono più soltanto le minoranze di altre religioni, ma anche correnti interne allo stesso cristianesimo. Fu in questo periodo che iniziarono le persecuzioni contro i **giansenisti**, che esaltando l'importanza della spiritualità interiore guardavano con fastidio le forme rituali imposte dalla Chiesa e dallo Stato, così come le metodologie dell'ordine gesuitico, giudicate lassiste e unicamente esteriori, prive di significati autentici [▶ cap. 16.2]. L'abbazia cistercense di **Port Royal**, centro di aggregazione per il movimento giansenista, fu distrutta all'inizio del XVIII secolo per espresso ordine del sovrano. Furono invece proprio i **gesuiti** a influenzare idee e orientamenti del monarca francese, portando a esempio, fra l'altro, anche esperienze maturate nel continente asiatico [👁 2].

Basandosi sulle visioni della religiosa Marguerite-Marie Alacoque (1647-90) del monastero della Visitazione di Paray-le-Monial, i membri della Compagnia costruirono inoltre la fortuna del **culto del Sacro Cuore di Gesù** [👁 3], con l'intento di legarlo alla **sacralità del potere monarchico** e di farlo diventare un riferimento per l'intero popolo francese.

rispondi
1. Come si traduce l'assolutismo nelle istituzioni governative del regno? 2. Qual è la funzione del Palazzo di Versailles? 3. Qual è il ruolo della religione nel regno di Luigi XIV e quale il rapporto con i vertici della Chiesa cattolica?

PERCORSO VISIVO

[👁 2] **Il miraggio della Cina** Numerosi missionari provenienti dall'Asia si presentarono alla corte di Luigi XIV portando doni e giovani convertiti al cattolicesimo. Il re fu impressionato in particolar modo dai racconti sull'imperatore cinese Kangxi (1661-1722), della dinastia Qing. Il sovrano cinese gli venne descritto come rappresentante di un ordine politico ideale, capace di esercitare il potere per volontà divina e di controllare un immenso territorio dal suo sontuoso palazzo, un'opera architettonica che rendeva tangibile l'idea di regalità.

▶ Astronomi gesuiti con l'imperatore Kangxi, 1700 ca.

558

L'Europa nella seconda metà del Seicento | CAPITOLO 18

18.2 L'economia e la politica estera sotto Colbert

L'economia e il ruolo dello Stato Mentre Luigi XIV saliva al trono, il paese si trovava in una fase di dissesto economico. L'impegno nella Guerra dei Trent'anni era stato gravoso, ma non minori danni erano stati portati dalle rivolte contadine, dalle fronde e dal cattivo funzionamento del sistema di prelievo fiscale.

Le sorti delle finanze pubbliche furono affidate a **Jean-Baptiste Colbert** (1618-84), un funzionario statale di estrazione borghese che aveva conquistato la fiducia del potente ministro Mazzarino. Oltre a ricorrere a espedienti già impiegati dai suoi predecessori, come la vendita di uffici pubblici, Colbert introdusse provvedimenti che imponevano anche ai ceti privilegiati di contribuire a rimpinguare le casse della corona e a sostenere le spese militari: con la "capitazione" ciascuno era chiamato a pagare in base al proprio rango, mentre la **decima reale** colpiva le grandi proprietà fondiarie.

Ma, soprattutto, Colbert cercò di stimolare la produzione e la circolazione interna delle merci, secondo un orientamento definito in seguito **mercantilismo**, assegnando allo Stato un ruolo cruciale nel preservare la ricchezza del regno attraverso una politica commerciale protezionistica, che tendesse cioè a "proteggere" la produzione nazionale disincentivando le importazioni di beni stranieri [▶idee, p. 560].

Le misure che più immediatamente applicavano questi principi erano i **dazi** imposti sui beni provenienti da oltreconfine. Ma la strategia colbertiana era più ampia. La chiave di volta del sistema economico doveva essere, secondo il ministro, l'alleanza dello Stato con i mercanti, i banchieri e gli imprenditori. Egli puntava, in particolare, a porre la **marina mercantile** a capo di un sistema di traffici con le colonie e i porti d'oltreoceano che permettesse di aumentare le esportazioni e ridurre al minimo le importazioni. Per il commercio con l'Oriente furono fondate apposite società, come la **Compagnia francese delle Indie Orientali** (1664) e quella del **Levante** (1670); nel contempo fu dato impulso alla colonizzazione di vaste aree dell'America settentrionale, come vedremo più in dettaglio nei capitoli seguenti.

> Le politiche fiscali e commerciali del ministro

> **capitazione** Dal latino *caput*, "testa", tassa imposta su ogni cittadino.

> Il ruolo della marina e le colonie

[👁 3] **Il culto del Sacro Cuore** Le visioni mistiche di Marguerite-Marie Alacoque cominciarono nel 1673, ma all'inizio fu poco creduta per via del suo fragile stato di salute, se non addirittura sospettata di possessioni; fu il suo confessore, il gesuita de la Colombière, a impegnarsi per dare credito alle sue parole, cominciando una capillare opera di propaganda. In seguito la religiosa sostenne che i destini della monarchia francese erano legati alla volontà di Cristo, desideroso di vedere consacrato dal re il culto del suo cuore.

◀ La visione di Marguerite-Marie Alacoque in un santino di fine XIX secolo, distribuito ai fedeli che si recavano in pellegrinaggio al Monastero di Paray-le-Monial.

▶ Uno dei disegni preparatori su cui si costruì l'iconografia del Sacro Cuore, sulla base del presunto contenuto delle visioni di Alacoque.

559

SEZIONE V   STATI IN COSTRUZIONE [1600-1715]

Supporto e controllo della produzione manifatturiera

Il sostegno alla produzione nazionale Colbert destinò inoltre risorse e agevolazioni alla produzione manifatturiera del paese, sovvenzionando la **produzione artigianale di beni di lusso** per la nobiltà seguendo la dottrina economica mercantilistica ma anche i soggetti disposti a investire in settori dell'industria in cui la Francia non era particolarmente forte; si arrivò persino a creare imprese con capitale pubblico. Cercò inoltre di attuare un rigido regime di controllo sui processi produttivi, ordinando ispezioni volte a **stimolare l'efficienza**, ma anche assicurandosi che categorie ai margini della società, come quella dei **mendicanti**, fossero tolte dalle strade e sottoposte a una nuova disciplina, tramite la chiusura forzata in **case di lavoro**. Le comunicazioni interne, infine, furono rafforzate con la costruzione di **strade e canali**.

La maggioranza della popolazione continuava comunque a trarre sostentamento dall'agricoltura, che non ricevette particolari vantaggi dalle nuove politiche.

Le guerre di Luigi XIV Le risorse ottenute attraverso la riorganizzazione economica promossa da Colbert servirono in gran parte a finanziare l'esercito. Il regno di Luigi XIV fu infatti caratterizzato da strategie belliche aggressive e da un crescente deterioramento dei rapporti con le altre potenze europee.

idee

Il mercantilismo

"Mercantilismo" è un termine che si afferma fra Sette e Ottocento per indicare due fenomeni diversi, anche se collegati: il sorgere di nuovi orientamenti nel pensiero economico e l'affermazione di alcune concrete politiche economiche, come abbiamo visto nel caso del "colbertismo", che di tali orientamenti è l'espressione più compiuta.

Le dottrine mercantiliste
Il mercantilismo affermava in primo luogo l'utilità e la desiderabilità di accrescere la ricchezza di un paese. Non è un fatto scontato – come può apparire a un osservatore del XXI secolo – se si considera che le dottrine morali e religiose del tempo tendevano ancora a privilegiare l'attesa della vita ultraterrena piuttosto che gli sforzi per migliorare il mondo terreno.

Ma di quale ricchezza parliamo? La riflessione mercantilista parte dal presupposto che la quantità di ricchezza di un paese o di un continente sia presente in misura data e che non si possa incrementare se non in seguito a un aumento della popolazione (che significa più bocche da sfamare ma anche più braccia per produrre ricchezza). In assenza di movimenti demografici rilevanti, dunque, un paese può diventare più ricco solo a discapito di altri paesi.

Un'economia basata sulla competizione
Scopo della politica economica mercantilista è quindi ottenere la fetta più grande dalla torta della ricchezza disponibile. Per farlo, un paese deve aumentare i volumi del proprio commercio estero, esportando più beni di quelli che importa. Le esportazioni, infatti, determinano un maggiore afflusso nel paese di denaro (capitale) che, se investito in attività produttive, permetterà di aumentare la produzione. Questo, a sua volta, si tradurrà in un maggiore benessere interno e in ulteriori esportazioni, che consentiranno di incrementare la quota nazionale del volume complessivo del commercio internazionale. Come si vede, è una logica economica fortemente competitiva, in cui ogni vantaggio per un paese corrisponde a uno svantaggio per qualcun altro.

▲ Philippe de Champaigne, *Ritratto di Jean-Baptiste Colbert*, 1655.

L'Europa nella seconda metà del Seicento | **CAPITOLO 18**

Nel 1667 il sovrano diede inizio a un nuovo conflitto con la Spagna, mirando ai **Paesi Bassi meridionali**, che erano rimasti sotto il controllo della corona iberica dopo l'indipendenza ottenuta dalle Province Unite [▶ cap. 17.1]. Le reazioni non si fecero attendere: fu l'**Inghilterra** in particolare, a prendere il controllo delle operazioni antifrancesi, creando una coalizione con le **Province Unite** e la **Svezia** che riuscì a frenare l'espansione francese verso la Manica.

Nonostante ciò, all'inizio degli anni Settanta il Re Sole cominciò a vedere i risultati concreti di questa politica espansionistica, riuscendo a ottenere, in momenti successivi, l'annessione della **Franca Contea**, dell'**Alsazia** (acquisita in parte già nel secolo precedente e con la Pace di Vestfalia [▶ cap. 16.3]) e di **Strasburgo** [👁4]. La **supremazia francese sull'Europa occidentale** raggiunse l'apice in questo periodo, con le potenze concorrenti che non sembravano avere le forze necessarie per battere il suo esercito ben organizzato ed equipaggiato.

Nel 1688 Luigi XIV cercò di entrare nel cuore del mondo tedesco invadendo il **Palatinato**. I soldati francesi, spinti dalla fame e sfiniti da un impegno militare che sembrava non avere termine, ricorsero a scorribande e saccheggi, devastando orrendamente il paese. Il Sacro Romano Impero reagì, ottenendo l'appoggio dei principi territoriali e di Inghilterra, Olanda, Spagna e Svezia. Le ostilità continuarono fino al 1697, quando fu firmata la Pace di Ryswijk. L'intento della **coalizione antifrancese** era quello di mettere fine a un **disegno aggressivo ed egemonico** che si stava ormai dispiegando da decenni, ma in realtà gli accordi non furono dannosi per il sovrano francese, che riuscì a conservare tutti i territori precedentemente conquistati.

Gli avversari della Francia

Le annessioni francesi e la reazione delle altre potenze

rispondi

1. Quali misure ispirate ai principi del mercantilismo vengono messe in atto da Colbert? **2.** Quali ambizioni territoriali muovono Luigi XIV a dichiarare guerra alla Spagna e al Sacro Romano Impero?

PERCORSO VISIVO

▶ [👁4]
L'espansione francese sotto Luigi XIV

Acquisizioni di Luigi XIV (1642-1715)

Regno d'Inghilterra

Province Unite

Calais

Paesi Bassi spagnoli

Sacro Romano Impero

Artois
1659

Parigi

Metz

Palatinato

Toul

Strasburgo
1681

Regno di Francia

Franca Contea
1678

Alsazia
1675

Svizzera

Savoia

Briançon
1713

Avignone

Regno di Spagna

Rossiglione
1659

SEZIONE V STATI IN COSTRUZIONE [1600-1715]

18.3 La monarchia asburgica e l'Impero ottomano

Il riposizionamento geopolitico degli Asburgo d'Austria

L'epoca di Leopoldo I e Mehemet IV Con la conclusione della Guerra dei Trent'anni, il ramo imperiale della dinastia asburgica aveva dovuto rinunciare al progetto di affermare un potere assoluto sull'intero territorio e di perseguire l'uniformità religiosa entro i confini imperiali, permettendo in molte regioni l'avanzata delle confessioni protestanti. In compenso, la prestigiosa casata consolidò la sua identità cattolica sul **territorio austriaco**, guardando con sempre maggiore interesse all'**area balcanica**, controllata in larga parte dal sultano ottomano [👁 5]. La minaccia turca impose all'imperatore Leopoldo I (1658-1705) di **difendere i confini orientali**, impedendogli di esercitare un ruolo più attivo nel continente, tale da controbilanciare l'egemonia della Francia.

I problemi interni dell'Impero ottomano

L'impero ottomano, all'epoca sotto la guida di Mehemet (Maometto) IV (1648-87), stava intanto affrontando gravi problemi di organizzazione interna. Gli apparati centrali, sempre meno in grado di esercitare un'efficiente riscossione dei tributi, mostravano ormai la corda di fronte ai **poteri provinciali di notabili e burocrati** che rivendicavano maggiori autonomie: i governatori locali dell'area balcanica avevano assunto un potere sempre più ampio, e le consorterie nobiliari si mostravano insofferenti verso le imposizioni del sultano. I **giannizzeri**, il celebre corpo di fanteria addetto, fra le altre cose, alla difesa del sultano, erano ormai diventati una casta sempre più legata alle terre e alle ricchezze personali. Una buona fetta di potere era stata inoltre trasferita nelle mani del **gran visir** (carica monopolizzata in questi anni dalla famiglia di origine albanese dei Koprulu), un capo militare che gestiva gli affari di Stato e che poteva essere esautorato solo dal sultano in persona. Il governo centrale non poteva contare nemmeno sull'appoggio incondizionato delle autorità religiose, gli **ulema**: facendo leva sul loro ruolo di sapienti ritenuti a conoscenza della volontà di Dio, essi cominciarono a farsi portatori di una cultura conservatrice, opponendosi a ogni tentativo di riforma. Non stupisce, in questa situazione, che si verificassero diversi episodi di insubordinazione sia fra i ceti eminenti sia fra i membri degli apparati militari.

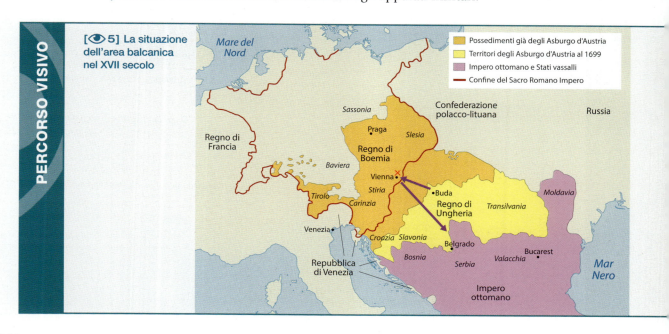

[👁 5] La situazione dell'area balcanica nel XVII secolo

562

L'Europa nella seconda metà del Seicento | **CAPITOLO 18**

L'assedio di Vienna del 1683 Nonostante le difficoltà interne, Mehemet promosse una **politica estera aggressiva**, dirigendo le sue mire verso Vienna. Ordinò un primo attacco nel 1663, sventato da un'armata comandata dal nobile di origine modenese Raimondo Montecuccoli e appoggiata da contingenti sassoni, bavaresi e francesi. Vent'anni più tardi il sultano diede nuovo vigore al progetto, affidando il comando delle operazioni al gran visir Qara Mustafa e mettendogli a disposizione ben 140 000 uomini. La **reazione fu immediata**: il primo a schierarsi a fianco degli Asburgo fu il re di Polonia Giovanni III Sobieski, timoroso che gli ottomani potessero entrare nel cuore dell'Europa e minacciare i suoi domini; altri rinforzi arrivarono dai principati tedeschi (Baviera, Franconia, Assia, Sassonia) e da Stati italiani come il Granducato di Toscana, la Repubblica di Venezia e il Ducato di Mantova.

Le **truppe cristiane** non erano militarmente ben preparate, mancavano di un coordinamento centrale e dovettero affrontare anche epidemie e problemi di approvvigionamento. Ciò nonostante riuscirono a **respingere l'assalto** e a passare al contrattacco, approfittando della ritirata dei nemici [👁 6]. La vittoria rinvigorì la propaganda antislamica e l'identità cattolica del potere asburgico. Rafforzò inoltre gli Stati che avevano fatto parte della coalizione vincente ed ebbe conseguenze rilevanti anche sul piano geopolitico, con la formazione di una **Lega Santa** sotto gli auspici di papa Innocenzo XI (1676-89).

La presenza ottomana nell'area balcanica venne invece ulteriormente ridimensionata, visto che di lì a poco **gli Asburgo d'Austria riuscirono a occupare anche tutta l'Ungheria**. Dopo aver scalfito un potere territoriale e militare che fino ad allora era parso privo di punti deboli, Vienna tese sempre più a dirigere la sua politica espansionistica verso sud e verso est, alleggerendo in compenso la pressione sull'area tedesca e sui Paesi Bassi, a loro volta costretti – come abbiamo visto – a difendersi dall'espansionismo francese. Con la Pace di Carlowitz del 1699, fra l'altro, gli Asburgo ottennero dall'Impero ottomano anche il controllo della **Transilvania** e della **Croazia**. Anche la Repubblica di Venezia trasse importanti vantaggi dall'accordo, guadagnando il possesso della Morea (Peloponneso), della Dalmazia e dell'isola ionia di Santa Maura (l'odierna Lefkada).

Le prime ostilità

Le offensive ottomane contro Vienna...

... e la controffensiva cristiana

[👁 6] **L'identità cattolica del potere asburgico** Il potere degli Asburgo uscì rafforzato dallo scontro con l'Impero ottomano anche sul piano simbolico, grazie all'accentuazione della connotazione cattolica dello Stato. Un'ampia propaganda costruita su iniziative rivolte al popolo e sulla diffusione di immagini celebrative attribuì infatti il successo al favore divino, mentre gli ordini regolari si impegnarono a diffondere il culto della Vergine Maria (protettrice della corona e del popolo) nelle campagne e nelle città e a richiamare i sudditi alla coesione religiosa contro il nemico comune.

◀ La liberazione di Vienna in un quadro anonimo del XVII secolo.

SEZIONE V   STATI IN COSTRUZIONE [1600-1715]

L'influenza commerciale e religiosa ottomana in Africa

rispondi
1. Quali difficoltà organizzative interne attraversa l'Impero ottomano? 2. Quali tentativi espansionistici portano allo scontro tra monarchia austriaca e Impero ottomano? 3. Qual è il nuovo assetto territoriale dell'Impero asburgico dopo la guerra austro-turca?

Le conseguenze della sconfitta ottomana Il ripiegamento dell'Impero ottomano produsse effetti importanti anche in Africa. Impossibilitata a espandersi a nordovest, l'iniziativa commerciale turca si intensificò lungo il **corso del Nilo** e intorno al **Mar Rosso**. Queste aree, pur non essendo ancora completamente sottoposte al dominio del sultano [👁 7], si trovarono così coinvolte in **nuove correnti di scambi** con l'entroterra asiatico e l'India. La presenza commerciale si traduceva inoltre in influenza religiosa, e così tutta la regione fu interessata da un rinnovato processo di **islamizzazione**.

Nella fascia settentrionale del continente, già parzialmente affrancata dal governo ottomano negli anni Venti del Seicento, le dinastie locali approfittarono della debolezza dell'impero per rafforzare il controllo del territorio e sviluppare intorno ad alcune città, fra cui di Algeri, Tunisi, Tripoli, **organismi statali autonomi**, definiti dagli europei come "barbareschi". Tali Stati fondarono la propria floridità economica sul commercio, ma soprattutto sulle **scorrerie dei pirati** e sul rapimento di naviganti provenienti dall'Europa cristiana, restituiti ai loro paesi d'origine in cambio di ricchi riscatti [▶ **protagonisti**].

18.4 Il declino spagnolo, la situazione della penisola italiana e il tramonto del Re Sole

La Spagna fra crisi e ripresa Nel 1665, alla morte di Filippo IV, salì al trono di Spagna **Carlo II d'Asburgo** (1665-1700) che, avendo appena quattro anni, fu posto sotto la tutela della madre Marianna d'Austria. La donna lasciò grandi spazi d'azione alle **consorterie aristocratiche** e a un gruppo di consiglieri non sempre avveduti, fra i quali spiccavano direttori spirituali appartenenti all'**ordine gesuitico**.

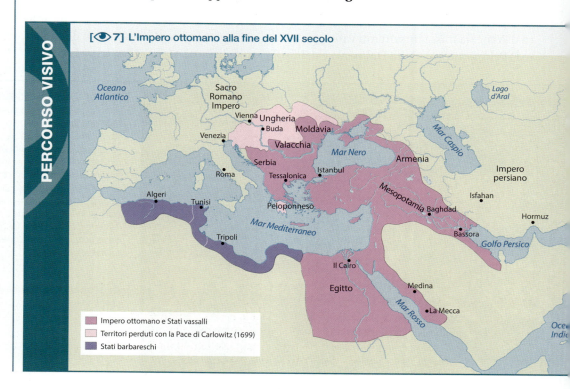

[👁 7] L'Impero ottomano alla fine del XVII secolo

- Impero ottomano e Stati vassalli
- Territori perduti con la Pace di Carlowitz (1699)
- Stati barbareschi

L'Europa nella seconda metà del Seicento | **CAPITOLO 18**

I segni della **crisi economica** erano ormai evidenti e apparivano privi di soluzione, soprattutto nell'area castigliana. Il paese era sfiancato dalle **guerre** e le **finanze** versavano in uno stato miserevole; per di più i creditori stranieri, che avevano concesso i numerosi prestiti serviti per affrontare le spese militari, premevano per ottenere la restituzione delle somme dovute. In questa situazione, i provvedimenti volti a reperire le poche risorse disponibili, come la **vendita dei titoli nobiliari**, non potevano risolvere i problemi e anzi erano semmai ulteriore causa del malfunzionamento dello Stato. A ciò si aggiunsero anche una micidiale pestilenza (1647-51) e problemi di carattere più strettamente politico. I tentativi di ricondurre all'obbedienza il Portogallo si rivelarono inutili e si arrivò, dopo una lunga guerra, al riconoscimento ufficiale dell'indipendenza nel 1668.

> I gravi problemi economici e le insufficienti soluzioni

Negli anni Ottanta ci fu un'inversione di tendenza. Le ragioni di questo fenomeno non sono ancora del tutto chiare, ma è probabile che la spinta decisiva venne dalle aree della penisola iberica che avevano manifestato in passato posizioni fortemente identitarie, rivendicando le loro autonomie nei confronti della corona. La **vivacità politica** fu accompagnata dal fiorire di **iniziative economiche** promosse da un ceto mercantile che riuscì a crearsi nuove opportunità sciogliendo in parte i vincoli che lo legavano alla nobiltà terriera. I **Paesi Baschi** si mostrarono capaci di intraprendere una fitta rete di **scambi con l'Europa continentale**, mentre la Catalogna beneficiò delle fortune del **porto di Barcellona** che acquisì una **nuova centralità nel Mediterraneo**. La produzione agricola crebbe, insieme alla manifattura e al commercio interno. Nel giro di poco tempo, gli stimoli derivanti dalle trasformazioni in corso aiutarono anche la crescita demografica.

> I segni di ripresa nei Paesi Baschi e in Catalogna

Il potere centrale rimaneva però debole e le tensioni serpeggianti intorno al trono erano aggravate dall'ipotesi, sempre più concreta, di un'**estizione della dinastia**. Il sovrano, infatti, soffriva di gravi problemi di salute e non aveva né figli né fratelli pronti a succedergli.

> L'incertezza dinastica, un grave fattore di debolezza

I corsari barbareschi nel Mediterraneo

protagonisti

Il fenomeno della pirateria ha origini antiche, ma nel Mar Mediterraneo raggiunse punte altissime di violenza a partire dal XVI secolo. I corsari provenivano in gran parte dall'area del Maghreb e si alleavano di volta in volta con potenze (all'inizio Francia e Spagna) in competizione fra loro, per depredare navi e fare incursioni nei territori costieri. Talvolta erano "rinnegati", ovvero persone che si erano convertite all'islam abbandonando il cristianesimo.

Per reagire a queste iniziative, le autorità secolari ed ecclesiastiche europee favorirono la nascita di istituzioni finalizzate alla raccolta di risorse per il riscatto degli schiavi (definite spesso "case per la redenzione dei captivi") o di ordini cavallereschi con la missione della difesa della fede. Uno dei più famosi nella penisola italiana fu l'Ordine di Santo Stefano, istituito da Cosimo I de' Medici nel 1562: ne facevano parte i massimi esponenti della nobiltà toscana che, attraverso il sodalizio, confermavano la loro fedeltà al granduca.

Con il tramonto della dinastia medicea nel corso del Settecento anche i cavalieri stefaniani persero il loro prestigio. Il loro non fu tuttavia un caso isolato: i poteri monarchici cristiani cominciarono infatti a riconsiderare le loro posizioni, aprendo una nuova fase nella quale furono messe da parte le tensioni militari con gli Stati musulmani, dando priorità alle relazioni commerciali e diplomatiche.

▲ Pietro Francavilla, *Cosimo I con le insegne dell'Ordine di Santo Stefano*, XVII secolo.

SEZIONE V   STATI IN COSTRUZIONE [1600-1715]

La situazione nei domini spagnoli

Le difficoltà dell'Italia La penisola italiana attraversò, dopo la metà del Seicento, un periodo di gravi difficoltà. Alle conseguenze devastanti della Guerra dei Trent'anni nell'area settentrionale si aggiunse una violenta pestilenza che, fra il 1656 e il 1657, si propagò per il Mezzogiorno, lo Stato pontificio e Genova. Nel **Regno di Napoli** morì circa un quinto della popolazione mentre nella capitale la quantità di decessi fu di gran lunga maggiore: solo a distanza di tre decenni cominciarono a vedersi i segni di una ripresa demografica che riportò l'intera area vicina ai livelli di inizio secolo. Sul piano socio-politico, **il potere dell'aristocrazia e del clero rimase forte**; la vivace vita intellettuale napoletana – che aveva prodotto prestigiose istituzioni filosofico-scientifiche come l'Accademia degli Investiganti – subì un grave colpo fra il 1688 e il 1697, quando **l'Inquisizione processò diversi uomini di cultura** (come gli avvocati Filippo Belli e Giacinto De Cristofaro) con l'accusa di ateismo, costringendoli all'abiura. Invece lo **Stato di Milano** godette di maggiori attenzioni da parte dei dominatori spagnoli, vista la sua importante posizione strategica nello scacchiere geopolitico europeo [◉8]. I prodotti alimentari arrivavano con maggiore facilità e anche i prodotti locali godettero di maggiori **sbocchi di mercato**, assicurando condizioni di vita sufficientemente agiate anche ai ceti umili.

I domini dei Savoia francesi

Ai suoi confini, il **Ducato di Savoia** affrontò una grave **crisi sociale**, in conseguenza degli eventi bellici europei e della crisi dinastica che seguì la morte di Vittorio Amedeo I (1630-37). I poteri signorili ne approfittarono per estendere i loro privilegi fino all'arrivo di Carlo Emanuele II (1663-75) che riuscì a rafforzare il potere centrale e a risollevare l'economia grazie a iniziative che ricordavano, per certi versi, quelle adottate in Francia.

La decadenza di Venezia

La **Repubblica di Venezia** non riuscì più a incidere sui traffici mediterranei come in passato, ripiegando su una politica più prudente. A poco valsero gli sforzi di trattenere

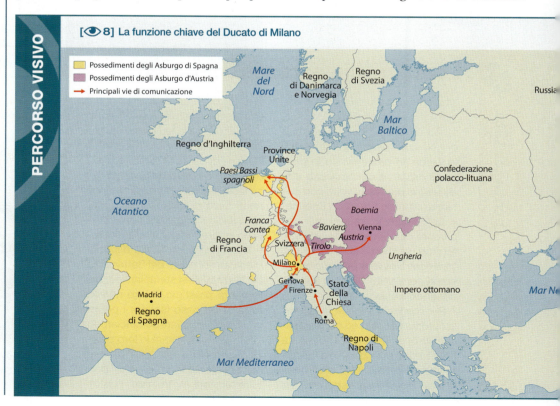

PERCORSO VISIVO

[◉8] La funzione chiave del Ducato di Milano

566

L'Europa nella seconda metà del Seicento | **CAPITOLO 18**

Candia (Creta) contro l'aggressività dell'Impero ottomano e anche l'influenza sul Peloponneso si rivelò **instabile**. Lo stesso primato sull'Adriatico fu messo in discussione dalla concorrenza di Ragusa (attuale Dubrovnik). Dal punto di vista della produzione artigianale, comunque, la città si mantenne prospera e vivace, come pure sul piano culturale, con spettacolari feste che attiravano visitatori da diversi paesi.

Lo splendore artistico e architettonico fu, al contempo, l'elemento caratterizzante dell'immagine di **Roma** sul panorama internazionale. Le piazze, le fontane e gli sfarzosi palazzi cardinalizi non riuscirono tuttavia a occultare il **declino del prestigio della Santa Sede**, sempre meno capace di incidere nei rapporti diplomatici fra le grandi potenze europee. Soprattutto nelle aree del Lazio, l'economia era saldamente aggrappata al sistema del latifondo, in grado di favorire esclusivamente l'arricchimento di poche famiglie aristocratiche.

> Lo Stato della Chiesa

La Guerra di successione spagnola Gli equilibri del continente europeo agli inizi del Settecento furono fortemente condizionati dalla situazione della Spagna, sfiancata dagli scontri con la Francia di Luigi XIV e incapace di arginare le spinte autonomistiche presenti all'interno del suo vasto dominio. La debolezza del sovrano **Carlo II d'Asburgo** [▶ protagonisti] divenne particolarmente evidente nell'ultimo decennio del Seicento: le sue condizioni di salute erano precarie e l'ipotesi di trovare un erede divenne impraticabile. Nelle principali corti europee si cominciò a discutere sulla **successione** e molti avanzarono pretese, vantando legami sia diretti sia indiretti con la dinastia regnante.

> La debolezza della dinastia

La posta in gioco era altissima. Impadronirsi del trono di Spagna significava acquisire il diritto di controllare possedimenti immensi, che andavano dagli Stati italiani ai Paesi Bassi, fino al Nuovo Mondo [▶ cap. 15.1]. Il re di Spagna morì nel 1700 e lasciò indicazioni testamentarie precise, designando come successore **Filippo di Borbone**, duca d'Angiò e nipote del re di Francia. L'imperatore del Sacro Romano Impero **Leopoldo I** non accettò questa soluzione, proponendo la candidatura di suo figlio, l'arciduca Carlo. Leopoldo raccolse l'appoggio di Inghilterra, Prussia e Savoia, determinate nel rifiuto di consegnare nelle mani del Re Sole una fetta di potere tanto grande e pronte quindi a dare inizio a un **nuovo conflitto** destinato a durare per oltre un decennio.

> Due candidati per il Regno di Spagna

Carlo II fra esorcismi e lotte di potere

protagonisti

L'ultimo Asburgo di Spagna fu soprannominato Carlo lo Stregato. La sua salute era stata infatti debole fin dalla nascita: imparò molto tardi a parlare, ebbe serie difficoltà a camminare fino all'età di otto anni e anche da adulto fu costretto ad appoggiarsi a un sostegno per muoversi. Soffriva di continui mal di testa e di forti attacchi influenzali; aveva problemi alimentari ed era persino soggetto a reazioni di collera. Ciò nonostante visse per 39 anni ed ebbe due mogli: Maria Luisa d'Orléans (1662-89) e Maria Anna di Neuburg (1667-1740).

Fu proprio quest'ultima a finire sul banco degli imputati nel 1698, accusata da un esorcista (Álvarez Argüelles) di aver ordinato un sortilegio ai danni del re. La nobildonna riuscì a zittire i suoi detrattori e continuò a esercitare pressioni sul marito ormai agonizzante, sostenendo una successione austriaca. Contro di lei agivano i membri della fazione filoborbonica che promuovevano invece il candidato francese. ◼

▲ Juan Carreno de Miranda, *Ritratto di Carlo II*, 1685.

567

SEZIONE V   **STATI IN COSTRUZIONE [1600-1715]**

Una minaccia ancora maggiore...

I contendenti ebbero alterne fortune, fino a quando le ostilità cominciarono a esaurirsi nel 1711. Uno degli accadimenti decisivi per il cambiamento degli equilibri in campo fu, proprio in quell'anno, la morte dell'imperatore Giuseppe I, succeduto al padre Leopoldo, e la conseguente ascesa al trono di Vienna del fratello, che prese il nome di **Carlo VI**. Si trattava di quello stesso arciduca Carlo che ambiva alla corona iberica e che, se avesse raggiunto l'obiettivo, avrebbe potuto riportare in vita l'immenso apparato politico che era stato sotto il controllo del suo antenato Carlo V [▶ **cap. 12**]. Le forze della **coalizione antifrancese** scelsero quindi di scongiurare questa possibilità optando per quello che ritenevano essere il male minore.

... spinge a confermare lo status quo

Con i **Trattati di Utrecht e Rastadt del 1713-14**, Filippo di Borbone (ormai Filippo V) fu confermato re di Spagna, Milano, Napoli e Sardegna, mentre i Paesi Bassi passarono agli Asburgo [👁 9]. La Sicilia fu invece assegnata a Vittorio Amedeo II di Savoia, che aveva combattuto a fianco dell'Impero e che nel 1720 accettò di scambiarla con la Sardegna. L'Inghilterra ottenne il controllo di **Gibilterra** (importante sul piano strategico come porta del Mediterraneo) e ampi territori dell'**America settentrionale** sottratti alla Francia. Riuscì inoltre ad affermare il suo primato su privilegi commerciali come l'*asiento*, il monopolio sullo sfruttamento degli schiavi neri nelle proprie colonie.

asiento In spagnolo "contratto", stipulato tra uno Stato e privati anche stranieri.

Le difficoltà materiali

Gli ultimi anni del Re Sole e le critiche al suo potere L'esito della Guerra di successione spagnola arrise ancora una volta a Luigi XIV, ma il paese uscì sfiancato dallo sforzo bellico. La popolazione aveva vissuto momenti drammatici durante una **carestia** scoppiata nel 1709-10 che, aggravata anche da una generale ondata di freddo calata sul continente europeo, causò una crisi di approvvigionamento e numerosi

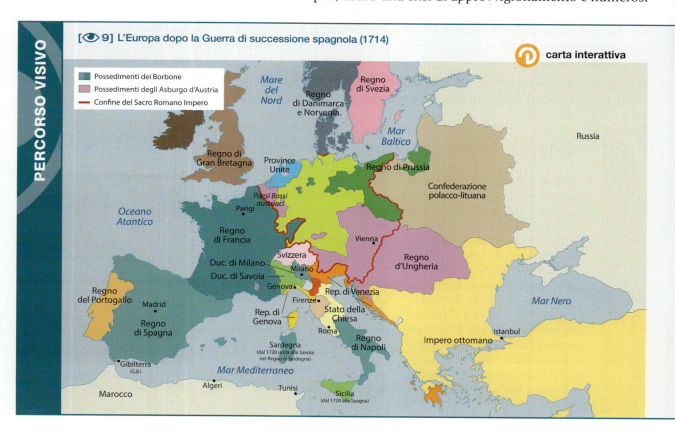

PERCORSO VISIVO

[👁 9] L'Europa dopo la Guerra di successione spagnola (1714)

carta interattiva

568

L'Europa nella seconda metà del Seicento | CAPITOLO 18

tumulti per l'appropriazione delle riserve di grano. Le difficoltà economiche aprirono nuovi spazi per tensioni sociali che sfociarono in episodi di ribellione.

Anche intellettuali e aristocratici cominciarono ad abbandonare la causa del Re Sole e a esprimere insofferenza verso le sue politiche assolutistiche. Fra questi il teologo e pedagogo **François de Salignac de La Mothe-Fénelon** (1651-1715) che cadde in disgrazia e fu bandito dalla corte: fra le colpe più gravi che gli vennero attribuite, c'era la pubblicazione del romanzo *Le avventure di Telemaco* (1699), che prendeva di mira le politiche belliche e le strategie economiche adottate dalla monarchia, ritenute causa di impoverimento per popolazione francese [▶protagonisti].

L'avanzata di nuove **idee contrarie ai valori assolutistici** affermati dal sovrano si rese visibile anche nel mondo scientifico-filosofico. Dopo essere stato costretto a rifugiarsi nei Paesi Bassi dall'infuocato clima delle persecuzioni religiose e dalla revoca dell'Editto di Nantes, il pensatore ugonotto **Pierre Bayle** (1647-1706) espose i risultati più significativi dei suoi percorsi di ricerca nel *Dizionario storico-critico*, toccando diversi campi del sapere e mettendo a nudo l'incoerenza e la contraddittorietà di tanti procedimenti conoscitivi del suo tempo. L'affermazione di questo esule nel mondo intellettuale faceva da ideale contraltare alla decadenza del potere di Luigi XIV che morì nel 1715, lasciando lo Stato in una **situazione difficile** sia sul piano economico che su quello politico. L'erede designato era infatti Luigi d'Angiò, nipote del suo primogenito Luigi detto "il Gran Delfino", morto nel 1711: alla scomparsa del bisnonno, che aveva regnato per 72 anni, il nuovo re aveva solo cinque anni.

Le voci dissidenti

I LUIGI DI BORBONE

- Luigi XIV "Re Sole" 1638-1715 (re dal 1643)
- Luigi "il Gran Delfino" 1661-1711
- Luigi di Borbone 1682-1712
- Luigi d'Angiò 1710-74 (re dal 1715)

rispondi
1. Perché Filippo di Borbone viene scelto come erede al trono di Spagna? 2. Perché l'economia spagnola inverte il suo corso negli anni Ottanta? 3. Quale difficoltà attraversa la penisola italiana dopo la metà del Seicento?

---

protagonisti

Fénelon

Fu educatore di Luigi di Borbone, duca di Borgogna, nipote di Luigi XIV ed erede al trono di Francia. Nonostante la sua posizione a corte, espresse idee in contrasto con l'assolutismo regio e la politica di predominio sviluppata dal monarca. Molte delle sue suggestioni confluirono nelle *Avventure di Telemaco*: attraverso il racconto delle peripezie del mitico figlio di Ulisse, Fénelon intendeva sostenere la necessità di un potere meno attento agli sfarzi e alla mondanità cortigiana e più concentrato sugli ideali di giustizia e di virtù.

Avendo sollevato le ire del Re Sole, lo scrittore fu costretto a rifugiarsi in Belgio e poi si stabilì a Cambrai (dove occupava la cattedra vescovile), cercando di condurre una vita riservata e di occuparsi dell'istruzione dei fedeli. Il suo capolavoro ebbe una lunga fortuna nel XVIII e XIX secolo, diventando uno dei libri più letti dai giovani.

▲ Joseph Vivien, *Ritratto di Fénelon*, 1713.

SEZIONE V STATI IN COSTRUZIONE [1600-1715]

18.5 La nascita dello Stato prussiano e l'importanza degli eserciti

Dal particolarismo all'accentramento e alla potenza militare

Rafforzamento politico e territoriale Dopo la Pace di Vestfalia, il Brandeburgo-Prussia e le regioni annesse [👁10] erano attraversate da forti divisioni. I **ceti dominanti** erano concentrati sulla salvaguardia di **interessi particolaristici** e non avevano nemmeno piena coscienza di appartenere a un organismo unitario. Solo nel 1660 il principe elettore **Federico Guglielmo di Hohenzollern** (1640-88) riuscì ad affrancare il Ducato di Prussia dalla Confederazione polacco-lituana e a guadagnare una piena sovranità sull'intero territorio, cominciando ad attuare una **politica centralizzatrice**.

Il primo obiettivo fu quello di dotare lo Stato di un **esercito permanente**. Nel giro di qualche decennio, grazie a ingenti investimenti, le truppe arrivarono a contare 80 000 effettivi, trasformando il paese in una delle maggiori potenze militari del continente. La figura del mercenario lasciò gradualmente il posto a **soldati addestrati**, **disciplinati** e inseriti in un'efficiente organizzazione che faceva capo a un organo di nuova istituzione, il Commissariato generale della guerra. Il Commissariato fungeva da modello per l'intero paese: le altre categorie erano chiamate infatti a sposare gli stessi valori e a produrre tutti gli sforzi possibili per salvaguardare il prestigio dello Stato.

La riorganizzazione della burocrazia

La riorganizzazione dello Stato Le risorse finanziarie per attuare queste misure furono ricavate dallo sfruttamento delle proprietà regie, vendute o date in affitto ai lavoratori, nonché da una nuova pianificazione del sistema delle imposte. La riorganizzazione della burocrazia partì dalle città, dove furono inviati commissari incaricati di garantire l'ordine pubblico. I **nuovi funzionari** erano reclutati fra i membri delle **borghesie colte** e avevano un rapporto di **diretta subordinazione al sovrano**, che non esitava a impartire loro severe punizioni in caso di errori. Il loro impegno era rivolto, fra le altre cose, alla creazione di condizioni favorevoli allo sviluppo del commercio e alla manifattura. E anche a questo scopo furono accolte minoranze religiose in fuga da altri paesi, come – abbiamo visto – gli **ugonotti francesi**, abili artigiani che con le loro conoscenze diedero un forte impulso all'industria tessile.

PERCORSO VISIVO

[👁10] Il Brandeburgo-Prussia dopo la Pace di Vestfalia Il trattato riconosceva importanti riconoscimenti territoriali al principe di Brandeburgo-Prussia, considerato tra i vincitori della lunga guerra. Oltre a piccoli principati tedeschi, l'acquisizione della Pomerania orientale garantì al Brandeburgo uno sbocco sul mare e un avvicinamento alle regioni orientali.

Legenda:
- Brandeburgo-Prussia (1618)
- Territori acquisiti con la Pace di Vestfalia (1648)
- Confine del Sacro Romano Impero

L'Europa nella seconda metà del Seicento | **CAPITOLO 18**

Nelle campagne si cercò invece di ridimensionare il potere dei titolari dei grandi fondi, detti **Junker**, convincendoli a cedere una parte dei loro privilegi in cambio di cariche pubbliche o di ruoli rilevanti nelle gerarchie militari.

Le trasformazioni degli eserciti europei Le novità introdotte in Prussia erano parte di un processo più ampio, che interessò tutti gli apparati militari del continente. Enormi quantità di ricchezza furono impiegate per la costruzione di **cannoni, navi, fortezze,** centri di addestramento e **ospedali**. I processi produttivi legati all'equipaggiamento degli eserciti erano coordinati dagli Stati stessi, che dovevano raccogliere, contabilizzare, distribuire i finanziamenti e stipulare eventualmente contratti con impresari privati. Una politica estera aggressiva diveniva così un modo per stimolare la **crescita degli apparati manifatturieri del paese**.

Nei decenni finali del Seicento e in quelli iniziali del Settecento, le tattiche di guerra furono interessate da profonde trasformazioni. Le **nuove armi**, come i fucili con innesco a pietra focaia e le baionette, accrescevano sensibilmente la capacità di offesa e di difesa dei soldati [▶oggetti]. Aumentando la quantità di colpi diretti al nemico si potevano organizzare linee di fuoco meno nutrite in termini numerici ma più precise e compatte, capaci di coprire talvolta un fronte esteso diversi chilometri. Per queste ragioni, non era possibile reclutare truppe efficienti nell'immediata vigilia di una campagna militare; era invece necessario un esercizio continuo per **addestrare i soldati** alle manovre e prepararli ad affrontare qualsiasi evenienza. Altrettanto importanti divenivano l'**obbedienza ai superiori**, il senso di responsabilità e la motivazione: tutte qualità difficili da trovare in soldati provenienti in larga maggioranza da ceti umili, sottratti agli stenti del lavoro contadino e brutalmente gettati in una realtà in cui le remunerazioni non erano certo pari ai sacrifici richiesti.

La guerra come grande impresa economica

Cambiamenti nelle tecniche di guerra

rispondi
1. A quali cambiamenti porta il tentativo di riorganizzazione statale del Ducato di Prussia? **2.** Come vengono riorganizzati gli eserciti delle potenze europee?

Il moschetto e la baionetta

oggetti

Più colpi, più precisi
Nel Seicento, armi da fuoco come archibugi, moschetti e pistole si caricavano inserendo la polvere da sparo e il proiettile dall'imboccatura della canna (le pallottole sarebbero state inventate molto dopo). All'altra estremità della canna stava il meccanismo di sparo, che innescava l'esplosione della polvere; all'inizio si usava un semplice ferro arroventato, poi sostituito da una corda o miccia accesa. A partire dalla prima metà del Seicento, il grilletto faceva scattare una pietra focaia, le cui scintille davano fuoco a una piccola carica esterna che accendeva quella nella canna. Il meccanismo, via via perfezionato, era abbastanza complesso ma permetteva di ridurre molto i tempi di ricarica, oltre a rendere le armi più precise e meno pericolose per il tiratore.

Il moschetto, evoluzione dell'archibugio, era un'arma di grosso calibro, in grado di forare qualsiasi corazza a una distanza di circa cinquanta passi. Dopo aver sparato, le prime linee arretravano per ricaricare, lasciando il posto ai colleghi che davano continuità all'azione. Uno schieramento di fucilieri, capaci di un fuoco quasi continuo, era dunque un ostacolo difficile da superare per la carica di qualunque esercito, a piedi o a cavallo.

Moschetti e archibugi come "armi bianche"
Spesso però accadeva che gli eserciti venissero comunque a contatto, perciò i fucilieri – altrimenti disarmati – venivano protetti da reparti di picchieri. Sempre nel Seicento, a Bayonne (in Francia), fu inventata un'arma da taglio che poteva essere innestata nella canna delle armi da fuoco. La baionetta, presto sviluppata e migliorata, consentì ai fucilieri di difendersi dalle cariche della cavalleria usando il proprio archibugio come una picca o una lancia. Inoltre serviva anche come arma d'attacco nei combattimenti corpo a corpo e all'occorrenza si poteva usare da sola come una sciabola o un lungo pugnale.

Elaborata in varie forme, la baionetta fu un'arma rimasta in uso fino all'inizio del Novecento, ma anche oggi se ne studiano modelli per gli scontri ravvicinati.

571

SEZIONE V   STATI IN COSTRUZIONE [1600-1715]

18.6 La Russia di Pietro il Grande

Le difficoltà di controllo del territorio

La dinastia Romanov Fino ai decenni centrali del Seicento la Russia – uno Stato immenso, esteso dal fiume Dnepr fino ai confini orientali della Siberia – fu segnata da una grave **instabilità politica**. La dinastia Romanov [▶ cap. 15.6] fece molta fatica ad assumere il controllo delle **aree rurali**, dominate dai **signori locali** e attraversate da periodiche crisi economiche e da **rivolte**, dovute al malcontento per la persistenza della **servitù della gleba** e degli altri vincoli che legavano i lavoratori della terra ai proprietari. Molti contadini erano costretti a impiegare gran parte della settimana lavorativa prestando servizio nei campi dei signori, sopportando i loro abusi e affrontando quotidianamente una giustizia iniqua. Le loro rimostranze non erano dunque rivolte contro il fisco regio, come in altre aree dell'Europa; al contrario, essi tendevano a considerare il potere centrale come un potenziale alleato nella lotta per l'affrancamento dalla tirannia dei signori locali.

Lo scisma della Chiesa russa

Le difficoltà furono aggravate da un'epidemia di peste scoppiata nel 1654 e da un grave conflitto religioso innescato dalle **riforme liturgiche volute da Nikon**, patriarca di Mosca (1652-58). Nikon aveva voluto cambiare il rito russo per uniformarlo a quello greco e poter così far apparire la Chiesa di Mosca come diretta erede di Costantinopoli. Il progetto aveva trovato l'appoggio dello zar Alessio Romanov (1645-76), che mirando a espandersi in Ucraina voleva presentarsi come campione di tutti gli ortodossi. Ma l'unità di vedute tra lo zar e il patriarca si ruppe sulla questione della supremazia tra potere civile e religioso, mentre i cambiamenti introdotti nella liturgia suscitarono aspre reazioni, tanto che i **conservatori si separarono dalla Chiesa ufficiale**. La frattura religiosa venne repressa con durezza: i dissidenti (denominatisi "Vecchi credenti") furono uccisi, deportati in Siberia o costretti all'esilio.

L'assolutismo e i modelli occidentali Alla fine del secolo, anche in Russia furono sperimentate nuove modalità di organizzazione statale e di gestione del potere di tipo assolutistico. Dopo la sua ascesa al trono, **Pietro I detto "Il Grande"** (1682-1725) [▶protagonisti] volle risollevare il paese guardando ai modelli politici ed economici che si stavano affermando in alcune monarchie occidentali.

La ristrutturazione del sistema produttivo

Pietro viaggiò in incognito in Inghilterra, Olanda, Francia e Germania, dove lavorò e studiò le tecnologie più avanzate dell'epoca. Persuaso che il suo paese dovesse diventare un punto di riferimento per l'intera area orientale del continente europeo, tornato in patria diede inizio a una ristrutturazione radicale del sistema produttivo. Con l'aiuto di scienziati e tecnici reclutati in Occidente fece costruire **grandi cantieri** e indirizzò (talvolta in maniera forzosa) masse di lavoratori nella zona degli Urali, dove fu incentivata l'**estrazione mineraria** a scopi militari. Fu dato inoltre forte impulso al **settore tessile** e alla lavorazione dei **metalli**. Sul piano fiscale, le entrate furono aumentate anche grazie alla confisca e **secolarizzazione dei beni della Chiesa ortodossa**.

La riorganizzazione dello Stato

L'**apparato amministrativo** dello Stato fu sottoposto un **riordino complessivo**, sgradito alle fazioni nobiliari. Fu infatti istituito un **senato** al quale avevano accesso uomini scelti in base alle loro competenze specifiche più che all'appartenenza a famiglie influenti. Nuove opportunità di carriera furono inoltre offerte a coloro che avevano prestato servizio nei ranghi dell'esercito o che si erano distinti per il lavoro svolto nella direzione di uffici pubblici.

Una nuova capitale per un nuovo Stato

Pietro spostò anche la capitale da Mosca a una nuova città, **San Pietroburgo**, fondata sulla costa affacciata sul Baltico [👁 11]. Concepita come centro commerciale e na-

572

L'Europa nella seconda metà del Seicento | **CAPITOLO 18**

PERCORSO VISIVO

[👁 11] **La città di san Pietro e di Pietro** L'incisione mostra la realizzazione dei cosiddetti "Dodici collegi", una serie di palazzi fatti costruire da Pietro per ospitare le sedi degli organi di governo di San Pietroburgo. Per abbellire la nuova capitale, che doveva rappresentare il volto della sua nuova Russia, lo zar chiamò molti artisti occidentali, come l'architetto ticinese Domenico Trezzini, autore di questo e di molti altri progetti. San Pietroburgo divenne così un centro intellettuale tra i più attivi d'Europa, come testimoniano ancora oggi i palazzi e le ricchissime collezioni di opere custodite al Museo dell'Hermitage.

protagonisti

Pietro il Grande

Un controverso eroe russo
Pur operando senza sistematicità e talvolta in maniera caotica, Pietro il Grande mostrò molta determinazione nel cambiare il suo paese, partendo proprio dai costumi. I cortigiani e i membri dell'esercito dovettero modificare il loro modo di vestire, mentre ai notabili fu imposto il taglio della barba, simbolo della dignità sociale. L'apertura ai modelli europei fu certamente problematica: una porzione notevole del paese – principalmente i contadini e i boiari – rimaneva ancora legata alle tradizioni e poco disposta ad accogliere le trasformazioni imposte dall'alto.

Il forte accentramento del potere nelle mani dello zar sollevò infatti non pochi malcontenti, che a loro volta alimentarono in lui continui sospetti, soprattutto nei confronti degli ambienti di corte. Molti furono gli esili e le condanne a morte, fra le quali quella dello stesso primogenito Alessio: accusato di aver cospirato contro il regno del padre con i membri della più antica nobiltà, fu torturato e ucciso il 26 giugno del 1718 a San Pietroburgo. Nonostante i molti aspetti negativi, la figura di Pietro apparve come quella di un eroe nazionale, che aveva innalzato lo spirito della Russia facendone una grande potenza.

Lo zar in Occidente
Nel resto dell'Europa il mito di Pietro si consolidò nel corso del XVIII secolo, soprattutto grazie a opere di scrittori come Voltaire. Il celebre filosofo francese, a partire dagli anni Trenta del Settecento, diffuse presso il pubblico colto europeo un'immagine contrastante di Pietro, lodato per aver creato "una nazione nuova" e per aver riformato una società complessa come quella russa, ma anche criticato con asprezza per la mancanza di una caratteristica necessaria a un virtuoso riformatore: l'umanità.

Dalle parole di Voltaire emergevano con forza i tratti più inquietanti del suo carattere e del suo governo: la natura selvaggia e incontrollata, la barbarie, la ferocia, il desiderio di vendetta. ◼

▲ Il taglio della barba imposto ai notabili in un'incisione popolare. In alternativa al taglio si poteva pagare "una tassa sulla barba", ricevendo un gettone che attestava l'avvenuto versamento.

573

SEZIONE V STATI IN COSTRUZIONE [1600-1715]

vale, San Pietroburgo fu destinata a diventare il punto di connessione fra la Russia e l'area continentale europea: una finestra sull'Occidente, capace di rappresentare, per la Russia, l'ingresso in una nuova epoca.

La riforma dell'esercito

L'esercito Particolare attenzione fu dedicata alla riforma dell'esercito, con il sostanziale riconoscimento di simili opportunità di carriera ai nobili e ai contadini. Il reclutamento fu inoltre basato su una forma di **coscrizione obbligatoria** ispirata a quella in uso in alcune monarchie occidentali, grazie alla quale si fece ricorso sempre minore ai mercenari.

L'attenzione all'economia e all'istruzione

La gestione dell'esercito fu strettamente legata a quella dell'economia, con la creazione di poli per la produzione di armamenti coordinati da tecnici provenienti dall'estero, o comunque da russi istruiti in altri paesi. A fronte del ricorso alle competenze estere, tuttavia, lo zar fu anche consapevole dell'opportunità di sviluppare all'interno del suo Stato le conoscenze necessarie ai propri progetti di crescita. A questo scopo, fra le altre cose, furono disposti **investimenti nel campo dell'istruzione** e venne fondata un'**Accademia delle Scienze** (1724).

La Siberia

L'espansione a est In questi anni giunse inoltre a una fase cruciale la colonizzazione della Siberia, che fino a poco prima si era basata quasi solo sullo sfruttamento dei proventi della caccia allo zibellino (il cui manto era utilizzato per la produzione di pregiate pellicce), e che si apriva ora a **nuove attività economiche**, accogliendo minatori, allevatori e contadini incoraggiati a migrare verso est. La sterminata area che dalle pro-

PERCORSO VISIVO

[👁 12] **Lo zar trionfante** *L'apoteosi di Pietro il Grande, zar e imperatore*, opera di un anonimo artista russo, celebra la vittoria ottenuta dallo zar nel 1709 a Poltava contro gli svedesi, decisiva per la supremazia nell'area del Mar Baltico. L'immagine di Pietro a cavallo riprende la figura di san Giorgio, consueta nella tradizionale arte sacra russa, ma l'impianto complessivo e lo stile dell'opera richiamano i quadri di battaglia tipici della pittura barocca europea.

▼ *San Giorgio e il drago*, icona del XV secolo.

574

paggini dell'Europa orientale giungeva fino all'Oceano Pacifico fu disseminata di **guarnigioni militari**, trasformando la Russia in uno degli Stati più vasti dell'epoca (quasi un sesto della superficie terrestre).

L'egemonia russa e la fine del primato svedese sul Baltico

Proprio nell'area baltica Pietro concentrò buona parte dei suoi sforzi bellici. Nell'intento di contrastare il primato svedese, strinse un'alleanza con la Polonia e la Danimarca e dichiarò guerra nel 1700 al re Carlo XII (1697-1718), dotato di grandi capacità militari. Pur incassando sonore sconfitte nelle prime battaglie, lo zar si mostrò tutt'altro che disposto ad abbandonare i suoi propositi. Fu a causa della sua perseveranza che il conflitto – ricordato in seguito come **"Grande guerra del Nord"** [👁12] – divenne lungo e sfiancante. Si concluse solo nel 1721, con l'annessione alla Russia di territori cruciali dal punto di vista strategico come l'Ingria, l'Estonia, la Livonia e la Carelia [👁13].

In seguito a questa affermazione (ratificata dal Trattato di Nystad), Pietro poté proclamare la **nascita dell'Impero russo**. Nei successivi anni 1722-23 lo zar allargò le sue mire espansionistiche anche al Caucaso e al Mar Caspio sostenendo un'altra impegnativa guerra contro la Persia, con esito vittorioso. Sul fronte settentrionale, la **Svezia** vide invece **tramontare la sua egemonia sul Baltico**. Lo stesso Carlo XII perse la vita in battaglia nel 1718 e l'arretramento del paese nel contesto internazionale non rimase senza conseguenze per gli assetti del potere interno: l'assolutismo lasciò spazio infatti a un nuovo sistema in cui le responsabilità di governo erano divise fra monarca, parlamento e consiglio di Stato.

La Russia di Pietro il Grande protagonista in Europa

L'Impero russo

rispondi
1. Quali innovazioni introduce Pietro il Grande in ambito militare? 2. Quali investimenti nel settore produttivo risollevano le sorti economiche russe?

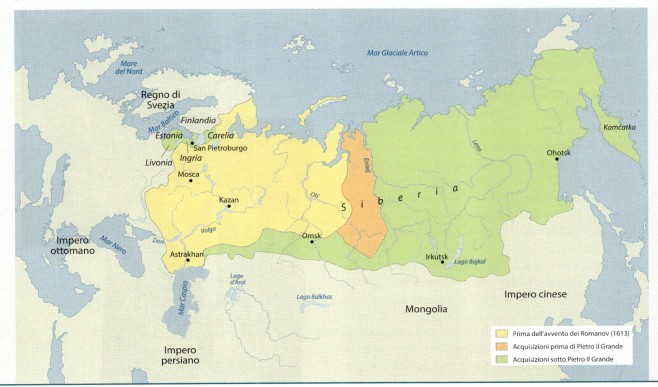

[👁13] La formazione dell'Impero russo sotto Pietro il Grande (1682-1725)

- Prima dell'avvento dei Romanov (1613)
- Acquisizioni prima di Pietro il Grande
- Acquisizioni sotto Pietro il Grande

altri LINGUAGGI

Luigi XIV fra cinema e televisione

La figura di Luigi XIV è stata oggetto di numerose ricostruzioni per il cinema e la televisione, oltre che letterarie. Risale al 1966 il film del celebre regista italiano Roberto Rossellini *La presa del potere di Luigi XIV*, che si concentra sugli anni che seguirono la morte di Mazzarino. Il nucleo fondamentale della pellicola è l'affermazione progressiva di un regime di visibilità da parte del Re Sole, che catalizza gli sguardi di nobili e sudditi, imponendo la sua presenza e costruendo un articolato teatro del potere.

Nel 1998 uscì nelle sale *La maschera di ferro* (titolo originale: *The Man with the Iron Mask*) dello statunitense Randall Wallace, che poté contare sull'interpretazione di un giovanissimo Leonardo Di Caprio e fu accolto da un grandissimo successo di pubblico (testimoniato anche dalle numerose messe in onda in TV dei decenni seguenti). La trama non ha alcuna attendibilità storica, ma fa leva sul mito di Luigi e della sua corte, traendo ispirazione dal romanzo *Il visconte di Bragelonne* di Alexandre Dumas, apparso a puntate a partire dal 1847 per chiudere il ciclo dei "tre moschettieri": il re è in preda alla dissoluzione e alla corruzione morale, mentre il suo fratello gemello è rinchiuso in una prigione, costretto a indossare una maschera, vessato dai carcerieri.

La reggia è invece al centro della recente serie televisiva franco-canadese *Versailles*, creata da Simon Mirren e David Wolstencroft, accolta in maniera tiepida dalla critica, ma successivamente accompagnata da un notevole successo di pubblico (testimoniato anche dalla distribuzione via internet): i protagonisti sono i membri della nobiltà francese, invitati a frequentare assiduamente la corte. Quest'ultima assume ben presto le sembianze di una trappola, una prigione nella quale intraprendere la via dell'assoluta obbedienza al monarca, ma anche un luogo di esasperata dissimulazione, di vizi, di complotti e strategie politiche segrete, di invidie capaci di sfociare in vendette senza scrupoli.

VERSO LE COMPETENZE

◻ esercitazione

● USARE IL LESSICO

1. **Spiega sinteticamente (massimo 3 righe) il significato delle seguenti espressioni.**

   Assolutismo – Mercantilismo – Baionetta – Giannizzeri – Corsari barbareschi

● COLLOCARE GLI EVENTI NELLO SPAZIO E NEL TEMPO

2. **Completa la carta seguendo le indicazioni.**

   La supremazia francese sulla parte occidentale del continente raggiunse l'apice sotto il regno di Luigi XIV. Colloca sulla carta i nomi di Alsazia, Franca Contea e Strasburgo nelle regioni corrispondenti ed esegui l'esercitazione proposta.

   Come mostra la carta la Francia di Luigi XIV ampliò significativamente i suoi confini e fu protagonista di numerosi conflitti militari, portando nei combattimenti anche nuove tecnologie e armi. Come cambiò la dotazione militare dell'esercito francese e degli altri eserciti europei a cavallo tra il XVII e il XVIII secolo? Rispondi alla domanda in massimo 10 righe.

● LEGGERE E VALUTARE LE FONTI

3. **Osserva l'immagine e rispondi alla domanda.**

   Il Palazzo di Versailles, ultimato nel 1682, è il simbolo dell'assolutismo di Luigi XIV. Qual è il rapporto tra le politiche economiche di Colbert, la funzione rappresentativa e le scelte costruttive del palazzo?

per approfondire Sono molti gli Stati che scelsero di fregiarsi di palazzi costruiti sul modello di Versailles. In Italia si possono ricordare la Reggia di Colorno, la Reggia di Venaria Reale e quella di Caserta. Scegli una di queste tre costruzioni e compila una scheda di presentazione dell'edificio, della sua architettura e delle sue funzioni da esporre in classe.

577

I SAPERI FONDAMENTALI

 sintesi   audiolettura

● LA FRANCIA

▶18.1 La politica assolutista di **Luigi XIV** passa innanzitutto da una **riorganizzazione del regno e delle sue istituzioni, apparati militari e forze di polizia**. La società e i territori sono ancora legati a privilegi particolaristici tradizionali e l'amministrazione della giustizia è spesso nelle mani dei signori feudali o delle corti di giustizia. Il re stabilisce la residenza nel **Palazzo di Versailles**. Anche **la religione ha una funzione pubblica**: deve svolgere un ruolo di collante tra sudditi e Stato. Per questa ragione, nel **1685**, viene emanato l'**Editto di Fontainebleau**, che revoca la libertà di culto concessa dall'Editto di Nantes e stabilisce l'**obbligo di conversione al cattolicesimo**.

▶18.2 Sul piano fiscale, **Colbert** introduce provvedimenti per rimpinguare le casse dello Stato e per **stimolare la produzione e la circolazione interna delle merci**, sovvenzionando le manifatture nazionali, disincentivando le importazioni di beni stranieri e sostenendo le esportazioni oltreoceano. Le risorse ottenute dalla **riorganizzazione economica** vengono investite prevalentemente in **operazioni belliche ed espansionistiche**. Luigi mira ai Paesi Bassi meridionali, sotto il controllo spagnolo, e al Palatinato tedesco, ma non riesce a sconfiggere la coalizione antifrancese capeggiata dall'Inghilterra. Può comunque annettere Franca Contea, Alsazia e Strasburgo. **La Pace di Ryswijk (1697) mette fine alle ostilità tra la Francia e gli altri paesi europei**.

● LA MONARCHIA ASBURGICA E L'IMPERO OTTOMANO

▶18.3 Dopo la Guerra dei Trent'anni la monarchia asburgica rivolge il suo interesse verso l'area balcanica. **L'Impero ottomano ha gravi problemi di organizzazione interna** perché i poteri provinciali, guidati dai governatori locali, i corpi militari, le autorità religiose, rivendicano maggiori autonomie. Nonostante le difficoltà interne, **Mehemet (Maometto) IV promuove una politica estera aggressiva** e tenta ripetutamente di assediare Vienna. Il fallimento dell'operazione, frenata dalla resistenza della Lega Santa, ridimensiona ulteriormente la presenza ottomana nella penisola balcanica e **l'Impero asburgico riesce a occupare tutta l'Ungheria, la Transilvania e la Croazia**.

● LA SPAGNA

▶18.4 **Il re di Spagna Carlo II d'Asburgo muore senza eredi nel 1700** e indica come successore Filippo di Borbone, nipote di Luigi XIV. **Inizia una guerra per la successione spagnola** che vede su fronti opposti la Francia e una coalizione tra Austria, Inghilterra, Prussia e Savoia, determinate a sostenere un candidato non collegato alla corona francese. L'ascesa al trono asburgico di Carlo VI, altro pretendente al Regno di Spagna, convince la delegazione antifrancese a cedere all'ipotesi di assegnare la corona a Filippo di Borbone, per evitare l'unificazione dei territori spagnoli e del Sacro Romano Impero. **La Francia e Luigi XIV escono indeboliti dal conflitto, sia sul piano economico che su quello politico**.

La penisola italiana attraversa gravi difficoltà dopo la metà del Seicento: Napoli subisce gli effetti di una violenta pestilenza; Venezia perde la sua influenza sui traffici mediterranei; la Santa Sede vive un declino del suo ruolo politico; solo Milano, in virtù della sua posizione strategia nello scacchiere europeo, e il Ducato di Savoia riescono a mantenere vivace la loro economia.

▶18.5 A partire dal 1660 il principe **Federico Guglielmo di Hohenzollern riesce a guadagnare una piena sovranità sul territorio del Ducato di Prussia** e riorganizza la burocrazia statale e l'apparato militare.

● LA RUSSIA

▶18.6 **La Russia è afflitta da una grave instabilità politica** per la difficile gestione degli immensi territori rurali in mano ai signori locali. Una riforma religiosa scatena un conflitto violento all'interno della Chiesa ortodossa russa. Alla fine del secolo **Pietro I promuove alcune iniziative che risollevano il paese dal punto di vista economico-finanziario e amministrativo-burocratico**. Nel 1721, in seguito alla vittoriosa Grande guerra del Nord contro la Svezia, **Pietro proclama l'Impero russo**, proseguendo poi l'espansione a sud e a est.

linea del tempo

L'Europa nella seconda metà del Seicento — CAPITOLO 18

mappa

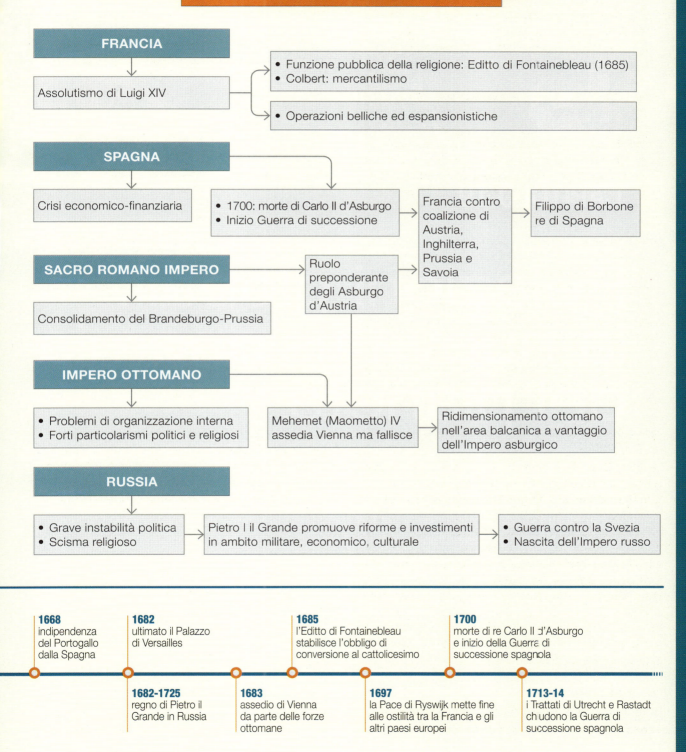

CAPITOLO 19

Relazioni globali: la nuova fisionomia del pianeta

Globale/Transnazionale

Nel corso del XVII secolo gli scambi commerciali si svilupparono su lunghissime tratte, seguendo una tendenza che si era già manifestata nel XVI secolo con la fortuna dei viaggi oceanici. Alcuni studiosi, come Immanuel Wallerstein e, in parte, Fernand Braudel, hanno per questo parlato della formazione di una "economia-mondo", o addirittura di prime forme di globalizzazione, ritenendo che già in età moderna l'integrazione fra le economie delle varie aree del pianeta avesse raggiunto stadi avanzati. È tuttavia opportuno chiedersi se sia davvero lecito parlare di reti globali o si debba piuttosto pensare, più semplicemente, a "relazioni" fra Stati e territori, che non implicano forme di reale integrazione e i connessi processi di omologazione. Come ha affermato lo storico americano Charles Parker, il commercio di questa epoca rimase su un «livello policentrico», basandosi sulla «coesistenza, nel corso del tempo, di una serie di sfere economiche sovrapposte e tuttavia distinte».

le parole della storiografia

Relazioni globali: la nuova fisionomia del pianeta | **CAPITOLO 19**

GUIDA&RISORSE
PER LO STUDIO

Per riprendere il filo... Tra il XIV e il XV secolo il desiderio di esplorare nuove terre e la necessità di aprire nuove vie di commercio aveva spinto alcuni Stati europei a destinare risorse a nuovi viaggi oceanici, con lo scopo, in particolare, di raggiungere l'Oriente via mare. La spedizione di Colombo aveva condotto alla scoperta di un continente ignoto agli europei, aprendo una fase completamente nuova del commercio internazionale e, più in generale, dei rapporti fra i continenti.
Il Cinquecento vide infatti affermarsi pienamente il colonialismo, un'imponente forma di sfruttamento del Nuovo Mondo a opera di Spagna e Portogallo.
In Europa, nel frattempo, fra conflitti religiosi, politici e dinastici, erano proseguiti i processi di consolidamento dei grandi apparati statali. Ma anche l'Asia aveva conosciuto la fioritura di grandi imperi, che sarebbero presto entrati in relazione con l'Occidente.

19.1 Lo splendore degli imperi asiatici

La Cina dei Ming Nel Seicento la Cina era un impero di oltre 150 milioni di persone (contro un'Europa che ne contava fra i 100 e i 110) esteso all'incirca da Canton, a sud, a Pechino, a nord, e, verso l'interno, fino al Tibet e alla Mongolia [👁 1, p. 582]. L'unità politica di una compagine statale tanto vasta era garantita dalla **figura dell'imperatore**, considerato l'intermediario fra la terra e il cielo: egli era definito "**figlio del Cielo**", e il suo dominio terreno "**regno di mezzo**".

Il potere imperiale, nella prima metà del secolo nelle mani della dinastia Ming (1368-1644), era legittimato sul piano filosofico dal **confucianesimo**, la dottrina che prendeva nome da Confucio (Kong Fuzi, latinizzato in *Confucius* dal gesuita Matteo Ricci), un pensatore vissuto tra il VI e il V secolo a.C. Considerato una filosofia più che una religione, il confucianesimo dava priorità ai legami familiari e sociali che si creano nella sfera terrena piuttosto che alla proiezione delle aspettative umane in un mondo ideale o trascendente e prescriveva **rispetto** e **obbedienza** al fine di assicurare che le relazioni umane fossero improntate alla giustizia e all'armonia.

L'**agricoltura** era fiorente soprattutto nelle regioni meridionali, dove si producevano grandi quantità di riso, tè e cotone, e altrettanto rilevante era l'**artigianato**, soprattutto nei settori della fusione del ferro, della tessitura e della manifattura di porcellane [👁 2, p. 582].

Il territorio era diviso in **15 province**, dove agivano **burocrati imperiali** ben istruiti e scelti per le loro competenze amministrative attraverso un rigoroso esame pubblico. Nonostante gli avanzati criteri di selezione, tuttavia, essi non erano immuni dalla **corruzione** e talvolta abusavano del loro potere a danno dei ceti produttivi, soprattutto dei contadini, sfiancati dal **prelievo fiscale**. Fu proprio questo sistema – unito alla difficoltà di difendere i confini e di contenere i contrasti interni – a far vacillare, alla metà del secolo, il potere della dinastia Ming.

L'avvento dei Qing Dalle difficoltà dei Ming trassero vantaggio le tribù della Manciuria, stanziate oltre i confini settentrionali, che approfittarono di una ribellione interna all'impero e, dopo avere oltrepassato con facilità il confine fortificato dalla Grande mu-

La Cina imperiale e l'impronta culturale confuciana

approfondimento
Matteo Ricci, un gesuita nel Celeste Impero

L'economia

L'organizzazione statale

Una dinastia mancese

581

SEZIONE V | **STATI IN COSTRUZIONE [1600-1715]**

raglia [▶luoghi], conquistarono la capitale Pechino nel **1644**. L'imperatore Chongzhen, assediato dai nemici, fu costretto a suicidarsi e al suo posto si insediò la **nuova dinastia dei Qing**, destinata a mantenere il potere fino al 1911 (quando la Cina sarebbe diventata una repubblica). Nonostante questo lunghissimo regno, in virtù delle loro origini **manciù** i Qing furono a lungo identificati come un **gruppo "altro"** rispetto a un'identità cinese intesa in senso proprio.

PERCORSO VISIVO

[👁 1] **Cina e Giappone nel XVII secolo**

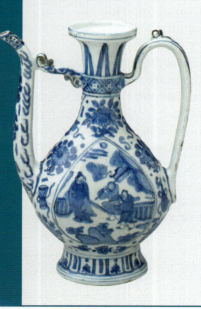

[👁 2] **Un raffinatissimo artigianato** Gli artigiani dell'epoca Ming avevano raggiunto altissimi livelli nella lavorazione della ceramica smaltata dalle caratteristiche decorazioni blu. Le porcellane Ming, destinate all'aristocrazia cinese, conquistarono anche i mercati europei e quello giapponese, per il quale venne sviluppata una produzione specifica, meno raffinata e più rispondente ai gusti di quel paese.

◀ Brocca di porcellana smaltata, di epoca Ming, XVI secolo.

[👁 3] **L'imperatore Kangxi** L'imperatore Kangxi ritratto in una pagina del memoriale del gesuita francese Louis Le Comte, pubblicato nel 1696. Le Comte era stato per anni missionario in Cina e le sue opere, insieme a molte altre uscite in quel periodo, contribuirono a creare un diffuso interesse per il lontano paese asiatico.

Relazioni globali: la nuova fisionomia del pianeta | **CAPITOLO 19**

Il nuovo corso non bastò a risolvere i problemi di salvaguardia dell'unità interna. Le aree meridionali furono affidate al governo dei capi militari che avevano aiutato i Qing nella conquista, ma presto molti di loro mirarono a instaurare governi autonomi. Fu l'imperatore **Kangxi** (1661-1722) a ristabilire l'ordine. Il suo lunghissimo regno, in buona parte contemporaneo a quello del Re Sole in Francia, fu segnato sul piano interno da un forte **accentramento del potere**, tanto che alcuni missionari europei, dopo averlo incontrato di persona, portarono i loro racconti alla corte di Luigi XIV, che rimase profondamente impressionato dall'immagine di potere e regalità offerta dalla suprema autorità cinese, arrivando ad additarla come modello per il suo stesso regno [👁 3].

Un "assolutismo" orientale

L'impero era minacciato anche da nemici esterni. La capitale Pechino divenne, a tutti gli effetti, una finestra sulla frontiera settentrionale del paese, oltre la quale si estendeva la Siberia conquistata proprio in questi anni dalla **Russia**. Molte apprensioni erano causate inoltre dai movimenti delle **popolazioni nomadi** dell'Asia centrale, provenienti dalla **Mongolia**, dal **Turkestan** e dal **Tibet**. I Qing, essi stessi espressione di un popolo straniero che era riuscito a dominare la Cina, reagirono attuando una politica di **migrazione forzata** verso queste aree situate nel cuore del continente. Pascoli e foreste furono trasformati in coltivazioni, mentre il **controllo del territorio** fu affidato a una rete di **funzionari** sostenuti da **guarnigioni militari**.

Le minacce esterne e l'espansione verso l'interno

I segni di crisi Nel corso del XVIII secolo, esauritasi la spinta assolutistica dell'imperatore Kangxi, lo Stato cinese mostrò evidenti segni di indebolimento. La politica estera diventò sempre più esitante e l'espansione commerciale si arrestò. L'agricoltura e l'industria manifatturiera furono frenate da una **scarsa propensione all'innovazione** e da una sempre minore capacità di reggere la concorrenza internazionale: la produzione rimaneva infatti legata alle prestazioni di una manodopera che doveva accontentarsi di compensi bassissimi. **Ad approfittare della crisi furono gli inglesi**, che si mostrarono sempre più intraprendenti in questo immenso mercato puntando al commercio dell'**oppio**, un narcotico da fumare che provoca una forte dipendenza. In tal modo riuscirono a compensare gli squilibri derivanti dalla massiccia importazione di **tè**, che imponeva il trasferimento di grandi quantità di argento dalla Gran Bretagna alla Cina.

Debolezze strutturali e penetrazione commerciale inglese

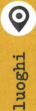

Il confine settentrionale cinese e la Grande muraglia

luoghi

La Grande muraglia è una struttura fortificata lunga all'incirca 6000 km. Situata nella Cina nordorientale, aveva lo scopo di difendere lo Stato dalle invasioni. Si estendeva dalla costa, a nordest di Pechino, fino al passo di Jiayuguan, nell'odierna provincia di Gansu, in direzione nordovest.

Il nucleo originario della costruzione risale al primo imperatore della dinastia Qin, Shi Huangdi (221-210 a.C.). Gli ultimi significativi lavori di rafforzamento, che conferirono all'opera la fisionomia attuale, furono invece commissionati dalla dinastia Ming.

Sul piano pratico, l'efficacia militare della fortificazione fu limitata. Se i piccoli gruppi di incursori si trovarono in difficoltà nel superarla, i mongoli nel XIII secolo e i mancesi nel XVII riuscirono a farlo senza grossi problemi. Bisogna inoltre considerare che i confini stessi dell'impero oltrepassarono in più tratti la muraglia, ridimensionandone di fatto l'importanza.

583

SEZIONE V · STATI IN COSTRUZIONE [1600-1715]

La frammentazione politico-territoriale

Il Giappone nell'era Tokugawa In età moderna, le isole nipponiche erano formalmente sottoposte a un'autorità imperiale, considerata di stirpe divina, ma il potere reale era esercitato dallo **shōgun**: nato come incarico militare temporaneo, lo shōgunato aveva finito per assumere un ruolo guida nell'amministrazione dello Stato, divenendo ereditario tra esponenti di casate prestigiose. Nel XVI secolo il potere dei funzionari centrali venne gravemente minato dall'ascesa dei **daimyō**, signori locali proprietari di terre che diedero vita a veri e propri domini regionali. Le prerogative dei *daimyō* erano molteplici, ma particolarmente rilevante era la loro capacità di essere "signori della guerra", garantendo l'impiego di cospicue forze militari, in caso di bisogno, contro nemici interni o esterni. Erano inoltre governatori dei loro territori, all'interno dei quali godevano di un ampio ventaglio di autonomie.

Il potere basato sulla forza

Il potere dei *daimyō* era solido anche grazie alla forza militare dei **guerrieri** loro fedeli, i **samurai**, membri dell'aristocrazia che si esercitavano anche nell'uso della scrittura e si distinguevano per il servizio prestato ai loro signori. La loro fedeltà, tuttavia, non era sempre garantita. Quando veniva a mancare il loro punto di riferimento (per morte o per altre circostanze legate alla perdita di potere e prestigio), i *samurai* diventavano figure senza vincoli (*rōnin*) e si abbandonavano ad azioni poco edificanti, come saccheggi e violenze [▶idee]. All'inizio del XVII secolo lo shōgunato passò alla famiglia **Tokugawa**, che rafforzò il controllo centrale a scapito dei poteri territoriali, anche se rimase una certa frammentazione politica [👁 4]. Sotto il loro governo, che durò oltre due secoli e mezzo, la capitale fu trasferita da Kyoto a Edo (l'odierna Tokyo), che arrivò a superare abbondantemente il mezzo milione di abitanti.

La chiusura del paese alle influenze esterne

Il Giappone aveva sempre avuto solidi legami con la cultura e l'economia della terraferma asiatica, ma sotto i Tokugawa i contatti con l'esterno furono drasticamente limitati: si giunse in questo periodo all'espulsione (e all'uccisione) dei missionari e alla **chiusura dei porti ai mercanti stranieri**, con qualche eccezione per olandesi e cinesi, ai quali comunque erano consentiti solo accessi molto limitati. Il mercato interno, del resto, era abbastanza largo da stimolare le attività produttive, consentendo un florido commercio e il mantenimento di colture specializzate che arricchivano i proprietari delle tenute più vaste. L'agricoltura era infatti vitale, al punto di riuscire a creare profitti derivanti dalla vendita di cotone, canapa, canna da zucchero, ortaggi e tè.

Le conseguenze di una povertà diffusa

Un problema consistente era rappresentato dalle aristocrazie, che esercitavano un potere ancora forte e chiedevano alle ricche borghesie grossi crediti per mantenere uno stile di vita alto. I loro sprechi stridevano fortemente con i sacrifici delle masse contadine, costrette a vivere in povertà. Fu proprio la paralisi di queste ultime a creare un **arresto della crescita demografica**, con conseguenze negative su tutto il sistema economico.

scià Dall'antico persiano shah, "re", titolo che indicava il signore assoluto dell'Iran già in epoca achemenide (VI secolo a.C.).

La Persia safavide Contrastanti processi di rafforzamento delle strutture statali e di aumento del particolarismo territoriale riguardarono anche parti dell'Asia centrale più vicine all'Europa. All'inizio del XVI secolo la **dinastia safavide** impose sulla Persia un dominio che durò per oltre due secoli. Sotto la loro guida lo Stato si estese dall'India all'attuale Iraq, strappato all'Impero ottomano, e alle regioni del Caucaso [👁 5]. La frontiera politica e geografica corrispondeva anche a una frontiera religiosa, tra l'islam sunnita e quello **sciita**, fede imposta nel regno safavide anche attraverso la forza.

Rafforzamento e declino sotto la dinastia safavide

Il culmine fu raggiunto sotto lo **scià** Abbas il Grande (1571-1629), che affermò la presenza di uno **Stato centrale forte** piegando la resistenza dei gruppi guidati dai capi militari territoriali (*kizil-bash*), reprimendo le ribellioni interne e creando un esercito

Relazioni globali: la nuova fisionomia del pianeta | CAPITOLO 19

È mai esistito un Medioevo giapponese?

Analogie...
Gli studiosi occidentali hanno spesso descritto la società giapponese usando categorie interpretative proprie del mondo europeo. Alcune analogie sono in effetti innegabili, anche se rimangono frutto di semplificazioni che non sempre trovano riscontro nella realtà storica: la tendenza al particolarismo territoriale, la difficoltà di identificare un potere centrale unico, il sistema delle dipendenze personali fra signori e sottoposti. Tutti questi elementi hanno spinto molti a parlare indistintamente di un "Medioevo giapponese", quasi come se l'universo nipponico fosse comprensibile solo attraverso le lenti della nostra storia.

... e differenze
In realtà, le dinamiche di quel mondo rimangono specifiche e di certo non descrivibili in maniera esaustiva con assimilazioni arbitrarie. Il rapporto che legava i *samurai* ai loro signori, per esempio, non è equiparabile a quello fra signore e vassallo del contesto europeo: nel vecchio continente i vincoli di fedeltà erano di natura diversa, come pure la concezione del potere, legata alla cultura cristiana e incline a considerare la gerarchia terrena come uno specchio di quella celeste. Il contesto giapponese era invece impregnato di dottrine confuciane che, pur concentrandosi sulla morale e sulla politica, erano segnate da un chiaro disinteresse per la metafisica e per l'ultraterreno in generale.

Il Medioevo europeo fu dunque radicalmente diverso da epoche della storia giapponese definite spesso nello stesso modo. Il Giappone e l'Europa – pur essendo legati da numerose connessioni promosse da mercanti, missionari e viaggiatori – rimasero in questi secoli due universi distanti e dotati di loro specificità.

PERCORSO VISIVO

[👁 4] **I Tokugawa al potere** L'affermazione dei Tokugawa fu sancita dalla battaglia di Sekigahara (1600) combattuta contro la famiglia dei Toyotomi. Ogni armata combatteva sotto le insegne e i colori del proprio signore, con effetti altamente scenografici. Un ruolo importante fu svolto dalle armi da fuoco: importate dall'Europa, rivoluzionarono le tradizioni militari giapponesi.

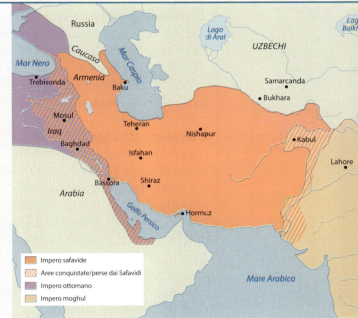

[👁 5] **L'Impero safavide nel XVII secolo**

- Impero safavide
- Aree conquistate/perse dai Safavidi
- Impero ottomano
- Impero moghul

585

permanente. Ciò nonostante, i Safavidi faticavano a dominare un impero che, diversamente da quello cinese o giapponese, era abitato da popolazioni molto diverse per lingua, religione, modi di produzione e stili di vita. Nel corso del XVII secolo questo complesso organismo cominciò a mostrare **segni di debolezza**, soprattutto per la difficoltà di difendere i confini, minacciati a ovest dall'Impero ottomano, a nord dalla Russia, a nordest dagli uzbechi e dall'India musulmana dei moghul. I successori di Abbas furono incapaci di preservare la struttura creata nei decenni precedenti e subirono le **ingerenze dei capi religiosi** conservatori (*ulema*).

La fine dei Safavidi

Il paese si chiuse alle influenze culturali esterne e il potere centrale cominciò a ricorrere alla violenza per combattere il dissenso delle minoranze religiose. La capitale Isfahan fu posta sotto assedio nel 1722 dai pashtun Ghilzai, popolazione proveniente dall'Afghanistan orientale. Era la fine del potere safavide e l'inizio di un processo che avrebbe condotto qualche decennio più tardi (1747) alla nascita di un vero e proprio Stato afghano.

I rapporti tra islam e induismo

L'India e le sue religioni La millenaria civiltà indiana si era plasmata sui caratteri della **religione induista**, che prescriveva il rispetto delle tradizioni e dell'ordine sociale vigente, organizzato secondo una **rigida divisione in caste**. Mentre il buddhismo era praticamente scomparso verso il XIII secolo, le successive invasioni di popoli islamizzati avevano creato estesi **Stati musulmani** nel Nord del subcontinente [▶ cap. 3.1], radicandosi anche tra i nativi. Nonostante le enormi e inconciliabili differenze, **le due religioni riuscirono a convivere** anche perché l'islam pur diffondendosi restò sempre una minoranza, mentre la grande massa della popolazione rimase fedele all'induismo. La presenza musulmana era comunque percepita come un fattore estraneo allo spirito di una società fortemente chiusa e legata alle proprie tradizioni.

approfondimento
Le caste indiane oggi

Agli inizi dell'età moderna, infine, mercanti e missionari europei introdussero nel paese il **cristianesimo**, che però non riuscì a incidere in maniera significativa.

La nascita e l'organizzazione statale

L'Impero islamico dei moghul Il progetto di ricostruire un grande impero asiatico fu ripreso da un condottiero militare di stirpe turco-mongola, **Babur** (1483-1530), diretto discendente di Tamerlano [▶ cap. 7.2]. Babur in un primo momento si affermò sull'area dell'attuale Afghanistan, formando un principato con Kabul come capitale, quindi in pochi decenni riuscì a estendere il suo dominio ai sultanati dell'India settentrionale (1526) [👁 6]. Il complesso organismo politico originato dalla conquista si richiamava apertamente al mito di Gengiz Khan, tanto da prendere il nome di Impero moghul ("mongolo", in persiano), e sotto **Akbar il Grande** (1556-1605) si era ormai esteso a tutto il Nord del subcontinente. In questo periodo si costituì una solida organizzazione statale, basata su una **burocrazia** ben radicata sul territorio e composta da **funzionari di religione musulmana**, ma anche sulla **venerazione del monarca**. Il potere centrale raggiunse il suo apogeo sotto il lungo regno di **Aurangzeb** (1658-1707), che riuscì a unificare quasi tutta la penisola e a intensificare il **controllo sulla società**.

L'economia fra autoconsumo e stoffe pregiate

Da un punto di vista economico, il **sistema agricolo** indiano non era particolarmente produttivo, rimanendo fondato su villaggi che vivevano di **autoconsumo**. Più dinamico era l'**artigianato**, con la produzione di **stoffe pregiate** che attiravano l'attenzione dei mercanti occidentali e trovavano sbocco nei porti europei. Aurangzeb diede un forte impulso all'economia investendo ricchezze pubbliche, incentivando attività produttive e di conseguenza accumulando nuove risorse da redistribuire, soprattutto

Relazioni globali: la nuova fisionomia del pianeta | **CAPITOLO 19**

nel settore militare: in sintonia con le origini etniche e culturali dei moghul, radicate nei *khanati* mongoli-timuridi delle steppe dell'Asia centrale, l'**organizzazione militare** aveva un'assoluta centralità nel sistema sociale e politico.

Come si è detto, i moghul erano riusciti a creare una rete amministrativa molto articolata anche grazie al ruolo della religione, con il reclutamento di funzionari devoti ai sovrani perché legati alla stessa fede. Verso le altre religioni era stata osservata una certa tolleranza, ma nella seconda metà del Seicento con Aurangzeb la componente islamica acquisì un'importanza sempre maggiore all'interno dello Stato, arrivando a imporre la ***shari'a*** – la legge dettata, secondo i musulmani, direttamente da Allah – a tutti i territori sottoposti alla giurisdizione imperiale. Gli sforzi di trovare una convivenza fra le pratiche indù e quelle musulmane non ebbero fortuna e il potere centrale finì per affermare una linea intransigente, avvalendosi di religiosi e teologi che imponevano **conversioni forzate ai non musulmani**. La repressione religiosa innescò **numerose rivolte**, specialmente nei principati indù del Centro e nei regni del Nord; le continue lotte, insieme alla riottosità della nobiltà locale, finirono per indebolire l'impero, che infatti dopo la morte di Aurangzeb andò incontro a un rapido declino.

La religione come causa scatenante di tensioni e divisioni

I contrasti con la Persia, le invasioni e la frammentazione
Durante il regno di **Muhammad Shah** (1719-48), l'arresto dell'espansione territoriale fu accompagnato dall'insorgere di guerre civili, che condussero l'intera area in una spirale negativa. Gli scontri con la Persia e le invasioni di gruppi provenienti dall'area afghana diedero il colpo di grazia a un apparato statale che era ormai in preda all'insorgere di poteri locali, difficili da ridurre all'obbedienza. L'economia conservò tuttavia un suo dinamismo fino all'ultimo quarto del Settecento: come in Cina, poteva infatti sfruttare una numerosa forza lavoro a basso costo che produceva beni alimentari, cotone, tessili, acciaio e ceramiche.

La crisi

La debolezza dovuta alla **frammentazione politica** era comunque evidente e lasciò grossi margini di manovra agli europei, detentori di sfere di influenza sempre più ampie all'interno della società indiana. Furono in particolare gli **operatori inglesi** a intensificare l'azione speculativa, aumentando i profitti ai danni di comunità locali che venivano logorate da pesanti impegni lavorativi senza essere adeguatamente ricompensate.

La penetrazione europea

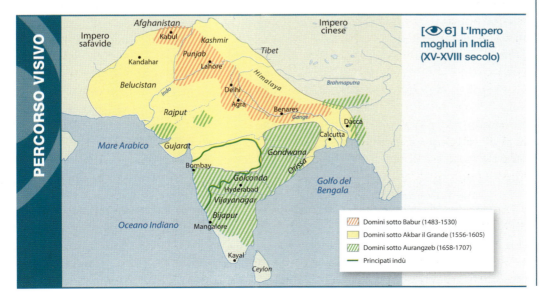

[◉6] L'Impero moghul in India (XV-XVIII secolo)

rispondi
1. Quali sono le caratteristiche dell'età dei Ming in Cina?
2. Quali sono le ragioni alla base della chiusura del Giappone sotto lo *shōgunato* dei Tokugawa? **3.** Quali entità geografico-politiche si formano nell'area indopersiana?

587

SEZIONE V   STATI IN COSTRUZIONE [1600-1715]

19.2 Gli europei tra Asia e Africa

L'espansione commerciale come strumento di supremazia

Rafforzamento degli Stati europei e colonialismo La lotta per l'egemonia che interessò l'Europa fra Cinque e Seicento ebbe risvolti importanti anche sulle altre aree del pianeta. A mano a mano che gli Stati europei rafforzavano la propria posizione nel quadro continentale, infatti, cresceva anche la loro iniziativa verso l'esterno. Grazie anche alla collaborazione, talvolta diretta, con gli **operatori economici privati**, cui venivano forniti finanziamenti, strutture e appoggi militari, le potenze affacciate sull'Atlantico crearono nel corso del XVII secolo una serie di **avamposti commerciali** e di vere e proprie **colonie** in diverse aree dell'Asia, dell'Africa e delle Americhe, mentre gli oceani Atlantico e Indiano erano solcati da flotte europee sempre più consistenti.

Nuovi equilibri commerciali e coloniali

Affrontando la concorrenza ottomana e superando la resistenza degli operatori locali, alla fine del Cinquecento i portoghesi avevano insediato agenti commerciali e funzionari nelle principali città portuali delle coste africane e asiatiche affacciate sull'Oceano Indiano. Nel 1581, tuttavia, il **Portogallo** finì nell'orbita della corona spagnola, al cui regno rimase formalmente unito fino al 1668, e conobbe da quel momento una lenta e inesorabile fase di **declino**, del tutto analoga a quella che viveva la Spagna. Il controllo dei territori d'oltremare si fece labile e i portoghesi persero la posizione di monopo-

[7] **Colonie e insediamenti commerciali europei nel XVII secolo** Alla fine del Seicento la presenza portoghese in Asia si era drasticamente ridotta rispetto al secolo precedente. In Indonesia i portoghesi mantenevano una parte dell'isola di Timor e il presidio di Macao; in India conservavano la sovranità su Diu, Daman, Goa, Mangalore. Bombay fu ceduta nel 1661 agli inglesi, che controllavano già anche Madras e Calcutta.
Gli olandesi, al contrario, conobbero una significativa espansione. La loro rete si estendeva dalla costa sudamericana all'arcipelago indonesiano, passando per Città del Capo e l'isola indiana di Ceylon. Il tratto oceanico che andava dalle Mauritius alle coste orientali dell'India era invece controllato dai francesi.

lio nei commerci avuta fino ad allora [👁 7]. A trarne vantaggio furono gli **olandesi** che, al contrario, si andavano proprio in quel momento emancipando dal potere iberico. Lo **slancio espansivo** vissuto in quei decenni dalla società olandese si tradusse nella costruzione di una **potente flotta mercantile**, composta da navi veloci e con grande capienza per il carico ma gestibili anche con equipaggi ridotti.

L'impero commerciale olandese L'attività degli olandesi in Asia gravitò intorno alla loro **Compagnia delle Indie Orientali**, fondata nel 1602 a pochi mesi di distanza da quella britannica. La sua struttura era simile a quella di una moderna società per azioni, la cui attività è finanziata tramite la **vendita di quote sociali**. I viaggi, in sostanza, erano finanziati da un azionariato diffuso: in cambio del versamento di una somma di denaro, l'investitore partecipava all'impresa organizzata dal mercante e riceveva guadagni commisurati all'entità della propria quota. I profitti erano cospicui, arrivando in alcuni casi a sfiorare il 20% della cifra versata per l'acquisto della partecipazione.

Anche se gli olandesi non diedero vita a un impero territoriale paragonabile a quelli creati da Spagna e Portogallo in America, il loro potere economico si tradusse spesso anche nella costruzione di **apparati istituzionali e militari**: per esempio grossi investimenti furono destinati all'artiglieria e al reclutamento di comandanti dotati di solide competenze belliche. In tal modo fu possibile sottrarre i porti e le tratte commerciali ad altre potenze marittime, neutralizzare gli attacchi dei pirati, ridurre all'obbedienza le popolazioni locali, sfruttare il lavoro degli schiavi e gestire grandi piantagioni.

Il quartier generale della Compagnia delle Indie Orientali fu stabilito sull'isola di **Giava**, presso l'attuale Giacarta, ma i territori coloniali comprendevano anche le **Molucche**, altre isole dell'**arcipelago indonesiano**, **Malacca**, **Ceylon**, fino all'importante scalo di **Città del Capo**, nell'Africa del Sud, che aveva un ruolo strategico importante, costituendo un passaggio per tutte le imbarcazioni europee che giungevano nell'Oceano Indiano circumnavigando il continente africano.

Le strategie francesi e inglesi in Oriente Agli inizi del XVIII secolo, proprio quando la crisi dei grandi imperi asiatici si faceva più evidente, il sistema olandese cominciò a mostrare segni di difficoltà: il controllo della produzione e degli scambi comportava spese militari sempre più ingenti, facendo aumentare il costo di merci molto richieste come le spezie, che divennero di conseguenza meno appetibili sul mercato. Aveva tentato di approfittarne la **Francia**, ma con fortune alterne. Traducendo anche in chiave commerciale il progetto espansionista di Luigi XIV, aveva puntato sul rafforzamento dell'economia dello Stato secondo i principi del colbertismo, aumentando le esportazioni e riducendo al minimo le importazioni, cercando al contempo di cementare l'alleanza della monarchia con commercianti, banchieri e imprenditori [▶ cap. 18.2]. **I risultati erano stati altalenanti**: le imprese legate al Re Sole, infatti, non furono immuni da episodi di corruzione e i pochi avamposti di rilevante importanza furono stabiliti nelle isole **Mauritius** (al largo delle coste orientali africane) e, in India, a **Mahé** (sulla costa del Malabar) e a **Pondichéry** (sulla costa del Coromandel).

Ben diverso fu l'impatto dell'**Inghilterra**, che sfruttava una favorevole congiuntura economica interna riuscendo a esportare i suoi prodotti sui mercati asiatici, guadagnando sempre più terreno con la sua Compagnia a scapito di quella olandese. Già agli inizi del Seicento gli inglesi avevano ottenuto il permesso di costruire **basi commerciali** nella Persia dello scià Abbas il Grande, aiutando quest'ultimo a cacciare i portoghesi da

Il funzionamento delle compagnie commerciali

Non solo commerci: la forza coercitiva delle armi

I domini olandesi tra Asia e Africa

... e i successi inglesi

SEZIONE V   STATI IN COSTRUZIONE [1600-1715]

Hormuz. Nella seconda metà del secolo e agli inizi di quello successivo, gli operatori inglesi approfittarono dello sfaldamento dello Stato safavide e dell'India moghul, riuscendo talvolta a stipulare **accordi con i funzionari locali** senza ricorrere all'uso della forza. I principali centri di attività furono stabiliti nelle regioni indiane del Bengala, del Coromandel e del Gujarat.

Una colonizzazione costiera

Gli europei e i regni africani Le potenze europee stabilirono propri domini anche sulle coste atlantiche dell'Africa subsahariana. Spagna, Inghilterra, Francia e Province Unite si contesero a lungo il controllo delle aree costiere occidentali, ma **non riuscirono a penetrare stabilmente nel cuore del continente**, anche a causa delle malattie che falcidiavano velocemente i colonizzatori.

L'evoluzione dei poteri statali africani

Il tramonto dell'Impero Songhai, alla fine del XVI secolo, aveva indebolito un'area molto ampia che, per la sua notevole **frammentazione politica**, rischiava di rimanere esposta agli attacchi esterni. Questa situazione fu però parzialmente controbilanciata dall'affermazione dell'**Impero Oyo**, che nel corso del Seicento incorporò anche il regno del Dahomey e diventò un punto di riferimento per tanti altri piccoli regni, raccogliendo le forze militari necessarie per tenere i nemici lontano dall'entroterra [👁 8]. I regni di Congo e Ndongo cessarono di esistere, mentre sopravvisse quello di Loango, che trasse vantaggi dagli scambi con i mercanti europei. Nella parte orientale del continente, invece, l'**Impero Rozwi** affermò il suo potere sull'altopiano dello Zimbabwe, mentre intorno al **Buganda**, nella regione centrorientale dei Grandi laghi, tradizionalmente suddivisa in molti piccoli regni, si costruì un **organismo politico forte**.

Un meccanismo perverso e violento

Il commercio triangolare Più che la presenza militare degli europei, furono i loro interessi commerciali ad avere **conseguenze devastanti sugli equilibri di queste terre**,

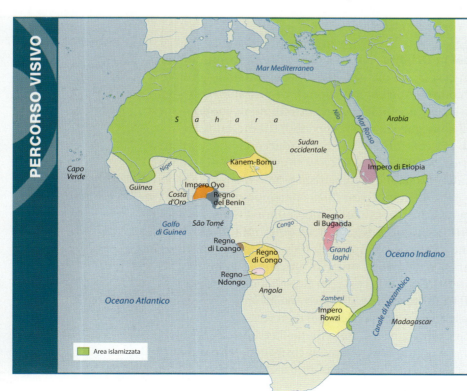

PERCORSO VISIVO

[👁 8] **Regni e imperi dell'Africa (XVII-XVIII secolo)** Non è semplice comprendere con precisione l'estensione delle formazioni statali nel continente africano fra il XVII e il XVIII secolo. L'Impero Oyo, il Regno del Buganda e l'Impero Rowzi avevano una capacità di controllo del territorio che variava a seconda degli equilibri politici delle zone periferiche e, di volta in volta, allargavano o restringevano le loro aree di influenza.

▶ [👁 9] **Le rotte del commercio triangolare e la tratta degli schiavi** Le navi europee facevano scalo nei porti africani dove venivano convogliati gli schiavi razziati nelle regioni interne. Accano al commercio marittimo europeo esisteva un'altra rete, gestita dagli Stati islamici del Nord, che per via terrestre portava gli schiavi verso il Mediterraneo e il Mar Rosso.

Relazioni globali: la nuova fisionomia del pianeta | **CAPITOLO 19**

soprattutto nell'ampia regione compresa fra la Guinea e il Sudan Occidentale. Il sistema del "commercio triangolare", come è stato chiamato, funzionava così: una fitta rete di operatori europei, che agiva per conto di poteri politici e di interessi privati, vendeva in Africa **prodotti finiti** (armi e tessuti in particolare, ma anche bevande alcoliche) in cambio di **schiavi** che venivano **deportati nelle Americhe** per essere sfruttati nelle grandi piantagioni e nelle miniere [👁 9]. Nel Seicento questa tratta di esseri umani fu controllata da **portoghesi e spagnoli**, che sfruttavano il contratto di monopolio dell'*asiento* [▶ cap. 18.4]. Il loro primato tuttavia non durò molto: già alla fine del secolo gli **inglesi** cominciarono a entrare attivamente in questo giro di affari, talvolta grazie ad azioni clandestine. Le popolazioni dell'area subsahariana pagarono sulla loro pelle gli effetti di questo meccanismo perverso, finendo in balia di un'interminabile spirale di **violenza**: divennero sempre più frequenti incursioni e rapimenti organizzati da gruppi criminali alla ricerca di veloci guadagni attraverso la vendita di esseri umani [👁 10]. Si calcola che fino all'Ottocento gli schiavi africani deportati in America furono circa 12 milioni.

Il commercio triangolare ebbe anche altre conseguenze. Regioni come il Congo, l'Angola e la Costa d'Oro rimasero quasi prive di popolazione maschile (più ricercata per via della durezza del lavoro nelle piantagioni e nelle miniere) e le **donne** assunsero quindi un **ruolo sempre più importante** nella manifattura e nelle coltivazioni; la sproporzione numerica fra i due sessi stimolò inoltre la diffusione di strutture familiari poligamiche. Le **abitudini alimentari** del continente africano furono trasformate dall'introduzione del **mais** proveniente dalle Americhe, così come dal **riso** asiatico. In ambito artigianale, i **manufatti europei**, soprattutto quelli in ferro e acciaio, **soppiantarono la produzione locale**, sommandosi ai danni già prodotti dalla carenza di forza lavoro dovuta alla tratta, e ne determinarono la rapida decadenza.

Altre conseguenze del commercio triangolare

rispondi
1. Quali sono i punti di forza dell'impero coloniale olandese?
2. Quali sono i principi ispiratori del colbertismo francese? **3.** Che cosa è il commercio triangolare?

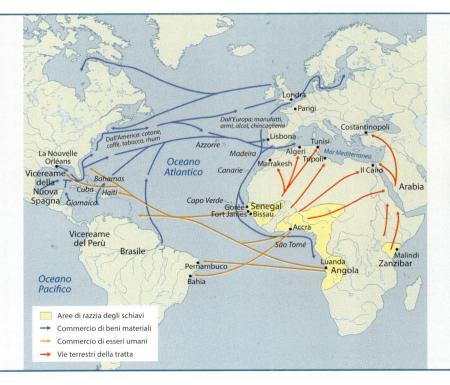

[👁 10] Schiavi e schiavisti in Africa
I mercanti europei venivano regolarmente riforniti da razziatori locali, che trovavano così una sicura fonte di ricchezza. Alcuni regni, come quello di Loango, sulla foce del fiume Congo, fondarono la propria potenza proprio sul mercato degli schiavi.

▲ Un mercante di schiavi del Congo, incisione francese, XVIII secolo.

591

SEZIONE V   STATI IN COSTRUZIONE [1600-1715]

19.3 Gli europei e le Americhe

La nuova colonizzazione europea

Inglesi, olandesi e francesi in Nord America Nelle Americhe, la presenza spagnola, ancora dominante nel Seicento, cominciò a fare i conti con le altre potenze europee, in particolare Francia e Inghilterra. La composizione sociale dei loro nuovi insediamenti era variegata: ne facevano parte **mercanti, missionari, coltivatori e soldati**, che costruivano piccoli centri fortificati e sviluppavano attività produttive e commerciali, instaurando anche forme di convivenza con le popolazioni native. Da questo punto di vista, i rapporti non furono sempre pacifici, dando luogo a **scambi** di materie prime e manufatti (principalmente pellicce) ma anche a **sanguinosi conflitti** con le tribù locali [▶protagonisti].

Gli insediamenti dei nuovi colonizzatori

I nuovi colonizzatori si diressero prevalentemente verso l'America settentrionale. Le prime colonie francesi furono stabilite a **Port Royal** (l'attuale Nuova Scozia) e in **Québec**. L'Inghilterra stabilì invece i primi nuclei coloniali nella **Virginia** e nel **Massachusetts**. Anche gli olandesi parteciparono all'impresa, prendendo possesso nel 1623 dell'isola di **Manhattan**, ma furono spodestati nel 1664 dagli inglesi, che la ribattezzarono New York. A partire dal 1670, poi, esploratori francesi come Jacques Marquette e Robert de la Salle perlustrarono la regione settentrionale dei **Grandi Laghi**, discendendo poi lungo il fiume Mississippi fino al Golfo del Messico [👁 11].

La stabilizzazione della presenza francese

Luigi XIV, intanto, diede impulso alla colonizzazione di aree considerate cruciali, come il **Canada**, la **Louisiana** e le **Antille**. Nel 1663 sottopose al controllo diretto della corona l'immenso territorio che si estendeva dal Canada e da Terranova fino alla Bassa Louisiana. La gestione della colonia, denominata **Nuova Francia**, venne affidata a governatori che dovevano sovrintendere alle guarnigioni militari e gestire i rapporti con le popolazioni indigene. Importante fu anche il ruolo degli intendenti, che dovevano

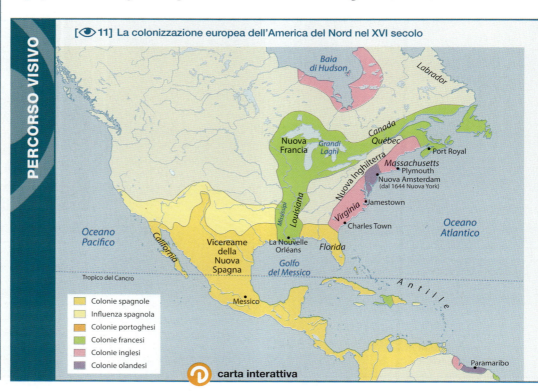

[👁 11] La colonizzazione europea dell'America del Nord nel XVI secolo

- Colonie spagnole
- Influenza spagnola
- Colonie portoghesi
- Colonie francesi
- Colonie inglesi
- Colonie olandesi

carta interattiva

592

protagonisti

I nativi del continente nordamericano

Presenza e consistenza delle popolazioni locali

Nel XVII secolo l'area settentrionale del continente americano era popolata da alcuni milioni di nativi. Anche se i calcoli sono molto difficili, si trattava sicuramente di più di 3 milioni di persone (ma secondo alcuni il loro numero superava addirittura i 10 milioni), divise in diversi gruppi. Si discute ancora oggi sulla divisione delle aree culturali e linguistiche, ma possiamo affermare con una certa approssimazione che i gruppi principali erano gli Irochesi e i Moicani nelle aree boschive del Nordest, i Sioux e i Cheyenne nelle pianure del Nord, gli Apache e i Navajo in quelle del Sud.

Gli europei definirono tutti costoro, quasi indistintamente, "pellirossa", per via dell'usanza, praticata da alcuni di loro, di dipingersi il viso con l'ocra rossa. Più tardi, a partire dal XVIII secolo, furono anche definiti "indiani delle praterie".

Le culture "indiane"

Depositari di proprie specificità culturali, politiche e religiose, i nativi nordamericani erano organizzati in tribù autonome e, tranne rare eccezioni, avevano uno stile di vita nomade, sostentandosi con la caccia e la raccolta ma anche attraverso forme di agricoltura.

A partire dal XVI secolo, la presenza spagnola nell'area compresa tra l'attuale Texas e il Nuovo Messico favorì la graduale diffusione dell'uso del cavallo anche presso queste genti. Molti cominciarono ad allevare l'animale, cambiando radicalmente la loro economia e il modo di fare la guerra. Le novità furono poi gradualmente esportate verso nord.

I progressi nell'organizzazione tecnica e militare di questi gruppi favorirono la conservazione di culture autonome, che rimanevano solide nonostante gli spostamenti. Ogni tribù era dotata di una solida identità, visibile soprattutto nei momenti della festa e della vita comunitaria. In generale, la pratica religiosa era basata sulle "visioni" di alcuni personaggi carismatici, detentori di uno spirito-guida.

Furono proprio i momenti rituali – primo fra tutti la "danza del sole" – e le comunanze linguistiche fra gruppi a favorire l'aggregazione e la nascita di "nazioni" (cioè appunto gruppi uniti da usi linguistici e culturali comuni, oltre che da un'organizzazione politica condivisa) che svilupparono varie forme di interazione commerciale e politica con gli europei, cercando faticosamente di conservare la propria identità. La distruzione della "cultura delle praterie" a opera degli europei, cominciata già nel XVII secolo e proseguita nei due secoli successivi, si accompagnò infatti a forme di rappresentazione di tale cultura, da parte dei colonizzatori, del tutto fuorvianti e spesso fondate su una falsa immagine dei nativi, visti unicamente come spietati selvaggi assetati di sangue.

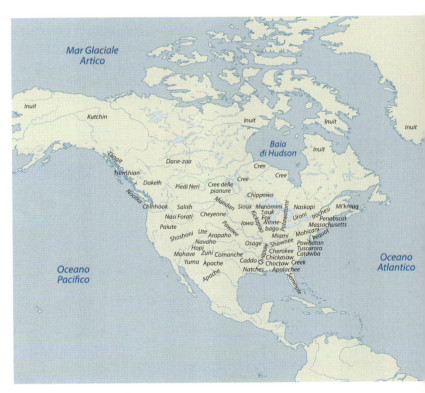

▲ Come si vede dalla carta, erano tantissimi i gruppi di nativi che abitavano il settore settentrionale del continente americano ed è quindi estremamente difficoltoso rinchiuderli all'interno di confini precisi. Talvolta lo sguardo europeo è disorientato di fronte a un mondo sostanzialmente privo di consistenti forme di coordinamento politico. Solo le differenze culturali e linguistiche fra le popolazioni possono aiutare a ricostruire la fisionomia di un mondo che resta sfuggente.

SEZIONE V   STATI IN COSTRUZIONE [1600-1715]

far rispettare le leggi e gestire le finanze, secondo le direttive di Colbert. Molti sudditi furono incoraggiati ad attraversare l'oceano e a stabilirsi in America settentrionale: dai 7000 degli anni Settanta del Seicento, la popolazione francese arrivò a 50 000 unità qualche decennio più tardi. Rafforzandosi numericamente, la presenza francese divenne anche maggiormente stanziale, cambiando la fisionomia di un dominio che, fino ad allora, era stato quasi esclusivamente commerciale e che ora puntava invece anche all'occupazione dei territori.

Le cause economiche...

La colonizzazione inglese Ancor più consistente fu la **presenza inglese**, che tra la fondazione del primo insediamento di Jamestown (1607) e la metà del Settecento portò nelle Americhe circa 700 000 coloni (si pensi che dalla Spagna, in tutta l'età moderna, giunsero circa 450 000 persone). I nuovi arrivati si stabilirono principalmente lungo le **coste atlantiche**. Si trattava spesso di individui che, caduti in povertà nella madrepatria, si erano messi in viaggio alla ricerca di migliori condizioni di vita. Non avendo disponibilità economiche per pagare la traversata, stipulavano contratti di lavoro con i proprietari di grandi appezzamenti di terra, offrendosi come manodopera per periodi compresi fra i quattro e i sette anni, durante i quali erano obbligati a rimanere al servizio di quel proprietario.

... e religiose dell'emigrazione

Altri coloni, spinti da motivazioni religiose, si mettevano al seguito di predicatori che promettevano loro di poter professare la **fede cristiana in maniera autentica** e radicale, senza dover sottostare ai precetti della Chiesa anglicana. Tale fu il caso dei *Pilgrim Fathers* (i "padri pellegrini", come vennero denominati in seguito), un gruppo di **puritani inglesi** che nel 1620 si imbarcò dal porto di Plymouth su una nave denominata *Mayflower* [▶ cap. 17.3] (una seconda imbarcazione con lo stesso nome sarebbe partita nove anni più tardi) e arrivò dopo due mesi di viaggio al porto di Cape Cod, raggiungendo poi il cuore del **Massachusetts**, dove fondò una nuova Plymouth [👁 12].

PERCORSO VISIVO

[👁 12] **Il viaggio del *Mayflower*** I padri pellegrini erano in parte dissidenti della Chiesa inglese che avevano costruito delle comunità indipendenti prima di giungere alla scelta radicale di abbandonare il continente europeo. Il gruppo non era però omogeneo; alcuni membri erano animati in maniera solo marginale dal sentimento religioso e sentivano più decisamente il bisogno di cercare fortuna lontano dalla patria. Delle circa 100 persone che partirono da Plymouth poche sopravvissero al viaggio e alle dure condizioni dell'inverno in una terra sconosciuta. I superstiti rivelarono comunque una sorprendente intraprendenza, che consentì un rapido sviluppo dell'insediamento. Fu proprio in questo contesto che ebbe origine la "festa del Ringraziamento" (*Thanksgiving Day*), organizzata per celebrare l'abbondanza del raccolto: le prime testimonianze, risalenti agli anni Venti del Seicento e avvolte in un'aura leggendaria, parlano di un coinvolgimento nel banchetto delle popolazioni indigene, in considerazione del loro aiuto decisivo.

▲ I padri commerciano con gli indiani, 1880 circa. La vicenda dei pellegrini del *Mayflower* rappresenta il mito fondante degli Stati Uniti; il giorno del Ringraziamento fu dichiarato festa nazionale nel 1863, mentre la nazione era sconvolta dalla guerra civile tra Stati del Nord e del Sud.

Relazioni globali: la nuova fisionomia del pianeta | **CAPITOLO 19**

I rapporti con i nativi non furono facili, oscillando fra conflittualità e collaborazione. A mano a mano che nacquero nuovi insediamenti (l'intera area conobbe una grande crescita demografica grazie ai nuovi arrivi degli anni successivi) emersero le prime tensioni, che sfociarono anche in scontri armati. In altri casi, però, gli scambi di materie prime, cibo e conoscenze furono la base su cui instaurare rapporti più pacifici: la stessa colonia di Jamestown – dopo decenni di tensioni, rappresaglie e sangue – finì per espandersi integrando i superstiti delle tribù dei Powhatan, insieme ad altri gruppi di origine africana, mentre la colonia fondata dai sopravvissuti del *Mayflower* ebbe un rapido sviluppo anche grazie a un sapiente sfruttamento degli insegnamenti dei nativi, abili nella coltivazione e nella caccia. Anche le divisioni fra i coloni erano frequenti e, già alla fine degli anni Quaranta, si tradussero in **episodi di intolleranza e violenza** di cui furono vittime soprattutto donne indifese, accusate di stregoneria.

> *Una integrazione difficile*

La nascita della Gran Bretagna e l'impero coloniale

Fino alla seconda metà del Seicento la presenza dell'Inghilterra nel Nuovo Mondo rimase forte, anche se la ridefinizione dell'organizzazione interna del paese ebbe un peso sugli equilibri planetari. La nuova dinastia Orange, salita al trono a seguito della Gloriosa Rivoluzione [▶ **cap. 17.6**], preservò la centralità del parlamento ma fu anche capace di rafforzarsi sul piano militare. Gli investimenti negli armamenti, infatti, le permisero di giocare un ruolo fondamentale nella **ristrutturazione degli equilibri continentali**, soprattutto in virtù di un impegno attivo contro la Francia di Luigi XIV. L'appoggio dei *whigs*, propugnatori degli interessi del **commercio marittimo**, consentì lo sviluppo di una politica estera aggressiva e finalizzata ad agevolare gli scambi con tutti i mezzi possibili. Crebbero le manifatture e i traffici, ma anche l'agricoltura conobbe dei significativi progressi, favorendo l'inizio di una corposa esportazione di cereali.

> *La crescita della potenza inglese*

Una nuova crisi dinastica portò al trono nel 1702 **Anna Stuart** (1702-14), seconda figlia di Giacomo II e Anna Hyde, che ereditò anche la Scozia e l'Irlanda. Cinque anni più tardi, l'***Union Act*** stabilì l'unificazione formale delle corone di Scozia e Inghilterra (l'Irlanda si sarebbe aggiunta nel 1801), dando inizio al **Regno di Gran Bretagna** che, anche attraverso l'adozione di bandiera e moneta uniche, rafforzò le condizioni necessarie all'affermazione di un impero coloniale, destinato ad allargarsi nei secoli successivi fino a raggiungere il continente "nuovissimo", definito anche Oceania.

> *L'unione con la Scozia*

Le prime conferme della crescente influenza del paese si ebbero con la fine della Guerra di successione spagnola nel 1713 e con la consegna definitiva del trono di Spagna a Filippo di Borbone [▶ **cap. 18.4**]: gli inglesi, come abbiamo visto, giocarono un ruolo importante nel conflitto facendo valere le loro ragioni nelle spartizioni finali, ottenendo fra le altre cose il controllo di Gibilterra e di ampi territori dell'America settentrionale sottratti alla Francia. Tuttavia si trovarono ancora una volta senza eredi al trono, visto che Anna non aveva avuto figli rimasti in vita. A risolvere il problema fu – secondo una prassi ormai consolidata – il parlamento che, nello stesso 1714, consegnò la corona a **Giorgio I di Hannover** (1714-27), cugino di secondo grado della regina. A lui risalgono le origini della **dinastia Windsor**, ancora oggi formalmente al potere.

> *Una nuova dinastia*

Le 13 colonie e il rapporto con i nativi

A inizio XVIII secolo, gli inglesi arrivarono ad avere **13 nuclei coloniali** sul litorale atlantico (l'ultima fu la Georgia, fondata nel 1732), indipendenti l'uno dall'altro ma tutti sottoposti all'autorità della monarchia e del parlamento della madrepatria. Presto insorsero **contrasti con i francesi**, in parti-

SEZIONE V **STATI IN COSTRUZIONE [1600-1715]**

colar modo lungo la valle del fiume Ohio. La corona britannica, infatti, non aveva stabilito confini a Occidente per i migranti, rinunciando di fatto a regolare i rapporti con i mercanti transalpini che operavano in quell'area.

Alleanze e inimicizie

Un ruolo fondamentale fu giocato anche dalle **popolazioni locali**, che si intromisero nella contesa fra europei per lo sfruttamento delle risorse decidendo di schierarsi con gli uni o con gli altri. Non essendo infatti inferiori nel numero, conservavano un peso politico ed economico di rilievo. La loro attività più sviluppata era la caccia, che consentiva di scambiare pelli di daino, alce, procione, scoiattolo e castoro con i mercanti del vecchio continente, in cambio di armi e alcol. Gli inglesi non godettero di molte simpatie: l'**occupazione delle terre** e l'**imposizione di nuove tecniche agricole** avevano alterato il paesaggio e minato lo stile di vita dei nativi, basato su un rapporto più diretto con la natura. In questo scenario olandesi, francesi e spagnoli facevano a gara per aggiudicarsi il monopolio delle trattative, godendo di atteggiamenti più collaborativi da parte dei nativi. I soli **irochesi** costituirono una vera eccezione, mostrando aperta ostilità ai francesi e conducendo iniziative come le ***Beaver Wars*** (le "guerre dei castori"), per frenare la decimazione di animali che avevano rappresentato per loro un'importante fonte di sostentamento [▶fenomeni].

Una nuova colonizzazione spagnola

Gli europei nell'America centromeridionale Al centro del continente rimaneva attiva l'egemonia spagnola. A dispetto della fase di declino attraversata dalla madrepatria, fra il XVII e il XVIII secolo la colonizzazione si estese anche a **nord del Messico**, fino a includere i territori degli attuali Texas e California, mentre a sud i confini furono allargati dalla cordigliera delle Ande all'**area più interna**.

L'economia coloniale

Nuovi insediamenti urbani si svilupparono intorno ai **centri ricchi di minerali** (Potosí, nell'attuale Bolivia, era definita la "città dell'argento"), ora meglio sfruttati gra-

---

L'espansione del potere degli irochesi

fenomeni

Il termine "irochesi" (*iroquois*) era usato dai francesi per identificare le cinque tribù di nativi dei *cayuga*, *mohawk*, *oneida*, *onondaga* e *seneca*. Questa popolazione si riconosceva invece nel nome di *haudenosaunee*, ovvero il "popolo della lunga casa", riferendosi sia all'estensione del territorio controllato sia alle tipiche abitazioni di legno, sviluppate in lunghezza e adatte a ospitare molte persone.

Alla fine del XVI secolo costituirono una lega, alla quale in seguito si unirono i *tuscarora*. Diedero così vita a un organismo influente sul piano politico e commerciale, capace di tenere sotto scacco le altre tribù dell'area. ■

▲ I rappresentanti delle cinque tribù si costituiscono in una lega, incisione francese di inizio XVIII secolo.

596

Relazioni globali: la nuova fisionomia del pianeta | **CAPITOLO 19**

zie a nuove tecniche che velocizzarono le operazioni di estrazione. La presenza di coloni favorì la crescita dell'artigianato tessile e della lavorazione delle pelli. L'**agricoltura**, prevalentemente estensiva, si fondava sull'impiego massiccio degli **schiavi africani**, ma come forza lavoro ebbero un peso rilevante anche gli *indios* sopravvissuti allo sterminio e le popolazioni di sangue misto, dal momento che erano vincolati ai grandi proprietari da contratti iniqui che prevedevano remunerazioni bassissime. Nell'area del **Rio de la Plata** si sviluppò la città di Buenos Aires, che divenne uno snodo di cruciale importanza per gli scambi con la madrepatria [👁13].

Le isole delle **Antille**, in gran parte sottratte agli spagnoli da inglesi, francesi e olandesi, si specializzarono nella coltivazione della **canna da zucchero**, il cui consumo andava allora crescendo in Europa. I lavoratori delle piantagioni, condotti quasi esclusivamente dal commercio triangolare, venivano sfruttati in maniera brutale e molti morivano prematuramente, ma permettevano di produrre a prezzi molto più bassi dello zucchero che proveniva dall'Oriente.

L'indebolimento del Portogallo ebbe ripercussioni anche in America. I suoi possedimenti in **Brasile** furono esposti all'intraprendenza delle potenze europee, in particolar modo della Compagnia olandese delle Indie Occidentali. Gli olandesi riuscirono addirittura a imporre il loro dominio su alcune zone costiere per una ventina d'anni, prima di esserne scacciati quando i portoghesi riottennero l'indipendenza. L'economia del paese si basava principalmente sulla canna zucchero, coltivata nelle regioni costiere del Nord, ma alla fine del Seicento furono scoperte **nuove miniere d'oro e di diamanti** nella regione meridionale di Minas Gerais. I filoni si esaurirono abbastanza rapidamente, ma la forte immigrazione creata dalla ricerca di ricchezza contribuì al popolamento del Sud e delle zone interne, dove si creò una certa opposizione alle richieste fiscali della madrepatria.

La coltura dello zucchero nelle Antille

Le colonie portoghesi

[👁13] La colonizzazione europea dell'America centrale e meridionale (XVII secolo)

597

SEZIONE V — STATI IN COSTRUZIONE [1600-1715]

Gli spagnoli nel Golfo del Messico e nel Perù

La nascita di Nuova Granada Nell'ampia area del Golfo del Messico abbracciata dal Vicereame della Nuova Spagna acquisì sempre maggiore importanza l'attività estrattiva di materie prime e metalli preziosi. In particolar modo furono l'oro e l'argento a stimolare le fortune della produzione di gioielli, che arrivarono sui mercati di tutto il pianeta. Il Perù attraversò un momento delicato sotto il controllo del viceré **José de Armendáriz** (1670-1740), che combatté la corruzione presente in maniera massiccia sul territorio, aprendo anche nuove possibilità di scalata sociale alle nobiltà indigene. Nella porzione settentrionale dello sterminato territorio peruviano si formò nel 1717 una nuova entità politica denominata **Nuova Granada**, comprendente i territori odierni di Venezuela, Ecuador, Colombia, Panama, organizzata intorno alle *audiencias* di Quito, Bogotá e Panama.

audiecias Organi territoriali con compiti consultivi e giudiziari.

L'organizzazione delle *reducciones*

Le missioni gesuitiche La dominazione europea non fu unicamente improntata allo sfruttamento violento delle risorse e delle popolazioni locali. L'attività missionaria dei gesuiti in America Latina, da questo punto di vista, rappresentò un altro volto del colonialismo europeo. I gesuiti infatti non miravano soltanto a impartire un'educazione religiosa cristiana, ma anche a costruire concreti strumenti politico-istituzionali volti a **difendere le popolazioni indigene** dalla brutale politica di sfruttamento dei colonizzatori. A partire dal 1610, nella regione del Paraguay, furono create diverse **comunità o "riduzioni" (*reducciones*)** ispirate ai precetti evangelici e organizzate sui principi dell'**eguaglianza** sociale e della **condivisione dei beni**.

Ogni comunità costituiva un'entità economicamente e culturalmente autosufficiente, con minimi contatti con il mondo esterno. Questo destò l'ostilità dei coloni europei delle zone costiere, che intendevano sfruttare in maniera più intensiva la forza lavoro costituita dai moltissimi indios residenti nelle riduzioni. Ben presto i nativi, convertiti, istruiti e addestrati dai gesuiti al lavoro agricolo e artigianale grazie a metodi formativi che combinavano produttività e svago [👁14], divennero preda ambitissima dei **cac-**

rispondi
1. Quali caratteri assume la colonizzazione inglese nell'America settentrionale?
2. Quali rapporti si stabiliscono tra i coloni europei e le popolazioni indigene?
3. Che ruolo hanno le missioni gesuitiche in America Latina?

PERCORSO VISIVO

[👁 **14**] **Il teatro dei gesuiti** L'educazione e l'evangelizzazione costituivano una parte fondamentale delle missioni dei gesuiti, che per questo scopo utilizzavano anche spettacoli teatrali, comici e drammatici, sempre di grande impatto. A essere messe in scena erano vicende di contenuto morale, storie bibliche ma anche, in America, la narrazione della conquista spagnola, ovviamente vista dalla prospettiva europea. Le raffinate tecniche teatrali gesuite prevedevano l'uso di maschere, già presenti da millenni nelle culture americane, introducendo nuovi personaggi o adattando a nuovi scopi quelli legati ai riti delle tradizioni precolombiane. Alcuni di questi spettacoli sono divenuti parte del patrimonio culturale locale e – sia pure in forme e significati diversi – si sono tramandati fino ai giorni nostri, come per esempio il festival di Guelaguetza, in Messico.

◀ Maschera di una divinità azteca legata ai riti del raccolto, poi adattata alla venerazione della Vergine.

598

ciatori brasiliani di schiavi, i *bandeirantes*. Le riduzioni furono allora spostate più a sud, in zone meglio difendibili grazie alla presenza delle cascate dell'Iguaçu. Nelle regioni dei fiumi Uruguay e Rio Grande do Sul, inoltre, i gesuiti organizzarono una vera e propria **milizia armata** che nel 1641 riuscì a sconfiggere in campo aperto le truppe dei *bandeirantes*.

19.4 La nuova fisionomia del pianeta

Reti commerciali e poteri politici In virtù dell'espansione europea nel mondo, che abbiamo descritto nelle pagine precedenti, nel corso del Seicento gli scambi commerciali mondiali si svilupparono su lunghissime distanze. La curiosità suscitata dalle esperienze di mercanti e viaggiatori è ben testimoniata dalla fortuna editoriale di **diari di viaggio** come il *Giro del mondo* (1699) dell'avventuriero napoletano Giovanni Francesco Gemelli Careri [▶ FONTI, p. 600] o testi come la *Nuova divisione della terra* (1684) del medico francese François Bernier, che soggiornò per lungo tempo in Asia, offrendo anche i suoi servigi agli imperatori moghul. In quest'opera semiseria, pubblicata sul *Journal des Sçavans*, il primo periodico europeo di informazione scientifica, per la prima volta l'umanità era suddivisa su **basi fisionomiche**, considerando la forma del corpo, del viso e il colore della pelle.

A stimolare la crescita dei traffici commerciali non furono soltanto l'intraprendenza dei mercanti dell'Europa occidentale e le dinamiche globali della domanda e dell'offerta di merci e lavoro, che rendevano conveniente per gli europei esportare prodotti finiti in cambio di materie prime e schiavi. Come abbiamo visto parlando delle compagnie commerciali, fu fondamentale la capacità delle potenze colonizzatrici di **sottomettere politicamente enormi territori** e di favorire o ostacolare le tratte, secondo i propri interessi, con la **forza militare**.

La presenza di solidi apparati statali agì invece in senso opposto, mettendo in discussione, in alcuni casi, la supremazia dell'Europa occidentale. Se sulle traiettorie di connessione fra Europa, Asia e Africa le compagnie commerciali inglesi, olandesi e francesi trovarono uno spazio di azione notevole a causa della debolezza degli imperi ottomano, safavide e moghul, più **a oriente** esse dovettero fare i conti con **apparati statali più solidi** e tendenzialmente egemonici:

- la **Cina**, che promosse a sua volta una politica di espansione capace di influenzare le economie del Tibet, del Turkestan e della Mongolia, inserite in un sistema commerciale e produttivo che faceva capo alle direttive della dinastia Qing;
- il **Giappone**, che nell'era Tokugawa restrinse drasticamente i rapporti con l'esterno e la libertà di commercio con i mercanti stranieri;
- la stessa **Russia**, che allargò la sua sfera di influenza fino al cuore dell'Asia raggiungendo con i suoi operatori l'Iran, l'Afghanistan, l'Uzbekistan e l'India settentrionale, oltre alla regione compresa fra il Mar Caspio, il Lago d'Aral e il fiume Ural e precludendo ampie aree del continente asiatico alla colonizzazione degli Stati dell'Europa occidentale.

In virtù di questi nuovi equilibri stabilitisi fra le grandi potenze europee e asiatiche si ridefinì anche il ruolo del **Mediterraneo, centro nevralgico di scambi** ma anche coacervo di **tensioni politico-religiose** che contrapponevano gli Stati islamici alle monarchie cristiane.

Gli europei alla scoperta del mondo

percorsi storiografici p. 613
Scambi internazionali e reti globali
F. Trivellato, L. Pezzolo

Il ruolo degli Stati: nuovi equilibri mondiali

Il ruolo del Mediterraneo

SEZIONE V STATI IN COSTRUZIONE [1600-1715]

FONTI

La Cina e il Messico visti con gli occhi di un europeo

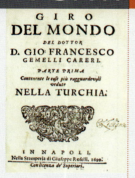

▲ Il frontespizio del primo volume del *Giro del mondo*.

■ Nato nel 1651 in una famiglia calabrese di origine aristocratica, Giovanni Francesco Gemelli Careri completò i suoi studi giuridici a Napoli. Per reagire alle frequenti frustrazioni professionali, partì per un viaggio intorno al mondo nel giugno del 1693. Visitò l'Asia Minore, l'India, la Cina e le Filippine; attraversò quindi il Pacifico raggiungendo il Messico, prima di tornare nel Mezzogiorno della penisola italiana dopo più di cinque anni. La sua opera principale, il *Giro del mondo*, fu pubblicata in più volumi a partire dal 1699 e divenne subito popolare nonostante le accuse di plagio e di aver inventato molti passaggi.

> Pur conservando la cultura europea come unico termine di paragone, Gemelli Careri mostra ammirazione per le conoscenze meccaniche dei cinesi.

La magnificenza, e 'l gran numero dell'opere pubbliche della Cina, non viene solamente dalla grande spesa, che vi si fa, ma dalla loro grande industria[1] altresì. Essi fanno ogni sorte di lavori meccanici, con molto meno strumenti e con più facilità, che noi, e sanno ottimamente imitare i lavori degli stranieri […]. [...] dentro la sola Città di Pekin[2] vi sono più di 10 m[ila] famiglie, che non hanno altro mistiere, per vivere, che vender solfanelli[3], per accendere il fuoco: altrettante, che vivono col raccogliere solamente per le strade, e dalle spazzature, stracci di drappi di seta, e di tela, di cottone, e di canape, petacci[4] di carta, ed altre cose simili; che poi lavano, e nettano[5], e vendono ad altri, che l'adoprano per diversi usi profittevoli.

L'abito degl'Indiani[6] d'oggidì è un giubbone corto, con braghe larghe. Sulle spalle portano un mantello di varj colori, detto *Tilma*: che attraversato da sotto il braccio destro, si liga sopra la spalla sinistra, facendosi un gran nodo dell'estremità. Usano, in vece di scarpe, zoccoli, come quei de' Religiosi Francescani, andando parimenti colle gambe, e co' piedi nudi. […] Le donne usano tutte il *Guaipil* (ch'è come un sacco) sotto la *Cobixa*, ch'è un panno bianco di sottil tela di cottone; al quale ne aggiungono un'altro sulle spalle, quando sono in cammino, che poi in Chiesa lo si accomodano in testa. […]

> L'autore non si limita a descrivere i costumi delle popolazioni del Messico, ma pone attenzione anche alle consuetudini nate dall'incontro-scontro fra gli spagnoli e i locali.

Sono tutti, così maschi, come femmine, di color fosco[7], quantunque studiano di difendersi dal freddo le guancie, e renderle morbide, con erbe peste[8]. Sogliono anche imbrattarsi la testa di loto[9] liquido, come quello che si usa per la fabbrica; credendo, che vaglia[10] a rinfrescargliela; e a rendere i capelli neri, e morbidi; onde veggonsi per la Città molte contadine sporcate in tal maniera. Le Metizze però, Mulate[11], e Nere (che compongono la maggior parte di Mexico) non potendo portar manto[12], né vestire alla Spagnuola; e, sdegnando dall'altro canto l'abito dell'Indiane; vanno per la Città stravagantemente vestite; ponendosi una come gonna, attraversata sulle spalle, o in testa, a guisa di mantello, che fa parerle tante diavole.

G.F. Gemelli Careri, *Giro del Mondo*, Venezia, t. IV (1719) e t. VI (1728)

1 **industria:** operosità, ingegnosità.
2 **Pekin:** Pechino.
3 **solfanelli:** fiammiferi.
4 **petacci:** straccio, frammento (napoletano).
5 **nettano:** liberano dalle impurità.
6 **Indiani:** abitanti delle Indie occidentali, cioè l'America.
7 **fosco:** scuro.
8 **peste:** pestate.
9 **loto:** impasto argilloso, usato nella fabbricazione dei vasi.
10 **vaglia:** serva.
11 **Metizze … Mulate:** i meticci risultano dall'incrocio tra bianchi e indios, i mulatti tra bianchi e neri.
12 **manto:** mantello.

I nuovi flussi migratori In uno scenario del genere le migrazioni rispondevano di volta in volta a motivazioni economiche, politiche o religiose. Le opportunità offerte dal commercio e dalle nuove terre colonizzate giocarono un ruolo importante ma, anche in questo caso, i poteri statali e imperiali ebbero un peso decisivo nello **stimolare o forzare spostamenti di masse di persone**. L'Asia sudorientale, per esempio, fu raggiunta da circa un milione di cinesi che contribuirono a riplasmare il territorio con la loro intraprendenza commerciale, intensificando al contempo i contatti con le imprese mercantili europee. I contadini emigrarono invece verso le regioni interne (Tibet, Turkestan, Mongolia, Guizhou e Yunnan). Il continente americano, come abbiamo visto, fu raggiunto da inglesi e francesi che ridisegnarono la geografia del settore settentrionale, al pari di quanto avevano fatto gli spagnoli e i portoghesi con quello centromeridionale.

I flussi migratori non produssero sempre gli stessi effetti, dando luogo a forme di **integrazione** ma anche di **esclusione**. Nelle Americhe nacquero **società multietniche** dominate da gruppi di stirpe europea e in molte aree rimasero ben riconoscibili, anche nel lungo periodo, i gruppi di ascendenza africana o le comunità indigene. Del tutto specifici furono anche gli sviluppi delle migrazioni in Asia: basti pensare al fatto che proprio la dinastia Qing – paradossalmente non "cinese" nel senso proprio del termine, perché nata dall'invasione mancese – mantenne una strategia di **ostilità verso le comunità "meticce"** nate dall'incrocio fra cinesi e altri popoli, giudicate potenzialmente destabilizzanti e inclini alla ribellione; i sudditi cinesi poterono quindi sempre godere di trattamenti preferenziali rispetto a quelli "macchiati" da sangue forestiero.

L'incontro/scontro fra religioni e culture L'interazione fra gruppi umani fu accompagnata anche dall'incontro-scontro fra culture e religioni diverse [▶ FONTI, p. 602]. Furono in particolar modo i **religiosi cristiani e islamici** a fare proseliti, seguendo le direttive delle autorità statali o percorrendo le stesse vie dei mercanti. I missionari si trovarono però a dover affinare le loro strategie: dottrine e credenze portate dall'esterno, infatti, potevano rivelarsi conciliabili con consuetudini e riti locali, perciò nacquero **forme di sincretismo** che rendevano il nuovo messaggio religioso più comprensibile per le società che ne erano destinatarie; ma potevano anche entrare in **conflitto con la mentalità e le credenze locali**. Da questo stato di cose derivarono spesso aspre diatribe: nel mondo cattolico, per esempio, le **pratiche dei gesuiti** provocarono malcontento e contestazioni, visto che i membri della Compagnia erano particolarmente inclini a sottoporre il cristianesimo a vere e proprie metamorfosi pur di renderlo accettabile da altre culture.

Fu così che si arrivò alla condanna di fenomeni come la **santeria** o i **riti cinesi**. Con il primo termine gli spagnoli indicavano in maniera dispregiativa un culto diffuso ori-

SEZIONE V STATI IN COSTRUZIONE [1600-1715]

FONTI

IL
CRISTIANESIMO
FELICE
NELLE MISSIONI
DE' PADRI
DELLA COMPAGNIA DI GESÙ
NEL PARAGUAI,
DESCRITTO
DA LODOVICO ANTONIO
MURATORI
Bibliotecario del SERENISS. SIG.
DUCA DI MODENA.
PARTE SECONDA.

IN VENEZIA, MDCCLII.
Presso GIAMBATISTA PASQUALI.
CON LICENZA DE' SUPERIORI, E PRIVILEGIO.

Muratori e il "cristianesimo felice" nelle missioni gesuite

■ L'erudito modenese Ludovico Antonio Muratori (1672-1759) pubblicò nel 1743 il saggio *Il cristianesimo felice nelle missioni de' padri della Compagnia di Gesù nel Paraguai*, lodando una forma di organizzazione che somigliava, a suo avviso, al cristianesimo primitivo e sostenendo che la felicità degli indios non derivava solo dalla loro inclinazione naturale, ma anche dall'azione civilizzatrice dei gesuiti. Studi recenti hanno però dimostrato che l'autore selezionò accuratamente le fonti (principalmente lettere degli stessi gesuiti) per affermare la sua tesi, perciò la sua opera più che un saggio critico appare invece uno scritto utopico, carico degli stereotipi che affollavano le descrizioni del Nuovo Mondo prodotte dagli europei.

Spettacolo degno de gli occhi del Paradiso […] si è il mirare lo stato e la maniera del vivere de' novelli Cristiani del Paraguai, per quello che concerne lo spirito e l'Anime loro. Quella gente, che ne' tempi andati, […] somigliante alle fiere, conveniva con esse ne' boschi, altro non meditava che vendette e stragi tra loro stessi, e maggiormente contro a i vicini; più che d'altro ghiotta di carne umana, perduta nelle ubbriacchezze e nell'impudicizia, e camminando nuda non sapea che fosse rossore e vergogna; questi lupi, questi orsi, dico, ora sono mansueti agnelli […]. Così ha ridotto que' Popoli la potente mano e grazia di Dio, e la saggia e piissima educazione loro data da i Padri della Compagnia di Gesù […].

Non è minor della spirituale la felicità temporale, che godono gl'Indiani Fedeli nelle Provincie dell'America Meridionale: felicità, che molti de gli Europei avvezzi al lusso, alla grandiosità e a i piaceri, non sapranno riconoscere fra quella povera gente, ma che considerata secondo i veri princìpi, effettivamente ivi si truova, e in qualche parte può dir molto superiore allo stato di molti Popoli d'Europa […].

L.A. Muratori, *Il cristianesimo felice nelle missioni de' padri della Compagnia di Gesù nel Paraguai*, Venezia 1752

> Si riferisce alla presunta pratica del cannibalismo.

> L'autore sottolinea che la religione e la politica possono andare a braccetto nella ricerca di comuni obiettivi.

> La descrizione della supposta felicità delle missioni acquista efficacia attraverso un paragone con lo stile di vita europeo.

ginariamente in area caraibica (e più tardi nel Messico e nel Nord America) che associava il cattolicesimo a elementi di religioni professate dagli schiavi africani, affiancando la venerazione dei santi cristiani a pratiche animistiche, fondate cioè sulla credenza che la natura sia dotata di spiritualità [👁15]. I riti cinesi erano invece atti di venerazione verso la famiglia imperiale, Confucio o altri eroi del passato, approvati dai gesuiti perché giudicati non inconciliabili con il cristianesimo: la controversia che ne conseguì coinvolse domenicani e francescani, estendendosi anche ad **analoghe pratiche introdotte in Giappone** (riti giapponesi) **e India** (riti malabarici, dal nome di una regione costiera dell'India, il Malabàr).

Un bilancio delle relazioni globali

Lo scambio di conoscenze e tecnologie I legami stabiliti fra l'Europa e gli altri continenti favorirono anche la distribuzione dei saperi a livello planetario. Al contrario di quanto si è pensato per lunghissimo tempo, tuttavia, **il vecchio continente assor-**

Relazioni globali: la nuova fisionomia del pianeta | **CAPITOLO 19**

bì dal resto del mondo più di quanto riuscì a dare, non solo dal punto di vista religioso, culturale, economico e politico, ma anche sul piano etnologico, astronomico, cartografico e tecnologico. Grazie all'opera di esploratori, mercanti e missionari, infatti, gli europei furono capaci di conoscere quello che accadeva in altre parti del globo e queste nuove conoscenze divennero a loro volta uno stimolo per l'elaborazione di nuove teorie e metodi di pensiero e lavoro [▶fenomeni, p. 604].

Lo sfruttamento dell'ambiente e il cambiamento degli ecosistemi Il movimento su vasta scala di oggetti, persone, conoscenze e tecnologie produsse anche nuove forme di **interazione fra ecosistemi e società umane**. I migranti viaggiavano spesso con animali addomesticati al seguito e finivano per trasportare anche agenti patogeni che si abbattevano sulle comunità ospitanti, facendo insorgere epidemie capaci, in alcuni casi, di decimare interi gruppi umani.

Gli avventurieri, i missionari, i mercanti e i pionieri sfruttarono inoltre l'ambiente naturale arando campi, distruggendo foreste, drenando paludi e raccogliendo le acque in bacini artificiali, prelevando pietre e metalli, allevando bestiame, cacciando e pescando. La disponibilità di risorse favorì la **crescita demografica**, ma già nel corso del Settecento nei diversi continenti si acquisì una crescente consapevolezza del fatto che i processi innescati stavano generando effetti negativi difficilmente reversibili. Così, mentre nuove merci arricchivano le fiere internazionali e i grandi porti, la loro produzione e importazione causava **conseguenze catastrofiche sulla flora e sulla fauna**: nel tempo, ampie aree montane o pianeggianti furono devastate dal dissesto idrogeologico e molte specie animali si ridussero drasticamente o arrivarono all'**estinzione**.

Le conseguenze delle migrazioni

Gli effetti ambientali della colonizzazione

PERCORSO VISIVO

[👁 15] **La *santeria* e Babalù** Per chi pratica il culto della *santeria* Babalù Aye è ritenuto in grado di guarire le malattie veneree e altre infermità che hanno effetti sulla pelle umana, come la lebbra. La sua figura è sovrapposta, secondo un meccanismo tipico della religione afroamericana di origine caraibica, a un santo cattolico, san Lazzaro, anch'egli invocato per risanare le patologie cutanee. Nel villaggio di El Rincón, a Cuba, si trova un noto santuario a lui dedicato, meta di nutriti pellegrinaggi, soprattutto in occasione della festa annuale che si celebra il 17 dicembre.

▲ Babalù/San Lazzaro.

▶ Immagine di Shango, divinità il cui culto si è trapiantato in America al seguito degli schiavi.

rispondi
1. Quali sono gli esiti più frequenti dell'incontro-scontro fra culture e religioni diverse? **2.** Come si modificano gli ecosistemi e gli ambienti in relazione alle massicce migrazioni umane? **3.** Quali fattori facilitano l'espansione europea?

603

SEZIONE V   STATI IN COSTRUZIONE [1600-1715]

fenomeni

Superiorità europea nel mondo: la fine di un paradigma

Il primato europeo nel mondo fra realtà e costruzione culturale

Già alla fine degli anni Settanta del Novecento lo storico francese Fernand Braudel (1902-85) denunciò la presenza di una "disuguaglianza storiografica" fra l'Europa e il resto del mondo. Avendo forgiato gli strumenti basilari della disciplina storica, gli europei se ne erano serviti a proprio vantaggio, interpretando le vicende del globo in maniera parziale e postulando una superiorità del loro continente che non trovava riscontri nelle ricerche svolte. Basti pensare al fatto che grandi innovazioni tecnologiche come la stampa, la polvere da sparo o la bussola erano arrivate dall'Asia grazie alla mediazione di viaggiatori, missionari e mercanti che tenevano in contatto terre lontanissime fra loro.

Il "sorpasso" europeo

Rimaneva tuttavia un nodo da sciogliere: lo sviluppo del sistema capitalistico nel vecchio continente e l'inizio di politiche espansionistiche e imperialistiche. In un libro del 1981 dal titolo *Il miracolo europeo*, l'economista e storico Eric Jones (n. 1936) cercò di spiegare l'avanzata del potere europeo nel corso dell'età moderna e l'inizio dei colonialismi mettendo a confronto i quattro grandi sistemi politici del blocco euroasiatico tra il XVI e il XVIII secolo: l'Impero ottomano, quello indiano moghul, quello cinese dei Qing e l'insieme degli Stati europei. Stando ai risultati della sua indagine, questi ultimi avevano stabilito un sistema di concorrenza reciproca attraverso il quale avevano messo a punto apparati militari e industriali capaci di stimolare la propensione al commercio e agli investimenti, nonché alle esplorazioni geografiche. Per Jones, le ragioni del primato europeo erano quindi politico-economiche, più che culturali.

La sua idea è stata in parte condivisa anche da altri studiosi, come Charles Parker, ma con alcune significative correzioni. Secondo Parker, alle soglie della "rivoluzione industriale", che avrebbe cambiato radicalmente il tessuto economico del Vecchio continente, le potenze europee erano divenute capaci di dominare i mari e di costruire grandi sfere di influenza, come avvenne nei casi inglese, francese, spagnolo e olandese. Questo proprio mentre i grandi organismi politici esistenti sul versante asiatico si stavano disgregando e non erano più in grado di garantire un supporto alle loro ricchissime tradizioni culturali e ai loro sistemi economici.

Una lettura più aggiornata

L'avanzata del potere economico e politico europeo sugli altri continenti, definitasi nel corso dell'età moderna e destinata ad assumere contorni sempre più netti fra XVIII e XIX secolo, ha però influenzato le letture della storia del mondo, fondate in modo forzato su una periodizzazione prettamente europea (storia antica, medievale, moderna e contemporanea) e su una costante misurazione delle distanze culturali, tecnologiche, politiche ed economiche fra Occidente e altre aree del pianeta. Poca attenzione è invece stata dedicata a ciò che l'Europa ha ricevuto dagli altri continenti.

Negli ultimi anni, tuttavia, le prospettive interpretative sono cambiate e si è dimostrata definitivamente inattendibile l'idea della cosiddetta "occidentalizzazione del mondo" avvenuta fra Medioevo ed età moderna. Studiosi importanti come l'inglese Christopher Bayly (1945-2015) hanno dimostrato in maniera eloquente che le evoluzioni degli stili di vita e delle dinamiche militari, economiche e culturali di diverse aree del pianeta non sono avvenute in virtù dell'imporsi di un'egemonia europea, bensì in seguito a una serie di scambi di saperi, tecnologie e conoscenze sviluppatisi gradualmente fra le diverse aree del globo. Si è così compreso che non è mai esistito un primato europeo assoluto: il punto di forza dell'Europa, in questo quadro, non è stato di tipo culturale, né di stampo prettamente economico. Si è piuttosto trattato di una specificità politica – la presenza di organismi politici stabili, che abbiamo chiamato "Stato moderno" – capaci di sviluppare politiche economiche (come il mercantilismo) e militari più efficienti di quelle promosse dai grandi organismi politici orientali. ■

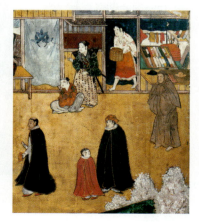

▲ Missionari portoghesi in Giappone, paravento decorato, XVI-XVII secolo.

VERSO LE COMPETENZE

esercitazione

● **VERSO LE COMPETENZE**

1. **Spiega sinteticamente (massimo 3 righe) il significato delle seguenti espressioni.**

    Confucianesimo – Rete globale – Commercio triangolare – *Audiencías* – *Santeria*

● **COLLOCARE GLI EVENTI SPAZIO E NEL TEMPO**

2. **Completa la carta secondo le indicazioni.**

    Traccia le rotte del commercio triangolare e scrivi una breve didascalia che spieghi il meccanismo degli scambi.

    ....
    ....
    ....
    ....
    ....
    ....
    ....

● **LEGGERE E VALUTARE LE FONTI**

3. **Osserva l'immagine e completa la scheda per l'analisi della fonte.**

In quale contesto è stata prodotta?	
Di che tipo di fonte si tratta?	
Che cosa raffigura?	
Quali informazioni se ne ricavano?	

per approfondire Un altro esempio del tipico meccanismo di sovrapposizione della *santeria* è quello di Shango (o Changò) e santa Barbara. Il primo, nella religione afroamericana di origine caraibica, è considerato protettore della virilità, delle doti maschili, del fuoco, dei fulmini, delle virtù belliche, della danza e della musica, in particolare degli strumenti a percussione. La sua figura è sovrapposta alla martire santa Barbara, solitamente associata all'immagine dello scudo e della spada, venerata perché protegge dai fulmini nonché le vittime di morti improvvise e violente, prive di conforti sacramentali. Documentati online sulla loro venerazione e sul giorno in cui vengono festeggiate a Cuba.

I SAPERI FONDAMENTALI

sintesi 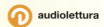 **audiolettura**

● GLI IMPERI ASIATICI

▶ **19.1** Nel Seicento **l'Impero cinese vanta una popolazione numerosissima e un territorio molto esteso**. L'unità politica è garantita dalla figura dell'imperatore. Verso la metà del Seicento **il potere della dinastia Ming entra in crisi** a causa della corruzione dei burocrati imperiali e dell'eccessivo prelievo fiscale. Da tali difficoltà traggono vantaggio le tribù della Manciuria, che conquistano Pechino e insediano al potere la **dinastia dei Qing** (1644). L'unità interna viene ripristinata dall'imperatore **Kangxi**. **Nel corso del XVIII secolo lo Stato cinese mostra segni di indebolimento**: ad approfittare della crisi sono gli inglesi, interessati al commercio dell'oppio.
In età moderna **le isole nipponiche sono formalmente sottoposte a un'autorità imperiale**, mentre **la gestione del potere è affidata allo** *shogun*. Nel XVI secolo il potere dei funzionari centrali viene minacciato dai *daimyo*, ricchi proprietari terrieri che, grazie all'appoggio dei *samurai*, danno vita a **domini regionali**. All'inizio del XVII secolo lo *shogunato* passa alla famiglia Tokugawa, che riduce i contatti con l'esterno, arrivando a chiudere i porti ai mercanti stranieri.
In **Persia**, all'inizio del XVI secolo, **la dinastia safavide stabilisce un dominio che dura per oltre due secoli**, obbligando i propri sudditi a rispettare il credo sciita. Nonostante lo **scià Abbas il Grande** (1571-1629) abbia costruito uno Stato forte, sempre più **difficile appare il controllo di un impero abitato da popolazioni tanto diverse**.
Per quanto riguarda la **civiltà indiana**, questa è organizzata secondo una **rigida divisione in caste**. Il progetto di **ricostruire un grande impero asiatico** è ripreso da **Babur**, condottiero di stirpe turco-mongola, e proseguito da **Akbar il Grande** (1556-1605), che dà all'Impero moghul una solida organizzazione statale. L'apice si raggiunge sotto il regno di **Aurangzeb** (1658-1707), che impone la *shari'a* islamica in tutti i suoi domini. La repressione religiosa innesca però numerose rivolte, che finiscono per indebolire il potere centrale.

● GLI EUROPEI E IL MONDO

▶ **19.2** Nel corso del Seicento le potenze europee si rendono protagoniste di iniziative volte a imporre **un dominio mondiale**. Gli Stati atlantici creano una serie di **avamposti commerciali e colonie** in diverse aree dell'Asia, dell'Africa e delle Americhe, mentre gli oceani sono solcati da **flotte europee sempre più numerose**. Le potenze europee stabiliscono domini anche sulle coste atlantiche dell'Africa subsahariana, senza però riuscire mai a penetrare in profondità nel continente. Nella regione compresa fra la Guinea e il Sudan Occidentale, gli europei danno vita al sistema del **"commercio triangolare"**, tramite il quale milioni di africani vengono venduti come schiavi nelle piantagioni e nelle miniere americane.
▶ **19.3** Nel corso del Seicento mercanti, missionari, coltivatori e soldati **inglesi, francesi e olandesi cominciano a migrare verso l'America settentrionale**. La presenza più consistente è quella degli inglesi, che si insediano prevalentemente lungo le coste atlantiche. **La parte centrale del continente rimane in mano agli spagnoli**, mentre i portoghesi perdono molti dei loro possessi nell'America del Sud.
▶ **19.4** Per via dell'espansione europea, nel corso del Seicento gli scambi commerciali si sviluppano su lunghissime distanze. **L'interazione fra gruppi umani su scala intercontinentale**, tipica di questa epoca, oltre a permettere il passaggio di saperi e conoscenze, viene accompagnata dall'**incontro-scontro fra culture e religioni diverse**.

linea del tempo

1526 Babur, dopo essersi affermato sull'area dell'attuale Afghanistan, riesce a estendere il suo dominio ai sultanati dell'India settentrionale

1581 il Portogallo viene inglobato dalla corona spagnola

Relazioni globali: la nuova fisionomia del pianeta — CAPITOLO 19

mappa

PERCORSI STORIOGRAFICI

PERCORSO	TESTI	TEMI
1 Le donne fra potere e ribellione p. 608	N. Zemon Davis, **Le donne nella vita pubblica: corti, assemblee, salotti** tratto da *Donne e politica*	- Le donne nei luoghi del potere - L'influenza politica delle donne nelle repubbliche e nelle monarchie
	A. Farge, **Donne in rivolta** tratto da *Sovversive*	- La violenza popolare e il ruolo delle donne - Le donne in rivolta viste dallo sguardo maschile
2 Scambi internazionali e reti globali p. 613	F. Trivellato, **L'affermazione del commercio europeo sul pianeta: un percorso incerto** tratto da *I commerci europei e la prima, incerta globalizzazione dei mercati*	- Gli scambi commerciali sulle lunghe distanze - Le ragioni dell'espansione europea
	L. Pezzolo, **La moneta e i prezzi: integrazioni, fluttuazioni, divergenze** tratto da *Prezzi, moneta e Stato*	- Le oscillazioni del valore della moneta - L'integrazione dei mercati in età preindustriale

 PERCORSO 1 Le donne fra potere e ribellione

Non è semplice analizzare a fondo le figure femminili nelle società europee del XVI, XVII e XVIII secolo. Fatta eccezione per i rari casi in cui siede sul trono di un paese, la donna rimane sullo sfondo ed è rinchiusa in una serie di ruoli che non le concedono alcun tipo di accesso alla vita politica attiva. La storiografia finisce per registrare la sua assenza, più che valutare il peso della sua presenza. Nei passi che proponiamo, la studiosa canadese-statunitense Nathalie Zemon Davis e la storica francese Arlette Farge guardano a due possibili varianti del protagonismo femminile in antico regime: la partecipazione diretta alle decisioni del potere e la ribellione.

TESTO 1 Nathalie Zemon Davis

Le donne nella vita pubblica: corti, assemblee, salotti

Pur rimanendo in confini ben precisi, le donne riescono a ritagliarsi con fatica alcuni spazi di azione, talvolta sfruttando il loro ruolo di madri, sorelle, mogli. Nathalie Zemon Davis spiega queste dinamiche, spaziando dai salotti dei palazzi regi fino alle assemblee rappresentative. La studiosa mette in evidenza anche l'importanza della stampa nei processi di emancipazione femminile, visto il crescente numero di lettrici o di semplici fruitrici che, pur non avendo dimestichezza con il testo scritto, ascoltavano le letture e potevano sviluppare opinioni da condividere.

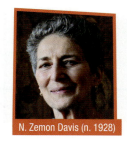
N. Zemon Davis (n. 1928)

Essere un "cittadino" di un regno, di uno Stato cittadino o di una città agli inizi dell'Europa moderna non era chiaro cosa significasse né per gli uomini né per le donne. "Diritti", "privilegi", "libertà" e "immunità" variavano da luogo a luogo e neppure la terminologia e i segni distintivi dello status politico e sociale erano costanti. Tuttavia la maggior parte degli uomini che vivevano dentro le mu-

SEZIONE V STATI IN COSTRUZIONE [1600-1715]

ra delle prime città moderne potevano essere classificati come borghesi, residenti (abitanti) o forestieri, con diversi diritti e obblighi, mentre per le donne queste distinzioni, quando venivano fatte, non comportavano nessuna attività politica. Come cittadina, la donna aveva diritto alla protezione della legge della sua città; come vedova, poteva essere tenuta a fornire un uomo della sua famiglia (o una somma di denaro) alla milizia cittadina; ma raramente veniva chiamata a partecipare a un'assemblea consultiva o elettiva agli inizi dell'epoca moderna e non veniva mai invitata a sedere in un consiglio cittadino. L'unico luogo dell'amministrazione cittadina dove le donne potevano trovarsi un posticino era nella direzione degli ospedali; un gruppo di ritratti delle reggenti delle istituzioni filantropiche ospedaliere di Amsterdam del XVII secolo presenta donne che appaiono autorevoli quanto i reggenti maschi. Nel complesso tuttavia, il governo delle città era un affare da uomini: mariti, padri e vedovi, i quali sapevano che cosa andava bene per le loro famiglie.

La condizione urbana ci propone una distinzione tra i primi regimi politici moderni che è utile per definire il ruolo delle donne. Gli Stati organizzati in Repubbliche, come Firenze nel primo Rinascimento o Venezia, i cantoni svizzeri e le città imperiali, avevano pochissime collocazioni in cui le donne potessero esercitare pubblicamente un potere politico. In questi Stati l'influenza politica delle donne poteva essere esercitata solo in modo informale, per mezzo della famiglia o dei rapporti di parentela.

Viceversa, gli Stati organizzati in monarchie – la Francia, l'Inghilterra, la Spagna, i principati tedeschi, e la Firenze ducale del tardo Rinascimento – disponevano di luoghi formalmente riservati alle donne e di agoni per un'azione pubblica o semipubblica delle donne. Dove il potere veniva acquisito per successione dinastica, piuttosto che per elezione o cooptazione, le donne si trovavano ad essere unte come regine, e nascite e matrimoni diventavano problemi di alta politica. Le splendide corti così importanti per il prestigio della persona del re e per l'intero sistema di governo monarchico avevano bisogno sia degli uomini che delle donne. Anche se le donne non sedevano mai come consiglieri nel consiglio privato del sovrano, esse prendevano parte alle conversazioni – politiche e personali – che riempivano i saloni, le camere e le stanze da letto del palazzo reale. […]

C'erano però altri spazi per l'azione politica delle donne, alcuni dei quali collegati in modo organico al governo monarchico e alle sue istituzioni, altri con possibilità di cambiarle. Nel complesso le donne raramente facevano direttamente parte del mondo delle assemblee e delle istituzioni rappresentative.

In Francia, le donne in linea di principio avevano diritto a partecipare alle assemblee locali per scegliere i deputati degli Stati generali[1], nella loro qualità di Badesse per il Primo Stato, eredi feudali nel Secondo, e come capifamiglia e funzionarie di gilde femminili nel Terzo, ma sembra che per gli importanti Stati generali del XVI secolo venissero nominati dei rappresentanti al loro posto. Come avrebbe potuto essere ascoltata la voce di una donna in quell'ambiente? I comitati che compilarono i *cahiers de doléances*[2] in tutta la Francia per gli Stati generali del 1614 non avevano membri di sesso femminile; le donne potevano essere oggetto di alcune proteste (come per quelle donne non nobili che portavano vestiti di seta al di sopra della loro condizione), ma non potevano fare dei reclami in proprio. […]

Nell'Inghilterra protestante, le poche donne che succedevano ai Pari[3] non sedevano nella Camera dei Lords, e mai le donne vennero elette nella Camera dei Comuni. D'altro canto, le dame dell'aristocrazia potevano però offrire il loro so-

---

1 **Stati generali:** il paese era diviso in tre Stati: il primo era il clero, il secondo era la nobiltà, mentre al terzo apparteneva la maggioranza dei sudditi che non rientrava nei primi due.

2 *cahiers de doléances:* quaderni che contenevano lamentele e richieste da inoltrare all'assemblea.
3 **Pari:** titolo nobiliare che fa parte del complesso sistema gerarchico dell'aristocrazia inglese.

PERCORSI STORIOGRAFICI

stegno a uno dei candidati e, soprattutto dopo che venne istituito il sistema dei partiti alla fine del XVII secolo, le mogli dei candidati erano spesso molto impegnate nelle campagne dei loro mariti, conquistando i voti maschili attraverso l'ospitalità offerta alle mogli di elettori influenti. Per quanto riguarda le donne meno eminenti, le si poteva trovare ai margini delle folle elettorali arringate e blandite da *tory* o da *whig*.

La limitata esperienza politica fornita alle donne dalle istituzioni rappresentative e consultive poté estendersi per mezzo dello sviluppo della stampa periodica e pamphlettistica[4] e con la crescita dell'alfabetizzazione delle donne. Esse potevano leggere (o ascoltare la lettura ad alta voce) la ricca letteratura di opuscoli provocata dalle guerre di religione in Francia e dalle lotte politico-religiose dell'Inghilterra del XVII secolo. Un piccolo numero poteva anche scriverne: le opinioni femminili potevano essere trascurate come "pettegolezzi" quando erano comunicate oralmente, ma prendevano un aspetto più importante quando apparivano sulla stampa.

tratto da *Donne e politica*, in *Storia delle donne in Occidente. Dal Rinascimento all'età moderna*, Laterza, Roma-Bari 1991

---

4 pamphlettistica: si fa riferimento al *pamphlet*, un genere che affronta argomenti di attualità in formati editoriali agili, talvolta con toni satirici o polemici.

TESTO 2 Arlette Farge
Donne in rivolta

A. Farge (n. 1941)

La studiosa francese Arlette Farge evidenzia i tratti tipici del comportamento delle donne durante le ribellioni e le esplosioni di violenza popolare. Il loro rapporto con gli uomini resta cruciale: esse agiscono infatti sotto gli sguardi degli uomini che oscillano fra sorpresa, approvazione e condanna. Negli occhi maschili, il protagonismo della donna ribelle, dapprima sostenuto e sfruttato, si può trasformare in una furia irrazionale da frenare, riportare all'ordine, reprimere.

Riflettere sulla violenza popolare costituisce una delle maggiori esigenze della storiografia europea. Sotto questo profilo, si è passati da interpretazioni classiche (di tipo marxista[1] o altro) ad analisi sempre più approfondite, con un esame ravvicinato, condotto attraverso gli archivi giudiziari, di ciò che furono i gesti, i discorsi, i ruoli e le funzioni di quei gruppi e di quelle comunità tumultuanti tra il XVI e il XVIII secolo. Di queste folle in azione e talvolta in armi, lo storico deve tenere conto, avendo chiaro che ogni rivolta comporta una pluralità di significati e traccia nel proprio tempo e nel proprio ambito una apertura che rende gli indomani diversi dalle vigilie. […]

Nel complesso, tuttavia, ben poche pagine [sono state] scritte su quelle che parteciparono pienamente all'insieme di questi moti sovversivi: *le donne*. Perché così poco? In primo luogo perché la violenza femminile provoca contraddittoriamente l'immaginario che cerca di esorcizzarla proprio mentre, affascinato, ne prende atto. In questa *impasse*[2] cadono tutti, ivi compresi gli storici che sol-

---

1 di tipo marxista: le sommosse popolari vengono in genere lette dagli studiosi di impostazione marxista come ribellioni delle classi lavoratrici nei confronti delle classi possidenti.

2 impasse: difficoltà che provoca una sospensione delle decisioni e dell'azione.

tanto in ritardo hanno riflettuto sulle forme e le funzioni della sua presenza. [...]

Entrare in rivolta significa affrontare una situazione giudicata inammissibile ricorrendo a mezzi collettivi che si pensa possano farsi legittimi e modificare una serie di eventi disastrosi. Si tratta di emergere all'interno della cosa pubblica; ora le donne e la cosa pubblica sono due realtà completamente lontane l'una dall'altra, perlomeno civilmente e giuridicamente. Ci si può quindi chiedere come venga utilizzato questo loro irrompere abituale in un mondo da cui, di diritto, esse sono escluse.

In questo campo, e sulla lunga prospettiva dal Cinquecento al Settecento, i resoconti sulle forme d'intervento femminile si richiamano a due diverse ipotesi. Certi lavori sembrano accettare l'idea secondo cui, durante le epoche medievali e moderne, la vita delle donne fu tanto "libera" quanto quella degli uomini, nell'ambito di una vera e propria flessibilità dei ruoli maschili e femminili, soprattutto presso i lavoratori dell'industria rurale. L'industrializzazione e il passaggio al sistema capitalista provocarono una rottura di una specie di armonia preesistente. Possiamo evidentemente, da questa ipotesi, giungere a una conclusione: le donne sono coinvolte nelle sommosse quanto gli uomini, possono entrarvi di prepotenza.

Un'altra prospettiva, sicuramente più ragionevole, mostra che all'interno delle famiglie la distribuzione del lavoro veniva fatta in maniera asimmetrica e che i ruoli, per "complementari" che potessero sembrare, non erano egualitari, tanto sul piano pratico che sul piano simbolico. A partire da questo punto, la presenza femminile nella sommossa pone nuovi interrogativi e obbliga a diverse risposte. [...]

Nella rivolta, le donne operano diversamente dagli uomini; questi ultimi lo sanno e vi acconsentono, ma poi le giudicano. In un primo momento, sono loro stesse ad occupare il proscenio, esortando gli uomini a seguirle, occupando le prime file della sedizione. Gli uomini non appaiono sorpresi da questo momentaneo "mondo alla rovescia"; spinti dalle grida e dagli incitamenti, essi ingrossano la folla con la propria presenza. Sanno bene quanto le donne in prima fila facciano effetto sull'autorità, sanno anche che esse non hanno tanti timori perché sono meno punibili, e che un tale disordine può costituire la premessa per un ulteriore successo del movimento. Lo sanno; accettano questa divisione di ruoli maschili e femminili, ma al tempo stesso la giudicano: le donne, le loro grida, i loro gesti e i loro comportamenti. Attratti, irritati, essi le vedono e le descrivono come fuori di sé, delle smodate, quasi fanatiche.

Vengono così a formarsi socialmente due sistemi doppi che si richiamano e si alimentano l'un l'altro: da un lato, donne che agiscono d'accordo con gli uomini, anche se sanno che saranno poi spinte verso l'eccesso; dall'altro, uomini che non riescono a staccarsi da una visione duale della donna dove essa appare loro come buona dolce, necessaria, ma al tempo stesso duplice, menzognera e alleata del diavolo. Temi del resto diffusi nella letteratura popolare [...] che costruisce la dualità femminile definendola insieme angelo e mostro, vita e morte.

Il posto occupato dalle donne nelle rivolte lo si può capire soltanto se si guarda al cuore di quel sistema che le aspira e le rigetta, e dove il giuoco delle immagini è tanto forte quanto quello dei fatti e dell'evidenza del suo agire. Bisogna risalire al cuore di questa embricatura per comprendere meglio le forme della sua presenza. [...]

■ La donna, quando partecipa a una sommossa, esprime una gamma di ruoli; vediamo mescolarsi insieme "dei" volti che la società è solita attribuirle. Madre con il figlio, essa procede in prima linea; promotrice, grida dall'alto delle finestre e lungo i ponti; solidale, trascina i suoi compagni; coinvolta, parla con le autorità, va a trovarle, tratta; furiosa, si scaglia contro quelle – anche donne, eppure donne – che hanno l'aria ostile; sicura del proprio diritto e vogliosa di concretezza, spande il sangue con allegria, attenta al suo gruppo, ne rinfranca l'animo...

Sorrette dallo sguardo maschile, le donne si sentono anche impacciate (se non snaturate) da tale sguardo. Eccole tra il giudizio e la sua esagerazione. Esse stesse lo sanno e si aspettano di finire in

PERCORSI STORIOGRAFICI

quel vicolo cieco dove verranno sequestrate e compresse, quello che trascina i loro atti verso una manifestazione tra il furioso e l'isterico. Proprio in quanto escluse dall'esercizio del linguaggio politico tradizionale, esse sanno che le loro parole e gesti finiscono per essere visti sotto il profilo dell'irrazionalità.

tratto da Sovversive, *in* Storia delle donne in Occidente. Dal Rinascimento all'età moderna, *Laterza, Roma-Bari 1991*

● Il LINGUAGGIO della storiografia

Riconduci ciascuna delle seguenti espressioni allo storico che l'ha utilizzata e contestualizzala rispetto alla tesi sostenuta nei testi che hai letto (massimo 5 righe).

a) Le donne raramente facevano direttamente parte del mondo delle assemblee e delle istituzioni rappresentative.

b) La limitata esperienza politica fornita alle donne dalle istituzioni rappresentative e consultive poté estendersi per mezzo dello sviluppo della stampa periodica e pamphlettistica.

c) Le donne e la cosa pubblica sono due realtà completamente lontane l'una dall'altra.

d) Nella rivolta, le donne operano diversamente dagli uomini.

● Storie A CONFRONTO

Individua la tesi di fondo dei due saggi proposti aiutandoti con lo schema di inizio sezione e compila la seguente scheda di sintesi e comparazione dei documenti.

	Le donne nella vita pubblica: corti, assemblee, salotti	*Donne in rivolta*
TESI		
ARGOMENTAZIONI		
PAROLE CHIAVE		

● RIASSUMERE un testo argomentativo

Dopo aver schematizzato i saggi con l'aiuto della tabella dell'esercizio precedente, suddividi i due testi in paragrafi e assegna a ciascun paragrafo un titolo. A partire da questi paragrafi sviluppa un testo di mezza pagina di quaderno che riassuma le argomentazioni dei due brani proposti.

	Le donne nella vita pubblica: corti, assemblee, salotti	*Donne in rivolta*
PARAGRAFO 1		
PARAGRAFO 2		
PARAGRAFO 3		

SEZIONE V STATI IN COSTRUZIONE [1600-1715]

PERCORSO 2 Scambi internazionali e reti globali

Nel corso dei secoli XVI e XVII, la frequenza dei viaggi oceanici crebbe e si svilupparono scambi commerciali su tratte lunghissime. La storiografia si interroga quindi sul significato di queste novità. Possiamo parlare di processi di globalizzazione? Ci fu una reale integrazione economica fra aree diverse del pianeta? Possiamo parlare di reti globali o si trattò di relazioni lineari fra luoghi distanti, che non avevano conseguenze tangibili sulle dinamiche economiche dei diversi continenti? Francesca Trivellato e Luciano Pezzolo affrontano la questione guardando a due sfere differenti, ma complementari: quella dei mercati e quella della moneta. Ne emerge un quadro che ci invita a usare con molta prudenza il concetto di globalizzazione per il Seicento.

TESTO 1 Francesca Trivellato L'affermazione del commercio europeo sul pianeta: un percorso incerto

Trivellato mostra come la storia dei mercati e l'affermazione del commercio europeo su scala planetaria sia estremamente esitante e ricca di ostacoli. Non bisogna dimenticare inoltre che le merci europee scambiate sulla lunga distanza coprivano solo una piccola frazione dei traffici in generale. L'affermazione degli operatori del vecchio continente va quindi spiegata anche sulla base di interazioni culturali, politiche e militari sviluppate con altre zone del pianeta, soprattutto in Asia, dove diversi grandi apparati territoriali vivevano una crisi profonda o si stavano disintegrando.

F. Trivellato (n. 1970)

Merci, monete, uomini, donne e bambini, insieme con piante, animali, microbi e idee hanno solcato lunghe distanze, per terra e per mare, fin dall'Antichità, talora in spostamenti da un continente all'altro. Ma quando ebbe inizio quel complesso fenomeno che oggi chiamiamo globalizzazione? Fu solo con la rivoluzione dei trasporti e delle comunicazioni che seguì l'apparizione delle ferrovie, delle navi a vapore e del telegrafo tra la fine del Sette e la metà dell'Ottocento? Oppure possiamo intravedere i prolegomeni della globalizzazione già nella crescita dei traffici medievali? E in ogni caso quali ne furono le forze motrici? Molte e diverse risposte sono state date a queste domande, anche in funzione del fatto che si definisca globalizzazione il solo allargamento geografico degli scambi economici e culturali oppure si dia a questo termine un significato più preciso di interconnessione dei mercati e crescente uniformità culturale. [...]

Nelle pagine che seguono esamineremo [...] i commerci tra l'Europa e gli altri continenti. Questa scelta potrebbe apparire come ideologica o parziale, considerando che dal punto di vista quantitativo l'agricoltura continuò a essere la prima fonte di reddito per la stragrande maggioranza delle popolazioni europee per l'intera durata dell'Età moderna, e i traffici intercontinentali rappresentarono una parte esigua del commercio in generale. Gli scambi intercontinentali furono [...] di stimolo a importanti innovazioni in campo tecnologico, finanziario e istituzionale. Inoltre, il dibattito sulle origini e l'impatto dell'espansione commerciale europea ha coinvolto intellettuali e studiosi non da decenni, ma da secoli; ed è impossibile ignorare quanto del modo di scrivere e pensare la storia d'Europa moderna sia oggi legato all'evolversi di questo dibattito.

Ogni riflessione sul "quando" implica un riflessione sul "come" e "perché". Le diverse letture che gli storici economici hanno dato dei tempi dell'espansione dei commerci europei transoceanici sono infatti inseparabili da ipotesi e spiegazioni delle ragioni che la misero in moto e le modalità secondo le quali questa si sviluppò.

Più che un'evoluzione progressiva, la storia dei commerci europei intercontinentali è la storia dei problemi che gli europei incontrarono e delle

PERCORSI STORIOGRAFICI

soluzioni che adottarono a seconda dei contesti cui si trovarono a far fronte. Non era scritto nel DNA dell'Europa che alla fine del Settecento l'Inghilterra sarebbe diventata la regione economicamente più sviluppata del mondo e avrebbe esteso il suo controllo politico ed economico sulla maggior parte del globo terrestre. Tant'è che fino al 1800 i tassi di produttività delle economie europea e cinese non mostrano sostanziali differenze. Eppure, è un fatto che gli europei profusero energie e risorse senza eguali nell'espansione dei loro traffici marittimi e furono i primi a creare un sistema di collegamenti intercontinentali sempre più integrato ed efficiente. [...]

Ogni indagine sui commerci europei sulla lunga distanza deve tener conto del fatto che questi costituirono una piccola frazione dei traffici in generale. Rilevazioni delle merci in transito per lo stretto che separa il Mare del Nord dal Mar Baltico indicano che tra il 1631 e il 1760 sale e pesce furono di gran lunga più importanti dei beni coloniali, che pure crebbero rapidamente dopo il 1720. Come si è detto, le statistiche ufficiali mostrano che solo nell'ultimo quarto del Settecento l'Atlantico superò per importanza l'area mediterranea nelle importazioni ed esportazioni inglesi. Perché allora studiare i commerci transoceanici europei? Un po', è inutile negarlo, perché ogni epoca guarda al passato come in uno specchio. Ma la scelta di questo tema non è del tutto autoreferenziale. Come molti commentatori ebbero a notare già dal Cinquecento, l'incontro degli europei con mondi lontani e fino ad allora sconosciuti ebbe una vasta eco di ordine non solo economico, ma anche politico, sociale e culturale. La competizione tra Stati europei assunse una dimensione mondiale, le cui esigenze diplomatiche, militari e amministrative generarono mutamenti nelle strutture statali di vari paesi. La creazione delle compagnie privilegiate a capitale azionario permanente impresse una svolta al funzionamento dei mercati finanziari europei. Barriere legali e di informazione continuarono a limitare le basi sociali dei ceti mercantili, ma l'apertura di nuovi mercati creò nuove opportunità; nel frattempo, i mercanti cristiani dell'Europa occidentale si trovarono a fare affari con gruppi di intermediari e agenti con i quali non condividevano né fede religiosa né costumi, tra cui ebrei, armeni, greci, turchi e persiani residenti o di passaggio nei porti europei e in molti altri lontano da casa.

[...] L'espansione geografica, commerciale e territoriale europea mise in contatto tra loro mercati che erano precedentemente segmentati, ma questo processo fu discontinuo e parziale, e strutturalmente imparagonabile all'odierna globalizzazione. Inoltre, l'interconnessione di mercati geograficamente distanti e il prevalere commerciale delle potenze europee furono spesso il frutto, o comunque andarono di pari passo con l'espansione militare e territoriale e non vanno dunque semplicemente identificati con la vittoria del libero scambio o con una presunta superiore razionalità economica occidentale. Basti pensare che tra il 1665 (conquista della Giamaica) e il 1763 (fine della guerra dei Sette Anni[1]) la superficie dell'Impero britannico crebbe di ben cinque volte. Infine l'affermazione del europei nei commerci di lunga e lunghissima distanza avvenne attraverso forme organizzative e istituzionali che variarono considerevolmente nel tempo e di luogo in luogo, sebbene un'accelerazione dei processi di concentrazione economica si riscontri nella seconda metà del Settecento. Le stesse compagnie azionarie attive nell'Oceano Indiano, spesso ammirate per la loro efficienza gestionale, avevano due facce: quella delle direttive emesse in madrepatria e quella delle operazioni condotte in Asia, dove erano costrette ad adattarsi a costumi, politiche e rapporti di forza locali. Certo a partire dal Cinquecento gli europei assaporarono cibi di cui non avrebbero potuto immaginare l'esistenza; smisero

---

1 guerra dei Sette Anni: conflitto (1756-63) combattuto in quattro continenti, al termine del quale si affermò la suprema- zia della Prussia e dell'Inghilterra, che succedette alla Francia nel dominio di vasti territori extraeuropei.

di chiedersi la provenienza di vesti di colori e tessuti esotici, anche se sarebbe esagerato fare dell'omogeneizzazione dei costumi la chiave di lettura della formazione del mondo moderno a partire dal tardo Settecento, se non già al Cinquecento. Discontinuità, prevaricazioni e forti sbilanciamenti segnarono la prima, incerta fase della globalizzazione dei mercati.

tratto da I commerci europei e la prima, incerta globalizzazione dei mercati, in Storia d'Europa e del Mediterraneo. II. Dal Medioevo all'età della globalizzazione, dir. da Alessandro Barbero, Sezione V, L'età moderna (secoli XVI-XVIII), vol. X, Ambiente, popolazione e società, a cura di R. Bizzocchi, Salerno, Roma 2009

TESTO 2 — Luciano Pezzolo
La moneta e i prezzi: integrazioni, fluttuazioni, divergenze

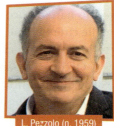
L. Pezzolo (n. 1959)

Pezzolo guarda alle interazioni fra mercati attraverso le oscillazioni del valore della moneta. In un panorama integrato ci si aspetterebbe di trovare prezzi più o meno uniformi, ma le ricerche dicono altro: nel Seicento, per esempio, si osservano pesanti divergenze fra aree talvolta anche vicine fra loro (si veda l'esempio di Londra e Amsterdam). La conclusione riconduce queste deviazioni a fattori molteplici che talvolta hanno un legame solo parziale con l'economia e che restano predominanti in territori circoscritti: guerre, politiche fiscali degli Stati, decisioni di autorità municipali.

La moneta assumeva diversi significati: anzitutto era una merce, un metallo più o meno pregiato, che poteva svolgere la funzione di riserva (tesoreggiamento); un mezzo di scambio e di pagamento, come s'incontrava nelle transazioni quotidiane; e infine un'unità di misura, impiegata nella contabilità. Nell'arco di tempo che va da Carlo Magno a Napoleone il sistema monetario presentava due tipi di moneta: la moneta reale, in metallo più o meno pregiato, e la moneta ideale, impiegata come unità di conto. Questa situazione implicava complessi meccanismi e reciproche influenze che, come vedremo, offrivano ampi spazi a speculazioni e tensioni sui mercati.

L'uso di una moneta di conto era dettato dalla necessità di trovare un comune denominatore che fornisse un'unità di misura delle numerose monete che circolavano, fossero esse pregiate o di mistura. Vi erano due meccanismi di cambio, uno che interessava il rapporto fra valute grosse e piccole all'interno dei confini dello Stato (cambio verticale), e l'altro che concerneva le reazioni fra monete nazionali e straniere (cambio orizzontale). I rapporti fluttuavano in relazione alla domanda e all'offerta di determinati conii, alla disponibilità di metalli monetabili pregiati, alle necessità della finanza statale. [...]

Di recente l'interesse di alcuni studiosi si è rivolto al problema dell'integrazione dei mercati in età preindustriale. La questione non è di poco conto: il processo di integrazione in un insieme più vasto dovrebbe riflettere una maggior specializzazione commerciale della divisione internazionale del lavoro, una diminuzione dei costi di transazione, una maggior efficienza dei mercati nonché un aumento della produttività. Individuare le fasi dell'integrazione (o della disintegrazione) dei mercati significa, in ultima analisi, cogliere i mutamenti strutturali di un sistema economico. Si tratta pertanto di assegnare all'economia preindustriale capacità di trasformazione e di crescita che sino a non molto tempo fa erano sottovalutate o addirittura negate dalla storiografia.

Ritmi diversi, si è detto, caratterizzano la storia dei prezzi tra i vari paesi, e questa differenza fra i mercati europei si riscontra anche lungo il Settecento e ben addentro l'Ottocento. Sarebbe ingenuo attendersi che le serie iniziassero da un

PERCORSI STORIOGRAFICI

Cinquecento piuttosto disordinato e giungessero a un Settecento regolato da una cadenza generale che guida all'unisono l'andamento delle diverse piazze. Non c'è, insomma, una riconoscibile tendenza alla sincronizzazione. O meglio, il trend plurisecolare mostra certamente caratteri comuni, tuttavia le fasi appaiono segnate da forze contrastanti. […] Il quadro non è certo omogeneo: il processo di convergenza fra alcuni mercati sembra emergere durante il XVI secolo, ma in quello successivo i segni di disgregazione prevalgono, per poi attenuarsi lungo il Settecento. Basti considerare che le grandi piazze di Parigi e Londra nel Seicento hanno poco in comune con gli andamenti delle città italiane, mentre nei decenni precedenti [i parallelismi erano più significativi].

Occorre ovviamente chiedersi quali siano le cause di tali fluttuazioni. Non sembra che la tecnologia dei trasporti abbia influenzato in particolare misura l'intensità degli scambi. Le strade romane, che costituivano l'ossatura della rete viaria dell'Europa occidentale, erano pressoché immutate e solo a partire dalla metà del Settecento furono attuati sforzi per migliorare il sistema dei trasporti su terra e via fiume in Inghilterra e in Francia. Né, d'altro canto, è plausibile immaginare che la velocità di trasporto fosse inferiore nel Seicento rispetto ad altri periodi. Il clima potrebbe aver esercitato una certa influenza. Le fluttuazioni climatiche che interessarono il continente determinarono in una certa misura l'andamento dei raccolti, ma ciò non spiegherebbe i valori di scarsa correlazione fra centri relativamente vicini, come Londra e Parigi nel XVII secolo. Bisogna tuttavia tener conto della collocazione geografica dei mercati. È stato rilevato come città portuali olandesi, favorite per gli approvvigionamenti del grano baltico, mostrino un maggiore tasso di integrazione rispetto alle città interne, meno avvantaggiate dal punto di vista dei trasporti. Un altro fattore è dovuto alla conflittualità istituzionale. Guerre e situazioni di tensione sociale e politica di certo non favorivano gli scambi, contribuendo così a mantenere semimpermeabili i mercati. L'esempio dell'Europa centrale durante la Guerra dei Trent'anni è il più evidente, sebbene non risulti ancora agevole individuare una tendenza comune alle diverse aree della regione.

Altre analisi, più raffinate sul piano degli strumenti statistici, hanno mostrato che in effetti i mercati europei e ottomani non presentano sintomi di una significativa convergenza dei prezzi. Addirittura due piazze non distanti quali Londra e Amsterdam denunciano scarti elevati. Eppure, l'analisi dell'evoluzione dei mercati attraverso il prisma dei prezzi lascia intendere che vi furono dei processi di convergenza. Questa apparente contraddizione viene risolta distinguendo la scala dell'analisi: se è vero che l'area europea e l'area mediorientale non costituiscono un mercato integrato sino ben addentro l'Ottocento, è altresì vero che processi di convergenza si riscontrano in territori relativamente ampi, a livello regionale e interregionale. Sarebbe arduo riscontrare un mercato integrato nella Francia d'*ancien régime*, ma ciò non impedisce di individuare aree che presentano una notevole integrazione. [Al contrario], l'elevata differenza (circa il 40%) del prezzo del pane fra Leida e Kampen[1] nella seconda metà del Settecento non è dovuta tanto ai costi di trasporto della segale – poiché la rete di trasporti nelle Provincie Unite era piuttosto efficiente – quanto ai costi di produzione, alla tassazione e alle politiche adottate dalle autorità municipali.

tratto da *Prezzi, moneta e Stato*, in *Storia d'Europa e del Mediterraneo. II. Dal Medioevo all'età della globalizzazione*, dir. da Alessandro Barbero, Sezione V, *L'età moderna (secoli XVI-XVIII)*, Vol. X, *Ambiente, popolazione e società*, a cura di R. Bizzocchi, Salerno, Roma 2009

---

1 **Leida e Kampen:** entrambe città dei Paesi Bassi, separate da circa 120 km.

SEZIONE V STATI IN COSTRUZIONE [1600-1715]

● Il LINGUAGGIO della storiografia

Riconduci ciascuna delle seguenti espressioni allo storico che l'ha utilizzata e contestualizzala rispetto alla tesi sostenuta nei testi che hai letto (massimo 5 righe).

a) La moneta assumeva diversi significati.

b) La competizione tra Stati europei assunse una dimensione mondiale.

c) L'espansione geografica, commerciale e territoriale europea mise in contatto tra loro mercati che erano precedentemente segmentati.

d) Ritmi diversi caratterizzano la storia dei prezzi tra i vari paesi.

● Storie A CONFRONTO

Individua la tesi di fondo dei due testi proposti aiutandoti con lo schema di inizio sezione e compila la seguente scheda di sintesi e comparazione dei documenti.

	L'affermazione del commercio europeo sul pianeta: un percorso incerto	*La moneta e i prezzi: integrazioni, fluttuazioni, divergenze*
TESI		
ARGOMENTAZIONI		
PAROLE CHIAVE		

● Dal dibattito storiografico al DEBATE

Globalizzazione: pro o contro?

Riportiamo parte del lemma "Globalizzazione" pubblicato nell'Enciclopedia Treccani: «Termine adoperato, a partire dagli anni 1990, per indicare un insieme assai ampio di fenomeni, connessi con la crescita dell'integrazione economica, sociale e culturale tra le diverse aree del mondo».

a) **Creazione dei gruppi di lavoro** La classe si divide in due gruppi che sostengono tesi opposte:

   Gruppo 1: Pro globalizzazione

   Gruppo 2: Contro globalizzazione

b) **competenza DIGITALE** **Laboratorio di ricerca a casa e in classe** In classe si propone la lettura integrale del lemma che l'Enciclopedia online Treccani dedica a "Globalizzazione" (www.treccani.it/enciclopedia/globalizzazione/). In seguito, all'interno di ciascun gruppo, con la guida dell'insegnante, vengono raccolte informazioni sull'utilizzo del termine in ambito storico-economico.

c) **Preparazione di argomentazioni e controargomentazioni** Ciascun gruppo prepara le proprie argomentazioni e riflette sulle possibili repliche alle tesi del gruppo antagonista.

d) **Dibattito** Ciascun gruppo sceglie uno o più relatori che espongano almeno tre argomentazioni a favore della propria tesi, sostenendole con prove della loro validità (esempi, analogie, fatti concreti, dati statistici, opinioni autorevoli, principi universalmente riconosciuti, ecc.). In seguito, ciascun gruppo espone le controargomentazioni rispetto alle argomentazioni antagoniste. Con la guida dell'insegnante si conclude il dibattito con la sintesi e il bilanciamento delle posizioni.

617

CLIL

II CLIL p. 620

The Discovery of "New Worlds" p. 624

Il CLIL

L'Unione Europea considera il **plurilinguismo** dei cittadini europei uno strumento prioritario per favorire la conoscenza reciproca dei popoli, per garantire la coesistenza di comunità linguistiche diverse all'interno di determinate aree geografiche, per sostenere i giovani nel loro ingresso nel mondo del lavoro. Per questo fin dal Piano d'azione 2004-06, e poi in tutti i documenti successivi, le indicazioni ufficiali pongono l'accento su alcuni percorsi ritenuti particolarmente efficaci a questo scopo, primo fra tutti la didattica **CLIL**. La metodologia CLIL, acronimo di *Content and Language Integrated Learning*, sta a indicare l'apprendimento integrato di una disciplina non linguistica e di una lingua straniera. La normativa italiana prevede l'introduzione di percorsi CLIL a partire dal terzo anno del Liceo Linguistico e dal quinto anno per tutti gli Istituti di Istruzione Secondaria di Secondo Grado. Nel testo che viene presentato la lingua straniera è l'inglese e la disciplina è la storia.

Com'è organizzato il modulo

USO DI STRATEGIE: WARM UP E BRAINSTORMING

Il modulo è introdotto da attività che permettono di recuperare ciò che già si conosce e di presentare un nuovo argomento.

Il WARM UP (riscaldamento) è costruito sull'analisi di immagini che introducono al tema specifico, fornisce esempi di terminologia disciplinare in inglese e guida il confronto tra situazioni diverse nel tempo (BEFORE-AFTER).

Il BRAINSTORMING è un esercizio da svolgere in coppia e richiede di riflettere su ciò che già si conosce e su ciò che invece si vorrebbe conoscere relativamente all'argomento proposto.

ABILITÀ LINGUISTICHE: INPUT E MATERIALS

Le attività proposte nelle fasi di **INPUT** e **MATERIALS** sono finalizzate a sviluppare abilità di listening, reading, speaking e writing.

- Il **listening** è l'abilità di ascolto ed è potenziato grazie alla disponibilità di registrazioni che, all'inizio del modulo, introducono al tema fornendo il supporto lessicale necessario.
- Il **reading** è l'abilità di lettura ed è potenziato grazie alla presenza di testi corredati di esercizi di lessico e di attività di comprensione graduate.
- Alcune delle attività proposte richiedono l'esercizio dell'abilità di **speaking**. La comunicazione orale in lingua straniera può avvenire con il docente o tra compagni. In ogni caso si tratta di una sfida linguistica e cognitiva che coinvolge anche il piano emotivo.
- Le attività di **writing** vengono proposte in forme graduate, dalle più semplici, come completare linee del tempo, grafici e tabelle, alle più complesse, come scrivere un breve saggio seguendo una traccia data.

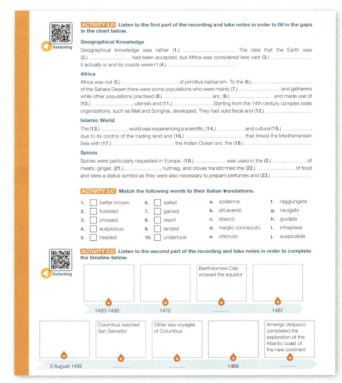

L'attività di listening della fase di **INPUT** è divisa in due parti, in modo da facilitare la concentrazione.
Ciascuna delle due parti richiede attività di comprensione linguistica e del contenuto anche con l'uso di organizzatori grafici, per esempio mappe concettuali, tabelle o linee del tempo. Questi strumenti consentono di identificare gli eventi chiave in un periodo storico, di ordinarli cronologicamente e di stabilire tra essi relazioni causa-effetto. La registrazione è sempre introdotta da un esercizio di lessico.

I **MATERIALS** sono orali, iconografici e testuali, forniti come strumento di lavoro sul contenuto e come supporto linguistico. Per facilitare la comprensione delle informazioni e l'elaborazione delle conoscenze i materiali sono stati **semplificati** e **adattati** a più livelli:

- nel **lessico specifico** della disciplina, che è introdotto con glossari e spiegazioni, in lingua italiana o in lingua straniera per i diversi livelli di competenza;
- nella **frase**, che è stata modificata tenendo in considerazione le competenze linguistiche. Le forme sintattiche più complesse (proposizioni relative, forme passive, costruzioni ipotetiche) sono state trasformate in forme più semplici;
- nel **testo**, che contiene le informazioni essenziali e a cui corrispondono specifiche attività.

Tutti i materiali sono accompagnati da attività che possono essere svolte individualmente, in coppia o in gruppo con modalità diverse.

- **Esercizi** di diverse tipologie. Per esempio domande aperte, vero/falso, completamento di testo, abbinamento e risposta multipla.
- Analisi di una **carta geo-storica**. Le carte sono un'importante risorsa per lo studio della storia e possono essere lette grazie a un sistema di simboli che si impara a decodificare. Le attività proposte guidano nell'analisi delle carte, nell'organizzazione, nella comprensione delle informazioni nonché nel loro uso per sviluppare ipotesi e giungere a conclusioni.
- Analisi di un **grafico**. I grafici comunicano le informazioni visivamente, e richiedono la capacità di leggerne i dati e di metterli in relazione.
- Analisi di un'**immagine**. Le attività presentate guidano nella descrizione, nella contestualizzazione e nel commento critico.

Per ogni esercizio viene specificato se si tratta di attività individuali, di coppia o di gruppo, orali o scritte.

Il modulo contiene un'attività basata su una fonte storica (PRIMARY SOURCE). Le attività proposte guidano nell'analisi, interpretazione e nella valutazione critica del documento, e richiedono anche l'elaborazione di un'opinione personale sul suo significato.

FINAL TASK

Tutte le attività proposte nel modulo sono finalizzate alla realizzazione del task finale (FINAL TASK). Il task è un compito complesso che richiede un **piano di lavoro** o un **progetto**, si presenta come problema da risolvere, implica l'applicazione di conoscenze e competenze e ha come risultato (*output*) un prodotto che deve essere illustrato o comunicato, in forma orale o scritta, nella lingua CLIL. Nel modulo viene specificato se il task richiede un lavoro individuale, di coppia o di gruppo, quali sono le procedure da seguire e quali devono essere i caratteri del prodotto finale e della sua comunicazione. La realizzazione del task finale consente di utilizzare il lessico disciplinare, i contenuti appresi e le analisi critiche relative all'argomento sviluppato.

623

CLIL

The Discovery of "New Worlds"

Between the end of the 15th century and the beginning of the 16th century there was a decisive turn in world history, which was the arrival of European navigators to regions that had been unknown up to that time. Today historians focus on the "conquest" rather than the "discovery" of the New World because Europe had imposed its hegemony on those areas of the world.

WARM UP

ACTIVITY 1.A Complete the chart indicating which words can be attributed to Image A or Image B.

- new visible continental coastlines • round map • islands in Central America • India unidentifiable
- undefined Africa • a single mass of land • water surrounds the entire earth • lands divided by oceans • India identifiable • rectangular map • well defined African continent • only one hemisphere

Image A	
Image B	

BEFORE

▲ **Image A.** *Fra Mauro's Mappa Mundi*, around 1459-1460, Venice, Biblioteca Nazionale Marciana.

AFTER

▲ **Image B.** *Alberto Cantino's World map*, 1502, Modena, Biblioteca Estense.

ACTIVITY 1.B Using the words given in Activity 1.A write a description comparing the two maps.

Sample: In image A I can see that the map is … while in image B I can see that the map is …

The Discovery of "New Worlds"

BRAINSTORMING

ACTIVITY 2.A Work in pairs and write three things you remember about the European monarchic states.

What do I remember about the European monarchic states?

....
....
....
....

ACTIVITY 2.B Work in pairs and write three things you know about the discovery voyages during the Modern Age.

What do I already know about the discovery voyages during the Modern Age?

....
....
....
....

ACTIVITY 2.C Work in pairs and write three things you want to know about the consequences of the discovery of the American Continent.

What do I want to know about the consequences of the discovery of the American Continent?

....
....
....
....

INPUT

ACTIVITY 3.A Match the following words to their Italian translations.

1.	even if	11.	trade	a.	approfittò	k.	cannella
2.	wealth	12.	due to	b.	percorsi	l.	sferico
3.	spherical	13.	commodities	c.	noce moscata	m.	cacciatori
4.	knowledge	14.	resort to	d.	dovuto a	n.	raccoglitori
5.	hunters	15.	slaves	e.	chiodi di garofano	o.	allevamenti
6.	gatherers	16.	preservation	f.	affidarsi a	p.	merci
7.	breeding	17.	ginger	g.	schiavi	q.	anche se
8.	utensils	18.	cinnamon	h.	conservazione	r.	attrezzi
9.	took advantage	19.	nutmeg	i.	zenzero	s.	conoscenza
10.	routes	20.	cloves	j.	ricchezza	t.	commercio

625

CLIL | THE BIRTH OF THE MODERN WORLD [1480-1600]

listening

ACTIVITY 3.B Listen to the first part of the recording and take notes in order to fill in the gaps in the chart below.

Geographical Knowledge
Geographical knowledge was rather (**1.**) .... The idea that the Earth was (**2.**) .... had been accepted, but Africa was considered less vast (**3.**) .... it actually is and its coasts weren't (**4.**) ....

Africa
Africa was not (**5.**) .... of primitive barbarism. To the (**6.**) .... of the Sahara Desert there were some populations who were mainly (**7.**) .... and gatherers while other populations practised (**8.**) .... and (**9.**) .... and made use of (**10.**) ...., utensils and (**11.**) .... Starting from the 14th century complex state organizations, such as Mali and Songhai, developed. They had solid fiscal and (**12.**) ....

Islamic World
The (**13.**) .... world was experiencing a scientific, (**14.**) .... and cultural (**15.**) ...., due to its control of the trading land and (**16.**) .... that linked the Mediterranean Sea with (**17.**) .... , the Indian Ocean and the (**18.**) ....

Spices
Spices were particularly requested in Europe. (**19.**) .... was used in the (**0.**) .... of meats; ginger, (**21.**) ...., nutmeg, and cloves transformed the (**22.**) .... of food and were a status symbol as they were also necessary to prepare perfumes and (**23.**) ....

ACTIVITY 3.C Match the following words to their Italian translations.

1. ☐ better known	6. ☐ sailed	a. sostenne	f. raggiungere
2. ☐ fostered	7. ☐ gained	b. attraversò	g. navigato
3. ☐ crossed	8. ☐ reach	c. sbarcò	h. guidata
4. ☐ auspicious	9. ☐ landed	d. meglio conosciuto	I. intraprese
5. ☐ headed	10. ☐ undertook	e. ottenuto	j. auspicabile

listening

ACTIVITY 3.D Listen to the second part of the recording and take notes in order to complete the timeline below.

| 1420-1430 | 1472 | Bartholomew Diaz crossed the equator .... | 1487 |

| 3 August 1492 | Columbus reached San Salvador .... | Other sea voyages of Columbus .... | 1498 | Amerigo Vespucci completed the exploration of the Atlantic coast of the new continent .... |

626

The Discovery of "New Worlds"

MATERIALS

The First Image of the "New World"

When Columbus came back from his first expedition he sent a letter to Luis de Santángel, the secretary of the Royal Treasury, to describe the inhabitants and the new lands that he had explored. Columbus had read reports by missionaries, travel literature and works of fiction. He had expected to meet cannibals and Amazons, and find goldfields, but in reality he met a few frightened natives who were attracted by objects of small value and were ready to accept the Christian religion. His point of view was that of a conqueror. In fact, he was sure that the natives could provide important resources such as precious goods and serve as a workforce for the Spanish monarchy.

PRIMARY SOURCE from **The letter of Christopher Columbus to Luis de Santángel, 1493**

They never refuse anything that is asked for. They even offer it themselves, and show so much love that they would give their very hearts. Whether it be anything of great or small value, with any trifle of whatever kind, they are satisfied.

They have no iron or steel, nor weapons, nor are they suited for them, because although they are well-made men of commanding stature, they appear extraordinarily timid.

They have no religion, nor idolatry, except that they all believe power and goodness to be in heaven. They firmly believed that I, with my ships and men, came from heaven, and with this idea I have been received everywhere, since they lost fear of me.

As for monsters, I have found not trace of them except at the point in the second isle as one enters the Indies, which is inhabited by a people considered in all the isles as most ferocious, who eat human flesh. They possess many canoes, with which they overrun all the isles of India, stealing and seizing all they can. They are not worse looking than the others, except that they wear their hair long like women, and use bows and arrows of the same cane, with a sharp stick at the end for want of iron, of which they have none. They are ferocious compared to these other races, who are extremely cowardly; but I only hear this from the others.

ACTIVITY 4.A Match the following words to their Italian translations.

1. ☐ provide
2. ☐ trifle
3. ☐ suited
4. ☐ commanding
5. ☐ idolatry
6. ☐ flesh
7. ☐ overrun
8. ☐ seizing
9. ☐ cane
10. ☐ cowardly

a. invadere
b. idolatria
c. impadronendosi
d. fornire
e. codardi
f. canna
g. imponente
h. carne
i. adatti
j. paccottiglia

ACTIVITY 4.B Answer the following questions, after reading the text above.

1. Why did Columbus write a letter to Luis de Santángel?
2. What were the natives he met like?
3. What did the natives believe came from Heaven?
4. Why did the people of the Isles have a reputation for being ferocious?

ACTIVITY 4.C Reread the text and use three different colours to underline the information relative to the physical, cultural and behavioural characteristics of the natives, as they were described by Christopher Columbus.

CLIL | THE BIRTH OF THE MODERN WORLD [1480-1600]

American Indian Cultures

When Christopher Columbus landed on the island of San Salvador he only met a few, poor natives, but the continent that would be named America was inhabited by 80 million people. The aboriginal American Indian cultures, or pre-Columbian civilizations, evolved in Mesoamerica (part of Mexico and Central America) and in the Andean region (western South America) prior to Spanish explorations and conquests in the 16th century. The Maya, the Aztecs and the Inca had different social, political and economic organizations, but shared some characteristics. They practised sedentary village farming based on few products: corn, beans, tomatoes, potatoes, manioc and cacao trees. The presence of state organizations was visible in their impressive public works, such as monumental buildings for religious use and networks of roads and canals used to transport food and handicrafts.

The Maya were indigenous people who had continuously inhabited the lands from Mexico to southern Central America. Their political organization was based on city-states, metropolises of enormous size and influence. They were built around ceremonial centres and characterized by elaborate and highly decorated architecture, including temple-pyramids, palaces and observatories, that were built without metal tools. The Maya developed astronomy, a calendrical system that calculated 365 days in a year, and hieroglyphic writing.

When the Europeans arrived to the American continent, the Maya civilization was in decline. From the beginning of the 14th century the Aztecs had settled in central Mexico, and had founded their capital city, Tenochtitlán, today called Mexico City. At its greatest extent the Aztec Empire covered most of northern Mesoamerica from the Atlantic to the Pacific coasts, and included around 25 million inhabitants. The imperial title was hereditary and the society had a strict hierarchical structure. The sovereigns and the nobles had absolute supremacy in the communities that were formed by clans. In the Aztec social system the army played a dominant role. War was considered to be a religious duty and a way to obtain tributes and prisoners. These prisoners were frequently sacrificed to metaphorically "feed" the gods.

▲ Ancient American civilizations.

While the Maya and the Aztecs occupied large areas in the central part of the American continent, another civilization flourished in South America. The Inca Empire extended across western South America, down the Pacific coast and along the Andes. The state had a complex organization. A great number of governors administered the territory for the Emperor who was considered a demigod and controlled the army, religion and economic affairs. The entire society was founded on rural communities where self-sufficient farmers grew corn, potatoes and squash and bred llamas, alpacas and dogs. Taxes were paid through forced labour, which was needed to build temples and a roadway system that added up to approximately 15,000 miles.

The Discovery of "New Worlds"

ACTIVITY 4.D **Select whether the sentences are true (T) or false (F). Correct the false ones.**

1. Christopher Columbus landed in America which had few inhabitants. ⬜T ⬜F
2. The Maya, the Aztecs and the Inca shared the practice of sedentary village farming. ⬜T ⬜F
3. Food and handicrafts were transported thanks to a network of roads and canals. ⬜T ⬜F
4. City-states were characterized by palaces and observatories built using iron and steel. ⬜T ⬜F
5. The social system of the Aztecs was dominated by religion and war. ⬜T ⬜F
6. In the Aztec society power was distributed within the communities. ⬜T ⬜F
7. The Inca Emperor was considered to be a sort of god. ⬜T ⬜F
8. At its height, the Inca Empire included 15,000 miles of roads stretching from Mexico to Chile. ⬜T ⬜F

ACTIVITY 4.E **Read the following paragraphs and then put them in the correct order to describe the conquest of Central and South America by the Spaniards. The first one is given.**

The Conquest

A ⬜1 When Christopher Columbus reached the Caribbean Islands in 1492 the main objective for the Spaniards was to try to find gold, but in spite of the cruel exploitation of the native populations, the result was not what they had hoped for.

B ⬜ Atahuallpa was put to death by strangulation in August 1533.

C ⬜ In 1519 Hernán Cortés left Cuba with only 500 soldiers and arrived in Tenochtitlán without meeting resistance. There he was cordially and respectfully received by Montezuma II, the ruler of the Aztec Empire of Mexico, who probably believed Cortés was the reincarnation of the god Quetzalcóatl. The Spaniards' actions, on the contrary, were extremely aggressive. Montezuma was taken prisoner and later died during an internal uprising.

D ⬜ As a consequence from 1517 they started to penetrate the mainland, taking advantage of their firearms. The protagonists of this new phase were the conquistadors who were soldiers that had a great desire for adventure but were mainly in search of wealth and power.

E ⬜ Francisco Pizarro and Diego de Almagro carried out an even more incredible action. They set sail from Panama with one ship, 180 men, and 37 horses, and headed for the Reign of Peru. In 1531 they met the Inca army and defeated it in spite of their inferiority in numbers. Atahuallpa was held hostage and failed to win his release even if he had fulfilled his promise to pay the Spaniards a large ransom in gold.

F ⬜ The Aztecs eventually drove the Spaniards from Tenochtitlán, but Cortés returned to defeat the natives and took the city in 1521. The indigenous resistance ended and a new city called Mexico was built. The Reign of Spain founded the Viceroyalty of New Spain.

G ⬜ Then Pizarro progressed toward Cuzco, the royal capital, and occupied it in November 1533. The Viceroyalty of Peru was founded and a new capital city called Lima was built in 1535.

▲ Spain's American Empire.

CLIL | THE BIRTH OF THE MODERN WORLD [1480-1600]

ACTIVITY 4.F Referring to page 365 in your textbook, prepare a caption for the image using the following words:

- smallpox epidemic
- Franciscan missionary
- native culture
- manuscript

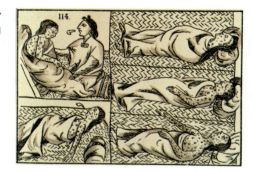

ACTIVITY 4.G Complete the text below by inserting the words given.

- punishment • secondly • gods • deaths • diseases • resist

The Reasons for the Collapse

How was the collapse of the great pre-Columbian Empires possible? How could a few men defeat larger, well trained armies? Many factors have to be considered to explain these events.

First of all the Aztecs and the Inca were internally divided and both were hated by the surrounding peoples that joined the Spaniards to fight their dominators. (**1.**) .... the natives were terrorized by horses and firearms that were unfamiliar to them and which they could not (**2.**) .... Moreover the pre-Columbian civilizations interpreted the arrival of the Spaniards in a religious way. They lived in constant fear of divine (**3.**) .... and constantly expected catastrophes. As a consequence, when the Aztecs and the Inca met the Spaniards they did not think they were men but (**4.**) .... who had arrived to punish them for their faults. Finally the Europeans spread contagious (**5.**) .... that the natives could not ward off as they had no natural immunity against them and no idea of how to treat them. Smallpox, typhoid fever, measles and influenza caused millions of (**6.**) .... One of the consequences was that the inhabitants of the Aztec Empire were reduced from 25 million to only one million in just 80 years.

ACTIVITY 4.H Combine part 1-5 to parts a-e to make complete sentences.

1. ☐ Peoples ruled by the Aztecs and the Inca joined the Spaniards
2. ☐ The natives could not resist
3. ☐ Pre-Columbian civilizations were expecting catastrophes
4. ☐ The Aztecs and the Inca believed that
5. ☐ The natives had no natural immunity against

a. which were considered to be a form of divine punishment.
b. the Spaniards were not men but gods.
c. the contagious diseases spread by the Europeans.
d. to fight their dominators.
e. horses and firearms.

ACTIVITY 4.I General revision

1. What trade routes did the merchants follow at the end of the Middle Ages and what did they trade?

The Discovery of "New Worlds"

2. Describe the different voyages undertaken by Vasco de Gama and Christopher Columbus to reach India.
3. Explain how Christopher Columbus describes his encounters with the inhabitants of the new lands he discovered.
4. What were the three main Pre-Columbian civilizations and what characteristics did they have in common?
5. Why did the great Pre-Columbian Empires collapse? Explain some of the reasons.

FINAL TASK

CASE STUDY Group work

Explorer	Years	Sponsor	Result
Bartholomew Diaz	1487	Portugal	Reaches Cape of Good Hope
Christopher Columbus	1492-1493	Spain	Discovers the islands of the Caribbean Sea
John Cabot	1497-1498	England	Reaches North America
Vasco de Gama	1497-1498	Portugal	First circumnavigation of Africa
Pedro Alvares Cabral	1500	Portugal	Claimed Brazil for Portugal
Amerigo Vespucci	1499-1502	Spain	Reaches and explores the coasts of Brazil
Ferdinand Magellan	1519-1522	Spain	First circumnavigation of the Earth
Giovanni da Verazzano	1524	France	Explores the Atlantic coast of North America

a. Students should divide into groups of three and choose one of the explorers from the chart above.
b. Next they should do some research to find information about the voyages undertaken by their chosen explorer.
c. With the information found they should prepare a PowerPoint presentation which includes:
  - a presentation of the explorer and his life;
  - a description of the voyage, the lands discovered and the inhabitants;
  - a map showing the sea routes of the voyage.
d. In the presentation each group should create a written page of the explorer's travel log in which the wonders and hardships encountered during the journey are described.
e. For each presentation the class should be able to complete the case study chart with the information presented.

Case Study Chart

	Group n.
Explorer's name	
Voyage period	
Started from	
Arrived to	
Description of the voyage	
Description of the land discovered	
Description of the inhabitants	
Further information	

VERSO L'ESAME

PREPARAZIONE ALLA PRIMA PROVA SCRITTA – TIPOLOGIA B
Analisi e produzione di un testo argomentativo

I testi argomentativi p. 634

T1 p. 636

T2 p. 643

T3 p. 652

VERSO L'ESAME

I testi argomentativi

Che cosa sono?

I testi argomentativi sostengono attraverso una serie di argomentazioni la validità di una tesi su un determinato problema, dimostrando eventualmente l'infondatezza di una o più opinioni contrarie (antitesi).

Quali caratteristiche hanno?

● Alcuni distinguono tra due tipi di testi argomentativi: quelli **persuasivi** (che affermano un punto di vista del tutto personale con argomenti soggettivi) e quelli **dimostrativi** (che puntano all'obiettività con argomenti oggettivi come dati, statistiche, fatti, norme).

● I testi argomentativi non si propongono di informare il destinatario (testo espositivo), intrattenerlo (testo narrativo), dare regole o ordini (testo regolativo), esprimere stati d'animo e pensieri (testo espressivo), descrivere qualcosa (testo descrittivo). La finalità del testo argomentativo è **convincere il destinatario della validità della tesi**.

● Hanno questa finalità **testi scritti**, **testi che intrecciano parti scritte e parti grafiche** e anche **discorsi pronunciati oralmente**. Rientrano in questa tipologia, per esempio, saggi scientifici e tesi universitarie, articoli d'opinione, recensioni, pubblicità, arringhe giudiziarie, discorsi e dibattiti politici, temi e brevi testi scritti per la scuola.

● Ciascuna tipologia tiene conto (per calibrare il registro, gli argomenti e la quantità di argomenti da utilizzare) del tipo di **destinatario** da raggiungere: una commissione di laurea, la comunità scientifica, i lettori di un quotidiano o di un supplemento culturale, il pubblico dei consumatori, i giudici, il pubblico degli elettori, l'insegnante o una commissione d'esame.

● Per argomentare una tesi e dimostrare eventualmente l'infondatezza dell'antitesi è possibile fare ricorso ad alcune strategie:

• **argomenti concreti** → esempi, dati, statistiche, eventi;

- **argomenti d'autorità** → citazioni di pareri di esperti, voci d'enciclopedia, leggi e regolamenti;

- **argomenti comuni** → principi generalmente condivisibili;

- **argomenti pragmatici** → illustrazione dei vantaggi della tesi e degli svantaggi dell'antitesi;

- **argomenti logici** → ragionamenti di tipo **deduttivo** (si parte da un principio generale per calarsi su uno o più casi particolari); **induttivo** (si parte dall'osservazione di un caso o di più casi per arrivare a conclusioni generali); **analogico** (si stabilisce un confronto tra fenomeni o situazioni analoghi per sottolinearne affinità e differenze).

● Per quanto riguarda l'**organizzazione del testo**, possiamo prevedere diversi possibili schemi. Ecco qualche esempio:

- presentazione del problema – enunciazione della tesi – argomenti a favore della tesi – rafforzamento e completamento della tesi;

- presentazione del problema – enunciazione della tesi – argomenti a favore della tesi – presentazione dell'antitesi – argomenti a favore dell'antitesi – confutazione dell'antitesi – rafforzamento e completamento della tesi;

- presentazione del problema – enunciazione dell'antitesi – argomenti a favore dell'antitesi – confutazione dell'antitesi – enunciazione della tesi – argomenti a favore della tesi – rafforzamento e completamento della tesi.

● A livello **formale**, il testo argomentativo adotta una gamma molto ampia di accorgimenti. Possiamo individuare tuttavia alcuni criteri condivisi nella prassi scolastica:

- divisione in brevi **paragrafi**;

- utilizzo dell'**ipotassi** per indicare cause, conseguenze, finalità, concessioni, distinguo, obiezioni;

- utilizzo di un **lessico preciso e chiaro**, che attinge al **linguaggio specialistico** in base al destinatario da raggiungere;

- utilizzo della **terza persona** per dare più autorevolezza alla dimostrazione.

VERSO L'ESAME

T1 Francesco e Xi Jinping, l'asimmetrica partita dei due imperatori

Martina Cvajner e Giuseppe Sciortino, *Limes*, Il mondo dopo Wall Street, 2008

> Cina e Santa Sede sono due entità diverse ma entrambe imperiali. Pechino vorrebbe che l'intesa con il Vaticano contribuisse a sedare i sinofobi americani, ma teme le intrusioni politiche dei vescovi cinesi. Ricordando Lutero.

L'avvicinamento tra Santa Sede e Cina ha mille facce. Sono in gioco questioni di fede, di avvicinamento di anime, di tensione verso l'aldilà, ma anche di comunicazione con l'al di qua. Tutti punti importantissimi. Ma vista dalla Cina la partita è essenzialmente di potere. Geopolitica. Per il beneficio dell'incontro è dunque opportuno capire la posizione cinese. In tre atti, come nelle tragedie classiche.

Confronto tra imperi

La Santa Sede è innanzitutto un impero che deve essere comparato con quello che di fatto è l'impero cinese. Capire l'impero cinese è più semplice di quanto spesso si immagini. Perché è un insieme etnicamente piuttosto omogeneo, che oggi conta circa 1,4 miliardi di anime. Di queste, circa il 95% sono di etnia cinese e parlano o capiscono il mandarino. Dal 1980 Pechino ha imposto con durezza la politica del figlio unico, che ha sottratto alla sua popolazione in quarant'anni forse 400 milioni di nuovi cittadini. Già addolcita, in questi giorni la legge del figlio unico potrebbe essere completamente eliminata. Ciò potrebbe di nuovo rilanciare le nascite e quindi la crescita della popolazione, evitando la trappola dell'invecchiamento progressivo della nazione, con impatto evidente sulla qualità della vita e sullo sviluppo economico.

La Cina è dunque la più grande massa unitaria di popolazione su questo pianeta. Inoltre, dal 1980 la sua economia è cresciuta mediamente di oltre l'8% all'anno, cifra che garantisce il raddoppio del pil ogni dodici anni. In questo quarantennio la ricchezza dei cinesi è aumentata di circa il 3000%. […]

Che cosa è il Vaticano? Visto nella sua essenzialità si tratta di mezzo chilometro quadrato incastonato nel centro della capitale d'Italia, con nemmeno un migliaio di abitanti che entrano e escono liberamente dai suoi confini. Ai cinesi pare di primo acchito una curiosità geopolitica, come San Marino o Andorra. Ma la vera dimensione della Chiesa prescinde dal minimo spazio e dagli scarsi abitanti del Vaticano. **È la più grande entità religiosa unitaria del pianeta**. La Chiesa conta 1,3 miliardi di battezzati nel mondo, quasi quanti sono i cinesi. Il loro numero sta aumentando, specialmente in Africa, fra tutti il continente con la maggiore crescita demografica. Ma il massimo serbatoio di potenziali fedeli da evangelizzare è l'Asia e in particolare la Cina, dove i cattolici restano piccola minoranza. […]

Quello vaticano è quindi un impero leggero, morbido, a cerchi concentrici, con influenza diretta e via via sempre più indiretta sulla metà circa della popolazione globale: in tutto quasi 4 miliardi di persone. **Papa Francesco** ha rimarcato più volte di non essere semplicemente interessato ai "suoi", di voler parlare a tutto il mondo, anche ai cinesi e agli indiani che non sono cristiani o musulmani, ai tanti animisti sparsi per il mondo, agli atei e agli agnostici.

Ma che tipo di autorità ha il papa sul suo impero? In Cina è chiaro chi comanda: il presidente Xi Jinping, o chi per lui, ha potere di vita o di morte sui suoi soggetti. Il funzionario che non gli obbedisce può essere licenziato, mandato in prigione o addirittura giustiziato. Viceversa il papa, come appare chiaro dalla catena di scandali e rivelazioni vere o false che continua a investire la Santa Sede, non ha o non vuole avere il potere nemmeno di licenziare i suoi collaboratori che mancano alle norme più elementari di sicurezza e di riservatezza. **Un potere senza potere, visto da Pechino**. Un potere quasi inutile.

Eppure non è così. Le polemiche dilagate sulla stampa mondiale sulle mancanze del papa o della Curia romana, le spinosissime controversie sulla normalizzazione delle relazioni tra Santa Sede e Cina, rivelano il potere anomalo ma reale del papa e della sua Chiesa. Potere che ad alcuni può apparire persino superiore a quello del presidente cinese. Infatti nel 2015, quando le visite di Stato in America di Xi Jinping e del papa quasi coincisero, i politici e il pubblico americano diedero molta più importanza al papa rispetto al presidente/imperatore della Cina. Per molti cinesi fu una specie di shock culturale.

Qui sta il dramma e la confusione della Cina nel confronto con il Vaticano. Se la Santa Sede non è un potere reale, non conta, è inutile, non vale la pena parlarci. Se è un potere reale, che conta, ha un irradiamento immenso, allora va considerato e affrontato con estrema cautela. Nei decenni passati l'atteggiamento predominante a Pechino era il primo. Negli ultimi anni comincia a rivelarsi il secondo. **Xi Jinping è convinto che con la Chiesa cattolica romana bisogna dialogare**, ma occorre evitare che futuri cambi di linea a Roma – per esempio l'avvento di un papa avverso a Pechino o comunque meno disponibile al dialogo – influenzino direttamente l'opinione pubblica, la politica interna e la postura geopolitica della Cina.

Rischi di corto circuito

Ma come può il potere cinese, che per tradizione imperiale è assoluto entro il suo territorio, incrociarsi e trovare il modo di convivere con il potere della Chiesa? Qui si tocca l'identità stessa dello Stato cinese. Il primo impero unificato conferì un'autorità quasi divina all'imperatore. L'ideogramma che lo descrive (*wang*) è formato da tre linee parallele orizzontali unificate al centro da una linea verticale, a disegnare l'entità che unificava i tre mondi – il cielo, la società umana, la natura. Sicché l'imperatore cinese riuniva in sé caratteri religiosi e geopolitici, similmente al faraone egiziano. Niente a che vedere con la *polis* greca o con la repubblica romana, basi della concezione occidentale dello Stato.

In Occidente si è stabilita una dicotomia tra potere della Chiesa e potere dello Stato. Tale dicotomia non si è mai data in Cina. Dove non è mai esistita una vera e propria religione di Stato. Per secoli i cinesi sono stati liberi di praticare e seguire qualunque religione preferissero. Ma vigeva il principio che l'autorità ultima all'interno della Cina, superiore a qualsiasi fede, spettava all'imperatore.

Questo principio si rivelò ad esempio fondamentale nella controversia sui riti che separò i gesuiti da francescani e domenicani nel XVII e XVIII secolo. La scommessa dei

VERSO L'ESAME

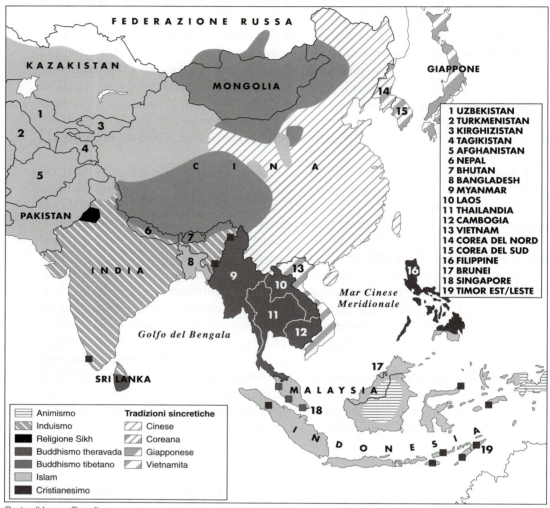

Carta di Laura Canali

gesuiti era di risolvere la contraddizione convertendo l'imperatore e per conseguenza tutta la Cina. Scommessa quasi neocostantiniana: si trattava di fare dell'imperatore e dell'impero cinese quello che i cristiani nel quarto secolo avevano fatto con Costantino e con l'impero romano. La scommessa fallì perché i gesuiti cedettero a due spinte opposte e contrarie: l'imperatore cinese non si convertì perché il cristianesimo non s'era adattato sufficientemente alla realtà cinese, mentre la Chiesa non si era inculturata fino in fondo perché temeva di corrompersi e quindi autodistruggersi.

Oggi la situazione è molto diversa, ma esistono punti di contatto con il passato. La diversità fondamentale è che oggi il presidente cinese non pretende di avere alcuna autorità religiosa. Inoltre, l'ideologia dominante è quella marxista, esplicitamente atea, areligiosa ma non antireligiosa. Quanto alla Chiesa, con la fine dello Stato Pontificio ha smesso ogni pretesa di potere temporale. Perciò le "zone di autorità" di governo cinese e Santa Sede non si toccano: l'una è politico-civile, l'altra spirituale-religiosa. **Si tratta quindi di inventare uno spazio in cui Cina e Chiesa possano convivere**.

Di fatto però esiste un'enorme zona grigia nella quale i due poteri si toccano e si incontrano. Lo scopriamo studiando la questione della **nomina dei vescovi**, fondamentale per la Chiesa. I vescovi sono i garanti dell'unione nella fede tra comunità locale dei credenti e papa, egli stesso vescovo, la cui autorità gli deriva dall'essere successore di Pietro e capo della Chiesa di Roma. Ma i vescovi incarnano anche un forte potere sociale, sicché in territorio cinese potrebbero esercitare una sorta di autorità non solo religiosa.

Lo spinoso problema dei rapporti fra episcopati locali e Roma corre lungo tutta la storia della Chiesa. Difatti richiama **la questione delle investiture** che ha tormentato i rapporti tra il papa e il sovrano del Sacro Romano Impero nel Medioevo. Negli anni Ottanta e Novanta dello scorso secolo, quando la Chiesa cercava un rapporto con la Cina, tale questione era stata affrontata e gestita dalla Associazione patriottica cattolica cinese, cui il presidente/imperatore aveva concesso poteri speciali di autonomia nei rapporti con lo "straniero" (il Vaticano in questo caso), in maniera simile a quello che accadeva nei periodi imperiali. Allora l'autorità suprema dell'Impero del Centro serbava il suo potere complessivo ma concedeva delle *enclave* religioso-culturali a varie entità di fede. Queste concessioni però avevano creato confusioni profonde nella società e nel sistema cinese, come fu chiaro all'inizio degli anni Duemila. Tutti i vescovi nominati da Pechino avevano chiesto perdono al papa di nascosto dalle autorità della Repubblica Popolare. Dal punto di vista del puro potere Pechino pensava di poter contare su metà dei vescovi come suoi, essendo l'altra metà legata al papa, e di poter trattare con Roma sulla base di tale bipartizione.

Dopo il 2000 Pechino si rese conto che il papa aveva in realtà tutti i vescovi dalla "sua parte", cioè tutti avevano chiesto di essere riconosciuti dal papa di nascosto da Pechino, sicché non aveva niente su cui trattare. Questo diede inizio a un profondo ripensamento di tutta la questione vaticana da parte della Cina. Le autorità cinesi compresero che il nesso tra vescovi e papa era intoccabile per la Chiesa cattolica. Ciò portò gradualmente Pechino all'ammissione di principio dell'autorità religiosa del papa in Cina.

Ma qui si crea un corto circuito nell'incontro dei poteri del papa e del presidente/imperatore cinese. Se il potere del papa nella Chiesa e sui vescovi è relativamente debole, come abbiamo visto nel primo atto, perché Francesco insiste tanto nel pretendere di nominare i vescovi? E se invece il potere del papa sui vescovi locali è forte, perché non riesce a rimetterli in riga, a imporre la sua linea dialogante con la Cina alle tante frange cattoliche che ogni giorno cercano di sabotarla?

Naturalmente la Cina non pone queste domande in modo diretto. E a questi interrogativi è molto difficile trovare risposte compiute da parte della Chiesa, perché non ricadono entro un ordine politico ma investono aspetti religiosi particolari, che appaiono esoterici alla Cina, estranea alla tradizione cristiana. In mancanza di risposte compiute e comprensibili da parte della Santa Sede su tale questione, Pechino chiede maggiori garanzie amministrative sul suo territorio per la vita della Chiesa. Ma ciò crea problemi e lacerazioni alla Chiesa stessa, per la quale la questione cinese è importante, ma deve essere ricompresa in un contesto molto più ampio.

VERSO L'ESAME

Ricordando Lutero

Dai **cortocircuiti fra politica e religione** si passa a questioni che sono principalmente geopolitiche. Mentre nel recente passato i colloqui tra Cina e Santa Sede avvenivano in un'atmosfera relativamente tranquilla sia su scala internazionale che all'interno dei due soggetti, negli ultimi anni la situazione è cambiata. C'è tensione crescente tra America e Cina. Washington e altre capitali del mondo occidentale temono che la normalizzazione dei rapporti tra Santa Sede e Repubblica Popolare Cinese sia di ostacolo al confronto duro che stanno perseguendo con Pechino. Allo stesso tempo, oggi gravi questioni morali – dalla comunione ai divorziati al rispetto degli omosessuali – e di autorità stanno lacerando la Chiesa. Le posizioni tradizionali della Chiesa su tali temi appaiono antiquate o incomprensibili alla gran parte delle società occidentali.

Allo stesso tempo, intorno a tali dispute e alle divisioni che provocano al suo interno si gioca l'unità della Chiesa universale. Molti cattolici tradizionalisti o comunque critici di Francesco, che vedono la Cina come un mostro comunista totalitario – specie negli Stati Uniti ma non solo – considerano le aperture del papa incomprensibili e pericolose. E attaccando il papa per le sue relazioni pericolose con Pechino intendono metterne in questione la strategia religiosa e geopolitica, giudicata fallimentare.

Quando nel 1517 Lutero affisse le sue celebri tesi, Roma probabilmente avrebbe potuto riassorbirlo, financo santificarlo come era stato tre secoli prima con san Francesco. Oppure avrebbe potuto semplicemente schiacciarlo o marginalizzarlo, come nel caso dei valdesi, quasi contemporanei di Francesco d'Assisi. Il fatto che Lutero sia diventato il padre della riforma protestante, levatrice della grande spaccatura geopolitica e culturale tra Europa del Nord e del Sud, lo si deve al contesto storico. Alcuni principi

LA CHIESA IN CINA (2016)

Numero di cattolici	9-10,5 milioni (stima)
Numero di diocesi	144 (112 diocesi + 31 diversi centri amministrativi) 96 (secondo il governo)
Numero di vescovi	**109**
Vescovi della chiesa ufficiale Vescovi della chiesa clandestina	72 37
Numero di sacerdoti	
Preti della chiesa ufficiale Preti della chiesa clandestina	2500 1300
Numero di seminari e seminaristi	
Seminari principali Seminari minori Seminari della Chiesa clandestina	9 seminari, con 464 seminaristi 20 seminari, con 300 seminaristi 10 seminari, con 200 seminaristi
Numero di suore (dati del 2015)	
Suore della Chiesa ufficiale Suore della Chiesa clandestina	3170 in circa 87 congregazioni 1400 in circa 37 congregazioni

Fonte: Holy Spirit Study Centre

tedeschi volevano ottenere autonomia e indipendenza dall'imperatore asburgico. Lutero fornì loro una bandiera e un'ideologia. Senza le ambizioni geopolitiche dei principi tedeschi la Chiesa non si sarebbe spaccata. Qualcosa di simile potrebbe accadere oggi? **La Cina potrebbe contribuire a dividere la Chiesa**, a produrre un altro scisma? E poi, come tenere insieme una Chiesa nella quale molti fedeli sono ostili a Pechino? E per di più nell'atmosfera di scontro fra impero americano e impero cinese?

Per Pechino l'ideale sarebbe che la Chiesa rimanesse unita e riuscisse a serbare nel suo grembo, sedandone le pulsioni sinofobe, quei fedeli americani e occidentali che parrebbero pronti a sostenere la guerra contro la Cina e non vogliono le riforme del papa. In tal caso la Chiesa di Roma avrebbe un valore per la Repubblica Popolare, che vuole evitare lo scontro con l'Occidente. Se viceversa la Chiesa rompesse sulla Cina, come vorrebbero molti cattolici americani e occidentali, il valore del Vaticano per Xi Jinping scadrebbe alquanto. Quanto a Francesco, teme di trovarsi nella situazione in cui più parla con Pechino più si allontana dall'America.

La questione dell'approccio del Vaticano alla Cina forse può essere affrontata solo in termini geopolitici. Se la Chiesa riesce a farsi ponte tra Cina e Stati Uniti non solo risolve tante sue diatribe interne ma crea uno spazio immenso per il futuro della sua missione evangelizzatrice. Se invece fallisce in questa alta mediazione geopolitica la Chiesa rischia di frantumarsi. O almeno di perdere rilevanza in modo esponenziale.

Il rischio per la Chiesa in Cina è quindi mille volte superiore a quello prodotto dagli scandali sessuali e finanziari che la dilaniano. Ma i vantaggi dell'eventuale intesa con Pechino sono forse tali da indurre Francesco a giocare fino in fondo la partita cinese.

● COMPRENSIONE DEL TESTO

Dopo un'attenta lettura del testo, rispondi alle domande.

a. Cina e Santa Sede, due imperi diversi e simili. Spiega perché. (massimo 10 righe)

b. La Cina potrebbe contribuire a dividere la Chiesa, a produrre un altro scisma? (massimo 10 righe)

VERSO L'ESAME

c. Esplicita il problema dei rapporti fra episcopati locali e Roma. (massimo 10 righe)

● ANALISI E RIASSUNTO

Riassumi il contenuto del testo dell'autore indicando gli snodi del suo ragionamento. Puoi aiutarti compilando la seguente scheda di sintesi.

	Francesco e Xi Jinping, l'asimmetrica partita dei due imperatori
Problema	
Tesi	
Antitesi	
Argomenti a favore della tesi	

● COMMENTO

L'autore propone un parallelismo tra la lotta per le investiture medievale e la diatriba sulle nomine dei vescovi della Curia cinese. Cerca di ricostruire la tesi dell'autore e di contestualizzarla rispetto alle tue conoscenze storiche sui conflitti tra papato e Impero tra l'XI e il XII secolo.

T2 L'etica protestante e la crisi del capitalismo

Paolo Naso, *Limes*, Alla guerra dell'euro, 2011

L'antico assunto weberiano che vede nel calvinismo il principio della virtù economica appare superato dai fatti. Oggi le locomotive globali esulano dal perimetro storico della Riforma, mentre l'Occidente annaspa nei debiti. Ma Calvino ha ancora qualcosa da dire.

1. **Che ne è dell'etica protestante** che secondo la celebre analisi di Max Weber avrebbe animato lo spirito del capitalismo e aperto le porte a un moderno pensiero politico ed economico? Ha ancora senso affermare la centralità di quella «ascesi intramondana» tipica del calvinismo, che già alla metà del Seicento seppe fondare quel «possente cosmo dell'economia moderna legata ai presupposti tecnici ed economici della produzione meccanica che oggi determina una forza coattiva invincibile [...] e forse continuerà a farlo finché non sia bruciato l'ultimo quintale di carbon fossile?»[1].

Si potrebbe facilmente obiettare che il carbon fossile ha fatto spazio al petrolio e all'atomo e che il capitalismo del XXI secolo ha una dimensione finanziaria sconosciuta al tempo della materialità produttiva delle prime rivoluzioni industriali. **Il paradigma weberiano che stabilisce un legame di necessità tra il capitalismo nascente e l'etica religiosa del calvinismo** – in particolare della sua espressione puritana in Olanda, Inghilterra e quindi nelle prime colonie americane – **potrebbe andare definitivamente in frantumi**.

E con esso buona parte della sociologia religiosa che guarda a Weber ancora con il rispetto che si deve a uno dei padri fondatori della disciplina. Insomma: è davvero esaurita la forza propulsiva della cosiddetta rivoluzione protestante[2]?

Ben consapevoli dei cento e passa anni che ci separano dall'analisi weberiana, in queste righe proveremo a verificare empiricamente il suo paradigma guardando ai fondamentali economici attuali di alcuni paesi nei quali la tradizione protestante ha avuto particolare fortuna culturale e sociale. Come noto, un tema tipicamente weberiano è quello del *Beruf* – mestiere, ma anche vocazione che Dio rivolge a ciascun uomo e che dovrebbe costituire la stella polare del cammino di ogni sincero credente.

In questo senso, *Beruf* non è fede, Chiesa o spazio sacro: nella sua accezione più ampia è piuttosto il senso profondo dell'agire cristiano, ciò che impegna a compiere alcune scelte e a evitarne altre. In opposizione alla tensione extramondana tipica della

---

1 M. Weber, *L'etica protestante e lo spirito del capitalismo*, Sansoni, Firenze 1965, p. 305.

2 W.G. Naphy, *La rivoluzione protestante: l'altro cristianesimo*, Cortina, Milano 2011.

VERSO L'ESAME

teologia medioevale e persino del luteranesimo, il *Beruf* produce un'ascesi intramondana e sposta l'ambito della vita di fede dal convento alla piazza o, seguendo il nostro filo di riflessione, al mercato.

È questa la drammatica frattura che libera il lavoro materiale da un'antica condanna teologica legata al peccato originale e gli apre nuovi orizzonti di senso. Non a caso, Weber cita il più grande poeta della tradizione puritana, John Milton, che vede Adamo abbandonare il Paradiso "perduto" senza alcuna nostalgia. L'umanità esce dall'Eden forte di un nuovo "sapere" profano che gli apre nuovi orizzonti e che darà senso al suo lavoro: «Meno allor ti dorrai del tuo perduto / Paradiso, ché un altro assai più bello, più felice di questo in te medesmo / ne sorgerà»[3].

«Dio vuole che il cristiano operi nella società, poiché vuole che la forma sociale della vita sia ordinata secondo i suoi comandamenti. [...] Il lavoro sociale del calvinista nel mondo è esclusivamente "ad maiorem gloriam Dei"»[4]. In questa prospettiva, il dovere professionale diventa «un'obbligazione morale»[5] e «l'ascesi non è più inquadrata nei tre voti monastici. La disciplina del matrimonio e della vita domestica sostituisce il celibato; la povertà cede il posto alla sobrietà e a una gestione dei beni materiali e del denaro indirizzata al risparmio e all'investimento»[6].

È facile comprendere come una teologia di questo genere abbia prodotto un'etica coerente, costruita su un'idea positiva del lavoro e quindi del guadagno come "ritorno" della propria azione e come quest'etica abbia modellato una particolare figura di imprenditore rigoroso, sobrio, determinato. Con una forzatura, potremmo affermare che in lui l'impegno per il profitto e la ricerca della salvezza si intrecciavano indissolubilmente, cosicché gli altri potessero dire di lui «God blessed his trade»[7].

Non è un caso che uno dei personaggi ai quali Weber dedica più pagine sia Benjamin Franklin, del quale non sappiamo dire se brillassero di più le doti di *homo puritanus* – per tradizione culturale più che per fede personale, dal momento che si definiva un teista – o quelle di *homo americanus*, tanto è forte l'intreccio tra la sua cultura religiosa e la sua celebrata virtù civile.

L'impegno patriottico, il successo negli affari, l'intelligenza messa a servizio di invenzioni utili a tutti – dal parafulmine alle lenti bifocali – sono gli elementi essenziali di una personalità che descrive meglio di tante parole cosa intendesse Weber all'inizio del secolo scorso per **intreccio tra *ethos* protestante e spirito del capitalismo**. Lo stesso valga per grandi capitalisti come Henry Ford o John D. Rockefeller, che potrebbero aver fatto propria la parola d'ordine di John Wesley, fondatore del metodismo: «Guadagna tutto quello che puoi, risparmia tutto quello che puoi, dona tutto quello che puoi».

2. **Oggi**, nel mezzo di una grave crisi finanziaria innescata da speculazioni nate proprio dove l'intreccio tra puritanesimo calvinista ed economia degli affari ha prodotto i risultati più solidi, che ne è del paradigma weberiano? Un nodo preliminare di ordine georeligioso consiste nel fatto che nei quasi cent'anni che ci separano dagli scritti weberiani, **la dislocazione protestante è sensibilmente mutata**.

---

[3] M. Weber, *op. cit.*, p. 159.
[4] M. Weber, *op. cit.*, p. 185.
[5] M. Weber, *op. cit.*, p. 106.

[6] M. Miegge, *Capitalismo e modernità: una lettura protestante*, Claudiana, Torino 2005, p. 15.
[7] M. Weber, *op. cit.*, p. 275.

Carta di Laura Canali

Tra i 60 paesi al mondo con la più alta concentrazione attuale di credenti protestanti, più di quaranta appartengono all'Africa, all'Asia e all'America Latina. Chi oggi voglia studiare il nesso tra economia e protestantesimo deve guardare alla Namibia o alla Corea del Sud con la stessa attenzione con cui analizza la Svizzera o la Germania. Anche il protestantesimo, infatti, ha subito un processo di delocalizzazione, che a fronte della crisi indotta dai processi di secolarizzazione nordeuropei gli ha consentito di crescere in alcune aree dell'Asia e in molte dell'Africa[8].

Al contrario i grandi flussi migratori – sia quelli della "grande migrazione" transoceanica a cavallo tra Ottocento e Novecento, sia quelli più recenti che hanno investito l'Europa – hanno sensibilmente modificato il profilo religioso di paesi che cinquant'anni fa avremmo definito senz'altro "protestanti". Se la nazione più protestante del mondo è uno sperduto scoglio del Pacifico – l'isola di Tuvalu, dove i seguaci della Riforma ammontano al 98,4% dei poco più di diecimila abitanti – "resistono" i paesi scandinavi (Danimarca al 91%, Norvegia al 90%, Svezia all'86%, Finlandia all'85%) che però sono anche quelli dove l'identità religiosa è divenuta più cultura che fede.

[8] Preziosa al riguardo la proiezione della presenza cristiana nei prossimi decenni proposta in P. Jenkins, *La terza Chiesa: il cristianesimo nel XXI secolo*, Fazi, Roma 2004.

VERSO L'ESAME

Nella parte alta della classifica dei paesi "più protestanti" troviamo anche Sudafrica, Guatemala, Ghana e Nigeria. Gli Stati Uniti sono ormai al 20° posto e la Germania addirittura al 29°. D'altra parte, pur se ridimensionata nel suo aspetto quantitativo, la tradizione protestante continua a segnare alcuni aspetti dell'etica civile di molti paesi che hanno subìto processi di secolarizzazione o di pluralizzazione delle appartenenze religiose.

A fianco dei paesi "a maggioranza protestante" è necessario considerare quelli a solida presenza protestante. Limitandoci alle economie più solide – i primi trenta paesi per prodotto interno lordo (pil) – troviamo Canada, Brasile, Francia, Corea del Sud, Olanda, Svizzera, Messico, Indonesia e Australia. Fra i paesi nei quali il protestantesimo è una minoranza e poco ascoltata nel dibattito pubblico, troviamo il Belgio, la Spagna, l'Italia e la Turchia[9].

I paesi a maggioranza protestante continuano a essere quelli in cui il reddito pro capite medio supera i 40 000 dollari l'anno, fatta eccezione per i due estremi opposti: Norvegia (oltre 84 000 dollari) e Sudafrica (poco più di 6000 dollari).

Un po' meno prevedibile il dato relativo al pil assoluto. Se i paesi "protestanti" mantengono infatti un solido primato, con una media di oltre 3500 miliardi di dollari (dai 14 500 degli Stati Uniti ai 363 del Sudafrica), i paesi "a solida presenza protestante" sono superati da quelli dove il protestantesimo ha un peso scarso o nullo: in primo luogo Giappone e Cina (con un pil di oltre 5000 miliardi di dollari), ma anche Russia, Italia, Spagna, India, Turchia, Iran. Se il petrolio può spiegare che l'economia saudita abbia oggi un peso specifico analogo a quello del Belgio e superiore a quello austriaco, **è un dato incontrovertibile che il capitalismo oggi cresca anche in assenza dell'etica calvinista**.

3. L'ipotesi che il paradigma weberiano, per alcuni aspetti ancora realistico e funzionale, vada perdendo la sua vitalità è ben confermata dal grafico 3, che illustra il tasso annuale di crescita del pil in rapporto all'incidenza del protestantesimo. L'inclinazione è esattamente opposta a quella del grafico 1, icona del passato e forse del presente, ma difficilmente del futuro. Di più: dei sei paesi che crescono più rapidamente e in cui cultura ed etica protestanti hanno peso scarso o nullo, solo uno è a maggioranza cristiana, l'Argentina.

Gli altri – India, Cina, Taiwan, Thailandia e Turchia – vedono prevalere altre culture. Qualcosa che nulla ha a che fare con l'etica protestante muove lo spirito del capitalismo di questi paesi. Con buona pace di Calvino e di Weber.

Quest'ultimo poneva alla base dello spirito capitalistico poche e chiare regole: «Ricordati che il tempo è denaro»; «Ricordati che il credito è denaro»; «Ricordati che il denaro è per sua natura fecondo e produttivo»; «Ricordati che chi paga puntualmente è il padrone della borsa di ciascuno»[10]. Il protestantesimo, soprattutto nella sua versione calvinista, inverte una certa tradizione teologica pauperistica che respingeva il denaro

---

9 La lista completa dei rimanenti 15 Stati tra i 30 più sviluppati comprende Arabia Saudita, Argentina, Iran, Russia, Belgio, Polonia, Italia, Austria, Giappone, Spagna, India, Cina, Taiwan, Thailandia e Turchia (fonte: Banca mondiale).
10 M. Weber, *op. cit.*, pp. 100-01.]

come tentazione maligna per porre il lavoro – e quindi il denaro da esso prodotto – sotto l'ombrello della grazia che Dio concede agli uomini.

Lavorare e guadagnare non è più un peccato, lo è semmai sperperare il frutto delle proprie fatiche o utilizzarlo per finalità vane e incoerenti con la glorificazione di Dio. Spirito capitalistico ed etica protestante sono quindi alla base di un atteggiamento rigoroso nei confronti degli affari e del denaro che implicano rispetto, responsabilità e professionalità.

Lavorare, vivere all'altezza delle proprie possibilità senza eccessi, non contrarre debiti e rispettare i tempi di restituzione dei prestiti costituiscono tratti fondamentali del paradigma attribuito da Weber al capitalista protestante che vive il suo *momentum* tra la fine dell'Ottocento e l'inizio del Novecento.

Oggi quest'etica virtuosa del capitalismo segnato dalla tradizione protestante appartiene a un passato ormai remoto. I paesi a maggioranza protestante non appaiono più virtuosi di quelli che hanno vissuto altre vicende culturali e religiose.

I paesi più ricchi sono anche quelli più indebitati rispetto alla loro ricchezza e, tra questi, quelli protestanti non fanno eccezione. Se tra le prime trenta economie del mondo sono due paesi non protestanti – Giappone e Italia – a detenere il primato del debito pubblico in rapporto al pil, in Germania tale rapporto supera l'80%. Escludendo l'"anomalia" giapponese, peraltro, la terza colonna si abbassa di molto, evidenziando come i paesi protestanti (che coincidono in buona parte con le economie più sviluppate) sono quelli più indebitati, mentre quelli in cui il protestantesimo ha avuto minore incidenza appaiono i più virtuosi.

4. Un capitolo importante dell'etica economica individuale è quello del risparmio. Purtroppo non sono disponibili dati omogenei sul risparmio individuale; possiamo però provare a calcolare la percentuale di risparmio sul pil. Anche in questo caso il dato (grafico 4) rafforza l'idea che la convinzione weberiana secondo cui l'etica protestante fonda comportamenti economici e finanziari virtuosi sia ormai acqua passata. **I paesi che risparmiano di più sono infatti quelli in cui il protestantesimo ha meno influenza**, mentre quelli intrisi della tradizione di Lutero e Calvino risultano i meno risparmiosi.

Di fronte alla crisi in atto e, più in generale, all'attuale ciclo dell'economia capitalistica, la "cassetta degli attrezzi" della tradizione protestante non sembra dunque offrire strumenti particolarmente efficaci. Il volano culturale delle economie più dinamiche è un altro.

C'è però un dato in controtendenza, che potrebbe aprire un diverso filone di analisi. Un filone meno centrato sull'economia e più sulla società e la politica: è **l'indice di sviluppo umano elaborato dalle Nazioni Unite**, che misurando la qualità della vita e la tutela di diritti fondamentali, intende offrire un parametro di sviluppo meno economicistico di quelli tradizionali.

In questa particolare classifica, primeggia un paese protestante come la Norvegia e si piazzano bene anche gli Stati Uniti (quarto posto), la Germania e la Svezia (nono e decimo). L'etica calvinista non sembra poter fare molto per le economie in crisi del capitalismo occidentale, ma forse ha ancora qualcosa da dire sul piano della coesione civile e della vita democratica.

VERSO L'ESAME

GRAFICO 1 REDDITO PRO CAPITE IN RAPPORTO ALL'INCIDENZA DEL PROTESTANTESIMO (migliaia di dollari)

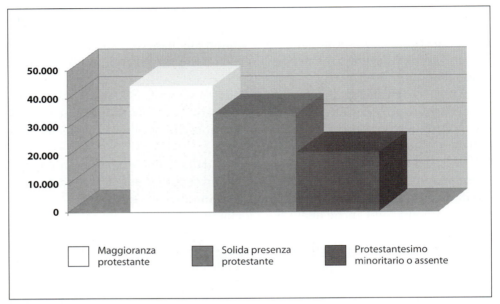

Fonte: Banca Mondiale 2010

GRAFICO 2 PRODOTTO INTERNO LORDO IN RAPPORTO ALL'INCIDENZA DEL PROTESTANTESIMO (migliaia di dollari)

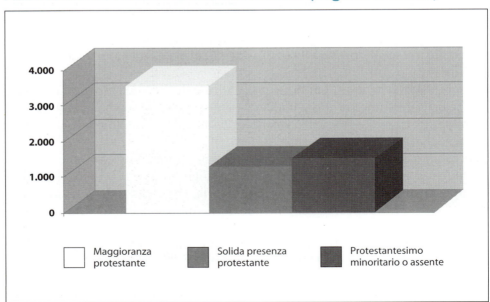

Fonte: Fondo monetario internazionale 2010

GRAFICO 3 TASSO DI CRESCITA DEL PIL IN RAPPORTO ALL'INCIDENZA DEL PROTESTANTESIMO (valori percentuali)

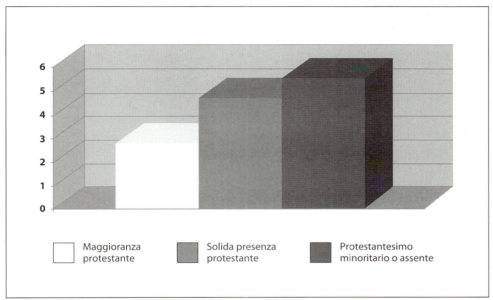

Fonte: Fondo monetario internazionale 2010

GRAFICO 4 RAPPORTO RISPARMIO/PIL IN RELAZIONE ALL'INCIDENZA DEL PROTESTANTESIMO (valori percentuali)

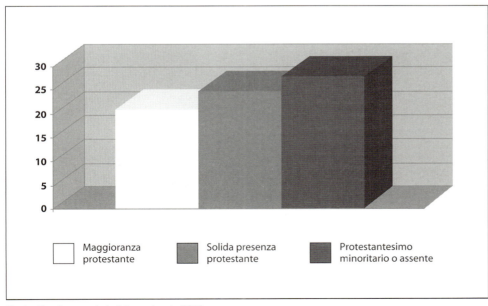

Fonte: Fondo monetario internazionale 2010

649

VERSO L'ESAME

● COMPRENSIONE DEL TESTO

Dopo un'attenta lettura del testo, rispondi alle domande.

a. Qual è la tesi weberiana richiamata dall'autore dell'articolo? (massimo 10 righe)

b. Commenta il grafico 3 e spiega come mai la tesi weberiana fa difficoltà a spiegare alcuni fenomeni della contemporaneità. (massimo 10 righe)

c. Che cosa dimostra l'indice di sviluppo umano e in che senso è definito un dato in controtendenza rispetto agli altri presentati? (massimo 10 righe)

● ANALISI E RIASSUNTO

Riassumi il contenuto del testo dell'autore indicando gli snodi del suo ragionamento. Puoi aiutarti compilando la seguente scheda di sintesi.

	L'etica protestante e la crisi del capitalismo
Problema	
Tesi	
Antitesi	
Argomenti a favore della tesi	

● COMMENTO

Quali connessioni esistono, nella nostra contemporaneità, tra morale religiosa ed etica del lavoro? Puoi fare riferimento alla tua esperienza personale, di studente, chiedendoti se hai mai associato i tuoi obblighi verso la scuola a un obbligo superiore, di carattere religioso o morale.

VERSO L'ESAME

T3 Il confucianesimo logistico che cambia il mondo

Giorgio Grappi, *Limes*, Cina-Usa. La Sfida, 2017

> Le nuove vie della seta non sono solo un grandioso piano infrastrutturale, ma anche la trasposizione geopolitica delle logiche organizzative che dirigono il commercio globale, in ossequio a quelle neoliberiste. La geopolitica dei corridoi. Le incognite sociali.

1. A fine 2013, con due interventi pubblici all'Università Nazarbaev di Astana e al parlamento di Giacarta, il presidente cinese Xi Jinping annunciava, per la prima volta in modo esplicito e sistematico, la strategia cinese di costruire una rete di corridoi infrastrutturali transasiatici per velocizzare e rendere stabili le rotte marittime e terrestri che collegano la Cina all'Europa, all'Africa e al resto del mondo. Un'iniziativa nota come **"nuove vie della seta"**, **"Una Cintura Una Via"** o **Belt and Road Initiative** (Bri nell'a-

CORRIDOI ECONOMICI DELLE NUOVE VIE DELLA SETA

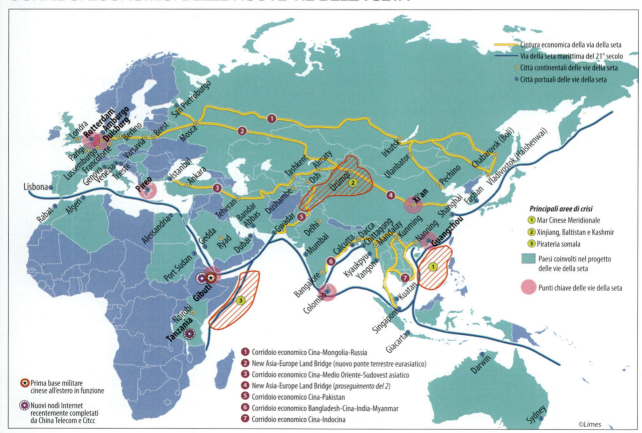

Carta di Laura Canali
Fonte: Amministrazione nazionale per la cartografia, topografia e geoinformazione della Republica Popolare Cinese, autori di Limes.

cronimo inglese). Ai discorsi di Xi avrebbe fatto seguito la pubblicazione da parte dell'agenzia di Stato Xinhua di una mappa, alquanto generica, del piano e di un documento ufficiale del governo cinese intitolato *Vision and Actions on Jointly Building Silk Road Economic Belt and 21st Century Maritime Silk Road*, nel quale sono forniti dettagli sull'impianto generale del progetto e sono affermate le priorità di cooperazione e coordinamento per **promuovere la connettività delle infrastrutture, un commercio senza ostacoli, l'integrazione finanziaria e il rafforzamento dei legami** *people to people*.

In questi anni la **Bri** è divenuta onnipresente nell'iniziativa politica cinese, finendo per costituire l'ossatura retorica di una "**diplomazia delle infrastrutture**" che promette vantaggi a chi voglia parteciparvi. Il discorso ha una certa efficacia, tant'è che la **Bri** è ormai un riferimento utilizzato in misura crescente da numerosi attori locali, nazionali e regionali al fine di legittimare importanti investimenti e scelte strategiche. […]

2. Commentando l'importanza raggiunta dalla Cina nella produzione di container, gru, navi e infrastrutture, la geografa Deborah Cowen ha sostenuto che il paese incarna un nuovo tipo di «**impero logistico**». La categoria, che per Cowen ha un significato soprattutto descrittivo, può essere qui forzata: essa porta infatti a domandarsi in che senso si possa parlare di "impero" a fronte delle trasformazioni introdotte dalla logistica su scala globale. Essa mostra anche come l'appellativo di "fabbrica del mondo", che ha a lungo determinato l'immagine di un luogo di produzioni a basso costo e politicamente dipendenti dalle economie più avanzate, non riesca più a cogliere le dinamiche di trasformazione cinesi. […]

Le nuove vie della seta appaiono espressione di dinamiche più profonde, che vedono emergere su scala mondiale una nuova **centralità politica della logistica**. Centralità osservabile nella politica dei corridoi.

Per affermare la Bri, la Cina ricorre infatti ai linguaggi, all'immaginario e al *modus operandi* della logistica, proponendo al mondo di unirsi intorno a una politica transnazionale dei corridoi nella quale i conflitti non saranno eliminati, ma saranno di tipo diverso rispetto a quelli dello scontro tra potenze. Saranno i conflitti di un mondo in cui lo sviluppo asimmetrico avviene lungo direttrici transnazionali, la cui "territorialità" non coincide con gli spazi delimitati dagli Stati nazionali, ma si snoda lungo le estese aree d'influenza delle "cinture" e delle "vie". Le dinamiche geopolitiche regionali e la pressione esercitata dalla sovraccumulazione cinese non devono dunque spingere a sottostimare le importanti novità prodotte dalla rivoluzione logistica globale e il loro impatto sulla Bri.

La logistica in senso stretto è spesso associata a specifiche funzioni dell'organizzazione aziendale volte a coordinare vendite, acquisti e attività produttive «al fine di assemblare e distribuire i giusti prodotti, nella giusta quantità, nel posto giusto e nelle condizioni giuste» in base agli obiettivi dell'impresa. Essa rappresenta tuttavia qualcosa in più. Se con "rivoluzione logistica" si fa riferimento a quell'insieme di trasformazioni che hanno coinvolto il mondo dei trasporti e della distribuzione fisica nella seconda metà del Novecento, i processi di standardizzazione e la progressiva "containerizzazione" hanno portato alla formazione di catene produttive e di approvvigionamento globali il cui funzionamento influisce sull'organizzazione materiale dello spazio. Intorno alla costruzione delle infrastrutture, alla definizione di protocolli operativi e agli imperativi funzionali che seguono i principi della multimodalità e dell'interoperabilità, si è nel tempo sedimentato un campo di conoscenze tecniche e di necessità operative che

VERSO L'ESAME

sfuggono al controllo esclusivo degli Stati, per coinvolgere un insieme di attori pubblici e privati che fanno oggi della logistica una delle principali fonti di trasformazione dei regimi giurisdizionali e di produzione politica dello spazio.

La pressione trasformativa della logistica produce così un paradosso geoeconomico, poiché favorisce dinamiche sia di deterritorializzazione che di riterritorializzazione rispetto all'ordinamento internazionale e ai rapporti geopolitici. Attraversando uno spazio denso di stratificazioni e contenuti politici, le operazioni logistiche – che includono tutto quanto rende possibile dal punto di vista materiale, amministrativo, finanziario e informativo la circolazione – intervengono in modo duplice: penetrano nel territorio mettendone in tensione l'organizzazione e danno origine a forme organizzative particolari attraverso la creazione di "spazi infrastrutturali" stratificati.

3. Le dinamiche di cooperazione e di competizione riorientano discussioni e decisioni sulla base degli imperativi della crescita e dell'integrazione dei mercati, alimentandosi della razionalità operativa della logistica. Questo riorientamento spinge in misura crescente gli attori internazionali ad agire facendo riferimento a griglie concettuali organizzate intorno alla figura del corridoio, piuttosto che a quella territorialmente coesa dei confini nazionali. Lungo i corridoi, la capacità dei principi operativi della logistica (quali l'intermodalità, l'interoperabilità e il *supply chain management*) di mettere in comunicazione sistemi di regole, procedure e assetti giuridici diversi si articola in interventi che superano la matrice tecnica, per diventare principio d'organizzazione politica.

Possiamo riassumere l'emergere di una politica dei corridoi intorno ai seguenti elementi: la definizione di una rete centrale che ne costituisce l'ossatura; la creazione di corpi misti per la realizzazione e la *governance* degli spazi coinvolti; la definizione di regolamenti interni, pratiche gestionali e standard comuni; la formazione e il collegamento di diversi assetti amministrativi; la definizione di un'influenza diretta e indiretta sulle regioni coinvolte; la messa in sicurezza dei siti strategici; la produzione di un discorso a sostegno dei progetti previsti, per coinvolgere nella loro realizzazione un'ampia gamma di soggetti pubblici e privati.

Le nuove vie della seta si collocano all'interno di queste trasformazioni, di cui condividono priorità operative e narrazione, come si evince da un passaggio del summenzionato documento *Vision and Actions*: «Dobbiamo migliorare la divisione del lavoro […] incoraggiando l'intera catena industriale e le industrie collegate a svilupparsi in modo concertato. […] Dobbiamo esplorare nuovi modi di cooperazione negli investimenti, lavorando insieme per costruire ogni forma di parco industriale – come per esempio zone di cooperazione economica e commerciale, zone di cooperazione economica transfrontaliere, e promuovere lo sviluppo di distretti industriali. […] Sulla base del rispetto della sovranità e delle preoccupazioni di sicurezza reciproche, i **paesi lungo la Bri devono migliorare passo dopo passo la connettività dei loro piani di costruzione d'infrastrutture e degli standard tecnici, facendo avanzare** in modo coordinato la costruzione di corridoi di transito internazionali e formando una rete d'infrastrutture che colleghi le subregioni dell'Asia, e l'Asia stessa con Europa e Africa».

Nella traduzione cinese, **la politica dei corridoi diventa il fondamento di un nuovo tipo di egemonia politica nel nome della cooperazione**. La Bri propone una sorta di confucianesimo logistico nel quale la "società armoniosa" e il principio del *weiwen* (il mantenimento della stabilità), annunciati da Hu Jintao (predecessore di Xi), sono oggi traghettati verso il sogno di un mondo privo di attriti. Un sogno in continuità con il processo di torsione neoliberale dello Stato, in cui «il motore capace di promuovere la trasformazione dei meccanismi statali e la riforma del sistema legale non [è] più la "società", bensì i mercati interni ed esteri».

L'apparente assenza di valori normativi nell'iniziativa cinese lascia tuttavia aperta la questione del tipo di società promossa attraverso la sintesi logistica tra dinamiche globali e processi territoriali. Infatti, l'impatto della Bri e più in generale della politica dei corridoi non è limitato alla proiezione internazionale. Al contrario, sta già modificando l'organizzazione spaziale e politica dei paesi coinvolti, inclusa la Cina, attraverso un rapporto tra crescita industriale, coesione territoriale e forme dell'appartenenza molto diverso da quello prodotto durante le fasi d'industrializzazione della prima metà del secolo scorso. Si tratta di processi che legano indissolubilmente le dinamiche transnazionali dell'economia e della produzione con i processi di trasformazione regionale e locale. Occorre pertanto aggiornare le categorie analitiche sia della geopolitica che della politica.

● COMPRENSIONE DEL TESTO

Dopo un'attenta lettura del testo, rispondi alle domande.

a. Che cosa si intende con l'espressione "impero logistico"? (massimo 10 righe)

b. Che effetto ha l'istituzione di corridoi logistici negli equilibri politici dei territori attraversati? (massimo 10 righe)

VERSO L'ESAME

c. In che senso l'autore sostiene che la politica dei corridoi possa diventare il fondamento di un nuovo tipo di egemonia politica? (massimo 10 righe)

● ANALISI E RIASSUNTO

Riassumi il contenuto del testo dell'autore indicando gli snodi del suo ragionamento. Puoi aiutarti compilando la seguente scheda di sintesi.

	Il confucianesimo logistico che cambia il mondo
Problema	
Tesi	
Antitesi	
Argomenti a favore della tesi	

● COMMENTO

Partendo da una breve contestualizzazione storica delle funzioni della prima via della seta, cerca di tracciare un profilo di confronto tra la vecchia e la nuova via commerciale. Puoi utilizzare queste e altre domande come tracce del confronto: quali merci viaggiavano nel Medioevo e quali viaggiano oggi? Come sono cambiati i mezzi di trasporto? Come è cambiato, da un punto di vista geopolitico, lo spazio attraversato dalla via della seta?

INDICE DEI NOMI

A

Abbas, zio di Maometto, 26
Abbas il Grande, scià persiano, 583, 589
Abbasidi, dinastia, 26, 91, 93-94
'Abd Allah ibn Yasin, 93
Abulafia, David, 221
Achmat, khan dell'Orda d'oro, 270
ad-Din, Rashid, 235
ad-Din, Taqi, 335
Adalberone di Laon, 52
Adalberto (Wojclech), santo, 149
Adalberto Atto di Canossa, 35, 76
Adolfo di Nassau, imperatore, 171
Adriano I, papa, 32
Agostino di Ippona, santo, 83, 193
Akbar il Grande imperatore indiano, 335
al-Adil, sultano, 154
al-Azizi, califfo fatimide, 94
al-Din, Nur (Norandino), 96, 154
al-Din, Salah (Saladino), 96, 108, 152, 154, 185, 188
al-Ghazali, 98, 335
al-Hakim, califfo fatimide, 96
al-Hasan, Abu Ali (Nizam al-Mulk), 98, 335
al-Idrisi, 144
al-Kamil, sultano d'Egitto, 198
al-Khwarizmi, 179-180
al-Mahdi, Ubayd Allah, califfo fatimide, 94
al-Mansur, califfo abbaside, 92
al-Mu'izzi, califfo fatimide, 94
al-Mustansir, califfo, 229
al-Rahman I, Abd, emiro omayyade, 26, 92
al-Rahman III, Abd, califfo omayyade,
al-Rashid, Harun, califfo abbaside, 32
al-Rumi, Qadi Zada, 335
Alacoque, Marguerite-Marie, 558-559
Alba, Fernando Álvarez de Toledo duca d', 456
Alberti, Leandro, 458
Alberti, Leon Battista, 322, 326
Alberto da Giussano, 165
Alberto di Hohenzollern, 404-405, 408
Alberto Magno, 180, 192-193
Albizzi, famiglia, 307

Albizzi, Rinaldo, 307
Albrecht von Scharfenberg, 86
Alcuino di York, 33-34
Alessandro II (Anselmo da Baggio), papa, 72, 103, 135
Alessandro III, papa, 77, 138
Alessandro IV, papa, 316
Alessandro V, papa, 205
Alessandro VI (Rodrigo Borgia), papa, 357, 378, 385-386, 401
Alessio Apocauco, 236
Alessio Macrembolite, 238
Alessio Petrovič Romanov, 573
Alessio Romanov, zar di Russia, 517, 572-575
Alessio I Comneno, imperatore bizantino, 102
Alessio II Angelo, imperatore bizantino, 185-187
Alessio IV Angelo, imperatore bizantino, 186-187
Alessio V Ducas, imperatore bizantino, 186
Alfonso V Trastámara il Magnanimo, re d'Aragona e di Napoli, 261, 313, 317-318
Alfonso VI, re di León, 150-151
Alfonso VIII, re di Castiglia-León, 260
Ali, califfo, 24, 91, 94
Almagro, Diego de, 363
Almohadi, dinastia, 92-93, 150, 262
Almoravidi, dinastia, 92-93, 150
Alp Arslan, sultano selgiuchide, 98
Amedeo VII d'Aosta, 289
Amedeo VIII di Savoia (Felice V, antipapa), 315
Anacleto II, antipapa, 143
Anderson, Ian, 60
Andrea, re d'Ungheria, 108
Andrea d'Angiò, 317
Andrea del Verrocchio, 321
Andronico II Paleologo, imperatore bizantino, 337, 338
Angelo Clareno, 194
Angioini, dinastia, 149, 200, 268-269, 313, 315
Anna Bolena, 460-461
Anna d'Austria, regina di Francia, 512, 553
Anna Hyde, regina inglese, 592
Anna Stuart, regina di Gran Bretagna, 592

Anselmo d'Aosta, 180
Antoniano, Silvio, 435
Antonio, eremita, 22
Aragonesi, dinastia, 318
Arduino d'Ivrea, re d'Italia, 35
Argüelles, Álvarez, 567
Arialdo, santo, 71
Ariberto da Intimiano, 66, 129, 160
Ariosto, Ludovico, 380, 434-435, 492
Aristotele, 144, 179-180, 193, 322, 438
Armendariz, José de, 594
Arnaldo da Brescia, 82, 189
Arnolfo di Carinzia, imperatore franco, 34
Arnolfo, patriarca di Gerusalemme, 107
Árpád, dinastia, 148-149, 267
Artù, re leggendario, 82-83, 137, 178
Asburgo, 263, 265, 268, 375, 394-395, 508, 553, 563
Astolfo, re longobardo, 27
Atahualpa, imperatore inca, 363, 365
Augusto, Cesare Ottaviano, imperatore romano, 220
Averroè (Ibn Rusd), 179
Avicenna (Ibn Sinna), 179-180, 193
Ayyubidi, dinastia, 229, 154, 197

B

Babur, khan mongolo, 236
Bacon, Francis, 522
Bacone, Ruggero, 194
Baez, Joan, 60
Bainton, Ronald, 400
Baldovino di Boulogne, 152
Baldovino di Fiandra, 186
Baldovino II, imperatore latino, 236
Ball, John, 288-289
Bardi, famiglia, 280
Baronio, Cesare, 439
Barthélemy, Dominique, 132
Bartolomeno Colleoni, 279
Basilio di Cesarea, 22
Basilio I Macedone, imperatore bizantino, 101
Basilio II Macedone, imperatore bizantino, 102
Basilio II di Russia, 271

INDICE DEI NOMI

Batu, khan mongolo, 228
Bayezid I, sultano ottomano, 236, 238
Bayezid II, sultano ottomano, 240, 335
Bayle, Pierre, 569
Bayly, Christopher, 602
Becket, Thomas, 138
Bedford, duca di, 254
Belli, Giacinto, 566
Bellini, Giovanni, 311
Bembo, Pietro, 391, 434
Benedetto da Norcia, 22
Benedetto XIII, papa, 205
Benedetto XV, papa, 254
Benedetto XVI, papa, 70
Berchet, Giovanni, 165
Berengario I del Friuli, 35
Bernardo di Clairvaux (Chiaravalle), 71, 180, 203
Bernier, François, 595
Bernini, Gian Lorenzo, 500
Bernone di Cluny, 68
Bloch, Marc, 36, 116, 128, 212-213
Boccaccio, 304, 320, 391
Bodin, Jean, 468
Boemondo d'Altavilla, 106, 108
Boezio di Dacia, 180
Boiardo, Matteo Maria, 380
Bolena, Anna, regina d'Inghilterra, 418-420
Boleslao I Piast, re di Polonia, 148
Bonaventura da Bagnoregio, 193-194
Bonifacio di Magonza, 30
Bonifacio di Monferrato, 185-187
Bonifacio di Toscana, 76
Bonifacio VIII (Benedetto Caetani), papa, 194, 200-202
Bonizone di Sutri, 84
Bonsignori, famiglia, 280
Borbone, dinastia, 497
Borbone-Navarra, dinastia, 466
Borgia, Cesare il Valentino, 378, 386
Borromeo, Carlo, 430-431, 441, 510
Borromeo, Federico, 510
Botero, Giovanni, 443
Braccio da Montone, 279, 315
Bracciolini, Poggio, 321
Brahmagupta, 180
Branduardi, Angelo, 60
Braudel, Fernand, 580, 604

Bresc, Henri, 341, 343
Brown, Dan, 86
Brunelleschi, Filippo, 322
Bruno, Giordano, 518
Bruno di Colonia, 70
Buckingham, duca di, 483, 532
Burckhardt, Jakob, 219
Buwaihidi, dinastia, 98

C

Caboto, Giovanni, 257, 357
Cabral, Pedro Álvarez, 358
Caetani, famiglia, 201
Callisto II, papa, 76
Calvino, Giovanni, 413-415
Calvino, Italo, 86
Cameron, Averil, 339
Canosa, Marc, 420
Canossa-Lorena, dinastia, 74
Cantino, Alberto, 357
Canuto (Knut) il Grande, 134
Capetingi, dinastia, 35, 132
Caravaggio (Michelangelo Merisi), 501
Carducci, Giosue, 165
Carle, Guillaume, 288
Carlo di Borbone, 390
Carlo d'Orléans, 252
Carlo Emanuele II Savoia, 566
Carlo il Calvo, re franco, 34, 39, 133
Carlo il Grosso, imperatore franco, 34
Carlo il Temerario di Borgogna, 251
Carlo Magno, re e imperatore franco, 31-34, 37, 50, 72, 130, 137, 380
Carlo Martello, re franco, 30
Carlo I d'Angiò, re di Sicilia, 199-200, 315-317, 342
Carlo I Stuart, re d'Inghilterra, 526, 532-536, 539-540
Carlo II d'Angiò, re di Sicilia e di Napoli, 268, 316
Carlo II d'Asburgo, re di Spagna, 564, 567
Carlo II Stuart, re d'Inghilterra, 539, 542-543
Carlo IV, re di Francia, 249
Carlo IV di Lussemburgo, imperatore, 204, 263, 265, 267
Carlo V d'Asburgo, imperatore,

363, 367, 387-390, 392, 394-396, 401, 407, 411-412, 416, 418, 425, 428, 449, 452, 459
Carlo V di Valois, re di Francia, 242, 250, 253, 288
Carlo VI d'Asburgo, imperatore, 568
Carlo VI di Valois, re di Francia, 250-251, 259
Carlo VII di Valois, re di Francia, 252, 257, 381
Carlo VIII di Valois, re di Francia, 308, 385-386
Carlo IX di Valois, re di Francia, 466-467
Carlo XII, re di Svezia, 575
Carnesecchi, Pietro, 427
Caroberto d'Angiò, re d'Ungheria, 268
Carolingi, dinastia, 30, 32, 65, 77, 185
Carpaccio, Vittore, 311
Casimiro Piast il Grande, re di Polonia, 267, 269
Casimiro IV Jagellone, re di Polonia, 269
Castruccio Castracani, 303
Caterina d'Aragona, regina d'Inghilterra, 416, 418-419, 460
Caterina da Siena, 202
Caterina di Valois, 251-252
Catone Marco Porcio Uticense, 219
Cavani, Liliana, 206
Cavendish, Thomas, 463
Celestino V (Pietro di Morrone), papa, 194
Cervantes y Saavedra, Miguel de, 451
Chaghri Beg, sultano selgiuchide, 97-98
Chiara d'Assisi, 194
Chmelnyckij, Bogdan, 517
Chongzhen, imperatore cinese, 582
Chrétien de Troyes, 86
Christine de Pizan (Cristina da Pizzano), 252-253
Cicerone, Marco Tullio, 295, 302, 321
Cielo d'Alcamo, 199
Cirillo (Costantino), santo, 101
Clemente II, papa, 72
Clemente III, papa, 76, 108

INDICE DEI NOMI

Clemente IV, papa, 316
Clemente V (Bertrand de Got), papa, 202-203
Clemente VII, papa, 204, 317, 417-418
Clemente VIII, papa, 468, 489
Clodoveo, re franco, 29
Cohn, Samuel K., 287
Cola di Rienzo, 203-204, 264
Colbert, Jean-Baptiste, 555, 559-560
Coligny, de, famiglia, 466
Coligny, Gaspard de, 467
Colomanno I, re d'Ungheria, 148
Colombano, santo, 22
Colombière, Claude de la, santo, 559
Colombo, Cristoforo, 262, 352-357, 359-360, 476, 477, 478, 581
Colonna, famiglia, 201
Colonna, Vittoria, 426
Comneni, dinastia, 102, 187, 236, 338
Concini, Concino, 504
Condé, famiglia, 466
Confucio (Kong Fuzi), 581, 596
Contarini, Gasparo, 425-426
Copernico, Nicola, 327-328, 518
Corradino Hohenstaufen, 200, 315
Corrado I di Franconia, re franco, 35
Corrado II, imperatore, 71-72, 129, 160
Corrado III di Svevia, imperatore, 108, 147
Corrado IV Hohenstaufen, re di Germania, 200
Cortés, Hernán, 363-364, 478
Cosroe II, re persiano, 24
Costantino il Grande, imperatore romano, 23, 29, 32, 79, 145, 302, 320
Costantino VII Macedone, imperatore bizantino, 101
Costantino XI Paleologo, imperatore bizantino, 239, 270
Costanza d'Altavilla, regina di Sicilia, 147
Cranach, Lucas, 403, 405
Cranmer, Thomas, 419
Cresques, Abraham, 242
Cristiano IV, re di Danimarca, 507

Cromwell, Oliver, 536, 538-539, 541-542
Cromwell, Thomas, 418
Cuitláhuac, sovrano azteco, 363
Curtiz, Michael, 206
Cybo, Caterina, 426

D

da Carrara, famiglia, 303
da Carrara, Jacopo, 170
dal Pozzo Toscanelli, Paolo, 353
Dandolo, Enrico, 185
Dante Alighieri, 69, 254, 168, 202, 294, 304, 490
De Cristofaro, Giacinto, 566
De Filippo, Eduardo, 516
del Verme, famiglia, 315
della Gherardesca, famiglia, 56
Della Porta, Giovan Battista, 519
della Scala, famiglia, 170, 303-304
della Torre, famiglia, 171, 303
Descartes, René (Renato Cartesio), 520, 522
Desiderio, re longobardo, 32
Desiderio di Montecassino, 142
Devroey, Jean-Pierre, 112
Di Caprio, Leonardo, 576
Diamond, Jared, 365
Diaz, Bartolomeo, 352
Dimitri Ivanovič, 471
Diofanto, 180
Disney, Walt, 272
Dolcino, Fra, 194
Domenico di Guzmán, santo, 191, 193
Donatello, 321
Donksoj, Dmitrij, 271
Donksoj, Vasilij, 271
Dori Galigai, Leonora, 504
Doria, famiglia, 311
Drake, Francis, 462-463
Dreyer, Karl Theodor, 444
Drogön Chögyal Phagpa, 232
Drogone d'Altavilla, 141
Dumas, Alexandre, 576
Dürer, Albrecht, 324
Dyck, Antoon van, 532

E

Eco, Umberto, 86
Edoardo il Confessore, re d'Inghilterra, 131, 134
Edoardo I Plantageneto, re

d'Inghilterra, 256, 262
Edoardo III Plantageneto, re d'Inghilterra, 249-250, 257
Edoardo IV di York, re d'Inghilterra, 256-257
Edoardo V di York, re d'Inghilterra, 256
Edoardo VI Tudor, re d'Inghilterra, 418-419, 460
Egidio Albornoz, 203-204
Eginardo, 32-33
Ėjzenštejn, Sergej Michajlovič, 472
El Greco (Domenikos Theotokópoulos), 451
Eleonora d'Aquitania, regina di Francia e Inghilterra, 136
Elisabetta I Tudor, regina d'Inghilterra, 418, 460-464, 472, 483, 527
Elliott, John, 499
Engelberto di Colonia, 195
Enrichetta Maria di Borbone, regina d'Inghilterra, 532
Enrico Aviz il Navigatore, 351
Enrico Raspe, re di Germania, 199-200
Enrico I, re d'Inghilterra, 135-136, 172
Enrico I di Sassonia, re franco, 35
Enrico II di Baviera, imperatore, 37
Enrico II di Valois, re di Francia, 394, 466
Enrico II Plantageneto, re d'Inghilterra, 136, 138, 249
Enrico II Trastámara, re di Castiglia, 260-261
Enrico III di Franconia, imperatore, 71-72
Enrico III di Valois, re di Francia, 467, 497
Enrico IV di Borbone-Navarra, re di Francia, 467-469, 503-505, 532
Enrico IV di Franconia, imperatore, 71, 74, 76-77
Enrico V di Franconia, imperatore, 71, 76-77, 136, 146
Enrico V di Lancaster, re d'Inghilterra, 251-252
Enrico VI di Lancaster, re d'Inghilterra e di Francia, 251-252, 254, 256-257
Enrico VI Hohenstaufen, imperatore, 147, 167, 221

INDICE DEI NOMI

Enrico VII di Lussemburgo, imperatore, 315
Enrico VII Hohenstaufen, re di Germania, 195
Enrico VII Tudor, re d'Inghilterra, 256-257, 383
Enrico VIII Tudor, re d'Inghilterra, 383, 416-419, 460, 465, 488, 541
Enrico XII il Leone, 147
Enzo Hohenstaufen, re di Sardegna, 167
Epstein, Stephan R., 343
Eraclio, imperatore d'Oriente, 24
Erasmo da Narni il Gattamelata, 279
Erasmo da Rotterdam, 402-404, 413, 426, 434
Erdmann, Carl, 122, 123
Este, famiglia, 170, 303, 313, 315
Euclide, 144, 179-180
Eugenio III, papa, 108
Eymerich, Nicola, 194
Ezzelino III da Romano, 170

F

Farge, Arlette, 608, 610
Farnese, famiglia, 202
Farnese, Alessandro, 457
Farnese, Ottavio, 456
Fatima, figlia di Maometto, 94
Fatimidi, dinastia, 94, 106, 139
Fawkes, Guy, 531
Febvre, Lucien, 400
Federico da Montefeltro, 279, 308
Federico Gugliemo Hohenzollern, re di Brandeburgo-Prussia, 570
Federico il Saggio, 407
Federico I Hohenstaufen "Barbarossa", imperatore, 108, 146-148, 162-163, 167, 185, 189-190
Federico II d'Asburgo, imperatore, 383
Federico II Hohenstaufen, imperatore, 108, 139, 147, 167, 170, 175-177, 179, 185, 195-200, 219, 220, 221, 222, 229, 262, 316
Federico III d'Aragona, re di Sicilia, 316
Federico III d'Asburgo, imperatore, 263
Federico IV d'Aragona, re di Sicilia, 317

Federico V del Palatinato, 507
Fëdor Ivanovič, zar di Russia, 471
Fellini, Federico, 206
Fénelon (François de Salignac de La Mothe-), 569
Ferdinando (Ferrante) d'Aragona, re di Napoli, 308, 318
Ferdinando di Fiandra, 139
Ferdinando I d'Asburgo, imperatore, 395, 411, 428
Ferdinando I di Castiglia, 150-151
Ferdinando I Trastámara, re d'Aragona e Sicilia, 261, 317
Ferdinando II d'Asburgo, imperatore, 503
Ferdinando II Trastámara il Cattolico, re di Castiglia e Aragona, 261, 353, 382, 386-388, 488
Fibonacci, Leonardo, 180, 199
Ficino, Marsilio, 321-322
Fiennes, Joseph, 420
Fieschi, famiglia, 311
Filippo d'Asburgo il Bello, imperatore, 387, 389
Filippo di Svevia, 147, 186-187
Filippo I, re di Francia, 106
Filippo II Augusto, re di Francia, 108, 134, 138-139, 172, 249
Filippo II d'Asburgo, re di Spagna, 390, 395, 428, 448-453, 455-457, 459-460, 465, 467-468, 472, 497, 527
Filippo II, l'Ardito di Borgogna, 251
Filippo III, re di Navarra, 249
Filippo III d'Asburgo, re di Spagna, 502
Filippo IV d'Asburgo, re di Spagna, 502, 504, 564
Filippo IV il Bello, re di Francia, 201-203, 257
Filippo V di Borbone, re di Spagna, 567-568, 592
Filippo VI di Valois, re di Francia, 249
Fisher, John, 418
Flacio, Mattia, 439
Foca, imperatore d'Oriente, 24
Folco del Castello, 166
Fozio, patriarca di Costantinopoli, 101
Fra Moriale (Jean Montréal du Bar), 279

Fragnito, Gigliola, 488
Francesco Bussone il Carmagnola, 279
Francesco d'Assisi, santo, 108, 192-194, 206, 294
Francesco I di Valois, re di Francia, 381, 387-388, 390, 392-394
Francesco II di Valois, re di Francia, 460, 466
Francovich, Riccardo, 56
Frankopan, Peter, 332
Fugger, Jakob, 405
Fulcherio di Chartres, 104

G

Galeno, 104, 179-180
Galilei, Galileo, 518, 520-521
Gama, Vasco da, 358
Ganshof, François-Louis, 212
Garibaldi, Giuseppe, 165
Gastone III di Foix, 288
Gemelli Careri, Giovanni Francesco, 595-596
Geminiano, santo, 178
Gemisto Pletone, Giorgio, 236
Genghiz Khan (Temujin), khan mongolo, 227-229, 231, 235, 280
Gennadio II Scolario, 236
George, Stefan, 219
Gerardo di Cambrai, 52
Gerasimov, Michail, 237
Gerolamo, santo, 34
Gerson, Giovanni, 205
Ghaznavidi, dinastia, 96-97
Giacomino Pugliese, 199
Giacomo I Stuart, re d'inghilterra, VI re di Scozia, 465, 530-531
Giacomo II Stuart, re d'Inghilterra, 543, 545, 592
Giacomo, re d'Aragona, 173
Giano della Bella, 168
Gibbon, Edward, 108
Gioacchino da Fiore, 194
Giordano Drengot, 142
Giorgio di Antiochia, 143
Giorgio di Poděbrady, re di Boemia, 266
Giorgio I Hannover, re di Gran Bretagna, 592
Giotto di Bondone, 193, 201, 294, 322
Giovanna d'Arco (Jeanne d'Arc), 252-255, 257

INDICE DEI NOMI

Giovanna di Borbone, 288
Giovanna di Castiglia la Pazza, regina di Castiglia e di Napoli, 387, 389
Giovanna I d'Angiò, regina di Napoli, 317
Giovanna II d'Angiò, regina di Napoli, 317
Giovanni Acuto (John Hawkwood), 279
Giovanni Battista di Montesecco, 308
Giovanni d'Aragona, re d'Aragona e Sicilia, 318
Giovanni d'Austria, 459
Giovanni de' Marignolli, 234
Giovanni di Brienne, 108
Giovanni di Montecorvino, 234
Giovanni di Pian del Carpine, 234
Giovanni di Valois, 252
Giovanni Duns Scoto, 194
Giovanni Hunyadi, 268
Giovanni Plantageneto (Senzaterra), re d'Inghilterra, 138-139, 147
Giovanni Scoto, 33-34
Giovanni Senza Paura, 251
Giovanni II Aviz, re del Portogallo, 352-353
Giovanni II di Valois, re di Francia, 249
Giovanni III Sobieski, re di Polonia, 563
Giovanni V (Giovanni Cantacuzeno), imperatore bizantino, 236, 238-239
Giovanni VIII Paleologo, imperatore bizantino, 239
Giovanni XII, papa, 35
Giovanni XXII, papa, 194
Giuliano da Sangallo, 321
Giulio Cesare, Gaio, 20
Giulio II, papa, 386-387
Giulio III, papa, 427
Giuseppe I d'Asburgo, imperatore, 568
Giustiniani, Paolo, 425
Giustiniano I, imperatore d'Oriente, 23, 27, 80, 101-102, 164, 219, 220, 221
Godunov, Boris, zar di Russia, 471
Goffredo di Buglione, 106, 108
Goffredo di Monmouth, 137
Goffredo il Barbuto, 76

Goffredo V Plantageneto, 136
Gonzaga, famiglia, 313, 315, 508
Gonzaga, Gian Francesco, 315
Gonzaga, Scipione, 435
Graziano, 79, 164
Gregorio di Tours, 29
Gregorio I, papa, 22
Gregorio II, papa, 28
Gregorio VII (Ildebrando di Soana), papa, 64, 71-72, 74-76, 84, 103
Gregorio IX, papa, 108, 190, 192, 197
Gregorio XI, papa, 204
Gregorio XII, papa, 205
Gregorio XIII, papa, 467
Grimaldi, famiglia, 311
Grimmelshausen, Jakob Christoffel von, 511
Grozio, Ugo, 547
Guaimario IV, 141
Guérin de Senlis, 139
Guglielmo Braccio di Ferro, 141
Guglielmo di Nogaret, 201
Guglielmo di Ockham, 194
Guglielmo di Rubruk, 234
Guglielmo il Conquistatore, re d'Inghilterra, 43, 134-135
Guglielmo I d'Altavilla, re di Sicilia, 456
Guglielmo I d'Aquitania, 143
Guglielmo I d'Orange (Guglielmo di Nassau), 68
Guglielmo II d'Altavilla, re di Sicilia, 143, 147
Guglielmo II d'Olanda, re di Germania, 200
Guglielo III d'Orange, re d'Inghilterra, 545-546
Gui, Bernardo, 194
Guiberto di Nogent, 104
Guicciardini, Francesco, 309, 377-378, 385, 426, 485
Guido delle Colonne, 199
Guido di Spoleto, 35
Guisa, famiglia, 466-467
Guisa, Enrico di, 467, 468
Guisa, Enrico II di, 516
Gustavo I Vasa, re di Svezia, 416
Gustavo II Adolfo Vasa, re di Svezia, 506, 508
Gutenberg, Johannes, 324-325
Güyüg, khan mongolo, 234

H

Harold del Wessex, re d'Inghilterra, 134
Harvey, William, 520
Hawkins, John, 463
Hirst, Michael, 420
Hobbes, Thomas, 548
Hobsbawm, Eric J., 498
Hohenstaufen, dinastia, 146, 185
Holbein, Hans il Giovane, 402
Huayna Capac, imperatore inca, 365
Hugo di Vermandois, 85
Hugues de Payns, 203
Hulegu, khan mongolo, 229, 231
Hus, Jan, 265-266, 507

I

Iacopo da Lentini, 199
Ibn Battuta, 242-243
Ignazio di Loyola, 440
Ildegarda di Bingen, 70
Incmaro di Reims, 34
Innocenzo II, papa, 143
Innocenzo III (Lotario dei conti di Segni), papa, 108, 139, 147, 185, 187, 190, 192, 194-195
Innocenzo IV, papa, 108
Innocenzo IV, papa, 167, 199-200
Innocenzo XII, papa, 558
Iolanda (Isabella) di Brienne, regina di Gerusalemme, 197
Ippocrate, 180
Irene (Iolanda) di Monferrato, imperatrice bizantina, 337
Isaac, Heinrich, 321
Isabella, regina di Castiglia e Aragona, 261, 353, 382, 386-387, 488
Isabella Aviz, imperatrice, 390
Isacco II Angelo, imperatore bizantino, 186-187
Isidoro di Siviglia, santo, 26
Ivan I di Russia, 270
Ivan III il Grande di Russia, 270-271, 471
Ivan IV il Terribile, zar di Russia, 471-472

J

Jacques de Molay, 203
Jagelloni, dinastia, 268-269, 470

INDICE DEI NOMI

Jansen, Cornelius Otto
  (Giansenio), 505
Jin, dinastia, 227-228
Jones, Eric, 602

K

Kangxi, imperatore cinese, 558,
  582-583
Kantorowicz, Ernst, 219, 221
Kapur, Shekhar, 472
Keller, Hagen, 215
Keplero, Giovanni, 518, 520
Khabul Khan, 227
Khair ad-Din (Ariadeno
  Barbarossa), 393
Kircher, Athanasius, 440
Kitasato, Shibasaburo, 281
Kubilai Khan, khan mongolo,
  231-232, 234

L

La Salle, Robert de, 592
Ladislao di Durazzo, re di Napoli,
  317
Ladislao II Jagellone, re di
  Polonia-Lituania, 269, 470
Ladislao III Jagellone, re di
  Ungheria e Polonia, 268
Ladislao VII Jagellone, re di
  Boemia, Polonia e Ungheria,
  268
Lancaster, famiglia, 257
Lanfranco, 178
Lannoy, Charles de, 390
Las Casas, Bartolomé de, 367-368
Lascaris, dinastia, 236
Laud, William, 534-535
Leonardo da Vinci, 323-324, 335,
  385
Leone III, papa, 32
Leone VI Macedone il Saggio,
  imperatore bizantino, 101
Leone IX, papa, 72-73, 141
Leone X (Giovanni de' Medici),
  papa, 404, 407, 425
Leopoldo I Asburgo, imperatore,
  562, 567
Leovigildo, re longobardo, 26
Liao, dinastia, 100
Lippi, Filippino, 321
Lisandrini, Antonio, 206
Liutprando, re longobardo, 27-28
Locke, John, 548

Lopez, Roberto Sabatino, 159
Lord Burghley, William Cecil, 483
Lorenzetti, Ambrogio, 305
Lorenzo il Magnifico, 307-308,
  321-322, 385
Lotario di Sassonia, imperatore, 147
Lotario, imperatore franco, 34
Lovati, Lovato de', 205
Lucio III, papa, 189
Lucrezio, Tito Caro, 321
Ludovico il Bavaro, imperatore, 202
Ludovico il Germanico, re franco,
  34
Ludovico il Pio, imperatore franco,
  34
Ludovico IV il Bavaro, imperatore,
  316
Luigi d'Angiò, re d'Ungheria, 317
Luigi di Borbone il Gran Delfino,
  569
Luigi di Borbone, 569
Luigi di Tolosa, santo, 316
Luigi il Grande, re d'Ungheria, 267
Luigi I d'Angiò, 268
Luigi I d'Orléans, 251
Luigi III d'Angiò, re di Napoli,
  317-318
Luigi VI di Francia, 133, 172
Luigi VII, re di Francia, 108, 133,
  136, 172
Luigi VIII, re di Francia, 139
Luigi IX re di Francia, 108,
  200-201, 234, 316
Luigi XII di Valois, re di Francia,
  381, 385-386
Luigi XIII Francia, 504-505
Luigi XIV di Borbone Re Sole, re di
  Francia, 495, 512, 553-554,
  556-561, 567-569, 576, 583,
  589, 592
Luigi XVI di Borbone, re di Francia,
  569
Lussemburgo, dinastia, 262, 268
Lutero, Martin, 403-408, 410, 413,
  428

M

Machiavelli, Niccolò, 28, 377-378,
  385, 426, 434
Mączak, Antoni, 482, 484
Magellano, Ferdinando, 358
Mahmud, sultano ghaznavide, 97
Maimonide (Mosheh ben

Maimon), 179
Maire Vigueur, Jean-Claude, 216
Malatesta, famiglia, 315
Malik Shah, sultano selgiuchide,
  98, 100
Mamelucchi, dinastia, 229
Manegoldo del Tettuccio, 166
Manfredi Hohenstaufen, re di
  Sicilia, 199-200, 315-316
Mansa Musa, imperatore del Mali,
  242
Manuele I Comneno, imperatore
  bizantino, 100, 149, 337
Manuele II Paleologo, imperatore
  bizantino, 239
Manuzio, Aldo, 325
Manzoni, Alessandro, 433, 510
Maometto (Muhammad), profeta,
  24, 26, 91, 94
Maometto (Mehemet) I, sultano
  ottomano, 239
Maometto II, sultano ottomano,
  239-240
Maometto (Mehemet) IV, sultano,
  562-563
Marcel, Étienne, 288
Marcovaldo di Annweiler, 185
Margherita d'Asburgo, 456
Margherita di Valois, 467-468
Maria Anna di Neuburg, regina di
  Spagna, 567
Maria di Borgogna, 251, 384
Maria Luisa d'Orléans, regina di
  Spagna, 567
Maria Stuart, regina di Francia e
  Scozia, 460, 464-466, 530
Maria I Tudor la Sanguinaria,
  regina d'Inghilterrra, 419-420,
  460-461
Maria II Stuart, regina d'inghilterra,
  545-546
Marianna d'Austria, regina di
  Spagna, 564
Marlowe, Christopher, 464
Marquette, Jacques, 592
Marsilio da Padova, 205
Martin, George R.R., 272
Martino di Tours, 22
Martino il Vecchio, re d'Aragona e
  di Sicilia, 317
Martino V, papa, 205
Marx, Carl, 212
Masaccio, 322

INDICE DEI NOMI

Masaniello (Tommaso Aniello d'Amalfi), 513, 516
Masini, Eliseo, 489
Massimiliano I d'Asburgo, imperatore, 251, 263, 384, 386-387
Massimiliano I di Baviera, 507
Matilde di Canossa, 74-75
Matilde di Fiandra, 135
Matteo Paris, 193, 230
Mattia Corvino, re d'Ungheria, 267-268, 270
Mattia d'Asburgo, imperatore, 503
Maurizio, imperatore d'Oriente, 24
Mauss, Marcel, 51
Mazzarino, Giulio, 512-513, 553, 576
Mazzini, Giuseppe, 165
Medici, famiglia, 307
Medici, Caterina de', regina di Francia, 466-468
Medici, Cosimo de', 307
Medici, Cosimo I de', 565
Medici, Gian Angelo de', vedi Pio IV
Medici, Giovanni de', 279
Medici, Giovanni de', vedi Leone X
Medici, Giuliano de', 308
Medici, Lorenzo de', vedi Lorenzo il Magnifico
Medici, Maria de', regina di Francia, 504-505
Melantone, Filippo, 411, 413
Menant, François, 217-218
Meroveo, re franco, 29
Metodio, santo, 101
Michelangelo Buonarroti, 321, 391, 426
Michele di Lando, 290-291
Michele Romanov, zar di Russia, 471
Michele Scoto, 199
Michele VIII Paleologo, imperatore bizantino, 187, 236, 337
Mieszko I Piast, re di Polonia, 37
Ming, dinastia, 233-234, 236, 332, 334, 351, 581-582
Mirren, Simon, 576
Miskimin, Harry A., 343
Mittels, Heinrich, 212
Modugno, Domenico, 516
Molière, 555
Mongke, khan mongolo, 229, 231, 234

Monicelli, Mario, 206
Montaigne, Michel de, 368
Montecuccoli, Raimondo, 563
Montefeltro, famiglia, 315
Montejo, Francisco de, 363
Montezuma II, sovrano azteco, 363
Montmorency, famiglia, 466
More, Thomas, 417-418
Morosini, Tommaso, 186
Mousnier, Roland, 499
Muawiya, califfo omayyade, 25
Müntzer, Thomas, 409-410
Murad I, sultano ottomano, 238
Murad II, sultano ottomano, 239, 270
Muratori, Ludovico Antonio, 596
Mussato, Albertino, 205

N

Nestorio, 227
Newton, Isaac, 519-520
Niccolò II, papa, 74
Niceforo Foca, imperatore bizantino, 101
Niceta Coniata, 186, 188
Nicola di Bari, santo, 124
Nietzsche, Friedrich, 219
Nikon, 572
Norandino vedi al-Din, Nur

O

Obolensky, Dimitri, 339
Ochino, Bernardino, 427
Odorico da Pordenone, 234
Ogodei, khan mongolo, 228-229, 234
Olivares, Gaspar de Guzmán conte-duca di, 502, 504, 508, 514
Omayyadi, dinastia, 25-26, 93
Onorio II, papa, 108, 142
Onorio III (Cencio Savelli), papa, 80, 191-192
Orhan, capo ottomano, 238
Orsini, famiglia, 202
Ostrogorsky, Georg, 337
Othman, sovrano ottomano, 24, 238
Ottomani, dinastia, 237-238, 240, 267-268, 270, 338, 339
Ottone I di Sassonia, re e imperatore, 35, 37, 66, 146, 148

Ottone II di Sassonia, imperatore, 37
Ottone III di Sassonia, imperatore, 37, 148
Ottone IV di Brunswick, imperatore, 139, 147, 186
Ottoni, dinastia, 37, 65, 77, 114, 149, 185
Overton, Richard, 538

P

Pacioli, Luca, 294
Pacomio, 22
Paleologhi, dinastia, 236, 315, 317, 337-338
Palomba, Ippolita, 437
Paolo di Tarso, santo, 78
Paolo Diacono, 33
Paolo III, papa, 391, 427-428, 440
Paolo IV (Gian Piero Carafa), papa, 427, 433
Paracelso, 519
Parker, Charles, 580, 602
Pasquale II, papa, 76
Pazzi, famiglia, 308
Pazzi, Francesco, 308
Pazzi, Jacopo, 308
Pericle, 339
Peruzzi, famiglia, 280
Petrarca, Francesco, 202, 204-205, 319, 391
Petri, Olaus, 416
Pezzolo, Luciano, 613, 615
Philip de Dreux, 69
Piasti, dinastia, 37, 269
Piccolomini, Enea Silvio, 354
Pico della Mirandola, Giovanni, 321
Pier Damiani, santo, 68-69, 72, 180
Pier della Vigna, 196, 199-200
Piero della Francesca, 322
Pierre Cauchon di Beauvais, 254
Pierre d'Ailly, 354
Pietro, apostolo e santo, 67, 78
Pietro Abelardo, 180
Pietro d'Amiens (l'Eremita), 105, 110
Pietro d'Aragona, re di Sicilia, 316
Pietro di Castelnau, 189
Pietro di Giovanni Olivi, 194
Pietro Martire, 480
Pietro I il Crudele, re di Castiglia, 260

663

INDICE DEI NOMI

Pietro I Romanov il Grande, zar di Russia, 572

Pietro III il Grande, re d'Aragona, 315

Pigafetta, Antonio, 358

Pinzón, fratelli, 354

Pio IV (Gian Angelo de' Medici), papa, 431, 433

Pio V, papa, 107, 433, 458, 464, 489

Pipinidi, dinastia, 30, 65

Pipino il Breve, re franco, 50, 145

Pipino III, re franco, 30, 113

Pirenne, Henri, 112, 215

Pisano, Nicola, 191

Pizarro, Francisco, 363-365, 478

Plantageneti, dinastia, 137, 172

Platone, 179, 322

Pole, Reginald, 427

Poliziano, Angelo, 321

Polo, Marco, 234, 349, 354

Polo, Matteo, 234

Polo, Niccolò, 234

Pomponazzi, Pietro, 322

Possevino, Antonio, 492

Prete Gianni, 227, 234, 237, 349, 352

Prodi, Paolo, 295

Pulci, Luigi, 321

Q

Qara Mustafa, 563

Qing, dinastia, 558, 582-583, 601-602

Querini, Pietro, 425

Quintiliano, 321

R

Rabano Mauro, 34

Racine, Jean, 555

Raggio, Osvaldo, 482, 484

Raimondo di Aguilers, 107

Raimondo di Tolosa, 106, 108

Raleigh, Walter, 463

Raspanti, famiglia, 290

Rembrandt (Harmenszoon van Rijn), 528

Reynolds, Susan, 210

Rhys Meyers, Jonathan, 420

Riario, Girolamo, 308

Riccardo di Aversa, 142

Riccardo di York, 256-257

Riccardo Plantageneto (Cuor di Leone), re d'Inghilterra, 108, 138, 154, 185

Riccardo II Plantageneto, re d'Inghilterra, 250, 288-289

Riccardo III di York, re d'Inghilterra, 256-257

Ricci, Matteo, 440, 458, 581

Ricciardi, famiglia, 280

Richelieu (Armand-Jean du Plessis, duca di), 503-505, 508, 512, 533

Rinaldo d'Aquino, 199

Rinaldo di Châtillon, 154

Robert de Boron, 86

Robertingi, dinastia, 35

Roberto d'Altavilla il Guiscardo, 141-142

Roberto di Loritello, 142

Roberto di Molesme, 70, 76

Roberto di Normandia, 76

Roberto Grossatesta, 180, 194

Roberto il Guiscardo, 102, 106

Roberto il Monaco, 104

Roberto I d'Angiò, re di Napoli, 316

Roberto II Cosciacorta, 135

Rodolfo d'Asburgo, imperatore, 200, 262

Rodolfo di Svevia, 76

Rodolfo il Glabro, 124

Rodolfo II d'Asburgo, imperatore, 502

Roberto II di Fiandra, 106, 108

Rodrigo Díaz (Cid), 151

Roger da Flor, 279

Roggero, Marina, 488, 491

Rollone di Normandia, 36

Romano IV Diogene, imperatore bizantino, 98

Romano Lecapeno, imperatore bizantino, 101

Romano, Ruggiero, 498

Romualdo di Ravenna, 68

Rossellini, Roberto, 206, 576

Ruggero Bacone, 180

Ruggero I d'Altavilla, 103, 142

Ruggero II d'Altavilla, re di Sicilia, 142-144, 147, 221

Rustichello da Pisa, 234

Rutardo di Magonza, 77

S

Safavidi, dinastia, 583

Saladino vedi al-Din, Salah

Saljuq, capostipite dei Selgiuchidi, 97

Salutati, Coluccio, 205, 321

Salviati, Francesco, 308

Samanidi, dinastia, 96

Sanjar, sultano selgiuchide, 100

Santangél, Luis de, 355-356

Sarpi, Paolo, 443

Savoia, dinastia, 313

Savonarola, Girolamo, 386

Scipione Publio Cornelio Africano, 219

Scrovegni, famiglia, 294

Scrovegni, Enrico, 294

Scrovegni, Rinaldo, 294

Sebastiano Aviz, re del Portogallo, 455

Segarelli, Gherardo, 194

Selgiuchidi, dinastia, 97-98, 100, 102-103, 105-106, 186, 227-228

Selim I, sultano ottomano, 240, 392

Selim II, sultano ottomano, 458

Sergi, Giuseppe, 68, 116

Serveto, Michele, 415

Seymour, Jane, regina d'Inghilterra, 418, 420

Sforza, famiglia, 314

Sforza, Alessandro, 315

Sforza, Francesco, 279, 314-315

Sforza, Galeazzo Maria, 314

Sforza, Gian Galeazzo, 314, 385-386

Sforza, Ludovico Maria il Moro, 314, 385-386

Shakespeare, William, 464-465

Shi Huangdi, imperatore cinese, 583

Sigieri di Brabante, 180

Sigismondo di Lussemburgo, imperatore, 205, 252, 266, 268, 315

Sigsmondo II Jagellone, re di Polonia-Lituania, 471

Silvestro I, papa, 32, 79, 321

Silvestro II (Gerberto di Aurillac), papa, 37, 148

Simon Mago, 67

Simone di Monfort, 190

Sismondi, Jean-Charles-Léonard Simonde de, 165

Sisto IV, papa, 308

Sisto V, papa, 436, 442

INDICE DEI NOMI

Skanderbeg, Giorgio Castriota, 240, 268
Sofia Paleologa, 270
Solimano (Sulaiman) il Magnifico, sultano, 393
Solimano I il Magnifico, sultano ottomano, 240, 458
Song, dinastia, 232
Soranzo, Vittore, 427
Spinola, Ambrogio, 451
Spinoza, Baruch, 530
Stalin (Iosif Vissarionovič Džugašvili), 472
Starr, Stephen Frederick, 334
Stazio, Publio Papinio, 321
Stefano (Vaik), re d'Ungheria, 37
Stefano di Blois, 106
Stefano di Blois, re d'Inghilterra, 136
Stefano Dušan, re di Serbia, 267
Stefano I Árpád, re d'Ungheria, 148
Stefano II, papa, 30
Stivell, Alan, 60
Stoker, Bram, 270
Stuart, dinastia, 535
Subedei, 229
Sully, Maximilien de, 503
Svetonio, Gaio Tranquillo, 32

T

Taddeo da Sessa, 196
Tamerlano (Timur-e Lang), khan mongolo, 235-237, 239, 270, 332, 333, 334
Tancredi d'Altavilla, 106, 147
Tancredi d'Altavilla (Hauteville), capostipite della dinastia, 141
Tang, dinastia, 25, 96
Tasso, Torquato, 434
Tedaldo di Canossa, 76
Teodorico, re ostrogoto, 27
Teodoro di Antiochia, 199
Teodulfo di Orléans, 33
Teresa d'Avila, santa, 439
Tibaldo di Champagne, 185
Till, Eric, 420
Tiziano Vecellio, 395
Todorov, Tzvetan, 476, 478
Toghril Beg, sultano selgiuchide, 97-98
Toghril III, sultano selgiuchide, 100
Tokugawa, famiglia, 583-584

Tolkien, John Ronald Reuel, 60, 272
Tolomeo, Claudio, 144, 180, 350, 518
Tommaso d'Aquino, santo, 180, 192-193
Tommaso da Celano, 193
Tommaso da Pizzano, 253
Torelli, famiglia, 315
Torquemada, Tommaso di, 262
Toubert, Pierre, 112
Traiano, imperatore romano, 219
Trencavel, famiglia, 190
Trissino, Gian Giorgio, 391
Trivellato, Francesca, 613
Tunstall, Cuthbert, 488
Tyerman, Cristopher, 106, 123
Tyler, Wat, 288-289
Tyndale, William, 417, 488

U

Ugo di Cluny, 69, 72, 76
Uguccione della Faggiola, 303
Ulugh Beg, khan mongolo, 236, 335
Umberto di Moyenmoutier, 72
Urbano II, papa, 103-104, 107-108, 122-124
Urbano IV, papa, 200, 316
Urbano VI, papa, 204-205, 317
Urbano VIII, papa, 520

V

Valdés, Juan de, 426
Valdo (Valdesio) di Lione, 82, 189
Valla, Lorenzo, 320
Valois, dinastia, 375, 381, 394-395, 411, 466
Vega, Lope de, 451
Velázquez, Diego Rodríguez de Silva y, 451
Venceslao IV di Lussemburgo, imperatore, 265, 313
Verdi, Giuseppe, 165
Vergerio, Pietro Paolo, 427
Verhulst, Adriaan, 112
Vermeer, Jan, 529
Vermigli, Pietro Martire, 427
Verrazzano, Giovanni da, 360
Vesalio, Andrea, 328
Vespucci, Amerigo, 357
Villani, Giovanni, 283
Villani, Matteo, 283

Violante, Cinzio, 120
Visconti, famiglia, 203, 303
Visconti, Filippo Maria, 313-314
Visconti, Galeazzo, 170
Visconti, Gian Galeazzo, 313
Visconti, Matteo, 170-171
Visconti, Ottone, 170-171
Vittore II, papa, 72
Vittorio Amedeo I Savoia, 566
Vittorio Amedeo II Savoia, 568
Vlad II di Valacchia, 270
Vlad III Tepeș di Valacchia, 268, 270
Voltaire, 573
Von Bora, Katharina, 407

W

Waldseemüller, Martin, 357
Wallace, Randall, 576
Wallenstein, Albrecht von, 508-509
Wallerstein, Immanuel, 580
Walwyn, Wiliam, 538
Weber, Max, 415
Wickham, Chris, 113, 161, 212
Wiligelmo, 178
Wishart, George, 419
Wolfram von Eschenbach, 86
Wolsey, Thomas, 383
Wolstencroft, David, 576
Wyclif (Wycliffe), John, 266, 288, 488

Y

Yongle, imperatore cinese, 232-233
York, famiglia, 257
Yuan, dinastia, 232, 332

Z

Zaccaria di Anagni, 65
Zeffirelli, Franco, 206
Zemon Davis, Nathalie, 608
Zheng He, 233, 332-333
Zhu Yuanzhang, imperatore cinese, 232, 233
Zwingli, Huldreich, 412-413

INDICE DEI PERCORSI VISIVI

Roma e le sue eredità nell'alto Medioevo

I regni romano-barbarici in Occidente nel VI secolo, 17
L'espansione dell'islam arabo (VII-VIII secolo), 20
Il sapere antico per la nuova età, 27
L'espansione dei franchi (VIII-X secolo), 29
La morte di Rolando, 31
L'incoronazione imperiale di Carlo, 32
La cappella palatina del palazzo di Aquisgrana, 33
Ludovico il Pio, 34
La divisione dell'Impero carolingio, 35
Le "seconde invasioni" in Europa (IX-X secolo), 36
Ottone II, 37
La motta, 39
Carlo il Calvo, 39

L'espansione economica europea

Il primo catasto inglese, 43
La messa a coltura di nuovi terreni, 44
La battitura delle ghiande per nutrire i maiali lasciati liberi nei boschi, 44
Il "fuoco sacro", 45
La rotazione agraria biennale e triennale, 47
Aratro pesante e aratro leggero, 48
Macchine a energia naturale, 48
Nuove regole per il matrimonio, 53
Da Maria a Eva, 54
I commerci nel basso Medioevo, 57
La filatura e la cardatura della lana, 58
La costruzione della torre di Babele, 58
Un fabbro all'opera nella sua fucina, 59

La Chiesa di Roma dal pluralismo al centralismo

Un vescovo e il suo popolo, 65

I miracoli dell'abate Ugo, 69
Un vescovo cavaliere, 69
Il santo eremita, 69
Bernardo da Chiaravalle, 71
Lo Scisma d'Oriente, 73
L'imperatore e il vescovo, 77
Le radici di un potere "imperiale", 79
Odino, 82
Il santo e il cavaliere, 84
La vestizione del cavaliere, 85

Mondi in contatto, mondi in conflitto

I regni islamici occidentali, 93
Il *ribat*, 93
Il dominio fatimide alla fine del X secolo, 95
Regimi postimperiali in Asia centrale tra l'XI e il XII secolo, 96
I territori controllati dai Selgiuchidi, 97
Lo splendore del sultanato selgiuchide, 99
L'Impero bizantino nel momento di massima espansione (1025), 102
La prima crociata (1096-99), 105

Regni e principati nell'Europa feudale

I re taumaturghi, 131
La Francia tra il X e l'XI secolo, 133
L'arazzo di Bayeux, 134
I possedimenti anglo-francesi dei Plantageneti (XII secolo), 137
La costruzione di un mito, 137
La morte di Becket, 138
La conquista normanna del Sud Italia, 141
I normanni e i poteri locali, 142
Un modello bizantino per la regalità normanna, 143
Impero e Stato della Chiesa nel XII secolo, 145
L'Europa centrorientale nel XIII secolo, 149
La missione di sant'Adalberto, 149
Le tappe della conquista della penisola iberica (XI-XIII secolo), 151
La Terrasanta crociata (inizio XII secolo), 153

Il Krak dei Cavalieri, 153

Mondo urbano e autonomie cittadine

L'imperatore e il vescovo, 160
I glossatori bolognesi, 162
Impero e comuni nel Regno d'Italia (fine XII secolo), 164
Il podestà contro i *milites*, 166
La degenerazione popolare di Firenze, 168
Ezzelino e l'imperatore, 170
Ottone e il papa, 171
I privilegi di Barcellona, 173
Lubecca, 175
La Lega anseatica, 175
L'imperatore e le città della Puglia, 176
Tempo, lavoro e attesa della fine nell'arte romanica, 177
I più antichi *studia* in Europa, 179

Apogeo e crisi degli universalismi: Impero e papato

Innocenzo e Alessio Angelo, 187
L'Impero bizantino dal 1180 al 1203, 187
L'Impero Latino d'Oriente e gli Stati greci dopo il 1204, 187
La guerra santa contro gli eretici, 189
La crociata contro gli albigesi, 190
L'approvazione della regola domenicana, 191
Un segno divino, 193
L'Impero e il Regno di Sicilia sotto Federico II, 195
I castelli di Federico II, 196
Gli Stati cristiani in Terrasanta dopo la sesta crociata (1229), 198
Armi e trattative, 198
Il primo Giubileo della storia, 201
Il Palazzo dei papi di Avignone, 202
Lo Stato della Chiesa nel XIII-XIV secolo, 204

Grandi trasformazioni tra Asia e Africa

I cristiani d'Oriente, 227

INDICE DEI PERCORSI VISIVI

La formazione dell'Impero mongolo, 229
La caduta di Baghdad, 229
La divisione dell'Impero mongolo, 231
il "vento divino", 231
Religione e politica, 232
La Pechino dei Ming, 232
Una giraffa a corte, 232
Le vie dei commerci, 235
L'impero di Tamerlano (1405), 237
Il mausoleo di Tamerlano a Samarcanda, 237
L'Impero bizantino nel 1278, 237
La formazione dell'Impero ottomano, 238
Da Costantinopoli a Istanbul, 239
Imperi e regni dell'Africa (X-XIV secolo), 241
L'uomo più ricco della storia, 242
Le città-Stato dell'Africa swahili, 244

Monarchie europee

La Guerra dei Cent'anni, 250
Le vicende della casa di Borgogna, 251
Il vincitore di Azincourt, 253
La Guerra delle Due rose, 256
Il re e i suoi funzionari, 259
Il dominio aragonese nel Mediterraneo nel XV secolo, 261
La cacciata degli ebrei, 262
Le origini della Confederazione svizzera, 265
Un tesoro sottoterra, 266
L'espansione dell'Ungheria (XIV-XV secolo), 268
Il Regno di Polonia-Lituania (fine XV secolo), 269
L'espansione del Granducato di Mosca (XIV-XV secolo), 271
La vittoria dei russi sui tatari, 271

La crisi del Trecento e la ripresa del Quattrocento

L'assistenza pubblica, 278
Il percorso della peste, 281
La morte quotidiana, 282
Le "locazioni" nel Regno di Napoli, 286

Rivolte popolari in Europa (XIV-XV secolo), 287
La fine della *jacquerie*, 288
Il teologo e il ribelle, 289
La bottega del drappiere, 293
Dall'Inferno al Paradiso, 294
La costruzione della fiducia, 295
I monti di pietà, 297

Transizioni politiche e culturali in Italia (secoli XIV-XV)

L'espansione della Repubblica di Firenze (XIV-XV secolo), 309
L'attacco dei genovesi, 310
L'espansione della Repubblica di Venezia (XIV-XV secolo), 311
L'egemonia genovese e veneziana nel Mediterraneo e nel Mar Nero, 313
L'espansione del Ducato di Milano, 313
L'Italia centrosettentrionale alla fine del XV secolo, 314
La dimensione europea del Mezzogiorno italiano, 317
Il trionfo del re, 318
Virgilio cristiano, 320
L'omaggio al signore, 321
In aria più sottile…, 323
Il mulino da seta bolognese, 327
L'orologio da tavolo, 327
Le tavole di Vesalio, 328

La scoperta dei "nuovi mondi"

Il regno del Prete Gianni, 349
Mappa Mundi, 350
Il mondo conosciuto nel XV secolo, 351
La bussola, 352
La caravella, 352
Le esplorazioni portoghesi nel XV secolo, 353
I quattro viaggi di Colombo, 355
La *raya*, 357
Una nuova via per le Indie, 359
Viaggi ed esplorazioni tra XV e XVI secolo, 359
L'America prima di Colombo, 360
Le piramidi americane, 360
Tenochtitlán, la capitale azteca, 361

Il dio Quetzalcoatl, 363
La conquista di Cuzco, 364
L'impero spagnolo in America, 364
Città coloniali, 366
Il lavoro forzato, 370
Il cibo degli dèi, 370

L'Europa e il mondo nell'età di Carlo V

L'Europa del 1492, 375
L'arrivo degli ambasciatori, 377
Nuovi modi di fare guerra, 379
La letteratura cavalleresca nell'Italia del Cinquecento, 380
Il rafforzamento del potere centrale in Francia nel XVI secolo, 381
Enrico VII nella Camera stellata, 383
Il mondo germanico sotto Massimiliano I (1493-1519), 384
La parabola di Savonarola, 386
I lanzichenecchi, 387
L'impero di Carlo V, 388
Una pazzia sospetta, 389
Il *Giudizio universale* di Michelangelo, 391
L'Impero ottomano nel XVI secolo, 392
Un "re dei mari", 393
Un'avanzata travolgente, 393
Il corpo dei giannizzeri, 394
L'Europa dopo la Pace di Cateau-Cambresis, 395

La Riforma protestante

Il purgatorio, 402
Erasmo da Rotterdam, 402
La pazzia del mondo, 403
I volti mostruosi del diavolo, 403
Un prestito oneroso, 403
Una stampa antipapista, 403
Le rivolte in Germania nel XVI secolo, 408
Una ribellione popolare, 409
Melantone, umanista e riformatore, 411
Cattolici e riformati nei cantoni svizzeri (XVI secolo), 412
Cattolicesimo e Riforma in Europa, 417

INDICE DEI PERCORSI VISIVI

Il Concilio di Trento e l'età della Controriforma

La richiesta di riforme, 425
I valdesiani di Napoli, 426
Norme e indicazioni per l'arte, 430
Il matrimonio "di sorpresa", 433
Libri proibiti e libri censurati, 434
Un amore "cancellato", 435
Vera e falsa santità, 439
I gesuiti in Cina, 440
Una Gerusalemme in Valsesia, 441

Monarchie e imperi nell'età di Filippo II

Il palazzo dell'Escorial, 452
I domini spagnoli in Italia alla fine del XVI secolo, 455
Le province dei Paesi Bassi, 457
La battaglia di Lepanto, 459
Le aree di conflitto nel Mediterraneo, 461
Una Tudor cattolica, 461
La "regina vergine", 461
Shakespeare e il suo teatro, 465
Una regina per tre corone, 465
Aree di presenza ugonotta in Francia nel XVI secolo, 466
La Confederazione polacco-lituana e la Russia fra XVI e XVII secolo, 470

L'Europa del Seicento fra crisi e nuovi equilibri

Le divisioni religiose nel Sacro Romano Impero (XVII secolo), 503
L'ultima roccaforte ugonotta, 505
L'espansione svedese, 506
La parabola di Wallenstein, 509
L'Europa dopo la Pace di Vestfalia, 509
La peste, 510

Le rivolte nel Regno di Francia nel XVII secolo, 512
Le rivolte nella penisola iberica (1640), 514
Napoli capitale, 515
Il cosacco e lo zar, 517
Giordano Bruno, 518
Le pubblicazioni scientifiche, 522

L'ascesa delle Province Unite e la rivoluzione inglese

Una concezione sobria del potere, 527
La grande arte del Seicento olandese, 528
Da strage mancata a festa, 531
La famiglia reale, 532
Una famiglia puritana, 533
Il ruolo della stampa, 535
Cavalieri e *roundheads*, 537
La sconfitta di re Carlo, 537
La proprietà terriera in Irlanda, 541
Cromwell, salvatore o diavolo?, 541
Il "monarca felice", 543
Il pensiero di Grozio, 547
Lo Stato-mostro, 548

L'Europa nella seconda metà del Seicento

Fuggire o morire, 556
Il miraggio della Cina, 558
Il culto del Sacro cuore, 559
L'espansione francese sotto Luigi XIV, 561
La situazione dell'area balcanica nel XVII secolo, 562
L'identità cattolica del potere asburgico, 563
L'Impero ottomano alla fine del XVII secolo, 564

La funzione chiave del Ducato di Milano, 566
L'Europa dopo la Guerra di successione spagnola (1714), 568
Il Brandeburgo-Prussia dopo la Pace di Vestfalia, 570
La città di san Pietro e di Pietro, 573
Lo zar trionfante, 574
La formazione dell'Impero russo sotto Pietro il Grande (1682-1725), 575

Relazioni globali: la nuova fisionomia del pianeta

Cina e Giappone nel XVII secolo, 582
Un raffinatissimo artigianato, 582
L'imperatore Kangxi, 582
I Tokugawa al potere, 585
L'Impero safavide nel XVII secolo, 585
L'Impero moghul in India (XV-XVIII secolo), 587
Colonie e insediamenti commerciali europei nel XVII secolo, 588
Regni e imperi dell'Africa (XVII-XVIII secolo), 590
Le rotte del commercio triangolare e la tratta degli schiavi, 590
Schiavi e schiavisti in Africa, 591
La colonizzazione europea dell'America del Nord nel XVI secolo, 592
Il viaggio del *Mayflower*, 594
La colonizzazione europea dell'America centrale e meridionale (XVII secolo), 597
Il teatro dei gesuiti, 598
La *santeria* e Babalù, 603

INDICE DELLE CARTE

Roma e le sue eredità nell'alto Medioevo

I regni romano-barbarici in Occidente nel VI secolo, 17
L'espansione dell'islam arabo (VII-VIII secolo), 20
I longobardi, 28
L'espansione dei franchi (VIII-X secolo), 29
La divisione dell'Impero carolingio, 35
Le "seconde invasioni" in Europa (IX-X secolo), 36

L'espansione economica europea

I commerci nel basso Medioevo, 57

La Chiesa di Roma dal pluralismo al centralismo

Lo Scisma d'Oriente, 73

Mondi in contatto, mondi in conflitto

I regni islamici occidentali, 93
Il dominio fatimide alla fine del X secolo, 95
Regimi postimperiali in Asia centrale tra l'XI e il XII secolo, 96
I territori controllati dai Selgiuchidi, 97
L'Impero bizantino nel momento di massima espansione (1025), 102
La prima crociata (1096-99), 105
Le crociate, 108

Regni e principati nell'Europa feudale

La Francia tra il X e l'XI secolo, 133
I possedimenti anglo-francesi dei Plantageneti (XII secolo), 137
La conquista normanna del Sud Italia, 141
Impero e Stato della Chiesa nel XII secolo, 145
L'Europa centrorientale nel XIII secolo, 149
Le tappe della conquista della penisola iberica (XI-XIII secolo), 151

La Terrasanta crociata (inizio XII secolo), 153

Mondo urbano e autonomie cittadine

Impero e comuni nel Regno d'Italia (fine XII secolo), 164
La Lega anseatica, 175
I più antichi *studia* in Europa, 179
L'Impero bizantino dal 1180 al 1203, 187
L'Impero Latino d'Oriente e gli Stati greci dopo il 1204, 187
La crociata contro gli albigesi, 190
L'Impero e il Regno di Sicilia sotto Federico II, 195
I castelli di Federico II, 196
Gli Stati cristiani in Terrasanta dopo la sesta crociata (1229), 198
Lo Stato della Chiesa nel XIII-XIV secolo, 204

Grandi trasformazioni tra Asia e Africa

La formazione dell'Impero mongolo, 229
La divisione dell'Impero mongolo, 231
Le vie dei commerci, 235
L'impero di Tamerlano (1405), 237
L'Impero bizantino nel 1278, 237
La formazione dell'Impero ottomano, 238
Imperi e regni dell'Africa (X-XIV secolo), 241
I viaggi di Ibn Battuta, 243
Le città-Stato dell'Africa swahili, 244

Monarchie europee

La Guerra dei Cent'anni, 250
Le vicende della casa di Borgogna, 251
La Guerra delle Due rose, 256
Il dominio aragonese nel Mediterraneo nel XV secolo, 261
Le origini della Confederazione svizzera, 265
L'espansione dell'Ungheria (XIV-XV secolo), 268

Il Regno di Polonia-Lituania (fine XV secolo), 269
L'espansione del Granducato di Mosca (XIV-XV secolo), 271

La crisi del Trecento e la ripresa del Quattrocento

Il percorso della peste, 281
Rivolte popolari in Europa (XIV-XV secolo), 287

Transizioni politiche e culturali in Italia (secoli XIV-XV)

L'espansione della Repubblica di Firenze (XIV-XV secolo), 309
L'espansione della Repubblica di Venezia (XIV-XV secolo), 311
L'egemonia genovese e veneziana nel Mediterraneo e nel Mar Nero, 313
L'espansione del Ducato di Milano, 313
L'Italia centrosettentrionale alla fine del XV secolo, 314
La dimensione europea del Mezzogiorno italiano, 317

La scoperta dei "nuovi mondi"

Il mondo conosciuto nel XV secolo, 351
Le esplorazioni portoghesi nel XV secolo, 353
I quattro viaggi di Colombo, 355
Viaggi ed esplorazioni tra XV e XVI secolo, 359
L'America prima di Colombo, 360
L'impero spagnolo in America, 364

L'Europa e il mondo nell'età di Carlo V

L'Europa del 1492, 375
Il rafforzamento del potere centrale in Francia nel XVI secolo, 381
Il mondo germanico sotto Massimiliano I (1493-1519), 384
L'impero di Carlo V, 388
L'Impero ottomano nel XVI secolo, 392

INDICE DELLE CARTE

L'Europa dopo la Pace di
Cateau-Cambresis, 395

La Riforma protestante

Le rivolte in Germania nel XVI
secolo, 408
Cattolici e riformati nei cantoni
svizzeri (XVI secolo), 412
Cattolicesimo e Riforma in
Europa, 417

Monarchie e imperi nell'età di Filippo II

I domini spagnoli in Italia alla fine
del XVI secolo, 455
Le province dei Paesi Bassi, 457
Le aree di conflitto nel
Mediterraneo, 461
Viaggi ed esplorazioni dei
principali corsari inglesi, 463
Aree di presenza ugonotta in
Francia nel XVI secolo, 466
La Confederazione polacco-lituana
e la Russia fra XVI e XVII secolo, 470

L'Europa del Seicento fra crisi e nuovi equilibri

Le divisioni religiose nel Sacro
Romano Impero (XVII secolo), 503
L'espansione svedese, 506
L'Europa dopo la Pace di Vestfalia, 509
Le rivolte nel Regno di Francia nel
XVII secolo, 512
Le rivolte nella penisola iberica
(1640), 514

L'ascesa delle Province Unite e la rivoluzione inglese

La sconfitta di re Carlo, 537
La proprietà terriera in Irlanda, 541

L'Europa nella seconda metà del Seicento

L'espansione francese sotto Luigi
XIV, 561
La situazione dell'area balcanica
nel XVII secolo, 562
L'Impero ottomano alla fine del
XVII secolo, 564
La funzione chiave del Ducato di
Milano, 566
L'Europa dopo la Guerra di
successione spagnola (1714), 568
Il Brandeburgo-Prussia dopo la
Pace di Vestfalia, 570

Relazioni globali: la nuova fisionomia del pianeta

Cina e Giappone nel XVII secolo,
582
L'Impero safavide nel XVII secolo,
585
L'Impero moghul in India
(XV-XVIII secolo), 587
Colonie e insediamenti
commerciali europei nel XVII
secolo, 591
Regni e imperi dell'Africa
(XVII-XVIII secolo), 590
Le rotte del commercio triangolare
e la tratta degli schiavi, 590
La colonizzazione europea
dell'America del Nord nel XVI
secolo, 592
I nativi del continente americano,
593
La colonizzazione europea
dell'America centrale e
meridionale (XVII secolo), 597

GLOSSARIO

A

abiura, 411
agiografico, 193
allodiale, 35
amerindio, 363
antico regime, 409
Anticristo, 194
apostasia, 436
appalto, 52
arcivescovo, 71
Arti maggiori/Arti minori, 291
asiento, 568
Assassini, 100
assicurazione, 295
assise, 137
audiencias, 598

B

balivo, 137
bancarotta, 280
banditismo, 516
banno, 38
bantu, 244
barbaresco, 361
barone, 138
berbero, 92
bey, 458
boeri, 556
burocrazia, 133

C

cabotaggio, 55
califfo, 91
cancelliere, 138
canone, 428
capitazione, 559
capitolare, 32
capitolo, 71
caravanserraglio, 98
cardinale, 68
carestia, 44
carica venale, 512
cattolico, 78
clientela, 52
collegiata, 78
colletta, 297
Commonwealth, 539
concistoro, 80

conclave, 80
concordato, 77
connestabile, 258
consustanzialità, 73
Cortes/Corts, 260
coscritto, 250
costituzione, 137

D

Deflino 252, 569
demanio regio, 133
diacono, 80
diritto consuetudinario, 152
dispensa, 416
doge, 185
donativo, 382

E

emirato, 92
epidemia/pandemia, 280
eresia, 27
eresiarca, 522
eroi della fede, 439

F

famiglia religiosa, 441
frate, 191
Fronda, 512
fuoco, 258

G

gabella, 515
gaelico, 535
galera (o galea), 459
gallicanesimo, 259
gentry, 535
gettito, 531
ghetto, 433
Giubileo, 201
giusnaturalismo, 547
guerra di corsa, 312

H

hidalgo, 363
humus, 47

I

ierocrazia, 73
immunità, 30
in folio, 324
Indie, 349
indulgenza, 201
islam, 25

K

khan/il-khan, 228

L

laico, 67
lanzichenecchi, 387
legato apostolico, 103
libero arbitrio, 404
libertà, 168
lingua *d'oc*-lingua *d'oïl*, 133

M

mamelucco, 229
manso, 46
margravio, 404
mezzadria, 54
millenarismo, 194
mozarabo, 92

N

neerlandese, 528
nicolaismo, 69
Nuova Sion, 411

O

oneri servili, 288
ordinario, 430

P

palazzo, 30
pastorale, 77
patriarca, 73
patriarcale, 54
patrilinearità, 54
pauperistico, 71
pianura alluvionale, 48
popolo minuto/popolo grasso, 291
prestito forzoso, 532

prevosto, 288
primate apostolico, 73
priorato, 68
privativa, 358
privilegio, 463
produttività, 44
protonotario apostolico, 426

R

rajput, 97
regalia, 162
regola, 191
Reichstag, 265
rendita, 44
repubblicano, 168
resa agricola, 44
romanzo, 177

S

sabba, 436
sacramento, 65
scomunica, 73
sincretismo, 244
siniscalco, 137
sinodo, 73
sòccida, 292
stimmate, 193
sultano, 96
svalutazione, 50

T

taboriti, 266
teoria tolemaica, 361
titoli di debito pubblico, 453
tridentino, 428
tuchini, 288

U

ugonotti, 466

V

Vespri, 315
volgare, 177

Z

zar, 471

L'opera è frutto di un progetto comune degli autori, che ne hanno congiuntamente elaborato e discusso ogni parte, coordinati da **Marco Rovinello**. Il capitolo *Per riprendere il filo* e i capitoli 1-9 sono di **Francesco Violante**. I capitoli 11-19 sono di **Pasquale Palmieri**. Il capitolo 10 è di entrambi gli autori.

Le esercitazioni *Verso le competenze* e quelle dei *Percorsi storiografici*, *I saperi fondamentali* e la sezione *Verso l'esame* sono di **Matteo Bensi**. Le pagine dedicate ai testi argomentativi nella sezione *Verso l'esame* sono di **Elena Frontaloni**.

La sezione CLIL è di **Michela Arnello** e **Nadia Zoppas**.

Curatela e consulenza scientifica Treccani **Andrea Graziosi**

Si ringrazia Anna Lumachi per i preziosi suggerimenti.

....

Coordinamento editoriale Carlotta Ferrari Lelli
Coordinamento di redazione Chiara Montagnani
Redazione Piero Antonini, Giovanni Maccari. La redazione della sezione CLIL è di Fregi e Majuscole, Torino.
Ricerca iconografica Piero Antonini
Coordinamento tecnico Gloria Bardelli
Copertina Lorenzo Mennonna
Impaginazione Visualgrafika, Torino. L'impaginazione della sezione CLIL è di Fregi e Majuscole, Torino.
Carte e grafici Stefano Benini

Sviluppo multimediale
Coordinamento di produzione Alessia Fermi
Redazione Elena Rossi

Referenze fotografiche: © Archivio Giunti. © Archivi Alinari, Firenze; Michel Urtado/RMN-Réunion des Musées Nationaux/distr. Alinari; © image BnF /RMN-Réunion des Musées Nationaux/distr. Alinari; © CAGP/Iberfoto/Archivi Alinari; © DeA Picture Library, concesso in licenza ad Alinari; © The British Library Board/Archivi Alinari, Firenze; © Ghigo Roli per Alinari/Archivi Alinari, Firenze; © DeA Picture Library, concesso in licenza ad Alinari. © Arte & Immagini srl/CORBIS. © Contrasto. © Foto Scala, Firenze; © DeAgostini Picture Library/Scala, Firenze; © The Metropolitan Museum of Art/Art Resource/Scala; © Foto Scala, Firenze/bpk, Bildagentur fuer Kunst, Kultur und Geschichte, Berlin; © Foto Scala,Firenze - su concessione Ministero Beni e Attività Culturali e del Turismo; © Foto Scala, Firenze/Fondo Edifici di Culto - Ministero dell'Interno; © Photo Josse/Scala, Firenze; Foto Scala, Firenze/V&A Images/Victoria and Albert Museum, Londra; © White Images/Scala, Firenze; © The British Library Board/Archivi Alinari, Firenze; © Museo Nacional del Prado © Photo MNP / Scala, Firenze; © Foto Fine Art Images/Heritage Images/Scala, Firenze. © Bridgeman Images. © De Agostini Picture Library. © Erich Lessing/Contrasto. © MONDADORI PORTFOLIO/AKG Images; © MONDADORI PORTFOLIO/ALBUM; © MONDADORI PORTFOLIO/LEEMAGE; © Mondadori Portfolio/Collection Christophel/Cineriz/Rizzoli Film; © Claudia Beretta/Archivio Claudia Beretta/ Mondadori Portfolio; ©Age/Mondadori Portfolio; © Veneranda Biblioteca Ambrosiana/Paolo Manusardi/Mondadori Portfolio; © Collection Christophel/Mondadori Portfolio. © UIG/Getty Images. © Andrea Jemolo. © Gianni Berengo Gardin. © Fran Monks. © museodelprado. © Public Domain, from the British Library's collections, 2013. © COPYRIGHT, 2005 JOSE MORON. pepemoron@gmail.com

In copertina: *Ritratto di Galileo Galilei*, Justus Sustermans © Archivi Alinari, per concessione del Ministero per i Beni e le Attività Culturali; Arazzo di Bayeux, particolare © DeAgostini Picture Library/Scala, Firenze

Referenze dettagliate su www.giuntitvp.it/crediti

Questo corso è rispondente alle indicazioni del Progetto Polite per la formazione di una cultura delle pari opportunità e del rispetto delle differenze. Tutti i diritti sono riservati. È vietata la riproduzione dell'opera o di parti di essa, con qualsiasi mezzo, compresa stampa, copia fotostatica, microfilm e memorizzazione elettronica, se non espressamente autorizzata dall'editore, salvo che per specifiche attività didattiche da svolgere in classe. L'editore è a disposizione degli aventi diritto con i quali non è stato possibile comunicare, nonché per eventuali omissioni o inesattezze nella citazione delle fonti. Dove altrimenti non indicato, le immagini appartengono all'Archivio Giunti. L'editore si dichiara disponibile a regolare eventuali spettanze per quelle immagini di cui non sia stato possibile reperire la fonte.

www.giuntitvp.it

© 2019 Giunti e Tancredi Vigliardi Paravia Editori, S.r.l. - Firenze
Prima edizione: gennaio 2019

Stampato presso Lito Terrazzi srl, stabilimento di Iolo